BRIEFE AN GOETHE
Gesamtausgabe in Regestform

In Verbindung mit
der Sächsischen Akademie der Wissenschaften
zu Leipzig und
der Mainzer Akademie der Wissenschaften
und der Literatur

herausgegeben
von der
Klassik Stiftung Weimar
Goethe- und Schiller-Archiv

PROPYLÄEN
Goethes Biographica

Verlag Hermann Böhlaus Nachfolger Weimar

BRIEFE AN GOETHE
Gesamtausgabe in Regestform

Band 10
1823–1824

Bearbeitet von Christian Hain, Ulrike Bischof,
Claudia Häfner, Manfred Koltes und Sabine Schäfer

Teil 1: Regesten

2023
Verlag Hermann Böhlaus Nachfolger Weimar

Bibliografische Information der Deutschen Nationalbibliothek
Die Deutsche Nationalbibliothek verzeichnet diese Publikation in der Deutschen Nationalbibliografie;
detaillierte bibliografische Daten sind im Internet über http://dnb.d-nb.de abrufbar.

ISBN 978-3-7400-0022-8
Bd. 10 ISBN 978-3-476-05954-3
Bd. 10 ISBN 978-3-476-05955-0 (eBook)

Dieses Werk einschließlich aller seiner Teile ist urheberrechtlich geschützt. Jede Verwertung außerhalb der engen Grenzen des Urheberrechtsgesetzes ist ohne Zustimmung des Verlages unzulässig und strafbar. Das gilt insbesondere für Vervielfältigungen, Übersetzungen, Mikroverfilmungen und die Einspeicherung und Verarbeitung in elektronischen Systemen.

Gedruckt auf alterungsbeständigem Papier

Der Verlag Hermann Böhlaus Nachfolger Weimar ist ein Imprint des J.B. Metzler Verlags.
J.B. Metzler ist Teil von Springer Nature.
Die eingetragene Gesellschaft ist Springer-Verlag GmbH Deutschland.
© Springer-Verlag GmbH Deutschland, 2023
www.metzlerverlag.de
info@metzlerverlag.de

Schutzumschlag: Wilfriede Lauer
Satz: Klassik Stiftung Weimar (Goethe- und Schiller-Archiv)

INHALT

Teil 1
Grundsätze der Regestausgabe 7
Verzeichnis der Siglen und Abkürzungen 17
REGESTEN 1823–1824 31

Teil 2
Personenregister 7
Register der Entstehungsorte 195
Goethe-Werkregister 201
Allgemeines Werkregister 215
Addenda 315

Faksimilia
(in Teil 1, nach Seite 200)

Von Johann Valentin Adrian. Brief vom 19. Januar 1823 (Nr. 27)
Von Christian Adolf von Seckendorf. Brief vom 10. Juni 1823 (Nr. 224)
Von Maria Agata Szymanowska. Brief vom 23. August 1823 (Nr. 330)
Von M. D. Schloß & Comp. Brief vom 14. Oktober 1823 (Nr. 414)
Von Franz Kirms. Brief vom 27. Oktober 1823 (Nr. 432)
Von Charles James Sterling. Brief vom 22. Februar 1824 (Nr. 582)
Von Johann Friedrich Blumenbach. Brief vom 21. Mai 1824 (Nr. 722)
Von Sophie Leopoldine Wilhelmine von Grotthuß. Brief vom 28. Juni 1824 (Nr. 790)
Von Christian Truchseß von Wetzhausen. Brief vom 11. August 1824 (Nr. 862)
Von G. Heine. Brief vom 7. Oktober 1824 (Nr. 971)

GRUNDSÄTZE DER REGESTAUSGABE

Die Regestausgabe bietet alle im Text überlieferten Briefe an Goethe.[1] Gegenstand der Ausgabe sind Briefe, die in Goethes persönlicher Briefregistratur abgelegt worden sind bzw. abgelegt hätten sein können und deren (u. U. fragmentarischer) Text als Reinschrift (behändigte Ausfertigung), Konzept, Abschrift, Druck oder Übersetzung überliefert ist. Den Kern dieser Überlieferung bilden die Faszikel der an Goethe gerichteten Briefe (Quartalshefte), die vollständig erschlossen werden sowie alle in anderen Teilen des handschriftlichen Goethe-Nachlasses oder in Goethes Bibliothek überlieferten Briefe an Goethe. Dazu zählen auch ursprünglich zu Goethes Briefregistratur gehörende Briefe, die bereits zu Lebzeiten, vor allem aber nach dem Tode des Dichters daraus entnommen worden sind und sich heute in verschiedenen Bibliotheken, Archiven und Museen befinden.

Durch die Bereitstellung von Kopien haben die folgenden Institutionen dazu beigetragen, dass auch diese Briefe in Band 10 der Regestausgabe berücksichtigt werden konnten:

    Düsseldorf, Goethe-Museum/Anton- und Katharina-Kippenberg-Stiftung
    Frankfurt am Main, Freies Deutsches Hochstift
    Karlsruhe, Badische Landesbibliothek
    Leipzig, Universitätsbibliothek
    New York, The Morgan Library & Museum
    Nürnberg, Germanisches Nationalmuseum
    Riga, Rakstniecibas un muzikas muzejs
    Weimar, Landesarchiv Thüringen – Hauptstaatsarchiv Weimar

Ihnen sei an dieser Stelle aufrichtig gedankt.

Briefe, die nicht an Goethe gerichtet sind, die jedoch im Zusammenhang mit anderen an Goethe gerichteten Briefen, als deren Beilage oder auch auf sonst nicht in jedem Fall zu ermittelndem Wege, an den Dichter gelangt sind und die er den Faszikeln an ihn gerichteter Briefe hinzugefügt hat, werden als selbständige Briefe in die Regestausgabe aufgenommen.

---

[1] Eine ausführlichere Beschreibung der Zielsetzung der Ausgabe sowie der Quellenlage bietet die Einleitung zu Band 1 der Regestausgabe. Die Grundsätze für die Regestierung finden sich in: Bestandserschließung im Literaturarchiv. Arbeitsgrundsätze des Goethe- und Schiller-Archivs in Weimar, hrsg. von Gerhard Schmid, München u. a. 1996, S. 185–255. Diese Publikation ist auch auf den Internetseiten des Goethe- und Schiller-Archivs unter www.klassik-stiftung.de abrufbar.

Nicht als Briefe anzuerkennende Schriftstücke und Drucke, die Goethe als Anlagen zu an ihn gerichteten Briefen zugegangen sind oder die er in seine Brieffaszikel aufgenommen hat, werden im Zusammenhang mit dem Regest des zugehörigen Briefes in der Regestausgabe angezeigt.

Ausgeschlossen bleiben die Briefe, die an den Dichter in seiner Eigenschaft als Geheimer Rat und Staatsminister gerichtet waren, die also nicht ihm persönlich, sondern dem Amt oder der Funktion, die er innehatte, galten und die in amtlichen Akten abgelegt worden sind.[2] Ebenfalls ausgeschlossen bleiben Rechnungen, Quittungsbelege, Frachtscheine u. ä., die Goethe in einer gesonderten Rubrik seines persönlichen Archivs registriert und abgelegt hat; hieraus werden nur Schriftstücke, die im formalen und inhaltlichen Sinne Briefe sind, aufgenommen.

Die Regesten der an Goethe gerichteten Briefe werden in chronologischer Folge angeordnet und in jedem Band mit 1 beginnend durchgehend nummeriert. Regesten mit mehreren Daten oder ohne genaue Datierung sind unter dem frühesten Datum eingeordnet. Regesten gleichen Datums sind alphabetisch nach dem Namen des Briefschreibers gereiht.

Die Ausgabe wird 13 Bände umfassen. Nach Band 5 wurde ein Ergänzungsband eingeschoben, der zusätzlich zu den kumulierenden Registern (Briefschreiberverzeichnis und Personenregister) ein allgemeines Werkregister, ein Goethe-Werkregister sowie ein Register der Entstehungsorte für die bis dahin erschienenen Bände enthält. Hinzu kamen erstmals Korrigenda und Addenda. Seit Band 6 erscheinen die Register in einem eigenen Teilband, sodass im ersten Teilband die Erschließung der Briefe durch die Regesten und im zweiten Teilband durch die Register erfolgt.

Das Regestformular

Zum Regestformular gehören zwei, gegebenenfalls auch drei Teile: 1. Regestkopf, 2. Regest und 3. Hinweise auf Anlagen und Beilagen.

Der Regestkopf

Der Regestkopf vermittelt die notwendigen Informationen des Briefes über den Absender (gegebenenfalls den Adressaten, sofern es sich nicht um Goethe handelt), über Datum, Entstehungsort, Überlieferungsort der Handschrift, Druckort und Einordnung in die Goethesche Gesamtkorrespondenz, Erwähnungen in Goethes Tagebuch sowie über Besonderheiten der Vorlage.

---

[2] Aus diesem Grund finden sich auch nicht alle der in dem gedruckten Briefwechsel zwischen Goethe und Großherzog Karl August von Sachsen-Weimar-Eisenach (Sigle GH) aufgenommenen Briefe in der Regestausgabe wieder. Ebenso unberücksichtigt bleiben diejenigen Briefe an Goethe, die Karl Vogel 1834 in »Goethe in amtlichen Verhältnissen« publiziert hat und deren Handschriften, ehemals im heutigen Thüringischen Landesarchiv – Hauptstaatsarchiv Weimar überliefert, im Zweiten Weltkrieg vernichtet wurden.

Unter der Sigle **V** (Vorlage) werden Besonderheiten der Vorlage (in französischer Sprache, Antwortmarginalie, Formulardruck u.a.m.) angezeigt.

Während die Siglen S, D, B, A stets im Kopf des Regestes erscheinen, auch dann, wenn ein negativer Befund (–) angezeigt wird, werden die Siglen TB und V nur im Zusammenhang mit tatsächlich nachweisbaren Befunden gegeben.

Das Regest

Das Regest kennzeichnet den Inhalt des Briefes, wobei die Absicht, die der Briefschreiber mit seinem Brief verfolgt, und biographisch-historisch bedeutsam erscheinende, den Charakter des Briefes als historische Quelle auszeichnende Einzelheiten besonders berücksichtigt werden.

- Im Regest wechseln substantivische (Betreffe) und syntaktische (Aussagen) Darbietungsformen. Aussagen der Briefschreiber werden in der Regel in konjunktivischer Form wiedergegeben.
- Ein ausdrückliches Ziel der Regesterarbeitung ist die vollständige Erfassung der erwähnten Personen und Werke.
- Nachweislich irrtümliche bzw. falsche Behauptungen des Briefschreibers werden wiedergegeben. Korrekturen werden als Erläuterungen kenntlich gemacht.
- Die in das Regest in runde Klammern () eingeschlossenen Erläuterungen dienen dem Zweck, unklare Textstellen zu erhellen, um den Inhalt des Briefes in verständlicher Weise kennzeichnen zu können. Auf diese Weise werden insbesondere Namen, Werktitel und Sachbezüge identifizierbar gemacht.

Personennamen werden im Regest so ausführlich wiedergegeben, dass Verwechslungen ausgeschlossen bleiben. Eine gleichförmige Wiedergabe, etwa mit allen Vornamen, wird nicht angestrebt, da das Personenregister die vollständigen Namen darbietet. Besonders herausragende und häufig erwähnte Personen, wie z. B. Schiller, Herder, Wieland, Shakespeare u. a., werden nur mit ihrem Familiennamen aufgeführt. Briefschreiber werden im Regesttext mit dem Anfangsbuchstaben ihres Familiennamens gekennzeichnet. Eine Ausnahme davon bilden die mit dem Buchstaben G beginnenden Namen, die stets vollständig wiedergegeben werden, weil mit G. grundsätzlich Goethes Name angezeigt wird.

Werktitel werden, sofern sie nicht in Zitaten genannt werden, in Anführungszeichen gesetzt. Bei publizierten und angekündigten Werken werden die bibliographischen Angaben im Werkregister mitgeteilt. Werke, die Goethe mit dem Brief übersandt wurden und die in seiner Bibliothek überliefert sind, werden mit der Nummer, unter der sie in dem von Hans Ruppert bearbeiteten Katalog zu Goethes Bibliothek stehen, bezeichnet (z. B. Ruppert 4667). Ist die Identität mit dem im Brief gemeinten Werk nicht gesichert, so wird dieser Verweis auf den gedruckten Katalog mit »vgl.« eingeleitet (z. B. vgl. Ruppert 1497, in RA 10, Nr. 17).

Erwähnte Briefe oder andere Schriftstücke, die der Dichter seiner Autographensammlung einverleibt hat, werden durch die Nummer des von Hans-Joachim Schreckenbach bearbeiteten Katalogs dieser Sammlung gekennzeichnet (z. B. ein Brief von Friedrich Münter, Schreckenbach 1151, in RA 10, Nr. 189), sofern nicht ganze Sammlungen von Autographen übersandt wurden.

Querverweise auf andere Regesten zum Zwecke der Erläuterung werden durch die Kennzeichnung des in Betracht kommenden Bandes der Regestausgabe und der Regestnummer angezeigt (z. B. vgl. RA 10, Nr. 166).

Wenn es zur Erläuterung des Inhalts erforderlich ist, auf andere als die im Regestkopf genannten Briefe Goethes zu verweisen, so erfolgt die Kennzeichnung des Briefes durch den Empfängernamen und das Datum sowie durch Bezeichnung des Bandes und der Briefnummer in der IV. Abteilung der Weimarer Ausgabe (WA).

Textteile der Vorlage werden zitiert, wenn sie den zu kennzeichnenden Sachverhalt in wünschenswerter Knappheit und Prägnanz bezeichnen, wenn bei der Mitteilung zu kennzeichnender Inhaltsbezüge Missverständnisse nicht auszuschließen sind, wenn eine erläuterungsbedürftige Textstelle nicht zu erhellen ist. Zitate werden im Kursivdruck wiedergegeben; sie folgen der Vorlage buchstabengetreu; nur eindeutige Schreibversehen werden stillschweigend korrigiert. Zitate im Zitat werden nur kenntlich gemacht, wenn sie auch in der Vorlage als Zitat gekennzeichnet sind. Vom Briefschreiber durch Unterstreichung oder auf andere Weise hervorgehobene Worte und Passagen werden in den mitgeteilten Zitaten nicht besonders vermerkt.

Hinweise auf Beilagen und Anlagen

Der Schlussteil des Regestformulars nennt Schriftstücke, die zusammen mit dem regestierten Brief an Goethe übersandt bzw. ihm nach Kenntnisnahme wieder zurückgesandt wurden. Unter einer Beilage wird ein selbständiger Brief verstanden. Als Anlage werden Schriftstücke nichtbrieflichen Charakters aufgenommen.

Im Beilagen-Vermerk sind Briefe aufgeführt, die durch ein Regest vertreten sind. Sie werden durch die Nummer des Regestbandes und des Regests gekennzeichnet (z. B. Beilage zu: RA 10, Nr. 28, und dazu korrespondierend: Beilage: RA 10, Nr. 27). Befindet sich auf dem Briefbogen des regestierten Briefes der Brief eines weiteren Briefschreibers, wird der Vermerk mit »Beilage auf gleichem Bogen« eingeleitet. Der Beilagenvermerk des zweiten Briefes wird eingeleitet mit »Beilage auf gleichem Bogen wie« (z. B. RA 10, Nr. 335 und Nr. 336).

Im Anlagen-Vermerk werden Schriftstücke aufgeführt, die nicht durch ein eigenes Regest vertreten sind. Sie werden mit Schriftstückart und Titel gekennzeichnet. Befinden sie sich auf dem Briefbogen, dann wird der Vermerk mit »Anlage auf gleichem Bogen« eingeleitet (z. B. bei RA 10, Nr. 116).

Die Register

Seit Band 6 erscheinen die Register in einem eigenen Teilband. Dies trägt ihrer Bedeutung innerhalb der Regestausgabe sowie der Anzahl der Lemmata und dem wachsendem Umfang Rechnung. Gleichzeitig ermöglicht die Aufteilung eine bessere Benutzbarkeit der Ausgabe. Dabei werden die Briefschreiber und die in den Regesten erwähnten Personen in einem kommentierten Personenregister zusammengeführt. Für nahezu 2800 Personen und Körperschaften mit über 7500 Nennungen werden biographische Angaben präsentiert und die Verbindung zum eingegangenen Brief an Goethe hergestellt.

Die Anlage der vier Register – Personenregister, Register der Entstehungsorte sowie Goethe- und allgemeines Werkregister – folgt vergleichbaren Grundsätzen. Die in den Registern ausgewiesenen Ziffern verweisen auf die Regestnummern.

Die Registereinträge, die auf die Rubrik »Addenda« verweisen, sind durch die vorangestellte Bandnummer kenntlich und werden durch Hinzufügung eines »+« zur Nummer gekennzeichnet.

Das Personenregister verzeichnet die Namen der Absender der regestierten Briefe (Briefschreiber) sowie die in den Regesten erwähnten historischen Personen und weist die Nummern der Regesten nach, mit denen sie als Absender vertreten sind oder in denen sie genannt werden. Zu den erwähnten Personen zählen auch Briefempfänger (außer Goethe), Werkautoren und in Werktiteln genannte historische Personen. Die biographischen Informationen verstehen sich insbesondere hinsichtlich der Briefpartner und der erwähnten Zeitgenossen Goethes als Teil der Erschließung des Briefcorpus.[3] Die Reihenfolge der Namen ist alphabetisch. Die Umlaute ä, ö und ü sind wie ae, oe und ue eingeordnet. Angehörige regierender Familien sind (mit Ausnahme antiker und mittelalterlicher Herrscher sowie der Päpste) unter dem jeweiligen Ländernamen aufgeführt. Bei wechselnden Namen (z. B. durch Heirat) erfolgt der Haupteintrag unter dem jeweils letzten im Band gültigen Namen. Auf frühere, im Bandzeitraum verwendete Namen wird verwiesen; auf weitere Namensformen kann verwiesen werden. Institutionelle Briefschreiber werden unter dem Namen des Ortes, mit dem sie verbunden sind, eingeordnet. Die Schreibweise der Vornamen aus dem deutschen Sprachbereich ist, analog zu den Regesten und im Interesse der besseren Benutzbarkeit des Registers, vereinheitlicht; individuelle Schreibgewohnheiten und vorgefundene lexikalische Wiedergabeformen bleiben unberücksichtigt. Rufnamen werden gesperrt wiedergegeben. Nicht ermittelte Briefschreiber sind unter »Nicht ermittelt« verzeichnet; unberücksichtigt bleiben erwähnte, aber nicht ermittelte Personen. Die halbfetten Ziffern verweisen dabei auf Briefschreiber, die übrigen auf Personenerwähnungen.

Das Register der Entstehungsorte weist sämtliche Entstehungsorte der regestierten Briefe aus. Am Ende des Registers sind zudem die Regesten mit ihren Nummern aufgeführt, bei denen der Entstehungsort des Briefes nicht ermittelt werden konnte. Regesten, bei denen im Regestkopf mehrere Orte aufgeführt werden, erscheinen auch im Register mehrfach, nämlich unter sämtlichen aufgeführten Entstehungsorten. Als Orientierungshilfe für den Leser dienen die in Klammern an das Lemma oder durch »bei« angefügten geographischen Hinweise. Die historischen Ortsnamen werden in moderner deutscher Orthographie angesetzt. Spätere Umbenennungen von Orten sowie Namenshinzufügungen wie »Bad« oder Namenskombinationen, die durch spä-

---

[3] Alle bereits über den gesamten Bearbeitungszeitraum (1762–1832) ermittelten biographischen Informationen der Regestausgabe können im Internet unter https://ores.klassik-stiftung.de/ords/f?p=403:600 eingesehen werden.

tere Verwaltungsreformen geschaffen wurden, bleiben unberücksichtigt. So findet sich beispielsweise der Eintrag »Bad Pyrmont« unter »Pyrmont« im Register. Ehemals selbständige, heute aber eingemeindete oder untergegangene Orte werden unter ihrem ursprünglichen Namen im Register aufgeführt. Vormals unter deutschem Namen bekannte Absendeorte, die heute fast ausschließlich unter fremdsprachigen Namen aufgefunden werden können, werden in der deutschen Form angesetzt und die moderne Namensform als Erläuterung hinzugefügt; z. B. Franzensbad (Františkovy Lázně, Tschechien).

Das Goethe-Werkregister weist sämtliche direkten oder indirekten Erwähnungen von Werken Goethes in den Regesten nach. Es werden neben den poetischen Werken auch Aufsätze, Übersetzungen, naturwissenschaftliche Schriften usw., nicht aber amtliche Schriften aufgenommen. Darüber hinaus werden die Werke anderer Autoren nachgewiesen, die sich unmittelbar auf ein Goethe-Werk beziehen, wie z. B. Anzeigen, Rezensionen, Übersetzungen oder Vertonungen. Diese finden sich auch unter dem jeweiligen Verfasser im allgemeinen Werkregister. Im Goethe-Werkregister wird von einem Werkbegriff ausgegangen, der zugleich Werkstufen, Vor- und Zuarbeiten zu den Werken Goethes umfasst. Erscheinungsvermerke werden nur für diejenigen Werke gegeben, die im Bandzeitraum erschienen sind und bei Periodika zur leichteren Orientierung. Ausnahme bilden die Werkausgaben, bei denen außer der in der Goethe-Forschung gebräuchlichen versiegelten Form zur leichteren Identifizierung zusätzlich der Verlegerhinweis und die Erscheinungsjahre in runden Klammern angegeben werden. Ebenfalls in runden Klammern nachgestellt sind die Inzipits von Gedichttiteln. In eckige Klammern eingeschlossen werden Erläuterungen zu den Werktiteln sowie von den Bearbeitern gebildete Titel. Wo es nötig erscheint, erleichtern Verweise die Zuordnung eines Werkes. Bei der Wiedergabe von Werktiteln werden Orthographie und Interpunktion modernisiert.

Das allgemeine Werkregister verzeichnet die in den Regesten erwähnten literarischen, wissenschaftlichen und tonkünstlerischen Werke sowie Auktionsverzeichnisse. Bei der Wiedergabe von Werktiteln werden Orthographie und Interpunktion modernisiert. Der jeweilige Eintrag erfolgt, alphabetisch gegliedert, unter dem Verfasser. Die Ansetzung der Namen erfolgt nach den Regeln für das Personenregister. Anonyme Werke sowie verfasserlose Schriften werden unter dem ersten Titelwort in die alphabetische Reihenfolge eingeordnet. Von den Regestbearbeitern selbst gebildete Werktitel sowie Erläuterungen zu den Werktiteln werden in eckigen Klammern angegeben und bei der alphabetischen Ordnung mitberücksichtigt.

Werke mit mehr als einem Verfasser werden unter dem ersten Verfasser hauptverzeichnet, von den übrigen Verfassern wird auf diesen Registereintrag verwiesen. Die vollständigen bibliographischen Angaben finden sich nur beim Haupteintrag. Ebenfalls doppelt verzeichnet sind Rezensionen, Übersetzungen, Bearbeitungen, Kompositionen und Herausgeberwerke. Die Werke eines Verfassers sind jeweils wieder in sich alphabetisch gegliedert, unterteilt in die Gruppen eigene Werke, mitverfasste und herausgegebene Werke, Bearbeitungen, Rezensionen, Übersetzungen und Vertonungen.

Grundsätze der Regestausgabe

Addenda

Unter dieser Rubrik werden Regesten von Briefen an Goethe veröffentlicht, die chronologisch vorherigen Regestbänden zuzuordnen, aber erst nach deren Druck bekannt geworden sind. Die Nachträge werden gemäß den aktuellen Grundsätzen gegeben. Sämtliche Korrekturen und Ergänzungen zu Regesten aus früheren Bänden werden, anders als die Korrigenda in Band 6 bis 9, nicht mehr aufgenommen. Sie erfolgen nur noch in der Onlineversion der Regestausgabe (https://ores.klassik-stiftung.de/ords/f?p=403:1).

Die Bearbeiterinnen und Bearbeiter danken allen denjenigen, die ihre bei der eigenen Beschäftigung mit der Goethezeit gewonnenen Erkenntnisse uneigennützig zur Verfügung gestellt haben. Für eine Fülle insbesondere biographischer Auskünfte sind sie den Mitarbeiterinnen und Mitarbeitern zahlreicher kommunaler, Staats- und Kirchenarchive, Bibliotheken und Museen zu Dank verpflichtet. Nicht zuletzt danken die Bearbeiterinnen und Bearbeiter gegenwärtigen sowie ehemaligen Mitarbeiterinnen und Mitarbeitern des Goethe- und Schiller-Archivs, die mit Rat und Tat die Erstellung des Bandes unterstützt haben. Ganz besonders gedankt sei Anne-Marie Düfert, die sich um die Redaktion dieses Bandes verdient gemacht hat. Transkriptionen der regestierten Briefe fertigten Jenny Bryś, Katharina Hofmann-Polster, Ariane Ludwig und Annette Mönnich. Ausdrücklicher Dank gilt Hans-Werner Bartz für die Unterstützung in der technischen Umsetzung.

Dieser Band der Regestausgabe ist Teil des Vorhabens »PROPYLÄEN. Forschungsplattform zu Goethes Biographica« (www.goethe-biographica.de), eines Kooperationsprojekts der Klassik Stiftung Weimar/Goethe- und Schiller-Archiv, der Sächsischen Akademie der Wissenschaften zu Leipzig sowie der Akademie der Wissenschaften und der Literatur Mainz. In diesem Projekt werden in Zukunft sukzessive zu den Regesten auch die Volltexte der Briefe an Goethe und die Digitalisate der Handschriften online präsentiert. Dies hat u. a. zur Folge, dass sich die zur Verfügung stehende Bearbeitungszeit für die Bände verkürzt, gleichzeitig können aber über das Projekt neue Synergieeffekte genutzt werden.

Die Verwaltung der gesamten Daten sowie die Erstellung der Satzvorlagen erfolgten mit Hilfe des Tübinger Systems von Textverarbeitungs-Programmen TUSTEP.

VERZEICHNIS DER SIGLEN UND ABKÜRZUNGEN

A	Antwortbrief
Alberti	Alberti, Karl: Goethe in Asch und Umgebung. Ein Beitrag zur Heimatkunde. Asch 1898
Andreasen	Frederik Münter. Et mindeskrift. Teil 5: Aus dem Briefwechsel Friedrich Münters. Europäische Beziehungen eines dänischen Gelehrten 1780 – 1830. Teil 1, A – K. Hrsg. von Øjvind Andreasen. Kopenhagen 1944
AT	Altes Testament
Ausstellungskatalog: Goethe in Weimar	Goethe in Weimar. Dokumente seines Lebens und Wirkens. Ausstellung im Goethe- und Schiller-Archiv 1975. Weimar 1975
B	Bezugsbrief
Beethoven, Briefwechsel	Ludwig van Beethoven. Briefwechsel. Gesamtausgabe. Im Auftrag des Beethoven-Hauses Bonn. Hrsg. von Sieghard Brandenburg. Bd. 1 – 7. München 1996 – 1998
Begegnungen	Goethe. Begegnungen und Gespräche. Hrsg. von Ernst Grumach und Renate Grumach. [ab Bd. 3] Begründet von Ernst Grumach und Renate Grumach. Hrsg. von Renate Grumach. [Bd. 7 und 10] In Verbindung mit der Sächsischen Akademie der Wissenschaften zu Leipzig, der Mainzer Akademie der Wissenschaften und der Literatur und der Klassik Stiftung Weimar, Goethe- und Schiller-Archiv hrsg. von Renate Grumach und Bastian Röther. (bisher erschienen) Bd. 1 – 8, 10 und 14. Berlin u. a. 1965 – 2022
Bethke	Bethke, Walther: Wilhelm Meinholds Briefe. Hrsg. und erläutert als Vorstudie zu einer Meinhold-Monographie. Greifswald 1935
Bettine, Briefwechsel	Bettine von Arnim. Goethe's Briefwechsel mit einem Kinde. Erste vergleichende und kommentierte Editi-

	on von Erstausgabe und Original-Briefwechsel. Hrsg. von Walter Schmitz und Sibylle von Steinsdorff. Frankfurt am Main 1992
bh. A.	behändigte Ausfertigung
Bienemann, in: Baltische Monatsschrift 1899	Bienemann, Friedrich: Aus Tagebüchern und Briefen des Maler Karl Graß. – In: Baltische Monatsschrift 48 (1899), S. 270 – 308
Biskanter, in: GJb 54 (1934)	Biskanter, Wilma: Der Webergeselle Schneidler. – In: GJb 54 (1934), S. 67 – 70
Boisserée	Firmenich-Richartz, Eduard: Die Brüder Boisserée. Bd. 1: Sulpiz und Melchior Boisserée als Kunstsammler. Ein Beitrag zur Geschichte der Romantik. Jena 1916
Bratranek, in: GJb 4 (1883)	Bratranek, Franz Thomas: Nachträge zu Goethe-Korrespondenzen. – In: GJb 4 (1883), S. 230 – 315
Briefe HA	Briefe an Goethe. Gesammelt, textkritisch durchgesehen und mit Anmerkungen versehen von Karl Robert Mandelkow. Bd. 1 – 2. Hamburg 1965 – 1969
BVL	Büchervermehrungsliste, Bestandteil von Goethes Tagebüchern
Cotta	Goethe und Cotta. Briefwechsel 1797 – 1832. Hrsg. von Dorothea Kuhn. Bd. 1 – 3. Stuttgart 1979 – 1983
D	Druck
d. i.	das ist
Doebber, in: GJb 44 (1924)	Doebber, Adolph: Schinkel in Weimar. – In: GJb 44 (1924), S. 103 – 130
E	Erwähnung
Ebstein, in: Hippokrates 1930	Ebstein, Erich: Purkinje, der Begründer der physiologischen Institute in Breslau und Prag. Mit Briefen von Purkinje an Goethe (1823), Krause (1839) und an Joh. Nep. Czermak (1849 – 1857). – In: Hippokrates. Organ für die Einheitsbestrebungen in der Medizin 3 (1930), S. 508 – 528
Eck Gespr	Johann Peter Eckermann: Gespräche mit Goethe in den letzten Jahren seines Lebens 1823 – 1832. Kommentierte Ausgabe. Hrsg., mit Einleitung, erläuternden und ergänzenden Anmerkungen sowie mit einem Register versehen von Eduard Castle. Bd. 1 – 3. Berlin u. a. 1916

Eckermann Houben	J. P. Eckermann. Sein Leben für Goethe. Nach seinen neuaufgefundenen Tagebüchern und Briefen dargestellt von Heinrich Hubert Houben. Teil 1 – 2. Leipzig 1925 – 1928
egh.	eigenhändig
Egloffstein	Alt-Weimars Abend. Briefe und Aufzeichnungen aus dem Nachlasse der Gräfinnen Egloffstein. Hrsg. von Hermann Freiherrn von Egloffstein. München 1923
Erg.-Bd.	Ergänzungsband
erw.	erwähnt
Ewert, in: Jb Willibald-Alexis-Bund	Ewert, Max: Drei Briefe von W. Alexis an Goethe. – In: Willibald-Alexis-Bund. Jahrbuch 1929/31. Berlin 1932, S. 56 – 62
Frese	Goethe-Briefe aus Fritz Schlossers Nachlaß. Hrsg. von Julius Frese. Stuttgart 1877
Friedlaender, in: GJb 12 (1891)	Friedlaender, Max: Musikerbriefe. – In: GJb 12 (1891), S. 77 – 132
G.	Goethe
Gaedertz	Gaedertz, Karl Theodor: Bei Goethe zu Gaste. Neues von Goethe, aus seinem Freundes- und Gesellschaftskreise. Leipzig 1900
GAug	Goethes Briefwechsel mit seinem Sohn August. Mit Einleitung, Kommentar und Register. Hrsg. von Gerlinde Ulm Sanford. Bd. 1 – 2. Weimar 2005
G Autographensammlung	Aus Goethes Autographensammlung. Hrsg. vom Goethe- und Schiller-Archiv und vom Freien Deutschen Hochstift. Hamburg 2017
GB	Sulpiz Boisserée. [Hrsg. von Mathilde Boisserée]. Bd. 1 – 2. Stuttgart 1862
GB Rep	Johann Wolfgang Goethe. Repertorium sämtlicher Briefe 1764 – 1832. Hrsg. von der Klassik Stiftung Weimar, Goethe- und Schiller-Archiv. Bearbeitet von Elke Richter unter Mitarbeit von Andrea Ehlert, Susanne Fenske, Eike Küstner, Katharina Mittendorf, Bettina Zschiedrich und Anja Stehfest. Begründet von Paul Raabe an der Herzog August Bibliothek Wolfenbüttel. Online verfügbar: https://ores.klassik-stiftung.de/ords/f?p=402:1 (Dezember 2022)
GCa	Correspondence between Goethe and Carlyle. Hrsg. von Charles Eliot Norton. London, New York 1887

GCar	Grosche, Stefan: »Zarten Seelen ist gar viel gegönnt«. Naturwissenschaft und Kunst im Briefwechsel zwischen C. G. Carus und Goethe. Mit einem kunsthistorischen Beitrag von Jutta Müller-Tamm. Göttingen 2001
GDö	Briefwechsel zwischen Goethe und Johann Wolfgang Döbereiner (1810–1830). Hrsg. und erläutert von Julius Schiff. Weimar 1914
Geiger, in: GJb 14 (1893)	Geiger, Ludwig: Einundzwanzig Briefe von Marianne von Eybenberg, acht von Sara von Grotthus, zwanzig von Varnhagen von Ense an Goethe, zwei Briefe Goethes an Frau von Eybenberg. – In: GJb 14 (1893), S. 27–142
Geiger, in: GJb 19 (1898)	Geiger, Ludwig: Dreizehn Briefe Goethes an Adele Schopenhauer. Nebst Antworten der Adele und einem Billet Börnes an Goethe. – In: GJb 19 (1898), S. 53–119
Geiger, in: GJb 22 (1901)	Geiger, Ludwig: Zum Goethe-Zelterschen Briefwechsel mit Beiträgen von E. v. Bamberg und P. Weizsäcker. – In: GJb 22 (1901), S. 91–109
Gemmenkatalog	Die Gemmen aus Goethes Sammlung. Bearbeiter der Ausgabe Gerhard Femmel. Katalog Gerald Heres. Leipzig 1977
Germania 1850	Germania. Von der Berlinischen Gesellschaft für Deutsche Sprache und Altertumskunde. Hrsg. durch Friedrich Heinrich von der Hagen. Berlin 1836–1853
GGÖ	Briefwechsel zwischen Goethe und K. Göttling in den Jahren 1824–1831. Hrsg. und mit einem Vorwort begleitet von Kuno Fischer. Zweite Ausgabe. Heidelberg 1889
GGR	Steig, Reinhold: Goethe und die Brüder Grimm. Berlin 1892
GH	Briefwechsel des Herzogs-Großherzogs Carl August mit Goethe. Hrsg. von Hans Wahl. Bd. 1–3. Berlin 1915–1918
GHer	Johann Wolfgang Goethe – Johann Gottfried Jacob Hermann. Briefwechsel 1820–1831. Auf Grundlage der Vorarbeiten von Ernst Günther Schmidt und Ekkehard Stärk hrsg. von Christoph Michel. Tübingen 2019
GHu	Goethes Briefwechsel mit Wilhelm und Alexander von Humboldt. Hrsg. von Ludwig Geiger. Berlin 1909

GJb	Goethe-Jahrbuch. – Jahrbuch der Goethe-Gesellschaft. – Goethe. Vierteljahresschrift der Goethe-Gesellschaft. Neue Folge des Jahrbuchs. – Goethe. Viermonatsschrift der Goethe-Gesellschaft. Neue Folge des Jahrbuchs. – Goethe. Neue Folge des Jahrbuchs der Goethe-Gesellschaft. – Goethe-Jahrbuch (Die Zählung folgt der Konkordanz, die den GJbb von 1972 – 1977 beigegeben ist.)
GK	Briefwechsel zwischen Goethe und Knebel (1774 bis 1832). Hrsg. von Gottschalk Eduard Guhrauer. Bd. 1 – 2. Leipzig 1851
GM	Goethes Briefwechsel mit Heinrich Meyer. Hrsg. von Max Hecker. Bd. 1 – 4. Weimar 1917 – 1932
GMa	Goethe und Martius. Hrsg. von Alexander von Martius. Mittenwald o. J. [1932]
GMe	Goethes Bremer Freund Dr. Nicolaus Meyer. Briefwechsel mit Goethe und dem Weimarer Kreise. Hrsg. von Hans Kasten. Bremen 1926
GMP	Zum 24. Juni 1898. Goethe und Maria Paulowna. Urkunden. Hrsg. im Auftrage des Erbgroßherzogs Wilhelm Ernst von Sachsen. Weimar 1898
GNe	Christian Gottfried Nees von Esenbeck. Briefwechsel mit Johann Wolfgang von Goethe nebst ergänzenden Schreiben. Bearbeitet von Kai Torsten Kanz. Stuttgart 2003
GÖ	Goethe und Österreich. Briefe mit Erläuterungen. Hrsg. von August Sauer. Bd. 1 – 2. Weimar 1902 bis 1904
GR	Goethe und die Romantik. Briefe mit Erläuterungen. Hrsg. von Carl Schüddekopf und Oskar Walzel. Bd. 1 – 2. Weimar 1898f.
Gräf	Gräf, Hans Gerhard: Goethe über seine Dichtungen. Versuch einer Sammlung aller Äußerungen des Dichters über seine poetischen Werke. Bd. 1 – 9. Frankfurt am Main 1901 – 1914
Gräf, in: GJb 41 (1920)	Gräf, Hans Gerhard: Gedichte Knebels an Goethe. – In: GJb 41 (1920), S. 169 – 174
GRauch	»Mit vieler Kunst und Anmuth«. Goethes Briefwechsel mit dem Bildhauer Christian Daniel Rauch. Hrsg. von Rolf H. Johannsen. Göttingen 2011

GRe	Goethe und Reinhard. Briefwechsel in den Jahren 1807–1832. Mit einer Vorrede des Kanzlers Friedrich von Müller. Wiesbaden 1957
GRo	Goethes Briefwechsel mit Friedrich Rochlitz. Hrsg. von Woldemar von Biedermann. Leipzig 1887
Grüner und Zauper	Goethes Briefwechsel mit Joseph Sebastian Grüner und Joseph Stanislaus Zauper (1820–1832). Hrsg. von August Sauer. Mit Einleitungen von Josef Nadler. Prag 1917
GSA	Goethe- und Schiller-Archiv Weimar
GSa	Goethes Briefwechsel mit Georg und Caroline Sartorius (1801–1825). Hrsg. von Else von Monroy. Weimar 1931
GSchu	Briefwechsel zwischen Goethe und Staatsrath Schultz. Hrsg. von Heinrich Düntzer. Leipzig 1853
GSo	Goethes Briefe an Soret. Hrsg. von Hermann Uhde. Stuttgart 1877
GSt	Ausgewählte Werke des Grafen Kaspar von Sternberg. Bd. 1: Briefwechsel zwischen J. W. von Goethe und Kaspar Graf von Sternberg (1820–1832). Hrsg. von August Sauer. Prag 1902
GW	Marianne und Johann Jakob Willemer. Briefwechsel mit Goethe. Dokumente, Lebenschronik, Erläuterungen. Hrsg. von Hans-J. Weitz. Frankfurt am Main 1965
Hahn	Hahn, Barbara: Goethe lesen – über Goethe schreiben: Briefe und Aufzeichnungen deutscher Jüdinnen um 1800. – In: Lektüren und Brüche. Jüdische Frauen in Kultur, Politik und Wissenschaft. Dokumentation einer Vortragsreihe. Hrsg. von Mechthild M. Jansen und Ingeborg Nordmann. Wiesbaden 1993, S. 48–71
Hasenclever	Josua Hasenclever. Erinnerungen und Briefe. Im Auftrag der Familie Hasenclever hrsg. von Adolf Hasenclever. Halle 1922
Haubold	Haubold, Arndt: Karl Friedrich Göschel (1784–1861). Ein sächsisch-preußisches Lebensbild des Literaten, Juristen, Philosophen, Theologen zwischen Goethezeit und Bismarckära. Bielefeld 1989
Hecker, in: GJb 22 (1901)	Hecker, Max: Goethe und Carl Friedrich von Conta. Neununddreißig Briefe von Goethe an von Conta, fünfzehn Briefe von Contas an Goethe. – In: GJb 22 (1901), S. 19–73

Hecker, in: GJb 38 (1917)	Hecker, Max: Karl Eduard von Holtei im Goethekreise. – In: GJb 38 (1917), S. 167 – 232
Hecker, in: GJb 49 (1929)	Hecker, Max: Aus der Frühzeit der Germanistik. Die Briefe Johann Gustav Büschings und Friedrich Heinrich von der Hagens an Goethe. – In: GJb 49 (1929), S. 100 – 179
Hein	Hein, Karsten: Ottilie von Goethe (1796–1872). Biographie und literarische Beziehungen der Schwiegertochter Goethes. Frankfurt am Main u. a. 2001
Hennig, in: Monatshefte 1951	Hennig, John: A Note on Johann Valentin Adrian (with two unpublished Letters from Adrian to Goethe). – In: Monatshefte. A Journal devoted to the Study of German Language and Literature 43 (1951), Nr. 7, S. 313 – 318
HSA	Heinrich Heine. Säkularausgabe. Werke, Briefwechsel, Lebenszeugnisse. Hrsg. von der Klassik Stiftung Weimar und dem Centre National de la Recherche Scientifique Paris. Abt. 1: Werke in deutscher Sprache. Bd. 1 – 12. Abt. 2: Werke in französischer Sprache. Bd. 13 – 19. Abt. 3: Briefwechsel. Bd. 20 – 27. Berlin 1970 – 2015
IB	Intelligenzblatt
JALZ	Jenaische Allgemeine Literaturzeitung; Intelligenzblatt und Ergänzungsblätter. Redaktion Heinrich Karl Abraham Eichstädt. Jena 1804 – 1841
Katalog Stargardt 707 (2019)	Autographen aus allen Gebieten. Auktion 12. und 13. März 2019. Katalog 707. J. A. Stargardt. Berlin 2019
Kaufmann, Verein	Kaufmann, Sylke und Dieter Kaufmann: Goethe, der Thüringisch-Sächsische Verein und die Entwicklung der Altertumskunde in den Jahrzehnten nach 1800. Langenweißbach 2001
Kippenberg, in: Jb Sa Kipp 4 (1924)	Kippenberg, Anton: Ein Brief Abraham Mendelssohns an Zelter über Goethe. Mit Abdruck des Briefwechsels zwischen Abraham Mendelssohn und Goethe 1821 – 1827. – In: Jahrbuch der Sammlung Kippenberg 4 (1924), S. 72 – 91
Kippenberg, in: Jb Sa Kipp 10 (1935)	Kippenberg, Anton: Goethe, Dittmar und Lavater. – In: Jahrbuch der Sammlung Kippenberg 10 (1935), S. 132 – 154
Klauß	Die Medaillensammlung Goethes. Bearbeitet von Jochen Klauß. Bd. I: Bestandskatalog. Bd. II: Quellen. Berlin 2000

Klinger	Friedrich Maximilian Klinger. Sein Leben und Werke, dargestellt von Max Rieger. Zugabe zum zweiten Teil: Briefbuch zu Friedrich Maximilian Klinger. Darmstadt 1896
KM	Kanzler von Müller. Unterhaltungen mit Goethe. Kritische Ausgabe besorgt von Ernst Grumach. Weimar 1956
LA	Goethe. Die Schriften zur Naturwissenschaft. Vollständige mit Erläuterungen versehene Ausgabe. Im Auftrage der Deutschen Akademie der Naturforscher Leopoldina, begründet von Karl Lothar Wolf und Wilhelm Troll. Hrsg. von Dorothea Kuhn, Wolf von Engelhardt, [seit 2004] Irmgard Müller und [seit 2012] Friedrich Steinle. I. Abteilung: Texte. Bd. 1 – 11. II. Abteilung: Ergänzungen und Erläuterungen. Bd. 1A – 10B. III. Abteilung: Verzeichnisse und Register. Bd. 1 – 2. Weimar 1947 – 2019 (Leopoldina)
LATh – HStA Weimar	Landesarchiv Thüringen – Hauptstaatsarchiv Weimar
Lund	Lund, Hannah Lotte: Der Berliner »jüdische Salon« um 1800. Emanzipation in der Debatte. Berlin, Boston 2012
MA	Johann Wolfgang von Goethe. Sämtliche Werke nach Epochen seines Schaffens. Hrsg. von Karl Richter in Zusammenarbeit mit Herbert G. Göpfert, Norbert Miller, Gerhard Sauder und Edith Zehm. Bd. 1 – 21 und Reg.-Bd. München, Wien 1985 – 1998 und 2014 (Münchner Ausgabe)
Maaß	Maaß, Christian: Johann Bernhard Wilbrand (1779 bis 1846). Herausragender Vertreter der romantischen Naturlehre in Gießen. Bd. 1 – 2. Gießen 1994
Maaz	Maaz, Bernhard: Friedrich Tieck – Briefwechsel mit Goethe. Berlin 1997
Maser, in: GJb 100 (1983)	Maser, Peter: Friedrich August Gotttreu Tholuck an Goethe. Bemerkungen zu einem Brief aus dem Jahr 1824. – In: GJb 100 (1983), S. 230 – 246
MBl	Morgenblatt für gebildete Stände. Stuttgart, Tübingen 1807 – 1865
Michael	Michael, Friedrich: Goethe betrachtet den Bordesholmer Altar (1937). – In: Der Leser als Entdecker. Betrachtungen, Aufsätze und Erinnerungen eines Verlegers. Hrsg. von Friedrich Michael. Sigmaringen 1983, S. 69 – 74

Mil G	Milović, Jevto M.: Goethe, seine Zeitgenossen und die serbokroatische Volkspoesie. Leipzig 1941
Milović	Milović, Jevto M.: Übertragungen slavischer Volkslieder aus Goethes Briefnachlass. Leipzig 1939
Mommsen	Die Entstehung von Goethes Werken in Dokumenten. Begründet von Momme Mommsen. Fortgeführt und hrsg. von Katharina Mommsen. (bisher erschienen) Bd. 1 – 2. Berlin 1958. Bd. 3 – 7. Berlin, New York 2006 – 2017
Münster	Goethe und der Kreis von Münster. Zeitgenössische Briefe und Aufzeichnungen. In Zusammenarbeit mit Waltraut Loos hrsg. von Erich Trunz. Münster 1971
NC	Goethes Naturwissenschaftliche Korrespondenz (1812 – 1832). Hrsg. von Franz Thomas Bratranek. Teil 1 – 2. Leipzig 1874
n. e.	nicht ermittelt
Neugriechische Volkslieder	Neugriechische Volkslieder. Gesammelt von Werner von Haxthausen. Urtext und Übersetzung. Hrsg. von Karl Schulte-Kemminghausen und Gustav Soyter. Münster 1935
NT	Neues Testament
Oberaufsicht	Oberaufsicht über die unmittelbaren Anstalten für Wissenschaft und Kunst in Weimar und Jena
ON	Aus Ottilie von Goethes Nachlaß. Briefe von ihr und an sie 1806 – 1832. Nach den Handschriften des Goethe- und Schiller-Archivs hrsg. von Wolfgang von Oettingen. Bd. 1 – 2. Weimar 1912f.
Petzet, in: Studien 1902	Petzet, Erich: Goethe und Macco. Mit Briefen von Alexander Macco und Friedrich von Müller. – In: Studien zur vergleichenden Literaturgeschichte 2 (1902), S. 288 – 303
QuZ	Werke Goethes. Hrsg. vom Institut für Deutsche Sprache und Literatur der Deutschen Akademie der Wissenschaften zu Berlin, [ab Teil 2] hrsg. vom Zentralinstitut für Literaturgeschichte der Akademie der Wissenschaften der DDR. Erg.-Bd. 2. Quellen und Zeugnisse zur Druckgeschichte von Goethes Werken. Teil 1: Gesamtausgaben bis 1822. Bearbeitet von Waltraud Hagen unter Mitarbeit von Edith Nahler. Teil 2: Die Ausgabe letzter Hand. Bearbeitet von Waltraud Hagen. Teil 3: Die nachgelassenen Werke und die Quartausgabe. Bearbeitet von Edith Nahler und

	Horst Nahler. Teil 4: Die Einzeldrucke. Bearbeitet von Inge Jensen. Berlin 1966 – 1986
R	Regest
RA	Briefe an Goethe. Gesamtausgabe in Regestform. Hrsg. von Karl-Heinz Hahn; Redaktor Irmtraut Schmid, [ab Erg.-Bd. 1 – 5] hrsg. von der Stiftung Weimarer Klassik, Goethe- und Schiller-Archiv, [ab Bd. 8] hrsg. von der Klassik Stiftung Weimar, Goethe- und Schiller-Archiv, [ab Bd. 9] in Verbindung mit der Sächsischen Akademie der Wissenschaften zu Leipzig und der Mainzer Akademie der Wissenschaften und der Literatur. (bisher erschienen) Bd. 1 – 9 und Erg.-Bd. Weimar 1980 – 2017 (Regestausgabe)
Rahmeyer	Rahmeyer, Ruth: Bester Vater! Briefe der Ulrike von Pogwisch an Goethe. Leipzig 1999
Rieger	Rieger, Dietmar: Johann Valentin Adrian, Universitätsprofessor und »Homme de lettres«. Ein Kapitel aus der Frühgeschichte der Romanistik. Bonn 1993
Riemer, Gedichte	Riemer, Friedrich Wilhelm: Gedichte. Bd. 1 – 2. Jena 1826
Ruland, in: GJb 23 (1902)	Ruland, Carl: Aus Goethes Schreibtisch. – In: GJb 23 (1902), S. 37 – 68
Ruppert	Goethes Bibliothek. Katalog. Bearbeiter der Ausgabe Hans Ruppert. Weimar 1958
S	Signatur
S.	Seite
Salom 1788	Verter, opera originale tedesca del celebre signor Goethe, trasportata in italiano dal D. M. S. [Michele Salom]. Teil 1 – 2. Venedig 1788
Salomon, Sozietät	Salomon, Johanna: Die Sozietät für die gesamte Mineralogie zu Jena unter Goethe und Johann Georg Lenz. Köln u. a. 1990
Sauer, in: GJb 39 (1918)	Sauer, August: Briefe an Goethe aus Österreich-Ungarn. – In: GJb 39 (1918), S. 161 – 184
Sauer, in: GJb 41 (1920)	Sauer, August: Briefe an Goethe aus Österreich-Ungarn. – In: GJb 41 (1920), S. 175 – 192
Schäfer, in: GJb 134 (2017)	Schäfer, Sabine: Briefe an Goethe in seiner Autographensammlung: eine Nachlese. Mit einem Brief von Georg Sartorius. – In: GJb 134 (2017), S. 279 – 289

Schoof, in: GJb 57 (1937)	Schoof, Wilhelm: Goethe und Ernst Otto von der Malsburg. – In: GJb 57 (1937), S. 226 – 230
Schreckenbach	Goethes Autographensammlung. Katalog. Bearbeitet von Hans-Joachim Schreckenbach. Weimar 1961
Schulz, in: Jb der Wittheit 1971	Schulz, Günter: Carl Ludwig Ikens Briefe an Goethe. – In: Jahrbuch der Wittheit zu Bremen 15 (1971), S. 105 – 207
Scott	Scott, Douglas Frederick Schumacher: Some English Correspondents of Goethe. London 1949
Sembdner	Sembdner, Helmut: Schütz-Lacrimas. Das Leben des Romantikerfreundes, Poeten und Literaturkritikers Wilhelm von Schütz (1776 – 1847). Mit unbekannten Briefen und Kleist-Rezensionen. Berlin 1974
Skramlik, in: GJb 65 (1947)	Skramlik, Emil von: Die Rolle Goethes in der Geschichte eines Hussitenkodex. – In: GJb 65 (1947), S. 227 – 256
Sommerfeld, in: Zeitschr. f. d. Gesch. Berlins 1941	Sommerfeld, Herbert: Goethe und der Berliner Kunstverleger Ludwig Wilhelm Wittich. – In: Zeitschrift des Vereins für die Geschichte Berlins 58 (1941), S. 10 – 14
Soret Houben	Frédéric Soret. Zehn Jahre bei Goethe. Erinnerungen an Weimars klassische Zeit 1822 – 1832. Aus Sorets handschriftlichem Nachlaß, seinen Tagebüchern und seinem Briefwechsel. Zum ersten Mal zusammengestellt, übersetzt und erläutert von Heinrich Hubert Houben. Leipzig 1929
Steig, in: GJb 12 (1891)	Steig, Reinhold: Briefwechsel zwischen Goethe und Therese von Jakob (12. April 1823 [richtig: 1824] – 13. Dez. 1826). – In: GJb 12 (1891), S. 33 – 77
Suphan, in: GJb 15 (1894)	Suphan, Bernhard: Ouvrages poétiques du Goethe. – In: GJb 15 (1894), S. 17 – 19
T	Teildruck
TB	Tagebuchvermerk
Topfmeier	Topfmeier, Christa: Goethes Majolikasammlung. Teil 1 – 2. Diss. Jena 1958
UA Jena	Universitätsarchiv Jena
V	Vorlage
Vulpius	Christian August Vulpius. Eine Korrespondenz zur Kulturgeschichte der Goethezeit. Hrsg. von Andreas Meier. Bd. 1 – 2. Berlin 2003

WA	Goethes Werke. Hrsg. im Auftrage der Großherzogin Sophie von Sachsen. I. Abteilung: Werke. II. Abteilung: Naturwissenschaftliche Schriften. III. Abteilung: Tagebücher. IV. Abteilung: Briefe. Bd. 1 – 143. Weimar 1887 – 1919. Nachträge und Register zur IV. Abteilung: Briefe. Hrsg. von Paul Raabe. Bd. 1 – 3 (WA IV 51 – 53). München 1990 (Weimarer Ausgabe)
Wadle	Wadle, Elmar: Die preußische Politik und Goethes Gesuch um ein Nachdruckprivileg des Deutschen Bundes. – In: Archiv für die Geschichte des Buchwesens 56 (2002), S. 147 – 160
Wahle, in: GJb 28 (1907)	Wahle, Julius: Briefe von Michael Beer an Goethe. – In: GJb 28 (1907), S. 19 – 26
Wahle, in: GJb 32 (1911)	Wahle, Julius: Aus dem Goethe- und Schiller-Archiv. – In: GJb 32 (1911), S. 9 – 12
Weniger	Weniger, Erich: Goethe und die Generale der Freiheitskriege. Stuttgart 1959
Werke Aa	Goethes sämtliche Schriften. Bd. 1 – 26. Gedruckt bei Anton Strauß [Bd. 24 – 25: bei Matthias Andreas Schmidt]. In Kommission bei Joseph Geistinger. Wien 1810 – 1817
Werke B	Goethes Werke. Bd. 1 – 20. In der J. G. Cottaschen Buchhandlung. Stuttgart, Tübingen 1815 – 1819
Werke Ba	Goethes Werke. Bd. 1 – 26. Originalausgabe. Bei Christian Kaulfuß und Karl Armbruster. In der J. G. Cottaschen Buchhandlung. Wien 1816 – 1822
Werke C1	Goethes Werke. Vollständige Ausgabe letzter Hand. Bd. 1 – 40. In der J. G. Cottaschen Buchhandlung. Stuttgart, Tübingen 1827 – 1830. Bd. 41 – 60 [Mit dem Nebentitel Goethes nachgelassene Werke]. In der J. G. Cottaschen Buchhandlung. Stuttgart, Tübingen 1832 – 1842
Werke N	Goethes neue Schriften. Bd. 1 – 7. Mit Kupfern. Bei Johann Friedrich Unger. Berlin 1792 – 1800
Werke s1	D. Goethens Schriften. Teil 1 – 3. Mit Kupfern. Bei Christian Friedrich Himburg. Berlin 1775f.
Witczuk, in: WB 1970	Witczuk, Florian: Goethes polnische Bekanntschaften. – In: Weimarer Beiträge 6 (1970), S. 196 – 210
Wolzogen	Literarischer Nachlaß der Frau Caroline von Wolzogen. Hrsg. von Karl Hase. Bd. 1 – 2. Leipzig 1867

Zaunick	Zaunick, Rudolf: Aus dem Leben und Wirken des Dresdener Kupferstechers Moritz Müller genannt Steinla (1791 bis 1858), insbesondere von seinem paläontologischen Sammeln und Forschen. Jahrbuch des Staatlichen Museums für Mineralogie und Geologie zu Dresden (Sonderdruck). Dresden 1962
Zedinek, in: Siebenstern 1930	Zedinek, Hans: Zwei Briefe an Goethe aus dem »Fikentscherhaus« in Marktredwitz. – In: Der Siebenstern. Vereinszeitschrift des Fichtelgebirgsvereins e. V. 7 (1930), S. 98 – 101

REGESTEN

1823–1824

1   HAGE, KARL CHRISTOPH

? 1823 oder 1824   Ort n. e.   S: 26/LXXI,1,7 Bl. 2   D: —   B: —   A: —

G. erhalte *das Paquet mit dem* (? meteorologischen) *Instrument durch einen Bothen von Weimar.*

2   NEES VON ESENBECK, CHRISTIAN GOTTFRIED DANIEL

1823 Januar 1   Bonn   S: 28/101 Bl. 23   D: GNe, Nr. 63   B: —   A: —

Neujahrswünsche. Möge G. *recht lange in diesen jugendlichen Alter verbleiben, deßen Kraft schon Viele hoffen läßt*; F. Rückerts *poetische Ahnung möge an einem so seltnen Beyspiel doch wohl auch der Erde vergönnt seyn* (? vgl. »Östliche Rosen«).

3   PERTHES, FRIEDRICH CHRISTOPH

1823 Januar 1   Gotha   S: 28/101 Bl. 2.7   D: WA IV 36, 437f. (T)   B: —   A: 1823 Januar 4 (36, Nr. 219)

Die von S. D. Bendixen beabsichtigte Lithographie von F. Overbecks Gemälde »Verkündigung Mariens«, über die P. an G. geschrieben habe (vgl. RA 9, Nr. 917), sei wegen *der Größe des Gemäldes* unterblieben. Der Eigentümer, F. E. K. Fromm, erbiete sich in beiliegendem Brief an P., das Gemälde und *ein andres* von P. Cornelius (»Die drei Marien am Grabe«) an G. zur Ansicht zu senden. P. bitte bei Rücksendung des Briefes um Nachricht.

4   HEIDLER, KARL JOSEPH

1823 (*1822*) Januar 4   Pilsen   S: 28/101 Bl. 12–13   D: —   B: —   A: 1823 August 20 (37, S. 368, vgl. GB Rep, Nr. 37115b)   TB?: 1823 Januar 13

Neujahrsglückwünsche. Bedauern darüber, dass G. möglicherweise im Sommer 1823 nicht nach Marienbad kommen werde. Im November habe H. mit N. B. Conrath eine Reise in die Rhein- und Mainbäder unternommen.

5 ZAUPER, JOSEPH STANISLAUS

1823 Januar 5   Pilsen   S: 28/1011 St. 8   D: Grüner und Zauper, 174–176   B: 1822 Dezember 27 (36, Nr. 201)   A: 1823 Februar 2 (36, Nr. 241)   TB: 1823 Januar 12   TB?: 1823 Januar 7

Sollten die *weimar'schen werthesten Reisenden* (Erbgroßherzog Karl Friedrich und Erbgroßherzogin Maria Pawlowna) mit ihrem Besuch in Pilsen unzufrieden gewesen sein, dann wolle es Z. mit der Jahreszeit entschuldigen. — Seinem kurz vorangegangenen Brief (RA 9, Nr. 1610) müsse Z. *doch noch ein paar Worte nachfolgen lassen*. Mit *Vergnügen* habe er gesehen, dass *in der neuesten Auflage der deutschen Beyspielsammlung* für die österreichischen Gymnasien G.s »Iphigenie auf Tauris« aufgenommen worden sei. Z. habe einst selbst *in einer Schulschrift* um die Aufnahme dieses Dramas gebeten und vorgeschlagen, *selbes auch römisch übersetzt, in die lateinische Chrestomathie statt der schwülstigen* »Trojanerinnen« *von Seneca aufzunehmen*. — Die tschechische Übersetzung der »Iphigenie« habe G. erhalten, sie sei von S. Macháček (vgl. RA 9, Nr. 1478). Über den Streit unter tschechischen Gelehrten um die Verwendung der Buchstaben j und y sowie über die Verslehre in der tschechischen Sprache. Gegenwärtig würde auch an einer Übertragung des »Faust« gearbeitet (vgl. Macháčeks Übersetzung von L. Spohrs Oper »Faust«, Libretto von J. K. Bernard). — Durch F. Vitzthum habe Z. von G.s Wohlsein erfahren; erwähnt: B. Steinhauser.

6 BREINL, KARL

1823 (*1822*) Januar 6   Pilsen   S: 28/101 Bl. 19–20   D: WA IV 36, 454 (R)   B: —   A: 1823 Februar 2 (36, Nr. 240)   TB?: 1823 Januar 13

B. berichtet über den Aufenthalt von Erbgroßherzog Karl Friedrich und Erbgroßherzogin Maria Pawlowna sowie des Zaren Alexander von Russland in Pilsen und bittet, ersterem sein *Gefühl der Dankbarkeit* für die *gnädige Herablassung und Anerkennung seiner Bemühungen* auszusprechen; erwähnt: J. Breinl und Fürst P. Wolkonski. — B. hoffe, G. in diesem Jahr in Marienbad zu sehen.

7 LANGHEINRICH, JOHANN GOTTLIEB

1823 Januar 6   Asch   S: 28/101 Bl. 18   D: Alberti, 35   B: 1822 Dezember 19 (36, Nr. 193)   A: —   TB?: 1823 Januar 13

Die von G. übersandten Landkarten von P. Schenck könne L. leider nicht gebrauchen; er benötige die vom *Voigtländer Kreis, u wo möglich den Neustädter u Erzgebürgischen*. — Die Fasanen werde G. erhalten haben (vgl. RA 9, Nr. 1603). L. könne die Bratwürste und den *Frischling* nicht senden, weil bei der starken Kälte *alles Saft u Kraft verliehrt*. — Er habe *einige schöne Steine gefunden*. — Hoffnung, G. im Frühjahr wieder in Asch begrüßen zu können (vgl. G.s Tagebuchnotiz vom 29. Juni).

8   KNEBEL, KARL LUDWIG VON

1823 Januar 7   Jena   S: 28/519 Bl. 591–592   D: WA IV 36, 450f. (T) und LA II 1B, 934 (T)
B: —   A: 1823 Januar 29 (36, Nr. 234)

Über die Zukunft von K.s Sohn Karl: Fürst Heinrich LXXII. von Reuß-Ebersdorf habe ihn als Hauptmann in seine Dienste genommen und wolle ihm *die Ober Aufsicht über seine Forstungen anvertrauen*; erwähnt: K.s Ehefrau und sein Sohn Bernhard. — H. C. Oersted habe K. nicht kennengelernt; er sei nur kurze Zeit in Jena gewesen und habe sich *blos mit der Ansicht der physikalischen Institute* beschäftigt. — Empfehlung an G.s Familie.

9   GRÜNER, JOSEPH SEBASTIAN

1823 (*1822*) Januar 8   Eger   S: 28/101 Bl. 15–16   D: Grüner und Zauper, 38–40   B: 1822 Dezember 25 (36, Nr. 198); 1822 Dezember 27 (36, Nr. 200)   A: von A. von Goethe, 1823 Februar 26 (36, S. 463, vgl. GB Rep, Nr. 36256l)   TB: 1823 Januar 12

Das schnelle Abreisen der Hoheiten (Erbgroßherzog Karl Friedrich und Erbgroßherzogin Maria Pawlowna) hätten Grüners persönliche Aufwartung und eine Übergabe dieses Briefes an F. A. von Beulwitz verhindert. — Die Kiste Mineralien sei erst vor einigen Tagen in Prag angelangt (im vaterländischen Museum; vgl. G.s Tagebuchnotiz vom 22. August 1822); Pater *Wendelin* (W. Gradl) entschuldige den verspäteten Transport. — Die beigefügten Reden vom *Oberstburggrafen* (Graf F. Kolowrat, Ruppert 501) und von Graf K. Sternberg (Ruppert 504) seien am 23. Dezember 1822 (Stiftungstag der Gesellschaft des vaterländischen Museums in Böhmen) gehalten worden. Graf Sternberg werde sich im Februar mit dem *gegenwärtigen Stand* des Museums *öffentlich näher auseinander setzen* (vgl. »Rede ... bei der ersten ordentlichen allgemeinen Versammlung«, Ruppert 505). — Grüner wünsche, dem *Jenaer Cabinette* einige Mineralien zu senden und bittet, das *Format bestimmen lassen zu wollen*. Das bei Krottensee *neu vorgefundene Fossil* dürfte besonders interessieren. Über die vermutliche Analyse des Minerals und der beim Tillenberg gefundenen *Schlaken, und Laven [...]. Ein großes und neues Feld für das Frühjahr!*

10   HARZEN, GEORG ERNST

1823 Januar 9   Hamburg   S: 28/101 Bl. 47   D: —   B: —   A: —   TB: 1823 Januar (BVL)

H. übersendet die Fortsetzung des *Auctions Cataloges* der Kupferstichsammlung von K. F. Schmidt (von J. A. Nasser, Abt. 3 und 4). Ein Auftrag von G. werde ihn *sehr glücklich machen*.

11   NEES VON ESENBECK, CHRISTIAN GOTTFRIED DANIEL

1823 Januar 9   Bonn   S: 28/1032 Bl. 67–70   D: GNe, Nr. 64   B: 1822 Dezember 29 (36, Nr. 204)   A: 1823 Februar 2 (36, Nr. 244)

Die beyliegenden Zeilen sind bis heute zurückbehalten worden, da E. d'Alton die Tafeln zur Gattung Goethea habe anschließen wollen (vgl. K. von Martius und N., in: »Nova Acta« 1823, Bd. 11.1). — Über L. F. von Frorieps Besuch, der von Lord Byrons Widmung an G. in einem *seiner neuern Werke* (»Sardanapalus«, vgl. Ruppert 1497) berichtet habe; sollte es sich um *ein Fac simile einer handschriftlichen Zueignung* handeln, bitte N. um einen Abdruck. — Erläuterungen zur Entstehung von A. F. Näkes »Wallfahrt nach Sesenheim« und deren Übersendung durch d'Alton, überbracht von Gräfin F. Beust (vgl. RA 9, Nr. 1568). — Bei d'Alton habe N. den Abguss des von G. zugesandten fossilen Zahns gesehen und von dessen Absicht einer kleinen Abhandlung in den »Nova Acta« erfahren (vgl. aber G. »Fossiler Backzahn«, in: »Zur Naturwissenschaft überhaupt« II 1). Freude über die von G. übersandten osteologischen Kupferplatten (von J. Waitz gezeichnete und von J. H. Lips gestochene Abbildungen zu G.s Aufsatz von 1784 »Dem Menschen wie den Tieren ist ein Zwischenknochen der obern Kinnlade zuzuschreiben«), die N. mit Erläuterungen von d'Alton im 11. Band der »Nova Acta« veröffentlichen wolle. Sollte G. eigene erklärende Worte beifügen wollen, würde N. damit den 12. Band eröffnen (vgl. »Zur vergleichenden Osteologie von Goethe. Mit Zusätzen und Bemerkungen von Dr. Ed. d'Alton«, in: »Nova Acta« 1824, Bd. 12.1). — N. fühle Genugtuung, dass C. E. Neeffs *Vorschlag dem Entdecker des Oerstedschen Versuchs selbst beachtenswerth erschien* (vgl. RA 9, Nr. 1217), und dass er durch G.s Anregung von J. W. Döbereiner ausgeführt worden sei. — Ankündigung von N.s Rezension über den 1. Band »Zur Naturwissenschaft überhaupt, besonders zur Morphologie« für die JALZ (1823, Nr. 101–108, mit A. Goldfuß und J. Noeggerath); erwähnt: H. K. A. Eichstädt. Der Beitrag verzögere sich, da N. *eiligst ein lateinisches Exercitium* zur Gedächtnisfeier für Fürst K. A. Hardenberg verfasst habe (»Libamen sepulcrale«). — Von den von G. an d'Alton gesandten Kupferstichen wünschte N. *auch ein Blatt* für sich (G.s Porträt von T. Wright nach G. Dawe).

12   NOWAK, DOMITIANUS XAVERIUS

1823 Januar 9   Kukus   S: 28/101 Bl. 27   D: LA II 8B/1, 318 (T)   B: —   A: 1823 Januar 29
(36, Nr. 233)   TB: 1823 Januar 18

N. habe *einem Buche die Vorzeit genannt* entnommen, dass G. die *original Medaille* der Paola Gonzaga besitze (vgl. A. Vulpius' Beschreibung, in: »Die Vorzeit« 1817, Bd. 1). Er sei bereit, G. die in seinem Besitz befindliche *Medaille des Franciscus Conzaga, so der Gemahl der Paula und Markgraf von Mantua war*, zu schicken, wenn G. die Bergakademie (? in Freiberg) beauftrage, N. für dessen mineralogische Sammlung einige ihrer Dubletten zu übersenden. Der Orden der barmherzigen Brüder, für den N. die Sammlung anlege, werde diese Stücke *als bleibendes Denkmahl* an G. aufbewahren. Ein *kleines Verzeichniß* der gewünschten Dubletten liege bei.

13   SACHSEN-WEIMAR-EISENACH, KARL AUGUST GROSSHERZOG VON

1823 Januar 9   Weimar   S: 28/101 Bl. 14   D: GH, Nr. 910   B: 1823 Januar 8 (vgl. WA III 9, 3)
A: —

Dank *fürs übersendete* (? RA 9, Nr. 1607). J. G. Lenz sammle *recht für die himlischen scheuren!* (Anspielung auf NT, Matthäus 6, 26 bzw. Matthäus 13, 30). — Die *Sachen* (? aus Kitt; vgl. G.s Tagebuchnotiz vom 6. November 1822) *mit den anstriche versehn*, werde S. *auf den Balcon ins freye* setzen, um zu sehen, *was es kann*. K. W. Coudray habe er *das Recept* zu einem *vor dem jahre* noch patentierten Kitt (? von J. E. Dihl) gegeben; er zweifle aber, *daß es dasselbe sey.* — Frage, was G. mit W. L. von Eschwege wegen *der bezahlung* (der Diamanten) vereinbart habe.

14   FREGE & CO.

1823 Januar 10   Leipzig   S: 30/306 Bl. 150.153   D: —   B: 1823 Januar 6 (vgl. WA III 9, 3)
A: —

G.s *Zuschrift vom 6.* zufolge seien 300 Reichstaler zu Lasten der Cottaschen Buchhandlung für J. Elkan gebucht worden.

15   KÄSTNER, JOHANN ERNST GOTTLIEB

1823 Januar 10   Guben   S: 28/101 Bl. 25   D: —   B: —   A: —   TB: 1823 Januar (BVL)

K. übersende die von ihm herausgegebenen »Ausgewählten Blätter aus dem poetischen Nachlass« seines Vaters J. F. Kaestner (Ruppert 977), um ihn dem *wohlwollenden Andenken* G.s zu empfehlen.

16   SORET, FRÉDÉRIC JACOB

1823 Januar 13   Weimar   S: 28/101 Bl. 17   D: —   B: —   A: —   V: in französischer Sprache

Erbgroßherzogin Maria Pawlowna, der S. den Auftrag G.s ausgerichtet habe, wolle G. bald besuchen (vgl. G.s Tagebuchnotizen vom 14. und 16. Januar). Sie werde sich einen Tag vorher anmelden lassen. — S. bitte seine *encre pâle* zu entschuldigen.

17   BOISSERÉE, JOHANN SULPIZ MELCHIOR DOMINIKUS

1823 Januar 14   Stuttgart   S: 28/206 St. 91   D: GB 2, 347 (T)   B: 1823 Januar 3 (36, Nr. 209)
A: 1823 Januar 27 (36, Nr. 230)

Am 11. Januar seien die von G. gewünschten Münzen *auf den Postwagen* gegeben und C. Binder bezahlt worden: *hier folgt der Schein darüber.* Auch lege er die Rechnung über *das Exempl. des Domwerks* (»Ansichten, Risse ... des Doms von Köln«) für Großherzog Karl August bei. — Die Mitteilung des *Facsimile von Byron's intentionierter*

Dedication (Widmungszeilen in Lord Byrons »Sardanapalus« für G., vgl. Ruppert 1497) habe B. große Freude bereitet; erwähnt: Byrons »Werner«. — Vertrauliche Anfrage zu G.s Kenntnissen über die Qualität der *Sollyschen Sammlung* in Berlin. B. habe von verschiedener Seite erfahren, dass in Bologna *alle mittelmäßigen und ungewißen Gemälde* an E. Solly verkauft worden seien. Bitte, auch mit H. Meyer nicht darüber zu sprechen. — B. sei vom *Frankfurter Verein* wegen *der Skizzen zur Statue* (G.-Denkmal in Frankfurt) *gemahnt* worden, woraufhin er C. Rauch angetrieben habe, die *Modelle* zu liefern. G. werde davon einen Abguss erhalten: *Sagen Sie mir darüber Ihre Meinung unverholen.* — G. habe H. C. Oersted, *der mich soeben verläßt,* in seiner *Ansicht über die Farbenlehre zum Wanken gebracht* (vgl. G.s Tagebuchnotiz vom 16. Dezember 1822). Empfehlung von den *Meinigen* (M. Boisserée und J. B. Bertram).

18   BOTHMER, GEORG GOTTLIEB ERNST KARL GRAF VON

1823 Januar 14   Erlangen   S: 28/101 Bl. 28–29   D: —   B: an Gallus [d. i. B.], 1819 Dezember 16 (32, Nr. 93)   A: —

B. gehe davon aus, dass G. seine letzten beiden Briefe (RA 8, Nr. 1162 und RA 9, Nr. 1496) erhalten habe. Es mache ihn *vergnügt und glücklich*, an G. schreiben zu dürfen, und er *bewahre es gern als ein theures Geheimniß*. — Die letzte Zeit sei *überhaupt eine unfruchtbare Periode* gewesen. *Alle Poesie lag erstickt in den Fluthen eines ziemlich beweglichen Lebens.* Deshalb könne er nicht mit neuen Dichtungen aufwarten. Kürzlich hätten F. von Schlegels Vorlesungen »Über die neuere Geschichte« ihn angeregt, *Heinrich des Löwen Stolz und Fall in ein Drama zu bringen.* Jedoch, seine Gedanken *zerfließen immer,* ehe er *das Material beisammen habe*; er könne *das Band nicht finden, das sie vereinen soll.* — Bezugnahme auf Verse aus G.s Gedicht »Meine Göttin«.

19   LECHNER, JOHANN LEONHARD SIXTUS

1823 Januar 14   Nürnberg   S: 30/378 Bl. 36   D: Topfmeier 2, 33–35   B: an J. J. Lechner [richtig: an L.], 1822 Dezember 6 (36, Nr. 180)   A: —

Mitteilung auf G.s Anfrage, dass die Majolika-Schalen nicht *im Ganzen* erworben werden können; Angabe der Gründe. L. werde G. sofort nach Erscheinen das aktualisierte Auktionsverzeichnis mit der Bitte um G.s *BestellungsPreiße* zusenden. Sorge vor reichen Konkurrenten. Aufstellung der angebotenen Stücke. L. wünschte, dass diese Sammlung *vor jeder künftigen Zersplitterung bewahrt* bliebe.

20   ZELTER, KARL FRIEDRICH

1823 Januar 14   Berlin   S: 28/1018 St. 218; 32/3   D: MA 20, Nr. 398   B: 1822 Dezember 14 (36, Nr. 189); 1822 Dezember 18 (vgl. WA III 8, 273)   A: 1823 Januar 18 (36, Nr. 226)

Z. müsse schreiben, um das Gedicht »Ultimatum« und den zugehörigen Brief F. A. Wolfs an G. zu übermitteln, nachdem er gegenüber Wolf behauptet habe, das Gedicht bereits nach Weimar geschickt zu haben. Wolf habe sein Gedicht zurückfordern wollen, um weiter daran zu arbeiten. Er beabsichtige, nun selbst an G. schreiben, um es zu erläutern. Charakterisierung Wolfs; erwähnt: J. G. Langermann und K. A. Varnhagen von Ense. Das in Wolfs Brief erwähnte Porträt G.s (Kopie von J. Franck nach F. Jagemanns Kreidezeichnung aus dem Jahr 1817) habe Wolf in einem *Lakirerladen* gefunden; erwähnt: W. von Humboldt. — G.s letzter Brief sei für Z. *ein rechtes Labsal*: Die Verse (G.s Gedicht »Äolsharfen«) *sind unschätzbar*. — Übersendung der Vertonung von G.s Gedicht »Das Sträußchen«. — Dank für »Zur Naturwissenschaft überhaupt, besonders zur Morphologie« (I 4) und Erinnerung an G.s Versprechen, Z. das *morphologisch-wissenschaftliche in zwey Bände geordnet* zu senden (jeweils die Hefte 1 – 4 von »Zur Morphologie« und »Zur Naturwissenschaft überhaupt«). — Freude über den Anblick der *drey Bände Kunst u Alterthum* (I 1 – III 3) auf Z.s Schrank. — Die von G. gesandten Fasanen habe Z. mit Wolf und G. W. F. Hegel gegessen. — A. von Humboldt sei mit dem preußischen König Friedrich Wilhelm III. aus Italien zurück und habe viel zu berichten.
Anlage: Z.s Vertonung von G.s Gedicht »Das Sträußchen«; datiert: 7. Oktober 1822.
Beilage: RA 9, Nr. 1577.

21 Meyer, Johann Heinrich

1823 Januar Mitte   Weimar   S: 28/101 Bl. 24.26   D: GM, Nr. 634   B: —   A: —

Erbgroßherzogin Maria Pawlowna habe sich durch J. Mazelet nach M.s Gesundheitszustand erkundigt und gleichzeitig nach den *Petersburger Prospekten in Steindruck fragen laßen*, die noch aufgerollt bei G. liegen müssten. Bitte, W. Stadelmann danach suchen zu lassen und sie direkt oder über M. an Maria Pawlowna zu senden. Weiter wünsche sie *eine Broschüre über den Congress von Verona* zurück, die M. aber nicht näher bezeichnen könne (? J. Görres »Die Heilige Allianz und die Völker auf dem Kongresse von Verona«).

22 Panse, Karl Friedrich Christian

1823 Januar 16   Naumburg   S: 28/101 Bl. 31–32   D: —   B: —   A: —   TB: 1823 Januar 20; 1823 Januar (BVL)

P. übersendet die ersten sechs Nummern der unter seiner Redaktion erscheinenden Zeitschrift »Prometheus« (Ruppert 328), obwohl die *Productionen der zweiten Generation [...] vielleicht wenig geeignet* seien, G.s Interesse zu gewinnen. Huldigung an G., dessen Schriften P. seine Bildung verdanke; erwähnt: seine *anonymen* Veröffentlichungen. P. sei der Verfasser der Aufsätze in den beiliegenden Blättern, außer des Beitrags »Der Chorist« (anonyme Rezension von W. Müllers »Chriemhilds Rache«, in: Nr. 5). — Von Ostern an werde P. in Weimar wohnen. Bitte, G. besuchen zu dürfen.

23 RIEMER, FRIEDRICH WILHELM

1823 Januar 16   Weimar   S: 28/101 Bl. 22.30   D: —   B: —   A: —

Wegen geeigneter Lektüre für den heutigen Abend bei Erbgroßherzogin Maria Pawlowna in Verlegenheit, bittet R. um das neueste Heft von »Über Kunst und Altertum« (IV 1), und, falls es G. *zur Vorlesung* geeignet finde, sein Exemplar des »Touti Nameh« (K. Ikens Übersetzung des Nachschabi, nach F. Gladwins englischer Übersetzung von M. Kaderis Bearbeitung, vgl. Ruppert 1778). Zum *Buchladen* (Hoffmannsche Buchhandlung) möchte er wegen der damit verbundenen Umstände nicht gehen.

24 SARTORIUS, GEORG CHRISTIAN

1823 Januar 18   Eisenach   S: 29/422,II Bl. 2–3; Bl. 4   D: LA II 8B/1, 322 (T)   B: —   A: 1823 Januar Ende (36, S. 453f., vgl. GB Rep, Nr. 36239bI, nicht abgesandt)   TB: 1823 Januar 20

Bericht über seine naturkundlichen Funde in den Kohlenwerken von Theobaldshof und Kaltennordheim; erwähnt: F. G. Dietrich. — Nachricht über *ein altes fort* in Ostheim vor der Rhön: S. vermute, dass es *eine römische Befestigung, und zwar nach Kruse, eine Arx sei* (vgl. »Archiv für alte Geographie, Geschichte und Altertümer«, hrsg. von F. Kruse, H. 2). Ausführlich über seine Gründe für diese Annahme; dabei erwähnt: Pompeius Paulinus und Vitruv. Sollte das Fort näher untersucht werden, könnte *es vielleicht einigen Aufschluß in der alten Geschichte geben.*
 Anlage: S.s *Beschreibung des forts zu Ostheim v. der Rhön* mit einer Zeichnung.

25 STAPFER, FRÉDÉRIC ALBERT ALEXANDRE

1823 Januar 18   Paris   S: 28/878 St. 1   D: Mommsen 5, 348f.   B: —   A: —   V: in französischer Sprache

Mutmaßungen, warum G. bisher zu S.s Sendung des 3. Bandes der »Œuvres dramatiques de J. W. Goethe« (RA 9, Nr. 1147) geschwiegen habe; erwähnt: seine Mitarbeiter (G. E. L. Cavaignac und Margueré). Die wahrscheinlichste Erklärung sei, dass G. nicht vor Abschluss des gesamten Werkes sich darüber äußern wolle (vgl. G. »Notice sur la vie et les ouvrages de Goethe par Albert Stapfer«, in: »Über Kunst und Altertum« V 3). — Beiliegend überreiche S. den »Faust«, G.s originalstes aber auch am wenigsten übersetzbares Werk. Bitte um ein nicht beschönigendes Urteil G.s. — Die von allen Übersetzern anerkannte Regel der Treue definiere S. als die Kunst, die Gedanken des Autors, den man übersetzt, in äquivalenten Begriffen wiederzugeben; halte man sich zu sehr an den Buchstaben und die Nuancen des Ausdrucks, verliere man die Nuancen der Ideen aus den Augen. Man müsse das zu übersetzende Werk gedanklich nachvollziehen. — Rousseau habe mit diesem Anspruch ein entstelltes Tacitus-Fragment erscheinen lassen; S. hoffe, mehr Erfolg zu haben. — Angabe seiner Adresse.
 Beilage zu: RA 10, Nr. 71.

26 WILLEMER, JOHANN JAKOB VON

1823 (22) Januar 18   Frankfurt   S: 28/101 Bl. 21   D: GW, Nr. 119   B: 1823 Januar 6 (36, Nr. 217)   A: —

Graf K. F. Reinhard sei *vor einigen Tagen* angekommen und versichere G. seine *Verehrung und Werthschäzung*. Lord Byrons Zueignung seines »Sardanapalus« an G. (vgl. RA 9, Nr. 988 und Ruppert 1497) habe Reinhard große Freude bereitet. — Dank für die von G. gesandten *6 Wildfänge* (Fasane); erwähnt: M. Andreae, R. Thomas und M. Guaita.

27 ADRIAN, JOHANN VALENTIN

1823 Januar 19   Stuttgart   S: 28/101 Bl. 46   D: Cotta, in Nr. 466   B: an J. J. von Willemer, 1823 Januar 6 (36, Nr. 217)   A: 1823 Februar 3 (36, Nr. 246)   TB: 1823 Januar 29

Durch G.s Urteil über »Die Priesterinnen der Griechen« fühle sich A. *geehrt, und mehr als belohnt*. Seine *Frankfurter Freunde* (u. a. J. J. und M. von Willemer; vgl. RA 10, Nr. 34) hätten A. damit bekannt gemacht. J. F. von Cotta habe ihn zu diesem Dankschreiben ermuntert. A. halte es für anmaßend, ohne G.s Erlaubnis seinen Lebenslauf darzulegen.
Beilage zu: RA 10, Nr. 28.

28 COTTA, JOHANN FRIEDRICH VON

1823 Januar 20   Stuttgart   S: 28/101 Bl. 45   D: Cotta, in Nr. 466   B: —   A: 1823 Februar 3 (36, Nr. 245)   TB: 1823 Januar 29

Empfehlung für J. V. Adrian, den er seit Jahren aus der *Nähe beobachte* und den er veranlasst habe, G. selbst zu schreiben. — S. Boisserée und *die Drukbogen* (von »Über Kunst und Altertum« IV 1) gäben C. Zeugnis von G.s Wohlbefinden. Hoffnung, G. auf der Reise zur Leipziger Ostermesse zu treffen (vgl. G.s Tagebuchnotizen vom 22. April und 15. Mai), trotz der Beanspruchung C.s durch den *Staat und die Stadt*.
Beilage: RA 10, Nr. 27.

29 CRAMER, CHRISTOPH LUDWIG WILHELM

1823 Januar 20   Wetzlar   S: 28/103 Bl. 238   D: LA II 10A, 566 (T)   B: 1822 Dezember 28 (36, Nr. 203)   A: —

Dank für die Weihnachtsgabe (ein Beryll). — Anfrage, ob G. *Seltenheiten aus dem Reich der Braunkolen gefällig* seien; Aufzählung derselben. Wiederholte Bitte nach Mineralien aus Böhmen (vgl. RA 9, Nr. 1544), zusätzlich nach Augit und Leberkies aus Joachimsthal sowie Plasma und Alaunstein aus Rom. — Mit steigendem Alter wachse C.s Liebe zu Mineralien, auch befördert durch ein zweites Geschenk an Mineralien

30 FROMMANN, JOHANNA CHARLOTTE AN O. VON GOETHE

1823 Januar 20   Jena   S: 28/101 Bl. 33   D: —   B: —   A: —

Die *Sehnsucht, G. etwas zu Liebe zu thun*, erfülle sich mit dieser Übersendung einiger Dorsche. — Freude über das Wohlsein A. von Goethes sowie von Walter und Wolfgang in diesem kalten Winter. F. gehe es wieder besser (vgl. RA 10, Nr. 35). Hoffnung auf baldige Genesung J. Schopenhauers. — Zum Konzert am 21. Januar werde F. nicht kommen. — Empfehlungen von F. und A. Frommann.

31 REINHARD, KARL FRIEDRICH GRAF

1823 Januar 20 bis 23   Frankfurt   S: 28/734 St. 68   D: GRe, Nr. 124   B: 1823 Januar 6 (36, Nr. 218)   A: 1823 April 10 (37, Nr. 8)   TB: 1823 Januar 27

1823 Januar 20

Dank für G.s *Bewillkommnungs-Billet* mit dem neuesten Heft von »Über Kunst und Altertum« (IV 1), das R. noch am gleichen Tage gelesen und dann an seine Tochter Sophie weitergegeben habe. Freude über das *'treulichst'* in G.s Unterschrift, das seinem Herzen so wohltue. — Von den *wohlthätigen Wirkungen* seiner Badekur (im Sommer 1822) habe G. bereits durch F. von Müller erfahren. — Ausführlich über seine Frankreichreise, in der die Unsicherheit über die Fortführung seiner Tätigkeit oder den Rückzug in das Privatleben, mit dem Anspruch einer Pension für 30 Dienstjahre, über allem gestanden habe. Mit dieser Sicherheit im Rücken habe *Paris einen so fröhlichen Eindruk* auf R. gemacht wie nie. Als erstes habe R. seine *jungen Damen* (S. Reinhard und ? V. von Wimpffen) in die Tivoli-Gärten geführt. — Da R. mit dem *Minister* (Herzog von Montmorency-Laval oder F. R. de Chateaubriand) bereits in Epernay zusammengetroffen sei, habe er für die übrige Zeit *freie Hand* gehabt. Beschreibung der Reise in die Normandie, wo er mehrere Güter besichtigt habe, darunter das Gut bei Caen, *worauf das Majorat für meinen Sohn* (K. Reinhard) *gegründet ist*. — Zum Wesen der dortigen Einwohner; erwähnt: Wilhelm der Eroberer. Über den Besuch bei der Gräfin Custine; erwähnt: deren *Aufopferung* für ihren Mann (Armand) und ihren Schwiegervater (Adam Philippe) während der *Schrekenszeit* sowie C. Schlosser, der auf ihrem Schloss *einheimisch* sei. — Ausführlicher Bericht über die Theaterszene in Paris und das geistige Leben in Frankreich. R. habe F. J. Talma in einer *napoleonisirten* »Sylla« (von E. de Jouy) und in »Clytemnestre« (A. Soumet) mit dem *häslichen Schreihals* C. J. Duchesnois gesehen. Beeindruckender sei »Saül« (von Soumet) gewesen. Das Genre der Melodramen werde *absichtlich niedergehalten*; erwähnt: die »Chefs-d'œuvre des théâtres étrangers«, die Wiederauflage der Werke von Voltaire *in allen möglichen Formaten* (? »Œuvres complètes« und »Œuvres complètes de Voltaire. Édition compacte«) sowie der Werke von P. d'Holbach (»La morale universelle« und »Système de la

nature«, hrsg. von D. Diderot). — Über S. Boisserées Probleme, einen deutschen Text (»Ansichten, Risse ... des Doms von Köln«) in Paris drucken zu lassen. — Den tiefsten Eindruck habe auf R. die Begegnung mit G. B. Belzoni und dessen Werk »Voyages en Egypte et en Nubie« in Paris gemacht. R. habe die Ausgrabungsfunde und die nachgebildeten ägyptischen Gräber mit V. Denon und einigen Expeditionsmitgliedern besucht. Belzoni sei ein schöner Mann, der den *morgenländischen* Bart wie D. Badía unter seiner Krawatte verberge; erwähnt: Pharao Chephren.
  1823 Januar 23
R.s Brief sei liegengeblieben, da er den *Postenlauf* falsch berechnet habe. Inzwischen aber seien seine nachgesandten Kisten eingetroffen, so dass er für G. *nicht gewöhnliche französische Poesie* beilegen könne (A. de Lamartine »Méditations poétiques«); erwähnt: G.s »Campagne in Frankreich«, die R. an Gräfin M. T. Tyszkiewicz, der Schwester von Fürst J. A. Poniatowski, ausgeliehen habe.

32   VULPIUS, CHRISTIAN AUGUST

1823 Januar 21   Weimar   S: 28/101 Bl. 34–35   D: Vulpius, Nr. 648   B: —   A: —

Mitteilung der Abreise nach Kapellendorf, um mit seinem alten Freund J. H. G. Urlau seinen Geburtstag zu feiern.

33   CONTA, KARL FRIEDRICH ANTON

1823 Januar 22   Weimar   S: 28/101 Bl. 36–37   D: Hecker, in: GJb 22 (1901), 43   B: —   A: 1823 Januar 23 (36, Nr. 227)   TB: 1823 Januar 23 (E)

K. Naumann, zurückgekehrt von seiner mineralogischen Studienreise nach Schweden, Dänemark und Norwegen, weile gegenwärtig in Weimar und wünsche, versehen mit Empfehlungen von E. von der Recke, G. zu besuchen (vgl. G.s Tagebuchnotiz vom 8. Mai). Er wolle G. um Erlaubnis zu Privatvorlesungen in Jena bitten.

34   WILLEMER, MARIANNE VON

1823 Januar nach 22   Frankfurt   S: Freies Deutsches Hochstift Frankfurt (Abschrift)   D: GW, Nr. 120   B: an J. J. von Willemer, 1823 Januar 6 (36, Nr. 217)   A: —

Dank im Namen der ganzen Familie für die von G. übersandten Fasane (vgl. RA 10, Nr. 26), die bei Willemers und in der Familie J. Andreae *gemeinschaftlich verzehrt* worden seien. — Andreae freue sich, dass die nach Weimar geschickte Pflanze (ein Melonenkaktus) *die Aufmerksamkeit großer Kenner und hoher Dilettanten* erregt habe. — G.s Anfrage an J. J. von Willemer nach J. V. Adrian werde *durch beiliegende Zeilen* A. Kirchners beantwortet. W. habe aus *weiblichem Munde* gehört, Adrian sei *noch ein junger Mann, und ein nicht unglücklicher Uebersetzer spanischer und italienischer Dichtungen.* Durch S. Boisserée oder J. F. von Cotta von G.s Interesse zu erfahren, werde vielleicht die größte Freude seines Lebens sein. — Humorvolle Erwiderung auf G.s Bemerkungen über poetische Dedikationen unter Anspielung auf den »West-östlichen Divan«; erwähnt: Lord Byron und die Zueignung seines »Sardanapalus« an G. (vgl. Ruppert 1497). — Über einen Besuch von J. J. Riese und den gemeinsamen Wunsch, G. wiederzusehen. — Zitat aus G.s Gedicht »Versus memoriales«.

35 FROMMANN, KARL FRIEDRICH ERNST

1823 Januar 24   Jena   S: 30/306 Bl. 151–152   D: QuZ 4, Nr. 1499 (T) und WA IV 36, 450 (T)
B: 1823 Januar 4 (36, Nr. 213)   A: 1823 Januar 29 (36, Nr. 232)   TB: 1823 Januar 25 (E)

G. erhalte hierbei 37 Exemplare »Über Kunst und Altertum« (IV 1) in verschiedenen Papierqualitäten und vier *Umschläge z. d. AushBogen*. Die allgemeine Sendung verzögere sich *ein paar Wochen* wegen der von J. F. von Cotta fehlenden Listen. — F. wolle die Kosten *des Stichs der Platte und deren Abdruck* (»Der Schild Wellingtons«, gestochen von K. A. Schwerdgeburth nach T. Stothard) auslegen und bitte, den Betrag anzuzeigen. — Der Druck von »Über Kunst und Altertum« (IV 2) sowie von »Zur Naturwissenschaft überhaupt, besonders zur Morphologie« (II 1) könnte nach G.s Belieben fortgesetzt werden. — Die *wiederkehrende Sibirische Kälte* möge nicht nachteilig auf G.s Gesundheit wirken wie auf die von F.s Ehefrau und Tochter.

36 KRÄUTER, FRIEDRICH THEODOR DAVID

1823 Januar 24   Weimar   S: 28/101 Bl. 38   D: WA IV 36, 447 (R)   B: —   A: an Großherzog Karl August von Sachsen-Weimar, 1823 Januar 24 (36, Nr. 228)

Dank für G.s *Theilnahme* an K.s Erkrankung am 22. Januar. Vorschlag, die Bibliothek zum bevorstehenden Ausleihtag am 25. Januar zu schließen.

37 ZELTER, KARL FRIEDRICH

1823 Januar 24 bis 25   Berlin   S: 28/1018 St. 219   D: MA 20, Nr. 400   B: 1823 Januar 18 (36, Nr. 226)   A: —   TB: 1823 Januar 27

1823 Januar 24
Dank für *ein zweites Exemplar von der Morphologie u Naturwissenschaft* (gebundene Hefte I 1–4 von »Zur Morphologie« und »Zur Naturwissenschaft überhaupt«), das am Geburtstag des preußischen Königs Friedrich II. (24. Januar) eingetroffen sei. Anekdote aus Wien; erwähnt: F. Grillparzers »Sappho«. — Über eine Sitzung der Akademie der Wissenschaften aus Anlass des Geburtstags von König Friedrich II.; erwähnt: König Friedrich Wilhelm III., A. von Humboldt und *Sultan* (? Mahmud II.). — Der *Wunderlichste* (F. A. Wolf) habe *das anliegende Pröbchen* (ein Gedicht) an Z. geschickt, das er hiermit weiterleite; erwähnt: Wolfs Gedicht »Ultimatum«. — Grüße an G.s Familie.

1823 Januar 25
Bitte künftig *wöchentlich einen Gedanken auslaufen* zu lassen. — Anekdote über König Friedrich II.

38   DIES, ELISA

1823 Januar 25   Wien   S: 28/101 Bl. 74   D: —   B: —   A: —

D. sei die Witwe des G. aus Italien *wohlbekannten* und vor wenigen Wochen verstorbenen Künstlers und Professors der Landschaftsmalerei, A. Dies, den G. in seinen Werken (»Winckelmann und sein Jahrhundert«) *gnädigst* erwähnt habe. Zur *Bewahrung seines Nachrufes* wolle sie seine Autobiographie, einige seiner *Ansichten über Kunst* sowie Beurteilungen seiner Werke veröffentlichen (vgl. auch »Albert Dies. Biographische Skizze«, in: »Archiv für Geschichte, Statistik, Literatur und Kunst« 1825, Nr. 95/96 und Nr. 104); erwähnt: D.s Kinder. Mehrere Freunde des Verstorbenen, so J. D. Reinhart und F. Müller in Rom, habe sie bereits *zu einer kleinen Beleuchtung der ihnen bekannten Werke* aufgefordert. Bitte um einen kurzen Beitrag G.s (vgl. RA 10, Nr. 842). — Angabe ihrer Adresse bei der Buchhandlung K. Armbruster.

39   EGLOFFSTEIN, KAROLINE VON UND ZU

1823 Januar 25   Weimar   S: 28/101 Bl. 39–40   D: —   B: —   A: —

Im Auftrag von Gräfin J. Egloffstein, die seit einigen Tagen krank sei, bitte E. um die Beurteilung eines *halbfertigen* Selbstbildnisses der Gräfin *in der Hoffnung*, dass G. es mit *gewohnter Nachsicht und Milde* beurteile und einen *gütigen Rath* gebe.

40   MEYER, JOHANN HEINRICH

1823 Januar 25   Weimar   S: 28/101 Bl. 41   D: GM, Nr. 635   B: —   A: 1823 Januar 26 (36, Nr. 229)

Das *Beyliegende* habe M. von Erbgroßherzogin Maria Pawlowna, die herzlich grüßen lasse, erhalten. Ein *Plan von Pilsen*, ebenfalls für G. gedacht, bleibe noch zurück, da die Prinzessinnen Maria und Augusta *solchen copirt zu haben wünschen*.

41   MEYER, JOHANN HEINRICH

1823 Januar 26   Weimar   S: 28/101 Bl. 42   D: GM, Nr. 636   B: —   A: 1823 Januar 26 (36, Nr. 229)

M. gehe es wieder besser; er sei heute im Schloss gewesen, ohne Schaden durch die Kälte zu nehmen. Dennoch könne er G. nicht besuchen, da seine Frau (Amalia) erkrankt sei.

42 Heusinger, Karl Friedrich

1823 Januar 28 Jena S: 28/101 Bl. 48 D: LA II 10A, 566 B: — A: — TB: 1823 Februar (BVL)

H. übersendet seine Schrift »De organogenia« (Ruppert 4667) in der Hoffnung, dass G. *die freymüthig ausgesprochenen Worte des Verfaßers mit gewohnter Nachsicht* beurteilen werde.

43 Bornträger, Gebrüder

1823 Januar 29 Königsberg S: 28/101 Bl. 66 D: — B: an A. Hagen, 1822 Mai 7 (36, Nr. 29) A: — TB: 1823 März (BVL)

Übersendung eines Bandes »Gedichte« (Ruppert 926) im Auftrag des Verfassers (A. Hagen).

44 Soret, Frédéric Jacob

1823 Januar 29 Weimar S: 28/101 Bl. 43–44 D: LA II 8B/1, 324f. (T) B: — A: — TB: 1823 Januar 29 V: in französischer Sprache

Übersendung des »Tableau géographique et statistique de la Suisse« (von K. Schoch, Ruppert 4031). — Falls G. das »Journal von Brasilien« von W. L. von Eschwege besitze, erbitte sich S. dieses Werk für kurze Zeit. Er solle es im Auftrag Großherzog Karl Augusts auf etwaige Beschreibungen einiger *variétés de diamans* der von Eschwege erworbenen Sammlung überprüfen, um den eigenen Katalog ergänzen zu können (vgl. »Catalogue des Diamans«).

45 Becké, Johann Karl Xaver von

1823 Januar 31 Wien S: Klassik Stiftung Weimar, Museen D: — B: — A: — TB: 1823 März 13 (E)

B. sei seit drei Jahren erblindet und habe in seiner *Noth eine Schreibtafel erfunden*, mit der *jeder später Erblindete in geraden und gleichweit entfernten Linien schreiben* und seine *Ausgaben in gerader Colonne* notieren könne. B. übersendet ein Modell mit der Bitte, dieses Großherzog Karl August vorzulegen, um es *zur Nachbildung* bekanntzumachen (vgl. G.s Tagebuchnotiz vom 19. März). Dabei möge man die Hinweise im (beiliegenden) gedruckten »Nachtrag« beachten. Erläuterungen zur Funktion der Schreibtafel. Zudem bitte B., seine Verehrung gegenüber Erbgroßherzog Karl Friedrich und Erbgroßherzogin Maria Pawlowna auszudrücken und zu bemerken, dass er als Oberst *vor fünf Jahren*, als beide in Eger weilten, mit seinem Jägerkorps ihnen zu Diensten gestanden habe; erwähnt: Zarin Elisabeth Alexejewna von Russland. — Angabe seiner Adresse.

Anlagen: B.s gedruckte »Erklärung der Schreibtafel und Anweisung zu deren Gebrauch«, datiert: Wien, 21. August 1822, und »Nachtrag«; datiert: Wien, 13. Dezember 1822.

46 FROMMANN, KARL FRIEDRICH ERNST

1823 Januar 31   Jena   S: 30/307 Bl. 6   D: QuZ 4, Nr. 1503 (T)   B: 1823 Januar 29 (36, Nr. 232)   A: 1823 Februar 9 (36, Nr. 251)

G.s *lezte Mscpt Sendung* (G.s Übertragung des »Phaethon« von Euripides, für »Über Kunst und Altertum« IV 2), an deren *intreßanter Lektüre* sich F. erfreut habe, werde bereits gesetzt und bald zur Korrektur an G. gesandt. — F. übersende hierbei den Betrag für K. A. Schwerdgeburth, bitte jedoch wegen eines Versehens in der Berechnung um einen anderen Beleg; nähere Begründung dafür. — Über die mangelnde Heizkraft der (J. K.) Wesselhöftschen Öfen während der starken Kälte; erwähnt: F.s Ehefrau und Tochter.

47 BLUMENBACH, JOHANN FRIEDRICH

1823 Februar 2   Göttingen   S: 28/1040 Bl. 158–159   D: NC, Nr. 25   B: 1822 November 4 (36, Nr. 154); 1822 November 10 (vgl. WA III 8, 260)   A: 1823 Oktober 31 (37, Nr. 159)   TB: 1823 Februar 10

Dank B.s und seiner Kinder (Georg Heinrich Wilhelm und Adele) für die unvergesslichen Stunden bei G. (vgl. G.s Tagebuchnotizen vom 10. und 11. Oktober 1822). Ursache für seinen verspäteten Dank, auch für G.s Brief und die Mineraliensendung, sei *das intreßante präadamitische Ungeziefer*, dessen nähere Bestimmung außerordentliche Schwierigkeiten bereite und das nach Vergleichen mit *ähnlichen Entomolithen den Libellen-Larven noch am nächsten* komme. — Das den Egeran begleitende weiße Fossil teile sich nach F. Hausmann in Feld- und Halbspat, wovon letzterer vielleicht Bitterspat sei; und *das* aus dem Bunzlauer Kreise spreche er für *Faserkalk* an. — B. habe mit Bewunderung G.s mineralogisches Kabinett unter Leitung seines *lieben jüngern Freundes* (A. von Goethe) angesehen und sich dabei der *ersten oryktologischen Unterhaltungen* mit ihm im Sommer 1801 (während des Besuchs mit G. in Göttingen) erinnert. Für G.s Sammlung sende B. ein über W. Buckland erhaltenes *abgenagtes Knochenstücken von einem präadamitischen Mahle aus der Schauder erregenden neu entdeckten Hyänen Höhle in Yorkshire* (vgl. Buckland, in: »Philosophical Transactions« 1823, Bd. 112). Dazu lege B. die Abbildung des wundersam tätowierten und mumifizierten Kopfes eines *cannibalischen Neuseeländers*, den B. vom Herzog von Northumberland erhalten habe, sowie *eine von den Hundert dünnen Haarflechten* von einer der sieben weiblichen ägyptischen Mumien (aus den Sammlungen) von H. von Menu, die im Frühjahr 1822 an der Küste des Herzogtums Bremens gestrandet seien. — B.s Abreise sei in die Zeit des Zwiebelmarktes gefallen, der ihm *von 20 Jahren her* unvergesslich sei (vgl. G.s Tagbuchnotizen vom 2. bis 11. Oktober 1802). Erinnerung an das Frühjahr 1783, als B. und G. sich kennengelernt haben, sowie an *10 J. früher*, als B. von seinem

Lehrer E. G. Baldinger G.s »Götz von Berlichingen« erhalten habe. — Empfehlung an A. und O. von Goethe.

48   Riemer, Friedrich Wilhelm

1823 Februar 2   Weimar   S: 28/101 Bl. 49   D: WA IV 36, 455 (T)   B: —   A: 1823 Februar 2 (36, Nr. 242); an K. L. von Knebel, 1823 Februar 5 (36, Nr. 249)

G. empfange *hierbey ein Zeugniß der Beschäftigungen,* die R. in der vergangenen Woche an Besuchen bei G. hinderten (Sonett »Zur Feier des zweiten Februars. 1823« und »Kantate« [vertont von J. N. Hummel] zum 40. Geburtstag Erbgroßherzog Karl Friedrichs, Ruppert 3683).

49   Edinburgh, Royal Society (Unterzeichner: David Brewster)

1823 Februar 3   Edinburgh   S: 30/476 St. 1   D: —   B: —   A: —   TB: 1823 August 18
V: Formulardruck, in englischer Sprache

Mitteilung über die Ernennung G.s zum Ehrenmitglied der Gesellschaft.
   Beilage zu: RA 10, Nr. 304.

50   Soret, Frédéric Jacob

1823 Februar 3   Weimar   S: 28/869 St. 1   D: Soret Houben, 37   B: —   A: —   V: in französischer Sprache

Dank für G.s Geschenk vom 2. Februar: ein Tintenfass mit Widmung.

51   Zelter, Karl Friedrich

1823 Februar 3 bis März 11   Berlin   S: 28/1018 St. 221; 32/39   D: MA 20, Nr. 402   B: von A. von Goethe, 1823 Februar 26 (36, S. 463, vgl. GB Rep, Nr. 36256a⁺)   A: von A. von Goethe, 1823 März 16 (36, S. 468f., vgl. GB Rep, Nr. 36257a); 1823 März 23 (36, Nr. 259)

   1823 Februar 3
Über die Kälte in Berlin, die Z. seit acht Tagen an das Haus gefesselt habe. Übersendung seiner Vertonung des Gedichts »Lied und Gebilde« aus dem »West-östlichen Divan«: *Das Stück ist für Männerstimmen; die Weiber verpiepen alles.*
   1823 Februar 7
Auszug aus der Berliner Skandalchronik: W. Stich sei vom Liebhaber (Graf G. Blücher) seiner Frau Auguste niedergestochen worden; erwähnt: K. W. F. Unzelmann. *Ferner Iphigenie* (J. Eunicke als Darstellerin in C. W. von Glucks »Iphigenie in Aulis«, Libretto von J. D. Sander nach M. F. Du Roullet) *hat ihre Mutter Clytemnestra* (A. Milder) *einen Sauschwanz geheißen*; Zitat nach Plautus (»Persa« IV, 7).

1823 Februar 11
Über Z.s Beschäftigung mit G.s Notiz zu Diderots »Rameaus Neffen« (in: »Über Kunst und Altertum« IV 1): Es wäre schade, hätte G. vom Original keine Abschrift behalten. Z. schließe sich der Meinung *der pariser Freunde* (Graf K. F. Reinhard und K. E. Oelsner) an, dass *der Zurückübersetzer* (H. J. Saur und L. Varanchan de Saint-Geniès) sich besser enger an das Deutsche gehalten hätte.
1823 Februar 14
Frage, ob A. Hirt G. seine Schrift gegen H. Hübsch geschickt habe. Z. habe zwar Hirts »Geschichte der Baukunst bei den Alten« noch nicht gelesen, nun sei ihm *der Appetit darnach ganz vergangen*.
1823 März 7
Z. habe diesen Brief wiedergefunden (vgl. RA 10, Nr. 85). Ein *Park von Fragern* bestürme ihn wegen Nachrichten über G.s Gesundheitszustand. Bitte um Nachricht, wenn es G. *noch besser* gehe.
1823 März 8
Gestern sei G. im Berliner Künstlerverein *ein Vivat gebracht worden*. Zur Auskunft über G.s Zustand habe er A. von Goethes Brief vom 26. Februar, einen Brief über G.s Krankengeschichte aus Jena vom 28. Februar (von E. Wesselhöft an Z., GSA 95/I,7,28 St. 19) sowie *ein gestohlnes bulletin* von W. Rehbein, das diesem Brief beigelegen habe, verwendet. — F. A. Wolf, den Z. zu der Versammlung eingeladen habe, sei nicht erschienen. Über dessen Behauptung, *mit den Fingern zu lesen*.
1823 März 9
Freude über die in einem Brief von A. Schopenhauer vom 5. März enthaltene Nachricht von G.s fortschreitender Genesung.
1823 März 11
Über die Fortschritte von F. Mendelssohn Bartholdy: von seiner vierten Oper (»Der Onkel aus Boston, oder Die beiden Neffen«, Libretto von J. L. Casper) sei der 2. Akt fertig. *Ein sehr schönes Quartett fürs Fortepiano* (Klavierquartett c-Moll) *wünsche ich daß es Deiner Großfürstinn* (Erbgroßherzogin Maria Pawlowna) *zugeeignet würde*. Frage an G., wie dies zu bewerkstelligen sei.
    Anlage: Z.s Vertonung des Gedichts »Lied und Gebilde« aus dem »West-östlichen Divan«.

52 KNEBEL, KARL LUDWIG VON

1823 Februar 4   Jena   S: 28/519 Bl. 593–594   D: GK, Nr. 589 (T) und WA IV 35, 386f. (T)
B: 1823 Januar 29 (36, Nr. 234)   A: 1823 Februar 5 (36, Nr. 249); 1822 [richtig: 1823] Februar 9 (35, Nr. 224)

Dank für »Über Kunst und Altertum« (IV 1): »Julius Cäsars Triumphzug, gemalt von Mantegna« habe K. *beinahe im Tumult mit fortgerissen*. G. habe sich *hier wieder as the first of now existing autors* gezeigt, wie Lord Byron sage (in der Widmung des »Sardanapalus«; vgl. RA 9, Nr. 988 und Ruppert 1497). — Der »Prolog zu Eröffnung des Berliner Theaters im Mai 1821« sei *für das Publikum etwas zu hoch, das zwar empfinden, aber nicht denken* wolle. — *Die Urtheile über Werke der Kunst* (H. Meyers Rezensionen) seien *für Künstler unschäzbar*. — Freude über Meyers *Würde als Schrift-*

steller (vgl. die Anzeige der »Geschichte der bildenden Künste bei den Griechen«). — Die *Ode von Manzoni* (G.s Übersetzung »Der fünfte Mai«) sei *historisch wohl nicht ganz richtig*; Napoleon habe *bis an sein Ende nie fremde Hülfe gesucht*. — *Das Böhmische Mädchen* (»Das Sträußchen«) sei *allerliebst*. — J. G. L. Kosegarten habe, *um sein Leid zu vergessen* (Tod der Ehefrau), *halb Holland durchreist* und *in Leiden viel für seine Orientalen gefunden*. — Bitte, E. Weller 100 Taler *Zulage von Seite der beiden Fürstenhäuser* (Großherzog Karl August von Sachsen-Weimar und Herzog Friedrich IV. von Sachsen-Gotha als Erhalter der Jenaer Universität) zu verschaffen. Es sei K. unmöglich, ihn als *Gast länger im Hause zu bewirthen*; dabei erwähnt: K.s Söhne.

53   Voigt, Friedrich Siegmund

1823 Februar 5   Jena   S: 28/101 Bl. 50   D: LA II 10A, 570 (T)   B: —   A: von A. von Goethe, 1823 März 12 (36, S. 465, vgl. GB Rep, Nr. 36256h)   TB: 1823 Februar 6 (E); 1823 Februar (BVL)

V. übersendet seine Schrift »System der Natur und ihre Geschichte« (Ruppert 5208; vgl. G.s Anzeige in: »Zur Morphologie« II 1) und hoffe damit, durch G.s Fürsprache, auch bei Großherzog Karl August eine Verbesserung seiner materiellen Lage zu erreichen.

54   Heidelberg, Friedrich Wilhelm Gerhard

1823 Februar 7   Leipzig   S: 28/101 Bl. 52–53; Bl. 54   D: —   B: —   A: —

Mit Bezugnahme auf seine beiden früheren Schreiben (RA 9, Nr. 1516 und RA 9, Nr. 1546) wiederholt H. seine Einladung an G., *der Gesellschaft der deutschen Arkadier beyzutreten*. Deren Mitglieder, das sei *die Mehrzahl der auf inliegendem Zettel verzeichneten Männer* (u. a. F. Bouterwek, K. A. Böttiger, F. de la Motte-Fouqué, L. F. G. von Goeckingk, F. von Matthisson, Jean Paul und A. W. von Schlegel), wünschten *einstimmig G. zum Präsidenten*. Erläuterung der Aufgaben des Präsidenten, der von diesem einzuberufenden Versammlungen und der Zeitschrift 'Museum der deutschen Arkadier'. Letztere solle eine *Kritik der gesammten bemerkenswerthen sch. Lit. Europas und gelehrte Abhandlungen* sowie *musterhafte Beispiele* enthalten. Den Verlag würde wohl J. F. von Cotta übernehmen, wenn es ihm von G. aufgetragen werde. H. sei *unter Bouterweks Augen gebildet*, und G. solle nie über seinen *Fleiß klagen dürfen*.

Anlage: Grundsätze und Mitgliederliste der Gesellschaft der deutschen Arkadier; Angabe von H.s Adresse.

55   Purkyně, Jan Evangelista

1823 Februar 7   Prag   S: 26/LII,20 Bl. 7–8; 26/LII,20 Bl. 1–6, 26/LII,21 Bl. 44, 36/V,2   D: Ebstein, in: Hippokrates 1930, 510–512; LA II 5B/1, 407–416 und 305–307   B: —   A: —

P. halte sich seit dem 18. Dezember in Prag auf. Er bedauere, nur so kurze Zeit G.s persönliche Gegenwart genossen zu haben (vgl. G.s Tagebuchnotizen vom 11. und 12. Dezember 1822). — Durch *einige physikalische Untersuchungen über die Klangwellen* sei P. daran gehindert worden, früher zu schreiben, da er nicht ohne erste Ergebnisse seiner Forschungen vor G. stehen wolle. *Die beiliegenden Blätter* (»Das Phänomen der Klangwellen ...«) *und Gläser geben Rechenschaft von einigen ärmlichen Versuchen*, die er nach Einrichtung *eines gehörigen Apparats* wiederholen wolle. — *Den versprochenen Brief* sende P. in unbearbeitetem Zustand; dieser sei eine *andere, geheime Dedication* seines *Werkchens* (? Entwurf eines Widmungsbriefes an G. für P.s »Beiträge zur Kenntnis des Sehens in subjektiver Hinsicht«). — Bereits in den ersten Jahren seines Medizinstudiums (1813–1818) habe sich P. mit G.s »Farbenlehre« beschäftigt, in der festen Absicht, den physiologischen Teil *zu erweitern*. Widersprüchliche Ergebnisse eigener Studien hätten zur Einsicht geführt, *in der Physiologie des Menschen einen eigenen Zweig* verfolgen zu müssen. In diesem Sinne habe P. in den folgenden Jahren seine Versuche *im subjectiven Bereiche* fortgesetzt. Einiges davon habe er veröffentlicht, wie die »Relation über einige Versuche zur Ausmittlung der brechenerregenden Eigenschaft verschiedener Präparate der Ipecacuanhawurzel« in »Das chemische Laboratorium«, herausgegeben von A. Pleischl, sowie »Beiträge zur näheren Kenntnis des Schwindels aus heautognostischen Daten« in den »Medizinischen Jahrbüchern des kaiserlich-königlichen österreichischen Staates« 1820, Bd. 6, St. 2. In den nächsten Jahren wolle P. die *Empirie des Subjectiven* weiter befördern. — Da sich G. für Erscheinungen interessiere, die uns die Natur *von selbst unter freiem Himmel entgegenbringt*, erlaube sich P., *in einem der beiliegenden Blätter* eine solche mitzuteilen (»Etwas über farbige Dunsthöhe bei Glasscheiben«). — Weiter lege P. *noch eine Sammlung von Gedichten eines* seiner *jüngeren Freunde* (K. E. Ebert) bei und bitte G., gegebenenfalls einige Worte der Ermunterung an diesen zu senden. — Grüße an A. und O. von Goethe sowie an U. von Pogwisch.

Anlagen: 1. P.s Manuskripte »Das Phänomen der Klangwellen ...« und »Etwas über farbige Dunsthöfe bei Glasscheiben«; datiert: Prag 1823; 2. K. E. Ebert »Gedichte«; Manuskript.

56 ZAUPER, JOSEPH STANISLAUS

1823 Februar 7   Pilsen   S: 28/1011 St. 9   D: Grüner und Zauper, 177f.   B: 1823 Februar 2 (36, Nr. 241)   A: an Erbgroßherzogin Maria Pawlowna von Sachsen-Weimar, 1823 Februar 16 (36, Nr. 256)   TB: 1823 Februar 13; 1823 Februar (BVL)

Z. übersendet *gegenwärtige Beschreibung unserer Hauptstadt* (A. F. W. Griesel »Neuestes Gemälde von Prag«). Weiter lege er *einen Cyklus poetisch seynsollender Blumen* bei (Gedicht zum Geburtstag Erbgroßherzogin Maria Pawlownas). Auf eine andere Weise könne Z. seinen Dank *gegen die Weimar'schen hohen Herrschaften* nicht ausdrücken. Bitte um Übermittlung des Gedichts. — Dank für G.s Brief, dessen enthaltene *sokratische milde Weisheit* Z. *in die Seele gefloßen* sei. — Der Präfekt (B. Steinhauser) empfehle sich.

57 JÄGER, GEORG FRIEDRICH

1823 vor Februar 8 Stuttgart S: 28/1032 Bl. 83–84; Bl. 85–88a D: NC, Nr. 116 B: an S. Boisserée, 1820 März 6 (32, Nr. 153) A: 1823 März 24 (vgl. WA III 9, 27f.); an S. Boisserée, 1823 April 10 (37, Nr. 9) TB: 1823 Februar 17

Dank für die *gütige Aufmerksamkeit*, die G. seinem *früher mitgetheilten Aufsaz* (»Über einige fossile Knochen, welche im Jahr 1819 und 1820 zu Stuttgart und im Jahr 1820 zu Canstatt gefunden worden sind«, in: »Württembergisches Jahrbuch« 1821; vgl. RA 9, Nr. 841 sowie G. »Fossiler Stier«, in: »Zur Morphologie« I 4) geschenkt habe, von dem er nun eine *kleine Fortsetzung* sende (»Nachricht von einigen fossilen Knochen, die in Stuttgart in den Jahren 1821 und 1822 ausgegraben worden sind«, in: »Württembergische Jahrbücher« 1822). Beschreibung der geologischen Schicht, in der gegenwärtig bei Cannstatt ein Elefantenskelett ausgegraben werde. Der am Ende des Aufsatzes geäußerte Wunsch nach einer Karte aller Fundorte fossiler Knochen werde für Europa ausführbar, wenn G. Cuviers Werk (»Recherches sur les ossemens fossiles«) vollendet sein werde — Bitte, das von G. im letzten Heft von »Zur Naturwissenschaft überhaupt« (I 4, im Beitrag »Echte Joseph Müllerische Steinsammlung, angeboten von David Knoll zu Karlsbad«) erwähnte Verzeichnis der Karlsbader Mineralien von J. Müller (G. »Sammlung zur Kenntnis der Gebirge von und um Karlsbad angezeigt und erläutert 1807«) für kurze Zeit ausleihen zu dürfen, da *in der hiesigen Sammlung* zwar Mineralien mit den Karlsbader Nummern vorhanden seien, nicht aber das Verzeichnis selbst. — Beschreibung der Cannstatter Gegend. — Bitte um Empfehlung an F. L. von Froriep.

Anlage: Separatdruck von J.s »Nachricht von einigen fossilen Knochen, die in Stuttgart in den Jahren 1821 und 1822 ausgegraben worden sind«.
Beilage zu: RA 10, Nr. 59.

58 BEETHOVEN, LUDWIG VAN

1823 Februar 8 Wien S: 28/101 Bl. 58–60 D: Beethoven, Briefwechsel 5, 36–38 B: — A: — TB: 1823 Februar 15

B. lebe noch wie in seinen *Jünglingsjahren* in G.s *Unsterblichen nie Veralternden Werken* und gedenke gern der gemeinsam verlebten Stunden (im Juli und September 1812 in Teplitz und Karlsbad). Hoffnung, dass G. die ihm gewidmeten Kompositionen (seiner Gedichte) »Meeresstille« und »Glückliche Fahrt« erhalten habe (vgl. G.s Tagebuchnotiz vom 21. Mai 1822 und GSA 32/97). B. wünsche zu wissen, ob er *passend* seine *Harmonie* mit der G.s *Verbunden* habe; Zitat aus Terenz »Andria« I, 68. — Hoffnung auf das baldige Erscheinen weiterer Vertonungen von G.s Gedichten wie »Rastlose Liebe«. B. würde *eine allgemeine Anmerkung [...] über das Komponiren oder in die Musick setzen* der Gedichte G.s hoch *achten*. — Wunsch, die von B. komponierte *große Meße* »Missa solemnis«, die auch als Oratorium aufzuführen sei, den *Vorzüglichsten Höfe*n, darunter dem Weimarer, in Subskription zu geben. G. möge das Vorhaben gegenüber Großherzog Karl August unterstützen, zumal sich B. in schlechter finanzieller Lage befinde. Verweis auf die Vormundschaft über den Sohn (Karl) seines verstorbenen Bruders Kaspar und seine *Kränklichkeit*; *mein Gehalt ist ohne Gehalt.*

59   BOISSERÉE, JOHANN SULPIZ MELCHIOR DOMINIKUS

1823 Februar 8   Stuttgart   S: 28/206 St. 92   D: GB 2, 349f. (T)   B: 1823 Januar 27 (36, Nr. 230)   A: —   TB: 1823 Februar 17

Dank für G.s Brief. — Gedanken zu den *biographischen Arbeiten*, von denen G. berichtet habe (»Tag- und Jahreshefte«), und B.s ursprüngliche Verwunderung über G.s *Sprung* vom *Feldzug in der Champagne* bis in die Jahre 1806 und 1809; nun verstehe B., warum sich G. in die *Epoche der Farbenlehre geworfen* habe. G. wirke *auf die naivste Art als Vermittler zwischen der Naturphilosophie und der Empirie* und der Nutzen, den er damit der Wissenschaft stifte, sei noch nicht abzusehen. Hoffnung auf neue Erkenntnisse durch die biographische *Erklärung über die Wahlverwandtschaften*. Dass G. sich auch der durch Graf K. F. Reinhard vermittelten ersten *Sendung* B.s erinnere (vgl. »Tag- und Jahreshefte« 1810, WA I 36, 59, und RA 5, Nr. 1473), mache ihm *die gröste Freude*. — Bitte, G. möge A. von Humboldt seine Meinung über B.s »Ansichten, Risse ... des Doms von Köln« mitteilen, da er diesen sicherlich in Berlin bei den Bemühungen um eine *Unterstützung* durch den preußischen König Friedrich Wilhelm III. brauche. — »Über Kunst und Altertum« (IV 1) habe B. noch nicht erhalten; erwähnt: J. F. von Cotta und F. Frommann. — B. habe G. Jäger ermuntert, den beiliegenden Brief an G. zu schreiben. — C. Binder schicke das *einliegende Verzeichniß mit definition Preisen zur gefälligen Annahme oder Auswahl*. Außerdem besitze Binder zehn von B. Andrieu gegossene Medaillen in einem Schmuckkästchen, Napoleon, dessen Ehefrauen Marie Louise und Joséphine, die Ankunft von König Ludwig XVI. in Paris sowie weitere historische Ereignisse darstellend. — Bitte um die Zusendung von H. Meyers »Über die Altargemälde von Lucas Cranach in der Stadtkirche zu Weimar«. — Ankündigung der 6. Lieferung des *lithogr. Werks* (»Die Sammlung Alt-, Nieder- und Oberdeutscher Gemälde der Brüder ... Boisserée und Johann Bertram. Lithographiert von N. Strixner«, vgl. Ruppert 2183). Hoffnung, demnächst über die *Statue* (für das geplante Frankfurter G.-Denkmal) berichten zu können; C. Rauch lasse B. *gegen sein Versprechen gar zu lange warten*. — Empfehlungen von B., M. Boisserée und J. B. Bertram an G. und seine Familie.
Beilage: RA 10, Nr. 57.

60   LOOS, GOTTFRIED BERNHARD

1823 Februar 8   Berlin   S: 28/101 Bl. 55   D: Klauß 2, 120   B: 1822 Dezember 9 (36, Nr. 181); 1823 Januar 12 (36, Nr. 224)   A: —

Endlich könne L. zwei Probeabdrücke der Medaille mit G.s Brustbild von F. König vorlegen. G.s Bildnis sei noch nicht ganz fertiggestellt. Ein *guter Künstler* in G.s Umgebung möge es vergleichen und die Korrekturen auf den Probeabdrücken vermerken. — Dank für die von G. erhaltenen zwölf Taler; erwähnt: sein das kaufmännische Geschäft führender *Associé* (? J. H. Schiemann). — Beiliegend erhalte G. eine *Kalender-Münze* mit der Darstellung einer Landschaft, die L. *der großen Maße [...] zu Liebe* entworfen habe. Außerdem sollte sie seine *Wünsche für Griechenland* aussprechen, was er *nun, nach den Erklärungen aus Verona, wohl heute noch nicht gerade heraus thun dürfe* (Ablehnung der griechischen Unabhängigkeitserklärung durch den Veroneser Kongress der Heiligen Allianz Ende 1822).

61 Brühl, Karl Friedrich Moritz Paul Graf von

1823 Februar vor 9   Berlin   S: 28/101 Bl. 51   D: Begegnungen 14, 11 (T)   B: 1821 November 22 (35, Nr. 145)   A: —   TB: 1823 Februar 9

B. übersendet durch J. V. Teichmann *ein Exemplar des beyfolgenden Kupferwerkes* (»Lalla Rûkh«, hrsg. von S. H. Spiker und B., Festspiel nach T. Moore, Ruppert 2525) und bitte, den Überbringer und das Geschenk freundlich aufzunehmen (vgl. Rezension von H. Meyer, in: »Über Kunst und Altertum« IV 2). — Dank für das *Heft* mit G.s *radirten Zeichnungen* (»Radierte Blätter nach Handzeichnungen von Goethe«, hrsg. von K. A. Schwerdgeburth, gestochen von K. Holdermann und K. Lieber, mit Versen G.s) und Bitte um *die Fortsetzung dieser Blätter*.

62 Becké, Johann Karl Xaver von

1823 Februar 9   Wien   S: Klassik Stiftung Weimar, Museen   D: —   B: —   A: —

Weitere Erläuterungen zur Schreibtafel (für Erblindete; vgl. RA 10, Nr. 45), insbesondere zur Funktion des Lineals, der sogenannten *Rechnungs Stäbchen* und der *an der Seite angebrachten Stifte*. — Verehrung für G. und seine Werke.

63 Nowak, Domitianus Xaverius

1823 Februar 9   Kukus   S: 28/101 Bl. 65   D: LA II 8B/1, 329 (T)   B: 1823 Januar 29 (36, Nr. 233)   A: —

Die für G. bestimmte Medaille des Gian Francesco I. Gonzaga habe N. abgesandt. — Ihm werde *jede Gabe an Fossilien* für seine Mineraliensammlung *erfreulich* sein.

64 Adrian, Johann Valentin

1823 Februar 10   Stuttgart   S: 30/307 Bl. 10–11   D: Hennig, in: Monatshefte 1951, 314–316   B: 1823 Februar 3 (36, Nr. 246); an J. F. von Cotta, 1823 Februar 3 (36, Nr. 245)   A: —

Dank für G.s Zuschrift. Darlegung seines Lebenslaufs mit Aufenthalten in Aschaffenburg, Würzburg, Rödelheim, Italien und der französischen Schweiz. A. habe 1820 aufgrund der Bekanntschaft mit Graf G. E. L. Wintzingerode die Erziehung von dessen zwei Enkeln (den Grafen F. L. und J. Wintzingerode) übernommen. Als *Fremde*r lehne er eine Anstellung in Württemberg ab, die durch den Einfluss der Grafen G. E. L. und H. L. Wintzingerode möglich sei. In seinem *Vaterlande* Aschaffenburg habe er keine Aussichten. Die *Bekannten* A.s in Gießen (u. a. J. Hillebrand und F. J. Arens) hätten sich für eine *doppelte Stelle* als Lehrer am Gymnasium und Professor an der Universität verwendet. Bitte, A. *nicht diejenige Theilnahme zu versagen*, welche G. für *zweckmäßig und geeignet* halte. Literarisch beschäftige sich A. mit der Geschichte der Priesterinnen der Römer und Deutschen, angeregt durch A. Heeren und F. Creuzer (vgl. A.

Böckhs Rezension von A.s »Die Priesterinnen der Griechen«, in: »Heidelberger Jahrbücher« 1823, Nr. 33). Er schreibe *für die Institute* J. F. von Cottas (u. a. im MBl). Nach Ostern sei er mit seinem *Zögling* einige Monate in Frankreich. Falls G. in A.s Ausführungen etwas *übergangen oder lückenhaft* finde, werde es A. näher bezeichnen. — Grüße von S. Boisserée und T. Huber.
Beilage zu: RA 10, Nr. 65.

65   COTTA, JOHANN FRIEDRICH VON

1823 Februar 13   Stuttgart   S: 30/307 Bl. 9.12   D: Cotta, in Nr. 468   B: 1823 Februar 3 (36, Nr. 245)   A: 1823 Juni 11 (37, Nr. 57)

G.s Brief mit der *Anlage an* J. V. Adrian habe C. *vor etlichen Tagen erfreut*. Adrians Antwort füge C. bei. Hoffnung, G. *auf Ostern* zu treffen (vgl. G.s Tagebuchnotizen vom 22. April und 15. Mai) und ihn auf der Rückreise *hieherbegleiten zu dörfen*. S. Boisserée wolle sich der Reise anschließen.
Beilage: RA 10, Nr. 64.

66   BRENTANO, JOHANNA ANTONIA JOSEPHA

1823 Februar 14   Frankfurt   S: 28/101 Bl. 62–63   D: WA III 9, 346 (T)   B: —   A: —

Empfehlung des Malers W. Ternite, der nach achtjähriger Tätigkeit in Paris nach Berlin zurückkehre. — B. nehme diese Zeilen zum Anlass, um sich nach einer längeren Abwesenheit aus Frankfurt zurückzumelden und hoffe, G. bald wieder an Rhein und Main zu sehen.
Beilage zu: RA 10, Nr. 71.

67   BÜSCHING, JOHANN GUSTAV GOTTLIEB

1823 Februar 14   Breslau   S: 28/102 Bl. 116–117   D: Hecker, in: GJb 49 (1929), 157–159
B: —   A: 1823 April 6 (37, Nr. 4); an Großherzog Karl August von Sachsen-Weimar, 1823 April 1 (37, Nr. 1)   TB: 1823 März 31

B. überreiche seine Beschreibung »Das Schloß der deutschen Ritter zu Marienburg« (vgl. Ruppert 2333 und G.s Beitrag »Schloß Marienburg«, in: »Über Kunst und Altertum« IV 3; vgl. RA 10, Nr. 153) und bitte G., das beigefügte Exemplar zusammen mit dem Brief an Großherzog Karl August weiterzuleiten. — Über die Zerstörung der Marienburg durch D. Gilly und die Bemühungen T. von Schöns für ihren Wiederaufbau; erwähnt: das von J. F. Frick herausgegebene Kupferwerk »Schloss Marienburg in Preußen« nach Zeichnungen von F. Gilly (sowie von F. Rabe und F. Catel). B. halte die Marienburg für viel bedeutender als das Gelnhäuser Schloss. — Über die Nutzung der von B. gestifteten *Alterthümersammlung* (vgl. RA 9, Nr. 68) und über seine *Forschungen in der Kunstgeschichte des Mittelalters*, besonders über den *Bauschmuck in ge-*

brannten Ziegelsteinen. Er beabsichtigt, demnächst Hefte über die *Werke des Alterthums u Mittelalters* herauszugeben (vgl. u. a. »Merkwürdigkeiten altdeutscher Kunst in der Altmark«).

68   LENZ, JOHANN GEORG

1823 Februar 14   Jena   S: 28/101 Bl. 56–57   D: —   B: —   A: —

L. übersendet *beyliegenden Brief, als [...] Antwort* auf jenen, welcher noch bei G. sei. — Hinweis auf einen *höchst freundschaftlichen Brief* von F. Ressmann (vom 28. Januar, UA Jena) und gute Aussichten für das Jahr 1823. — Das Diplom an *Herrn Justiz-Rath* (K. von Scheuchenstuel) habe L. *gestern* abgeschickt. — Von K. F. Bartenstein sei *eine herrliche Sammlung für unsere Oryctognosie* eingetroffen; u. a. mit Andalusit und Anthophyllit. — Bitte um Rücksendung von Briefen.

69   SCHLOSSER, JOHANN FRIEDRICH HEINRICH

1823 Februar 14   Frankfurt   S: 28/811 St. 3   D: —   B: 1823 Februar 3 (36, Nr. 248)   A?: von A. von Goethe, 1823 Februar 26 (36, S. 463, vgl. GB Rep, Nr. 36256m)

Dank für G.s Brief und die mit diesem übersandte Rolle. Freude darüber, dass G. und die Seinen *diesen ungewöhnlich anhaltend strengen Winter in gutem Wohlseyn* überstanden hätten. Von sich selbst und seiner Familie könne S. das gleiche sagen, auch von C. Schlosser. Dessen Briefe aus Paris ließen allerdings düstere Ahnungen hinsichtlich der *Lösung der so complicirt gewordenen Probleme der nächsten Zukunft* erkennen. — K. vom und zum Stein danke auch im Namen der Zentraldirektion der Gesellschaft für ältere deutsche Geschichtskunde für G.s Bemühungen um die Kollation der Jenaer Handschrift der Chronik des Otto von Freising (mit dem Druck von C. Wurstisen, durch D. Compter) und für den übersandten Anfang. Über die Fortsetzung der Arbeit wolle man G. H. Pertz entscheiden, der in einigen Monaten aus Italien zurückerwartet werde. Aufgrund seiner Eigenschaften erscheine Pertz vorzüglich geeignet, die *Leitung des Ganzen* zu übernehmen. Den von G. verauslagten Betrag bewahre S. zu G.s Verfügung auf. — Empfehlungen von S. und seiner Familie an G. und dessen Familie wie auch an die Gräfinnen K., J. und A. Egloffstein.

70   KNEBEL, KARL LUDWIG VON

1823 Februar 15   Jena   S: 28/519 Bl. 595   D: GK, Nr. 601 (T)   B: 1823 Februar 5 (36, Nr. 249)   A: —

F. von Müller habe K. über G.s Befinden *wieder getröstet*. — Dank für das *Zugeschickte* (F. W. Riemers Sonett »Zur Feier des zweiten Februars. 1823« und »Kantate« [vertont von J. N. Hummel] zum 40. Geburtstag von Erbgroßherzog Karl Friedrich sowie Plutarchs Schilderung von Lucius Aemilius Paullus' Triumphzug in J. C. Kinds Übersetzung); A. Mantegnas *Bild* »Triumphzug des Julius Cäsar« (Holzschnitt von A. Andreani) ergötze K. *mehr als diese Wirklichkeit.* — Hoffnung auf G.s Besuch im Frühling. — Über den Tod K. H. Frühaufs, den W. K. F. Succow beerbe. — K. W. von Knebel sei in München und werde *wohl auch* mit Fürst Heinrich LXXII. von Reuß-Ebersdorf nach Wien gehen. — Grüße von K. und dessen Familie.

71   TERNITE, FRIEDRICH WILHELM

1823 Februar 17   Weimar   S: 28/101 Bl. 61.64   D: WA III 9, 346 (R)   B: —   A: —   TB: 1823 Februar 17 (E); 1823 Februar (BVL)

T. übersende den beiliegenden Brief von A. Brentano und ein Buch (mit Begleitbrief) für G., das er in Paris erhalten habe (»Œuvres dramatiques de J. W. Goethe«, übersetzt von A. Stapfer, G. E. L. Cavaignac und Margueré, Bd. 4, Ruppert 1805). — Bitte an G., seine *Verehrung persönlich* sowie sein *Kupferwerck* darbringen zu dürfen (T.s Umrisszeichnungen »Mariä Krönung und die Wunder des Heiligen Dominikus nach Johann von Fiesole«, gestochen von C. Forssell, mit Erläuterungen von A. W. von Schlegel, Ruppert 2436; vgl. Rezension von H. Meyer und G., in: »Über Kunst und Altertum« VI 1).

Beilagen: RA 10, Nr. 66 und RA 10, Nr. 25.

72   CARUS, KARL GUSTAV

1823 Februar 20 bis 25   Dresden   S: 29/57 Bl. 14–15; 26/LXIII,9,1   D: GCar, 29f.; GCar, Beilage Nr. 2   B: 1823 Januar 31 (36, Nr. 239)   A: von A. von Goethe, 1823 März 12 (36, S. 465f., vgl. GB Rep, Nr. 36256f); 1823 April 14 (37, Nr. 12); 1823 April 16 (37, Nr. 16)   TB: 1823 März 3; 1823 März (BVL)

1823 Februar 20
Dank für die Übersendung des neuesten Heftes von »Über Kunst und Altertum« (IV 1) und für die freundliche Beurteilung seiner Bilder (vgl. H. Meyer »Carus Gemälde«). — G.s Aufforderung zur Mitarbeit am nächsten Heft »Zur Morphologie« folgend, übersende C. einen Beitrag über Farbenerzeugung durch Dämpfung des Lichts, zu dem er ein Vor- oder Nachwort G.s erhoffe, und eine Probe aus seinem künftigen Werk (»Von den Ur-Teilen des Knochen- und Schalengerüstes«, Aufsatz unter dem Titel »Urform der Schalen kopfloser und bauchfüßiger Weichtiere«, in: »Zur Morphologie« II 1); ferner übersendet er für G.s eigenen Gebrauch eine Tabelle der Ur-Teile des Knochengerüsts sowie seine Rede »Von den Anforderungen an eine künftige Bearbeitung der Naturwissenschaften« (gehalten 1822 in Leipzig auf der ersten Zusammenkunft deutscher Naturforscher und Ärzte, Ruppert 4452). — Empfehlung von N. L. Høyen, der sich auf dem Weg nach Italien befinde und G. den vorliegenden Brief überbringen werde. — Bitte um Mitteilung, wie zwei ebensolche Becher erlangt werden könnten, mit denen G. bei C.s Besuch seine Farbenlehre demonstriert habe (vgl. G.s Tagebuchnotiz vom 21. Juli 1821).

1823 Februar 25
Da sich die Abreise Høyens verzögere, sende C. den Brief mit den Beilagen ab.
  Anlage: C. *Tabelle über die Urtheile des Knochengerüsts in den Thieren mit Rückenmark und Hirn.*

73 NEES VON ESENBECK, CHRISTIAN GOTTFRIED DANIEL

1823 Februar 20   Bonn   S: 28/1032 Bl. 96–98   D: GNe, Nr. 66   B: 1823 Februar 2 (36, Nr. 244)   A: 1823 April 24 (37, Nr. 25); von A. von Goethe, 1823 März 14 (GNe, Nr. 67a; vgl. WA III 9, 23)   TB: 1823 März 31

N. dankt für G.s Sendungen und übermittelt A. F. Näkes Dank für G.s Beitrag »Wiederholte Spiegelungen«. — Über G.s Porträt von G. Dawe (gestochen von T. Wright). — G.s Wunsch, die Schädelzeichnungen vom Elefanten (von J. Waitz) noch in den 11. Band der »Nova Acta« aufzunehmen, werde N. folgen. Zur Schwierigkeit, einen passenden Kupferstecher zu finden, der sich mit J. H. Lips messen könne; erwähnt: E. d'Alton, H. Felsing, W. Engels und J. Schubert. Sollte Felsing den Auftrag nicht annehmen, werde N. die Tafeln über einen Freund in Paris *an zwey Künstler austheilen.* In der Zwischenzeit entwerfe d'Alton *seine Ideen über den Gegenstand* und N. hoffe, G. *noch eine schriftliche Zugabe zu entlocken* (vgl. aber »Zur vergleichenden Osteologie von Goethe. Mit Zusätzen und Bemerkungen von Dr. Ed. d'Alton«, in: »Nova Acta« 1824, Bd. 12.1). — N. übersende *Einiges* für die *morphologischen Hefte* (»Irrwege eines morphologisierenden Botanikers«, in: »Zur Morphologie« II 2, und »Die Basaltsteinbrüche am Rückersberge bei Oberkassel am Rhein. Aus Noeggeraths: Das Gebirge in Rheinland-Westphalen«, in: »Zur Naturwissenschaft überhaupt« II 2); d'Alton werde *mit seinem neusten anatomischen Heft* (»Die Skelette der Wiederkäuer«, mit C. Pander) *ebenfalls etwas senden* (»Über die Anforderungen an naturhistorische Abbildungen«, in: »Zur Morphologie« II 1; vgl. RA 10, Nr. 110). N. arbeite gegenwärtig an einer *Flora Brasiliens*, gemeinsam mit K. von Martius und anderen (vgl. »Flora Brasiliensis«). — Die Rezension der *morphologischen Hefte* und das damit einhergehende Studium von G.s Schriften bereite N. viel Freude; den mineralogischen Teil bearbeite J. Noeggerath (vgl. JALZ 1823, Nr. 101–108, gemeinsam mit A. Goldfuß). — D'Alton wolle den *Zahn des Megatherium* für die »Nova Acta« bearbeiten (vgl. aber G. »Fossiler Backzahn«, in: »Zur Naturwissenschaft überhaupt« II 1). Auch Graf K. Sternberg habe, als er die ihm von G. *darüber gemachte Mittheilung* erwähnt habe, geschrieben, dass er *das Original [...] abbilden laßen wolle.*
  Beilage zu: RA 10, Nr. 112.

74 BOISSERÉE, JOHANN SULPIZ MELCHIOR DOMINIKUS

1823 Februar 21   Stuttgart   S: 28/101 Bl. 67   D: —   B: —   A: von A. von Goethe, 1823 März 14 (36, S. 467, vgl. GB Rep, Nr. 36256j)

Begleitschreiben zur 6. Lieferung des lithographischen Werkes »Die Sammlung Alt-, Nieder- und Oberdeutscher Gemälde der Brüder ... Boisserée und Johann Bertram.

Lithographiert von N. Strixner« (Ruppert 2183). Das zweite Exemplar und die zugehörige Rechnung möge G. Großherzog Karl August zukommen lassen.

75   FÄRBER, JOHANN MICHAEL CHRISTOPH   AN A. VON GOETHE

1823 Februar 21   Jena   S: 28/101 Bl. 69–70   D: —   B: —   A: —

Bitte um Nachricht von G.s Befinden; erwähnt: W. Rehbein. — Übersendung von zwei Rechnungen zur Autorisation. — Über die Fertigstellung der *Abschriften von den Verzeichnißen der Suiten-Sammlungen* (des mineralogischen Kabinetts; vgl. Oberaufsicht an F., 1823 Februar 13; MA 13.2, 367).

76   BOISSERÉE, JOHANN SULPIZ MELCHIOR DOMINIKUS   AN A. VON GOETHE

1823 Februar 24   Stuttgart   S: 28/101 Bl. 68.71   D: GB 2, 350f.   B: —   A: von A. von Goethe, 1823 März 14 (36, S. 467, vgl. GB Rep, Nr. 36256j)

Durch die Nachricht von G.s Krankheit *sehr erschreckt*, bitte B. um Nachrichten über G.s Zustand. Versicherung seiner *und unser aller* (u. a. M. Boisserée und J. B. Bertram) Anteilnahme; erwähnt: A. von Goethes Familie. B. erwarte die Antwort *mit der schmerzlichsten Sehnsucht*.

77   SCHULTZ, CHRISTOPH LUDWIG FRIEDRICH

1823 Februar 24   Berlin   S: 28/1032 Bl. 75–78   D: NC, Nr. 322   B: 1822 Juni 12 (36, Nr. 58); 1822 September 5 (36, Nr. 108); 1822 September 10 (36, Nr. 118); 1822 November 16 (36, Nr. 166); 1822 November 17 (36, Nr. 167); 1822 Dezember 9 (36, Nr. 182); 1823 Januar 4 (36, Nr. 215); 1823 Januar 29 (vgl. WA III 9, 10)   A: 1823 April 10 (37, Nr. 10); 1823 Mai 7 (37, Nr. 34); von A. von Goethe, 1823 März 9 (36, S. 463f., vgl. GB Rep, Nr. 36256d)   TB: 1823 März 6 und 7 (E)

Über *heitere u traurige Ereignieße* am Jahresende, wie die Geburt seines Sohnes (Friedrich, und der Tod des Fürsten K. A. Hardenberg; vgl. RA 9, Nr. 1609); erwähnt: S.s Frau. — Dank für »Über Kunst und Altertum« IV 1; erwähnt: K. F. Zelter. — Das von S. Theoli restaurierte Porträt der *Paula Gonzaga* (verh. Trivulzio; aus der Weimarer Bibliothek; vgl. G. »Restauriertes Gemälde«, WA I 49. 1, 300–302) sende S. zusammen mit den Rechnungen über G. Weiß zurück. Ausführlich über die durchgeführten Maßnahmen und den mutmaßlichen Künstler des Gemäldes (d. i. B. de' Conti); dabei erwähnt: Giorgione, A. Hirt, F. Bonsignori, Leonardo da Vinci und das Bildnis der *Margaretha Colonnea* (Colleoni; von Conti oder G. Figino) aus der Sammlung E. Sollys. — Ausführlich über das *Schicksal* von A. Mantegnas Zyklus »Triumphzug des Julius Cäsar« und wie dieser nach England gelangt sei; dabei erwähnt: *der Pabst* (? Urban VIII.), Raffael, Rubens, Herzog Vincenzo I. von Mantua, die Schrift von R. de Piles (»Historie und Leben der berühmtesten europäischen Maler«), A. Andreanis Holzschnitte nach Mantegnas »Triumphzug«, König Karl I. von England und der Herzog von Buckingham (vgl. G.s Aufsatz »Julius Cäsars Triumphzug, gemalt von Mantegna«, in: »Über Kunst und Altertum« IV 1 und 2).

78   WAGNER, GOTTLOB HEINRICH ADOLF (Ps. RALPH NYM)

1823 Februar 27   Leipzig   S: 28/101 Bl. 79   D: —   B: —   A: —   TB: 1823 März (BVL)

W. übersendet durch F. Frommann *beigehende monographische Skizze des Komischen* (»Das Reich des Scherzes«, Ruppert 3212) und bittet um freundliche Aufnahme.

79   ROCHLITZ, JOHANN FRIEDRICH

1823 Februar 28   Leipzig   S: 28/752 St. 42   D: GRo, Nr. 106   B: von A. von Goethe, 1823 Februar 26 (36, S. 463, vgl. GB Rep, Nr. 36256n)   A: —

Freude über G.s Genesung, von der er durch A. von Goethes Brief erfahren habe. Zitat von G.s Versen *Und so laßt von diesem Schalle [...]* (WA I 4, 71). In einer privaten Feierstunde wolle er G.s »Iphigenie auf Tauris« mit verteilten Rollen lesen und einige Lieder G.s in K. F. Zelters Vertonung singen lassen.

80   NICHT ERMITTELT

1823 ? Februar Ende oder März Anfang   Ort n. e.   S: 28/101 Bl. 73   D: —   B: —   A: —   TB?: 1823 März (BVL)

Übersendung eines (nicht genannten) Werkes; unterzeichnet *vom Verfasser*.

81   HOPFFGARTEN, SOPHIE KAROLINE VON

? 1823 März   Weimar   S: 28/425 St. 1   D: —   B: —   A: —

Bedauern Erbgroßherzogin Maria Pawlownas, G. die *ganze Woche* nicht gesehen und es ihm nicht *selbst schrifftlich* mitgeteilt zu haben. Ihr diesbezüglicher Auftrag gestatte es H., *Tausend Schönes* von den Prinzessinnen Maria und Augusta und *die Versicherung der Höchsten Hochachtung von uns Allen* hinzuzufügen. — Wunsch, dass der Frühling G.s Gesundheit stärke und seinen *Besuch herbeyführen möge*.

82   NICHT ERMITTELT

1823 ? März   Ort n. e.   S: 28/105 Bl. 420–421   D: —   B: —   A: —

Drey Sonette zu G.s Genesung.

83   COTTA, JOHANN FRIEDRICH VON   AN A. VON GOETHE

1823 März 3   Stuttgart   S: 28/101 Bl. 87   D: Cotta, Nr. 470   B: von A. von Goethe, 1823 Februar 26 (36, S. 463, vgl. GB Rep, Nr. 36256b)   A: —

C.s, seit der Rückkehr König Wilhelms I. von Württemberg aus Weimar, *täglich gesteigerte Sorge* um G.s Gesundheit, sei durch A. von Goethes Brief vermindert worden. C. habe die Nachricht sogleich an S. Boisserée weitergeleitet. Hoffnung auf vollständige Genesung G.s und Bitte, C. *posttäglich* mit einem *Bülletin* weiter zu beruhigen.

84   SCHLOSSER, JOHANN FRIEDRICH HEINRICH   AN A. VON GOETHE

1823 März 3   Frankfurt   S: 28/101 Bl. 88–89   D: —   B: von A. von Goethe, 1823 Februar 26 (36, S. 463, vgl. GB Rep, Nr. 36256m)   A: von A. von Goethe, 1823 März 14 (36, S. 466, vgl. GB Rep, Nr. 36256i)

Dank für die frohe Nachricht von G.s besserem Befinden. Über die Anteilnahme von S. und seiner Familie an G.s Befinden. Sie möchten A. von Goethe nicht mit Anfragen nach G. und *Ihnen Allen* in Anspruch nehmen, zumal sie durch Graf K. Beust, *G. R. R.* (? K. F.) Müller und andere Freunde über alles, was A. von Goethe betreffe, laufend unterrichtet würden. Doch werde ihnen eine von Zeit zu Zeit eingehende Zeile unschätzbar sein. Die von S. den hiesigen Freunden und Verwandten sogleich mitgeteilte frohe Kunde habe bei allen Freude und Anteilnahme ausgelöst, so bei Graf K. F. Reinhard, der sich *zugleich nach dem Päthchen* (Wolfgang) erkundige, bei K. von Wangenheim, K. vom und zum Stein sowie bei Melbers (J. Melber und Familie). — A. von Goethe möge seinem Vater die treue Anteilnahme und Verehrung von S.s Familie mitteilen. Empfehlungen von S.s Frau und Schwester.

85   ZELTER, KARL FRIEDRICH

1823 März 3   Berlin   S: 28/1018 St. 220   D: MA 20, Nr. 401   B: von A. von Goethe, 1823 Februar 26 (36, S. 463, vgl. GB Rep, Nr. 36256a⁺)   A: —   TB: 1823 März 6

Dank für A. von Goethes Mitteilung über G.s verbesserten Gesundheitszustand, die Z. veranlasst habe, sich ein *ermuthigendes Stück* vorzunehmen, das er beilege (Vertonung von G.s Gedicht »In tausend Formen magst Du Dich verstecken ...«, aus: »West-östlicher Divan«). — Über Berliner Gerüchte und Fragen an Z. zu G.s Erkrankung. — Ein lange angefangener Brief an G. (RA 10, Nr. 51) habe sich in Z.s Papieren versteckt.

86   BOISSERÉE, JOHANN SULPIZ MELCHIOR DOMINIKUS   AN A. VON GOETHE

1823 März 4   Stuttgart   S: 28/206 St. 93   D: GB 2, 351f.   B: von A. von Goethe, 1823 Februar 26 (GB 2, 351)   A: —

Dank für die Nachricht über G.s Gesundheitszustand und Freude über dessen *Rettung*. — Die 6. Lieferung des *lithographischen Werks* (»Die Sammlung Alt-, Nieder- und Oberdeutscher Gemälde der Brüder ... Boisserée und Johann Bertram. Lithographiert von N. Strixner«, vgl. Ruppert 2183 und RA 10, Nr. 74) werde mittlerweile eingetroffen sein; Bitte, das zweite Exemplar Großherzog Karl August zu übergeben. — Hinweis auf L. Tiecks Novelle »Die Verlobung« im »Berlinischen Taschenkalender auf das Gemeinjahr 1823«, die zu Ehren G.s geschrieben sei, *um gewisse pietistisch-heuchlerische Verunglimpfer lächerlich zu machen*. — Versicherung *unserer* (B. mit M. Boisserée und J. B. Bertram) Anteilnahme an G. und beste Wünsche für A. von Goethe und seine Familie.

87 HOFF, KARL ERNST ADOLF VON

1823 März 4   Gotha   S: 28/1032 Bl. 81–82   D: NC, Nr. 103   B: 1823 Februar 9 (36, Nr. 253)   A: 1823 Juni 2 (37, Nr. 50)

Glückwunsch zu G.s Genesung. — Dank für die von G. erhaltenen beiden Bände »Zur Naturwissenschaft überhaupt« und »Zur Morphologie« (jeweils Bd. 1). — G.s Aufmerksamkeit gegenüber H.s Schrift (»Geschichte der durch Überlieferung nachgewiesenen natürlichen Veränderungen der Erdoberfläche«, Teil 1; vgl. RA 9, Nr. 1470) empfinde H. als *fruchtbringend*. Zur möglichen Klärung des Phänomens der *bewegten Tempeltrümmer* von Pozzuoli, einer in H.s Schrift bestehenden Lücke, möge G.s *eigene Localbeobachtung* beitragen (vgl. G. »Architektonisch-naturhistorisches Problem«, in: »Zur Naturwissenschaft überhaupt« II 1). — *Begierig* habe H. in den naturwissenschaftlichen Heften die Beiträge zur Geologie studiert; erwähnt: G.s Aufsatz »Problematisch«. Schon 1803/04 habe H. an der durch J. Müller kennengelernten *besonders gebildeten Gebirgsart* vom Bernhardfels in Karlsbad Freude empfunden und die dortige *Zerritterung des Gebirgs* bewundert. Der ursächliche Zusammenhang zwischen dem Vorhandensein unreinen Granits und der Erscheinung der heißen Quellen sei für H. noch ungeklärt. Möglicherweise sei das Fließen des Teplwassers eine *Ursache* der *Quellen*. Weitere Ausführungen dazu. — Hinsichtlich der Fortsetzung seiner Schrift befasse sich H. mit Beobachtungen über *die auf der Erdoberfläche durch Erdbeben und Vulcane bewirkten Veränderungen* (vgl. Teil 2 und G. »Freimütiges Bekenntnis«, in: »Zur Naturwissenschaft überhaupt« II 1).

88 MENDELSSOHN BARTHOLDY, ABRAHAM AN A. VON GOETHE

1823 März 4   Berlin   S: 28/101 Bl. 90–91   D: Friedlaender, in: GJb 12 (1891), 113   B: —   A: —

Freude von M. und seiner Familie über G.s Genesung. — Empfehlung an O. von Goethe und U. von Pogwisch. Von letzterer hoffe M. durch D. Zelter über G.s *fortschreitende Beßerung* zu erfahren.

89   MÖRIKE, AUGUST

1823 März 4   Ludwigsburg   S: 28/101 Bl. 75–76   D: —   B: —   A: —

Huldigungsschreiben mit der Bitte um einige Worte G.s, dessen Werke M. *so manche glükliche Stunde* bereitet hätten; erwähnt: die *so anmuthig geschriebene Lebensgeschichte* (»Dichtung und Wahrheit«). Nach Abschluss seiner Lehre beim Hofapotheker K. F. Haußmann wolle er nach Weimar reisen, um G. zu sehen. Über dessen *Übelbefinden* habe *unsere Zeitung* berichtet. — Angabe seiner Adresse.

90   NEES VON ESENBECK, CHRISTIAN GOTTFRIED DANIEL   AN A. VON GOETHE

1823 März 5   Bonn   S: 28/1040 Bl. 22–23   D: GNe, Nr. 66b   B: 1823 Februar 2 (36, Nr. 244); von A. von Goethe, 1823 Februar 26 (GNe, Nr. 66a)   A: von A. von Goethe, 1823 März 14 (GNe, Nr. 67a; vgl. WA III 9, 23)

Dank für A. von Goethes Nachricht von G.s gebessertem Befinden; erwähnt: das *Bülletin vom 24.* in der »Kölnischen Zeitung« (vom 4. März, von W. Rehbein), N.s Brief an Rehbein mit der Bitte um weitere Nachrichten von G.s Befinden und E. d'Alton. — Ein Brief N.s in Beantwortung von G.s Schreiben vom 2. Februar liege schon bereit (RA 10, Nr. 73). Neben den Beiträgen für die *morphologischen Hefte* (»Irrwege eines morphologisierenden Botanikers«, in: »Zur Morphologie« II 2, und »Die Basaltsteinbrüche am Rückersberge bei Oberkassel am Rhein. Aus Noeggeraths: Das Gebirge in Rheinland-Westphalen«, in: »Zur Naturwissenschaft überhaupt« II 2) arbeite N. jetzt an der Rezension des 1. Bandes »Zur Naturwissenschaft überhaupt, besonders zur Morphologie« für die JALZ (1823, Nr. 101–108, mit A. Goldfuß und J. Noeggerath), um sich *ganz mit Ihm zu beschäftigen*. — N. bitte, diesen Brief G. *nicht, oder vorsichtig* mitzuteilen, da er *zu bewegt* sei.

91   VULPIUS, CHRISTIAN AUGUST

1823 März 5   Weimar   S: 28/101 Bl. 72   D: Vulpius, Nr. 652   B: —   A: —

V. habe G. *gestern* besuchen wollen, jedoch erfahren, dass dieser *sehr matt* und ruhebedürftig sei (vgl. RA 10, Nr. 92). Er habe zudem die Genesungswünsche von Erbgroßherzog Karl Friedrich und K. von Hopffgarten überbringen wollen sowie einen Brief von K. L. von Knebel an V., den er hier beilege.

92   VULPIUS, CHRISTIAN AUGUST

1823 März 5   Weimar   S: 28/105 Bl. 418 und Bl. 417.417a   D: Vulpius 2, 405f.   B: —   A: —

Handschriftliches Gedicht *Dem Wiedergenesenen* und dessen Druck *Goethe's Wiedergenesung. Weimar den 5. März 1823* (vgl. auch in: »Abendzeitung« 1823, Nr. 72).

93 Meyer, Ernst Heinrich Friedrich

1823 März 7   Göttingen   S: 29/67 Bl. 9–10; Bl. 11–14   D: LA II 10A, 576 (T)   B: 1823 Februar 2 (36, Nr. 243)   A: von A. von Goethe, 1823 März 17 (36, S. 469f., vgl. GB Rep, Nr. 36257c)   TB: 1823 März 13

Zwar sei er durch einen Brief aus Weimar an J. F. Blumenbach inzwischen etwas über G.s Befinden beruhigt, bitte aber dennoch *inständig* um *ein paar Zeilen*. — M. übersendet *beykommende Gloße* (»Erwiderung«, vgl. in: »Zur Morphologie« II 1) sowie einen *kürzern Aufsatz* von K. zur Nedden, eines Nachkommen von J. J. Engel, der mit seiner Philosophie und G.s Schriften sehr zurückgezogen lebe.

Anlage: K. zur Neddens Aufsatz über Naturphilosophie, ausgelöst durch G.s »Die Metamorphose der Pflanzen«; Manuskript.

94 Schultz, Christoph Ludwig Friedrich

1823 März 8   Berlin   S: 28/101 Bl. 77–78   D: —   B: —   A: von A. von Goethe, 1823 März 14 (36, S. 467f., vgl. GB Rep, Nr. 36256k); 1823 Mai 7 (37, Nr. 34)

Übersendung von Ananas, die sich nach Angaben des Gärtners *in Töpfen noch 4 Wochen gut erhalten werden*.

95 Seebeck, Thomas Johann an A. von Goethe

1823 März 8   Berlin   S: 28/101 Bl. 92–93   D: LA II 5B/2, 1060 (T)   B: von A. von Goethe, 1823 Februar 28 (Goethe-Museum Düsseldorf)   A: 1823 April 16 (37, Nr. 15)

Freude über G.s Genesung; erwähnt: S.s Familie und A. von Goethes Familie. Bitte, G. die besten Wünsche auszurichten.

96 Knebel, Karl Ludwig von

1823 März 10   Jena   S: 28/519 Bl. 596–597   D: GK, Nr. 602 (T)   B: —   A: 1823 April 2 (37, Nr. 3)

K. und seine Familie seien *glücklich* über G.s *Wiedergenesung*. — Über K.s Ergehen im Winter: *Nur die Abnahme meiner Augen wird mir etwas empfindlich [...]*. — Er ergötze sich an den Werken *von und über Napoleon* (? u. a. E. de Las Cases »Denkwürdigkeiten von Sankt Helena«) und an politischen Schriften, die ihm *zuweilen* F. von Müller schicke. Napoleon könne man *unter die aufmerksamsten Schriftsteller seiner Zeit rechnen*; diese *Offenbarungen* habe man *hauptsächlich dem rauhen Felsen zu verdanken*.

97 WILLEMER, JOHANN JAKOB VON AN A. VON GOETHE

1823 März 10   Frankfurt   S: 28/101 Bl. 94–95; 28/105 Bl. 419   D: GW, Nr. 121; GRe, 504
B: —   A?: von A. von Goethe, 1823 März 14 (vgl. WA III 9, 23)

A. von Goethes *Troßt-Brief* sei das *Gerücht, täglicher Besserung* von G.s Befinden gefolgt und alle Hoffnungen seien *nunmehr in Erfüllung gegangen*. Aus diesem Grund habe Graf K. F. Reinhard zu einer Feier (am 9. März) eingeladen, an der K. von Wangenheim, Graf K. Beust, *Legationsrath von Muller* (? richtig: K. F. Müller; vgl. RA 10, Nr. 84), J. I. von Gerning sowie J. L. Passavant teilgenommen hätten. Beschreibung der auserlesenen Speisen und Getränke. Reinhard habe auf dem Fest beiliegendes Gedicht verlesen. — Ein weiteres Gedicht sei von S. Reinhard zu Ehren des neugeborenen Sohnes König Wilhelms I. von Württemberg (Kronprinz Karl Friedrich Alexander; am 6. März, »O schönes Land ...«) vorgetragen worden. — M. von Willemer leide zum zweiten Mal in diesem Winter an einer Halsentzündung.
    Anlage: Graf K. F. Reinhards Gedicht *Auf Goethes Genesung den 9ten März 1823 [...]*; Manuskript.

98 LENZ, JOHANN GEORG

1823 März 11   Jena   S: 28/101 Bl. 80   D: WA IV 37, 309 (R)   B: —   A: 1823 April 16 (37, Nr. 14)

Unvergesslich werde L. der 2. März bleiben, da M. Färber ihm *die höchst traurige Nachricht brachte, daß Hochdieselben nicht mehr unter die Lebendigen zu rechnen wären*. Erst am 7. März habe er *mit innigster Freude* erfahren, dass G. noch lebe. Seine Gefühle könne er *nicht mit Worten ausdrüken*. Er hoffe, dass G. seiner *vornehmen Familie, den Wissenschaften und Dero Verehrer bis in das späteste Menschalter erhalten* bleibe.

99 GOETHE, THEODOR DANIEL

1823 März 12   Merseburg   S: 28/358 St. 1   D: —   B: —   A: —

Die Veranlassung zu diesem Schreiben sei T. Goethes Familienname, der durch G. *in allen Welttheilen so sehr verherrlicht* worden sei. Er sei *stolz auf den schönen Namen, der unsterblich sein* werde. Künftig werde der Name noch seltener werden, da T. Goethe *nur noch der einzige Zweig von dem Geschlechte* sei, *welches aus Thüringen* stamme. Sein verstorbener Vater A. Goethe sei aus Wiehe bei Artern gebürtig, wo dessen Vater *als Schnitthändler* gelebt habe. Obwohl T. Goethe bereits 33 Jahre alt sei, habe er diesen *Geschlechts-Namen* noch nie angetroffen. Versicherung der *innigsten Hochachtung und Verehrung*; erwähnt: G.s Werke.

100 GRÜNER, JOSEPH SEBASTIAN AN A. VON GOETHE

1823 März 12   Eger   S: 28/101 Bl. 96–97   D: Grüner und Zauper, 41f.   B: von A. von Goethe, 1823 Februar 26 (36, S. 463, vgl. GB Rep, Nr. 36256l)   A: 1823 Mai 13 (37, Nr. 36)

Wünsche für eine baldige Genesung G.s, auch im Namen von Graf J. Auersperg. Wenn dieser von einem erlittenen Unfall *genesen* sei, werde er *den ersten Brief nach Weimar* senden. Zudem bitte er, G. möge in diesem Sommer für einen längeren Aufenthalt zu ihm kommen (vgl. G.s Tagebuchnotizen vom 5. bis 7. September). — F. L. Richter in Prag, der frühere Kurinspektor von Marienbad, lasse *anliegendes Gedicht* auf G.s Geburtstag 1822 *überantworten*.

101   CARUS, KARL GUSTAV

1823 März 14   Dresden   S: 29/57 Bl. 17   D: GCar, 31   B: —   A: 1823 April 14 (37, Nr. 12)

C. erneuert die in seinem letzten Brief (RA 10, Nr. 72) ausgesprochene Empfehlung für N. L. Høyen (vgl. G.s Tagebuchnotiz vom 29. März). — Glückwunsch zu G.s Genesung.

102   NEES VON ESENBECK, CHRISTIAN GOTTFRIED DANIEL AN A. VON GOETHE

1823 März 14   Bonn   S: 28/1032 Bl. 89   D: GNe, Nr. 66c   B: von A. von Goethe, 1823 Februar 26 (GNe, Nr. 66a)   A: 1823 April 24 (37, Nr. 25)

N. hoffe, dass die *Einlage G. bey freudigst fortgeschrittnen Kräften finde*. A. von Goethe möge *nach Umständen diesen meinen directen Glückwunsch* an G. leiten und N. weitere Nachrichten zukommen lassen.
  Beilage: RA 10, Nr. 103.

103   NEES VON ESENBECK, CHRISTIAN GOTTFRIED DANIEL

1823 März 14   Bonn   S: 28/101 Bl. 98–99   D: GNe, Nr. 67   B: 1823 Februar 2 (36, Nr. 244); von A. von Goethe, 1823 Februar 26 (GNe, Nr. 66a)   A: 1823 April 24 (37, Nr. 25)

Glückwunsch zu G.s Genesung. — Seit G.s Schreiben vom 2. Februar habe N. *manches vorbereitet*, was er *in der nächsten Woche absenden* und dem er *den früher geschriebenen Begleitungsbrief unverändert beyfügen* werde (vgl. RA 10, Nr. 112). — *Die beyden Platten zur Anatomie des Elephanten* (nach Zeichnungen von J. Waitz) lasse N. auf E. d'Altons Rat in Paris stechen (vgl. aber: von J. Schubert). Im 11. Band der »Nova Acta« solle *diese Gabe* erscheinen (vgl. »Zur vergleichenden Osteologie von Goethe. Mit Zusätzen und Bemerkungen von Dr. Ed. d'Alton«, in: »Nova Acta« 1824, Bd. 12.1). — Ankündigung seiner Beiträge »Irrwege eines morphologisierenden Botanikers« und »Die Basaltsteinbrüche am Rückersberge bei Oberkassel am Rhein. Aus Noeggeraths: Das Gebirge in Rheinland-Westphalen« (GSA 26/LXII,S:1 und 26/LVII,16, gedruckt in: »Zur Morphologie« II 2 und »Zur Naturwissenschaft« II 2) sowie der Abhandlung »Goethea« (von K. von Martius und N., in: »Nova Acta« 1823, Bd. 11.1, vgl. Ruppert 4916) mit zwei Tafeln von d'Alton (nach T. Wild) *mit dem*

Postwagen. — D'Alton *und andere Freunde* (u. a. K. D. von Münchow, K. C. G. Sturm und A. F. Näke) würden ihre guten Wünsche mit denen N.s verbinden.
  Beilage zu: RA 10, Nr. 102.

104 RUHL, JULIUS EUGEN

1823 März 14   Kassel   S: 28/101 Bl. 86   D: —   B: —   A: —   TB: 1823 März 29 (E);
1823 März (BVL)

R. übersendet die 4. Lieferung seines Werkes über die *Gebäude aus dem Mittelalter in Italien* (»Kirchen, Paläste und Klöster in Italien«, Ruppert 2368). Dank für dessen Anzeige, gemeinsam mit dem Gemälde *den Platz zu Assisi darstellend*, in »Über Kunst und Altertum« III 3 (von H. Meyer und G.). Weiter erhalte G. einen *Theil* von R.s *in Italien und Sicilien verfertigten Gemählde*. Ein großes Blatt, den *Aetna, vom Amphiteater zu Taormina* darstellend, wolle er im Sommer vorlegen, wenn er vielleicht nach Weimar reise.

105 WESSELHÖFT, JOHANN KARL

1823 März 15   Jena   S: 30/307 Bl. 13   D: QuZ 4, Nr. 1511 (T)   B: —   A: —

W. übersendet den 1. Aushängebogen von »Über Kunst und Altertum« IV 2 in vier Exemplaren. — Freude über G.s Genesung.

106 STERNBERG, KASPAR MARIA GRAF VON

1823 März 16   Prag   S: 28/1032 Bl. 91   D: GSt, Nr. 13   B: 1823 Januar 12 (36, Nr. 223)
A: 1823 Mai 14 (37, Nr. 37); 1823 Juni 20 (37, Nr. 69)

Am 26. Februar habe die Gesellschaft des vaterländischen Museums in Böhmen G. neben Erzherzog Johann von Österreich einstimmig zum Ehrenmitglied gewählt. Zu dieser Zeit sei durch G.s Krankheit *die ganze gebildete Welt mit dem grösten und schmerzlichsten Verlust bedroht* gewesen. — Ankündigung einer Antwort auf G.s Brief, sobald *die Beilagen abgedruckt seyn werden* (? S.s Rede am 26. Februar, mit Urkunden zur Geschichte des botanischen Gartens in Prag aus der Zeit Kaiser Karls IV. und Kaiser Wenzels, in: »Verhandlungen der Gesellschaft des vaterländischen Museums in Böhmen« 1823, Heft 1, vgl. Ruppert 505). — S. habe die »Neugriechisch-epirotischen Heldenlieder« und »Das Sträußchen« (in: »Über Kunst und Altertum« IV 1) *als gute bekannte* wiedergefunden. — *Eine Rolle mit Brief und den Kupfertafeln* zu S.s »Reise durch Tirol in die österreichischen Provinzen Italiens im Frühjahr 1804« sei hoffentlich eingetroffen (vgl. RA 9, Nr. 1576, Ruppert 3970, und G.s Tagebuchnotiz vom 21. Dezember 1822).

107 SCHLOSSER, JOHANN FRIEDRICH HEINRICH

1823 März 18   Frankfurt   S: 28/101 Bl. 100–101   D: —   B: von A. von Goethe, 1823 März 14 (36, S. 466, vgl. GB Rep, Nr. 36256i)   A: —

Freude über G.s Genesung, von der S. und die Seinen durch A. von Goethe erfahren hätten. C. Schlosser habe mit ihnen die Sorge um G. geteilt und schließe sich den guten Wünschen an. G. möge *noch eine lange Reihe kräftiger Jahre und heitern ungetrübten Wirkens beschieden seyn.* — Empfehlungen an G. und dessen Familie.
    Beilage: RA 10, Nr. 108.

108 SCHLOSSER, JOHANN FRIEDRICH HEINRICH AN A. VON GOETHE

1823 März 18   Frankfurt   S: 28/101 Bl. 102–103   D: —   B: von A. von Goethe, 1823 März 14 (36, S. 466, vgl. GB Rep, Nr. 36256i)   A: —

Dank für A. von Goethes Brief. Die darin enthaltene frohe Kunde (über G.s Genesung) habe S. sogleich den näheren Freunden und Verwandten mitgeteilt; die Teilnahme sei allgemein gewesen. S. habe aus ganzem Herzen das Genesungsfest bei Graf K. F. Reinhard mitgefeiert und J. J. von Willemer, ebenfalls unter den Gästen, habe darüber berichtet (RA 10, Nr. 97). Möge sich G.s Gesundheit unter dem Einfluss des Frühlings weiter festigen und er *verjüngt und erneut, sich selbst und den geliebten Seinigen wiedergegeben* sein. — Herzliche Wünsche für A. und O. von Goethe sowie Walter und Wolfgang von S., seiner Frau und seiner Schwester. Auch C. Schlosser trage ihm wiederholt solche Wünsche auf.
    Beilage zu: RA 10, Nr. 107.

109 SCHULTZ, CHRISTOPH LUDWIG FRIEDRICH

1823 März 18   Berlin   S: 28/1032 Bl. 90   D: NC, Nr. 323   B: von A. von Goethe, 1823 März 9 (36, S. 463f., vgl. GB Rep, Nr. 36256d); von A. von Goethe, 1823 März 14 (36, S. 467f., GB Rep, Nr. 36256k)   A: 1823 April 10 (37, Nr. 10); 1823 Mai 7 (37, Nr. 34); 1823 Mai 18 (37, Nr. 41); 1823 Juni 11 (37, Nr. 59)

Dank für die Durchzeichnung nach A. Mantegna (»Die Gefangenen«, 7. Blatt des Zyklus »Triumphzug des Julius Cäsar«, Holzschnitt von A. Andreani). Nun könne S. *einigen Freunden das ganze Werk nach Anleitung* von G.s Beitrag (»Julius Cäsars Triumphzug, gemalt von Mantegna«, in: »Über Kunst und Altertum« IV 1 und 2) vorlegen. — Empfangsbestätigung der Zahlungen für das restaurierte Porträt der *Paula Gonzaga* (verh. Trivulzio; von B. de' Conti, aus der Weimarer Bibliothek; vgl. G. »Restauriertes Gemälde«, WA I 49.1, 300–302). S. Theoli werde sich G. demnächst vorstellen (vgl. G.s Tagebuchnotiz vom 8. Mai).

110 ALTON, EDUARD JOSEPH D'

1823 März 19   Bonn   S: 28/1032 Bl. 92–93   D: Briefe HA, Nr. 541   B: —   A: —   TB: 1823 März 31 (E)

A. übersende beiliegend die 4. Lieferung seiner *vergleichenden Osteologie* (»Die Skelette der Wiederkäuer«, mit C. Pander, Ruppert 4333; vgl. G.s Rezension in: »Zur Morphologie« II 1). Beschreibung seiner Sorgen anlässlich G.s Erkrankung und Freude über dessen Genesung; erwähnt: Platon und Sokrates. — In ein paar Tagen werde A. *einen kurzen Aufsatz über die Anforderungen, die an naturhistorische Abbildungen im Allgemeinen, und an osteologische ins Besondere ergehen*, an G. senden mit der Bitte, ihn in »Zur Morphologie« (II 1) zu drucken. — Die Schädelzeichnungen vom Elefanten (von J. Waitz), die in Paris gestochen werden sollen (vgl. RA 10, Nr. 112), habe A. *der bereits gestochenen Tafel* (von J. H. Lips) angepasst; er werde einen Probedruck senden.

111 NEES VON ESENBECK, CHRISTIAN GOTTFRIED DANIEL AN A. VON GOETHE

1823 März 19   Bonn   S: 28/101 Bl. 104–105   D: GNe, Nr. 67b   B: von A. von Goethe, 1823 März 14 (GNe, Nr. 67a; vgl. WA III 9, 23)   A: 1823 April 24 (37, Nr. 25)

N. dankt für die *höchst erfreuliche Zuschrift*. Aus dieser und aus dem von W. Rehbein erhaltenen *ausführlichen Krankheitsbericht* schöpfe N. *die freudigsten Hoffnungen* für G.s Genesung, die auch E. d'Alton, K. D. von Münchow und A. F. Näke teilten. — N. werde die bereitliegende Sendung an G. nun in die Post geben (vgl. RA 10, Nr. 112).

112 NEES VON ESENBECK, CHRISTIAN GOTTFRIED DANIEL

1823 März 19   Bonn   S: 28/1032 Bl. 95   D: GNe, Nr. 68   B: —   A: 1823 April 24 (37, Nr. 25)   TB: 1823 März 31

N. übersendet seinen Brief vom 20. Februar. Über seine teilnehmende Sorge über G.s Krankheit. — *Die beyden Tafeln* seien nach Paris gegangen (Zeichnungen des Elefantenschädels von J. Waitz; vgl. RA 10, Nr. 103 und RA 10, Nr. 110). — Die Absendung der Abhandlung »Goethea« (von K. von Martius und N., in: »Nova Acta« 1823, Bd. 11.1, vgl. Ruppert 4916) werde durch *Kupferdruck und Einband* verzögert.
    Beilage: RA 10, Nr. 73.

113 ZELTER, KARL FRIEDRICH

1823 März 19 bis 23   Berlin   S: 28/1018 St. 222   D: MA 20, Nr. 403   B: von A. von Goethe, 1823 März 16 (36, S. 468f., vgl. GB Rep, Nr. 36257a)   A: —

1823 März 19
Freude über das Zeichen von G.s Genesung auf dem Umschlag von A. von Goethes Brief; erwähnt: K. E. Schubarth.
    1823 März 23
Heute geht meine Marterwoche an [...] (Karwoche mit der Aufführung von K. H. Grauns und K. W. Ramlers Passionskantate »Der Tod Jesu«). — W. Stich gehe es wieder besser. Der Schauspieler K. F. Buggenhagen habe nach dem Tod des Vaters

dessen Schlachterei übernommen. — Bitte, *das einliegende Briefchen* (an E. Wesselhöft; vgl. G.s Tagebuchnotiz vom 29. März) nach Jena zu senden. — G.s »Campagne in Frankreich« habe Z. noch nicht vom Verfasser erhalten. — Über die Entwicklung, dass viele Regimenter in Berlin sich *gute und starke Orchester* zulegten; Anekdote dazu mit Anspielung auf das NT (Matthäus 8,12 sowie Lukas 13,28).

114 SACHSEN-WEIMAR-EISENACH, KARL AUGUST GROSSHERZOG VON

1823 März 20   Weimar   S: 28/101 Bl. 106   D: GH, Nr. 916   B: —   A: 1823 März 21 (vgl. WA III 9, 26)

König Maximilian I. Joseph von Bayern habe S. geschrieben; er lasse G. grüßen und *wünscht Glück zur wiedergenesung.*

115 BÜLOW, KARL EDUARD VON

1823 März 21   Dresden   S: 28/101 Bl. 84–85   D: —   B: —   A: —

Angeregt durch G.s *Bearbeitung der 'Gesänge von Selma'* und durch G. L. Kosegartens Ossian-Übersetzungen habe B. sämtliche Dichtungen Ossians in gleicher Art wie *die angefügte* übersetzt. G. und Kosegarten hätten den *Styl des Barden und seines würdigen englischen Uebersetzers genau befolgt*, ohne wie andere *in der Beibehaltung jedes einzelnen Wortes Sinnentstellungen zu verursachen*; erwähnt: die Ossian-Übersetzungen von J. F. Arnauld de La Perière, J. G. Rhode, Graf F. Stolberg und W. Ahlwardt. — Angabe seiner Adresse.

116 GRADL, JOHANN WENDELIN

1823 März 21   Marienbad   S: 28/101 Bl. 82–83   D: —   B: 1823 März 10 (vgl. im Text von RA 10, Nr. 116)   A: —

Gemäß des *unter 10t d. gegebenen Auftrags* sei *die gewünschte Kiste mit 24/2 Krügen Kreuzbrunn* heute mit dem Postwagen an G. abgegangen. Die restlichen *76/2 Krüge* werde Gradl bei nächster Gelegenheit nachliefern. — Freude über die Nachricht von G.s Wohlbefinden; *unser ganzes Convent wünscht von Herzen, daß der Kreuzbrunn seine gute Wirkung zur gänzlichen Wiedergenesung nicht verfehlen möge.* — Der *Herr Prälat* (K. Reitenberger) lasse ausrichten, dass für den Fall eines Besuchs in Marienbad für G. immer ein *ruhiges und bequemes Logis* bereit stünde; erwähnt: J. S. Zauper.
Anlage auf gleichem Bogen: Rechnung über *1 Kiste* Kreuzbrunnenwasser.

117 NICHT ERMITTELT

1823 März 22   Weimar   S: 28/51 Bl. 96   D: Gräf 6, 341f.   B: —   A: —

Die Zweige die ich still und heiter flocht [...] (abweichende Fassung von F. W. Riemers Dichtung zur Aufführung von G.s »Torquato Tasso« am 22. März im Weimarer Theater; vgl. G.s Tagebuchnotiz sowie RA 10, Nr. 118 und RA 10, Nr. 119).

118   HEYGENDORFF, HENRIETTE KAROLINE FRIEDERIKE VON

1823 März 22   Weimar   S: 28/51 Bl. 97   D: —   B: —   A: —

Die Zweige die ich einnig flocht [...] (abweichende Fassung von F. W. Riemers Dichtung zur Aufführung von G.s »Torquato Tasso« am 22. März im Weimarer Theater; vgl. G.s Tagebuchnotiz sowie RA 10, Nr. 117 und RA 10, Nr. 119).

119   RIEMER, FRIEDRICH WILHELM

1823 März 22   Weimar   S: 28/51 Bl. 98   D: —   B: —   A: —

Prinzessin. Die Zweige, die ich sinnend hier geflochten [...] (Verse zur Aufführung von G.s »Torquato Tasso« am 22. März im Weimarer Theater; vgl. G.s Tagebuchnotiz sowie RA 10, Nr. 117 und RA 10, Nr. 118).

120   CHASSEPOT, ANNA DOROTHEA ELISABETH DE

1823 März 23   Paris   S: 28/245 St. 3   D: —   B: —   A: 1823 Mai 19 (vgl. WA III 9, 50)

Mit ihrem Schreiben bringe sie sich in Erinnerung. Rückblick auf gemeinsam verlebte Tage, als sie sich in G.s *Nähe so glüklich fühlte* (in Karlsbad im Juli/August 1808; vgl. G.s Tagebuchnotizen). — Bestürzung über die Nachricht von G.s Tod und Erleichterung über deren Aufhebung und G.s besserem Befinden; erwähnt: die Herzogin (von Kurland). Glückwunsch zu G.s Genesung und Hoffnung auf eine Nachricht von ihm. — Angabe ihrer Adresse.

121   KERSTEN, KARL THEODOR

1823 März 25   London   S: 28/102 Bl. 143   D: —   B: —   A: —   TB: 1823 Mai 2; 1823 Mai (BVL)

Begleitbrief zu K.s Prosa-Bearbeitung »Goethes Hermann und Dorothea«.

122   ZELTER, KARL FRIEDRICH

1823 März etwa 25 bis 29   Berlin   S: 28/1018 St. 223   D: MA 20, Nr. 405   B: 1823 März 23 (36, Nr. 259)   A: 1823 April 2 (37, Nr. 2)

1823 März etwa 25
Freude über die *ersten Zeilen* von G.s *Wiedergeburt*, die Z. vor der Liedertafel (am 25. März) erreicht hätten. Allgemeine Freude auch bei den Gästen. Die Nachricht habe Z. Mut gegeben für seine *Freitagsmusik* (Aufführung der Passionskantate »Der Tod Jesu« von K. H. Graun und K. W. Ramler am Karfreitag). Reflexionen über seine Situation als Musikdirektor.

1823 März 29
Über die Qualität der Aufführung im Opernsaal mit der königlichen Kapelle unter Z.s Leitung und einer Aufführung des gleichen Orchesters in der Garnisonskirche (unter der Leitung von F. L. Seidel). Z. scheue nicht die Rezensionen (vgl. »Königlich privilegierte Berlinische Zeitung« vom 1. April). Zum Charakter der Passionskantate (vgl. den Druck dieser Briefstelle u. d. T. »Von Berlin, am Sonnabend vor Ostern 1813«, in: »Über Kunst und Altertum« IV 2). Zitat nach G.s Gedicht »Unvermeidlich« aus dem »West-östlichen Divan«.

123   O'DONELL VON TYRCONELL, JOSEPHINE GRÄFIN

1823 März 26   Wien   S: 28/669 St. 9   D: GÖ 1, 102–105   B: 1820 Juli 27 (33, Nr. 90)   A: 1823 Mai 19 (37, Nr. 44); 1823 Juni 30 (37, Nr. 83)

Erinnerung an die letzte Begegnung mit G. (vgl. G.s Tagebuchnotiz vom 26. [richtig: 25.] Juli 1818); seit O.s Rückkehr von Würzburg nach Wien im Jahre 1821 habe G. nichts mehr von ihr gehört; dabei erwähnt: *die Unvergeßliche* (Kaiserin Maria Ludovika von Österreich). — Über O.s Anteilnahme an G.s Krankheit und ihre Freude über seine Rekonvaleszenz; auch *wir hatten hier der Kranken sehr viele*. Nach den *öffentlichen Blättern* zu urteilen, beschäftige sich G. *schon wie gewöhnlich*. — Mitteilungen über ihren Sohn (Heinrich), der *thätig* und *wißbegierig* sei und sehnlichst wünsche, G. kennenzulernen; erwähnt: O.s Bruder Graf K. K. Gaisruck in Mailand. — Anfrage, ob eine Sammlung von G.s Zeichnungen im Druck erschienen sei (»Radierte Blätter nach Handzeichnungen von Goethe«, hrsg. von K. A. Schwerdgeburth, gestochen von K. Holdermann und K. Lieber, mit Versen G.s). — Diesen Brief sende O. an Gräfin K. Fritsch.

124   SAUR, HENRI JOSEPH UND ARMAND LÉONCE VARANCHAN DE SAINT-GENIÈS

1823 März 26   Paris   S: 28/782 St. 1   D: Mommsen 3, 28f.   B: —   A: an Graf K. F. Reinhard, 1823 April 18 (37, Nr. 18) und 1823 Mai 17 (37, Nr. 40)   TB: 1823 April 16; 1823 April (BVL)   V: in französischer Sprache

Als G.s Bewunderer hätten es S. und V. unternommen, einige seiner Werke in Frankreich bekannt zu machen. Nach der Rückübersetzung ins Französische der von G. (1805) veröffentlichten deutschen Fassung von Diderots »Le Neveu de Rameau« nach dem Originalmanuskript hätten sie nun G.s »Anmerkungen über Personen und Gegenstände, deren in dem Dialog 'Rameaus Neffe' erwähnt wird« unter dem Titel »Des hommes célèbres de France au dix-huitième siècle« (Ruppert 1848) in französischer

Sprache veröffentlicht. G. erhalte beiliegend diese Arbeit. S. und V. seien sehr gespannt auf das Urteil des eigentlichen Autors (vgl. G.s Rezension, in: »Journal für Literatur, Kunst, Luxus und Mode« 1823, Nr. 45). — Zurzeit beschäftigten sie sich mit der Übersetzung von »Wilhelm Meisters Lehrjahren«. — Angabe ihrer Adresse.
Beilage zu: RA 10, Nr. 152.

125   KNEBEL, KARL LUDWIG VON

1823 März 27   Jena   S: 28/519 Bl. 598–599   D: GK, Nr. 603 (T)   B: —   A: 1823 April 2 (37, Nr. 3)

Freude über jede *Nachricht* von G.s *Besserung*; erwähnt: K.s Familie. — Für G. und *die Freunde* übersendet K. seine Übersetzung von J. Thomsons »Hymnus zum Schlusse der Jahreszeiten«. — K. fügt einen von seinem Sohn Karl erhaltenen Brief mit der Bitte um Rückgabe bei, der ein *kurzes Journal* von K. W. von Knebels Aufenthalt (in München, GSA 54/in 199,8) enthalte. — An W. von Schröter, der an Nervenfieber erkrankt sei, würde K. *einen treflichen Freund* verlieren. — Grüße an G.s Familie.

126   ZAUPER, JOSEPH STANISLAUS

1823 März 28   Pilsen   S: 28/1011 St. 10   D: Grüner und Zauper, 179–181   B: —   A: —

Freude über G.s Genesung. Er sei für Z. wie ein Vater, mit dem er manche *stille Gespräche* führe; erwähnt: Z.s Vater, Mutter und Schwester. — Angeregt durch (G.s) Auszüge aus Homers »Ilias« in »Über Kunst und Altertum« (III 2 und 3) habe Z. begonnen, die »Ilias« zu übersetzen (vgl. G.s Anzeige »Ilias, in Prosa übersetzt von Zauper. Odyssee ... von Hedwig Hülle«, in: »Über Kunst und Altertum« V 3). Näheres zur Übersetzungsmethode und den Versuchen einer hexametrischen Übersetzung mit Zitat aus Ovids »Tristia« (Buch IV, X, 26); erwähnt: das Kapitel »Übersetzungen« in G.s »Noten und Abhandlungen zu besserem Verständnis des West-östlichen Divans«, J. H. Voß' d. Ä. »Ilias«-Übersetzung und G.s »Achilleis«.

127   DÖRING, GEORG CHRISTIAN WILHELM ASMUS

1823 März 29   Frankfurt   S: 28/101 Bl. 107; 28/105 Bl. 408–409   D: —   B: —   A: —

Freude über die von J. J. von Willemer verkündete Genesung G.s, die sich in D.s beiliegendem Gedicht ausdrücke. — Nach Beendigung seines Trauerspiels »Zenobia« (vgl. Ruppert 871) wolle er dieses und mehrere seiner *bereits erschienenen Versuche* G. zusenden (vgl. RA 10, Nr. 147).
   Anlage: D.s Gedicht »An Goethe. Als die Nachricht seiner Genesung kam«; datiert: Frankfurt, März 1823; Manuskript.

128 SCHULTZ, CHRISTOPH LUDWIG FRIEDRICH

1823 März 29   Berlin   S: 28/1032 Bl. 94   D: NC, Nr. 324   B: 1823 März 23 (vgl. WA III 9, 27)   A: 1823 Mai 7 (37, Nr. 34)

Dank für G.s eigenhändige Zeilen und Freude über seine fortschreitende Genesung. — Im Auftrag S.s werde F. Tieck demnächst einen Abguss von Dante Alighieris Totenmaske *nebst einem kleinen Bachusköpfchen* senden. Dantes Form habe Tieck aus Italien mitgebracht, der kleine Bacchus stehe auf der königlichen Kunstkammer.

129 LYNCKER, KARL WILHELM HEINRICH VON

1823 März 30   Jena   S: 28/102 Bl. 114–115   D: WA IV 37, 371 (R)   B: —   A: —

Angebot, die Mahlzeiten in L.s Haus einzunehmen; auch seine Frau freue sich darauf. K. L. von Knebel würde auf G.s *Geheiß nicht fehlen; befählen Sie aber die Schüßeln nach Hauß, so kann dies jeder Zeit [...] geschehen*. Über die Art der Bezahlung; *auch versprechen wir, Ihnen jede Belästigung zu ersparhen*; erwähnt: L.s Eltern.

130 ZELTER, KARL FRIEDRICH

1823 März 30 bis April 6 oder 7   Berlin   S: 28/1018 St. 224   D: MA 20, Nr. 407   B: 1823 April 2 (37, Nr. 2)   A: —

1823 März 30
Z. sei dabei, seine *Helfershelfer von vorgestern* (Mitwirkende an der Aufführung der Passionskantate »Der Tod Jesu« von K. H. Graun und K. W. Ramler am Karfreitag) auszuzahlen. — F. A. Wolf habe Z. *eine Sorte von Entzücken zu erkennen geben wollen* über dessen Musik. — L. Davids *recht guter Schüler* (J. Wolff) male derzeit gleichzeitig Porträts von Wolf und Z. — Über eine Aufführung von Racines »Phädra« (in Schillers Übersetzung) mit C. Pfeiffer, bei der Z. die Kraft bewundern müsse, *wenn sie sich wiederholt mit beyden Händen auf die vollen Brüste schlägt, daß es klatscht und dafür wieder beklatscht wird* (vgl. auch G.s Notiz »Nach Berlin«, in: »Über Kunst und Altertum« IV 2). — J. V. Teichmann habe G.s Grüße ausgerichtet (vgl. G.s Tagebuchnotizen vom 9. Februar und 26. März). — Durch die Hochzeit mit L. von Henning gehe Z. seine *beste Altstimme* (E. Krutisch) verloren; Anspielung auf das Hohelied Salomos (aus dem AT).
1823 April 6 oder 7
Dank für G.s *Gabelfrühstück* (Aushängebogen von »Über Kunst und Altertum« IV 2), aus dem er Wolf bei der *Sitzung* vorgelesen habe. Zitat aus der darin enthaltenen Aphorismensammlung G.s »Eigenes und Angeeignetes«; erwähnt: die Büste Wolfs (von F. Tieck).

131   Braun von Braunthal, Karl Johann

1823 ? April   Wien   S: 28/102 Bl. 139–141   D: GÖ 2, 329–333   B: —   A: —

Wahlverwandt mit G.s »Leiden des jungen Werthers« trete B. vor G. als seinen *Lehrer und Erzieher*. Begeisterung für dessen Werke; erwähnt: »Torquato Tasso« und »Faust«. Eindringliche Schilderung seiner ideellen und sozialen Notlage nach dem Tod seiner Eltern. Er studiere Philosophie, arbeite aber jetzt im Hause J. N. von Bartensteins als Hofmeister für dessen Söhne (Moritz und August). Poesie sei B.s *Lieblingsstudium*; er *ringe nach Ausbildung in dieser Kunst* und bitte um G.s materielle und ideelle Unterstützung. — Angabe seiner Adresse.

132   Frommann, Johanna Charlotte

1823 April   Jena   S: 28/102 Bl. 120   D: —   B: —   A: —

Übersendung einer Schachtel mit *den besten Wünschen daß die ersten Spargel wohl bekommen mögen!*

133   Steiner, Emanuel

1823 April   Winterthur   S: 28/105 Bl. 413; Bl. 414–417   D: —   B: —   A: —

Bitte, das beiliegende Gedicht S.s *gnädig* aufzunehmen.
   Anlage: Gedicht *Goethe's Wiedergenesung. Welch ein Wandel! — was für Zaubereyen [...]*.

134   Schwägrichen, Christian Friedrich

1823 April 2   Erfurt   S: 28/844 St. 1   D: Mommsen 2, 245 (T)   B: —   A: 1823 April 9 (37, Nr. 7)

S. kündigt die Übersendung des Diploms *der Edinburger Gesellschaft der Wissenschaften* (Royal Society of Edinburgh) an. An dem Tag, an dem S. in Edinburgh *der Ueberbringer der ersten Nachricht* von G.s *Besserung von schwerer Krankheit* gewesen sei, habe die Gesellschaft unter W. Scotts Vorsitz G.s Namen *als den eines einstimmig gewählten auswärtigen Mitglieds in ihr Buch* eingetragen (vgl. RA 10, Nr. 304 und G. »Dankbare Gegenwart«, in: »Über Kunst und Altertum« IV 2).

135   Berzelius, Jöns Jacob von

1823 April 4   Stockholm   S: 28/1033 Bl. 68a–b   D: LA II 8B/1, 333f.   B: 1823 Januar 3 bis 4 (36, Nr. 214)   A: —   TB: 1823 Juni 16   V: in französischer Sprache

B. könne leider nur wenig des von G. gewünschten Titans senden, denn die Fundorte und abgebauten Mengen seien in Schweden gering. Über verschiedene Mineralienvorkommen in Schweden und deren Besonderheiten. — Übersendung einiger weiterer seltener schwedischer Mineralien: Kupferselenit, Mangan-Eisensilikat und Tantalit. Beschreibung und Herkunft dieser Stücke. — Im Laufe des Sommers werde B. das an Mineralien reiche Norwegen besuchen und für G. dort nach Möglichkeit sowohl Titaneisenerz als auch Informationen über die Silbermine beschaffen.

136   NEES VON ESENBECK, CHRISTIAN GOTTFRIED DANIEL

1823 April 5   Bonn   S: 28/1033 Bl. 3–4   D: GNe, Nr. 69   B: —   A: 1823 April 24 (37, Nr. 25)   TB: 1823 April 19; 1823 April (BVL)

Übersendung der Abhandlung »Goethea« (von K. von Martius und N., in: »Nova Acta« 1823, Bd. 11.1, Separatdruck, Ruppert 4916) und ausführliche Beschreibung der Erscheinungsform der Pflanze. Deren Untersuchung und Bezeichnung liege nun schon zwei Jahre zurück (vgl. RA 9, Nr. 915). Heute freue ihn *der Verzug*, weil er sein *kleines Opfer in den Tagen der Wiedergenesung darbringen [...] darf*. In einer Rolle füge er zwei weitere Abdrücke der zugehörigen Tafeln von E. d'Alton (nach T. Wild) bei.

137   ALTORFER, JOHANN KASPAR

1823 April 6   Schaffhausen   S: 28/159 St. 1   D: —   B: —   A: —

A., der Sohn von J. J. Altorfer, sei 1785 blind geboren und vor 22 Jahren, am 6. April 1801, von J. H. Jung geheilt worden. Aus *Dank gegen Gott* und mit der Hilfe von *mehr als 1000 Menschenfreunde*n habe er 1811 eine Blindenanstalt gegründet, die G. *aus den Morgenblättern* kennen werde (vgl. »Blindenanstalt in Schaffhausen«, in: MBl 1818, Nr. 204). — G. habe sich, was dieser ihm selbst erzählt habe, in seiner Jugend *deß verlaßenen Stillings so ritterlich angenommen* und dadurch diesem und mittelbar *vielen Unglüklichen ihr Lebensglük verschaft*. A. sei G. daher *die wärmste Dankbarkeit schuldig* und glücklich über dessen Genesung.

138   BÜLOW, LUDWIG FRIEDRICH VIKTOR HANS GRAF VON

1823 April 6   Berlin   S: 28/102 Bl. 122–123   D: WA IV 37, 314 (R)   B: 1821 Juli 19 (35, Nr. 20)   A: 1823 April 27 (37, Nr. 27)   TB: 1823 April 17 (E); 1823 April (BVL)

B. übersendet die 2. Lieferung der »Vorbilder für Fabrikanten und Handwerker« (Ruppert 2393) und hoffe auf ebenso *günstige Aufnahme* wie die am 26. Juni 1821 übersandte 1. Lieferung (vgl. RA 9, Nr. 873 und G.s Rezensionen in: »Über Kunst und Altertum« III 3 und IV 2).

139   BYRON, GEORGE GORDON   AN   ? C. STERLING

1823 April 6   Genua   S: 28/232 St. 8   D: Mommsen 6, 637   B: —   A: 1823 Juni 22 (»An Lord Byron«, WA I 4, 18)   TB: 1823 Mai 27 (E)   V: in englischer Sprache

Empfehlungsschreiben für C. Sterling, den B. bitte, seine Verehrung für G. darzubringen, wenn er *that great Man* während seines Aufenthalts in Weimar sehen werde.

140   LENZ, JOHANN GEORG

1823 April 6   Jena   S: 28/1032 Bl. 101   D: NC, Nr. 124   B: —   A: 1823 April 10 (vgl. WA III 9, 35); 1823 April 16 (37, Nr. 14); 1823 April 19 (37, Nr. 20); 1823 Mai 10 (vgl. WA III 9, 47)

L. übersendet zwei Briefe: *Der aus Greifswald* (von J. F. Fischer vom 2. März, UA Jena) *ist merkwürdig, und widerspricht der Döbereinischen Analyse* (vgl. RA 10, Nr. 187 und »Aus einem Schreiben vom Prof. Döbereiner an Gilbert«, in: »Annalen der Physik« 1823, Bd. 73, St. 1), *und jener aus Klagenfurt* (von A. Volleritsch vom 12. März, UA Jena) *sei noch merkwürdiger für unser Museum.* — Anfrage, ob es *nicht höchst ersprieslich wäre*, König Maximilian I. Joseph von Bayern und den Kronprinzen Oskar von Schweden *zu Mitgliedern aufzunehmen*. L. könne das Diplom für den Kronprinzen J. von Berzelius *anvertrauen*.

141   SCHUBARTH, KARL ERNST

1823 April 8   Berlin   S: 28/829 St. 32   D: WA III 9, 352 (R)   B: —   A: —   TB: 1823 April 14

S. überreicht die *Erstlinge* der von ihm unter Mitarbeit von *einigen jüngern und ältern Freunden* (u. a. C. L. F. Schultz und E. R. Lange) begonnenen Zeitschrift »Paläophron und Neoterpe« (erste Hälfte der Aushängebogen des 1. Stücks, Ruppert 325). — Glückwünsche zu G.s Genesung mit Zitat aus »Dichtung und Wahrheit« (3. Teil, 11. Buch). — Angabe seiner Adresse.

142   UKERT, FRIEDRICH AUGUST

1823 April 8   Gotha   S: 28/102 Bl. 118–119   D: —   B: —   A: —

Glückwünsche zu G.s Genesung. — Leider könne er das von G. verlangte Buch nicht senden, da die Gothaer Bibliothek nur die *Annalen (u auch diese nicht ganz), aber nicht die Memoiren* beziehe. U. habe sich auch bei den *hiesigen Freunden der Naturgeschichte* erkundigt, aber ohne Erfolg.

143 Brühl, Karl Friedrich Moritz Paul Graf von

1823 April 9   Berlin   S: 28/101 Bl. 108   D: Begegnungen 14, 56 (T)   B: an K. F. Zelter, 1823 März 23 (36, Nr. 259)   A: —

Freude über G.s *Wiedergenesung* und die von K. F. Zelter *im Kreise der Liedertafel* vorgezeigten *wenigen selbst geschriebenen Worte*. B. habe diese Freude *gewiß stärker* gefühlt als die anderen Anwesenden, denn die wenigsten hätten das Glück gehabt, G. *persönlich so oft und seit so langer Zeit so nahe* zu stehen wie er. Erinnerungen an seine frühesten Begegnungen mit G. in Karlsbad. — Dank für die freundliche Aufnahme J. V. Teichmanns (vgl. G.s Tagebuchnotizen vom 9. Februar und 26. März). — Empfehlungen von B.s Ehefrau.

144 Fouqué, Friedrich Heinrich Karl de la Motte-[F.]

1823 April 9   Nennhausen bei Rathenow   S: 28/324 St. 1; 28/105 Bl. 410   D: GR 2, 241f.   B: —   A: —

Freude über G.s Genesung. F. übersende beiliegend sein Gedicht, das er auch *zum Abdruck an eine Zeitschrift gesandt* habe (vgl. »Deutsche Blätter für Poesie, Literatur, Kunst und Theater« 1823, Nr. 62, und RA 10, Nr. 173). Während seines Winteraufenthalts in Berlin habe F. Trauerlieder auf O. K. F. von Voß und seinen *ehemaligen Feldherrn* Graf F. H. Kleist gedichtet. G. habe F. bei seinen Besuchen in Weimar *vor etwa zwanzig Jahren* (Februar 1802; vgl. Begegnungen 5, 233f.) und 1813 (vgl. G.s Tagebuchnotizen vom Dezember 1813) gütig aufgenommen und auch seitdem seiner freundlich gedacht, wie O. von Goethe ihm *vor einigen Jahren* geschrieben habe. Erwähnt: F.s Ehefrau und G.s Familie.

Anlage: F.s Gedicht »Zur Genesungsfeier S. Exzellenz des Herrn Geheimrat von Goethe«; Manuskript.

145 Teichmann, Johann Valentin

1823 April 9   Berlin   S: 28/102 Bl. 124–125   D: Begegnungen 14, 56 (T)   B: —   A: an Großherzog Karl August von Sachsen-Weimar, 1823 April 20 (37, Nr. 21)

T. erinnert an seinen Besuch bei G. (vgl. G.s Tagebuchnotizen vom 9. Februar und 26. März sowie RA 10, Nr. 61 und RA 10, Nr. 143) und an die ihm erteilte Erlaubnis, *die in Paris jüngst erschienene Uebersetzung* eines Werkes von G. (? »Des hommes célèbre de France au dix-huitième siècle«, H. J. Saurs und L. Varanchan de Saint-Geniès' französische Übersetzung von G.s »Anmerkungen über Personen und Gegenstände, deren in dem Dialog 'Rameaus Neffe' erwähnt wird«, nach Diderot, vgl. Ruppert 1848) zu schicken. — Außerdem sende er »Friedrich Ludwig Zacharias Werners letzte Lebenstage und Testament« (Ruppert 255), das *in diesen Tagen das lesende Publikum auf mannichfache Weise* beschäftige. Zu Werners Begeisterung für G.; Zitat aus dem »Prolog an deutsche Söhne und Töchter« in »Der vierundzwanzigste Februar«.

146 BENCKHER, MARIA ELISABETH

1823 April 10   Ansbach   S: 28/185 St. 3   D: —   B: —   A: —

Freude und Entzücken über G.s *Genesung von der Gefährlichen Krankheit.* — Erwähnung von G.s Schreiben und des übersandten Porträts (? gestochen von T. Wright nach G. Dawe; vgl. RA 9, Nr. 549) mit Bezugnahme auf das Tal von Chamonix (vgl. G. »Briefe aus der Schweiz«). — Überschwängliche Huldigungsworte für G. und seine Schriften, die B. zu *Glaube, Liebe und Hoffnung* erhoben hätten; Erwähnung des AT (2. Buch Moses, 34, 34) und Zitat von Worten Egmonts. — Schilderung ihrer und ihrer Tochter (Wilhelmine) längeren Krankheit; erwähnt: F. Albert. Über Charaktereigenschaften ihrer Tochter, die sogar äußerlich G.s Ottilie in den »Wahlverwandtschaften« gleiche.

147 DÖRING, GEORG CHRISTIAN WILHELM ASMUS

1823 April 10   Frankfurt   S: 28/102 Bl. 121   D: —   B: —   A: —   TB: 1823 April (BVL)

D. habe *vor wenigen Tagen* seine Teilnahme an G.s Genesung ausgesprochen (vgl. RA 10, Nr. 127). Möge G. die beiliegenden *dichterischen Versuche* ebenso *gütig* aufnehmen (»Phantasiegemälde«, Teil 1–2, sowie »Der treue Eckart« und »Zenobia«, Ruppert 870f.). Bitte um ein *Wort des hohen Meisters.* — »Zenobia« habe D. auch dem *kunstsinnigen Großherzoge* Karl August gesandt.

148 HERMANN, JOHANN GOTTFRIED JAKOB

1823 April 10   Leipzig   S: 28/402 St. 2   D: GHer, Nr. 7   B: 1823 April 6 (37, Nr. 5)
A: —   TB: 1823 April 14; 1823 April (BVL)

Freude über G.s Genesung. — Zu den von G. erhaltenen Mitteilungen über den Phaethon (Aushängebogen 1 und 2 von »Über Kunst und Altertum« IV 2 mit G.s Aufsatz »Phaethon, Tragödie des Euripides« und die eigenhändige Niederschrift »Zu Phaethon des Euripides«, später gedruckt in: ebd.): G.s *schöpferischer Geist* habe *aus zerstreuten Trümmern die Umrisse und Verhältnisse des vormaligen Prachtgebäudes herzustellen gewusst.* — H. sendet ein von ihm verfasstes *Programm* (»De Sogenis Aeginetae victoria quinquertii«, Ruppert 2054), ein *lateinisches Gedicht* (»In nuptias Ioannis principis et Amaliae Bavariae«) und die »Antigone« des Sophokles (»Sophoclis Tragoediae«, Bd. 1). Bedauern, in einer *solchen bloß philologischen* Ausgabe entgegen einem *Plan des frühern Herausgebers* (K. G. A. Erfurdt) nicht daran erinnern zu dürfen, *woran man bey Dichtern hauptsächlich denken sollte,* und sich auf die *trockensten Anmerkungen* beschränken zu müssen; erwähnt: der folgende Band »Oedipus Rex« (vgl. Ruppert 1338). — Ankündigung seiner Schrift »De Aeschyli Niobe« und seiner Publikation »Euripidis Bacchae« (vgl. Ruppert 1260 und RA 10, Nr. 408), in der er für seine philologischen Anmerkungen *aus einer bessern Quelle* geschöpft habe. Dabei habe sich H. *an ein Urtheil* G.s erinnert, das er *vor vielen Jahren einmal über dieses Stück* gegenüber H. geäußert habe (vgl. G.s Tagebuchnotiz vom 7. Mai 1800).

149 LEONHARD, KARL CÄSAR VON AN A. VON GOETHE

1823 April 10   Heidelberg   S: 28/101 Bl. 109–110   D: LA II 8B/1, 336 (T)   B: von A. von Goethe, 1823 März 21 (36, S. 471, vgl. GB Rep, Nr. 36257e)   A: —

Freude über A. von Goethes Nachricht *vom 22. v. M.* über die allmähliche Genesung G.s. — L. habe G. den 1. Bogen seiner »Charakteristik der Felsarten« (vgl. Ruppert 4799) zugesandt, mit deren Abfassung er gerade beschäftigt sei.

150 LEONHARD, KARL CÄSAR VON

1823 April 10   Heidelberg   S: 28/1032 Bl. 102–103   D: NC, Nr. 149   B: von A. von Goethe, 1823 März 21 (36, S. 471, vgl. GB Rep, Nr. 36257e)   A: 1823 April 23 (37, Nr. 24)
TB: 1823 April 17

Freude über G.s Genesung. — Um nicht *mit ganz leerer Hand* zu erscheinen, habe L. den 1. Bogen seiner »Charakteristik der Felsarten« (Ruppert 4799) beigefügt, dem weitere folgen werden. Der Versuch sei *höchst schwierig*, da keines der existierenden Lehrbücher, mit Ausnahme von J. F. d'Aubuissons »Traité de géognosie«, *getreue u umfassende Schilderungen aller Felsarten* lieferten. L. habe mehrere Jahre das verstreut vorhandene Material gesichtet und gesammelt, so dass nun *eine Gebirgsarten-Sammlung, vielleicht so vollständig u auserlesen, als je ein Privatman sie besäßen*, entstanden sei. Über seine Recherchereise nach Paris und den Austausch *mit den ausgezeichnetesten dortigen Gelehrten* wolle L. in seinen nächsten Briefen ausführlicher berichten. — Gegenwärtig sei L. durch die beginnenden Amtsgeschäfte als Prorektor der Universität Heidelberg für das kommende Jahr sehr ausgelastet. — Angebot, *Handstücke* seiner Schrift »Nephelin in Dolerit am Katzenbuckel« (mit L. Gmelin, vgl. Ruppert 4806) zu senden, falls G. sie noch nicht besitze (vgl. aber RA 9, Nr. 1444).

151 ZELTER, KARL FRIEDRICH

1823 April etwa 10 bis 18   Berlin   S: 28/1018 St. 225   D: MA 20, Nr. 408   B: —   A: —

1823 April etwa 10
F. A. Wolf habe sich lobend über die *Charfreitagsmusik* (Aufführung der Passionskantate »Der Tod Jesu« von K. H. Graun und K. W. Ramler) geäußert, dabei aber einige Fehler in Grauns Komposition moniert; erwähnt: Cicero und Homer. Zitat von Versen aus dem Choral (Psalm 33,4) und Anspielung auf Wolfs »Prolegomena ad Homerum«.
1823 April 18
Z. erzählt von einer Kritik an Graun, die er selbst einmal als *Hans Vorlaut* gegenüber Grauns Schüler C. Mengis geäußert habe, die dieser aber zurückgewiesen habe.

152   REINHARD, KARL FRIEDRICH GRAF

1823 April 11   Frankfurt   S: 28/734 St. 69   D: GRe, Nr. 126   B: —   A: 1823 April 18 (37, Nr. 18)   TB: 1823 April 16

Freude über G.s Genesung. — Dass man auch in Paris G.s *auf vielfache Weise* gedenke, möge G. *aus beiliegendem Auszug eines Briefes* von K. E. Oelsner entnehmen: Oelsner sei G. vielleicht schon durch *frühere Anekdoten-Sammlungen aus* der *Geschichte* der Französischen Revolution, durch die Übersetzung von »Emmanuel Sieyès politischen Schriften« und die Preisschrift »Des effets de la religion de Mohammed« bekannt. Urteil über die *Bearbeitung* von G.s Anmerkungen zu »Rameaus Neffen« von Diderot durch H. J. Saur und L. Varanchan de Saint-Geniès (»Des hommes célèbres de France au dix-huitième siècle«); erwähnt: die im Buch enthaltene »Notice abrégée sur la vie et les ouvrages de M. Goethe«, Comte J. A. Saur sowie Varanchan de Saint-Geniès' Übersetzung von Tibulls »Elegien«. Als nächstes solle *Meister Vilhelm* übersetzt werden. Da R. gerade an F. von Müller zu schreiben habe, lege er das für Großherzog Karl August bestimmte, mit *einem Huldigungs-Schreiben begleitete Exemplar* (der Übersetzung) mit der Bitte bei, den richtigen Augenblick für die Übergabe mit G. zu bestimmen. — Den zweiten Absatz des Briefauszugs von Oelsner habe R. hinzugefügt, da er die Auseinandersetzung um das Wiedererstarken der Jesuiten in Frankreich widerspiegle. — G. habe seit seinem *Wieder-Eintritt ins Reich der Lebendigen* so viel nachzuholen, dass R. nur auf ein kleines Zeichen von G.s *innerm Angedenken* hoffe.
   Beilage: RA 10, Nr. 124.

153   DUNCKER & HUMBLOT

1823 April 12   Berlin   S: 28/102 Bl. 171   D: —   B: an J. G. Büsching, 1823 April 6 (37, Nr. 4)   A: an F. von Stein, 1823 Juni 11 (37, Nr. 58)

Begleitschreiben zur Übersendung des zweiten Exemplars »Das Schloß der deutschen Ritter zu Marienburg« von J. G. Büsching (Ruppert 2333; vgl. RA 10, Nr. 67). — Seit 1814 mit G. bekannt (durch den Druck von »Des Epimenides Erwachen«), erfreuen sie sich mit allen über G.s *Wiedergenesung*.

154   CARUS, KARL GUSTAV

1823 April 14   Dresden   S: 29/57 Bl. 20; Bl. 21, 30/307 Bl. 32   D: GCar, 33   B: von A. von Goethe, 1823 März 12 (36, S. 465f., vgl. GB Rep, Nr. 36256f)   A: 1823 April 19 (37, Nr. 19)

Von der *schematischen Zeichnung zu meinen Paragraphen* (»Urform der Schalen kopfloser und bauchfüßiger Weichtiere«, in: »Zur Morphologie« II 1) habe C. auf G.s Wunsch in Dresden einen Stich durch J. C. B. Gottschick anfertigen lassen. C. übersendet anbei *die Platte nebst Nota des Künstlers*.
   Anlagen: 1. Tafel mit Zeichnungen der Schalenformen von Weichtieren (gedruckt in: »Zur Morphologie« II 1, vor S. 17); 2. Quittung von J. C. B. Gottschick an C.; datiert: Dresden, 14. April 1823.

155 BOISSERÉE, JOHANN SULPIZ MELCHIOR DOMINIKUS

1823 April 17   Stuttgart   S: 28/206 St. 94   D: GB 2, 354–356 (T)   B: 1823 April 10 (37, Nr. 9); von A. von Goethe, 1823 März 14 (36, S. 467, vgl. GB Rep, Nr. 36256j)   A: —

Dank für die direkte Nachricht A. von Goethes über G.s Genesung. Nur *eine ganz eigene Verwickelung der Umstände* habe B. daran gehindert, ihm und G. zu antworten: erst habe die Taufe des Kronprinzen (Karl von Württemberg) B. *zu sehr beschäftigt*, dann habe das Aufschieben des Briefes *alle Ausdrücke zu schwach und zu mangelhaft* werden lassen. — Über die Versuchung, J. F. von Cotta, der zur Messe reise, nach Weimar zu begleiten, aber die Arbeiten für die *französ. Ausgabe meines Werks* (»Ansichten, Risse ... des Doms von Köln«, übersetzt von D. J. Mozin) und die bevorstehende Reise nach Paris hätten B. davon abgehalten. Hoffnung, die Reise zu G. im *SpätSommer und Herbst* nachholen zu können. — Ein noch unvollständiges Exemplar des Textes zum *Domwerk* und die 7. und 8. Lieferung *des lithograph. Werks* (»Die Sammlung Alt-, Nieder- und Oberdeutscher Gemälde der Brüder ... Boisserée und Johann Bertram. Lithographiert von N. Strixner«) werde G. entweder durch Cotta oder per Post erhalten. Erinnerung an G.s Lektüre des *Dom-Textes* im Manuskript (vgl. B. »Geschichte und Beschreibung des Doms von Köln«, GSA 36/III,14 und Ruppert 2331). — B. sei *höchst begierig* auf G.s angekündigten *Aufsatz* »Von deutscher Baukunst 1823« in »Über Kunst und Altertum« (IV 2). — G. Jäger habe für *den Car[l]sbader Catalog* (Verzeichnis der Karlsbader Mineralien von J. Müller; vgl. G. »Sammlung zur Kenntnis der Gebirge von und um Karlsbad angezeigt und erläutert 1807«) gedankt und B. gebeten, Informationen über eine Grabung bei Cannstatt, bei der das Skelett eines Mammuts gefunden worden sei, an G. zu übermitteln. Angaben zur Person Jägers. — Empfehlung der *Meinigen* an G. und seine Familie.

156 SCHÜTZ, CHRISTIAN WILHELM VON

1823 April 17   Dresden   S: 28/102 Bl. 136   D: Sembdner, 211f.   B: —   A: —

S. überreicht das 3. Heft seiner Schrift »Zur intellektuellen und substanziellen Morphologie« (Ruppert 526; vgl. G.s Würdigung innerhalb der Anzeige von L. von Hennings »Einleitung zu öffentlichen Vorlesungen über Goethes Farbenlehre« [u. d. T. »Chromatik«], in: »Zur Naturwissenschaft überhaupt« II 1). G. habe S.s Schrift *ungemein viel Güte* widerfahren lassen (vgl. Auszüge aus dem 1. Heft in: »Zur Morphologie« I 4 unter dem Titel »Als Einleitung« und Auszüge aus dem 2. Heft in: »Zur Morphologie« II 1 unter dem Titel »Wilhelm von Schütz zur Morphologie«). — Freude über G.s Genesung.

157 BÜLOW, KAROLINE MATHILDE VON

1823 April 18   Altona   S: 28/101 Bl. 111   D: WA III 9, 358 (R)   B: —   A: 1823 Mai 19 (vgl. WA III 9, 50)

Freude über G.s Genesung. B. sei die Schwägerin des verstorbenen J. F. von Racknitz Sie verehre G. seit ihrer Jugend und sei selbst seit langem schwer leidend.

158   FÄRBER, JOHANN MICHAEL CHRISTOPH

1823 April 18   Jena   S: 28/1033 Bl. 1   D: NC, Nr. 67   B: an J. G. Lenz, 1823 April 16 (37, Nr. 14)   A: —

Auf G.s Wunsch nach der *Lepas anatifera* (Entenmuschel) übersende F. *ein Exemplar mit den noch darinn befindlichen Thier in Weingeist* und zwei *trockene Exemplare* (vgl. G. »Die Lepaden«, in: »Zur Morphologie« II 2). — In den Museen seien die Vorbereitungen *hinsichtlich des zu erwartenden hohen Besuchs* (? von König Maximilian I. Joseph von Bayern) beendet.

159   LENZ, JOHANN GEORG

1823 April 18   Jena   S: 28/1033 Bl. 2   D: NC, Nr. 125   B: 1823 April 16 (37, Nr. 14)   A: 1823 April 19 (37, Nr. 20)

G. möge entscheiden, welchen *Ausdruck* L. für König Maximilian I. Joseph von Bayern in dessen Diplom der mineralogischen Sozietät verwenden solle; erwähnt: *Protector* Großherzog Karl August. — Aus der *Beylage* werde G. ersehen, in *welchem Ruf unsere Societät steht*. — Aus Neusohl (von C. A. Zipser) werde *künftige Woche die dritte Centurie eintreffen*. L. sei *auf die Kisten aus Streitberg und Schwarzenbach* sehr begierig. *Die daselbst neu entdekten gelbe Bleyspathe kommen mir nicht aus dem Sinn*. — Auf dem Museum würden *Ordnung, Pracht und Reichthum* herrschen; erwähnt: Mineralien der Erbgroßherzogin Maria Pawlowna.

160   NEES VON ESENBECK, CHRISTIAN GOTTFRIED DANIEL

1823 April 18   Bonn   S: 28/1033 Bl. 11   D: GNe, Nr. 70   B: —   A: 1823 April 24 (37, Nr. 25)   TB: 1823 April 28 (E); 1823 April (BVL)

N. übersendet den 1. Teil der mit F. Hornschuch bearbeiteten »Bryologia Germanica« (Ruppert 4910, mit Illustrationen von J. Sturm) und bezeichnet die von ihm selbst stammenden Kapitel unter besonderem Hinweis auf die allgemeine Einleitung über die geographische Verbreitung der Moose. — Von K. D. von Münchow höre N. *das Tröstlichste* über G. (vgl. G.s Tagebuchnotizen vom 28. März und 8. April).

161   WILLEMER, MARIANNE VON

1823 April nach 18   Frankfurt   S: Freies Deutsches Hochstift Frankfurt (Abschrift)   D: GW, Nr. 123   B: an J. J. von Willemer, 1823 April 14 (37, Nr. 13)   A: an J. J. und M. von Willemer, 1823 September 9 (37, Nr. 128)

Freude über G.s tröstliche *Worte als Zeugniß völliger Genesung*; erwähnt: die Pflege eines todkranken Kindes ihrer Tochter M. Andreae und ihre eigene Erkrankung, die ihr Arzt *für Brustkrämpfe* halte. — Um das Gefühl des wiederkehrenden Frühlings noch zu verstärken, empfehle sie G., sich Beethovens Lieder »An die ferne Geliebte« (Libretto von A. Jeitteles) von einer *schönen weichen Stimme* vortragen zu lassen; die Musik scheine ihr *unübertrefflich* und *nur mit der zu Egmont vergleichbar*. Bitte um G.s Ansicht dazu. — *Morgen ziehn wir auf die* Gerbermühle. — W. befürchte, dass die *bösen Aerzte G. wieder das Carlsbad anrathen* statt Wiesbaden.

Auf gleichem Bogen: Nachschrift von WILLEMER, JOHANN JAKOB VON: G. möge ihnen noch lange erhalten bleiben.

162 GÜLICH, JAKOB GUIDO THEODOR

1823 April 19   Weimar   S: 28/102 Bl. 127–128   D: Begegnungen 14, 71f. (T)   B: —   A: —

Gülich beschreibt in Versform seine Empfindungen bei der Lektüre von G.s »Torquato Tasso« und »Faust« und wünsche G. zu sehen.

163 HESSEN-KASSEL, FRIEDERIKE CHRISTIANE AUGUSTE KURPRINZESSIN VON

1823 April 19   Weimar   S: 28/102 Bl. 126.129   D: Begegnungen 14, 71   B: —   A: —

H. bittet für sich und ihre Töchter (Karoline und Marie) um die Erlaubnis zu einem Besuch (vgl. G.s Tagebuchnotiz).

164 HEGER, FRANZ

1823 April 20   Darmstadt   S: 28/102 Bl. 138   D: —   B: —   A: —   TB: 1823 April (BVL)

Begleitbrief für *die erste Lieferung* der von H. (und H. Hübsch) herausgegebenen »Malerischen Ansichten von Athen« (gestochen von J. H. Schilbach).

165 RIEMER, FRIEDRICH WILHELM

1823 April 20   Weimar   S: 28/102 Bl. 130   D: Mommsen 3, 30   B: 1823 April 15 (vgl. WA III 9, 36)   A: 1823 April 26 (37, Nr. 26); 1823 April 30 (37, Nr. 28)

R. sende G. *mit gehorsamsten Danke* die *mitgetheilte Piece* zurück (»Goethea« von C. G. Nees und K. von Martius, in: »Nova Acta« 1823, Bd. 11.1, Separatdruck, vgl. Ruppert 4916 und RA 10, Nr. 136). — F. Peucer sei durch F. von Müller auf die von Graf K. F. Reinhard G. zugesandte französische Schrift (»Des hommes célèbres de

France au dix-huitième siècle«, H. J. Saurs und L. Varanchan de Saint-Geniès' französische Übersetzung von G.s »Anmerkungen über Personen und Gegenstände, deren in dem Dialog 'Rameaus Neffe' erwähnt wird«, nach Diderot, vgl. Ruppert 1848 sowie RA 10, Nr. 152 und RA 10, Nr. 124) aufmerksam gemacht worden und bitte über R. *auf 24 Stunden* um das Exemplar (vgl. RA 10, Nr. 176).

166   SCHULTZ, CHRISTOPH LUDWIG FRIEDRICH

1823 April 20 bis 24   Berlin   S: 28/1033 Bl. 12–13   D: NC, Nr. 325   B: 1823 April 10 (37, Nr. 10); 1823 April 16 (vgl. WA III 9, 37)   A: 1823 Mai 7 (37, Nr. 34); 1823 Juni 11 (37, Nr. 59)
TB: 1823 April (BVL)

1823 April 20
Freude über G.s Genesung. — Zum Porträt der Markgräfin Paola Trivulzio (von B. de' Conti): M. H. Lichtenstein habe die Vermutung bestätigt, dass das dargestellte Fell einer *ZibethKatzen-Art* angehöre; weitere Ausführungen dazu (vgl. G. »Restauriertes Gemälde«, WA I 49.1, 300–302). — G. möge bitte für ein nächstes Heft »Über Kunst und Altertum« Gedanken über einen Vergleich der *beyden rivalisirenden* Kupferstiche zu Raffaels »Madonna del Pesce«, ausgeführt von E. F. Lignon und A. Desnoyers, aufnehmen, um den derzeitig falschen Geschmack der Kupferstecher günstig zu beeinflussen. Die Ausführungen G.s (richtig: H. Meyers) in »Über Kunst und Altertum« IV 1 über P. Anderlonis Stich »Christus und die Ehebrecherin« nach Tizian seien diesbezüglich *schon sehr dankenswerth*. — Wie S. dem Aushängebogen (»Über Kunst und Altertum« IV 2, mit dem 2. Teil von G.s Beitrag über »Julius Cäsars Triumphzug«) entnehme, habe G. leider den Plan aufgegeben, das *10te Blatt* von A. Mantegnas Zyklus (»Die Senatoren«, vgl. K. A. Schwerdgeburths Kopie) in Steindruck ausführen zu lassen in Ergänzung der neun Blätter A. Andreanis.

1823 April 24
G. erhalte beiliegend S.s Aufsatz »Anzeige und Bitte, Goethes Werke betreffend« auf dem Aushängebogen der von K. E. Schubarth herausgegebenen Zeitschrift »Paläophron und Neoterpe« (Ruppert 325; vgl. RA 10, Nr. 172); Bitte um G.s Urteil. Die Zeitschrift sei *zu schwerfällig*. Sie interessiere S. jedoch *in mehrfacher Hinsicht*, weshalb er künftig daran mitwirken werde.

167   ZELTER, KARL FRIEDRICH

1823 April vor 22 bis 22   Berlin   S: 28/1018 St. 226   D: MA 20, Nr. 409   B: —   A: —

1823 April vor 22
Über die reiche und schöne M. A. von Almonde, die Z. seit fünf Monaten unterrichte. Er habe für sie die *alten Arien* herausgesucht, die er für J. Zelter komponiert habe. Almonde singe Z. *40 Jahre zurück*. — D. Zelter reise mit A. Mendelssohn Bartholdys Schwester (R. Meyer) nach Ems.

1823 April 22
Am Morgen sei G.s *Champagnefeldzug* (»Campagne in Frankreich«) eingetroffen. —

Leseeindrücke der *Manzonischen Ode* (G.s Übersetzung von A. Manzonis »Il cinque Maggio«, in: »Über Kunst und Altertum« IV 1), die Z. trotz mehrmaligem Lesen nicht verstehe, obwohl er sie *auf den rechten Helden* (Napoleon) bezogen habe; erwähnt: T. Seebeck. — Reflexionen und Anekdoten zur Lektüre der »Campagne«: erwähnt: Herzog Karl II. von Braunschweig und F. M. Leuchsenring. — Oberbibliothekar F. Wilken sei seit Wochen *verrückt*: die Ärzte fürchten dauerhaft; erwähnt: *Drey bis 4 Unterbibliothekare* (u. a. P. Buttmann und S. H. Spiker), die sich nun Hoffnung machen könnten, und *ein alter Vetter Zimmermann*. — Über C. von und zu Massenbach, der *noch heut als Staatsverbrecher im Gefängnisse* sitze; erwähnt: König Friedrich II. von Preußen.

168   SCHREIBER, JOHANN GEORG

1823 April 22   Jena   S: 28/102 Bl. 131   D: —   B: —   A: —   TB: 1823 April (BVL)

S. übersendet ein Exemplar von H. K. A. Eichstädts Lebensbeschreibung des Herzogs August von Sachsen-Gotha »Memoria Augusti« (Ruppert 23); erwähnt: der Verleger (W. Hennings).

169   WELLER, CHRISTIAN ERNST FRIEDRICH

1823 April 22   Jena   S: 28/102 Bl. 132–133   D: —   B: —   A: 1823 April 23 (37, Nr. 22)

W. übersendet zwei Quittungen *zum Authorisiren* und den Bericht *vom hiesigen Justiz Amte, die Verpflichtung des Gehülfen Anton Temmler bei hiesiger Sternwarte betrf.* Zum Fortgang der Bibliotheksarbeiten; W. halte *eine kleine Erinnerung* bezüglich der Diensttagebücher durch G. für *räthlich*. — Über K. L. von Knebels Befinden; Grüße von Knebel und dessen Familie.

170   SORET, FRÉDÉRIC JACOB

1823 April 23   Weimar   S: 28/102 Bl. 134–135   D: LA II 8B/1, 338 (T)   B: —   A: —
TB: 1823 April 23 (E)   V: in französischer Sprache

Bitte um Rückgabe von J. von Berzelius' Schrift »Nouveau système de minéralogie« über S.s Diener. — Nachricht vom *un peu* gebesserten Gesundheitszustand der Großherzogin Luise.

171   HITZIG, JULIUS EDUARD

1823 April 26   Berlin   S: 28/102 Bl. 153   D: —   B: —   A: an O. von Goethe, 1824 Januar 26 (38, Nr. 23)   TB: 1823 Mai (BVL)

Während seines Besuchs 1819 in Berlin habe A. von Goethe in G.s Auftrag Interesse an E. T. A. Hoffmann gezeigt, um *über seine Individualität* berichten zu können. *Diese Thatsache* ermutige H., an G. *beikommenden biographischen Versuch* (»Aus Hoffmanns Leben und Nachlass«) zu senden.

172   SCHUBARTH, KARL ERNST

1823 April 26   Berlin   S: 28/102 Bl. 142   D: —   B: —   A: —   TB: 1823 April (BVL)

S. übersendet die zweite Hälfte der Aushängebogen zum 1. Stück der (von ihm herausgegebenen) Schrift »Paläophron und Neoterpe« (Ruppert 325) mit einem dazugehörigen Kupfer (Darstellung des Abendmahls von Leonardo da Vinci nach Raffael und Marcanton). Den ebenfalls dazugehörigen *Bogen U* mit einem Beitrag von C. L. F. Schultz werde G. von diesem erhalten (»Anzeige und Bitte, Goethes Werke betreffend«; vgl. RA 10, Nr. 166). G. erhalte ein *vollständiges Exemplar* des Heftes, sobald es *die Presse* (bei Trowitzsch & Sohn) verlassen habe (vgl. RA 10, Nr. 178).

173   BÜSCHING, JOHANN GUSTAV GOTTLIEB

1823 April 27   Breslau   S: 28/102 Bl. 149–150; 28/105 Bl. 426–427, Bl. 428–431, Bl. 411–412, Bl. 422–425   D: Hecker, in: GJb 49 (1929), 160–162   B: 1823 April 6 (37, Nr. 4)   A: an F. von Stein, 1823 Juni 11 (37, Nr. 58)

B. danke für den Brief und das *treflich gerathene Bildnis* Großherzog Karl Augusts (Medaille von B. Andrieu nach L. Posch) und bitte um Entschuldigung dafür, dass das für G. bestimmte Exemplar von B.s »Das Schloß der deutschen Ritter zu Marienburg« versehentlich nicht übersandt worden sei. B. hoffe, dass dies inzwischen erfolgt sei (vgl. RA 10, Nr. 153 und Ruppert 2333) und bitte G. erneut um ein öffentliches Wort über das Werk (vgl. G. »Schloß Marienburg«, in: »Über Kunst und Altertum« IV 3); erwähnt: T. von Schön. — Über die Freude und Dankbarkeit, die bei der Breslauer Liedertafel über G.s Genesung geäußert worden sei (vgl. G. »Dankbare Gegenwart«, in: ebd. IV 2). — Bezugnehmend auf sein letztes Schreiben (RA 10, Nr. 67) übersende B. eine Abbildung der aus *gebrannten Steinen* gefertigten Tür der Stephanskirche zu Tangermünde (Lithographie nach A. Stöpel; vgl. »Merkwürdigkeiten altdeutscher Kunst in der Altmark«, hrsg. von B.). Weiterhin erhalte G. ein Blatt mit einer *Nachbildung aus der kleinen Italiänischen Schrift* über die 1817 zwischen Castel Gandolfo und Marino ausgegrabenen Grabgefäße und Totenurnen (G. Tambroni »Lettera ... intorno alle urne cinerarie disotterrate nel pascolare di Castel Gandolfo«), *die man für Begräbnisreste vom Lager des Totila hält*. — K. Schall übersende mit Empfehlungen die beigefügten Anlagen. — Schließlich erhalte G. einen *gut gerathenen Steindruck* (von J. D. Grüson) des von A. Siegert gezeichneten Bildnisses L. von Holteis.

Anlagen: 1. »Deutsche Blätter für Poesie, Literatur, Kunst und Theater« Nr. 61 vom 1. April 1823 mit der Mitteilung über die Stiftung der Breslauer Liedertafel und den Trinksprüchen auf G. von F. H. von der Hagen und K. Schall; 2. Beilage zu Nr. 56 der »Neuen Breslauer Zeitung« vom 7. April 1823 mit der Richtigstellung einer Meldung bezüglich G.s Genesung in der »Königlich privilegierten Berlinischen Zeitung« vom 11. März 1823; 3. »Deutsche Blätter für Poesie, Literatur, Kunst und Theater« Nr. 62 vom 21. April 1823 mit F. de la Motte-Fouqués Gedicht »Zur Genesungsfeier S. Exzellenz des Herrn Geheimrat von Goethe« (vgl. RA 10, Nr. 144); 4. G. Biereys Vertonung des fälschlich G. zugeschriebenen Gedichts *Daemagogisch* (richtig: von F. Förster; vgl. G. »Ein ganz schlechtes Gedicht«, WA I 53, 395).

174   REHBEIN, WILHELM

1823 April 27   Weimar   S: 28/728 St. 2   D: —   B: —   A: —   TB: 1823 April 27

Schilderung des ernsthaften Krankheitszustandes der Großherzogin Luise, der wenig Hoffnung auf Besserung zulasse.

175   FRITSCH, KARL WILHELM VON

1823 April 28   Weimar   S: 28/102 Bl. 137   D: —   B: —   A: —

Bitte um Entschuldigung, die von der Post erhaltene und an G. adressierte *Beylage* geöffnet zu haben; erwähnt: *ein HofnungsStrahl für das theuere Leben* der Großherzogin Luise (vgl. RA 10, Nr. 174).

176   PEUCER, HEINRICH KARL FRIEDRICH

1823 April 28   Weimar   S: 28/102 Bl. 147–148   D: Mommsen 3, 30f.   B: —   A: 1823 April Ende (37, S. 314–316, vgl. GB Rep, Nr. 37028l, ? nicht abgesandt)

Dank für die durch F. W. Riemer mitgeteilten *Ansichten* G.s über die französische Übersetzung seiner »Anmerkungen über Personen und Gegenstände« zu Diderots »Rameaus Neffe« (»Des hommes célèbres de France au dix-huitième siècle«, von H. J. Saur und L. Varanchan de Saint-Geniès; vgl. auch G.s Rezension, in: »Journal für Literatur, Kunst, Luxus und Mode« 1823, Nr. 45) und Übersendung von A. von Voigts *Anzeige des obgedachten französischen Werks*, die für das in L. F. von Froriesp Verlag erscheinende »Journal für Literatur, Kunst, Luxus und Mode« bestimmt sei und P. vor Abdruck *theils zu ändern, theils durch Zusätze zu mildern* beabsichtige (vgl. aber Voigt »Goethe und Voltaire«, in: ebd. 1823, Nr. 36). Von G. hänge es ab, *wie über die inliegende Anzeige verfügt werden soll*; erwähnt: P.s Einleitung zu seiner Übersetzung von Voltaires »Zaire«; es sei eine *erfreuliche Literaturerscheinung [...], die Franzosen für die deutschen Bestrebungen empfänglicher werden zu sehen.*

177   REHBEIN, WILHELM

1823 April 28   Weimar   S: 28/728 St. 3   D: —   B: —   A: —

Nachricht über den Krankheitszustand der Großherzogin Luise und Ankündigung, mit G. *mündlich* über die Ursachen, *worinn es heute Nacht wohl etwas schlimmer geht*, zu sprechen (vgl. G.s Tagebuchnotiz).

178   SCHUBARTH, KARL ERNST

1823 April 29   Berlin   S: 28/102 Bl. 152   D: Mommsen 5, 350   B: —   A: an C. L. F. Schultz, 1823 Mai 7 (37, Nr. 34)   TB: 1823 Mai 1

S. übersendet ein *besseres vollständiges Exemplar* der (von ihm herausgegebenen) Schrift »Paläophron und Neoterpe« (Ruppert 325).

179   STIEGLITZ, HEINRICH WILHELM AUGUST

1823 Mai   Leipzig   S: 28/891 St. 1   D: —   B: —   A: —   TB: 1823 Juni 3

S. lege *die Erstlinge seiner Muse* vor (»Gedichte. Hrsg. zum Besten der Griechen«) und hoffe auf gütige Aufnahme. Empfehlung seines Freundes (und Mitherausgebers) E. Große. — Angabe seiner Adresse in (E. T.) *Reichels Garten*.

180   CARUS, KARL GUSTAV

1823 Mai 1   Dresden   S: 29/57 Bl. 23   D: GCar, 35   B: 1823 April 16 (37, Nr. 16); 1823 April 19 (37, Nr. 19)   A: —

Dank für die Übersendung des *zierlichen Apparates zur Lehre von Farbenerzeugung*. — Über H. Dutrochets *Untersuchung wegen Entstehung des Knochensystems in Amphibienlarven*, zu der kürzlich F. L. von Froriep in den von ihm herausgegebenen »Notizen aus dem Gebiete der Natur- und Heilkunde« 1823, Nr. 73, die Abbildung gegeben habe. — Das übersandte Geld sei an J. C. B. Gottschick abgegeben worden (vgl. RA 10, Nr. 154). — Dank an H. Meyer und G. für die freundliche Aufnahme von N. L. Høyen (vgl. G.s Tagebuchnotiz vom 29. März).

181   LEONHARD, KARL CÄSAR VON

1823 Mai 1   Heidelberg   S: 28/1033 Bl. 19   D: NC, Nr. 150   B: 1823 April 23 (37, Nr. 24)   A: 1823 Juni 9 (37, Nr. 55)

Dank für G.s Brief. — L. übersende *den neuesten Bogen* seiner »Charakteristik der Felsarten« (Ruppert 4799). Der Druck komme aufgrund der Belastungen durch das Sommersemester nur langsam voran. — *Mit nächster fahrender Post* sende L. Dolerite und *ein kleines Exemplar des gewünschten Trachyts*. Letzterer stamme aus dem Siebengebirge und sei zum Bau des Kölner Doms verwendet worden. Die besten Beschreibungen fänden sich bei L. von Buch »Der Trapp-Porphyr« im »Taschenbuch für die gesamte Mineralogie« (1819, Bd. 13) und bei F. S. Beudant »Voyage minéralogique et géologique en Hongrie«.

182   STERNBERG, KASPAR MARIA GRAF VON

1823 Mai 1   Prag   S: 28/1033 Bl. 30–31   D: GSt, Nr. 14   B: 1823 Januar 12 (36, Nr. 223) A: 1823 Juni 20 (37, Nr. 69); an Großherzog Karl August von Sachsen-Weimar, 1823 Mai 26 (37, Nr. 49)   TB: 1823 Mai (BVL)

Über S.s Porträt (von F. von Lütgendorff), das G. erhalten habe (als Geschenk von Großherzog Karl August; vgl. RA 9, Nr. 1596). — *Einiges Wissenschaftliche*: Die Bearbeitung der Brasilianer Herbarien nehme in Deutschland *den gewünschten Fortgang* (u. a. durch K. von Martius; vgl. u. a. dessen »Genera et species palmarum«). — K. Hallaschka sei *begierig* auf S.s optische Versuche. L. von Henning scheine *ein wakrer Kämpfe[r]* für G.s Farbenlehre zu sein (vgl. dessen »Einleitung zu öffentlichen Vorlesungen über Goethes Farbenlehre«). — Über Auseinandersetzungen auf dem Gebiet der Geologie; dabei erwähnt: F. S. Beudant »Voyage minéralogique et géologique en Hongrie« *mit Noten von* C. A. Zipser, A. von Humboldt »Essai géognostique sur le gisement des roches dans les deux hémisphères« und das 3. Heft von S.s »Versuch einer geognostisch-botanischen Darstellung der Flora der Vorwelt«. — *Der merkwürdige fossile Zahn* von Dölitz sei im Prager Museum eingetroffen (vgl. RA 9, Nr. 1533 und G.s Aufsatz »Fossiler Backzahn«, in: »Zur Naturwissenschaft überhaupt« II 1). Bemerkungen dazu, über die man im 11. Band der »Nova Acta« Nachricht geben wolle. Über ähnliche fossile Zähne und Trilobiten (Gliederfüßer) im Museum (vgl. S. »Übersicht der in Böhmen dermalen bekannten Trilobiten«, in: »Verhandlungen der Gesellschaft des vaterländischen Museums in Böhmen« 1825, H. 3), die das *zweite Suplement* von E. F. von Schlotheims »Die Petrefaktenkunde auf ihrem jetzigen Standpunkte« vervollständigen. — Die Bohrversuche K. Glencks seien von Wichtigkeit, wie das Auffinden von Pflanzenabdrücken im Plänerkalk eines Steinbruchs gezeigt habe; erwähnt: *was* C. Keferstein *darüber beigebracht* habe und der Zeichner der Pflanzenabdrücke in der »Flora der Vorwelt« (F. J. Bothe). — S. übersendet das 1. Heft der »Verhandlungen der Gesellschaft des vaterländischen Museums in Böhmen« (Ruppert 505) und bitte um Nachsicht für die enthaltenen Reden (von Fürst A. L. Lobkowitz und S.). Weiter erhalte G. das *gewünschte fac Simile* der »Königinhofer Handschrift« (übersetzt von W. A. Swoboda, hrsg. von V. Hanka, vgl. Ruppert 1739), eine Übersetzung von G.s »Iphigenie auf Tauris« (von S. Macháček, vgl. Ruppert 1854 und RA 9, Nr. 1478) sowie die Verzeichnisse der drei letzten »Kunstausstellungen in der Akademie zu Prag« (Ruppert 2208), beigelegt von Graf F. Sternberg-Manderscheid.
? Beilage zu: RA 10, Nr. 206.

183   BROCKMÜLLER, JOHANN JOACHIM DANIEL

1823 Mai 2   Schloss Hasenpoth   S: 28/101 Bl. 112–113   D: —   B: —   A: —

Freude über G.s Genesung. Diese *Gefühle der Wahrheit* auszudrücken, sei B. *besonders* von den Familien von (? F.) von Rönne, (? O.) von Mirbach, (? K. C.) Schoen, (? J. C.)

Berndt, (? J. C.) Wolter, (? L. oder W.) von Kleist und (? C. A.) von Simolin beauftragt worden.

184   RIEMER, FRIEDRICH WILHELM

1823 Mai 2   Weimar   S: 28/102 Bl. 144; 29/373,II Bl. 1–2   D: Mommsen 3, 33; 31f.   B: 1823 April 30 (37, Nr. 28); an F. Peucer, 1823 April Ende (37, S. 314–316, vgl. GB Rep, Nr. 37028l, ? nicht abgesandt)   A: 1823 Mai 5 (37, Nr. 33)   TB: 1823 Mai 2

Vorläufige Nachricht über den R. *ertheilten Auftrag* an F. Peucer, über den R. das Nähere *heute Abend* mitteilen wolle (vgl. G.s Tagebuchnotiz): Peucer sei *höchlich erfreut* über G.s *Antrag*, wüsste die Sache in keinen besseren Händen, danke *für die Ehre und Auszeichnung* des Journals, das *diesen Aufsatz* (G.s anonym erschienene Rezension von »Des hommes célèbres de France au dix-huitième siècle«, H. J. Saurs und L. Varanchan de Saint-Geniès' französische Übersetzung von G.s »Anmerkungen über Personen und Gegenstände, deren in dem Dialog 'Rameaus Neffe' erwähnt wird« [nach Diderot], in: »Journal für Literatur, Kunst, Luxus und Mode« 1823, Nr. 45) bringen werde, und wolle bei G. persönlich vorsprechen. Das R. anvertraute *Promemoria* lege er bei.

Anlage: G. *Gefällig zu gedenken* (Promemoria an F. Peucer).

185   SCHRÖN, HEINRICH LUDWIG FRIEDRICH

1823 Mai 2   Jena   S: 28/102 Bl. 145–146   D: LA II 2, 424f. (T)   B: 1823 April 30 (37, Nr. 29)   A: —

Dank für den *Erlaubnißschein* zur Benutzung der Jenaer Universitätsbibliothek. — Das Bild mit den Temperaturveränderungen habe sich nicht gefunden; auch nicht *durch Anfrage* bei E. Weller, F. Körner und M. Färber.

186   SCHENCK, JOHANN FRIEDRICH WILHELM CHRISTIAN

1823 Mai 3   Weimar   S: 28/102 Bl. 159–160   D: —   B: —   A: —

Aus den Jahren 1800 und 1801, als S. die Gutsangelegenheiten G.s zu Oberroßla besorgt habe, stünden noch bare Auslagen an. Bitte um Begleichung der *in der Beilage* aufgeführten Summe; erwähnt: S.s zweiter Sohn (Heinrich Gustav Adolf), der Medizin studiere.

187   DÖBEREINER, JOHANN WOLFGANG

1823 Mai 5   Jena   S: 28/280 St. 4   D: LA II 5B/2, 1102   B: 1823 April 30 (37, Nr. 30)   A: 1823 Mai 7 (51, Nr. 37034a)

G.s Schreiben habe ihm *Stoff zum weitern Nachdenken über die Entstehung der Greifswalder Kugeln* gegeben (vgl. RA 9, Nr. 1561, und G. »Physisch-chemisch-mechanisches Problem«, in: »Zur Naturwissenschaft überhaupt« II 1). D. zweifle an seiner eigenen, im beigefügten Druck (»Aus einem Schreiben vom Prof. Döbereiner an Gilbert«, in: »Annalen der Physik« 1823, Bd. 73, St. 1) niedergelegten Erklärung, könne sich aber auch *der andern Ansicht* nicht anschließen. Ausführliche Begründung dazu: *[...] nur wenn man annehmen darf, daß mit der Rotation Longitudinalschwingungen der Welle statt finden, möchte die Greifswalder Erklärung zulässig seyn und man könnte dann jene Kugeln als ein acustisches Produkt betrachten [...]*; Zeichnung dazu. Verweis auf G. C. Lichtenbergs *Blitzfiguren* und E. F. F. Chladnis *Klangfiguren*.

188   STEIN, GOTTLOB FRIEDRICH KONSTANTIN VON

1823 Mai 5   Breslau   S: 28/102 Bl. 163.164   D: WA IV 37, 329f. (T) und LA II 8B/1, 342 (T)
B: —   A: 1823 Juni 11 (37, Nr. 58)

Freude über G.s Genesung und Hoffnung, dass G. durch K. Schall eine *artige Composition* des *'Demagogischen'* von G. Bierey erhalten habe (Vertonung von F. Försters »Frühlingsmusikanten«; vgl. RA 10, Nr. 173). — Zum Fundort der endlich *aufgefundnen Mandelsteine* (vgl. RA 9, Nr. 1077); erwähnt: *Pastor* (C. E. Seeliger). — Über die Entwicklung der Blindenanstalt und ausführlich über die Einrichtung eines Wollmagazins. — S. habe *undankbare Mühe* mit dem Theater (vgl. RA 9 Nr. 1442) *durch die Unfähigkeit des eigentlichen Directors* (? F. von Forcade de Biaix). — S. füge eine *Einlage* an seine Mutter (C. von Stein) bei; Empfehlung an G.s Familie.

189   MEYER, NIKOLAUS

1823 Mai 7   Minden   S: 28/102 Bl. 155–157; 28/623 St. 16   D: GMe, Nr. 203   B: —   A: 1823 Mai etwa 18 (37, Nr. 43); 1823 Juni 18 (37, Nr. 68)   TB: 1823 Mai 17 (E)

Freude über G.s Genesung und Wohlbefinden. — Um einiges für G. mitzusenden, nutze M. die Reise der durch mehrere Gedichte bekannten J. von Nordenflycht nach Altenburg, wohin sie *die Tochter eines Freundes* von Major K. von Eller-Eberstein bringe. G. erhalte einen Jahrgang des von M. herausgegebenen »Sonntagsblatts« (Jg. 2, 1822, Ruppert 331) sowie *den wörtlichen Abdruck des Contracts über die Altargemälde der Kirchen zu Xanten aus dem früheren Jahrgange*. Aufgrund einer Veröffentlichung in der »Bremer Zeitung« 1815 habe M. 1819 sechs Wochen Festungshaft in Wesel verbracht, die ihm aber die Gelegenheit zu eigenen Studien gegeben habe. Im Rathaus von Wesel habe er *mehrere Briefe von Melanchton, welche man bisher noch nicht hatte entziffern* können, gefunden. *Das anliegende Blatt enthält den dritten dieser Briefe.* — Das im »Kunstblatt« (1823, Nr. 23) *bezeichnete Gemälde* von W. Hogarth (»Heirat nach der Mode«) sei in M.s Besitz, er wolle es aber verkaufen. Er lege eine *Abbildung* des Gemäldes bei in der Hoffnung, dass ein *dortiger* (G. C.) *Lichtenberg* einige geistreiche Zeilen für das »Sonntagsblatt« liefere. — Zudem sende M. eine der *dem alten Codex* (Freidank »Bescheidenheit«) angefügten *Erzählung* aus seinem Besitz unter

Hinweis auf die früher übersandte *Abschrift der Legende vom heil. Alexis* (vgl. RA 6, Nr. 1320). Weiter erhalte G. einen Brief F. Münters für seine Autographensammlung (Schreckenbach 1151). Falls G. dessen Handschrift bereits besitze, bitte er um Rücksendung. Angebot, weitere Handschriften zu besorgen. — Mitteilungen über M.s Ehefrau und Kinder sowie über seine Tätigkeit als Arzt und u. a. als Mitarbeiter verschiedener medizinischer Zeitschriften. — Übersendung eines Berichts über M.s *Sammlungen* von einem *wohlwollenden Reisenden im Herforder Blatte* (C...z »Übersicht der vorzüglichsten Altertümer und Kunstsachen der Sammlungen des ... Nikolaus Meyer in Minden«, in: »Westfalen und Rheinland« 1822, St. 23).

Anlage: »Wörtlicher Abdruck des Kontrakts über die alten Gemälde am hohen Altar in der Hauptkirche zu Xanten«, mit Anmerkungen von M.

190   Riemer, Friedrich Wilhelm

1823 Mai 8   Weimar   S: 28/102 Bl. 151   D: WA III 9, 355f. (T)   B: 1823 Mai 5 (37, Nr. 33) A: —

Rücksendung des von ihm durchgesehenen Aufsatzes mit seiner Beurteilung (G.s Rezension von »Des hommes célèbres de France au dix-huitième siècle«, H. J. Saurs und L. Varanchan de Saint-Geniès' französische Übersetzung von G.s »Anmerkungen über Personen und Gegenstände, deren in dem Dialog 'Rameaus Neffe' erwähnt wird«, nach Diderot). Der Aufsatz sei zweckentsprechend, *mit Mäßigung und Billigkeit* abgefasst; R. habe nur *Interpunction und Schreibfehler des Copisten* (? J. John) gefunden. *Es wäre vielleicht gut*, am Anfang den Titel »Rameaus Neffe« der Deutlichkeit wegen zu nennen. — F. Peucer werde *sehr erfreut* über die Auszeichnung des von ihm redigierten Journals und der Aufsatz beispielgebend sein (erschienen im »Journal für Literatur, Kunst, Luxus und Mode« 1823, Nr. 45).

191   Bielke, Christiana Juliana Friderica Charlotte von

1823 Mai 12   Trondheim   S: 28/104 Bl. 354–355   D: —   B: —   A: —

Glückwunsch zu G.s Genesung. Erbgroßherzog Karl Friedrich habe B. mit dieser guten Nachricht erfreut. Sie sehne sich nach Weimar und danach, ihren Bruder (F. W. von Bielke) und dessen Familie wiederzusehen. — Über B.s Kampf gegen die Trondheimer Kommissionäre *von dem grösten KupferBergwerk Europas*, bei dem es ihr nicht nur um *eignen Vortheil*, den ihrer Brüder und den der anderen Eigentümer, sondern auch um *das Schicksahl von 600 BergArbeiter*n gehe; erwähnt: König Karl XIV. Johann von Schweden. Die Kommissionäre hätten sich *zu Millionairs bereichert [...], indem Sie die armen Arbeiter u ihre Familie [...] ungerecht behandelt* und *selbst während dem Kriege mit Engeland* hätten *hunger leiden laßen, daß sie Baumrinde aus Noth gegeßen hätten*. B. wünsche sich G.s *schöne Sprache u Talent, dieß recht lebhaft zum abschreckenden Exempel beschreiben zu können*; erwähnt: G.s Werke. — Über die Schönheit und die Bedeutung des Trondheimer Doms und über das *Denkmahl der Vorzeit von Axel u Valbourg* (vgl. A. Oehlenschlägers Tragödie).

192 SCHULTZ, CHRISTOPH LUDWIG FRIEDRICH

1823 Mai 12   Berlin   S: 28/1033 Bl. 26–27   D: NC, Nr. 326   B: 1823 Mai 7 (37, Nr. 34)
A: 1823 Mai 18 (37, Nr. 41); 1823 Juni 11 (37, Nr. 59)

Besorgnis über die Erkrankung Großherzogin Luises und mögliche Auswirkungen auf G.s Genesung. — Vom Nachdruck der frühen Schriften G.s durch C. F. Himburg (»Werke« s1) werde O. von Goethe *ein gutes Exemplar* erhalten. S. unterstütze die Sammlung von G.s Schriften und verfüge schon über verschiedene Bände sowie über *einige unschätzbare Brochuren aus den 70ger Jahren*. Er befürworte G.s Vorhaben, die Ausgabe seiner Werke (»Werke« B) fortzusetzen (»Werke« C1). — Die beiden Kupferstiche (zu Raffaels) »Madonna del Pesce« (von E. F. Lignon und A. Desnoyers; vgl. RA 10, Nr. 166) werde S., sofern erforderlich, nach Weimar senden. — Das von G. erwähnte Landschaftsgemälde P. Hackerts könne eventuell in Berlin durch Horack wiederhergestellt werden; erwähnt: K. F. Schinkel. — Anfrage, ob G. auf den *jungen dichterischen Schriftsteller* K. L. Immermann und dessen Werke aufmerksam geworden sei (vgl. RA 9). — Auf G.s Bitte nach Abgüssen *der bewußten antiken Paste* habe W. von Uhden noch nicht geantwortet. — *Die gegen den Zeitsinn gerichtete Rubrik* in der von K. E. Schubarth herausgegebenen Zeitschrift »Paläophron und Neoterpe« (vgl. Ruppert 325) werde immer stärker hervortreten; erwähnt: *der Buchhändler* (K. Duncker oder P. Humblot).

193 SCHWABE, CHRISTIAN WILHELM LORENZ

1823 Mai 12   Jena   S: 28/102 Bl. 154   D: WA IV 37, 323f. (T)   B: —   A: 1823 Mai 21 (37, Nr. 45)

Die beiliegenden Kupfer zum NT biete S. zum Kauf an; Angabe des Preises. Weiter übersende S. zur Ansicht *das alte Format-Buch von 1733., woraus wir Ew. Excellenz die Correcturzeichen lieferten* (J. H. G. Ernesti »Die wohleingerichtete Buchdruckerei«). — Das Manuskript zu »Über Kunst und Altertum« habe er erhalten, das Heft (IV 2) werde bald vollendet sein.

194 BÜRDE, FRIEDRICH LEOPOLD

1823 Mai 13   Berlin   S: 28/102 Bl. 169   D: LA II 10A, 589f.   B: —   A: an E. d'Alton, 1824 Februar 21 (38, Nr. 40)   TB: 1823 Mai 22

B. übersendet *die dritte Lieferung* seiner »Abbildungen vorzüglicher Pferde« (Ruppert 4432; vgl. E. d'Altons Rezension, enthaltend auch die »Abbildungen« von R. Kuntz, in: »Zur Morphologie« II 2). — Angabe seiner Adresse.

195 SCHREIBERS, KARL FRANZ ANTON VON

1823 Mai 13   Wien   S: 28/102 Bl. 165–166   D: LA II 10A, 590 (T)   B: —   A: 1823 Juni 22
(37, Nr. 70)   TB: 1823 Juni 14; 1823 Juni (BVL)

Freude über G.s Genesung; erwähnt: der unlängst verstorbene Graf R. Wrbna. — Ankündigung eines Paketes durch die J. G. Heubnersche Buchhandlung, enthaltend eine Fortsetzung von L. Trattinicks »Flora des österreichischen Kaisertums« für Großherzog Karl August sowie das 2. Heft der »Nachrichten von den kaiserlich österreichischen Naturforschern in Brasilien« (hrsg. von S., Ruppert 4111). Ein Exemplar des Heftes sei ebenfalls für den Großherzog und weitere für Wissenschaftsfreunde wie L. F. von Froriep vorgesehen. — Hoffnung auf baldige wissenschaftliche Auswertung der gesammelten Materialien durch die zurückgekehrten Wissenschaftler. J. C. Mikan habe bereits damit begonnen; das 3. Heft seines »Delectus florae et faunae Brasiliensis« sei *eben vollendet worden*. J. E. Pohl (vgl. »Plantarum Brasiliae«) und H. W. Schott (vgl. u. a. »Fasciculus plantarum Brasiliensium«) seien mit der Auswertung der Exponate aus dem Gebiet der Flora beschäftigt. Von J. Natterer, der noch in Brasilien weile, erwarte man Beobachtungen aus dem Gebiet der Zoologie. — Über S.s Plan, systematisch-spezifische Verzeichnisse der *Gesammtausbeute aus allen Klassen* aufzustellen.

196 KNEBEL, KARL LUDWIG VON AN A. VON GOETHE

1823 Mai 14   Jena   S: 28/519 Bl. 600   D: —   B: —   A: 1823 Mai 17 (37, Nr. 38); an G. H. Noehden, 1823 Mai 17 (37, Nr. 39)

Bitte um ein Empfehlungsschreiben G.s für Fürst Heinrich LXXII. von Reuß-Ebersdorf und K.s Sohn Karl an *einen würdigen Mann* (G. H. Noehden) in London. — Freude über die guten Nachrichten von G.s Wohlbefinden. — A. von Goethe werde durch die *Baierischen Herrschaften* beschäftigt sein (Besuch des Königs Maximilian I. Joseph und der Königin Karoline in Weimar vom 13. bzw. 14. bis 19. Mai) — Wunsch K.s, dass D. Compter *seine Kunstschrift möchte wohl angebracht sehen*. — Empfehlung von K. und seiner Familie.

197 RADL, ANTON

1823 Mai 14   Frankfurt   S: 28/102 Bl. 158.167   D: WA III 9, 360 (T)   B: —   A: 1823 Juni 9
(37, Nr. 56)

R. erbitte G.s Unterstützung bei seinem Vorhaben, Großherzog Karl August eines seiner Bilder zur Ansicht vorzulegen. R. sei an diesem Plan bisher durch seine Arbeit an dem Werk für F. Wilmans, die vier freien Städte Frankfurt, Hamburg, Bremen und Lübeck *mit ihren Umgebungen auf zu nehmen*, gehindert worden. Nun wolle er ein Ölgemälde mit einer *Ansicht* aus seinem *Lieblingsthal Cronenberg* nach Weimar senden, *wo so viel Kunst-Sinn herscht*, wisse aber nicht, auf welchem Weg das Gemälde *am besten und sichersten* an den Großherzog gelangen könne. R. erbitte daher G.s Rat und Hilfe. — Angabe seiner Adresse.

198 Hasenclever, Josua

1823 Mai 15   Ehringhausen   S: 28/102 Bl. 174–175   D: Hasenclever, 262f.   B: —   A: —

H. übersendet *Thermometer Angaben*, die er statt der gewünschten Barometerstände aus Köln erhalten habe, und aus Düsseldorf *vollständige Tabellen* (vgl. von G. veranlasste Barometerkurven und -tabellen, in: GSA 26/LXXI,3,39 und RA 10, Nr. 415). — Beunruhigung über G.s Krankheit und Freude über seine Genesung, über die sie ihre Berliner Freunde (Familie Nicolovius) unterrichtet hätten. Gern gedenken er und sein Bruder (David) des *unvergeßlich schönen* Tages bei G. (vgl. G.s Tagebuchnotiz vom 25. Dezember 1822). — O. von Goethe habe seit H.s Besuch in Weimar nicht von sich hören lassen. — Vom *deutschen Improvisator* (F. Nicolovius) gebe es *gute Nachrichten*. — Der Krieg in Spanien und die *Gährungen in Süd Amerika* berührten die Geschäfte *zwar vielfach*, hätten aber bisher keine ungewöhnlich hohen Verluste gebracht. — Einladung an G. sowie A. und O. von Goethe nach Ehringhausen.

199 Dorow, Karl Friedrich Ferdinand Wilhelm

1823 Mai 16   Bonn   S: 28/282 St. 3   D: Kaufmann, Verein, 292 (T)   B: —   A: —

Freude über G.s Genesung. — Das von D. in Bonn begründete Museum rheinisch-westfälischer Altertümer werde seinen Weg fortgehen und die nötigen Arbeiten *jetzt eigentlich unbedeutend werden*. Daher sei er an das *Ministerium der ausw. Angelegenheiten befördert* und A. W. von Schlegel zu seinem Nachfolger bestimmt worden. — Mit der Herausgabe seines *größeren Wercks* (»Die Denkmale germanischer und römischer Zeit«) sei D. soweit fortgeschritten, dass er G. *sehr bald* den 1. Band übersenden könne (vgl. Ruppert 2026 und RA 10, Nr. 841). Für den 2. Band, der die römischen Denkmäler um Neuwied behandle, habe B. Hundeshagen *bereits die Aufnahme des Castrums* beendet. — Bitte um G.s Einschätzung, ob *eine Alterthümer Sammlung, wie diejenige,* die D. in seinen Heften »Opferstätte und Grabhügel der Germanen und Römer am Rhein« *publizirt habe, geordnet u aufgestellt für das Studium der Alterthümer des Vaterlandes Interesse* finde. Von mehreren Seiten werde dies verneint und stattdessen behauptet, eine solche Sammlung habe *keinen andern Werth, als den der Curiosität für durchreisende Fremde, nicht aber für das Studium*.

200 Knebel, Karl Ludwig von

1823 Mai 16   Jena   S: 28/519 Bl. 601   D: WA IV 37, 320 (T)   B: —   A: 1823 Mai 17 (37, Nr. 38)

Dank, dass G. *die Ebersdorfer Freunde* (Fürst Heinrich LXXII. von Reuß-Ebersdorf und K.s Sohn Karl; vgl. RA 10, Nr. 196) mit einem Empfehlungsschreiben *beglücken* wolle; dabei erwähnt: K.s Ehefrau. Weitere Bitte um ein gleichartiges Schreiben an A. von Humboldt in Paris, den G. ersuchen möge, *sich der jungen Freunde etwas anzunehmen* und *ihnen in allen Dingen Vorsicht anzurathen*.

201 SARTORIUS, GEORG FRIEDRICH CHRISTOPH

1823 Mai 16   Göttingen   S: 28/102 Bl. 168   D: GSa, Nr. 120   B: —   A: 1823 Mai 25 (37, Nr. 48)   TB: 1823 Mai 21; 1823 Mai (BVL)

Hoffnung auf G.s völlige Genesung. Die Erkrankung habe S. mit der Absendung *beykommenden Buchs* zögern lassen (L. T. von Spittler »Entwurf der Geschichte der Europäischen Staaten«, mit S.s Fortsetzung, 3. Aufl., Teil 2, Ruppert 3342).

202 SCHULTZ, CHRISTOPH LUDWIG FRIEDRICH

1823 Mai 17   Berlin   S: 28/1033 Bl. 28–29   D: NC, Nr. 327   B: 1823 Mai 7 (37, Nr. 34)   A: 1823 Juni 11 (37, Nr. 59)

Da W. von Uhden *die antike Paste* (des Odysseus) nicht mehr besitze, sende er G. den der gewünschten Paste sehr ähnlichen *Abdruck eines Carneol's*, den er von F. Münter erhalten habe. Uhden wünsche sich diesen Abdruck wieder zurück, könne aber vom Besitzer des Steins für G. einige Exemplare erbitten. Zugleich sende er fünf Abdrücke einer *fragmentirten Paste* aus seiner Sammlung, die auch Odysseus darstelle. — Horack sei bereit, das Landschaftsgemälde P. Hackerts unter *Abnehmen der alten Leinwand u Aufziehen einer neuen* zu restaurieren; erwähnt: K. F. Schinkel. — Am 16. Mai habe S. in einer kleinen Gesellschaft A. Andreanis Holzschnitte nach A. Mantegnas »Triumphzug des Julius Cäsar« vorgelegt und dabei G.s Aufsatz zum Werk (in: »Über Kunst und Altertum« IV 1 und 2) verlesen lassen. Es sei der Wunsch nach Vervielfältigung des gesamten Zyklus im Steindruck *mit Einschluß des 10ten Blattes* (»Die Senatoren«, vgl. K. A. Schwerdgeburths Kopie) geäußert worden. G. F. Waagen habe in München vier vortreffliche Blätter des Zyklus gesehen. S. habe auf dem dritten Blatt (»Die Trophäenträger«) die von G. noch nicht erwähnten *Lufterscheinungen* wiederholt gesehen. — S. Rösel werde im September auf der Rückreise vom Rhein in Weimar vorsprechen (vgl. G.s Tagebuchnotiz vom 12. Oktober).

203 PEUCER, HEINRICH KARL FRIEDRICH

1823 Mai 19   Weimar   S: 28/102 Bl. 161.162   D: Mommsen 3, 34f.   B: —   A: —

Dank für die Zusendung des *höchst belehrenden Aufsatzes* G.s über H. J. Saurs und L. Varanchan de Saint-Geniès' »Des hommes célèbres de France au dix-huitième siècle« (Rezension der französischen Übersetzung von G.s »Anmerkungen über Personen und Gegenstände, deren in dem Dialog 'Rameaus Neffe' erwähnt wird«, nach Diderot) und Bitte um weitere Beiträge für das *Literatur-Journal*. — P. übersendet *den Versuch einer französischen Übertragung* und bittet zu prüfen, wo er *den Sinn des Originalaufsatzes getroffen habe, und wo nicht*, damit *auch die Franzosen dabei betheiligt sind, über den deutschen 'Neffen Rameau's' und die 'Noten' zu diesem Werke einen richtigen Begriff zu erlangen*. Überlegung, *ob und wie man den französischen Aufsatz den Franzosen unter die Augen bringen möchte*; erwähnt: französische Zeitungen (u. a. ? »Revue encyclopédique«) und die »Allgemeine Zeitung«. P. habe *sehr lust, den Aufsatz als Beilage zu unserm Literaturjournal zu geben* (vgl. in: »Journal für Literatur, Kunst, Luxus und Mode« 1823, Nr. 45). — Angebot, weitere Übersetzungen für G. zu übernehmen, *um zu den Franzosen in ihrer eigenen Sprache zu reden, und sie, die Franzosen, über die Verhältnisse der deutschen Literatur und der ihrigen, und was dahin einschlägt, französisch zu besprechen.* — P. wolle G. am Abend aufwarten (vgl. G.s Tagebuchnotiz).

204   HAGEN, FRIEDRICH HEINRICH VON DER

1823 Mai 22   Weimar   S: 28/102 Bl. 170   D: Hecker, in: GJb 49 (1929), 165f.   B: —   A: —
TB: 1823 Mai 22; 1823 Mai (BVL)

Anbei erhalte G. die »Heldenbilder aus den Sagenkreisen Karls des Großen ...« (Ruppert 783) als Fortsetzung des Werkes »Der Helden Buch« (vgl. Ruppert 775 und RA 6, Nr. 172). Gern hätte H. das Buch persönlich überbracht, auch wünsche er auf seinem *Wege nach Brüssel und Paris* von G. *mit irgend einem Auftrage beehrt* zu werden (vgl. G.s Tagebuchnotiz).

205   MAHR, JOHANN CHRISTIAN

1823 Mai 23   Ilmenau   S: 28/102 Bl. 176–177   D: LA II 8B/1, 343 (T)   B: —   A: —
TB: 1823 Mai 24

M. übersende *die auf dem Cammerberger Steinkohlenwerke im Mittelflötz gefundene Schilfwurzel*, von der er G. bei seinem Besuch in Weimar bereits mündlich berichtet habe (vgl. G.s Tagebuchnotiz vom 27. Januar 1822). Hinweis auf *die Knoten der Schilfwurzel*, die man darauf erkennen könne. — Sorge, dass der *gute Fortgang des Großherzogl. Werkes* gestört würde, sollte *dem Einbringen fremder Steinkohlen nicht durch eine Auflage vorgebeugt* werde. Bitte an G., sich bei Großherzog Karl August für das *Werk und für die armen Bergleute* zu verwenden.

206   SACHSEN-WEIMAR-EISENACH, KARL AUGUST GROSSHERZOG VON

1823 Mai 23   Weimar   S: 28/102 Bl. 172   D: GH, Nr. 928   B: 1823 März 19 (36, S. 470f., vgl. GB Rep, Nr. 36257d); 1823 Mai 9 (37, Nr. 35)   A: 1823 Mai 26 (37, Nr. 49)

Dank für *die Beylage* (? Brief des Grafen K. Sternberg). — Frage: *Wie siehts denn mit unsern Bilderputzenden Italiener* (S. Theoli) *aus?*
   ? Beilage: RA 10, Nr. 182.

207   ECKERMANN, JOHANN PETER

1823 Mai 24   Hannover   S: Freies Deutsches Hochstift Frankfurt   D: Eckermann Houben, 116–120   B: 1821 Oktober 2 (35, Nr. 88)   A: an J. F. von Cotta, 1823 Juni 11 (37, Nr. 57)
TB: 1823 Juni 3 (E)

Hoffnung, der Brief werde G. *in völligem Wohlseyn* antreffen. — E. bringt seine *vor etwa 1 1/2 Jahren* übersandten »Gedichte« (vgl. Ruppert 879 und RA 9, Nr. 965), die G.s *Beyfall* gefunden hätten, in Erinnerung. Nun übersende er seine Gedanken *über verschiedene Gegenstände der Poesie*, die er unter dem Titel »Beiträge zur Poesie mit besonderer Hinweisung auf Goethe« (vgl. Ruppert 1922) veröffentlichen wolle. E. habe seine Gedanken aus einem *Streit des Rechten und Verkehrten* heraus entwickelt, wobei G. und sein Werk für das Rechte stünden, wogegen ihm das Verkehrte *auf der Universität Göttingen täglich als Widerspruch entgegen* gekommen sei, weshalb er die Universität im letzten Herbst auch verlassen habe. Er lebe nun in einem *Dorf in der Nähe von Hannover*, wo er die Zeit gefunden habe, das Buch zu vollenden. Nun könne er sich wieder der Verwirklichung lange gehegter *größerer poetischer Vorsätze* widmen. Zuvor müsse er aber seine *sehr mißliche ja bedrängte Lage* verbessern. Sein *akademisches Studium* sei ins *Stocken gerathen*, da er sein juristisches Studium nach einem und sein philosophisches nach einem halben Jahr abgebrochen habe. Sein *Wesen* sei *das Praktische*, weshalb er *auf eine Anstellung im administrativen Fach* hoffe. — Bitte, dem Manuskript, das F. W. Riemer G. vorlegen werde, *einige empfehlende Worte an J. F. von Cotta beyzufügen*; E. habe es der Cottaschen Buchhandlung angeboten.

Anlage auf gleichem Bogen: Inhaltsverzeichnis der »Beiträge zur Poesie«.

208 SCHULTZ, CHRISTOPH LUDWIG FRIEDRICH

1823 Mai 24   Berlin   S: 28/1033 Bl. 32–32a   D: NC, Nr. 328   B: 1823 Mai 18 (37, Nr. 41)
A: 1823 Juni 11 (37, Nr. 59)

L. von Henning wolle G. seinen Aufsatz über die Farbenlehre (für: »Zur Naturwissenschaft überhaupt« II 1) innerhalb von acht Tagen zusenden und ebenso dessen Wunsch um Vervollkommnung seines entoptischen Apparates nachkommen. Trotz boshafter Hindernisse fänden Hennings Vorlesungen noch mehr Zuhörer als im vergangenen Jahr (vgl. RA 10, Nr. 350). Zur Bekanntschaft mit Hennings Braut E. Krutisch. — Über S.s Kontakt mit K. L. Immermann. — K. A. Rudolphi erkläre sich im 2. Band seines »Grundrisses der Physiologie« (S. 209f.) gegen S.s Ideen, die er im Aufsatz »Über physiologe Farbenerscheinungen« (in: »Zur Naturwissenschaft überhaupt« II 1) dargelegt habe.

209 SACHSEN-WEIMAR-EISENACH, KARL AUGUST GROSSHERZOG VON

1823 Mai 26   Weimar   S: 28/102 Bl. 173   D: GH, Nr. 930   B: 1823 Mai 26 (37, Nr. 49)
A: —

Das 1. Heft der »Verhandlungen der Gesellschaft des vaterländischen Museums in Böhmen« (vgl. Ruppert 505) habe G.s Sendung nicht beigelegen. — Die Restaurierung der Landschaft von P. Hackert sei vortrefflich geraten. Nun erwarte S. die Reinigung des Marinebildes (? von L. Backhuysen). Bitte, sich nach den *Preysen* (des Restaurators S. Theoli) zu erkundigen.

210   WAIBLINGER, FRIEDRICH WILHELM

1823 Mai 26   Tübingen   S: 28/102 Bl. 192   D: Briefe HA, Nr. 545   B: —   A: —   TB: 1823 Juni (BVL)

Übersendung seines Erstlingswerkes »Phaëthon« in der Hoffnung auf nachsichtige Aufnahme.
   Beilage zu: RA 10, Nr. 226.

211   MAYER, JOHANN FRIEDRICH

1823 Mai 27 bis 28   Gengenbach   S: 28/1033 Bl. 38–39; 26/LXVIII,1 Bl. 125   D: NC, Nr. 185   B: 1823 Mai 3 (vgl. im Text von RA 10, Nr. 211); 1823 Mai 5 (vgl. WA III 9, 46)   A: 1823 Juni 13 (37, Nr. 63)

Als erste Reaktion nach G.s *Verehrlichem vom 3ten dieses* teile M. zunächst seine Freude über dessen Genesung von der schweren Krankheit mit, von der er durch das »Journal de Francfort« und die »Karlsruher Zeitung« erfahren habe. — In Bezug auf G.s Bestellung von *beliebten Mineralien* müsse M. vergleichbare Steine liefern, da er wenige Wochen zuvor an den Direktor des Mineralienkabinetts in Wien (K. von Schreibers) unter anderem seine *beste gewachßen Silber Stufen* geliefert habe, sofern sie nicht schon an den *hiesigen Hof* gegangen waren. In dem Transportfässchen werde G. neben den Steinen eine Beschreibung der einzelnen Stücke und eine Preisliste finden (vgl. G.s Tagebuchnotiz vom 13. Juni). Rechtfertigung seiner Preiskalkulation und Aufzählung der Zahlungsmöglichkeiten; erwähnt: K. F. Sohler. — Angebot, weitere Mineralien zu liefern. Bei Nichtgefallen übernehme M. die Kosten für den Rücktransport; erwähnt: der Direktor des *Rußisch Kaiserlichen Cabinets* (L. von Pansner).
   ? Anlage: *Verzeichniß* von 37 bei M. bestellbaren Mineralien mit Preisangaben; datiert: Gengenbach, 28. Mai 1823 (vgl. RA 10, Nr. 649).

212   REINHARD, KARL FRIEDRICH GRAF

1823 Mai 28   Frankfurt   S: 28/734 St. 70   D: GRe, Nr. 129   B: 1823 April 10 (37, Nr. 8); 1823 April 18 (37, Nr. 18); 1823 Mai 17 (37, Nr. 40)   A: 1823 Juni 11 (37, Nr. 60)

Über einen erneuten Gichtanfall R.s und seine Absicht, die Badekur im Juni zu wiederholen (vgl. RA 10, Nr. 31). — Zu G.s Bericht von dessen *neubelebten Geistes-Kraft*; das *herrliche Liedchen* »Charon. Neugriechisch« (in: »Über Kunst und Altertum« IV 2) stamme *gewis aus der Ära nach der Genesung*. — Dank für die *wohlwollende Aufname* von H. J. Saurs und L. Varanchan de Saint-Geniès' »Des hommes célèbres de France au dix-huitième siècle« (französische Übersetzung von G.s »Anmerkungen über Personen und Gegenstände, deren in dem Dialog 'Rameaus Neffe' erwähnt wird«, nach Diderot).

Die *Akten hierüber* seien mit der Empfangsanzeige Großherzog Karl Augusts an K. E. Oelsner *abgegangen*; erwähnt: F. von Müller. G. sei einer zu befürchtenden *schiefen Beurtheilung* zuvorgekommen (vgl. G.s Rezension, in: »Journal für Literatur, Kunst, Luxus und Mode« 1823, Nr. 45). — Unsicherheit, ob R. *zu einer Vergnügens-Reise* im Herbst in Weimar sein werde; erwähnt: W. von Goethe. — S. Boisserée gedenke, Ende des Monats nach Paris zu reisen. Er sei überzeugt, dass trotz der politischen Ereignisse seine »Ansichten, Risse ... des Doms von Köln« erscheinen könnten; erwähnt: die französische Invasion in Spanien (zur Zerschlagung der spanischen Revolution), die Zusammenziehung russischer Truppen in Polen (gegen die polnische Freiheitsbewegung) und die Neutralitätsdebatte im britischen Parlament (im sich anbahnenden Konflikt zwischen Frankreich und Spanien). — Erbgroßherzogin Maria Pawlowna sei (auf dem Weg nach Ems) durchgereist. Der Besuch von König Maximilian I. Joseph und Königin Karoline von Bayern (vom 13. bzw. 14. bis 19. Mai 1823) in Weimar sei *ein wohlthuender Beweis der Genesung* der Großherzogin Luise.

213 SCHULTZ, CHRISTOPH LUDWIG FRIEDRICH

1823 Mai 31   Berlin   S: 28/1033 Bl. 33; Bl. 34–35   D: NC, Nr. 329; LA II 5B/2, 593f.   B: —
A: 1823 Juni 11 (37, Nr. 59)

Beiliegende Abschrift aus K. H. Schultz' Werk »Die Natur der lebendigen Pflanze« (vgl. Ruppert 5089) zeige, dass jener der *Bemühungen* G.s gedacht habe. S. erbitte sich gelegentlich ein Urteil über den *Werth* dieser Schrift (vgl. »Unbillige Forderung«, WA II 6, 331f.). — K. F. Zelter habe S. Aushängebogen mit (G.s Beitrag) »Eigenes und Angeeignetes« mitgeteilt (»Über Kunst und Altertum« IV 2). Besonders durch G.s Wort »Wer keine Liebe fühlt, muß schmeicheln lernen, sonst kommt er nicht aus« sei S. *sehr aufgeklärt worden*. — Er gehe für acht Tage zur Erholung nach Potsdam.
  Anlage: Abschrift von § 122 und § 125 aus K. H. Schultz »Die Natur der lebendigen Pflanze« (S. 279f. und S. 287–289).

214 WESSENBERG, IGNAZ HEINRICH VON

1823 Mai 31   Konstanz   S: 28/985 St. 1   D: —   B: —   A: —

Empfehlung für F. von Horben, *der eine Wanderung nach Norddeutschland* mache. Horbens Übersetzung von T. Tassos »Aminta« sei sehr gelungen (vgl. RA 10, Nr. 557) und übertreffe *ihre Vorgängerinnen weit* (u. a. ? von J. H. Kirchhoff und E. Schaul). — W. wolle *selbst nicht mit ganz leeren Händen* vor G. erscheinen und bitte, *die beiliegenden Blätter* (»Blüten aus Italien« und »Märzblumen«) *gütig aufzunehmen*; erwähnt: *so manches geniale, sinnvolle Meisterwerk* G.s.
  Beilage: RA 7, Nr. 1322.

215 MERIAN VON FALKACH, ANDREAS

1823 Juni 1   Paris   S: 28/615 St. 1   D: LA II 1B, 942f. (T)   B: —   A: —

Der Weg, der von G.s *physischen Schriften* (»Zur Naturwissenschaft überhaupt, besonders zur Morphologie«) gewiesen worden sei, sei auch von *anderen Theilen des menschlichen Wißens eingeschlagen worden.* Die *Einheit*, die schon Pythagoras erkannt habe, werde auch *in unsern Tagen* erkannt und gelehrt; Zitat aus G.s Abhandlung »Verstäubung, Verdunstung, Vertropfung« (in: »Zur Morphologie« I 3). — Einen wichtigen Beweis hierfür lieferten die Sprachen. So habe I. A. Guljanow in seiner *Grammaire Générale* und der zugehörigen Einleitung »Discours sur l'étude fondamentale des langues« (vgl. Ruppert 657), die in Deutschland nicht unbekannt sei, die vorherrschenden Gesetzmäßigkeiten der Sprachen bewiesen. Das *Tripartitum* (von H. J. von Klaproth und M.) beschreibe die allgemeine Wahrnehmung der Sprachen. Wie diese Lehre *für die Völkerkunde benutzt werden könne*, werde in den beiliegenden »Asia polyglotta« (von Klaproth, M. gewidmet) verdeutlicht. Zitat von Versen G.s (aus »Parabase«, in: »Zur Morphologie« I 3). — *Das Morgenland [...] ist in Deutschland mit Mühe, in Frankreich [seit Kurzem] mit Glück, in England mit Aufwand bearbeitet worden.* Deutsche hätten *wie gewohnt das beste geleistet*, allerdings nicht in ihrer Heimat. Erst wenn er die Grenzen des Vaterlandes verlassen habe, sei der Deutsche angesichts *des Nachbars Kleinheit seiner eignen Größe gewahr* geworden; erwähnt: A. von Humboldt, Händel und W. Herschel sowie die von J. von Hammer herausgegebenen »Fundgruben des Orients«. — Durch G.s »Farbenlehre«, *die Newton's gelehrten Tand zerschmettert* habe, seien die gegenwärtigen *Versuche in Sprach- und Völkerkunde* erst ermöglicht worden; erwähnt: die Verdienste u. a. von J. F. Champollion, W. Whiter und A. Gallatin. *Der Funke kam aus Weimar.* — Erinnerung an die Begegnung *vor mehr als 10 Jahren* in Dresden und Teplitz.

216 YELIN, JULIUS KONRAD VON

1823 Juni 1   München   S: 28/1033 Bl. 58–59   D: NC, Nr. 369   B: —   A: an Großherzog Karl August von Sachsen-Weimar, 1823 Juni 23 (37, Nr. 75)   TB: 1823 Juni (BVL)

Y. überreicht seine Schrift »Der Thermomagnetismus in einer Reihe neuer elektromagnetischer Versuche dargestellt« (Ruppert 5293). Näheres über den Thermomagnetismus, der *eine einfachere Anschauung in die magnetische Natur unsers Erdkörpers* eröffne, *Licht und Wärme, als Grundbedingung des Erdmagnetismus erkennen* lasse, die *einseitige Erwärmung der Erdmasse* erkläre, den Nord- und Südpol *an die allgemeine Gravitation* anknüpfe und schließlich *Licht in den bisher so dunkeln und unzugänglichen Gefilden der Krystallogenie selbst* erteile; erwähnt: E. Halley und C. Hansteen. Über Y.s neuere Versuche zum Elektromagnetismus mit Salzkristallen und schwefelsaurem Zink. — Bitte, zwei Exemplare der Schrift an Großherzog Karl August weiterzureichen, den Y. im vorigen Jahr durch die physikalisch-mathematischen Säle der Münchner Akademie habe führen und *seinem frühstücke* beiwohnen dürfen.

217 HUMBOLDT, WILHELM VON

1823 Juni 3   Berlin   S: 28/439 St. 54   D: GHu, 256f.   B: —   A: 1823 Juni 22 (37, Nr. 71)

H. wolle G. in Weimar besuchen und bitte um Mitteilung des dafür günstigsten Termins (vgl. G.s Tagebuchnotizen vom 12. bis 23. November); erwähnt: Großherzog Karl August. — Freude über G.s Genesung. — Seine Frau gehe Ende Mai nach Karlsbad und Marienbad und würde sich freuen, G. dort anzutreffen (vgl. G.s Tagebuchnotiz vom 19. August). — Angabe seiner Adresse im schlesischen Ottmachau bei Amtsrat Menzel.

218 VULPIUS, CHRISTIAN AUGUST

1823 Juni 5   Weimar   S: 28/102 Bl. 178–179   D: Vulpius, Nr. 656   B: —   A: —

Mitteilung, dass Erbgroßherzog Karl Friedrich das *Gemälde* (? restauriert von S. Theoli; vgl. RA 10, Nr. 77 und RA 10, Nr. 209) mit Freude *an u aufgenommen* habe und *etwa Morgen* zu G. kommen werde (vgl. G.s Tagebuchnotiz vom 11. Juni). V. *habe gerade heraus gesagt, die Majolicá würden alles kompensieren.* — Rücksendung der *Mappe.*

219 ZACHMANN, FRANZ SIMON

1823 Juni 5   Offenburg   S: 28/1033 Bl. 48.51   D: NC, Nr. 370   B: —   A: —   TB: 1823 Juni 13 (E)

Nachricht, dass das von K. F. Sohler für G. erhaltene *Faßchen Mineralien* heute mit dem Postwagen abgegangen sei (vgl. RA 10, Nr. 211).
　Anlage auf gleichem Bogen: Z.s *SpesenNota*

220 GRÜNER, JOSEPH SEBASTIAN

1823 nach Juni 6   Eger   S: 28/102 Bl. 182–183; Bl. 180–181   D: Grüner und Zauper, 44–46   B: 1823 Mai 13 (37, Nr. 36)   A: —

Freude über G.s Genesung, über die Grüner *in den öffentlichen Blättern* gelesen habe. — G.s *so mächtig wirkende Empfehlung an* A. Fürnstein habe Grüner an diesen weitergeleitet (Auszüge aus »Über Kunst und Altertum« IV 2 mit G.s Aufsatz »Deutscher Naturdichter« und F. W. Riemers Beitrag »Der Ausdruck 'Naturdichter' ...« sowie Fürnsteins Gedichten »Der Hopfenbau«, »Ermunterung im Winter« und »An den April«). Wie *aufmunternd* sie auf den *von der Natur in körper*licher *Hinsicht so sehr stiefmütterlich behandelten* Fürnstein wirke, werde sich bald zeigen. — *Das Coge intrare* (scherzhafte Aufforderung zum Mineraliensammeln in Anspielung auf das NT, Lukas 14, 23) treibe Grüner *wie den ewigen Juden umher;* erwähnt: die bevorstehende Niederkunft seiner Ehefrau. Hinweis auf Grüners Brief mit einer Probe *eines dem Aeußern ähnlichen Melinits*, den er an Erbgroßherzog Karl Friedrichs *Silberdiener* (C. Gernhardt) übergeben habe; erwähnt: der Kammerherr (F. A. von Beulwitz). — *Die Heideneiche* sei *zersägt* und warte auf G.s weitere Verfügung (vgl. G. »Tag- und Jahreshefte« 1822, WA I 36, 213). — K. von Junker und Bigato werde G. *eine sehr schöne Stuffe* Silbererz senden (vgl. G.s Tagebuchnotiz vom 22. Juli sowie Junkers Bericht »Über die Auffindung und den Fortgang des Freiherrlich von Junker-Bigattoischen Bergbaues« und G. »Folgesammlung«, in: »Zur Naturwissenschaft überhaupt« II 2). — Fürst A. L. Lobkowitz sei *als Kreishauptmann nach Budweis abgereiset*. — Angebot, Grüners *Kutscher Simon* nach Weimar zu senden, damit G. *gut gefahren nach Böhmen bald kommen* möge.

Anlage: C. W. Hufeland »Der Egerbrunnen«, Sonderdruck aus dem von Hufeland herausgegebenen »Journal der praktischen Arzneikunde« 1822, Bd. 55.

221   HOFF, KARL ERNST ADOLF VON

1823 Juni 7   Gotha   S: 28/1033 Bl. 49–50   D: NC, Nr. 105   B: 1823 Juni 2 (37, Nr. 50) A: —

Anmerkungen zu G.s Ausführungen über den Tempel von Pozzuoli (im Aufsatz »Architektonisch-naturhistorisches Problem«, in: »Zur Naturwissenschaft überhaupt« II 1). H. fühle sich geehrt durch die Nennung seines Namens. Wie *Alles*, was von G. komme, *Licht und Klarheit* sei, so bringe jener Aufsatz auch *lange vergebens gesuchtes Licht* in der Klärung des *Pozzuolischen Phänomens*. Die Geschichte Süditaliens sei im Hinblick auf möglicherweise stattgefundene Naturbegebenheiten, wie der vulkanischen Tätigkeit, im Zeitraum vom 3. bis 12. Jahrhundert unerforscht. Die von G. angenommene Verschüttung des Serapistempels sei mutmaßlich eine von vielen geologischen Veränderungen auf den Phlegräischen Feldern. G.s Vermutung, dass Pholaden (Muscheln) außer im Meerwasser auch in einem anderen Gewässer leben könnten, könne H. nicht beurteilen. Hinweis auf das Auffinden miteinander vermengter fossiler Reste von Meeresgeschöpfen und der von Süßwassertieren *in manchen Schichten aufgeschwemmten Landes*. Die von G. angegebene Höhe des Monte Nuovo von 1000 Fuß weiche von anderen Höhenangaben in der Literatur ab; dabei erwähnt: F. Sickler »Ideen zu einem vulkanischen Erdglobus«, E. Pini »Viaggio geologico per diverse parti meridionali dell'Italia« und die Bezugnahme auf dieses Werk in »Biblioteca Italiana« 1816, Bd. 1, S. 200, M. Falconi »Dell incendio di Pozzuolo« und dessen Erwähnung bei W. Hamilton (»Observations on Mount Vesuvius«) sowie P. G. da Toledo »Ragionamento del terremoto« und dessen Erwähnung bei B. Faujas de Saint-Fond (»Essai de géologie«). — Gute Wünsche für G.s Badekur (vom 26. Juni bis 17. September in Marienbad, Karlsbad und Eger). Vielleicht werde H. im Herbst G. besuchen (vgl. G.s Tagebuchnotiz vom 26. Oktober).

222   LOOS, GOTTFRIED BERNHARD

1823 Juni 10   Berlin   S: 28/102 Bl. 187   D: Klauß 2, 122 (T)   B: —   A: 1823 September 23 (37, Nr. 138)

Freude über G.s Genesung; erwähnt: Homer. — Erinnerung an die übersandten Probeabdrücke der Medaille mit G.s Brustbild von F. König und die versprochene Prüfung der Ähnlichkeit des Bildnisses durch *gute Künstler* in G.s Umgebung (vgl. RA 10, Nr. 60). Bitte um Mitteilung einer Idee zur Gestaltung der Rückseite. — Wunsch nach einem Zusammentreffen mit G.

223   NOEHDEN, GEORG HEINRICH

1823 Juni 10   London   S: 28/103 Bl. 208–209   D: —   B: 1823 Januar Ende (36, S. 452, vgl. GB Rep, Nr. 36239l, nicht abgesandt); 1823 Mai 17 (37, Nr. 39)   A: —

N. dankt für den am 2. Juni von K. W. von Knebel überreichten Brief und äußert seine Erleichterung über G.s Genesung. In England habe G.s Erkrankung *große Besorgniß* erregt. — *Von der gefährlichen Krankheit* der Großherzogin Luise hätten ihm erst G.s Brief und Knebel *genauere Nachricht* gegeben. — N. bedaure, dass er dem jungen Knebel aus Zeitgründen nicht *den mindesten Freundschaftsdienst* habe erweisen können. Vielleicht könne er sich dem Fürsten Heinrich LXXII. von Reuß-Ebersdorf *noch nützlich machen*. — Dank für das *vor einiger Zeit richtig* eingetroffene Heft von »Über Kunst und Altertum« (IV 1) mit N.s Beitrag »Der Schild Wellingtons. Der Schild des Achilles«. — Gegenwärtig hielten sich Herzog Bernhard und Herzogin Ida von Sachsen-Weimar in England auf. — Erwähnung der *Madame Domeier, welche voriges Jahr durch Weimar gereist sei* und G. gesehen habe. — Angabe seiner Adresse.

224   SECKENDORFF, CHRISTIAN ADOLF VON

1823 Juni 10   Zingst   S: 28/102 Bl. 184   D: —   B: —   A: —   TB: 1823 Juni (BVL)

S. übersendet sein Trauerspiel »Pflicht und Gewissen« (Ruppert 1147), das *Herr Docktor Dörring in Jena [...] durch seine metrische Uebersetzung sehr gehoben* habe. Falls es G. gefalle, solle er es in seinen Bücherschrank stellen, wenn nicht, *so verbrennen sie es*.

225   VOGHT, JOHANN KASPAR HEINRICH VON

1823 Juni 11   Flottbek   S: 28/942 St. 2   D: LA II 10A, 564 (T)   B: —   A: —   TB: 1823 Juli (BVL)

V. übersendet sein *Büchelchen* (»Flotbeck und dessen diesjährige Bestellung«, Ruppert 3006), mit dem er *unter einem bescheidenen Titel, eine neue Wissenschaft* begründe; es sei zum Ansehen bestimmt, nicht eigentlich zum Lesen durch G. Es solle G. an einen seiner *fruhesten, warmsten, und ältesten Verehrer* erinnern. Anspielung auf G.s und V.s hohes Alter, Vergleich mit verwitternden Granitspitzen. — V. hofft, dass E. Schröder das Buch überreichen werde (vgl. RA 10, Nr. 296). Von ihr und ihrer Schwester Auguste Schroedter möge sich G. *Duettchen und Romanzen* vorsingen lassen. — Empfehlungen an Großherzog Karl August und Großherzogin Luise, die ihm *immer so gütige Herrschaften* gewesen seien.

226   BOISSERÉE, JOHANN SULPIZ MELCHIOR DOMINIKUS

1823 Juni 12   Stuttgart   S: 28/206 St. 95   D: GB 2, 356f. (T)   B: —   A: —   TB: 1823 Juni (BVL)

Am Tag vor seiner Abreise nach Paris, wo er drei Monate zu bleiben gedenke, grüße B. *noch mit ein Paar Worten* und bitte um G.s Nachrichten dorthin. — Angebot an G., *Einiges in Paris* zu *besorgen*; erwähnt: A. von Humboldt und G. Cuvier. — B.s Adresse in Paris sei bei J. F. J. Lecointe. — Beiliegend finde G. *das Product eines talentvollen, aber auf Stelzen gehenden Jünglings* (W. Waiblinger »Phaëthon«). Aufmunterung, wegen des Charakters Waiblingers, eventuellen *Beifall mit strengen Lehren* zu mischen. — Der *Text zum DomWerk* (B. »Ansichten, Risse ... des Doms von Köln« und »Geschichte und Beschreibung des Doms von Köln«) sowie die 7. und 8. Lieferung *des lithographischen Werks* (»Die Sammlung Alt-, Nieder- und Oberdeutscher Gemälde der Brüder ... Boisserée und Johann Bertram. Lithographiert von N. Strixner«) für Großherzog Karl August würden nach Erscheinen durch M. Boisserée geschickt. Dann erhalte G. auch die ihm *zugedachten Kupfer des DomWerks und die fehlenden Blätter des Textes*. — Wunsch, G. möge *mit Kindern und Enkeln recht wohl* leben. — Empfehlungen von M. Boisserée und J. B. Bertram.
   Beilage: RA 10, Nr. 210.

227   NAUWERCK, LUDWIG GOTTLIEB KARL

1823 Juni 12   Neustrelitz   S: 28/102 Bl. 189–191   D: Mommsen 5, 350f. (T)   B: —   A: —   TB: 1823 Juni 21 (E)

N. übersende im Probedruck die lithographische Ausführung der G. bereits im Juni 1810 vorgelegten Zeichnung zum »Faust« (Vorspiel auf dem Theater; vgl. RA 5, Nr. 1494). Als Dank für G.s damalige Aufmerksamkeit, seine Empfehlung der Blätter an Erbprinzessin Karoline von Mecklenburg-Schwerin (vgl. RA 6, Nr. 181) und entsprechend seiner Aufforderung, die sechs von N. übersandten Zeichnungen vervielfältigen zu lassen (vgl. G. an Nauwerck, 1810 November 16, WA IV 21, Nr. 6057), habe sich N. über den Steindruck informiert, A. Senefelders »Vollständiges Lehrbuch der Steindruckerei« studiert und mit der lithographischen Anstalt von (J. Speckter und) H. J. Herterich Verbindung aufgenommen. Wunsch, die beiliegende Probe sowie die folgenden elf Lithographien zum »Faust« G. widmen zu dürfen. Für ihre geplante Herausgabe erbitte sich N. von G. ein Vorwort mit einer Empfehlung derselben. Aufzählung der Titel seiner zwölf Lithographien. Hinweis auf G.s frühere Nachricht, die seinerzeit vorgelegten Zeichnungen in der JALZ mitzuteilen; erwähnt: P. Cornelius (»Bilder zu Goethes Faust«, gestochen von F. Ruscheweyh).

228   BERLIN, LITHOGRAPHISCHES INSTITUT UND KUNSTHANDLUNG

1823 Juni 13   Berlin   S: 28/102 Bl. 188 (egh. von J. W. Richardi)   D: —   B: —   A: —

G. erhalte in *mitfolgender Rolle 1 Exemplar* der »Königlichen preußischen Gemäldegalerie«, wovon das 2., 3. und 4. Heft hinsichtlich *der Gegenstände als der Kunst, nichts zu wünschen übrig lassen dürften*. Bitte um eine Empfehlung in G.s Kunstjournal (vgl. H. Meyer »Fortschritte des Steindrucks«, in: »Über Kunst und Altertum« IV 2 und »Berliner Steindruck«, in: ebd. IV 3) sowie an Freunde und Bekannte zur Subskription. — Angabe der Adresse.

229   LENZ, JOHANN GEORG

1823 Juni 13   Jena   S: 28/1033 Bl. 56–57   D: NC, Nr. 126   B: —   A: 1823 Juni 22 (37, Nr. 73)   TB: 1823 Juni 14

Eingang von *hofnungsvollen Briefen* bei L., von denen sich die beiliegenden *besonders auszeichneten*. — Die Sendung von A. Volleritsch enthalte *auch die in Kärnthen neu entdeckten Bleyspathe, und einige Zirkone* (vgl. die Ankündigung im Brief vom 12. März, UA Jena). — Graf Bedemar habe mitgeteilt (Brief vom 27. Mai, UA Jena), *daß er noch in diesem Monat Schonen besuchen* und *L. eine oder zwey Kisten mit Schwedischen Mineralien überantworten* werde. — Schilderung seines Arbeitsalltags im Museum und seiner Vorlesungen. L. habe jetzt 26 Zuhörer, darunter *Herr (? R.) Vulpius*. Seit Januar habe L. 71 Briefe empfangen und 106 *in alle vier oder fünf Welttheile abgeschickt*.

230   LEONHARD, KARL CÄSAR VON

1823 Juni 13   Heidelberg   S: 28/1033 Bl. 64–65   D: NC, Nr. 152   B: 1823 Juni 9 (37, Nr. 55)   A: —

Dank für G.s *dauernde nachsichtsvolle Theilnahme* an L.s »Charakteristik der Felsarten« (vgl. Ruppert 4799), aus der er in diesem Semester vor einem *zahlreichen Kreis von Schülern* vortrage. — Die versprochenen Dolerite seien vergessen worden, gingen aber mit dem nächsten Postwagen ab. Bessere Exemplare des Trachyts würden folgen. Aus Böhmen erwarte L. eine *bedeutende Sendung*. — Zum Itakomulit: Die Nachricht vom neuen Fundort sei sehr interessant. Bitte um ein *Musterstück*. Der *Artikel Itakolumit wird in nächster Woche abgedruckt* (in: »Charakteristik der Felsarten«, Bd. 1). — Glückwünsche für G.s Reise *nach den Böhmischen Bädern* (vom 26. Juni bis 17. September nach Marienbad, Karlsbad und Eger).

231   WELLER, CHRISTIAN ERNST FRIEDRICH

1823 Juni 13   Jena   S: 28/102 Bl. 185–186   D: WA III 9, 361 (T)   B: 1823 Juni 11 (37, Nr. 61)   A: 1823 Juni 17 (37, Nr. 67)

Mitteilung über den Erhalt von G.s *Zuschrift nebst den beigefügten sechs authorisirten Quittungen. Hinsichtlich des kleinen Auftrags, den jungen Mann* (J. P. Eckermann) betreffend, habe W. in *anliegender Übersicht* zusammengestellt, *was dieser junge Mann allenfalls das Vierteljahr hier gebrauchte.* Vorschlag, W. den Auftrag zu erteilen, für Eckermann bei L. von Gohren und vielleicht auch bei L. G. F. Gruner *die polizeyliche Erlaubniß auf ein Vierteljahr ruhigen Aufenthalt hier* zu erwirken. Wegen seiner *Einrichtung hier* dürfte sich Eckermann an W. wenden, der *herzlich gern hülflich* sein werde. — Grüße von K. L. von Knebel und dessen Familie.

232 SCHULTZ, KARL HEINRICH

1823 Juni 14   Berlin   S: 28/1033 Bl. 70   D: NC, Nr. 333   B: —   A: an C. L. F. Schultz, 1823 Juni 25 (37, Nr. 76)   TB: Juni 1823 (BVL)

S. übersende als Zeichen seiner Verehrung für G. und dessen Interesse *an den Bewegungen in der Naturwissenschaft* sein Werk »Die Natur der lebendigen Pflanze« (Ruppert 5089) und bitte um gütige Aufnahme (vgl. RA 10, Nr. 213 und G. »Unbillige Forderung«, WA II 6, 331f.). — Angabe seiner Adresse.

233 SARTORIUS, GEORG FRIEDRICH CHRISTOPH

1823 Juni 15   Göttingen   S: 28/789 St. 66   D: GSa, Nr. 122   B: 1823 Mai 25 (37, Nr. 48)   A: 1824 April 24 (38, Nr. 105)

Freude über G.s Genesung und Einladung nach Göttingen in S.s neuerworbenes Haus, das *geräumig genug* sei, um für einen Aufenthalt *alle Bequemlichkeit* zu bieten. Näheres zu Lage und Umgebung; erwähnt: die vorherige *alte und reiche Besitzerinn* (S. K. Claproth) und A. von Wallenstein. — Ankündigung einer Reise in die Hansestädte. — Anteilnahme an der Erkrankung Großherzogin Luises. Über die Gründe, weshalb er ihr und Erbgroßherzogin Maria Pawlowna bisher keine Widmungsexemplare von L. T. von Spittlers »Entwurf der Geschichte der Europäischen Staaten« (mit S.s Fortsetzung) übersandt habe.

234 FREYBERG-EISENBERG, MAXIMILIAN PROKOP VON

1823 Juni 16   München   S: 28/103 Bl. 267   D: —   B: —   A: —   TB: 1823 Juli (BVL)

Übersendung der Fortsetzung seiner »Tagebücher aus Italien« (4. Heft »Tagebücher aus Venedig«, Ruppert 4051). — Freude über G.s Genesung (von seiner Erkrankung im Februar).

235 SCHULTZ, CHRISTOPH LUDWIG FRIEDRICH

1823 Juni 17   Berlin   S: 28/1033 Bl. 66–67   D: NC, Nr. 330   B: 1823 Juni 11 (37, Nr. 59) A: 1823 Juni 25 (37, Nr. 76); 1823 Juli 8 (37, Nr. 90)

Unter Rüksendung der Anlage (Brief von J. P. Eckermann; vgl. aber RA 10, Nr. 248) Dank für G.s inhaltsreiches Schreiben. — Die ersten Tage seiner Erholung in Potsdam habe S. mit K. E. Schubarth verbracht. Danach habe er sich dem gründlichen Studium von G.s Heften »Zur Naturwissenschaft überhaupt, besonders zur Morphologie« gewidmet: *[...] eine neue Welt ging vor mir auf.* S. erwarte *mit größtem Interesse* die von G. angekündigte Rezension in der JALZ (1823, Nr. 101–108, von C. G. Nees, A. Goldfuß und J. Noeggerath). — Dank für die Informationen über die jungen Männer, die G.s Vertrauen erworben hätten (u. a. J. V. Adrian, Eckermann, Schubarth und J. S. Zauper). — G.s Zufriedenheit mit K. H. Schultz erfreue denselben. Mit der fahrenden Post sende S. ein Exemplar der Schrift (»Die Natur der lebendigen Pflanze«, vgl. Ruppert 5089) zusammen mit einem Brief von Schultz (RA 10, Nr. 232). — Ausführlich über das Restaurieren von Gemälden durch Übertragung auf eine neue Leinwand, wie es Horack praktiziere; erwähnt: die Gemäldesammlung E. Sollys. — Im Aufsatz »Fortschritte des Steindrucks« auf den mitgeteilten Aushängebogen (»Über Kunst und Altertum« IV 2) beurteile G. (richtig: H. Meyer) die diesbezüglich in Berlin unternommenen Versuche richtig; erwähnt: Graf J. Rechberg. — Über G.s Interesse an der (von Schubarth herausgegebenen) Zeitschrift »Paläophron und Neoterpe«.

236   KNEBEL, KARL LUDWIG VON

1823 Juni 18   Jena   S: 28/519 Bl. 602–603   D: GK, Nr. 605 (T)   B: —   A: 1823 Juni 22 (37, Nr. 72); 1823 Juni 25 (37, Nr. 77); 1823 Juli 11 (37, Nr. 92); an J. S. C. Schweigger, 1823 Juni 25 (37, Nr. 78)   TB: 1823 Juni 19

K. habe *beifolgendes* (»Journal für Chemie und Physik«, Bd. 37, H. 3, Ruppert 4196) von J. S. C. Schweigger aus Halle erhalten. Da er dessen Brief nicht beantworten könne, füge er ihn mit der Bitte um Rücksendung bei. — Nachrichten von K. W. von Knebel (und Fürst Heinrich LXXII. von Reuß-Ebersdorf vom 3. Juni, GSA 54/in 199,8) aus dem *freilich unmenschlich* teuren London: G. H. Noehden lasse sich empfehlen. H. C. Robinson zeige K.s Sohn *alles* und bringe ihn *in interessante Gesellschaften*, wo zu G.s *Lob enthusiastisch gesprochen* werde. — Über E. Wellers Operation am Auge (vgl. RA 10, Nr. 246) und B. von Knebels Fieber. — Hoffnung, G. *bald hier zu sehen*; ferner erwähnt: K.s Ehefrau.

237   MÜNSTER, GEORG GRAF ZU

1823 Juni 18   Bayreuth   S: Badische Landesbibliothek Karlsruhe   D: LA II 10A, 603 (T)   B: —   A: —

M. habe gehört, G. wünsche *den in der hiesigen Gegend zuweilen vorkommenden herzförmigen Ammoniten* zu bekommen. M. übersendet drei in der Gegend von Thurnau gefundene Exemplare; erwähnt: J. C. M. Reinecke »Maris Protagaei Nautilos et Argonautas«, K. C. Schmidel »Vorstellung einiger merkwürdigen Versteinerungen«, J. Parkinson »Organic Remains of a Former World« und »Outlines of Oryctology«, J. Sowerby »The Genera of Recent and Fossil Shells« sowie A. Brongniart (und G. Cuvier) »Description géologique des environs de Paris«.

238 FREGE & CO.

1823 Juni 20   Leipzig   S: 30/307 Bl. 24–25   D: —   B: 1823 Juni 16 (37, Nr. 66); an J. F. von Cotta, 1823 Juni 11 (37, Nr. 57)   A: —

G.s Zuschrift zufolge seien 800 Reichstaler zu Lasten der Cottaschen Buchhandlung für J. Elkan gebucht worden. — Gute Wünsche für G.s Badereise (vom 26. Juni bis 17. September nach Marienbad, Karlsbad und Eger).

239 SORET, FRÉDÉRIC JACOB

1823 Juni 20   Gotha   S: 28/869 St. 98   D: Soret Houben, 67 (T)   B: —   A: 1823 Juni 25 (37, Nr. 79)   TB: 1823 Juni 21   V: in französischer Sprache

Bericht über das Befinden des in Gotha erkrankten H. Meyer und den Besuch von K. W. Coudray (vgl. G.s Tagebuchnotiz). Meyers Übel bessere sich bereits und er könne seine Reise (nach Wiesbaden) bald fortsetzen; erwähnt: der behandelnde Arzt (J. G. Dorl) und W. E. C. Huschke. — S. hoffe, bei seiner Ankunft in Wilhelmsthal Nachrichten von O. von Goethe und G. zu erhalten. Der Stoff für U. von Pogwisch müsse bereits (in Weimar) angekommen sein.

240 BURY, ISAAC PIERRE

1823 Juni 22   Hanau   S: 28/103 Bl. 197   D: —   B: —   A: —

Mitteilung über den Tod seines Bruders (Friedrich, am 18. Mai) während eines Badeaufenthalts in Aachen infolge eines im November 1821 *erlittenen Nervenschlages*. Bei der Nachricht von G.s jüngster Erkrankung und Genesung habe F. Bury *an seinen Meister und Freund* gedacht. — Gute Wünsche für G.s Gesundheit.

241 GOETZ, WILHELM FRIEDRICH

1823 Juni 22   Dillenburg   S: 28/103 Bl. 212–213; Bl. 214   D: WA IV 37, 355 (T)   B: —   A: —   TB: 1823 Juli 21 (E)

Goetz übermittelt aus alter Verbundenheit (vgl. G.s Tagebuchnotizen vom 15. und 16. August 1814) Wünsche für G.s *gänzliche Herstellung* und übersendet eine *Probeflasche vom 22ger Rheingauer*, den die Kenner *rheinischen Nectar* nennen und der die Qualität des *11ter* übertreffe. Überbringerin werde seine durchreisende *Base* (M. Rehberg) sein.
Anlage: Handschriftliche Verse von Goetz *Ernsthafte Meinung der Posse [...]*.

242   REINHARD, KARL FRIEDRICH GRAF

1823 Juni 22   Frankfurt   S: 28/734 St. 71   D: GRe, Nr. 131   B: 1823 Juni 11 (37, Nr. 60)
A: 1823 Juni 26 (37, Nr. 82)

R. sende das von G. vor dessen Abreise nach Marienbad erbetene Lebenszeichen, *insofern Vegetiren auch leben ist.* — Er plane in etwa einem Monat, wenn der Bundestag Ferien mache, seine Kur in (Baden-)Baden zu wiederholen und dann G. Ende September in Weimar zu besuchen (vgl. G.s Tagebuchnotizen vom 1. bis 8. Oktober). — Vorfreude auf seinen geplanten Umzug von der *Bokenheimer Strasse* in ein neues Wohnviertel am Main, *gerade der Insel gegenüber die Ihr Monument aufnehmen solte* (vgl. RA 9, Nr. 379). — R. erwarte die von G. avisierten *Hefte* (»Über Kunst und Altertum« VI 2 und »Zur Naturwissenschaft überhaupt« II 1) mit Freude. — Reflexionen über das Wort *Lecture.*

243   VOIGT, FRIEDRICH SIEGMUND

1823 Juni 22   Jena   S: 28/959 St. 4   D: LA II 10A, 605   B: —   A: —

Übersendung der *aufgetragenen Zeilen* (Gesuch um einen Sitz in der medizinischen Fakultät und im akademischen Senat; vgl. WA III 9, 387). V. halte an der Hoffnung fest, in G. *nicht nur den Begründer, sondern auch den Vollender und Befestiger* seines *zeitlichen Glückes* verehren zu können. — Bei einem Aufenthalt in Jena könne sich G. von der Erfüllung des einst von V. gegebenen Versprechens, *dem botanischen Institute seinen erwarteten Flor* wiederzugeben, überzeugen.

244   WESSELHÖFT, JOHANN KARL

1823 Juni 22   Jena   S: 30/307 Bl. 26–27   D: QuZ 4, Nr. 1563 (T)   B: 1823 Juni 18 (vgl. WA III 9, 64); 1823 Juni 19 (vgl. WA III 9, 64); 1823 Juni 22 (37, Nr. 74)   A: an F. Frommann, 1823 Juni 25 (37, Nr. 80)   TB: 1823 Juni 22

G. erhalte hierbei die zweite Revision des Bogens G (von »Zur Naturwissenschaft überhaupt« II 1). Der Bogen H, zu dem nach C. W. L. Schwabes Angaben noch Manuskript fehle, werde am Mittwoch (25. Juni) *mit den Bothenleuten* folgen. Von »Über Kunst und Altertum« (IV 2) könne W. nur 12 Exemplare ungeheftet senden, da F. Frommann *nicht zu Hause* sei. — G.s *anderweitige Notiz* (die Auslagen betreffend), werde W. *zur Befolgung* an Frommann geben. — Gute Wünsche für G.s Badereise (vom 26. Juni bis 17. September nach Marienbad, Karlsbad und Eger).

245   ECKERMANN, JOHANN PETER

1823 Juni 23   Jena   S: 28/102 Bl. 195–196   D: Eckermann Houben, 136f. (T)   B: —   A: an K. L. von Knebel, 1823 Juni 25 (37, Nr. 77)

Bericht über seine Ankunft und Aufnahme in Jena. Da E. Weller an den Augen erkrankt sei (vgl. RA 10, Nr. 246), habe (? C. L.) Meyer sich um ihn gekümmert. — Die Meldung bei der Polizei und die Beschaffung einer Wohnung sei zu seiner *größten Zufriedenheit* erledigt worden. Morgen werde er die Wohnung in Meyers Garten beziehen. Dieser liege zwischen der Bibliothek und den Häusern K. L. von Knebels und J. K. Wesselhöfts. E. werde dort *die schönste Luft und die beste Ruhe zum Arbeiten* finden. — Hoffnung, in ein paar Tagen das Glück zu haben, *mit meinem ganzen Wesen ungetheilt in den geliebten Arbeiten zu leben und zu weben.* — Dank für G.s erwiesene *Huld.*

246   WELLER, CHRISTIAN ERNST FRIEDRICH

1823 Juni 23   Jena   S: 28/102 Bl. 193.194   D: WA III 9, 361 (T)   B: 1823 Juni 17 (37, Nr. 67); an K. L. von Knebel, 1823 Juni 22 (37, Nr. 72)   A: —

Der *gemüthliche Herr Eckermann* habe sich *gestern Abend* bei W. *eingefunden* und *heute zu seiner Zufriedenheit einquartiert.* — Vor G.s *Badereise* (vom 26. Juni bis 17. September nach Marienbad, Karlsbad und Eger) werde W. wegen *Unpäßlichkeit am rechten Auge und Ohre* (operative Entfernung einer Balggeschwulst durch K. F. Heusinger) leider nicht mehr aufwarten können. — K. L. von Knebel lasse für den Brief danken; er habe *heute schon* an J. S. C. Schweigger geschrieben (vgl. RA 10, Nr. 236) und wünsche, G. *bei der Durchreise noch gar gern zu sehen.*

247   FROMMANN, KARL FRIEDRICH ERNST

1823 Juni 24   Jena   S: 30/307 Bl. 28.44   D: LA II 2, 430 (T), LA II 1B, 954f. (T) und QuZ 4, Nr. 1567 (T)   B: 1823 Juni 14 (37, Nr. 65); an J. K. Wesselhöft, 1823 Juni 22 (37, Nr. 74)   A: 1823 Juni 25 (37, Nr. 80)

Die Sendung *der verschiedenen Kupfer Abdrucke* für »Zur Naturwissenschaft überhaupt« (II 1, von L. Schröns Tafel »Vergleichende graphische Darstellung der Barometerstände verschiedener Orte im Monat Dezember 1822«) habe F. *richtig erhalten* und werde sie nach G.s Vorschrift einheften lassen. Die Auslagen für die Kupferstiche möge G. dieses Mal J. F. von Cotta selbst berechnen. — J. K. Wesselhöft habe G.s letztes Schreiben *so gut beantwortet und besorgt [...] als es möglich war* (vgl. RA 10, Nr. 244). Näheres zu den gewünschten Exemplaren von »Über Kunst und Altertum« (IV 2): die anderen würden den bereits an G. gesandten folgen, sobald sie vom Buchdrucker geliefert werden. — Am Bogen H (von »Zur Naturwissenschaft überhaupt« II 1), den G. als Aushängebogen und Korrekturabzug durch Wesselhöft erhalte (vgl. G.s Tagebuchnotiz vom 25. Juni), würden noch mehr als zwei Druckseiten Manuskript fehlen. — Gute Wünsche für G.s Badereise (vom 26. Juni bis 17. September nach Marienbad, Karlsbad und Eger). — Über gute Nachrichten F. J. Frommanns von seiner Reise nach Süddeutschland und Tirol.

248   Schultz, Christoph Ludwig Friedrich

1823 Juni 24   Berlin   S: —; 29/459,I,4 Bl. 14–17   D: GSchu, Nr. 88   B: 1823 Juni 11 (37, Nr. 59)   A: 1823 Juli 8 (37, Nr. 90)   V: Druck

Die im letzten Brief (RA 10, Nr. 235) angekündigte Beilage folge erst mit diesem Brief. — Lob für die *vortrefflichen Jenaer Recensenten* (C. G. Nees, A. Goldfuß und J. Noeggerath über »Zur Naturwissenschaft überhaupt, besonders zur Morphologie«, Bd. 1, in: JALZ 1823, Nr. 101–108), sie werden *unendlich viel wirken.* S. werde einige Exemplare bestellen. — K. E. Schubarth danke für G.s *gütiges Andenken.* Er plane ein 2. Stück seiner Zeitschrift »Paläophron und Neoterpe«. Ein *schätzbarer Aufsatz* von E. R. Lange »Über die antike und moderne Tragödie« (in: ebd., St. 2) enthalte *lehreiche Dinge.* — Zur aktuellen Lage in Spanien: Die hartnäckige konstitutionelle Monarchie habe viel Schaden angerichtet und werde letztlich doch besiegt werden; Zitat aus dem AT, Buch Jesaja 63, 3.
    Anlage: Abschrift von J. P. Eckermanns Brief an G. vom 24. Mai 1823 (vgl. RA 10, Nr. 207).

249   Cramer, Christoph Ludwig Wilhelm

1823 Juni 27   Wetzlar   S: 28/103 Bl. 237   D: —   B: —   A: —

Freude über G.s Genesung und Glückwunsch dazu. — Für seine mineralogischen Studien habe C. inzwischen *manche erfreuliche Nahrung* aus Wien und Freiberg erhalten. — Sollte G. nach Karlsbad reisen, so kenne er bereits C.s Mineralienwünsche (vgl. RA 10, Nr. 29).

250   Hitzig, Julius Eduard

1823 Juni 28   Berlin   S: 28/103 Bl. 236   D: —   B: —   A: an O. von Goethe, 1824 Januar 26 (38, Nr. 23)

Trotz ausbleibender Empfangsnachricht für das von H. herausgegebene Werk »Aus Hoffmanns Leben und Nachlass«, das er *durch die Verlagshandlung* (F. Dümmler) G. habe zukommen lassen (vgl. RA 10, Nr. 171), wolle er G. den beikommenden »Lebensabriss Friedrich Ludwig Zacharias Werners« nicht vorenthalten.

251   Gradl, Johann Wendelin

1823 Juni 30   Marienbad   S: 28/103 Bl. 198   D: WA IV 37, 346 (T)   B: —   A: 1823 Juni 30 (37, Nr. 84)

Im Auftrag von W. Rehbein teilt Gradl mit, dass in Marienbad *mehrere Logis* für G. bereit stünden, darunter eine Wohnung im Hause des Prälaten (K. Reitenberger), die *eine recht herzliche Aufnahme darbietet.*

252 MONTENGLAUT, ARTEMISIA HENRIETTE MARIANNE VON

1823 Juni 30   Potsdam   S: 28/103 Bl. 269; Bl. 268   D: —   B: —   A: —

Übersendung einer *Anonce* mit der Bitte, M.s Gedichtsammlung »Nordlands Heideblüten« zu subskribieren.
    Anlage: Gedruckte Subskriptionsaufforderung für M.s »Nordlands Heideblüten«; erwähnt: ihre 1814 erschienenen *Gedichte* (»Herbstblumenkranz«).

253 WERNDT, JULIUS WILHELM ANDREAS

1823 ? Juli   Ort n. e.   S: 28/103 Bl. 231   D: —   B: —   A: —

Bitte um Unterstützung. W. habe durch Krankheit sein Engagement am Hoftheater in Dresden verloren; seitdem hätte sich seine Lage *sehr verschlümmert*. G. habe ihn *vor Jahren in Weimar* gnädig behandelt und viel für die Bildung seiner Ehefrau, *einer gebornen Matiegzeck aus Passau*, getan.

254 ZILLMER, WILHELMINE AMALIE

1823 ? Juli   ? Marienbad   S: 28/103 Bl. 227.230   D: Begegnungen 14, 138   B: —   A: —

Gedichtbrief: *Nicht Ruhe konnt' ich heut' in Morpheus Armen finden [...]*. Anspielungen auf ein Gespräch mit G. (? über Sternbilder) und Huldigung an G.

255 COTTA, JOHANN FRIEDRICH VON

1823 Juli 1   Stuttgart   S: 30/307 Bl. 39.42   D: Cotta, Nr. 474   B: 1823 Juni 11 (37, Nr. 57)
A: 1823 September 21 (37, Nr. 137)

Freude über G.s Brief und Bedauern darüber, nur *wenige Augenblicke* in G.s Gegenwart verbracht haben zu können (vgl. G.s Tagebuchnotizen vom 22. April und 15. Mai). — J. P. *Eckermanns Mst.* (»Beiträge zur Poesie mit besonderer Hinweisung auf Goethe«) habe C. *sehr angesprochen*, so dass er es *sogleich* an F. Frommann zum Druck gegeben habe. — J. V. Adrian halte sich gegenwärtig in Metz auf; er würde *für die angegebnen Zwecke* (Redaktionstätigkeiten für G.) *gewiß sehr wohl taugen*. — Die in der JALZ (1823, Nr. 101–108) erschienene Rezension von G.s Heften »Zur Naturwissenschaft überhaupt, besonders zur Morphologie« (Bd. 1, von C. G. Nees, A. Goldfuß und J. Noeggerath) habe C. *sehr erfreut*. — Die Speditionslisten (für die Versendung an die Abonnenten) für »Über Kunst und Altertum« (IV 2) und »Zur Naturwissenschaft überhaupt« (II 1) seien bereits an Frommann geschickt worden. — Wünsche für eine erfolgreiche Kur in Marienbad (sowie Karlsbad und Eger vom 26. Juni bis 17. September). — C. bitte, sich A. und O. von Goethe zu empfehlen.

256 STADELMANN, JOHANN KARL WILHELM

1823 Juli 1 oder 2   Marienbad   S: 37/X,10,8 St. 3   D: WA IV 37, 346 (T)   B: —   A: —

Auf Anraten W. Rehbeins sei S. in den ersten Stock des Gasthauses »Zur goldenen Traube« eingezogen.

257 ZELTER, KARL FRIEDRICH

1823 Juli 2 bis 5   Berlin   S: 28/1018 St. 227   D: MA 20, Nr. 411   B: 1823 Juni 26 (37, Nr. 81)   A: 1823 Juli 24 (37, Nr. 98)

1823 Juli 2
Über Z.s Umzug in eine neue Wohnung unter Anspielung auf das AT (2.–5. Buch Moses) und G.s Studie »Israel in der Wüste« (in: »Noten und Abhandlungen zu besserem Verständnis des West-östlichen Divans«). — Eingangsbestätigung für »Über Kunst und Altertum« (IV 2), das einen Schatz enthalte, den F. A. Wolf *für das Höchste* halte, *das seit langer Zeit erschienen sey* (? G.s Beitrag »Phaethon. Tragödie des Euripides«). — Dank für die gute Aufnahme, die D. Zelter und die *jüngsten Grosmütter des alten Testaments* (R. Meyer und H. Mendelssohn; vgl. G.s Tagebuchnotizen vom 22. und 23. Juni) bei G. erfahren hätten; erwähnt: *ihre Väter* (M. Mendelssohn und N. Meyer). — Durch einen Brief D. Zelters aus Frankfurt habe Z. erst von G.s Reiseplänen (vom 26. Juni bis 17. September nach Marienbad, Karlsbad und Eger) erfahren. Z. selbst bleibe zu Hause und bade *zur Noth in alten Partituren* und versuche, *die Paar Thaler zu verdienen welche die Reiße kostet*.

1823 Juli 5
Gestern sei Wolf bei Z. zum Rehbraten gewesen *und schien mit seinem Platze zwischen ein Paar geistreichen Frauen auch nicht unzufrieden*. — Bitte, *das neuste Stück Morphologie* (»Zur Naturwissenschaft überhaupt, besonders zur Morphologie« II 1) zu senden.

258 GRÜNER, JOSEPH SEBASTIAN

1823 Juli 3   Eger   S: 28/103 Bl. 199–200   D: Grüner und Zauper, 46f.   B: —   A: 1823 Juli 3 (37, Nr. 87)

Grüner müsse G. *wegen Mangel der Adresse* des Hofrats (K. C. Hage) *mit diesem Einschlusse* an Großherzog Karl August *beschwerlich fallen*. Bitte um die Anschrift und Empfehlung an den *Leibmedicus* (W. Rehbein).

259 NEES VON ESENBECK, CHRISTIAN GOTTFRIED DANIEL

1823 Juli 3   Bonn   S: 28/1033 Bl. 72–73   D: GNe, Nr. 73   B: 1823 Juni 13 (37, Nr. 64); 1823 Juni 25 (vgl. WA III 9, 66)   A: 1823 August 22 (37, Nr. 118)   TB?: 1823 August 18

Dank für *zwey auf einander folgende wohlwollende Briefe*, insbesondere für die Anerkennung seiner Rezension von »Zur Naturwissenschaft überhaupt, besonders zur Morphologie« (mit A. Goldfuß und J. Noeggerath, in: JALZ 1823, Nr. 101–108) und dafür, dass G. in »Über Kunst und Altertum« seiner und seines Freundes K. von Martius *gedenken* wolle (vgl. »Dankbare Gegenwart«, in: Heft IV 2). — Über seine Bemühungen, G.s Wunsch nachzukommen, *die Tafeln der Göethea zu coloriren*; erwähnt: Prinz Maximilian zu Wied-Neuwied. N. sende sowohl von der Goethea cauliflora und Goethea semperflorens je zwei kolorierte Abdrücke und *einige schwarze auf geleimtes Papier*. — Mit den Tafeln über die Elephantenschädel (nach Zeichnungen von J. Waitz) werde N. in Paris sehr *hingehalten* und werde deshalb diesen Beitrag erst in den 12. Band der »Nova Acta« aufnehmen (vgl. »Zur vergleichenden Osteologie von Goethe. Mit Zusätzen und Bemerkungen von Dr. Ed. d'Alton«, in: Bd. 12.1, 1824); Erläuterungen dazu. Erwähnung weiterer Beiträge im 12. Band: L. H. von Bojanus »Craniorum argalidis« und »De merycotherii sibirici«, K. G. Carus »Icones sepiarum«, *neue javanische Vögel* von K. L. Blume (vgl. aber »Hepaticae Javanicae« von K. G. K. Reinwardt, Blume und N.), Reinwardt »Observatio de mangiferae semine polyembyoneo«, W. Koch »Generum tribuumque plantarum umbelliferarum nova dispositio« sowie F. Nees »Entwicklungsgeschichte der Pteris serrulata« und »Beobachtungen über die Entwicklung der Laubmoose aus ihren Keimkörnern«.

260   STEIN, GOTTLOB FRIEDRICH KONSTANTIN VON

1823 Juli 3   Breslau   S: 28/103 Bl. 220–221   D: LA II 8B/1, 360 (T)   B: 1823 Juni 11 (37, Nr. 58)   A: —   TB?: 1823 August 18

S. habe *die wohlbekanten Blätter empfangen* (»Radierte Blätter nach Handzeichnungen von Goethe«, hrsg. von K. A. Schwerdgeburth, gestochen von K. Holdermann und K. Lieber, mit Versen G.s). — Zu G.s mitgeteilter Vermutung über das Vorkommen einer *Glimmerartigen Textur* im Itakolumit: S. habe nach *Durchlesung* von W. L. von Eschweges »Geognostischem Gemälde von Brasilien« den *minaroligischen Auftrag* an C. E. Seeliger in Prieborn weitergegeben; erwähnt: H. Steffens und H. W. Brandes. — Für den Sockel des Blücherdenkmals fehle es am *Fond zur Beendigung* (vgl. RA 8 Nr. 1108). Über diesbezügliche Lösungswege; *Marschall Vorwärts* werde *daher noch ein Jahr zurück bleiben*; erwähnt: C. Rauch. G. erhalte *eine Darstellung des Felsen* (? lithographiert von J. D. Grüson nach A. Arrigoni), den man auf Fürst Blüchers Grab legen wolle. — Das Breslauer Theater werde am 1. Januar 1824 (an G. Bierey) verpachtet. — Über J. G. Rhodes neues Heft der »Beiträge zur Pflanzenkunde der Vorwelt« und die Blindenanstalt.

261   SCHUDEROFF, JOHANN GEORG JONATHAN   AN W. REHBEIN

1823 Juli 5   Marienbad   S: 28/103 Bl. 201–202   D: WA III 9, 363f.   B: —   A: —

S. teilt mit, was er im Johannesevangelium über die Lage und über die Heilwirkung des Teiches Siloah ermittelt habe.

262   GOETHE, AUGUST VON

1823 Juli 6   Weimar   S: 28/354 St. 44   D: GAug, Nr. 538   B: 1823 Juni 26 bis Juli 2 (37, Nr. 85)   A: 1823 Juli 11 (37, Nr. 93); an F. C. Fikentscher, 1823 Juli 13 (37, Nr. 94)   TB: 1823 Juli 9

Freude über G.s Brief, den A. von Goethe durch den zurückkehrenden Kutscher erhalten habe. — In Jena sei *alles in Gang gebracht*, der Bau des neuen Veterinärgebäudes habe am 30. Juni begonnen; erwähnt: L. Timler und J. C. Nürnberger. Nachrichten aus Jena; erwähnt: K. L. von Knebel *und alle jenaische Freunde* sowie E. Weller. — O. von Goethe mit Walter und U. von Pogwisch seien nach Eisenach, J. Schopenhauer nach Wiesbaden gereist; Wolfgang sei in Weimar geblieben. — Über H. Meyers Ankunft am 4. Juli; er befinde sich noch *sehr angegriffen* (vgl. RA 10, Nr. 239). A. von Goethe habe ihm G.s Brief übergeben (vgl. 1823 Juli 2, WA IV 37, Nr. 86). — Freude darüber, dass G. eine Glasfabrik gefunden habe; Hinweis auf die beiliegenden Zeichnungen und die Aufstellung für die erbetenen Gläser (für anatomische Präparate; vgl. auch Aktenvermerk der Oberaufsicht vom 13. Februar 1823, GSA 31/III,8 Bl. 8–9). — Empfehlung an J. S. Grüner und Grüße an W. Rehbein. — An Briefen und anderen Sendungen sei seit G.s Abreise, *es klingt beinahe fabelhaft, gar nichts angekommen*.
   Anlage auf gleichem Bogen: Aufstellung der verschiedenen Arten von Gläsern und der jeweils gewünschten Stückzahl von J. John.

263   BRAUN VON BRAUNTHAL, KARL JOHANN

1823 Juli vor 7   Marienbad   S: 28/103 Bl. 203–204   D: GÖ 2, 333f.   B: —   A: —

B. wiederholt seine im Brief an G. (RA 10, Nr. 131) vorgetragene Bitte, *auf der Bahn der schönen Literatur* durch G., *dem Vater teutscher Literatur*, geleitet zu werden, indem B. ihm *in jeder Gestalt dienen* wolle; erwähnt: seine verstorbenen Eltern. Seine Hofmeisterstelle in Wien (bei J. N. von Bartenstein) habe er vor einigen Tagen verlassen und sei über Eger nach Marienbad gelangt, um G. zu sprechen. Bitte, *einige Blicke in B.s Tagebuch zu machen* (vgl. G.s Tagebuchnotiz vom 7. Juli).

264   GRÜNER, JOSEPH SEBASTIAN

1823 Juli 7   Eger   S: 28/103 Bl. 205–206   D: Grüner und Zauper, 48f.   B: —   A: —

Grüner werde seine *persönliche Verehrung* wahrscheinlich nicht vor dem 11. Juli *bezeugen* können. Dann bringe er *vulcanische Mineralien* und auch *12 Krüge Selterswasser* für Großherzog Karl August mit; erwähnt: K. C. Hage und der Bote (? Haberer). — Grüner füge das von J. von Erben erhaltene *ämtliche Zeugniß [...] zur hohen Einsicht* bei, habe davon *aber keinen Gebrauch* gemacht. — Gute Wünsche für G. im *neuen guten Logis* (Gasthaus »Zur goldenen Traube«).

265   GRIMM, WILHELM KARL

1823 Juli 8   Kassel   S: 28/103 Bl. 223   D: GR 2, 224f.   B: —   A: —   TB?: 1823 August 18

Übersendung von L. Grimms »Radierten Blättern nach der Natur« (Ruppert 2451; vgl. H. Meyers Anzeige in: »Über Kunst und Altertum« IV 3). L. Grimm habe sich bemüht festzuhalten, was ihm *eigenthümlich und charakteristisch* schien, und wünsche, dass die italienischen Radierungen G. angenehme Erinnerungen gewähren. Bezugnahme auf G.s frühere wohlwollende Aufnahme *ähnlicher Zeichnungen* (vgl. G.s Tagebuchnotiz vom 5. September 1815). — Wünsche für G.s Gesundheit.

266   FIKENTSCHER, GEORG FRIEDRICH CHRISTIAN

1823 Juli 10   Redwitz bei Wunsiedel   S: 28/103 Bl. 207; in 26/LXXI,3,39   D: Zedinek, in: Siebenstern 1930, 100; LA II 2, 108   B: —   A: 1823 Juli 13 (37, Nr. 94); an W. K. Fikentscher und F., 1824 August 20 (38, Nr. 186)

Übersendung der versprochenen graphischen Darstellungen der Barometerveränderungen von Dezember 1822 bis Februar 1823, jedoch ohne die von G. gewünschten Beobachtungen über 2000 Fuß Höhe, da die Redwitzer Umgebung kaum darüber ansteige. F. wolle seine Beobachtungen unter Einhaltung der auf der von G. erhaltenen Tafel vorgegebenen Zeitintervalle fortführen (vgl. »Instruktionen für die Beobachter bei den großherzoglichen meteorologischen Anstalten«). — Die von G. für die Jenaer Museen bestellten Gläser würden besorgt (vgl. RA 10, Nr. 262). — Empfehlung seines Vaters, und Wunsch nach einem Besuch G.s in Redwitz.
  Anlagen: Barometerkurven von Redwitz aus dem Zeitraum von Dezember 1822 bis Februar 1823.

267   SCHNOOR, HEINRICH CHRISTIAN

1823 Juli 10   Berlin   S: 28/103 Bl. 270–271; 32/238   D: —   B: —   A: —   TB?: 1823 September 17

S. schildert ausführlich seine unglücklichen Lebensumstände seit der Vollendung seiner akademischen Laufbahn *in Jena und auf mehrern Universitäten Deutschlands*: S.s Etablierung in seiner Vaterstadt Lübeck, seine Reise nach Kopenhagen im Jahre 1806 vor Lübecks Besetzung durch die Franzosen, Tod von S.s Ehefrau und seines in Diensten des Herzogs Peter von Oldenburg stehenden Bruders, S.s wechselvolles Geschick in Kopenhagen, seine Rückkehr nach Lübeck und Umzug nach Berlin, wo er *in einem Alter nahe an siebenzig Jahren [...] unter Nahrungssorgen* sein Leben friste; erwähnt: König Friedrich VI. von Dänemark. Vor Jahren habe S. von F. H. Himmel, F. F. Hurka, F. L. Ä. Kunzen und anderen Musik erlernt und sich im Dichten versucht. Einige Lieder, etwa *Hoch vom Olymp ward uns die Freude [,] Brüder, lagert euch im Kreise und etliche mehr*, die er auch vertont habe, seien begeistert aufgenommen worden. — Für Großherzogin Luise lege S. in der Hoffnung, einige Arbeiten senden zu dürfen, eines seiner Lieder bei. K. W. von Fritsch sei, wie ihn dessen *freundschaftliche Antwort* überzeugt habe, außerstande, ihm zu helfen. S. bitte, G. einige seiner Arbeiten mitteilen zu dürfen. Er sei überzeugt, dass G., den er *als einen LieblingsDichter aller gebildeten Deutschen* verehre, ihm beistehen werde; erwähnt: G.s Schriften. — Angabe seiner Adresse bei *Wittwe Wittig*.

? Anlage: S.s Dichtung und Vertonung »Die Vergangenheit«.

268   SCHWERDGEBURTH, KARL AUGUST

1823 Juli 10   Weimar   S: 28/103 Bl. 210–211   D: —   B: —   A: —

S. übersendet das soeben fertig gewordene Porträt K. M. von Webers, das er Erbgroßherzogin Maria Pawlowna zugeeignet habe. Für Großherzog Karl August habe S. ebenfalls einen Abdruck *auf die geheime Canzley zur schnellen Beförderung nach Marienbad gegeben*. Ebenso habe er es mit *allen fürstl. Personen* gehalten. — S. sei in *banger Erwartung wegen der Aufnahme in Publikum*.

269   GOETHE, AUGUST VON

1823 Juli 14   Weimar   S: 28/354 St. 45   D: GAug, Nr. 541   B: 1823 Juli 11 (37, Nr. 93)
A: 1823 Juli 25 (37, Nr. 99)

Freude über G.s Brief und sein Wohlbefinden. — Mitteilung der in Weimar für G. eingegangenen Sendungen: 1) Mineralien von K. C. von Leonhard, ohne Brief (vgl. RA 10, Nr. 181 und RA 10, Nr. 230); 2) Druckbogen eines mineralogischen Werkes von Leonhard (»Charakteristik der Felsarten«, vgl. Ruppert 4799), ohne Brief (vgl. RA 10, Nr. 287); 3) Brief von M. von Freyberg (RA 10, Nr. 234) mit seinen »Tagebüchern aus Venedig« (4. Heft der »Tagebücher aus Italien«, vgl. Ruppert 4051); 4) Brief von J. F. von Cotta (RA 10, Nr. 255); dieser habe J. P. Eckermanns Manuskript (»Beiträge zur Poesie mit besonderer Hinweisung auf Goethe«) an F. Frommann zum Druck gegeben und eine *Inlage* an Eckermann bezüglich des zu bestimmenden Honorars beigelegt; 5) Brief von K. F. Zelter, der hier beiliege. — Von *unseren Herrschaften* in Wilhelmsthal höre man nur Gutes; erwähnt: Großherzogin Luise und Erbgroßherzog Karl Friedrich. — Nachrichten aus Weimar; dabei erwähnt: F. A. von Fritsch, O. von Goethe sowie Wolfgang. — Freude darüber, dass J. Johns Anwesenheit G. dienlich sei. — Die Jenaer Angelegenheiten stünden gut, der Bau (des neuen Veterinärgebäudes) gehe voran und *die Sachen von Dr Thielemann* (richtig: L. Thienemann, Ankauf von Objekten aus dessen Sammlung für das Zoologische Kabinett) seien angekommen; erwähnt: Großherzog Karl August. — Klage über die in Weimar herrschende Eintönigkeit. A. von Goethe fühle deutlich, dass er auch wieder einmal eine Reise unternehmen müsse, um unter Menschen zu kommen; *man wird sonst gar zu Stumm und verdüstert sich in eigenen Ideen u. vielleicht Grillen*.

Beilage: RA 10, Nr. 257.

270 KNEBEL, KARL LUDWIG VON

1823 Juli 17   Jena   S: 28/519 Bl. 604–605   D: GK, Nr. 609 (T)   B: 1823 Juni 22 (37, Nr. 72); 1823 Juni 25 (37, Nr. 77); 1823 Juli 11 (37, Nr. 92)   A: —

Freude über den *guten Erfolg* von G.s Kuraufenthalt (in Marienbad); erwähnt: A. Bran. — In Wilhelmsthal sei alles *gut: Der lezte Rest der Weimarischen Innwohner ist dahin emigrirt*; erwähnt: F. von Müller. — Über einen Brief von K.s Sohn Karl aus Paris (vom 24. Juni, GSA 54/in 199,8), der jetzt in der Schweiz sei und dem der Herzog von Leuchtenberg *viel Gunst* bezeugt habe. — Seine Übersetzung der ersten Szene von Lord Byrons »Werner« werde K. an O. von Goethe schicken, damit sie und ihre Freundinnen (? u. a. A. Schopenhauer) an der Übersetzung mitwirken könnten. Byrons Idee zu »Heaven and Earth« im »New Monthly Magazine« (1823, Nr. 28) wolle K. *nicht so beigehn*. — Lob für G.s »Phaethon, Tragödie des Euripides« und »Julius Cäsars Triumphzug, gemalt von Mantegna« in »Über Kunst und Altertum« IV 2. — E. Weller gehe es *wieder ganz gut* (vgl. RA 10, Nr. 246); der *Prinz* werde *eine gute Aequisition an ihm machen*. — K. W. Göttling sei *recht beschämt* über G.s Geldzuwendung. Er möchte G. *seinen Aristoteles dediciren* (»Aristotelis Politicorum«; vgl. Ruppert 1248). — K. fügt eine *Probe* eines jungen Dichters (A. Bube »Der gefesselte Prometheus«) bei, der *seinen Stoff mehrenteils aus der alten Mythologie nimmt*. — Empfehlung von K.s Familie. Ferner erwähnt: A. von Goethe und C. von Stein.

271 MÜLLER, FRIEDRICH THEODOR ADAM HEINRICH VON

1823 Juli 18   Weimar   S: 28/633a,2 St. 40   D: —   B: —   A: —   TB: 1823 Juli 21 (E)

Freude über die glückliche Ankunft und das Wohlbefinden G.s in Marienbad. — Der Überbringer dieses Briefes, A. W. Rehberg, und seine Frau, *geb. Brandes u. Blumenbachs Schwägerin* (richtig: M. Rehberg, geb. Höpfner) seien einige Tage in Weimar zu Gast gewesen. Letztere wolle der Weimarer Bibliothek *ein Bild* von W. Herschel schenken (? nach einem Entwurf von F. Rehberg); erwähnt: A. und O. von Goethe sowie Großherzog Karl August. — Gräfin K. Egloffstein lasse sich *aufs wärmste* empfehlen. Sie habe in Nassau H. C. von Gagern und K. vom und zum Stein viel von G. erzählen müssen. — H. Meyer gehe es (nach seiner Erkrankung) immer besser. Er gedenke, bald nach Karlsbad zu reisen. F. W. Riemer sei *wohl, frisch u. Sonnettenreich*.

272 VULPIUS, CHRISTIAN AUGUST

1823 Juli 18   Weimar   S: 28/103 Bl. 215   D: Vulpius, Nr. 658   B: —   A: —   TB: 1823 Juli 21 (E)

Mitteilung durch den Überbringer, A. W. Rehberg, dass sich in G.s Haus und auf der Weimarer Bibliothek *alles wohlbefindet*. — Morgen erwarte man Erbgroßherzog Karl Friedrich und dann wolle V. seiner Gesundheit wegen *die kleine Reise* (nach Berka) antreten. — Beim Ordnen des Münzkabinetts habe V. die Ernestinische Linie bis zu den ersten Stammbäumen der thüringischen Landgrafen verfolgt (vgl. Oberaufsicht an

V., 1823 Oktober 20, WA IV 37, 385). — Gute Wünsche für G.s Badereise (vom 26. Juni bis 17. September nach Marienbad, Karlsbad und Eger).

273   SCHELVER, FRANZ JOSEPH

1823 Juli 19   Heidelberg   S: 28/1033 Bl. 97–98   D: NC, Nr. 302   B: —   A: —   TB: 1823 September 19 (E); 1823 Juli (BVL)

Übersendung der zweiten Fortsetzung seiner »Kritik der Lehre von den Geschlechtern der Pflanze« (Ruppert 5052). *So gerne hätte ich in dem Abschnitte welcher die jüngste Geschichte der Sache enthält auch den Antheil ausgesprochen, welchen Sie darin öffentlich genommen haben [...]* (vgl. G. »Verstäubung, Verdunstung, Vertropfung«, in: »Zur Morphologie« I 3). — *In dem zweiten Theile* seiner »Lebens- und Formgeschichte der Pflanzenwelt« (vgl. Ruppert 5053) hoffe er *einen erfreulichern Inhalt übersenden zu können.* — Anteilnahme an G.s Erkrankung.

274   SCHULTZ, CHRISTOPH LUDWIG FRIEDRICH

1823 Juli 19   Berlin   S: —   D: GSchu, Nr. 90   B: 1823 Juni 25 (37, Nr. 76); 1823 Juli 8 (37, Nr. 90)   A: 1823 August 19 (37, Nr. 115); 1824 Januar 9 (38, Nr. 10)   TB: 1823 Juli 29 (E)
V: Druck

Empfehlung für W. Hensel, den Überbringer des Briefes. Der junge Künstler habe mit seinen Porträts in Berlin viel Aufmerksamkeit erfahren und wünsche, auch G.s Bildnis zu zeichnen. — Über die mit K. H. Schultz unternommenen mikroskopischen Beobachtungen über die von ihm entdeckten Bewegungen des Pflanzensaftes (vgl. »Die Natur der lebendigen Pflanze«). — Die langwierige Erkrankung seines ältesten Sohnes (Bernhard) erlaube es S. derzeit nicht, Berlin zu verlassen. — Sollte das Heft »Zur Naturwissenschaft überhaupt« (II 1) mit S.s Aufsatz »Über physiologe Farbenerscheinungen« noch nicht abgeschlossen sein, könne es S. mit einem den Medizinern dienenden Nachtrag versehen. Man befände sich *hiebei ganz deutlich auf der Gränze des animalen und des psychischen Lebens*; G.s »Farbenlehre« könnte von dieser Seite *keinen größeren Triumph* haben. — Durch die Lektüre der »Mémoires historiques de Stéphanie-Louise de Bourbon-Conti« habe S. das Verfahren G.s in der *Eugenie* (»Die natürliche Tochter«) verstehen gelernt. Überschwänglicher Dank für »Über Kunst und Altertum« IV 2. Da G. in diesem Heft über »Die tragischen Tetralogien der Griechen« (Rezension von G. Hermanns »De compositione tetralogiarum tragicarum«) *so schätzbare Worte* gesagt habe, wünsche S. etwas über G.s Absicht mit der »Natürlichen Tochter« zu erfahren, denn dieser Fall sei trotz seiner Verwandtschaft zu Schillers Verfahren (im »Wallenstein«) anders. — Leider seien H. Meyers »Geschichte der bildenden Künste bei den Griechen« sowie fortsetzende Lieferungen der Rezension über G.s naturwissenschaftliche Hefte (Bd. 1, von C. G. Nees, A. Goldfuß und J. Noeggerath, in: JALZ 1823, Nr. 101–108) *wie das Röhrwasser ausgeblieben* (Zitat nach »Faust« II, Vers 4833).

275 ZELTER, KARL FRIEDRICH

1823 Juli 19   Berlin   S: 28/1018 St. 228   D: MA 20, Nr. 412   B: —   A: 1823 August 24 (37, Nr. 120); an J. S. Grüner, 1823 August 13 (37, Nr. 107)   TB: 1823 Juli 29 (E)

Z. nutze die Gelegenheit zur Übermittlung eines Lebenszeichens durch den Maler W. Hensel, der auf dem Weg nach Italien G. treffen wolle; erwähnt: P. A. Wolff. — Z. habe bei seinem letzten Aufenthalt in Eger K. Huß einen *Jetton der Berliner* Akademie der Wissenschaften für dessen Sammlung versprochen, bei seiner Rückkehr in Berlin aber erfahren müssen, dass diese nicht mehr ausgegeben werden. Nun habe *ein alter Münzwardein Z. anfolgende Beyde* verkauft, die er Hensel für G. mitgebe, damit G. sie an Huß weiterleite. — Trotz der Abwesenheit von D. Zelter sei Z.s Haus von Kindern und Kindeskindern belebt.

276 ECKERMANN, JOHANN PETER

1823 Juli 21   Jena   S: 28/286 St. 1   D: Eckermann Houben, 139 (T)   B: —   A: 1823 August 14 (37, Nr. 109)   TB: 1823 August 2

E. übersendet als *Frucht* seiner *bisherigen Beschäftigung in anliegenden Blättern* ein detailliertes Inhaltsverzeichnis der ersten elf Hefte von »Über Kunst und Altertum« (I 1-IV 2). Erläuterung seiner Vorgehensweise und der Vorteile, die das neue Register mit sich bringe; erwähnt: J. van Eyck. Nun liege der *Wunsch sehr nahe, einst auch alles so beyeinander gedruckt zu sehen* (in: Heft IV 3). Als nächstes wolle sich E. mit den *Frankfurter Recensionen* beschäftigen (vgl. »Über Goethes Rezensionen für die Frankfurter gelehrten Anzeigen von 1772 und 1773«, in: Heft V 3). — J. F. von Cottas Brief (an G., RA 10, Nr. 255, mit der Zusage, die »Beiträge zur Poesie« zu drucken) habe E. erhalten, das Manuskript sei bereits bei F. Frommann. E. habe für das Werk 300 Taler gefordert, was Cotta nicht schmerzen dürfte. — *Im Knebelschen und Frommannschen Hause bin ich gut aufgenommen.* — In Jena sei es E. *ein wenig enge* und er wünsche, *immer über die Berge hinweg* zu reisen. — Hoffnung auf Nachrichten von G. aus Marienbad.
   Beilage zu: RA 10, Nr. 279.

277 BYRON, GEORGE GORDON

1823 Juli 22   Livorno   S: 28/232 St. 5   D: Mommsen 6, 639   B: 1823 Juni 22 (»An Lord Byron«, WA I 4, 18)   A: —   TB: 1823 August 11   V: in englischer Sprache

B. könne nicht in gleicher Weise für G.s Verse, die ihm C. Sterling gesandt habe (vgl. Mommsen 6, 638), danken, da es ihm schlecht bekommen würde, wenn er mit dem seit 50 Jahren unbestrittenen Souverän der europäischen Literatur Verse wechseln wollte. — G. müsse B.s Dank in eilig verfasster Prosa annehmen, da ihm vor seiner erneuten Abreise nach Griechenland kaum ein Augenblick für den Ausdruck der Dankbarkeit und Bewunderung bleibe. — Einzelheiten zu B.s nochmaliger Rückkehr nach Livorno, wo er G.s Gedicht und Sterlings Brief erhalten habe. Er habe kein günstigeres Omen

und keine angenehmere Überraschung empfangen können als ein Wort G.s von eigener Hand. — B. wolle in Griechenland sehen, ob er zu irgendetwas nützlich sein könnte. Wenn er zurückkehre, wolle er in Weimar G. seine Verehrung darbringen.
Beilage zu: RA 10, Nr. 303.

278   GOETHE, AUGUST VON

1823 Juli 22   Weimar   S: 28/103 Bl. 219   D: GAug, Nr. 542   B: 1823 Juli 8 (37, Nr. 89); 1823 Juli 11 (37, Nr. 93)   A: —

Übersendung der eingegangenen Briefe von C. G. Nees, F. von Stein und W. Grimm ohne deren Anlagen. — Über O. von Goethes Rückkehr aus Eisenach; erwähnt: Walter und Großherzogin Luise. Erbgroßherzog Karl Friedrich sei nach Eger abgereist. — H. Meyer sehe noch *garnicht gut aus*, wolle aber trotzdem nach Karlsbad reisen. — Freude über die Zusendung von (Auszügen aus) G.s Tagebuch und über *das kleine Kupfer von Marienbad*, an dem man ersehe, wo G. wohne (Gasthaus »Zur goldenen Traube«). — In Jena stünden die Angelegenheiten gut (u. a. Bau des neuen Veterinärgebäudes). — Grüße an W. Rehbein.
Beilagen: RA 10, Nr. 259, RA 10, Nr. 260 und RA 10, Nr. 265.

279   GOETHE, AUGUST VON

1823 Juli 23   Weimar   S: 28/103 Bl. 232   D: GAug, Nr. 543   B: —   A: 1823 August 6 (37, Nr. 103)   TB: 1823 August 2

G. erhalte *beikommendes* von J. P. Eckermann mit der fahrenden Post (Inhaltsverzeichnis von elf Heften »Über Kunst und Altertum« I 1–IV 2).
Beilage: RA 10, Nr. 276.

280   GRÜNER, JOSEPH SEBASTIAN

1823 Juli 23   Eger   S: 28/103 Bl. 217   D: Grüner und Zauper, 49f.   B: 1823 Juli 22 (37, Nr. 95)   A: 1823 Juli 23 (37, Nr. 96); 1823 Juli 28 (37, Nr. 100)

Freude über die *Ausbeute vom Wolfsberge*. Leider sei Grüner verhindert, sich persönlich zu bedanken.

281   HAXTHAUSEN, WERNER MORITZ MARIA VON

1823 Juli 23   Köln   S: 28/391 St. 1   D: Neugriechische Volkslieder, 24–33   B: —   A: 1823 August 23 (37, Nr. 119)

Er schreibe, nachdem G. *damals* (1815 in Wiesbaden; vgl. G.s Tagebuchnotizen vom 3. bis 7. Juli 1815) H.s Unternehmen, neugriechische Volkslieder mit Übersetzung herauszugeben, gebilligt, seine Unterstützung durch Einführung H.s in den Kreis seiner *Freunde und Verehrer* zugesagt und die Angelegenheit wieder im neuesten Heft von »Über Kunst und Altertum« (IV 1; vgl. G. »Volksgesänge abermals empfohlen«) in Erinnerung gebracht habe. Die Gründe für die bisherige Verzögerung seien die *unendlichen* Amtsgeschäfte und der Mangel an literarischen Hilfsmitteln; dabei erwähnt: die Werke von F. C. H. L. Pouqueville (»Voyage en Morée« und »Voyage dans la Grèce«), J. C. Hobhouse (»Imitations and Translations from the Ancient and modern Classics« und »A Journey through Albania«), W. Eton (»Schilderung des türkischen Reiches«), P. A. Guys (»Voyage Litteraire de la Grèce«), R. Chandler (»Travels in Asia Minor«), W. M. Leake (»Researches in Greece« und »The Topography of Athens«), H. E. Thunmann (»Untersuchungen über die Geschichte der östlichen europäischen Völker«) und die Wörterbücher von K. Weigel (»Teutsch-Neugriechisches Wörterbuch«) und G. Bentotes (»Lexicon Graecum, Gallicum et Italicum«). — Über die Schwierigkeiten der Erfassung der echten neugriechischen Volkspoesie; vielfach würden in den gedruckten Werken der Neugriechen nur moderne Kunstprodukte geboten und die eigene gelehrte Bildung stehe dem Verständnis der *Eigenthümlichkeiten eines fremden Volkes* im Wege. J. L. Bartholdys Ballade »Mavrogeni« sei *offenbar ächt, und volksmäßig*, wenn auch teilweise modernisiert; das Original habe er vom Verfasser nicht erhalten können. Die eigene Sammlung habe H. *den Griechen abgelauscht, und selbst aufgeschrieben oder von griechischen Freunden aus Macedonien und denen Inseln erhalten*; erwähnt: der Kriegsgesang von R. Velestinlis (»Thourios Hymnos«). — Ausführliche Erörterungen über den teilweise durch die jeweilige Landschaft bedingten Charakter der Volksmelodien in Tirol, der Schweiz und vielen anderen deutschen und europäischen Ländern; über das Wandern von Liedern. Einige *hundert Lieder allerlei Völker, welche künftig einmal erscheinen möchten*, habe H., wenn auch meist nur bruchstückhaft gesammelt, als er während der Kriege gegen Napoleon durch den größten Teil Europas gekommen sei; dabei sei er bemüht gewesen, die Melodien festzuhalten; erwähnt: Caesar, F. Sonnenberg, das Lied *drei Sterne die stehen am Himmel* in Herders Sammlung (»Volkslieder«, Teil 1, u. d. T. »Das Lied vom eifersüchtigen Knaben«), in K. Brentanos (und A. von Arnims) Sammlung (»Des Knaben Wunderhorn«, Bd. 1, u. d. T. »Der eifersüchtige Knabe«) sowie in F. H. von der Hagens (und J. G. Büschings) »Sammlung deutscher Volkslieder« (u. d. T. »Klage eines Liebhabers«). H.s Hoffnung, nach Kriegsende in den diplomatischen Dienst treten und im Ausland weiter sammeln zu können, habe sich leider nicht erfüllt; erwähnt: Fürst K. A. Hardenberg. — Den neugriechischen Liedern werde H. einige Melodien beifügen. Die Übersetzungen und die Umsetzung in Noten seien jedoch unvollkommen; Erläuterungen dazu mit Zitat in griechischer Sprache aus Athenaios' »Deipnosophistae«. — G. möge ihm die *epirotischen Lieder* (vgl. G.s deutsche Übersetzung, in: »Über Kunst und Altertum« IV 1) und alles, was er sonst an neugriechischen Liedern besitze, zukommen lassen, damit sie H. zusammen mit seinen Liedern mit Übersetzung herausgeben könne. *Die schönste Zugabe* werde für ihn aber die von G. versprochene Einleitung mit Darlegung seiner Ideen über den Charakter der Volkslieder sein. H. habe deshalb das Angebot abgelehnt, seine gesammelten Lieder B. G. Niebuhr in Rom zur Veröffentlichung zu überlassen; erwähnt: K. vom Stein zum Altenstein. J. F. von Cotta habe sich nach S. Boisserées Vermittlung bereit erklärt, das Werk unter der Bedingung zu verlegen, dass sich H. beeile und *der Verdeutschung einer französischen Uebersetzung* von C. Fauriel zuvorkomme (»Neugriechische Volkslieder«, hrsg. von W. Müller, vgl. Ruppert 1760). — Frage nach der richtigen Übersetzung von drei griechischen Wörtern.

282   SORET, FRÉDÉRIC JACOB

1823 Juli 23   Wilhelmsthal   S: 28/869 St. 2   D: Soret Houben, 70f. (T)   B: 1823 Juni 8 (37, Nr. 54); 1823 Juni 25 (37, Nr. 79)   A: —   V: in französischer Sprache

S. werde erst im August in Genf sein und dort G.s Aufträge erfüllen. M. A. Pictet stelle seine barometrischen Beobachtungen sicher gern zur Verfügung. — In Wilhelmsthal habe S. seine optischen Untersuchungen über Glimmerplättchen beendet. — Comte J. L. Bournon habe 80 der 150 Kristalle im Kabinett König Ludwig XVIII. von Frankreich beschrieben. Er biete S. seine Beobachtungen an, falls der Diamantenkatalog für Großherzog Karl August (vgl. RA 10, Nr. 44) die Grundlage eines *mémoire publié* würde. Derselbe sende auch seine Denkschrift über Mineralien von den Küsten Ceylons und Koromandels (»Observations sur quelques-uns des minéraux«). — Grüße von Erbgroßherzogin Maria Pawlowna und Gräfin K. Egloffstein. Die Gesundheit der Großherzogin Luise habe sich gebessert. — H. Meyer habe der Erbgroßherzogin geschrieben, dass er noch schwach sei nach seiner Krankheit (vgl. RA 10, Nr. 239) und sich auf eine Reise nach Karlsbad vorbereite; erwähnt: Meyers Ärzte (J. G. Dorl und W. E. C. Huschke).

283   O'DONELL VON TYRCONELL, JOSEPHINE GRÄFIN

1823 Juli vor 24   Wien   S: 28/669 St. 10 und 28/103 Bl. 216   D: GÖ 1, 107–109   B: 1823 Juni 30 (37, Nr. 83)   A: —   TB: 1823 Juli 24

Dank für die übersandten »Radierten Blätter nach Handzeichnungen von Goethe« (hrsg. von K. A. Schwerdgeburth, gestochen von K. Holdermann und K. Lieber). Die den Zeichnungen beigefügten Verse G.s (»Einsamste Wildnis«, »Hausgarten«, »Freie Welt«, »Geheimster Wohnsitz«, »Bequemes Wandern« und »Gehinderter Verkehr«) verdoppelten *den Werth des Gantzen*. O. sei *stolz* auf all jene *Gegenstände*, die sie von G. besitze (vgl. RA 6, Nr. 465 und RA 6, Nr. 481). — Ihr Sohn Heinrich wahre *eine gantz eigene Achtung und Bewunderung* für G. — Hoffnung auf *beßeres Wetter* und gute Erholung G.s in Böhmen. Zur Kritik an den Ärzten *in diesem Jahrhundert*; O. achte *die Weimaerer Facultät* (u. a. W. E. C. Huschke und W. Rehbein), die *so viel theueren und in großer Gefahr schwebende Leben erhalten* habe (u. a. G. und Großherzogin Luise). — O. adressiere den Brief nach Marienbad.

284   ZAUPER, JOSEPH STANISLAUS

1823 Juli 25   Pilsen   S: 28/1011 St. 11; in 28/1011   D: Grüner und Zauper, 181f.; 182–190   B: —   A: 1823 August 6 (37, Nr. 104); 1823 September 10 (37, Nr. 131)   TB: 1823 Juli 27; 1823 August 3 (E)

Aufgemuntert durch die gemeinsamen Gespräche (vgl. G.s Tagebuchnotizen vom 19. und 20. Juli) übersende Z. *etwas von* seiner *Version* (prosaische Übertragung ? und Versübersetzung von Homers »Ilias«; angeregt durch G.s Auszüge in »Über Kunst und Altertum« III 2 und 3) mit der Bitte um G.s Urteil (vgl. Anzeige »Ilias, in Prosa übersetzt von Zauper, Odyssee ... von Hedwig Hülle«, in: Heft V 3). — Weiter erhalte G. etwas aus Z.s *Tagebuche*. — Bitte um »Über Kunst und Altertum« IV 1 sowie »Zur Naturwissenschaft« II 1. Über Z.s *Genuß an dem mitgegebenen 2ten Heft* (? »Zur Naturwissenschaft« I 2). — Gute Wünsche für G.s Wohlergehen.

Anlage: Z. »Fortsetzung der Studien aus Goethe«; Manuskript.

285 ECKL, KLEMENS

1823 Juli 26   Tepl   S: 28/103 Bl. 218   D: LA II 2, 434 (T)   B: 1823 Juli 10 (37, Nr. 91)   A: 1823 Juli 31 (vgl. WA III 9, 85)   TB: 1823 Juli 27 (E)

E. habe gehofft, *Beiliegendes* (meteorologische Beobachtungen von Tepl) persönlich übergeben zu können. Dank für das *Überschickte* (L. Schröns Tafel »Vergleichende graphische Darstellung der Barometerstände verschiedener Orte im Monat Dezember 1822«, in: »Zur Naturwissenschaft überhaupt II 1«) und Wünsche für ein *langes allseitiges Wohlbefinden*.

286 LÄMEL & SOHN

1823 Juli 26   Prag   S: 28/103 Bl. 222.224   D: —   B: —   A: —

L. seien von A. W. Rehberg mit der *Beförderung der Einlage* (Bild für die Bibliothek von W. Herschel, ? nach einem Entwurf von F. Rehberg; vgl. RA 10, Nr. 271) an G. beauftragt worden. — G. *so nahe zu wißen*, lasse L. hoffen, ihn bei sich in Prag zu sehen.

287 LEONHARD, KARL CÄSAR VON

1823 Juli 26   Heidelberg   S: 28/1033 Bl. 99   D: NC, Nr. 153   B: —   A: —

L. übersende *die lezten Bogen der 1. Abtheilung* seiner »Charakteristik der Felsarten« (Ruppert 4799). Der 1. Bogen der 2. Abteilung sei im Druck und werde G. *ehester Tage* zugehen. — Erinnerung an G.s Versprechen, den ersten Band in »Über Kunst und Altertum« anzukündigen.

288 BRIÈRE, JEAN LOUIS JOSEPH

1823 Juli 27   Paris   S: 25/W 3575 Bl. 2–3   D: WA I 45, 235–238   B: —   A: 1823 Oktober 15 (37, Nr. 150)   TB?: 1823 September 20 (E)   V: in französischer Sprache

B. bitte G. um ein Urteil in einer literarischen Kontroverse, von dem er sich einen Sieg über jene erhoffe, die ihn öffentlich als Betrüger bezeichnet hätten. Schilderung der Tatsachen: In die von B. herausgegebenen »Œuvres« Diderots habe er auch »Le Neveu de Rameau« aufgenommen. Lob für G.s deutsche Übersetzung, aus der man die französische Fassung wieder originalgetreu herstellen könne; erwähnt: K. Pfeffels Sohn (? Gottlieb Konrad August). B. habe Diderots Werk jedoch nicht nach G.s Übertragung, sondern nach einer Abschrift aus dem Besitz von Diderots einziger Tochter M. A. de Vandeul herausgegeben, die 1760 (? richtig: 1780) von einem Sekretär Diderots (? R. Girbal) unter den Augen des Verfassers gefertigt worden sei; Angabe von Vandeuls Adresse in Paris. 1821 habe H. J. Saur (mit L. Varanchan de Saint-Geniès) eine entstellte Rückübersetzung ins Französische von G.s deutschsprachiger Fassung mit vielen Erweiterungen veröffentlicht und behaupte nun, dass auch B.s Ausgabe auf G.s Übersetzung beruhe. Da die originale Handschrift Diderots verschollen sei und B. nur auf die Abschrift verweisen könne, beschuldige Saur ihn und Diderots Familie des Betrugs; erwähnt: Herzog Ernst II. von Sachsen-Gotha und Prinz Heinrich von Preußen. Nur G. habe die Möglichkeit, den Schwindler zu entlarven; Frankreich erwarte seinen Urteilsspruch (vgl. G.s Mitteilung in: »Über Kunst und Altertum« IV 3 und WA I 45, 221–244). B. übersende ein Exemplar seiner Edition (Ruppert 1577), weiter ein *journal* (»Le Sphinx« vom 27. Juni 1823 oder »Courrier des Spectacles« vom 13. Juni 1823, mit Beiträgen von Saur und Varanchan de Saint-Geniès), aus dem G. ersehe, wie schlecht Diderot von diesen Herren behandelt werde, und schließlich übersende er eine Ausgabe der Übersetzung von Saur und Varanchan de Saint-Geniès mit B.s Anmerkungen und Korrekturen (vgl. Ruppert 1578). — Angabe seiner Adresse.

289   GRÜNER, JOSEPH SEBASTIAN

1823 Juli 28   Eger   S: 28/103 Bl. 225–226   D: Grüner und Zauper, 52   B: 1823 Juli 23 (37, Nr. 96); 1823 Juli 28 (37, Nr. 100)   A: 1823 Juli 29 (37, Nr. 101)

Freude über G.s Wohlbefinden; erwähnt: Grüners Familie. — W. Stadelmanns Exkursion auf den Wolfsberg sei sehr interessant. Dank für die *neuerlich mitgetheilten belehrenden Stücke* und Übersendung eines *Schächtelchen mit einigen Albenreithern [...] zur Vergleichung mit den Wolfsbergern.* — Bitte um Mitteilung von G.s Abreisetag, damit Grüner seinen *Kutscher Simon* absenden könne.

290   DÖBEREINER, JOHANN WOLFGANG

1823 Juli 29   Jena   S: 28/1033 Bl. 74–75   D: LA II 1B, 955f.   B: —   A: —

Bericht über eine Entdeckung, *welche vom physikalischen u elektrochemischen Gesichtspunkte aus betrachtet im hohen Grade wichtig erscheint*: D. habe festgestellt, dass *das rein metallische staubförmige Platin die höchst merkwürdige Eigenschaft hat, das Wasserstoffgas durch bloße Berührung und ohne alle Mitwirkung äußerer Potenzen zu bestimmen, daß es sich mit Sauerstoffgas zu Wasser verbindet.* D. halte dies für *das Resultat eines höchst gesteigerten positivelektrischen Zustandes* des Wasserstoffgases und sehe darin *eine neue elektrische Kette, bestehend aus einer elastisch-flüssigen u einer starren Substanz* (vgl. G.s Tagebuchnotiz vom 16. September und D. »Neu entdeckte merkwürdige Eigenschaften des Platinsuboxyds«, in: »Journal für Chemie und Physik« 1823, Bd. 38).

291   EGER, ZOLLAMT (UNTERZEICHNER: FRANZ WODICZKA)

1823 Juli 29   Eger   S: 28/103 Bl. 233   D: —   B: —   A: —

Zollbescheinigung für *1 Päckl Schriften*, adressiert an G. in Marienbad (? von A. von Goethe; vgl. RA 10, Nr. 279).

292   SEELIGER, CHRISTIAN EHRENFRIED AN F. VON STEIN

1823 Juli 30   Prieborn   S: 28/103 Bl. 278–279   D: LA II 8B/1, 376 (T)   B: —   A: —

Übersendung mehrerer *Mandelsteine* vom Gleisberg und Beschreibung der Erdschichten des Fundortes.
　Beilage zu: RA 10, Nr. 319.

293   GOETHE, AUGUST VON

1823 Juli 31   Weimar   S: 28/103 Bl. 234–235   D: GAug, Nr. 545   B: —   A: 1823 August 6 (37, Nr. 103)

A. von Goethe könne nichts Neues von Weimar melden, *da gar nichts passirt*. Die einzige Gesellschaft bilde C. Sterling, den A. von Goethe *sehr lieb gewonnen habe*. — In Jena stünden die Angelegenheiten gut (u. a. Bau des neuen Veterinärgebäudes). — Vom 1. bis 3. August werde A. von Goethe mit K. W. Coudray zur Baurevision nach Ilmenau reisen. — Weitere Mitteilungen; dabei erwähnt: die angekündigte Rückkehr der *Fürstlichkeiten* aus Wilhelmsthal (u. a. Großherzogin Luise und Erbgroßherzogin Maria Pawlowna), O. von Goethe, Walter und Wolfgang, U. von Pogwisch sowie der Schreiber (J. John), der mit G. nach Marienbad gereist sei.

294   GRÜNER, JOSEPH SEBASTIAN

1823 Juli 31   Eger   S: 28/103 Bl. 228–229   D: Grüner und Zauper, 53f.   B: 1823 Juli 29 (37, Nr. 101)   A: 1823 August 13 (37, Nr. 107)

Der Bote *Haberer* überbringe den gewünschten Wein vom *Sonnenwirthe* (F. Blechschmidt) und Schokolade; Angaben zum Preis. — Grüner wünsche, G. möge *die Localität des Wolfsberg in Augenschein* nehmen. Nach G.s *Muthmassungen* über die *großen Feuer oder Wasser evolutionen* und die dortigen Mineralienvorkommen dürfte *doch so manches Zufällige sich mit beigemischt haben* (vgl. G. »Der Wolfsberg«, in: »Zur Naturwissenschaft überhaupt« II 2). — Grüner erwarte G.s Auftrag zur Abreise seines Kutschers (Simon).

295   MEYER, JOHANN HEINRICH

1823 Juli 31 bis August 1   Karlsbad   S: 28/620 St. 76g   D: GM, Nr. 644   B: 1823 Juli 2 (37, Nr. 86)   A: 1823 August 13 (37, Nr. 106)

Die Kur in Karlsbad schlage so gut an, dass M. eigenhändig auf den durch A. von Goethe überbrachten Brief G.s aus Eger antworten könne. — Über seine zurückliegende schwere Erkrankung und die ihm zuteil gewordene Unterstützung durch F. Soret, J. H. K. Lauhn und W. E. C. Huschke, der die Reise nach Karlsbad angeregt habe. Sollte seine Genesung weiter voranschreiten, werde er Karlsbad gegen Ende des Monats verlassen, wenn auch das Wetter schlechter werde. Über die von M. wahrgenommenen Veränderungen in Karlsbad während seiner elfjährigen Abwesenheit; erwähnt: ein *Kunsthändler aus Mantua* (J. L. Palazzi), den M. und G. in Weimar kennengelernt hätten, und der Kunsthändler F. Zimmer aus Prag, die beide zu hohe Preise verlangten.

296   SCHRÖDER, EMILIE

1823 August 3   Weimar   S: 28/103 Bl. 273–274   D: —   B: —   A: —   TB: 1823 Juli (BVL)

S. überreiche ein *Paquet* für G., das ein *alter lieber Freund* (K. von Voght; vgl. RA 10, Nr. 225) ihr übergeben habe. Sie bedaure, dass sie, ihr Vater und ihre Schwester (K. A. und A. Schroedter) G. weder in Karlsbad noch in Weimar gesehen hätten.

297   STERNBERG, KASPAR MARIA GRAF VON

1823 August 4   Swetla   S: 28/1033 Bl. 76–77   D: GSt, Nr. 18   B: 1823 Juni 20 (37, Nr. 69)   A: 1823 September 10 (37, Nr. 132)

S. fühle sich *geschmeichelt* durch G.s Bitte um einen Beitrag für »Zur Morphologie«. — Die *Pflanzenabdrüke bei Falkenau* gehörten wohl *zu der fortschreitenden tertiairen Bildung nach der Braunkohle*. — Woher der Plenärkalk seinen Namen habe, könne S. *nicht genau angeben*. — Der Zweck seiner aktuellen Reise sei die *Erforschung der Salzformation bei Williczka* und *des Schlesischen Steinkohlenzuges*. Ausführliche Darlegung bisher bekannter Details; dabei erwähnt: K. Lill von Lilienbach. Die Beurteilung C. Kefersteins (vgl. »Geognostisch-geologische Untersuchungen über das Steinsalz, die Salzquellen und die Salzbildung im Allgemeinen«) sei *viel richtiger* als jene von F. S. Beudant (vgl. »Notice sur le dépôt salisère de Villiczka en Galicie«). J. G. Rhode unterliege bezüglich der *Blumen Abdrüke [...] in seinem 5t Heft* (»Beiträge zur Pflanzenkunde der Vorwelt«) nach Ansicht von L. C. Treviranus und S. einer Täuschung. — T. Kosciuszkos Monument bei Krakau werde *auf dem Grabe eines Mamuts* errichtet, dessen Zahn, nicht wie die Zeitungen angeben (vgl. Nachricht im »Archiv für die neuesten Entdeckungen aus der Urwelt« 1823, Bd. 5, H. 2), *im Kalkstein, [...] sondern zwischen den Kalkstein in einem sandigen Mergl* entdeckt worden sei. — Am Abend werde S. seine Reise nach Wien fortsetzen und sehen, *was unsere Brasilianer machen* (Teilnehmer an der österreichischen Brasilien-Expedition, u. a. J. C. Mikan) *und was etwa für unser Museum zu erhalten wäre.*

298   DAU, JOHANN HEINRICH CHRISTFRIED

1823 August 5   Altona   S: 28/272 St. 1   D: —   B: —   A: —

D. wende sich als ein *sehr unglücklicher* und *verfolgter* Mann an G. Sehr ausführliche Schilderung seines Lebensweges und wie er seit *fast sechs Jahren [...] Gegenstand der boshaftesten Verfolgung* sei. Die Verleumdungen hätten zu körperlichen und seelischen Leiden geführt; erwähnt: sein Interesse an tierischem Magnetismus, K. C. Wolfarts Schrift »Der Magnetismus gegen die Stieglitz-Hufelandische Schrift über den tierischen Magnetismus in seinem wahren Wert behauptet«, D.s Eltern, Tacitus' Erzählungen über Tiberius (in den »Annalen«) und G.s Werke. Detaillierte Ausführungen über Art und Ursachen der Verunglimpfungen, für die zu seinem *Unglücke nicht der geringste öffentliche Vorwand* da sei. Da D. keine Anstellung finde, wolle er sich *durch einige Schriften [...] allgemeiner bekannt* machen. Bisher seien erschienen: »Über den richtigen Gebrauch der historischen Temporum« mit Rezensionen im »Allgemeinen Repertorium der neuesten in- und ausländischen Literatur« 1819, Bd. 2, St. 2, und in der »Kritischen Bibliothek für das Schul- und Unterrichtswesen« 1820, Nr. 2, »Über Gerechtigkeit und Freiheit und deren notwendiges Beisammensein« sowie »Über den Titel des Justinianeischen Gesetzbuches von der Zauberei und über das Wesen des tierischen Magnetismus«; erwähnt: J. Ennemosers Werk »Der Magnetismus nach der allseitigen Beziehung seines Wesens ...«. Von seinem »Neuen Handbuch über den Torf« mit Rezensionen in den »Göttingischen gelehrten Anzeigen« 1823, Nr. 53, und in dem von F. Pohl herausgegebenen »Archiv der deutschen Landwirtschaft« 1823, Bd. 24, lege D. eine *hier gedruckte Anzeige* bei. Zitat seines *Räthsels* über die *Hoch-Moore*. Schließlich habe D. in der Hinrichsschen Buchhandlung noch eine kleine politische Schrift drucken lassen: »Über den künftigen Zustand Amerikas«; Näheres zum Inhalt. Zu seinen Plänen gehöre *eine kurze allgemeine Encyklopädie der Wissenschaften, besonders für Gereiftere* (? »Sammlung gemeininteressanter und gemeinnütziger Abhandlungen«, vgl. Ruppert 514). D. lege G. im Folgenden bereits *einige Paradoxen* vor. — Bitte an G., sich D.s Person anzunehmen und seinen Einfluss gegenüber Großherzog Karl August geltend zu machen. D. bedürfe *ja so viel nicht*; nach einer vorübergehenden Hilfe zur Wiederherstellung seiner Gesundheit könne er für sich selbst sorgen, sofern er *ein Amt* erhalte. Sollte G. ein *mäßiges Reisegeld* übersenden, würde D. nach Weimar *eilen.* — Angabe seiner Adresse bei Buchhändler O. K. T. Busch.

299   GOETHE, OTTILIE VON

1823 August 6   Weimar   S: 28/357 Bl. 19–20   D: Hein, 118f. (T), WA IV 37, 363 (T) und 366 (T)   B: 1823 August 4 (37, Nr. 102); an A. von Goethe, 1823 Juli 25 (37, Nr. 99)   A: 1823 August 14 (37, Nr. 108); 1823 August 19 (37, Nr. 114)   TB: 1823 August 11

Sie freue sich, dass G.s *schriftlicher Gruß* (»An Lord Byron«) noch in Livorno in Byrons Hände gelangt sei, da C. Sterling diesem sogleich nach Genua geschrieben habe (vgl. Mommsen 6, 638). Hinweis auf Byrons Antwort an G. (RA 10, Nr. 277). O. von Goethe sei glücklich über die so zustande gekommene Verbindung zweier großer Dichter *über trennende Länder und Nationen* hinweg. — Bericht über ihren Aufenthalt in Eisenach. Alle seien freundlich zu ihr gewesen, dennoch würde sie *verzweifeln*, wenn sie dort leben müsse. Bei solchen Reisen in kleine Städte fühle sie erst richtig, wie *verwöhnt* sie in Weimar lebe. — Sterling gehe als lieber Freund im Hause täglich ein und aus. Schwärmerische Charakteristik seiner Person; auch A. von Goethe schätze ihn. O. von Goethe sei sicher, dass auch G. von Sterlings Wesen angetan sei. Durch die Vermittlung des Freundes sei sie erneut mit Byrons Werken in Berührung gekommen; erwähnt: die nun ihn ihrem Besitz befindlichen *5 Gesänge* des »Don Juan«, »Heaven and Earth« und »Cain«; letzteres Stück habe sie besonders beeindruckt (vgl. G.s Rezension in »Über Kunst und Altertum« V 1). Näheres über G.s Verhältnis zur Poesie Byrons. — Freude darüber, dass G. den Reiseplan A. von Goethes gebilligt habe. — Hof- und Familiennachrichten; dabei erwähnt: Großherzogin Luise, H. von Pogwisch, Gräfin O. Henckel, U. von Pogwisch sowie Walter und Wolfgang.

300   RADL, ANTON

1823 August 6   Frankfurt   S: Freies Deutsches Hochstift Frankfurt (Konzept)   D: WA IV 37, 328 (R)   B: 1823 Juni 9 (37, Nr. 56)   A: 1823 November 13 (vgl. WA III 9, 144)

R. danke für G.s Erlaubnis, sein Gemälde (Landschaft bei Kronberg) nach Weimar zu senden und bitte, es in der Kunstausstellung aufzustellen. Weiter bitte er, das Bild Großherzog Karl August zu empfehlen; Preisangabe. R. habe *zur erklärung der Gegenstände eine kleine Scieze* beigelegt. Sollte sich in Weimar kein Interessent für das Bild finden, bitte R. um Mitteilung, um das Bild eventuell noch an einen anderen Ort senden zu können. — Angabe seiner Adresse.

301   RADL, ANTON

1823 August 6   Frankfurt   S: 28/104 Bl. 311; Bl. 310   D: WA IV 37, 328 (R)   B: 1823 Juni 9 (37, Nr. 56)   A: —

G. erhalte durch Fuhrmann V. Scharff R.s Gemälde (Landschaft bei Kronberg).
   Anlage: Quittung von J. Kost für das ihm von R. zur Beförderung an G. übergebene Gemälde; datiert: Frankfurt, 5. August 1823.

302 Zelter, Karl Friedrich

1823 August 7 bis 9   Berlin   S: 28/1018 St. 229   D: MA 20, Nr. 414   B: 1823 Juli 24 (37, Nr. 98)   A: 1823 August 24 (37, Nr. 120)

1823 August 7
Gedanken zu G.s Aufenthalt in Marienbad und zur Redaktion von dessen *LebensChronik* (»Tag- und Jahreshefte«). Humorige Bemerkungen zu G.s *Verschen* für L. Parthey (Albumblatt »Du hattest gleich mir's angetan ...«) und der zugehörigen Anekdote. — Über Z.s Trinkkur in Berlin. — F. A. Wolf werde sich über seine Erwähnung in den »Tag- und Jahresheften« freuen (vgl. WA I 35, 139–152); erwähnt: G. C. Beireis. Wolf besuche auch Z.s Singschule und werfe ihm vor, *Judenmädgen* (u. a. F. Mendelssohn Bartholdy) zu protegieren. Z.s Verteidigung. — Beschreibung seiner neuen Wohnung; erwähnt: D. und R. Zelter. — W. Hensel und P. A. Wolff seien auf dem Weg nach Weimar. Frage, ob Hensel die *Jettons* mit Z.s Brief abgegeben habe (vgl. G.s Tagebuchnotiz vom 29. Juli und RA 10, Nr. 275). Hensel reise auf *Kosten* des preußischen Königs Friedrich Wilhelm III. nach Italien, um Kopien anzufertigen (u. a. von Raffaels »Transfiguration«).

1823 August 8
Über den ersten Besuch der Gräfin C. Einsiedel und ihrer *Oberschwester* A. E. Fabricius in Berlin. Aus Anlass des Geburtstags des Königs sei ein Tedeum von Händel aufgeführt worden.

1823 August 9
Über Z.s Schwierigkeiten bei der Wiederaufnahme der Lektüre von Voltaires »La Pucelle d'Orleans« nach 50 Jahren. *Der Kerl ist ein echter Franzose. Die schönsten Verse; Goldfische im Stinkpfuhl.* — Bitte um Empfehlung Z.s an Großherzog Karl August.

303 Goethe, August von

1823 August 8   Weimar   S: 28/354 St. 46   D: GAug, Nr. 547   B: 1823 Juli 25 (37, Nr. 99)   A: 1823 August 14 (vgl. WA III 9, 93)   TB: 1823 August 11

Ausführlicher Bericht über seine *Baureise* mit K. W. Coudray nach Ilmenau; erwähnt: G.s Verse »Über allen Gipfeln ist Ruh ....« (an der Jagdhütte auf dem Kickelhahn) und deren *Renovatum von Jahr 1813* (vgl. G.s Tagebuchnotiz vom 29. August 1813). Auf der Rückreise über Rudolstadt sei Coudray im Schloss *erstaunt und erfreut* gewesen über die *Köpfe der Rossebändiger von Monte Cavallo* (vgl. RA 8, Nr. 1009). — Dank für G.s Brief und Freude über sein Wohlbefinden. A. von Goethe übersende hiermit *den verlangten Brief* (G. an L. Bonaparte; vgl. G.s Tagebuchnotiz vom 19. August, GB Rep, Nr. 37117a und Suphan, in: GJb 15, 1894, 19). Weiter lege er einen Brief von Lord Byron bei, in dem dieser auf G.s Gedicht (»An Lord Byron«), das er durch die Bemühungen C. Sterlings noch erhalten habe (vgl. dessen Brief an Byron, 1823 Juli 1, Mommsen 6, 638), antworte. — Weitere Mitteilungen aus Weimar; dabei erwähnt: Großherzogin Luise, Erbgroßherzogin Maria Pawlowna, O. von Goethe, Walter und Wolfgang sowie U. von Pogwisch. C. Müller sei aus Marienbad zurück und habe seine Tätigkeit wieder aufgenommen; erwähnt: H. Meyer. — Am 9. August wolle A. von Goethe nach Jena reisen, um den Fortgang der Arbeiten zu prüfen (u. a. Bau des neuen

Veterinärgebäudes). — Er freue sich, dass G. seinen Reiseplan billige. Coudray und *alle Freunde* ließen grüßen. Über Vorbereitungen für eine Feier zum 28. August durch F. von Müller und F. Peucer.
Beilage: RA 10, Nr. 277.

304   SCHWÄGRICHEN, CHRISTIAN FRIEDRICH

1823 August 8   Leipzig   S: 28/103 Bl. 241–242   D: —   B: 1823 April 9 (37, Nr. 7)   A: —

S. übersendet das angekündigte Diplom (der Royal Society of Edinburgh; vgl. RA 10, Nr. 134) und erbietet sich, Sendungen G.s nach Edinburgh weiterzuleiten. Eine Antwort auf die Verleihung des Diploms würde *die Edinburger sehr erfreuen.* — Bemerkungen über das wachsende Verständnis der Briten für die deutsche Literatur und über deren Scheu, *deutsch zu sprechen oder zu schreiben.* S. sei im Sommer während eines mehrstündigen Aufenthaltes in Marienbad in G.s Nähe gewesen. Da gerade *der Präsident aus Danzig* (T. Nicolovius; vgl. G.s Tagebuchnotiz vom 13. Juli) G. habe besuchen wollen, sei S. zurückgeblieben, obwohl er *sehr begierig gewesen wäre,* G.s prognostische *Beobachtungen über die Marienbader Wunderquelle zu hören.* Bemerkung, dass Weimar *für den Botaniker jeden Tag interessanter* werde.
Beilage: RA 10, Nr. 49.

305   GENELLI, CHRISTOFORO BUONCOMPAGNO

1823 August 9   Berlin   S: 28/340 St. 1; St. 2   D: —   B: —   A: —

Genelli, dessen Name nur wenigen bekannt sei, übersendet beiliegende Dichtung. Er sehe für seine Jugend und seine Profession keinen anderen Weg, als dass er G. *demüthig befehle, diesen Plunder bekannt zu machen.* Zitat eines mutmaßlichen Ausspruchs von Voltaire (bezüglich der Dichtungen König Friedrichs II. von Preußen). — Angabe seiner Adresse.
Anlage: *Der Froschsumpf. ein Gedicht von Mousopolos.*

306   ECKERMANN, JOHANN PETER

1823 August 10   Jena   S: 28/286 St. 2   D: Eckermann Houben, 139f. (T)   B: —   A: 1823 August 14 (37, Nr. 109)   TB: 1823 August 13

E. sei nun, da G. seinen Brief vom 21. Juli nebst Anlagen (RA 10, Nr. 276) über A. von Goethe erhalten habe, in der Lage, weiteres zu ergänzen: J. F. von Cotta habe dem gewünschten Honorar von 300 Reichstalern (für E.s »Beiträge zur Poesie mit besonderer Hinweisung auf Goethe«) zugestimmt, was E. neue Möglichkeiten eröffne. Falls G. nicht anderweitig über ihn verfüge, wolle er im Herbst seine *längstersehnte Reise nach Frankfurt* machen, wo er zahlreiche Verehrer G.s zu treffen hoffe. — E. habe inzwischen die beiden Bände von G.s »Italienischer Reise« gelesen. Aus ihnen wehe die *frische Luft eines großen Lebens*. Über die Zweifel, selbst die *Luft des Mittelländischen Meeres zu athmen* und die Hoffnung, wenigstens Frankfurt und den Rhein zu sehen. — K. W. von Knebel sei aus London zurückgekehrt und habe E. *mit Beschreibungen warm gemacht*. — E. verdanke K. L. von Knebel *einige glückliche Stunden*. — Über die Lektüre von G.s »Urworte. Orphisch« und den Nutzen, den er für seine eigene Erziehung daraus gezogen habe.

307   VARNHAGEN VON ENSE, KARL AUGUST AN A. VON GOETHE

1823 August 11   Berlin   S: 28/103 Bl. 288   D: Geiger, in: GJb 14 (1893), 63f.   B: —   A: —
TB: 1823 September 14 (E); 1823 Juli (BVL)

V. übersendet die von ihm veranstaltete Textsammlung (»Goethe in den Zeugnissen der Mitlebenden«), zu der ihm der Gedanke bei der Nachricht von G.s Wiedergenesung gekommen sei, und bittet, sie dem Jubilar an seinem Geburtstag im Namen der Beteiligten glückwünschend zu überreichen (vgl. RA 10, Nr. 328). Es sei mit dem Buch nur möglich gewesen, *die Richtung der Strahlen, wie sie von dem Sterne ausgehen, gleichsam mit einzelnen Punkten anzudeuten*; Nachträge und Ergänzungen würden sicher folgen. Vor allem sollte auch der Anteil Berlins verdeutlicht werden; deshalb sei zugleich einiges Ungedruckte aufgenommen worden. V. sei dankbar, dass F. A. Wolf das Vorhaben gefördert habe. — Empfehlung an O. von Goethe, der das zweite Exemplar zugedacht sei.

308   FLEISCHMANN, ERNST AUGUST

1823 August 12   München   S: 28/103 Bl. 287   D: —   B: —   A: —   TB: 1823 Juli (BVL)

F. sendet im Auftrag des Übersetzers E. Oertel den 2. Teil von »Homers Ilias« (Ruppert 1284). Bitte, *Etwas zur Empfehlung dieser nach dem Urtheil Aller gelungenen prosaischen Uebersetzung* beizutragen (vgl. RA 9, Nr. 1287).

309   GRÜNER, JOSEPH SEBASTIAN

1823 August 12   Eger   S: 28/1033 Bl. 83–84   D: Grüner und Zauper, 55f.   B: —   A: 1823 August 15 (37, Nr. 110)

Heute sei Großherzog Karl August von Franzensbad aus nach Weimar abgereist. Grüner habe ihm Eger gezeigt, ihn nach Franzensbad begleitet und er sei *mit einer äußerst schön geprägten Medaille beschenkt* worden (? Karl Augusts Porträt, von B. Andrieu nach L. Posch). Dank dafür auch an G. — Grüner erwarte G.s Auftrag zur Abreise seines Kutschers Simon. — Erbgroßherzog Karl Friedrich werde in Kürze nach München abreisen. — Über ein *noch unterirrdisch brennendes Schwefelwerk* bei Habersbirk, dort gefundene Mineralien und einen *Amethisten Quarz vom Dorfe Krudum.* — Graf J. Auersperg habe *2 Stuffen* für G. *aufgehoben* und freue sich auf dessen Besuch (vgl. G.s Tagebuchnotizen vom 5. bis 7. September). — Bitte um G.s Nachricht, ob und wann der *Melinit* bei Krottensee *besehen werden will*; Vorschläge für den Reisebeginn. G.s Besuch erwarte man auch in Falkenau (bei I. Lößl) und Redwitz (bei W. K. und F. C. Fikentscher).

310   BEULWITZ, HEINRICH EMIL FRIEDRICH AUGUST VON

1823 August 13   Franzensbad   S: 28/103 Bl. 244   D: LA II 8B/1, 372 (T)   B: —   A: —

Im Auftrag der Herzogin Pauline von Württemberg, Gemahlin des Herzogs Ferdinand, sendet B. ein Stück Glimmerschiefer mit einem eingeschlossenen Granaten sowie einige aus dem Schiefer schon herausgebrochene Granaten aus Königswart.

311   GOETHE, AUGUST VON

1823 August 15   Weimar   S: 28/103 Bl. 239–240   D: GAug, Nr. 548   B: 1823 August 6 (37, Nr. 103)   A: 1823 August 19 (vgl. WA III 9, 96)   TB: 1823 August 18

Dank für G.s Brief und Freude über sein Wohlbefinden. O. von Goethe danke besonders für den an sie gerichteten Brief (vgl. RA 10, Nr. 338). — Mitteilungen aus Weimar; dabei erwähnt: Erbgroßherzogin Maria Pawlowna, E. A. von Gersdorff, der sich empfehle, Großherzog Karl August und W. Rehbein. — In Jena gehe der Bau (des neuen Veterinärgebäudes) voran, in der Bibliothek und in den anderen wissenschaftlichen Anstalten seien *alle sehr fleißig.* — Am 17. August reise A. von Goethe für zwei Tage nach Frauenprießnitz *auf seine 3te Baurevision.* — T. Kräuter arbeite fleißig an der Ordnung in G.s Bibliothek. — Grüße von O. von Goethe, Walter und Wolfgang, U. von Pogwisch sowie von H. von Pogwisch und Gräfin O. Henckel. — Zusatz zum Briefdatum: *Napoleons Geburtstage.*

312   NEES VON ESENBECK, CHRISTIAN GOTTFRIED DANIEL

1823 August 15   Bonn   S: 28/1033 Bl. 100   D: GNe, Nr. 74   B: —   A: 1823 September 29 (37, Nr. 140)

N. übersendet durch C. D. Jung *ein Exemplar des ersten Hefts der* »Amoenitates botanicae Bonnensis« (Bd. 1: »De cinnamomo disputatio«, Ruppert 4219), die er gemeinsam mit seinem Bruder *herauszugeben angefangen habe.* Hoffnung, dass G. den jungen Mediziner empfangen könne. — Über ein Gerücht, dass G. in Bonn bzw. in Köln angekommen sei. — N. sei *begirig, zu hören,* ob G. die kolorierten Tafeln der Goethea gefallen hätten (vgl. RA 10, Nr. 259).

313 ALTON, EDUARD JOSEPH D'

1823 August 16   Bonn   S: 28/1033 Bl. 101–102   D: NC, Nr. 3   B: —   A: —

A. übersende beiliegend die *fünfte Lieferung* seiner *Osteologie* (»Die Skelette der Nagetiere«, 1. Abt., mit C. Pander, Ruppert 4326; vgl. G.s Rezension, in: »Zur Morphologie« II 2). Da er im Begriffe sei, nach Berlin und München zu reisen und in Weimar Station zu machen, wolle er G. *mündlich* seine Verehrung und seinen Dank aussprechen. Ankündigung des nächsten Heftes über »Die Skelette der Vierhänder« (mit Pander). — C. G. Nees werde G. bereits die Gründe für die Verzögerung beim Druck des Elefantenschädels erläutert haben (vgl. RA 10, Nr. 259). A. habe diese Arbeiten selbst übernehmen wollen, aber seine handwerklichen Grenzen erkannt und schlage nun einen Pariser Graveur vor; erwähnt: J. H. Lips. — Grüße an H. Meyer, den er in Weimar zu treffen hoffe.

314 MEYER, JOHANN HEINRICH

1823 August 16   Karlsbad   S: 28/620 St. 77g   D: GM, Nr. 646   B: 1823 August 13 (37, Nr. 106)   A: —

Nachricht über die erfolgreiche Kur und den Rat W. E. C. Huschkes, *Trinken und Baden* zu trennen, den M. befolgt habe und daher nun erst mit dem Baden beginne. M. wolle, da die Morgen bereits sehr frisch seien, zum Beginn des Septembers wieder in Weimar sein. — In Beantwortung von G.s Frage nach interessanten Persönlichkeiten könne M. nur wenige nennen, da er, *um strenge Diät zu halten*, nicht sehr gesellig gelebt habe. Erwähnt: Fürst Heinrich LIV. von Reuß-Lobenstein und seine Gattin Franziska sowie Prinzessin Karoline von Reuß-Schleiz-Köstritz. Fast täglich habe M. am Brunnen K. von Humboldt und ihre Tochter Karoline getroffen, die Mutter sei aber *einsylbig, kalt und selbst abweisend*, ja gerade *zurückstoßend*, weshalb M. den Kontakt auf das nötigste beschränkt habe. Ferner erwähnt: E. Raupach, J. G. Marezoll und A. Meyer. — Durch Erbgroßherzog Karl Friedrich habe M. Nachricht von G.s Wohlbefinden erhalten. — Angabe seiner Adresse *zum weißen Hirschen*. — Falls G. nichts Gegenteiliges schreibe, werde M. über Eger zurückreisen und sich nach G. erkundigen.

315 ROEDERER, JOHN   AN E. A. VON GERSDORFF

1823 August 16   Neuwied   S: 28/103 Bl. 275.282   D: WA IV 37, 382f. (R)   B: —   A: an H. Meyer, 1823 Oktober 10 (37, Nr. 145)

Von M. G. Lory habe R. mehrere Prospekte *eines neulich von ihm herausgegebenen Werkes* (»Voyage pittoresque de l'Oberland Bernois«) erhalten mit der Bitte um Weiterbeförderung an G. und in der Hoffnung einer öffentlichen Anzeige in der von G. *besorgten Monatsschrift über deutsche Kunstwerke* (vgl. H. Meyer, in: »Über Kunst und Altertum« IV 3). Näheres zu den Blättern (gezeichnet von Lory, gestochen von J. Hürlimann), von denen R. selbst einige besitze.
  Beilage zu: RA 10, Nr. 316.

316   GERSDORFF, ERNST CHRISTIAN AUGUST VON   AN A. VON GOETHE

1823 August 17   Frankfurt   S: 28/103 Bl. 283   D: —   B: —   A: an H. Meyer, 1823 Oktober 10 (37, Nr. 145)   TB?: 1823 September 17

Gersdorff übersendet den Prospekt zu einem von M. G. Lory herausgegebenem Werk (»Voyage pittoresque de l'Oberland Bernois«) mit der Bitte, ihn an G. gelangen zu lassen, um das Werk vielleicht öffentlich anzuzeigen (vgl. H. Meyer, in: »Über Kunst und Altertum« IV 3). — J. Roederer, der Gersdorff darum gebeten habe, sei Neffe des Generals J. A. von Zezschwitz und des Comte P. L. Roederer.
    Beilage: RA 10, Nr. 315.

317   MÜGLICH, JOHANN KARL AUGUST GREGOR   AN GROSSHERZOG KARL AUGUST VON SACHSEN-WEIMAR

1823 August 17   Genua   S: 28/106 Bl. 47.50   D: WA IV 38, 318 (R)   B: —   A: —   TB: 1824 März 18

Eingedenk dessen, dass Großherzog Karl Augusts *vortrefflicher Hof [...] seit fast einem halben Jahrhunderte die Freistätte alles Schönen* und Karl August sowie Herzogin Anna Amalia *die Zierden Deutscher Fürsten* seien, übersendet M. seine »Geisterkarte von Deutschland« (vgl. RA 10, Nr. 632). — Italien wünschte M. *mit dem Geist und Sinn* G.s zu sehen, müsse sich aber beschränken, da er *hier Erzieher einer Anzahl deutscher Schweizerkinder* sei. — Angabe seines Aufenthaltsortes *in Hrn K Müllers Landhaus.*

318   SCHLOSSER, CHRISTIAN FRIEDRICH

1823 August 17   Boulogne-sur-Mer   S: 28/810 St. 19   D: WA IV 38, 342f. (T)   B: —   A: 1824 Mai 30 (38, Nr. 130); an F. Schlosser, 1824 Mai 21 (38, Nr. 124)

Die neunjährige musikalisch begabte D. von Schauroth, *Kind bürgerlicher, rechtlicher Eltern*, sei ihm hier auf ihrer Rückreise aus London begegnet, nachdem er sie schon früher in Paris gesehen habe. In beiden Städten habe sie sich viel Gunst erworben. Nächsten Winter wolle sie nach Weimar gehen, um sich bei J. N. Hummel auszubilden; sie besitze Empfehlungen an Erbgroßherzogin Maria Pawlowna. S. komme nicht umhin, sie auch an G. zu empfehlen, der ihr vielleicht nützen könne. Auch bei O. von Goethe möge sie *eine geneigte Aufnahme finden.* — S. dürfe wohl *an die längstersehnten Autographen von Schiller, Herder, Wieland erinnern.* — Empfehlungen an G. und dessen Familie.
    Beilage zu: RA 10, Nr. 589.

319   STEIN, GOTTLOB FRIEDRICH KONSTANTIN VON

1823 August 17   Breslau   S: 28/103 Bl. 276–277   D: LA II 8B/1, 376 (T)   B: —   A: —

Geburtstagsglückwünsche. — G. erhalte *ein Kistchen [...] mit einem Stück Mandelstein das auf einer Fläche mit BergCristallen besezt ist,* sowie das *Schreiben* C. E. Seeligers an S. — Über die *ersten Versuche den Fels vom Zobtenberg* (für Fürst Blüchers Grab) *zu transportiren* und Erkundigung, ob G. den Steindruck *von diesem bedächtig Reisenden* erhalten habe (? lithographiert von J. D. Grüson nach A. Arrigoni); erwähnt: K. F. von Wiebekings Nachrichten vom *Transport des Petersburger Felsen* (»Allgemeine auf Geschichte und Erfahrung gegründete theoretisch-praktische Wasserbaukunst«, Bd. 3) und D. *Fontanas Transport des Obelisken von St. Peter* (»Della transportatione dell' obelisco Vaticano e delle fabriche di Sisto«).

Beilage: RA 10, Nr. 292.

320   ZELTER, KARL FRIEDRICH

1823 August 17 bis 30   Berlin   S: 28/1018 St. 230   D: MA 20, Nr. 416   B: 1823 August 24 (37, Nr. 120)   A: —

1823 August 17
Z. sei *in wunderlicher Collationirung begriffen,* indem er G.s *Champagnefeldzug* parallel zu E. de Las Cases' *Bericht über die Emigranten in Coblenz* (in: »Denkwürdigkeiten von Sankt Helena«) lese. — A. G. Rosenmeyer habe G.s »Campagne in Frankreich« bei Z. gesehen und ausgeliehen, da er selbst an dem Feldzug teilgenommen habe. Lob Rosenmeyers für G.s Detailgenauigkeit und Sprache. — Z. referiert Rosenmeyers Bericht über die Sterbestunden und den körperlichen Zustand des preußischen Königs Friedrich II.; erwähnt: Graf E. Hertzberg und G. Zelter.

1823 August 28
Glückwünsche zu G.s Geburtstag und Eingangsbestätigung für G.s Brief mit Verweis auf Vergils »Aeneis« (I, 135) und Zitat aus der »Campagne«.

1823 August 29
Über eine außerordentliche Zusammenkunft der Liedertafel zu Ehren von G.s Geburtstag, worüber in der *Spener'schen zeitung* (»Berlinische Nachrichten«) vom 30. August berichtet worden sei.

1823 August 30
Da hast Du den Fetzen (Übersendung der Zeitung) mit Beiträgen zu »Goethes Geburtstag« von Z., W. Bornemann sowie dem Gedicht »Der 28. August« und einem *Impromptü* von K. Streckfuß. Zitat nach Shakespeares »Hamlet«.

321   SORET, FRÉDÉRIC JACOB AN O. VON GOETHE

1823 August 18   Genf   S: 40/XVIII,4 St. 4   D: Soret Houben, 72f.   B: 1823 Juni 8 (37, Nr. 54)   A: —   V: in französischer Sprache

S. komme es entgegen, an G. über O. von Goethe zu schreiben, da er nebenbei auch mit ihr plaudern könne. J. Pictet habe ihn aufgehalten, um ausführlich von seinen Freunden und Freundinnen in Weimar, besonders von O. von Goethe, zu hören. — N. Soret habe zwei neue Duette komponiert, die S. nach Weimar mitbringen wolle; erwähnt: »La

Suissesse au bord du lac« (Romanze von J. N. Goulé). — Ein Kanzlist am höchsten Gericht habe S. seit langem ein Exemplar von Lord Byrons »Cain« besorgen wollen, den Band aber in seinem Pult liegen lassen. O. von Goethe müsse sich mit der Lektüre noch gedulden; erwähnt: E. May und die Publikation weiterer Gesänge des »Don Juan« (von Lord Byron). — Bitte, A. von Goethe mitzuteilen, dass S. weder die Kartoffeln noch die darauf bezüglichen *brochures* vergessen habe. Alles werde S. von den *directeurs du jardin de botanique* (A. P. de Candolle) erhalten. — S. habe J. und A. Schopenhauer in Frankfurt verfehlt, da diese zwei Wochen später aus Wiesbaden abgereist seien. Ferner erwähnt: H. und U. von Pogwisch — Falls G. bald aus Marienbad abreisen sollte, bitte S., die beiliegenden *observations barometriques* (von Genf und dem St. Gotthard, von M. A. Pictet) nicht nachzusenden, um einen Verlust zu vermeiden, da die Wiederbeschaffung schwierig sei.

Beilage zu: RA 10, Nr. 415.

322   Szymanowska, Maria Agata und Kasimira Friederika Wołowska

1823 August 19   Marienbad   S: 28/103 Bl. 243.245   D: Begegnungen 14, 146 (T)   B: —
A: 1823 August 19 (50, S. 52, Nr. 115a)   V: in französischer Sprache

Einladung zu einem kleinen Spaziergang nach dem Abendessen. — Dank für die Bereicherung ihrer Alben durch G.s Verse (»An Madame Marie Szymanowska« und »An Fräulein Casimira Wolowska«).

323   Wittich, Ludwig Wilhelm

1823 August 19   Berlin   S: 28/104 Bl. 318–319   D: Sommerfeld 1941, 13   B: —   A: —
TB?: 1823 September 18 (E)

W. übersendet seinen Kupferstich nach einer Federzeichnung von K. F. Schinkel (Ansicht von Tivoli). Ausführliche Erläuterung der von ihm angewandten neuen Kupferstichmethode, bei der die Zeichnung direkt mit der Feder und einer eigens bereiteten Tinte auf eine mit *Aquatinta-Grund überzogene Platte* gebracht und dann eingeätzt werde. Diese Manier habe gegenüber dem Steindruck große Vorzüge; nähere Ausführungen dazu. Es wäre ihm eine *süße Belohnung*, wenn seine Arbeit in »Über Kunst und Altertum« Beifall fände (vgl. H. Meyers Anzeige, in: Heft IV 3); erwähnt: W.s Besuch bei G. mit (? F. W.) Schwabe *vor langen Jahren* (vgl. G.s Tagebuchnotiz vom 22. Mai 1806) und die Würdigung von W.s Tätigkeit in »Über Kunst und Altertum« (vgl. Meyer »Lalla Ruhk«, in: Heft IV 2).

324   Barth, Johann Ambrosius (Verlagsbuchhandlung)

1823 August 20   Leipzig   S: 28/103 Bl. 284   D: LA II 8B/1, 377 (T)   B: —   A: —

Im Auftrag des Verfassers J. von Berzelius übersendet B. dessen Schrift »Untersuchung der Mineralwasser von Karlsbad, von Teplitz und Königswart« (übersetzt von G. Rose, herausgegeben und erläutert von L. W. Gilbert, Ruppert 5311).

325   REHBEIN, WILHELM

1823 August 20   Weimar   S: 28/103 Bl. 247–248   D: WA III 9, 378 (T)   B: —   A: an A. von Goethe, 1823 August 24 (37, Nr. 121)

R. skizziert die teilweise gemeinsam mit Großherzog Karl August abgefahrene Reiseroute über Franzensbad, Asch, Schleiz und Neustadt; erwähnt: K. C. Hage, Fürst Heinrich LXII. von Reuß-Schleiz und dessen Bruder Prinz Heinrich LXVII. H. Meyer weile *würcklich* in Karlsbad. — Am 16. August habe R. an einem Mittagessen in G.s Haus im Beisein O. von Goethes teilgenommen; erwähnt: R.s Kinder und seine *Braut* (K. Mayer von Gravenegg). — Großherzogin Luise sei gesund und A. C. von Vitzthum *mit einem kleinen Mädchen* (Cäcilie) *niedergekommen*. — Ausführliche Schilderung des Krankheitsbildes F. Haides, dessen Gicht von W. E. C. Huschke und F. W. Wahl ohne Erfolg behandelt worden sei; erst R. habe erkannt, dass Haide an Harnruhr leide; erwähnt: J. W. Döbereiner. — Großherzog Karl August sei am 19. August nach Langensalza zur Besichtigung seines Regimentes gefahren; er komme heute zurück. — G.s Geburtstag wolle man bei C. Mochon feiern; einige Gedichte seien dazu verfasst.

326   MEYER, JOHANN HEINRICH

1823 August 21   Karlsbad   S: 28/103 Bl. 246   D: GM, Nr. 647   B: —   A: —   TB: 1823 August 23

Nachdem auch die Badekur gut angeschlagen habe, wolle M. am 24. August Karlsbad verlassen und nach Eger reisen, wo er G. anzutreffen hoffe; erwähnt: Fürst W. Gallitzin.

327   ZAUPER, JOSEPH STANISLAUS

1823 August 22   Pilsen   S: 28/103 Bl. 280–281   D: Grüner und Zauper, 193f.   B: 1823 August 6 (37, Nr. 104); 1823 August 11 (37, Nr. 105)   A: 1823 September 10 (37, Nr. 131)

Übersendung von Wavelliten zu G.s Geburtstag. Näheres über die Fundorte, die Z. *auf der Karte* unterstrichen habe. Z.s eigene Mineraliensammlung wachse allmählich an; aus der *Karlsbader Sammlung* (vgl. G. »Sammlung zur Kenntnis der Gebirge von und um Karlsbad«) habe er schon etwas bestellt. Z. *wünschte unsrem Marienbad einen zweyten* J. Müller, *der unter G.s Anleitung auch die dortigen Produckte verbreitete*; erwähnt: der Katalog in »Zur Morphologie« (vgl. G. »Marienbad überhaupt und besonders in Rücksicht auf Geologie«, in: »Zur Naturwissenschaft überhaupt« I 4) und die Tabellen zur Farbenlehre (vgl. G. »Auge empfänglich und gegenwirkend«, ebd.). — G.s Worte bezüglich Homer im letzten Brief ließen Z. *froh dem Winter* entgegensehen, um *mit mehr Muße* seine Arbeit fortzusetzen (prosaische Übersetzung von Homers »Ilias«).

328   GOETHE, AUGUST VON

1823 August 23   Weimar   S: 28/103 Bl. 249–250   D: GAug, Nr. 549   B: 1823 August 14
(vgl. WA III 9, 93)   A: 1823 August 30 (37, Nr. 123)   TB: 1823 August 28

Geburtstagsglückwünsche. — Die von G. gesandten Verse (»In Hygiea's Form beliebt's Armiden ...«) für die Feier der *hiesigen Freunde* zum 28. August (u. a. F. von Müller und F. Peucer; vgl. RA 10, Nr. 303) werde A. von Goethe *zur rechten Zeit recitiren*. — Über bereits für G. angelangte Geschenke; u. a. habe K. A. Varnhagen von Ense das (von ihm herausgegebene) Buch »Goethe in den Zeugnissen der Mitlebenden« gesandt (vgl. RA 10, Nr. 307). — F. von Horben sei in Weimar gewesen, habe einen Brief und zwei Gedichte von I. H. von Wessenberg (»Blüten aus Italien« und »Märzblumen«; vgl. RA 10, Nr. 214) gebracht und sei sehr betrübt gewesen, G. nicht zu treffen. F. J. Schelver habe die (2.) Fortsetzung seiner »Kritik der Lehre von den Geschlechtern der Pflanze« mit einem Brief übersandt (vgl. Ruppert 5052 und RA 10, Nr. 273). — Nachrichten aus Weimar: W. Rehbein fühle sich *in seinem Bräutigams Stande* wohl (Verlobung mit K. Mayer von Gravenegg). Den *Höchsten Herrschaften* gehe es gut, so auch Walter und Wolfgang. Am 25. August reise A. von Goethe *auf Baucommission* nach Frauenprießnitz. — C. Sterling sei über G.s eigenhändige Abschrift von Lord Byrons Brief (RA 10, Nr. 277) *ganz glüklich*. O. von Goethe freue sich über G.s letzte Sendung *nebst Beilagen* (u. a. G.s Gedichte »Du hattest längst mir's angetan ...«, »Du Schüler Howards ...« und »Wenn sich lebendig Silber neigt ...«; vgl. RA 10, Nr. 338).

329   NICOLOVIUS, GEORG HEINRICH LUDWIG   AN A. VON GOETHE

1823 August 23   Berlin   S: 28/659 St. 11   D: —   B: —   A: —

Zu G.s bevorstehendem Geburtstag erhalte A. von Goethe *die beygehenden kleinen Kunstwerke* der Gebrüder Henschel. *Auch haben sie die Idee eines großen Denkmals auf dem anliegenden Blatt dargelegt [...]*, zu welchem Zweck einer der Brüder (August, Friedrich, Moritz oder Wilhelm) um Erlaubnis bäte, im nächsten Jahr *nach Weimar kommen, u. des Vaters lebendiges Bild auffaßen zu dürfen* (vgl. RA 10, Nr. 524). — Sollte O. von Goethe einen langen *Berliner Aufenthalt für den nächsten Winter* vorsehen, würde sich N. über eine baldige Nachricht freuen. — N.s Sohn Ferdinand werde Thüringen bald *ganz verlaßen* und sicher zu einem Abschiedsbesuch kommen (vgl. RA 9, Nr. 1000 und G.s Tagebuchnotiz vom 15. Oktober).

330   SZYMANOWSKA, MARIA AGATA

1823 August 23   Marienbad   S: 28/905 St. 1   D: Briefe HA, Nr. 548   B: —   A: —   TB: 1823 September 7   V: in französischer Sprache

Übersendung einer kleinen gestickten Decke. — Erinnerung an die interessante Bekanntschaft mit G. in Marienbad und Freude auf das Wiedersehen in Weimar (vom 24. Oktober bis 5. November; vgl. G.s Tagebuchnotizen). — Empfehlungen von ihrer Schwester (K. Wołowska).

331 SACHSEN-WEIMAR-EISENACH, LUISE AUGUSTA GROSSHERZOGIN VON

1823 August 25   Weimar   S: 28/779 St. 19 und 28/103 Bl. 251   D: —   B: 1823 Juli 24 (37, Nr. 97)   A: —

G.s Badebericht habe ihr *viele Freude gemacht* und sie hoffe, dass die heilsame Wirkung der Marienbader Quellen auch bei Großherzog Karl August anhalten werde. — G.s Gedicht »An Lord Byron« sei ihr *mitgetheilt worden* und habe sie tief beeindruckt.

332 PERTHES, FRIEDRICH CHRISTOPH

1823 August 26   Gotha   S: 28/104 Bl. 312   D: Münster, Nr. 298 (T)   B: —   A: —   TB: 1823 September 24 (BVL)

Begleitbrief zur Übersendung des 2. Bandes der »Floresta de rimas antiguas Castellanas« von N. Böhl von Faber (Ruppert 1714). Ankündigung der Bände 13 bis 15 der »Gesammelten Werke« der Grafen C. und F. Stolberg (vgl. RA 10, Nr. 404 und Ruppert 1163). — Glückwunsch zum 28. August, der auch der Geburtstag der Fürstin A. Gallitzin und seiner Mutter sowie der Todestag seiner Frau sei.

333 BERLIN, LITHOGRAPHISCHES INSTITUT UND KUNSTHANDLUNG (UNTERZEICHNER: JOHANN WILHELM RICHARDI)

1823 August 27   Berlin   S: 28/104 Bl. 313–314   D: —   B: —   A: —

Dank für *die gefällige Erwähnung* ihres Kunstwerkes (»Königliche preußische Gemäldegalerie«; vgl. H. Meyer »Fortschritte des Steindrucks«, in: »Über Kunst und Alterum« IV 2). Ausführlich über die Gründe der *bestehenden Mängel* als Entschuldigung für *den rechtmäßigen Tadel*. Die jetzige Direktion unter G. Schadow erfülle sie zuversichtlich hinsichtlich *der Auswahl der Gegenstände* und *der copirenden Künstler*. G. erhalte hiermit das 5. Heft in der Hoffnung auf eine erneute Würdigung in seinem Kunstjournal (vgl. Meyer, in: ebd. IV 3). Man habe in diesem Heft, das noch ohne Schadows Beteiligung entstanden sei, die neuen *Maasregeln* bereits umgesetzt. — Angabe der Adresse.

334 GRÜNER, JOSEPH SEBASTIAN

1823 August 27   Eger   S: 28/103 Bl. 252   D: Grüner und Zauper, 59f.   B: —   A: 1823 September 1 (37, Nr. 124)   TB: 1823 August 29

Glückwunsch zu G.s Geburtstag. — Graf J. Auersperg sei *avisirt* (vgl. G.s Tagebuchnotizen vom 5. bis 7. September).

335 MÜLLER, FRIEDRICH THEODOR ADAM HEINRICH VON

1823 August 27   Weimar   S: 28/103 Bl. 255   D: —   B: —   A: —

Umschlag zu einem nicht überlieferten und bei J. S. Grüner in Eger abzugebenden Brief M.s; weitergeleitet nach Karlsbad zum Gasthof »Goldener Strauß«.
Beilage auf gleichem Bogen: RA 10, Nr. 336.

336 WEIMAR, POSTAMT (UNTERZEICHNER: FRIEDRICH ADOLF LESER)

1823 August 27   Weimar   S: 28/103 Bl. 255   D: —   B: —   A: —

Glückwunsch zu G.s Geburtstag.
Beilage auf gleichem Bogen wie: RA 10, Nr. 335.

337 EGLOFFSTEIN, KAROLINE GRÄFIN VON UND ZU

1823 August 28   Marienrode   S: 28/103 Bl. 291 und 28/105 Bl. 440   D: —   B: —   A: —

Herzliche Geburtstagsglückwünsche; Freude über G.s Genesung (von seiner Erkrankung im Februar).

338 GOETHE, OTTILIE VON

1823 August 28   Weimar   S: 28/357 Bl. 21–22   D: Hein, 120f. (T) und LA II 2, 439 (T)   B: 1823 August 4 (37, Nr. 102); 1823 August 14 (37, Nr. 108); 1823 August 19 (37, Nr. 114); an A. von Goethe, 1823 August 24 (37, Nr. 121)   A: —

Herzliche Gratulation zu G.s Geburtstag unter Bezugnahme auf G.s Brief an O. von Goethe, geschrieben am Geburtstag ihres *einen Landesherrn* (König Friedrich Wilhelm III. von Preußen, am 3. August). G.s Geburtstag werde in Weimar *in einer zahlreichen Gesellschaft* gewürdigt und gefeiert (vgl. RA 10, Nr. 342). Den Vorabend habe O. von Goethe mit C. Sterling angesichts eines prächtigen Sonnenuntergangs ganz im Gedenken an G. verbracht und dabei auch *einige Zeilen* von Lord Byron vorgetragen. — Dank für G.s Briefe und die *reichen Einlagen* (u. a. G.s Gedichte »Du hattest längst mir's angetan ...«, »Du Schüler Howards ...« und »Wenn sich lebendig Silber neigt ...«) sowie *die Gedichte an das Schwesternpaar* (G. »An Madame Marie Szymanowska« und »An Fräulein Casimira Wolowska«); erwähnt: Pamina (aus Mozarts »Die Zauberflöte«) und Beethovens Musik. — Sterling sei über G.s Abschrift von Byrons Brief (RA 10, Nr. 277) sehr *glücklich*. — Persönliche Mitteilungen; dabei erwähnt: H. und U. von Pogwisch, Gräfin O. Henckel sowie Walter und Wolfgang. — Mitteilung über den soeben eingetroffenen Brief G.s an A. von Goethe und Dank.

339 GOSSLER, JOHANN HEINRICH

1823 August 28   Asch   S: 28/103 Bl. 256–257   D: —   B: —   A: —

Handschriftliches Gedicht zu G.s Geburtstag: *Dein Dasein grosser Mann! [...]*.

340   MÜLLER, FRIEDRICH THEODOR ADAM HEINRICH VON

1823 August 28   Weimar   S: 28/633a,2 St. 41; 28/105 Bl. 443–446   D: —; GMe, 312f.   B: —
A: an N. Meyer, 1824 Januar 4 (38, Nr. 8)   TB: 1823 September 4

Überschwängliche Glückwünsche zu G.s Geburtstag. Andeutungen über eine M. anvertraute, für G. bestimmte Gabe des Bremer Magistrates, zu der erst G.s *Wiederkehr [...] den sichern Schlüßel* mitbringe (vgl. RA 10, Nr. 401). *Nur das leicht beschwingte Lied* von N. Meyer *eile alsbald* zu G. — Mit seinen Versen (»In Hygiea's Form beliebt's Armiden ...«) habe G. die in Weimar Feiernden *reich beschenkt;* erwähnt: A. von Goethe. Erbgroßherzogin Maria Pawlowna habe M.s Bericht von der Feier mit *wahrhaft kindlicher Liebe* entgegengenommen und lasse G. *Tausend Schönes und Gutes [...] zurufen.*

Anlage: Gedrucktes Widmungsgedicht von N. Meyer: »An Goethe. Zur Feier seines Geburtstages- und Genesungsfestes am 28. August 1823«.

341   POGWISCH, ULRIKE VON

1823 August 28   Weimar   S: 28/103 Bl. 253–254   D: Rahmeyer, 188   B: —   A: —

Geburtstagsglückwunsch und Liebesbezeugung unter Anspielung auf *eine Namensschwester* (U. von Levetzow). — G. möge bald (aus Böhmen nach Weimar) zurückkehren. — Ferner erwähnt: G.s Familie, ein Konzert der Hofkapelle im Schießhaus (am 26. August, u. a. mit Beethovens »Sinfonia eroica«, B. H. Crusells »Concertante für Klarinette, Horn, Fagott und Orchester«, V. Pucittas »La placida campagna« und Haydns »Schöpfung«), die Rückkehr von H. Meyer (aus Karlsbad), der *neue Bräutigam* (W. Rehbein) und seine Vorbereitungen für die *Braut* (K. Mayer von Gravenegg).

342   REHBEIN, WILHELM

1823 August 29   Weimar   S: 28/105 Bl. 438–439   D: —   B: —   A: —

Ausführliche Schilderung der am 28. August von etwa 44 Personen im Hotel de Saxe begangenen Feier anlässlich G.s Geburtstags und seiner Genesung; erwähnt: G.s Familie und das von F. Lortzing *gemahlte Büsten ahnliche Bild* G.s. Unter den Anwesenden seien A. von Goethe, C. W. Schweitzer, F. von Müller, W. E. C. Huschke, F. W. Riemer und K. G. Hase gewesen. Im Verlauf der Feier habe F. Peucer einen *Toast* auf Großherzog Karl August ausgebracht, H. Stromeyer Riemers »Abermals in Feiertönen ...« (vertont von K. Eberwein) und S. Schützes »Wie wohl ist mir bei Deinem Frieden! ...« (vertont von A. F. Häser) gesungen, K. Oels Riemers »Geniale Trias« und »Genius-Horoskop« rezitiert, A. Durand Hases »Sonnennähe« und J. J. Graff F. Schmidts »Vaterhaus« vorgetragen. Zulezt endlich habe K. Moltke, begleitet von J. N. Hummel, Müllers Lied »Feierlich von froher Tafelrunde ...« gesungen, das *wahrscheinlich* Gräfin J. Egloffstein vertont habe. Huschke und R. hätten *unter Jubel und Trararufen* Kränze erhalten. Große Freude über das mit einer Vorrede A. von Goethes begleitete, *an uns Alle gerichtete Gedicht* G.s (»In Hygiea's Form beliebt's Armiden ...«). Das Fest sei beschlossen worden mit G.s Versen »Mich ergreift, ich weiß nicht wie ...« (in der Melodie von M. Eberwein). — Plan R.s, am 15. September hier abzureisen und sich am 18. [richtig: 17.] September in Eger mit K. Mayer von Gravenegg trauen lassen. — Bitte, ein Exemplar beikommender Gedichte (»Zu Goethes Geburts- und Genesungsfeste«) an J. S. Grüner abzugeben.

343 MÜNTER, FRIEDRICH CHRISTIAN KARL HEINRICH

1823 August 30   Kopenhagen   S: 28/103 Bl. 305–306   D: Andreasen, 308–310   B: an C. L. F. Schultz, 1823 Mai 7 (37, Nr. 34); an C. L. F. Schultz, 1823 Juni 11 (37, Nr. 59)   A: 1824 November Mitte (39, Nr. 12)   TB: 1823 Juli (BVL)

Die über den *gemeinschaftlichen Freund* W. Uhden an M. herangetragene Bitte um den *Abdruk der Paste* mit der Darstellung des *Odysseus mit dem Ruder* aus M.s Altertümersammlung könne M. erst jetzt erfüllen, da er eine *Amtsreise* unternommen habe. Neben den gewünschten Schwefelabgüssen lege M. zudem *einige andre Abgüße von Gemmen und Pasten* aus seiner *kleinen Daktyliothek* bei sowie zwei persische Gemmen aus der Sammlung König Friedrichs VI. von Dänemark, die K. Niebuhr bereits in seiner »Reisebeschreibung« (Bd. 2, Tab. XX) publiziert habe. Die Gemme, den Venustempel von Paphos darstellend, sei die Grundlage für den von G. F. Hetsch, Sohn von P. F. von Hetsch, gefertigten *Aufriß jenes Tempels*. Die Schrift mit einer historischen Einleitung von M. sei zurzeit im Druck (»Der Tempel der himmlischen Göttin zu Paphos«). Fortsetzung der Gemmenbeschreibung, darunter jener *Titus Manlius Imperiosus, qui primus clavum fixit in Capitolio* (? T. Manlius Imperiosus Torquatus); F. Brun habe den Karmeol in Rom *als einen Brutus gekauft*. Einen Anker mit zwei Fischen und dem Namen Jesus habe M. in seiner (beiliegenden) Schrift »Symbola veteris ecclesiae« (Ruppert 2689) behandelt. Den goldenen Ritterring habe W. Tischbein einem Bauern auf dem Schlachtfeld von Hannibal und Marcellus abgekauft und ihn dann K. F. B. Brun geschenkt, von dem ihn M. erhalten habe; ferner erwähnt: Homer. — M. erlaube sich *einige kleine Schriften hinzuzufügen, die entweder gar nicht oder nur sehr wenig in den Buchhandel* gekommen seien (alle von M.: »Recherches sur l'origine des ordres de chevalerie du royaume de Dannemarc«, Ruppert 3451, »Om Frankernes Mynter I Orienten«, ebd. 2499, »Forklaring af en inscription paa en gammel Etrucsisk Ara i Cortona«, ebd. 2100, »Epistola ad ... Sergium ab Ouvaroff ... de monumentis aliquot veteribus scriptis et figuratis penes se exstantibus«, ebd. 2099, »Narratio de Lucio primo episcopo romano«, ebd. 2687). M.s »Untersuchungen über den Ursprung der dänischen Ritterorden« sei zunächst auf Dänisch erschienen, dann ins Deutsche übersetzt worden. Zu den »Symbola veteris ecclesiae« habe J. von Hammers *Angriff auf die Tempelherren* (»Mysterium Baphometis relevatum«) den Anlass gegeben. Aus Zeitgründen habe M. *die Weimarischen Idole* nicht behandeln können und ohne sie je gesehen haben, bezweifle er dennoch nicht deren Echtheit und glaube, dass sie von den Paulikianern herrühren könnten. *Wären Abdrucke der Kupferplatten auf denen sie in den Curiositeten abgebildet sind* (F. Sickler »Merkwürdige alte orientalische Götzenbilder«), erhältlich, so bitte er die Zusendung über E. F. von Schlotheim. — Grüße von F. Brun.

344   BERLIN, GESELLSCHAFT VON FREUNDEN UND VEREHRERN GOETHES

1823 August 31   Berlin   S: 28/103 Bl. 289–290 (egh. von K. A. Varnhagen von Ense); 35/N 123,6 Bl. 36–47   D: Geiger, in: GJb 14 (1893), 131–133   B: —   A: —

Protokoll der Feier einer Gesellschaft von Freunden und Verehrern zu Goethes Geburtstag auf Veranlassung des schwedischen Generalkonsuls S. J. B. Dehn und unter Vorsitz von F. A. Wolf. Zu den Anwesenden zählten: M. und G. W. F. Hegel, A. F. und K. A. Varnhagen von Ense, F. und L. Robert, K. O. L. von Arnim, Graf J. F. Flemming, I. von Olfers, A. Eichhorn, W. L. *Krull* (Crull), *Oberstlieutnant* (? F. K. E.) von Eichler, K. von Redtel, A. Mendelssohn Bartholdy, K. F. Wagner, J. W. Süvern, C. H. und H. Kohlrausch, *Dr. Heise* (K. Heyse), A. von Chamisso, J. E. Hitzig und F. W. Neumann. — Wörtliche Wiedergabe eines von Wolf ausgebrachten Trinkspruches. L. Robert habe ein dem Tag gewidmetes Gedicht vorgetragen, das hier abschriftlich beiliege und demnächst im »Morgenblatt« erscheinen werde (1823, Nr. 225). — Über die Anregung der Festversammlung, *in Berlin eine 'Goethische Gesellschaft' zu stiften, der immerwährenden Feier des 28. August zunächst gewidmet.*
  Anlage: L. Roberts Gedicht *Am Acht und zwanzigsten August 1823. Die himmlischen Heerscharen [...]*; Manuskript.
  Beilage: RA 10, Nr. 347.

345   BÖNISCH, JOHANN GOTTFRIED

1823 August 31   Kamenz   S: 28/104 Bl. 316; Bl. 317, Bl. 315   D: —   B: —   A: —

G. ersehe *aus den Beilagen*, dass B. *Deutschlands Gelehrte u. s. w.* um Beiträge für den Bau eines Armenkrankenhauses in Kamenz ersuche, das den Namen Lessings erhalten und vor dem ein Lessing-Denkmal errichtet werden solle. Bitte an G., dem *Unternehmen [...] durch ein empfehlend öffentliches Wort* förderlich zu seyn.
  Anlagen: B.s gedruckter Aufruf »Lessings Denkmal« vom 3. August 1823 und ein Formulardruck des Begleitbriefes.

346   VULPIUS, CHRISTIAN AUGUST

1823 August 31   Weimar   S: 28/103 Bl. 261–262   D: Vulpius, Nr. 659   B: —   A: —

G.s *Wohlbefinden u Heiterseyn im Bade* habe man G.s *Brief an die Gesellschaft die sich zusammen fand*, den 28. August festlich zu begehen, entnehmen können (vgl. RA 10, Nr. 342). — Der Kuraufenthalt in Berka sei V. und seiner Ehefrau gut bekommen und an der Festtafel habe er neben H. F. Schütz gesessen. Auf G.s Gesundheit habe V. die Worte gesprochen: *Die Dichtkunst ist des Lebens Morgenröthe; In dieser lebe stets der Heros Goethe.* — K. L. von Knebel habe an dem Fest nicht teilnehmen können; er freue sich auf G.s Rückkehr. — Gedanken über die Münzsammlung in Jena; erwähnt: die Deduktionen (juristische Urteilsbegründungen, aus C. G. Buders Nachlass). — Über die Reisen von Großherzog Karl August und Erbgroßherzog Karl Friedrich. — Grüße von seiner Ehefrau sowie von Rinaldo und Felix.

347   VARNHAGEN VON ENSE, KARL AUGUST

1823 August Ende   Berlin   S: 28/105 Bl. 436; Bl. 432–435   D: —   B: —   A: —

F. A. Wolf sei der Verfasser einer Anzeige des Buches »Goethe in den Zeugnissen der Mitlebenden« (hrsg. von V.) in Nr. 138 des »Hamburger Korrespondenten«.
    Anlage: »Staats- und gelehrte Zeitung des Hamburgischen unparteiischen Korrespondenten« vom 29. August 1823.
    Beilage zu: RA 10, Nr. 344.

348   LODER, JUSTUS CHRISTIAN VON

1823 *(1822)* September   Moskau   S: 28/104 Bl. 395   D: LA II 10A, 619   B: —   A: —
TB: 1823 Dezember 25 (BVL)

Widmung (bei Übersendung seiner Schrift »Elementa Anatomiae humani corporis«, Ruppert 4831).

349   MEYER, JOHANN HEINRICH

1823 September Anfang   Weimar   S: —   D: GM, Nr. 648   B: —   A: —   V: Druck

Beschwerde über die *rastlose* L. Seidler, die M. in einem Brief bedränge, ihr Gemälde zu firnissen. M. habe *weder die erforderlichen Kräfte*, noch sei er *mit Firniß und Pinseln für ein ansehnlich großes Bild versehen*. Empfehlung für F. H. Müller, der die Aufgabe übernehmen könne.

350   HENNING, LEOPOLD VON

1823 September 1   Berlin   S: 29/58 Bl. 50–51   D: LA II 5B/2, 1114–1116   B: an C. L. F. Schultz, 1823 Mai 18 (37, Nr. 41)   A: —

H. fühle sich schuldig, weil er erst jetzt mit der beifolgenden Sendung den von G. gegenüber C. L. F. Schultz geäußerten Wunsch erfülle, für G. verschiedene entoptische Gläser zu besorgen. Noch mehr bedrückt sei er wegen der schon lange zugesagten *historischen Notiz über* seine *chromatischen Bemühungen*, die noch nicht geschrieben sei (vgl. RA 9, Nr. 1573). Ursache sei der Mangel an *'Fleiß und Ruhe'* (nach G.s Gedicht »Neue Liebe, neues Leben«), der aber mit der übermorgen erfolgenden Eheschließung ein Ende nehme. H. wolle dann mit seiner Ehefrau in seine thüringische Heimat reisen und bei G. vorsprechen, um Verzeihung zu erlangen (vgl. G.s Tagebuchnotiz vom 3. Oktober; vgl. auch G.s Anzeige der 1822 gehaltenen Vorlesungen H.s u. d. T. »Chromatik«, in: »Zur Naturwissenschaft« II 1). — Im *anliegenden Heft* übersende H. eine *Abschrift der Einleitung*, mit der er seine in diesem Sommer an der Berliner Universität gehaltenen Vorlesungen über die Farbenlehre eröffnet habe (vgl. LA II 5B/1, 312–315). Sein dieses Mal beschrittener Weg, *dem experimental-didacti-*

schen Vortrag [...] allgemeine, naturphilosophische Erörterungen vorauszuschicken und seine Vorlesungen entsprechend anzukündigen, sei durch die Einwendungen veranlasst, die, wie er von G. W. F. Hegel erfahren habe, *von Seiten der physikalischen Zunftgenossen* der Universität gegen ihn erhoben worden seien. Näheres dazu. Über *den ganzen diesfalsigen verlauf* wolle er G. demnächst unterrichten. — Die beifolgenden entoptischen Gläser seien dieses Mal nicht so gut ausgefallen, da der *Verfertiger der vorigen* (H. J. Duwe) erkrankt sei und H. die Arbeit bei einem seiner Hörer, (? W.) Vollmer, habe in Auftrag geben müssen. — *Die gewünschten Rechnungen über die gemachten Auslagen* werde H. mitbringen. — Das beifolgende Kistchen enthalte außerdem die *Gaben* zweier Freunde H.s. Mit einem habe er den 28. August begangen (F. Förster), *der Andere scheue sich, seine Arbeit selbst dem competentesten Richter vorzulegen.*

Beilage: RA 10, Nr. 358.

351 NÜRNBERG, VEREIN VON KÜNSTLERN UND KUNSTFREUNDEN (UNTERZEICHNER: ERNST LÖSCH, FRIEDRICH FLEISCHMANN UND ALEXANDER HERTEL)

1823 September 1 Nürnberg S: 28/103 Bl. 307 D: — B: — A: — TB: 1823 September 24 (BVL)

Der Verein habe im letzten Jahr begonnen, *den verstorbenen Künstlern* Nürnbergs *in einzelnen Heften ein kleines Denkmal zu setzen*. Man schöpfe *aus den reinsten Quellen* und hoffe, dass das *Kunstliebende Publikum* die Veröffentlichungen *mit Beifall aufnehmen wird*. Übersendung der ersten beiden Hefte (»Adam Kraft, Bildhauer« und »Karl Guttenberg und Heinrich Guttenberg, Kupferstecher«, Ruppert 2319) mit der Bitte einer Empfehlung durch G., *welche für ganz Deutschland die entscheidenste ist*.

352 LASIUS, FRANZ HEINRICH FRIEDRICH LUDWIG

1823 September 2 Hildesheim S: 28/103 Bl. 295 D: — B: — A: —

Seine *Neigung zur Dichtkunst* ermutigt L., an G. zu schreiben. Er sei ein 16-jähriger Jüngling, der schon einige dichterische Versuche unternommen habe und sich nun weiter vervollkommnen wolle. G.s »Leiden des jungen Werthers« und »Wilhelm Meisters Lehrjahre« habe er *verschlungen*. Für die *Lectüre der Meisterwerke der deutschen Dichter* wie Lessing, Schiller, Herder und Wieland, fehle ihm das Geld. Hoffnung auf G.s Unterstützung, um sich in seiner Nähe und unter seiner Leitung diesen Studien widmen zu können. — Angabe seiner Adresse bei Marheinecke.

353 RENNENKAMPFF, KARL JAKOB ALEXANDER VON

1823 September 2 Oldenburg S: 28/103 Bl. 285–286 D: LA II 10A, 612 (T) B: 1823 Juni 2 (37, Nr. 51) A: —

R. habe G.s Brief durch S. Theoli erhalten. Die Bekanntschaft mit ihm und seiner Frau sei für R. *wie ein Echo aus Schönen alten Zeiten gewesen*; erwähnt: G. Nollis Plan von Rom. Aus dem Vergleich seines damaligen Zustandes mit seiner jetzigen Situation sei eine *Selbstprüfung* hervorgegangen; weitere Gedanken dazu. — Theoli habe die Bilder des Herzogs Peter von Oldenburg in gutem Zustand und *nichts zu restaurieren* vorgefunden. Theolis Gemälde seien *mit großer Aufmerksamkeit betrachtet worden*; die hohen Preise *haben vom Handel abgeschrekt*. — Seinem Buchhändler in Bremen verdanke R. die neuesten Hefte »Über Kunst und Altertum« (IV 2) und »Zur Naturwissenschaft überhaupt, besonders zur Morphologie« (II 1). Mit *Rührung* habe er in den Zeitungen *die Nachrichten von den Arbeiten des vorigen Winters u. von der allgemeinen Theilnahme an G.s Genesung gelesen*. Das betreffende Fest in R.s Haus sei mit seinen Freunden *freudiger u. jubelnder gefeyert worden als [...] der erste Zahn* seines *ersten Kindes*. — Über das neue Heft »Zur Naturwissenschaft überhaupt, besonders zur Morphologie«, das mit *den angeführten Werken [...] vergleichendes Studium für mehr als ein Jahr; Freude u. Betrachtung für das längste Leben* gebe; Zitat aus G.s Gedicht »Lebensgenuß«.

354   AUERSPERG, JOSEPH GRAF VON UND ZU

1823 September 3   Schloss Hartenberg   S: 28/103 Bl. 258   D: GÖ 2, 327   B: 1823 September 3 (37, Nr. 125)   A: —

A. erwarte G.s Besuch mit *einem Vergnügen das keine Grenzen hat* (vgl. G.s Tagebuchnotizen vom 5. bis 7. September).

355   MAURER, AUGUST WILHELM

1823 September 3   Stuttgart   S: 28/103 Bl. 296   D: Mommsen 6, 831f. (T)   B: —   A: —

M. bittet, bei der Benefizvorstellung zu seinen Gunsten G.s *neuste Bearbeitung* des »Götz von Berlichingen« geben zu dürfen. Er benötige *nur einen Erlaubnißschein* von G., damit ihm F. Grüner in Darmstadt das Buch für die Vorstellung in Stuttgart überlasse; erwähnt: sein Intendant (F. von Lehr). Die Rolle des Götz wolle M. *mit dem größten Fleiße studieren*.

356   STRUVE, HEINRICH CHRISTOPH GOTTFRIED VON

1823 September 3   Hamburg   S: 28/1033 Bl. 103   D: NC, Nr. 352   B: 1823 August 16 (37, Nr. 111)   A: —

Dank für G.s *überaus gütige Zuschrift und die beigefügten Mineralien*. Warum A. G. Werner die böhmischen Augite *lieber als basaltische Hornblende* aufführe, möge er *selbst verantworten*. — Freude über die *wohlthätigen Wirkungen* Marienbads auf G. — Glückwünsche zu G.s Geburtstag.

357   KRÄUTER, FRIEDRICH THEODOR DAVID

1823 September nach 3   Weimar   S: 28/104 Bl. 308–309   D: WA III 9, 379f.   B: —   A: —

Verzeichnis der für G. *während seines Aufenthaltes in Böhmen 1823* angekommenen Briefe und Pakete: 1) Frachtbrief und Mineralien von K. C. von Leonhard (vgl. RA 10, Nr. 181 und RA 10, Nr. 230); 2) Brief und Mineralien von F. von Stein (RA 10, Nr. 319); 3) ein weiterer Brief F. von Steins (RA 10, Nr. 260); 4) Brief von C. G. Nees (RA 10, Nr. 259) und Kupfer (der Pflanzen Goethea cauliflora und Goethea semperflorens); 5) vier Druckbogen des *Mineralogischen Systems* (»Charakteristik der Felsarten«, vgl. Ruppert 4799), von Leonhard, ohne Brief (vgl. RA 10, Nr. 287); 6) Brief von W. Grimm (RA 10, Nr. 265) mit Zeichnungen (L. Grimm »Radierte Blätter nach der Natur«, vgl. Ruppert 2451); 7) Brief von K. A. Varnhagen von Ense (RA 10, Nr. 307) und Buch (»Goethe in den Zeugnissen der Mitlebenden«, hrsg. von Varnhagen); 8) Brief und Buch von F. J. Schelver (RA 10, Nr. 273, 2. Fortsetzung seiner »Kritik der Lehre von den Geschlechtern der Pflanze«, vgl. Ruppert 5052); 9) Brief von J. F. von Cotta (RA 10, Nr. 255); 10) Brief und Buch von K. von Voght (RA 10, Nr. 225, »Flotbeck und dessen diesjährige Bestellung«, vgl. Ruppert 3006); 11) Brief und Buch von M. von Freyberg (RA 10, Nr. 234, 4. Heft [»Tagebücher aus Venedig«] der »Tagebücher aus Italien«, vgl. Ruppert 4051); 12) Brief und Gedicht von C. Genelli (RA 10, Nr. 305, »Der Froschsumpf«); 13) Brief und Buch von I. H. von Wessenberg (RA 10, Nr. 214, »Blüten aus Italien« und »Märzblumen«) sowie von F. von Horben (Übersetzung von T. Tassos »Aminta«; vgl. RA 10, Nr. 557); 14) Brief von H. Dau (RA 10, Nr. 298); 15) »Die Rheinfahrt« (von K. C. Wolfart, vgl. Ruppert 850), ohne Brief; 16) Brief von H. C. Schnoor (RA 10, Nr. 267) und *Lied* (? »Die Vergangenheit«); 17) Brief von E. A. von Gersdorff (RA 10, Nr. 316); 18) Brief von F. von Stein (? RA 10, Nr. 260) *nebst Rolle in Wachstuch*; 19) Brief von H. von Montenglaut (RA 10, Nr. 252); 20) *Prospectus* »Annales de législation et d'économie politique« (hrsg. von P. F. Bellot, E. Dumont, L. Meynier, P. Rossi und J. C. L. Simonde de Sismondi) aus Paris, ohne Brief; 21) *Eine No. der Eichenblätter*; 22) Brief von der Verlagsbuchhandlung J. A. Barth (RA 10, Nr. 324) mit *zwei Büchern* (J. von Berzelius »Untersuchung der Mineralwasser von Karlsbad, von Teplitz und Königswart«, übersetzt von G. Rose, herausgegeben und erläutert von L. W. Gilbert, zwei Exemplare, vgl. Ruppert 5311); 23) *Prospectus* H. J. Klaproth »Tableaux historiques de l'Asie« aus Paris, ohne Brief; 24) Brief von L. W. Wittich (RA 10, Nr. 323) *nebst Rolle* (Kupferstich nach K. F. Schinkel); 25) Frachtbrief *nebst Rolle* aus Bonn (? E. d'Alton und C. Pander »Die Skelette der Nagetiere«; vgl. RA 10, Nr. 313 und Ruppert 4326); 26) *Brief nebst Zeichnung* von den Gebrüdern Henschel (? vgl. RA 10, Nr. 329); 27) Brief von F. Soret (an O. von Goethe, RA 10, Nr. 321); 28) Brief von A. Radl (RA 10, Nr. 301) mit einem Ölgemälde, das sich bereits in der Kunstausstellung befinde; 29) Brief vom lithographischen Institut aus Berlin (RA 10, Nr. 333) mit Steindrucken; 30) Brief von H. von Struve (RA 10, Nr. 356); 31) Brief von A. W. Maurer (RA 10, Nr. 355); 32) Brief von K. F. Zelter (RA 10, Nr. 320); 33) Brief von F. Lasius (RA 10, Nr. 352); 34) Brief von A. von Rennenkampff (RA 10, Nr. 353); 35) Brief von einer Gesellschaft von Freunden und Verehrern G.s (RA 10, Nr. 344) mit einem Gedicht zum 28. August (von L. Robert) und Nr. 138 des »Hamburger Korrespondenten« 1823 (RA 10, Nr. 347); 36) Brief von L. von Henning (RA 10, Nr. 350) mit einem Kistchen (mit entoptischen Gläsern).

358   FÖRSTER, FRIEDRICH CHRISTOPH

1823 September 4   Berlin   S: 28/103 Bl. 292–293; 28/320 St. 9   D: LA II 5B/2, 1116f. (T); 1117–1124   B: —   A?: an F. Kirms, 1823 Oktober 29 (37, Nr. 158)

Da G. zu seiner *diesjährigen Geburtstags-Feier, so schön umgeben, beschenkt, bekränzt* sei, wage F. erst danach das beiliegende Gedicht als *Zeichen der innigsten Theilnahme an G.s Wirken und Werken zu übersenden.* Es sei ein Versuch in der Art von G.s Gedicht »Die Metamorphose der Pflanzen«. Über das Wagnis eines Lehrgedichts und die Veranlassung; erwähnt: G.s »Farbenlehre«. In Berlin sei man während G.s Krankheit (im Februar) sehr besorgt gewesen; F.s Ehefrau Laura habe sich an den von G. empfangenen Blumen (? während des Besuchs in Weimar; vgl. RA 9, Nr. 644) hoffnungsvoll getröstet. — *Unser Freund, der Philosoph* (L. von Henning), wolle F.s Sendung überbringen. — Angabe seiner Adresse.
   Anlage: F.s Lehrgedicht »Farbenlehre«; Manuskript.
   Beilage zu: RA 10, Nr. 350.

359   GRÜNER, JOSEPH SEBASTIAN

1823 September 4   Eger   S: 28/103 Bl. 259–260   D: Grüner und Zauper, 61f.   B: 1823 September 1 (37, Nr. 124)   A: 1823 September 4 (37, Nr. 126)

Grüners Kutscher Simon könne G. nach Hartenberg bringen (zu Graf J. Auersperg; vgl. G.s Tagebuchnotizen vom 5. bis 7. September). Von dort könne Grüner G. nach Eger begleiten. — Vom *Sonnenwirthe* (F. Blechschmidt) seien ihm *eine Schachtel mit Mineralien von Pilsen [...] und ein Brief* (? von J. S. Zauper; vgl. RA 10, Nr. 327) sowie *ein Paquetchen* übergeben worden. — Aufzählung von eingegangenen ausländischen Mineralien. Ferner sei *eine Kiste* von F. Graf aus Amberg mit bayerischen Funden eingetroffen. — Einer von Grüners *Adjuncten* habe beim Tillenberg *abermals eine neue Entdekung gemacht*; Näheres zu dem Mineral und dessen Fundort.

360   QUATEMBER, ANDREAS

1823 September 4   Wien   S: 28/103 Bl. 297–298   D: —   B: —   A: —

Q. schildert, dass ihm durch die Lektüre des »West-östlichen Divan« die *ganze Welt und das Leben [...] um so viel lieber geworden* seien. Bitte, ihm *durch ein wohlthätig Wort an die Hand zu gehen, segenreich dem Geist gemäß fortzugehen, der in diesem Divan athmet.* Er sei gegenwärtig bei (? B. L.) *Neuffer in Wien.*

361   NEES VON ESENBECK, CHRISTIAN GOTTFRIED DANIEL

1823 September 5   Bonn   S: 28/1033 Bl. 104–109   D: GNe, Nr. 76   B: 1823 August 22 (37, Nr. 118)   A: 1823 September 29 (37, Nr. 140)   TB: 1823 September 23 (E)

N. dankt für G.s Brief und die Anerkennung seiner Rezension in der JALZ (1823, Nr. 101–108, über »Zur Naturwissenschaft überhaupt, besonders zur Morphologie«, mit A. Goldfuß und J. Noeggerath). — Mitteilung der *Antikritik* seines *heiteren Freundes* W. Ritz (vgl. dessen Brief an N., GNe, 172–174 und Abschrift von J. John, GSA 26/LXX,25) mit der Bitte um Rücksendung; erwähnt: der Aufsatz von N., Noeggerath und G. Bischof »Die unterirdischen Rhizomorphen«, in: »Nova Acta« 1823, Bd. 11.2. — *Die Zeichnung des Basaltsteinbruchs* (für N.s Abhandlung »Die Basaltsteinbrüche am Rückersberge bei Oberkassel am Rhein. Aus Noeggeraths: Das Gebirge in Rheinland-Westphalen«, in: »Zur Naturwissenschaft überhaupt« II 2) werde K. T. Senff neu herstellen. — Sehr ausführliche Schilderung von N.s Verhältnis zu K. W. Nose, dem Verfasser der »Kritik der geologischen Theorie, besonders der von Breislak und jeder ähnlichen« (vgl. Ruppert 4941), und über dessen Lebensumstände; erwähnt: Noeggeraths Ehefrau und Familie, Noses getrennt lebende Ehefrau und dessen *Gesellschafterin* (J. Stuttberg) sowie Kants Schriften. Nose soll *Göthen [...] herzlich zugetan seyn.* — Über N.s Eindruck von H. Kolbes Bildnis G.s; erwähnt: G. Dawes Porträt des Dichters (gestochen von T. Wright) und (Kolbes) Bildnis E. d'Altons. — Hinweis auf die Übersendung der »Amoenitates botanicae Bonnensis« (hrsg. von F. Nees und N.) durch C. D. Jung (vgl. RA 10, Nr. 312). — Die »Nova Acta« (1823, Bd. 11.2) und der Abdruck der Tafel über den Elefantenschädel (von J. Schubert nach J. Waitz; vgl. »Zur vergleichenden Osteologie von Goethe. Mit Zusätzen und Bemerkungen von Dr. Ed. d'Alton«, in: »Nova Acta« 1824, Bd. 12.1) würden demnächst folgen.

362   BREDE, AUGUSTE HENRIETTE ELISABETH

1823 September 6   Stuttgart   S: 28/103 Bl. 300   D: Mommsen 6, 832 (T)   B: —   A: —

B. habe seit langem den Wunsch, *die Adelheid im Götz mit den neu hinzugefügten Scenen zu geben*. Sie bitte, ihr das Manuskript für eine Benefizvorstellung *zu ihrem Vortheil* zu überlassen. Es bedürfe *nur der freundlichen Zusage* G.s, dann werde sie sich wegen einer Abschrift an den Darmstädter Regisseur (F. Grüner) wenden, der das Manuskript besitze. — B. erinnert daran, dass sie sich *vor einigen Jahren* in Karlsbad G. habe vorstellen dürfen (vgl. G.s Tagbuchnotiz vom 30. Juli 1818) und schildert, wieviel ihr die Darstellung der von G. geschaffenen Charaktere bedeute.

363   GOETHE, AUGUST VON

1823 September 6   Weimar   S: 28/103 Bl. 263–264   D: GAug, Nr. 552   B: an T. Kräuter, 1824 August 24 (37, Nr. 122)   A: —   TB: 1823 September 9

Der *Kutscher des Meister* (? F.) Rückoldt werde G. in Eger abholen. — A. von Goethe wolle am 12. September nach Jena gehen und alles für G.s Empfang vorbereiten. — Hinweis auf das beiliegende Paket (mit Heften »Zur Naturwissenschaft überhaupt, besonders zur Morphologie« II 1, »Über Kunst und Altertum« IV 1 und IV 2 sowie E. F. Glockers »Grundriß der Mineralogie«).

364   ZEUNE, JOHANN AUGUST

1823 September 6   Berlin   S: 28/103 Bl. 299; 28/105 Bl. 441–442   D: Germania 1850, 248f. (T); 249f.   B: —   A: —

Z. überreiche *eine Art Bittschrift*, die er *in einer heitern Gesellschaft deutschgesinnter Freunde bei einer Nachfeier* von G.s Geburtstag *an einem anmuthigen Orte bei Berlin* vorgelesen habe. Es könne sein, dass *einige Erinnerung* aus Z.s Gespräch mit G. im Jahre 1816 *in dies Gedicht übergegangen* sei (vgl. aber RA 7, Nr. 436). G.s Geburtstag selbst habe Z. in einem Kreise mit L. F. G. von Goeckingk, A. F. E. Langbein und anderen gefeiert. — K. K. Kraukling wolle *Luthers Gedichte vollständig herausgeben* und bitte, G. *diese Ausgabe zueignen zu dürfen*.
    Anlage: Z.s Gedicht *Dem Deutschen Meistersänger Johann Wolfgang von Goethe zu dessen 75ten Wiegenfeste [...]*; datiert: Berlin 1823.

365   MEYER, JOHANN GOTTLIEB (MINERALWASSERHANDLUNG)

1823 September 7   Schleiz   S: 34/XXXIV,5 Bl. 7–8; Bl. 9   D: —   B: —   A: —

Übersendung eines Frachtbriefes von Oerthel, Heerdegen & Co. für Fuhrmann J. Korndörfer *aus Schwarzenbach*, der vier Kisten Mineralien und eine Kiste Kreuzbrunnenwasser überbringen werde. Aufgrund der *Feuersbrunst in Hof [...] vergangenen Donnerstag* habe der Fuhrmann den Frachtbrief nicht erhalten können.
    Anlage: Frachtbrief von Oerthel, Heerdegen & Co.; datiert: Hof, 4. September 1823.

366   WILBRAND, JOHANN BERNHARD

1823 September 7   Gießen   S: 28/1033 Bl. 110   D: Maaß, 615f.   B: —   A: —

Dank für G.s erneute Anzeige von W.s (und A. Ritgens) »Gemälde der organischen Natur« und der zugehörigen Tafel »Tiergeschlechter und Pflanzenfamilien in ihrer geographischen Verbreitung dargestellt« (lithographiert von J. Päringer) in »Zur Naturwissenschaft überhaupt« (II 1; vgl. RA 9, Nr. 1383) mit der Aufforderung G.s, für das Werk eine Subskription zu veranstalten. W. hoffe, Details der Subskription mit G. *im Anfange des Octobers* in Weimar auf der *Rückreise von der Versammlung der Naturforscher in Halle* zusammen mit Ritgen besprechen zu können (vgl. G.s Tagebuchnotiz vom 3. Oktober und RA 10, Nr. 460).

367   REINHARD, KARL FRIEDRICH GRAF

1823 September 8   Frankfurt   S: 28/734 St. 72   D: GRe, Nr. 133   B: 1823 Juni 26 (37, Nr. 82)   A: 1823 September 14 (37, Nr. 133)

R. habe durch einen Brief seines Sohnes Karl, dem F. von Müllers Geburtstagsgedichte für G. (»Feierlich von froher Tafelrunde ...«) beigelegen haben, von G.s Rückkehr aus Marienbad und dem Kurerfolg erfahren; erwähnt: Prinz Alexander von Hohenlohe-Waldenburg-Schillingsfürst. — R. sei zurück von einem fünfwöchigen Aufenthalt in (Baden-)Baden. Über seine Reisepläne nach Weimar: R. wolle über Würzburg und Bamberg zunächst nach Gotha reisen, um mit B. von Lindenau den Sternenhimmel zu betrachten, um dann Ende des Monats in Weimar einzutreffen. Neben seinem Sohn und seiner Tochter Sophie begleite ihn *eine kleine niedliche Reisegefärthin* (V. von Wimpffen), von der von Müller berichten könne. — Vorfreude auf ein Wiedersehen nach 16 Jahren (vgl. G.s Tagebuchnotizen vom 1. bis 8. Oktober).

368 SCHULTZ, CHRISTOPH LUDWIG FRIEDRICH

1823 September 9   Salzbrunn   S: 28/1033 Bl. 111   D: NC, Nr. 331   B: 1823 August 19 (37, Nr. 115)   A: 1823 September 14 (37, Nr. 134)

Am 13. August sei S. zur Kur nach Salzbrunn abgereist, die Pflege seines *lieben Kranken* (Sohn Bernhard) habe er seiner Ehefrau überlassen. Seine Rückreise über Dresden beginne S. am 16. September, sodass er nicht vor dem 24. oder 25. September in Jena oder Weimar eintreffe (vgl. G.s Tagebuchnotizen vom 28. September bis 8. Oktober). — S. habe sich *mit Büchern umgeben*, deren Sinn ihn, in Wechselwirkung mit der ihm umgebenden Natur, zu höheren wissenschaftlichen Erkenntnissen führen solle. — S. betrachte es als notwendige Aufgabe, K. E. Schubarth, der ihm *Freude u Noth* bereite, *auf den rechten Flek zu bringen*. — G.s Verse am Schluss seines Briefes hätten S. tief beeindruckt (»Wenn sich lebendig Silber neigt ...«).

369 SIETZE, KARL FRIEDRICH FERDINAND

1823 September 10   Berlin   S: 28/103 Bl. 301–302   D: —   B: —   A: —

S. berichtet von einer Feier anlässlich G.s Geburtstag, bei der *eine Abend-Versammlung junger Männer* ihre *Liebe und Verehrung* für G. bekundet hätte, was S. aber nicht befriedigt habe. Daher wage er, beiliegende *Zeilen [...] hierbei zu überreichen*, in denen er seine eigenen Empfindungen ausgedrückt habe. Die Verehrung für G. reiche bis ins Jahr 1816 zurück, als er G.s »Faust« kennengelernt habe.

370 GOSSLER, JOHANN HEINRICH

1823 September 11   Asch   S: 28/105 Bl. 447   D: —   B: —   A: —   TB: 1823 September 11

Handschriftliches Gedicht *Euer Excellenz! Nach Verlauf zehn voller Wochen [...]*.

371 SCHULTZ, CHRISTOPH LUDWIG FRIEDRICH

1823 September 13 bis 15   Salzbrunn   S: —   D: LA II 5B/2, 1125   B: 1823 Juli 8 (37, Nr. 90); 1823 September 8 (37, Nr. 127)   A: —   V: Druck

1823 September 13
Detaillierte Beschreibung einer meteorologischen Erscheinung mit Wolken- und Strahlenbildung am Abendhimmel sowie der Barometerveränderungen; erwähnt: Geheimrat Beyer und A. von Flotow.
   1823 September 14
Über den Morgenhimmel und den fallenden Barometerstand.
   1823 September 15
Fortgesetzte Beschreibung der Wetterbeobachtungen.

372 EICHSTÄDT, HEINRICH KARL ABRAHAM

1823 September 15   Jena   S: 28/103 Bl. 303–304   D: —   B: —   A: —

Glückwunsch zu G.s Rückkehr nach Jena (von seiner Badereise), schriftlich dargebracht aufgrund E.s eigener Abreise. — Über *neue Verhältnisse wegen* (der Jenaischen) *A. L. Z. u. Fürstengarten*, die E. sehr bekümmerten. Gefahr, dass durch die Entscheidung Großherzog Karl Augusts die Dinge noch schlechter gestellt würden, als sie P. von Motz ohne E.s Zutun festgelegt habe. Seiner Gesundheit wegen müsse sich E. dem *höchsten Willen in Gehorsam fügen*. Da die Angelegenheit in G.s *Departement* falle und ein literarisches Institut betreffe, das er *vorzüglich mitbegründet* habe, möge G. das letzte Schreiben E.s einsehen und offen sagen, ob für E. irgend noch eine Hoffnung in *Jena* vorhanden sei. — E. lege einen Aushängebogen seiner *in der Druckerey befindlichen Rede bey der neulichen Preisvertheilung* (am 6. September in der Universität, »Felicitas Academiae Jenensis«, vgl. Ruppert 433) bei.

373 SCHULTZ, KARL HEINRICH AUGUST

1823 September 15   Magdeburg   S: 28/103 Bl. 294   D: —   B: —   A: —

S. freue sich, dass G. den 28. August *froh und gestärkt erlebt* habe, und wünsche, G. möge seinen Geburtstag noch recht oft begehen können. Anspielung auf die wohltätige Wirkung der Marienbader Heilquelle, *deren Lob* er von G. selbst gehört habe (vgl. G.s Tagebuchnotiz vom 3. Juli).

374 ROCHETTE, DESIRÉ RAOUL

1823 vor September 16   Paris   S: 28/720 St. 1   D: —   B: —   A: an S. Boisserée, 1823 Dezember 13 (37, Nr. 183); an S. Boisserée, 1823 Dezember 18 (37, Nr. 184)   TB: 1823 Oktober 3 (BVL)   V: in französischer Sprache

Übersendung seiner »Lettres sur la Suisse« (Ruppert 4027) durch S. Boisserée als Ausdruck der Bewunderung für G.s Werke, besonders des »Faust« und der »Iphigenie auf Tauris«.
Beilage zu: RA 10, Nr. 375.

375   BOISSERÉE, JOHANN SULPIZ MELCHIOR DOMINIKUS

1823 September 16   Paris   S: 28/206 St. 96   D: GB 2, 358–360 (T)   B: —   A: —

Bedauern über das Ausbleiben von Nachrichten G.s. — *Über die technischen Schwierigkeiten, womit die Herausgabe großer Prachtwerke verbunden ist.* Der Grund für die Verzögerung der »Ansichten, Risse ... des Doms von Köln« sei nicht, wie manche seiner Bekannten in Deutschland glaubten, *der Druck des deutschen Textes in Paris*; auch *der Druck des französischen Textes* (übersetzt von D. J. Mozin) habe *eben so viele Schwierigkeiten erlitten* und die Fertigstellung verzögert. Klage über die französischen Drucker. Trotz der Widrigkeiten werde ein Werk entstehen, das *selbst die wenigen widerstrebenden Geister zur Bewunderung* zwinge. Die 1. Lieferung sei erschienen und am 13. September in der Akademie (der schönen Künste) vorgestellt worden. D. R. Rochette habe B.s auf Französisch geschriebene Rede über die Ergebnisse seiner Forschung vorgetragen (»Mémoire sur l'architecture du moyen age«). Diese Rede habe ebenso wie das Werk *entschiedenen Beifall* gefunden. Freude darüber, dass auch in Paris, wo *die abgeschmakten Bannflüche gegen Alles ausgegangen*, *was nicht den Roemern nachgeäfft* worden sei, nun auch die gotische Baukunst *die gebührende Anerkennung* gefunden habe; erwähnt Meister Gerhard und C. Percier. — B. werde an G. die 1. und 2. Lieferung sowie an Großherzog Karl August die 2. Lieferung des Domwerkes und den Text schicken. Für G. lege er auch den französischen Text der Akademierede bei. — M. Boisserée werde Rochettes »Lettres sur la Suisse« (vgl. Ruppert 4027) an G. senden. G. könne Rochette, der *sämtliche Bände aus ihrem Leben* besitze, die größte Freude bereiten, indem er ihm die »Farbenlehre« sende. — Grüße an Graf K. F. Reinhard, der B. geschrieben habe, dass er G. *um diese Zeit* besuchen wolle (vgl. G.s Tagebuchnotizen vom 1. bis 8. Oktober). — A. von Humboldt empfehle sich. — Angabe seiner Adresse in Paris bei J. F. J. Lecointe.
Beilage: RA 10, Nr. 374.

376   STERNBERG, KASPAR MARIA GRAF VON

1823 September 16   Brzezina   S: 28/1033 Bl. 117   D: GSt, Nr. 21   B: 1823 September 10 (37, Nr. 132)   A: 1823 Dezember 18 (37, Nr. 186)

Dank für die zugesandten Hefte (»Über Kunst und Altertum« IV 2, »Zur Naturwissenschaft überhaupt, besonders zur Morphologie« II 1). Vorerst habe er nur einen *flichtigen Blik* auf E. Meyer (und G. »Problem und Erwiderung«, in: »Zur Morphologie« II 1) *und p: 63 werfen* können (G. »In vorstehendem Aufsatz ...«, in: »Zur Naturwissenschaft überhaupt« II 1). — Gedanken zu G.s Ausführungen über den Wolfsberg (in: »Zur Naturwissenschaft überhaupt« II 2) und Dank *für die dem Museum geschenkte aufmerksamkeit* (vgl. RA 10, Nr. 533). Anerkennung der von G. als *einem competenten Richter* geschilderten Verdienste J. S. Grüners um die Mineralogie. — Über den Besuch der brasilianischen Sammlungen in Wien, besonders der geologischen. Kaiser Franz I. habe ihm daraus 150 Stücke für das Prager Museum zugesagt. Hoffnung, dass S.s Besuch in Wien *für die Wissenschaft nicht ganz vergeblich gewesen* sei (vgl. »Die brasilianischen Herbarien in Wien«, in: »Flora oder botanische Zeitung« 1823, Bd. 6).

377   ADRIAN, JOHANN VALENTIN

1823 September 19   London   S: 28/104 Bl. 337   D: Rieger, 75   B: an J. F. von Cotta, 1823 Juni 11 (37, Nr. 57)   A: —

Dank für G.s fortdauerndes Wohlwollen. A. trete im November in Gießen eine Professur *der neuern Literatur* an. J. F. von Cotta habe geäußert, G. fände nicht genug Zeit, seine Papiere zu ordnen. A. wolle mit *Eifer* und *Bereitwilligkeit* G.s Wünschen entsprechen, auch Aufträge für ihn in London erfüllen, wo er bis 24. Oktober bleibe. — Angabe seiner Adresse.

378   MÜLLER, FRANZ HUBERT

1823 September 19   Darmstadt   S: 28/104 Bl. 345   D: —   B: —   A: —   TB: 1823 Oktober 19 (BVL)

M. übersendet *ein Exemplar der ersten Lieferung* seines Werkes »Die St. Katharinen-Kirche zu Oppenheim« (Ruppert 2360) in der Hoffnung, G. möge *diese Blätter* als Beweis seiner *innigsten Hochachtung und tiefen Verehrung* auffassen.

379   WILLEMER, MARIANNE VON

1823 September vor 20   Frankfurt   S: Freies Deutsches Hochstift Frankfurt (Abschrift)   D: GW, Nr. 125   B: an J. J. und M. von Willemer, 1823 September 9 (37, Nr. 128)   A: »Myrte und Lorbeer« (WA I 4, Nr. 42)   TB: 1823 September 22

Wie bereits J. J. von Willemer *in seinem* (nicht überlieferten) *Briefe* melde, habe sie *der Inhalt* von G.s Brief sehr erfreut, auch wenn die *sogar in den Zeitungen* angekündigte Reise an den Rhein und Main nun nicht stattfinde. Über ihre fehlgeschlagene Hoffnung, G. noch in diesem Jahr zu sehen und ihre weitere Hoffnung auf das nächste Jahr; erwähnt: J. Frommann, die ihr G.s Reise nach Eger angezeigt, aber dennoch Hoffnung auf eine Rheinreise gemacht habe. G.s liebenswürdiges Gedicht (»Gesendet von Marienbad einer Gesellschaft versammelter Freunde zum 28. August 1823«) habe sie überzeugt, *welche Lebensfrische* er *aus der Heilquelle getrunken*; Zitat aus K. L. von Knebels Nachdichtung der »Elegie« des Tograi. — Erinnerung an *die Feuer des 18 Oktobers* (zum Gedenken an die Völkerschlacht bei Leipzig, während G.s Besuch bei Willemers 1814; vgl. RA 6, Nr. 1354). — W. übersende beiliegende *kleine Rolle* mit Frankfurter

Ansichten. Sie hätten *keinen andern Werth* als den, den G. ihnen gebe; Erläuterungen dazu ? und Anspielung auf die Xenie »Weißt du, worin der Spaß des Lebens ...« (in: »Über Kunst und Altertum« II 3). — Im Auftrag von Susanna Schlosser danke W. für *die Sendung* (? an F. Schlosser) und teile mit, dass *ihre Geschwister* (hier: F. Schlosser und dessen Ehefrau) zurzeit in der Schweiz oder in Italien seien. — Über J. J. Riese habe J. J. von Willemer bereits berichtet. — J. M. Sailer, *neuerwählter Bischoff von Regensburg*, halte sich seit einiger Zeit in Frankfurt und am Rhein auf: *ein wandelndes Herz mit einer Bischofsmütze*. — Spöttische Bemerkungen über einen Besuch von K. Brentano, der *die sündhafte Welt mit schwerem FrömmigkeitsCaliber* beschieße.

380   HESSEN-DARMSTADT, CHRISTIAN LUDWIG LANDGRAF VON

1823 September 20   Darmstadt   S: 28/104 Bl. 322   D: Gemmenkatalog, 267 (T)   B: —
A: 1823 Oktober 23 (37, Nr. 155); 1824 Februar 20 (38, Nr. 38); an H. Meyer, 1823 Oktober 10 (37, Nr. 145); an E. Müller, 1823 Oktober 19 (37, Nr. 153); an König Wilhelm I. der Niederlande, 1823 Oktober zwischen 20 und 23 (37, S. 386, vgl. GB Rep, Nr. 37153l, nicht abgesandt)   TB: 1823 September 24; 1823 September 24 (BVL)   V: in französischer Sprache

H. übersendet im Auftrag König Wilhelms I. der Niederlande J. C. de Jonges Schrift »Notice sur le cabinet des médailles et des pierres gravées de Sa Majesté le Roi des Pays-Bas« (Ruppert 2489; vgl. H. Meyer und G.s Anzeige, in: »Über Kunst und Altertum« IV 3).

381   BROCKMÜLLER, JOHANN JOACHIM DANIEL

1823 September 21   Schloss Hasenpoth   S: 28/108 Bl. 219   D: —   B: —   A: —

Ankündigung zweier *Jünglinge, aus dem edlen Geschlechte Medem* (? die Grafen A. und T. Medem) und ihres *kurzen Aufenthaltes in Weimar und Jena*. Durch sie hoffe man, *die erwünschtesten und heitersten Nachrichten von G. zu erhalten, deßen Genesungs- und Geburtstagsfest* in Kurland *mit Preis und Anbetung des rettenden Gottes, gefeyert* worden sei; erwähnt: die Herzogin von Kurland.

382   KNEBEL, KARL LUDWIG VON

1823 September 21   Jena   S: 28/519 Bl. 606   D: GK, Nr. 610 (T)   B: —   A: 1823 Oktober 29 (37, Nr. 156)

Bedauern über die *fehlgeschlagenen Hofnungen* auf G.s Besuch; erwähnt: K.s Familie und G.s *Kreis der nahen und fernen Freunde*. — Betrachtungen über das Alter. — Bitte um das neueste Heft von »Zur Naturwissenschaft überhaupt, besonders zur Morphologie« (II 1). — K. übersetze zuweilen aus englischen Journalen. Der *freie Geist der Engländer* lasse sie *das scherzhafte und komische mit dem tiefsten Sinne* verbinden, weshalb auch G.s »Faust« *so anzüglich* sei. Ankündigung eines kleinen Aufsatzes *zur Probe*.

383 KLÖDEN, KARL FRIEDRICH

1823 September 23   Potsdam   S: 28/104 Bl. 320–321   D: LA II 2, 441 (T)   B: —   A: —
TB: 1823 Oktober 7 (E); 1823 Oktober 7 (BVL)

K. übersendet in Verehrung für G. sein Werk »Grundlinien zu einer neuen Theorie der Erdgestaltung« (Ruppert 4767).

384 WACH, KARL WILHELM

1823 September 23   Berlin   S: 28/104 Bl. 323   D: —   B: —   A: —

W. übersendet drei Probeabdrücke der neun Musen nach seinen Deckengemälden im Berliner Schauspielhaus, die jetzt in Mailand von J. Caspar unter G. Longhis Aufsicht gestochen werden. K. W. Coudray habe W. die Versicherung gegeben, dass G. auch diese noch *unvollkommne*n *Versuche* nachsichtsvoll aufnehmen werde. Bitte um die Erlaubnis, auch die folgenden Blätter vorlegen zu dürfen (vgl. W. an G., 1826 Dezember 7, RA 11).

385 SCHULTZ, CHRISTOPH LUDWIG FRIEDRICH

1823 September 24   Dresden   S: 28/1033 Bl. 116–116a   D: NC, Nr. 332   B: 1823 September 8 (37, Nr. 127); 1823 September 14 (37, Nr. 134)   A: —

S. werde am 26. September Dresden verlassen und über Leipzig nicht vor dem 28. September nach Weimar gelangen (vgl. G.s Tagebuchnotizen vom 28. September bis 8. Oktober). Freude auf das Wiedersehen mit G. — Die ernsten Vorsätze, sich in Salzbrunn dem Bücherstudium zu widmen, seien fast gescheitert; dagegen habe S. dort seine *Sinne erfrischt* und wieder einmal *in die Menschen gefunden*. — Soeben komme J. Raabe.

386 KIRCHENSCHLAG, ANNA ELEONORE

1823 September 25   Frankfurt   S: 28/104 Bl. 324–325   D: —   B: —   A: —

K. sei *eine Arme Kranke und höchst unglückliche Frau*, die *zu aller Arbeit untauglich* sei. Vor ihrer Heirat *nach Darmstadt* mit dem später in der Schlacht bei Leipzig gefallenen *Musicus nahmen Kirschenschlag* sei sie bei G.s Vater *in Diensten* gewesen. Von S. Melber habe sie erfahren, dass G.s Mutter verstorben sei und dass sich G. in Weimar befinde. K. bitte um *gütige unterstüzung*, da sie völlig mittellos sei; erwähnt: G.s Familie. — Angabe ihrer Adresse bei J. P. Grätz.

387 MÜLLER, FRIEDRICH THEODOR ADAM HEINRICH VON

1823 September 25   Weimar   S: 28/633a,2 St. 42   D: —   B: —   A: —

M. übersendet eine Nummer des »Le constitutionnel«, die G. hinsichtlich der am Schluss *des lezten Artickels bemerkten neuen Erfindung* interessieren werde, zwei Nummern des »Moniteur« (1823, Nr. 166f.) mit G. Cuviers »Eloge historique de Monsieur Haüy« sowie F. Schlossers Brief an M. (? vom 13. September, in GSA 68/510), in dem sich Schlosser zum *Freudenfest* vom 28. August äußere, und gibt die *Eingabe* von F. S. Voigt zurück (vgl. RA 10, Nr. 243).

388 RAABE, KARL JOSEPH

1823 September 26   Dresden   S: 28/104 Bl. 328–329   D: Begegnungen 14, 219 (T) und WA IV 37, 395 (R)   B: —   A: 1823 Dezember 10 (37, Nr. 180)

Nachricht über seine am 5. Mai erfolgte Eheschließung mit der Tochter des Oberleutnants A. von Wittern. Seine Frau sei zwar ohne Vermögen, besitze aber sehr viele gute Eigenschaften. — Seine in Italien geübte Landschaftsmalerei habe ihm mehrere Bestellungen eingebracht, u. a. für König Friedrich Wilhelm III. die Ausführung von drei nach der Natur gemalten Ansichten von Neapel. R. hoffe, *auch in Zukunft sorgenlos leben zu können*, besonders durch eine angemessene Anstellung; auf seine vorgesehene Tätigkeit an der Universität Bonn habe er wegen zu geringer Besoldung verzichtet (vgl. RA 9, Nr. 1155). — Um G. einen Begriff von seinen Arbeiten zu geben, übersende er durch C. L. F. Schultz *2 nach der Natur in Rom entworfene Ansichten*, für deren Ausführung bei ihm Bestellungen vorliegen, *eine Aussicht vom KapuzinerKloster auf Capo di monte in Neapel* sowie *einen Theil des Ausbruches vom Vesuv im Jahre 1820*. Die Ansichten von Neapel benötige R. für den erwähnten Auftrag, sonst hätte er sie gleichfalls mitgesandt. Ebenso könne er seine Skizze des Altarbildes für Naumburg nicht entbehren, doch werde Schultz darüber wie auch über die von ihm für die Kirche *Warthau bei Bunzlau* gemalte Madonna Auskunft geben. — R. hoffe, unter *günstigen Umständen* G. besuchen und ihm einige seiner *besseren Arbeiten* vorlegen zu können. — Bitte um Rücksendung der Zeichnungen an die angegebene Adresse in Dresden. — Empfehlungen an G. sowie A. und O. von Goethe.

389 KNEBEL, KARL LUDWIG VON

1823 September 27   Jena   S: 28/104 Bl. 326–327   D: —   B: 1823 September 27 (37, Nr. 139)   A: —

Bestätigung, die Absage von G.s Besuch bei K. und dessen Familie erhalten zu haben.

390 OSIANDER, TULLIA LUISE

1823 ? Oktober   Weimar   S: 28/104 Bl. 343   D: Begegnungen 14, 544   B: —   A: —

O. aus Göttingen bittet G., *heut' bey der Durchreise ihre Aufwartung machen zu dürfen*.

391 GRIMM, JAKOB LUDWIG KARL

1823 Oktober 1   Kassel   S: 28/104 Bl. 334; 28/373 St. 5   D: GR 2, 225–227   B: —   A: 1823 Oktober 19 (37, Nr. 151)

Empfehlungsbrief für V. Karadžić: G. habe *erst kürzlich böhmischer und griechischer Lieder [...] gedacht* (vgl. »Neugriechisch-epirotische Heldenlieder« und »Das Sträußchen«, in: »Über Kunst und Altertum« IV 1) und früher den »Klaggesang von der edlen Frauen des Asan Aga« nachgedichtet. Die serbische Nationalpoesie, in *der reinsten, wohllautendsten* der lebenden slawischen Sprachen, überrage alles in dieser Art Bekannte. Karadžić habe *vor mehrern Jahren* zwei Bände serbischer Volkslieder (»Mala prostonarodna slaveno-serbska pjesnarica«, vgl. Ruppert 1754, und »Narodna serbska pjesnarica«), eine serbische Grammatik und ein Serbisch-Deutsch-Lateinische Wörterbuch (»Srpski rjecnik«, vgl. Ruppert 652) *mit dem Beifall der gelehrtesten Slavisten* B. Kopitar und J. Dobrovský herausgegeben. Jetzt erscheine bei Breitkopf & Härtel eine neue Ausgabe der Volkslieder (»Narodne srpske pjesme«, vgl. Ruppert 1753). Der 3. Teil sei Fürst Miloš Obrenović zugeeignet, den 1. und 2. Teil wolle Karadžić mit G.s Vermittlung Erbgroßherzogin Maria Pawlowna widmen. — Grimm, der sich selbst mit der serbischen Sprache beschäftigt habe, lege *zur Probe* eine Übersetzung bei.
    Anlage: Grimms Übersetzung des serbischen Volksliedes »Erbschaftsteilung«; Manuskript (gedruckt in: »Über Kunst und Altertum« IV 3).

392 SCHWEIGGER, JOHANN SALOMO CHRISTOPH

1823 Oktober 1   Halle   S: 28/104 Bl. 335–336   D: LA II 1B, 961 (T)   B: 1823 Juni 25 (37, Nr. 78)   A: —   TB: 1823 Oktober 7 (E); 1823 Oktober 7 (BVL)

Dank für G.s Teilnahme am Verein zur Verbreitung von Naturkenntnis (vgl. G.s Tagebuchnotiz vom 19. Juni). Das Heft des »Journals für Chemie und Physik« mit dem »Zweiten Jahresbericht über den Verein« werde *schon angekommen seyn* (Bd. 38, H. 3); S. lege noch einen Sonderdruck des Berichts hier bei (Ruppert 4228) sowie ein weiteres, für Großherzog Karl August bestimmtes Exemplar und für denselben auch den ersten Jahresbericht, verbunden mit der die beiden Berichte *begleitenden Abhandlung* (? »Über einen Verein zur Beförderung naturwissenschaftlicher Reisen«, Ruppert 4290). — Die kürzlich in Halle abgehaltene Versammlung der Gesellschaft deutscher Naturforscher und Ärzte sei *auf eine sehr glänzende Weise eröffnet* worden mit der *Darlegung der wichtigen Entdeckung* J. W. Döbereiners, *die uns zur Kenntniß einer ganz neuen Naturkraft zu führen scheint* (vgl. RA 10, Nr. 290). Mit seinem Freund Döbereiner habe sich S. in Halle auch über die *alten Dioskuren und Cabiren-Bildern unterhalten*. Möglicherweise könne man aus diesen *irgend eine neue physikalische Wahrheit* herauslesen.

393 SÜVERN, JOHANN WILHELM

1823 Oktober 1   Berlin   S: 28/104 Bl. 338   D: —   B: —   A: 1823 Oktober 15 (37, Nr. 148)   TB: 1823 Oktober 10 (E); 1823 Oktober 10 (BVL)

S. übersendet einen Sonderdruck seiner Abhandlung »Über den Kunstcharakter des Tacitus« (Ruppert 1441) und hoffe auf ähnliche wohlwollende Aufnahme, mit der G. ihn *selbst vor acht Jahren in Wiesbaden* gewürdigt habe. Näheres zum Inhalt.

394   ECKERMANN, JOHANN PETER

1823 Oktober 3   Weimar   S: 28/104 Bl. 333   D: —   B: —   A: —   TB: 1823 Oktober 3 (BVL)

E. habe *die Freude*, G. seine »Beiträge zur Poesie mit besonderer Hinweisung auf Goethe« (Ruppert 1922) zu überreichen und füge auch ein zweites Exemplar für C. L. F. Schultz in Berlin bei.

395   HUFELAND, CHRISTOPH WILHELM

1823 Oktober 3   Berlin   S: 28/1033 Bl. 119–120   D: Briefe HA, Nr. 550   B: —   A: 1823 Oktober 15 (37, Nr. 149)   TB: 1823 Oktobber 11 (E); 1823 Oktober 10 (BVL)

H. übersendet *beygehende Blätter* (H.s Aufsätze »Atmosphärische Krankheiten und atmosphärische Ansteckung«, Ruppert 4698, und »Die Atmosphäre in ihren Beziehungen auf den Organismus«, ebd. 4339) als Andenken an die gemeinsam mit G. verbrachte Stunde in Karlsbad. — Freude darüber, dass G. seine Studien nun auch der Atmosphäre zuwende, *ein Gegenstand, der der tiefern Forschung noch so sehr bedarf*. Ausführlich über seine Theorien zum Zusammenhang zwischen Luftdruck und Krankheiten: bei hohem Barometerstand könne man *viel dreister Ader laßen*. — Hoffnung, der Kuraufenthalt habe *G.s Gesundheit recht dauerhaft befestigt*.

396   CARUS, KARL GUSTAV

1823 Oktober 4   Dresden   S: 28/1033 Bl. 118   D: GCar, 36   B: —   A: —   TB: 1823 Oktober 11 (E); 1823 Oktober 10 (BVL)

Übersendung seiner Abhandlung »Vom innern und äußern Bau der Muscheln und Schnecken« (Ruppert 4453). Sie diene als Vorwort zu dem (von ihm) übersetzten Werk von S. Brookes (»Anleitung zu dem Studium der Conchylienlehre«), das er in seinem für »Zur Morphologie« (II 1) eingesandten Beitrag »Urform der Schalen kopfloser und bauchfüßiger Weichtiere« erwähnt habe. — Ursprünglich habe C. das Heft K. von Lyncker mitgeben wollen; dieser sei jedoch zu früh abgereist.

397   COUDRAY, KLEMENS WENZESLAUS

1823 Oktober 4   Weimar   S: 28/104 Bl. 330   D: —   B: —   A: —

Bitte um erneute Ausleihe von K. F. von Wiebekings Buch »Theoretisch-praktische bürgerliche Baukunde« (vgl. Ruppert 2375).

398 FRICK, GEORG FRIEDRICH CHRISTOPH

1823 Oktober 4   Berlin   S: 28/104 Bl. 339   D: WA III 9, 383 (T)   B: —   A: 1823 Oktober 22 (37, Nr. 154)   TB: 1823 Oktober 9 (E)

Begleitschreiben zu der in der Berliner *Königlichen Manufacktur für weißes Porzellan* nach einem Modell von C. Rauch angefertigten Biskuitbüste G.s.

399 ZELTER, KARL FRIEDRICH

1823 Oktober 4 bis 16   Magdeburg, Hildesheim, Minden, Soest und Münster   S: 28/1018 St. 231a-b   D: MA 20, Nr. 417 und Nr. 418   B: 1823 Juli 24 (37, Nr. 98)   A: —   TB: 1823 Oktober 22

1823 Oktober 4 Magdeburg
Versprechen, wie verlangt, *Reiseberichte* an G. zu liefern. — Nach dem Besuch der Aufführung von T. Körners Trauerspiel »Rosamunde« Lob für die *24 Namen* auf dem Theaterzettel, aber Kritik an der Qualität des Stücks und des Autors; erwähnt: C. G. und M. Körner sowie D. Stock. Vergleich mit Wielands »Rosamund« (in der Vertonung von A. Schweitzer). — Über Umbaumaßnahmen im Magdeburger Dom; erwähnt die von C. Rauch gefertigte Büste G. Funks.

1823 Oktober 7 Hildesheim
Bericht über die Reise in der Kutsche nach Hildesheim und die Mitreisenden; erwähnt: J. G. Langermann. Über eine Begegnung mit A. D. M. Campe am 6. Oktober in Braunschweig und einen Besuch an Lessings Grab. — Besuch des Hildesheimer Doms. — Z. werde zu den Gerüchten über eine angeblich bevorstehende Heirat G.s (mit U. von Levetzow) ausgefragt.

1823 Oktober 11 Minden
Über eine Orgelvorführung des Hildesheimer Orgelbauers (J. Friederici) in Hannover; erwähnt: A. W. und M. Rehberg. Beschreibung der Orgeltechnik. — Bericht über ein Zusammentreffen mit einer Jugendliebe Z.s (Jeannette Stieglitz) unter Bezug auf seine Autobiographie; erwähnt: Johann Stieglitz und dessen Söhne Adolf und Ludwig. Die Trennung sei damals durch einen Streit über den »Werther« ausgelöst worden.

1823 Oktober vor 13
Lobender Bericht über den Besuch der von J. C. A. Heyse geleiteten *Töchterschule* in Magdeburg. Zwei Geschichten über die unterschiedliche Reaktion von zwei Witwen auf den Tod ihrer Männer; erwähnt: J. F. Schink und dessen »Johann Faust«.

1823 Oktober 13 Soest
Reiseimpressionen auf der Fahrt nach Soest, Beschreibung des zu einem Seminar umgebauten Minoritenklosters; erwähnt: der *Singlehrer* (J. H. Engelhardt). Zu Z.s Gasthausbekanntschaften; erwähnt: K. von Zastrow. Auf dem Markt sei ein französischer Soldat als Ein-Mann-Orchester mit seinen beiden Töchtern aufgetreten. Z. habe ein reichliches Trinkgeld gegeben; Anspielung auf den Choral »Keinen hat Gott verlassen« (von J. Crüger).

1823 Oktober 16 Münster
Z. sei seit dem 14. Oktober in Münster. — Über eine Aufführung der »Phädra« (von Schiller, nach Racine), in der A. Fries das Publikum beeindruckt habe. — Wiedersehen

mit A. Wurm, der in A. von Kotzebues »Intermezzo« großen Andrang im Theater verursacht habe. — *Der alte Rathhaus Saal worin der westphälische Friede beschlossen u beschworen worden ist noch im alten Zustande zu sehn [...]*. — Der Reisebericht *wird fortgesetzt*.

400   Müller, Friedrich Theodor Adam Heinrich von

1823 vor Oktober 6 oder 1824 ? Februar 20   Weimar   S: 28/633a,2 St. 130   D: —   B: —
A: —

Bitte um die versprochene Abschrift des *Einsiedler-Seegens* (? G.s Gedicht »Zum 2. Februar 1824«). M. möchte *gar gerne durch Abschrift davon* die in Marienrode weilende Gräfin J. Egloffstein erfreuen.

401   Müller, Friedrich Theodor Adam Heinrich von an G. und Graf K. F. Reinhard

1823 Oktober 6   Weimar   S: 28/105 Bl. 448   D: GMe, 321   B: —   A: —

Gedicht: »An Goethe und Reinhard zum 6. Oktober 1823. Bei Entsiegelung zweihundertjährigen Rheinweins, genannt 'die Rose', gespendet von dem Magistrate der freien Stadt Bremen zu Goethes Geburtsfeste« (vgl. RA 10, Nr. 340).

402   Nees von Esenbeck, Christian Gottfried Daniel

1823 Oktober 6   Bonn   S: 28/1033 Bl. 122–123   D: GNe, Nr. 78   B: —   A: 1823 Oktober 31 (37, Nr. 163)   TB: 1823 Oktober 19; 1823 Oktober 19 (BVL)

N. übersendet den 11. Band der »Nova Acta« (Ruppert 4168) und empfiehlt die darin enthaltene Abhandlung »Die unterirdischen Rhizomorphen« (von N., J. Noeggerath und G. Bischof). — Die Tafeln über die Elefantenschädel (nach Zeichnungen von J. Waitz) ließen auf sich warten. J. Schubert nehme sich Zeit, um dem *Musterblatt* (Stich von J. H. Lips) zu entsprechen. *So wird hoffentlich das Werk, nach vollbrachtem Stich, den Meister loben* (nach Schillers »Das Lied von der Glocke«). — K. T. Senff habe nun die Zeichnung (des Basaltsteinbruchs, für N.s Abhandlung »Die Basaltsteinbrüche am Rückersberge bei Oberkassel am Rhein. Aus Noeggeraths: Das Gebirge in Rheinland-Westphalen«, in: »Zur Naturwissenschaft überhaupt« II 2) vollendet; N. füge sie hier bei.

403   Reinhard, Karl Friedrich Graf

1823 Oktober 6   Weimar   S: 28/734 St. 73 und 28/104 Bl. 332   D: GRe, Nr. 135   B: —
A: —

Wäre R. an diesem Morgen abgereist, hätte er alles versucht, G. am Vorabend noch zu treffen. Da aber noch *einiges* bleibe, bei dem er G.s Rat erbete, wolle er die Abreise bis nach einem Gespräch mit G. am nächsten Tag verschieben. Bitte um einen Termin (vgl. G.s Tagebuchnotizen vom 7. und 8. Oktober). — Anspielung auf Vergils »Aeneis« (VIII, 560).

404   REINSCHE BUCHHANDLUNG

1823 Oktober 7   Leipzig   S: 28/104 Bl. 349   D: —   B: —   A: —   TB: 1823 Oktober 20 (BVL)

Übersendung der Bände 13 bis 15 der »Gesammelten Werke« der Grafen C. und F. Stolberg im Auftrag von F. Perthes (Ruppert 1163; vgl. RA 10, Nr. 332).

405   SCHENCK, JOHANN FRIEDRICH WILHELM CHRISTIAN

1823 Oktober 7   Weimar   S: 34/XXXIV,6 Bl. 2   D: —   B: —   A: —

Erinnerung an seine Bitte vom Frühjahr (vgl. RA 10, Nr. 186) um Liquidation eines Betrages, die ehemaligen Oberroßlaer Gutsangelegenheiten betreffend, da ihn *eine Familien Angelegenheit* dränge (Studium seines Sohnes Heinrich Gustav Adolf).

406   WERNEBURG, JOHANN FRIEDRICH CHRISTIAN

1823 Oktober 7   Jena   S: 28/104 Bl. 331   D: —   B: —   A: —

Hinsichtlich der *erledigten Lehr Stellen der Astronomie, Physik und Mathematik* (mit dem Tod von J. H. Voigt) vertraue W. ganz auf G. — Freude über G.s Genesung.

407   BRANDIS, JOHANN GEORG

1823 Oktober 8   Tennstedt   S: 28/104 Bl. 340   D: —   B: —   A: —

Übersendung einer kleinen *Piece über die Brandstiftung* (»Tractatus de crimine incendii«, Ruppert 2851, Großherzog Karl August zum Geburtstag gewidmet).

408   HERMANN, JOHANN GOTTFRIED JAKOB

1823 Oktober 10   Leipzig   S: 28/104 Bl. 341   D: GHer, Nr. 8   B: —   A: 1823 Oktober 19 (37, Nr. 152)   TB: 1823 Oktober 15; 1823 Oktober 15 (BVL)

H. sendet seine Schriften »Euripidis Bacchae« (Ruppert 1260), »Sophoclis Tragoediae«, Bd. 2 (»Oedipus Rex«, Ruppert 1338) sowie »De Aeschyli Niobe« und bittet um deren Beurteilung. Ankündigung seiner Publikation »De Aeschyli Philocteta« (vgl. Ruppert 1231 und G.s Tagebuchnotiz vom 5. Februar 1826).

409   KRÄUTER, FRIEDRICH THEODOR DAVID

1823 Oktober 10   Weimar   S: Goethe-Museum Düsseldorf (Konzept)   D: —   B: —   A: —

Bitte um finanzielle Unterstützung und Schilderung seiner Lage in den letzten Monaten; dabei erwähnt: der Wohnungswechsel seiner Familie am 24. Juni, K.s und seiner Frau Erkrankung, seine Schwiegereltern (F. G. und K. S. H. Wenzel), F. Soret, (? F.) Scherer und A. Vulpius.

410   WESSELHÖFT, JOHANN KARL

1823 Oktober 10   Jena   S: 30/307 Bl. 48.53   D: QuZ 4, Nr. 1581   B: 1823 September 20 (37, Nr. 136); 1823 Oktober 3 (vgl. WA III 9, 124)   A: 1823 Oktober 12 (37, Nr. 147)   TB: 1823 Oktober 11

G. erhalte hierbei die Aushängebogen 1 und 2 sowie den Korrekturbogen 3 von »Über Kunst und Altertum« IV 3. Das übersandte Manuskript »Zur Morphologie« II 2 (? oder »Zur Naturwissenschaft überhaupt« II 2) fülle nur zwölf Druckseiten des ersten Bogens.

411   PLATEN, AUGUST GRAF VON

1823 Oktober 11   Erlangen   S: 28/104 Bl. 344   D: GR 2, 259   B: —   A: —   TB: 1823 November 8 (E)

Übersendung seiner »Neuen Ghaselen«. P. wünsche, dass G. *in ihrer Gesellschaft eine Viertelstunde ohne Langeweile zubringen* möge.

412   ZAUPER, JOSEPH STANISLAUS

1823 Oktober 11   Pilsen   S: 28/1011 St. 12   D: Grüner und Zauper, 195–200   B: 1823 September 10 (37, Nr. 131)   A: —   TB: 1823 Oktober 15

Dank für das durch I. Lößl erhaltene Heft »Über Kunst und Altertum« IV 1. — Bericht über Z.s Aufenthalt in Dresden, wo er Verwandte besucht und zunächst die Kunstausstellung auf der Brühlschen Terrasse besichtigt habe. Ausführlich über die ausstellenden Künstler und deren Werke; dabei erwähnt: der Katalog (»Verzeichnis der ... ausgestellten Kunstwerke«), K. D. Friedrich, J. C. C. Dahl, T. Faber, K. F. Mosch, L. Schönberger, C. Netscher, Dürer, K. E. Demiani, F. Matthäi, die kolossale G.-Büste von F. *Popatschky* nach C. Rauch und (? F.) Tieck. — Die Gemäldegalerie zeige *die alten Bekannten*; erwähnt: die Sixtinische Madonna (von Raffael) und die Kupferstiche von F. Müller und F. König sowie ein in Florenz gefertigter schlafender Amor aus Alabaster (von oder nach Michelangelo), den Prinzessin Therese von Sachsen Z. geschenkt habe. — Bei L. Tieck habe Z. die Bekanntschaft von J. N. Möller, F. von Raumer sowie von Tiecks Frau und Töchtern gemacht. Es wurde G.s »Clavigo« gelesen; erwähnt: Prinzessin *Augusta* von Sachsen. Durch die Erkrankung des Präfekten (B. Steinhauser) zur plötzlichen Abreise gezwungen, habe Z. eine Führung durch die (A. R.) Mengsische Gipssammlung und die Antikensammlung mit K. A. Böttiger verpasst; Zitat aus: Horaz »Sermones« I, 1. — Ausführlich über die Bekanntschaft mit K. Vogel und dessen aktuellen Auftrag, das Deckengemälde im Speisesaal von Schloss Pillnitz; erwähnt: G.s »Farbenlehre«. — Z. arbeite jetzt weiter an der (prosaischen Übersetzung von Homers) »Ilias«; erwähnt: die von G. empfohlene Übersetzung E. Oertels (vgl. RA 9, Nr. 1287) und G.s Auszüge (in: »Über Kunst und Altertum« III 2 und 3).

413 WESSELHÖFT, JOHANN KARL

1823 Oktober 13   Jena   S: 30/307 Bl. 49–50   D: QuZ 4, Nr. 1583   B: 1823 Oktober 12 (37, Nr. 147)   A: —   TB: 1823 Oktober 14

G. werde *den Fehler des Stellvertreters* für C. W. L. Schwabe entschuldigen; der *neue Gehülfe* werde zu G.s *Zufriedenheit arbeiten lernen*. Das *vergessene Manuscript* (zu Bogen 3 von »Über Kunst und Altertum« IV 3) lege W. bei.

414 SCHLOSS, M. D. & COMP.

1823 Oktober 14   Frankfurt   S: 28/104 Bl. 342   D: —   B: —   A: 1823 Oktober 17 (vgl. WA III 9, 130)   V: Formulardruck

Einladung zu der von S. veranstalteten aktuellen Lotterie mit Eintrag der Nummern der für G. beiliegenden Lose, die er annehmen und mit dem angegebenen Betrag bezahlen möge. — Angabe der Adresse.

415 SCHRÖN, HEINRICH LUDWIG FRIEDRICH

1823 Oktober 14   Jena   S: 26/LXXI,1,18, Bl. 90f.; in 26/LXXI,3,39 und in 26/LXXI,2,36   D: LA II 2, 442   B: —   A: —

Übersendung von *Barometerlinien* und Barometerbeobachtungen von Tepl, Redwitz, Pilsen, Marienbad, Genf, St. Bernhard, Berlin, Düsseldorf, Althorn, Eisenach, Weida; Erläuterungen dazu. Zudem Übersendung eines Briefes von F. Soret.

Anlage: Barometerlinien und Barometerwerte 1822 und 1823 für verschiedene Orte.
? Anlage: Barometerlinien von Tepl von Januar bis März und Mai 1823.
Beilage: RA 10, Nr. 321.

416   WINCKLER, HEINRICH ARNOLD WILHELM

1823 Oktober 16   Gießen   S: 28/104 Bl. 353.356   D: —   B: —   A: —   TB: 1823 Oktober 27 (E); 1823 Oktober 27 (BVL)

W. übersendet verehrungsvoll seine »Metrische griechische Übersetzung des ersten Gesanges von Goethes Hermann und Dorothea« und hoffe auf eine *huldreiche u schonende Beurtheilung*.

417   SCHUBERT, JOHANNES   AN C. G. NEES

1823 Oktober vor 17   Bonn   S: 28/1034 Bl. 5   D: GNe, 184   B: —   A: —

Durch Krankheit sei er an der Fertigstellung des gewünschten Probedrucks gehindert worden (Tafel über den Elefantenschädel, nach J. Waitz; vgl. »Zur vergleichenden Osteologie von Goethe. Mit Zusätzen und Bemerkungen von Dr. Ed. d'Alton«, in: »Nova Acta« 1824, Bd. 12.1).
Beilage zu: RA 10, Nr. 418.

418   NEES VON ESENBECK, CHRISTIAN GOTTFRIED DANIEL

1823 Oktober 17   Bonn   S: 28/1034 Bl. 3–4 und Bl. 6   D: GNe, Nr. 79   B: 1823 September 29 (37, Nr. 140)   A: 1823 Oktober 31 (37, Nr. 163)   TB: 1823 Oktober 27

N. dankt ausführlich, auch im Namen J. Noeggeraths, für G.s *Geschenk* (»Über Kunst und Altertum« IV 2 und »Zur Naturwissenschaft überhaupt, besonders zur Morphologie« II 1). Noeggerath wolle über die Auvergne notieren, *was er als neuere Leistungen darüber kenne*. Dazu Hinweise auf J. Steininger »Die erloschenen Vulkane in Südfrankreich«, L. von Buch »Geognostische Beobachtungen auf Reisen durch Deutschland und Italien«, N. Desmarest »Carte topographique et minéralogique d'une partie du département du Puy-de-Dôme« und das von P. F. Lacoste angekündigte Werk *Histoire naturelle de l'Auvergne* (vgl. aber »Observations sur les travaux qui doivent êntre faits pour la recherche des objets d'antiquité, dans le département du Puy-de-Dôme«). — G.s Geschenk an W. Ritz (? Gedicht) sende N. soeben ab. — Auf G.s Beilage (»Von dem Hopfen und dessen Krankheit, Ruß genannt«) antworte N. mit dem beigefügten Aufsatz (»Über Ruß, Mehltau und Honigtau, mit Bezug auf den Ruß des Hopfens«; vgl. aber RA 10, Nr. 449). — Über die weitere Verzögerung der Tafel über den Elefantenschädel (von J. Schubert nach J. Waitz), die N. mit Blick auf die von G. erhofften Erläuterungen bedaure (vgl. aber »Zur vergleichenden Osteologie von Goethe. Mit

Zusätzen und Bemerkungen von Dr. Ed. d'Alton«, in: »Nova Acta« 1824, Bd. 12.1). — Durch D. G. Kieser lasse N. den 11. Band der »Nova Acta« an Großherzog Karl August überreichen; Bitte um G.s Empfehlungen (vgl. RA 9, Nr. 682).
   Beilage: RA 10, Nr. 417.

419   CARUS, KARL GUSTAV

1823 Oktober 18   Dresden   S: 28/1034 Bl. 1–2   D: GCar, 36–38   B: 1823 September 30 (37, Nr. 141)   A: 1823 Oktober 29 (37, Nr. 157)   TB: 1823 Oktober 23

Dank für die Übersendung des neuen Heftes »Zur Naturwissenschaft überhaupt, besonders zur Morphologie« (II 1). — C. legt seine *Arbeit über Entwicklung der Schnecken* (»Merkwürdige Bewegung des Embryo im Schneckenei«) bei, die als Beilage zu einer in Kopenhagen preisgekrönten Arbeit (»Von den äußern Lebensbedingungen der weiß- und kaltblütigen Tiere«) bestimmt sei und die er sich vor der Drucklegung nochmals von G. zurückerbitte. Diese Abhandlung habe er in Halle (auf der Versammlung deutscher Naturforscher und Ärzte im September 1823) vorgetragen. — Über seine wissenschaftlichen Beschäftigungen, wobei die Entwicklung des Schalen- und Knochengerüsts die Hauptarbeit bleibe (vgl. »Von den Ur-Teilen des Knochen- und Schalengerüstes«); die Grundzüge hiervon hoffe er G. einmal in Weimar selbst darlegen zu können. — Zur Ausbildung von F. Preller als Maler. — Über C.s Wunsch, dass in die beabsichtigte Gemäldesammlung in Weimar Werke von ihm mit aufgenommen werden mögen; erwähnt: Großherzog Karl August. C.s Tätigkeit als Maler, die er neben dem ihm *sonst im Leben angewiesenen Wirkungskreise* betreibe, habe bisher nur in einem kleinen Kreise Teilnahme gefunden.

420   COTTA, JOHANN FRIEDRICH VON

1823 Oktober 18   Stuttgart   S: 30/307 Bl. 51–52   D: Cotta, Nr. 476   B: 1823 September 21 (37, Nr. 137)   A: 1824 Januar 14 (38, Nr. 15)   TB: 1823 Oktober 22

Freude über die positiven Auswirkungen von G.s Kur in Marienbad. — C. teile G.s Ärger über die Erweiterung der Wiener Ausgabe von G.s Werken (»Werke« Ba). Erläuterung des Sachverhalts: Zur Steuerung eventueller Raubdrucke habe C. 1816 mit G.s Einwilligung eine preiswerte Wiener Ausgabe (bei Kaulfuß & Armbruster, nachfolgend bei Armbruster) auflegen lassen, die, ebenso wie das Original (»Werke« B), 20 Bände umfassen sollte. K. Armbruster habe aber eigenmächtig mit dem »West-östlichen Divan« einen 21. Band drucken lassen, um sich, wie er gesagt habe, vor der österreichischen Konkurrenz zu schützen; erwähnt: die bei J. Geistinger erschienenen »Sämtlichen Schriften« (»Werke« Aa). Seitdem befinde sich C. in einem Streit mit Armbruster, der sich weigere, C.s Kredit zu bedienen oder eine Abrechnung vorzulegen. C. habe die Angelegenheit *nun auf einen Schiedsrichterlichen Spruch ausgesetzt*. Der einzige Trost bestehe darin, dass kein anderer Nachdruck in Österreich erschienen sei. — *Das Beste wird seyn, bald auf eine neue weit zu verbreitende Ausgabe zu denken* (Ausgabe letzter Hand, »Werke« C1).

421 SCHULTZ, CHRISTOPH LUDWIG FRIEDRICH

1823 Oktober 18   Berlin   S: —   D: GSchu, Nr. 95   B: —   A: 1823 November 5 (37, Nr. 165); 1823 Dezember 3 (37, Nr. 173); 1824 Januar 9 (38, Nr. 10); 1824 März 8 (38, Nr. 56); 1824 Juni 28 bis Juli 3 (38, Nr. 155)   V: Druck

Seit fast einer Woche weile S. wieder in Berlin. Dank für den angenehmen Aufenthalt in Weimar (vgl. G.s Tagebuchnotizen vom 28. September bis 8. Oktober). Über seine starke Beanspruchung durch die ihn in Berlin umgebenden Probleme. *Die großen Cadixer Nachrichten* (Sieg der Franzosen und Befreiung des spanischen Königs Ferdinand VII.) hätten S. auf der Rückreise nach Berlin erreicht. — *G.s große Ausgabe* (letzter Hand, »Werke« C1) betreffend, habe S. mit P. Humblot gesprochen. Er danke für das Vertrauen, eventuell G.s Werke drucken zu dürfen; erwähnt: J. F. von Cotta und die bei F. Unger erschienene Ausgabe (»Werke« N), die F. A. Brockhaus aufgekauft habe. — Grüße an G.s Familie.

422 ZELTER, KARL FRIEDRICH

1823 Oktober vor 19 bis 24   Münster, Wesel, Utrecht und Amsterdam   S: 28/1018 St. 231c-d   D: MA 20, Nr. 419   B: —   A: —   TB: 1823 November 10

1823 Oktober vor 19 Münster
Fortsetzung des Reiseberichts: Anekdote um ein besonders dickes Schwein; ? Anspielung auf Verse im Prolog zu G.s Sammlung »Neueröffnetes moralisch-politisches Puppenspiel«.

1823 Oktober 19 Wesel
Z. sei zeitig aufgebrochen, um *einem großn Schmause ud einem Concerte dazu aus.zuweichen*. An der Liedertafel in Münster habe man Z. so zugetrunken, dass er beinahe die Abreise verschlafen hätte.

1823 Oktober 22 Utrecht
Bericht über die Reise nach Utrecht und den anschließenden Aufenthalt auf einem Schleppkutter. Beschreibung der Mitreisenden und der Sprachprobleme; erwähnt: ein *Jude*, der eine Aufführung von G. Rossinis »Tancredi« (Libretto von G. Rossi) angekündigt habe, in der er mit seinen Kindern singe. Weitere Reisebeobachtungen.

1823 Oktober 24 Amsterdam
Bericht über den Besuch einer Werft, die Ausstattung der Rüstkammer und ein Porträt des *Admirals von Reuter* (M. A. de Ruyter von F. Bol); erwähnt: Napoleon. — Lobende Bemerkungen über das *Correctionshaus* und dessen Ausstattung mit Bildern von Rembrandt; Beschreibung der Motive. — Aus Anlass des Besuchs der Opern »La maison isolée« (von N. Dalayrac, Libretto von B. J. Marsollier) und »Les maris garçons« (von H. M. Berton, Libretto von C. Gaugiran de Nanteuil) Reflexionen zum Unterschied zwischen der französischen und der deutschen Oper; erwähnt: Schiller, Mozart und der Sänger P. Coeuriot, den Z. weit über A. Brizzi setzen würde. — Große Freude über die Rückkehr von König Ferdinand VII. auf den spanischen Thron (nach der Niederschlagung der spanischen Revolution) habe Z. nicht bemerkt. — Ausführliche Beschreibung von Z.s Besichtigungen in Amsterdam; erwähnt: Zar Peter I. von Russland und F. A. Wolf. — Über den Besuch des Rijksmuseums mit Aufzählung der aus-

gestellten Künstler: L. Backhuysen, J. A. Beerstraten, N. Berchem, Bol, G. Dou, A. van Dyck, H. und J. van Eyck, G. Flinck, B. van der Helst, G. van Honthorst, W. Kalf, P. Potter, A. Pynacker, Rembrandt, H. Holbein d. J., Correggio, P. Hackert (richtig: J. Hackaert), A. van Velde, Ruisdael, A. und P. van der Werff und P. Wouwerman. — Beschreibung des Besuchs im *Theatr. anatomicum*; erwähnt: Rembrandts Gemälde »Die anatomische Vorlesung des Dr. Nicolaes Tulp«. — Über die Versorgung Amsterdams mit Trinkwasser, das von Utrecht herangebracht werden müsse. — In Münster habe Z. *den jungen* K. L. Immermann, von dem er drei Trauerspiele gelesen habe, kennengelernt. Dieser habe ihm ein weiteres Trauerspiel (»König Periander und sein Haus«) und einen Band »Gedichte« (vgl. Ruppert 973) verehrt, von denen Z. zwei vertont habe, die ihn aber nicht überzeugen könnten. — Über die in Amsterdam perfektionierte Kunst des Schleusen- und Brückenbaus.

423   BÜSCHING, JOHANN GUSTAV GOTTLIEB

1823 Oktober 19   Breslau   S: 28/227 St. 4   D: Hecker, in: GJb 49 (1929), 167–169   B: an F. von Stein, 1823 Juni 11 (37, Nr. 58)   A: —   TB: 1823 Oktober 31 (E); 1823 Oktober 29 (BVL)

B. übersende den 3. Band des von ihm herausgegebenen Buches H. von Schweinichens »Lieben, Lust und Leben der Deutschen des sechzehnten Jahrhunderts« (vgl. G.s Anzeige in »Über Kunst und Altertum« V 1); erwähnt: Schweinichens Ehefrauen (Margarete und Maria). Dank für G.s Erwähnung von B.s »Versuch einer Einleitung in die Geschichte der altdeutschen Bauart« in »Über Kunst und Altertum« (IV 2, im Aufsatz »Von deutscher Baukunst 1823«) und Hoffnung auf ebensolche Berücksichtigung seines Buches »Das Schloß der deutschen Ritter zu Marienburg« (vgl. G. »Schloß Marienburg«, in: »Über Kunst und Altertum« IV 3). — Antwort auf G.s Fragen an F. von Stein bezüglich der Marienburg: Einzelheiten über die Zerstörung der Burg, vor allem durch D. Gilly und ihre Rettung durch T. von Schön unter Verweis auf Passagen in B.s Buch; erwähnt: W. L. Häbler sowie das von J. F. Frick herausgegebene Kupferwerk »Schloss Marienburg in Preußen« nach Zeichnungen von F. Gilly (sowie von F. Rabe und F. Catel). Über die im Auftrag des Fürsten K. A. Hardenberg, des Großfürsten Nikolaus von Russland und seiner Frau Alexandra, des preußischen Königs Friedrich Wilhelm III., des Kronprinzen Friedrich Wilhelm und der *übrigen Prinzen* von Preußen von A. Höcker ausgeführten Fenster: die Farbe sei *wahrhaft in das Glas gebrannt, sodass hier am schönsten die alte Glasmalerei wieder erneuert worden*. B. sei *zu weitern Nachrichten gerne bereit*. — Bitte um *ein Lied für die Breslauer Liedertafel*.

424   SCHADOW, FRIEDRICH WILHELM

1823 Oktober 19   Berlin   S: 28/104 Bl. 351   D: WA III 9, 388 (R)   B: —   A: —   TB: 1823 November 19

Bitte um G.s Urteil über S.s Gemälde »Madonna«, das Großherzog Karl August kürzlich erworben habe. G. sei der größte *Künstler unsrer Zeit*, der junge Künstlern *das*

Verständniß einer einfachen und erhabnen Auffassung der Natur gelehrt habe. Wunsch, G. ferner einige Arbeiten zur Beurteilung übersenden zu dürfen.

425 MÜLLER, ERNST

1823 Oktober 20   Jena   S: 28/104 Bl. 347–348   D: —   B: 1823 Oktober 19 (37, Nr. 153)
A: —

Ausführliche Erläuterungen zur richtigen Titulatur und *Kourtoisie* für Landgraf Christian von Hessen-Darmstadt (vgl. G. an den Landgrafen, 1823 Oktober 23, WA IV 37, Nr. 155): Die *beste Quelle*, der großherzoglich hessische Staatskalender, übergehe die Genealogie des Hauses und das *Titular-Buch* der sachsen-weimarischen Staatskanzlei gebe die Titulatur nicht an, weil Großherzogin Luise und Großherzog Karl August an den Landgrafen *privatissime zu schreiben geruhen*; dabei erwähnt: das kurhessische Staats- und Adresshandbuch, Großherzog Ludwig I. von Hessen-Darmstadt, dessen Söhne Erbgroßherzog Ludwig und die Prinzen Georg, Friedrich und Emil, dessen Geschwister (Markgräfin Amalie von Baden, Großherzogin Luise von Sachsen-Weimar und Landgraf Christian), *die Vaters Bruders Kinder* (die Prinzen Ludwig und Karl sowie Großherzogin Luise von Hessen-Darmstadt), die Landgrafen *von HessenHomburg* (Friedrich VI.) sowie von *HessenPhilippsthal* (Ernst) und *Hessen-Rotenburg* (Viktor) und das Prädikat *Hoheit* für Landgraf Christian im *diesjährigen* sachsen-weimarischen Staatshandbuch.

426 SYLVESTRE, ESPÉRANCE

1823 Oktober 20   Weimar   S: 28/104 Bl. 346.352   D: Begegnungen 14, 242 (T) und LA II 10A, 623 (T)   B: —   A: —   V: in französischer Sprache

Übersendung einiger bemerkenswerter Pflanzen (Algen) vom Strand der Insel Wangerooge für G.s Herbarium. — Wenn G. es wünsche, bringe S. gelegentlich die getrockneten Mollusken mit. — Der gestrige Besuch der Prinzessinnen Maria und Augusta habe G. hoffentlich nicht zu sehr ermüdet (vgl. G.s Tagebuchnotiz vom 19. Oktober).

427 WEIGEL, JOHANN AUGUST GOTTLOB

1823 Oktober 21   Leipzig   S: 28/104 Bl. 350   D: —   B: —   A: —

W. übersende mit den Bänden 3 bis 5 von Platons »Quae supersunt opera« (hrsg. von G. Stallbaum) die Fortsetzung der griechischen Bibliothek (»Bibliotheca classica scriptorum prosaicorum Graecorum«, hrsg. von G. H. Schäfer) sowie einen Band von Kolluthos (enthaltend »Raptus Helenae« und »Expugnatio Troiae« von Triphiodoros; in der Reihe »Bibliotheca classica poetarum Graecorum«, beide hrsg. von Schäfer). Weiter übersende W. einen Auktionskatalog von J. Grünling (»Notices d'estampes des maîtres allemands anciens«). Wien habe seit einigen Jahren *fast alle seine Sammler von Kunst-*

blättern verlohren, weshalb Grünling eine Versteigerung dort *nicht wagen wollte*. Zudem habe er im letzten Jahr schlechte Erfahrung mit seiner Sammlung von Handzeichnungen gemacht; erwähnt: Fürst N. Esterházy und (? R.) Weigel.

428   MARTIUS, KARL FRIEDRICH PHILIPP VON

1823 Oktober 23   München   S: 28/1034 Bl. 19–21   D: GMa, 29–31   B: an C. G. Nees, 1823 April 24 (37, Nr. 25)   A: 1823 Dezember 3 (37, Nr. 174); an C. L. F. Schultz, 1823 Dezember 3 (37, Nr. 173)   TB: 1823 November 1; 1823 Oktober 29 (BVL)

G.s *huldvoll*e Aufnahme von M.s Anteil *an der Benennung der Göthea* (vgl. RA 9, Nr. 1414) und M.s eigene Anhänglichkeit an G. als Dichter ermutigen ihn zu diesem Brief. Die Namensgebung für die *in der ewigjungen Atlantis* blühende Pflanze gehe auf seinen Freund C. G. Nees und ihn zurück. M. und sein Gefährte J. von Spix seien (auf ihrer Brasilienreise 1817–1820) beim Schwelgen *in stiller Naturbetrachtung* in ihren Untersuchungen durch G.s »Die Metamorphose der Pflanzen« (in: »Zur Morphologie« I 1) wie durch *ein helles Gestirn* erleuchtet worden. Schon damals habe M. *einen edlen Strauch aus der Familie der Myrten* als *Göthea* begrüßt; erwähnt: Prinz Maximilian zu Wied-Neuwied. — Inzwischen habe M. das erste Heft der »Genera et species palmarum« (Ruppert 4864) vollendet und übersende es anbei *als eine Zugabe zu* jenen *holden Malvenblumen*. Allgemeine mit der Pflanzengattung der Palmen zusammenhängende Fragen werde M. *in einer erst mit dem letzten Hefte auszugebenden Einleitung [...] ausführlich erörtern*. Einige hierzu dienliche *handschriftliche Blätter* lege er zur Erläuterung der Tafeln bei (»Einiges von den Palmen, naturgeschichtlich und morphologisch«, gedruckt in: GMa, 31–54). In seiner Monographie sei M. zugleich bemüht, durch beigegebene, nach seinen Skizzen ausgeführte Vignetten *die Physiognomie der Gegenden Brasiliens, worin die verschiedenen Palmenarten wachsen*, festzuhalten. Das Werk werde mehrere solcher Landschaftsbilder enthalten, von denen M. hoffe, dass sie mit den begleitenden botanischen Beschreibungen *einen nicht ganz unwichtigen Beitrag zur phys*ischen *Geographie des Landes* bilden; Hinweis auf die lithographierten Vignetten und botanischen Tafeln (von F. oder C. Hohe). Hoffnung darauf, dass G. das Werk *einer öffentlichen Erwähnung würdigen* werde (vgl. Rezension von H. Meyer und G., in: »Zur Morphologie« II 2). Wenn die *Illumination* des Werkes genügend fortgeschritten sei, werde M. das jetzt übersandte Exemplar gegen ein koloriertes austauschen (mit Kupferstichen von A. Falger, J. Päringer und L. Emmert).

429   WILBRAND, JOHANN BERNHARD

1823 Oktober 24   Gießen   S: 28/1034 Bl. 37.41   D: NC, Nr. 362   B: —   A: —   TB: 1823 November 24 (BVL)

W. übersende beiliegend sein »Handbuch der Botanik nach Linnés System« (Ruppert 5270) mit der Bitte, G. möge diesem die gleiche Aufmerksamkeit schenken wie W.s *übrigen Schriften*. Ausführliche Beschreibung seiner Lehrtätigkeit in Gießen, wobei er sich auf das »Handbuch« ebenso stütze wie auf seine Werke »Darstellung der gesamten

Organisation« und »Gemälde der organischen Natur« (mit A. Ritgen). Im Sommersemester lehre W. die *Principien der Naturphilosophie* unter Verwendung seiner Werke »Physiologie des Menschen« und »Über den Ursprung und die Bedeutung der Bewegung auf Erden«. Falls G. frage, warum er in der Lehre *vom linnéischen Sexualsystem ausgehe*, so habe ihn die Erfahrung gelehrt, dass *dem Anfänger wie dem Kinde ein Gängelband willkommen* sei. — W.s »Handbuch der Botanik« sei, ohne die Verdienste von K. Batsch (? vgl. »Botanische Bemerkungen«) schmälern zu wollen, das erste in Deutschland gewesen, dass auf die *Einheit der Vegetation* hingewiesen habe. Seine Thesen spiegelten sich auch im »Gemälde der organischen Natur« und der »Darstellung der gesamten Organisation« wider. — L. de Jussieus *natürliches System* (vgl. »Genera plantarum secundum ordines naturales disposita«) sei dagegen nur scheinbar natürlich, da es nur *Verzweigungen des Pflanzenreichs* darstelle. A. P. de Candolle (vgl. »Théorie élémentaire de la botanique«) und R. Brown (vgl. »Vermischte botanische Schriften«) hätten diese Pflanzenfamilien lediglich *in mehrere zerrissen*, wofür ihnen einige deutsche Botaniker, besonders C. G. Nees, *Weihrauch* streuten. Ausführliche Argumentation W.s und Erläuterung seiner Theorie, alles Leben ließe sich auf eine geradlinige Entwicklung zurückführen. — Zum Verhältnis zu Nees, den er 1818 in Erlangen kennengelernt habe. Damals habe er geglaubt, *die freundschaftlichsten Verhältniße anknüpfen* zu können, aber dieser habe sein Vertrauen missbraucht. W. habe ausführlich über die Rezension K. A. Rudolphis von W.s »Darstellung der gesamten Organisation« in der JALZ (1810, Nr. 10; vgl. RA 9, Nr. 184) gesprochen. Er habe ihm zudem sein Werk »Das Gesetz des polaren Verhaltens in der Natur« und sein »Handbuch der Botanik« zugesandt, um dann über den Buchhandel Nees' »Handbuch der Botanik« zu erhalten, in dem er W.s Erkenntnisse verwendet und als eigene bezeichnet habe, ohne W. zu erwähnen. Gleichzeitig habe Nees' *College* A. Goldfuß *den physiologischen Theil seiner Zoologie* (»Handbuch der Zoologie«) aus W.s »Physiologie des Menschen« *fast wörtlich abgeschrieben, ohne W. auch nur mit einer Sylbe zu erwähnen, während er 24 andere physiologische Schriften nannte*. Als W. diese Vorgänge öffentlich gemacht habe, habe Nees erklärt, W.s Schriften *nicht gekannt* und die zugesandten Bücher *nicht gelesen* zu haben. E. Meyer, der Nees' Schrift in den »Göttingischen gelehrten Anzeigen« (1822, Nr. 84) besprochen habe, habe in einem Brief an W. zugeben müssen, dessen Schrift nicht zu kennen. Die Empörung darüber, wie auf solcher Grundlage Wissenschaft betrieben werden könne, habe W. veranlasst, die Vorgänge öffentlich zu machen (»Einiges über die Bemerkungen des Herrn Nees von Esenbeck und Goldfuß«, in: »Isis« 1821, H. 10). — W. überlasse G. das Urteil darüber, wie Nees' Handlungen zu bewerten seien. — Bitte um weiteres Wohlwollen G.s.

430 WESSELHÖFT, JOHANN KARL

1823 Oktober 26 Jena S: 30/307 Bl. 54–55 D: QuZ 4, Nr. 1591 (T) B?: 1823 Oktober 22 (vgl. WA III 9, 132); 1823 Oktober 25 (vgl. WA III 9, 134) A?: 1823 Oktober 29 (vgl. WA III 9, 136) TB: 1823 Oktober 28

G. erhalte hierbei den Aushängebogen 3 von »Über Kunst und Altertum« IV 3, von »Zur Naturwissenschaft« II 2 den Aushängebogen J in Druck- und Schreibpapier sowie den Korrekturbogen K mit dem Manuskript. — *Gestern Abend* sei F. Frommann mit seiner Familie von Leipzig zurückgekehrt; sie ließen sich empfehlen.

431 ZELTER, KARL FRIEDRICH

1823 Oktober 26 bis November 8   Haarlem, Elberfeld und Köln   S: 28/1018 St. 231e-h   D: MA 20, Nr. 420, Nr. 421 und Nr. 422   B: —   A: —   TB: 1823 November 13

1823 Oktober 26 Haarlem
Ankunft auf dem *Saarhof* bei Haarlem. — Z. habe in Amsterdam H. Sillem, den *Associé von* Hope & Co., getroffen. Umstände ihrer Bekanntschaft aus Hamburg; erwähnt: L. M. Sillem, deren Kinder, *wovon 17 noch am Leben sind*, sowie J. F. und L. Reichardt. — Beschreibung des Saarhofs. Lob für den Kaffee in *Holland* und die allgemeine Reinlichkeit.

1823 Oktober 27
Über ein Privatkonzert auf der von C. Müller erbauten *Harlemer Wunderorgel* (in der Grote Kerk), bei dem J. P. Schumann *eine volle Stunde lang Hexereien aller Art* gespielt habe; erwähnt: G. J. Vogler, K. M. von Webers »Der Freischütz« (Libretto von F. Kind) und Haydns »Schöpfung«. Beschreibung der Orgel, auf der Schumann regelmäßig musiziere. Über Z.s Begeisterung für das einstündige Konzert: *ich werde Zeitlebens an diese glückliche Stunde zu denken haben denn Das war der wesentliche Zweck meiner Reise nach Holland*.

1823 November 3 Elberfeld am Rhein
Kritische Reflexionen über seine Eindrücke vom Wesen der Holländer. Über eine Kutschfahrt mit W. Sillem und *ihrer ältesten Tochter* (? S. Bokelmann). — Z. habe seine Reisepläne, über Den Haag, Rotterdam und Dünkirchen nach Düsseldorf zu fahren, geändert und sei stattdessen über Nijmwegen und Geldern nach Düsseldorf gereist. Unterwegs habe er in Neuß pausiert und die Stiftskirche St. Quirinus besichtigt. — In Düsseldorf habe Z. die Komödie »Des Königs Befehl« von K. Töpfer gesehen; erwähnt: König Friedrich II. von Preußen und Voltaire. Anmerkungen zum Inhalt. — Anekdotisches über die Bekanntschaft mit dem *Musikdirektor* A. Burgmüller. Dieser habe Z. eine Empfehlung (für J. Schornstein in Elberfeld) aufgedrungen, die er beilege, weil er sich schäme, sie abzugeben. — Durch Vermittlung von P. Cornelius habe Z. die Gemäldegalerie besichtigen können, in der ihn nur Rubens' »Himmelfahrt Marias« und G.s Porträt von H. Kolbe angesprochen hätten. Mit Cornelius habe Z. zwei Abende über Kunst gesprochen; erwähnt: C. Cornelius. — Über die Geschäftigkeit in Elberfeld und Z.s Besuch der Liedertafel in Elberfeld. Zu Z.s Ehren habe man ein Konzert gegeben; erwähnt: deren Direktor (? Schornstein). — Weiterreise von Düsseldorf nach Köln über Barmen, wo man eine *Spitzenfabrik* besichtigt habe. — In Köln hätten *die hiesigen Hoboisten* (Militärmusiker) zu Ehren des angereisten Generals J. A. von Thielmann, der neben Z. wohne, die Ouvertüre von Mozarts »Don Giovanni« (Libretto von L. Da Ponte) gespielt. — Lessing habe wohl recht, wenn er sagt: *Man spricht nicht von der Tugend die man hat!* (»Minna von Barnhelm«). Über die Unsitte, große Orchester ausschließlich mit unterschiedlichen Blasinstrumenten zu besetzen. — Z. habe gerade die »Kreuzigung Petri« von Rubens (in St. Peter) und den großen *Christophel* (überlebensgroße Holzplastik in St. Andreas) besichtigt; erwähnt: der *Roland in Brandenburg* (steinerne Figur vor dem dortigen Rathaus).

1823 November 7 Köln
Gestern sei E. von Schiller, den Z. vor 20 Jahren zuletzt gesehen habe und der seinem Vater sehr gleiche, zu Tisch gekommen und habe auch nach G.s angeblicher Hochzeit (vgl. RA 10, Nr. 399) gefragt, worauf Z. das NT zitiert habe (Lukas 10,37).

1823 November 8
Bei einem Spaziergang über den Rhein habe er E. von Schiller erneut getroffen; erwähnt: dessen Heirat mit der wesentlich älteren M. von Schiller und deren Tochter T. von Mastiaux. — Wo Z. hinkomme, finde er *Singgesellschaften u Liedertafeln* vor; erwähnt: der Leiter der Kölner Liedertafel, F. von Ende, und dessen Tochter F. A. H von Ende. Z. habe fünf Messen und zwei Liedertafeln in Köln gehört; über den Eindruck der Musik im Dom.
   Beilage: RA 10, Nr. 442.

432   KIRMS, FRANZ

1823 Oktober 27   Weimar   S: 28/104 Bl. 357.360   D: Begegnungen 14, 250   B: —   A: 1823 Oktober 29 (37, Nr. 158)

Anlässlich des Konzerts von M. Szymanowska, zu dem K. *erst gegen 7 Uhr erscheinen könne*, habe J. A. G. Unrein die Musiker K. Eberwein, J. M. Haase und (J. A. oder F.) Agthe *für heute Abend von ihren Dienstleistungen losgesprochen*. Sie stünden somit G. *zu Befehl*.

433   KNEBEL, KARL LUDWIG VON

1823 Oktober 30   Jena   S: 28/519 Bl. 607–608   D: GK, Nr. 613 (T)   B: 1823 Oktober 29 (37, Nr. 156)   A: —

Lob für das neueste Heft »Zur Naturwissenschaft überhaupt, besonders zur Morphologie« (II 1); G.s Verse »Eins und Alles« seien auch K.s *Glaubensbekenntniß*. Vergleich G.s mit Homer als *einen Ueberwinder der Zeiten*; K. hätte diesbezüglich F. von Müller *kürzlich* (am 28. Oktober) den Aufsatz eines englischen Autors (K.s Übersetzung »Der Büchersaal« von »The Library«, in: »The New Monthly Magazine« 1823, GSA 29/61 Bl. 49–55) für G. geschickt. — Über die Besuche *der Freunde* (u. a. C. L. F. Schultz, Graf K. F. Reinhard und K. von Savigny) bei G.; erwähnt: Rousseau. Bedauern, M. Szymanowska nicht sehen und hören zu können. — K. studiere *in den Kirchenvätern*; in Tertullians Werk finde er zum Teil *gerade das Gegentheil* von dem, *was die heiligen Concilia angegeben haben*. — In K.s *Hause* gehe *es noch ganz ruhig zu*; erwähnt: fleißige Professoren (u. a. K. W. Göttling) und fähige Studenten. — Über das mangelhafte Schulwesen *für die erst aufwachsende Jugend* in Jena; erwähnt: B. von Knebel, den K. *grossen Theils selbst* unterrichte. — Grüße an G.s Familie und J. P. Eckermann.

434   REINHARD, KARL FRIEDRICH GRAF

1823 Oktober 30   Frankfurt   S: 28/734 St. 74   D: GRe, Nr. 136   B: —   A: —   TB: 1823 November 2 (E)

Über Mainz und den Rheingau seien die vier Reisenden (R. mit seinem Sohn Karl, seiner Tochter Sophie und V. von Wimpffen) von Weimar zurückgekehrt; Anspielung auf G.s »Sankt Rochusfest zu Bingen« und das Altargemälde (von L. Seidler). Dank für und Erinnerung an die Tage in Weimar und das Wiedersehen (vgl. G.s Tagebuchnotizen vom 1. bis 8. Oktober). Karl und Sophie nähmen sich die Freiheit, *in beiliegenden Blättchen* den Angehörigen von G.s Haus ihren Dank zu senden; erwähnt: U. von Pogwisch, A. und O. von Goethe sowie Walter und Wolfgang. — Auf dem Ausflug in den Rheingau sei »Zur Naturwissenschaft überhaupt, besonders zur Morphologie« (II 1) R.s Reiselektüre gewesen; erwähnt: der Tempel von Pozzuoli (vgl. G. »Architektonisch-naturhistorisches Problem«), das phosphorische Augenlicht (vgl. C. L. F. Schultz »Über physiologe Farbenerscheinungen«) sowie G.s »Farbenlehre«, »Die natürliche Tochter« und »Faust«. — Die Grüße an J. J. von Willemer habe R. ausgerichtet. — R. sei in der ihn umgebenden *Wüste* entschlossen, nur noch in *meinem Haus und in meinem Kabinet erspriesliche Nahrung zu suchen*. Auch sei sein *jeziges Ministerium* (unter F. R. de Chateaubriand) kunstfertig genug, *zwischen all den Klippen* (drohender Krieg mit Spanien) unbeschadet hindurch zu kommen. — An F. von Müller, der R. ebenso wie F. W. Riemer nach Gotha begleitet habe, sei ein Päckchen abgegangen und für G. demnächst vier Krüge Schwarzwälder Kirschwasser, *von Nonnenhänden bereitet*, wovon jeweils einer für Müller und einer für Riemer bestimmt sei; erwähnt: Riemers Sonette.

435 SACHSEN-WEIMAR-EISENACH, KARL AUGUST GROSSHERZOG VON

1823 Oktober vor 31   Weimar   S: 28/1034 Bl. 10   D: GH, Nr. 933   B: —   A: 1823 Dezember 5 (37, Nr. 177); an J. F. Blumenbach, 1823 Oktober 31 (37, Nr. 159)

Bitte, *beyl*iegendes an J. F. Blumenbach mit S.s Dank *für genoßene freundlichkeit* bei seinem Besuch in Göttingen (S.s Reise vom 19. bis 23. Oktober) zu schicken. Das *hier bezeichnete Werck* (C., W. und G. Loddiges »The Botanical Cabinet«, mit Kupferstichen von G. Cooke) müsse die Göttinger Bibliothek *platterdings anschaffen*. Ferner erbitte S. von Blumenbach die Titelangabe des Druckes der englischen Parlamentsakten des *Ob. u. Unthauses*, den er sich aus England besorgen lassen möchte, und um *ein in England* für Blumenbach *besonders gebundenes Buch* seiner Schriften, das S. dem Weimarer Buchbinder zeigen wolle (vgl. RA 10, Nr. 467).

436 SORET, FRÉDÉRIC JACOB

1823 Oktober 31   Weimar   S: 28/1034 Bl. 17–18   D: NC, Nr. 345   B: —   A: —   TB: 1823 Oktober 31   V: in französischer Sprache

Übersendung einer Broschüre von G. Maurice (»Dissertation sur les premiers élémens de la théorie de la vision«, Ruppert 4869). — S. optische Beobachtungen über die schwarzen und weißen Kreuze verliefen gut. — Bei der Erklärung der Ursachen für die Anziehung und Abstoßung des magnetischen Stabes habe er sich leider getäuscht. Die Bewegung der Magnetnadel ginge auf eine Unterbrechung der Luftströmung oder der

Wärme zurück. — S. füge vier Mineralproben aus Frankreich bei, u. a. Basalt und kristallisiertes Zinn aus der Auvergne, und wolle andere Mineralien persönlich präsentieren (vgl. G.s Tagebuchnotiz vom 1. November).

437   WELLER, CHRISTIAN ERNST FRIEDRICH

1823 Oktober 31   Jena   S: 28/104 Bl. 358–359   D: LA II 10A, 631 (T)   B: —   A: —

W. kündigt seinen Besuch für *nächsten Donnerstag oder Freitag* mit *sämmtlichen Tage-Büchern, Berichten und andern Geschäfts-Sachen* an. Über die Bibliotheksarbeit. — Bis jetzt seien 72 Studenten immatrikuliert, und *man erwartet sehnlichst mehrere*. T. Renner habe *die menschliche Anatomie* mit 16 Studenten zu lesen angefangen; inzwischen seien es *einige zwanzig*. J. F. Fuchs werde *täglich schwächer, und trägt jetzt im Bette liegend die Osteologie seinen Zuhörern vor*. — K. L. von Knebel werde für das Heft »Zur Naturwissenschaft überhaupt, besonders zur Morphologie« (II 1) *heute selbst* schriftlich danken (bereits am 30. Oktober; vgl. RA 10, Nr. 433); dabei erwähnt: Knebels Familie.

438   MEYER, ERNST HEINRICH FRIEDRICH

1823 Oktober Ende   Göttingen   S: 28/1034 Bl. 22–25   D: LA II 10A, 631–633   B: 1823 September 30 (37, Nr. 142)   A: an C. L. F. Schultz, 1823 Dezember 3 (37, Nr. 173)   TB: 1823 November 2

Dank für »Zur Naturwissenschaft« (II 1) und *den nähern Antheil*, der ihm an diesem Heft *gestattet ward* (vgl. »Problem und Erwiderung«, mit G.). Zum nächsten Heft könne er nichts Eigenes beitragen, verweise aber auf Veröffentlichungen R. Browns im 12. und 13. Band der »Transactions of the Linnean Society« (»Some Observations on the Natural Family of Plants Called Compositа« und »An Account of a new Genus of Plants, Named Rafflesia«); nähere Erörterung von Browns Ausführungen. M. wolle *alles auf den Gegenstand sich beziehende* zusammenstellen und G. zusenden. — C. J. W. Schiede habe *Bastarde unter den Pflanzen [...] auch in der freyen Natur, besonders in wärmern Ländern* beobachtet (vgl. »Über Bastarde im Pflanzenreich«), wie J. G. Kölreuter *sie künstlich hervorbrachte* (vgl. »Vorläufige Nachricht von einigen das Geschlecht der Pflanzen betreffenden Versuchen und Beobachtungen«). H. A. Schrader habe Schiedes Erkenntnisse zunächst geleugnet, nun aber im 2. Teil seiner »Monographia generis Verbasci« doch davon gesprochen. M. hoffe, G. künftig *eine kleine Abhandlung* Schiedes zusenden zu können (vgl. »De plantis hybridis sponte natis«, M. an G., 1825 März 10, RA 11). — K. H. Schultz' Buch »Die Natur der lebendigen Pflanze« wünschte M. nicht besprechen zu müssen. Zurzeit beschäftige er sich mit der *Anatomie der Junceen* (Binsengewächse); erwähnt: J. Röper, dessen Zeichnungen (in seinem Werk »Enumeratio Euphorbiarum«) nicht hinter D. G. Kiesers *Musterblättern zurückstehen werden* (? in: »Grundzüge der Anatomie der Pflanzen«). Weiter arbeite M. an einer *Lichenensammlung* (Flechten); erwähnt: E. Acharius (vgl. »Lichenographia universalis« und »Synopsis methodica Lichenum«) und H. G. Flörke (vgl. »Deutsche Lichenen«).

Zudem bearbeite M. die von Graf K. Sternberg erhaltenen *Leguminosen* (Hülsenfrüchtler) aus T. Haenkes Sammlung für die »Reliquiae Haenkeanae«.

439   DITTMAR, SIGISMUND GOTTFRIED

1823 November 1   Berlin   S: 28/1034 Bl. 28   D: Kippenberg, in: Jb Sa Kipp 10 (1935), 136–138   B: —   A: —   TB: 1823 November 24 (BVL)

D. habe *schon vor einigen Jahren*, ermuntert durch Fürst K. A. Hardenberg und durch J. John, G. *eine Pièce über Witterung nebst Schreiben überreichen wollen*. Jetzt veranlasse ihn G.s Aufsatz im neuesten Heft »Zur Morphologie« (»In vorstehendem Aufsatz ...«, in: »Zur Naturwissenschaft überhaupt« II 1) zum Überreichen des 1. Heftes des 2. Bandes des von ihm herausgegebenen »Witterungsblattes« (Ruppert 4211). Erfreut über die Anerkennung seines Weges zu einer zuverlässigen Wetterprognostik sei er bereit, G. seine *seit 1818 in 12 Heften* erschienene *Witterungskunde* vollständig zu übersenden. D. wisse nicht, ob G. diese Hefte kenne (vgl. RA 9, Nr. 611). — Hardenberg, der durch die Schrift »Erinnerungen aus meinem Umgange mit Garve«, erschienen bei J. F. Unger, auf D. aufmerksam geworden sei, habe seinen *Plan zur bessern, zwekmäßigern Beobachtung dunstkreislicher Ereignisse* gutgeheißen und ihn auch an K. vom Stein zum Altenstein empfohlen. Die Verwirklichung des kostspieligen Werkes sei durch den Tod des Fürsten Hardenberg verhindert worden. Bitte um G.s Protektion für *die neue Theorie der Witterungskunde* (vgl. auch D.s Übersetzung von C. F. Baillys »Meteorik oder Witterung- und Wetterkunde«). — Angabe seiner Adresse.

440   KIRMS, FRANZ

1823 November 1   Weimar   S: 28/104 Bl. 361; Bl. 363   D: —   B: 1823 Oktober 29 (37, Nr. 158)   A: —

Wie K. im »Weimarischen Wochenblatt« (1823, Nr. 87) sehe, sei in seiner Abwesenheit für das Konzert am 4. November (mit M. Szymanowska) *bereits alles arrangirt*; erwähnt: H. Stromeyer. Zur Freistellung der Hofkapelle: *Sollte Niemand von fürstlichen Personen bey dem Concert erscheinen wollen, so ist auch keiner von den Capellisten zu erscheinen gezwungen [...]. Die Rechtlichsten* würden sicher kommen, denn sonst könne Beethovens Sinfonie (Nr. 4) wohl nicht aufgeführt werden.
? Anlage: Gedrucktes Programm des Konzerts am 4. November 1823.

441   STEINLA, FRANZ ANTON ERICH MORITZ

1823 November 1   Gotha   S: 28/104 Bl. 364   D: Zaunick, 269f.   B: —   A: —   TB: 1823 November 4

S. übersendet das von ihm gestochene Porträt B. von Lindenaus (nach J. Grassi) und füge das eines *besonderen Fürsten* (? Herzog August von Sachsen-Gotha, nach Grassi) hinzu. Er wolle mit diesen Arbeiten zeigen, dass er G.s *aufmunterde gütige Beurtheilung* zu S.s *früheren Arbeiten* habe umsetzen können. Über die Mühe seiner Tätigkeit, da *ihm das Lob eines bedeutenden Mannes fehlt, selbst das Zutraun der Kunsthändler abgeht, die ihn zu einer historischen Arbeit berufen könnten.*

442   BURGMÜLLER, FRIEDRICH AUGUST AN J. SCHORNSTEIN

1823 November 2   Düsseldorf   S: 28/1018 zu St. 231   D: MA 20.3, 608   B: —   A: —

Empfehlungsschreiben für K. F. Zelter, *diesen mit Recht so hoch gefeierten Patriarchen der Tonkunst.*
    Beilage zu: RA 10, Nr. 431.

443   PEUCER, HEINRICH KARL FRIEDRICH

1823 November 2   Weimar   S: 28/104 Bl. 362; Bl. 371–374   D: Begegnungen 14, 258 (T)
B: —   A: —

F. von Müller habe versichert, dass G. *einige Abdrücke* von A. Wendts Anzeige in Betreff der ausgezeichneten Künstlerin M. Szymanowska wünsche. Übersendung von zwei Exemplaren *des betreffenden »Journals«.*
    Anlage: »Journal für Literatur, Kunst, Luxus und Mode« 1823, Nr. 103.

444   WESSELHÖFT, JOHANN KARL

1823 November 2   Jena   S: 30/307 Bl. 56–57   D: QuZ 4, Nr. 1594   B?: 1823 Oktober 29 (vgl. WA III 9, 136)   A?: 1823 November 5 (vgl. WA III 9, 140f.)   TB: 1823 November 3

G. erhalte hierbei von »Über Kunst und Altertum« IV 3 den Aushängebogen 4 sowie den Korrekturbogen 6 mit dem Manuskript. Das *abgesetzte Manuscript* habe auf dem 7. Bogen noch acht Druckseiten ergeben. Für die Hefte »Zur Naturwissenschaft überhaupt« und »Zur Morphologie« (II 1) sei kein Manuskript mehr vorhanden; Bogen K werde vermutlich noch *diese Woche* gedruckt.

445   HUMBOLDT, WILHELM VON

1823 November 3   Berlin   S: 28/439 St. 55   D: GHu, 259f.   B: 1823 Juni 22 (37, Nr. 71)
A: —   TB: 1823 November 7

Dank für G.s Brief. H. werde vor dem 15. November in Weimar eintreffen (vgl. G.s Tagebuchnotizen vom 12. bis 23. November). — H. freue sich auf die von G. angekündigten Hefte (»Über Kunst und Altertum« IV 2 und »Zur Naturwissenschaft überhaupt, besonders zur Morphologie« II 1) und danke *für die freundliche Erwähnung* A.

von Humboldts und H.s in *frühern* Heften. — Von den Briefen Schillers an H. seien durch den Krieg und die damit verbundenen Plünderungen seines Hauses in Tegel die meisten verlorengegangen. Das einzig erhaltene Paket bringe er mit. — Bitte an G., die von K. von Humboldt verfasste »Beschreibung spanischer Galerien« zur Abschrift zur Verfügung zu stellen. — Freude auf die Begegnung mit Großherzog Karl August. — H.s Frau danke für die *wenigen Stunden* (in Marienbad, vgl. G.s Tagebuchnotiz vom 19. August). — Empfehlungen an A. und O. von Goethe.

446 KIRMS, FRANZ

1823 November 3   Weimar   S: 28/104 Bl. 365–366   D: Begegnungen 14, 261   B: —   A: —

Zum Konzert mit M. Szymanowska am 4. November: die gesamte Hofkapelle *stehet nun morgen zu Diensten [...]* (vgl. RA 10, Nr. 440).

447 NICHT ERMITTELT

1823 November 4   Leipzig   S: 28/104 Bl. 369–370   D: —   B: —   A: —

»Literarisches Konversationsblatt« vom 4. November 1823 (? Anlage zu einem nicht überlieferten Brief von Breitkopf & Härtel; vgl. RA 10, Nr. 451), enthaltend u. a. eine Besprechung von G.s Beitrag »Wunsch und freundliches Begehren« in »Über Kunst und Altertum« (IV 1).

448 AUBERT DE VITRY, FRANÇOIS JEAN PHILIBERT

1823 November 5   Paris   S: 28/169 St. 1   D: Mommsen 2, 501 (T)   B: —   A: 1824 März 29 (38, Nr. 83)   TB: 1824 Januar (BVL)   V: in französischer Sprache

Übersendung seiner »Mémoires de Goethe«, einer Übersetzung von »Dichtung und Wahrheit« und des 1. Teils der »Italienischen Reise«. Es handele sich um eine sehr unvollkommene Skizze der Zusammenstellung, die G. über sein Leben und seine Werke veröffentlicht habe, um eine verstümmelte Kopie. G. habe seine Biographie zwar für seine Landsleute geschrieben; die Zusammenstellung sei jedoch zugleich eine Schatzkammer, angefüllt mit neuen und nützlichen Ideen, tiefen Überlegungen, lebhaften Empfindungen, feinsinnigen Ansichten und einer wesenhaften Bildung, wonach alle Literaturen begierig sein werden. A. bedauere, Abschnitte wie den über die Frankfurter Messe (1. Teil, 1. Buch), das bezaubernde Märchen des 1. Teils (2. Buch, »Der neue Paris«), die Beobachtungen über das Straßburger Münster und die sogenannte gotische Baukunst übergangen zu haben, so dass die französischen Leser, die den deutschen Text kennen, vielleicht ausrufen *Quittez-moi cette Serpe, instrument de dommage* (nach J. de La Fontaine »Fables«, XX). Aber A. habe Rücksicht auf den Verleger (u. a. U. Ponthieu) und den Publikumsgeschmack nehmen müssen. Gelegentlich habe er eine von G.

abweichende Meinung ausgedrückt. Was G.s politische Bemerkungen angehe, so hätte A. gewünscht, dass G. auf sie verzichtet hätte, da sie in einem literarischen Werk nicht notwendig seien. Dass der französischen Ausgabe ein schlechtes Bildnis (Kupferstich von C. Motte, nach C. Müller und F. Jagemann) vorangestellt sei, möge dem Verleger verziehen werden. A. hoffe, genug von der Substanz und dem Leben des Werkes bewahrt zu haben. Er beabsichtige, nach diesem Versuch weitere Werke wie die »Briefe aus der Schweiz«, »Winckelmann und sein Jahrhundert«, »Die Propyläen« und andere mehr zu übersetzen. A. bedaure, den ersten Schriftsteller Europas nicht persönlich um seine Meinung darüber befragen zu können. — A. habe in seiner Einleitung *les Princes et Princesses de Weymar* gewürdigt und möchte Großherzog Karl August, wenn G. zustimme, ein Exemplar der Übersetzung verehren. — Angabe seiner Adresse.

449   NEES VON ESENBECK, CHRISTIAN GOTTFRIED DANIEL

1823 November 7   Bonn   S: 28/1034 Bl. 26–27; 26/LXII,S:2   D: GNe, Nr. 81   B: 1823 Oktober 31 (37, Nr. 163)   A: —

Dank für G.s Zuschrift. — Das erwähnte *Blättchen* (N. »Über Ruß, Mehltau und Honigtau, mit Bezug auf den Ruß des Hopfens«) wolle er nun beilegen; es soll bald in einem *gedruckten Heft* erscheinen (vgl. in: »Zur Morphologie« II 2). — N. freue sich über G.s *Zusicherung*, ihm bei den Redaktionsgeschäften der »Nova Acta« mit Rat und Kritik beizustehen, und hoffe, auf diese Weise manches Fehlerhafte auszumerzen. — Hinweis auf E. Mitscherlichs *wichtige Untersuchungen, die Basaltbildung betreffend* (»Über das Verhältnis der Kristallform zu den chemischen Proportionen«), erschienen in den »Abhandlungen der königlichen preußischen Akademie der Wissenschaften«; erwähnt: J. Noeggerath. — Ankündigung einer Sendung *Drachenfelsgestein*. — J. Schubert wolle *endlich fertig werden* (Stich der Tafeln zum Elefantenschädel, nach J. Waitz; vgl. »Zur vergleichenden Osteologie von Goethe. Mit Zusätzen und Bemerkungen von Dr. Ed. d'Alton«, in: »Nova Acta« 1824, Bd. 12.1). — N. seegne M. Szymanowska, der es gelinge, *G. auf eine angenehme Weise von anhaltender wissenschaftlicher Thätigkeit abzuhalten.*

Anlage: N.s Manuskript »Über Ruß, Mehltau und Honigtau, mit Bezug auf den Ruß des Hopfens«.

450   VARNHAGEN VON ENSE, KARL AUGUST

1823 November 7   Berlin   S: 28/931 St. 9   D: Geiger, in: GJb 14 (1893), 65–67   B: —   A: —   TB: 1823 November 10

G.s »Hermann und Dorothea« stehe *unter den stets wiedergelesenen und wiederzulesenden Werken des Dichters in erster Reihe*. Zur *unerschöpflichen* Befriedigung, die die Dichtung gewähre, kommen Fragen, die sich auf die *Quellen und Beziehungen der Wirklichkeit* richten. Keiner Aufklärung bedarf die dem Gedicht zugrunde liegende *große Weltbegebenheit* (Französische Revolution) sowie *die liebliche Begebenheit aus der Geschichte der Salzburger Emigranten*; erwähnt: Eugenie (vgl. G. »Die natürliche

Tochter«). Von Interesse, auch für seine Frau, sei hingegen, vom Dichter die vielleicht am Oberrhein gelegene Örtlichkeit zu erfahren, die *die Grundlinien der ganzen Schilderung geliefert* habe. Wunsch nach einer Nachricht darüber in einem Heft von »Über Kunst und Altertum«. Im Hinblick auf die epische Form des Gedichts stehe fest, *daß seit Homer selbst nichts so Homerisches in der Welt erschienen* sei; erwähnt: F. A. Wolf und *der wiederholt versprochene zweite Theil seines kritischen Meisterwerkes* (»Prolegomena ad Homerum«). — Über die Bearbeitung von »Hermann und Dorothea« für die Bühne (von K. Töpfer) und deren Aufführung in Berlin (am 20. Oktober); erwähnt: A. Stich, P. A. und A. Wolff, F. J. Beschort, C. G. L. Rebenstein und E. Devrient. Die Aufführung sei trotz der Mangelhaftigkeit der Bühnenbearbeitung dank der *hinreißenden Kraft des Gedichtes* ein voller Erfolg gewesen. In *dieser Gestalt* werde sich das Stück allerdings *schwerlich für immer auf der Bühne erhalten*.

451   KARADŽIĆ, VUK STEFANOWIĆ

1823 November 8   Leipzig   S: 28/469 St. 1; 25/W 3233 Bl. 1–6   D: Mil G, 17f. (T); Milović, 71–82   B: —   A: 1823 Dezember 20 (37, Nr. 189)   TB: 1823 November 10

In dankbarer Erinnerung an seinen Besuch in Weimar bei G. (am 13. Oktober) überreicht K. entsprechend G.s Wunsch *eine wörtliche Uebersetzung von einigen serbischen Volksliedern*. Bitte um wohlwollende Aufnahme, damit der Name der serbischen Nation durch G.s *Mitwirkung der Welt mehr bekant* werde, wie es schon durch G.s »Klaggesang von der edlen Frauen des Asan Aga« der Fall gewesen sei. K. habe bereits eine Anzahl Heldenlieder nach Art des Liedes »Der Tod des Kralewitsch Marko«, des serbischen Herkules, übersetzt (vgl. Druck in: »Über Kunst und Altertum« V 1), und in zwei Bänden veröffentlicht (»Narodne srpske pjesme«, Bd. 2, und »Mala prostonarodna slaveno-serbska pjesnarica«, vgl. Ruppert 1753f.); er scheue jedoch *ihrer Länge wegen*, sie G. vorzulegen. K. freue sich auf eine wohlwollende Äußerung G.s zu den übersandten Liedern. — Diese Sendung erfolge über Breitkopf & Härtel.
  Anlage: K.s Übersetzung der serbischen Volkslieder im Manuskript: »Gott bleibt niemandem schuldig«, »Das Mädchen und der Fisch«, »Das größte Leid«, »Das unglückliche Mädchen«, »Wenn der Bräutigam um das Mädchen gehet«, »Vorwurf einer Selbstkommenden«, »Wenn man zu der Verlobung gehet«, »Wieder, wenn der Bräutigam um das Mädchen gehet«, »Bei dem Hause des Mädchens«, »Wenn die Hochzeitsgäste mit dem Mädchen abgehen wollen« und »Die Trennung«.

452   NEUBURG, JOHANN GEORG (D. Ä.)

1823 November 8   Frankfurt   S: 28/104 Bl. 367–368   D: WA III 9, 387 (T) und LA II 10A, 636 (T)   B: —   A: 1823 Dezember 21 (37, Nr. 191)   TB: 1823 November 10

Nachricht vom Tod J. Melbers *in der verflossenen Nacht*. Alle *Angehörigen der Verstorbenen* ließen sich empfehlen. — Mitteilung, dass das naturhistorische Museum (Senckenberg-Museum) eine große Sendung von Naturgegenständen aus Nubien von E. Rüppells Forschungsreise erhalten werde. Möglicherweise seien Dubletten von Säugetieren und Vögeln abzugeben.

453   Artaria & Fontaine

1823 November 10   Mannheim   S: 28/104 Bl. 376–377   D: —   B: —   A: —   TB: 1823 November 6

Das Vorhaben, Stiche *der ausgezeichnetsten Deutschen Dichter* nach den Gemälden von G. von Kügelgen zu liefern, habe sich durch das anfängliche Misslingen zweier Platten verzögert. A. habe jedoch davon abgesehen, dieses *durch andere Kupferstecher von Neuem* zu beginnen, um die Subskribenten nicht länger warten zu lassen. Der Sendung an Großherzog Karl August sei *eine Suite dieser Bildnisse* von G. (gestochen von K. E. C. Heß), Schiller, Herder (beide gestochen von F. Anderloni) und Wieland (gestochen von N. Schenker) für G. beigefügt.

454   Adrian, Johann Valentin

1823 November 12   Gießen   S: 28/104 Bl. 380   D: —   B: —   A: —

Bezugnehmend auf den Abdruck der englischen Übersetzung der Zueignung von G.s »Faust« (»Faustus. Dedication«, in: »Über Kunst und Altertum« IV 2, ? von G. Soane) halte A. *niemand in England fähiger* zur »Faust«-Übersetzung als Soane; erwähnt: S. T. Coleridge und P. B. Shelley. Da sich J. H. Bohte in London als Soanes Verleger (vgl. Ruppert 1916) zurückgezogen habe, solle G. *privat oder öffentlich* Soane zur Fortsetzung ermuntern.

455   Grüner, Joseph Sebastian

1823 November 13   Eger   S: 28/1034 Bl. 33–34; nach Bl. 34   D: Grüner und Zauper, 65–67
B: 1823 Oktober 1 (37, Nr. 143); 1823 Oktober 18 (37, S. 384, vgl. GB Rep, Nr. 37150a); 1831 Oktober 31 (37, Nr. 160)   A: 1823 Dezember 3 (37, Nr. 175)

Entschuldigung wegen des verspäteten Dankes für *das Diplom als ernannter Assessor* und das *Kistchen so schöner Mineralien*. Grüner habe eigentlich beabsichtigt, mit diesem Brief die Absendung zweier Kisten mit Mineralien nach Jena und für G. anzuzeigen sowie seine Abhandlung »Über die ältesten Sitten und Gebräuche der Egerländer« beizulegen. Gründe für die Verzögerung; erwähnt: der *Mahler* (der kolorierten Zeichnungen). — Zum Versand zweier Mineralienkisten G.s und die über deren Verbleib durchgeführte *Erhebung*; erwähnt: der *Sonnenwirth* (F. Blechschmidt), *ein Fuhrmann Namens* P. Fleischmann sowie Oerthel, Heerdegen & Co. — Grüners Korrespondenz und seine Sammlungen hätten sich, u. a. durch eine Sendung von J. N. Fuchs, bedeutend vermehrt. Über Grüners Duplikate solle G. *disponiren*. — Die Briefe an K. von Junker und Bigato und I. Lößl (beide von 1823 Oktober 31, WA IV 37, Nr. 161 und Nr. 162) seien abgegangen. Nach Mitteilungen von Junker habe *sich das Erz beinahe verloren*. Es scheine, *daß es angeschwemmt war* (vgl. von Junkers früheren Bericht »Über die Auffindung und den Fortgang des Freiherrlich von Junker-Bigattoischen Bergbaues« und G. »Folgesammlung«, in: »Zur Naturwissenschaft überhaupt« II 2).

Anlagen: 1. Verzeichnis der von G. an Grüner gesandten Mineralien; 2. Verzeichnis der bei Grüner seit G.s Abreise eingegangenen Mineralien; 3. Liste von Grüners Duplikaten.

456   STERNBERG, KASPAR MARIA GRAF VON

1823 November 15   Brzezina   S: 28/1034 Bl. 29–32   D: GSt, Nr. 22   B: 1823 Juni 20 (37, Nr. 69)   A: 1823 Dezember 18 (37, Nr. 186); 1824 April 31 [richtig: 30] (38, Nr. 110)   TB: 1823 Dezember 11 (E)

Den *gewünschten Comentar ueber die Verhälltnisse der vegetativen Abdrüke zu dem geognostischen verhalten der Formationen* (für »Zur Morphologie«) könne S. jetzt nicht schreiben, da er durch die erforderliche Widerlegung der Irrtümer J. G. Rhodes in dessen »Beiträgen zur Pflanzenkunde der Vorwelt« zu weitläufig werden müsste. S. könne *ruhiger auftreten*, wenn Rezensionen dieses Werkes *in der Flora und andren Journalen* erschienen seien (vgl. in: »Flora oder botanische Zeitung« 1823, Bd. 6). Zu der in »Zur Naturwissenschaft überhaupt« (II 1, in G.s Beitrag »Über die Gewitterzüge in Böhmen. Nach Dlask«) auf Seite 78 aufgeworfenen Frage über Gewitter *im inneren des Landes Böhmen* könne S. *einiges beibringen*. Ausführlich »Über die Gewitterzüge in Böhmen« (später gedruckt in: »Zur Naturwissenschaft überhaupt« II 2). — Hinweis auf S.s Beitrag in den von K. K. Haberle herausgegebenen »Meteorologischen Heften für Beobachtungen und Untersuchungen zur Begründung der Witterungslehre« (1810, H. 2) und auf A. Davids »Geographische Breite und Länge von Bržezina«. Zur Vervollständigung der meteorologischen Beobachtungen des Monats Dezember (vgl. G. »Das soeben Mitgeteilte war geschrieben ...« und die Tafel »Vergleichende graphische Darstellung der Barometerstände verschiedener Orte im Monat Dezember 1822«, gezeichnet von L. Schrön, in: »Zur Naturwissenschaft überhaupt« II 1) lege S. die Beobachtungen von Brzezina bei. — »Die Natur der lebendigen Pflanze« von K. H. Schultz habe S. noch nicht gelesen. — Aus der jetzt eingetroffenen Sammlung der *Naturalien* von S.s Reisen könne er auf Wunsch *die Williczker Formationen in Jena* ergänzen. — Die in Wieliczka angestellten Geologen K. Lill von Lilienbach und J. N. Hrdina habe S. *aufzumuntern* versucht, die *Salzformation bis Siebenbürgen* zu erforschen.

457   THÉAULON DE LAMBERT, MARIE EMMANUEL GUILLAUME MARGUERITE

1823 November 15   Berlin   S: 28/104 Bl. 378–379; 25/W 1220   D: —   B: —   A: —   TB?: 1823 Dezember 16 (BVL)   V: in französischer Sprache

T. sei ein junger französischer, von G.s Werken begeisterter Schriftsteller. Zweifellos habe sein Name G. noch nicht erreicht, obwohl er mit fast 200 Theaterstücken verbunden sei, die in Übersetzung in fast allen Theatern Deutschlands gespielt worden seien; erwähnt: »Le petit chaperon rouge« (Bearbeitung von F. Krickeberg, Musik von A. Boieldieu), »Les rosières« (Bearbeitung von A. von Kotzebue, Musik von F. Hérold), »La clochette« (Bearbeitung von G. F. Treitschke, Musik von Hérold) und die Komödie »L'artiste ambitieux«, deren Übersetzung (von W. Vogel) in Wien (1820) viel Erfolg gehabt haben soll. Klage über die ungerechtfertigte Verfolgung durch französische Zeitungsblätter und durch das Ministerium, die T.s Verdienste in Misskredit brächten; erwähnt: das Aufführungsverbot der Charakterkomödien »Le Flatteur« (von E. Gosse), »L'indiscret« (von T.) und *le Chêne et le Roseau* im Théâtre Français. Als Zielscheibe eines verdorbenen Geistes, der ihm nicht verzeihe, 30 Werke zugunsten der Restauration der Bourbonen-Herrschaft verfasst zu haben, sei er gezwungen, Hilfe und

Schutz in Berlin zu suchen. — Als letzte Arbeit in Paris habe T. eine Übersetzung von G.s »Die Geschwister« für die berühmte Schauspielerin *Mme Mars* arrangiert (»Marianne, ou la soeur«). Da er die deutsche Sprache nicht beherrsche und die Unterschiede zwischen dem französischen und dem deutschen Theater habe berücksichtigen wollen, sei er gezwungen gewesen, einige leichte Veränderungen vorzunehmen, wofür er um Entschuldigung bitte. T. übersendet das Manuskript und hoffe auf G.s Interesse. Er zweifle nicht am Erfolg der kleinen Komödie; anders als G.s »Clavigo«, der in einer Aufführung im Théâtre de l'Odeon (u. d. T. »Le frère et la soeur«, im September) vom Bearbeiter (P. F. Camus), von den Schauspielern und durch die Kritiken schlecht behandelt worden sei. — Angabe seiner Adresse.

Anlage: T.s Manuskript *Marianne, ou La soeur; Comédie en un acte, en prose, imitée de l'Allemand de Göthe.*

458   FROMMANN & WESSELHÖFT

1823 November 16   Jena   S: 30/307 Bl. 58–59   D: QuZ 4, Nr. 1598   B?: 1823 Oktober 25 (vgl. WA III 9, 134); 1823 November 5 (vgl. WA III 9, 140f.)   A: 1823 November 22 (37, Nr. 169)   TB: 1823 November 20

G. erhalte hierbei von »Über Kunst und Altertum« IV 3 die Aushängebogen 5 und 6 sowie die Korrekturbogen 7 und 8 mit dem Manuskript; von »Zur Naturwissenschaft« II 2 den Aushängebogen K und von »Zur Morphologie« II 2 den Korrekturbogen 5. Sowohl bei »Über Kunst und Altertum« als auch bei »Zur Morphologie« fülle das noch vorhandene Manuskript nur einen halben Bogen.

459   PEUCER, HEINRICH KARL FRIEDRICH

1823 November 16   Weimar   S: 28/104 Bl. 375; 28/905 St. 3   D: —   B: —   A: —

P. übersendet einige Exemplare des »Journals für Literatur, Kunst, Luxus und Mode« mit einem *Aufsatz über* »Madam Szymanowska — zu Weimar«.

Anlage: »Journal für Literatur, Kunst, Luxus und Mode« Nr. 109 vom November 1823.

460   WILBRAND, JOHANN BERNHARD UND FERDINAND AUGUST MARIA FRANZ RITGEN

1823 November 18   Gießen   S: 28/1034 Bl. 35; Bl. 36   D: Maaß, 618; 616–618   B: —   A: —

Entsprechend G.s Aufforderung in »Zur Morphologie« (II 1; vgl. G.s Anzeige), eine Subskription ihres Werkes »Gemälde der organischen Natur« zu veranstalten, legten W. und R. diese nun vor.

Anlage: Gedruckte *Einladung zur Subscription auf illuminirte Exemplare* des

»Gemäldes der organischen Natur« von E. F. K. G. Müller; datiert: Gießen, 15. Oktober 1823.

461   ZELTER, KARL FRIEDRICH

1823 November 14 bis 1824 Januar 18   Neuwied, Ehrenbreitstein und Berlin   S: 28/1018
St. 231h und St. 232   D: MA 20, Nr. 423, Nr. 424 und Nr. 426   B: 1824 Januar 9 (38, Nr. 9)
A: —   TB: 1824 Januar 21

1823 November 14 Neuwied
Reflexionen über seine bisherige Reise und seine gestrige Abfahrt aus Bonn unter Anspielung auf G.s Xenien-Verse »Willst du dich als Dichter beweisen ...«. — Letzte Nacht habe Z. geträumt, er habe sich in G.s Haus so schlecht benommen, dass man ihn hinausgeworfen habe; erwähnt: U. von Pogwisch. — Über ein Treffen mit seinem ehemaligen Schüler F. Braun, der in Neuwied erfolgreich das Lehrerseminar leite und dabei von seiner Frau, ebenfalls einer ehemaligen Schülerin Z.s, unterstützt werde. — Herablassende Beschreibung eines jungen Musikdirektors in Bonn, H. K. Breidenstein, der viel verspreche, aber nichts halte; erwähnt: Haydn, Händel und J. N. Forkel. — B. Hundeshagen habe Z. *hübsche Sachen* gezeigt, darunter ein Manuskript des »Nibelungenliedes«, das dieser für echt halte.

1823 November 19 Ehrenbreitstein
Besuch auf der Festung Ehrenbreitstein und der Koblenzer Karthause, wo ihn F. G. Wegeler auf einen Stein niedergedrückt habe, auf dem bereits G. gesessen habe (vgl. G.s Tagebuchnotiz vom 29. Juli 1815); Anspielung auf Homers »Odyssee«. — Bei seinem *Wirthe* habe Z. ein Exemplar von »Hermann und Dorothea« vorgefunden. — Z. habe in Ehrenbreitstein von D. Zelters Ankunft in Berlin, wohin er nun auch zurückreise, erfahren; Vorfreude auf das Treffen mit G. — Z. habe E. M. Arndt in Bonn verfehlt, aber dessen Frau, N. Arndt, mit dem vierten Kind (Friedrich Hartmut) schwanger angetroffen; erwähnt: F. Schleiermacher.

1823 Dezember 27 Berlin
Seit dem 20. Dezember sei Z. wieder in Berlin zurück (zuletzt Aufenthalt in Weimar; vgl. G.s Tagebuchnotizen vom 24. November bis 13. Dezember). Über die Reisestrapazen; erwähnt: W. Rehbein. — Erinnerungen an die Winterlandschaft bei Z.s erster Reise zu G. nach Weimar (Februar 1802); erwähnt: J. Frommann. — Fortsetzung des Reiseberichts: Fahrt nach Naumburg und Besichtigung des Doms am 15. Dezember. — Ausflug nach Schulpforta am 16. Dezember, wo Z. ein *gastliches Mittagsmahl* bei K. D. Ilgen und dessen Frau eingenommen habe; erwähnt: W. von Humboldt. Zurück in Naumburg habe Z. *die herrliche* (G.) *Silbermannsche Orgel* (richtig: von Z. Hildebrandt erbaut) in der Stadtkirche gehört. — Am 17. Dezember Weiterreise nach Weißenfels, wo er den *tüchtigen Musiklehrer* E. Hentschel kennengelernt habe; erwähnt: die Begegnung mit A. Müllner. — Weiterreise am 18. Dezember über Merseburg nach Halle. Über eine Begegnung mit seinem früheren Schüler F. Naue, der die Nachfolge von D. G. Türk angetreten habe und der dem preußischen König Friedrich Wilhelm III. eine *Samlung Kirchenagenden* (»Versuch einer musikalischen Agenda«) verkauft habe. Über den Abend in der Freimaurerloge. — Am 19. Dezember Abfahrt von Halle nach Berlin. — Nachtrag zum Reisebericht von Ehrenbreitstein nach Weimar: Bei J. Men-

delssohn habe Z. zwei Flaschen Portwein mitgenommen und sie durch einen Trick vor den *Schirrmeistern und ihren Genossen* geschützt; Beschreibung seiner Reisebegleitung. — Aufenthalt in Frankfurt und Weiterfahrt am 21. November nach Erfurt, wo er am 23. November angekommen sei. Anekdote im Gasthaus »Römischer Kaiser« unter Anspielung auf Shakespeares »Macbeth« und auf E. F. F. Chladnis »Über Feuermeteore und über die mit denselben herabgefallenen Massen«; erwähnt: der *Wirth* (J. G. L. Krug). — Ankunft am 24. November in Weimar: W. Stadelmann habe Z.s Befürchtungen geweckt, G. sei tot; erwähnt: O. von Goethe. Z. habe sich erschrocken und an seinen Albtraum erinnert (vgl. RA 10, Nr. 431); Zitat aus dem Lied Mignons »Kennst du das Land ...« (aus: »Wilhelm Meisters Lehrjahre« III 1) und Anspielung auf den Abschnitt »Allgemeines« aus G.s »Noten und Abhandlungen zu besserem Verständnis des West-östlichen Divans«. Erst A. von Goethe habe ihm erklärt, dass es G. sehr schlecht ginge.

1824 Januar 8

M. Szymanowska, der Z. eine Empfehlung an *eine alte Freundin in Hanover* (? J. Stieglitz) mitgegeben habe, sei gerade abgereist. Sie habe gestern ihr erfolgreiches zweites Konzert vor König Friedrich Wilhelm III. von Preußen gegeben. Sie sei *rasend* in G. verliebt; erwähnt: K. Wołowska.

1824 Januar 16

G.s *himlischer Brief* sei bereits am 9. Januar angekommen. K. E. Goethe habe den Charakter C. Schlossers gut erkannt (vgl. RA 4, Nr. 423). Über eigene Erfahrungen mit Schlosser auf einer Wanderung durch den Rheingau 1814 (vgl. RA 6, Nr. 1259).

1824 Januar 18

Ausführliche Beobachtungen zum Einfluss des Barometerstandes auf *Singchor* und Orchester in Erinnerung an die Zusammenkunft der Liedertafel zu G.s letztem Geburtstag (vgl. RA 10, Nr. 320 und G.s Tagebuchnotiz vom 30. November); dabei erwähnt: W. Bornemann, der mit einem launigen Artikel in der *Spenerschen Zeitung* (»Berlinische Nachrichten« vom 30. August 1823) eine Zurechtweisung Z.s durch *eine gute Herrnhutische Seele* ausgelöst habe. Anspielung auf das AT (Josua 3, 1–17). — Erinnerung an den wiederholten Vortrag von G.s »Marienbader Elegie« bei Z.s letztem Besuch in Weimar. — O. von Goethe sei wohlauf. — Gute Wünsche für die Reise G.s in sein *liebes Böhmerland* im Frühjahr. — G.s *Reimzeilen* (»Ja, du bist wohl der Iris zu vergleichen ...«, aus: »Äolsharfen«) seien bereits *auf Noten gebracht*. — Z. lege einen Brief von K. Loewe bei, den D. Zelter gerade kopiere. Charakterisierung Loewes.

Beilage: RA 10, Nr. 521.

462 HUMBOLDT, WILHELM VON

1823 November ? 20   Berlin   S: 28/439 St. 56   D: GHu, 260f.   B: —   A: —

Frage, ob das Manuskript *über die Grammatik der Guaranischen [...] Chiquitikischen u. Arawakischen Sprache* (von F. Zevallos) aus Jena angekommen sei. Falls nicht, erbitte H. Nachricht für sich oder an Großherzog Karl August.

463   JUNKER UND BIGATO, KLEMENS WENZEL KASIMIR VON   AN J. S. GRÜNER

1823 November 20   Schweißing   S: 26/LXVI,1,71 (Teilabschrift von J. S. Grüner)   D: LA II 8B/1, 401   B: 1823 Oktober 31 (37, Nr. 161); an J. S. Grüner, 1823 Oktober 31 (37, Nr. 160) A: an J. S. Grüner, 1824 Februar 28 (38, Nr. 47)

Nachrichten über den Stand der Arbeiten im Silberbergwerk zu Sangerberg (vgl. auch J.s früheren Bericht »Über die Auffindung und den Fortgang des Freiherrlich von Junker-Bigattoischen Bergbaues« und G. »Folgesammlung«, in: »Zur Naturwissenschaft überhaupt« II 2).
   Beilage zu: RA 10, Nr. 470.

464   SCHÜTZ, CHRISTIAN WILHELM VON

1823 November 20   Reichenwalde   S: 28/1034 Bl. 44–45   D: Sembdner, 212f.   B: —   A: 1824 Februar 11 (38, Nr. 36)

Der *Reichtum von Fingerzeigen* im neuesten Heft »Zur Naturwissenschaft überhaupt, besonders zur Morphologie« (II 1) habe ihm in der Einsamkeit, in der er seit etwa vier Wochen lebe, beschäftigt. *Die Gewitterbeobachtung in Marienbad* (vgl. G. »Über die Gewitterzüge in Böhmen. Nach Dlask«), *die Beschreibung der Mühlenwelle* (vgl. G. »Physisch-chemisch-mechanisches Problem«), die *Betrachtung über die Gefahren welchen das System der Methamorphose uns blos stellt* (vgl. E. Meyer und G. »Problem und Erwiderung«) und vieles andere verknüpfe sich mit S.s Beobachtungen und Vorstellungen. Seine entsprechenden Gedanken teile er G. in der *Beilage* mit (vgl. RA 10, Nr. 541). Zu den Themen der Mühlenwelle und des Systems der Metamorphose könne er sich jetzt noch nicht äußern, da ihm seine Unterlagen fehlten. Dagegen übersende er zur Einsicht seine Bogen mit einer *Zusammenstellung gewißer Beobachtungen und Vermuthungen über meteorologische Gegenstände* im Vertrauen auf den *sichern Blick eines Andern* für das davon Brauchbare. *Auch über die sonstigen Gegenstände wünsche* er sich auszusprechen, sobald er wieder bei seinen Papieren sei.

465   WIEBEKING, KARL FRIEDRICH VON

1823 November 20   München   S: 28/104 Bl. 382; Bl. 387–388   D: —   B: —   A: —   TB: 1823 November 29

Bemerkungen zum Inhalt des 2. Bandes von W.s »Theoretisch-praktischer bürgerlichen Baukunde« (Ruppert 2375), den er mit Kupfern und Registern zu Band 1 und 2 übersende; erwähnt: das Straßburger Münster und Santa Maria della Carità in Venedig, Gebäude, denen G. in seinen Schriften *eine vorzügliche Aufmerksamkeit geschenkt* habe (»Von deutscher Baukunst« und »Italienische Reise«). — Über die Schwierigkeiten bei der Erarbeitung des Werkes ohne *die geringste Unterstützung*. So habe er auch einige *Magistraturen großer Städte Deutschlands, und selbst regierende Herren* vergeblich um *Abrisse und Beschreibungen* von Baudenkmalen ersucht. — Der Absatz des Werkes, dem die von W. kritisierten *sogenannten Architecten* anfangs sehr geschadet hätten, sei jetzt zufriedenstellend, obgleich es noch *öffentliche Bibliotheken* gebe, die es nicht angeschafft hätten.

Anlage: *Deklaration* in doppelter Ausfertigung über den Versand einer Kiste *mit Büchern und dazu gehörigen Kupfern*; datiert: München, 20. November 1823.

466   WESSELHÖFT, JOHANN KARL

1823 November 21   Jena   S: 30/307 Bl. 61–62   D: —   B: 1823 November 19 (vgl. im Text von RA 10, Nr. 466)   A: 1823 November 22 (37, Nr. 169)

G.s geehrtes Schreiben vom 19ten Nov. habe W. *nicht in geringe Verwunderung* versetzt, da G. offenbar W.s Paketsendung (RA 10, Nr. 458) weder am 16. noch am 18. November erhalten habe. Näheres über die Ursachen und Entschuldigung *wegen dieses Versehens*; erwähnt: Postmeister (richtig: Postverwalter) E. J. Fritsch und der jugendliche *PostSekretair* (? E. May). Das Paket sei nun am 20. November abgegangen (vgl. G.s Tagebuchnotiz).

467   BLUMENBACH, JOHANN FRIEDRICH

1823 November 23 bis 26   Göttingen   S: 28/1034 Bl. 69–71; 30/485   D: NC, Nr. 75   B: 1823 Oktober 31 (37, Nr. 159)   A: 1823 Dezember 29 (37, Nr. 196); an Großherzog Karl August von Sachsen-Weimar, 1823 Dezember 5 (37, Nr. 177)   TB: 1823 November 27

1823 November 23
Im Auftrag der königlichen Sozietät der Wissenschaften übersendet B. das Diplom *eines auswärtigen Mitglieds der physischen Claße*, das neben G. in diesem Jahr nur dem Präsidenten der Londoner Royal Society, H. Davy, verliehen worden sei. — Dank für den überraschenden Besuch Großherzog Karl Augusts in Göttingen am 20. und 21. Oktober (vgl. RA 10, Nr. 435). Um seinen Wünschen und Empfehlungen nachzukommen, habe B. für die Göttinger Bibliothek das Werk von C. (sowie W. und G.) Loddiges »The Botanical Cabinet« (mit Kupferstichen von G. Cooke) bestellt. Von den englischen Parlamentsakten erwarte B. die *bisher noch fehlenden 72 Bände*, ehe er die genaueren Titel der verschiedenen Folgereihen mitteilen könne (»The Journals of the House of Lords« und »The Journals of the House of Commons«). — Demnächst folge auch die *Aldinische* (bei A. Manuzio gedruckte) Ausgabe von Senecas »Naturales quaestiones« *als Probe von verständiger Kunst des berühmtesten Buchbinders in London, eines geb. Göttingers* (K. E. C. Hering oder C. Meyer) und *das erste Buch das je mit der Dampfmaschine gedruckt worden (s. das P. S. zu the Translats Preface)* (B. »The Institutions of Physiology«, mit einem Vorwort des Übersetzers J. Elliotson). — Für Großherzog Karl August schicke B. eine kleine *Merkwürdigkeit aus dem knorrigen Wipfel* eines 200 Fuß hohen Baumes *columnia pinifolia* (eine Dose), die er ehemals von J. Banks erhalten habe. — Empfehlungen von B.s Frau und Kindern an G.s Familie.
1823 November 26
Umschlag mit Inhaltsangabe der Sendung.

Anlage: Urkunde über G.s Aufnahme in die Societas Regiae Scientiarum Gottingensis als Mitglied der physikalischen Klasse; datiert: Göttingen, 22. November 1822; unterzeichnet von K. Himly und B.

468 CARUS, KARL GUSTAV

1823 November 23   Dresden   S: 28/1034 Bl. 42–43; 26/LXII,U   D: GCar, 39f.   B: 1823 Oktober 29 (37, Nr. 157)   A: 1824 Januar 1 (38, Nr. 4)

C. übersendet entsprechend G.s Einladung für das nächste Heft »Zur Morphologie« *einige Sätze*, die auch als einleitende Betrachtungen zu seinem Werk »Von den Ur-Teilen des Knochen- und Schalengerüstes« gedacht seien (»Grundzüge allgemeiner Naturbetrachtung«, in: »Zur Morphologie« II 2). *Wie aufklärend und fördernd so ein vorläufiges erwägen und besprechen immer seyn müße*, sei von G. im letzten Heft *so schön ausgesprochen worden* (G. »Bedeutende Fördernis durch ein einziges geistreiches Wort«, in: ebd. I 2). — Ankündigung einer Sendung seiner *künstlerischen Bestrebungen* für das Museum in Weimar, enthaltend fünf seiner Gemälde aus den Jahren 1816 bis 1822 und ein kleines Bild von 1823 (vgl. H. Meyers Rezension in: »Über Kunst und Altertum« V 2); erwähnt: Großherzog Karl August. Beschreibung der einzelnen Gemälde, darunter eines nach Dantes »Göttlicher Komödie«. Zitat in griechischer Sprache (aus: Homer »Odyssee«).
Anlage: C. »Grundzüge allgemeiner Naturbetrachtung«; Manuskript.

469 VULPIUS, CHRISTIAN AUGUST

1823 November 24   Weimar   S: 28/104 Bl. 381   D: Vulpius, Nr. 664   B: —   A: —

V. sende eine zu signierende Quittung von E. Weller sowie einen der von Würzburg eingetroffenen *Cataloge* und wünsche G. gute Besserung. — Beim Ordnen des Münzkabinetts sei V. bis Johann Georg I. von Sachsen vorgerückt (vgl. Oberaufsicht an V., 1823 Oktober 20; WA IV 37, 385).

470 GRÜNER, JOSEPH SEBASTIAN

1823 November 25   Eger   S: 28/1034 Bl. 49–50   D: Grüner und Zauper, 67–69   B: 1823 Oktober 1 (37, Nr. 143); 1831 Oktober 31 (37, Nr. 160)   A: 1823 Dezember 3 (37, Nr. 175)

Über die Nachforschungen nach den in Weimar noch nicht eingetroffenen Mineralienkisten; dabei erwähnt: der Fuhrmann (P. Fleischmann) und der Wirt des Gasthofs »Zur goldenen Sonne« in Eger (F. Blechschmidt) sowie der Wirt in Langenhessen und dessen Schwiegersohn. — K. von Junker und Bigato werde G.s Brief (von 1823 Oktober 31, WA IV 37, Nr. 161) *zum ewigen Andenken in seinem Archive aufbewahren*. Er habe Grüner die *anliegende Bemerkung über den gegenwärtigen Stand seines Silberbergwerkes* mitgeteilt und werde einen weiteren Bericht hierüber schicken (vgl. von Junkers früheren Bericht »Über die Auffindung und den Fortgang des Freiherrlich von Junker-Bigattoischen Bergbaues« und G. »Folgesammlung«, in: »Zur Naturwissenschaft überhaupt« II 2). — Über eine Entdeckung auf der *letzten mineralogischen Excursion* Grüners, wo *sich in einem bedeutenden Hügel verwitterter Thon – Klebschieferartig aufgefunden* habe. Näheres zu den bisherigen Untersuchungen des Tons und weiteren geplanten Versuchen. Proben werde G. erhalten.
Beilage: RA 10, Nr. 463.

471   KNEBEL, KARL LUDWIG VON

1823 November 25   Jena   S: 28/519 Bl. 609–610   D: GK, Nr. 614 (T)   B: 1823 Oktober 29 (37, Nr. 156)   A: —   TB: 1823 November 26

Durch seine *von Weimar Zurückkehrenden* (K.s Ehefrau und Sohn Bernhard) wisse K., dass es mit G.s Befinden *erträglicher stünde*. Empfehlung eines Hausmittels, das K. gegen seinen *Krampfhusten* angewandt habe. — Zum letzten Heft »Zur Naturwissenschaft überhaupt, besonders zur Morphologie« (II 1): L. Howard sei ein Beispiel dafür, *daß gewisse Menschen, ohne eben sehr überwiegende Geisteseigenschaften, durch eigene Lebensumstände für gewisse Gegenstände mehrere Fähigkeit erhalten* (vgl. G.s Übersetzung der autobiographischen Aufzeichnungen u. d. T. »Luke Howard an Goethe«). — Von K. F. Bachmann habe K. ein Stück Bronzit aus dem Vogtland erhalten und könne auch G. eine Probe *verschaffen*. — K. bedauere den Fortgang K. Naumanns von Jena.

472   entfällt.

473   KARADŽIĆ, VUK STEFANOWIĆ

1823 Dezember 1   Leipzig   S: 28/104 Bl. 383   D: Mil G, 19f.   B: —   A: 1823 Dezember 20 (37, Nr. 189)   TB: 1823 Dezember 8

K. nehme an, dass G. seine am 8. November über Breitkopf & Härtel abgesandte *Übersetzung von einigen serbischen Volksliedern* (RA 10, Nr. 451) erhalten habe und übersende hierbei ein Exemplar des bereits erschienenen 3. Teils (Ruppert 1753); die beiden ersten Teile werden *in kurzer Zeit* folgen (vgl. G.s Tagebuchnotiz vom 15. Februar 1824). Entsprechend G.s Anfrage bei Breitkopf & Härtel, von der K. erfahren habe, übersendet er ferner das Serbisch-Deutsch-Lateinische Wörterbuch mit einer serbischen Grammatik als Einleitung (»Srpski rjecnik«, Ruppert 652). Eine andere serbische Grammatik als diese *leider in serbischer Sprache* geschriebene sei gegenwärtig nicht zu haben; K. habe noch ein verfügbares Exemplar besessen.

474   BOISSERÉE, JOHANN SULPIZ MELCHIOR DOMINIKUS

1823 Dezember 3   Paris   S: 28/206 St. 97   D: GB 2, 360–363   B: —   A: 1823 Dezember 13 (37, Nr. 183); 1823 Dezember 18 (37, Nr. 184)   TB: 1823 Dezember 11

B. bedauere, dass G. ihm noch immer nicht geschrieben habe. — B.s Brief vom 16. September (RA 10, Nr. 375) mit dem beigelegten Brief D. R. Rochettes (RA 10, Nr. 374) sowie dessen »Lettres sur la Suisse« (vgl. Ruppert 4027) werde G. mittlerweile erhalten haben. *Dieser Freund fragt oft nach Ihnen, und sieht Ihrer Antwort mit grösstem Verlangen entgegen.* — Von G. sei in Paris *ganz besonders viel die Rede* wegen der jüngsten Übersetzungen des »Faust« (von L. C. Beaupoil de Sainte-Aulaire und A.

Stapfer), des »Götz von Berlichingen« (von G. de Baer und A. Stapfer) und von G.s *Denkwürdigkeiten* (»Dichtung und Wahrheit« und »Italienische Reise«, 1. Teil, von F. J. P. Aubert de Vitry). Das Interesse sei *in den letzten Tagen* noch gewachsen, da man »Die Geschwister« in zwei französischen Übersetzungen unter dem Titel »Guillaume et Marianne« (von J. F. A. Bayard) und »Rudolphe, ou frère et soeur« (Bearbeitung von E. Scribe und Mélesville) auf die Bühne gebracht habe, wobei letzteres *den Vorzug erhalten* habe. Durch die Übersetzung seien aber *die grösten Schönheiten* von G.s Dichtung verlorengegangen. Man erkenne erst richtig, *wie wenig phantasiereich und gemüthvoll die französische Sprache* sei. Es wäre besser gewesen, wenn Sainte-Aulaire die *Denkwürdigkeiten* übersetzt hätte, da dieser noch *am meisten fähig* sei, in G.s *Denkweise einzudringen*. Vergleich der Anmerkungen, die Sainte-Aulaire und Aubert de Vitry ihren jeweiligen Übersetzungen vorangestellt hätten. Sainte-Aulaire habe zudem seinem Werk *eine biographische Notiz von Adolph L.* (? A. Loève-Veimars) und eine Erklärung über die Grundsätze der Übersetzung beigefügt. Den *schönsten Beweis indessen von empfänglichem Sinn und Gemüth* habe B. aber *in der anonymen Notiz über Faust* von Sainte-Aulaires Ehefrau Victorine gefunden. — B. habe Aubert de Vitry *durch einen Bekannten* auf den Fehler aufmerksam gemacht, den 1. Teil der »Italienischen Reise« für das Ganze zu halten und nun den *Feldzug in der Campagne* als seinen 3. Band folgen zu lassen. Zu den *Lächerlichkeiten*, die in den Übersetzungen vorkämen: Aubert de Vitry nenne »Wilhelm Meister« in seinen Anmerkungen *Maitre Guillaume*, und Sainte-Aulaire vermute in der *Blocksbergs-Szene* eine Anspielung auf die Verhältnisse am Weimarer Hof; erwähnt: Großherzog Karl August. — Vermutung, die Übersetzer hätten G. ihre Werke sicherlich zugesandt (vgl. RA 10, Nr. 448). — G.s Aufsatz »Von deutscher Baukunst« (in: »Über Kunst und Altertum« IV 2), von dem J. B. Bertram einen Auszug geschickt habe, sei von B. mit einem *angenehmen Eindruck* aufgenommen worden. Erinnerung an G.s Plan, einen *Auszug* aus B.s *Text* für »Über Kunst und Altertum« zu fertigen; dieser *würde jetzt Recht zur Zeit kommen* (vgl. H. Meyers und G.s Rezension »Boisseréesche Kunstleistungen«, in: Heft V 1). — Ankündigung der 2. Lieferung der Kupferstiche des Domwerkes (»Ansichten, Risse ... des Doms von Köln«; vgl. RA 10, Nr. 652) durch M. Boisserée. Vermutung, dass dieser auch die Abschrift von B.s Pariser Akademierede (»Mémoire sur l'architecture du moyen age«; vgl. RA 10, Nr. 375), in dem B. gegen die Behauptung des *arabischen Ursprungs der Kirchenbaukunst* polemisiere, bereits geschickt habe. — Von Graf K. F. Reinhard habe B. erfahren, dass *Sie und die Ihrigen gesund und munter* seien. — A. von Humboldt und Rochette ließen grüßen; Letzterer habe erst nach Absendung seines Briefes (RA 10, Nr. 374) erfahren, dass G. auch *über die Schweitz geschrieben* habe (vgl. »Briefe aus der Schweiz«). — Hoffnung auf G.s Antwort. — Angabe seiner Adresse bei A. Ehrmann.

475 WESSELHÖFT, JOHANN KARL

1823 Dezember 3   Jena   S: 30/307 Bl. 63–64   D: QuZ 4, Nr. 1604   B: —   A: 1823 Dezember 7 (37, Nr. 178)

G. erhalte hierbei von »Über Kunst und Altertum« IV 3 die Aushängebogen 7 und 8. Über den Satz des Inhaltsverzeichnisses (der Bände I bis IV). Das übersandte Manuskript »Zur Morphologie« (II 2) fülle Bogen 6 und etwa zwei weitere Druckseiten (vgl. RA 10, Nr. 479).

476   NAUMANN, KARL FRIEDRICH

1823 Dezember 4   Jena   S: 28/1034 Bl. 58   D: NC, Nr. 201   B: —   A: —

N. überreicht seine Schrift »Andeutungen zu einer Gesteinslehre, zunächst in Bezug auf die kristallinische Kieselreihe« (Ruppert 4905).

477   RAABE, KARL JOSEPH

1823 Dezember 5   Dresden   S: 28/104 Bl. 384   D: —   B: —   A: 1823 Dezember 10 (37, Nr. 180)

Zu einem bis Weihnachten fertigzustellenden Gemälde benötige R. dringend seine Skizze des Titusbogens, die er durch C. L. F. Schultz an G. gesandt habe (vgl. RA 10, Nr. 388). R. bitte um Rücksendung mit der nächsten Post. Wenn G. es erlaube, wolle er ihm später *eine ausgeführte Landschaft* senden und hiermit zugleich ein A. von Goethe gegebenes Versprechen einlösen. Ein solches Werk ließe auch eher ein Urteil über seine Fähigkeiten zu als die jetzigen *ganz effektlosen Skitzen*. — Empfehlungen an G. sowie A. und O. von Goethe von R. und seiner Frau. — Angabe seiner Adresse.

478   SORET, FRÉDÉRIC JACOB

1823 Dezember 5   Weimar   S: 28/869 St. 102   D: Soret Houben, 86 (T)   B: —   A: —
TB: 1823 Dezember 5 (E)   V: in französischer Sprache

Bitte um kurzfristige Überlassung der beiden kleinen elektromagnetischen Apparate von G. de La Rive und dazu den, der die Entdeckung H. C. Oersteds über die Ablenkung der Magnetnadel durch elektrischen Strom zeige. S. benötige die Apparate für den Unterricht der Prinzessinnen Maria und Augusta; erwähnt: Erbgroßherzogin Maria Pawlowna. — W. Stadelmann könne sie S.s Diener aushändigen, der G. die pulverisierte Farbe für J. W. Döbereiner und das *prodrome* von A. Brongniart (? »Sur la classification et la distribution des végétaux fossiles«) bringen werde.

479   WESSELHÖFT, JOHANN KARL

1823 Dezember 5   Jena   S: 30/307 Bl. 65.72   D: QuZ 4, Nr. 1606   B: —   A: 1823 Dezember 7 (37, Nr. 178)

W. sende von »Zur Morphologie« II 2 den Aushängebogen 5 auf Schreib- und Druckpapier. — Der *neue Gehülfe* habe bei der Angabe der bereits gesetzten Seiten versehentlich die Hefte »Zur Naturwissenschaft« und »Zur Morphologie« *in Eins gerechnet* (vgl. RA 10, Nr. 475). Somit fehle Manuskript zum Bogen L »Zur Naturwissenschaft« für zwölf Druckseiten und zum Bogen 6 »Zur Morphologie« für drei Druckseiten.

480   OERTHEL, HEERDEGEN & CO.

1823 Dezember 6   Hof   S: 28/1034 Bl. 54   D: NC, Nr. 288   B: 1823 November 26 (37, Nr. 170)   A: an G. F. von Gerstenbergk, 1823 Dezember 8 (37, Nr. 179); an J. S. Grüner, 1823 Dezember 10 (37, Nr. 181)

Versicherung, dass die zwei Mineralienkisten G.s durch den Fuhrmann P. Fleischmann nicht nach Hof gelangt seien. O.s Nachforschungen hätten ergeben, dass durch ein Versehen J. S. Grüners und F. Blechschmidts die Kisten nach Altenburg abgegangen seien.

481   POGWISCH, ULRIKE VON

1823 Dezember 7   Dessau   S: 28/104 Bl. 385–386   D: Rahmeyer, 190f.   B: —   A: 1823 Dezember 10 (37, Nr. 182)   TB: 1823 Dezember 8

P. sei am 5. Dezember in Dessau angekommen; erwähnt: H. von Pogwisch und A. von Hagen. — Bericht über den Fackelzug von Berliner Studenten anlässlich des Einzugs von Kronprinzessin Elisabeth von Preußen (am 28. November 1823) und über das damit verbundene Gedränge auf der Schlossbrücke, bei dem es 22 Tote, mehrere Verletzte und viele Vermisste gegeben habe; erwähnt: König Friedrich Wilhelm III. von Preußen, K. F. Zelter und C. L. F. Schultz. — Bitte um Nachricht von G. durch J. John.

482   SORET, FRÉDÉRIC JACOB

1823 Dezember 7   Weimar   S: 28/869 St. 103   D: Soret Houben, 86f.   B: —   A: —   V: in französischer Sprache

Der Porträtmaler F. Massot habe von F. J. Lainé in Sandoz Proben von roter Erde erhalten, die er ohne weitere Vorbereitung zum Malen von Gesichtern verwendet habe. Die Probe, die G. besitze, sei S. von einem Mineralienhändler (J. M. Deschamps) zugesandt worden; über weitere ergiebige Fundorte und eine isabellfarbige, zum Malen aber ungeeignete Erde. Über beide Erden sei noch nichts publiziert.

483   HAGEN, ERNST AUGUST

1823 Dezember 10   Königsberg   S: 28/104 Bl. 389–390   D: Mommsen 7, 78 (T)   B: —   A: —

Bericht über H.s Reise ab *Mitte Augusts vorigen Jahres* über München nach Italien, sowie über sein Missgeschick, bedingt durch seinen Reisegefährten F. Thiersch, *der durch seine thätige Theilnahme an den Griechischen Angelegenheiten sich die Ungnade der Regierungen zugezogen* habe. Trotz Fürsprache B. G. Niebuhrs und des Grafen C. Bernstorff sei ihnen die Einreise nach Neapel verwehrt worden. H. habe trotzdem die *italienischen Klassiker* Dante, Petrarca und Poliziano übersetzt (vgl. u. a. »Orpheus. Ein dramatisches Festspiel«) und Volkslieder gesammelt, die er in einem Buch, das ein *Bild von Rom darbieten* solle, herausgeben möchte. Dazu gehöre auch das beiliegende *Lied von Jesus und der Samariterin* in H.s Übersetzung. — Von seinen Beschäftigungen und Plänen: Arbeit an einer *epischen Dichtung [...] aus den Chroniken der preußischen Geschichte.* Ab Ostern 1824 wolle er seine *akademische Laufbahn mit einer Vorlesung über die Geschichte der deutschen Dichtkunst [...] eröffnen.*

484   MÜLLER, FRIEDRICH THEODOR ADAM HEINRICH VON

1823 ? Dezember 12   Weimar   S: 28/633a,2 St. 43   D: —   B: —   A: —

Begleitschreiben zu einem Blatt der *deutschen Frankfurter Zeitung* (? »Zeitung der freien Stadt Frankfurt« oder »Frankfurter Oberpostamtszeitung«) mit einem *metereologi. Artickel* und des »Journal de Francfort« mit einem Auszug aus den Bekenntnissen des M. *als Comandanten von Berlin 1806/7* bekannten französischen Generals Comte P. A. Hulin (vgl. »Explications offertes aux hommes impartiaux, au sujet de la commission militaire instituée en l'an XII pour juger le duc d'Enghien«). — Wunsch, G. *dem Gefühle* seines *körperlichen Leidens [...] zu entführen.*

485   GRÜNER, JOSEPH SEBASTIAN

1823 Dezember 13   Eger   S: 28/1034 Bl. 67–68   D: Grüner und Zauper, 71f.   B: 1823 Dezember 3 (37, Nr. 175)   A: 1824 Februar 28 (38, Nr. 47)

Weiteres über die Nachforschungen nach den in Weimar noch nicht eingetroffenen Mineralienkisten; dabei erwähnt: der Fuhrmann (P. Fleischmann) und der Wirt in Langenhessen, *allgemein Krippenwirth genannt.* — Der *Mahler* (der kolorierten Zeichnungen) sei wieder genesen, sodass Grüner seine Abhandlung »Über die ältesten Sitten und Gebräuche der Egerländer« bald abschließen könne. — Aufzählung erhaltener Mineralien. Das Wetter erschwere die weitere Suche, zudem sei Grüner *den ganzen Tag* an sein *Bureau gebunden*; Näheres über die zu bearbeitenden Fälle.

486   WESSELHÖFT, JOHANN KARL

1823 Dezember 15   Jena   S: 30/307 Bl. 67–68   D: QuZ 4, Nr. 1610   B: 1823 Dezember 7 (37, Nr. 178)   A: 1823 Dezember 20 (37, Nr. 188)

G. erhalte hierbei die Korrekturbogen 9 und 10 von »Über Kunst und Altertum« (IV 3) nebst Manuskript; außerdem das Manuskript, das für dieses Heft nicht gebraucht, aber zum Teil auf sechs Druckseiten gesetzt sei. Anfrage, ob er den Satz für das nächste Heft »Über Kunst und Altertum« (V 1) stehenlassen und verwenden dürfe. Weiter erhalte G. Manuskript, dass für dieses Heft weder gebraucht noch gesetzt worden sei. — Nähere Angaben über den Stand des Drucks des Registers (der Bände I bis IV) sowie des Schmutz- und Haupttitels auf Bogen 11 und 12. Anfrage, *ob etwas auf den Umschlag kommt.*

487 LENZ, JOHANN GEORG

1823 Dezember 16   Jena   S: 28/1034 Bl. 62–65   D: NC, Nr. 127   B: —   A: 1824 Januar 17 (38, Nr. 17)

Bericht über *die Schätze*, die L. im Jahre 1823 für die Sammlung und die Bibliothek der mineralogischen Sozietät *erobert* habe: Ausgezeichnete Mineralien stammten aus *Mies* von Erbgroßherzogin Maria Pawlowna, aus Tirol von Großherzog Karl August, von K. F. Bartenstein, von M. Petersen, aus *Idria* von A. Volleritsch, von Graf F. X. Egger, von K. Ulram, aus Ungarn von C. A. Zipser und aus Marienbad. Zu den eingesandten *Schriften* zählten J. K. Freiesleben »Systematische Übersicht der Literatur für Mineralogie, Berg- und Hüttenkunde«, E. König »Regnum animale« und »Regnum minerale«, M. Kovács »Lexicon mineralogicum enneaglottum«, E. F. Glocker »Grundriß der Mineralogie«, Graf G. Buquoy »Skizzen zu einem Gesetzbuche der Natur« mit dem ersten Nachtrag (»Die Fundamentalgesetze an den Erscheinungen der Wärme«) und »Ideelle Verherrlichung des empirisch erfassten Naturlebens«, H. von Struve »Beiträge zur Mineralogie und Geologie des nördlichen Amerikas«, J. J. Steinmann »Chemische Untersuchungen des Cronstedtits«, J. Steininger »Gebirgskarte der Länder zwischen dem Rheine und der Maas« und »Die erloschenen Vulkane in Südfrankreich«, L. A. Dlask »Versuch einer Naturgeschichte Böhmens«, 25 Bände des von A. Bran herausgegebenen »Ethnographischen Archivs«, P. Cleaveland »An Elementary Treatise on Mineralogy and Geology«, A. P. J. Du Menil »Chemische Analysen anorganischer Körper als Beitrag zur Kenntniss ihrer innern Natur« und »Disquisitiones chemicae«, K. F. Richter »Taschenbuch zur Geognosie« und »Der kleine Chemiker«, J. H. G. Schlegel »Materialien für die Staatsarzneiwissenschaft und praktische Heilkunde«, M. H. Klaproth »Beiträge zur chemischen Kenntnis der Mineralkörper«, Bd. 2, W. Henry »Chemie für Dilettanten« (in J. B. Trommsdorffs Übersetzung), J. F. d'Aubuisson de Voisin »Lehrbuch der Geognosie« (in K. Hartmanns Übersetzung), J. R. L. de Kerckhove »Hygiène militaire«, L. Euler »Geographischer Atlas«, O. Borch »Docimastice metallica«, J. D. G. Memminger »Canstatt und seine Umgebung«, C. F. Jasche »Das Wissenswürdigste aus der Gebirgskunde«, J. Gadolin »Index fossilium analysibus chemicis examinatorum«, K. Bieling »Geschichte der Entdeckung, auch Darstellung des geognostischen Vorkommens der bei dem Dorfe Thiede ...«, K. C. von Langsdorf »Neue leichtfassliche Anleitung zur Salzwerkskunde« und K. W. G. Kastner »Handbuch der Meteorologie« (Bd. 1). Am 10. Oktober habe L. von A. Schippan erhalten: die »Geognostisch-bergmännische Karte der Umgegend von Freiberg« (gestochen von F. Hajeck), den »Grund- und Seigerriß eines Teiles des Steinkohlenwerkes zu Gickelsberg, dem Erb- und Lehnrichter J. G. Schippan in Flöha gehörig«, den »Plan einer gebirgigen Gegend«, das »Netz oder Gerippe zur Schraffierung einer gebirgigen Gegend«, den »Nachtrag zu Schippans geognostisch bergmännischen Karte der Gegend von Freiberg«, »Die Gegend am Hammerberg bei Freiberg« (gestochen von Hajeck) und »Die sölig geschichteten Gebirgsarten«.

488 PREUSKER, KARL BENJAMIN

1823 Dezember 16   Döbeln   S: 28/104 Bl. 399–400; Bl. 403–406   D: Mommsen 7, 94f.; 95
B: 1820 April 3 (32, Nr. 191)   A: —

P. übersendet eine *literärische Nachweisung* zum Problem der *characteristischen Eigenthümlichkeiten der Schriftzüge* in der Hoffnung, dass G. sie für eine Darlegung seiner Ansichten *in einem Journale*, auf die er P. Hoffnung gemacht habe, berücksichtigen könne. Nur im 2. Teil von »Dichtung und Wahrheit« finde sich dort, *wo von Gellerts Empfehlung einer schönen Hand gesprochen* werde, etwas über Schriftzüge (8. Buch). — Hinweis auf das beiliegende Verzeichnis. — Die interessanteste Abteilung seiner Handschriftensammlung befinde sich *jetzt in Dresden in den Händen eines Literators zur Vorzeigung in dem Dichterkreise*.

Anlage: P.s handschriftliche *Nachweisung von Büchern und Aufsätzen über Handschriften und über die Kunst, aus denselben auf den Character des Schreibers zu schließen*.

489   Wesselhöft, Johann Karl

1823 Dezember 16   Jena   S: 30/307 Bl. 70–71   D: QuZ 4, Nr. 1611 (T)   B: 1823 Dezember 15 (vgl. WA III 9, 155)   A: 1823 Dezember 20 (37, Nr. 188)

G. erhalte hierbei die beiden letzten Korrekturbogen (11 und 12) von »Über Kunst und Altertum« IV 3 nebst Umschlag. Das soeben eingetroffene Manuskript für Bogen L »Zur Naturwissenschaft« (II 2) fülle nur drei Druckseiten. W. sende es einstweilen zurück, da es wohl zu Bogen 6 von »Zur Morphologie« (II 2) gehöre. Nähere Angaben dazu und Bitte um *Belehrung* (vgl. RA 10, Nr. 479).

490   Lenz, Johann Georg

1823 Dezember 18   Jena   S: 28/1034 Bl. 66   D: NC, Nr. 128   B: —   A: 1824 Januar 17 (38, Nr. 17); 1824 Februar 28 (38, Nr. 46)

L. übersendet den *zweyten Band* seiner *erhaltenen Briefe*.

491   Kämtz, Ludwig Friedrich

1823 Dezember 19   Halle   S: 28/1034 Bl. 72   D: LA II 5B/2, 1132   B: —   A: —   TB: 1824 Januar (BVL)

K. übersendet seine »Dissertatio mathematico-physica de legibus repulsionum electricarum mathematicis«. Die darin aufgestellte *sechste Thesis* erkläre sich aus den Einwänden zu G.s »Farbenlehre«, wonach darin *gar keine Rücksicht auf den mathematischen Teil dieser Lehre genommen worden sei*. K. wolle den Satz in seinen künftigen Vorlesungen an der Universität beweisen und in einem geplanten Werk über *Licht und Farben [...] weiter entwickeln* (vgl. u. a. »Newtons Ansichten von der Natur des Lichtes«, in: »Journal für Chemie und Physik« 1825, Bd. 35).

492   POGWISCH, ULRIKE VON

1823 Dezember 20   Dessau   S: 28/104 Bl. 391–392   D: Rahmeyer, 193   B: 1823 Dezember 10 (37, Nr. 182)   A: —   TB: 1823 Dezember 22

Freude über G.s Brief. — P. habe Prinzessin Auguste von Solms besucht. — H. von Pogwisch und Graf W. Henckel wollten *auf 3 Tage* nach Berlin. A. von Hagen bestehe darauf, den Winter allein in Dessau zu bleiben. Freude darüber, dass O. von Goethe *nun noch nach Berlin* gehe.

493   RADL, ANTON

1823 Dezember 22   Frankfurt   S: 28/104 Bl. 396–397   D: —   B: 1823 November 13 (vgl. WA III 9, 144)   A: —

Dank für die Rücksendung seines Gemäldes (Landschaft bei Kronberg) durch G.; wegen einer *Unbässlichkeit* habe er nicht früher reagieren können. R. bitte G., ihm *eine Kleinigkeit* seiner Arbeit als Dank zueignen zu dürfen. — Wünsche zum Jahreswechsel für G. und seine Familie.

494   MÜLLER, FRIEDRICH THEODOR ADAM HEINRICH VON

1823 Dezember 23   Weimar   S: 28/633a,2 St. 44   D: KM, 307 (T)   B: —   A: —

M. bittet, G. diesen Abend besuchen zu dürfen, um *macherley* Interessantes, das er aus Frankfurt am Main erhalten habe, vorzutragen (vgl. G.s Tagebuchnotiz). Eine *Rede* von H. C. von Gagern lege er vorläufig bei. Überdies sehne sich M. nach den *Confidences poétiques* (»Marienbader Elegie«).

495   TIECK, JOHANN LUDWIG

1823 Dezember 24   Dresden   S: 28/916 St. 5   D: GR 1, 302–304   B: —   A: 1824 Januar 2 (38, Nr. 5)   TB: 1823 Dezember 29

Freude über G.s Genesung. — Empfehlung des Überbringers, *Münzmeister* L. Kachel *aus Mannheim*. — T. habe gehört, dass G. einige seiner neueren Arbeiten beifällig aufgenommen habe. Er fühle aber selbst immer mehr, wieviel seinen Arbeiten noch fehle. Bei der *jetzigen Anarchie* sei es *kaum möglich, in der Menge ein ruhiges Gehör zu finden*. Über G.s Werke, die T. noch immer *mit dem Enthusiasmus* seiner Jugend genieße, werde er *vielleicht binnen wenigen Jahren* etwas schreiben (vgl. »Goethe und seine Zeit«); erwähnt: G.s *Schüler und Verehrer*, die dies *auf ähnliche Weise* versucht hätten (vgl. u. a. K. E. Schubarth »Zur Beurteilung Goethes«). — Empfehlungen an A. und O. von Goethe.

496 WESSELHÖFT, JOHANN KARL

1823 Dezember 24   Jena   S: 28/307 Bl. 74–75   D: QuZ 4, Nr. 1621 (T)   B: 1823 Dezember 20 (37, Nr. 188)   A: 1823 Dezember 28 (37, Nr. 195)   TB: 1823 Dezember 25

G. erhalte hierbei den Korrekturbogen 6 von »Zur Morphologie« (II 2) nebst Manuskript, wovon für Bogen 7 noch drei Druckseiten übrig geblieben seien, und den Umschlag zu »Über Kunst und Altertum« (IV 3). — Den Druckauftrag für »Über Kunst und Altertum« (V 1) habe W. an F. Frommann gemeldet. — Glückwünsche zum Weihnachtsfest und zum neuen Jahr.

497 HENSCHEL, JOHANN WERNER

1823 Dezember 26   Kassel   S: 28/104 Bl. 394   D: —   B: —   A: —   TB: 1823 Dezember 29

H. übersendet verehrungsvoll eine von ihm selbst verfertigte Arbeit (»Heilige Maria mit Christusknabe«, Abguss in Ton).

498 SCHWEIGGER, JOHANN SALOMO CHRISTOPH   AN J. W. DÖBEREINER

1823 Dezember vor 27   Halle   S: 28/1034 Bl. 75–76   D: GDö, in Nr. 95   B: —   A: an J. W. Döbereiner, 1824 Februar 4 (38, Nr. 28)

S. übersendet ein neues Heft seines »Journals für Chemie und Physik« (1823, Bd. 39) mit Beiträgen über Döbereiners *neues Feuerprincip* (vgl. »Neu entdeckte merkwürdige Eigenschaften des Platinsuboxyds«, in: ebd. 1823, Bd. 38). *Neues* könne man aber trotz Ankündigung nicht finden, Hinweis auf *S 211* (P. L. Dulong und L. J. Thénard »Über die Eigenschaft einiger Metalle, die Verbindung elastischer Flüssigkeiten zu befördern«). Soeben erhalte S. auch den Band der »Annales de Chimie et de Physique« (1823, Bd. 24), worin Döbereiners Beitrag von P. J. Hensmans ins Französische übersetzt sei. — Döbereiner werde S.s vorigen Brief mit der Dissertation von L. F. Kämtz erhalten haben (vgl. RA 10, Nr. 499). Dieser lese nun *über Optik und zwar ganz mathematisch und doch mit Beziehung auf Göthes Ansichten*. Zum Studium von G.s Farbenlehre durch S. angeregt, habe sich Kämtz A. Fresnels Untersuchungen über die Diffraktion des Lichts zugewandt. S. habe daraufhin Kämtz *die 6te Thesis zu seiner Dissertation vorgeschlagen* (vgl. RA 10, Nr. 491). Über Kämtz' Befähigung in der Mathematik und Astronomie, deren theoretischen Teil er bei J. F. Pfaff studiert habe; aber auch für die Lehre der Physik könne er empfohlen werden. Er eigne sich als Nachfolger von J. H. Voigt. — Bezüglich der Mathematik fielen S. *wieder die alten Rechenstäbe u. die zwei Bücher dazu ein* (? Rechenstäbe für chemische Berechnungen; vgl. u. a. B. Scholz »Chemischer Rechenstab, oder stöchiometrische Tafel«).

Beilage zu: RA 10, Nr. 499.

Von Johann Valentin Adrian. Brief vom 19. Januar 1823 (Nr. 27)

Von Christian Adolf von Seckendorf. Brief vom 10. Juni 1823 (Nr. 224)

I   Marienbad æ 23 Août 1823.

Voici le petit tapis que Vous nous avez permis
de Vous destiner. — Malgré que nous le
trouvions tout à fait indigne de Vous être
offert vu que les laines en sont mal nuancées
et le Canevas détestable, j'ose toutefois
Vous le faire parvenir, comptant sur l'in-
dulgence si propre aux grands hommes —
puissiez Vous pendant un Siècle encore
s'en servir pour votre lampe. —
Voilà les vœux des deux Sœurs qui garde-
ront toute leur Vie, le Souvenir le plus
doux et le plus précieux de l'intéressante
Connaissance, qu'un hazard propice leur
a fait faire à Marienbad. —
Le plaisir de Vous revoir à Weymar.
Croyez qu'il est au fer désiré, qu'il sera.
vivement senti.
Casimira Vous envoie mille hommages
empressés, et moi j'y joins tous les vœux
                                     de Szymanowska

Von Maria Agata Szymanowska. Brief vom 23. August 1823 (Nr. 330)

Von M. D. Schloß & Comp. Brief vom 14. Oktober 1823 (Nr. 414)

Von Franz Kirms. Brief vom 27. Oktober 1823 (Nr. 432)

Mr. Sterling's best respects to His Excellency, Baron Goethe, and regrets that he had not the honor of waiting on him, as he desired, before his departure.

Mr. S. begs to offer his warmest thanks for the attention His Excellency kindly condescended to show him during his stay at Weimar.

Sunday
22nd Feby

Von Charles James Sterling. Brief vom 22. Februar 1824 (Nr. 582)

Von Johann Friedrich Blumenbach. Brief vom 21. Mai 1824 (Nr. 722)

Von Sophie Leopoldine Wilhelmine von Grotthuß. Brief vom 28. Juni 1824 (Nr. 790)

Von Christian Truchseß von Wetzhausen. Brief vom 11. August 1824 (Nr. 862)

Von G. Heine. Brief vom 7. Oktober 1824 (Nr. 971)

499   DÖBEREINER, JOHANN WOLFGANG

1823 Dezember 27   Jena   S: 28/1034 Bl. 74   D: LA II 5B/2, 1132   B: —   A: 1824 Februar 4 (38, Nr. 28)

Übersendung eines Briefes von J. S. C. Schweigger mit der *höchst angenehme*n Nachricht, dass L. F. Kämtz in Halle *Vorlesungen über Optik — mit Beziehung auf die Farbenlehre — begonnen habe.*
    Beilage: RA 10, Nr. 498.

500   FREGE & CO.

1823 Dezember 27   Leipzig   S: 30/307 Bl. 76   D: —   B: 1823 Dezember 22 (vgl. im Text von RA 10, Nr. 500); 1823 Dezember 23 (vgl. WA III 9, 158)   A: 1823 Dezember 30 (37, Nr. 199); an J. F. von Cotta, 1824 Januar 14 (38, Nr. 15)   TB: 1823 Dezember 29

Auf G.s *Zuschrift vom 22.* übersenden F. 500 Reichstaler *in baar* zu Lasten der Cottaschen Buchhandlung.

501   GOETHE, OTTILIE VON

1823 Dezember 27 bis 28   Gräfenhainichen   S: 28/357 Bl. 23–24   D: —   B: —   A: —

    1823 Dezember 27
Bericht über O. von Goethes (gemeinsam mit L. von Witzleben und K. von Mandelsloh) nach Berlin angetretene Reise, insbesondere über eine sehr gründliche Zollkontrolle in Eckartsberga; dabei erwähnt: A. Schopenhauer sowie die Lektüre in Lord Byrons und T. Moores Werken.
    1823 Dezember 28
Bericht über die Weiterreise bis Gräfenhainichen; dabei erwähnt: Shakespeares »Julius Cäsar«, Graf L. Henckel und H. von Pogwisch.

502   HOFFMANN, KARL AUGUST   AN W. REHBEIN

1823 Dezember 27   Weimar   S: 28/104 Bl. 393.398   D: —   B: —   A: —

Über seine Untersuchung des in einer Flasche übermittelten Wassers; erwähnt: F. A. Reuß und J. J. Steinmann. Das Wasser sei *vielleicht durch betrügerische Fuhrleute* gekommen. Ein im vorigen Sommer für N. Jasnowski untersuchtes Selterwasser habe einen ähnlichen Zustand aufgewiesen. Die *Beylage* enthalte *ein Pröbchen* mit der gewonnenen *Setzmaße*.

503 ARNIM, BETTINA VON

1823 Dezember 31 bis 1824 Januar 11   Berlin   S: The Morgan Library & Museum New York
D: Bettine, Briefwechsel, 726–735   B: —   A: an O. von Goethe, 1824 Januar 24 (38, Nr. 21;
bh. A.: GSA 29/203,I Bl. 24–25); an C. L. F. Schultz, 1824 Juni 28 bis Juli 3 (38, Nr. 155)   TB:
1824 Januar 19   V: Druck

1823 Dezember 31
A. habe oft an G. schreiben wollen, aber ihre Empfindungen nicht ausdrücken können.
Umfangreiche Betrachtungen über ihre den Naturgewalten vergleichbare Liebe zu G. —
Gleichnis von der Treue eines Kindes, das in der Einsamkeit einem geliebten König
opfert. A. werde verzweifeln, wenn nicht *noch einmal* die vergangene Zeit ihrer Liebe
wiederkehre. Sie lebe ganz in der Erinnerung an ihn; *Schicksal und Welt* hätten *nie
wahrhaften Einfluß* auf sie ausgeübt.

1824 Januar 1
Der *Erwerb des Wissens und der Künste* erscheine ihr *Tod*. Seit A. im ersten Anblick
G.s erkannt habe, *was Schönheit ist*, sei sie nur *durch Erleuchtung belehrt* worden. Die
Künstler würden sich *mit der Geschicklichkeit* begnügen, doch mache erst schöpferische *Begeistrung* das Genie aus. C. Rauchs Modell eines G.-Denkmals für Frankfurt
zeige *keine Individualität*. A., *ein Franckfurther Kind* wie G., sei *in einer schlaflosen
Nacht* zu einem eigenen Entwurf inspiriert worden. Ausführliche Interpretation der
beifolgenden Zeichnung ihres G.-Denkmals, das in der Apotheose des Dichters *die
Liebe der Franckfurther Bürger* aussprechen solle; erwähnt: G.s Werke und Anspielung
auf die Bibel. A. habe *eine Durchzeichnung* an M. von Bethmann geschickt, der sie zu
der Skizze ermuntert habe.

1824 Januar 11
Rauch wolle nach A.s Entwurf ein Gipsmodell anfertigen und einen Abguss zur Beurteilung nach Frankfurt senden (vgl. RA 10, Nr. 951).

504 COTTA, JOHANN FRIEDRICH VON

1823 Dezember 31   Stuttgart   S: 30/307 Bl. 78.81   D: Cotta, Nr. 477   B: —   A: —

Neujahrswünsche. — Durch S. Boisserée habe C. von G.s *Wohlbefinden* erfahren. —
Bitte, bei A. und O. von Goethe C.s *Andenken zu erneuen*.

505 KNEBEL, KARL LUDWIG VON

1823 Dezember 31   Jena   S: 28/519 Bl. 611–612   D: GK, Nr. 615 (T)   B: —   A: —

K. lege einen *Glückwunsch* (? Gedicht) zum Jahreswechsel bei und gebe seiner Hoffnung für *noch einige Jahre* Ausdruck; erwähnt: Epikurs Lehren. — K. studiere J. P.
Eckermanns »Beiträge zur Poesie mit besonderer Hinweisung auf Goethe« und dessen
Nachforschungen in dem Geiste von G.s Werken; *Manches andre sei freilich noch den
Zweifeln unterworfen*. — Urteil über Graf A. Platen, der *eine neue Aera der Poesie* mit
F. Rückert stiften wolle, *wobei es darauf ankommt*, wer die meisten Gedichte *in der*

kürzesten Zeit liefern kann. Graf Platen habe K. die Fortsetzung seiner »Ghaselen« (»Neue Ghaselen«) und die Komödie »Der gläserne Pantoffel« zugeschickt, die er *in fünf Stunden verfertigt* habe.

506   GOETHE, OTTILIE VON AN A. VON GOETHE

1824 *(1823)* Januar 1   Berlin   S: 28/357 Bl. 25–27   D: ON 2, Nr. 52   B: —   A: —

Fortsetzung von O. von Goethes Reisebericht: Nach der Abreise aus Gräfenhainichen habe man zunächst in Wittenberg das Lutherdenkmal besichtigt; Näheres über die Statue (von G. Schadow), die Inschriften (u. a. Bibelverse und Luthers »Ein feste Burg ist unser Gott ...«) und den Baldachin (von K. F. Schinkel). Nach einem kurzen Treffen mit Graf (W. oder L.) Henckel und H. von Pogwisch in Treuenbrietzen, wovon letztere *heute gerade erzählen* werde (vgl. G.s Tagebuchnotiz vom 1. Januar), habe die Reisegesellschaft die Nacht in Beelitz verbracht. Jubelnd sei man dann am 30. Dezember in Potsdam eingefahren. Dort habe O. von Goethe den Tag mit Besuchen bei verschiedenen Bekannten verbracht; dabei erwähnt: Gräfin L. Waldersee und deren Töchter Luise und Marie, die *alle jetzt* bei A. von Lindheim in Potsdam wohnten, Lindheims *niedliches Kindchen* (Luise) sowie die kürzliche Heirat von Graf F. H. Waldersee (mit B. von Hünerbein), A. J. A. von Treskow, L. von Witzleben, deren Bruder Heinrich und ein Vetter in Potsdam sowie E. von Alvensleben, Braut des Hermann von Witzleben, *der jetzt in Weimar ist*, K. von Mandelsloh, H. von Staff und das Lied »Heil Dir im Siegerkranz ...« (von B. G. Schumacher nach H. Harries). — In Berlin sei O. von Goethe von L. Nicolovius und seinen Kindern Heinrich, Kornelia, Alfred und Flora mit großer Herzlichkeit empfangen und *comfortable* untergebracht worden; Beschreibung der Räumlichkeiten; erwähnt: ein *Bild der Großmama* (K. Schlosser), A. Näder und C. Sterling. — Noch am Ankunftstag sei O. von Goethe mit M. Szymanowska und K. Wołowska zusammengetroffen, die ein *treues Andenken für alle weimarischen Freunde* und für G. hätten; erwähnt: K. F. Zelter. — Durch G. H. Schaller sende sie u. a. Lebensmittel, Spielzeug für Walter und Wolfgang sowie einen Pelz für A. Schopenhauer. — Verschiedene Mitteilungen über Berliner Ereignisse und Persönlichkeiten; dabei erwähnt: die Verlobung von Prinzessin Luise von Preußen mit Prinz Friedrich der Niederlande, das gute Verhältnis zwischen König und Schwiegertochter (zwischen dem niederländischen König und Prinzessin Luise oder zwischen dem preußischen König und Kronprinzessin Elisabeth), Graf K. Wylich sowie W. Benecke. — Grüße u. a. an G., Gräfin O. Henckel, H. und U. von Pogwisch sowie an alle Bekannten und Empfehlung von (? K. F.) Wagner.

507   NEES VON ESENBECK, CHRISTIAN GOTTFRIED DANIEL

1824 Januar 1   Bonn   S: 28/1034 Bl. 78–79   D: GNe, Nr. 82   B: 1823 September 29 (37, Nr. 140)   A: 1824 Januar 29 bis Februar 4 (38, Nr. 27)

Neujahrsglückwünsche. — Ankündigung von A. F. Näkes Ode auf die Vermählungsfeier des Kronprinzen Friedrich Wilhelm von Preußen (mit Prinzessin Elisabeth von

Bayern; vgl. Ruppert 113) und einer *Tafel mit einem seltsamen Schwammgebild* (F. Nees und N. »Fungorum Javanicorum prodomus«, vgl. Ruppert 4915), die er zusammen mit J. Schuberts Probedruck (der Tafel über den Elefantenschädel, nach J. Waitz; vgl. »Zur vergleichenden Osteologie von Goethe. Mit Zusätzen und Bemerkungen von Dr. Ed. d'Alton«, in: »Nova Acta« 1824, Bd. 12.1) senden wolle. Erklärungen für die verzögerte Absendung des Gesteins vom Drachenfels (vgl. RA 10, Nr. 449); erwähnt: J. Noeggerath und der Bergeleve Sack. — N. bedauere, dass E. d'Alton über Göttingen statt über Weimar gereist sei (vgl. RA 10, Nr. 558). — J. P. Eckermanns »Beiträge zur Poesie mit besonderer Hinweisung auf Goethe« hätten N. *sehr lebhaft angezogen*.

508 SACHSEN-WEIMAR-EISENACH, KARL AUGUST GROSSHERZOG VON

1824 Januar 2   Weimar   S: 28/773,4 St. 1   D: GH, Nr. 940   B: 1824 Januar 1 (38, Nr. 1)
A: 1824 Januar 19 (38, Nr. 19)

Neujahrsglückwünsche. — S. übersendet J. Schmellers in Antwerpen angefertigte Kopie eines Porträts der schottischen Königin Maria Stuart (? von F. Pourbus d. J.). Schmeller wisse, in welcher Antwerpener Kirche sich das Original befinde (Andreaskirche).

509 SACHSEN-WEIMAR-EISENACH, LUISE AUGUSTA GROSSHERZOGIN VON

1824 Januar 2   Weimar   S: 28/779 St. 38   D: —   B: 1824 Januar 1 (38, Nr. 2)   A: —

Dank für G.s Neujahrswünsche und gute Wünsche für ihn. Er möge sie wissen lassen, wann sie ihn wieder besuchen dürfe.

510 SACHSEN-WEIMAR-EISENACH, MARIA PAWLOWNA ERBGROSSHERZOGIN VON

1824 Januar 2   Weimar   S: 28/780 St. 13   D: GMP, 68   B: 1824 Januar 1 (38, Nr. 3)   A: —

Freude über die Nachricht von G.s besserem Befinden. S. und Erbgroßherzog Karl Friedrich hätten viel in der Zeit entbehrt, wo sie auf die angenehme Gewohnheit der wöchentlichen Besuche bei G. haben verzichten müssen. S. warte noch auf die ärztliche Erlaubnis, dass sie G. besuchen könne.

511 WERNEBURG, JOHANN FRIEDRICH CHRISTIAN

1824 Januar 2   Jena   S: 28/106 Bl. 1   D: —   B: —   A: —

Glückwünsche zum Jahreswechsel. — W. fühle sich durch die Bevorzugung von Männern, die 20 Jahre jünger seien (Berufung von J. Fries zum Nachfolger von J. H. Voigt), *betrübt, niedergedrükt und gebeugt.* Vermutung, dass hier *Verläumdung irgendeiner Art und Person* eingewirkt habe. — Ankündigung seiner neuen Schrift (»Curvarum aliquot nuper repertarum synopsis«, vgl. Ruppert 4164).

512   GOETHE, OTTILIE VON

1824 Januar 3   Berlin   S: 28/357 Bl. 28–31   D: —   B: 1823 Dezember 30 (37, Nr. 198)   A: 1824 Januar 18 (38, Nr. 18)   TB: 1824 Januar 13 (E)

Fortsetzung von O. von Goethes Reisebericht: Ausführlich über eine Aufführung von Shakespeares »König Heinrich IV.« in der Bearbeitung von F. de la Motte-Fouqué (nach A. W. von Schlegels Übersetzung); erwähnt: H. Nicolovius, L. Devrient als Falstaff und G. W. Krüger als Heinrich sowie F. Kirms. — In einer nach dem Theater besuchten Gesellschaft bei Graf G. und Gräfin J. zu Münster habe O. von Goethe u. a. angetroffen: K. de la Motte-Fouqué *mit zwei Töchtern* (Klara von Rochow und Marie), *zwei Schwestern* (A. und F. von Briest) und einem Sohn (G. oder T. von Rochow) mit Frau (Karoline bzw. M. E. von Rochow), weiter Graf J. F. Flemming und E. von Kalb; erwähnt: C. Sterling. — Dank für G.s Brief und Freude über A. von Goethes Ernennung zum Geheimen Kammerrat, zu der Familie Nicolovius im Verein mit zahlreichen anderen Freunden gratuliere. Trotz des ihr nun zugefallenen neuen Titels wolle O. von Goethe wie bisher alle Erlebnisse *treulich* mitteilen. Am 31. Dezember habe sie mit A. J. A. von Treskow dessen Mutter Amalie besucht, wo auch W. von Treskow zugegen gewesen sei, danach sei sie bei K. F. Zelter gewesen, wo sie alle, einschließlich Doris und Rosamunde, angetroffen habe. Gemeinsam mit Graf (? W.) Schulenburg, H., A. und Flora Nicolovius sowie A. Näder habe O. von Goethe die Ausstellungen bei J. H. Fuchs und P. F. L. Weyde (in deren Konditoreien) besucht. — Ausführliche Schilderung aller am 1. und 2. Januar unternommenen Besuche; dabei erwähnt: M. Szymanowska und K. Wołowski, J. und C. L. F. Schultz, J. R. L. von Witzleben, die Theateraufführungen von »Der Bär und der Bassa« (von K. Blum nach E. Scribe), »Arlequin im Schutz der Zauberei« (Pantomime von E. Lauchery, Musik von K. J. Toeschi und B. A. Weber) und »Die Hochzeit des Figaro« (von Mozart), Gräfin E. Schlippenbach, Herzogin Friederike von Cumberland, K. von Mandelsloh, Gräfin J. Brühl, Gräfin A. Bernstorff, G. von Riedesel, Graf Mycielski, der G. von Marienbad kenne (vgl. G.s Tagebuchnotizen vom 12. und 19. August), K. Wołowska, Gräfin L. Schönberg, Graf L. Henckel, A. von Hagen, Prinz Georg von Hessen-Kassel, U. von Pogwisch, A. C. von Vitzthum, Gräfin (K. oder J.) Egloffstein, H. und L. von Massow, Kronprinz Friedrich Wilhelm von Preußen, Gräfin (?) M. K. und Graf (?) H. Schönburg, Graf H. F. Hatzfeld, *ein Prinz von Heßen* (? Georg von Hessen-Darmstadt), (? V.) von Massow, H. von Pogwisch, Gräfin F. Groeben, Graf K. und Gräfin C. Egloffstein, L., K. und Ferdinand Nicolovius, T. Hildebrandt, L. Claude, J. I. von Cruickshank und F. Mendelssohn Bartholdy. Von den vielen alten und neuen Bekannten werde O. von Goethe stets aufs freundlichste und voller Achtung empfangen. — Zahlreiche Empfehlungen an G. — H. von Staff werde den Brief überbringen. Nachrichten vom 3. Januar; dabei erwähnt: A. Schopenhauer sowie Walter und Wolfgang. *Für die Kinder folgt eine Jagd* (vgl. G.s Tagebuchnotiz vom 24. Januar).

513   HOFF, KARL ERNST ADOLF VON

1824 Januar 3   Gotha   S: 28/1034 Bl. 77   D: NC, Nr. 107   B: 1823 Dezember 30 (37, Nr. 197)   A: —

Dank für das von G. am 2. Januar erhaltene Heft (»Zur Naturwissenschaft überhaupt« II 1). Freude auf das *Auffinden so manches neuen Schatzes* bei der Lektüre. H. hoffe, G. seinen Dank bald mündlich abstatten zu können (vgl. G.s Tagebuchnotiz vom 18. Januar). — Belastung im Beruf sowie Furcht vor einem eventuellen Misslingen der Fortführung seines Werkes (»Geschichte der durch Überlieferung nachgewiesenen natürlichen Veränderungen der Erdoberfläche«) ließen H. mit dem 2. Teil nur zaghaft vorankommen.

514   GOETHE, OTTILIE VON

1824 Januar 4 bis 6   Berlin   S: 28/357 Bl. 32–33   D: —   B: —   A: 1824 Januar 18 (38, Nr. 18)

1824 Januar 4
Fortsetzung des tagebuchartigen Reiseberichts; dabei erwähnt: Graf K. und Gräfin C. Egloffstein, K. Wołowska, K. Wołowski, D. Zelter, F. von L'Estocq, H. von Pogwisch, Gräfin F. Stosch, ein Konzert mit Fanny und Felix bei Mendelssohns mit Felix' Kompositionen, B. Salomon, Graf G. Blankensee, F. A. Wolf und F. de la Motte-Fouqué. Abends habe O. von Goethe mit K. von Mandelsloh im Theater das Singspiel »Axur« (von A. Salieri, Libretto von L. Da Ponte nach Beaumarchais) gesehen; erwähnt: K. A. Bader, K. Moltke und A. Milder.

1824 Januar 5
Fortgesetzter Bericht; dabei erwähnt: J. I. von Cruickshank, J. A. Montague, bei dem sie englischen Sprachunterricht nehme, K. F. Zelter, J. F. Schink, *Herr Maraun aus Königsberg*, G. von Savigny, A. Gérard de Rayneval, S. von Motz und *Prinzeß Friedrich* (Prinzessin Luise von Preußen).

1824 Januar 6
Über einen verhinderten Besuch bei Herzogin Friederike von Cumberland, die um ihre ehemalige Oberhofmeisterin Gräfin L. Brühl trauere; erwähnt: Gräfin E. Schlippenbach, Herzog Ernst August von Cumberland, K. von Berg als Vertraute der verstorbenen Königin (Luise von Preußen) und Verfasserin einer Abhandlung über deren letzte Lebenstage (in: MBl 1811, Nr. 105f.), Gräfin A. Egloffstein, Gräfin A. Schlippenbach, A. von Helvig und E. von Mettingh, mit der es ein herzliches Wiedersehen gegeben habe (vgl. RA 8, Nr. 834). Nach dem Besuch der Singakademie mit einer Aufführung von K. F. Faschs »Missa a 16 voci« seien O. von Goethe sowie L., H. und K. Nicolovius zu Zelters gegangen, wo u. a. A. F. Bloch, S. H. Spiker, K. Streckfuß und M. Szymanowska gewesen seien; erwähnt: J. und C. L. F. Schultz. — Freude über die von A. von Goethe und U. von Pogwisch eingetroffenen Briefe; Grüße an die beiden sowie an G., Walter und Wolfgang, C. Sterling und F. Soret.

515   NEES VON ESENBECK, CHRISTIAN GOTTFRIED DANIEL

1824 Januar 4   Bonn   S: 28/1034 Bl. 87–88   D: GNe, Nr. 83   B: —   A: 1824 Januar 29 bis Februar 4 (38, Nr. 27); an H. K. A. Eichstädt, 1824 Januar 21 (vgl. WA III 9, 169)   TB: 1824 Januar 19 (E)

N. übersendet einen Abdruck der von J. Schubert endlich gelieferten Tafel (über den Elefantenschädel, nach J. Waitz) sowie einige Abdrücke *des ersten, von* J. H. *Lips gestochnen, Blatts* und die Originalzeichnungen von Waitz in Rücksendung. Bitte um Beurteilung von Schuberts Tafel und um *eine kleine Zugabe für den Druck*, damit N. den 12. Band der »Nova Acta« bald herausbringen könne (vgl. aber »Zur vergleichenden Osteologie von Goethe. Mit Zusätzen und Bemerkungen von Dr. Ed. d'Alton«). — Mit Empfehlungen von A. F. Näke erhalte G. dessen Ode auf die Vermählungsfeier des Kronprinzen Friedrich Wilhelm von Preußen (mit Prinzessin Elisabeth von Bayern, Ruppert 113) zusammen mit einem Exemplar für H. K. A. Eichstädt. — Weiter erhalte G. die bereits angekündigte Tafel von dem *seltsamen Pilzgewächs* (F. Nees und N. »Fungorum Javanicorum prodomus«, Ruppert 4915).

516   BAUMBACH, KONRAD JOHANN ALEXANDER

1824 Januar 7   Jena   S: 28/106 Bl. 2–3   D: —   B: —   A: —   TB: 1824 Januar (BVL)

Begleitschreiben zur Übersendung seiner »Einleitung in das Naturrecht« (Ruppert 2751). — Würdigung der Verdienste G.s auf literarischem und naturwissenschaftlichem Gebiet; erwähnt: dessen Werke. Darlegung von B.s *Grundansicht des Naturrechts* unter Erwähnung der »Patriotischen Phantasien« J. Mösers. — Bitte um G.s Fürsprache bei Großherzog Karl August, da B. *bisher ohne alle Besoldung* (als Dozent in Jena) gearbeitet habe.

517   entfällt.

518   GOETHE, OTTILIE VON

1824 Januar 7 (8) bis 14   Berlin   S: 28/357 Bl. 34–37   D: —   B: —   A: 1824 Januar 18 (38, Nr. 18); 1824 Januar 24 (38, Nr. 21; vgl. 38, 299–301)

1824 Januar 7
Fortsetzung des tagebuchartigen Berichts. O. von Goethe habe in Anwesenheit des preußischen Königs und der königlichen Familie erneut ein einzigartiges Konzert von M. Szymanowska erlebt. Näheres über zahlreiche Visiten; erwähnt: Prinzessin Luise und Prinz Friedrich von Preußen, A. K. von Stein, L. und (? F.) von Witzleben, L., H. und K. Nicolovius, Gräfin F. Groeben, L. Rellstab, W. und K. von Humboldt sowie F. Tieck.

1824 Januar 8

Fortgesetzter Bericht; dabei erwähnt: J. H. Fuchs, A. von Treskow, K. F. Zelter und G. Schadow, bei dem sie eine neue, nach einer vor 15 Jahren angefertigten Lebendmaske G.s (von K. G. Weisser, 1807) entstandene Büste gesehen habe, die jedoch *nicht ähnlich, — viel zu weich, nicht bedeutend genug* geraten sei. Weiter über Begegnungen mit A. F. und S. Bloch, Wilhelm und Wilhelmine Reichenbach und deren Tochter (Klementine, Theresia oder Maria), (? A.) Martini, (? J. S. C.) Hoffmann, (? J.) Leo, F. von Staegemann, mit der Oberhofmeisterin von Prinzessin Marianne von Preußen, F. von L'Estocq, Gräfin Ernestine Wylich, Gräfin A. Egloffstein, J. und C. L. F. Schultz, M. Püttmann, K. A. Varnhagen von Ense, H. und K. Redtel, S. und K. F. Schinkel sowie L. und F. Förster.

1824 Januar 9

Über eine Englischstunde mit J. A. Montague; erwähnt: K. Sastot und K. von Martens. O. von Goethe habe ihre unweit entfernt wohnende Tante F. E. von Pogwisch besucht; erwähnt: H. A. und *Cousine* C. F. von Pogwisch. Weiter sei sie zusammengetroffen mit T. Hildebrandt, (? J. R. L.) von Witzleben und (? A.) Troschel.

1824 Januar 10

Über den Tod von Gräfin C. Egloffsteins Mutter (J. von Egloffstein); erwähnt: Graf K. Egloffstein, Gräfin N. Egloffstein und Fräulein von Viereck. Im Theater habe O. von Goethe »Fidelio« (von Beethoven, Libretto von J. Sonnleithner, S. von Breuning und G. F. Treitschke nach J. N. Bouilly) mit A. Milder und H. Stümer in den Rollen gesehen; erwähnt: A. von Treskow und K. von Mandelsloh sowie Graf (? W.) Schulenburg.

1824 Januar 11

Fortgesetzter Bericht; dabei erwähnt: Graf L. Egloffstein, P. A. und A. Wolff, Gräfin A. Bernstorff, H. von Massow, die Bronzewarenfabrik Werner & Neffen, E. von Staegemann, F. A. Wolf, *die andere Schwester der Schulz* (S. From oder D. Schultz), F. und L. Robert, S. Rösel, Direktor A. Gebel, Leutnant (? C. L.) Schmidt, der 1813 bei G. gewesen sei (vgl. G.s Tagebuchnotiz vom 18. November 1813), L. und F. von Raumer sowie ein von Rösel verlesenes Geburtstagsgedicht an C. Rauch.

1824 Januar 12

Über eine Einladung zu Graf H. Bülow, wo O. von Goethe unter den Gästen A. von Arnim, O. A. von Rühle *u 2 Töchter* (? richtig: Rühles Stieftochter Jenny und Ehefrau Henriette), S. von Motz, *Gfn* (? richtig: U. W. von) Alvensleben und Graf A. Gneisenau getroffen habe. *Graf Röder* (Roedern) habe sich ihr als Vetter vorstellen lassen. Mit *diesem ersten Ausflug in Berlins großer Welt* sei O. von Goethe zufrieden gewesen. — Am 13. Januar habe man H. Nicolovius' Geburtstag gefeiert; erwähnt: A. Nicolovius, L. und A. Mendelssohn Bartholdy, K. von Savigny und ein neues Manuskript O. von Goethes für den Musenverein. — Einzelheiten über die verschiedenen Gesellschaften in Berlin; erwähnt: der *Friseur der Prinzeßinnen* (A. F. oder K. F. Schneider), Kronprinzessin Elisabeth von Preußen, F. von Schuckmann, W. A. von Klewitz und R. C. F. Meade. — Bitte um Informationen über den Maskenball (zum Geburtstag von Erbgroßherzog Karl Friedrich am 2. Februar). Ob in Berlin ein Maskenzug stattfinde, sei ungewiss; erwähnt: Alexander der Große. Dank für den Brief der *Fr. Professorin* (? K. Riemer). Grüße an G. sowie an H. und U. von Pogwisch, Gräfin O. Henckel und an Walter und Wolfgang. Bitte um Briefe von A. Schopenhauer, Gräfin K. Egloffstein und C. Sterling. — Die Gebrüder Henschel ließen ausrichten, dass sie *schon 2 Spiele Karten* für Großherzogin Luise hätten.

519   SCHLOSSER, JOHANN FRIEDRICH HEINRICH   AN A. VON GOETHE

1824 Januar 10   Frankfurt   S: 29/66 Bl. 14–15   D: —   B: —   A: von A. von Goethe, 1824 Januar 16 (vgl. WA III 9, 167 und GSA 29/66 Bl. 9–10, Konzept)

S. hoffe, dass es G. gut gehe, auch wenn er *seit den letzten beruhigenden Nachrichten* über seinen Gesundheitszustand nur von anderer Seite etwas vernommen habe. Neujahrswünsche für G. und *Sie Alle*. — Im Teilungsrezess über den Nachlass von A. M. J. Textor bzw. K. E. Goethe, den S. in Vollmacht von L. Nicolovius und G. am 20. Juni 1809 ausgeführt habe, sei eine gegenüber J. Melber bestehende Schuldforderung in Höhe von 2200 Gulden vermerkt, die bis zu deren Tod unverzinslich bleiben und dann an die beiden Erben je zur Hälfte fallen solle. Anlässlich des kürzlich erfolgten Todes von J. Melber habe sich S. an J. G. Neuburg gewandt und von diesem erfahren, dass die Forderung schon 1819 gegenüber G. beglichen worden sei, und er nehme an, dass sich G. damals mit Staatsrat L. Nicolovius *arrangirt* habe. G. Melber habe ihm Briefe von A. von Goethe vom 3. September 1819 und von G. vom 22. September 1819 (WA IV 32, Nr. 18; vgl. RA 8, Nr. 965, RA 8, Nr. 975 und RA 8, Nr. 979) zur Einsicht vorgelegt. Die Melberschen Erben wünschten die Rückgabe der noch in S.s Händen befindlichen Dokumente über diesen Schuldposten. S. bitte, ihm hierzu die Vollmacht G.s wie auch von Staatsrat Nicolovius, dem er zugleich selbst schreiben wolle, zu erwirken, damit er die Rückgabe durchführen *und den Posten als getilgt vormerken* könne. — Nach Mitteilung von C. Schlosser habe *der sich im Fache der Synglosse* betätigende A. Merian J. H. von Klaproths »Asia polyglotta« mit einem Brief an G. gesandt (RA 10, Nr. 215), aber bisher keine Antwort erhalten. Vielleicht könne Merian durch eine Empfangsbestätigung und einige Worte beruhigt werden. — Empfehlungen von S. und seiner Frau.

520   WESSELHÖFT, JOHANN KARL

1824 Januar 10   Jena   S: 30/307 Bl. 79   D: QuZ 4, Nr. 1625 (T)   B: 1823 Dezember 28 (37, Nr. 195)   A: 1824 Januar 11 (38, Nr. 12)   TB: 1824 Januar 10

W. übersende *durch Gelegenheit* die Aushängebogen 9, 11 und 12 von »Über Kunst und Altertum« IV 3, der Bogen 10 und der Umschlag würden folgen. Da das Manuskript für Heft V 1 nicht ganz den 1. Bogen fülle, möge G. mitteilen, ob darauf die beiden Titel aufgenommen werden sollen. Sendungen für W. könne G. *bis Sonntag Mittag um 12 Uhr* (11. Januar) bei F. W. Facius abgeben.

521   ZELTER, KARL FRIEDRICH   AN K. LOEWE

1824 Januar 10   Berlin   S: 28/1019 St. 233 (Abschrift von D. Zelter)   D: MA 20.3, 619f. B: —   A: —

Z. habe K. Loewes *Brief vom 30 vor. M.* durch A. M. Schlesinger erhalten und sich *ein Exemplar* von K. Loewes vertonten *drey Balladen* (von Goethe, Herder und L. Uhland) aushändigen lassen. — Das von Loewe erbetene Urteil wolle Z. aber nicht liefern. Ausführlich über seine eigene Herangehensweise beim Vertonen von Gedichten; er-

wähnt: Aristoteles und Shakespeare. Loewes Melodie zur Ballade »Edward« (von Herder) sei für Z.s *Sinn tod*, es sei denn, er wäre selbst Schotte.
Beilage zu: RA 10, Nr. 461.

522   CARUS, KARL GUSTAV

1824 Januar 12   Dresden   S: 28/1034 Bl. 81–82; Bl. 83   D: GCar, 41f.; 164   B: 1824 Januar 1 (38, Nr. 4)   A: —

Dank für die freundliche Aufnahme seiner Sendungen (RA 10, Nr. 468) und gute Wünsche für G.s Gesundheit. — C. gestatte G. die Erwähnung seiner Ansichten über die Kopfwirbel in dessen bevorstehender Veröffentlichung (»Das Schädelgerüst aus sechs Wirbelknochen auferbaut«, in: »Zur Morphologie« II 2) und verdeutlicht seine Auffassung anhand einer beigegebenen Zeichnung, die 1) das Schema eines niedersten Tieres mit Rückenwirbeln und 2) das Schema des menschlichen Kopfes wiedergebe. — Empfehlung seines Freundes K. C. F. Krause, gegenwärtig Privatdozent in Göttingen und Verfasser mehrerer philosophischer und mathematischer Schriften, für die zurzeit unbesetzte philosophische Professur in Jena; erwähnt: Krauses Familie.
Anlage: Schematische Zeichnung zweier Kopfskelette.

523   DOBROVSKÝ, JOSEF

1824 Januar 14   Prag   S: 29/33 Bl. 26–27   D: Skramlik, in: GJb 65 (1947), 235f.   B: an Graf K. Sternberg, 1823 Dezember 18 (37, Nr. 186)   A: an die Gesellschaft des vaterländischen Museums in Böhmen, 1824 August 20 bis September 21 (38, Nr. 211)   TB: 1824 Februar (BVL)

Dank für die umfangreiche Beschreibung der *Jenaer Handschrift* (»Jenaer Hussitenkodex«). D. sende dafür eine andere Darstellung, die in (seiner) »Geschichte der böhmischen Sprache und ältern Literatur«, S. 235–237, stehe und den *Nahmen des Verfassers Bohuslaus de Czechtic* nenne. Näheres zu den Zeichnungen, die das vaterländische Museum zu besitzen wünsche; dabei erwähnt: J. Zižka, J. Hus und *die Figuren zu den Antithesen*, die L. Cranach d. Ä. als Vorbild für seine Illustrationen in »Antithesis figurata vitae Christi et Antichristi« bzw. »Passional Christi und Antichristi« (von Luther, Melanchthon und J. Schwertfeger) gedient hätten, wie J. Heller in »Lucas Cranachs Leben und Werke«, S. 369, anführe. Alle Zweifel würden beseitigt, wenn man *eine Figur aus der Handschrift, und eine aus den gedruckten Antithesen neben einander* stelle. A. von Bartsch scheine die Holzstiche nicht für Cranachs Arbeit zu halten, da er sie nicht erwähne (in: »Le Peintre Graveur«, Bd. 7). — Hoffnung auf weitere Besuche G.s in den böhmischen Bädern und vielleicht auch in Prag.

524   GOETHE, OTTILIE VON

1824 Januar 14 bis 18   Berlin   S: 28/357 Bl. 38–40   D: —   B: —   A: 1824 Januar 24 (38, Nr. 21; vgl. 38, 299–301)   TB: 1824 Januar 22

1824 Januar 14
Fortsetzung des tagebuchartigen Berichts über Veranstaltungen und Gesellschaften, auf denen O. von Goethe zahlreiche alte Bekanntschaften erneuert und neue geschlossen habe; dabei erwähnt: A. von Treskow, K. de la Motte-Fouqué, E. von Henning, Gräfin A. *Haack* (Hacke), Gräfin F. Groeben, Gräfin Ernestine Wylich und deren Tochter (Gräfin Emma Wylich oder S. von Strantz), Gräfin *Röder* (Roedern) *(Mutter des vermeintlichen Vetters)*, H. von Pogwisch, K. H. A. von Klewitz, (? A.) von dem Knesebeck als eine mögliche Schwester von Gräfin P. Henckel, (? M. L. W.) von Schöler, (? F.) von Witzleben, Leutnant von Plessen, von Silfversköld, Graf (? K. oder W.) Schlippenbach, Graf K. Wylich, K. von Pritzelwitz, Leutnant (? F. L. R. J.) von Schöler, Leutnant (? J.) von der Groeben, *Graf* (? richtig: A. von) Alvensleben, *Frau v Reck* (L. von der Reck oder E. von der Recke), E. von Zeuner, A. Näder, (A. F. oder K. F.) Schneider sowie L. von Witzleben und Major K. von Witzleben.

1824 Januar 15
Während eines Besuchs bei C. L. F. Schultz habe O. von Goethe Arien aus Händels »Alexanderfest« (Libretto von J. Dryden nach N. Hamilton in K. W. Ramlers Übersetzung) und »Semele« (Libretto von Hamilton nach W. Congreve) gesungen und großes Lob erhalten; in der kommenden Woche wolle sie sich einem Quintett von J. A. Hasse widmen (? aus dem Passionsoratorium »Die Pilgrimme auf Golgatha«, Libretto von J. A. Hiller nach S. B. Pallavicini); erwähnt: K. Eberwein. Über weitere Begegnungen; dabei erwähnt: L., H., K. und A. Nicolovius, F. E. von Pogwisch, E. von Schenkendorff als *eine Freundin Augustens* (? Gräfin A. Egloffstein), K. von Wildermeth, F. von L'Estocq sowie Obrist von Scheffler, *der bei der Gesandtschaft in Spanien war* (? richtig: G. A. von Schäffer), und Frau. — Über O. von Goethes Abendeinladungen für die kommende Woche; erwähnt: Graf H. Bülow.

1824 Januar 16
Herr Henschel (von den Gebrüdern H.) lege G. *sein neues Kartenspiel zu Füßen* und wünsche sehr, im Frühjahr nach Weimar zu kommen, um G. *in seinen Umgebungen zu zeichnen* (vgl. RA 10, Nr. 329). — Über den Besuch verschiedener Galerien mit Beschreibung einzelner Objekte und über weitere Begegnungen; dabei erwähnt: D. Zelter, S. Bloch, J. Wolff und dessen Porträts von F. A. Wolf und K. F. Zelter, H. Meyer, König Friedrich Wilhelm III. von Preußen, die Mediceische Venus und die Sammlung Colonna, Gräfin A. Monts, M. G. Martini, J. Leo, *ein Geschäftsmann* (? A. Martini), G. und K. von Savigny, B. und A. von Arnim, Gräfin C. (? und Graf P.) Itzenplitz, A. von Helvig, H. von Bardeleben, *Legationsrath* K. F. *Wagner*, M. Beers Trauerspiel »Der Paria« sowie J. A. Montague mit Frau und Tochter. — In Berlin werde das neue Heft von »Über Kunst und Altertum« (IV 3) dringend erwartet (vgl. die von G. veranlaßte Anzeige in »Berlinische Nachrichten«, 5. Januar 1824). — O. von Goethes Aufenthalt in Berlin sei sogar in der Zeitung gemeldet worden.

1824 Januar 18 (*den 17t*)
Über einen Besuch bei Familie Mendelssohn Bartholdy; Felix habe ausgezeichnet gespielt. — Fortgesetzter Bericht über weitere Gesellschaften; dabei erwähnt: A. K. von Stein, Mademoiselle Fränzel, Gräfin C. Egloffstein, ein Graf Egloffstein als Vetter von

Gräfin K. Egloffstein, F. Schmidt, Herr von L'Estocq, W. von Beaulieu-Marconnay, Frau von Lichtenstein, Frau von Dalwigk und J. I. von Cruickshank. — Freude über die Briefe von U. von Pogwisch sowie Walter und Wolfgang.

525   SCHULTZ, CHRISTOPH LUDWIG FRIEDRICH

1824 Januar 14   Berlin   S: —   D: GSchu, Nr. 99   B: 1823 Dezember 3 (37, Nr. 173); 1824 Januar 9 (38, Nr. 10)   A: 1824 März 8 (38, Nr. 56)   V: Druck

Freude über G.s Briefe. Aktuelles aus Berlin werde G. durch O. von Goethe erfahren. — Die meteorologischen Beobachtungen S.s vom 13. September 1823 (vgl. RA 10, Nr. 371) und die von J. B. Bory de Saint-Vincent (im 3. Band der »Voyage dans les quatre principales iles des mers d'Afrique«), die G. auf dem zugesandten *Blatt* gegenübergestellt habe (»Atmosphärisches Phänomen«; vgl. Abschnitt XXXI »Atmosphärische Meteore« in der Abhandlung »Entoptische Farben«), ergänzten sich wesentlich. Nähere Ausführungen zum Vergleich beider Beobachtungen unter besonderer Berücksichtigung der Wolkenbildung und deren Auswirkung auf die Sonnenstrahlung. Erneut bestätige sich für S. die Ansicht, die er in sein Tagebuch vom 16. September 1823 eingeschrieben habe, dass *dunkle Strahlung* ein von der Sonne von Westen nach Osten hingeworfener Schatten sei; Zitat aus dem Tagebuch. Erklärung über die Entstehung von Schattenstrahlen. Diese *Sache* erinnere S. an die *sogenannten Wetterbäume*, die er auf seiner Herbstreise in Schlesien und in Berlin am 26. Dezember 1823 bemerkt habe. — Die Ankündigung von »Über Kunst und Altertum« IV 3 mit einem darin enthaltenen Register der bisher erschienenen Hefte lasse S. mit Bedauern an G.s Vorsatz denken, *dieses liebe Werk einstweilen abzuschließen*. — Zu G.s Frage nach den Externsteinen: Mit der folgenden Post erhalte er eine diesbezügliche Zeichnung von C. Rauch (vgl. G.s Aufsatz »Die Externsteine«, in: ebd. V 1). — Sofern es G. für gut halte, wolle S. eine historische Darstellung über das phosphorische Augenlicht *mit allen [...] Versuchen über das Sehen und mit den neusten physiologischen Erfahrungen* für das Heft »Zur Naturwissenschaft überhaupt« erarbeiten (als Nachtrag zu seinem Aufsatz »Über physiologe Farbenerscheinungen«, in: Heft II 1). — Dass G. seine *neue Ausgabe* (letzter Hand, »Werke« C1) erneut bei J. F. von Cotta drucken lassen wolle, sei sehr seiner *Bequemlichkeit gemäß*. S. wäre beglückt, das Unternehmen (in Berlin) weiter zu befördern.

526   BLUMENBACH, JOHANN FRIEDRICH

1824 Januar etwa 15   Göttingen   S: 28/1035 Bl. 6   D: NC, Nr. 29   B: 1823 Dezember 29 (37, Nr. 196)   A: 1824 Februar 26 (38, Nr. 43); an Großherzog Karl August von Sachsen-Weimar, 1824 Januar 19 (38, Nr. 19)   TB: 1824 Januar 18

B. fühle sich geehrt durch G.s wohlwollende Aufnahme seines letzten Briefes *und deßen Beylage* (Diplom über G.s Aufnahme in die königliche Sozietät der Wissenschaften; vgl. RA 10, Nr. 467). — Anbei würden *die genauen Titel der verschiedenen Reihen von Parlaments-Acten* folgen (»The Journals of the House of Lords« und »The

Journals of the House of Commons«). — G. möge Großherzog Karl August um Nachsicht bitten, dass B. das durch A. Vulpius aus der Weimarer Bibliothek zur Ansicht erhaltene *Prachtwerk* von W. H. Pyne »The History of the Royal Residences of Windsor Castle« noch nicht zurückgesandt habe. B. versichere, dass es außer ihm nur von seiner Familie *und nahen Hausfreunden bewundert* werde. — Empfehlungen an G.s Familie.

527   SACHSEN-WEIMAR-EISENACH, KARL AUGUST GROSSHERZOG VON

1824 Januar 15   Weimar   S: 28/106 Bl. 7   D: GH, Nr. 942   B: —   A: 1824 Januar 19 (38, Nr. 19)   TB: 1824 Januar 15 (E)

Begleitbrief zu dem Werk von N. A. de Salvandy »Don Alonzo«, das S. gekauft habe, weil er es *für ein rein historisches* gehalten habe. S. sehe erst jetzt, *daß es ein semipositives* sei. Die *Vorrede* lese sich *ganz leidl.*, schmecke aber etwas nach *Pretiosität* (vgl. G.s Rezension, in: »Über Kunst und Altertum« V 1).

528   SORET, FRÉDÉRIC JACOB

1824 Januar 15   Weimar   S: 28/106 Bl. 4   D: LA II 8B/1, 408 (T)   B: —   A: —   V: in französischer Sprache

S. könne aus Zeitmangel G.s Einladung zur Feier (50. Jahrestag der Übernahme des Rektorats der Universität Jena durch Großherzog Karl August) nicht annehmen. — G.s Büste (nach C. Rauch) sei in Genf angekommen, und der *graveur* (A. Bovy) habe mit der Arbeit an der Medaille mit G.s Porträt begonnen. S. arbeite an seinem »Catalogue Raisonné des variétés d'Amphibole et de Pyroxène«, den er G. möglichst bald vorlegen werde (vgl. Ruppert 5130).

529   STERNBERG, KASPAR MARIA GRAF VON

1824 Januar Mitte   Prag   S: 28/1035 Bl. 8–9   D: GSt, Nr. 25   B: 1823 Dezember 18 (37, Nr. 186)   A: 1824 April 31 [richtig: 30] (38, Nr. 110)   TB: 1824 Februar 5

Freude über G.s Genesung (im November 1823). — J. Dobrovský danke selbst für die Beschreibung des böhmischen Manuskripts aus der Jenaer Bibliothek (»Jenaer Hussitenkodex«; RA 10, Nr. 523) und lege seine »Geschichte der böhmischen Sprache und ältern Literatur« bei, in der er auf Seite 235 als Verfasser des Kodex *Bohuslaus von Czechtic* angebe. — Freude über die *entoptischen vorrichtungen* (Glasplättchen). — Die Gedichte »Legende« und »Erbschaftsteilung. Serbisch« (Übersetzung von J. Grimm) in »Über Kunst und Altertum« (IV 3) *haben den Wunsch lebhaft aufgeregt sie durch [das] wohlklingende Organ des Meisters zu vernehmen.* — Über K. von Martius' Werk »Genera et species palmarum«: bei den fossilen Palmen habe er A. Brongniart *nachgesprochen* (vgl. »Sur la classification et la distribution des végétaux fossiles«). Dieser habe *nun auch die Fossilen Fucoideen recht gut bearbeitet* (vgl. »Observations sur les Fucoidées«). — Ausführliche Bemerkungen über K. H. Schultz' Werk »Die Natur der lebendigen Pflanze«; erwähnt: der zu erwartende zweite Teil (»Die Fortpflanzung und Ernährung der Pflanzen«), der den *Kampf gegen die Sexualität der Pflanzen* beilegen dürfte, und ein möglicher dritter Teil. Hinsichtlich des Systems der Physiologie der Pflanzen schließe sich S. den Äußerungen E. Meyers *ueber die Symbolik* an (in »Problem und Erwiderung«, mit G., in: »Zur Morphologie« II 1). — A. W. Henschel, Verfasser der Dissertation »De Aritotele botanico philospho« (vgl. RA 10, Nr. 572), plane einen *zweiten Band* »Von der Sexualität der Pflanzen«. S. befürchte, *das hier mehr ein Streit gegen* L. C. Treviranus (vgl. »Die Lehre vom Geschlechte der Pflanzen in Bezug auf die neuesten Angriffe erwogen«) statt wissenschaftliche Erörterung erfolgen werde. — S.s Rede auf der kommenden Sitzung der Gesellschaft des vaterländischen Museums werde einige Resultate der im Sommer 1823 unternommenen Reise enthalten (vgl. »Verhandlungen der Gesellschaft des vaterländischen Museums« 1824, H. 2). S. kündigt weitere Mitteilungen über die Salzformation von Wieliczka im vierten Heft seines »Versuchs einer geognostisch-botanischen Darstellung der Flora der Vorwelt« (1825) an. — J. von Berzelius habe in seiner »Untersuchung der Mineralwasser von Karlsbad, von Teplitz und Königswart« (übersetzt von G. Rose, herausgegeben und erläutert von L. W. Gilbert) die *heissen Quellen als vulkanischen Ursprungs angenomen*. — Über *die im Ellnbogner Kreise anhaltenden Erdbeben*, die Graf J. Auersperg aus Schloss Hartenberg vertrieben hätten.

530   BEER, MICHAEL

1824 Januar 16   Weimar   S: 28/106 Bl. 6   D: Wahle, in: GJb 28 (1907), 19f.   B: —   A: an O. von Goethe, 1824 Januar 18 (38, Nr. 18); an F. W. Riemer, 1824 März 9 (38, Nr. 60)   TB: 1824 Januar 16

B. überreicht das Manuskript seines Dramas »Der Paria«, dessen Berliner Aufführung (erstmals am 22. Dezember 1823) von G. *nicht unbemerkt geblieben* sei (vgl. G. an O. von Goethe, 1823 Dezember 30, WA IV 37, Nr. 198; G. an C. L. F. Schultz, 1824 Januar 9, WA IV 38, Nr. 10). B. habe keine Empfehlung für die *Gunst eines Gesprächs*, bitte aber um G.s Aufmerksamkeit für sein Manuskript.

531   GOETHE, OTTILIE VON

1824 Januar 17 bis 24   Berlin   S: 28/357 Bl. 41–45   D: Hein, 130 (T) und Mommsen 3, 131 (T)   B: 1824 Januar 18 (38, Nr. 18)   A: 1824 Januar 26 bis 30 (38, Nr. 23)

1824 Januar 17

Mit C. W. Hufeland habe O. von Goethe lange über G.s Gesundheitszustand gesprochen. — Fortsetzung des tagebuchartigen Berichts über Veranstaltungen und Gesellschaften; dabei erwähnt: Gräfin W. van Reede, (? K.) von Byern, Gräfin *Röder* (Roedern), U. von Pogwisch, (E. oder F.) von Staegemann, L. und A. von Wurmb, Frau (? W.) *von* (Stein zum) *Altenstein*, A. von Waldow, F. Schulz, F. Tieck und A. F. Varnhagen von Ense, die O. von Goethe *nicht übel* gefalle. Sie besitze *Geist, angeborene und angenommene Originalität.*

1824 Januar 19

Näheres über ihren Sprachlehrer J. A. Montague, der in eine kleinere Stadt ziehen möchte; vielleicht wäre er ein Lehrer für die Prinzessinnen Maria und Augusta; erwähnt: (? F. W.) Schwabe und Prinz (? Wilhelm) von Oranien. — Bericht über eine Aufführung von Shakespeares »Hamlet« mit P. A. Wolff in der Hauptrolle. — Über eine Gesellschaft bei Graf H. und Gräfin J. Bülow; erwähnt: F. von Schenkendorff, K. F. T. von Reitzenstein, (? A.) von Zastrow, (? Graf) *Lemar*, (? Graf W. oder L.) Hoym, (? Graf K. oder W.) Schlippenbach, *Mad. Reichenbach*, Leutnant von Plessen, (? F.) von Witzleben, Graf *Röder* (Roedern), J. I. von Cruickshank und (? K.) von Rochow.

1824 Januar 20

Über ihren Tagesablauf; dabei erwähnt: ein Brief an Walter und Wolfgang von Goethe, H. Hufeland, W. von Beaulieu-Marconnay, Herr Schwinck aus Königsberg und F. Nicolovius.

1824 Januar 21

Von Prinzessin Marianne von Preußen sei O. von Goethe sehr freundlich zu einem fast einstündigen Gespräch empfangen worden; erwähnt: deren Bruder (? Prinz Ludwig von Hessen-Homburg), H. Holbeins d. J. für den Basler Bürgermeister J. Meyer gemaltes Gemälde »Madonna« und *dasselbe [...] in der Dresdner Galerie* (Kopie von B. Sarburgh) sowie ein Bildnis Prinzessin Mariannes mit ihren Kindern (Adalbert, Elisabeth und Waldemar) von W. Schadow. — Über eine Gesellschaft bei A. von Helvig; erwähnt: S. J. B. Dehn, Graf L. Henckel, W. Wach, K. Streckfuß als Übersetzer des »Befreiten Jerusalem« (von T. Tasso), K. von Mandelsloh, ein Rembrandt zugeschriebenes Bildnis eines jungen Mannes und ein Streitgespräch mit B. von Arnim über Lord Byrons »Childe Harold's Pilgrimage«. Von Arnim habe G. Zeichnungen gesandt und bitte um Empfangsbestätigung (RA 10, Nr. 503). — Nachträglich zum 20. Januar sei zu bemerken, dass O. von Goethe bei Gräfin H. K. J. Münster, nicht aber bei Graf K. Wylich gewesen sei. Freude über H. von Pogwischs Brief. — Zu ihrem Bedauern habe O. von Goethe in Berlin noch keinen einzigen Ball erlebt: *4 Wochen ohne Ball entsetzlich.*

1824 Januar 22

Freude über die Briefe von A. von Goethe, A. Schopenhauer und G. Bei A. F. und S. Bloch habe sie in G.s Auftrag *die dankenden Worte für den Spargel anbringen* können. Dort sei sie H. Kohlrausch begegnet, deren Mann der Arzt des Hauses sei, ferner B. Klein, dem Komponisten der »Dido« (Text von L. Rellstab), K. Blum sowie C. Parthey und deren Stieftochter Lili. Bezugnahme auf G.s Begegnung mit der Letzteren in Marienbad und den ihr gegebenen Kuss (vgl. G.s Tagebuchnotiz vom 23. Juli 1823 und RA 10, Nr. 302). — Ausführlicher Bericht über eine Aufführung von M. Beers Trauerspiel »Der Paria« mit Wolff, A. Stich und C. G. L. Rebenstein in den Hauptrollen. O. von Goethe halte das Werk für eine Aufführung in Weimar bestens geeignet. Zuvor sei das Stück »Pommersche Intriguen« (von K. Lebrun) gegeben worden. — Ferner erwähnt: W. A. von Klewitz.

1824 Januar 23

O. von Goethe habe sich sehr unwohl gefühlt und vorwiegend im Bett gelegen. L., H. und A. Nicolovius hätten ihr spanische Romanzen, böhmische und andere Volkslieder sowie aus »Heinrich Stillings Leben« (von J. H. Jung) vorgelesen.

1824 Januar 24
Am Abend sei sie bei W. und K. von Humboldt gewesen, wo sie auch C. Rauch mit dessen Tochter Agnes begegnet sei. Über abgelehnte Einladungen; erwähnt: F. L. von Kircheisen, dessen Tochter E. von Schenkendorff und F. E. von Pogwisch. — Grüße an alle, auch von der hiesigen *Hausgenossenschaft* (Nicolovius). A. von Goethe möge den genauen Termin des Maskenballs (zum Geburtstag von Erbgroßherzog Karl Friedrich am 2. Februar) mitteilen und welche Rolle er übernommen habe.

532   Lenz, Johann Georg

1824 Januar 20   Jena   S: 28/1034 Bl. 86   D: NC, Nr. 130   B: 1824 Januar 17 (38, Nr. 17)
A: 1824 Februar 28 (38, Nr. 46)

Seit Übersendung seiner Korrespondenz (RA 10, Nr. 490) seien bei L. *wichtige* Briefe eingegangen, u. a. aus Heidelberg, Tübingen, Hamburg und Göttingen. — Aus Wien und Ungarn werden *Transporte* erwartet. — *Auf die Ankunft der Gebirgsarten des Wolfsberges* freue sich L. *recht sehr, denn wahrscheinlich werden diese mir ein Schlüssel seyn zu den Feuerproducten,* die G. zurückgelassen habe. — Ein *Russe* habe L. *mit der schönen Stufe, welche in der Schachtel liegt,* beschenkt. Dergleichen sei in St. Petersburg *sehr selten und sehr theuer.* — C. S. Weiß aus Berlin habe ihn besucht und gestehen müssen, *daß unsere Sammlung das Berlinische* (Kabinett) *bey weiten an Vollständigkeit* übertreffe.

533   Prag, Gesellschaft des vaterländischen Museums in Böhmen (Unterzeichner: Graf Kaspar von Sternberg)

1824 Januar 20   Prag   S: 28/1035 Bl. 10   D: GSt, Nr. 26 (Druck nach Konzept)   B: 1823
August 16 (37, Nr. 112)   A: —

Dank für G.s Übersendung *zweier wichtiger vaterländischer Gebirgssuiten des pilsner Kreises*. Die eine Suite aus der Gegend von Marienbad veranschauliche die Bildung der Afterkristalle durch ausströmende Gase und Wässer, während die andere *die Umwandlungen durch vulkanische Einwirkungen* darstelle und zusammen mit anderen ähnlichen Funden entsprechende Aufschlüsse verspreche (vgl. G. »Durch das Gas des Marienbrunnens angegriffenes Grundgebirg« und »Der Wolfsberg«, in: »Zur Naturwissenschaft überhaupt« II 2). Die dritte Sammlung aus der Gegend von Eger habe J. S. Grüner noch nicht eingesandt.

534   Heusinger, Karl Friedrich

1824 (*1822*) Januar 22   Jena   S: 28/1035 Bl. 1   D: LA II 10A, 487   B: 1822 September 18
(36, Nr. 123)   A: an C. G. Nees, 1824 Januar 29 bis Februar 4 (38, Nr. 27)   TB: 1824 Januar 26
(E); 1824 Januar (BVL)

Beiliegend erhalte G. das 2. Heft des »Systems der Histologie« (Ruppert 4668), dem *das dritte bald folgen* werde.

535   GOETHE, OTTILIE VON

1824 Januar 25 bis 29   Berlin   S: 28/357 Bl. 46–48   D: —   B: 1824 Januar 18 (38, Nr. 18)
A: 1824 Februar 11 (38, Nr. 31)

1824 Januar 25
Von Graf K. Brühl habe O. von Goethe einen ständigen Logenplatz im Opernhaus zu ihrer alleinigen Verfügung erhalten. — Begeisterter Bericht über eine Aufführung von G.s »Hermann und Dorothea« in K. Töpfers Bearbeitung. Eine so vollkommene Aufführung wie diese habe sie noch nie gesehen. P. A. und A. Wolff seien in ihrem Spiel so unübertrefflich gewesen, dass O. von Goethe darüber gänzlich vergessen habe, darauf zu achten, ob Töpfers Bearbeitung als Stück gut oder schlecht gelungen sei. Auch C. G. L. Rebenstein, G. W. Krüger, F. J. Beschort, E. Devrient und die Darstellerin der Dorothea (A. Stich) hätten sehr gut gespielt. Wollte man das Stück in Weimar aufführen, käme für die Rolle der Mutter nur K. von Heygendorff in Frage. Am selben Abend sei zuvor »Der häusliche Zwist« (von A. von Kotzebue) gegeben worden; erwähnt: L. und K. Nicolovius, H. von Pogwisch und A. von Goethe.

1824 Januar 26
Über ihren Englischunterricht mit J. A. Montague und mehrere Visiten; dabei erwähnt: W. von Müffling, H. von Massow, S. und A. F. Bloch, (? L.) von Rohr, D. Zelter, J. Leo sowie Graf H. und Gräfin J. Bülow.

1824 Januar 27
Über verschiedene Unternehmungen und Begegnungen; dabei erwähnt: H. Nicolovius, A. von Treskow, E. von Schenkendorff, Frau Montague, L. von Witzleben und B. von Arnim. Die Einladung zu einem Ball durch (? Gräfin) A. *Haack* (Hacke) habe O. von Goethe absagen müssen, da sich am gleichen Abend ihr zu Ehren eine Gesellschaft bei H. und C. W. Hufeland versammelt habe. Bericht über diesen Abend; dabei erwähnt: H. Herz, J. und E. Osann, K. Bardua sowie G. W. F. und M. Hegel. Zwischen den Brüdern C. W. und F. Hufeland spiele O. von Goethe *das getheilte Herz* (? Anspielung auf Kotzebues gleichnamiges Lustspiel).

1824 Januar 28
Über geplante und stattgefundene Visiten; dabei erwähnt: Graf K. Wylich, E. von Nagler, Gräfin F. Groeben, Gräfin J. Brühl, J. Seebeck, *Grf. Schulenburg*, K. P. von Kircheisen und E. von Zeuner.

1824 Januar 29
Über einen Besuch bei der *Kronprinzeß* (Elisabeth von Preußen), die O. von Goethe aufs freundlichste empfangen habe, sich an ihren Weimarer Aufenthalt noch sehr gut erinnere (vgl. u. a. G.s Tagebuchnotizen vom 15. und 16. Mai) und alle Weimarer Bekannten herzlich grüße; dabei erwähnt: Gräfin W. van Reede, E. von Brockhausen, U. von Pogwisch, alle Weimarer *hohen Herrschaften*, Prinzessin Augusta, Gräfin O. Henckel und F. Soret. — Am Abend sei O. von Goethe auf einer Gesellschaft bei W. A. von Klewitz gewesen, wo sie u. a. (? A.) von Zastrow und der *Spanierin* (Scheffler; ? richtig: Schäffer) begegnet sei.

536   LENZ, JOHANN GEORG

1824 Januar 25   Jena   S: 28/1035 Bl. 2–3   D: NC, Nr. 131   B: —   A: 1824 Februar 28 (38, Nr. 46)

G. werde aus der *Beylage* ersehen, dass wohl auch das Jahr 1824 *glücklich* und *reichhaltig ausfallen* werde. — An E. von Scherer habe L. *gestern* das Diplom abgeschickt, das an G. Innocente in Venedig solle *morgen* abgehen, *denn ich soll herrliche Edelsteine erhalten*. — Freude über die *Freundschaft* mit F. Ressmann und den Grafen F. X. und G. Egger. — Am 30. Januar werde die mineralogische Sozietät den Geburtstag der Großherzogin Luise und den 31. Stiftungstag feiern. — Seit der Gründung der Sozietät habe L. *6849* Briefe *befördert, und bis auf heute 3490* erhalten. Er habe noch nicht von allen Mitgliedern eine Antwort bekommen, *da so viele jenseits des Meeres wohnen.*

537   BIELKE, FRIEDRICH WILHELM VON

1824 Januar 26   Weimar   S: 28/106 Bl. 10   D: —   B: —   A: —

Für den am 2. Februar, dem Geburtstag Erbgroßherzog Karl Friedrichs, stattfindenden Maskenball übersende B. auf Befehl von Erbgroßherzogin Maria Pawlowna vier Billetts, die G. *unter den ausgezeichnetesten Personen* seines *Departements* austeilen solle. Hinweise zu den Kostümierungsvorschriften.

538   MEYER, FRIEDRICH ADOLF KARL

1824 Januar 26   Jena   S: 28/106 Bl. 11; 36/VIII,19 Bl. 7–8   D: Gaedertz, 69f.   B: —   A: an E. Weller, 1824 Februar 11 (38, Nr. 32)

M. habe *zu diesen Versen nur weniges* hinzuzufügen. Er habe geglaubt, für seine Bitte (Audienz bei G.) nur dann Gehör zu finden, wenn aus seinem Gedicht *die ganze Fülle des Lebens, der Liebe und Bewunderung*, die M. aus G.s *Schriften* eingesogen habe, deutlich würde. Bitte um Besuchserlaubnis (vgl. G.s Tagebuchnotiz vom 15. Februar).
Anlage: M.s Gedicht *Laß mich Dich sehn! [...]*; Manuskript.

539   SACHSEN-WEIMAR-EISENACH, KARL AUGUST GROSSHERZOG VON

1824 Januar 27   Weimar   S: 28/773,4 St. 2   D: GH, Nr. 944   B: 1824 Januar 7 bis 9 (38, S. 295–298, vgl. GB Rep, Nr. 38009a); 1824 Januar 19 (38, Nr. 19)   A: 1824 Februar 1 (51, Nr. 38023a)

Dank für *das zugesendete*, die Abbildung der Kryptogame (C. G. und F. Nees »Fungorum Javanicorum prodomus«), die meteorologischen Tabellen (L. Schröns) und die von J. F. Blumenbach mitgeteilten Titel der englischen Parlamentsakten. — Das Buch von W. H. Pyne »The History of the Royal Residences of Windsor Castle« könne Blumenbach noch behalten. — Zur Überführung der Kupferstiche von der Bibliothek, wo sie *ganz am unrechten Orte* seien, ins Jägerhaus. Die notwendige Sichtung und Katalogisierung wolle S. selbst übernehmen.

540   WELLER, CHRISTIAN ERNST FRIEDRICH

1824 Januar 27   Jena   S: 28/106 Bl. 8–9   D: —   B: 1824 Januar 24 (vgl. WA III 9, 171)
A: —

W. übersendet *den Bericht*, A. Temler (und dessen Quartier in Jena) betreffend. — Über den Fortgang der Bibliotheksarbeiten. — K. L. von Knebel lasse *für die trefflich recommandirten Relationen des ehemaligen Königs von Hollands* danken; *es ist jetzt seine Lieblings Lektüre* (Louis Bonaparte »Documens historiques et réflexions sur le gouvernement de la Hollande«); dabei erwähnt: Knebels Familie. — W. gedenke, am 2. Februar G. seine *Aufwartung zu machen*.

541   SCHÜTZ, CHRISTIAN WILHELM VON

1824 Januar 28   Dresden   S: 28/1035 Bl. 11   D: Sembdner, 213   B: —   A: 1824 Februar 11 (38, Nr. 36)   TB: 1824 Februar 5

Das nach seiner Rückkehr fast ausschließlich betriebene Studium von »Zur Naturwissenschaft überhaupt, besonders zur Morphologie« II 1 habe *eben sowohl anregend, wie ordnend und bestimmend* gewirkt. Eigene Gedanken, die sich hieran anschlossen und die Zeugnis geben, wie sehr er *auf gewiße Wahrheiten* hinneige, die G. *zuerst angeregt* habe, übersende er in der beiliegenden Niederschrift. Diese enthalte *einige Nachträge meteorolgischen Inhalts, dann Bemerkungen über das physisch-chemisch-mechanische Problem, ferner Gloßen zu dem Aufsatz: Problem und Erwiederung* (von E. Meyer und G.), *endlich Geständniße über wißenschaftliches Behandeln der Naturkunde mit einer Anwendung.*

542   ZAUPER, JOSEPH STANISLAUS

1824 Januar 28   Pilsen   S: 28/1011 St. 13   D: Grüner und Zauper, 200–203   B: 1823 August 6 (37, Nr. 104)   A: 1824 Februar 15 (vgl. WA III 9, 180)

Erinnerung an die Begegnungen im letzten Jahr. — Z. habe die prosaische Übersetzung von Homers »Ilias« fast vollendet. Bevor er an die Überarbeitung gehe, wünschte er einige Worte G.s *über das Gedicht selbst und seine prosaische Bearbeitung*, ähnlich der bereits schriftlich geäußerten, die Z. *schon so wunderbar gestärkt* hätten. Über seine Vorgehensweise mit Gedanken über Prosabearbeitungen allgemein; dabei erwähnt: G.s Auszüge (aus der »Ilias«, in: »Über Kunst und Altertum« III 2 und 3), Z.s *Vorgänger* (E. Oertel »Homers Ilias«), J. H. Voß' d. Ä. »Ilias«-Übersetzung, die Bibel und K. E. Schubarths Buch (»Ideen über Homer und sein Zeitalter«). — Z. gedenke zugleich J. P. Eckermann, dessen Bekanntschaft er G. verdanke. Dieser könne mit der Würdigung seiner »Beiträge zur Poesie mit besonderer Hinweisung auf Goethe« in »Der Gesellschafter« 1823, Nr. 183 (von K. A. Varnhagen von Ense) zufrieden sein. — Hoffnung, dass die im Vorjahr für Erbgroßherzogin Maria Pawlowna zum 16. Februar übermittelten Gedichte Z.s sowie A. F. W. Griesels »Neuestes Gemälde von Prag« sicher angekommen seien (vgl. RA 10, Nr. 56). — Gute Wünsche für G.s Wohlergehen, denen sich der Präfekt (B. Steinhauser) anschließe.

543   GOETHE, OTTILIE VON

1824 Januar 30 bis Februar 2   Berlin   S: 28/357 Bl. 49–51   D: —   B: 1824 Januar 26 bis 30 (38, Nr. 23)   A: 1824 Februar 11 (38, Nr. 31)

1824 Januar 30
Über O. von Goethes Tagesablauf; dabei erwähnt: A. F. Bloch, H. von Staff, J. A. Montague und T. Hildebrandt. Auf einer Gesellschaft bei A. F. Varnhagen von Ense habe sie die Bekanntschaft von W. U. von Hünerbein, *Mad. Liebmann* und A. Gröbenschütz gemacht. K. A. Varnhagen von Ense habe eine *Sammlung Lieder mit Musick* gezeigt, die von G. während seiner Studienzeit *in Leipzig, zwar ohne Nahmen*, veröffentlicht worden sei (»Neue Lieder in Melodien gesetzt von Bernhard Theodor Breitkopf«) *und von denen Viele nicht in seinen Werken stehen* (u. a. »Neujahrslied«, »Das Schreien« und »Kinderverstand«). Über Ratespiele mit Versen von G.; dabei erwähnt: »Liebe schwärmt auf allen Wegen ...« (aus: »Claudine von Villa Bella«). Ferner erwähnt: (? K.) von Byern.

1824 Januar 31
Über verschiedene Unternehmungen und Begegnungen; dabei erwähnt: H. Nicolovius, J. C. L. Teichmann, L. von Witzleben und H. von Rühle. B. von Arnim habe O. von Goethe eine Zeichnung des für Frankfurt bestimmten G.-Denkmals gezeigt, an der auch M. von Bethmann sehr interessiert sei, da er mit dem ersten Entwurf von C. Rauch *sehr unzufrieden war*. Bethmann bitte um G.s Meinung (vgl. RA 10, Nr. 503). — Über die Vorbereitung und den Verlauf des Hofballes, an dem O. von Goethe trotz anfänglichen Widerstrebens teilgenommen habe, weil sie *ausdrücklich zur Präsentation an Prinzeß Louise dorthin bestellt war*; dabei erwähnt: D. Zelter, (A. F. oder K. F.) Schneider, A. Näder, U. von Pogwisch, Gräfin J. Brühl, die Prinzessinnen und Prinzen von Preußen, (? Gräfin C.) Itzenplitz, (? Gräfin A. oder P.) Truchseß von Waldburg, H. von Viereck, Graf C. Keller, ein Graf Schlippenbach, R. C. F. Meade, die Spanierin (Scheffler; ? richtig Schäffer), L. Nicolovius und Anspielung auf die Verse des Savoyarden »Jede Wohltat find't ihren Lohn ...« (aus L. Cherubinis Oper »Die beiden Reisen, oder Der Wasserträger«, Libretto von H. G. Schmieder nach J. N. Bouilly). Mit Graf K. Brühl habe O. von Goethe über die Aufführung von G.s »Hermann und Dorothea« (in K. Töpfers Bearbeitung) gesprochen.

1824 Februar 1
O. von Goethe habe die zahlreichen Kunstschätze S. Rösels besichtigt. Dem dort zufällig anwesenden A. Zeune habe sie in G.s Namen *einige freundliche Worte* gesagt. Erwähnt: A. Nicolovius.

1824 Februar 2
Freude über die Briefe *der weimarischen Correspondenten*. O. von Goethe wolle alle

Befehle G.s bestmöglichst erfüllen. — Insgesamt sei sie mit ihrem Berliner Aufenthalt *fortwährend sehr zufrieden.* Für den 20. Februar plane sie ihre Rückkehr nach Weimar, werde aber noch einen Tag in Dessau verweilen; erwähnt: Frau von Mandelsloh und K. von Mandelsloh sowie Anspielung auf die Verlobung (von Gräfin F. Beust mit von Staff). Sollte zum Geburtstag von Erbgroßherzogin Maria Pawlowna (am 16. Februar) *etwas Besonderes [...] bereitet werden,* wäre O. von Goethe gern dabei. Bitte um Nachricht durch A. von Goethe, ob sie einen Fuhrmann oder G. H. Schallers Angebot zur Abholung annehmen solle. — Ferner erwähnt: S. Bloch, Herzogin Friederike von Cumberland und König Friedrich Wilhelm III. von Preußen. — Grüße an alle, an Walter und Wolfgang sowie an F. Soret; *vielen Dank an St. Clair.*

544   MEYER, JOHANN HEINRICH

1824 Januar 31   Weimar   S: 28/106 Bl. 13   D: GM, Nr. 653   B: —   A: —

Die beiden Billetts zur Redoute habe M. *mit Vergnügen zugestanden.* G. könne A. Vulpius *davon benachrichtigen laßen damit er samt der Frau* (Helene) *sich in Zeiten rüste.*

545   NICOLOVIUS, GEORG HEINRICH LUDWIG   AN A. VON GOETHE

1824 Januar 31   Berlin   S: 29/66 Bl. 16–17   D: —   B: von A. von Goethe, 1824 Januar 17 (vgl. WA III 9, 167 und GSA 29/66 Bl. 11–13, Konzept)   A: von A. von Goethe, 1824 März 15 bis 18 (GSA 29/66 Bl. 7v–8, Konzept)

Dank an A. von Goethe und G. für *die gütige Weise,* wie sie die *kleine Erbschaftsangelegenheit beendigen wollen* (Schuldforderung gegenüber J. Melber; vgl. RA 10, Nr. 519). N. wünsche das Geld in Berlin zu empfangen. — Ausführlich über O. von Goethes Aufenthalt bei N., dem häuslichen Leben und den auswärtigen Ereignissen; erwähnt: N.s Kinder (Heinrich, Kornelia, Alfred und Flora) und O. von Goethes Zofe (A. Näder). — Grüße an U. von Pogwisch und *das ganze Haus.*

546   RIEMER, FRIEDRICH WILHELM

1824 Januar ? Ende   Weimar   S: 78/1265 (Fragment eines Konzeptes)   D: —   B: —   A: —

Die Festarbeit liegt sehr im Feuer u eilt ihrem Guß entgegen (R.s Festgedichte »Zur Feier des zweiten Februars« zum Geburtstag von Erbgroßherzog Karl Friedrich). *Es fehle noch die Fabel von* »Lalla Rookh« (von T. Moore). *R. erinnere sich, bei G. vor einiger Zeit den Text als Bilder angesehen zu haben* (vgl. »Lalla Rûkh«, hrsg. von Graf K. Brühl und S. H. Spiker, Ruppert 2525).

547   GÖSCHEL, KARL FRIEDRICH

1824 Februar 2   Naumburg   S: 28/352 St. 1   D: Haubold, 173f.   B: —   A: —   TB: 1824 Februar 5; 1824 Februar (BVL)

Göschel überreiche als *Unbekannter einen schriftstellerischen Versuch* (»Über Goethes Faust und dessen Fortsetzung«, Ruppert 1928) aus tiefer Verehrung für G. und dessen Werk. Göschel habe sich ein Leben lang mit der Sage des Fausts und des ewigen Juden beschäftigt. Über seine täglich wachsenden Erkenntnisse zu G.s Werk; erwähnt: G.s »Italienische Reise« und das »Leben des Benvenuto Cellini«. Verweis auf W. Buttes »Grundlagen der Arithmetik des menschlichen Lebens«, nach denen bei einem Menschen ab einem bestimmten Lebensabschnitt nichts mehr erwartet werden könnte, was nicht bereits vorher *wenigstens der Idee nach vorhanden seyn müße*. Bitte um G.s Urteil für seine Schrift und Hinweise auf Fehler, die er in einer 2. Auflage berücksichtigen wolle. — Es sei bisher nicht genug gewürdigt worden, dass die Philosophie in ihrem gegenwärtigen Standpunkt in G. *ihren Brennpunkt gefunden* habe. Besonders K. E. Schubarth (»Zur Beurteilung Goethes mit Beziehung auf verwandte Literatur und Kunst«) habe die Philosophie der gegenwärtigen Zeit nicht verstanden. — Anspielung auf G.s »Dichtung und Wahrheit« (mit der Episode des ewigen Juden im 3. Teil, 15. Buch) und G.s Aphorismensammlung »Eigenes und Angeeignetes« (in: »Über Kunst und Altertum« IV 2).

548   SACHSEN-WEIMAR-EISENACH, LUISE AUGUSTA GROSSHERZOGIN VON

? 1824 Februar nach 2   Weimar   S: 28/779 St. 45   D: Ruland, in: GJb 23 (1902), 40   B?: 1824 Februar 2 (vgl. WA III 9, 174)   A: —

Dank für das *gestern* übersandte Geschenk G.s. — *Gestern* sei sie auch mit einem Bildnis von Herder beschenkt worden (Kopie von W. Strack); das von F. Tischbein gemalte Original befinde sich in Bückeburg. Sie werde das Gemälde der Bibliothek zum Geschenk machen; erwähnt: H. Meyer. — *Künftige Woche* wolle sie G. besuchen (? vgl. G.s Tagebuchnotiz vom 10. Februar).

549   GOETHE, OTTILIE VON

1824 Februar 3 bis 6   Berlin   S: 28/357 Bl. 52–53   D: —   B: 1824 Januar 26 bis 30 (38, Nr. 23)   A: —

1824 Februar 3
Über einen Besuch bei Zelters, wo sie E. und K. Vieweg, zwei Enkel von J. H. Campe, getroffen habe, und eine Gesellschaft bei Gräfin C. Egloffstein; erwähnt: A. Nicolovius und M. Püttmann.
1824 Februar 4
Englischunterricht mit J. A. Montague. — Abends auf einer Gesellschaft bei Graf H. Bülow sei der gesamte preußische Hof zugegen gewesen. O. von Goethe habe die Bekanntschaft von A. Gérard de Rayneval, Gräfin M. Brandenburg, *Grf* (? J.) *Henkel (Frau des Fürsten)* (? des Grafen K. L.) Henckel und Gräfin Schaffgotsch gemacht; erwähnt: L. Nicolovius, Herzogin Friederike und Herzog Ernst August von Cumber-

land, *Fr. v Reck* (L. von der Reck oder E. von der Recke), (? W. von) Boguslawski, *Graf Albert* (? richtig: A. von) Alvensleben, Prinzessin Marianne von Preußen und R. C. F. Meade.

1824 Februar 5
Mit H. von Bardeleben habe O. von Goethe lange über Lord Byron gesprochen; erwähnt: A. F. Varnhagen von Ense. Danach habe sie P. A. und A. Wolff sowie deren zwei Töchter besucht. Abends bei A. von Helvig habe sie die Bekanntschaft *eines schwedischen Banquiers ud seiner Frau* (? G. und K. de Ron) gemacht. Über H. von Staff und seine bevorstehende Heirat (mit Gräfin F. Beust); erwähnt: K. von Mandelsloh.

1824 Februar 6
Mittags bei S. und A. F. Bloch habe O. von Goethe den *Geschäftsmann* (? A. Martini) und J. Leo angetroffen. — Über den abendlichen Besuch der Oper »Die Bajaderen« (Musik von C. S. Catel, Libretto von K. Herklots nach E. de Jouy); erwähnt: J. Eunicke und der *bezaubernde* Tanz von F. M. Hoguet und S. Lemière (in C. M. Telles Choreographie). O. von Goethe habe das von Graf K. Brühl erhaltene Billett genutzt und in der Loge *7 Officiere* und A. von Arnim angetroffen; erwähnt: König Friedrich Wilhelm III. von Preußen. — Graf W. Lepel weile zu einem Kurzaufenthalt in Berlin.

550 WILLEMER, JOHANN JAKOB VON

1824 Februar 4 bis 9   Frankfurt   S: 28/994 St. 13   D: GW, Nr. 127   B: —   A: an M. von Willemer, 1824 Mai 9 (38, Nr. 119)

1824 Februar 4
Thorheit und Vertrauen hätten W. verleitet, noch einmal seine Stimme zu erheben (in der anonym erschienenen Schrift »Sieyes und Napoleon«, zugeschrieben F. E. von Seida und Landensberg). Die *6 Blätter* dienten als Umschlag des übersandten Kupferstichs (F. W. Delkeskamp »Ansicht des Römerbergs mit der Nikolaikirche zu Frankfurt a. M.«); G. möge sie *abnehmen und heften* lassen. Vielleicht finde sich ein Freund, der G. einzelne Stellen vorlese, *etwa die über die unöthige Furcht vor Revolutionen [...], daß das Geld unser Vatterland geworden ist.* — W. habe die *Wette mit dem Himel verlohren* (wie im Buch »Hiob« des AT oder im Prolog zum »Faust«) und sei froh, *daß das Leben am Ende ist.*

1824 Februar 9
Da M. von Willemer den Brief an G., dem W. diese Zeilen habe beilegen wollen, noch nicht einmal angefangen habe, schreibe W. nun, da die erwähnte Sendung bereits per Postwagen abgegangen sei und »Sieyes und Napoleon« nicht *ohne Meldung* bei G. *eintreten* soll.

551 CONTA, KARL FRIEDRICH ANTON

1824 Februar 5   Weimar   S: 28/106 Bl. 14   D: WA IV 38, 305 (R)   B: —   A: 1824 Februar 7 (38, Nr. 29)   V: teilweise in französischer Sprache

Mitteilung eines Auszugs aus einem Brief F. L. von Treitlingers an C. vom 28. Januar 1824: Treitlinger sei mehrfach von F. J. P. Aubert de Vitry nach Neuigkeiten über G.s Gesundheit befragt worden, auch weil er auf die Übersendung seiner Übersetzung von G.s »Dichtung und Wahrheit« (»Mémoires de Goethe«, mit dem 1. Teil der »Italienischen Reise«; vgl. RA 10, Nr. 448) durch den Buchhändler M. Bossange weder eine Empfangsbestätigung noch einen Brief von G. erhalten habe. — Falls G. nicht anders entscheide, wolle Treitlinger antworten, dass es G. gut ergehe; erwähnt: Treitlingers Sekretär (? A. Ehrmann).

552   MEYER, NIKOLAUS

1824 Februar 6   Minden   S: 28/107 Bl. 72   D: GMe, Nr. 212   B: 1824 Januar 4 (38, Nr. 8) A: —

G. habe M. durch die *Zusendung Ihres gelungenen Bildes* (gestochen von T. Wright nach G. Dawe) die größte Freude bereitet. M. nutze *die Reise des Baron* (F. oder W.) von Keyserlingk *zu seiner Familie in Jena*, um G. den letzten Jahrgang des von ihm herausgegebenen »Sonntagsblatts« (Jg. 7, 1823, Ruppert 331) zu übersenden.

553   FROMMANN, KARL FRIEDRICH ERNST

1824 Februar 7   Jena   S: 30/307 Bl. 88–89   D: QuZ 4, Nr. 1636 (T)   B: —   A: 1824 März 6 (38, Nr. 54)   TB: 1824 Februar 12 (E)

G. empfange hierbei 39 Exemplare »Über Kunst und Altertum« IV 3 in verschiedenen Papierqualitäten; erwähnt: der Buchbinder. Ein Exemplar habe F. *vollständig in den AushBogen* an K. F. Zelter geliefert. — Aufrichtige Teilnahme F.s und seiner Familie an Nachrichten über G.s Wohlergehen.

554   GOETHE, OTTILIE VON

1824 Februar 7 bis 9   Berlin   S: 28/357 Bl. 54–57   D: —   B: —   A: —   TB: 1824 Februar 19

1824 Februar 7
Mittags bei Gräfin J. Brühl habe sie K. F. Zelter, F. de la Motte-Fouqué und Legationsrat Adam angetroffen. Positives Urteil über die Gräfin, obwohl sie sich in vieler Hinsicht von O. von Goethe unterscheide. Gemeinsam seien beide am Abend auf dem *Subcriptionsball* gewesen. Über ihre Begegnungen; dabei erwähnt: Prinz Wilhelm, Bruder des Königs, und Prinzessin Marianne von Preußen, Erbgroßherzog Paul von Mecklenburg-Schwerin und (der Herzog oder die Herzogin) von Cumberland. — O. von Goethe habe den Ball vorzeitig verlassen, um zu Familie Mendelssohn Bartholdy zu fahren, *wo Felix seine neue Oper gesungen wurde* (»Der Onkel aus Boston, oder Die beiden Neffen«, Libretto von J. L. Casper). *Eine Unzahl Menschen wogte dort*; er-

wähnt: H. Stümer und A. Beer, die ihren Dank für G.s Güte gegenüber ihrem Sohn (M. Beer, bezüglich des Trauerspiels »Der Paria«; vgl. RA 10, Nr. 530) ausgesprochen habe. O. von Goethe sei erst nachts *2 Uhr* zurück gewesen. Dieser Tag habe sie für eine *Hofdamenstelle bei der Kaiserin von Rußland oder nach* (? C.) *Rauch als Flügeladjudant bei dem Großherzog von Weimar* qualifiziert.

1824 Februar 8
Morgens habe O. von Goethe eine Predigt von F. Schleiermacher besucht. Von K. A. Varnhagen von Ense habe sie ein Exemplar der schon erwähnten Lieder G.s (»Neue Lieder in Melodien gesetzt von Bernhard Theodor Breitkopf«) sowie mehrere *Briefe ud Noticen abschriftlich* für G. erhalten. Mit H. Nicolovius sei sie bei S. Rösel gewesen. — Ausführlicher Bericht über einen Besuch bei der Herzogin von Cumberland, von der sie sehr liebevoll behandelt worden sei; erwähnt: Kronprinz Friedrich Wilhelm und Prinz Friedrich von Preußen, K. von Berg, zwei Söhne der Herzogin von Cumberland (Wilhelm und Alexander oder Karl), zwei Prinzen Solms (der dicke und der dünne Solms; ? Bernhard und Ferdinand) und Prinz Friedrich Wilhelm von Thurn und Taxis. *Viele von ihnen* habe O. von Goethe erkannt *als zu den sieben Officieren gehörend aus der Loge* (vgl. RA 10, Nr. 549). Ferner erwähnt: Prinz Georg von Cumberland und der kleine Prinz Friedrich Wilhelm von Mecklenburg-Strelitz, die Herzöge von Cumberland und von Cambridge sowie R. C. F. Meade und der preußische König. Die Herzogin von Cumberland bitte um die ihr von G. zugedachte *Abbildung der J. J. von Willemerschen Mühle* (vgl. G.s Tagebuchnotiz vom 16. August 1815 und G. an die Herzogin von Cumberland, 1826 Juni 18, WA IV 41, Nr. 52). O. von Goethe bitte, ihr für die Herzogin auch etwas aus seinen Werken nach Berlin zu senden; dabei erwähnt: »Buch des Paradieses« (aus: »West-östlicher Divan«), »Über Kunst und Altertum«, »An Madame Szymanowska« und »An Byron«, F. Soret und G.s Familie. — Am Abend sei O. von Goethe mit L. Nicolovius in der Oper gewesen, man habe *drei unbedeutende Stücke* gegeben (J. P. S. Schmidt »Das verborgene Fenster, oder Ein Abend in Madrid«, Libretto von J. H. Millenet nach J. Desessarts d'Ambreville, K. Blum »Ein Stündchen vor dem Potsdamer Tore« und J. Sonnleithner »Dir wie mir!«). Im Schauspielhaus sei »Die Galeerensklaven, oder Die Mühle von Saint Alderon« (Libretto von K. Winkler nach »Les deux forcats« von E. Cantiran de Boirie, P. F. A. Carmouche und A. Poujol, Musik von J. Schubert und P. J. Lindpaintner bzw. von A. Piccinni) aufgeführt worden; erwähnt: L. Devrient, Graf K. Brühl und die ursprünglich für diesen Abend vorgesehene Aufführung von »Kenilworth« (Bearbeitung von W. Lembert nach W. Scott, Musik von G. Damm).

1824 Februar 9
Englischunterricht mit J. A. Montague. — Von F. A. Wolf habe sie *als Geschenk eine englische Komödie* erhalten, zu der *er vor 20 Jahren eine Vorrede geliefert* habe (G. Lillo »The Fatal Curiosity«). — Bericht über eine Aufführung von G. Spontinis Oper »Olympia« (Libretto von E. Hoffmann nach M. Dieulafoy und C. Brifaut), die O. von Goethe besser als erwartet gefallen habe; erwähnt: K. Nicolovius und die Ballette (Choreographie von C. M. Telle). — Dringende Bitte an A. von Goethe und G. um Verlängerung ihres Urlaubes, da sie infolge ihrer zahlreichen gesellschaftlichen Verpflichtungen bisher weder eine der berühmten Künstlerwerkstätten noch eine der großen Gemäldegalerien habe besuchen können. Aufzählung der Werkstätten und Galerien, die sie noch besichtigen wolle; dabei erwähnt: Rauch, F. Tieck, K. Wichmann, K. F. Schinkel, G. Schadow, W. Wach, K. W. Kolbe d. J., die Gemäldesammlung E. Sollys, die

Sammlung Giustiniani (begründet von V. und B. Giustiniani), K. Begas, F. Wadzecks Erziehungsanstalt, J. B. Logier und K. Moesers Quartette. — Bitte um baldige Nachricht aus Weimar.

555   CONTA, KARL FRIEDRICH ANTON

1824 Februar 8   Weimar   S: 28/106 Bl. 15   D: —   B: 1824 Februar 7 (38, Nr. 29)   A: —

G.s *Befehle nach Paris* werde C. *pünktlich ausrichten* (Nachricht an F. L. von Treitlinger bezüglich der Anfrage von F. J. P. Aubert de Vitry; vgl. RA 10, Nr. 551). — Übersendung von diplomatischen Berichten und einiger *Blätter*, die G. *gestern* versehentlich mit den anderen Berichten gesandt habe.

556   ZELTER, KARL FRIEDRICH

1824 Februar 8 bis 10   Berlin   S: 28/1019 St. 234   D: MA 20, Nr. 427   B: an O. von Goethe, 1824 Januar 26 bis 30 (38, Nr. 23)   A: 1824 März 8 (38, Nr. 57)

    1824 Februar 8
O. von Goethe werde im Auftrag von K. Streckfuß den »Berlinischen Taschenkalender auf das Schaltjahr 1824« überreichen, der dessen vier Gesänge »Ruth« (nach dem AT) enthalte. Streckfuß, *Vater vieler Kinder, Gatte einer kränkelnden Frau*, singe in Z.s Liedertafel. Er habe bereits *den Ariost* (»Ariosts Rasender Roland«) *und Tasso* (»Befreites Jerusalem«) übersetzt *und ringt jetzt mit Dante* (»Die göttliche Komödie«, vgl. Ruppert 1673), wozu ihn F. A. Wolf angeregt habe. — F. Mendelssohn Bartholdy habe *unter uns* seine vierte Oper (»Der Onkel aus Boston, oder Die beiden Neffen«, Libretto von J. L. Casper) aufgeführt. Über die Oper und die großen Fortschritte, die Mendelssohn gemacht habe. — Durch G.s Brief an O. von Goethe sehe Z. *ganz Weimar wie ein aufgedecktes Kartenbuch* vor sich; Anspielung auf J. A. Ritzer und Zitat eines geflügelten Wortes nach A. M. de Fatouvilles Komödie »Arlequin, empereur dans la lune«. — Grüße an U. von Pogwisch.
    1824 Februar 10
Soeben komme G.s *neue Sendung* und lasse *die schönsten Sachen auf* Z.s *Tisch fallen* (Abschrift von Z.s Reisebericht; vgl. RA 10, Nr. 399, RA 10, Nr. 422, RA 10, Nr. 431, und RA 10, Nr. 461, die 2. Hälfte von »Über Kunst und Altertum« IV 3, Gedichte G.s sowie F. W. Riemers »Zur Feier des zweiten Februars. 1824«).

557   HORBEN, FRANZ VON

1824 vor Februar 9   ? Konstanz   S: 28/106 Bl. 12   D: WA IV 38, 305 (R)   B: —   A: 1824 Februar 9 (38, Nr. 30)

Falls G. nicht gewillt sei, das Manuskript der Übersetzung von T. Tassos »Aminta« einzusehen, bitte H. um dessen Zurücksendung. *Verflossenen Sommer* habe er es in

Weimar A. von Goethe gegeben und diesen gebeten, es *dem grossen Meister vor Augen zu legen* (vgl. RA 10, Nr. 214, RA 10, Nr. 328, RA 10, Nr. 357 und G.s Tagebuchnotiz vom 13. Februar); erwähnt: G.s *geniale Schriften*; Zitat aus Properz (»Elegien« Buch 2, X 6). Seither habe H. *nichts mehr hierüber* erfahren und auch auf sein *neuerliches Schreiben vom 13 Dec.* keine Antwort erhalten.

558   ALTON, EDUARD JOSEPH D'

1824 Februar 9   Bonn   S: 28/1035 Bl. 16–17   D: NC, Nr. 4   B: —   A: 1824 Februar 21 (38, Nr. 40)

A. übersende *einige Bemerkungen über die Zeichnungen des Elephantenschädel* (»Zur vergleichenden Osteologie von Goethe. Mit Zusätzen und Bemerkungen von Dr. Ed. d'Alton«) sowie Probeabdrücke der Tafeln. Der *junge Künstler* (J. Schubert) sei wegen seiner schwachen Augen *öfters auszusetzen genöthigt worden*. — Bedauern darüber, wegen der Erkrankung seiner Tochter (Marie) seine Rückreise von Berlin nicht über Weimar habe führen können. — Das *letzte Heft der Morphologie* (II 1, mit G.s Rezension »Die Raubtiere und die Wiederkäuer abgebildet«) sei A. *erst hier zu Gesichte gekommen*, und er habe daher in Berlin die dortigen Abgüsse der Pferdeköpfe nicht zum Vergleich heranziehen können; erwähnt: T. Bruce und Mark Aurel. — G.s Porträt von C. Rauch gehöre *gewiß zu dem Herrlichsten, was die neuere Kunst hervorgebracht* habe. A. habe es zuerst bei J. G. Langermann und später in Rauchs Werkstatt gesehen. — Das zweite Porträt G.s von H. Kolbe sei *unendlich viel besser* als das erste, aber durch die *unmalerische Behandlung der Haare* erhalte das Gesicht etwas *Maskenartiges und Ängstliches*. Kolbe habe versprochen, *diesen Fehler in einer Kopie* für A. zu verbessern und dann erst *das große Bild* anzugehen. Auch K. L. von Knebels Bild (? von F. Tieck) habe A. *sehr angenehm überrascht*. K. vom Stein zum Altenstein sei entschlossen, *nach dem Basrelief eine Medaille prägen zu lassen*. Mit H. F. Brandt besitze Berlin *einen sehr geschickten Medailleur*; die übrigen seien *keine großen Hexenmeister*. — A. sei von allen in Berlin freundlich empfangen worden, außer von A. Hirt.

559   GOETHE, OTTILIE VON

1824 Februar 10 bis 17   Berlin   S: 28/357 Bl. 58–61   D: —   B: 1824 Januar 26 bis 30 (38, Nr. 23); 1824 Februar 2 (38, Nr. 25)   A: —   TB: 1824 Februar 26

1824 Februar 10
Über verschiedene Visiten; dabei erwähnt: K. von Berg, E. von Brockhausen, B. von Arnim, Gräfin (? J.) Henckel, die Frau *des sogenannten Fürsten* (? Graf K. L. Henckel) und G. von Savigny. Ausführlicher Bericht über einen Ball bei S. und A. F. Bloch; dabei erwähnt: die Schwägerin von S. Bloch, J. Seebeck und ihre Töchter (? Adeline, Emilie, Malvine, Rosalie und Sidonie), *Leut. v Fink* (? Graf W. Finck von Finckenstein), L. Rellstab, (? K. und J. R. L.) von Witzleben, Herr Schwinck, F. und A. K. von Stein, Gräfin F. Beust, H. Kohlrausch, L., F., H. und K. Nicolovius sowie F. von Staegemann. Auch auf diesem Ball sei offiziell auf G.s Gesundheit und die seiner Familie getrunken worden.

1824 Februar 11
Englischunterricht mit J. A. Montague. — Sie habe Briefe aus Weimar durch P. Kaufmann erhalten.

1824 Februar 12
Über weitere Visiten; erwähnt: Graf (? K.) Egloffstein und B. von Arnim, an die man hier *ein paar Worte* G.s erwarte (vgl. RA 10, Nr. 503). — Über eine Gesellschaft bei A. Beer; erwähnt: K. F. Zelter, K. A. Varnhagen von Ense, ein Sohn des Hauses, *eine sehr schöne Venus* von Tizian und F. Kunowski. Letzterer leite den Bau und die Einrichtung des Königsstädtischen Theaters und habe von seiner ersten Begegnung mit A. von Goethe in Lauchstädt *bei Herrn Berger* (? oder H. Becker; um 1803) berichtet. — Abends sei O. von Goethe auf einer Gesellschaft bei F. von Schuckmann gewesen; erwähnt: die Erbgroßherzogin (Auguste oder Alexandrine) von Mecklenburg-Schwerin, S. und (Leutnant oder L.) von Plessen, H. von Pogwisch sowie Prinzessin Marianne und Prinz Friedrich von Preußen.

1824 Februar 13
T. Hildebrandt sei zu Besuch gewesen. Am Abend habe O. von Goethe mit A. Nicolovius die Oper besucht, wo F. W. von Glucks »Iphigenia in Tauris« (Libretto von J. D. Sander nach N. F. Guillard und M. F. Du Roullet) und L. J. Milons Ballett »Das Karneval in Venedig« (Musik von L. L. de Persuis und K. Kreutzer, Choreographie von C. M. Telle und F. M. Hoguet) sehr gut aufgeführt worden seien. In der Loge habe sie angetroffen Prinz (? Bernhard oder Ferdinand) Solms, A. von Arnim, (? L.) von Meyerinck sowie in der Loge gegenüber R. C. F. Meade.

1824 Februar 14
Auf dem abendlichen Subskriptionsball habe O. von Goethe u. a. G.s freundliche Worte an J. E. Hitzig übermittelt, der darüber sehr glücklich gewesen sei. Man habe über E. Hoffmann gesprochen (vgl. »Aus Hoffmanns Leben und Nachlaß«, hrsg. von Hitzig, und RA 10, Nr. 171). Ferner erwähnt: Prinz Wilhelm von Preußen, Gräfin E. Schlippenbach, Herzogin Friederike von Cumberland und die wegen des Balles verpasste Aufführung des Trauerspiels »Der standhafte Prinz« (von A. W. von Schlegel nach Calderón, in G.s Bearbeitung, Musik von J. A. Gürrlich).

1824 Februar 15
O. von Goethe habe mit G. Reichardt musiziert, der auch ein Duett für zwei Sopranstimmen mitgebracht habe, dass sie mit U. von Pogwisch singen wolle. Über die Mittagsgäste; erwähnt: Graf (? W.) Schulenburg und Gräfin A. Bernstorff. — Bei F. A. Wolf habe sie vortreffliche Bildnisse von ihm und G. gesehen. — Über den abendlichen Ball; dabei erwähnt: Graf K. Egloffstein, K. von Prittwitz, Prinzessin Luise und Kronprinzessin Elisabeth von Preußen, L. F. Greuhm, *Gräfin Schulenburg u Frl v Winterfeld*, Gräfin R. Haeseler und A. Näder.

1824 Februar 16
Über eine Gesellschaft bei Arnims; dabei erwähnt: Gräfin L. Voß, Hofprediger F. Strauß, K. Ritter, K. Wichmann, K. Jordis und Zeichnungen von Dolinger nach Homers »Ilias«, die denen von J. Flaxman ähnelten (vgl. Ruppert 2449).

1824 Februar 17
Während ihres Berliner Aufenthaltes habe O. von Goethe »Ivanhoe« und »Der Pirat« von W. Scott gelesen, außerdem »Krieg den Philistern« (von J. von Eichendorff) und *Oswald oder die Macht der Leidenschaft* (? »Die Macht der Leidenschaft« von K. Schöne); erwähnt: Gräfin K. Egloffstein. — Von A. F. Bloch habe sie den Klavierauszug der

»Semele« (Bearbeitung von J. O. H. Schaum nach Händels Komposition, Text von W. Congreve) sowie *Idel und Nolde, eine Sammlung Auszüge aus der englischen Literatur* (L. Ideler und J. W. H. Nolte »Handbuch der englischen Sprache und Literatur«) erhalten.

560   Müller, Friedrich Theodor Adam Heinrich von

1824 Februar 10   Weimar   S: 28/106 Bl. 16   D: WA III 9, 394f. (T)   B: —   A: —   TB: 1824 Februar 10

M. übersendet das Gutachten von D. G. Kieser über den in Laasan bei Jena tätigen *Wunderthäter* (J. T. Gräfe); Anspielung auf Prinz Alexander zu Hohenlohe-Waldenburg-Schillingsfürst. Bitte, das Schriftstück noch *heute Abend* zurückzuschicken.

561   Riemer, Friedrich Wilhelm

1824 Februar zwischen 10 und 13   Weimar   S: 28/106 Bl. 17   D: —   B: —   A: 1824 Februar 19 (38, Nr. 37)

Ein *über Tag geschwollener Backen, der ein Zahngeschwür hinter sich zu haben* scheint, hindere R., die beiliegende *Revision* (zweite Revision des Bogens 2 von »Über Kunst und Altertum« V 1) und *das neue Mscpt* (? »Tag- und Jahreshefte« 1802; vgl. G.s Tagebuchnotizen vom 8., 9. und 11. Februar) persönlich zu überbringen.

562   Altenhöfer, Konrad Joseph

1824 Februar 12   Würzburg   S: 28/106 Bl. 23–24   D: —   B: —   A: —

Obgleich *Deutschlands BlüthenAlter* für die Poesie vorüber sei, wage es A., G. *poetische Versuche* vorzulegen; Bitte *um das beurtheilende Wort*. Zitat von Schillers Xenion 'Ob dich der Genius ruft? [...]' (vgl. Schiller und G. »Xenien«, Nr. 157). — Angabe seiner Adresse.

563   Vater, Johann Severin

1824 Februar 12   Halle   S: 28/106 Bl. 40   D: Mil G, 28f.   B: —   A: an T. von Jakob, 1824 April 25 (38, Nr. 106)   TB: 1824 Februar 15

V. Karadžić habe bei seiner angegriffenen Gesundheit fast ein dreiviertel Jahr in V.s Haus gelebt und in ihm und seiner Familie *Stützpunct, Pflege und trostvolle Zusprache* gehabt; *schwerlich hätte er sonst die Herausgabe seiner Sammlung* (»Narodne srpske pjesme«, vgl. Ruppert 1753) *überlebt*. V. bittet um G.s Vermittlung, dass Karadžić durch ein Wort von Erbgroßherzogin Maria Pawlowna an Graf K. R. Nesselrode *eine kleine Anstellung bei der Russischen Gesandtschaft zu Wien* erhalte; erwähnt: Karadžićs Ehefrau und Kinder (? Rozu und Savu) sowie *Cerny Georg* (Karadjordje). Von Wien aus könne Karadžić weiter *Blumen der Volkspoesie sammeln*.

564 FÄRBER, JOHANN MICHAEL CHRISTOPH

1824 Februar 13   Jena   S: 28/106 Bl. 18   D: —   B: 1824 Februar 11 (38, Nr. 33)   A: —

F. übersendet die *Stufen aus der Sammlung des Eisenacher Kreises*. Das größere Portefeuille mit den *osteologischen Zeichnungen* habe er nicht; vielleicht sei es zu T. Renner oder F. S. Voigt *gelangt*. — Übersendung einer *Schachtel mit Pfefferminzküchelchen* von F. Goebel.

565 NEES VON ESENBECK, CHRISTIAN GOTTFRIED DANIEL

1824 Februar 13   Bonn   S: 28/1035 Bl. 13–15   D: GNe, Nr. 85   B: 1824 Januar 29 bis Februar 4 (38, Nr. 27)   A: 1824 Februar 21 (38, Nr. 41)   TB: 1824 Februar 19

Nachdem N. Abzüge von J. Schuberts zweiter Tafel (des Elefantenschädels, nach J. Waitz) für den Versand an G. vorbereitet habe, habe ihn G.s Brief erreicht. Daraufhin habe sich N. mit E. d'Alton beraten, der seinerseits bereits G. einen *Entwurf nebst den Probeabdrücken* zugesandt habe (vgl. RA 10, Nr. 558). Bitte, *die hieher gehörige Stelle aus den Heften für Morphologie* (I 2, S. 228ff., in G.s Aufsatz »Dem Menschen wie den Tieren ist ein Zwischenknochen der obern Kinnlade zuzuschreiben«) abdrucken zu dürfen (vgl. »Zur vergleichenden Osteologie von Goethe. Mit Zusätzen und Bemerkungen von Dr. Ed. d'Alton«, in: »Nova Acta« 1824, Bd. 12.1). N. freue sich *kindlich, diese erläuternden Bilder zu den zootomischen Arbeiten G.s der Welt mittheilen zu dürfen*. Die Korrekturen in Schuberts Kupferstichen werde d'Alton besorgen. — Ankündigung einer Sendung Gestein vom Drachenfels und Erklärung für deren bisherige Verzögerung; erwähnt: J. Noeggerath und Bergeleve Sack. — N. freue sich auf einen Besuch J. P. Eckermanns; auch Graf K. Sternberg werde im Juli kommen. — Die Pflanzengattung Goethea sei nun schon in A. P. de Candolles »Prodomus systematis naturalis regni vegetabilis« aufgenommen worden. — A. F. Näke danke für das Geschenk.

566 WELLER, CHRISTIAN ERNST FRIEDRICH

1824 Februar 13   Jena   S: 28/106 Bl. 19–20   D: WA IV 38, 306 (T)   B: 1824 Februar 11 (38, Nr. 32)   A: —

K. Meyer, *ein feiner, artiger und recht bescheidener junger Mann*, sei durch W. *von allem in Kenntnis gesetzt worden. Er werde am 15. Februar zur gewünschten Stunde G. seine Aufwartung machen* (vgl. G.s Tagebuchnotiz und RA 10, Nr. 576). — G. Wenzel verlange *für ein Exemplar, den alten und neuen Riß* (der Bibliothek) *in sich fassend*, fünf bis sechs Taler. — G. G. Güldenapfel lasse um die autorisierten Quittungen für die Bibliothek bitten. — D. Compter sei krank (bis zum 22. Februar). — K. L. von Knebel werde *das versprochene Heftlein erfreuen* (»Über Kunst und Altertum« IV 3).

567   BLANKENSEE, GEORG FRIEDRICH ALEXANDER GRAF VON

1824 Februar 14   Berlin   S: 28/106 Bl. 22   D: —   B: —   A: —   TB: 1824 Februar (BVL)

B. habe im Jahre 1822 in Marienbad G.s persönliche Bekanntschaft gemacht (vgl. G.s Tagebuchnotiz vom 14. Juli 1822). Mit den beiliegenden »Gedichten eines Nordländers« (Ruppert 839) wünsche er sich in G.s freundliche Erinnerung zurückzurufen; Hinweis auf *S. 183* (»An v. Goethe, den Meister«).

568   COTTA, JOHANN FRIEDRICH VON

1824 Februar 15   Stuttgart   S: 30/307 Bl. 90–91   D: Cotta, Nr. 479   B: 1824 Januar 14 (38, Nr. 15)   A: 1824 März 1 (38, Nr. 51)

Freude über G.s Brief als Zeichen seiner *so theuren Gesundheit* und *so außerordentlicher Thätigkeit.* C. werde sich bemühen, sich G.s *Zutrauenvollsten Wohlwollens* würdig zu erweisen. — Sobald *der Plan für die gesammten Werke* (Ausgabe letzter Hand, »Werke« C1) vorliege, wolle sich C. um die Umsetzung kümmern. — Mitteilung, dass C. *den wichtigsten Schritt des Lebens* wiederhole und heute E. von Gemmingen-Guttenberg heirate.

569   ZELTER, KARL FRIEDRICH

1824 Februar 15   Berlin   S: —   D: Geiger, in: GJb 22 (1901), 101f. (Druck nach Konzept) B: —   A: —

Über die Wiederaufnahme des Trauerspiels »Der standhafte Prinz« (von A. W. von Schlegel nach Calderón, in G.s Bearbeitung, Musik von J. A. Gürrlich), die Z. *gestern Abend mit Bewunderung und freudigem Schmerze* gesehen habe. Erinnerung an eine Lesung G.s für Z. und Schiller kurz nach Erscheinen von Schlegels Übersetzung (? Lesung aus dem 1. Band der »Schauspiele« des Calderón, am 29. Mai oder 11. Juni 1803; vgl. Begegnungen 5, 683). — P. A. Wolff zeichne sich in der Rolle des Prinzen aus, und die Direktion des Theaters (Graf K. Brühl) habe *fünf ganz neue Dekorationen* anfertigen lassen. — Bemerkungen über das Werk.

570   REINHARD, KARL (VON)

1824 Februar 16   Berlin   S: 28/106 Bl. 27–28   D: —   B: 1824 Januar 2 (38, Nr. 6)   A: —

Dank für G.s Brief. Es sei R. nicht bekannt gewesen, dass G. A. Bürger seinerzeit (1776) die ihm durch G. vermittelte Unterstützung durch die *Edeln* in Weimar in Höhe von 65 Louisdors empfangen habe, obwohl er *seine jambische Übersetzung* von Homers »Ilias« nicht vollendet habe (vgl. RA 1, Nr. 60 und RA 1, Nr. 83). Andernfalls hätte R. dies im Vorwort zum 3. Band der von ihm herausgegebenen »Sämtlichen Werke« Bürgers mitgeteilt. Er werde es in der Vorrede zum 6. Band nachholen und bitte, dabei von G.s *Zuschrift Gebrauch machen zu dürfen*; erwähnt: L. C. Althof »Einige Nachrichten von den vornehmsten Lebensumständen Gottfried August Bürgers«. R. denke nicht, dass seine Erklärung *auf den Verdacht führen könne*, dass er *auf jene Bürger'n ausgeworfene Summe* für sich oder andere *Ansprüche zu haben geglaubt*, so wünschenswert ihm jede Beihilfe *bei dem gewagten Unternehmen* sei. Übersendung des soeben erschienenen 5. Bandes der »Sämtlichen Werke« mit der Bitte um Weitergabe an Großherzog Karl August.

571   NEES VON ESENBECK, CHRISTIAN GOTTFRIED DANIEL

1824 Februar 17   Bonn   S: 28/1035 Bl. 25   D: GNe, Nr. 86   B: 1824 Januar 29 bis Februar 4 (38, Nr. 27)   A: 1824 März 22 (38, Nr. 70)

N. übersendet *eine Parthie Drachenfels-Gesteins*, die J. Noeggerath *eigenhändig geschlagen* habe.

572   HENSCHEL, AUGUST WILHELM EDUARD THEODOR

1824 Februar 18   Breslau   S: 28/1035 Bl. 27   D: LA II 10A, 656   B: 1820 Juli 2 (33, Nr. 65)   A: —

H. übersendet verehrungsvoll *beykommende kleine Schrift* (»De Aristotele botanico philosopho«, Ruppert 4655).

573   KNEBEL, KARL LUDWIG VON

1824 Februar 18   Jena   S: 28/520 Bl. 1–2   D: GK, Nr. 616 (T)   B: 1824 Februar 14 (38, Nr. 34)   A: —

Ausführlich zum letzten Heft »Über Kunst und Altertum« (IV 3): *Paria* (G. »Des Paria Gebet«, »Legende« und »Dank des Paria«) habe K. *gerührt*. Heldenmäßig sei *das Andenken an Ervin* (G. »Von deutscher Baukunst«). Die *Urtheile* über Kunstwerke (H. Meyer und G. »Kupferstich nach Tizian, wahrscheinlich von C. Cort«, Meyers Beiträge »Views in the Himala Mountains by J. B. Fraser«, »Radierte Blätter nach der Natur gezeichnet von L. Grimm und dem Herrn Brentano La Roche zugeeignet« und »Berliner Steindruck«) übergehe K. wegen seiner fehlenden *Kentniß und Einsicht*. Ferner zu den *Serbischen Liedern* (»Erbschaftsteilung. Serbisch«, übersetzt von J. Grimm), von denen K. eines *in einem Zeitblatte gefunden* habe, den *Englischen Recensionen* (»Woher hat's der Dichter?«, ? von J. D. F. Rumpf), den »Zahmen Xenien« sowie Diderots »Rameaus Neffe« (vgl. G.s Beitrag). Mit dem Urteil (J. P. Eckermanns) über Graf A. Platens »Neue Ghaselen« sei K. *zufrieden*; erwähnt: F. Rückert. K. freue sich auf die von G. in »Sicherung meines literarischen Nachlasses« angekündigten *drei Bände* (enthaltend G.s Rezensionen für die »Frankfurter gelehrten Anzeigen«, die JALZ und Beiträge für das »Morgenblatt« sowie G.s Reisen im Jahr 1797). — Über K.s Wohlergehen und seine Lektüre von Louis Bonapartes »Documens historiques et réflexions sur le gouvernement de la Hollande«; Anspielung auf Kaiser Antoninus Pius. — K. Meyer sei von der Aufnahme bei G. *sehr entzückt* (vgl. G.s Tagebuchnotiz vom 15. Februar).

574   GROTTHUSS, SOPHIE LEOPOLDINE WILHELMINE VON

1824 Februar 19   Oranienburg   S: 28/375 St. 10   D: Hahn, 66 (T) und Lund, 318f. (T)
B: —   A: 1824 Mai 9 (38, Nr. 117)

Nach einem *Zehnjährigen Stilschweigen* bitte sie G. um *ein freundliches Wort*, dessen sie dringend bedürfe. Andeutungen über ihre *Verluste u Leiden*, Erinnerung an *jenen unvergeßlichen Sommer* in Teplitz (1810; vgl. G.s Tagbuchnotizen) und Klagen über ihre Einsamkeit nach dem Tod der *Geliebten Vier* (M. von Eybenberg, 1812, F. D. W. von Grotthuß, 1820, Fürst K. Ligne, 1814, und Kaiserin Maria Ludovika von Österreich, 1816). — Grotthuß versuche sich mit kleineren Dichtungen. G. möge nachsichtig sein, falls er *eine Erzählung Die 12 Worte, u ein Roman Julie von Fiorabella u ein Lustspiel die Wahl zur Ansicht* erhalte.

575   DAVIDSOHN, EDUARD WILHELM

1824 Februar 20   Thorn   S: 28/274 St. 1   D: —   B: —   A: —

D., *ein armer Jüngling*, der sich dem *pharmaceutischen Fache gewidmet* habe, wende sich vertrauensvoll an G. und hoffe, wenn nicht auf Hilfe so doch wenigstens auf *Trost und Rath*. Sein durch die Kriege verarmter Vater könne die *Familie von sechs Personen* nur kümmerlich ernähren. D. sei unglücklich in die Nichte *Minna* seines *Principals* verliebt und sehe aufgrund seiner verarmten Verhältnisse keinen Weg, *sie zu besitzen*. D. hoffe, dass G. durch seine *großen Conexionenen* etwas für ihn tun könne und bete täglich dafür.

576   MEYER, FRIEDRICH ADOLF KARL

1824 Februar 20   Jena   S: 28/603 St. 1   D: —   B: —   A: an E. Weller, 1824 Februar 11 (38, Nr. 32)

Überschwänglicher Dank für die Begegnung (vgl. G.s Tagebuchnotiz vom 15. Februar) und schildert seine Gefühle auf dem Rückweg nach Jena. Mitteilung des dabei entstandenen Gedichts *Heim nun renn' ich [...]* (vgl. auch »Gesehen!«, Begegnungen 14, 339f.).

577   RIEMER, FRIEDRICH WILHELM

1824 Februar 20   Weimar   S: 28/746 St. 18   D: Riemer, Gedichte 1, 146   B: —   A: —

Sonett. Das Leben ist allein und stets [...] (auf Erbgroßherzogin Maria Pawlowna zum Maskenball am 20. Februar; gedruckt u. d. T. »Bei Wiederholung des Maskenzuges vom 2. Februar 1824«, dem Geburtstag Erbgroßherzog Karl Friedrichs).

578   WEYGANDSCHE BUCHHANDLUNG (UNTERZEICHNER: JOHANN CHRISTOPH JASPER)

1824 Februar 20   Leipzig   S: 30/307 Bl. 105.108   D: QuZ 4, Nr. 2474   B: —   A: 1824 März 23 (38, Nr. 73); an J. F. von Cotta, 1824 März 1 (38, Nr. 51)

Um dem *Wunsch mehrerer Freunde der schönen Litteratur* und dem *öfteren Verlangen des Publicums* entgegenzukommen, wolle man G.s »Leiden des jungen Werther« *in einer neuen Auflage* herausbringen (Jubiläumsausgabe zur 50. Wiederkehr der Erstausgabe). Bitte um *einige Zusätze oder Veränderungen* oder *wenigstens einige Worte als neue Vorrede* (vgl. »Noch einmal wagst du, vielbeweinter Schatten ...«). Bei der Gestaltung wolle man sich an der *guten Taschenausgabe* von »Hermann und Dorothea« bei F. Vieweg orientieren. — G. möge seine *Bedingungen* für den *Fall der Gewährung* mitteilen (vgl. RA 10, Nr. 610).

579   ROCHLITZ, JOHANN FRIEDRICH

1824 Februar 21   Leipzig   S: 28/752 St. 43   D: GRo, Nr. 107   B: —   A: 1824 April 2 (38, Nr. 87)   TB: 1824 Februar 26 (E); 1824 Februar (BVL)

Übersendung des ersten Bandes seiner Schrift »Für Freunde der Tonkunst« (Ruppert 2594); sie enthalte *die Resultate* seines *ganzen Lebens* (vgl. G.s Rezension, in: »Über Kunst und Altertum« V 1). Unter *den Deutschen* sei R. *der Erste gewesen, der allgemeine, besonders philosophische und historische Wissenschaften auf die Tonkunst und ihre Erzeugnisse ernstlich angewendet*, was *gewissen Zweigen* der Tonkunst eine *bessere Wendung* gegeben habe; erwähnt: R.s Beiträge in der »Allgemeinen musikalischen Zeitung«.

580   SORET, FRÉDÉRIC JACOB

1824 Februar 21   Weimar   S: 28/106 Bl. 21   D: Begegnungen 14, 343   B: —   A: —   V: in französischer Sprache

S. habe es gestern versäumt, für heute Mittag den Besuch von Erbgroßherzogin Maria Pawlowna (und Erbgroßherzog Karl Friedrichs; vgl. G.s Tagebuchnotiz) anzukündigen. A. von Goethe sei informiert und habe es hoffentlich ausgerichtet.

581   TIECK, CHRISTIAN FRIEDRICH

1824 Februar 21   Berlin   S: 28/915 St. 2   D: Maaz, 24–28   B: —   A: 1824 Juni 27 (38, Nr. 150); an W. von Humboldt, 1824 März 8 (38, Nr. 59)   TB: 1824 Februar 26

Im Auftrag W. von Humboldts übersende T. in einem durch P. Kaufmann zur Beförderung gegebenen *Kistchen* einen *Abdruk der Trümmer des geglaubten MinervenKopfs aus den Giebel des Parthenons*. Der Sendung habe er 16 Kupfer- und Bleimünzen beigefügt, mit denen G. seine Sammlung ergänzen könne. Ausführlich über H. F. Brandt, den Schöpfer der Münzen, der in Paris bei J. P. Droz und L. David ausgebildet worden sei, und dessen Arbeiten. Da man ihm in Berlin zu wenig Gerechtigkeit widerfahren lasse, möge G. ihm in »Über Kunst und Altertum« oder in einer anderen Publikation erwähnen. — Aufzählung und detaillierte Beschreibung der übersandten Münzen und Medaillen; dabei erwähnt: Papst Pius VII., König Ludwig XVIII. von Frankreich, B. Thorvaldsen, Luther, Calvin, König Friedrich Wilhelm III. von Preußen, Zar Alexander von Russland, eine Medaille zur *Feierlichkeit des Fürstlich Homburgischen Hauses* (goldene Hochzeit des Landgrafen Friedrich V. Ludwig von Hessen und seiner Frau Karoline), K. F. Schinkel, Prinzessin Marianne und Prinz Wilhelm von Preußen, P. Beuth, Fürst Blücher, E. L. Heim sowie die Hochzeit von Prinzessin Alexandrine von Preußen und Erbgroßherzog Paul von Mecklenburg-Schwerin. — Die Arbeiten Brandts möge man mit denen anderer Medailleure vergleichen, z. B. mit *denen in den lezten Zeiten in Muenchen geschnittenen*. Die mit dem Bildnis F. von Jacobis, die zudem nach T.s Büste verfertigt sei (von J. Losch), habe T. in Erstaunen versetzt. — Von der neuen Technik, die Brandt bei der Herstellung der Münzen anwende und die im Vergleich zur älteren, u. a. von D. Loos und den früheren Berliner Künstlern angewandten Technik besser, wenn auch schwieriger sei; erwähnt: A. Abramson. — Über die Entwicklung der Münztechnik in Frankreich; erwähnt: B. Andrieu und K. Hedlinger, die nur *vertieft geschnitten* hätten. Seit Brandts Wirken in Berlin hätten die jungen Stempelschneider wie G. Loos, F. König, G. Goetze und K. F. Voigt begonnen, in Stahl *erhoben zu schneiden*; zum jetzigen Aufenthalt der drei Letztgenannten. — Über den hiesigen Medailleur J. L. Jachtmann und dessen Münze mit dem Bildnis Dürers. — Über T.s gegenwärtige Tätigkeit, darunter eine Marmorbüste von F. A. Wolf und die im Theatergebäude aufzustellende Statue A. W. Ifflands. — Dass man sich von Frankfurt aus wegen des G.-Denkmals nicht an T., sondern an C. Rauch gewandt habe, schmerze ihn; *wie sehr ich auch Rauchs Freu[n]d bin kann ich mich doch des Neides nicht erwähren daß ihn in so vieler Rüksicht daß Glük mehr begünstigt, und daß Glük Ihr Bildniß in Marmor aufzustellen kann ich mit ruhigem Herzen Niemand gönnen.* — Empfehlungen von Rauch. Er hoffe, dass G. seine erste Skizze mit dem beigelegten Abguss eines antiken Fragments erhalten habe (vgl. H. Meyer an Rauch, 1824 März 8, GRauch, Nr. 3).

582   Sterling, Charles James

1824 Februar 22   Weimar   S: 28/106 Bl. 29   D: Begegnungen 14, 313 (T)   B: —   A: 1824 März 13 (38, Nr. 65)   V: in englischer Sprache

Bedauern, sich nicht persönlich von G. verabschieden zu können, und Dank für G.s Aufmerksamkeit gegenüber S. während seines Weimarer Aufenthalts.

583   Spiegel von und zu Pickelsheim, Wilhelmine Emilie

1824 nach Februar 25   Weimar   S: 28/106 Bl. 25–26   D: WA III 9, 396 (R)   B: »Am 25. Februar 1824« (WA I 4, 33f.)   A: —

Überschwänglicher Dank für G.s Gedicht »Am 25. Februar 1824«; erwähnt: *Unser Freund* (F. von Müller) und S.s Kinder (Pauline, Karl, Melanie und Roderich).

584 SMETS, PHILIPP KARL JOSEPH ANTON JOHANN WILHELM

1824 Februar 26   Köln   S: 28/106 Bl. 34   D: —   B: —   A: —

Übersendung eines Exemplars seiner *so eben erschienenen* »Gedichte« (Ruppert 1156) als Zeichen der Verehrung für G. und mit der Bitte um ein Urteil.

585   WURZER, FERDINAND

1824 Februar 26   Marburg   S: 28/1035 Bl. 40   D: NC, Nr. 368   B: —   A: —

W. überreicht seine *chemische Arbeit* (? »Das Neueste über die Schwefelquellen zu Nendorf«) als ein Zeichen seiner Verehrung und Teilnahme an G.s Wiedergenesung. Sollte G. dem Buch Interesse *oder gar den zum Grunde liegenden Ideen und ihrer Ausführung einigen Beifall schenken*, würde dies W. ermutigen, *da Mancher Manches darin paradox finden mag*, obwohl es *das Resultat langer — ärztlicher u. chemischer — Beobachtung* sei; Zitat nach Horaz (aus: »Satiren« I 4, 9). — *Vor mehreren Jahren* hätte W. *fast das Glück gehabt*, G. in Bonn anlässlich eines Besuches bei F. Pick zu treffen (vgl. G.s Tagebuchnotizen vom 27. und 28. Juli 1815).

586   DUMONT, BERNHARD ALEXANDER

1824 Februar 27   Frankfurt   S: 28/106 Bl. 30–31   D: —   B: 1822 Januar 7 (35, Nr. 190); 1822 Januar 16 (35, Nr. 203)   A: —   V: Formulardruck

Aufforderung an G. als früheren Teilnehmer der *Klassen-Lotterie*, sich an der *bevorstehenden 66ten* wieder zu beteiligen. Vorstellung des Gewinnplans. Bitte um *baldige Mittheilung* seines Entschlusses. D. unterzeichnet als *Inhaber der J. G. Ueberfeldschen Haupt Collekte Bernhard Dumont Handelsmann & Hauptcollecteur*.

587   LENZ, JOHANN GEORG

1824 Februar 27   Jena   S: 28/1035 Bl. 22   D: NC, Nr. 132   B: 1824 Januar 17 (38, Nr. 17) A: 1824 Februar 28 (38, Nr. 46)

L. lege einen ihm *sehr wichtig scheinenden Brief* (von C. A. Zipser vom 5. Februar, UA Jena) vor. Dieser sei *ein neuer klarer Beweiß, in welcher Achtung unsere Societät im Auslande steht*. — Bitte um Rückgabe der einzelnen Briefe und des Briefbandes *v. J. 1823*.

588   HELVIG, ANNA AMALIA VON

1824 Februar 28   Berlin   S: 28/397 St. 10; 36/VIII,23 Bl. 6–7   D: Begegnungen 14, 307 (T) und 359 (T)   B: —   A: 1824 Juli 6 (vgl. WA III 9, 240)   TB: 1824 März 5 (E)

O. von Goethe werde mit ihrer Rückkehr aus Berlin beifolgende zwei Romanzen von E. Tegnér (»König Rings Totengesang« und »Die Königswahl«, aus der Frithjofssage, in

H.s Übersetzung) einhändigen. G. möge diesen Gedichten die gleiche Aufmerksamkeit gönnen wie jenen vier Romanzen von Tegnér, die *vor einiger Zeit* im »Morgenblatt« erschienen seien (vgl. H. »Frithjof, Fragment einer nordischen Heldengeschichte«, in: MBl 1822, Nr. 165f. und 168f.) und allgemeine Begeisterung hervorgerufen hätten. Tegnér, den sie persönlich kenne, habe ihr daraufhin weitere Romanzen zur Übertragung zugesandt. Das ganze *nordisch romantische Epos* umfasse *einige zwanzig Romanzen*; sein Dichter gelte in Schweden als *einer der bedeutendsten Sänger im Skalden Hayne*. Noch scheue er vor der Vollendung einiger weniger Romanzen aus Unsicherheit zurück. H. erbitte sich von G. ein Wort der Zustimmung zu den schon verfassten Romanzen, um dem schwedischen Dichter wieder Mut zuzusprechen (vgl. G. »Frithiofs Saga«, in: »Über Kunst und Altertum« V 1). G.s Urteil wiege doppelt, da sein Name in Schweden mit großer Verehrung gefeiert werde. Näheres zur Person und der beruflichen Entwicklung Tegnérs; erwähnt: König Karl XIV. Johann von Schweden.

Anlage: H.s Manuskript der Übertragung von *König Rings Todten Gesang.*

589   SCHAUROTH, AUGUSTINE LUISE FRIEDERIKE ERNESTINE VON

1824 Februar 28   Landau in der Pfalz   S: 28/106 Bl. 37–38   D: WA IV 38, 343 (T)   B: —
A: an F. Schlosser, 1824 Mai 21 (38, Nr. 124); an C. Schlosser, 1824 Mai 30 (38, Nr. 130)

S. übersendet C. Schlossers Brief und teilt mit, dass *Krankheit und Familien-Verhältnisse* ihre Reise nach Weimar vereitelt hätten. Sie werde mit ihrer musikalisch begabten Tochter Delphine nach London zurückkehren, wo F. Kalkbrenner deren Ausbildung übernehmen wolle. Den Wunsch, ihre Tochter durch J. N. Hummel in Weimar ausbilden zu lassen, habe sie aufgeben müssen, da ihr versichert werde, dieser sei von Geschäften überhäuft und plane eine Reise nach England. Bitte, die anliegenden Schreiben, in denen sich die Familien des Herzogs Louis Philippe von Orléans und des englischen Königs Georg IV. bei Großherzog Karl August und Erbgroßherzogin Maria Pawlowna für Delphine verwendeten, den Adressaten auszuhändigen, und um G.s *gütige Verwendung* bei der Erbgroßherzogin, von der S. einen Beitrag für *die so kostspielige Ausbildung* ihrer Tochter erhoffe; erwähnt: S.s andere Kinder und Delphines Familie, *deren Glieder ihre treuen Dienste dem hohen Sächsisch Weimarschen Fürstenhause widmeten und widmen* (u. a. F. Schauroth).

Beilage: RA 10, Nr. 318.

590   ZELTER, KARL FRIEDRICH

1824 März 1   Berlin   S: —   D: Geiger, in: GJb 22 (1901), 102f. (Druck nach Konzept)
B: —   A: 1824 März 8 (38. Nr. 57)

Das Melodrama »Die Galeerensklaven, oder Die Mühle von Saint Alderon« (Libretto von K. Winkler nach »Les deux forcats« von E. Cantiran de Boirie, P. F. A. Carmouche und A. Poujol, Musik von J. Schubert und P. J. Lindpaintner bzw. von A. Piccinni) setze zurzeit *Frankreich und Deutschland unter — Wasser.* Abwertende Zusammenfassung des Stücks und der handelnden Personen. — M. Beers »Paria« habe Z. zwei Mal gesehen. Beer sei *entzückt* von G.s Aufnahme (vgl. G.s Tagebuchnotiz vom 16. Januar); erwähnt: Beers Eltern; sein Vater habe *Geld wie Heu* und bewirte so gut, dass *selbst der verwöhnteste der Griechen* (? F. A. Wolf) sich nur *bessern Wein* wünschen könne. — O. von Goethe sei *gestern* abgereist und werde G. Bericht erstatten.

591   WILLEMER, MARIANNE VON

1824 März 2   Frankfurt   S: Freies Deutsches Hochstift Frankfurt (Abschrift)   D: GW, Nr. 128   B: »Myrte und Lorbeer« (WA I 4, Nr. 42)   A: 1824 Mai 9 (38, Nr. 119)

Die Überraschung über G.s Geschenk und die zugehörigen Zeilen (Myrten- und Lorbeerkranz mit G.s Versen) hätten W. daran gehindert, früher zu antworten. — G.s *schöne und talentvolle Klavierspielerin* (M. Szymanowska) sei auf der Durchreise so kurz in Frankfurt gewesen, dass nur wenige sie persönlich kennengelernt oder ihre Kunst gehört hätten. Hoffnung auf die Rückreise; erwähnt: F. Schlosser. — Zu dem mit dem letzten Brief (RA 10, Nr. 379) übersandten Kupferstich (F. W. Delkeskamp »Ansicht des Römerbergs mit der Nikolaikirche zu Frankfurt a. M.«), auf dem G. Thomas zu sehen sei, W.s Schwiegersohn und *Rosettens Mann*, wie er die Ratskutsche verlasse. Sie erinnere dieselbe Stelle daran, wie sie einst (1815) im *Meßgedränge* J. J. von Willemer und G. begegnet sei; damals habe ihr ein türkischer Kaufmann den *Mondesorden* für G. gegeben (vgl. G.s Gedicht »Abglanz« und RA 6, Nr. 1809). Es sei *eine schöne Zeit*, gewiss ihre *glücklichste* gewesen. — F. J. Frommann sei ohne W.s Aufträge an G. abgereist, da man sich verfehlt habe. — Über einen Besuch J. und A. Schopenhauers. — W. wünsche sich sehr, G. *nur auf einen Augenblick zu sehen*, um sich Rat zu holen.

592   MEYER, JOHANN HEINRICH

1824 März 4   Weimar   S: 28/106 Bl. 32–33   D: GM, Nr. 657   B?: 1824 Februar 28 (38, Nr. 48)   A: —

Erbgroßherzogin Maria Pawlowna lasse ausrichten, dass der für heute geplante Besuch erst am 6. März stattfinden könne (vgl. G.s Tagebuchnotiz). — M. werde versuchen, eine Antwort auf C. Rauchs Brief (vom 26. Februar an M., GRauch, 24–26) unter Verwendung von G.s *Vorschlag* zu entwerfen.

593   KRÄUTER, FRIEDRICH THEODOR DAVID

1824 März 5   Weimar   S: Goethe-Museum Düsseldorf (Konzept)   D: —   B: —   A: —

Dringender Wunsch nach Erholung und einer Reise, *befreyt von dem vieljährigen Geschäftskreise*. Seit 18 Jahren habe K. Weimars Grenzen nicht verlassen, auch besitze er keine Mittel für eine Vergnügungsreise, ja nicht einmal so viel, um sich in Berka *einige Wochen Zerstreuung und Erholung zu verschaffen*. Bitte, G. im künftigen Sommer auf seiner *Reise ins Bad* begleiten zu dürfen, in derselben Funktion wie J. John im Sommer 1823.

594 WESSELHÖFT, JOHANN KARL

1824 März 5   Jena   S: 30/307 Bl. 97.100   D: QuZ 4, Nr. 1650   B?: 1824 Februar 27 (vgl. WA III 9, 185); 1824 März 3 (vgl. WA III 9, 187)   A?: 1824 März 14 (vgl. WA III 9, 192)   TB: 1824 März 6

G. erhalte hierbei den Aushängebogen 2 von »Über Kunst und Altertum« V 1. Das Manuskript für den 5. Bogen habe nur für 14 Druckseiten gereicht. Auf den Bogen L und N »Zur Naturwissenschaft« (II 2) habe der Setzer jeweils zwei Druckseiten *übrig behalten.*

595 ZAUPER, JOSEPH STANISLAUS

1824 März 6   Pilsen   S: 28/1011 St. 14   D: Grüner und Zauper, 203f.   B: 1824 Februar 15 (vgl. WA III 9, 180)   A: —

Dank für »Über Kunst und Altertum« IV 3 sowie J. P. Eckermanns Schrift (»Beiträge zur Poesie mit besonderer Hinweisung auf Goethe«). Leider habe die Sendung keinen Brief G.s enthalten. — Über Eckermanns Schrift habe Z. sogleich *einige Worte* für das Prager *Zeitblatt* »Der Kranz, oder Erholungen für Geist und Herz« (1824, Bd. 1, Nr. 9) verfasst (vgl. auch Z.s Rezension, in: JALZ 1824, Nr. 145); erwähnt: K. von Woltmann. — Freude über den Inhalt von »Über Kunst und Altertum«, besonders die »Zahmen Xenien« (vgl. Z.s Anzeige in: »Der Kranz« 1824, Bd. 1, Nr. 9f.).

596 MÜLLER, FRIEDRICH THEODOR ADAM HEINRICH VON

1824 März 7   Weimar   S: 28/633a,2 St. 45   D: KM, 308f.   B: —   A: —

Bitte um den 2. Band von N. A. de Salvandys »Don Alonzo« und um die versprochene *Abschrift der Personen des Stücks.* — Das beiliegende *Convers. Blatt* (? »Literarisches Konversationsblatt«) enthalte eine interessante *Gegeneinanderstellung der weiblichen Characktere* in G.s Trauerspielen.

597 entfällt.

598 VARNHAGEN VON ENSE, KARL AUGUST

1824 März 7   Berlin   S: 28/931 St. 10   D: —   B: —   A?: 1824 Juli 6 (vgl. WA III 9, 240); an O. von Goethe, 1824 August 13 (38, Nr. 181)   TB: 1824 März 20 (E)

Übersendung seines Buches, *das kürzlich an's Licht getreten* sei (»Biographische Denkmale«, Teil 1, vgl. Ruppert 13 und G.s Rezension in: »Über Kunst und Altertum« V 1). O. von Goethe habe das Werk überbringen sollen, es aber nicht mehr rechtzeitig vor ihrer Abreise empfangen können. — Empfehlungen von seiner Frau.

599   GERSDORFF, ERNST CHRISTIAN AUGUST VON AN A. VON GOETHE

1824 März 8   Weimar   S: 28/106 Bl. 35   D: —   B: —   A: —

Gersdorff habe F. C. Frenzel aus Eisenach wegen seiner Bitte um Ausleihe von W. O. Reitz' Werk »Belga graecissans« aus der großherzoglichen Bibliothek an G. verwiesen. A. von Goethe möge seinen Vater mit dem Inhalt des beiliegenden Briefes bekannt machen.

600   BONN, LEOPOLDINISCH-KAROLINISCHE GESELLSCHAFT DER NATURFORSCHER (UNTERZEICHNER: CHRISTIAN GOTTFRIED NEES VON ESENBECK)

1824 März 9   Bonn   S: 28/1035 Bl. 35   D: GNe, in Nr. 89   B: 1824 Februar 29 (38, Nr. 50)
A: 1824 März 22 (38, Nr. 70)   TB: 1824 März 17

Dank für die Übereignung von *Platten und Zeichnungen für vergleichende Anatomie* (Druckplatte von J. H. Lips und Dubletten der Zeichnungen von J. Waitz zu G.s Aufsatz von 1784 »Dem Menschen wie den Tieren ist ein Zwischenknochen der obern Kinnlade zuzuschreiben«). Hoffnung, diese *Reihe der Tafeln* im 12. Band der »Nova Acta« publizieren zu können (erst 1831 in Bd. 15.1).
   Beilage zu: RA 10, Nr. 604.

601   FROMMANN, KARL FRIEDRICH ERNST

1824 März 9   Jena   S: 30/307 Bl. 98–99   D: WA IV 36, 316 (T) und LA II 5B/2, 1141f. (T)
B: 1824 März 6 (38, Nr. 54)   A: 1824 März 13 (38, Nr. 67)

F. empfinde Dank und Freude über G.s Brief und die Beilagen (Wielands Porträt von F. Jagemann und vier Bände »Der Abt« von W. Scott). G.s *Wort* habe *besonders diesen Winter* F., seine Frau, seine Tochter Alwina und W. Walch *erfreut, belehrt und gestärkt*, auch durch die Lektüre von G.s »Italienischer Reise«, mit der sich sein Sohn Friedrich auf seine Italienreise vorbereitet habe. Näheres zur Reiseroute; erwähnt: ein Besuch bei M. Bodoni und der Werkstatt G. B. Bodonis in Parma, die freundliche Aufnahme bei H. Mylius in Mailand und die Absage des Karnevals im *Piemontesischen* (? Tod des Königs Viktor Emanuel I. von Sardinien). — F. lege *ein anderes Scottsches Werck bey*. — J. F. von Cottas Kommissionär in Leipzig (P. G. Kummer) bitte um 50 bis 60 Kupfertafeln zu G.s »Farbenlehre« (2. Nachauflage, koloriert von T. Starcke).

602   HESSEN-DARMSTADT, CHRISTIAN LUDWIG LANDGRAF VON

1824 März 9   Darmstadt   S: 28/407 St. 1   D: —   B: 1824 Februar 20 (38, Nr. 38)   A: —

Dank für die zwei Exemplare von »Über Kunst und Altertum« (IV 3, mit H. Meyers und G.s Anzeige von J. C. de Jonges Schrift »Notice sur le cabinet des médailles et des pierres gravées de Sa Majesté le Roi des Pays-Bas«), die H. Königin Wilhelmine und König Wilhelm I. der Niederlande selbst überreichen werde.

603   MARTIUS, KARL FRIEDRICH PHILIPP VON

1824 März 9   München   S: 28/1035 Bl. 36   D: LA II 10A, 660   B: 1823 Dezember 3 (37, Nr. 174)   A: —   TB: 1824 März 19

M. habe die Absicht gehabt, G. einen Auszug aus seiner Abhandlung »Einiges von den Palmen, naturgeschichtlich und morphologisch« (vgl. RA 10, Nr. 428) anzufertigen, der in G.s Zeitschrift (»Zur Morphologie« II 2) hätte aufgenommen werden können. Aufgrund anderer Arbeit sei er jedoch nicht dazu gekommen und übersende seine Rede »Die Physiognomie des Pflanzenreiches in Brasilien« (Ruppert 4865; vgl. H. Meyers und G.s Rezension von M. »Genera et species palmarum«, in: »Zur Morphologie« II 2).

604   NEES VON ESENBECK, CHRISTIAN GOTTFRIED DANIEL

1824 März 9   Bonn   S: 28/1035 Bl. 33–34; in 36/VII,9   D: GNe, in Nr. 89   B: 1824 Februar 29 (38, Nr. 50)   A: 1824 März 22 (38, Nr. 70)   TB: 1824 März 17

N. übersendet in der Beilage sein im Namen der Leopoldinischen Akademie der Naturforscher verfasstes Dankschreiben sowie literarische *Nachklänge des Cölner Carnevals*. Ein *Wörtchen* darüber in »Über Kunst und Altertum« *würde die biedern Cölner sehr entzücken* (vgl. G. »Kölner Karneval«, in: Heft V 1).
   Anlage: Gedruckte Programme, Lieder und Gedichte zum Kölner Karneval 1823 und 1824.
   Beilage: RA 10, Nr. 600.

605   HINRICHS, HERMANN FRIEDRICH WILHELM

1824 März 10   Breslau   S: 28/415 St. 3   D: WA IV 38, 330 (R)   B: —   A: 1824 April 13 (38, Nr. 94)

H. habe endlich seine Vorlesungen zu G.s »Faust«, deren Einleitung er G. im Manuskript bereits zugesandt habe (vgl. RA 9, Nr. 1401), für den Druck fertiggestellt (vgl. Ruppert 1935). Ästhetische Erwägungen zur wissenschaftlichen Behandlung eines Kunstwerkes. Den Vorlesungen habe H. eine *wissenschaftliche Vorerinnerung über Kunstbeurtheilung vermittelst der Fortbildung der philosophischen Wissenschaft vorangeschickt*, so dass sich »Faust« mit den Vorlesungen *als das organische Reich des geistigen Lebens* darstelle. — Bitte, den Druck seiner Vorlesungen G., *vereint mit Hegel und Daub*, zueignen zu dürfen, und um G.s wohlwollende Antwort auf eine mögliche *Anforderung eines Verlegers aus Berlin*.

606   MÜLLER, FRIEDRICH THEODOR ADAM HEINRICH VON

1824 März 10   Weimar   S: 28/106 Bl. 39.41   D: KM, 309 (T)   B: —   A: —

Erinnerung an G.s Zusicherung, in seinen Tagebüchern von 1806 V. Denons Anwesenheit nachzuschlagen (vgl. G.s Tagebuchnotizen vom 18. bis 20. Oktober 1806 und M. »Erinnerungen aus den Kriegszeiten von 1806–1815«). — Bitte um Rückgabe des am 7. März übersandten *Conversationsblattes* (? »Literarisches Konversationsblatt«).

607 SACHSEN-WEIMAR-EISENACH, KARL AUGUST GROSSHERZOG VON

1824 März 10   Weimar   S: 28/106 Bl. 36.45   D: GH, Nr. 953   B: —   A: —

Der Brief, den S. bekommen habe, sei von Gräfin M. Montjoye, die er im (? W. von) *Steinischen Hause und in Liebenstein viel gekannt* habe; erwähnt: Prinzessin Adelaide von Orléans und die Gräfin C. Z. Dolomieu.

608   ECKERMANN, JOHANN PETER

1824 März 12   Weimar   S: 28/106 Bl. 42   D: Eck Gespr 2, 46 (T)   B: 1824 März 8 (38, Nr. 58)   A: an K. Eberwein, 1824 März 12 (38, Nr. 63)   TB: 1824 März 12

Wenn E.s *anliegende Gedichte* (zur Festschrift für A. Thaer »Festgaben ... zur Feier seines fünfzigjährigen Wirkens dargebracht«, vgl. Ruppert 240) etwas wert seien, dann sei er G. dankbar, denn ohne dessen Anregung hätte er sie nie geschrieben. *Der Gegenstand steckt noch voller Gedichte*, aber E. wolle sich jetzt nicht darin vertiefen, sondern sich wieder G.s Gedichten widmen (Zusammenstellung für die Ausgabe letzter Hand, »Werke« C1). Hoffnung, G. *bald wieder zu sehen*. E. bitte um die *4. Bände Kunst und Alterth.* (I 1 – IV 3) *und die Naturhist. Hefte* (I 1 – 4 und II 1).

609   ALTON, EDUARD JOSEPH D'

1824 März 13   Bonn   S: 28/1035 Bl. 38–39   D: NC, Nr. 6   B: 1824 Februar 21 (38, Nr. 40)   A: 1824 August 20 (38, Nr. 188)

A. quälten *tausend Vorwürfe* weil er nicht, wie ursprünglich angekündigt, auf der Rückreise von Berlin in Weimar Station gemacht habe. Er wisse sich *nicht eher zu beruhigen* ohne die Bitte zu äußern, den Besuch im August, September oder Oktober nachholen zu dürfen. Falls G. nicht in Weimar weile, käme alternativ auch der April des nächsten Jahres infrage (vgl. G.s Tagebuchnotizen vom 11. bis 16. April 1825), obwohl dann der Druck der *6tn Lieferung meines Werkes* (richtig: 8. Lfrg. »Die Skelette der zahnlosen Tiere«, mit C. Pander, vgl. Ruppert 4330) anstünde. — G.s Aufforderung, F. L. Bürdes »Abbildungen vorzüglicher Pferde« (vgl. Ruppert 4432) zu besprechen, wolle A. gern nachkommen. Soeben erhalte er die erste Lieferung von R. Kuntz' »Abbildungen der königlich württembergischen Gestütspferde orientalischer Rasse«. A. wolle diese beiden Werke zusammen anzeigen und *Bemerkungen über die Darstellung der Pferde in alten Kunstwerken* anschließen (vgl. in: »Zur Morphologie« II 2 und GSA 26/LXV,2,14); erwähnt: T. Bruce. — Vorfreude auf die Reise nach Weimar. Falls A. den

Urstier für sein Werk benutzen dürfe, würde er *späterhin nochmals zu den Wiederkäuern zurückkehren*.

610   COTTA, JOHANN FRIEDRICH VON

1824 März 13   Stuttgart   S: 30/307 Bl. 106–107   D: Cotta, Nr. 481   B: 1824 Januar 14 (38, Nr. 15)   A: 1824 März 1 (38, Nr. 51)

Dank für G.s *Theilnahme* an der Vermählung C.s mit E. von Cotta. — Das *anliegende Ansinnen wegen einer neuen Auflage von Werthers Leiden* (Jubiläumsausgabe zur 50. Wiederkehr der Erstausgabe, durch die Weygandsche Buchhandlung) erscheine C. *sehr unbescheiden*, da es den *von keiner Einwilligung des Verfassers abhangenden Entschluß des Verlegers* ausspräche. Die neue Auflage könne nur mit G.s Zustimmung erfolgen, wobei C. sie lieber *der Gesammt-Ausgabe* (Ausgabe letzter Hand, »Werke« C1) zuordnen würde.
    Beilage: RA 10, Nr. 578.

611   SACHSEN-WEIMAR-EISENACH, KARL AUGUST GROSSHERZOG VON

1824 März 13 (14)   Weimar   S: 28/773,4 St. 3; 26/LXV,5,47 Bl. 1–5   D: GH, Nr. 954   B: —
A: 1824 März 13 (38, Nr. 66); 1824 März 22 (38, Nr. 71)   TB: 1824 März 13

Frage, anhand welchen Buches sich S. über *das System u. die Theorien der Kalckformationen* orientieren könne (J. K. W. Voigt »Mineralogische Reisen durch das Herzogtum Weimar und Eisenach und einige angrenzende Gegenden«); erwähnt: H. Rieths *Bearbeitung* der *Lager um Weimar herum*. — Heute liefere S. an T. Renner einen *Zwitter Widder lebendig* für die Tierarzneischule. — Ein *lustiger Crim. Pr. unter Botanikern* (gegen R. Sweet) sei beigefügt. — K. von Martius' Rede *in München, zur Jubelfeyer* (der Akademie der Wissenschaften), über »Die Physiognomie des Pflanzenreiches in Brasilien« habe G. wohl vom Autor erhalten (vgl. RA 10, Nr. 603 und Ruppert 4865).
    Anlage: Bericht über den Kriminalprozeß, *der in Folge eines im botanischen Garten zu Kew (angeblich) begangenen Diebstahls eingeleitet wurde*.

612   SACHSEN-WEIMAR-EISENACH, KARL AUGUST GROSSHERZOG VON

1824 März 13   Weimar   S: 28/773,4 St. 4   D: GH, Nr. 956   B: 1824 März 13 (38, Nr. 66)
A: 1824 März 22 (38, Nr. 71)

Dank für die Empfehlung von J. K. W. Voigts »Mineralogische Reisen durch das Herzogtum Weimar und Eisenach und einige angrenzende Gegenden«. — Für die Stammbücher (u. a. von J. Welser und K. Pfintzing von Henfenfeld) solle F. von Volckamer ein Dankschreiben und die silberne *Medaille* mit S.s Porträt (von B. Andrieu nach L. Posch) erhalten. — K. von Martius' »Die Physiognomie des Pflanzenreiches in Brasilien« werde S. *morgen* schicken. — Der Bericht über den Kriminalprozess (gegen R. Sweet; vgl. RA 10, Nr. 611) stehe G. *zu Diensten.*

613   SACHSEN-WEIMAR-EISENACH, KARL AUGUST GROSSHERZOG VON AN ? G.

? 1824 März nach 13   Weimar   S: 28/633a,2 St. 48   D: —   B?: 1824 März 13 (38, Nr. 66)
A?: 1824 März 22 (38, Nr. 71)

Die Beilage (? J. K. W. Voigt »Mineralogische Reisen durch das Herzogtum Weimar und Eisenach und einige angrenzende Gegenden«) sei *recht interreßant.* S. wolle ein Exemplar nach Jena ins *Museum* geben. Die *Voigt. briefe* habe er an die Weimarer Bibliothek zurückgeschickt. — Hinweis auf zwei jetzt in Belvedere blühende *sehr wundervolle* Kamelienarten.

614   LÖSSL, IGNAZ

1824 März 14   Falkenau   S: 28/106 Bl. 66–67   D: LA II 10A, 662f. (T) und LA I 9, 342 (T)
B: 1823 Oktober 31 (37, Nr. 162)   A: —

L. habe G.s Brief durch J. S. Grüner erst *vor 14 Tagen* erhalten. — Ausführliche Bemerkungen zu G.s Anfrage über eine Hopfenkrankheit, den Hopfenruß. Auch Stauden-, Rot- und Grünhopfen, und zwar die weiblichen Pflanzen, die in Nordwestböhmen angebaut würden, unterlägen dieser Krankheit (vgl. G. »Von dem Hopfen und dessen Krankheit, Ruß genannt«, C. G. Nees »Über Ruß, Mehltau und Honigtau, mit Bezug auf den Ruß des Hopfens« und L. »Noch etwas über den Ruß des Hopfens«, alle in: »Zur Morphologie« II 2). — L. wolle den Hauenstein wegen der schönen Mesolithe aufsuchen. — A. Fürnstein lasse sehr für G.s *Andenken* danken und empfehle sich (vgl. G. »Deutscher Naturdichter« und F. W. Riemer »Der Ausdruck 'Naturdichter' ...« sowie Fürnsteins Gedichte »Der Hopfenbau«, »Ermunterung im Winter« und »An den April«, in: »Über Kunst und Altertum« IV 2, sowie RA 9, Nr. 1439 und RA 9, Nr. 1556). — Freude über G.s Wohlsein und Hoffnung auf seinen Besuch im Sommer.

615   WESSELHÖFT, JOHANN KARL

1824 März 14   Jena   S: 30/307 Bl. 103–104   D: QuZ 4, Nr. 1658   B: 1824 Februar 3 (38, Nr. 26)   B?: 1824 Februar 27 (vgl. WA III 9, 185); 1824 März 3 (vgl. WA III 9, 187)   A: 1824 März 24 (38, Nr. 75)

G. erhalte hierbei den Bogen M »Zur Naturwissenschaft« II 2 in 60 Sonderdrucken und vier Aushängebogen (mit F. Sorets Aufsatz »Catalogue Raisonné des variétés d'Amphibole et de Pyroxène rapportées de Bohème«, vgl. Ruppert 5130). G. werde W. wissen lassen, wie er es mit den zwei Druckseiten, die als Ende des Aufsatzes auf den Bogen N kommen, für den Sonderdruck halten wolle. — Der Bogen 6 von »Über Kunst und Altertum« V 1 werde sich mit dem vorhandenen Manuskript *ganz* füllen.

616   BOISSERÉE, JOHANN SULPIZ MELCHIOR DOMINIKUS

1824 März 15   Paris   S: 28/107 Bl. 68   D: —   B: —   A: an M. Boisserée, 1824 März 30 (38, Nr. 84)

Umschlag: *Inhalt Lithographische Abdrücke, werth Acht Gulden* (Lithographien von N. Strixner nach dem Porträt G.s von J. Raabe aus dem Jahr 1814).

617   MÜLLER, FRIEDRICH THEODOR ADAM HEINRICH VON

1824 März 15   Weimar   S: 28/633a,2 St. 46   D: KM, 309   B: —   A: —

Den 1. Band des »Don Alonzo« von N. A. de Salvandy zurücksendend, bitte M. um den 3. Band des Werkes. Den 2. Band wolle er noch einige Tage behalten. Zu der Personenliste habe M. *einige kleine Zusätze* gemacht. — Das beiliegende Blatt aus dem »Le constitutionnel« zeige, wie man Fürst Metternich und F. Gentz *zu Paris* behandele.

618   FROMMANN, KARL FRIEDRICH ERNST

1824 März 17   Jena   S: 30/307 Bl. 109–110   D: LA II 5B/2, 1142f. (T)   B: 1824 März 13 (38, Nr. 67)   A: 1824 Mai 3 (38, Nr. 112)

Dank für G.s *gütige und wohlwollende Theilnahme* an F. J. Frommanns Italienreise, die *Eltern und Schwestern innig gerührt* habe. Weitere Nachrichten über die Reise: F.s Sohn widerstehe der Versuchung, Florenz, Rom, Neapel und Sizilien aufzusuchen, warte den Mailänder Karneval ab, um dann nach Paris zu gehen, wo sein künftiger Beruf ihm *ganz andre Beschäftigungen und Ansichten* auferlegen werde. — Einem Missverständnis F.s zufolge befänden sich die von G. gewünschten Exemplare von »Zur Farbenlehre« bei ihm, von denen F. sechs beifüge. Nach Leipzig sende F. *fürs* (J. F.) *Cotta'sche Lager nur was eben verlangt* werde. — F. erwarte die Abdrücke der Kupfertafeln (zur »Farbenlehre«, 2. Nachauflage), sobald *Kupferdrucker u Illuminateur* (T. Starcke) sie gefertigt hätte. — Ebenso erwarte er die anderen (zwei) Kupferdrucke (für »Zur Morphologie« II 2 und »Zur Naturwissenschaft überhaupt« II 2, gestochen von C. Ermer, für C. G. Nees' Beiträge »Irrwege eines morphologisierenden Botanikers« und »Die Basaltsteinbrüche am Rückersberge bei Oberkassel am Rhein. Aus Noeggeraths: Das Gebirge in Rheinland-Westphalen«). Den Betrag wolle F. *sogleich nach Anzeige übermachen* (vgl. RA 10, Nr. 701).

619   PLATEN, AUGUST GRAF VON

1824 März 17   Erlangen   S: 28/697 St. 1   D: GR 2, 260–263   B: —   A: 1824 März 27 (38, Nr. 80)   TB: 1824 März 19

P. habe *aus den Anzeigen* erfahren, dass seine »Neuen Ghaselen« in »Über Kunst und Altertum« (IV 3, von J. P. Eckermann) rezensiert worden seien. — Er übersende G. zur

Beurteilung das Manuskript des »Gläsernen Pantoffels«, das er *vergangenen Herbst in fünf Tagen geschrieben* habe. K. L. von Knebel habe über die Komödie und die »Neuen Ghaselen« in einem Brief an P. (vom Dezember 1823; vgl. Bayerische Staatsbibliothek) seine *ganze Galle [...] ausgegossen*; erwähnt: P.s Vater sowie ein von Knebel beigelegtes *ganz mittelmäßiges Litanei-Gedicht aus der Abendzeitung* (1823, Nr. 262, »Diagoras« von M. H. A. Schmidt). Gegen diese *Kritik aus der Mitte des vorigen Jahrhunderts* habe sich P. in den »Klagen eines Ramlerianers bei Durchlesung des gläsernen Pantoffels« und »Antwort an den Ramlerianer« *nothgedrungen Luft* gemacht. In einer Gesellschaft bei F. W. J. von Schelling sei das Stück gelobt worden. Da die *deutschen Theaterdirektionen* die Aufführung abgelehnt hätten, wolle P. es drucken lassen. Bitte um Rücksendung des Manuskripts. — Anspielung auf Verse in G.s »Epilog zu Schillers Glocke«.

620 SORET, FRÉDÉRIC JACOB

1824 März 17 Weimar S: 28/106 Bl. 43–44 D: — B: — A: — V: in französischer Sprache

Erbgroßherzogin Maria Pawlowna lasse ausrichten, dass sie ihren gewohnten Besuch bei G. am kommenden Tag aus gesundheitlichen Gründen nicht antreten könne.

621 MEYER, JOHANN HEINRICH

1824 März 18 Weimar S: 28/106 Bl. 49 D: GM, Nr. 659 B: — A: —

M. habe von Erbgroßherzogin Maria Pawlowna *beyliegenden Brief* für G. erhalten und solle darauf hinweisen, *die darin angekündigten seyen noch nicht hier*.

622 FROMMANN, ALWINA SOPHIA

1824 März 19 Jena S: 28/106 Bl. 48 D: — B: an F. Frommann, 1824 März 13 (38, Nr. 67) A: — TB: 1824 März 20 (E)

G.s freundliche Äußerungen über F. J. Frommanns Reise durch Oberitalien ermutige F., dessen letzten Brief mitzuteilen (GSA 21/273,2 Bl. 4–7). In einem weiteren Brief aus Mailand erwähne der Bruder eine *LuftFahrt der E. Garnerin* und den Fasching, der wegen innerer Unruhen *nicht so prächtig u fröhlich gewesen* sei wie üblich (vgl. RA 10, Nr. 601). — Die knospenden Weiden des Mühltals erweckten den Wunsch nach G.s sehnlichst erhoffter Nachbarschaft.

623 MÜLLER, FRIEDRICH THEODOR ADAM HEINRICH VON

1824 März 19 Weimar S: 28/633a,2 St. 47 D: KM, 309 B: — A: —

Die von G. vermisste Personenliste habe M. in den am 15. März zurückgeschickten 1. Band von N. A. de Salvandys »Don Alonzo« gelegt.

624   WEYGANDSCHE BUCHHANDLUNG

1824 März 19   Leipzig   S: 30/307 Bl. 111–112   D: QuZ 4, Nr. 2477   B: —   A: 1824 März 23 (38, Nr. 73)

Erinnerung an *unser leztes Schreiben vom 20. v. M.* (RA 10, Nr. 578), das bislang unbeantwortet geblieben sei. Wiederholung der Anfrage wegen einer Neuauflage von G.s »Die Leiden des jungen Werther« (Jubiläumsausgabe zur 50. Wiederkehr der Erstausgabe), verbunden mit der Bitte um *Umarbeitung oder eine neue Vorrede* (vgl. G. »Noch einmal wagst du, vielbeweinter Schatten ...«). Die Zeit dränge, da der Druck *mit der Oster Meße* beendigt sein solle.

625   ZELTER, KARL FRIEDRICH

1824 März 20 bis 23   Berlin   S: 28/1019 St. 235   D: MA 20, Nr. 430   B: 1824 März 8 (38, Nr. 57); 1824 März 11 (38, Nr. 61)   A: 1824 März 27 (38, Nr. 79)   TB: 1824 März 25

1824 März 20
Das Gedicht auf A. Thaer (»Zu Thaers Jubelfest, dem 14. Mai 1824«) habe Z. bereits vertont, wolle es aber noch etwas *abdunsten* lassen. Thaer kenne er persönlich von einer Begegnung bei Graf P. Itzenplitz. — Dank im Namen von K. Streckfuß für G.s lobende Worte. *Mit seinem Dante ist er fertig* (»Göttliche Komödie des Dante Alighieri«, vgl. Ruppert 1673) und bearbeite *jetzt das Leben des Dichters* (»Andeutungen zur Kenntnis des Dichters und seines Zeitalters«). — Freude über die Nachricht von O. von Goethes glücklicher Rückkehr nach Weimar. — Zu den Fortschritten, die F. Mendelssohn Bartholdy mache (vgl. RA 10, Nr. 556). — Über die beiden Gemälde im Berliner Schloss, nach denen G. frage: Z. habe sie gesehen. Mit K. Begas' »Taufe Christi« sei König Friedrich Wilhelm III. von Preußen *nicht sehr zufrieden*, da sowohl die Komposition als auch die Ausführung nicht gelungen seien; erwähnt: Begas' Familie. W. Schadows »Anbetung der Hirten« sei besser gelungen, mehr könne Z. darüber aber nicht sagen; erwähnt: die Rezension (»Über zwei ... ausgestellte Gemälde ...«, in: »Berlinische Nachrichten« vom 5. und 6. März 1824). — Bitte um die Zusendung des Manuskripts von J. Pachelbel (»Tabulaturbuch geistlicher Gesänge«); erwähnt: Z.s *Ostermusik* (Aufführung von K. H. Grauns und K. W. Ramlers Passionskantate »Der Tod Jesu« am Karfreitag). — F. Rochlitz habe auch Z. seine Schrift »Für Freunde der Tonkunst« (vgl. Ruppert 2594) gesandt und *sich freundlich genug* gegenüber Händel und Z. geäußert. Ausführlich über Händels »Messias« mit Reflexionen über das *Geschichtliche der musikalischen Formen*; erwähnt: Herders Charakterisierung des Werkes (im 46. der »Briefe, das Studium der Theologie betreffend«), die Bibel, geistliche Dichtungen von H. Brockes und C. F. Henrici, Kompositionen von J. S. Bach und Telemann sowie Mozarts Bearbeitung des »Messias« und dessen »Zauberflöte«. Zitat aus G.s »Alexis und Dora«. Bitte um G.s Urteil über den »Messias« nach der Weimarer Aufführung (unter K.

Eberweins Leitung; vgl. G.s Tagebuchnotiz vom 16. März). Kritik an Rochlitz' *Geschichte von der Entstehung des Messias* und Erinnerung an eine Rezension zum Thema, die Z. *vor etwa 20 Jahren* in der von J. F. Reichardt herausgegebenen »Berlinischen Musikalischen Zeitung« (1805, Nr. 11f.) verfasst habe. Richtigstellung einer weiteren Geschichte aus Rochlitz' Buch, *S. 76*, das dreimalige Ansuchen G. E. Maras an König Friedrich II. von Preußen betreffend, sie aus dem Engagement zu entlassen, um J. Mara heiraten zu können; erwähnt: Prinz Heinrich von Preußen. Der Groll König Friedrichs II. rühre von einem Konzert, bei dem J. Mara sich geweigert habe, zu spielen; erwähnt: G. E. Maras Titelrolle in Grauns Oper »Rodelinde« (Libretto von G. G. Bottarelli nach A. Salvi).

1824 März 23
Heute gehe der Brief ab.

626 GOETHE, AUGUST VON

1824 März 21   Jena   S: 28/354 St. 48   D: GAug, Nr. 553   B: 1824 März 20 (vgl. WA III 9, 195)   A: —

Über die Besichtigung der verschiedenen naturwissenschaftlichen Kabinette durch J. F. Meckel und L. F. von Froriep; erwähnt: M. Färber. Gewiss werde sich ein Raum zur möglichen Aufnahme von Meckels anatomischer Sammlung finden. — Am 22. März wolle P. von Motz alle Kabinette besichtigen. — K. L. von Knebel befinde sich wohl und sei *jetzt auf der Liberalen Seite, begünstigt junge Dichter und ist in allen anderer Meinung wie wir.* — Verschiedene Mitteilungen; erwähnt: Frommanns, Lynckers und Knebels. — Grüße an O. von Goethe sowie Walter und Wolfgang.

627 GRIES, JOHANN DIEDERICH

1824 März 21   Jena   S: 28/371 St. 2   D: —   B: —   A: —

Gries überreicht die 4. Auflage seiner Übersetzung von Tassos »Befreitem Jerusalem« (Ruppert 1710), in die weitere Verbesserungen eingeflossen seien. — Über die Aufgabe des Übersetzers. G. und seinem »Torquato Tasso« verdanke Gries die Bekanntschaft mit dem *Dichter von Sorrent*. — Im *Laufe des kommenden Sommers* hoffe Gries, einen *neuen Calderonband* überreichen zu können (»Schauspiele«, Bd. 6, vgl. Ruppert 1721 und RA 10, Nr. 730). — Eine Lesung des ersten Stücks *Drei Vergeltungen in Einer (Las tres justicias en una)* vor einem *G. bekannten Kreise* habe bei den Zuhörern *großen Beifall gefunden*. Hoffnung auf ein positives Urteil G.s zu Gries' Übersetzungen.

628 LEIPZIG, SACHSEN-WEIMARISCHES GENERALKONSULAT FÜR SACHSEN

1824 März 22   Leipzig   S: 28/106 Bl. 51.53; Bl. 52   D: —   B: —   A: —

Das *hiesige General Consulat* übersende *beiliegend einige TheaterNotizen*, die für G. von Interesse sein könnten. Er möge sich bei allen Sachsen betreffenden Angelegenheiten des Konsulats bedienen. — Hoffnung, dass *unsere neue Bühne* (Leipziger Stadttheater, wiedereröffnet am 26. August 1817) G. einmal als Gast begrüßen könne.

Anlage: Handschriftliche Notizen über das Ständetheater in Prag; datiert: Prag, 19. März 1824 (? Auszug aus einer Zeitung); erwähnt: F. von Holbein, Kaiser Franz I. und Erzherzog Franz Karl von Österreich sowie Prinzessin Sophie von Bayern.

629 WOLZOGEN, KAROLINE VON

1824 März 22   Weimar   S: 30/345 Bl. 1–4   D: Wolzogen, 424–427   B: —   A: 1824 März 22 (38, Nr. 72)   TB: 1824 März 23

W. von Humboldt habe der Familie Schiller mitgeteilt, dass G. *jezt* wünsche, seine mit F. von Schiller gewechselten Briefe *zusammenzustellen, sie der Welt mitzutheilen u. die Gesinnung der Familie* darüber wissen wolle, wie *jeden das Seine dabei zu Theil werden* könne. W. habe es *als ein Vermächtnis* ihres verstorbenen Mannes und anstelle ihrer *durch den leidenden Augenzustand* gehinderten Schwester übernommen, G. die gemeinsame Ansicht dazu mitzuteilen. Sie erinnert daran, dass die Briefe nach Schillers Tod nicht, wie es üblich sei, ausgetauscht worden seien. Ihr Mann habe es als Vormund von Schillers Kindern und in dem Bewusstsein, dass die *vertrauliche Wechselrede der ersten Geister unsres, u. vieler Jahrhunderte [...] für die Nachwelt einen unberechenbaren Werth* haben werde, für seine Pflicht gehalten, G.s Briefe in *Sicherheit u. Ordnung* aufzubewahren. F. J. von Cotta habe sich *immer als Ehrenmann u. Freund der Familie bezeigt*: er werde *nicht anstehen 4000. Gulden für diese einzig merckwürdige Correspondenz zu geben* (vgl. »Briefwechsel zwischen Schiller und Goethe in den Jahren 1794 bis 1805«) und die Hälfte der Einnahmen den Schillerschen Kindern zu garantieren. Nach Cottas Zustimmung werde G. seine Briefe an F. von Schiller erhalten. C. von Schiller bitte G., ihr nach Abschluss der Arbeiten *die Originale* der Briefe ihres Mannes *als einen theuren Schatz des Herzens* zurückzugeben *oder zu verfügen, daß er nie in fremde Hände fällt*. Zunächst wünsche sie F. von Schillers Briefe an W. von Humboldt zu besitzen (vgl. RA 10, Nr. 445). W. sei sicher, dass G. im Sinne der Schillerschen Familie handeln werde, so wie F. von Schiller gegenüber G.s Familie *gehandelt haben würde*. — In ihren einsamen Stunden beschäftige sich W. viel mit F. von Schiller. Wäre er nicht so früh verstorben, *so hätte er vielleicht selbst sein Leben dargestellt*, wie es G. getan habe (vgl. »Dichtung und Wahrheit«). So schreibe W. *manches darüber auf*, was in ihrem *Pult verschloßen* bleibe (vgl. »Schillers Leben«); erwähnt: *die abgeschmackten Lebensbeschreiber*, die den Dichter *unwürdig* behandelten. — Gedanken über das herannahende Alter.

630 BRÉE, MATHIEU IGNACE VAN

1824 März 23   Antwerpen   S: 28/106 Bl. 59–60   D: —   B: —   A: 1824 Mai 12 (38, Nr. 121)   TB: 1824 März 29

Dank für die Ernennung zum Ehrenmitglied der mineralogischen Sozietät zu Jena. Das Schreiben gebe ihm die Gelegenheit, seine Verehrung für G. und dessen Werke auszudrücken. Er frage an, ob G. ihm einen Gegenstand aus der sächsischen Geschichte für ein Bild benennen könne, das er Großherzog Karl August verehren wolle; erwähnt: seine Bildnisse des W. Tell und des Herzogs Wilhelm von Nassau. B. unterzeichnet als Hofmaler des niederländischen Kronprinzen Wilhelm.

631 WILBRAND, JOHANN BERNHARD

1824 März 24   Gießen   S: 28/1035 Bl. 43–44   D: NC, Nr. 364   B: —   A: —

W. übersendet seine »Übersicht der Vegetation Deutschlands« (Ruppert 5274). Ausführliche Begründung seiner These, dass alle Vegetation auf drei Familien zurückginge; erwähnt: L. de Jussieu, A. P. de Candolle und R. Brown.

632 SACHSEN-WEIMAR-EISENACH, KARL AUGUST GROSSHERZOG VON

1824 März 25   Weimar   S: 28/773,4 St. 5   D: GH, Nr. 958   B: 1824 März 22 (38, Nr. 71)
A: 1824 März 27 (38, Nr. 78); an Graf K. Brühl, 1824 April 20 (38, Nr. 100)   TB: 1824 März 25

Der Kölner Karneval sei *etwas sehr belustigendes* (vgl. RA 10, Nr. 604); S. hätte den *dicken* (F. von) *Ende dabey sehn mögen*. Dieser wolle ihm *die Erfahrungen* mit dem Pegel, wie der Wassermesser jetzt heiße, nach Durchsicht aller Akten mitteilen. Seit Köln preußisch sei, werde *die Sache in großer Ordnung geführt*. S. gedenke, *dorten* im Mai auf der Durchreise nach Gent zu Herzog Bernhard von Sachsen-Weimar zu sein. — Den beigefügten Brief von B. Röse, der in Paris Material für eine Biographie Herzog Bernhards sammle (vgl. »Herzog Bernhard der Große von Sachsen-Weimar«), solle G. an K. C. Hage weiterleiten. — Bitte um Erklärung der *Geister Tafel* (von K. Müglich). — Einladung in S.s Loge zur Aufführung von »Hermann und Dorothea« (bearbeitet von K. Töpfer) am 27. März. — Der »Paria« (von M. Beer) sei *ein schönes Machwerck* und solle trotz einiger Schwierigkeiten noch im Frühling (richtig: 6. November) in Weimar gegeben werden. Bezüglich der Beschaffung der Kostüme und des Arrangements möge sich G. in Berlin (bei Graf K. Brühl) erkundigen. Vergleich des Stücks mit der gleichnamigen französischen Tragödie (von C. Delavigne), die nach S.s Meinung in der *Auswahl des sujets den vortheil* habe. — S. übersendet S. Boisserées 2. Heft »Ansichten, Risse ... des Doms von Köln«, das er von Artaria & Fontaine erhalten habe, und bittet um Aufklärung, ob es sich um das durch G. für ihn bestellte Exemplar handele (vgl. RA 9, Nr. 1542).

633 WEYGANDSCHE BUCHHANDLUNG

1824 März 26   Leipzig   S: 30/307 Bl. 115–116   D: QuZ 4, Nr. 2480   B: 1824 März 23 (38, Nr. 73)   A: an F. Rochlitz, 1824 April 30 (38, Nr. 109)

Dank für G.s Zuschrift mit der Versicherung, für die Neuauflage der »Leiden des jungen Werther« (Jubiläumsausgabe zur 50. Wiederkehr der Erstausgabe) eine Vorrede zu liefern (vgl. »Noch einmal wagst du, vielbeweinter Schatten ...«). Der Druck werde sogleich beginnen, die *Beendigung so lange verschoben*, bis *besagte Vorrede* eintreffe. Die *Bedingungen des Honorares und der Frey Exempl.* seien G. überlassen, da die bei Übernahme des Verlags (1774) mit J. F. Weygand ausgehandelten Bedingungen unbekannt seien.

634   MÜLLER, FRIEDRICH THEODOR ADAM HEINRICH VON

1824 März etwa 27   Weimar   S: 28/106 Bl. 55–56   D: KM, 309   B: —   A: —

Bitte um die zugesicherte Kölner *Maskenbeschreibung* (vgl. RA 10, Nr. 604) und um Rückgabe der Zeitschrift »Le constitutionnel«.

635   FROMMANN, JOHANNA CHARLOTTE

1824 März etwa 30   Jena   S: 28/106 Bl. 57   D: WA III 9, 396 (T)   B: an F. Frommann, 1824 März 6 (38, Nr. 54)   A: —   TB: 1824 März 31 (E)

F. sende das *anvertraute Bild* Wielands (Porträt von F. Jagemann) zurück, das F. M. Steinhardt *recht ähnlich dem Original* kopiert habe. Diese beabsichtige, noch weitere Bilder zu kopieren und sei *noch immer gerührt und froh*, dass G. ihre Bitte erfüllt habe. — Freude über G.s Gesundheit. Nachricht über ihren Sohn. Empfehlungen von F. und A. Frommann.

636   LENZ, JOHANN GEORG

1824 März 30   Jena   S: 28/1035 Bl. 41   D: NC, Nr. 134   B: —   A: 1824 April 21 (38, Nr. 101)   TB: 1824 März 31

Aus allen Gegenden werde für die mineralogische Sozietät *Zufluß ströhmen*, wie G. aus der *Beylage* ersehen werde. — J. R. L. de Kerckhove habe die Mitteilung freudig aufgenommen, dass L. *ihm nächstens das Diplom als zweyten Vice-Praesident würde überreichen*. — L. werde von J. S. Grüner, Graf Bedemar, C. A. Zipser, J. Hepp und E. F. Glocker Suiten erhalten und, *was das Maximum ist*, von G. Innocente *eine Menge Edelsteine* durch F. Ressmann.

637   NAUMANN, KARL FRIEDRICH

1824 März 30   Jena   S: 28/1035 Bl. 61–62   D: NC, Nr. 202   B: —   A: —

Dank für die *getroffenen Verfügungen* zur *Vervollständigung* der ihm anvertrauten (Jenaer) Mineraliensammlung. G.s *Frage* könne N. nur insoweit beantworten, wie es sein *durch Anschauung pyrotypisirter Gesteine noch wenig geübter Blick* erlaube (vgl. G.s Tagebuchnotiz vom 17. März und seinen Aufsatz »Uralte neuentdeckte Naturfeuer- und Glutspuren«). Bestimmung des übersandten Gesteins mit ausführlicher Begründung; erwähnt: F. S. Beudant. Es bestätige sich der erste Eindruck, dass es sich hierbei um einen Basalt handele.

638   SACHSEN-WEIMAR-EISENACH, KARL AUGUST GROSSHERZOG VON

1824 März 30   Weimar   S: Badische Landesbibliothek Karlsruhe   D: GH, Nr. 950   B: —
A: 1824 März 31 (38, Nr. 85)

Anweisung zur Beheizung des neuen Bibliotheksturms, weil J. C. G. Weise dort die Militärbibliothek und die Kartensammlung *einrangirt*.

639   WINDISCHMANN, KARL JOSEPH HIERONYMUS

1824 März 30   Bonn   S: 28/1040 Bl. 121–122   D: NC, Nr. 367   B: —   A: an C. G. Nees, 1824 Mai 7 (38, Nr. 115)

W. überreicht seine Abhandlung (»Über etwas, das der Heilkunst Not tut«, Ruppert 5279; vgl. G.s Anzeige in: »Über Kunst und Altertum« V 2) und erinnert an das diesbezügliche Gespräch mit G. in Frankfurt im Jahr 1815. Als *katholischer Philosoph* habe er es für seine *wesentliche Aufgabe* gehalten, *die Probleme der Wissenschaft u Kunst auch von diesem Standpunkt aus aufzulösen [...]*. — Bitte um Verwendung für F. J. Schelver, der in Heidelberg *so sehr gequält worden und noch werde*. Eine Versetzung könne dessen Gesundheit möglicherweise wiederherstellen; erwähnt: M. Schelver und deren Vater J. E. Schwartze.
    Beilage zu: RA 10, Nr. 665.

640   GRÜNER, JOSEPH SEBASTIAN

1824 März 31   Eger   S: 28/1035 Bl. 46–47; Bl. 4–5   D: Grüner und Zauper, 75f.   B: 1824 Februar 28 (38, Nr. 47)   A: 1824 Mai 4 (38, Nr. 113)

Freude über G.s Brief, zumal im *Nürnberger Correspondenten* am 17. Dezember 1823 *die so erschrekende Nachricht* gestanden habe, G. sei *gefährlich krank*. Grüners *sogleiche Verwendung nach Weimar* (Brief an W. Rehbein; vgl. Grüner und Zauper, 397f.) sei ohne Antwort geblieben. — Graf J. Auersperg habe zusammen mit dem Bleistädter Bergamt (J. E. Mayer) *die Beobachtungen über das Erdbeben* K. Hallaschka mitgeteilt, der sie in die »Kaiserlich-königlich privilegierte Prager Zeitung« (1824, Nr. 9, 13, 15, 18 und 28) *einrücken ließ*. Auszüge daraus werde Grüner nach Erhalt beilegen. — K. von Junker und Bigato könne *kein Silber des Wassers wegen mehr gewinnen*. Er sei bereit, *die Hälfte des Werks gegen sehr annehmbare Bedingnisse abzutretten* und lasse anfragen, ob G. oder Großherzog Karl August *hiezu geneigt* seien (vgl. auch Junkers Bericht »Über die Auffindung und den Fortgang des Freiherrlich von Junker-Bigattoischen Bergbaues« und G. »Folgesammlung«, in: »Zur Naturwissenschaft überhaupt« II 2); erwähnt: Grüners Bergbeamte (A. Bleidl und F. Hutter). — Aufzählung erhaltener Mineralien, u. a. vom Hofsekretär des Fürsten J. zu Schwarzenberg. — Grüner habe über J. W. Hecht und Oerthel, Heerdegen & Co. eine Kiste an das *Naturalien-Cabinet zu Jena* gesandt (vgl. RA 10, Nr. 636). — Das *anliegende Verzeichniß* seiner *Duplicate* könne G. vielleicht zu einem *Auftrag* veranlassen; erwähnt: M. T. Grüner. — Die Zeichnungen zu Grüners Abhandlung »Über die ältesten Sitten und Gebräuche der Egerländer« seien fertig. Grüner habe den Aufsatz *umarbeiten* wollen, könne jetzt aber *blos Jenes schicken*, was G. *gelesen* habe. — F. C. Fikentscher wolle nach Paris gehen.

Anlage: Liste von Grüners Mineralien und Fossilien *zum Tausche*.

641   Kräuter, Friedrich Theodor David

1824 März 31   Weimar   S: 28/107 Bl. 69   D: WA IV 38, 325 (R)   B: —   A: 1824 April 1 (38, Nr. 86)

Freude über die *gänzliche Wiederherstellung* seines Sohnes Edmund. Sorge um die Erkrankung von A. Vulpius und F. von Germar.

642   Einsiedel-Scharfenstein, Friedrich Hildebrand von

1824 März Ende   Weimar   S: 28/106 Bl. 54.56a   D: —   B: —   A: —   TB: 1824 März 27 und 31 (E)

Eine plötzliche Erkrankung zwinge E., G.s *freundliche Einladung* (? sich ebenfalls von J. Schmeller porträtieren zu lassen), auszuschlagen. *Vielleicht verweilt der Künstler noch einige Tage.*

643   Mazelet, Jeanne Marie Jaqueline Antoinette   an F. Soret

1824 April   Weimar   S: 28/107 Bl. 88   D: —   B: —   A: —   V: in französischer Sprache

Im Auftrag der Erbgroßherzogin Maria Pawlowna bitte M., F. Soret möge G. mitteilen, dass A. Jasnowski *la Jurisprudence et la Diplomatie* studieren werde.

644   Meyer, Johann Heinrich

1824 April Anfang   Weimar   S: 28/106 Bl. 58.61   D: GM, Nr. 662   B: —   A: —

Bereits am *Sonnabend Abend* habe Erbgroßherzogin Maria Pawlowna W. Roscoes »Illustrations ... of the Life of Lorenzo de' Medici« (vgl. Ruppert 178) für G. zurückgegeben, mit der Bemerkung, sie habe *in langer Zeit kein Werk gelesen, welches ihr so viel Vergnügen gemacht.*

645   SACHSEN-WEIMAR-EISENACH, KARL FRIEDRICH ERBGROSSHERZOG VON

1824 vor April 1   Weimar   S: 28/106 Bl. 46   D: —   B: —   A: —   TB: 1824 April 1 (E)

Das beifolgende Stammbuch enthalte *die bewußte Zeichnung des jungen Künstlers* (? B. von Arnswald oder F. Preller). Die beiden anderen Alben seien zum Einschreiben bestimmt, was G. bitte tun möge. Zudem solle er sich bitte der *kleinen* (G. M.) *Krausischen Zeichnungen* erinnern. Sollte G. noch eine selbstgefertigte Zeichnung übrig haben, würde S. sich freuen, *sie im rothen Album prangen zu sehen.*

646   COTTA, JOHANN FRIEDRICH VON AN C. VON SCHILLER

1824 April 1   Stuttgart   S: 30/345 Bl. 8   D: —   B: —   A: an C. von Schiller, 1824 April 11 (38, S. 329, vgl. GB Rep, Nr. 38092a)   TB: 1824 April 8

Mit *vollem Vergnügen* wolle C. der Bitte in C. von Schillers und K. von Wolzogens Brief vom *26sten v Jan [...]* wegen der Herausgabe der *Correspondenz* (zwischen F. von Schiller und G., in G.s Redaktion) nachkommen und auf *die vorgeschlagenen Bedingungen* eingehen. *Nur einen Wunsch* habe er und bitte als *FamilienVermächtniß* für seine *Nachkommen* um die *Originallen von beiden großen Männern* (vgl. RA 10, Nr. 704). — Dank für die Glückwünsche für C. und seine Frau (Heirat am 15. Februar; vgl. RA 10, Nr. 568). — Empfehlungen an K. und E. von Schiller.
   Beilage zu: RA 10, Nr. 659.

647   MÜLLER, FRIEDRICH THEODOR ADAM HEINRICH VON

1824 April 1   Weimar   S: 28/633a,2 St. 48a   D: KM, 309   B: —   A: —

M. bittet, seinen *Universitäts-Freund* H. C. von Ulmenstein bei G. einführen zu dürfen (vgl. G.s Tagebuchnotiz); erwähnt: Graf H. Bülow.

648   KRÄUTER, FRIEDRICH THEODOR DAVID

1824 April 2   Weimar   S: 28/107 Bl. 70–71   D: WA IV 38, 325 (R)   B: 1824 April 1 (38, Nr. 86)   A: —

Das Befinden von A. Vulpius und F. von Germar habe sich gebessert; letzterer lasse für G.s Anteilnahme danken; erwähnt: W. Rehbein und K.s Sohn Edmund. — Beikommendes *Werk* habe Vulpius auf einer Auktion erworben; Bitte um Unterzeichnung des beiliegenden Scheines. — Über den Fortgang der Bibliotheksgeschäfte. Während J. B. Franke die Kataloge vervollständige, sei K. bestrebt, *den Bibliothekar zu repräsentiren.* — Das den Druck der Erlaubnisscheine für den Eintritt in die Zeichenschule (vgl. G. »Da die vor vielen Jahren ...«, WA I 53, 254f.) Betreffende habe K. *mit dem Faktor* im Industrie-Comptoir (F. Höckner) *abgemacht*; Näheres dazu.

649   MAYER, JOHANN FRIEDRICH

1824 April 2   Gengenbach   S: 26/LXVIII,1,124   D: —   B?: 1824 März 15 (vgl. WA III 9, 193)   A: —

Verzeichnüß der bei M. bestellten Mineralien mit Preisangaben (vgl. G.s Tagebuchnotiz vom 12. April und RA 10, Nr. 211).

650   SACHSEN-WEIMAR-EISENACH, KARL AUGUST GROSSHERZOG VON

1824 April 2   Weimar   S: 28/1035 Bl. 42   D: GH, Nr. 961   B: —   A: 1824 April 3 (38, Nr. 88); 1824 April 8 (38, S. 326, vgl. GB Rep, Nr. 38088l, nicht abgesandt)   TB: 1824 April 2 (E)

Beiliegendes, ziemlich *schlecht geschriebenes opus* (I. Simonow »Beschreibung einer neuen Entdeckungsreise in das südliche Eismeer«, übersetzt von M. Bányi), werde G. vermutlich *besonders rücksichtlich der Wetter constitution unseres Erdballes* interessieren.

651   SACHSEN-WEIMAR-EISENACH, KARL AUGUST GROSSHERZOG VON

1824 April nach 3   Weimar   S: 28/773,4 St. 6   D: GH, Nr. 963   B: 1824 März 27 (38, Nr. 78); 1824 April 3 (38, Nr. 88)   A: —

Die Wirthschaft in Cölln, den Karneval, möchte S. *doch mithgenoßen haben!* — Die Stammbücher von F. von Volckamer, dessen Brief S. an H. Meyer gegeben habe, seien *ganz schlechtes zeug*; alle *nachsendungen* müsse man sich *verbitten*. — Meyer habe *auch den Catalog mit S.s Aufträgen pto. der prächtigen Kunstsammlung* erhalten. — Die Witterungstabellen (? von L. Schrön) seien *sehr wunderbahr*.

652   BOISSERÉE, MELCHIOR HERMANN JOSEPH GEORG

1824 April 4   Stuttgart   S: 28/107 Bl. 75   D: —   B: —   A: —   TB: 1824 April 11

Lieferschein zur 1. und 2. Lieferung *des Doms von Cöln* (S. Boisserée »Ansichten, Risse ... des Doms von Köln«, Ruppert 2329) sowie der 9. und 10. Lieferung des *lithographischen Werkes* (»Die Sammlung Alt-, Nieder- und Oberdeutscher Gemälde der Brüder ... Boisserée und Johann Bertram. Lithographiert von N. Strixner«, Ruppert 2183; vgl. RA 10, Nr. 474 und RA 10, Nr. 679) sowie *einem einzelnen Blatt*, darstellend *die Ruhe in Egypten*.

653   Zelter, Karl Friedrich

1824 April 4   Berlin   S: 28/1019 St. 236; 32/8   D: MA 20, Nr. 432   B: 1824 März 8 (38, Nr. 57); 1824 März 11 (38, Nr. 61), 1824 März 27 (38, Nr. 79)   A: 1824 April 28 (38, Nr. 108)   TB: 1824 April 14 (E)

Mit der nach Weimar reisenden H. Schwendler sende Z. das vertonte Gedicht G.s »Zu Thaers Jubelfest, dem 14. Mai 1824«. — Ebenfalls erhalte G. das (J.) *Pachelbelsche Choralbuch* (»Tabulaturbuch geistlicher Gesänge«) zurück, das Z. *anfangs* für eine Originalhandschrift gehalten habe, es aber mittlerweile für eine Abschrift voller Schreibfehler nehme. Würdigung von Pachelbel als *in Mitten der würdigsten Choralmänner* stehend; erwähnt: Luther, J. S. Bach, *Conrad Rumpf* (? richtig: K. Rupsch), L. Senfl, ? J. Walter, H. Schütz, J. H. Schein, S. Scheidt, J. Rosenmüller, K. von Kerll, J. J. Froberger, W. K. Printz, J. Theile, D. Vetter, A. Scarlatti und Telemann. Hinweis auf die erkennbare musikhistorische Gliederung des Manuskripts bis hin zur *Hallischen Liederey* (ab Nr. 161 Übernahmen aus J. A. Freylinghausens »Neuem geistreichen Gesangbuch«); erwähnt: das Lied »Auf, auf, weil der Tag erschienen ...« (von Freylinghausen) und ein *Gavottchen* auf *Seite 184* (richtig: unter Nr. 184, »Ach mein Jesu, sieh ich trete ...« von L. J. Schlicht). G. möge zum Vergleich im »West-östlichen Divan«, *262*, das Kapitel »Ältere Perser« (im Prosateil »Besserem Verständnis«) lesen. Erläuterung der *kleinen Vorspiele welche, hier Fugen genannt, die vor jedem Chorale stehen* und Beschreibung der Prüfung von Kirchenmusikern. Zitat aus dem Lied Mignons »Kennst du das Land ...« (aus: »Wilhelm Meisters Lehrjahre« III 1) und aus G.s Gedicht »Versus memoriales«. — Nachtrag zu Händels »Messias«, da G. *schon ein Stückchen* davon *gekostet* habe (Aufführung unter K. Eberweins Leitung; vgl. G.s Tagebuchnotiz vom 16. März): Bericht über eine misslungene Aufführung des »Messias« im Musikzimmer König Friedrichs II. des Berliner Schlosses vor Kronprinz Friedrich Wilhelm und Kronprinzessin Elisabeth von Preußen mit einem Chor von lediglich *8 bis 12 Mitgliedern der Singakademie*, wodurch *das göttliche Werk seiner Würde* beraubt worden sei.

Anlage: Z.s Vertonung von G.s Gedicht »Zu Thaers Jubelfest, dem 14. Mai 1824«.

654   Kräuter, Friedrich Theodor David

1824 April nach 4   Weimar   S: 28/107 Bl. 90–91   D: —   B: —   A: —

Abschriften von Rechnungen S. Boisserées, der Cottaschen Buchhandlung und N. Strixners für Großherzog Karl August aus den Jahren 1822–1824 über Lieferungen von Boisserées »Ansichten, Risse ... des Doms von Köln« und der »Sammlung Alt-, Nieder-

und Oberdeutscher Gemälde der Brüder ... Boisserée und Johann Bertram. Lithographiert von N. Strixner«; datiert: Stuttgart, 4. April 1824.

655   WOLZOGEN, KAROLINE VON

1824 April 6   Weimar   S: 28/107 Bl. 73–74   D: Begegnungen 14, 384 (T)   B: —   A: —

Anfrage, ob W. mit ihrer *Schwester* (C. von Schiller) G. *nach 11 Uhr* besuchen dürfe; bitte um mündliche Antwort (vgl. G.s Tagebuchnotiz).

656   SEIDLER, LUISE AN H. MEYER

1824 April 7   Weimar   S: 28/107 Bl. 76.79   D: —   B: —   A: —

Leider wisse S. *Amslers Vornahmen* nicht genau. Sie vermute *Samuel*, wolle aber, wenn die Sache *8 Tage Zeit* habe, an den Kupferstecher K. Barth in Hildburghausen schreiben, der lange Amslers *Stubengenosse u. Freund* gewesen sei. Bitte, der *Ueberbringerin* eine Antwort zu geben.

657   SACHSEN-WEIMAR-EISENACH, KARL AUGUST GROSSHERZOG VON

1824 April vor 8   Weimar   S: 28/773,4 St. 7   D: GH, Nr. 964   B: —   A: 1824 April 8 (38, S. 326, vgl. GB Rep, Nr. 38088l, nicht abgesandt)

Bitte um Abschriften von J. S. Grüners Notizen über die Erdbeben *im Januar a. c. zwischen Hartenstein und Falkenau, auch die Ellbogner* (vgl. RA 10, Nr. 640 und GSA 26/LXVI,1,75). S. wolle diese B. von Lindenau zur Weitergabe an F. von Zach senden.

658   SACHSEN-WEIMAR-EISENACH, KARL AUGUST GROSSHERZOG VON

1824 April 8   Weimar   S: 28/773,4 St. 8   D: GH, Nr. 966   B: 1824 April 8 (38, S. 326, vgl. GB Rep, Nr. 38088l, nicht abgesandt)   A: 1824 April 19 (38, Nr. 98)

Dank für *Notizen* über die Erdbeben im Elbogner Kreis (vgl. GSA 26/LXVI,1,75). *Als diese sich rägten floßen wieder alle Versiegten Quellen im Östl. Neustedter Creyse!* — B. von Lindenau glaube, *schon früher von dieser Erfahrung* (I. Simonows Beobachtungen in »Beschreibung einer neuen Entdeckungsreise in das südliche Eismeer«, übersetzt von M. Bányi; vgl. RA 10, Nr. 674) *gehört zu haben* und wolle deswegen *zu Hause nachsuchen.* — S. fügt *eine sehr merckwürdige Lobrede* auf R. J. Haüy bei (G. Cuvier »Eloge historique de Monsieur Haüy«).

659   WOLZOGEN, KAROLINE VON

1824 April 8   Weimar   S: 30/345 Bl. 7   D: —   B: —   A: —   TB: 1824 April 8

Übersendung von J. F. von Cottas Brief an ihre Schwester mit der Bitte, G. besuchen zu dürfen, *um zu besprechen, wie wir den lezten Theil des Briefes, am besten ablehnend, behandeln* (vgl. G.s Tagebuchnotiz vom 10. April).
  Beilage: RA 10, Nr. 646.

660   ZANOLI, EMANUEL

1824 April 8   Köln   S: 28/107 Bl. 86; in 36/VII,9   D: Mommsen 2, 103; 103–106   B: an C. G. Nees, 1824 März 22 (38, Nr. 70)   A: an C. G. Nees, 1824 Mai 7 (38, Nr. 115)   TB: 1824 April 21 (E)

Entsprechend C. G. Nees' Aufforderung übersende Z. *einige details über unser diesjähriges grosse Carnevalsfest*; erwähnt: (? F.) Willmann und H. von Wittgenstein.
  Anlage: 1. C. G. Nees' Abschrift von G.s Fragen zum Karneval für Z.; 2. *Cölnischer Carneval von 1824. Beantwortung der bewußten Fragen*; 3. gedruckte Programme, Lieder und Gedichte vom Kölner Karneval (vgl. G. »Kölner Karneval«, in: »Über Kunst und Altertum« V 1).
  Beilage zu: RA 10, Nr. 664.

661   GROTTHUSS, SOPHIE LEOPOLDINE WILHELMINE VON

1824 April 9   Oranienburg   S: 28/375 St. 11   D: —   B: —   A: 1824 Mai 9 (38, Nr. 117)

Wortreiches Bekenntnis ihrer Zuneigung: *es [ge]hört zu meiner Existenz mich mit Ihnen in Verbindung zu denken*; das *reinste Interesse das höchste Freundschaffts Gefühl* zwinge sie, an den *hochgeehrten lieben Freund zu schreiben*. Erinnerung an ihre Zeilen *von Berlin 1811* über die Natur ihrer Gefühle für G. (RA 6, Nr. 98); erwähnt: ihr verstorbener Ehemann.

662   NEES VON ESENBECK, CHRISTIAN GOTTFRIED DANIEL

1824 April 10   Bonn   S: 28/107 Bl. 80–81   D: GNe, Nr. 91   B: 1824 März 22 (38, Nr. 70)   A: 1824 Mai 7 (38, Nr. 115)

G.s Aufmerksamkeit für den *Cölner Carneval* habe *einige Menschen sehr glücklich gemacht, und [...] eine ganze Stadt in einen angenehmen Nachklang heiterer Stunden zurückversetzt*. Das Blatt mit G.s Fragen habe N. *durch einen Freund* (J. F. Sehlmeyer) an E. Zanoli weitergereicht, der einen Brief und die folgenden Aktenstücke zur Übersendung an G. übergeben habe: 1. Die Beantwortung der vorgelegten Fragen und *Zeichnungen der Triumphbogen* von M. J. de Noël, 2. ein *Commentar des Manifests in cölnischer Mundart*, 3. Druckschriften und 4. Zeitungsanzeigen zum Karneval 1823, 5.

weitere Druckschriften und 6. eine *Rolle Steinzeichnungen* (vgl. in GSA 36/VII,9). Anspielung auf das AT (1. Buch Moses 2, 7). — Außerdem übersende N. 12 *Extraabdrücke des Texts zu den Elephantenschädeln* (»Zur vergleichenden Osteologie von Goethe. Mit Zusätzen und Bemerkungen von Dr. Ed. d'Alton«) mit den Kupfertafeln (von J. Schubert nach J. Waitz) aus den »Nova Acta« (1824, Bd. 12.1). — Freude und Dank für G.s Aufnahme des von N. im Namen der Akademie der Naturforscher verfassten Schreibens (RA 10, Nr. 600).

663   JAKOB, THERESE ALBERTINE LUISE VON

1824 April 12   Halle   S: 25/W 3238 Bl. 2; 25/W 3237   D: Steig, in: GJb 12 (1891), 33f.
B: —   A: 1824 April 25 (38, Nr. 106)   TB: 1824 April 23 (E)

J. übersendet die *Uebersetzung einiger serbischen Volksgesänge aus der Sammlung* von V. Karadžić, nachdem sie gehört habe, dass G. *dem Gegenstand Theilnahme und Aufmerksamkeit* schenke. Sie hätte sich bei der Zusendung lieber Karadžićs Vermittlung bedient, aber dieser sei *schon seit einiger Zeit nicht mehr in* Halle. — Über die Treue ihrer Übersetzung und ihre mehr nach der Vielfalt als der Schönheit der Stücke vorgenommene Auswahl; nähere Erläuterungen dazu mit Erwähnung der Gedichte über König Marko Kraljević.
    Anlage: *Einige serbische Volksgesänge aus der Sammlung des Herrn Wuk Stephanowitsch Karadzitsch* in J.s Übersetzung; Manuskript.

664   NEES VON ESENBECK, CHRISTIAN GOTTFRIED DANIEL

1824 April 12   Bonn   S: 28/107 Bl. 84   D: GNe, Nr. 92   B: —   A: 1824 Mai 7 (38, Nr. 115)   TB: 1824 April 21 (E)

N. übersende die am 10. April (RA 10, Nr. 662) *angekündigten Drucksachen* und in einer zweiten Rolle die Tafeln zu den Karnevalsberichten und zur *osteologischen Abhandlung* (»Zur vergleichenden Osteologie von Goethe. Mit Zusätzen und Bemerkungen von Dr. Ed. d'Alton«).
    Beilage: RA 10, Nr. 660.

665   NEES VON ESENBECK, CHRISTIAN GOTTFRIED DANIEL

1824 April 12   Bonn   S: 28/107 Bl. 85   D: GNe, Nr. 93   B: —   A: 1824 Mai 7 (38, Nr. 115)

N. übersendet die von K. J. H. Windischmann erhaltene *Einlage*, die dessen Schrift »Über etwas, das der Heilkunst Not tut« (vgl. Ruppert 5279) enthalte und G.s Interesse verdiene.
    Beilage: RA 10, Nr. 639.

666 SACHSEN-WEIMAR-EISENACH, KARL AUGUST GROSSHERZOG VON

1824 April 12 (*11*)   Weimar   S: 28/773,4 St. 9   D: GH, Nr. 967   B: 1824 April 12 (vgl. WA III 9, 204)   A: 1824 April 19 (38, Nr. 98)

L. Sckell solle klären, ob sich unter der *Menge Crotons* in Belvedere der Croton Tiglium befinde. — Die *Sachen* von S. Boisserée seien *doch gar zu prächtig*. Die »Ansichten, Risse ... des Doms von Köln« seien für die Bibliothek bestimmt, die Lithographien (»Sammlung Alt-, Nieder- und Oberdeutscher Gemälde der Brüder ... Boisserée und Johann Bertram. Lithographiert von N. Strixner«) *wohl* für das Jägerhaus. — Frage, ob G. das ihm *heute* von S. geschickte Bild F. Prellers »Eisfahrt auf den Schwanseewiesen« auch *sehr geistreich erfunden u. componirt* und *sehr correct ausgeführt* finde.

667 ZELTER, KARL FRIEDRICH

1824 April 12   Berlin   S: 28/1019 St. 237   D: MA 20, Nr. 433   B: 1824 März 27 (38, Nr. 79)   A: 1824 April 28 (38, Nr. 108)   TB: 1824 April 18 (E)

Zitat aus G.s Brief vom 27. März über die Verhältnisse in Berlin. — Heute habe Z. eine *Probe von der Passionsmusik* (K. H. Grauns und K. W. Ramlers Kantate »Der Tod Jesu«), der der Kronprinz Friedrich Wilhelm von Preußen beiwohnen wolle. Vielleicht käme auch König Friedrich Wilhelm III. dazu, was Z. *recht angenehm seyn würde*, da er Z. *immer einmal wieder ein Paar Friedrichs* (Friedrichsd'or) *zuwerfen könnte*. — F. A. Wolf reise nach Weimar und verlange *etwas Briefliches* mitzunehmen. — Nachfrage, ob das Manuskript J. Pachelbels (»Tabulaturbuch geistlicher Gesänge«) wieder bei G. eingetroffen sei.

668 TIECK, CHRISTIAN FRIEDRICH

1824 April 13   Berlin   S: 28/915 St. 3   D: Maaz, 28–30   B: —   A: 1824 April 15 (38, S. 353f., vgl. GB Rep, Nr. 38150l, nicht abgesandt); 1824 Juni 27 (38, Nr. 150)

In den *lezten Tagen* habe T. einen Abdruck der schon früher (vgl. RA 10, Nr. 581) versprochenen Münze mit dem Bildnis Dürers von J. L. Jachtmann an G. abgesandt. Näheres zur Münze, die als *Preiß Medaille* gedacht gewesen sei; erwähnt: N. Poussin und König Friedrich Wilhelm III. von Preußen. — Der Sendung habe T. Gipsabdrücke von drei auf sogenanntem ägyptischen Porzellan abgeformten ägyptischen Götzenbildern beigelegt. W. von Humboldt habe sie *auf Wunsch eines französischen Gelehrten formen lassen*. Ferner liege das Fragment eines in Stein geschnittenen *überaus zierlichen Isis Bildchens mit den Horus auf dem Schoose* bei. — Bezüglich des *weiblichen Kopfchens mit einem Medusenhaupt als Helm* habe sich T.s frühere Vermutung bestätigt, dass es sich um die Figur einer Viktoria handele. Dies ergebe sich aus dem gleichen Aussehen der Kopie eines im Vatikan befindlichen antiken Werkes, das auch bei G. B. Piranesi abgebildet sei (»Vasi, candelabri, cippi, sarcofagi, tripodi, lucerne ed ornamenti antichi«, Bd. 2, mit Stichen von F. Piranesi); weitere Gedanken dazu. — Empfehlung von C. Rauch.

669   WELLER, CHRISTIAN ERNST FRIEDRICH

1824 April 13   Jena   S: 28/107 Bl. 77–78   D: —   B: von A. von Goethe, 1824 April 9 (38, S. 328, vgl. GB Rep, Nr. 38091a)   A: 1824 April 14 (38, Nr. 96)

J. Schmeller sei am 11. April eingetroffen. Da im *Bären* kein *passendes Zimmer* vorhanden gewesen sei, habe er bei J. G. Barth *auf vierzehn Tage gemiethet* und werde bei Knebels *wie Glied des Hauses* behandelt. Am 12. April habe W. ihm gesessen, ebenso K. L. von Knebel *zum Oelgemählde, das jetzt schon großen Beifall* finde; erwähnt: Erbgroßherzog Karl Friedrich. Am 13. April sei *eine treffliche Zeichnung* von K. W. von Knebel, *der eben zum Oster-Besuch angekommen, fertig gemacht. Morgen* werde die *Kraide-Zeichnung* von K. von Lyncker begonnen und Schmeller anschließend *in das Frommannsche Haus* geführt. *In der Zwischen-Zeit* würden W.s und B. von Knebels Porträts *auch mit gefertigt*.

670   NAUMANN, KARL FRIEDRICH

1824 April 14   Jena   S: 28/1035 Bl. 45   D: NC, Nr. 203   B: —   A: —   TB: 1824 April 14 (E); 1824 April (BVL)

C. überreicht den 2. Band seiner »Beiträge zur Kenntnis Norwegens« (Ruppert 4073) und hoffe, wie bei dem *Vorgänger*, auf G.s Beifall (vgl. G.s Tagebuchnotiz vom 8. Mai 1823).

671   LENZ, JOHANN GEORG

1824 April 16   Jena   S: 28/1035 Bl. 48   D: NC, Nr. 135   B: —   A: 1824 April 21 (38, Nr. 101)

Die *versprochenen Mineralien* von L. Stoffels und *zwey Exemplare von der beyliegenden Schrift* (»Sur la force répulsive des explosions électriques«, vgl. Ruppert 4370) seien eingetroffen. Anscheinend *beeifern sich die Herren Niederländer, unser Museum zu vermehren*; erwähnt: J. R. L. de Kerckhove.

672   ODELEBEN, ERNST GOTTFRIED VON

1824 April 16   Waltersdorf   S: Germanisches Nationalmuseum Nürnberg   D: —   B: von A. von Goethe, 1824 März 31 (vgl. WA III 9, 199)   A?: von A. von Goethe, 1824 Mai 17 (vgl. WA III 9, 218)   TB: 1824 April 22 (E)

Entsprechend A. von Goethes Bestellung vom 31. März übersende O. eine Suite fossiler Muscheln, die *44 etikettirte Nummern enthält* und deren Fundort *das Märgelgebirge* in Italien sei. Diese Lokalität stimme *vollkommen mit dem terrain tertiair des Bassin bei Paris überein*, weshalb O. eine kleine Kollektion von *31 Exemplaren dieser Conchilien* beilege; dabei erwähnt: R. von Przystanowski, A. G. Werner, K. A. Kühn sowie A. Brongniart (und G. Cuvier) »Description géologique des environs de Paris«. Weiter lege O. drei *Hayfisch-Zähne* aus der Gegend von Alzey bei. Angabe der Preise mit Erläuterungen.

673   WELLER, CHRISTIAN ERNST FRIEDRICH

1824 April 16   Jena   S: 28/107 Bl. 82–83   D: —   B: 1824 April 14 (38, Nr. 96)   A: 1824 April 21 (38, Nr. 103)

Über den Fortgang von J. Schmellers Arbeiten in Jena, die Porträts von K. von Lyncker, L. von Knebel, A. Bran und W. sowie das Ölgemälde (von K. L. von Knebel). Bei Frommanns habe Schmeller *heute Nachmittag seine Aufwartung gemacht.* — Grüße von W. und Knebels.

674   LINDENAU, BERNHARD AUGUST VON   AN GROSSHERZOG KARL AUGUST VON SACHSEN-WEIMAR

1824 April 17   Gotha   S: 26/LXXI,2,27 Bl. 68 (Teilabschrift von J. John)   D: LA II 2, 177f.
B: an Großherzog Karl August von Sachsen-Weimar, 1824 April 8 (38, S. 326, vgl. GB Rep, Nr. 38088l, nicht abgesandt)   A: an Großherzog Karl August von Sachsen-Weimar, 1824 April 19 (38, Nr. 98); 1824 April 28 (38, Nr. 107)   TB: 1824 April 19 (E)

Anbei erhalte Großherzog Karl August die *mitgetheilte kleine Schrift* (I. Simonow »Beschreibung einer neuen Entdeckungsreise in das südliche Eismeer«, übersetzt von M. Bányi), die *interessante Resultate verspricht.* Ausführlich zu den auf Seite 33 *angeführten taglichen barometrischen Aenderungen*, die bereits von anderen Naturforschern bemerkt worden seien; erwähnt: F. Balfour in Kalkutta (»Treatise on the Barometer«), B. Moseley auf den Antillen (»A Treatise on Tropical Diseases«), die Rezension zu A. von Humboldts (und A. Bonplands) »Essai sur la géographie des plantes«, *p. 45*, in der »Monatlichen Korrespondenz zur Beförderung der Erd- und Himmelskunde« 1807, Bd. 16, L. Ramonds Resultate in den Pyrenäen, *p. 476* (Rezension von »Troisième mémoire sur la mesure des hauteurs à l'aide du baromètre«) in Band *XXIII* [richtig: 22] der »Monatlichen Korrespondenz« (1810), A. J. von Krusensterns Beobachtungen (»Reise um die Welt«) und L.s »Beiträge zu einer Theorie der Atmosphäre« im 21. Band der »Monatlichen Korrespondenz« (1810), *p. 211.* Marquis P. S. de Laplace habe im 4. Buch (des 2. Bandes) seiner »Traité de mécanique céleste« *eine eigentliche Theorie den Oscillations athmosphériquer gegeben;* dabei erwähnt: Laplace »De l'action de la Lune sur l'atmosphère«, in: »Connaissance des temps, pour l'an 1826« (1823), A. Bouvards »Tableau des plus grandes marées de l'année 1826« (in: ebd.) und J. C. Mutis.
Beilage zu: RA 10, Nr. 676.

675   MOLLER, GEORG

1824 April 18   Darmstadt   S: 28/107 Bl. 119–121   D: Wahle, in: GJb 32 (1911), 10f.   B: —   A: 1824 Juni 12 (38, Nr. 141)   TB: 1824 Mai 27 (E)

M. sende *einige der neuesten Probeblätter der Fortsetzung* seiner »Denkmäler der deutschen Baukunst« (Ruppert 2357), mit denen er den Stellenwert einiger herausragender Repräsentanten sakraler Bauwerke, darunter die Kirche zu Limburg, aus der Zeit vom 8. bis zum 15. Jahrhundert herausstreichen wolle. — Über seine Erfahrungen bei der praktischen Tätigkeit der Bauleitung neu zu errichtender Gebäude, bei denen der bloße Rückbezug auf die Antike die Stärken der hiesigen Baumaterialien nicht nützten. Bitte an G., diese Sicht zu prüfen.

676   SACHSEN-WEIMAR-EISENACH, KARL AUGUST GROSSHERZOG VON

1824 April 18   Weimar   S: 28/773,4 St. 10   D: GH, Nr. 968   B: 1824 April 8 (38, S. 326, vgl. GB Rep, Nr. 38088l, nicht abgesandt)   A: 1824 April 19 (38, Nr. 98); 1824 April 28 (38, Nr. 107)

Den beigefügten Brief B. von Lindenaus erbitte S. *balde zurück*. — S. erwäge, F. Preller *mit nach Antwerben zu nehmen* und ihn bei M. I. van Brée *in die Schule zu geben*. Bitte um G.s Meinung hierzu und um Rückgabe von Prellers Bild »Eisfahrt auf den Schwanseewiesen«.
  Beilage: RA 10, Nr. 674.

677   SACHSEN-WEIMAR-EISENACH, KARL AUGUST GROSSHERZOG VON

1824 April 19   Weimar   S: 28/773,4 St. 11   D: GH, Nr. 969   B: —   A: 1824 April 19 (38, Nr. 98); an J. G. Lenz, 1824 April 21 (38, Nr. 101)

Die *Geognostica* betreffende Beilage (Katalog abwechselnder Flözarten) sei an J. G. Lenz für die Museumsbibliothek *zu spediren*. — Bitte, F. Preller mitzuteilen, dass S. ihn *anfang May* mit nach Gent nehmen wolle, um ihn *dorten ein paar jahre* zu lassen, und dewegen an M. I. van Brée zu schreiben. *Ich glaube daß dieser Preller etwas ganz ausgezeichnetes werden kann.*. — Zu einem beigefügten Brief F. Körners: Wenn dessen Buch (? »Anleitung zur Verfertigung übereinstimmender Thermometer und Barometer«) *in den selben Styl geschrieben* sei, werde es *aufsehn machen*.

678   FÉRUSSAC, ANDRÉ ÉTIENNE JUST PASCAL JOSEPH FRANÇOIS D'AUDEBARD DE

1824 April 20   Paris   S: 28/1035 Bl. 57; Bl. 58   D: NC, Nr. 69   B: —   A: —   V: Druck, in französischer Sprache

Informationsschreiben, die erfolgte Gründung einer *association remarquable d'hommes connus* anzeigend. Ihr Ziel sei es, zwischen den verschiedenen Nationen einen Austausch wissenschaftlicher Erkenntnisse und Entdeckungen zu ermöglichen, zum Wohle der gesamten Menschheit; ihr Organ sei das »Bulletin universel des sciences et de l'industrie«. Übersendung des *nouveau prospectus* dieser Zeitschrift (Ruppert 363). Bitte um G.s Interesse und Unterstützung. — Angabe seiner Adresse.
  Anlage: Gedruckte *Note* der *Direction Générale du Bulletin universel* über die Ziele der Vereinigung; datiert: Paris, 1. Januar 1824.

679   BOISSERÉE, MELCHIOR HERMANN JOSEPH GEORG

1824 April 21   Stuttgart   S: 28/205 St. 1   D: Boisserée, 341–345   B: 1824 März 30 (38, Nr. 84)   A: 1824 Mai 4 (38, Nr. 114)

Nachricht, dass B. am 4. April *mit dem Postwagen* an G.s Adresse zwei Kistchen gesandt habe, enthaltend die 1. und 2. Lieferung *des DomWerks* (S. Boisserée »Ansichten, Risse ... des Doms von Köln«) für G. und die 2. Lieferung für Großherzog Karl August sowie die 7. bis 10. Lieferung *des lithg. Werkes* (»Die Sammlung Alt-, Nieder- und Oberdeutscher Gemälde der Brüder ... Boisserée und Johann Bertram. Lithographiert von N. Strixner«) für Großherzog Karl August und die 9. und 10. Lieferung für G. (vgl. RA 10, Nr. 474 und RA 10, Nr. 652). — S. Boisserées Rückkehr aus Paris habe sich durch die Arbeiten am Domwerk und zuletzt durch die *lithographische Angelegenheit* (Studien zur französischen Drucktechnik) *über alle Erwartung hinausgeschoben*. Falls S. Boisserée dies noch nicht getan habe, werde er G. über seine Erkenntnisse von Stuttgart aus berichten. Nachdem er sich über die Fortschritte der Franzosen *im einfachen schwarzen Druck* überzeugt habe, *ließen wir auch Herrn Strixner und einen untergeordneten Drucker nach Paris gehen*, um sich die Fertigkeiten anzueignen. Ausführliche Einschätzung B.s über den Stand in Frankreich und die Schnelligkeit der Produktion: *Wird* (J. A.) *Manuel Morgens aus dem Sitzungsale herausgeworfen, so kann der liberale Plebs sich Abends schon an dem Bildniß des gefeierten Rebellen erfreuen.* Weitere Beispiele für die Schnelligkeit, unter der die Qualität der Kunst gelitten habe; erwähnt: der Prinz von Palagonia. — Die *Aufsätze* zum Steindruck in »Über Kunst und Altertum« (H. Meyer »Fortschritte des Steindrucks«, in: Heft IV 2, sowie Meyer und G. »Französische Steindrucke«, in: Heft V 1) habe man mit Interesse gelesen und könne den Beobachtungen nur zustimmen. Die Technik entwickele sich aber schnell und sei eines *hohen Grades der Vervollkommnung fähig*. Über nötige Schritte von der Masse zur Qualität zu kommen. Reflexionen darüber mit Anspielung auf Dorvignys Komödie »Le désespoir de Jocrisse«. — Das von S. Boisserée an G. gesandte Porträt G.s sei von Strixner (nach J. Raabe) in Paris gezeichnet und *nach französischer Art* gedruckt worden. Veröffentlicht werden solle es jedoch erst, wenn die Qualität verbessert worden sei. Man habe aber schon jetzt mit G. *einen mächtigen Fürbitter und Schutzpatron* bemüht und quasi sein Bild dem Unternehmen voranschicken wollen; erwähnt: F. Neri und G.s »Sankt Rochusfest zu Bingen«. — Über G.s in der Beschreibung der B.schen Sammlung in »Kunst und Altertum in den Rhein- und Maingegenden« (Abschnitt Heidelberg) geäußerten Wunsch, die Maße der Gemälde mitzuteilen, der der Beweggrund für »Die Sammlung Alt-, Nieder- und Oberdeutscher Gemälde der Brüder Sulpiz und Melchior Boisserée und Johann Bertram« gewesen sei. Erinnerung an G.s Besuch in Köln (vgl. G.s Tagebuchnotiz vom 26. Juli 1815). Nachdenken über die vielen unerfüllten Wünsche, die nach den Befreiungskriegen geäußert worden seien und was hätte geschehen können, *wenn sie ihren hochgefeierten Dichter manchmal als Geheimerath in weltlichen Dingen zu Rathe gezogen* hätten. — Ankündigung weiterer Lieferungen des lithographischen Werkes; erwähnt: »Tod der Heiligen Maria« (von J. van Scorel nach J. van Cleve) und *die 3 Könige* von J. van Eyck.

680   WEIHE, KARL JUSTUS FRIEDRICH

1824 April 24   Mennighüffen   S: 28/107 Bl. 97–98   D: —   B: —   A: —

W. sei *ein alter Prediger im 72ten Jahre, und stehe ins 51te Jahr im Amte*, habe also mit G. *die gleiche Periode durchlebt*. Er habe sich wissenschaftlich und auf *Berühmten*

Schulen gebildet sowie sich *früh und viel mit der Dichtkunst aus Liebhaberey beschäftigt*. Seinen Geschmack habe er an der Lektüre *unserer besten Dichter*, wie G., Wieland, M. A. von Thümmel, (G. oder F. von) Jacobi oder A. von Kotzebue geübt. Näheres über W.s beifolgendes Werk (»Das gute Leben eines rechtschaffenen Dieners Gottes«, Neubearbeitung des Gedichts von J. V. Andreae, Ruppert 820), das er G. mit der Bitte um ein Urteil überreiche. W. erhoffe sich dadurch die *Aufmerksamkeit der lesenden Welt*; erwähnt: G.s »Bekenntnisse einer schönen Seele« aus »Wilhelm Meisters Lehrjahre«, G. A. L. Hanstein, das Urteil eines kunstsinnigen Zensors und das eines *Erfurter Recensenten*, J. F. Ratschky »Melchior Striegel«, K. A. Kortum »Jobsiade« und W.s Werk »Der Sohn Gottes auf Erden«.

681 KOSEGARTEN, JOHANN GOTTFRIED LUDWIG

1824 April 26   Jena   S: 28/107 Bl. 92   D: —   B: —   A: —   TB: 1824 Mai (BVL)

K. übersendet eine soeben von ihm vollendete Schrift, der eine seltene Handschrift aus der Jenaer Bibliothek zugrunde liege (»Libri Coronae Legis«, von Aaron ben Elia, Ruppert 2612). — Mit J. von Hammer habe K. eine Auseinandersetzung wegen einer Rezension von dessen Übersetzung des Mutanabbi in dem bei F. A. Brockhaus erscheinenden »Literarischen Konversationsblatt« (1824, Nr. 16). Jetzt habe K. eine weitere, *sehr ausführliche, mit manchen eigenen Übersetzungen, und historischen Bemerkungen über die arabische Poesie begleitete* Rezension verfasst, die in »Hermes« erscheinen werde (1823, Bd. 20, vgl. Ruppert 1774). — K. sei *nun mit der Herausgabe einer, nur ungedruckte Stücke enthaltenden, arabischen Chrestomathie, nebst Wörterbuch und grammatischen Erläuterungen*, beschäftigt (»Chrestomathia arabica«). Auch habe ihn Graf N. Rumjanzew *mit der Herausgabe und Übersetzung eines Arabischen Geschichtsschreibers* beauftragt; die Handschrift liege in Gotha. — Vorschlag, J. F. Champollions Werk »Panthéon Égyptien« für die Weimarer oder Jenaer Bibliothek zu beschaffen.

682 SACHSEN-WEIMAR-EISENACH, KARL AUGUST GROSSHERZOG VON

1824 April etwa 26   Weimar   S: 28/107 Bl. 87   D: GH, Nr. 971   B: —   A?: 1824 April 28 (38, Nr. 107)

Der Mann, *von dem gestern die rede war*, sei J. Held, Stiefsohn des Wiener Hofgärtners F. Antoine, *auf Reisen des gnädigsten Kaisers*, nach Berlin, England, und Paris. — Über Antoines Aufgaben; erwähnt: Napoleon und das *palais* Herzogs Albert von Sachsen-Teschen.

683   Bohn, Johanna Sophie und Margareta Elisabeth (Betty) Wesselhöft

1824 April 27   Jena   S: 28/107 Bl. 89   D: —   B: —   A: —

Empfehlung an G. *bei ihrer Abreise nach Stuttgardt.*

684   Fiedler, Emil Gustav Frohmuth

1824 April 27   Königsberg   S: 28/107 Bl. 151   D: —   B: —   A: —   TB: 1824 Juni 24 (E); 1824 Juli (BVL)

Begleitbrief zur Übersendung seines Trauerspiels »Absalom« (Ruppert 898).

685   Knebel, Karl Ludwig von

1824 April 27   Jena   S: 28/520 Bl. 3–4   D: GK, Nr. 618 (T)   B: 1824 April 9 (38, Nr. 91)   A: —

Dank für den J. Schmeller erteilten Auftrag zur Porträtierung K.s. Lob des Künstlers, dem das Bild K.s *viel Fleiß und Mühe gekostet* habe. Übermittlung von Schmellers Wunsch, *das grosse Atélier in Weimar zu seiner Werkstätte zu haben.* — K. von Lyncker sei krank; *doch fängt es auch an sich zu bessern.* — Die französische Übersetzung von G.s *Lebensgeschichte* (F. J. P. Aubert de Vitry »Mémoires de Goethe«, enthaltend die Übersetzung von »Dichtung und Wahrheit« und »Italienische Reise«, 1. Teil) nehme sich *nicht übel* aus. Die *Introduction* nenne K. unbekannte deutsche Dichternamen. — Über die unterhaltende Lektüre des ersten Bandes von N. A. de Salvandys »Don Alonzo« und die *eigene Schreibart* mancher Dichter, die *immer neu seyn wollten.* — *Sehr interessant* sei die »Physiognomy« von J. Cross, der *von den untersten Elementen der Bildung* anfange, *den Bau des Menschen zu konstruiren* und *alles durch anatomische Gründe dargethan* habe. — S. Bohn und ihre Schwester (E. Wesselhöft) seien abgereist und würden sich in Stuttgart *etabliren* (vgl. RA 10, Nr. 683). — Empfehlung von K.s Familie.

686   Schultze, Karl Ferdinand

1824 April 28   Berlin   S: 28/838 St. 1; zu St. 1   D: WA IV 38, 339 (R)   B: —   A: 1824 Mai 9 (38, Nr. 116)

Aufgrund von G.s Verdiensten um den *Verein* (der Akademiker des Landbaus von Celle und Möglin) und besonders um die Jubiläumsfeier für A. Thaer (vgl. G. »Zu Thaers Jubelfest, dem 14. Mai 1824«, Vertonung von K. F. Zelter) bitte S. *als das Organ sämtlicher Theilnehmer dieses schönen Festes* um G.s persönliche Anwesenheit und lege die *Einlaß Karte* bei. S. würde ein Quartier *zum 15ten May Abends* in Freienwalde besorgen.

Anlage: Von S. ausgestellte Einlasskarte für G. zur Jubiläumsfeier für A. Thaer am 16. Mai 1824 in Freienwalde.

687   FREGE & CO.

1824 April 30   Leipzig   S: 30/307 Bl. 117–118   D: —   B: 1824 April 26 (vgl. WA III 9, 210f.)   A: —

G.s *Zuschrift vom 26.* zufolge seien 500 Reichstaler zu Lasten der Cottaschen Buchhandlung für J. Elkan gebucht worden.

688   HOFFMANN, CHRISTIAN

1824 April 30   Leipzig   S: 28/107 Bl. 94–96   D: LA II 5B/2, 1144f.   B: —   A: 1824 Juni 16 (38, Nr. 144)

H. habe G.s »Farbenlehre« *mit vieler Aufmerksamkeit und Intresse* gelesen und ein *Instrument* erbaut, *durch welches katoptrische Farben erzeugt werden können*. Er übersende dieses von ihm *Chromadot* genannte Gerät und bitte um G.s Beurteilung. Beschreibung von Bau und Gebrauch des Gerätes, bei dem auf einem mit Rillen versehenen Stahltäfelchen bei Sonnenlicht verschiedene Farben erzeugt werden. Zur Besichtigung des Inneren könne sich G. des beigelegten Schraubenziehers bedienen.

689   FLOTOW, CHRISTIANE DOROTHEA FRIEDERIKE ALBERTINE VON

1824 April Ende   Berlin   S: 28/107 Bl. 127   D: Begegnungen 14, 397 (T)   B: —   A: —

F. Horn unterrichte F. seit sieben Jahren und habe ihr G. *als den größten Dichter* der Erde verehren gelehrt. F. befinde sich mit ihrer Mutter auf der Durchreise in Weimar. Inständige Bitte, G. einmal sehen zu dürfen.

690   KOSEGARTEN, JOHANN GOTTFRIED LUDWIG

1824 Mai Anfang   Jena   S: 28/107 Bl. 105   D: —   B: —   A: —

K. übersende die Nr. 16 des »Literarischen Konversationsblatts« (1824) mit seiner Anzeige von J. von Hammers Übersetzung des Mutanabbi sowie die Beilagen mit von Hammers Antwort auf die Anzeige und K.s Erwiderung darauf. Bitte um Rücksendung.

691   SACHSEN-WEIMAR-EISENACH, KARL AUGUST GROSSHERZOG VON

1824 Mai Anfang   Weimar   S: 28/107 Bl. 93   D: GH, Nr. 973   B: —   A: —

Begleitbrief zu einem in der Jenaer Bibliothek entliehenen Buch (O. Maillard »La confession«), das S. *besonders wegen der Samlung von Räthsel* empfehle und das an G. G. Güldenapfel zurückzugeben sei.

692   NICOLOVIUS, GEORG HEINRICH LUDWIG

1824 Mai 1   Berlin   S: 28/659 St. 12   D: —   B: 1824 März 13 (38, Nr. 64)   A: 1824 Juni 8 (vgl. WA III 9, 227)

Dank *für die große Freundlichkeit* und Bewunderung für die Hefte »Über Kunst und Altertum« (I 1-IV 3); erwähnt: J. G. Hamann und dessen Ausspruch: *überall ist meine Weide* (nach P. Gerhardts Lied »Sollt ich meinem Gott nicht singen ...«). — O. von Goethes Besuch habe ihm unter *dem vielen Schönen und Guten* auch *die Theilnahme* an G.s Briefen verschafft; erwähnt: N.s Kinder (Heinrich, Kornelia, Alfred und Flora). — Ausführlich über K. vom Stein zum Altensteins Vorhaben, K. L. von Knebel mit einer Denkmünze zu ehren. Bitte um G.s Ratschlag; erwähnt: Knebels Übersetzung des Lukrez »Von der Natur der Dinge« und F. A. Wolf.

693   LENZ, JOHANN GEORG

1824 Mai 2   Jena   S: 28/1035 Bl. 55–56   D: NC, Nr. 136   B: 1824 Mai 1 (vgl. WA III 9, 212) A: —

Am 26. April habe L. von G. Fraas *eine herrliche Suite von Arragoniten* erhalten. — J. Steiner habe am 27. April das 3. und 4. Heft der »Mitteilungen der mährisch-schlesischen Gesellschaft zur Beförderung des Ackerbaues, der Natur- und Landeskunde« (Juli bis Dezember 1823) übersandt, die L. für A. von Goethes Bibliothek beifüge. Veranlasst durch *herrliche Bemerkungen über den Lepidolith* auf Seite 343 des 4. Heftes (Nr. 43, von W. Hruschka) habe L. sofort Hruschka gebeten, ihn *mit einer solchen Sammlung zu erfreuen.* — Über Großherzog Karl Augusts Besuch im Museum der mineralogischen Sozietät (während seines Aufenthaltes in Jena vom 28. bis 30. April) und L.s geplante *Wallfahrt* nach Weimar, um Karl Augusts *glänzende Suite von Demanten in Augenschein zu nehmen;* erwähnt: Graf Bedemar. — Aus St. Gallen und Pfeffelbach (von E. von Scherer und J. Hepp) werden Suiten erwartet. — L. bittet G. um einen Besuch des Museums *vor Dero Reise ins Bad;* erwähnt: die Bibliothek der Sozietät, *die aus den wichtigsten mineralogischen u. chemischen Werken besteht,* sowie die »Annalen der Sozietät für die gesamte Mineralogie«. — L. werde M. Färber *noch heute Hefte* (des Katalogs der systematischen Sammlung des mineralogischen Kabinetts) *zum Abschreiben überliefern.* Vergleich zwischen dem jetzigen Verzeichnis und dem von 1782: *Beide verhalten sich wie 1 – 10000.*

694   JAKOB, THERESE ALBERTINE LUISE VON

1824 Mai 3   Halle   S: 25/W 3238 Bl. 3–4; 25/W 3240 Bl. 5–8   D: Steig, in: GJb 12 (1891), 35f. B: 1824 April 25 (38, Nr. 106)   A: 1824 Mai 11 (38, Nr. 120)

Anbei folge die *metrische Bearbeitung von Ajkuna's Hochzeit* (später: »Hajkunas Hochzeit«). Von seinem Anfang abgesehen, fehle das Gedicht in V. Karadžićs Sammlung (»Narodne srpske pjesme«, vgl. Ruppert 1753). Sie habe zunächst die wörtliche Übertragung Karadžićs mit der *fast stereotypischen Form vieler Stellen* in das Serbische zurückübersetzt. — J. sehe mit *großem Verlangen* G.s Meinung über die von ihr gesandten Übersetzungen entgegen (vgl. RA 10, Nr. 663) und frage an, ob sie *mit diesen*

*Sendungen fortfahre*n dürfe. Die Übersetzungen seien nur für G. und nicht für eine Veröffentlichung bestimmt.
Anlage: »Ajkuna's Hochzeit« in J.s Übersetzung; Manuskript.

695   KIRMS, FRANZ

1824 Mai 3   Weimar   S: 28/106 Bl. 62   D: WA IV 38, 339 (R)   B: —   A: an L. Tieck, 1824 Mai 9 (38, Nr. 118)

G. erhalte *das blühende Aurikel von* (? F. von) *Schiller* und einen Brief A. Genasts mit der Bitte *um ein Empfehlungsschreiben für seinen Sohn* (Eduard).

696   REINHARD, KARL FRIEDRICH GRAF

1824 Mai 3   Frankfurt   S: 28/734 St. 75   D: GRe, Nr. 137   B: —   A: 1824 Juni 2 (38, Nr. 131)   TB: 1824 Mai 23 (E)

Freude über die Nachricht von G.s überstandener Krankheit; erwähnt: G.s Familie. — Ausführliche Schilderung des Werbens von G. von Diemar für seinen Sohn G. K. A. von Diemar um R.s Tochter Sophie. Bitte, *einem Freunde in Weimar* (F. von Müller) aufzutragen, sich sowohl über die Karriere- und Besoldungsaussichten des jungen von Diemar als auch über dessen Persönlichkeit und *die ökonomische Lage der Familie [...] Aufklärung zu verschaffen*; erwähnt: *der Oheim* A. von Diemar, der Großherzog von Baden, der Herzog von Sachsen-Meiningen und R.s Familie. — Über die nachlassende Wirkung von R.s Kur und erneute Gichtanfälle. — V. von Wimpffen habe ihre Schwester Friedoline durch Schwindsucht verloren. A. Jacobi, Tochter von G. Jacobi und eine Freundin S. Reinhards, wohne in R.s Haus. — Vor einigen Wochen habe R. ein Fernrohr von J. Fraunhofer aus München erhalten, er sei aber noch *ungeschickt in der Manipulation*. — Frage, ob G. in seinen *Plan, die Revolution poetisch zu gewältigen, die Jesuiten aufgenommen* habe. — R. Harnier habe zwei in R.s Schreibtisch eingeklemmte *Blätter* gefunden: *das Eine: Geschichte der Farbenlehre aus Göthens Munde, d. 9ten July 1807* (vgl. auch G.s Tagebuchnotiz), und das Konzept von R.s Brief an C. de Villers, *Carlsbad ce 28 Juin 1807* (vgl. LA II 4, 143–145). Zu R.s Vorschlag, Villers möge der *Herold* von G.s »Farbenlehre« in Frankreich werden (vgl. RA 5, Nr. 701); erwähnt: Villers' »Philosophie de Kant«. — Die Ankündigung von »Zur Naturwissenschaft überhaupt, besonders zur Morphologie« (II 2) und von »Über Kunst und Altertum« (V 1) im Katalog der Leipziger Messe zeigten R., dass G.s Geist weiter *durch alle gewohnten Kreise seiner Thätigkeit fliege*. — S. Boisserée habe Paris verlassen, wo es ihm wohlergangen sei. — Grüße an O. von Goethe.

697   STASSART, GOSWIN JOSEPH AUGUSTIN DE

1824 Mai 5   Den Haag   S: 28/107 Bl. 115; Bl. 114   D: —   B: —   A: an J. R. L. de Kerckhove, 1824 November 10 (39, Nr. 7)   V: in französischer Sprache

G.s Werke zählten zu jenen, die das Glück seines Lebens ausmachten. Die beiliegenden Verse, entstanden vor 25 Jahren, seien durch G.s Meisterwerk »Die Leiden des jungen Werthers« angeregt. Zudem übersende S. die 5. Auflage seiner »Fables« (Ruppert 1635). Ein Brief von G.s Hand wäre für ihn von unendlichem Wert.

Anlage: S.s Verse *Le Désespoir de Werther Romance incitée de l'allemand*; Manuskript.

698   ZELTER, KARL FRIEDRICH

1824 Mai 5 bis 27   Berlin   S: 28/1019 St. 238   D: MA 20, Nr. 435   B: 1824 April 28 (38, Nr. 108)   A: —   TB: 1824 Juni 3

1824 Mai 5

A. von Flotow überbringe G.s Brief vom 28. April, dem Tag, an dem sie *Zinsen von Deinem Capital oder Capitale* (Haarlocke G.s; vgl. RA 10, Nr. 751) erhalten habe. — Über F. A. Wolf und den Eindruck, den er in Weimar hinterlassen habe. Wolf habe ein Jahr vollbezahlten Urlaub zur Herstellung seiner Gesundheit (bei K. vom Stein zum Altenstein) beantragt und (von König Friedrich Wilhelm III. von Preußen) bewilligt bekommen. Er habe nur wenige Freunde in Berlin und erkenne nicht die wenigen, *die sein Verdienst wie seine Unleidlichkeit stets anerkannten.* — Bericht über eine Lesung von G.s »Torquato Tasso« im Haus von A. und L. Mendelssohn Bartholdy vor etwa 30 Zuhörern; erwähnt: P. A. und A. Wolff. — Es freue Z., dass G. den »Messias« (von Händel) ebenso auffasse wie er. — Z. übersende beiliegend J. Matthesons Übersetzung »Georg Friderich Händels Lebensbeschreibung« (nach J. Mainwaring), die er aber zurückwünsche, da Matthesons Schriften *rar* geworden seien.

1824 Mai 18

Bericht über das Fest zu Ehren A. Thaers, bei dem das von Z. vertonte Gedicht G.s »Zu Thaers Jubelfest, dem 14. Mai 1824« zum Vortrag gekomen sei. Da es im Textheft (»Festgaben, dem königlich preußischen geheimen Oberregierungsrat Herrn Albrecht Thaer zur Feier seines fünfzigjährigen Wirkens dargebracht«) ganz hinten abgedruckt worden sei, musste man es zum Anfang und zum Ende der Veranstaltung singen, wobei die anwesenden Gäste in den Refrain eingestimmt hätten; erwähnt: die *Söhne des Jubilarius* (G., E. und A. P. Thaer und F. Körte) sowie Anspielung auf die Apostelgeschichte des NT.

1824 Mai 27

G. Spontini habe am 12. Mai Händels »Alexanderfest« (Libretto von J. Dryden nach N. Hamilton in K. W. Ramlers Übersetzung) aufgeführt.

699   GROTTHUSS, SOPHIE LEOPOLDINE WILHELMINE VON

1824 Mai 6   Berlin   S: 28/375 St. 12   D: —   B: —   A: 1824 Mai 9 (38, Nr. 117)

Grotthuß könne nicht glauben, dass G. keine Freundschaft mehr für sie empfinde, und bitte ihn, ihr zu schreiben, wann sie nach Weimar oder in eines der Bäder kommen könne, um ihn zu sehen; erwähnt: ihr verstorbener Ehemann, ihr Bruder und F. A.

Wolf. Zitat in französischer Sprache aus einem Brief von S. F. de Genlis an Grotthuß. — Angabe ihrer Adresse.

700   WOLFF, JOHANN EDUARD

1824 Mai 6   Berlin   S: 28/107 Bl. 99   D: —   B: —   A: —

W. überreicht eine Lithographie aus dem Berliner königlichen lithographischen Institut nach einem von ihm *verfertigten Oelgemälde und gezeichneten Steine* (Porträt von F. A. Wolf) mit der Bitte um Beurteilung; erwähnt: O. von Goethes Lob für *das Bild und die Zeichnung*.

701   FROMMANN, KARL FRIEDRICH ERNST

1824 Mai 7   Jena   S: 30/307 Bl. 120–121   D: LA II 5B/2, 1147 (T)   B: 1824 Mai 3 (38, Nr. 112)   A: 1824 Juni 12 (38, Nr. 138)

F. übersendet hierbei ein Exemplar der Kupfer für »Zur Farbenlehre« (2. Nachauflage, koloriert von T. Starcke) sowie Muster und Überschussblätter. Die Rechnungen werde F. in Leipzig von der Cottaschen Buchhandlung begleichen und die vom Industrie-Comptoir dort bezahlen lassen sowie die Beträge für C. Ermer und (? K. W.) Kolbe mitbringen (Kupfertafeln für »Zur Naturwissenschaft überhaupt, besonders zur Morphologie« II 2; vgl. G.s Tagebuchnotiz vom 12. Juni). — Dank *für die frohen lezten Stunden am Sonntage* (vgl. G.s Tagebuchnotiz vom 2. Mai); erwähnt: J. und A. Frommann.

702   HÄRING, GEORG WILHELM HEINRICH

1824 Mai 7   Berlin   S: 28/107 Bl. 125   D: Ewert, in: Jb Willibald-Alexis-Bund, 59f.   B: —   A: —   TB: 1824 Mai 28 (E); 1824 Mai (BVL)

H. übersendet seinen *Versuch über die Entstehung der Ballade und ihre Bedeutung in neuern Zeiten* (»Über Balladenpoesie«, in: »Hermes« 1824, St. 1, Ruppert 744). G.s Urteil werde ihm Ansporn sein. — Angabe seiner Adresse.

703   WALKER, ALEXANDER

1824 Mai 7   London   S: 28/107 Bl. 113 und Bl. 144   D: Scott, 55f.   B: —   A: 1824 Mai 30 (38, Nr. 129)   TB: 1824 Mai 23

Einladung zur Mitarbeit an der von einigen englischen Gelehrten geplanten Monatsschrift (»The European Review«, vgl. Ruppert 381), die *nicht allein durch Kritick und Bekanntmachung der vorzüglichsten litterarischen Producte Europas sondern auch durch Originalaufsätze im Gebiete der Kunst und Wissenschaft in Deutschland, England, Frankreich, Italien [...] den reinen unverdorben Sinn für das Wahre und Schöne ausbreiten soll.* W. sei *literarischer Herausgeber* der Zeitschrift, deren erstes Heft im Juni in London und zugleich in Paris, Stuttgart und Florenz erscheinen solle. Er wende sich an G. als den Verfasser der »Iphigenie« und von »Winckelmann und sein Jahrhundert« mit der Bitte um Beiträge *aus dem reichen Vorrath seiner Geistesproducte.* So sei es z. B. ein Wunsch der Redaktion, die charakteristischsten Volkslieder der vier Nationen zu sammeln. Angaben zum Honorar. — Angabe seiner Adresse in Paris.

704 COTTA, JOHANN FRIEDRICH VON

1824 Mai 8 Stuttgart S: 30/307 Bl. 123–124 D: Cotta, Nr. 483 B: — A: 1824 Mai 30 (38, Nr. 128)

C. habe die Nachrichten *bei Anlaß der Leipziger Reise* selbst überbringen wollen, aber der Landtag nehme ihn noch bis Juni so in Anspruch, dass er kaum Zeit finde, *ein paar Zeilen zu schreiben.* — Von C. von Schiller habe er die freudige Nachricht erhalten, dass der Briefwechsel zwischen F. von Schiller und G. in seinem Verlag erscheinen solle. C. von Schiller werde G. sicherlich berichtet haben, dass C. *die vorgeschlagenen Bedingungen* G.s (ein Honorar von 2000 sächsischen Talern) *sogleich* akzeptiert habe. C. wünsche zu gegebener Zeit *die Originalien* zu besitzen, *als ein theures seltenes Denkmal* für seine Nachkommen. — Die Cottasche Buchhandlung werde G. einige *Neuigkeiten* übersenden, darunter eine neue Lieferung von F. C. Gaus »Neu entdeckte Denkmäler von Nubien«, von denen C. *sehr wünschte,* dass sie in »Über Kunst und Altertum« angezeigt würde (vgl. H. Meyer, in: Heft V 2). — S. Boisserée komme *wahrscheinlich* heute aus Paris zurück.

705 GRADL, JOHANN WENDELIN

1824 Mai 8 Marienbad S: 28/107 Bl. 100 D: — B: 1824 April 28 (vgl. im Text von RA 10, Nr. 705) A: —

Auf G.s Brief *v 28t April* teilt Gradl mit, dass er *in Folge der schon im Herbste gemachten Bestellung* am 26. April *zwey Kisten Kreuzbrunn* durch Fuhrmann J. Huscher aus Asch an G. abgeschickt habe.

Anlage auf gleichem Bogen: Rechnung über zwei Kisten Kreuzbrunnen-Wasser.

706 GRIMM, JAKOB LUDWIG KARL

1824 Mai 8 Kassel S: 28/373 St. 6 D: GR 2, 228f. B: 1823 Oktober 19 (37, Nr. 151) A: 1824 August 30 (38, Nr. 196)

V. Karadžić sei G. für dessen wohlwollende Aufnahme dankbar (vgl. G.s Tagebuchnotiz vom 15. Februar) und gegenwärtig nach Serbien zurückgekehrt, wo es ihm nicht an Gegnern fehle, denn die Geistlichkeit fürchte, dass die Geltung der *Kirchensprache durch die Aufmunterung [...] der lebendigen Landessprache beeinträchtigt* werde. — *Das beiliegende Lied von der Erbauung Scutari's* habe Grimm durch seinen an weitverbreitete Volkssagen anklingenden Inhalt besonders zur Übersetzung angeregt (vgl. Druck in: »Über Kunst und Altertum« V 2). Die von Karadžić an G. übersandten Übersetzungen, darunter »Der Tod des Kralewitsch Marko«, seien originalgetreuer als die *metrischen Nachahmungen* Grimms. — Anbei übersende Grimm auch seine Übersetzung von Karadžićs »Kleiner serbischer Grammatik« (Ruppert 746). — L. Grimm habe *mit Dank und Belehrung* die Anzeige seiner »Radierten Blätter nach der Natur gezeichnet« in »Über Kunst und Altertum« (IV 3, von H. Meyer) gelesen. Von den kürzlich radierten »Bildnissen Göttinger Professoren« habe er noch keine guten Abdrücke (vgl. Meyers Anzeige, in: »Über Kunst und Altertum« V 2).

707   STIEDENROTH, ERNST ANTON

1824 Mai 8   Berlin   S: 28/107 Bl. 133–134   D: LA II 10A, 669   B: —   A: an C. L. F. Schultz, 1824 Juni 27 (38, Nr. 151)   TB: 1824 Juli (BVL)

S. übersendet den 1. Teil seiner »Psychologie zur Erklärung der Seelenerscheinungen« (Ruppert 3162). Die Schrift beabsichtige eine Reinigung dieser Wissenschaft bezüglich *erschlichener Thatsachen und nichtiger Substitutionen*, so wie G. in seinen wissenschaftlichen Werken verfahre. Hoffnung auf ein Urteil (vgl. G.s Rezensionen in: »Zur Morphologie« II 2 und in: »Über Kunst und Altertum« V 2).

708   BRÜHL, KARL FRIEDRICH MORITZ PAUL GRAF VON

1824 Mai 9   Berlin   S: 28/107 Bl. 101–104; 28/222 St. 8a   D: Mommsen 7, 314 (T)   B: 1824 April 20 (38, Nr. 100)   A: 1825 Januar 2 (39, Nr. 57); 1825 Januar 15 (vgl. WA III 10, 6); an Großherzog Karl August von Sachsen-Weimar, 1824 August 16 (38, Nr. 184); an H. Stromeyer, 1824 Oktober 17 (38, Nr. 235)   TB: 1824 Mai 15

Dank und Freude über G.s Brief und O. von Goethes Besuch in Berlin. — Über die Aufführungen von G.s »Hermann und Dorothea« (in K. Töpfers Bühnenbearbeitung) und die schauspielerischen Leistungen von P. A. und A. Wolff, A. Stich und W. Unzelmann. — Noch *wirksamer auf dem klassischen Felde der dramatischen Kunst arbeiten zu können*, werde B. durch G. Spontini und die Bevorzugung der großen Oper und des Balletts gehindert, so dass B. das Theater verlassen wolle, um sich *einen anderen ruhigeren Wirkungskreiß zu suchen*. — Ausführliche Dekorations- und Kostümbeschreibung zu M. Beers Trauerspiel »Der Paria« und Freude über G.s Interesse. Übersendung einer *Original Skizze* und eines kleinen Papiermodells von K. W. Gropius. Die ebenfalls beiliegenden Kostümzeichnungen des Paria und seiner Frau könne G. behalten. Über weitere Bekleidungen gebe B.s *Costüme Heft über die Oper Nur-*

mahal Aufschluss (vgl. Heft 15 der »Neuen Kostüme auf den beiden königlichen Theatern in Berlin« und Spontini »Nurmahal«, Libretto von K. Herklots nach T. Moore). — Erwähnung der erfolgreichen Inszenierung des Trauerspiels »Der standhafte Prinz« (von A. W. von Schlegel nach Calderón, in G.s Bearbeitung, Musik von J. A. Gürrlich) durch P. A. Wolff und eines neuen Trauerspiels von E. von Houwald (? »Die Feinde«). — Empfehlungen von B.s Frau.

Anlage: K. W. Gropius *Decoration zum Paria*; datiert: Berlin, 6. Mai 1824; Manuskript.

709   IKEN, KARL JAKOB LUDWIG

1824 Mai 10   Bremen   S: 28/107 Bl. 129   D: Schulz, in: Jb der Wittheit 1971, 159f.   B: —
A: —   TB: 1824 Mai 31

Dank für G.s Rezension des »Touti Nameh« (I.s Übersetzung des Nachschabi, nach F. Gladwins englischer Übersetzung von M. Kaderis Bearbeitung) in »Über Kunst und Altertum« (IV 1). Erneutes Bedauern, dass G. das erbetene Vorwort nicht geschrieben habe; Würdigung von J. G. L. Kosegartens Anteil. Hoffnung auf die Fortsetzung von G.s »West-östlichem Divan«. — *Mit vielem Vergnügen* habe I. in »Über Kunst und Altertum« die »Neugriechisch-epirotische Heldenlieder« (in G.s Übersetzung) gelesen, zu denen wohl W. von Haxthausen *einige Beiträge* geliefert habe. Hoffnung auf eine Fortsetzung. — Freude über G.s Genesung. — Übersendung des soeben erschienenen, von I. verfassten Tabellenwerkes »Chronologische Übersicht der berühmten Maler« (Übersetzung nach G. Schweighäuser). Weiter lege er die *frühere genealogische Tabelle* (»Die vier italienischen Hauptschulen der Malerei«) mit der Bitte bei, beides eventuell in »Über Kunst und Altertum« anzuzeigen (vgl. H. Meyer, in: Heft VI 2). — Im Werk »Goethe in den Zeugnissen der Mitlebenden« (hrsg. von K. A. Varnhagen von Ense) erkenne er F. A. Wolfs *geübte Hand* und wolle Beiträge dazu liefern. — Positive Erwähnung einer Aufführung des »Egmont« in Bremen.

710   NEES VON ESENBECK, CHRISTIAN GOTTFRIED DANIEL

1824 Mai 11   Bonn   S: 28/107 Bl. 106   D: GNe, Nr. 95   B: 1824 Mai 7 (38, Nr. 115)
A: —

G.s Zufriedenheit über N.s *jüngste Zusendung* (RA 10, Nr. 664) lasse ihn auf gute Aufnahme des 12. Bandes der »Nova Acta« hoffen. — Antwort auf G.s Frage zum Kölner Karneval: Es sei so gewesen, *daß die bedeutendsten Häuser der Straßen, durch welche der Zug ging am hellen Mittag mit brennenden Kerzen und Transparents [...] illuminirt waren*, so auch *die Apotheke eines meiner Freunde* (? J. F. Sehlmeyer); erwähnt: Napoleon. — Das dritte Heft seiner *Rubi* (A. Weihe und N. »Die deutschen Brombeersträuche«, vgl. Ruppert 5246) erhalte G. durch die (Schöniansche) Buchhandlung.

711   RITGEN, FERDINAND AUGUST MARIA FRANZ

1824 Mai 11   Gießen   S: 28/107 Bl. 107–108   D: Mommsen 2, 165 (T)   B: —   A: —
TB: 1824 Mai (BVL)

R. übersendet *das anliegende Werkchen* (»Natürliche Einteilung der Säugetiere«, Ruppert 5019) und bitte um eine Anzeige in »Zur Morphologie«. — Möglicherweise sei G. bekannt, dass seine *Aufgabe, den [...] Charon [...] zu malen, zu lösen versucht worden sei* (vgl. G.s Übersetzung »Charon. Neugriechisch« mit der Nachschrift »Zu Charon, dem Neugriechischen«, in: »Über Kunst und Altertum« IV 2). Ausführliche Beschreibung der *Skizze* von A. Macco, die R. bei S. T. Soemmerring gesehen habe (vgl. RA 10, Nr. 714). Macco, der sich der Bekanntschaft mit G. rühme, habe dessen Idee *in Liebe [...] ausgeführt und so Theil an G.s Wesen genommen. Das fühlt er lebhaft,* und R. habe sich an seine Empfindung erinnert, als ihn G.s *Esquisse [...] zu dem Entwurfe des Naturgemäldes* mit J. B. Wilbrand erreicht habe (vgl. »Gemälde der organischen Natur« mit der Tafel »Tiergeschlechter und Pflanzenfamilien in ihrer geographischen Verbreitung dargestellt«, Ruppert 5268, und G. an Wilbrand, 1822 April 28, WA IV 36, Nr. 28).

712   GENT, SOCIETÉ ROYALE DES BEAUX-ARTS ET DE LITTÉRATURE (UNTERZEICHNER: LIEVEN DE BAST)

1824 Mai 15   Gent   S: 30/in 483   D: —   B: —   A: —   TB: 1824 Juli 18 (E)   V: in französischer Sprache

Mitteilung, dass die Societé Royale des beaux-arts et de littérature in Gent auf ihrer Sitzung am 10. Mai G. zum Ehrenmitglied ernannt habe.

713   ROCHLITZ, JOHANN FRIEDRICH

1824 Mai 15   Leipzig   S: 30/307 Bl. 128.131   D: GRo, Nr. 110   B: 1824 April 2 (38, Nr. 87); 1824 April 30 (38, Nr. 109)   A: 1824 Mai 22 (38, Nr. 126); ? 1824 Juli 21 (38, Nr. 170)   TB: 1824 Mai 17

R. meldet das Resultat seiner in G.s Auftrag mit der Weygandschen Buchhandlung geführten Verhandlungen. Der jetzige Besitzer, J. C. Jasper, werde G. die von R. ausgehandelten 50 Dukaten übersenden, sobald er die Erlaubnis zum Neudruck der »Leiden des jungen Werther« und den von G. abgeänderten Werktitel sowie das einleitende Gedicht erhalte (»Noch einmal wagst du, vielbeweinter Schatten ...«; Jubiläumsausgabe zur 50. Wiederkehr der Erstausgabe; vgl. RA 10, Nr. 795). — Freude über die allgemeine positive Resonanz, die R.s Schrift »Für Freunde der Tonkunst« (vgl. Ruppert 2594) hervorgerufen habe, und insbesondere darüber, dass G. dem Buch *öffentlich gedenken* wolle (vgl. in: »Über Kunst und Altertum« V 1).

714 MACCO, ALEXANDER

1824 Mai 17   Frankfurt   S: 28/107 Bl. 112   D: Mommsen 2, 165   B: —   A: 1824 Juni 15 (38, Nr. 143)   TB: 1824 Mai 22 (E)

Inspiriert durch G.s Gedicht »Charon. Neugriechisch« (mit der Nachschrift »Zu Charon, dem Neugriechischen«, in: »Über Kunst und Altertum« IV 2) sei M. zu beiliegender Skizze angeregt worden, die er G. durch F. von Müller *zur gefälligen Ansicht und gütiger Mittheilung hierüber* übersende. Bitte um Rücksendung des Blattes.

715 FLOTOW, CHRISTIANE DOROTHEA FRIEDERIKE ALBERTINE VON

1824 Mai 18   Berlin   S: 28/51 Bl. 92–93   D: Begegnungen 14, 397f. (T)   B: —   A: —

Huldigungsgedicht an G. mit Rückblick auf F.s Besuch bei ihm (Ende April; vgl. RA 10, Nr. 689).

716 GROTTHUSS, SOPHIE LEOPOLDINE WILHELMINE VON

1824 Mai 18   Berlin   S: 28/375 St. 13   D: —   B: 1824 Mai 9 (38, Nr. 117)   A: —   TB: 1824 Mai 24 (E)

Die Aussicht, G. *im Spätsomer in dem lieben Töplitz zu sehen*, erfreue sie *unsäglich*; Anspielung auf G.s »Römische Elegien«. Bitte um Nachricht nach Oranienburg. Anbei übersende Grotthuß einen *Korb von Zukerblumen* von einem *als academischen Künstler aufgenomenen Conditor*.

717 SCHULZE, FRIEDRICH AUGUST

1824 Mai 19   Dresden   S: 28/107 Bl. 111   D: Begegnungen 5, 479 (T)   B: —   A: —

Erinnerung an seinen Besuch bei G. vor 20 Jahren (Ende April/Anfang Mai 1804). Leider könne er *die beigefügten, in einem langen Zeitraume allmählig entstandenen, geringen Versuche* nicht persönlich überreichen (»Gedichte«, Ruppert 1010). Bitte um Nachsicht, dass er *das Thema zu dreien davon* bei G. entlehnt habe. Hinweis auf die erstmals mit diesem Buch verwendete Schrifttype.

718 VULPIUS, CHRISTIAN AUGUST

1824 Mai 19   Weimar   S: 28/107 Bl. 110   D: Vulpius, Nr. 673   B: —   A: —

Ausführlicher Bericht über V.s Gesundheitszustand und die durch W. E. C. Huschke veranlassten Maßnahmen.

719   WESSELHÖFT, JOHANN KARL

1824 Mai 19   Jena   S: 30/307 Bl. 126   D: QuZ 4, Nr. 1692   B: 1824 Mai 17 (38, Nr. 122)
A: 1824 Mai 19 (38, Nr. 123)   A: 1824 Juni 4 (vgl. WA III 9, 225)

W. sende das Manuskript der »Boiseréeschen Kunstleistungen« (Rezension von H. Meyer und G.) für »Über Kunst und Altertum« (V 1) zurück, da es, wie der Setzer versichere, nicht nur den 12. Bogen, sondern auch noch 12 Seiten des 13. Bogens füllen würde. Die Titel seien auf dem 1. Bogen bereits angedruckt (vgl. RA 10, Nr. 520), sodass *nichts zur Ausfüllung dises 13 Bogens* vorhanden sei. Für eventuelle Änderungen des Inhalts lege W. auch den Umschlag bei.

720   SCHUBARTH, KARL ERNST

1824 Mai 20   Berlin   S: 28/829 St. 33   D: —   B: —   A?: 1824 Juli 6 (vgl. WA III 9, 240)
TB: 1824 Mai (BVL)

S. übersendet *beykommendes Heft* (der von ihm herausgegebenen Schrift »Paläophron und Neoterpe«, St. 2, H. 1, Ruppert 325). — Seine *Lage in Berlin* sei noch die gleiche wie vor zwei Jahren (vgl. u. a. RA 9, Nr. 1517). Er habe *daher nichts hinzuzufügen*.

721   WILLEMER, MARIANNE VON

1824 Mai 20   Frankfurt   S: Freies Deutsches Hochstift Frankfurt (Abschrift)   D: GW, Nr. 130   B: 1824 Mai 9 (38, Nr. 119)   A: an J. J. von Willemer, 1824 August 4 (38, Nr. 176)

W. habe in der Nacht zum Sonntag (16. Mai), *der des Menschen Sinn erfreut* (vgl. G.s Gedicht »Versus memoriales«), von einem Brief G.s geträumt, beim Frühstück von dem Traum erzählt und den Brief drei Stunden später in Händen gehalten. Freude über den Brief und Mitteilung, dass W. zusammen mit J. J. von Willemer und ihrer Mutter, die sie nach *zwölfjähriger Trennung* besucht habe, *nächste Woche* nach *Salzburg und Bertholdgaden* (Berchtesgaden) reisen werde. Ihre Mutter werde in Berchtesgaden bei einem Bruder (J. M. Pirngruber) bleiben. — Hoffnung auf eine Rückreise über die *italienischen Berge*, wo W. dann in Gedanken G.s Spuren (vgl. »Italienische Reise«) folgen könne. — Grüße von J. J. von Willemer.

722   BLUMENBACH, JOHANN FRIEDRICH

1824 Mai 21   Göttingen   S: 28/1040 Bl. 160   D: NC, Nr. 30   B: 1824 April 23 (38, Nr. 104)
A: —   TB: 1824 Mai (BVL)

A. Jasnowski werde von Tag zu Tag *immer mehr einheimisch* an der Universität Göttingen; erwähnt: dessen Vater. — Beiliegend eine *wackre Schrift* mit Hinweis auf den Abschnitt »De osse intermaxillari in homine« (C. Nicati »Specimen anatomico-pathologicum inaugurale de labii leporini congeniti natura et origine«, Ruppert 4933; vgl. G.s

Rezension in: »Zur Morphologie« II 2). — B. freue sich auf eine Reise nach Weimar, bei der er hoffe, seinen Neffen F. S. Voigt als *Facultisten und Senatsmitglied* begrüßen zu dürfen (vgl. RA 10, Nr. 243).

723   GRÜNER, JOSEPH SEBASTIAN

1824 Mai 22   Eger   S: 28/1035 Bl. 66–67; 26/LXVI,1,75   D: Grüner und Zauper, 77–79; 392–395   B: 1824 Mai 4 (38, Nr. 113)   A: —   TB: 1824 Juni 3

Grüner dankt für die *Erlaubniß*, die mit dem Bildnis des Großherzogs Karl August *gezierte Medaille* (am roten Band des Falkenordens) *tragen zu dürfen*. G. sende ihm *Gold und Ehre*, er *in dem mitfolgenden Schächtelchen ein wenig Bley*. Grüner habe das für ihn erfreuliche Ereignis Graf K. Sternberg mit der Übersendung einer Kiste Mineralien mitgeteilt (für das vaterländische Museum in Prag; vgl. RA 10, Nr. 732) und um die Erlaubnis gebeten, die Medaille zum Vinzenzifest in Eger tragen zu dürfen (vgl. G.s Tagebuchnotizen vom 26. August 1821 und 25. August 1822). Graf Sternberg, der gegenwärtig mit dem Besuch des österreichischen Kaisers Franz I. beansprucht sei, wolle das Gesuch selbst dem *Oberstburggrafen* (Graf F. Kolowrat) einhändigen. — Im Auftrag Graf J. Auerspergs füge Grüner *den ganzen Aufsatz* bei, *wie er zerstreut in die* »Kaiserlich-königlich privilegierte Prager Zeitung« (1824, Nr. 9, 13, 15, 18 und 28; von K. Hallaschka) *eingerückt wurde*. Der *leidenschaftliche Mineralog* Graf Auersperg verlege ein Verzeichnis seiner Duplikate, aus dem *Manches zu acquiriren* sei. — F. C. Fikentscher sei *in Paris, allein mit den Franzosen bisher nicht ganz [...] zufrieden*. — Über Wetterbeobachtungen, insbesondere ein Unwetter am 14. Mai; dabei erwähnt: der Blitzeinschlag im (E.) *Bachmayerischen Hause*.
   Anlage: Auszüge über Erdbeben um Hartenstein nach Beobachtungen von Graf J. Auersperg unter dem Titel *Naturereigniß* aus der »Kaiserlich-königlich privilegierten Prager Zeitung« 1824, Nr. 9, 13 und 15.

724   MEYER, JOHANN HEINRICH

1824 etwa Mai 22   Weimar   S: 28/107 Bl. 109   D: GM, Nr. 666   B: —   A: —

Der Dresdner Maler K. Vogel, der dort als der beste gelte, sei mit einigen *seiner Arbeiten* in Weimar. Wenn er bei G. vorstellig werden dürfe, wolle er noch einige Tage bleiben (vgl. G.s Tagebuchnotizen vom 23. bis 26. Mai).

725   SCHILLER, LUISE ANTOINETTE CHARLOTTE VON

1824 Mai 22   Weimar   S: 28/802 St. 47   D: Bratranek, in: GJb 4 (1883), 287   B: 1824 April 11 (38, S. 329, vgl. GB Rep, Nr. 38092a)   A: —

J. F. von Cotta habe ihr nach G.s *Vorschriften* bezüglich der geplanten Ausgabe des »Briefwechsels zwischen Schiller und Goethe in den Jahren 1794 bis 1805« geantwortet. Da er G. selbst darüber habe schreiben wollen (RA 10, Nr. 704), teile sie dies G. erst jetzt mit; erwähnt: Cottas Buchhalter (J. J. Wagner). Sie vertraue auf G.s *Güte* und

Umsicht und freue sich, dass *Schillers Familie Antheil und Vorsorge, ernten wird.* — Am 31. Mai reise sie zu ihrem Sohn Karl nach Reichenberg und wünschte G. vorher noch einmal zu sehen (vgl. G.s Tagebuchnotiz vom 28. Mai). — Emilie sei *leider nicht so fleissig [...] mit der zeichnung,* werde diese aber noch vor der Abreise wieder an G. zurückgeben.

726   Göschel, Karl Friedrich

1824 Mai 24   Naumburg   S: 28/352 St. 2   D: —   B: —   A: —

Göschel übersendet seinen *in der beyliegenden neusten Berlinischen Zeitschrift* abgedruckten Aufsatz (1824, Bd. 2, H. 1, »Paraphrase mit Noten und Parallelen«, vgl. Ruppert 347) über *die Verse, welche den Wanderjahren voranstehen* (G. »Die Wanderjahre sind nun angetreten ...«, »Und so heb' ich alte Schätze ...«, »Wüßte kaum genau zu sagen ...«, »Ehe wir nun weiter schreiten ...«, »Was wird mir jede Stunde so bang? ...«, »Prüft das Geschick dich ...«, »Was machst Du an der Welt? ...«, »Enweri sagt's ...«, »Mein Erbteil wie herrlich ...«, »Noch ist es Tag ...« und »'Wie man nur so leben mag? ...'«). Bitte, G. auch *verschiedene Zusätze und Erläuterungen,* die in einem der nächsten Hefte der Zeitschrift erscheinen sollen, zusenden zu dürfen. Danach wolle er G. dann nicht weiter belästigen; Zitat aus »Wilhelm Meisters Wanderjahre« (II 1).

727   Müller, Friedrich Theodor Adam Heinrich von

1824 Mai 24   Weimar   S: 28/107 Bl. 116; Bl. 118, Bl. 117   D: —   B: —   A: —

Bitte um Graf K. F. Reinhards Brief an G. (vom 3. Mai; vgl. RA 10, Nr. 696) und um das letzte Heft »Über Kunst und Altertum« (IV 3). — Übersendung des von M. zum 17. Mai verfassten Huldigungsgedichtes an A. Jacobi, Enkelin F. von Jacobis, sowie der Billetts A. Jacobis und S. von Reinhards an M. (vom selben Tage, GSA 68/313 und 68/456).
    Anlage: Huldigungsgedicht *Zum Umsonst. An Fraeulein Auguste Jacobi,* bezugnehmend auf den *eben* erschienenen und K. von Wolzogen zugeschriebenen Roman »Umsonst«.
    ? Anlage: M.s Abschrift von G.s Versen »Hier sah ich hin, hier sah ich zu ...« für Graf K. F. Reinhard (vgl. RA 7, Nr. 194).

728   Brühl, Karl Friedrich Moritz Paul Graf von

1824 Mai 25   Berlin   S: 7/4 Bl. 20 (Konzept)   D: —   B: 1824 April 20 (38, Nr. 100)   A: —

G.s Interesse an der Aufführung von M. Beers Trauerspiel »Der Paria« zufolge werde es ihm *vielleicht auch angenehm seyn, das Gedicht in der Art zu erhalten,* wie es vom Dichter unter Einbeziehung P. A. Wolffs für die Berliner Bühne eingerichtet worden sei.

729   SCHLOSSER, JOHANN FRIEDRICH HEINRICH

1824 Mai 25   Frankfurt   S: 28/107 Bl. 123–124   D: Mommsen 2, 166 (T)   B: 1824 Mai 21 (38, Nr. 124)   A: —

Noch vor wenigen Tagen hätten sie durch F. von Müller gute Nachrichten über G. und seine Familie vernommen. Dank für G.s Brief. C. Schlosser sehe dankbar der von G. zugesagten Sendung (von Autographen; vgl. RA 10, Nr. 765) entgegen. — In der Erfüllung von G.s Wunsch, F. A. Maccos Skizze (des Charon, vgl. G.s Übersetzung »Charon. Neugriechisch« mit der Nachschrift »Zu Charon, dem Neugriechischen«, in: »Über Kunst und Altertum« IV 2) zu erhalten, sei ihm von Müller zuvorgekommen (vgl. RA 10, Nr. 714). S. habe Macco zufällig getroffen; dieser hoffe, dass seine Arbeit G.s Erwartung entspreche. — Anteilnahme am Unfall U. von Pogwischs, über den von Müller berichtet habe. — Sie seien in Erwartung der *mannichfach interessanten und erfreulichen Mittheilungen*, die sie demnächst nach von Müllers Ankündigung von G. zu erwarten hätten. — Gute Wünsche für G.s Badekur. — Empfehlungen von seiner Frau.

730   GRIES, JOHANN DIEDERICH

1824 Mai 26   Jena   S: 28/107 Bl. 122   D: —   B: —   A: —   TB: 1824 Mai 27 (E); 1824 Juni (BVL)

Gries übersendet *die Aushängebogen des neuen Calderonstückes* (Übersetzung von »Drei Vergeltungen in einer«, Ruppert 1721) in der Hoffnung, es möge G.s Erwartungen entsprechen.

731   JAKOB, THERESE ALBERTINE LUISE VON

1824 Mai 26   Halle   S: 25/W 3238 Bl. 5–6   D: Steig, in: GJb 12 (1891), 37–39   B: 1824 Mai 11 (38, Nr. 120)   A: —   TB: 1824 Mai 29

J.s Bearbeitung von »Hajkunas Hochzeit« weiche mehrfach orthographisch vom hiermit wieder zurückgehenden Original ab, da in diesem russische statt serbische Lettern verwendet worden seien. Dies habe auch auf die Aussprache Einfluss; z. B. könne das *slavonische X* nicht ohne weiteres *durch unser H.* ersetzt werden. — J.s Aufsatz im »Literarischen Konversationsblatt« (1824, Nr. 122f.; Rezension der »Narodne srpske pjesme«, hrsg. von V. Karadžić) mit Proben von Gedichten sei schon gedruckt gewesen, ehe sie G.s Brief erhalten habe; daher habe sie seinen Wunsch, *diese Gedichte nur in Maße dem Publikum mitgetheilt zu sehen*, noch nicht berücksichtigen können. — J. wolle die von ihr begonnenen Übersetzungen der vom König Marko Kraljević handelnden Gedichte an G. Mitte Juni in Weimar überreichen, wenn sie mit ihren Eltern durchreisen werde (vgl. RA 10, Nr. 769 und G.s Tagebuchnotiz vom 18. Juni). — Über die Ursachen der jetzigen Mängel ihrer Arbeit; an Hilfsmitteln besitze sie nur *das höchst unvollständige Wukische Wörterbuch* (»Serbisch-Deutsch-Lateinisches Wörterbuch«, hrsg. von Karadžić). — G.s Wunsch, die Lieder *mit historischen, geographischen etc. Anmerkungen und Erklärungen zu versehen*, werde sie wohl erfüllen können. Nicht schwierig sei auch die chronologische Ordnung der Gedichte nach ihrem historischen Inhalt; erwähnt: M. Obilić und V. Branković. Dagegen werde es schwer, ja vielfach unmöglich sein, eine Ordnung nach der Entstehungszeit vorzunehmen.

732   STERNBERG, KASPAR MARIA GRAF VON

1824 Mai 26   Prag   S: 28/1035 Bl. 64–65   D: GSt, Nr. 28   B: 1824 April 31 [richtig: 30] (38, Nr. 110)   A: 1824 Juni 11 (38, Nr. 137)   TB: 1824 Juni 3; 1824 Juni (BVL)

Infolge des Aufenthaltes des Kaiserhofes in Prag müsse S. seine Reise (nach Weimar) bis Ende Juni aufschieben. — Über Wetterbeobachtungen: In dem einförmigen Tropenklima sei *das Normale der Witterung zu suchen*, in dem durch große Barometerschwankungen gekennzeichneten gemäßigten Klima die Abweichung davon. Viele meteorologische Beobachtungen, wie die gegenwärtig in Weimar vorgenommenen, würden zur Entwicklung der Pflanzengeographie beitragen; die »Grundzüge einer allgemeinen Pflanzengeographie« von J. F. Schouw seien unzureichend. — G.s Mitteilungen über Kristalle seien sehr willkommen gewesen, da auch das böhmische Museum *eine zahlreiche Suite von Kristallen vom Wolfsberg* besitze. S. habe das Werk »Description géognostique« von J. M. Bertrand de Doue bestellt. — Beschreibung des Kalvarienberges bei Schlan, eines Säulenbasaltes. — Von den Leistungen des Museums im letzten Jahr berichte das beiliegende (2.) Heft der »Verhandlungen der Gesellschaft des vaterländischen Museums in Böhmen«. Die Ankündigung des Kaiserhofes habe eine beträchtliche Vermehrung der geologischen Sammlung veranlasst, wozu auch J. S. Grüner beigetragen habe. — Das von G. empfohlene Werk »Don Alonzo« (von N. A. de Salvandy) sei noch nicht bekannt. — S. bitte G. um Nachricht, ob sie sich Anfang Juli in Eger oder in Weimar treffen können (vgl. G.s Tagebuchnotizen vom 4. bis 11. Juli).

733   WESSELHÖFT, JOHANN KARL

1824 Mai 26   Jena   S: 30/307 Bl. 137–138   D: Quz 4, Nr. 1694 (T)   B: 1824 Mai 19 (38, Nr. 123)   A?: 1824 Juni 4 (vgl. WA III 9, 225)

W. übersendet den 12. und 13. Korrekturbogen von »Über Kunst und Altertum« (V 1) und bittet um Nachricht, ob die Hälfte des 13. Bogens unbedruckt bleiben solle oder Manuskript zu erwarten sei; erwähnt: der Nachfolger von C. W. L. Schwabe. — F. Frommann komme *erst künftige Woche von Leipzig* zurück.

734   MÜLLER, FRIEDRICH THEODOR ADAM HEINRICH VON

1824 Mai 27   Weimar   S: 28/633a,2 St. 49   D: KM, 309 (T)   B: —   A: an A. Jacobi, 1824 Juni 2 (38, Nr. 132)

M. übersendet *die schon angekündete Kritick des [...] Madonna-Bildes* von A. Macco und bittet um die *gestern besprochenen* drei Exemplare von G. Dawes Porträt G.s (gestochen von T. Wright). Das für A. Jacobi bestimmte Bild werde von (F. oder H.) Wilmans nach Frankfurt mitgenommen. — Eindringliche Bitte, an das *arme, schöne Kind* Jacobi, das *die freundliche Wahlverwandschaft [...] unwiderstehlich* zu G. ziehe, ohne dass sie ihn je gesehen habe, *jene ersehnten Zeilen* zu richten.

735   BOISSERÉE, JOHANN SULPIZ MELCHIOR DOMINIKUS

1824 Mai 29   Stuttgart   S: 28/206 St. 98   D: GB 2, 369–372 (T)   B: 1823 Dezember 13 (37, Nr. 183); 1823 Dezember 18 (37, Nr. 184); an M. Boisserée, 1824 Mai 4 (38, Nr. 114)   A: 1824 Juni 7 (38, Nr. 134)

Meldung seiner Rückkehr aus Paris. — Begründung der verzögerten Antwort auf G.s Brief. — Über die letzten Probleme bei der Fertigstellung von B.s »Ansichten, Risse ... des Doms von Köln«. G. habe durch M. Boisserée erfahren, dass B. *den Paedagogen unserer kaum Französisch stammelnden Lithographen machen, und sie zu den Pariser Werkgenoßen in die Schule habe führen müßen*. — Über die Entstehung der Lithographie mit G.s Porträt (von N. Strixner nach J. Raabe), die, da sie *ziemlich gelungen* erscheine, als Einzelblatt verkauft werden solle. Bitte um G.s Meinung. — Zu den kunsthistorischen Untersuchungen, die B. während seines langen Aufenthalts in Paris betrieben habe: Er habe in den Bibliotheken *gar schöne Entdeckungen gemacht, welche neue Aufschlüße über die Deutsche und Niederländische MalerGeschichte des 14t bis 15t Jahrhunderts* ermöglichten, und B.s Ansicht *über Eyck und sein Verhältniß zur altkölnischen Schule* bestätigten. B. könne gegen G. F. Waagen, dessen Werk »Über Hubert und Johann van Eyck« er im »Kunstblatt« (1823, Nr. 54–56) rezensiert habe, und gegen A. Hirts Gedanken, *Homerum ante Homerum* zu *suchen und vor den Brüdern Eyck schon eine ihrem Styl gleiche KunstWeise in Fladern* zu vermuten, nunmehr genügend Beweise erbringen. G.s *Ausspruch, das Bild von Meister Wilhelm zu Köln* (richtig: von S. Lochner) *sey die Achse, auf welcher sich die ältere niederländische Kunst in die neuere wendet* (vgl. »Kunst und Altertum in den Rhein- und Maingegenden«, Abschnitt Heidelberg), erweise sich als *durchaus wahr*. Ankündigung eines Aufsatzes zu diesem Thema. — Über B.s Erkenntnisse im Bereich der Architektur durch die *Bekanntschaft mit mehreren Architeckten*: die Wiederherstellung älterer Kirchen in Frankreich seit mehr als 20 Jahren habe bedeutende Ergebnisse erbracht, wie die Errichtung eines gusseisernen Helms auf dem Mittelturm der Kathedrale von Rouen; erwähnt: Napoleon. In Frankreich werde zurzeit keine Kunst *mit mehr Erfolg geübt, als die Architectur*. Es fehle jedoch, wie überall, *an einer festen durchgreifenden höhern Ansicht*. — In der Malerei habe in der Revolutionszeit *der Wahn, wie Roemer und Griechen seyn zu können*, einen positiven Einfluss auf die Kunst gehabt, *da er mit großem Talent zusammentraf*. Heute werde die Malerei, nachdem wieder *das sanfte Joch des alten KönigsHauses* hergestellt sei, durch den Hof und *das Kirchen und Pfaffenwesen* bestimmt; erwähnt: die französischen Könige Franz I., Heinrich IV. und Ludwig XIV. An den vielen *schlechten Kupfern, die bei dem so hochgebildeten Affen-Volk* populär seien, erkenne man den Niedergang. Erfolgreich sei die *jetzige französische Malerei* mit *Darstellungen aus dem gemeinen Leben*. Gleiches gelte für die Poesie. Die kleinen Theater lieferten häufig sehr artige Stücke, *in denen man ein ähnliches Talent erkennt, wie in den Bildern* von D. Teniers, A. van Ostade, G. Dou, F. van Mieris (d. Ä. oder d. J.) und G. Terborch. — Über den Einfluss ausländischer Literatur, die die französische verdränge: *Es macht einen eigenen Eindruck ein so mächtiges Volk auch geistig besiegt zu sehen.* Das Selbstgefühl der Deutschen steige beim *Rückblick auf unsere Lieteratur seit den letzten Fünfzig Jahren.* — Frage nach G.s Plänen für den Sommer. — M. Boisserée danke für G.s Brief; er habe zudem das *Geld von der herzoglichen Kasse erhalten* (für Großherzog Karl Augusts Exemplar der »Ansichten, Risse ... des Doms von Köln«). Auch J. B. Bertram lasse grüßen. — Die Auslagen für J. M. Bertrand de Doues »Description géognostique des environs du Puy en Velay« habe sich B. von der Cottaschen Buchhandlung vergüten lassen. Im Vorwort werde G. die Werke von P. F. Lacoste (»Observations sur les volcans de l'Auvergne«) und V. Bertrand (»Essai sur l'histoire naturelle et sur l'agriculture de l'arrondissement du Puy«) zitiert finden, die B. aber nicht ohne G.s Auftrag habe beschaffen wollen. X. Levrault in Straßburg könne sie jederzeit für G. besorgen. — Frage, ob G. *das neue Journal de l'histoire Naturelle von Brognard und andern jungen Naturforschern* kenne (»Annales des sciences naturelles«, hrsg. von A. Brongniart, J. B. Dumas und J. V. Audouin).

736   VULPIUS, CHRISTIAN AUGUST

1824 Mai 30   Weimar   S: 28/107 Bl. 126.128   D: Vulpius, Nr. 675   B: —   A: —

Ausführlicher Bericht über V.s sich bessernden Gesundheitszustand; erwähnt: W. E. C. Huschke. V. leide sehr bei den Gedanken an das, was er in seiner *Geschäftsarbeit u im MünzCabinet jetzt thun könnte u nicht thun kann.* Er werde sich einige *daheim zu fertigende Arbeiten [...] von der Bibliothek [...] in das Haus tragen laßen.* — V. füge den Beleg für die wenigen Geschäftsausgaben im April und Mai bei, ebenso mehrere *von den eingesandten Catalogen.*

737   SARTORIUS, GEORG FRIEDRICH CHRISTOPH

1824 Mai 31   Göttingen   S: 28/789 St. 67   D: GSa, Nr. 124   B: 1824 April 24 (38, Nr. 105)
A: —   TB: 1824 Juni 5

Mitteilung über den Empfang von N. Jasnowski und J. P. Eckermann in S.s Haus. Letzterer habe ihm den Schwefelabguss der Medaille (mit G.s Bildnis, von A. Bovy nach C. Rauch) gezeigt und erfreuliche Nachrichten von G.s Befinden überbracht. — Wegen der Reisen in die Archive der Hansestädte für seine *Ausgabe* (»Urkundliche Geschichte des Ursprunges der deutschen Hanse«) komme S. zunächst nicht nach Weimar. Deshalb überbringen *die beyden ältesten Söhne* (August und Wolfgang) diesen Brief. Näheres über deren Entwicklung, der Jüngere sei G.s Patenkind; erwähnt: S.s Frau und F. W. Riemer. — Freude auf die Veröffentlichung des Briefwechsels zwischen Schiller und G. in »Über Kunst und Altertum« V 1 (»Schillers Briefe an Goethe«). Rückblick auf S.s Bekanntschaft mit Schiller. — Erklärung zum Namenszeichen *GS.* unter seinen Aufsätzen in den »Göttingischen gelehrten Anzeigen« mit Zitat von G.s

Worten aus »Über Kunst und Altertum« III 1, S. 46 (vgl. »Eigenes und Angeeignetes in Sprüchen«). Gegen die Autorschaft mit dem Zeichen *F. S.* (d. i. F. Saalfeld) habe er sich ebenso verwahren müssen wie *gegen den Gebrauch meines Zeichens S.* in der JALZ.

738   Rellstab, Heinrich Friedrich Ludwig

1824 Juni   Berlin   S: 28/108 Bl. 202a-b   D: —   B: —   A: —

R. übersendet seine *erste dramatische Arbeit* (»Karl der Kühne«) und hoffe auf G.s Interesse.

739   Lenz, Johann Georg

1824 Juni 1   Jena   S: 28/1035 Bl. 63   D: NC, Nr. 137   B: —   A: 1824 Juni 5 (vgl. WA III 9, 226)

L. legt *zwey Briefe* (u. a. von L. de Bast) und *die Dissertation* (? J. R. L. de Kerckhove »De l'air atmosphérique«, Ruppert 4743) vor. — Über den *gloreichen* Ruf der mineralogischen Sozietät, die Menge der an L. adressierten Briefe und die noch zu erwartende *Erndte* im Jahr 1824.

740   Eschwege, Wilhelm Ludwig Karl von

1824 Juni 2   Lissabon   S: 28/1035 Bl. 93–94   D: LA II 8B/1, 427f.   B: 1824 April Mitte (38, S. 331, vgl. GB Rep, Nr. 38097a)   A: —   TB: 1824 Juni 25

Das *vulkanische Phänomen*, über das G. Auskunft wünsche, sei ausführlich im »Diário do Governo« vom 22. Januar 1821 beschrieben. Am *Rio Duoro* sei aufgrund von heftigem Regen Wasser in unterirdische Höhlen gedrungen und hätte sich dort zu einem Hügel aufgetürmt und sei dann mit mächtigem Knall explodiert und habe einen Krater hinterlassen. Der Besitzer des Grundstücks habe von einem Vulkan gesprochen und dadurch eine Verwirrung auch in der Zeitung ausgelöst: *Also weder Vulkan noch Erdbeben war die Ursache dieser Erscheinung* (vgl. G. »Auszug eines Schreibens des Herrn Barons v. Eschwege«, in: »Zur Naturwissenschaft überhaupt« II 2).

741   Harzen, Georg Ernst

1824 Juni 4   Hamburg   S: 28/107 Bl. 143   D: —   B: —   A: —

In der Hoffnung, dass G. ihm einen Auftrag für die Versteigerung Anfang August anvertrauen werde, übersende H. das die niederländische Schule enthaltende »Verzeichnis der Kupferstichsammlung des Herrn J. M. Speckter in Hamburg« (Ruppert 2267). Namentlich die Rembrandts seien ausgezeichnet, nicht so die Blätter nach L. van Leyden. — Weiter lege H. den »Catalogue d'une collection« chinesischer Kuriositäten (von P. F. Röding, Ruppert 2257) bei; die Sammlung sei H. *zum Verkauf im Ganzen* übertragen.

742 LENZ, JOHANN GEORG

1824 Juni 4   Jena   S: 28/1035 Bl. 71   D: NC, Nr. 138   B: —   A: —

L. übersendet *beyliegende interessante Schriften* aus Gent (? »Messager des sciences et des arts« 1823).

743 SARTORIUS, GEORG FRIEDRICH CHRISTOPH

1824 Juni 4   Göttingen   S: 28/789 St. 68   D: GSa, Nr. 125   B: —   A: —   TB: 1824 Juni 7

Bezugnahme auf seinen vor wenigen Tagen an G. gerichteten Brief (RA 10, Nr. 737), den er seinen *beyden Söhnen* (August und Wolfgang; vgl. G.s Tagebuchnotiz vom 5. Juni) mitgegeben habe. — Empfehlung für K. Marx, dem es S. *nicht abschlagen konnte, [...] den großen Propheten von Angesicht zu Angesicht zu schauen.*

744 ZELTER, KARL FRIEDRICH

1824 Juni 4 bis 15   Berlin   S: 28/1019 St. 239   D: MA 20, Nr. 436   B: —   A: 1824 Juni 26 (38, Nr. 149)   TB: 1824 Juni 18 (E)

1824 Juni 4
C. Rauch biete an, Z.s Brief zu befördern. Da Rauch selbst berichten werde, könne Z. sich einen Bericht über die Berliner Zustände sparen. — Über die Lektüre von Shakespeares »Troilus and Cressida« in der gelungenen Übersetzung von K. von Jariges: Es komme Z. vor, als sei auf der Basis von Shakespeares *Farce* Homers »Ilias« *eine umgekehrte Travestie.* K. E. Schubarth werde es freuen, *seinen lieben Hektor gerettet zu sehn* (Anspielung auf dessen »Ideen über Homer und sein Zeitalter«). — A. Neumann sei zu einem Gastspiel in Berlin. Lob für ihr Schauspiel (am 3. Juni in F. L. Schröders »Stille Wasser sind tief«, nach F. Beaumont und J. Fletcher) und Charakterisierung ihres Aussehens.
1824 Juni 15
Da Rauch komme, den Brief abzuholen, müsse Z. enden.

745 MEINHOLD, JOHANNES WILHELM

1824 Juni 5   Koserow   S: 28/108 Bl. 166–167   D: Bethke, 24   B: —   A: —   TB: 1824 Juli 7 (E); 1824 Juli (BVL)

Huldigungsbrief aus Anlass der Übersendung seiner »Vermischten Gedichte« (Ruppert 1028) in der Hoffnung auf ein Wort der Aufmunterung G.s, wie dieser es bereits bei Jean Paul und F. von Matthisson getan habe, die M. zu diesem Schritt ermuntert hätten (vgl. u. a. G.s Aufsatz »Individualpoesie«).

746   NAUWERCK, LUDWIG GOTTLIEB KARL

1824 Juni 5   Neustrelitz   S: 28/107 Bl. 139–141   D: Mommsen 5, 358f. (T)   B: —   A: —
TB: 1824 Juni 14

Bezugnehmend auf die Übersendung des ersten Blattes seiner lithographierten Zeichnungen zum »Faust« (vgl. RA 10, Nr. 227) sende N. Probedrucke von der zweiten und dritten Zeichnung: Prolog im Himmel und Erscheinung des Erdgeistes. Aufgrund ihrer Mängel habe er eine 2. verbesserte Auflage angefertigt, die er zum Druck (an die lithographische Anstalt von J. Speckter und H. J. Herterich) senden wolle. N. beabsichtige, alle zwölf Zeichnungen herauszugeben (»Darstellungen zu Goethes Faust«). Hoffnung, N.s Lithographien mit der G. zugedachten Widmung würden G. nicht missfallen (vgl. H. Meyers Anzeige des 1. Hefts in: »Über Kunst und Altertum« VI 1 und G.s Anzeige des 2. Hefts in: Heft VI 2). — Ausführliche Charakterisierung von K. Eggers als eines *geachteten Künstlers*, der N.s Zeichnungen beurteilt habe, sowie Lob seiner Verdienste als Maler. Eggers gehöre zwar der *neudeutschen Malerschule* in Rom an, zähle aber nicht zu den *Ultras*. Inzwischen sei auch *manchem deutschen Künstler in Rom* klargeworden, dass es *keine allein seeligmachende Kunst, nach bestimmten positiven Beschränkungen gebe*. Eggers weile zurzeit in Neustrelitz; erwähnt: dessen Mutter und deren noch lebende Eltern (Cogho) sowie Eggers' Frau und Kinder (Albrecht, Georg und Otto). Nennung verschiedener Werke von Eggers, die u. a. im Auftrag des Großherzogs Georg von Mecklenburg-Strelitz entstanden seien; erwähnt: die *Kopie der Hauptgruppe der Madonna di Foligno* nach Raffael und das Lob für Eggers' »Christus mit Maria und Magdalena« im »Diario di Roma« (1823, Nr. 80).

747   NICHT ERMITTELT

1824 Juni 5   Ort n. e.   S: 28/107 Bl. 130–131   D: WA IV 38, 349 (T)   B: —   A?: 1824 Juni 14 (38, Nr. 142)

Ein *Verehrer* G.s übersende eine *Probe eines satyrischen Gedichts* und bitte, ihm *durch ein einfaches Ja oder Nein zu sagen*, ob er *einen Beruf für dieses Fach* erkennen lasse; erwähnt: J. Falk und Voltaire. — Bitte um Rückgabe des Manuskripts an W. Weißenborn im Landes-Industrie-Comptoir bei L. F. von Froriep.

748   HORN, FRANZ CHRISTOPH

1824 Juni 6   Berlin   S: 28/427 St. 1   D: —   B: —   A?: 1825 Juni 11 (vgl. WA III 10, 66)
TB: 1824 Juni 16 (E); 1824 Juni (BVL)   TB?: 1824 Juni 14

Begleitbrief zu zwei Werken H.s (»Die schöne Literatur Deutschlands während des achtzehnten Jahrhunderts«, Ruppert 725, und »Die Poesie und Beredsamkeit der Deutschen von Luthers Zeit bis zur Gegenwart«, Bd. 3, Ruppert 726).
Beilage zu: RA 10, Nr. 751.

749   RIEMER, FRIEDRICH WILHELM

1824 Juni 7 oder davor   Weimar   S: 78/in 216,2 (? Konzept)   D: —   B: —   A: —

K. Marx aus Göttingen, *mit Briefen an G. ausgerüstet* (u. a. von G. Sartorius; RA 10, Nr. 743), lasse durch R. anfragen, wann er G. aufwarten dürfe (vgl. G.s Tagebuchnotiz vom 7. Juni).

750   MÜLLER, FRIEDRICH THEODOR ADAM HEINRICH VON

1824 Juni vor 8   Weimar   S: 28/633a,8 St. 131   D: —   B: —   A: —

Soeben erhalte M. die *7t Lieferung* der (von F. S. Delpech herausgegebenen) »Iconographie des contemporains depuis 1789 jusqu'en 1829«. Da sie *die herrlichen Portraits* von G. de Staël, Marquis G. de Lally-Tollendal, König Karls XIV. Johann von Schweden und Marquis L. Gouvion-Saint-Cyr enthalte, werde es *der Grosherzogin gewiß grose Freude machen einen Blick darauf zu werfen* (vgl. G.s Tagebuchnotiz vom 8. Juni).

751   FLOTOW, CHRISTIANE DOROTHEA FRIEDERIKE ALBERTINE VON

1824 Juni 8   Berlin   S: 28/319 St. 1   D: Begegnungen 14, 397 (T)   B: —   A: —

Herzlicher Dank für den Besuch bei G. vor sechs Wochen. F. schildert in überschwänglicher Verehrung jenen *unauslöschlichen Eindruck*, den G. auf sie gemacht habe; Anspielung auf Homer. — Charakterisierung F. Schleiermachers als einen Geistlichen, der *sich gänzlich frei erhalten hat von dem pfäffischen Wesen der Schmeichelei, Heuchelei, Menschenfurcht ud Menschengefälligkeit*. F. erbaue sich an seinen Reden, da er *Mark und Kern der heiligen Schrift* wiedergebe und sein Ziel in der *Verbreitung des thätigen Christenthums* bestehe. Seine gedruckten Predigten dagegen wirkten auf sie *nicht selten abgestanden, und kalt*. — Ausführlicher Bericht über F. Horn und sein Wirken; er sei mit F. Gedikes Tochter (Rose) verheiratet. Lob seiner poetischen und kritischen Werke sowie seiner Vorträge mit Verweis auf seine Vorlesungen über G. und Shakespeare (vgl. u. a. »Die schöne Literatur Deutschlands während des achtzehnten Jahrhunderts«, Ruppert 725, und »Shakespeares Schauspiele«, Ruppert 1532); erwähnt: Shakespeares »Der Sturm«. Langjährige Leiden hätten Horn persönlich nicht gedrückt, sondern zum *reinen Christenthum* finden lassen. F. verdanke ihm ihre Ausbildung; seit sieben Jahren lebe sie abwechselnd auf ihrem elterlichen Gut und bei den Horns. Viel Mühe habe

Horn sein letztes Werk gekostet (»Die Poesie und Beredsamkeit der Deutschen von Luthers Zeit bis zur Gegenwart«, Bd. 3, vgl. Ruppert 726), dessen ersten beiden Bände er aus Furcht vor Belästigung nicht beifüge. Bitte um ein paar anerkennende Worte an ihn. — K. F. Zelter habe F. gesagt, dass G. *eine angefangene Arbeit [...] bis Michaelis beschäftigen würde* (»Über Kunst und Altertum« V 1 und »Zur Naturwissenschaft überhaupt, besonders zur Morphologie« II 2).

Beilage: RA 10, Nr. 748.

752   RAUCH, CHRISTIAN DANIEL AN H. MEYER

1824 Juni 8   Berlin   S: 28/107 Bl. 136   D: GRauch, Nr. 7   B: —   A: —

Dank für H. Meyers Schreiben vom 31. Mai (GRauch, Nr. 6) sowie G.s Grüße. — R. könne erst am 14. oder 15. Juni seine Reise nach Weimar antreten. *Die Gipse* würden bereits eingepackt (für den Zeichenunterricht der Prinzessinnen Maria und Augusta; vgl. Meyer an R., 1824 Mai 24, ebd., Nr. 5); erwähnt: P. Kaufmann.

753   FROMMANN, KARL FRIEDRICH ERNST

1824 Juni 9   Jena   S: 30/308 Bl. 9–10   D: WA IV 38, 348 (T)   B: 1824 Mai 3 (38, Nr. 112)
A: 1824 Juni 12 (38, Nr. 138)   TB: 1824 Juni 10; 1824 Juni (BVL)

Rechenschaftslegung über die Begleichung der Rechnungen für die Kupferdrucke (für »Zur Farbenlehre«, 2. Nachauflage, koloriert von T. Starcke, und für »Zur Naturwissenschaft überhaupt, besonders zur Morphologie« II 2). Die Rechnung vom Industrie-Comptoir habe F. in Leipzig von der Cottaschen Buchhandlung begleichen lassen; anbei folgten die Beträge für C. Ermer (und ? K. W. Kolbe). Bitte um Rücksendung der quittierten Rechnungen für J. F. von Cottas und F.s Unterlagen. — F. füge *einen in Leipzig* für G. *erhaltenen Beyschluß bey* sowie eine in Mailand erschienene Ausgabe »Vita de Benvenuto Cellini«, die sein Sohn Friedrich für G. erworben habe. Weitere Nachrichten über dessen Bildungsreise nach Paris und andere Städte; Mitte September wolle er zurückkehren. — Näheres über die stattgefundene Leipziger Messe. — Empfehlungen von seiner Familie.

754   STICH, HEINRICH WILHELM UND SOPHIE AUGUSTE FRIEDERIKE

1824 Juni 10   Weimar   S: 28/107 Bl. 132   D: Begegnungen 14, 430 (T)   B: —   A: —

Bitte um eine *kurze Unterredung* mit G. (vgl. G.s Tagebuchnotiz), *dessen unsterbliche Werke uns so unendlich oft entzückt haben*. S. seien als Schauspieler an der Hofbühne in Berlin tätig; dorthin reisten sie zurück.

755   LENZ, JOHANN GEORG

1824 Juni 11   Jena   S: 28/1035 Bl. 69–70   D: NC, Nr. 139   B: 1824 Juni 9 (38, Nr. 135)
A: —

Die Mineralien Strontianit, Yenit, Dysodil, Bergkristall und die natürliche Boraxsäure, die Großherzog Karl August aus dem Senckenbergischen Kabinett erhalten habe, seien *schön, und instruktiv*. Die mineralogische Sozietät besitze *diese selben Fossilien* schon seit fünf Jahren, *nur das große Exemplar vom schwefelsaurem Strontian ausgenommen, ein Stolz des Museums*. — Vom Yenit habe L. *sechs Beyspiele*; das erste habe er von R. J. Haüy erhalten. Erläuterungen der Bezeichnung und Beschreibung des Minerals. — Die natürliche Boraxsäure habe L. 1818 von F. Stromeyer erhalten, der sie auf den *Liparischen Inseln* in einer Felsenhöhle entdeckt habe; über die Entstehung des Minerals. — *Den beyden Bergcrystallen schreibt man einer neuren Entstehung zu*; Begründung der These und Erwähnung des Jenaer *Fuchsthurms*.

756   SACHSEN-WEIMAR-EISENACH, LUISE AUGUSTA GROSSHERZOGIN VON

1824 Juni vor 12   Weimar   S: 28/107 Bl. 135.137   D: WA IV 38, 349   B: —   A: 1824 Juni 12 (38, Nr. 140); an H. K. A. Eichstädt, 1824 Juni 12 (38, Nr. 139); an K. F. Quednow, 1824 Juni 20 (38, Nr. 145); an Großherzog Karl August von Sachsen-Weimar, 1824 Juni 25 (38, Nr. 148)

Großherzog Karl August übersende *beiliegendes* und bitte G., K. F. Quednows *Gesuch zu besorgen* und vom Ergebnis der Forschungen diesen zu unterrichten (Bestimmung von Inschriften auf römischen Meilensäulen; vgl. GSA 30/290 sowie RA 10, Nr. 771 und RA 10, Nr. 813).

757   JACOBI, AUGUSTE MARIE KAROLINE

1824 Juni 12   Frankfurt   S: 28/444 St. 1   D: —   B: 1824 Juni 2 (38, Nr. 132)   A: —

Dank für G.s Einladung nach Weimar, die J. jedoch zu ihrem größten Bedauern nicht annehmen könne; erwähnt: F. von Müller, Graf K. F. Reinhard und ihr Großvater (F. von Jacobi), mit dem G. in Liebe verbunden gewesen sei und den J. leider nie gesehen habe.
  Beilage zu: RA 10, Nr. 793.

758   SCHULTZ, CHRISTOPH LUDWIG FRIEDRICH

1824 Juni 12   Berlin   S: —   D: GSchu, Nr. 101   B: 1824 März 8 (38, Nr. 56)   A: 1824 Juni 27 (38, Nr. 151); 1824 Juni 28 bis Juli 3 (38, Nr. 155)   TB?: 1824 Juni 18 (E)   V: Druck

S. wolle G. über eine Nachricht im »Hamburger Korrespondenten« beruhigen, wonach er um Dienstentlassung (als Regierungsbevollmächtigter für die Universität) *gefordert* habe. Darstellung seiner gegenwärtigen Lage. — Dank für die Zusendung *des 12. der kleinen Hefte* (»Über Kunst und Altertum« IV 3); diese Hefte seien S. *unentbehrlich*. Hoffnung, dass das enthaltene Register nicht die gesamte Reihe beschließe. — S. *genieße* täglich H. Meyers »Geschichte der bildenden Künste bei den Griechen«, deren Fortsetzung G. unterstützen solle. — Leider habe C. Rauch den Stich einer für G. gedachten Zeichnung *von den Erscheinungen des Sonnenbildes am Osthorizonte bei Sonnenuntergang*, beobachtet von S. 1823 in Salzbrunn, nicht ausgeführt; erwähnt: G.s Gegenüberstellung dieser Beobachtung mit denen von J. B. G. M. Bory de Saint-Vincent (im 3. Band der »Voyage dans les quatre principales iles des mers d'Afrique«; vgl. RA 10, Nr. 525). S. habe beabsichtigt, diese Zeichnung mit seiner *Exposition* für »Zur Naturwissenschaft überhaupt« einzusenden (als Nachtrag zu seinem Aufsatz »Über physiologe Farbenerscheinungen«, in: Heft II 1). — Freude über eine jüngst erworbene, etwa 40 Objekte umfassende Gemäldesammlung. Aufzählung von 14 Gemälden dieser Sammlung, vorwiegend zur italienischen Malerei des 16. und 17. Jahrhunderts; dabei erwähnt: G. Poussin, Parmigianino, Correggio, G. Reni, A. Carracci, B. Luini, Leonardo da Vinci, P. da Cortona, Domenichino, F. Barocci, A. Mantegna, Sebastiano del Piombo und Pordenone. — Grüße an G.s Familie.

? Beilage zu: RA 10, Nr. 764.

759   GIESEBRECHT, KARL HEINRICH LUDWIG

1824 Juni 13   Berlin   S: 28/107 Bl. 145–146   D: —   B: —   A: 1824 Juni 22 (38, Nr. 146)

Bitte um einen Beitrag G.s zur Feier des 100. Geburtstages Klopstocks durch die Berlinische *Gesellschaft für Deutsche Sprache* am 2. Juli; wenige *Verse, den Gegenstand nur andeutend*, würden genügen. Es werde im *großen Hörsaale des Berlinischen Gymnasiums* eine öffentliche Sitzung mit Festrednern und -dichtern und dem Vortrag von *Compositionen Klopstockscher Gedichte* stattfinden (vgl. »Klopstocks Jahrhundertfeier«, hrsg. von Giesebrecht, Ruppert 154, und RA 10, Nr. 801). Stolz auf die Zöglinge des Gymnasiums, die *im Gesange so geübt worden* seien, *daß sie selbst große Oratorien aufführen*, wie Händels »Judas Maccabäus« *zum Königsfeste* (am 15. Dezember 1822 zum Thronjubiläum König Friedrich Wilhelms III.); erwähnt: Kronprinz Friedrich Wilhelm sowie T. Heinsius' Anzeige in den Berliner Zeitungen mit der Aufforderung an L. F. G. von Goeckingk, eine Feier für Klopstock zu veranstalten. — Angabe seiner Adresse.

760   HOFFMANN, CHRISTIAN

1824 Juni 13   Leipzig   S: 28/107 Bl. 142   D: LA II 5B/2, 1150 (T)   B: —   A: 1824 Juni 16 (38, Nr. 144)

Erinnerung an den an G. zur Beurteilung übersandten *Chromadot* (vgl. RA 10, Nr. 688). Da H. eine Reise antrete, bitte er um Rücksendung des Instruments.

761   SCHRÖN, HEINRICH LUDWIG FRIEDRICH

1824 Juni 13   Jena   S: 26/LXXI,4,63:2 St. 1   D: LA II 2, 463   B: 1824 April 4 (UA Jena, vgl. GB Rep, Nr. 38088a⁺)   A: —

Auf *die Anfrage vom 4. April 1824, die tägliche Oscillation des Barometers betreffend,* teile S. *das Resultat einer la Place'schen Rechnung [...] nebst einigem Anderen* mit. Erläuterung der Berechnungen von Marquis P. S. de Laplace mit Hinweis auf das 4. Buch des 2. Bandes seiner »Traité de mécanique céleste«, *pag. 296.297,* auf J. G. von Bohnenbergers »Astronomie«, *pag. 686,* und J. P. Marqué-Victors »Résultats moyens d'observations barométriques faites à Toulouse« in »Bibliothèque universelle des sciences, belles-lettres et arts« 1822; dabei erwähnt: die Berechnungen A. von Humboldts (vgl. die Rezension zu dessen und A. Bonplands »Essai sur la géographie des plantes«, in: »Monatliche Korrespondenz zur Beförderung der Erd- und Himmelskunde« 1807, Bd. 16), von F. Arago und L. Ramond (vgl. die Rezension von »Troisième mémoire sur la mesure des hauteurs à l'aide du baromètre«, in: »Monatliche Korrespondenz« 1810, Bd. 22). Danach liege in der Anziehungskraft des Mondes und der Sonne nur eine geringe Ursache für die täglichen Barometerschwankungen (vgl. I. Simonow »Beschreibung einer neuen Entdeckungsreise in das südliche Eismeer«, übersetzt von M. Bányi).

762   VULPIUS, CHRISTIAN AUGUST

1824 Juni 13   Weimar   S: 28/107 Bl. 138   D: Vulpius, Nr. 676   B: —   A: —

V. sende beikommende Auktionskataloge (? von W. Börner bzw. K. Jügel, Ruppert 574 und Ruppert 595, 596 und 597) sowie einige Münzen, die das Weimarer Münzkabinett noch nicht habe und die V. zum Kauf angeboten worden seien. — G.s Anerbieten, dass V. zur Badekur nach Wiesbaden fahren solle, nehme V. *mit dankbarem Herzen an* (vgl. RA 10, Nr. 840); erwähnt: W. E. C. Huschke.

763   COTTA, JOHANN FRIEDRICH VON

1824 Juni 14   Stuttgart   S: 30/308 Bl. 13.16; Bl. 12   D: Cotta, Nr. 485   B: 1824 Mai 30 (38, Nr. 128)   A: 1824 Juli 21 (38, Nr. 169)   TB: 1824 Juni 20

C. habe *im Gedränge unsrer Landtags Geschäfte* kaum Zeit gefunden, G.s Abrechnung zu prüfen. Das Guthaben sei *durch wenige Zahlungen* an S. Boisserée *verändert.* — Die *Anzeige von K. und A.* (Inhaltsverzeichnis von »Über Kunst und Altertum« V 1) habe C. *gestern* von Boisserée erhalten *und den Abdruck* (in der Beilage der »Allgemeinen Zeitung«, Nr. 123 vom 1. Juli, und im IB, Nr. 20 zum MBl, Nr. 162 vom 7. Juli) angeordnet. Von F. Frommann fehle C. *S. 161.* (Bogen 11 von »Über Kunst und Altertum« V 1). Wenn G. das *Mst. des jungen Feldjägers* (J. C. Mämpel »Der junge Feldjäger«) schicke, wolle C. *gern dass Möglichste thun.* — G.s Nachrichten über *die Correspondenz* (Vorarbeiten zur Herausgabe des Briefwechsels zwischen Schiller und ihm) sowie der neuen *Gesammt-Sammlung* seiner Werke (Ausgabe letzter Hand, »Werke«

C1) seien für *C. sehr erfreulich.* Wenn er *in 3–4 Wochen* seiner *ständischen Geschäfte* (als Mitglied des Landtags) enthoben sei, wolle er sich diesen Aufgaben widmen und eventuell G. in Weimar konsultieren. — Gute Wünsche für G.s Badereise. — Empfehlungen von C. und seiner Frau an G. und seine Familie.
Anlage: Abrechnung über Auslagen für G.

764   SCHULTZ, CHRISTOPH LUDWIG FRIEDRICH

1824 Juni 14   Berlin   S: 28/837 St. 1   D: LA II 10A, 672 (T)   B: —   A: 1824 Juni 27 (38, Nr. 151); 1824 Juni 28 bis Juli 3 (38, Nr. 155)   TB: 1824 Juni 18 (E)

Empfehlung für C. Rauch, den Überbringer des Briefes; Anspielung auf das AT (2. Buch Samuel, 11). Rauch gehöre zu jenen Leuten, die das *politische Interesse* zu sehr in Anspruch nähme, als dass sie einen *ernsten Kunstgenuß* mit S. teilen könnten; erwähnt: Rauchs Entwurf für den Fries am Sockel des Breslauer Blücherdenkmals. G. solle Rauchs Klage, dass er *zum Portraitiren verdammt sey*, abschwächen und ihm *seinen Weg als Künstler* eröffnen. Zu H. Meyers »Geschichte der bildenden Künste bei den Griechen« habe Rauch *wunderliche Gedanken über den Werth der Urtheile* Meyers an *Werken der Sculptur* geäußert. — Von Rauchs Skizzen zu G.s Statue (für das Denkmal in Frankfurt) habe S. nur die erste gesehen, die verworfen worden sei. B. von Arnim habe S. ausführlich über ihre Skizze unterrichtet (vgl. RA 10, Nr. 502). — Von G.s großer *Ausgabe* (letzter Hand, »Werke« C1) habe S. nichts mehr gehört, auch vermisse er das Heft »Zur Naturwissenschaft überhaupt, besonders zur Morphologie« (II 2).
? Beilage: RA 10, Nr. 758.

765   SCHLOSSER, CHRISTIAN FRIEDRICH

1824 Juni 15   Nassau   S: 28/810 St. 20   D: —   B: 1824 Mai 30 (38, Nr. 130)   A: —   TB?: 1824 Juni 30

Dank für G.s Sendung (von Autographen), die *durch die Beglaubigung doppelten Werth* erhalte. Sie komme nun zur reichen Sammlung der ihm sehr nahestehenden Familie Dolomieu, mit der auch der Mineraloge dieses Namens, zugleich *der lezzte der Maltheser,* verwandt sei. — Über ihre frohe Erwartung eines mehrtägigen Besuchs von O. von Goethe (vgl. RA 10, Nr. 779).

766   SORET, FRÉDÉRIC JACOB

1824 Juni 15   Belvedere   S: 28/869 St. 3   D: Soret Houben, 119f.   B: —   A: 1824 Juli 12 (38, Nr. 164)   V: in französischer Sprache

W. Chanykow habe S. einige Verse übergeben und erlaubt, sie G. zu zeigen. Abschrift des Gedichts (acht Strophen *Le Rêve. 1. Je dormais; et le Dieu des songes [...]* und der Verse *Envoi à son beau frère. Lorsque je vois de ce beau rêve [...]*). Wie G. bereits vorgestern bemerkt habe (vgl. G.s Tagebuchnotiz vom 13. Juni), erinnere die Dichtung an den *esprit facile et la grace* von S. de Boufflers. — O. von Goethe werde sicherlich S.s Anliegen vorgetragen haben: T. Medwin, der an einer Biographie Lord Byrons schreibe (»Journal of the Conversations of Lord Byron«), suche Quellen, aus denen er die Ansichten der Deutschen und speziell G.s zu diesem Poeten kennenlernen könne (vgl. G.s Nachruf »Goethes Beitrag zum Andenken Lord Byrons«). — G.s Auftrag für Genf (vgl. RA 10, Nr. 528) habe S. ausgerichtet.

767   TIECK, CHRISTIAN FRIEDRICH

1824 Juni 15   Berlin   S: 28/915 St. 4   D: Maaz, 30–32   B: —   A: 1824 Juni 27 (38, Nr. 150)

Entschuldigung wegen seiner *schlechten Gewohnheit undeutlich und schlecht zu schreiben*. — Der Anlass seines Briefes, den er C. Rauch mitgebe, sei die Erwähnung Diderots und seiner Tochter M. A. Vandeul im letzten Heft »Über Kunst und Altertum« (IV 3) *bei Gelegenheit des Manuscriptes zu Rameaus Neffen* (vgl. G.s Beitrag). Durch Vermittlung K. von Humboldts habe T. (während seines Aufenthaltes in Paris 1798–1801) bei Vandeul verkehrt und von ihr von Diderots noch ungedrucktem Manuskript »La Promenade du sceptique« erfahren. Über dessen zweimalige Konfiszierung; erwähnt: eine *Magistrats Person* (J. d'Hémery), ein Buchhändler (J. G. Mérigot), der Polizeipräfekt von Paris (L. N. Dubois) und Napoleon. Frage, ob G. auch diese Angelegenheit wieder in Erinnerung bringen könne, auch, um dem Schicksal *jenes zweimal confiszierten Heftes auf die Spur* zu kommen.

768   LANGERMANN, JOHANN GOTTFRIED

1824 Juni 16   Berlin   S: 28/1040 Bl. 134–135   D: NC, Nr. 122   B: —   A: 1824 Oktober 2 (38, Nr. 224)   TB: 1824 Juni 18 (E)

In Erinnerung an die 1812 mit G. in Karlsbad verlebten Tage (vgl. G.s Tagebuchnotizen vom 2. August und 21. August bis 4. September 1812) und G.s Einladung zur Vermehrung seiner Autographensammlung (vgl. GSA 33/1161) übersendet L. aus L. W. Gilberts Nachlass die beiliegenden *Schreiben einiger Physiker u andrer Gelehrten* für G.s Sammlung (? Briefe an Gilbert von Comte C. L. Berthollet, H. Davy, J. B. J. Delambre, J. Leslie, M. van Marum, F. V. Reinhard und Graf A. Volta, Schreckenbach 66, 178f., 435, 457,2, 569,1 und 747); erwähnt: der Überbringer C. Rauch. — Zur Freude und Belehrung, die L. und seine *Freunde* (u. a. K. F. Schinkel, F. A. Wolf und K. F. Zelter) durch G.s Werke erfahren. — Über den *Wunder Doctor* J. G. Grabe, der auf *höhere Anregung* nach Berlin *gebracht worden* sei. Von seinen Wundern habe es aber *bis jetzt [...] wenig Anschein*. — Reflexionen über die beständig von Ärzten wiederholten *physischen Wirkungen des Glaubens* auf psychisch Kranke. So müsse sich der Verstand *vom herrschenden Mysticismus richten u schelten lassen*; erwähnt: der *Protector* des tierischen Magnetismus (F. A. Mesmer). — L. habe sich einst berufen gefühlt, *IrrenheilAnstalten einzurichten u zu leiten, in welchen auch die Aufregung der geistigen u Willenskrafft versucht werden sollte. Ein roher plumber Gesell* habe diesen seidenen Faden aufgenommen und *Stricke u Bindfaden daraus* gesponnen. Kritik an J. C. A. Heinroth und dessen *christlichen Cultus*; Bezugnahme auf G.s »Faust«. *Schlimmer noch* trieben es C. F. Nasse und *seine Gehülfen*. L. könne auch M. Jacobi nicht verstehen, der seinen lange verkannten Beruf darin gesehen habe, *ein IrrenArzt zu werden. Wie will ein armer, gutmüthiger Träumer, der sich bis er zwischen 50 u 60 Jahre alt geworden, nicht hat selbstständig in der Welt zu rechte finden können, Verrückte darin orientiren?!* Bedauern über diese Entwicklung in *eine verkehrte Richtung*.

769   JAKOB, LUDWIG HEINRICH VON

1824 Juni 17   Weimar   S: 28/107 Bl. 149–150   D: Begegnungen 14, 433   B: —   A: —
TB: 1824 Juni 17

Soeben mit seiner Tochter Therese in Weimar angekommen, frage J. an, ob und wann sie G. morgen besuchen können.

770   SORET, FRÉDÉRIC JACOB

1824 Juni 17   Weimar   S: 28/869 St. 99; 36/II,3 Bl. 29–30   D: Soret Houben, 120   B: —
A: —   V: in französischer Sprache

S. habe aus Genf Nachricht, dass das Malheur mit dem Stempel für die Medaille mit G.s Bildnis (von A. Bovy nach C. Rauch) behoben und schon 300 Köpfe geprägt worden seien. H. Meyers Wunsch nach völlig glanzlosen Exemplaren ließe sich nicht erfüllen, man stelle jedoch einige bronzierte *à l'Italienne* her. — Anbei sende S. *l'original de couplets*, das ihm W. W. Chanykow überreicht habe. Falls G. es wünsche, könne S. auch Kopien zweier Übersetzungen von Gedichten Schillers senden. — Bitte um Empfehlung an O. von Goethe.
    Anlage: Abschrift von W. W. Chanykows »Chanson. A ma vieille amie«.

771   EICHSTÄDT, HEINRICH KARL ABRAHAM

1824 Juni 18   Jena   S: 28/293 St. 10   D: —   B: 1824 Juni 12 (38, Nr. 139)   A: —

Dank für G.s aufmunternde Zuschrift. Ab nächster Woche werde E. wieder fern von Jena auf dem Land leben (auf Gut Benndorf bei Leipzig), um seine immer noch angegriffene Gesundheit zu stärken. — Die ihm übersandten, an sich nicht seltenen Inschriften von römischen Meilensäulen (vgl. RA 10, Nr. 756, und K. F. Quednow an Großherzog Karl August, 1824 Mai 23, in GSA 30/290), auf denen das Andenken der jeweiligen Kaiser (hier Hadrian und Antoninus Pius) verewigt worden sei, seien leichter zu interpretieren als die von E. vor fünf Jahren herausgegebene »Inscriptio arenaria Treveris nuper reperta« (vgl. Ruppert 2036). Quednow habe das Richtige *bis auf einen kleinen historischen Irrthum* getroffen. Wie seinerzeit wolle E. die neuen Mitteilungen dem nächsten *akademischen Lectionskatalog* voranstellen (»Duas inscriptiones viales Treveris nuper repertas«).

772   KNEBEL, KARL LUDWIG VON

1824 Juni 18   Jena   S: 28/520 Bl. 5–6   D: GK, Nr. 620 (T)   B: 1824 Mai 22 (38, Nr. 125)
A: —

Die an G. zurückgeschickten *Byrons* hätten K. *sehr ergözt*. Über Lord Byrons Tod (am 19. April), wovon K. einen Tag nach der Lektüre von »The Vision of Judgment« erfahren habe; dabei erwähnt: J. B. Belzoni, der *im Beginn einer grossen Reise in Afrika gestorben* sei. — J. Schmeller mache in Jena *grosse Progressen*, vor allem in der *Porträtirung junger Gesichter*. Erkenntnis K.s, *daß man sich in meinem Alter nicht mehr sollte mahlen lassen*; K.s Bild habe Schmeller *nochmals in Anspruch genommen*. — Bitte um das neueste Heft »Über Kunst und Altertum« (V 1), das *unter Presse* sei. — Dank an O. von Goethe für eine Büchersendung.

773   MÜLLER, FRIEDRICH THEODOR ADAM HEINRICH VON

1824 Juni 18   Weimar   S: 28/633a,2 St. 50   D: —   B: —   A: —

Sich nochmals bedankend, bittet M. um *das gestrige schöne Geschenk der Zeichnung Ihres Väterl. Hofes* (von S. Rösel) und erinnert an das ihm versprochene *ostensible Billet* in Bezug auf J. von Anstett, da er Graf K. Beust *nicht länger ohne Antwort* lassen könne. — So eben passiere K. F. F. von Nagler auf dem Wege nach Frankfurt am Main Weimar. — C. L. F. Schultz sei *nur versuchsweise auf noch 6 Monate mit der Curatel von der Berliner Akademie wieder beauftragt* worden. Man wolle erst sehen, ob er sich mit K. vom Stein zum Altenstein besser vertrage. — J. W. Süvern liege *tödlich krank*. — *Neue dringende Requisitionen von Mainz u. Berlin* (zum Jünglingsbund) *werden Morgen die Verhaftung* von C. Völker nach sich ziehen. Die Sache werde *sehr ernst*.

774   WERNEBURG, JOHANN FRIEDRICH CHRISTIAN

1824 Juni 18   Jena   S: 28/107 Bl. 147–148   D: —   B: —   A: 1824 September 21 (38, Nr. 213)

W. habe *im beifolgenden Brief* von F. F. Schweins *ein erfreuliches Urtheil* über seine Schrift »Curvarum aliquot nuper repertarum synopsis« (vgl. Ruppert 4164) erhalten; erwähnt: A. M. Ampère. Wenn G. *einen nützlichen discreten Gebrauch von diesem Brief* gemacht habe, wünschte W. ihn wieder zurück.

775   DÖBEREINER, JOHANN WOLFGANG

1824 Juni 20   Jena   S: 28/107 Bl. 155–156   D: LA II 8B/2, 430f.   B: 1824 Februar 4 (38, Nr. 28)   A: —

Über die Ergebnisse der *aufgetragenen chemischen Analyse*, die von einem seiner Zuhörer, *Hrn Hirschbach aus Crefeld* (J. Herschbach), vorgenommen worden sei. Sie entspreche aber nicht *den stöchiometrischen Verhältnißen, in welchen die Bestandtheile krystallisirter Mineralien mit und unter einander verbunden sind*; Verweis auf J. von Berzelius' Schrift »Von der Anwendung des Lötrohrs in der Chemie und Mineralogie«. Anbei übersende D. dieses Werk sowie seine eigenen, Erbgroßherzog Karl Friedrich gewidmeten, »Beiträge zur physikalischen Chemie« (Ruppert 4495, zugleich 4. Teil der »Pneumatischen Chemie«).

776   FENNER, GEORG WILHELM

1824 Juni 20   Kassel   S: 28/107 Bl. 152–154   D: —   B: 1818 Juli 22 (vgl. WA III 6, 232)   A: 1824 Juli 9 (vgl. WA III 9, 241)

F. sende aus großer Not heraus seine Übersetzung von A. Manzonis »Il Conte di Carmagnola«. Auch nachdem er erfahren habe, dass das Stück schon übersetzt sei (von A. Arnold), habe er die Arbeit weitergeführt. Erinnerung an G.s Anteilnahme *während der Jahre 1818. 19 und 1820*, als F. in Leipzig studierte *[...]. Sie machten mir Muth [...] und den machten Sie mir durch vier Zeilen, die Sie mir damals nach Bremen sanden; sie heißen so: Wenn der Schwergedrückte klagt / Hülfe, Hoffnung sey versagt. / Bleibet heilsam fort und fort. / Jammer noch ein freundlich Wort* (aus: »West-östlicher Divan«; vgl. auch RA 8, Nr. 370, RA 8, Nr. 558 und RA 8, Nr. 768). Aus den glücklichen akademischen Jahren habe sich *mannigfaltiges Unglück* entwickelt: *ich mißbrauchte meine Freyheit, ich wurde ein Sclave meiner Leidenschaften*. Nachdem er drei Jahre Europa *durchirrte* auf der Suche nach *Kenntnissen und Bildung*, die zu erwerben er aber nicht die Mittel gehabt habe, habe er zwei Jahre *unter dem 12ten hungarischen Husaren-Regimente als Wachtmeister in Italien* gedient. Nach seiner Rückkehr nach Kassel 1823 habe er seine Kenntnisse der englischen, französischen und italienischen Sprachen als anfangs erfolgreicher Sprachlehrer genutzt. *Anfangs häufige Schüler erhaltend, ließ ich mich, dadurch kirr gemacht, von einer heftigen Leidenschaft von neuem hinreißen*, und habe sich in *ein armes aber gutes Mädgen* verliebt, das er auch geheiratet habe. Teils durch seine eigene, *theils durch bößer Menschen Schuld* sei er kurz vor der Niederkunft seiner Frau (mit einer Tochter) in finanziellen Nöten. Er bitte G. daher um eine kurze *Vorrede* zu seiner Übersetzung. — Weiter lege F. ein *Gedicht* auf seine innerhalb *von acht Tagen verstorbenen Eltern* bei. — Angabe seiner Adresse *in der untern Entengasse bey der Wittwe Hawig*.

777   LEONHARD, KARL CÄSAR VON

1824 Juni 20   Heidelberg   S: 28/1035 Bl. 72; Bl. 73–74   D: NC, Nr. 154   B: —   A: 1824 August 18 bis 20 (38, Nr. 187)

Mitteilung über den Tod seiner Frau. — Bezugnehmend auf G.s nachsichtsvolle Aufnahme der 1. Abteilung übersendet L. die 2. Abteilung seiner »Charakteristik der Felsarten« (Ruppert 4799) sowie eine Verlagsanzeige der von ihm geplanten »Naturgeschichte des Mineralreichs« (vgl. Ruppert 4800).

Anlage: Gedruckte Ankündigung des Verlags J. Engelmann über die »Naturgeschichte des Mineralreichs. Ein Lehrbuch für Gymnasien und Realschulen«, bearbeitet von L.; datiert: Heidelberg, im April 1824.

778   FALK, JOHANNES DANIEL

1824 Juni 22   Weimar   S: 28/309 Bl. 8–9   D: Begegnungen 14, 438   B: —   A: —

Dank für *die freundliche Aufnahme des Herrn Watson* und Bitte um Erlaubnis, G. einen seiner *gebildesten und ältesten Verehrer*, A. Wagner, *zuzuführen* (vgl. G.s Tagebuchnotizen vom 11. Mai und 23. Juni).

779   GOETHE, OTTILIE VON

1824 Juni 22 bis 25   Frankfurt   S: 28/357 Bl. 62–65   D: Hein, 138 (T)   B: —   A: 1824 Juli 9 (38, Nr. 160)

1824 Juni 22

Tagebuchartiger Bericht über O. von Goethes Reise nach Frankfurt, zu der sie am 18. Juni *mit so betrübtem Gefühl, wie bisher noch niemahls* aufgebrochen sei. Über die Reiselektüre von (Lord Byrons) »Childe Harold's Pilgrimage«. Über Gotha sei sie zunächst bis Eisenach gereist, wo sie mit Gräfin E. Goertz und *Amelie viel geplaudert, vertraut, geklatscht* habe. — Am 19. Juni sei die Reise teils im Wagen, teils zu Fuß mit A. Näder über Eisenach und Vacha zunächst nach Buttlar gegangen, wo O. von Goethe die interessante Bekanntschaft eines ebenfalls nach Ems reisenden Herrn gemacht habe; erwähnt: eine Begegnung mit C. W. A. von Helldorf vor Vacha sowie König Friedrich Wilhelm III. von Preußen. Auf dem Weg habe O. von Goethe *mehr Armuth und mehr Häßlichkeit* als jemals zuvor *zur Schau gestellt* gesehen. Am Abend sei man in Fulda angelangt, dessen Schönheit sie *sehr erfreulich* überrascht habe. Bericht über einige Sehenswürdigkeiten. Um etwas über den Gesundheitszustand von K. von Harstall zu erfahren, habe O. von Goethe an deren Schwiegermutter (H. von Harstall) geschrieben. — Am 20. Juni sei die Reise bis nach Gelnhausen gegangen, wo O. von Goethe das Grab von W. von Massenbach (mit dem von G. Schadow geschaffenen Kreuz) und die Burg des Kaisers Friedrich I. Barbarossa besichtigt habe. — Am 21. Juni sei man in Hanau von (? L. H. C.) von Milkau freundlich begrüßt worden. Über die Begegnung mit Graf M. Goertz, dem O. von Goethe einen Brief von Gräfin Goertz über das Befinden seiner Kinder übergeben habe. Mittags sei man in Frankfurt von F. Schlosser aufs herzlichste empfangen worden, auch C. Schlosser sei anwesend gewesen. Über verschiedene Begegnungen und Bekanntschaften, die O. von Goethe in Frankfurt gemacht habe; dabei erwähnt: die Grafen K. F. und K. Reinhard, S. Schlosser und ihre Mutter M. K. M. Du Fay, A. Jacobi, C. K. Nies, Herr Brevillier und J. K. oder E. H. Lessing. Frankfurt gefalle O. von Goethe, sie sei auch an G.s *väterlichen Haus vorüber* gefahren. — Obwohl sie von S. Schlosser überaus sorgfältig gepflegt werde, fühle sich O. von Goethe gesundheitlich schlecht. Sie denke häufig an U. von Pogwisch sowie an Walter und Wolfgang.

1824 Juni 25
Abschluss des Briefes.

780   MÜLLER, FRIEDRICH THEODOR ADAM HEINRICH VON

1824 Juni 22   Weimar   S: 28/633a,2 St. 51   D: KM, 310   B: —   A: —

Großherzogin Luise billige den Plan, zu Großherzog Karl Augusts 50. Regierungsjubiläum (am 3. September 1825) eine Medaille prägen zu lassen (von H. F. Brandt, C. Rauch und F. Tieck). Sie *stehe dafür*, dass der Großherzog das Unternehmen gutheiße, doch solle es ihm *desto geheimer bleiben, je mehr [...] Werth* auf ihre *Bürgschaft* gelegt werde. Die von G. vermittelte Mitwirkung Rauchs freue sie besonders. G. sei *nicht nur berechtigt, sondern vom Geschick recht eigentlich berufen u. verpflichtet*, die *Innschrift* zu verfassen. Die Großherzogin werde *es mit Dank erkennen, wenn Sie Ihr diesen Morgen sämmtliche auf den Grosherzog bisher geschlagene Medaillen vorlegen wollen* (vgl. G.s Tagebuchnotiz).

781   MÜLLER, FRIEDRICH THEODOR ADAM HEINRICH VON

1824 Juni 23   Weimar   S: 28/633a,2 St. 52   D: KM, 310   B: —   A: —

M. werde *um Ein Uhr* mit dem zu beratenden *Entwurf zum Protocoll über die Stiftung des Vereins* zur Herausgabe der Medaille (von H. F. Brandt, C. Rauch und F. Tieck für Großherzog Karl Augusts 50. Regierungsjubiläum am 3. September 1825) bei G. sein.

782   CARLYLE, THOMAS

1824 Juni 24   London   S: 28/237 St. 1   D: GCa, 1f.   B: —   A: 1824 Oktober 30 (38, Nr. 242)   TB: 1824 Juli 16; 1824 Juli (BVL)   V: in englischer Sprache

Mit C.s Übersetzung von »Wilhelm Meisters Lehrjahren« (»Wilhelm Meister's Apprenticeship«, Ruppert 1862; mit handschriftlicher Widmung im 1. Band) möge G. den Dank für C.s Gewinn durch das Original entgegennehmen. Über seine Verehrung für G.; mit diesem verbunden zu sein, sei für C. eine angenehme Vorstellung. Seit er vor vier Jahren G.s »Faust« gelesen habe (vgl. C.s Rezension in »The New Edinburgh Review« 1822), hoffe er auf eine persönliche Begegnung, um G. sein Herz, dessen Geheimnisse G. so gut verstehen und darstellen könne, auszuschütten. G. habe viele Heilige aus C.s literarischem Kalender verdrängt; sein Name glänze darin mehr denn je.

G.s Leben möge zum Nutzen dieser und künftiger Generationen noch lange erhalten bleiben. — Bitte um eine Empfangsbestätigung. — Angabe seiner Adresse.
Beilage zu: RA 10, Nr. 797.

783   WOLFF, PIUS ALEXANDER

1824 Juni 24   Berlin   S: 28/108 Bl. 160   D: Begegnungen 14, 447 (T)   B: —   A: —   TB: 1824 Juli 1

Die Überbringerin der Zeilen, A. Neumann, wünsche G. zu besuchen. Sie habe in Berlin *in 22 Rollen entzückt* und kehre nach Karlsruhe zurück; erwähnt: ihre Rollen des Klärchens (in G.s »Egmont«), der Marianne (in G.s »Die Geschwister«) und der Egle (in G.s »Die Laune des Verliebten«). — Empfehlungen von A. Wolff.

784   CONTA, KARL FRIEDRICH ANTON

1824 Juni 25   Weimar   S: 28/108 Bl. 182   D: Hecker, in: GJb 22 (1901), 66 (T)   B: —   A: —

Übersendung der letzten Lieferung von F. Tiedemanns Arterienlehre für die Jenaer Universitätsbibliothek (»Tabulae arteriarum corporis humani«; vgl. RA 9, Nr. 908 und G.s Tagebuchnotiz vom 4. Januar 1823). Bitte um Empfangsbestätigung an den *Geschenkgeber* J. Roux. Letzterer schreibe C., dass er aus Liebe zu seinem Geburtsland von allen Werken, an denen er zukünftig als Zeichner mitwirke, der Jenaer Bibliothek Exemplare zukommen lassen werde.

785   LENZ, JOHANN GEORG

1824 Juni 25   Jena   S: 28/108 Bl. 181   D: —   B: —   A: 1824 Oktober 11 (38, Nr. 230)

L. habe einen Brief von J. F. John aus Berlin (vom 14. Mai, UA Jena) erhalten *voll von mineralogischen Neuigkeiten, nebst einer kleinen Suite,* und ein Schreiben von Graf Bedemar (Bemühung um die Verleihung des Falkenordens), für dessen Beantwortung L. das *Gutachten* G.s erbitte. — L. erwarte *sehnsuchtsvoll die Suite von Edelsteinen aus Amsterdam.*

786   MÜLLER, FRIEDRICH THEODOR ADAM HEINRICH VON

1824 Juni etwa 25   Weimar   S: 28/633a,8 St. 128   D: —   B: 1824 Juni etwa 25 (vgl. im Text von RA 10, Nr. 786)   A: —

M. empfange eben G.s *Vertagung auf Morgen.* Bevor M. an Gräfin K. Egloffstein eine Absage schicke, wolle er wissen, ob er sie in G.s Namen *auf Freytags* einladen solle oder ob G. einverstanden sei, die Gräfin *allein heute* bei sich zu sehen. Wie G. aus M.s Billett entnehmen könne, habe sie *für heute schon Urlaub genommen.*

787   MÜLLER, FRIEDRICH THEODOR ADAM HEINRICH VON

1824 Juni etwa 25   Weimar   S: 28/633a,8 St. 127; 30/340 Bl. 8–9   D: —   B: —   A: —

M. übersendet *den Entwurf* zur *Denkmünze* (für Großherzog Karl Augusts 50. Regierungsjubiläum am 3. September 1825). Man dürfe keine Zeit verlieren, *wenigstens eine Ankündigung von Stappel laufen* zu lassen (vgl. GSA 30/340 Bl. 11), weil sich, als M. *gestern in der Loge darüber gesprochen* habe, *bereits zahlreiche Theilnehmer angemeldet* hätten, von denen ein Teil im Begriff stehe zu verreisen, namentlich W. W. Chanykow *schon Morgen.* Deshalb bitte M., sich *um Zehn Uhr auf einen Augenblick* einfinden zu dürfen. — Gräfin K. Egloffstein werde *diesen Mittag* bei G. erscheinen.
  ? Anlage: *Erster vorläufiger Entwurf einer Ankündigung* zur Jubiläumsmedaille für Großherzog Karl Augusts 50. Regierungsjubiläum am 3. September 1825; datiert: Weimar 25. Juni 1824.

788   PLATEN, AUGUST GRAF VON

1824 Juni 26   Erlangen   S: 28/697 St. 2   D: GR 2, 264–266   B: 1824 März 27 (38, Nr. 80)
A: —   TB: 1824 Juli 1

Übersendung des 1. Bandes seiner »Schauspiele« mit den Komödien »Der gläserne Pantoffel« und »Berengar«; Hinweis auf den enthaltenen »Historischen Anhang«. Für den 2. Band arbeite P. an dem Lustspiel »Der Schatz des Rhampsinit« nach Herodots »Historien«, in dem er altägyptische Gebräuche und *das moderne Costüm* vermischt habe. P. wünsche eine Aufführung seiner Stücke, um daraus zu lernen; der »Gläserne Pantoffel« sei *von den größern deutschen Theatern zurückgewiesen* worden. Über den *Schlendrian* der Schauspieler und K. W. J. von Schellings Begeisterung für *die Weimarische Bühne* unter G.s *Leitung.*

789   ECKERMANN, JOHANN PETER

1824 Juni 28   Frankfurt   S: 28/108 Bl. 157–158   D: Eckermann Houben, 174–176   B: —
A: —   TB: 1824 Juni 30

Begeisterte Schilderung der Eindrücke E.s von Frankfurt und der Umgebung, wo er sich seit drei Tagen aufhalte. — Im Theater habe E. »Der Spieler« von A. W. Iffland gesehen, wobei die Schauspieler so gut waren, dass E. *trotz des ewigen Gehens u Kommens u der daraus entstehenden fortwährenden Störung* nicht aus *der Täuschung* gerissen worden sei. Bei der gestrigen Aufführung des »Freischütz« habe E. sowohl das Orchester, als auch den Komponisten (K. M. von Weber, Libretto von F. Kind) bewundert. K. La Roche habe sein Gastspiel in Hannover *mit großem Ruhme gegeben.* —

Bei F. Schlosser und dessen Familie habe E. gestern O. von Goethe vor ihrer Abreise nach Ems getroffen. Diese sei ihm *wohler u stärker* als in Weimar erschienen. — Obwohl E. selbst gerne noch bleiben wolle, müsse er weiter nach Heidelberg, habe aber Graf K. F. Reinhard versprochen, auf dem Rückweg *einige Tage hier zu verweilen*, um dann Ende Juli wieder in Weimar zu sein. — M. Rehberg hänge an G. *mit einer unaussprechlichen Liebe.* — G.s *lieben Ihrigen u den dortigen Freunden* sende E. *die herzlichsten Grüße.*

790   GROTTHUSS, SOPHIE LEOPOLDINE WILHELMINE VON

1824 Juni 28   Oranienburg   S: 28/375 St. 14   D: Geiger, in: GJb 14 (1893), 127 (T)   B: 1824 Mai 9 (38, Nr. 117)   A: —

Eine Erbschaftsangelegenheit, *die Aufhebung eines Fidei Comisses* ihres Großvaters (V. H. Ephraim), mache ihre Badereise unsicher; *doch denke ich noch nach Teplitz komen zu könen, wann Sie nicht anders über mich disponiren.* — Sie hoffe auf *eine gute Aufnahme* der *Süßigkeiten* und biete *einige itzt selten gewordene Kupferstiche* von P. Hackert und (? P.) Wouwerman an. Über G.s *neuste Schrifften* wolle sie sich mündlich mitteilen.

791   MÜLLER, FRIEDRICH THEODOR ADAM HEINRICH VON

1824 Juni 28   Weimar   S: 28/633a,2 St. 55   D: —   B: —   A: —

Übersendung des Quittungsentwurfs (für die Subskriptionen auf die Medaille zum 50. Regierungsjubiläum Großherzog Karl Augusts am 3. September 1825; vgl. GSA 30/340 Bl. 18). — K. W. von Fritsch reise morgen zu einer *Baade- u. Augenkur* nach Dresden ab. Schon wegen seiner *amtlichen Stellung* erscheine es angemessen, ihm die *Ankündigung* des Vereins noch vorher vorzulegen. G.s *Entwurf* (ebd. Bl. 11f.) lasse nichts zu wünschen übrig. Bitte um dessen Zusendung, *um sofort wenigstens ein Mundum fertigen zu lassen.* — Dank für die Zustellung der »Biographischen Denkmale« von K. A. Varnhagen von Ense.

792   MÜLLER, FRIEDRICH THEODOR ADAM HEINRICH VON

1824 Juni 28   Weimar   S: 28/633a,2 St. 53   D: —   B: —   A: —   TB: 1824 Juni 28 (E)

Bitte um Unterzeichnung der anliegenden *drey Munda der Ankündigung* (zur Herausgabe der Medaille für Großherzog Karl Augusts 50. Regierungsjubiläum am 3. September 1825; vgl. GSA 30/340 Bl. 39, Bl. 42 und Bl. 44), die *von den andern Herrn Mitgliedern* (M., K. W. Coudray, H. Meyer und F. W. Riemer) bereits erfolgt sei. G. werde in den Akten, die M. *vor Tafel noch* wieder abholen lassen werde, *Protocoll u. Concept der Ankündigung [...] unterzeichnet u. signirt finden.*

793   REINHARD, KARL FRIEDRICH GRAF

1824 Juni 28   Frankfurt   S: 28/734 St. 76   D: GRe, Nr. 139   B: 1824 Juni 2 (38, Nr. 131)
A: 1824 Juli 5 (38, Nr. 156)   TB: 1824 Juni 30

O. von Goethe sei erst *diesen Morgen* abgereist, nachdem sie auf Drängen ihrer Freunde die Abreise mehrfach verschoben habe. — Zu R.s Erwartung, G. in diesem Jahr *in unsern Gegenden endlich einmal wiederzusehen*; Einladung nach Frankfurt und bei R. das *Hauptquartier* aufzuschlagen. — J. P. Eckermann habe R. auf der Durchreise nach Heidelberg besucht; Anspielung auf das NT (Johannes 1, 43–51). — F. von Müller habe auf den *Haupt-Inhalt* von R.s letztem Brief (Brautwerbung G. von Diemars für seinen Sohn Georg um S. Reinhard; vgl. RA 10, Nr. 696) ausführlich geantwortet, trage aber *die Rosenfarbe in seinem Auge*; erwähnt: G.s »Farbenlehre«. Die *Haupt-Einwürfe* seien: *der junge Mann ist ohne wissenschaftliche Bildung, und die ganze Familie ist verschuldet.* Sollte Diemar zudem *keinen Sinn für Häuslichkeit und Sparsamkeit* haben, wäre S. Reinhard *verloren*; Bitte um weitere Auskünfte dazu *ohne Rückhalt.* — Beiliegender Brief A. Jacobis sei durch R.s Brief verzögert worden. — Das angekündigte Heft von »Über Kunst und Altertum« (V 1) sei noch nicht eingetroffen. Lektüreeindrücke von Heft IV 3; erwähnt: die *Parias-Mythe* (G. »Des Paria Gebet«, »Legende« und »Dank des Paria«) und die »Zahmen Xenien« (III). Vorfreude auf den *Briefwechsel mit Schiller* (in G.s Redaktion; vgl. auch »Schillers Briefe an Goethe«, in: »Über Kunst und Altertum« V 1).

Beilage: RA 10, Nr. 757.

794   RUCKSTUHL, KARL JOSEPH HEINRICH

1824 Juni 28   Koblenz   S: 28/758 St. 4   D: LA II 1B, 972f. (T)   B: —   A: —   TB: 1824 Juli 7; 1824 Juli (BVL)

R. übersendet seinen Aufsatz »Bestimmung der Naturkunde für den Schulunterricht« (in: »Isis« 1824, H. 2, Ruppert 3247), der aus seinem Bestreben hervorgegangen sei, seine pädagogischen Beobachtungen und Erfahrungen gemeinnützig werden zu lassen. Über die Notwendigkeit und die zu erwartende gute Wirkung der Einführung wissenschaftlicher Gegenstände, insbesondere der noch fehlenden Naturwissenschaft in den Schulunterricht. L. Oken habe seinen Aufsatz für gut befunden, zweifle aber an der Wirkung, da jede Generation ihren '*Zug*' bis zum Auftreten einer neuen Generation nun einmal beibehielte. — R. freue sich immer mehr seines Lehramtes. Die aus G.s Werken *hervorleuchtenden Ideen* zählen zu den *Leitsternen* seiner *Berufs- und Lebens-Bahn.*

795   WEYGANDSCHE BUCHHANDLUNG

1824 Juni 28   Leipzig   S: 30/308 Bl. 14–15   D: QuZ 4, Nr. 2485   B: an J. C. Jasper, 1824 Mai 22 (38, Nr. 127)   A: 1824 Juli 3 (38, Nr. 154)   TB: 1824 Juli 1

G. erhalte, wie mit F. Rochlitz ausgehandelt (vgl. RA 10, Nr. 713), *50 Stük Ducaten*, nicht als *ein bestimmtes Honorar*, sondern als *ein geringes Zeichen* der Dankbarkeit für die Erfüllung der Bitte um eine Neuauflage der »Leiden des jungen Werther« (Jubiläumsausgabe zur 50. Wiederkehr der Erstausgabe) und das Verfassen einer gereimten Einführung (vgl. »Noch einmal wagst du, vielbeweinter Schatten ...«). — Anfrage, ob G. nicht geneigt sei, *etwas ganz neues metrisches oder prosaisch belletristisches uns im Verlag zu geben*. Man wisse, dass G. eigentlich mit Cotta in einer dauernden Verbindung stehe, er aber angesichts *der frühern Verbindung mit unserer Handlung* (1774 »Die Leiden des jungen Werthers«) vielleicht eine Ausnahme machen könne. — Näheres zum Druck der Neuausgabe des »Werther«, den wohl F. A. Brockhaus übernehmen werde; erwähnt: F. Vieweg. Zusage, G. die erbetenen *ersten Bogen* zukommen zu lassen. — Bei der Gestaltung der Kupfertafel habe man die *Verlegenheit, dass das damalige Kostum, zum gegenwärtigen Zeitgeist nicht paßt, und das gegenwärtige Kostum wieder umgekehrt nicht zum Zeitgeist, welcher diese Geschichte beseelt*. Bitte um G.s Zustimmung, das Werk mit einem Bildnis G.s, *von einem guten Meister gestochen*, versehen zu dürfen (von A. Schule nach F. Jagemann, andere Exemplare mit K. A. Schwerdgeburths Stich nach A. Bovy und C. Rauch).

796 MÜLLER, FRIEDRICH THEODOR ADAM HEINRICH VON

1824 Juni 29   Weimar   S: 28/633a,2 St. 54   D: —   B: —   A: —

Vortreffliche Erfolge der Subskriptionen (auf die Medaille für Großherzog Karl Augusts 50. Regierungsjubiläum am 3. September 1825); großzügige Spenden von K. W. von Fritsch und E. A. von Gersdorff und erste Beiträge von den Mitgliedern der Loge Anna Amalia. — M. habe soeben mit G.s *stillschweigender Genehmigung* T. Kräuter instruiert, *die ersten Gelder einheben zu lassen* (vgl. GSA 30/340 Bl. 16f.).

797 NOEHDEN, GEORG HEINRICH

1824 Juni 29   London   S: 28/108 Bl. 172   D: —   B: —   A: —   TB: 1824 Juli 16; 1824 Juli (BVL)

N. übersendet T. Carlyles dreibändige Übersetzung »Wilhelm Meister's Apprenticeship« (Ruppert 1862).
    Beilage: RA 10, Nr. 782.

798 SPIEGEL VON UND ZU PICKELSHEIM, KARL EMIL AN A. VON GOETHE

1824 Juni 30   Dornburg   S: 28/108 Bl. 159   D: —   B?: an Großherzog Karl August von Sachsen-Weimar, 1824 Juni 25 (38, Nr. 148)   A: —

Auf A. von Goethes Zuschrift teile S. mit, dass Großherzogin Luise den Grafen K. Sternberg und ihn jederzeit empfangen würde (vgl. G.s Tagebuchnotiz vom 6. Juli). — Empfehlung an G.

799 EICHHORN, JOHANN GOTTFRIED AN ? G.

1824 Juli 1   Göttingen   S: 28/292 St. 3   D: —   B: —   A: —

Handschriftliche Verse: *Klag', Hiob, vor dem ersten aller Richterstühle [...]*.

800   GOETHE, OTTILIE VON

1824 Juli 1 bis 10   Ems   S: 28/357 Bl. 66–71   D: Hein, 139 (T)   B: 1824 Juli 8 (38, Nr. 159)
A: —   TB: 1824 Juli 18

1824 Juli 1
Aus Koblenz kommend sei O. von Goethe am Nachmittag *mit sehr melancholischen Gedanken* in Ems angelangt. Sie wohne mit A. Näder sehr schön, fühle sich aber dennoch in jeder Hinsicht unwohl und inmitten der Menge fröhlicher Badegäste vereinsamt, auch wenn sie diese Stimmung vor jedem verberge. — Über erste flüchtige Kontakte zur Gesellschaft in Ems; dabei erwähnt: der Wirt im Gasthof »Rose«, Fräulein von Dorne und deren Mutter sowie Gräfin O. Henckel, *Fr. v Durnow*, W. von der Wense, Gräfin I. D. G. Oeynhausen und Fräulein von Arentschildt. *Geheimerath Thiele* (A. F. A. Diel) sei noch am Abend zur medizinischen Untersuchung gekommen; erwähnt: F. Oberthür.

1824 Juli 2
Sehr melancholisch erwacht, von einer halb schlaflosen Nacht. — Über ihre Nachbarn an der Mittagstafel und weitere Begegnungen; dabei erwähnt: J. von Werlhof, M. von Voigt, die Tischnachbarin aus Altenburg, A. H. Bolognaro, deren Tochter K. A. M. Mülhens und Enkel H. T. J. Mülhens, *ein ältlicher Braunschweiger Herr*, W. Hehl, die Hofdamen L. von Chambaud und S. von Holleben sowie Frau von der Decken. — Diel habe sie mit der Nachricht erheitert, dass das Singen keine nachteiligen Folgen für ihre Gesundheit haben werde. — Über ihre anregende Lektüre in den »Mémoires« der Marquise V. de La Rochejaquelein.

1824 Juli 3
Am Morgen habe sie unter Diels Leitung mit der Brunnenkur begonnen. — Über Begegnungen und neue Bekanntschaften; dabei erwähnt: E. und J. Osann, C. M. Zeitmann, H. Rohmer, *der 5 Jahre in England* zugebracht und dessen Frau *5 Kinder (kleine) mit hier* habe, A. L. Ulrich und M. von Tümpling.

1824 Juli 4
Am Brunnen habe O. von Goethe mit Herzog Bernhard von Sachsen-Meiningen gesprochen. — Durch einen Brief A. von Goethes sei ihre Laune vollkommen wiederhergestellt worden. — Über verschiedene Begegnungen und Gespräche; dabei erwähnt: F. von Gagern, J. C. von Both als frühere Hofdame von Erbgroßherzogin Karoline von Mecklenburg-Schwerin, Prinz Friedrich von Preußen und P. Cornelius' Schwester L. Brüggemann; G. W. Zeitmann *sprach über das Aufgeben des Bürgerrechts* durch G., was *die Frankfurter so [...] betrübt*. — Über ihre Lektüre von »Über Kunst und Altertum« (? V 1).

1824 Juli 5
Diel habe O. von Goethe mitgeteilt, dass ihr *Uebel weder im Hals noch in der Brust liege, sondern mit einer Anhäufung von Blut* zusammenhänge, das schließlich auch zum

Hals gelange. Die gleiche Diagnose habe auch W. Rehbein schon gestellt. — Über neue Bekanntschaften und Besuche; dabei erwähnt: Gräfin (? J.) Hohenthal, die einen Brief von Gräfin K. Egloffstein überbracht habe, ein mit C. von Schiller und K. von Wolzogen verwandter Rittmeister (K. von Wurmb), K. F. und W. von Manderstierna, L. von Both, D. von Hammerstein und Frau, Frau *Borgondio* sowie Herr und Frau Goedecke. Prinz Friedrich von Preußen habe von der glücklichen Niederkunft seiner Schwester berichtet (Herzogin Friederike von Anhalt-Dessau mit Tochter Agnes). — Über ihre Lektüre von A. Popes »Eloisa to Abelard« und im »Salmagundi« (Zeitschrift von William und Washington Irving sowie J. K. Paulding).

1824 Juli 6

O. von Goethe habe den Tag mit Spaziergängen, Begegnungen, verschiedener Lektüre und ihrer Trinkkur verbracht; erwähnt: Lord Byrons »The Giaour« und »Waverley« (von W. Scott), Fräulein Klussen, G. Eilers, S. Schlosser, W. von Gräffendorff und K. von Witzleben.

1824 Juli 7

Grf Hohenthal stellte mir ihren Bruder Graf Lippe vor (? Schwager C. oder L. zur Lippe). Über eine Ausfahrt nach Nassau mit Osanns. Die romantisch gelegene Burg habe O. von Goethe sehr gefallen; erwähnt: ein Besuch bei Familie K. vom und zum Stein, wo sie nur *die älteste Tochter* (Henriette) und *eine Generalin* angetroffen habe. Über weitere Begegnungen; dabei erwähnt: C. von Cerrini, der einen Brief von H. von Pogwisch überbracht habe, Frau Falckmann, C. Rauch, Fräulein von Bremer sowie G. und M. L. von St. George.

1824 Juli 8

Freude über die Briefe von G., A. Schopenhauer und Walter. — Bericht über einen Ausritt mit mehreren Bekannten nach Nievern; erwähnt: *Herr Batist*. — Über verschiedene Begegnungen und über ihre Lektüre; dabei erwähnt: F. von Lesch, D. und H. (oder J. und G.) Hasenclever, Gräfin A. Wintzingerode, (H. oder E. L. W.) von Steinberg, Fräulein von Marschalk sowie Gräfin J. Egloffstein und J. F. Coopers »Les Pionniers« (übersetzt von A. Defauconpret).

1824 Juli 9

O. von Goethe habe den Tag mit Reiten, Spazierengehen, Besuchen und Lektüre verbracht; dabei erwähnt: Gräfin Hohenthal und deren Sohn (? Alfred), Gräfin J. M. W. Nagell und Gräfin J. Alopaeus.

1824 Juli 10

Am Brunnen habe sie die Bekanntschaft von Gräfin Degenfeld und Prinzessin Victoire von Isenburg gemacht; erwähnt: Fürstin Karoline von Schwarzburg-Rudolstadt. — Diel erweise sich als sehr sorgfältiger Arzt. — Beschreibung der Landschaft, die O. von Goethe von ihrem Zimmer aus immer aufs Neue betrachte und genieße.

801   ZELTER, KARL FRIEDRICH

1824 Juli 1 bis 14   Berlin   S: 28/1019 St. 240   D: MA 20, Nr. 438   B: 1824 Juni 26 (38, Nr. 149); 1824 Juli 6 (vgl. WA III 9, 240)   A: 1824 August 24 bis 25 (38, Nr. 193)   TB: 1824 Juli 18 (E)

1824 Juli 1

Freude über G.s Zustimmung zu Z.s Vertonung des Gedichts auf A. Thaer (»Zu Thaers Jubelfest, dem 14. Mai 1824«). — Die Vertonung von G.s *Iris* (Gedicht »Äolsharfen«) sei fast fertig. — Z. wünschte *ein Wort* G.s zum »Kyklops« von Euripides, der ihm bei der Lektüre von G.s »Satyros oder der vergötterte Waldteufel« wieder in den Sinn gekommen sei.

1824 Juli 2

Bericht über die Säkularfeier zu Ehren von Klopstock (vgl. »Klopstocks Jahrhundertfeier«, hrsg. von K. Giesebrecht, Ruppert 154, und RA 10, Nr. 759). Eine Rede (von T. Heinsius) sei zu lang ausgefallen; erwähnt: J. Milton und Homers »Ilias«. E. F. August habe ausführlich G.s Würdigung Klopstocks im 10. Buch von »Dichtung und Wahrheit« (2. Teil) und aus einer Ode Klopstocks (»Die beiden Musen«) zitiert. Über den gescheiterten Versuch C. H. Wolkes, bei Tisch noch eine lange Rede zu halten, weil ihm das Manuskript aus der Tasche gestohlen worden sei. — K. E. Schubarth sei nach Schlesien zurückgegangen, da sich seine Hoffnung auf eine Anstellung zerschlagen hätte.

1824 Juli 8

Theaternachrichten: Über das Gastspiel von K. Lindner. Z. sei aber durch das *magere Comödienwesen* und seine ständigen Wiederholungen abgestoßen; erwähnt: A. Neumann. A. Stich habe sich (in der »Königlich privilegierten Berlinische Zeitung« vom 7. Juli 1824) gegen einen Rezensenten (? L. Rellstab, in: ebd. vom 26. und 28. Juni 1824) *über ihr Spiel als Julie* (in Shakespeares »Romeo und Julia«) gewehrt.

1824 Juli 14

Vorgestern sei »Über Kunst und Altertum« (V 1) angekommen. Das Exemplar für Schubarth werde Z. mit anderen Büchern nachsenden, sobald er dessen neue Adresse habe. — K. Eberwein sei eingetroffen, um seine Oper »Der Graf von Gleichen« (Libretto von F. Schmidt und/oder F. Peucer) anzubieten. Mutmaßungen über dessen Aufnahme angesichts der Verhältnisse in Berlin. Ein Bekannter Z.s habe eine *Aktensamlung* über den Streit um K. M. von Webers Oper »Euryanthe« (Libretto von H. von Chézy) angelegt. — F. Schmidt wolle diesen Brief befördern. — F. A. Wolf solle in Straßburg *krank liegen*. — Vor drei Jahren habe Z. ein *Tafellied* von F. Förster (»Frühlingsmusikanten«) für *unsere zweite Liedertafel* vertont. Nun sei es erneut von G. Bierey aus Breslau vertont und zudem unter G.s Namen in der Zeitschrift »Cäcilia« (1824, H. 2) veröffentlicht worden. Ein Rezensent (G. Weber) habe das Gedicht schonend, die Musik aber kritisch behandelt (vgl. G. »Ein ganz schlechtes Gedicht«, WA I 53, 395).

802   KÖRNER, JOHANN CHRISTIAN FRIEDRICH

1824 Juli 2   Jena   S: 28/108 Bl. 161.164   D: —   B: —   A: —

K. übersendet *ein kleines Desert vom Ertrage* seines Gartens und wünsche, dass G. *der Genuß dieser Erstlinge des Jahres wohl bekommen möge*.

803 PFANNERER, EDUARD ALOIS

1824 Juli 2   Marienbad   S: 28/108 Bl. 168   D: —   B: an K. Eckl, 1824 Juni 23 (38, Nr. 147); 1824 Juni 24 (vgl. WA III 9, 234)   A: —

P. bestätigt, vom *Sekretair Ekart* (B. Eckardt) das von G. an das Museum im Stift Tepl gerichtete Paket erhalten zu haben.

804 SZYMANOWSKA, MARIA AGATA

1824 Juli 2   London   S: 28/905 St. 2   D: Begegnungen 14, 149 (T)   B: —   A: —   V: in französischer Sprache

Von F. von Müller habe S. erfahren, dass G. nicht nach Marienbad gehen wolle. S. liebe diesen Ort besonders, da er sie stets an das Zusammentreffen mit G. erinnere. — Mit ihrem Aufenthalt in London sei S. zufrieden. — Auf ihrer Heimreise nach Polen in einem Jahr wolle S. über Weimar kommen und im Gasthof »Zum weißen Schwan« logieren. — Grüße von K. Wołowska. — Empfehlungen an A. von Goethe sowie Walter und Wolfgang.

805 WELLER, CHRISTIAN ERNST FRIEDRICH

1824 Juli 2   Jena   S: 28/108 Bl. 162–163   D: —   B: 1824 Juni 29 (38, Nr. 153)   A: 1824 Juli 10 (vgl. WA III 9, 241)

W. übersendet *das gewünschte Böhmische Original-Manuscript* (über die Zeit von Jan Hus, »Jenaer Hussitenkodex«) *samt Uebersetzung* von W. M. Wlokka mit der Bitte, *beiliegenden Schein gefälligst zu unterschreiben*. — Über den Fortgang der Bibliotheksarbeiten: Ein Besuch A. von Goethes würde *erfreulich* und *recht zweckdienlich seyn*. — Die Diensttagebücher seien *in Arbeit*. — K. F. Heusinger habe *einen Ruf mit funfzehn hundert Gulden nach Würzburg angenommen*. — Über Graf K. Sternbergs Besuch in der Jenaer Bibliothek: Er habe *sich gar sehr an den Manuscripten ergötzt. Das Böhmische Manuscript, was er vorzüglich zu sehen wünschte*, habe W. aber zurückgehalten, da G. es vielleicht *lieber selbst vorzeigen* wolle. *Morgen* wolle Graf Sternberg in Weimar eintreffen (vgl. G.s Tagebuchnotizen vom 4. bis 11. Juli). — Grüße von K. L. von Knebel und dessen Familie.

806 BISCHOFF DE ST. ALBAN

1824 Juli 3   Basel   S: 28/108 Bl. 173   D: —   B: —   A: —   V: Formulardruck, in französischer Sprache

Lieferschein über eine Schachtel Medaillen (mit G.s Bildnis, von A. Bovy nach C. Rauch) im Wert von *25 Thalers*, die heute mit der Postkutsche durch J. Barbezat in Genf abgesandt worden sei.

807 FROMMANN, KARL FRIEDRICH ERNST

1824 Juli 3   Jena   S: 30/308 Bl. 19.22   D: QuZ 4, Nr. 1708 (T)   B: —   A: —

G. erhalte hierbei 40 Exemplare »Über Kunst und Altertum« V 1 in verschiedenen Papierqualitäten.

808 SORET, FRÉDÉRIC JACOB

1824 Juli 4   Dornburg   S: 28/869 St. 94   D: —   B: —   A: —   V: in französischer Sprache

Großherzogin Luise wünsche, das Einverständnis A. von Goethes vorausgesetzt, dass Walter von Goethe einige Tage mit Prinz Karl Alexander in Dornburg verbringen möge. Betreuung und Unterricht übernehme S.; erwähnt: K. W. C. Schmidt und K. E. Spiegel, der morgen bei A. von Goethe vorsprechen werde. — S. schreibe in Eile.

809 BIELKE, FRIEDRICH WILHELM VON

1824 Juli 6   Belvedere   S: 28/108 Bl. 165   D: —   B: —   A: 1824 Juli 6 (38, Nr. 157)

B. teilt mit, dass es Erbgroßherzogin Maria Pawlowna und Erbgroßherzog Karl Friedrich *sehr angenehm* sein werde, Graf K. Sternberg sowie A. von Goethe *Morgen Mittag in Belvedere zur Tafel zu sehen*. Für G. seien ihm *viele Empfehlungen* aufgetragen worden.

810 WILBRAND, JOHANN BERNHARD

1824 Juli 6   Gießen   S: 28/108 Bl. 171   D: LA II 1B, 973   B: —   A: —   TB: 1824 Juli 13 (E); 1824 Juli (BVL)

Übersendung seiner »Darstellung des tierischen Magnetismus« (Ruppert 5265). Diese Schrift hätte bereits vor vier Jahren erscheinen können, wenn nicht die Berliner Akademie dies verhindert hätte. W. sei daher in der »Isis« 1823, *8tes Heft Beylage S. 379* (im »Literarischen Anzeiger«) an die Öffentlichkeit gegangen.

811 SCHULTZ, CHRISTOPH LUDWIG FRIEDRICH

1824 Juli 7 bis 12   Berlin   S: —   D: GSchu, Nr. 105   B: 1824 Juni 27 (38, Nr. 151); 1824 Juni 28 bis Juli 3 (38, Nr. 155)   A: 1825 Mai 31 (39, Nr. 191)   V: Druck

1824 Juli 7
Nähere Erläuterung seiner veränderten beruflichen Lage, die aus dem Kampf mit dem Ministerium entstanden sei. S. betrachte seine Sache als eine *Weltangelegenheit*, die man bewusst als eine persönliche darstelle.

1824 Juli 8
G.s Gefallen an E. Stiedenroth sei für S. *eine große Genugthuung*, da jener seit fünf Jahren zur Zufriedenheit seiner Hörer Vorlesungen über Psychologie halte, aber vom Ministerium, u. a. durch G. W. F. Hegels Einfluss, noch nicht anerkannt worden sei. Seit dem Erscheinen seiner »Psychologie zur Erklärung der Seelenerscheinungen« (vgl. Ruppert 3162 und RA 10, Nr. 707) habe sich das zwar geändert, S. halte aber eine Unterstützung durch G. für angebracht (vgl. G.s Rezensionen in: »Zur Morphologie« II 2 und in: »Über Kunst und Altertum« V 2).

1824 Juli 10
Über seinen Aufenthalt in Gesundbrunnen. — C. Rauch habe ihn *in einem gewissen höheren Gefühle* besucht (durch den Aufenthalt bei G. im Juni; vgl. G.s Tagebuchnotizen); erwähnt: Rauchs Modell (der Statue für das Frankfurter Denkmal G.s), U. von Pogwischs Erkrankung (durch einen Sturz) und G.s Familie. — K. E. Schubarth, der seit drei Jahren vergebens auf eine Anstellung in Berlin gewartet habe, sei am 1. Juli nach Schlesien abgereist. S. werde ihm G.s Vorschlag übermitteln, sich an der Veröffentlichung von G.s Werken (Ausgabe letzter Hand, »Werke« C1) zu beteiligen. —

1824 Juli 11
Dank für »Über Kunst und Altertum« V 1; erwähnt: die Anzeige des Heftes in *unserer Zeitung* (? »Berlinische Nachrichten«) und S.s Kinder. S. befasse sich mit einer Sammlung von Sprichwörtern aus allen Sprachen.

1824 Juli 12
Mitteilung von 16 italienischen Sprichwörtern, die sich durch *Laune und Witz* auszeichnen.

812   SORET, FRÉDÉRIC JACOB

1824 Juli 8   Dornburg   S: 28/869 St. 4   D: —   B: —   A: 1824 Juli 12 (38, Nr. 164)   V: in französischer Sprache

Ankündigung einer mit der Postkutsche abgeschickten, an G. adressierten Kiste aus Genf, enthaltend je zehn für G. und S. bestimmte Exemplare der Medaille mit G.s Bildnis (von A. Bovy nach C. Rauch); erwähnt: die für X. B. Predari bestimmte Medaillensendung, die noch länger unterwegs sein werde. Hinweise, worauf bei den Medaillen zu achten sei, zumal die Bronzefarbe, vor allem die italienischer Art, nicht sehr hart sei. Gegenüber den ersten Abdrücken sei die Nase nun *plus noble*. — Graf K. Sternberg werde G. die Ausbeute ihrer gemeinsamen mineralogischen Exkursion gezeigt haben (vgl. G.s Tagebuchnotiz vom 7. Juli). Falls der grüne und der rosafarbene Kalkstein in G.s Sammlung fehle, wolle S. gerne Proben besorgen. — Über Walters Befinden in Dornburg und seinen positiven Einfluss auf Prinz Karl Alexander. — Anteilnahme an A. von Goethes Erkrankung; erwähnt: H. von Pogwisch.

813   EICHSTÄDT, HEINRICH KARL ABRAHAM

1824 Juli 11   Benndorf (bei Leipzig)   S: 28/293 St. 11   D: —   B: —   A: —

Übersendung seiner *Erklärung der Trierischen Inschriften*, von der er das Manuskript *heut zum Abdruck nach Jena sende* (»Duas inscriptiones viales Treveris nuper repertas«). Wenn auch die Schrift auf die Aufmerksamkeit Großherzog Karl Augusts gegenüber den Bestrebungen der Trierer Gelehrten (u. a. K. F. Quednow) zurückgehe, wage es E. nicht, das Werk an den Großherzog zu übersenden, da er bei ihm in Vergessenheit geraten sei und nicht einmal eine Empfangsbestätigung erhalten habe für *die mittelst Universitätsberichtes eingesandten* »Annales Academiae Ienensis« (vgl. Ruppert 430) sowie für die von ihm eingereichte »Oratio« zur Rectorats-Jubelfeier (vgl. Ruppert 3581). Bestimmung und Schicksal des gegenwärtigen Programms müsse er G. überlassen (vgl. G.s Tagebuchnotiz vom 10. August). — Bitte, für die Bezahlung des von E. auf Verlangen der medizinischen Fakultät für die Universitätsbibliothek angeschafften »Dictionnaire des sciences naturelles« aus der Bibliothekskasse Sorge zu tragen. Schilderung der diesbezüglich widerfahrenen Unannehmlichkeiten; erwähnt: *der Verleger* (? K. Levrault), die Redaktion der JALZ und G. G. Güldenapfel (vgl. G.s Tagebuchnotiz vom 3. November).

814   MACCO, ALEXANDER

1824 Juli 11   Frankfurt   S: 28/588 St. 1   D: Petzet, in: Studien (1902), 269   B: 1824 Juni 15 (38, Nr. 143)   A: —

M. übersendet auf Ersuchen F. von Müllers *ein kleines Aquarell Gemählde*, A. Jacobi darstellend, das M. diesem *zum freundschaftlichen Andenken* zugedacht habe. Im (Graf K. F.) *Reinhardischen Hause* empfinde man das Porträt als sehr gelungen. Vorfreude auf die Überraschung, die das Gemälde bei Müller auslösen werde. — Reinhard habe die Hoffnung verbreitet, G. zur Kur *hier* zu sehen und M. habe daraufhin gehofft, G. weitere Arbeiten zeigen zu können. — M. verfolge weiter den Plan, seine Skizze zu G.s Gedicht »Charon. Neugriechisch« (in: »Über Kunst und Altertum« IV 2, mit der Nachschrift »Zu Charon, dem Neugriechischen«; vgl. RA 10, Nr. 714) *größer auszuführen* und gedenke dafür den *Kunstliebenden* Kronprinzen Ludwig von Bayern anzugehen. Falls G. nach Frankfurt komme, wolle er ihm die *Elginischen Abgüsse* in der Sammlung J. F. Städels zeigen.

815   ROCHLITZ, JOHANN FRIEDRICH

1824 Juli 11   Leipzig   S: 28/752 St. 44   D: GRo, Nr. 112   B: 1824 Mai 22 (38, Nr. 126) A?: 1824 Juli (vgl. WA III 9, 321)

Freude über G.s Äußerungen zu R.s »Für Freunde der Tonkunst« in »Über Kunst und Altertum« V 1. Ankündigung des 2. Bandes für Ostern 1825. — Beiliegend *einige Blätter* (mit gereimten Heiligengeschichten von F. Neri), zu denen R. *den Grundstoff vor zwey Jahren in Wien aus schweren Folianten einiger Klosterbibliotheken gesammlet habe.*

816   SORET, FRÉDÉRIC JACOB

1824 Juli 11   Dornburg   S: 28/869 St. 97   D: Soret Houben, 122f.   B: —   A: 1824 Juli 12 (38, Nr. 164); 1824 Juli 14 (38, Nr. 165)   TB: 1824 Juli 12   V: in französischer Sprache

Angaben zur Person T. Medwins, der Lord Byrons Biographie (»Journal of the Conversations of Lord Byron«) schreibe. Er sei ein Freund Byrons gewesen und selbst Dichter, sein »Ahasuerus, the Wanderer« habe viel Anerkennung erhalten. Medwin stehe in Verbindung mit K. von Lützerode und sei ein vertrauenswürdiger Mann. Die Biographie sei nicht für die »Bibliothèque universelle« bestimmt, sondern ein selbstständiges Werk und warte nur noch auf G.s *precieux renseignemens* (vgl. RA 10, Nr. 766). — Medwin habe S.s Korrespondenten mitgeteilt, dass Byron sich mit seinem Verleger (J. Murray) überworfen habe, weil dieser beim »Cain« (richtig: »Sardanapalus«) die Widmung an G. weggelassen habe. Lützerode habe »Cain« übersetzt. Bitte um die versprochenen Bemerkungen zu Byron (vgl. »Goethes Beitrag zum Andenken Lord Byrons«) und um die Erlaubnis, G.s Gedicht »An Lord Byron« mitschicken zu dürfen, wenn er am Freitag (16. Juli) nach Genf schreibe. — Übersendung einer Granitprobe mit einem Mineral, bei dem es sich nach S.s Auffassung um Cordierit bzw. Dichroit handele, und eines Stückes rosa Kalkspat aus der Nähe von Dornburg.

817   RIEGEL & WIESSNER

1824 Juli 12   Nürnberg   S: 28/108 Bl. 232   D: —   B: —   A: —

Begleitbrief zu dem bei R. erschienenen Werk »Der Sammler für Kunst und Altertum in Nürnberg« (Heft 1, Ruppert 2200). Bitte um eine Erwähnung in »Über Kunst und Altertum« (vgl. H. Meyers Anzeige, in: Heft V 2).

818   SORET, FRÉDÉRIC JACOB

1824 Juli 12   Dornburg   S: 28/869 St. 96   D: Soret Houben, 124   B: 1824 Juli 12 (38, Nr. 164)   A: 1824 Juli 14 (38, Nr. 165)   V: in französischer Sprache

Angabe der von T. Medwin gewünschten Auskünfte (zur Biographie »Journal of the Conversations of Lord Byron«): Beziehungen Byrons zu G., literarische Beurteilung Byrons in Deutschland, Veröffentlichungen, in denen sich G. hierüber bereits geäußert habe (vgl. »Goethes Beitrag zum Andenken Lord Byrons«). Frage, was S. seinem Korrespondenten berichten dürfe, etwa von Byrons Absicht, G. in Weimar zu besuchen, von Byrons Einladung G.s nach Italien und davon, dass G.s Gedicht »An Byron« die Antwort darauf sei. Frage, ob sich Medwin auf G. beziehen dürfe. — Grüße von Großherzogin Luise, die über Walters Anwesenheit in Dornburg glücklich gewesen sei. — Über die Dornburger Mineralien wolle S. bald persönlich berichten. — Hoffnung, bei seiner Rückkehr A. von Goethe und U. von Pogwisch gesund vorzufinden.

819 WARNSTEDT, FRIEDRICH EMIL GEORG VON

1824 Juli vor 13   Plön   S: 28/108 Bl. 169–170   D: —   B: —   A: —   TB: 1824 Juli 13; 1824 Juli (BVL)

Begleitbrief zu W.s Beschreibung »Die Insel Föhr« (Ruppert 3984). W. erlaube sich *diese Zudringlichkeit*, da er glaube, dass G. durch die verwitwete *Frau Baronesse von Richthofen aus Breslau, durch Seepflanzen-Samlungen u. s. f.* mit dieser Insel bekannt geworden sei.

820 KNEBEL, KARL LUDWIG VON

1824 Juli 13   Jena   S: 28/520 Bl. 7–8   D: GK, Nr. 621 (T)   B: 1824 Juli 7 (vgl. WA III 9, 240)   A: 1824 Juli 30 (38, Nr. 173)

Dank für das neueste Heft »Über Kunst und Altertum« (V I): Außer dem Gedicht *im Anfang* (G. »An Lord Byron«) und (G.s) *sinnreichen Gedanken* in »Einzelnes« habe K. das Urteil G.s über N. A. de Salvandys »Don Alonzo« *an sich gezogen*. Ferner über »Schillers Briefe an Goethe«, »Der Tod des Kralewitsch Marko, Serbisch« (Übersetzung von V. Karadžić), G.s Rezension von Lord Byrons »Cain«, den K. lesen wolle, und *die Anzeigen und treflichen Bemerkungen der Kunstwerke* (»Bildende Kunst« von H. Meyer bzw. von Meyer und G., u. a. mit Beiträgen zu Giottos »Abendmahl«, S. Amslers »Madonna« nach Raffael und »Thorvaldsens Porträt« nach K. Begas sowie zu »Maria mit dem Kinde« von W. Henschel). »Die drei Paria« (von J. P. Eckermann und G.) seien *gut* und G.s *lyrisches Gedicht* (in: »Über Kunst und Altertum« IV 3) *treflich*. Die »Biographischen Denkmale« von K. A. Varnhagen von Ense (vgl. G.s Rezension) habe ihm Großherzogin Luise geliehen. — J. G. Eichhorn habe für G. den beigefügten »Hiob« übersandt. — Über K.s Reisen nach Dornburg (am 30. Juni und 8. Juli) und die Begegnung mit Großherzogin Luise sowie G.s *Enkel* (Walter). — Der Brief sei *mit einer eisernen Feder* geschrieben, die K. von seinem Sohn Karl erhalten habe; erwähnt: K.s Familie.

821 WEYGANDSCHE BUCHHANDLUNG

1824 Juli 14   Leipzig   S: 30/308 Bl. 18.23   D: QuZ 4, Nr. 2488   B: 1824 Juli 3 (38, Nr. 154)   A: 1824 Juli 21 (38, Nr. 168)

G. erhalte *den ersten Bogen von Werthers Leiden* (Jubiläumsausgabe zur 50. Wiederkehr der Erstausgabe) zur Durchsicht; weitere würden folgen. Das gedruckte Manuskript werde nicht mitgeschickt, da es G. ohnehin in seiner Bibliothek besitze. Dank für G.s Genehmigung, dem Werk ein Porträt von ihm voranstellen zu dürfen, allerdings werde man aus Zeitgründen nicht auf die von C. Rauch gefertigte Büste zurückgreifen, sondern auf das von A. J. B. Coupé (nach F. Jagemann) aus der *Urania für 1820* (richtig: 1821), das als das *wohlgetroffenste anerkannt ist* (letztlich Exemplare mit dem Kupfer von A. Schule nach F. Jagemann und andere mit K. A. Schwerdgeburths Stich nach A. Bovy und C. Rauch). — Hoffnung auf *etwas ganz neues* von G. (vgl. RA 10, Nr. 795) und auf *baldige Rüksendung der Correktur*.

822   ZAUPER, JOSEPH STANISLAUS

1824 Juli 14   Pilsen   S: 28/1011 St. 15; zu St. 15   D: Grüner und Zauper, 204f.; 205–211 (T)
B: —   A: —   TB: 1824 Juli 19

Z.s Hoffnung schwinde, dass G. in diesem Jahr nach Marienbad kommen werde. J. P. Eckermann habe die Reise zum Monatsende angekündigt, aber G.s *lezte Sendung* an den *Prälaten* (K. Reitenberger) lasse eine Änderung des Entschlusses vermuten. — Z.s Beschäftigung sei die alte geblieben; Erholung vom Schuldienst finde er in G.s Schriften. Seine (prosaische Übersetzung von Homers) »Ilias« sei schon *ein halbes Jahr in Wien, und sehnt sich ans Licht.* — Die Prager Zeitschrift »Der Kranz, oder Erholungen für Geist und Herz«, (zuletzt) herausgegeben von K. von Woltmann, zu der auch Z. *Kleinigkeiten* beigetragen habe, habe ihr Erscheinen wegen der Zensur eingestellt; *nur weniges von mehrerem Schönen*, das Eckermann geliefert habe, *konnte aufgenommen werden* (vgl. »Mit Unterschied«, »Beherzige!«, »Der wahre Künstler« sowie die Anzeige von »Über Kunst und Altertum« V 1, in: »Der Kranz« 1824, Bd. 2, Nr. 24 und 32f. bzw. Nr. 29–32). — Hinweis auf die beiliegenden Xenien, *die wohl als Tagebüchlein gelten.*
Anlage: 39 eigenhändige Xenien von Z.

823   BEYFUS, AUGUST

1824 Juli 15   Hamburg   S: 28/108 Bl. 233–236; in 36/VIII,14   D: —   B: —   A: —

B. übersendet einige *Aufsätze*, von denen *nur die dramaturgischen über Egmont, Zaire, Karlos, Tell* in der von K. W. Reinhard herausgegebenen Zeitschrift »Hammonia« gedruckt worden seien (B.s Rezensionen über die Aufführungen von G.s »Egmont«, Voltaires »Zaire« sowie Schillers »Don Carlos« und »Wilhelm Tell« am Hamburger Stadttheater). — In *einer weit hinter* ihm *liegenden Zeit* habe er G. *ein paar kindisch-anmaßliche [...] Briefe* geschickt (? vgl. RA 8, Nr. 685). — Ausführliche Darstellung seiner hoffnungslosen Lage und seiner Bemühungen, sie zu überwinden: B. sei im 23. Lebensjahr, Autodidakt und Lehrer *an einer neu-jüdischen Armenschule*; erwähnt: F. G. Zimmermann als Herausgeber der »Dramaturgischen Blätter«. B. beabsichtige, nach Berlin zu gehen, wo er *unter verwandten Menschen* zu leben und die Universität zu besuchen hoffe. Andernfalls wolle er in Hamburg ein *literärisches, gemeinnütziges und dramaturgisches Wochenblatt* gründen. Bitte um ein *Zeichen nur,* dass G. diese Sendung nachsichtig aufgenommen habe.
Anlagen: 1. gedruckte Ausgaben der »Hammonia« vom 3. und 6. Februar 1824 mit B.s Rezension der Aufführung von G.s »Egmont« am Hamburger Stadttheater und eigenen handschriftlichen Ergänzungen; 2. B.s Manuskript *Aus einem Heft aesthetischer Aphorismes und Monologes*; 3. B.s Manuskript *Dramaturgische Fragmente* über Schillers »Wilhelm Tell«, gedruckt in: »Hammonia« 1824, Nr. 47f., und *Auszüge aus einer Beurtheilung des Don Carlos, mit Beziehung auf die Aufführung*; 4. B.s *Exclamationen, bei Lesung der Schützischen Schrift über Goethe und Pustkuchen. December 1823*; Manuskript.

824 RAUCH, CHRISTIAN DANIEL

1824 Juli 15   Berlin   S: 28/722 St. 1   D: GRauch, Nr. 9   B: —   A: 1824 August 25 (38, Nr. 194); an H. Meyer, 1824 Juli 24 (38, Nr. 171)   TB: 1824 Juli 31 (E)

Übersendung des 5. Heftes von K. F. Schinkels »Sammlung architektonischer Entwürfe« (Ruppert 2369), das ein Projekt zu einem Denkmal Friedrichs II. von Preußen enthalte, zu dem man sich G.s Meinung erbitte; erwähnt: der Überbringer F. Schmidt. — R. habe Schinkel mit seinen Begleitern H. F. Brandt und G. F. Waagen auf ihrer Reise nach Italien vor Wittenberg getroffen. Schinkel danke für G.s Einladung, der er im November nachkommen wolle (vgl. G.s Tagebuchnotiz vom 1. Dezember). Brandt freue sich über den Auftrag der *bewußten Medaille* (zum 50-jährigen Regierungsjubiläum Großherzog Karl Augusts am 3. September 1825). Während Brandts Abwesenheit wolle R. zusammen mit F. Tieck *mit den Modellchen* zur Rückseite dieser Medaille *fertig seyn*. — Der (bei R.s Aufenthalt) in Weimar gefertigte dritte Entwurf zur Statue G.s (für das Frankfurter Denkmal) sei *geformt*; in einigen Tagen werde er einen Abguss davon übersenden. *Heute* werde die erste von R. entworfene Skizze in Metall gegossen. — Teile der künftigen Statue Fürst Blüchers für Berlin seien in hoher Qualität gegossen. Im August oder September solle der Guss der Statue selbst folgen. — Dank für seinen mit seiner Tochter (Agnes) in Weimar verbrachten Aufenthalt (vgl. G.s Tagebuchnotizen vom 18. bis 27. Juni). — Nach seiner Rückkehr aus Ägypten unterhalte G. Parthey *auf angenehmste durch treue Schilderung* seiner Reise.

825 ZELTER, KARL FRIEDRICH

1824 Juli 15 bis August 18   Berlin   S: 28/1019 St. 241   D: MA 20, Nr. 439   B: 1824 Juli 6 (vgl. WA III 9, 240)   A: 1824 August 24 bis 25 (38, Nr. 193)

1824 Juli 15
Dank für die Übersendung von »Über Kunst und Altertum« (V 1) mit dem Abdruck von Schillers Briefen (vgl. »Schillers Briefe an Goethe«), über die Z. zuerst hergefallen sei, da er sich zurzeit ihrer Entstehung (Februar 1802) in Weimar aufgehalten habe. — *Was Du das Humane an Deiner Iphigenie nennst, wolte ich mir gern klar machen [...]*. Reflexionen über G.s »Iphigenie auf Tauris« im Vergleich zu Euripides' Tragödien »Orestes«, »Iphigenie bei den Taurern«, »Iphigenie in Aulis«, Sophokles' (oder Euripides') »Elektra« und Aischylos' Tragödien »Agamemnon« und »Eumeniden« (aus dessen »Orestie«-Trilogie).
1824 August 14
E. von Schiller sei in Berlin eingetroffen, finde *seine Angelegenheiten hier gut angethan* und verspreche sich den *gewünschten Erfolg* (Versetzung an den Appellationsgerichtshof in Köln). — Z. habe C. Rauch nach seiner Rückkehr aus Weimar *noch kaum gesprochen*.
1824 August 18
Über die Eröffnung des Königsstädtischen Theaters könne Z. nicht mehr berichten, da E. von Schiller abreise und diesen Brief befördern werde. Gedanken über das Älterwerden und die schwindende Attraktivität aus Anlass des beiliegenden Briefes von S. von Grotthuß, die Z. und viele andere in ihrer Jugend umworben hätten.
    Beilage: RA 10, Nr. 865.

826   LIEBHABER, AMALIE LUISE HENRIETTE VON

1824 Juli 16   Braunschweig   S: 28/108 Bl. 174   D: WA III 9, 407 (T)   B: —   A: —   TB:
1824 Juli 24

L. sendet verehrungsvoll ihre ersten »Poetischen Versuche« und »Gedichte« (Ruppert 1018 und Ruppert 1017) mit der dringenden Bitte um deren kritische Beurteilung durch G. Erst vor 1 1/2 Jahren habe sie mit der Ausbildung ihrer *geringen Talente* begonnen und bemühe sich jetzt um den Erwerb wissenschaftlicher Kenntnisse.

827   MAX, JOSEPH ELIAS

1824 Juli 16   Breslau   S: 28/108 Bl. 175   D: Mommsen 5, 681 (T)   B: —   A: —   TB:
1824 Juli 26

M. erlaube sich, G. *den so eben fertig gewordenen 1ten Bogen, einer neuen arabischen Ausgabe von 1001 Nacht* (hrsg. von M. Habicht, Ruppert 1775, Ex. III), *so wie das 1te Bändchen der deutschen Uebersetzung* (von Habicht, F. H. von der Hagen und K. Schall, Ruppert 1776) zu übersenden. G.s Interesse für die arabische Literatur lasse M. eine gute Aufnahme erhoffen, die von G. bestätigt, ihm *überaus erfreulich sein* würde.

828   MEYER, JOHANN HEINRICH

1824 Juli 19   Karlsbad   S: 28/620 St. 78g   D: GM, Nr. 668   B: 1824 Juli 10 (38, Nr. 162)
A: 1824 Juli 24 (38, Nr. 171)

M. wolle die Rückreise W. E. C. Huschkes nutzen, um G. für seinen Brief und das beigefügte Heft von »Über Kunst und Altertum« (V 1) zu danken; erwähnt: C. Huschke. M. habe das Heft nur zum Teil gelesen und es vor vier Tagen verborgt; Vermutung, dass es unter den Badegästen kursiere. M. helfe sich mit der »Allgemeinen Zeitung« und der *Lesebibliothek* aus. — *Von Kunstsachen ist wenig auf dem Platz*, lediglich F. Zimmer biete einige Bronzen minderer Qualität an, ein *anderer* zweifelhafte Gemälde, die aber niemand kaufe. — Aus Belvedere werde M. berichtet, dass man mit F. Soret als Erzieher des Prinzen Karl Alexander sehr zufrieden sei. Glückwunsch an G. und sich zur Auswahl Sorets mit dem Zitat von G. *'So half der Himmel nur den Kühnen'* (aus: »Was wir bringen«). — Spätestens in 14 Tagen werde M. über Dresden, wo er *ein Paar Tage* verbringen wolle, nach Weimar zurückkehren; erwähnt: G. H. Schaller. — M. sei auf die *Übersetzung der Neugriechischen Gedichte [...]* recht neugierig (»Chants populaires de la Grèce moderne«, hrsg. von C. Fauriel), befürchte aber, den Gedichten sei das *französische Gewand nicht günstig*; erwähnt: die von G. veröffentlichten *Proben* (»Neugriechisch-epirotische Heldenlieder«, in: »Über Kunst und Altertum« IV 1).

829   SORET, FRÉDÉRIC JACOB

1824 Juli 19   Belvedere   S: 28/869 St. 104   D: Soret Houben, 126f. (T)   B: —   A: 1824 Juli 19 (38, Nr. 167); 1824 Juli 21 (LATh — HStA Weimar, vgl. GB Rep, Nr. 42226a⁺)   TB: 1824 Juli 19   V: in französischer Sprache

Übersendung einiger Mineralproben aus Dornburg mit Angabe der Lagerstätten: rosa Kalkspat, Versteinerungen, eine kieselartige Kalkschicht mit grüner Erde, gestreifter weißer Gipsstein und Kieselstein. — S. habe Erbgroßherzogin Maria Pawlowna eine der Medaillen (mit G.s Bildnis, von A. Bovy nach C. Rauch) überreicht; er wisse nicht, ob Großherzogin Luise ein Exemplar durch G. bekomme oder ob S. dies übernehmen solle. — X. B. Predari erwarte G.s Anweisungen, wie er den öffentlichen Verkauf der Medaille ankündigen solle (vgl. G.s Anzeige, in: GSo, 179). — Mitteilung der Verse auf den Adler, dargestellt auf der Rückseite von Bovys Medaille; S. habe es gestern bei Überreichung der Medaille nicht gewagt, sie G. vorzulegen (vgl. G.s Tagebuchnotiz vom 18. Juli). — Der *porteur de ces cailloux* werde S. hoffentlich von einem besseren Gesundheitszustand G.s berichten. — S. habe alle Aufträge G.s ausgeführt, bis auf den an Erbgroßherzog Karl Friedrich, der G. ohnehin aufsuchen wolle.

830   MÜLLER, FRIEDRICH THEODOR ADAM HEINRICH VON

1824 Juli 20   Weimar   S: 28/633a,2 St. 56   D: —   B: —   A: —   TB: 1824 Juli 20 (E)

M. schickt A. Maccos Brief an G. zurück (vgl. RA 10, Nr. 814), übersendet *en revange* den an ihn gerichteten Brief von Macco (vom 11. Juli; GSA 68/368 Bl. 4f.) und bittet, diesem (für das an G. geschickte, inzwischen an M. weitergegebene Bildnis A. Jacobis) *als deutliches Zeichen* der Gunst G.s das neueste Heft »Über Kunst und Altertum« (V 1) senden zu dürfen; erwähnt: *der Bediente* (? H. W.) Lange. Vielleicht lasse sich Macco *zu einer Skitze über* König Marko (vgl. »Der Tod des Kralewitsch Marko«, Übersetzung von V. Karadžić, in: »Über Kunst und Altertum« V 1) *begeistern, die ein würdiges Pendant zum Charon* werden könne (vgl. G.s Übersetzung »Charon. Neugriechisch« mit der Nachschrift »Zu Charon, dem Neugriechischen«, in: »Über Kunst und Altertum« IV 2). — Übersendung des gerade aus Paris eingetroffenen Aufsatzes »Sur la mort de Lord Byron« von W. Scott (übersetzt von A. Defauconpret, Ruppert 50) zur Ansicht und einer kleinen *Note wegen* der »Chants populaires de la Grece moderne« von C. Fauriel. — J. F. Röhrs »Rede bei der religiösen Weihe der neuen fürstlichen Totengruft« könne M. beschaffen, falls G. sie noch nicht habe. — Großherzog Karl August werde *wahrscheinl. schon Morgen in Eisenach eintreffen*.

831   NEES VON ESENBECK, CHRISTIAN GOTTFRIED DANIEL

1824 Juli 20   Bonn   S: 28/1035 Bl. 83–84   D: GNe, Nr. 96   B: —   A: 1824 August 10 (38, Nr. 179)   TB: 1824 August (BVL)   TB?: 1824 August 5

N. übersendet die erste Abteilung des 12. Bandes der »Nova Acta« (Ruppert 4168, mit dem Beitrag »Zur vergleichenden Osteologie von Goethe. Mit Zusätzen und Bemerkungen von Dr. Ed. d'Alton«). *Für die folgende Abtheilung rüste ich nun die Tafeln, die zum Zwischenkiefer Knochen gehören [...]* (von J. Waitz gezeichnete und von J. H. Lips gestochene Abbildungen zu G.s Aufsatz von 1784 »Dem Menschen wie den Tieren ist ein Zwischenknochen der obern Kinnlade zuzuschreiben«; erschienen erst 1831 in Bd. 15.1). — Über einen Besuch Großherzog Karl Augusts, dem N. die »Nova Acta«

persönlich habe überreichen können und der die Medaille und das Diplom der botanischen Gesellschaft zu Gent für G. mitgeführt habe (vgl. RA 10, Nr. 712). Näheres über diese Gesellschaft; erwähnt: König Wilhelm I. und Kronprinz Wilhelm der Niederlande. — N. freue sich auf den Besuch des Grafen K. Sternberg, der *die nächsten persönlichen Nachrichten* von G. überbringen werde (vgl. G.s Tagebuchnotizen vom 4. bis 11. Juli).

832 SORET, FRÉDÉRIC JACOB

1824 Juli 21 Belvedere S: LATh — HStA Weimar D: GSo, 179 B: 1824 Juli 19 (38, Nr. 167); 1824 Juli 21 (LATh — HStA Weimar, vgl. GB Rep, Nr. 42226a⁺) A: — V: Antwortmarginalie, in französischer Sprache

X. B. Predari wolle die von G. entworfene Anzeige (GSo, 179) für den Verkauf der Medaillen (mit G.s Bildnis, von A. Bovy nach C. Rauch) bereits vor Ankunft der Medaillensendung veröffentlichen. — Die Hoheiten (? Großherzog Karl August, Großherzogin Luise und Erbgroßherzogin Maria Pawlowna) seien glücklich, nun ein so genaues Abbild G.s zu besitzen.

833 SORET, FRÉDÉRIC JACOB

1824 Juli zwischen 21 und 25 Belvedere S: 28/108 Bl. 183 D: Begegnungen 14, 458 (T) B: — A: — V: in französischer Sprache

Bedauern, G. zu einem ungünstigen Zeitpunkt aufgesucht zu haben. Erbgroßherzogin Maria Pawlowna wünsche, dass Walter einmal in der Woche mit K. W. C. Schmidt nach Belvedere komme, um gemeinsam mit Prinz Karl Alexander unterrichtet zu werden. S. schlage den kommenden Dienstag oder Donnerstag vor.

834 REINHARD, KARL FRIEDRICH GRAF

1824 Juli 22 Frankfurt S: 28/734 St. 77 D: GRe, Nr. 141 B: 1824 Juli 5 (38, Nr. 156) A: —

G.s Reisepläne leuchteten R. ein; Bitte, ihn dabei zu berücksichtigen. — R. plane am 25. Juli nach Wiesbaden und am nächsten Tag nach Ems zu reisen, wo sich K. Sieveking, der Neffe C. Reinhards, mit seiner Frau Karoline Henriette aufhalte. Die Hoffnung, O. von Goethe wiederzusehen, habe S. Reinhard zu diesem *Komplot* veranlasst; erwähnt: R.s Sohn Karl und J. P. Eckermann. — A. Jacobi sei gestern abgereist. Charakterisierung Jacobis; erwähnt: deren Onkel Friedrich und ihr von A. Macco gemaltes Porträt (vgl. RA 10, Nr. 814). — Über eigene Pläne könne R. wenig sagen, da sich die Ferien des Bundestags verzögerten; erwähnt: J. von Münch-Bellinghausen. R. müsse zudem die Rückkehr seines Sekretärs (I. E. J. B. Alleye de Cyprey) aus Paris abwarten. — Dank für »Über Kunst und Altertum« (V 1). — R. habe in *der bewusten Angelegenheit*

(Brautwerbung G. von Diemars für seinen Sohn Georg um S. Reinhard; vgl. RA 10, Nr. 696) bereits an F. von Müller geschrieben, da er zu spät erfahren habe, dass K. von Beust Großherzog Karl August *morgen* in Offenbach treffen werde.

835   JAKOB, THERESE ALBERTINE LUISE VON

1824 Juli 23   Halle   S: 25/W 3238 Bl. 7–8; 25/W 3230, 25/W 3240 Bl. 19   D: Steig, in: GJb 12 (1891), 40–43   B: 1824 Juli 10 (38, Nr. 161)   A: 1824 August 2 (38, Nr. 175)   TB: 1824 Juli 26

Dank für die *so werthe, [...] unschätzbare Gabe* (»Über Kunst und Altertum« V 1, mit V. Karadžićs Übersetzung des serbischen Heldenlieds »Der Tod des Kralewitsch Marko«). — G. habe ihr (bei ihrem Besuch in Weimar; vgl. G.s Tagebuchnotiz vom 18. Juni) einen bedeutenden Antrieb zu ihrer geplanten Veröffentlichung (»Volkslieder der Serben«, vgl. Ruppert 1752) gegeben. Innerhalb weniger Wochen glaube sie *genug zusammen zu haben, einen mäßigen Octavband zu füllen.* Zur Durchsicht des Manuskripts hätten sich *Serben, und ein gelehrter Krainer in Wien* (B. Kopitar) bereit erklärt. Bitte, das Werk G. *öffentlich [...] widmen* zu können (vgl. Zueignung »An Goethe«). Über ihren Plan für das Werk: Auswahlmethode, Vermeidung der Eintönigkeit, die drei Hauptabteilungen, historische Einleitung, Vorwort, erklärende Anmerkungen; erwähnt: König Marko Kraljević. Bitte um G.s Rat, ob das Werk in Wien oder anderswo zu drucken sei (vgl. in der Rengerschen Buchhandlung in Halle). — J. sende hiermit die *Sammlung* zurück (»Mala prostonarodna slaveno-serbska pjesnarica«, Ruppert 1754); diese 1. Auflage sei ihr sehr willkommen gewesen. Inhaltlicher Vergleich mit Karadžićs zweiter Veröffentlichung (»Narodne srpske pjesme«, vgl. Ruppert 1753); dabei erwähnt: das Lied *von der Gattin Haßan-Agas* (vgl. G.s Nachdichtung »Klaggesang von der edlen Frauen des Asan Aga«) und A. Fortis »Reise in Dalmatien«. Über das kleine, von G. besonders bezeichnete Gedicht (»Ranko und Miliza«), dessen Übersetzung sie hier beilege. — Die von C. Fauriel jüngst herausgegebenen »Chants populaires de la Grèce moderne« (vgl. Ruppert 1760) beruhen wohl, wie Kopitar schreibe, auf einem Manuskript, das mit 100 übersetzten griechischen Liedern im Jahr 1814 W. von Haxthausen zur Veröffentlichung gemeinsam mit G. anvertraut worden sei. — Bitte um kurzfristige Ausleihe des 2. Teils von Karadžićs Sammlung (»Mala prostonarodna slaveno-serbska pjesnarica«).

Anlagen: 1. Übertragungen B. Kopitars aus V. Karadžićs Sammlung serbischer Lieder (vgl. Ruppert 1754) ins Deutsche; Manuskript; 2. J.s Übersetzung des serbischen Volkslieds »Ranko und Miliza« u. d. T. »Liebesgespräch«; Manuskript.

836   KNEBEL, KARL LUDWIG VON

1824 Juli 23   Jena   S: 28/520 Bl. 9–10   D: GK, Nr. 622 (T)   B: —   A: 1824 Juli 30 (38, Nr. 173)

Bitte, G.s Medaille (von A. Bovy nach C. Rauch) noch behalten zu dürfen, *um sie auch den Freunden zu zeigen*; erwähnt: E. Weller. K. kenne *kein ähnliches noch treflicheres*

Bild G.s und wünsche ein *solches Kunststück* auch von Großherzogin Luise, von der es noch nicht einmal *ein Gemälde auf Leinwand* gebe. — Bitte, J. Schmeller nach Jena zu schicken, da sich A. von Ziegesar und *noch mehrere* zeichnen lassen möchten; erwähnt: H. Meyers *Lob* in einem *Tagblatt*. — Über K. Meyer und dessen *prosaischen Brief*, den K. *kürzlich* erhalten habe. — An G.s *Memoiren* würden Engländer und Franzosen *fleißig* übersetzen (u. a. F. J. P. Aubert de Vitry »Mémoires de Goethe«, enthaltend die Übersetzung von »Dichtung und Wahrheit« und »Italienische Reise«, 1. Teil). — Die K. von Großherzogin Luise zugeschickten »Biographischen Denkmale« von K. A. Varnhagen von Ense seien *wohl geschrieben*; erwähnt: Graf W. Schaumburg-Lippe. — K. F. Heusinger gehe zu K.s Bedauern *um Michaelis nach Würzburg* (richtig: am 16. September). Sein Nachfolger E. Huschke scheine sich durch *abentheuerliche Begriffe kund machen zu wollen*. — Empfehlung von K. und dessen Familie; K.s Sohn Bernhard feiere *übermorgen* seinen elften Geburtstag.

837 MÜLLER, FRIEDRICH THEODOR ADAM HEINRICH VON

1824 Juli 23   Weimar   S: 28/633a,2 St. 57   D: —   B: —   A: —

M. übersendet *4 neue Ankündigungs-Exemplare* (der Medaille für Großherzog Karl Augusts 50. Regierungsjubiläum am 3. September 1825; GSA 30/340 Bl. 47, Bl. 49, Bl. 52 und Bl. 58) zur Unterzeichnung sowie seinen Brief an K. A. von Lincker (vom 23. Juli; vgl. ebd. Bl. 35) mit der Bitte, die anliegende *Beylage* (über die Subskriptionen für die Medaille außerhalb des Großherzogtums; vgl. ebd. Bl. 33f.) gegebenenfalls umzuschreiben und die Sendung dann zu expedieren. — Bedauern, G. heute nicht mehr selbst aufsuchen zu können; erwähnt: die *Herrschaften* in Belvedere (Erbgroßherzog Karl Friedrich, Erbgroßherzogin Maria Pawlowna und Erbprinz August von Oldenburg) und *fünf Ober-AppellationsRäthe aus Celle* (G. A. W. Flöckher, Graf C. Kielmannsegge, F. C. L. von Schlepegrell, J. K. von der Wisch und Schmidt). — Der Großherzog sei mit Fürst Metternichs *Reden u. Aeußerungen höchlich zufrieden*.

838 COTTA, JOHANN FRIEDRICH VON

1824 Juli 24   Stuttgart   S: 28/108 Bl. 224–225   D: Cotta, Nr. 487   B: —   A: —

Empfehlungsschreiben für K. Grüneisen, einen *talentvollen Mann und gemüthlichen Dichter*, dem G. für einen Augenblick seine *intereßante Bekanntschaft gönnen* möge. — C. könne nicht selbst schreiben, da er nach einer Operation *seit 14 Tagen das Bette* hüte. — Hoffnung auf baldige gute Nachrichten von G.

839 VULPIUS, CHRISTIAN AUGUST

1824 Juli 24   Weimar   S: 28/108 Bl. 176–177   D: Vulpius, Nr. 679   B: —   A: —   TB?:
1824 Juli 24

Vor seiner Abreise nach Wiesbaden am 25. Juli wolle V. *für alle Gutthaten u Gewogenheiten* G. seinen *verbindlichsten Dank* sagen und wünsche, *frisch, gesund u nicht mehr gelähmt am Körper* seinen Dank bei seiner Rückkehr persönlich abstatten zu können. — Rückgabe der ihm anvertrauten Schlüssel.

840   SACHSEN-WEIMAR-EISENACH, KARL AUGUST GROSSHERZOG VON

1824 Juli 25   Wilhelmsthal   S: 28/773,4 St. 12 und 28/108 Bl. 178   D: GH, Nr. 975   B: 1824 etwa Juni 25 (38, Nr. 148)   A: 1824 August 1 (38, Nr. 174)

Die meteorologischen Tafeln (von L. Schrön) seien *sehr fleißig gemacht*. S. habe aber keine Hoffnung mehr, *je etwas tüchtiges in der Meteorologie zu stande zu bringen.* — Aus der Kasse der Oberaufsicht solle G. für eine Badereise A. Vulpius *So viel nöthig* geben. — Grüße von S.s *Schwager* (Großherzog Ludwig I. von Hessen-Darmstadt), der viel nach G. gefragt habe.

841   DOROW, KARL FRIEDRICH FERDINAND WILHELM

1824 Juli 27   Berlin   S: 28/108 Bl. 186   D: Kaufmann, Verein, 293 (T)   B: —   A: —
TB: 1824 August 5; 1824 August 30; 1824 August 9 (E); 1824 August (BVL)

Anfrage, ob J. F. von Cotta das in dessen Verlag erschienene Werk D.s »Die Denkmale germanischer und römischer Zeit in den rheinisch-westfälischen Provinzen« (vgl. Ruppert 2026) mit D.s darin befindlichem Aufsatz über »Die Externsteine (eostrae rupes) in Westfalen« in seinem Auftrag übersandt habe. Für den künftigen 2. Band habe B. Hundeshagen bereits die Zeichnungen angefertigt. — In der Anlage lege D. *ein neues Werck* bei (»Denkmäler alter Sprache und Kunst«, Bd. 1, H. 1 – 3, Ruppert 285). — Klage, angesichts der Arbeitsbelastung nicht mehr zu althistorischen Forschungen zu kommen.

842   WERTHEIMER, JOSEPH

1824 Juli 28   Weimar   S: 28/108 Bl. 179–180   D: —   B: —   A: —

W. erinnert an einen Brief von E. Dies und wiederholt deren Bitte *um einige wenige Zeilen* der Würdigung ihres verstorbenen Ehemannes (vgl. RA 10, Nr. 38); erwähnt: dessen »Biographische Nachrichten von Joseph Haydn«. Diese Bitte stütze sich darauf, dass G. den Landschaftsmaler Dies *in Hochdero Werken* mehrmals erwähnt habe, *nahmentlich* in »Winckelmann und sein Jahrhundert« und *in einigen Heften* »Über Kunst und Altertum«. Über E. Dies' Absicht, die von ihrem Ehemann *selbst verfaßte noch ungedruckte Biographie mit Beifügung der Aeußerungen mehrerer seiner Freunde als Reinhold* (richtig: J. C. Reinhart), *Mahler F. Müller zu Rom u. a. m. zum Besten seiner verbliebenen Waisen herauszugeben* (vgl. auch »Albert Dies. Biographische Skizze«, in: »Archiv für Geschichte, Statistik, Literatur und Kunst« 1825, Nr. 95/96 und Nr. 104).

843   WEYGANDSCHE BUCHHANDLUNG

1824 Juli 28 (? 23)   Leipzig   S: Universitätsbibliothek Leipzig (Konzept)   D: —   B: 1824 Juli 21 (38, Nr. 168)   A: 1824 August 26 (38, Nr. 195)

Dank für die Rücksendung der ersten beiden Druckbogen von »Die Leiden des jungen Werther« (Jubiläumsausgabe zur 50. Wiederkehr der Erstausgabe). Auf G.s Vorschlag, F. W. Riemer die Korrekturen zu übertragen, könne man nicht eingehen, da man in Abwesenheit des Inhabers der Buchhandlung, J. C. Jasper, keine so weitreichende Entscheidung treffen könne. Um keine Zeit zu verlieren, überlasse man die Aufgabe *Herrn* (F. oder H.) *Brockhaus*. Um G. *nicht mehr lästig* zu fallen, werde man nur noch den letzten Bogen, *welcher den Titel und die neue Vorrede* (G. »Noch einmal wagst du, vielbeweinter Schatten ...«) *enthalte*, zusenden, bevor *die completten Freyexemplare* abgingen.

844   WILLEMER, MARIANNE VON

1824 Juli 28   Frankfurt   S: Freies Deutsches Hochstift Frankfurt (Abschrift)   D: GW, Nr. 131   B: —   A: an J. J. von Willemer, 1824 August 4 (38, Nr. 176)   TB: 1824 August 1

Durch J. P. Eckermanns überraschenden Besuch seien viele Fragen nach G. zu aller Freude beantwortet worden. Dieser habe sich erboten, *diese wenigen Zeilen* zu überbringen; erwähnt: J. J. von Willemer. — S. Boisserée komme *in der Hälfte des Augusts* nach Frankfurt. — Die Reise (nach Salzburg und Berchtesgaden; vgl. RA 10, Nr. 721) sei W. sehr gut bekommen, wovon sie gerne ausführlicher berichtet hätte. — Bitte um einige Zeilen G.s.

845   WERTHEIMER, JOSEPH

1824 nach Juli 28   Weimar   S: 28/108 Bl. 184   D: —   B: —   A: —

W. *läßt* G. *seinen ehrerbiethigsten Dank vermelden*. Angabe der Wiener Adresse von E. Dies, Witwe des *Landschaftsmahlers* (A. Dies).

846   SUCKOW, FRIEDRICH WILHELM LUDWIG

1824 Juli 29   Mannheim   S: 28/1035 Bl. 100–101   D: NC, Nr. 353   B: —   A: —

Dank für die Ernennung zum Ehrenmitglied der mineralogischen Sozietät zu Jena.

847   MÜLLER, FRIEDRICH THEODOR ADAM HEINRICH VON

1824 August 1   Weimar   S: 28/633a,8 St. 129   D: —   B: —   A: —

Bitte um das für (?) S. Schütze bestimmte Heft »Über Kunst und Altertum« (V 1). — M. habe erfahren, dass P. A. und A. Wolff *schon Morgen früh kämen*.

848   KNEBEL, KARL LUDWIG VON

1824 August 3   Jena   S: 28/520 Bl. 11–12   D: GK, Nr. 624 (T)   B: 1824 Juli 30 (38, Nr. 173)
A: —

K. sendet G.s Medaille (von A. Bovy nach C. Rauch) zurück, die jeder, der sie gesehen habe, gern behalten hätte. — K. werde G.s *Zeilen* für J. G. Eichhorn (Dank für dessen »Hiob«; vgl. RA 10, Nr. 820) *vielleicht heute noch* übersenden (richtig: erst am 5. August). — In einem *Englischen Journal* habe K. eine *gute Anzeige* von G.s *Mémoires* gefunden (»The New Monthly Magazine« 1824, Bd. 7). — *Von der Subscription auf die Medaille* Großherzog Karl Augusts (von H. F. Brandt, Rauch und F. Tieck) sei K. *noch nichts zu Gesicht gekommen*. — Bedauern, dass sich J. Schmeller mit K.s Bild *so unzusagend ausgiebt*; Anspielung auf J. Cross' »Physiognomy«. — Über das *Schicksal* D. Gries', der *vorgestern* nach Stuttgart abgereist sei und in Jena *seiner Taubheit wegen keine Gesellschaft genießen kann*. — K. verlange nach der in Breslau herausgegebenen »Tausend und eine Nacht« (von M. Habicht, F. H. von der Hagen und K. Schall; vgl. RA 10, Nr. 827); erwähnt: *Geist und Geschick* des verstorbenen K. F. van der Velde. — K. A. Varnhagen von Enses »Biographische Denkmale« hätten K. *wohl unterhalten*. — Über die Schilderung des Mordprozesses an G. von Kügelgen im »Literarischen Konversationsblatt« (1824, Nr. 167): Der *erkannte Mörder* (J. G. Kaltofen) sei *mit leichter Todesstrafe davon gekommen* und der *unschuldige, halbblödsinige* J. G. Fischer freigesprochen worden; erwähnt: König Friedrich August I. von Sachsen. — K.s Sohn Bernhard danke für G.s Geburtstagswunsch. — K. W. Göttling beklage den *langsamen Druck* seines »Aristotelis Politicorum«. — L. von Ziegesar sei *mit einem Töchterlein* (Marie, am 30. Juli) *niedergekommen*. K. habe *einige Verse für dasselbe gemacht* und A. von Ziegesar mit Versen geantwortet. — Grüße an A. von Goethe.

849   STEIN, GOTTLOB FRIEDRICH KONSTANTIN VON

1824 August 5   Weimar   S: 28/108 Bl. 185.187   D: Begegnungen 14, 464 (T)   B: —   A: —

Anfrage, ob S. *Morgen Mittag* G.s Gast sein dürfe (vgl. G.s Tagebuchnotiz vom 6. August). — Zu dem von J. Schmeller angefertigten Porträt S.s, das G. überbracht worden sei; erwähnt: G.s »Die Wahlverwandtschaften«.

850   BRANSCHE BUCHHANDLUNG

1824 August 6   Jena   S: 28/108 Bl. 188   D: —   B: —   A: —   TB: 1824 August 8 (E)

Begleitschreiben zur Sendung von zwei Exemplaren des *Prorectoratsprogramms* (»Duas inscriptiones viales Treveris nuper repertas«), über deren Bestimmung (Weiterleitung an K. F. Quednow und Großherzog Karl August) *beiliegender brief* H. K. A. Eichstädts *Auskunft geben* werde.

851   GOETHE, OTTILIE VON

1824 August 6   Schlangenbad   S: 28/357 Bl. 72–74   D: ON 2, Nr. 62 (T)   B: 1824 Juli 11 (38, Nr. 163)   A: 1824 August 13 (38, Nr. 181)

Bei schlechtestem Wetter sei O. von Goethe auf schlechten Wegen und in schlechtem Gesundheitszustand in Schlangenbad angelangt; erwähnt: A. Näder. — Betrachtungen über die höchst unterschiedlichen Eindrücke, die sie bisher in diesem Jahr im prunkvollen Berlin, im häuslichen Leben Weimars, im reichen Frankfurt, im eleganten Ems und nun in der ländlichen Stille Schlangenbads gewonnen habe. — Über verschiedene Begegnungen in Ems; erwähnt: K. W. F. und L. W. von Bismarck sowie J. H. Lawrence. — Reflexionen über ihre Beziehungen zu Männern verschiedener Berufe und verschiedener Nationalität; erwähnt: ihre *Erfahrungen in dem Ritter Hughischen, philosophischen System* (? nach F. de la Motte-Fouqués »Der Zauberring«) und Heinrich IV. (? von England oder Frankreich). *Ueberhaupt lieber Vater,* — *'soll ich lieben, soll ich hassen,* — *Sei es gleich in ganzen Massen', — ganze Nationen oder Fakultäten [...]* (Anspielung auf G. »West-östlicher Divan«, »Als wenn das auf Namen ruhte ...«, WA I 6, 102). Auch habe sie *in diesem Sinn zu dem griechischen Interesse einen kleinen Suplementband gefunden.* — Gräfin K. Egloffstein habe von G.s Unpässlichkeit und seiner glücklichen Genesung geschrieben. — Fortsetzung der Betrachtungen: Was G. *über die neuen Bücher* sage (u. a. C. Delavigne »L'école des vieillards«, F. Lope de Vega »Stern, Zepter, Blume«, hrsg. von E. von der Malsburg, und »Chants populaires de la Grèce moderne«, hrsg. von C. Fauriel) schreibe, habe O. von Goethe sehr interessiert. Graf K. F. Reinhard habe bei einem Besuch von einem neuen Werk N. A. de Salvandys gesprochen (»Don Alonzo«). — Dank für das (auf Delavigne bezogene) *Impromptu*. — In einer *englischen Zeitung* seien die Privatbriefe Lord Byrons, vor allem an seine Mutter, veröffentlicht worden (? Ankündigung der »Correspondence of Lord Byron with a Friend, including his Letters to his Mother«, hrsg. von R. C. und A. Dallas). — F. Soret erhalte den nächsten Brief.

852   KÖRNER, JOHANN CHRISTIAN FRIEDRICH

1824 August 6   Jena   S: 28/108 Bl. 190–191   D: LA II 2, 467 (T)   B: —   A: —

K. übersendet seinem *Versprechen zu Folge* das Badethermometer, dessen Kapsel er sich vom Drechsler *etwas feiner gearbeitet* gewünscht hätte. — Stademann (? W. Stadelmann) wisse nichts von einer *herübergenommenen Scale* und meine, dass Gräfin O. Henckel sie *zur Restauration an sich genommen* habe; K. wolle eine andere fertigen. — Über einen *Distanzmesser*, der sich *theilsweis zerlegt* in einem von J. F. Posselt vernagelten Kasten befunden habe.

853   WALKER, ALEXANDER

1824 August 6   London   S: 28/108 Bl. 197–198   D: Scott, 56f.   B: 1824 Mai 30 (38, Nr. 129)   A: —   TB: 1824 August 22; 1824 September 12 (E)   V: in englischer Sprache

Illustrious Goethe — Father of European Literature! Verehrung für G. und Dank für seine Unterstützung (der Zeitschrift »The European Review«). Das 1. Heft sei an ihn abgesandt worden (vgl. Ruppert 381). Hinweis auf den darin enthaltenen Aufsatz A.s (»Outlines of a Natural System of Science«). — Angaben der Adressen in Paris und London, wohin G. seine Beiträge senden könne. Die Honorarabrechnung würde über den Bankier A. Méchin erfolgen. Aufzählung der Personen, die an der Zeitschrift mitwirken wollen: V. Monti, U. Foscolo, L. Cicognara, A. Nibby, F. C. Schlösser, A. Müllner, J. H. Füßli, B. Constant, F. Guizot, E. de Jouy, A. I. Silvestre de Sacy, C. Dupin, A. H. de Jomini, J. Flaxman, H. Fuseli und H. Howard.

854 SORET, FRÉDÉRIC JACOB

1824 August 7   Weimar   S: 28/869 St. 100   D: Soret Houben, 130f. (T)   B: —   A: —
V: in französischer Sprache

Erbgroßherzog Karl Friedrich erwäge, die kleine Gipsplastik zu erwerben, die einen Jäger darstelle, der einen Rehbock schießt. Er frage an, welchen Preis er wohl zahlen müsse. — Die (für X. B. Predari bestimmte) umfangreiche Medaillensendung aus Genf werde bald eintreffen (Medaille mit G.s Bildnis von A. Bovy nach C. Rauch); erwähnt: Großherzog Karl August. — Gestern habe der Mond über dem Ettersberg einen großen prächtigen Regenbogen gezeigt. — Übersendung zweier Kalksteine mit grünen Flecken und kieselartigen Knötchen aus Belvedere als Beweis der Zugehörigkeit Weimars zur Kreideformation.

855 LYNCKER, KARL WILHELM HEINRICH VON

1824 August 8   Marienbad   S: 28/586 St. 1   D: —   B: —   A: —

Entsprechend G.s Wunsch berichte L. über Marienbad und seine Gäste: Leider habe er keine Verschönerung der Anlagen wahrnehmen können, *diejenigen Plätze*, *die grün seyn sollten*, seien *grau verblieben*. Zum Schutz der Gäste werde links vom Kreuzbrunnen ein neuer Trinksaal gebaut. *Im Allgemeinen* habe das Bad *einen viel ernsthafteren Character angenommen*, und obwohl mehr Gäste als im Vorjahr anwesend seien, fände *man doch keine einzige Parthey [...] die ihres Vergnügens wegen da zu seyn scheint, jedermann braucht die Heilmittel regelmäßig, von lustigen Vereinen [...] ist hier nicht die Rede*. Der Geburtstag des preußischen Königs Friedrich Wilhelm III. (am 3. August) sei ruhig gefeiert worden; die Fürstin Pauline von Hohenzollern-Hechingen mit ihrer Schwester (J. Pignatelli di Belmonte) sowie Graf Saint Leu mit seinem Sohn (Napoleon Louis) *wandeln Anspruchslos unter uns herum*. Anekdote über die *höchst lächerliche Erscheinung* des Grafen A. L. Ankwicz und seinem Gefolge. L. habe *unsern guten Prälaten* (K. Reitenberger) nur einmal gesprochen; gegen ihn laufe *eine große Untersuchung* durch den Prager Erzbischof (W. L. von Chlumczanský). — W. Gradl habe dank der Hilfe von J. A. W. Hedenus in Dresden eine gefährliche Krankheit überstanden. Beschreibung des Ausblicks in die unvergleichliche Natur aus seinem Quartier bei K. Heidler. Empfehlungen von Gradl, Reitberger, Heidler und L.s Ehefrau.

856 COTTA, JOHANN FRIEDRICH VON

1824 August 9   Stuttgart   S: 30/308 Bl. 25–26   D: Cotta, Nr. 488   B: 1824 Juli 21 (38, Nr. 169)   A: an P. G. Kummer, 1824 August 16 (38, Nr. 183)

G.s Brief habe C. *als halben Reconvalescenten* nach einer Operation angetroffen, die ihn drei Wochen zur Untätigkeit genötigt habe, weshalb er das übersandte Manuskript (J. C. Mämpel »Der junge Feldjäger«) erst später begutachten könne. — Wegen der *FestGedichte* (»Bei allerhöchster Anwesenheit Ihro Majestät der Kaiserin Mutter Maria Feodorowna in Weimar Maskenzug«) sei P. G. Kummer in Leipzig instruiert, die gewünschte Anzahl zu liefern (vgl. RA 10, Nr. 878). — C. von Schiller habe *bei ihrem kurzen hiesigen Aufenthalt* viel Erfreuliches über G.s große Thätigkeit und Wohlbefinden berichtet.

857 SCHOPENHAUER, ADELE

1824 August 9   Wiesbaden   S: 28/820 St. 4; 28/108 Bl. 189   D: Begegnungen 14, 462 (T)   B: —   A: 1824 August 13 (38, Nr. 180)

S. berichte entsprechend G.s Auftrag über die Verhältnisse in Wiesbaden. Über die Gesellschaft könne sie aufgrund des erst kurzen Aufenthalts nicht urteilen. Hinweis auf die beiliegende Badeliste (»22. Liste der Kurgäste und Durchreisenden zu Wiesbaden vom 5.–7. August 1824«, Ruppert 5336); erwähnt: P. A. von Rennenkampff, *des unsern* (A. von Rennenkampff) Bruder. S. wohne im Hotel »Zum Adler«, das einen ausgezeichneten Ruf besitze; erwähnt: der Wirt (C. Schlichter). Sollte G. nach Wiesbaden kommen wollen, so empfehle sie, es bald zu tun. — S. reise heute zu O. von Goethe nach Schlangenbad. Grüße an U. von Pogwisch sowie Walter und Wolfgang.
    Anlage: Notizen von C. Schlichter über Zimmerpreise im Hotel »Zum Adler« und Nachschrift von S. über die Unterkunftsmöglichkeit für G.; erwähnt: J. Schopenhauer.

858 GOETHE, OTTILIE VON

1824 August etwa 10   Schlangenbad   S: 28/357 Bl. 75   D: Hein, 143 (T)   B: —   A: —

Krankheits- und Geldbericht. Ausführlicher Bericht über O. von Goethes Gesundheitszustand, die Wirkung der Bäder in Ems und die zu erwartende Wirkung der Behandlung in Schlangenbad; erwähnt: A. F. A. Diel und der *Schwalbacher Arzt* (H. von Fenner). Sollte sie keine andere Anweisung von A. von Goethe, W. Rehbein oder G. erhalten, werde sie Schlangenbad nach der siebten Anwendung verlassen. — Über die hohen Kosten, von denen sich *auf keine Weise etwas ersparen läßt.*

859 POGGENDORFF, JOHANN CHRISTIAN

1824 August 10   Berlin   S: 28/1035 Bl. 91   D: NC, Nr. 290   B: —   A: —   TB: 1824 August (BVL)

Übersendung des 1. Heftes der von P. unter verändertem Titel herausgegebenen Fortsetzung von L. W. Gilberts »Annalen der Physik« (»Annalen der Physik und Chemie« 1824, Bd. 1 [Bd. 77 der Gesamtfolge], St. 1, Ruppert 4175). Erläuterung seines Vorhabens und Hoffnung auf G.s Interesse.

860   WELLER, CHRISTIAN ERNST FRIEDRICH

1824 August 10   Jena   S: 28/978 St. 1; in 34/XXXIV,2   D: —   B: 1824 August 6 (38, Nr. 178)   A: —

Übersendung der von W. Stadelmann bisher erhaltenen Rechnungen (von G.s Reise in die böhmischen Bäder 1823) und Zusage, auch die restlichen einzusenden. Die Rechnungen von 1822 wolle Stadelmann bereits abgeliefert haben. — K. L. von Knebel lasse fragen, ob G. *die Verse von Thomas Moore auf Lord Byron selbst eigen geschriebene Biographie gelesen* habe; er könne sonst *damit aufwarten*. Grüße von Knebel und dessen Familie.
? Anlagen: Rechnungen; datiert: Juni bis September 1823.

861   NEUBURG, JOHANN GEORG (D. J.)

1824 August 11   Frankfurt   S: 28/108 Bl. 193   D: —   B: —   A: —

In Abwesenheit seines Vaters J. G. Neuburg teile N. *den gestern* erfolgten Tod G. Melbers mit; erwähnt: dessen Freunde und Familie.

862   TRUCHSESS VON WETZHAUSEN, CHRISTIAN VON

1824 August 11   Schloss Bettenburg   S: 28/921 St. 1   D: —   B: —   A: —

Götz Truchseß (Anspielung auf T.s Beinamen Ritter Götz) *muß sich viel versagen* (wegen seiner zunehmenden Erblindung). Umso mehr erfreue ihn der durch F. von Müller überbrachte Gruß G.s.

863   RITGEN, FERDINAND AUGUST MARIA FRANZ

1824 August 12   Gießen   S: 28/108 Bl. 192   D: —   B: —   A: —

Glückwünsche zu G.s Geburtstag mit der Mitteilung, dass das Singspiel »Claudine von Villa Bella« *von einem* seiner *Freunde, und zwar [...] vortrefflich!, in Musik gesetzt* sei (von J. P. Müller; vgl. dessen Briefe an G. von 1825 Juli 24, 1826 Januar 30, RA 11, sowie 1827 Juli 29, RA 12, und G.s Tagebuchnotiz vom 8. August 1827). *Bald wird die Partitur in Ihren Händen sein!*

864 WELLER, CHRISTIAN ERNST FRIEDRICH

1824 August 13   Jena   S: 28/978 St. 2; in 34/XXXIV,2   D: —   B: 1824 August 6 (38, Nr. 178)   A: —

W. übersendet *den Schluß der* (W.) *Stadelmannschen Rechnung* (von G.s Reise in die böhmischen Bäder 1823). Stadelmann wolle *in einigen Tagen verreisen*; er habe *entfernte Hoffnung eine Stelle, ohngefähr vierzehn Stunden von hier, zu bekommen*. — *Morgen früh* werde D. Compter *seine Reise nach Halberstadt* antreten (und am 24. August zurückkehren).
? Anlage: Rechnungen; datiert: Juni bis September 1823.

865 GROTTHUSS, SOPHIE LEOPOLDINE WILHELMINE VON

1824 August 14   Berlin   S: 28/375 St. 15   D: Hahn, 66 (T)   B: —   A: —

Obwohl sie durch K. F. Zelter von G.s Überlastung wisse, müsse sie dieses *erste Anliegen* seit ihrer beider *30 Jährigen Freundschafft* vorbringen. Sie bitte G. um Fürsprache bei J. F. von Cotta, da sie jetzt ihren Lebensunterhalt selbst bestreiten und ihre literarischen Arbeiten zum Erwerb betreiben müsse; erwähnt: ihre *Franzoische Prosaische u Englische Gedichte* sowie ihr verstorbener Ehemann und ihre Familie. Über ihre bisherigen, allerdings unentgeltlichen Veröffentlichungen, die *sehr gut aufgenomen worden* seien; erwähnt: ihr Roman *Sophie ou la Difference de l'Education*, ihre Beiträge in »L'Athénée des Dames« sowie S. F. de Genlis und E. de Bon. Grotthuß vertraue darauf, dass G. auch ausübe, was er *der Welt so schön ans Herz gelegt, durch 'Edel Sei Der Mensch, Hülfreich u Gut'*.
Beilage zu: RA 10, Nr. 825.

866 HAGEN, FRIEDRICH HEINRICH VON DER

1824 August 14   Berlin   S: 28/381 St. 4   D: Hecker, in: GJb 49 (1929), 171f.   B: —   A: —
TB: 1824 Oktober 7 (E); 1824 Oktober (BVL)

H. übersendet seine Übersetzung von Graf E. Raczyńskis »Malerischer Reise in einigen Provinzen des osmanischen Reichs« (Ruppert 4092), auch im Namen des Verfassers (vgl. G.s Anzeige in: »Über Kunst und Altertum« V 3); erwähnt: die polnische Originalausgabe sowie *der Vater der Dichtkunst* und *der Schauplatz seines unverwüstlichen Heldengedichts* (Homer »Ilias«). Bekenntnis seiner Verehrung und seiner ehrfurchtsvollen Erinnerung an seinen Besuch bei G. (vgl. G.s Tagebuchnotiz vom 22. Mai 1823). — Möge die Sendung G.s Geburtstag *verschönen, der uns alle auch hier zur freudigen Feier vereinigt*.
Beilage zu: RA 10, Nr. 896.

867 WILLEMER, JOHANN JAKOB VON

1824 August 14   Frankfurt   S: 28/106 Bl. 5   D: GW, S. 424   B: —   A: 1824 August 23 (38, Nr. 192)

Begleitblatt zu einer Sendung *Lauenheimer 1806* zum 28. August mit Erinnerung an G.s Geburtstagsfeier 1815 auf der Gerbermühle.
   ? Beilage zu: RA 10, Nr. 868.

868 WILLEMER, JOHANN JAKOB VON

1824 August 14   Frankfurt   S: 28/108 Bl. 199   D: —   B: —   A: 1824 August 23 (38, Nr. 192)

Frachtbrief zu *1 Kiste Wein*.
   ? Beilage: RA 10, Nr. 867.

869 BOPP, FRANZ

1824 August 15   Berlin   S: 28/108 Bl. 200–201   D: —   B: —   A: an J. G. L. Kosegaten, 1824 September 5 (38, Nr. 200)   TB: 1824 August 24; 1824 August (BVL)

B. übersendet ein vor kurzem von ihm herausgegebenes Werk (»Ardschunas Reise zu Indras Himmel nebst anderen Episoden des Mahabharata«, Ruppert 1789). G. habe mit seinem »West-östlichen Divan« *den Kennern gezeigt mit welcher Tiefe* er *den Geist der Orientalischen Litteratur zu erfassen und darzustellen* weiß. B. wünsche dies auch der *Indischen Muse.* »Sakuntala« (von Kalidasa) habe durch G. die *edelste und würdigste Anerkennung* gefunden (? in der Xenie »Der Ost hat sie schon längst verschlungen ...«, in: »Über Kunst und Altertum« III 2). — Weiter übersende B. *noch eine andere Arbeit* (»Vergleichende Zergliederung des Sanskrits und der mit ihm verwandten Sprachen«, Ruppert 763) mit der Bitte um wohlwollende Aufnahme.

870 JAKOB, THERESE ALBERTINE LUISE VON

1824 August 15   Halle   S: 25/W 3238 Bl. 9–10   D: Steig, in: GJb 12 (1891), 45–48   B: 1824 August 2 (38, Nr. 175)   A: 1824 September 8 (38, Nr. 201)   TB: 1824 August 30

G.s Wunsch entsprechend übersendet J. das Manuskript (ihrer Veröffentlichung »Volkslieder der Serben«) noch vor der Absendung nach Wien. Die am Rand stehenden Fragen seien für V. Karadžić, B. Kopitar und andere bestimmt. Auf deren Notizen warte sie auch für die Anmerkungen und um ein weiteres großes Gedicht, »Die Hochzeit des Maxim Zernojewitsch«, übersetzen und hinzufügen zu können. Gegenwärtig sei sie mit der historischen Einleitung beschäftigt (vgl. »Vorrede«). — Über die Schwierigkeiten, die ihr die Übersetzung bereitet habe, insbesondere die Wiedergabe einzelner Laute. G. werde die Übersetzung wohl als *zu treu* finden, aber sie habe mit größeren

Änderungen nicht beginnen wollen. J. finde ohnehin *diese Nationalgesänge (besonders die neuern) großentheils mehr merkwürdig und intereßant, als schön.* — Begründung, weshalb sie die von G. zugesandte Bemerkung über *'des Mohrenkönigs Tochter'* noch nicht für eine Änderung benutzt habe. — Zum Druck: Breitkopf & Härtel würden *jetzt fast einzig musikalische Sachen* verlegen; den *Verlag des Originals* hätten sie G. Reimer überlassen. — Dank für G.s Zusage, *für das Büchlein zu wirken.* Aufgrund seines *gänzlichen Uebergehens der Frage*, ob sie ihm das Buch widmen könne, schöpfe sie die Hoffnung, dass er die Vorrede schreiben wolle.

871 RAUMER, FRIEDRICH LUDWIG GEORG VON

1824 August 15   Berlin   S: 28/723 St. 1   D: Mommsen 5, 514   B: —   A: —   TB: 1824 September 5 (E)

R. übersendet die ersten vier Bände seiner »Geschichte der Hohenstaufen und ihrer Zeit« (Ruppert 3348). G.s *Belehrung* wäre R. *unendlich wichtiger [...] als das Urtheil sogenannter Sachverständigen.*

872 WILLEMER, MARIANNE VON

1824 August 15   Frankfurt   S: Freies Deutsches Hochstift Frankfurt (Abschrift)   D: GW, Nr. 133   B: an J. J. von Willemer, 1824 August 4 (38, Nr. 176)   A: an J. J. von Willemer, 1824 August 23 (38, Nr. 192)

Über ihre vergebliche Hoffnung auf einen Besuch G.s in Frankfurt; erwähnt: J. P. Eckermanns *Verheißungen* und *Bettinens Nachrichten.* — Frage nach dem Zustand der übersandten Artischocken, die eilig verpackt worden seien. Die nächste Lieferung solle *wohl gepackt und gut conservirt ankommen.* — Auftragsgemäß teile W. eine kleine Geschichte mit: G. habe einst auf Bitten J. L. Passavants ein Gedicht zur Hochzeit eines seiner Brüder (Jakob Passavant mit S. F. P. Schübler) verfasst; es sei aber zu spät eingetroffen und nun zur goldenen Hochzeit des Paares verlesen worden (G. »Dem Passavant- und Schübelerischen Brautpaare die Geschwister des Bräutigams zum 25. Juli 1774«). — Hoffnung, O. von Goethe bei ihrem nächsten Besuch länger um sich zu haben. Sie und S. Boisserée hätten einen Besuch G.s in Aussicht gestellt. — Bedauern darüber, dass sie nicht selbst B. von Arnim über G. habe befragen können (vgl. G.s Tagebuchnotiz vom 26. Juli); erwähnt: deren *Arbeit* (Entwurf zum Frankfurter G.-Denkmal). — Kurzer Bericht von der Reise, die sie über Straßburg, Salzburg, Bozen und Heidelberg geführt habe.
    Auf gleichem Bogen: Nachschrift von WILLEMER, JOHANN JAKOB VON: Marianne habe ihm aus der Seele gesprochen, als sie G.s Fernbleiben bedauert habe. — Graf K. F. Reinhard erwarte O. von Goethe. Reinhard sei ein Edelmann, mehr als der Minister (? A. H. M. de Damas; vgl. RA 10, Nr. 889) und von der Politik noch nicht verdorben.

873 PIOTROWSKI, KONSTANTY

1824 August 16   Marienbad   S: 28/108 Bl. 196; 36/III,5   D: Witczuk, in: WB 1970, 205 (T)
B: —   A: —   TB: 1824 August 19 (E); 1824 August (BVL)   V: in französischer Sprache

Die Hoffnung auf eine Begegnung mit G. habe P. in diesem Jahr nach Marienbad geführt. Die Nachrichten über G.s Gesundheit hätten P. beunruhigt und er wünsche, dass die Wasser des Kreuzbrunnens G. ein langes Leben gewährten. Übersendung des Trauerspiels »Luitgarde« (von L. Kropiński), über das G. so viel gesprochen habe (vgl. G.s Tagebuchnotiz vom 4. August 1823), und der polnischen Übersetzung der »Leiden des jungen Werthers« (von K. Brodziński, Ruppert 1868). — Bitte, dass G. ihm die besten Werke für und gegen das Christentum empfehle. — Angabe seiner Adresse *par Brody a Zytomir*.

Anlage: L. Kropińskis Trauerspiel »Luitgarde« in deutscher Übertragung; Manuskript.

874 LODER, JUSTUS CHRISTIAN VON

1824 August 17   Moskau   S: 28/1040 Bl. 57   D: NC, Nr. 165   B: —   A: 1824 Oktober 7 (38, Nr. 226)   TB: 1824 September 14; 1824 September (BVL)

Empfehlung des Grafen V. Panin, Sohn von Graf N. Panin und Enkel von Graf W. Orlow. — L. habe sich erlaubt, seinem Buch »Elementa Anatomiae humani corporis«, das G. durch den Verleger (K. J. G. Hartmann) erhalten haben werde (vgl. RA 10, Nr. 348), G.s Namen in Gesellschaft zweier anderer *vorzusetzen* (A. von Humboldt und C. W. Hufeland). — Hinweis auf das beiliegende Buch (L. »Index praeparatorum aliarumque rerum ad anatomen spectantium«, Ruppert 4263). — Für das ihm von Großherzog Karl August übersandte Schreiben bitte er G. um Übermittlung seiner *lebhaftesten Dankbarkeit*. Gegenwärtig arbeite L. an *einem Kupferwerke*. — Hoffnung, in einigen Jahren *das geliebte Weimar wieder zu sehen*.

875 SACHSEN-WEIMAR-EISENACH, KARL AUGUST GROSSHERZOG VON

1824 August 17   Weimar   S: 28/773,4 St. 13   D: GH, Nr. 978   B: 1824 August 16 (38, Nr. 184)   A: 1824 August 20 (38, Nr. 189)   TB: 1824 August 17

Bitte um *Mittheilung der details* für die Aufführung von M. Beers »Paria« (am 6. November). — Frage, ob die beigefügten Bücher *für die gelehrten Arbeiten* J. F. Röhrs *dienl. seyn* könnten und S. sie behalten solle (H. F. Clinton »Fasti Hellenici« und S. Burder »Oriental customs«). — *Einige Bewegungen* in der Bibliothek werde T. Kräuter *gemeldet* haben.

876 SEYFFARTH, JOHANN WILHELM

1824 August 17   Dresden   S: 28/108 Bl. 194–195   D: —   B: —   A: 1824 September 18 (38, Nr. 209)

S. übersendet eine von ihm gefertigte (in Eisen getriebene) Medaille mit G.s Porträt. G. Schadow habe sie als gelungen erklärt. Anfrage, ob G. *von diesem Werke ein Exemplar wünsche.* Auch von Schiller habe S. ein solches Porträt gefertigt (vgl. Verzeichnis der Berliner Kunstausstellung 1824, S. 52).

877   Wesselhöft, Johann Karl

1824 August 18   Jena   S: 30/308 Bl. 30.33   D: QuZ 4, Nr. 1711   B?: 1824 August 10 (vgl. WA III 9, 255)   A: 1824 August 22 (vgl. WA III 9, 259); 1824 September 3 (38, Nr. 198)

Mitteilung, dass auf dem 10. Bogen »Zur Morphologie« II 2 drei Seiten gesetzt seien (vgl. aber RA 10, Nr. 928).

878   Kummer, Paul Gotthelf

1824 August 19   Leipzig   S: 28/108 Bl. 203–204   D: WA III 9, 409 (R)   B: 1824 August 16 (38, Nr. 183)   A: —   TB: 1824 August 23 (E)

K. sendet zwölf Exemplare der von G. gewünschten Festgedichte »Bei allerhöchster Anwesenheit Ihro Majestät der Kaiserin Mutter Maria Feodorowna in Weimar Maskenzug«.

879   Vulpius, Christian August

1824 August 19   Wiesbaden   S: 28/967 St. 3   D: Vulpius, Nr. 680   B: —   A: —

Ausführlicher Bericht über V.s Kuraufenthalt in Wiesbaden, dessen Sehenswürdigkeiten er infolge seiner Lähmung nur durch die Bücher von G. C. W. Rullmann (»Wiesbaden und seine Heilquellen«) und A. H. Peez (»Wiesbadens Heilquellen«) kennenlernen könne. Über seine teils recht schmerzhaften Anwendungen, die ihm der von W. E. C. Huschke empfohlene Badearzt F. Lehr verordnet habe; Anspielung auf Dantes »Inferno«. — Vorläufig habe sich noch keine Besserung von V.s Zustand gezeigt, so dass er G. bitten müsse, seinem ihm *gütigst ertheilten Urlaub noch ein Paar Wochen hinzuzufügen*; Anspielung auf B. Guarini »Il pastor fido«. — Die Bekanntschaft eines Frankfurter Ehepaares *alter Art* habe V. und seiner Frau viel Abwechslung und Freude bereitet. V. sei an die Schilderung der Entführung von F. L. von Reinecks Tochter Salome durch A. Klenck und die sich anschließenden Prozesse in G.s »Dichtung und Wahrheit« erinnert worden (1. Teil, 4. Buch) und auch daran, wie V. einst mit dieser Erzählung eine Tischgesellschaft bei K. L. von Knebel erheitert habe (vgl. V. »Die Entführung [...] und deren Folgen [...]«, in: »Historisch-literarische Unterhaltungen und Ergötzlichkeiten«); erwähnt: die juristischen Urteilsbegründungen aus C. G. Buders Nachlass. Der Frankfurter sei *David von der Lahr, [...] 72 Jahr alt [...]. Seine Frau, 50 Jahr alt, [...] eine geborene Specht*; erwähnt: deren Familie, Lahrs erste zwei Ehefrauen, der Wiesbadener Bibliothekar (J. Weitzel) und die Büste des Apollino im Kurhaus (von J. Chinard). Die Frankfurter seien seit acht Tagen abgereist und würden sehr vermisst. — V. überlasse sich *einer gänzlichen Resignation* und wünsche flehentlich die Wiederherstellung seiner Gesundheit *zu Vollendung aller Dienstarbeiten*, die er sich *vorgenommen habe*. — Ferner erwähnt: G.s Familie.

880   RÜHLE VON LILIENSTERN, JOHANN JAKOB OTTO AUGUST

1824 August 20   Berlin   S: 28/760 St. 2   D: Weniger, 166 (T)   B: —   A: —   TB: 1824 September 24 (E)

R. überreicht *einige Produktionen* aus der unter seiner Leitung stehenden lithographischen Anstalt des Kriegsministeriums (C. Rauch »Vier Standbilder preußischer Feldherrn«, Ruppert 2390). Obwohl die Einrichtung eigentlich nur für dienstliche Zwecke des Militärs bestimmt sei, habe er es wegen der *Mittelmäßigkeit* der *übrigen hier bestehenden* Steindruckereien unternommen, in einem 18-monatigen Versuch die Eignung seiner Anstalt auch für den Druck von *Kunstsachen* zu erproben. Er würde sich über das Urteil G.s und seinen Rat für künftige Versuche freuen (vgl. H. Meyers Anzeige, in: »Über Kunst und Altertum« V 2).

881   STERNBERG, KASPAR MARIA GRAF VON

1824 August etwa 20   Bonn   S: 28/1035 Bl. 95–97   D: GSt, Nr. 30   B: —   A: 1824 September 21 (38, Nr. 212)

Neue Erkenntnisse über *die Braunkohlen Formation im Basalt*: Ausführliche Mitteilungen über den Trappsandstein in Böhmen, Hessen, im Fuldaischen und im Rheinland, über den Durchgang des Basalts durch den Sandstein in der Blauen Kuppe bei Eschwege und durch den Kalkstein im Ahnengraben im Fuldagebirge sowie über die *merkwürdige Ablagerung im Kohlensandstein* in Eschweiler; erwähnt: C. Keferstein. — In Göttingen habe S. *freündliche Aufnahme und Wissenschaftliche Förderung* erfahren, *allenthalben wurde nach dem Freunde mit liebe gefragt*, besonders bei E. Meyer und J. F. Blumenbach, in Ziegenberg bei L. von Löw sowie in Bonn bei C. G. Nees, J. Noeggerath und E. d'Alton. Zu den fähigsten jungen Botanikern zähle er J. Röper und F. G. Bartling. Die Sammlung F. Hausmanns enthalte *vieles belehrende*; erwähnt: dessen verstorbenes Kind, dessen Schüler A. Schwarzenberg und ein gegen Hausmann gerichteter Beitrag in der »Isis« (1822, H. 5, Rezension seiner »Untersuchungen über die Formen der leblosen Natur« von P. Wackernagel). — In Aachen und Köln habe S. *vieles herrliche teutscher Kunst und Kraft gesehen; eben* hätten die Zimmerleute den neuen Dachstuhl des Doms vollendet. — Über die Stationen seiner weiteren Reise bis nach Regensburg, wo er am 20. September an der Sitzung der Botanischen Gesellschaft teilnehme. — Großherzog Karl August habe S. *leider ueberal versäumt*. Empfehlung an F. von Müller. — Über S.s Lektüre von (N. A. de Salvandys) »Don Alonzo«.

882 ZAUPER, JOSEPH STANISLAUS

1824 August 20   Pilsen   S: 28/1011 St. 16; 25/W 2957   D: Grüner und Zauper, 211–216; 216–246   B: —   A: —

Zu G.s Geburtstag übersendet Z. seinen *jüngst gefertigten Auszug* aus Homers »Odyssee« (prosaische Übersetzung) und bittet um gütige Aufnahme. Hoffnung auf ein Erscheinen in »Über Kunst und Altertum« ähnlich dem anregenden Auszug der »Ilias« (von G., in: »Über Kunst und Altertum« III 2 und 3); Bezugnahme auf G.s »Italienische Reise«, besonders *Siciliens homerische Schilderung und der Nausikaa Anklang*. — Dank für »Über Kunst und Altertum« V 1; erwähnt: G.s Verse »An Lord Byron«, die *kurze aber erschöpfende Bekennzeichnung* W. Scotts (in G.s Rezension von N. A. de Salvandys »Don Alonzo«), »Schillers Briefe an Goethe« und die *Bekenntnisse* (G. »Glückliches Ereignis«, in: »Zur Morphologie« I 1). — Dank an G. nach der erneuten Lektüre seiner Schriften (? »Werke« Aa) mit weiteren Betrachtungen; dabei erwähnt: die Festgedichte (Maskenzüge), N. Boileau »L'Art poétique« und Horaz »Epistula ad Pisones«. — »Zur Morphologie« lese Z. mit ähnlichem Genuss wie die poetischen Werke. Ausführlich über seine Eindrücke; dabei erwähnt: G.s Werke »Die Metamorphose der Pflanzen«, »Winckelmann und sein Jahrhundert« sowie »Zur Farbenlehre«. Leider verfüge das physikalische Kabinett an seinem Gymnasium noch nicht über die notwendige Ausstattung. Der Apparat für die entoptischen Farben habe nach den ersten Versuchen Schaden genommen, was Z. an die Erfahrungen T. Seebecks erinnert habe (vgl. dessen »Geschichte der entoptischen Farben«). Reflexionen über die »Farbenlehre«, die nach Z. *von allen übrigen Schriften an Ausdruck und Sprache verschieden* sei. — Bedauern über G.s *dießjährige Abwesenheit*. — Ferner erwähnt: G.s Familie.
Anlage: Z. Übersetzung von Homers »Odyssee«; Manuskript.

883 WEYGANDSCHE BUCHHANDLUNG

1824 August 21   Leipzig   S: 30/308 Bl. 28.35   D: QuZ 4, Nr. 2493   B: —   A: 1824 August 26 (38, Nr. 195)   TB: 1824 August 23 (E)

Mit Beziehung auf unser Leztes vom 28 July (RA 10, Nr. 843) Übersendung der *Correcturbogen des Titel von Werthers Leiden* in 2 *verschiedenen Abzügen* (Jubiläumsausgabe zur 50. Wiederkehr der Erstausgabe) sowie der *Aushängebogen von beyden Ausgaben*. Frage, ob G. das Titelblatt mit oder ohne seine Namensnennung wünsche. — Bitte, einen möglichen Nachdruck J. F. Cottas, *wie er dergleichen schon öfteren gethan*, mit Verwendung von G.s gereimtem Vorwort (»Noch einmal wagst du, vielbeweinter Schatten ...«) zu verhindern. Bei einem solchen *Verfahren* Cottas würde man *nicht gleichgültig bleiben* und sein Recht durchsetzen. Bitte um baldige Rücksendung der Korrekturbogen.

884 BOISSERÉE, JOHANN SULPIZ MELCHIOR DOMINIKUS

1824 August 22   Stuttgart   S: 28/206 St. 99   D: GB 2, 373–375 (T)   B: —   A: —

Begründung für sein langes *Stillschweigen*. — B. habe gehofft, G. in Wiesbaden zu treffen, wozu ihm Graf K. F. Reinhard *Hoffnung gemacht hatte*. — Über eigene Reisepläne: B. wolle nach Köln reisen und auf dem Hin- und Rückweg *einige Zeit* in Frankfurt verbringen. G. könne Briefe an B. über G. Thomas senden. — Das neueste Heft von »Über Kunst und Altertum« (V 1) habe B. erst *vor kurzem* erhalten. Würdigung von G.s *Aufsatz über den Roman Alphonse* (N. A. de Salvandy »Don Alonzo«). Dank für *die wiederholte empfehlende und rühmliche Anzeige des Domwerks* (B. »Ansichten, Risse ... des Doms von Köln«, vgl. H. Meyers und G.s Rezension »Boisseréesche Kunstleistungen«, in: »Über Kunst und Altertum« V 1) mit Bedauern, dass G. nicht die *beigegebenen Untersuchungen* erwähnt habe, da die Arbeiten sich *wegen der Kupferstecher* noch hinzögen. In der *freundlichen Anzeige unsers lithograph. Werks* (»Die Sammlung Alt-, Nieder- und Oberdeutscher Gemälde der Brüder ... Boisserée und Johann Bertram. Lithographiert von N. Strixner«) erkenne man Meyer, der mit seiner Meinung über die Meister Wilhelm zugeschriebenen Gemälde (richtig: von S. Lochner) aber im Gegensatz zu G.s Aussage zum Kölner Dombild im 1. Heft von »Über Kunst und Altertum« (vgl. »Kunst und Altertum in den Rhein- und Maingegenden«, Abschnitt Heidelberg) stehe. Hoffnung, mit einer Publikation seiner *neuesten Pariser Entdeckungen* Meyer umstimmen zu können. — B. habe erfahren, dass C. Rauch in Weimar gewesen sei, um G.s Bildnis für das Frankfurter Denkmal zu modellieren (vgl. G.s Tagebuchnotizen im Juni); Bitte um Nachrichten darüber. — K. F. Schinkel, der *auf Besichtigung aller Museen bis nach Neapel* reise, habe Köln besucht und dabei die völlige Nutzlosigkeit der Reparaturen am Dom von *vor 6 Jahren* festgestellt. Dessen *mit einiger babylonischen Selbstgefälligkeit* vorgetragene Kritik wegen *mangelhafter SteinConstruction* des alten Doms sei aber unberechtigt. Schinkel wolle sich die *Aufstellung unserer Sammlung* für die Einrichtung des neuen Berliner Museums *zum Muster* nehmen, da man, wie er geäußert habe, in Berlin immer noch auf die Sammlung rechne. B. habe ihm mitgeteilt, dass man nun handeln müsse, *wenn man sich nicht verrechnen wolle*. — Geburtstagsgrüße, auch vom M. Boisserée und J. B. Bertram.

885   BÜSCHING, JOHANN GUSTAV GOTTLIEB

1824 August 22   Breslau   S: 28/108 Bl. 208–209   D: Hecker, in: GJb 49 (1929), 173   B: —
A: —   TB: 1824 September 2

Da G. *mit so viel Güte* die Bücher B.s aufgenommen habe (vgl. RA 10, Nr. 423), übersende B. auch den 3. Band des von ihm herausgegebenen *alten deutschen Meisters*, den G. *so verherrlicht* habe (H. Sachs »Ernstliche Trauerspiele«, Ruppert 806; vgl. G. »Hans Sachsens poetische Sendung«). Näheres zu diesem Band mit dem Nebentitel »Altdeutsche Schaubühne« und Bitte um *ein freundliches Wort* G.s; erwähnt: der Verleger (J. L. Schrag). — B. beschäftige sich derzeit vorwiegend mit der Altertumskunde. Zur Michaelismesse erscheine im Verlag des Industrie-Comptoirs ein *Versuch, das ganze weite Feld zu ordnen u einzutheilen* (»Abriß der deutschen Altertumskunde«). — Geburtstagsglückwünsche. Die Breslauer Liedertafel werde diesen jährlichen Festtag erneut freudig begehen.

886   LENZ, JOHANN GEORG

1824 August 22   Jena   S: 28/108 Bl. 237   D: Salomon, Sozietät, 181 (T)   B: —   A: 1824 Oktober 11 (38, Nr. 230)

Graf Bedemar habe *schon zum voraus die herrliche Suite à 100 St. von Edel-Opalen* geschickt. Von (? H.) von der Becke habe L. eine Suite von Eisenkiesel und von J. F. John *einige neu entdeckte Mineralien* empfangen. Über angekündigte und ausstehende Mineraliensendungen u. a. aus Brünn, Siebenbürgen und Schlesien; erwähnt: J. Seigerschmidt.

887   PETERS, ADOLF

1824 August 22   Göttingen   S: 28/927 St. 13   D: —   B: —   A: —

P. übersendet das anonym erschienene »Sangbüchlein der Liebe für Handwerksleute« (Ruppert 816) seines Freundes (P. Spitta) und bittet um Entschuldigung, dass er seinen eigenen Namen und den des Verfassers verschweige, der das Werk *hauptsächlich für den Handwerksstand selbst bestimmte*. Erläuterungen zu Heftung und Druckkosten sowie zum Vertrieb einiger Exemplare in der Buchhandlung Vandenhoeck & Ruprecht. Falls G. das *Büchlein* in »Über Kunst und Altertum« erwähnen sollte, würde dem Verfasser *eine eben so unerwartete als hohe Freude zu Theil*. Über Spittas Vertonungen der Lieder und die Absicht, diese zu drucken, *insofern sich ein Verleger dazu finden möchte*.

888   DÖRING, WILHELM LUDWIG

1824 August 23   Berlin   S: 28/1035 Bl. 98–99   D: NC, Nr. 64   B: —   A: —

Ermutigt durch die *ausdrückliche Aufforderung* seines Lehrers C. G. Nees, übersende D. seine Dissertation, *eine vergleichende Uebersicht der verschiedenen Formen und Durchmesser des Beckens und [...] daraus fließende Resultate enthaltend* (»De pelvi eiusque per animantium regnum metamorphosi«, Ruppert 4505). Hoffnung auf freundliche Aufnahme.

889   REINHARD, KARL FRIEDRICH GRAF

1824 August 23   Frankfurt   S: 28/734 St. 78   D: GRe, Nr. 142   B: —   A: —

Bedauern darüber, dass O. von Goethe nicht bei R. logiert habe. Sie wolle *noch diesen Abend oder wenigstens morgen* abreisen, um G.s Geburtstagsfeier nicht zu verpassen. Aus der Witterung und ihrem Gesundheitszustand ließe sich die Dauer des Aufenthalts in Schlangenbad erklären. — Befürchtung, in Weimar in Ungnade gefallen zu sein. G. möge Großherzog Karl August sagen: *Es ist nicht*; erwähnt: K. von Beust. — Über G.s verworfene Reisepläne für den Sommer. — R. persönlich müsse die Rückkehr seines

Legations-Sekretärs (I. E. J. B. Alleye de Cyprey), der sich seit drei Monaten in Paris aufhalte, abwarten. — Für den 6. September habe R. sein Quartier in Baden-Baden bestellt, wo es im September ruhiger zugehe. L. von Wolzogen reise morgen dorthin, um seine Schwägerin Karoline zu treffen. — Durch den *neuen Ministerwechsel* (von F. R. de Chateaubriand zu A. H. M. de Damas am 4. August) sei R. wieder in *ganz unbekannte Zonen verschlagen*; Anspielung auf Verse in G.s »West-östlichem Divan« und auf das NT (2. Korinther 12, 7). — H. E. G. Paulus sei *wenige Tage nach dem Religions-Edikt von Carlsruhe* hier durchgekommen, ohne dass R. ihn gesehen habe; erwähnt: Paulus' Familie und G. C. Paulus. — Aus Würzburg habe R. einen Brief von F. von Müller erhalten. A. Macco werde Müller dort treffen und mit ihm nach München reisen. — R.s Familienangelegenheit (Brautwerbung G. von Diemars für seinen Sohn Georg um S. Reinhard; vgl. RA 10, Nr. 696) schwebe weiter *im zweifelhaften Zwielicht*, am Ende werde er aber wohl sagen müssen: *Gott segn' euch; ihr seid ein Paar.* — Über ein Abendessen in kleinem Kreis zu Ehren von K. F. F. von Nagler, bei dem auch O. von Goethe hätte teilnehmen sollen. — Übermorgen sei die *S[aint] Louis*, zu der alle in Frankfurt lebenden Franzosen *gebeten sind*.

890   WILLEMER, MARIANNE VON

1824 August 25   Frankfurt   S: Freies Deutsches Hochstift Frankfurt (Abschrift); ebd. (Abschrift)   D: GW, Nr. 136   B: an J. J. von Willemer, 1824 August 16 (38, Nr. 182)   A: an J. J. von Willemer, 1824 Oktober 6 (38, Nr. 225)

Geburtstagswünsche. — O. von Goethe werde noch immer sehnsüchtig erwartet und so komme das *Kästchen* (mit Artischocken), das sie habe mitnehmen sollen, vermutlich zu spät bei G. an. Möge *nachstehendes beweisen, [...] daß die schönste Gegend immer eine fremde bleibt, wenn nicht durch Liebe und Freundschaft sie heimisch geworden* (vgl. G.s Tagebuchnotiz vom 25. September 1815).
   Anlage: W.s Gedicht »Das Heidelberger Schloß«.

891   ALTON, EDUARD JOSEPH D'

1824 August 26   Bonn   S: 28/1035 Bl. 104–105   D: NC, Nr. 8   B: 1824 August 20 (38, Nr. 188)   A: 1824 September 24 (38, Nr. 219)   TB: 1824 September 7

Aufklärung über die Gliederung von A.s (und C. Panders) Werk »Die Skelette der Nagetiere«. Die Verwirrung sei entstanden durch die Verzögerung in der Auslieferung an das Publikum. A. habe ursprünglich das Werk in einer Lieferung ausgeben wollen, als ihm nahegelegt worden sei, das Werk König Friedrich Wilhelm III. von Preußen zu widmen. Dies habe *einen Vortitel* für das gesamte Werk erforderlich gemacht, dessen 1. Abteilung die Säugetiere, die 2. die Vögel, Amphibien und Fische behandeln soll. Das Warten auf die Genehmigung des Königs habe die Auslieferung weiter verzögert. Die 6. Lieferung sei nun nur ein Nachtrag. — G. Cuvier habe A. die uneingeschränkte Nutzung seiner Sammlungen angeboten, leider zu spät, als dass A. *weniger der Nachsicht bedürfen* würde. — Über einen Irrtum Cuviers, der, nachdem er A.s *Riesenfaulthier* kopiert habe, annehme, nicht der kleine Finger fehle an der Tatze, sondern der Daumen. Argumente für A.s These. — Hoffnung, G. noch im Herbst besuchen zu können (vgl. aber G.s Tagebuchnotizen vom 11. bis 16. April 1825). — A. lege das *4te Blatt der allgemeinen Vergleichung* bei, das in der fünften Lieferung fehle.

892   MALSBURG, ERNST FRIEDRICH GEORG OTTO VON DER

1824 August 26   Escheberg   S: 28/591 St. 1; St. 2   D: Schoof, in: GJb 57 (1937), 229   B: 1824 August vor 26 (vgl. im Text von RA 10, Nr. 892)   A: —

G.s *Blättchen und das darin ausgedrückte Verlangen* habe M. mit Freude erfüllt und ihm gezeigt, dass G. dem Buch (F. Lope de Vega »Stern, Zepter, Blume«, hrsg. von M., vgl. Ruppert 1730) *einige Theilnahme* geschenkt habe. Die beiliegende Abschrift habe M. nach einer Ausgabe *von Valencia, 1803*, gefertigt, deren Text aber fehlerhaft sei. Aufzählung einzelner Fehler. *Verzeihen Sie, hochverehrtester Herr, diese Splitterbemerkungen, aber aus Splittern besteht ein Balken, die Balken bilden das Gerüst, und dieses sucht ein jeder Bauherr gern zusammenzuhalten.* Das Gleichnis liege umso näher, als M. gerade auf seinem Grund und Boden ein Wohnhaus baue. — Wünsche vorab zu G.s Geburtstag.

   Anlage: Handschriftlicher Auszug in spanischer Sprache aus F. Lope de Vega »La Moza de Cántaro«.

893   MÜLLER, FRIEDRICH THEODOR ADAM HEINRICH VON

1824 August 26   München   S: 28/633a,2 St. 58   D: KM, 313 (T)   B: —   A: 1824 September Anfang (38, Nr. 197)

Innigste Wünsche zu G.s Geburtstag. — Auf dem Wege nach München habe M. *viel Schönes, Merkwürdiges* gesehen; erwähnt: Fürst K. P. Wrede. In München *überall beste Aufnahme u. Förderung* (u. a. bei F. I. Niethammer und F. Thiersch). — F. von Roth, der M. besonders *lieb* sei, habe die Briefe J. G. Hamanns, die G. ihm geschickt zu haben glaube, nicht erhalten (vgl. Hamanns »Schriften«, hrsg. von Roth). Roth wünsche sehnlich zu erfahren, *wem* G. *solche gesendet* habe; erwähnt: L. Nicolovius. Jetzt gebe Roth »Friedrich Heinrich Jacobis auserlesenen Briefwechsel« (vgl. Ruppert 144) heraus. G.s Briefe an Jacobi seien *größtentheils verbrannt* worden, teils wolle man sie *aus Rücksichten* nicht drucken. Über Jacobis Familie habe M. interessante Aufschlüsse von Roth erhalten. Ihm verdanke er auch *eine Urkunde seltsamster Art*, G.s Eintreffen in Weimar im November 1775 betreffend (? Brief Wielands an Jacobi vom 10. November 1775, GSA 68/1006). — Grüße an O. und A. von Goethe, Gräfin K. Egloffstein, F. W. Riemer und H. Meyer, von dem J. G. von Quandt in Nürnberg *Gutes* berichtet habe.

894   VULPIUS, CHRISTIAN AUGUST

1824 August 26   Wiesbaden   S: 28/108 Bl. 223   D: Vulpius, Nr. 681   B: —   A: —

Um G. zu seinem Geburtstag *mit etwas Kunstreichen oder die Kunstbetreffenden zu überraschen*, übersende V. ein *Verzeichniß verkäuflicher Glasmalereien* (? Ruppert

2277). — Nach andauerndem Regen habe *belebender Sonnenschein* V. veranlasst, *am Stocke u geführt, zum erstenmal in den Kursaal* zu gehen. F. Lehr gebe V. Hoffnung auf Wiederherstellung seiner Gesundheit. — Wiederholung der Bitte aus seinem letzten Brief (RA 10, Nr. 879; Verlängerung des Kuraufenthalts). — Hinweis auf beiliegenden Brief an C. Römhildt *in Hausangelegenheiten*.

895   CAROVÉ, FRIEDRICH WILHELM

1824 August 27   Frankfurt   S: 28/108 Bl. 204a   D: —   B: —   A: —   TB: 1824 September (BVL)

Übersendung seiner Schrift »Über das Recht, die Weise und die wichtigsten Gegenstände der öffentlichen Beurteilung« (Ruppert 3035). — Erinnerung an die durch K. L. von Knebel vermittelte Begegnung mit G. vor *etwa sechs Jahren*, bei der C. seinen »Entwurf einer Burschenschaftsordnung« überreicht habe (vgl. Ruppert 413, RA 8, Nr. 209 und G.s Tagebuchnotiz vom 11. April 1818). — Angabe seiner Adresse.

896   SCHULTZ, CHRISTOPH LUDWIG FRIEDRICH

1824 August 27   Berlin   S: —   D: GSchu, Nr. 106   B: 1824 Juni 28 bis Juli 3 (38, Nr. 155)
A: 1825 Mai 31 (39, Nr. 191); 1825 Dezember 18 (40, Nr. 160); 1826 September 28 (41, Nr. 148)
TB: 1824 Oktober 10   V: Druck

Beiliegendes Schreiben von F. H. von der Hagen sowie Graf E. Raczyńskis »Malerische Reise in einigen Provinzen des osmanischen Reichs« (vgl. Ruppert 4092 und G.s Anzeige, in: »Über Kunst und Altertum« V 3) seien für G. durch von Hagen überbracht worden. — Nachricht vom Tod seines ältesten Sohnes (Bernhard, am 25. August); erwähnt: S.s Frau und Kinder. Aus diesem Grund könne S. die diesjährige Feier zu G.s Geburtstag nicht ausrichten. Glückwünsche zum Ehrentag. K. A. Varnhagen von Ense habe die Versammlung der Verehrer G.s am 28. August übernommen (vgl. RA 10, Nr. 912). — K. E. Schubarth bereite sich *eifrig* zur Mitarbeit an G.s neuer Ausgabe (letzter Hand, »Werke« C1) vor (vgl. Schubarth an S., 1824 Juli 20, QuZ 2, Nr. 258); die bei S. *zusammengebrachten Ausgaben* von G.s Werken könnten dafür sehr nützlich sein (vgl. RA 10, Nr. 192).
   Beilage: RA 10, Nr. 866.

897   TOUSSAINT, LUDWIG (LOUIS) OTTO

1824 August 27   Hanau   S: 28/108 Bl. 210–211   D: —   B: —   A: —

Nach langem Zögern wage es T., das *Gegenwärtige* vorzulegen, dass ein *Werk der Kunst von seltener Art* darstelle. *Das Innere Oval, als das Hauptstück*, sei eine *Familien Reliquie* aus *der letzten Hälfte des 16t Jahrhunderts von einem großen Italienischen Meister gefertigt*. Die *übrige Umgebung des Ovals* sei in T.s eigener Firma entstanden. Anfrage, ob G. *etwas Bestimmteres* über den unbekannten Künstler sagen könne.

898 FÖRSTER, FRIEDRICH CHRISTOPH

1824 August 28   Godesberg   S: 28/320 St. 7   D: —   B: —   A: —

Geburtstagsgedicht: *Auf dem Godesberge am 28t Aug. 1824. Von der hohen Burg am Rhein [...]*.

899 GERHARD, CHRISTOPH WILHELM LEONHARD

1824 August 28   Leipzig   S: 28/110 Bl. 329   D: Mil G, 159   B: —   A: —

Gedicht: *Göthe's Medaille / Zu des Dichters sechs und siebzigsten Geburtstage; 28 Aug. 1824 / Das ist die Stirn auf der sich Hoheit reget [...]*. Beschreibung der Medaille mit G.s Bildnis von A. Bovy nach C. Rauchs Büste.

900 GOETHE, WALTER VON

1824 August 28   Weimar   S: 28/110 Bl. 330   D: WA III 9, 409 (R)   B: —   A: —

Geburtstagsglückwunsch. G. möge W. von Goethe auch ferner seine Liebe schenken.

901 GÜLDENAPFEL, GEORG GOTTLIEB

1824 August 28   Jena   S: 28/110 Bl. 361–362   D: —   B: —   A: —   V: Druck

Geburtstagsgedicht: *Rundgesang an Goethe's Geburtsfeste den 28 August 1824 [...] Mit Eichenlaub bekränzet die Pokale [...]*, mit Zitat aus »Dichtung und Wahrheit« (3. Teil, 15. Buch); gedruckt bei J. G. Schreiber.

902 KNEBEL, KARL LUDWIG VON

1824 August 28   Jena   S: 28/520 Bl. 13   D: Gräf, in: GJb 41 (1920), 173 (T)   B: —   A: —

Geburtstagsgedicht: *Phidias Ruhm ist Dein [...]*. K. füge ein weiteres Epigramm, *Der Hausberg, bei Jena* bei, das *vielleicht mit dem obigen eine Beziehung haben dürfte*.

903 LEVETZOW, AMALIE THEODORE KAROLINE VON

1824 August 28   Dresden   S: 28/565 St. 13   D: Briefe HA, in Nr. 567   B: 1824 April 13 (38, Nr. 95)   A: 1824 Oktober 1 (38, Nr. 221)

Glückwünsche zum Geburtstag. — Obwohl sich L. über G.s Gesundheit, die ihn *nicht in die Bäder führte*, freuen sollte, sei sie ebenso wie ihre Töchter enttäuscht, ihn nicht gesehen zu haben. L. beabsichtige, sie mit einer Reise in das südliche Deutschland *für den still verlebten Sommer zu entschädigen*; erwähnt: F. L. Kreysig. — F. Zeis werde ihr alle Post nachsenden.

Beilage: RA 10, Nr. 904.

904   LEVETZOW, THEODORE ULRIKE SOPHIE VON

1824 August 28   Dresden   S: 28/565 St. 14   D: Briefe HA, in Nr. 567   B: 1823 September 10 (37, Nr. 130)   A: an A. von Levetzow, 1824 Oktober 1 (38, Nr. 221)

Heute vor einem Jahre hätten L. und ihre Schwestern *den ganzen Tag* mit G. in Elbogen zugebracht und *das öffentliche Geheimniß nicht durch Worte zu entheiligen* gesucht, da G. ihre *Gefühle* auf ihren *Mienen* habe lesen können. Heute müssten sie, was sie *fühlen* und ihre *besten innigsten Wünsche* für G.s *Glück* und *Zufriedenheit* aussprechen.

Auf gleichem Bogen: LEVETZOW, AMALIE (AMÉLIE) OTTILIE FRIEDERIKE FERDINANDINE VON: Am 28. August 1823 habe *ein einfaches Glas* ihre Freude über ihre Freundschaft mit G. ausgesagt, heute müsse *an die Stelle des Glases ein Blatt Papier treten*, das G. freundlich aufnehmen möge.

Auf gleichem Bogen: LEVETZOW, BERTA ULRIKE HELENE VON: Auch ihr Name stehe auf jenem Glas und solle hier nicht vermisst werden, denn auch ihr seien *die vergnügten Stunden* in G.s Nähe *werth und theuer*; sie vereinige ihre Wünsche mit denen der Schwestern.

Beilage zu: RA 10, Nr. 903.

905   PEUCER, HEINRICH KARL FRIEDRICH

1824 August 28   Weimar   S: 28/110 Bl. 351; in 35/N 123,7   D: —   B: —   A: —

Über die Feierlichkeiten *in unserm Festverein* zu G.s Geburtstag (in Gegenwart von A. von Goethe); Bedauern, G. nicht *in unserer Mitte* verehren zu können. P. sei beauftragt, *unter den gemeinsamen heißesten Wünschen für Ihr unschätzbares Wohl* einige Drucke der *abgesungenen oder gesprochenen Gedichte* zu überreichen (F. W. Riemer »Vierfache Wurzel«, »Natur und Genius« sowie »Und so finden wir uns wieder im gewohnten Feiersaal ...« nach der Melodie von K. F. Zelter, S. Schütze »Die Quelle rauscht, die Götterstunde ...« nach der Melodie von A. F. Häser, J. P. Eckermann »Was im Geheim der Schoß der Erde heget ...« nach der Melodie von K. Eberwein, K. Weichardt »Welch ein Wunder setzet mir Herz und Blick in Flammen!« nach der Melodie von M. Eberwein, K. G. Hase »Jugendfürst« und P. »Semper Augustus«, in: »Zu Goethes Geburtstagsfeier. Weimar, 28. August 1824«).

? Anlagen: Exemplare »Zu Goethes Geburtstagsfeier. Weimar, 28. August 1824«.

906   RIEMER, FRIEDRICH WILHELM

1824 August 28   Weimar   S: 28/110 Bl. 358   D: Riemer, Gedichte 2, 25   B: —   A: —

Geburtstagsgedicht: *Gönne, dass zum schönsten Tage [...]* (überreicht von K. und B. Riemer mit einem Kranz von Orangenblüten, Rosen, Myrten und Lorbeer sowie einer Melone).

907   RIEMER, FRIEDRICH WILHELM

1824 August 28   Weimar   S: 28/110 Bl. 359–360   D: Riemer, Gedichte 2, 26–28   B: —   A: —

Zwei Geburtstagsgedichte: *O Tag! Du schönster aller Gäste [...]* und *Mich ergreift, ich weiss nicht wie [...]* (vorgetragen von K. von Heygendorff und H. Stromeyer auf der abendlichen Vorstellung des »Freischütz« [Oper von K. M. von Weber, Libretto von F. Kind] im Weimarer Theater, nach Großherzog Karl Augusts Idee; vgl. G.s Tagebuchnotiz vom 28. August).

908   RIEMER, FRIEDRICH WILHELM, JOHANN STEPHAN SCHÜTZE, JOHANN PETER ECKERMANN, KARL CHRISTIAN WILHELM ADOLF WEICHARDT, KARL GEORG HASE UND HEINRICH KARL FRIEDRICH PEUCER

1824 August 28   Weimar   S: 28/110 Bl. 363–370   D: Riemer, Gedichte 2, 21f. und 23f. (T)
B: —   A: —   V: Druck

Festgesänge »Zu Goethes Geburtstagsfeier. Weimar, 28. August 1824«: von Riemer »Und so finden wir uns wieder ...« auf eine Melodie von K. F. Zelter sowie »Vierfache Wurzel« und »Natur und Genius«; von Schütze »Die Quelle rauscht, die Götterstunde ...« auf eine Melodie von A. F. Häser; von Eckermann »Was im Geheim der Schoß der Erde heget ...« auf eine Melodie von K. Eberwein; von Weichardt »Welch ein Wunder setzet mir ...« auf eine Melodie von M. Eberwein; von Hase »Jugendfürst« und von Peucer »Semper Augustus«.

909   SCHOPENHAUER, ADELE

1824 August 28 bis 30   Wiesbaden   S: 28/820 St. 5   D: Geiger, in: GJb 19 (1898), 57–60 (T)
B: 1824 August 13 (38, Nr. 180)   A: —

1824 August 28
Geburtstagsglückwünsche. — Über ihr glückliches Zusammensein mit O. von Goethe in Schlangenbad und einen dortigen gemeinsamen *Verehrer*. — Gestern sei W. von Haxthausen angekommen, dem S. wegen der serbischen (richtig: neugriechischen) Volkslieder *den Text las* (seit längerem geplante Publikation; vgl. G. »Volksgesänge abermals empfohlen«, in: »Über Kunst und Altertum« IV 1). — Über ihre ausgleichen-

de Wirkung auf ihren Bruder Arthur, der *vollkommen hergestellt* sei und mit dem sie sich in Frankfurt treffen wolle. — Beschreibung eines von S. am 5. August in Gelnhausen beobachteten seltsamen dunkelpurpurnen Regenbogens.
 1824 August 30
Über weitere bemerkenswerte Badegäste in Wiesbaden; erwähnt: K. F. F. von Nagler und Graf Coudenhove. — Zur Änderung ihrer Reisepläne und Rückkehr nach Weimar in drei Wochen. — Besorgnis über das Befinden U. von Pogwischs (nach einem Sturz), die S. nach ihrer Rückkehr pflegen wolle. — Empfehlung von J. Schopenhauer.

910   STEIN, CHARLOTTE ALBERTINE ERNESTINE VON AN A. VON GOETHE

1824 August 28   Weimar   S: 28/885 St. 19   D: —   B: —   A: —

Glückwünsche zu G.s Geburtstag.

911   SACHSEN-WEIMAR-EISENACH, KARL FRIEDRICH ERBGROSSHERZOG VON

1824 nach August 28   Weimar   S: 28/110 Bl. 357   D: Ausstellungskatalog: Goethe in Weimar, Nr. 189   B: —   A: —

Verspaetetes Andenken in Bezug auf den 28ten August von einem Ungenannten! (begleitend eine Majolika-Schale).

912   BERLIN, GESELLSCHAFT VON FREUNDEN UND VEREHRERN GOETHES

1824 August 29   Berlin   S: 28/110 Bl. 352 (egh. von K. A. Varnhagen von Ense); Bl. 353, Bl. 354, Bl. 355–356 (Abschriften von K. A. Varnhagen von Ense)   D: —   B: —   A: —
TB: 1824 September 2

Protokoll der Feier einer Gesellschaft von Freunden und Verehrern zu G.s Geburtstag unter Vorsitz von K. F. Zelter. Zu den Teilnehmern zählten: G. W. F. Hegel, S. H. Spiker, A. Eichhorn, K. F. Wagner, A. F. Bloch, F. H. von der Hagen, A. von Harlem, H. Kohlrausch, K. G. Ribbeck, K. L. Blum, S. J. B. Dehn, F. Schulz, *Oberstleutnant* (? F. K. E.) von Eichler, F. von Staegemann, K. A. Varnhagen von Ense, A. de Montigny, F. W. Neumann, A. von Chamisso, K. Klingemann, A. und F. Mendelssohn Bartholdy, (? M.) Benedix, *Dr.* Frank, K. Heyse, E. Gans, A. Graffunder, K. Semler, K. Streckfuß und L. Robert. C. L. F. Schultz sei durch einen Trauerfall verhindert gewesen (Tod seines Sohnes Bernhard am 25. August). — Zu Beginn sei Graffunders Gedicht »An die Versammelten« vorgetragen worden; die *glückliche Variation auf bekannte Zeilen* (Gedichte G.s) *wurde heiter aufgenommen.* Zelter habe *mit feurigen, kräftigen Segenssprüchen* G.s Gesundheit gepriesen, die von den Anwesenden mehrfach wiederholt und *in geistiger Gegenwart des gefeierten Dichters* bekräftigt worden seien. Auch ein Lied von Blum sei mehrfach gesungen worden. Später habe Varnhagen von Ense mit einigen Worten dem Andenken F. A. Wolfs gedacht, die auf Wunsch der Anwesenden

gedruckt werden sollten (vgl. »Berlinische Nachrichten« vom 31. August 1824).
   Anlage: 1. A. Graffunder »An die Versammelten«; 2. K. L. Blum »Zum 28. August 1824«; 3. K. A. Varnhagen von Ense »Zum Andenken Friedrich August Wolfs. Am 28. August 1824«.

913   SCHWEIGGER, JOHANN SALOMO CHRISTOPH

1824 August 30   Halle   S: 28/1035 Bl. 106–107   D: NC, Nr. 335   B: —   A: —   TB: 1824 September 7   TB?: 1824 September 2

Übersendung des dritten »Jahresberichts über den Verein zur Verbreitung von Naturkenntnis und höherer Wahrheit« (Ruppert 4228). Gedanken über die Zukunft des Vereins; es sei jetzt *ein sehr hoffnungsvoller Student* in Halle, der im Sinne des Vereins etwa 1828 *als Theolog und Arzt zugleich* ausgesandt werden und sowohl als Mediziner wie auch vor allem als Naturwissenschaftler tätig sein könne. — Hinsichtlich seiner *Urgeschichte der Physik* könne S. noch vieles zu dem über Dioskuren Gesagten hinzufügen. H. Meyer möge einen Überblick über das Vorhandene geben. — Zu zwei Tafeln in A. L. Millins »Mythologischer Galerie« mit Darstellungen von Dioskuren, die auf physikalische Tatsachen wie Wasserzersetzung durch Elektrizität und den Zusammenhang von Elektrizität und Licht zu deuten sind. — Das indische Heidentum beruhe auf einer untergegangenen, jetzt entstellten Naturwissenschaft. — Nachfrage, ob G. das »Journal für Chemie und Physik« *regelmäsig von der neuen Verlagsbuchhandlung* (Hemmerde & Schwetschke, vgl. Ruppert 4196) erhalte.

914   GOEBEL, KARL CHRISTOPH TRAUGOTT FRIEDEMANN

1824 ? September   Jena   S: 28/108 Bl. 239–240   D: LA II 8B/1, 442 (T)   B: —   A: —

Resultat der Analyse eines von G. übersandten *Minerals*, das Goebel zu den *Bolarten* rechne. Seine Analyse bestätige, *daß nichts auf unserem Planeten vorkömmt, was nicht dem allgemeinen Naturgesetz Folge leistete.* Aufstellung der mineralogischen Formel nach J. Berzelius (»Neues System der Mineralogie«).

915   WEIMAR, OBERKONSISTORIUM

1824 ? September   Weimar   S: 28/109 Bl. 248   D: —   B: —   A: —

Führungszeugnis für F. Leveillés Sohn Louis (? ausgestellt von W. C. Günther). Dieser werde seinen *jetzigen Entschluß — ein Schneider zu werden –,* ändern, wenn seine Mutter (M. Leveillé) *frei von Ausgaben und Beschwerden bleibe und er sein ziemliches Auskommen gesichert sehe;* über Leveillés *Lieblingswunsch, die Chirurgie zu erlernen und einst auf die Insel Demerary, den Geburtsort seiner Mutter zu gehen;* ferner erwähnt: J. M. Reise.

916   BOTH, RUDOLFINE HEDWIG FRIEDERIKE VON   AN O. VON GOETHE

1824 September Anfang   Weimar   S: 28/108 Bl. 212–213   D: —   B: —   A: —

Mit Bedauern müsse B. die Einladung O. von Goethes absagen. K. von Both weile noch mit Großherzog Karl August auf der Jagd (vgl. G.s Tagebuchnotiz vom 9. September).

917   BÖHNDEL, CONRAD CHRISTIAN AUGUST

1824 September 1   Schleswig   S: 28/108 Bl. 217–218   D: Michael, 72f. (T)   B: —   A: —
TB: 1824 September 11

B. übersendet das 1. Heft seiner Lithographien des Altars von H. Brüggemann im Schleswiger Dom (Ruppert 2379) und hoffe, dass sich seine Arbeit *des Beyfalls und der Genehmigung* G.s erfreuen dürfe (vgl. Anzeige von H. Meyer und G., in: »Über Kunst und Altertum« V 2). Schilderung seiner Lebensumstände: Als einstiger Schüler und jetziges Mitglied der Kopenhagener Kunstakademie sei er in der glücklichen Lage gewesen, dank *eines, ietzt leider verstorbenen väterlichgesinnten hohen Gönners* zwei Jahre in Dresden und fünf Jahre in Rom *der Kunst zu leben*. B. Thorvaldsen, der wie B. vom hohen Kunstwert des Altars überzeugt sei, habe B. *zu der beyliegenden Zeichnung* (Umriss des Altars) und den weiteren Blättern ermuntert. Für die Lithographie selbst habe B. die *Federzeichnung, und in dieser wiederum die sogenannte Unterdrucks-Manier* als am geeignetsten gewählt. Er glaube *doch etwas Befriedigendes leisten zu können, wenn die Herren Steindrucker in Hamburg* (J. Speckter und H. J. Herterich) *das Werk künftig besser als bisher behandeln würden, denn durch Unordnung und Nachläßigkeit* seien die Blätter *im Unterdrucke sehr schlecht gerathen*. Hinweis auf den beiliegenden Subskriptionsprospekt (B. »Einladung zur Teilnahme an der Herausgabe einer lithographischen Darstellung von Johannes Brüggemanns Bildwerken im Dom zu Schleswig«, Ruppert 2379).

918   NEES VON ESENBECK, CHRISTIAN GOTTFRIED DANIEL

1824 September 1   Bonn   S: 28/1035 Bl. 102–103   D: GNe, Nr. 99   B: 1824 August 10 (38, Nr. 179); 1823 August 23 (38, Nr. 191)   A: —   TB: 1824 September (BVL)

Dank für »Über Kunst und Altertum« (V 1) und Freude auf das angezeigte *nächste naturhistorische Heft* (»Zur Naturwissenschaft überhaupt, besonders zur Morphologie« II 2). — G.s *nachsichtige Aufnahme* der »Nova Acta« tröste N. über manche *Unbill* und er freue sich auf die angekündigten *botanischen Zeichnungen aus früherer Zeit*. — Über die Besuche Graf K. Sternbergs und J. P. Eckermanns; Letzterer habe *seinen schönen Gruß am Fest des 28. Augusts im Manuscript* (? »Was im geheim der Schoß der Erde heget …«) übersandt. Zum Festtag sei die neue Medaille mit G.s Brustbild (von A. Bovy nach C. Rauch) betrachtet worden. — Ankündigung des 2. Heftes der »Amoenitates botanicae Bonnensis« (hrsg. von F. Nees und N., vgl. Ruppert 4219), das er einer Sendung von M. I. Weber und dessen Werken (»Handbuch der vergleichenden Osteologie« und »Die Skelette der Haussäugtiere und Hausvögel«; vgl. RA 10,

Nr. 922) beilege. — Die für Großherzog Karl August bestimmten Pflanzen habe N. am 27. Juli an J. Becker nach Frankfurt befördert, der die Ankunft auch bestätigt habe. Darüber habe N. dem Großherzog Nachricht gegeben.

919   STRUVE, JOHANN GEORG VON   AN O. VON GOETHE

1824 September 1   Weimar   S: 28/108 Bl. 206–207   D: Begegnungen 14, 476f. (T)   B: —
A: —

Der russische Staatsrat und *Professor der Geschichte u. Französischen Literatur* in St. Petersburg *von Guroff* (d. i. A. J. Dugour) wünsche vor seiner Weiterreise G. *seine Huldigung zu bezeugen*. Bitte, *diesen Wunsch eines Gelehrten, der sich durch seine Schrift über die Tataren* (»De la civilisation de Tatars-Nogais«) *u. andre Werke in Rußland vortheilhaft bekannt gemacht* habe, zu unterstützen (vgl. G.s Tagebuchnotiz vom 2. September).

920   WESSELHÖFT, JOHANN KARL

1824 September 1   Jena   S: 30/308 Bl. 31–32   D: QuZ 4, Nr. 1714   B: 1824 August 22 (vgl. WA III 9, 259)   A: 1824 September 3 (38, Nr. 198)

Mit Übersendung des 9. Aushängebogens »Zur Morphologie« (II 2) wiederhole W. für G.s Übersicht, dass auf dem 10. Bogen »Zur Morphologie« drei Seiten sowie auf dem Bogen L »Zur Naturwissenschaft« (II 2) zwei und auf dem Bogen N neun Seiten gesetzt seien.

921   RIEMER, FRIEDRICH WILHELM

1824 September 2   Weimar   S: 28/108 Bl. 205   D: —   B: —   A: —

Eine unerwartete Einladung (von Erbgroßherzog Karl Friedrich oder Erbgroßherzogin Maria Pawlowna) *nach Belvedere zur Tafel*, die R. wegen einer Absage *vor 8 Tagen* wegen der *Festivitäten* (G.s Geburtstag ? und Vorbereitungen für Großherzog Karl Augusts Geburtstag am 3. September) nicht erneut ablehnen könne, hindere R., G.s Einladung für *diesen Mittag* folgen zu können. Er werde nach der Rückkehr aufwarten (vgl. G.s Tagebuchnotiz).

922   WEBER, MORITZ IGNAZ

1824 September 3   Bonn   S: 28/1035 Bl. 109   D: NC, Nr. 357   B: —   A: —   TB: 1824 September (BVL)

W. überreicht den 1. Teil seines »Handbuchs der vergleichenden Osteologie« und seine Darstellung »Die Skelette der Haussäugtiere und Hausvögel« (Ruppert 5242 und Ruppert 5243) mit der Bitte um nachsichtige Aufnahme.

923   GOEBEL, KARL CHRISTOPH TRAUGOTT FRIEDEMANN

1824 September 5   Jena   S: 28/108 Bl. 238   D: —   B: —   A: —

Goebel übersendet sein *neues Werkchen* »Arzneimittel-Prüfungslehre« (Ruppert 4603) in der Hoffnung, dass sein Streben um die Vervollkommnung der Pharmazie G. *nur einigermaßen erfreuen sollte*.

924   JENA, GESELLSCHAFT FÜR WISSENSCHAFT UND KUNST (UNTERZEICHNER: FRIEDRICH GOTTHILF OSANN)

1824 September 6   Jena   S: 28/110 Bl. 331–332; Bl. 333–334, Bl. 335–350, Bl. 371, Bl. 372–373
D: —   B: —   A: 1824 September 9 (38, Nr. 204)   TB: 1824 September 7

Mitteilung über eine am 28. August von der Gesellschaft für Wissenschaft und Kunst anlässlich von G.s Geburtstag abgehaltene Feier. O., der der Gesellschaft als Ordner vorstehe, übersendet das Protokoll der Sitzung und *die sich darauf beziehenden Aktenstücke*. — Informationen über den Anlass und den Zweck der Vereinsgründung, und zwar *'durch gemeinschaftliche Mittheilungen aus allen Fächern des menschlichen Wissens möglichst allseitige, wissenschaftliche Bildung für den Einzelnen zu erstreben'*. Näheres über die Gesellschaft, die seit einem Jahr bestehe und bereits 18 Mitglieder zähle. Anlagen: 1. Abschrift des Sitzungsprotokolls vom 28. August 1824; unterzeichnet vom Sekretär der Gesellschaft K. W. Göttling; 2. F. S. Voigt »Vorlesung über den gegenwärtigen Standpunkt der Naturwissenschaft«, gehalten am 28. August 1824; 3. gedruckte Inschrift (von O.) eines Postaments mit G.s Büste, aufgestellt in der Festsitzung der Gesellschaft für Wissenschaft und Kunst; 4. gedrucktes Gedicht »Zum 28. August 1824« (von W. von Schröter), vorgetragen auf der Festsitzung der Gesellschaft für Wissenschaft und Kunst.

925   SPRENGEL, KURT POLYKARP JOACHIM

1824 September 6   Halle   S: 28/108 Bl. 221–222   D: WA III 9, 410 (R)   B: —   A: 1824 September 15 bis 18 (38, Nr. 208); an Großherzog Karl August von Sachsen-Weimar, 1824 September 10 (38, Nr. 205)

Bitte, S. die Erlaubnis zu erwirken, Großherzog Karl August die 16. Ausgabe des von ihm herausgegebenen Werkes »Systema Vegetabilium« von K. von Linné (vgl. Ruppert 4822) zuzueignen; der 1. Teil werde *in diesen Tagen* fertig.

926 STERNBERG, KASPAR MARIA GRAF VON

1824 September 6   München   S: 28/1035 Bl. 112–114   D: GSt, Nr. 32   B: —   A: 1824
September 21 (38, Nr. 212)   TB: 1824 September 18

Mitteilungen als *kurzer Nachtrag zu dem lezten Brief* (RA 10, Nr. 881): Die vulkanischen Wirkungen der Vorzeit könne man an den Steinbrüchen von Nierdermennig und Maien sowie dem Laacher See erkennen. Auch aus der geologischen Sammlung in Trier und aus J. Steiningers »Bemerkungen über die Eifel und die Auvergne« habe S. Erkenntnisse gewonnen, die er bei der nächsten Reise durch das böhmische Mittelgebirge *durch vergleichung* fruchtbar zu machen hoffe. S. sei weiter vom Schiefergebirge an der Mosel *herauf an die Saar* gereist *bis zu den bekannten bunten Sandstein, Muschelkalk und Gyps [...] im Saarbrüker Revier*; erwähnt: J. Noeggeraths Ausführungen (»Über aufrecht im Gebirgsgestein eingeschlossene fossile Baumstämme und andere Vegetabilien« und »Fortgesetzte Bemerkungen«). — Beschreibung der Abdrücke vorweltlicher Pflanzen in dieser Kohlenformation, die im letzten Heft seines »Versuchs einer geognostisch-botanischen Darstellung der Flora der Vorwelt« erscheinen sollen (vgl. S. »Über die verschiedenen Pflanzenabdrücke führenden Formationen«, in: »Flora oder botanische Zeitung« 1824, Bd. 7) — Die Sammlung L. A. Emmerlings in Darmstadt habe S. nicht besichtigen können; die Sammlung K. C. von Leonhards in Heidelberg sei ein *wichtiger Comentar* zu dessen »Charakteristik der Felsarten«. Anstelle des von ihm herausgegebenen »Taschenbuchs für die gesamte Mineralogie« solle ein *mineralogisches Journal treten* (»Zeitschrift für Mineralogie«; vgl. RA 10, Nr. 976). Leonhards Meinung über den Trappsandstein weiche von der Ansicht F. Hausmanns ab. — Die Akademie in München habe *ein Medicinisches Studium in sich aufnehmen müssen*, dadurch seien u. a. die Mittel für den botanischen Garten eingeschränkt worden. Die Gärten in Nymphenburg stünden dagegen mit 44 Palmenarten *im höchsten Flor*. — Seine gegenwärtige Reise werde S. mit der Sitzung der Botanischen Gesellschaft in Regensburg beschließen, zu der auch K. von Martius kommen werde. — Überbringer des Briefes sei F. von Müller.

927 TIECK, JOHANN LUDWIG

1824 September 6   Dresden   S: 28/916 St. 6   D: GR 1, 307   B: 1824 Januar 2 (38, Nr. 5)
A: —

Von G.s Erlaubnis, ihm zuweilen zu schreiben, mache T. Gebrauch, indem er ihm die Überbringer dieses Briefes empfehle: W. Häring, der sich *unter dem Namen Wilibald Alexis* als Dichter und Kritiker versucht habe, und K. Grüneisen, von dem kürzlich eine Sammlung »Lieder« bei J. F. von Cotta erschienen sei. — Sollten sie G.s Interesse wecken, würde T. gern seine »Novellen« senden, *die früheren, wie die späteren* (vgl. G.s Tagebuchnotiz vom 9. Februar 1823 und seine Anzeige der Novelle »Die Verlobung«, in: »Über Kunst und Altertum« IV 3). T. wünschte sehr, G. einmal wiederzusehen, doch *die Badezeit in Teplitz* nehme ihm *jezt immer Zeit und Kräffte zum Reisen*. — Empfehlungen an A. und O. von Goethe.

928 WESSELHÖFT, JOHANN KARL

1824 September 6   Jena   S: 30/308 Bl. 36–37   D: QuZ 4, Nr. 1716   B: 1824 September 3 (38, Nr. 198)   A: 1824 September 11 (38, Nr. 206)

Um die Angaben des Setzers zu vervollständigen, teile W. mit, dass für »Zur Naturwissenschaft« (II 2) auf dem Bogen L zwei Seiten und auf dem Bogen N neun Seiten gesetzt und kein weiteres Manuskript vorrätig sei. Für den 10. Bogen »Zur Morphologie« (II 2) sei außer den drei gesetzten Seiten noch für acht Seiten Manuskript mit dem Aufsatz über E. d'Altons (und C. Panders) *Thier-Skelette* (G.s Rezension von »Die Skelette der Nagetiere«) vorrätig. Da der Bogen noch nicht vollständig durch vorhandenes Manuskript zu füllen sei, habe der Setzer noch gewartet.

929 DAVY, JANE

1824 September 7   Weimar   S: 28/275 St. 1 und 28/108 Bl. 214   D: Begegnungen 14, 477 (T)   B: —   A: —   TB: 1824 September 7   V: in französischer Sprache

Unter Berufung auf den Namen ihres Mannes, H. Davy, und ihre Bekanntschaft mit G. de Staël, W. von Humboldt und *Monsieur* (? S.) Boisserée bitte D. von G. empfangen zu werden (vgl. G.s Tagebuchnotiz).

930 ZELTER, KARL FRIEDRICH

1824 September 7 bis Oktober 16   Berlin   S: 28/1019 St. 242   D: MA 20, Nr. 441   B: 1824 August 24 bis 25 (38, Nr. 193)   A: 1824 Oktober 30 (38, Nr. 240)

1824 September 7
Ausführlicher Bericht über den Auftritt des Hochseilartisten W. Kolter und seiner Schwägerin in Berlin, die Z. drei Mal gesehen habe; erwähnt: Kolters Mutter und sein Bruder Karl. Über die Aufnahme der Vorführung in der Bevölkerung und Z.s Faszination. — G.s *höherer Paralellismus* (im mitgeteilten Manuskript »Zum Kyklops des Euripides«) bringe Z. wieder in seine *alte Bahn zurück*. An das, was G. über *Parodie u Travestie* (vgl. ebd.) sage, habe sich Z., ohne sich dessen bewusst zu sein, stets gehalten. Als Beispiele könne Z. seine Vertonungen von G.s »Epiphaniasfest« und des »Versus memoriales« sowie von Abraham a Sancta Claras »Des Antonius von Padua Fischpredigt« und von J. G. Krügers »Sankt Paulus war ein Medikus« anführen, an denen lediglich F. R. de Chateaubriand *Anstoß gefunden* habe. — F. A. Wolfs Nachlass sei im Beisein von Z. *gerichtlich versiegelt* worden; erwähnt: Wilhelm und Wilhelmine Körte. Wolfs hinterlassene Bibliothek sei wohl nicht in dem Zustand, den dieser gerne gesehen hätte. Reflexionen über Wolf und dessen Tod. Man beabsichtige, eine Medaille Wolfs (? von C. Fährmann nach F. Tieck) herstellen zu lassen.
1824 Oktober 16
Ausführlicher Bericht über die Vermählung G. Zelters mit A. Ratt und über die Hochzeitsbräuche in Pommern; erwähnt: M. C. und E. Ratt. — Z. habe sein *bares Vermögen* seinen Kindern, von denen drei *Landwirthschaft treiben* (G. Zelter, J. Huschka und A. Grundmann) überlassen und müsse daher weiterarbeiten.

931 ZELTER, KARL FRIEDRICH AN O. VON GOETHE

1824 September 7 bis November 8   Berlin   S: 28/1019 St. 242a   D: MA 20.3, 645 (T)   B: —
A: 1824 Dezember 3 (39, Nr. 22)

1824 September 7
Dank für O. von Goethes *Briefchen*. — *Ihren* (H.) *Stromeier hätte ich wohl mein Liedchen mögen singen hören*. — Lob an Großherzog Karl August dafür, dass er *den alten Herrn zum Stillhalten gebracht* habe. — In diesem Jahr habe man in Berlin nicht die jährliche *Wasserfahrt* mit der Liedertafel unternommen, da man schlechtes Wetter befürchtet habe. Stattdessen habe man ein *Continentalfest* gefeiert, wobei Z. die Aufgabe zugekommen sei, das Loblied auf G. zu sprechen. G. müssten *am 28 August um 5 Uhr die Ohren geklungen haben*. — Lob für *die übersandten Gedichte*. — Grüße von D. Zelter.

1824 November 8
Durch ein Versehen seines *Sekretarius [...] Windmüller* sei der Brief liegengeblieben. Ankündigung einer Sendung *Rübchen* (vgl. RA 10, Nr. 1029). — Über die Jubiläumsausgabe von G.s »Die Leiden des jungen Werther« 50 Jahre nach Erscheinen der Erstausgabe. — Erwähnung eines in *unserer Zeitung* publizierten *Mandate* von Großherzog Karl August, zu dessen Ehre Z. am *Tage seines Jubilaeums* sein Haus erleuchten lassen wolle.

932 KOSEGARTEN, JOHANN GOTTFRIED LUDWIG

1824 September 8   Jena   S: 28/108 Bl. 226   D: —   B: 1824 September 5 (38, Nr. 200); an
G. G. Güldenapfel, 1824 September 4 (38, Nr. 199)   A: —

Dank für die Erlaubnis bezüglich *des Kamus* (Firuzabadi »The Kamoos, or the Ocean«). K. habe den Empfangsschein dem Bibliothekar (G. G. Güldenapfel) übergeben und werde das Buch rechtzeitig wieder zurücksenden. — K. übersende einige Bogen des von ihm verfassten Aufsatzes (Rezension von J. von Hammers Übersetzung des Mutanabbi), der in einem noch nicht erschienenen Heft des »Hermes« stehe (1823, Bd. 20, Ruppert 1774). Die darin übersetzten Gedichte seien sicher für G. von Interesse.

933 PEUCER, HEINRICH KARL FRIEDRICH

1824 September 8   Weimar   S: 28/108 Bl. 215   D: —   B: —   A: —

Übersendung eines Exemplars des »Journals für Literatur, Kunst, Luxus und Mode« (1824, Nr. 87) mit *Lebensnotizen* von F. M. von Klinger.

934 RIEMER, FRIEDRICH WILHELM

1824 September 9   Weimar   S: 28/108 Bl. 216   D: —   B: 1824 September 8 (38, Nr. 203)
A: —   TB: 1824 September 9

Der unvermutete Besuch der *Freunde aus Berlin* (P. A. und A. Wolff), dazu die zahlreichen Fremden auf der Bibliothek und eine Einladung nach Belvedere (von Erbgroßherzog Karl Friedrich oder Erbgroßherzogin Maria Pawlowna), veranlassten R., sich wegen *der heutigen Unterhaltung über die Schillerschen Briefe [...] wenigstens bis Morgen Abend* zu entschuldigen (vgl. »Schillers Briefe an Goethe« in G.s Redaktion).

935   WERNEBURG, JOHANN FRIEDRICH CHRISTIAN

1824 September 10   Jena   S: 28/1035 Bl. 108   D: NC, Nr. 358   B: —   A: 1824 September 21 (38, Nr. 213)

W. übersendet einen Aufsatz von J. Reade »A new Theory of Telescopes« in dem von A. Tilloch herausgegebenen »Philosophical Magazine and Journal« 1824, Bd. 63; erwähnt: Newton. Bitte um Rücksendung des Heftes sowie des Briefes von F. F. Schweins an W. (vgl. RA 10, Nr. 774).

936   DAU, JOHANN HEINRICH CHRISTFRIED

1824 September 12   Weimar   S: 28/272 St. 2   D: —   B: —   A: —

Bitte um Erlaubnis zur Benutzung der großherzoglichen Bibliothek. D., der sich schon im letzten Jahr an G. gewandt habe (vgl. RA 10, Nr. 298), sei *gegenwärtig als gelehrter Mit-Arbeiter* im Landes-Industrie-Comptoir bei L. F. von Froriep tätig. Er lege ein *academisches Zeugniß* von B. Kordes *in originali* und seine *bisher erschienenen Schriften, nebst zwey einzelnen Aufsätzen* bei (u. a. »Über den richtigen Gebrauch der historischen Temporum«, »Über Gerechtigkeit und Freiheit«, »Über den Titel des Justinianeischen Gesetzbuches von der Zauberei und über das Wesen des tierischen Magnetismus« und »Über den künftigen Zustand Amerikas«). Möglicherweise seien in D.s »Neuem Handbuch über den Torf« die Ausführungen über den Ursprung der Meteorsteine für G. von Interesse. — Angabe seiner Adresse bei W. Schulze in der Wohnung J. A. B. Rühlmanns.

937   SACHSEN-WEIMAR-EISENACH, KARL AUGUST GROSSHERZOG VON

1824 September 12   Weimar   S: 28/108 Bl. 220   D: GH, Nr. 981   B: 1824 September 10 (38, Nr. 205)   A: 1824 Oktober 8 (38, Nr. 228); an K. Sprengel, 1824 September 15 bis 18 (38, Nr. 208)

S. nehme die *Ehre*, die K. Sprengel ihm erzeigen wolle, *dancknehmigst* an (Widmung des 1. Bandes des von Sprengel herausgegebenen »Systema Vegetabilium« von K. von Linné).

938   SCHNEIDLER, JOHANN FRIEDRICH WILHELM

1824 September 12   Berlin   S: 28/818 St. 1   D: Biskanter, in: GJb 54 (1934), 67f.   B: —
A: an J. G. Langermann, 1824 Oktober 16 (38, Nr. 234)

Bitte um G.s Werke, denn sie zu besitzen, sei seit langem sein *sehnlichster Wunsch*. Da er nur ein Webergeselle sei, könne er *das Erbetene nicht königlich belohnen*, wie es einst König Friedrich II. von Preußen mit Voltaire und dessen Werken getan habe. — Von G.s Werken seien S. »Die Leiden des jungen Werthers« und »Die Wahlverwandtschaften« bekannt. Am 30. August habe er die Aufführung der »Stella« im Schauspielhaus zu Ehren von G.s Geburtstag *an der Seite eines wahren, mitempfindenden Freundes doppelt schön* genossen. G.s Werke hätten auf S.s *ganzes Leben den größten Einfluß*, denn aus ihnen habe er erst *dieses Lebens schönste Seiten* kennengelernt. — Angabe seiner Adresse bei seinem *Stiefvater den Weber J. A. Mahnitz*.

939   CARUS, KARL GUSTAV

1824 September 13   Dresden   S: 28/1035 Bl. 110–111   D: GCar, 42   B: —   A: 1824 Oktober 2 (38, Nr. 223); an F. Carl 1824 Oktober 2 (38, Nr. 222)   TB: 1824 September (BVL)

C. überreicht seine Preisschrift (»Von den äußern Lebensbedingungen der weiß- und kaltblütigen Tiere«, Ruppert 4455); er habe ihr die G. bereits bekannte Abhandlung über die »Merkwürdige Bewegung des Embryo im Schneckenei« angefügt. — Zu seiner letzthin übersandten Zeichnung über die Kopfwirbel hätte er gern G.s Ansicht vernommen (vgl. RA 10, Nr. 522 und G. »Das Schädelgerüst aus sechs Wirbelknochen auferbaut«, in: »Zur Morphologie« II 2). — Sein Werk »Von den Ur-Teilen des Knochen- und Schalengerüstes« werde C. vielleicht in diesem Winter vollenden. — Über das Porträt G.s von K. Vogel und die Weiterentwicklung der Kunstbestrebungen F. Prellers. — Frage nach dem Schicksal seiner eigenen, nach Weimar gesandten Gemälde (vgl. RA 10, Nr. 468).

940   KNEBEL, KARL LUDWIG VON

1824 September 14   Jena   S: 28/520 Bl. 14–15   D: GK, Nr. 625 (T)   B: —   A: —

Erkundigung nach G.s Befinden. — Die Übersetzung »Des Aratos Sternerscheinungen und Wetterzeichen« sei J. H. Voß' *gelungenstes Werk*, obgleich die *ungeheure Wissenschaft* in den Anmerkungen *fast vor dem Werk selbst* abschrecke. — Belehrend seien die von T. Kräuter übersandten *Magazine über die fine arts* (»Annals of the Fine Arts« 1818, Nr. 9f., vgl. Ruppert 2145). — K. sehe in der Aufstellung seines von J. Schmeller gemalten Bildes in der Bibliothek ein Zeichen von G.s Freundschaft. — In Jena verliere man *jetzt so manchen guten Kopf*: J. G. L. Kosegartens Rezension von J. von Hammers Übersetzung des Mutanabbi im »Literarischen Konversationsblatt« (1824, Nr. 16) sei *ein Meisterwerk, voll gründlicher Wissenschaft*. K. F. Heusinger sei *auch ein fleißiger freundlicher Mann*. K. Naumann wünsche, *wieder hier zurück kommen zu können*. — Von D. Gries habe K. einen neuen Band seiner Übersetzung des Calderón (Bd. 6, enthaltend u. a. »Drei Vergeltungen in einer«; vgl. RA 10, Nr. 730) erhalten. Den *neuen Gästen* (neben Gries auch S. Bohn und E. Wesselhöft) scheine es in Stuttgart nicht zu gefallen. *Die Schwaben haben einen eigenen Patriotismus, der blos auf ihr Land und ihre Sprache gegründet zu seyn scheint.* — Über einen Brief von K. Meyer aus Leipzig. — K.s Familie empfehle sich.

941   MÜLLER, FRIEDRICH THEODOR ADAM HEINRICH VON

1824 September nach 14   Weimar   S: 28/633a,8 St. 139   D: —   B: —   A: —

Ein diesen Mittag erhaltner abermaliger Brief von Graf K. F. Reinhard aus Baden (vom 14. September; GSA 68/352 Bl. 15f.) nötige M., um Übermittlung des früheren *mystischen Schreibens* Graf Reinhards an G. (? RA 10, Nr. 889) zu bitten. Graf Reinhard verlange *mit umlaufender Post* Antwort, M.s *Exegese* (in der Verlobungsangelegenheit von Graf Reinhards Tochter Sophie mit G. von Diemar) *vielleicht allzuviel vertrauend.* Dem *edlen Manne* müsse *etwas Seltsames im Innern* spuken. Die Kunde vom *nahen Tode* des Königs Ludwig XVIII. von Frankreich werde *nicht beytragen ihn zu erheitern.*

942   GÖTTLING, KARL WILHELM

1824 September 16   Jena   S: 28/360 St. 1   D: GGÖ, 1f.   B: —   A: an K. L. von Knebel, 1824 Dezember 24 (39, Nr. 47)   TB: 1824 September (BVL)

Übersendung und Zueignung seiner Ausgabe von »Aristotelis Politicorum« (Ruppert 1248). Aristoteles würde *keinem Manne der neueren Zeit sich mehr befreundet gefühlt haben* als G. Ausführliche Würdigung von Aristoteles; dabei erwähnt: dessen Gedicht *auf den Tod seines Freundes Hermias*, Theodektes, Alexander der Große und Platons »Politeia«.

943   KOSEGARTEN, JOHANN GOTTFRIED LUDWIG

1824 September 16   Jena   S: 28/108 Bl. 227   D: —   B: —   A: —

K. übersende den noch fehlenden Bogen seines Aufsatzes über Mutanabbi (Rezension von J. von Hammers Übersetzung) im »Hermes« (1823, Bd. 20, Ruppert 1774).

944   STURM, KARL CHRISTIAN GOTTLOB

1824 September 17   Poppelsdorf   S: 28/109 Bl. 242   D: Begegnungen 14, 493f. (T) und LA II 10A, 693 (T)   B: —   A: —   TB: 1824 Oktober 3 (E); 1824 Oktober (BVL)

S. überreicht durch (F. oder J.) Siegfried *aus Königsberg* sein neuestes Heft der »Beiträge zur teutschen Landwirtschaft« (Bd. 4, Ruppert 2971). Gegenwärtig bearbeite er ein Werk *über Raçen*, das er nach Vollendung G. vorlegen werde (»Über Rassen, Kreuzungen und Veredlung der landwirtschaftlichen Haustiere«; vgl. G. »Veränderlichkeit der Rassen«, WA II 12, 168); erwähnt: L. Nicolovius.

945   GESSNER, JOHANN GEORG

1824 September 18   Zürich   S: 28/109 Bl. 245.249   D: Begegnungen 4, 379 (T) und 14, 546 (T)

946   GESSNER, JOHANN GEORG AN H. MEYER

1824 September 18   Zürich   S: 28/109 Bl. 246–247   D: —   B: —   A: —

Empfehlung für seinen nach Berlin durchreisenden Sohn J. K. G. Geßner und H. K. Grob; erwähnt: J. K. Lavater und B. Schultheß. H. Meyer möge ihnen sagen, ob sie G. treffen könnten. Für diesen Fall gebe Geßner seinem Sohn *eine Zeile* für G. mit.

947   HOLTEI, KARL EDUARD VON

1824 September 20   Berlin   S: 28/424 St. 1   D: Hecker, in: GJb 38 (1917), 167f.   B: —   A: —   TB: 1824 September 27 (E); 1827 Oktober (BVL)

Begleitschreiben in Versform bei Übersendung seiner Lustspiele »Die Farben« und »Die Sterne«; erwähnt: P. A. Wolff, L. von Holtei und G.s Werke »Die Laune des Verliebten«, »Die Geschwister« und »Egmont«.

948   SACHSEN-WEIMAR-EISENACH, KARL AUGUST GROSSHERZOG VON

1824 September 20   Weimar   S: 28/108 Bl. 228–229   D: GH, Nr. 982   B: —   A: 1824 September 22 (38, Nr. 214); an K. F. Bachmann, 1824 September 23 (38, Nr. 217)   TB: 1824 September 20

Die beigefügte Sammlung (Katalog chinesischer Bücher aus dem Besitz von A. Montucci, ? und »Urh-Chih-Tsze-Tëen-Se-Yih-Pe-Keáou; Being A Parallel Drawn Between The Two Intended Chinese Dictionaries« von Montucci und R. Morrison) sei K. F. Bachmann durch (? A. de) Valentis Nachlässigkeit erst jetzt *zur Hand gekommen*. Frage, ob darin *etwas Kaufwürdiges* sei.

949 VORMANN, GOTTLIEB

1824 September 20   Halle   S: 28/108 Bl. 230–231   D: WA III 9, 412 (R)   B: —   A: 1824 September 28 (vgl. WA III 9, 275)

V. übersendet ein *Gedicht,* das J. Vater *nicht ganz unwürdig* finde, und bittet um G.s Rat, ob er es *der belletristischen Welt* vorlegen solle. — Huldigung an G., den *gepriesensten Genius Deutschlands* und *Sänger Tasso's* mit *seinen vollendeten Meisterwerken.*

950 KNEBEL, KARL LUDWIG VON

1824 September 21   Jena   S: 28/520 Bl. 16; Bl. 17   D: GK, in Nr. 626; in Nr. 626   B: —   A: —

Rücksendung des mitgeteilten *Europ. Magazine* (»The European Review«, H. 1, Ruppert 381; vgl. RA 10, Nr. 853). *Es ist ein grosses und schönes Unternehmen, für Engländer allein möglich*; besonderes Lob für den Entdecker der Hieroglyphen und seinen Aufsatz (J. F. Champollion »Hieroglyphics. On the different Systems of Writing used by the ancient Egyptians«). K. wünsche, auch G.s Namen *unter der Zahl der Teilnehmer zu sehen* (u. a. B. Constant, J. Flaxmann, H. Füßli und A. Walker); Anspielung auf U. Foscolos Anzeige der von F. Brancia herausgegebenen »Antologia italiana« (mit Foscolos Gedicht »Le tombe degli uomini illustri« in englischer Übersetzung) und die *witzige* Zurechtweisung der Herausgeber der »Gedichte zum Besten der Griechen« (E. Große und H. Stieglitz; ? von A. Müllner). — Die *neue Schrift* »Les Hermites en Liberté« von E. de Jouy (und A. Jay) lese sich gut, gehöre jedoch *zum Modeschmuck.* — *Die schriftstellerische Welt* sei sehr in Bewegung *gegen die Censurgesetze in Frankreich.* Die Erklärung von F. R. de Chateaubriand (? »De l'abolition de la censure«) sei *sehr bündig*; in Deutschland *dürfte man nicht so sprechen.* — Die *schönen Tage des Septembers* hätten K. *in Begeisterung gesetzt*; eine *kleine Probe davon* liege bei. Gute Wünsche für G. von K. und dessen Familie.
    Anlage: K.s Gedicht *Elysium. im September 1824.*

951 WICHMANN, LUDWIG WILHELM

1824 September 21   Berlin   S: 30/378 Bl. 62   D: —   B: —   A: —   TB: 1824 September 29

Im Auftrag B. von Arnims übersendet W. durch den *Fuhrman Köhler* eine *gut embalirte Kiste,* in der sich *eine kleine Gips Figur* befinde (von Arnims Entwurf für ein G.-Denkmal; vgl. RA 10, Nr. 503).

952 BOISSERÉE, JOHANN SULPIZ MELCHIOR DOMINIKUS

1824 September 23   Frankfurt   S: 28/206 St. 100   D: GB 2, 375f. (T)   B: —   A: 1824 November 20 (39, Nr. 16)

Während des Besuchs bei J. J. von Willemer, seinen Kindern und seiner Ehefrau auf der Gerbermühle erinnere sich B. an die im gleichen Kreise verbrachten Tage im Herbst 1815. — Grüße von Willemers, die hofften, dass *Brief und Sendung zum Geburtstag glücklich angelangt* seien (vgl. RA 10, Nr. 867, RA 10, Nr. 868 und RA 10, Nr. 890). — Über B.s Reisepläne; in Köln wolle er die Geschwister und Verwandten besuchen. Eventuelle Post möge G. an B.s Bruder Bernhard adressieren.

953   FREGE & CO.

1824 September 24   Leipzig   S: 30/308 Bl. 44–45   D: —   B: 1824 September 22 (38, Nr. 215)   A: —

G.s Zuschrift zufolge seien 400 Reichstaler zu Lasten der Cottaschen Buchhandlung für J. Elkan gebucht worden.

954   DOROW, KARL FRIEDRICH FERDINAND WILHELM

1824 September 25   Berlin   S: 28/109 Bl. 251–252; Bl. 253–256   D: Kaufmann, Verein, 294 (T)   B: —   A: —

Hoffnung, G. werde inzwischen D.s Aufsatz »Die Externsteine (eostrae rupes) in Westfalen« (in: D. »Die Denkmale germanischer und römischer Zeit«, Bd. 1, vgl. Ruppert 2026) von J. F. von Cotta erhalten haben und dass G. bereits das Werk C. G. Clostermeiers »Der Eggesterstein im Fürstentum Lippe«, eine Darstellung der Geschichte der bekannten Felsengruppe, kenne. Im anliegenden Aufsatz, der bereits an das »Kunstblatt« gesendet worden sei, teile D. seine Ansichten über Clostermeiers Buch mit, *welches mir durchaus irrige Behauptungen aufzustellen scheint.* Der Beitrag sei im Juni entstanden, noch ehe D. den Aufsatz G.s über »Die Externsteine« in »Über Kunst und Altertum« (V 1) habe lesen können. — Freude darüber, dass G. *meines Freundes Rauch treffliche Zeichnung von der Kreutzesabnahme* (Relief an den Externsteinen) gesehen habe; erwähnt: Fürst K. A. Hardenberg. — Angabe seiner Adresse.

    Anlage: D.s Manuskript seiner Rezension von Clostermeiers »Der Eggesterstein im Fürstentum Lippe«; datiert: Juni 1824 (gedruckt in: »Kunstblatt« 1824, Nr. 91).

955   HENSEL, WILHELM

1824 September 26   Rom   S: 28/109 Bl. 286–287   D: WA III 9, 368 (T), Begegnungen 3, 323 (T) und Kippenberg, in: Jb Sa Kipp 4 (1924), 85 (T)   B: —   A: —   TB: 1824 November 26 (E)

H. übersendet seine Kupferstiche vom Festspiel »Lalla Rûkh« (von S. H. Spiker nach T. Moore, Vertonung von G. Spontini, Aufführung am 27. Januar 1821), die er nach den (von ihm arrangierten) lebenden Bildern angefertigt habe (vgl. Ruppert 2529). — Das von H. in Marienbad gezeichnete Porträt G.s (vgl. G.s Tagebuchnotiz vom 29. Juli) habe in Rom *Allen eine innige Freude gemacht.* Die von G. in seinen »Römischen Elegien« (Elegie XV) bezeichnete *Osterie* werde von Deutschen oft aufgesucht. — Mit Liebe gedenke J. C. Reinhart *schöner Stunden,* in denen G. *seinen Mappen ehrende Theilnahme gern geweiht* habe. Über Reinharts gegenwärtige Arbeiten; erwähnt: J. L. Bartholdy und A. M. von Rothschild. — Für F. Leveson Gower, den Übersetzer von G.s »Faust«, habe H. das Porträt G.s kopieren müssen. Inzwischen nach England zurückgekehrt, wolle jener seine Übersetzung G. senden (vgl. Ruppert 1824 und Leveson Gower an G., 1825 April 12, RA 11). — In seiner künstlerischen Tätigkeit habe sich H. besonders Raffael *zum Muster gewählt für Naturauffaßung und Wiedergebung.* Für den preußischen König Friedrich Wilhelm III. fertige er eine Kopie der »Transfiguration« an und hoffe, dabei der Raffaelischen Schule gefolgt zu sein. Von einer nach H.s *eigner Erfindung* entworfener Farbenskizze, die »Samariterin am Brunnen«, habe der König die *Ausführung im Großen schon befohlen.* H. wäre *glücklich,* wenn die Skizze auf dem Rückweg von Berlin nach Rom durch G.s *Hand* ginge und G. sie mit *einigen leitenden Winken* versehen würde. — Gegenwärtig arbeite H. an *großen Zeichnungen* zum »Faust« für Fürst A. Radziwiłł (? für weitere Vorstellungen in Fürst Radziwiłłs Vertonung; vgl. RA 9, Nr. 189). — *Ein kleines Blättchen* von H. werde G. bei Erbgroßherzog Karl Friedrich sehen. Zu dem von H. in Marienbad übernommenen Auftrag der Anfertigung *eines großen Bildes* wünsche er *die gewogene Bestimmung eines anderen Gegenstands* zu erhalten, eventuell mit G.s Unterstützung.

Beilage zu: RA 10, Nr. 1027.

956 MÜLLER, FRIEDRICH THEODOR ADAM HEINRICH VON

1824 September 29   Weimar   S: 28/633a,2 St. 63   D: KM, 314 (T)   B: 1824 September 22 (38, Nr. 216)   A: 1824 September 29 (38, Nr. 220)

M. bittet um Rückgabe der »Mémoires autographes de Don Augustin Iturbide«, die Großherzog Karl August zu lesen wünsche, und fragt an, ob das vor kurzem G. übersandte Werk »Voyage autour du monde« von L. de Freycinet *werth* scheine, für den Großherzog behalten zu werden. — Über G.s *gestriges Geschenck* sei A. Roeckel *ganz entzückt* gewesen. — M. reise heute Mittag *auf Visitation* nach Neustadt an der Orla (vgl. G.s Tagebuchnotiz vom 8. Oktober).

957 MÜLLER, FRIEDRICH THEODOR ADAM HEINRICH VON

1824 September 29   Weimar   S: 28/633a,2 St. 64   D: —   B: 1824 September 29 (38, Nr. 220)
A: —

Großherzog Karl August habe die »Voyage autour du monde« (von L. de Freycinet) nicht behalten, da das Werk schon durch B. von Lindenau bestellt worden sei. Dagegen habe er A. V. Arnaults »Théatre« und »Mémoires historiques sur Ferdinand VII.« (von J. J. de Mora) behalten und verfügt, beide Werke G. für die Bibliothek zuzustellen; dabei erwähnt: J. C. G. Weise. Die »Mémoires autographes de Don Augustin Iturbide« werden *sich schon einmal wiederfinden.* — Den *Weidai. Meteorologen* (J. B. Heller) werde M. *zu electrisiren suchen.*

958   JAKOB, THERESE ALBERTINE LUISE VON

1824 September 30   Halle   S: 25/W 3238 Bl. 11–12; 25/W 3240 Bl. 1–4   D: Steig, in: GJb 12 (1891), 52–55; 69–72   B: 1824 September 8 (38, Nr. 201)   A: 1824 Dezember 4 (39, Nr. 24)
TB: 1824 Oktober 2

Übersendung der auf G.s Wunsch angefertigten Übersetzung des serbischen Gedichts »Hajkuna Atlagitsch und Junggesell Johannes«; die (von G. zugesandte) wörtliche Übersetzung von V. Karadžić leide unter dessen *Unkenntniß der deutschen Sprache*. Sollte G. die Übersetzung J.s in »Über Kunst und Altertum« aufnehmen, möge er ihren Namen nicht nennen. — Die von G. vorgeschlagene Anordnung der serbischen Gedichte (für J.s »Volkslieder der Serben«) sei *ohne Zweifel viel geistreicher, als die bloß chronologische*. Nicht einleuchtend sei für sie lediglich *der Grund für die Weglaßung* von »Der grimme Bogdan«. — Über das von J. nicht aufgenommene Gedicht über die Bluttat des serbischen Lieblingshelden König Marko Kraljević gemeinsam mit seinen Freunden *Milosch und Relja* und der Ermordung des von ihnen umworbenen Mädchens; erwähnt: Homer. — Auf G.s Anfrage nähere Mitteilungen über Fürst Miloš Obrenović und über dessen große Taten; als *Beschützer der Wißenschaften, oder wie ihn sonst* J. Grimm (in der Widmung seiner Übersetzung von Karadžićs »Kleiner serbischer Grammatik«, vgl. Ruppert 746) *nennt*, könne ihn J. nicht gelten lassen, weiter über seinen Bruder (Milan) als Anführer im Aufstand und den *schwarzen Georg* (D. Petrović); erwähnt: Fürst Miloš Obrenovićs Tochter. — In ein bis zwei Wochen hoffe J. nach Weimar zu kommen und G. zu besuchen (vgl. G.s Tagebuchnotiz vom 9. Oktober).
    Anlage: J.s Übersetzung des Gedichts »Hajkuna Atlagitsch und Junggesell Johannes«; Manuskript.

959   SCHULTZ, CHRISTOPH LUDWIG FRIEDRICH

1824 September 30   Berlin   S: —   D: GSchu, Nr. 107   B: —   A: —   TB: 1824 Oktober 7 (E); 1824 Oktober (BVL)   V: Druck

Während der in ländlicher Ruhe verbrachten Spätsommertage habe S. das von F. H. von der Hagen für G. überbrachte Werk von Graf E. Raczyński studiert und übersende es hiermit (»Malerische Reise in einigen Provinzen des osmanischen Reichs«, Ruppert 4092; vgl. G.s Anzeige, in: »Über Kunst und Altertum« V 3); die meisten *Kupferplatten hätten [...] ungestochen bleiben können*. Am 1. Oktober beziehe S. eine neue Wohnung in Berlin am Wilhelmsplatz, gegenüber der Statue des Grafen F. H. Kleist.

960   NEDDEN, KARL AUGUST GOTTLIEB ZUR   AN ? G.

? 1824 Oktober   Kassel   S: in 36/VII,12; in 36/VII,12   D: —   B: —   A?: an G. Hugo (vgl. N. an G., 1825 Juli 1, RA 11)

Nicht unterzeichneter Begleitbrief zu Gedichten N.s mit Bemerkungen unter anderem über die ursprüngliche Bestimmung der *inliegenden Blätter [...], einer anonym in den*

Tagen von Göthe's *fünf und siebenzigjährigem Geburtsfeste darzubringenden lyrischen Bezeugung.*
Anlage: Zwölf handschriftliche Gedichte N.s.

961   HEINE, HEINRICH

1824 Oktober 1   Weimar   S: 28/394 St. 2   D: HSA 20, Nr. 117   B: —   A: —

Bitte um eine Audienz. H. wolle nur G.s *Hand küssen und wieder fort gehen* (vgl. G.s Tagebuchnotiz vom 2. Oktober). Er sei Rheinländer, *verweile seit kurzem in Göttingen* und habe in Berlin im Umgang mit K. A. und A. F. Varnhagen von Ense und *dem seel. F. A. Wolf G. täglich mehr lieben* gelernt. H. sei *auch ein Poet* und habe G. *vor 3 Jahren* seine »Gedichte« (vgl. Ruppert 952 und RA 9, Nr. 1176) und später seine »Tragödien, nebst lyrischen Intermezzo« (vgl. Ruppert 954), enthaltend »William Ratcliff« und »Almansor«, zugesandt. Von einer *Gesundheitsreise nach dem Harze* sei er zur Verehrung G.s nach Weimar gepilgert.

962   LIEBHABER, AMALIE LUISE HENRIETTE VON

1824 Oktober 1   Braunschweig   S: 28/109 Bl. 243–244   D: —   B: —   A: —

Wiederholung ihrer Bitte, ihre übersandten »Gedichte« und »Poetischen Versuche« (Ruppert 1017 und Ruppert 1018; vgl. RA 10, Nr. 826) zu beurteilen. Sie bedürften nicht einer Rezension, sondern einer öffentlichen Empfehlung, damit L. für ihre *neueren noch ungedruckten Sachen* einen Verleger finde. Durch mündliche Empfehlung könne G. deren Verkauf befördern. *Recensionen der Recensenten thun das nicht! denn diese waren für mich günstig* (vgl. u. a. im »Literaturblatt« des MBl 1823, Nr. 77). Eventuell erwerbe auch F. A. von Fritsch ihre G. übersandte zweite Sammlung; er kenne L. und habe ihre erste Sammlung *praenumerirt.* — Empfehlungen an K. E. F. von Bibrans Ehefrau und L.s *Vetter*, den Pagen B. von Arnswald. — Diese Sendung erfolge über die Viewegsche Buchhandlung.

963   OTTMER, KARL THEODOR

1824 Oktober 1   Berlin   S: 28/109 Bl. 317–318   D: —   B: —   A: an K. F. Zelter, 1824 Oktober 30 (38, Nr. 240)   TB: 1824 Oktober 11

O. wende sich an G. auf Empfehlung von K. F. Zelter. In Berlin sei *ein 3tes Theater* (das Königstädtische Theater) gegründet worden, für das O. als Baumeister ausgewählt worden sei. Die Einweihung habe am 4. August stattgefunden, und der Bau sei mit viel Beifall aufgenommen worden. O. übersendet den Grundriss und erläutert ausführlich die innere und äußere Gestaltung des Theaters sowie die Akustik und die *Optik.* Bitte um G.s *Belehrung.* Auch Zelter werde O. empfehlen (vgl. RA 10, Nr. 1009).

964   WESSELHÖFT, JOHANN KARL

1824 Oktober 1   Jena   S: 25/W 1598   D: QuZ 4, zu Nr. 1725   B: 1824 September 18 (vgl. WA III 9, 270); 1824 September 27 (vgl. WA III 9, 274)   A?: 1824 Oktober 6 (vgl. WA III 9, 278)
TB: 1824 Oktober 3

Begleitschreiben zur Übersendung des 10. Aushängebogens »Zur Morphologie« II 2 und Ankündigung des Bogens L »Zur Naturwissenschaft« (II 2) für *Mondtag Abend* (4. Oktober).

965   GOERTZKE, CHRISTINE KAROLINE VON

1824 Oktober 2   Weimar   S: 28/108 Bl. 241   D: —   B: —   A: —

Goertzke bittet für sich und ihre Tochter um die Erlaubnis, G. *einige Augenblicke aufzuwarten*. Während der *Rhein Campagne* habe sie das Glück gehabt, mit ihrem Ehemann im Haus von K. E. Goethe in Frankfurt zu wohnen.

966   KERCKHOVE, JOSEPH ROMAIN LOUIS DE

1824 Oktober 3   Antwerpen   S: 28/109 Bl. 258–259   D: WA IV 39, 277 (R)   B: —   A: 1824 November 10 (39, Nr. 7)   V: in französischer Sprache

Nachfrage nach der Ankunft eines vor einigen Monaten an G. unter der Adresse des großherzoglichen Kabinetts abgesandten Pakets mit einem Brief seines Freundes G. de Stassart (RA 10, Nr. 697) und einem Exemplar der von ihm verfaßten »Fables« (vgl. Ruppert 1635).

967   SPRENGEL, KURT POLYKARP JOACHIM

1824 Oktober 3   Halle   S: 28/873 St. 1   D: LA II 10A, 697 (T)   B: 1824 September 15 bis 18 (38, Nr. 208)   A: an Großherzog Karl August von Sachsen-Weimar, 1824 Oktober 8 (38, Nr. 228)   TB: 1824 Oktober (BVL)

Dank für die Erwirkung der Genehmigung, das von S. herausgegebene Werk »Systema Vegetabilium« von Karl von Linné (Ruppert 4822) Großherzog Karl August zuzueignen. Dem Brief liege ein *unterthäniges Schreiben* an den Großherzog bei sowie je ein Exemplar des Werkes für diesen und für G.

968   NOEGGERATH, JOHANN JAKOB

1824 Oktober 4   Bonn   S: 28/1040 Bl. 100   D: NC, Nr. 287   B: an C. G. Nees, 1823 April 24 (37, Nr. 25)   A: —   TB: 1824 November (BVL)

Ermutigt durch G.s Interesse für seine *wissenschaftlichen Bestrebungen* überreiche N. *ein neues Werkchen* (J. P. Pauls' und N.s Übersetzung »Der Vesuv in seiner Wirksamkeit« von T. Monticellis und N. Covellis »Storia de' fenomeni del Vesuvio«, Ruppert 4897).

969   TIECK, JOHANN LUDWIG

1824 Oktober 5   Dresden   S: 28/916 St. 7   D: GR 1, 308   B: 1824 Mai 9 (38, Nr. 118) A: —   TB: 1824 Oktober 11 (E)

Empfehlung für F. Deycks, der seine philologischen Studien in Berlin beendet habe und ins Rheinland zurückkehre; erwähnt: G.s Werke. — F. Hellwig habe *nicht den Muth gehabt*, bei G. vorzusprechen; er sei seit seiner Rückkehr gemütskrank. — Mit E. Genast habe T. *die Rolle des Wallenstein in beiden Theilen* (zur Aufführung von Schillers Drama) einstudiert.

970   WEYGANDSCHE BUCHHANDLUNG

1824 Oktober 5   Leipzig   S: 30/308 Bl. 46.49   D: QuZ 4, Nr. 2497   B: —   A: 1824 Oktober 14 (38, Nr. 233)   TB: 1824 Oktober 7

Übersendung der 24 für G. *bestimmten Freyexemp. von Werthers Leiden* (Jubiläumsausgabe zur 50. Wiederkehr der Erstausgabe), darunter ein Band in *rothen Maroquin* für G.s *eigenen Gebrauch*. An Großherzog Karl August habe W. bereits ein weiteres Exemplar geschickt. — Da die Angelegenheit nun beiderseits abgewickelt sei, erneuere man die Bitte um *etwas ganz neues Belletristisches* für den Verlag.

971   HEINE, G.

1824 Oktober 7   Weimar   S: 28/109 Bl. 250.257   D: WA III 9, 413   B: —   A: —

Bey Gelegenheit (der Übersendung einer Schachtel mit Trauben; vgl. G.s Tagebuchnotiz) als *Erinnerung u Vaterlandserzeugniß statt seiner selbst in seinem strengsten Incognito*.

972   MEYER, JOHANN HEINRICH

1824 Oktober 7   Weimar   S: 28/109 Bl. 246a   D: GM, Nr. 672   B: —   A: —

M. übersende *beygelegt* den *Aufsatz zum Attestat* für F. Preller. — Den Brief A. von Rennenkampffs habe M. *gestern Abend* Erbgroßherzogin Maria Pawlowna übergeben. — J. Mazelet scheine *noch ein Paar Tage bleiben zu müßen*. — Neben Grüßen für G. habe Maria Pawlowna mitgeteilt, dass der Großherzog *für den bewußten Freund* (F. Soret mit einem Dekret vom 5. Oktober) *den Hofraths-Titel* bewilligt habe.

973 NIEMEYER, AUGUST HERMANN

1824 Oktober 7   Halle   S: 28/663 St. 4   D: Begegnungen 14, 489 (T)   B: —   A: —   TB: 1824 Oktober 12; 1824 Oktober (BVL)

N. übersendet die bisher erschienenen Bände seiner »Beobachtungen auf Reisen in und außer Deutschland« (Bd. 1–2: »Beobachtungen auf einer Reise nach England«, 2. Aufl., ? und Bd. 3: »Beobachtungen auf einer Reise durch einen Teil von Westphalen und Holland«, 2. Aufl., Ruppert 3961). Bitte um Nachsicht bei der Aufnahme seiner *Reisebeobachtungen*; er folge der *Regel*, die er in der Vorrede zum 2. Band mit G.s *eignen Worten* vorangestellt habe (? das Wahre, Gute und Schöne, nach Platon und Sokrates; vgl. »Epilog zu Schillers Glocke«). Bitte um die Erlaubnis, die »Beobachtungen auf einer Deportationsreise nach Frankreich im Jahr 1807« nach ihrem Erscheinen übersenden zu dürfen (vgl. N. an G., 1825 Februar 3, RA 11). — N., seiner Frau und seinen Kindern habe es *große Freude gemacht*, G. bei gutem *Wohlseyn gefunden zu haben* (vgl. G.s Tagebuchnotiz vom 26. September).

974 EGLOFFSTEIN, KAROLINE GRÄFIN VON UND ZU

1824 vor Oktober 8   Weimar   S: 28/288a St. 6   D: —   B: —   A: —

Am Sonntag vergeblicher Besuch E.s bei G. Sie habe ihm das *halbfertige Portrait* (vgl. RA 10, Nr. 39) der Gräfin J. Egloffstein zeigen wollen, das sie ihr als Andenken nach Russland habe mitgeben wollen. Da dies unnötig sei, sende E. *die Copie mit dem Original wieder nach Hause* (Marienrode). Vorher bitte E. um die *wohlwollenden Blicke* G.s, damit die Kopie für die *fleißige Mahlerin* Wert erhalte; erwähnt: H. von Beaulieu-Marconnay.

975 ALTON, EDUARD JOSEPH D'

1824 Oktober 10   Bonn   S: 28/1040 Bl. 69   D: NC, Nr. 10   B: 1824 September 24 (38, Nr. 219)   A: —

Dank für die Lithographie des weißen Hengstes (von F. H. Müller, nach einer Zeichnung von H. Cotta). Die Abbildung sei perspektivisch falsch, lasse aber erkennen, dass sie *nach einem höchst vollkommen gebauten Pferde gemacht wurde*. A. bedaure den Tod des Pferdes besonders, da er ebenfalls auf ihn als Deckhengst gehofft habe. — Die Medaille mit G.s Bildnis (von A. Bovy nach C. Rauch) habe A. sehr gefreut. — Falls G. in »Über Kunst und Altertum« eine Rezension zu lithographischen Blättern, die A. von O. A. von Rühle erhalten habe, abdrucken wolle, werde er diese gerne verfassen (vgl. RA 10, Nr. 880). — Grüße an H. Meyer und J. P. Eckermann. — Ankündigung der 7. Lieferung der »Vergleichenden Osteologie« (»Die Skelette der Vierhänder«, mit C. Pander).

976   LEONHARD, KARL CÄSAR VON

1824 Oktober 10   Heidelberg   S: 28/1035 Bl. 121–122   D: NC, Nr. 156   B: 1824 August 18 bis 20 (38, Nr. 187)   A: —   TB: 1824 Oktober 28

L. übersendet den 17. Band seines »Taschenbuchs für die gesamte Mineralogie« (Ruppert 4208). Der bereits im Druck befindliche 18. Band enthalte eine Reihe von Briefen L. von Buchs, aus denen *eine vollkommen neue Geognosie* erkennbar werde. Durch die baldige Zusendung des Bandes verspreche er G. *einen wahren Genuß*. Im Laufe des Monats folge noch die 3., *das Ganze beschließende* Abteilung seiner »Charakteristik der Felsarten« (vgl. Ruppert 4799). Mit dem 18. Band des »Taschenbuchs« werde L. die Reihe beschließen, da er *von allen Seiten* gedrängt worden sei, mit der »Zeitschrift für Mineralogie« (vgl. Ruppert 4208) ein monatlich erscheinendes Periodikum herauszugeben, das der sich rasch entwickelnden Wissenschaft besser Rechnung tragen könne. Versprechen, G. jeden Monat ein Heft zusenden zu wollen. — Frage nach G.s Meinung, ob L. die Zeitschrift Großherzog Karl August widmen dürfe. — Mitteilung, dass L.s »Handbuch der Oryktognosie«, obwohl erst vor drei Jahren erschienen, eine 2. Auflage erfahre.

977   MENKE, KARL THEODOR

1824 Oktober 10   Pyrmont   S: 28/109 Bl. 261–262   D: —   B: —   A: —   TB: 1824 Oktober 18 (E); 1824 Oktober (BVL)

Freude über G.s Aufsatz »Die Externsteine« in »Über Kunst und Altertum« (V 1), der M. veranlasse, G. seine kleine Schrift »Lage, Ursprung, Namen, Beschreibung, Altertum, Mythus und Geschichte der Extersteine« (Ruppert 1992) zuzusenden. Beschreibung der zur Publikation gehörenden Zeichnungen von C. Rauch und K. C. Teichmüller. — H. Raymond vertrete in »Lettre sur quelques antiquités d'Allemagne« ähnliche Ansichten wie G., die M. zu weiteren Forschungen veranlassten.

978   SACHSEN-WEIMAR-EISENACH, KARL AUGUST GROSSHERZOG VON

1824 Oktober 10   Weimar   S: 28/773,4 St. 14   D: GH, Nr. 985   B: 1824 Oktober 8 (38, Nr. 228)   A: ? 1824 Oktober 11 (51, Nr. 38230a)

Dank für die Zeichnung des Cactus Hexagonus (von E. Schenk). — Frage, was G. vom sehr niedrigen Barometerstand, *den hohen Th[ermometer] Stand* und dem dabei herrschenden schönen Wetter halte. — S. lese jetzt die neue Ausgabe der »Leiden des jungen Werther« (Jubiläumsausgabe zur 50. Wiederkehr der Erstausgabe), die er durch die *Freygebigkeit* der Weygandschen Buchhandlung erhalten habe (vgl. RA 10, Nr. 970), der er ebenso wie K. Sprengel für dessen Herausgabe von K. von Linnés »Systema Vegetabilium« *einen fein stilisirten Brief* und *die Goldene Medaille* (mit S.s Porträt von B. Andrieu nach L. Posch) gesandt habe.

979   ROUX, JAKOB WILHELM CHRISTIAN

1824 Oktober 12   Heidelberg   S: 28/1035 Bl. 120   D: NC, Nr. 298   B: —   A: —

R. übersendet *ein kleines Schriftchen*, durch das er *die Aufmerksamkeit der Kunstkenner auf die Technick der Malerei in Wachsfarben zu lenken wünsche* (»Die Farben«, H. 1, Ruppert 5373). Zwei enthaltene Aufsätze über die Farben und die Technik altgriechischer Malerei seien *abgekürzte Bruchstücke aus dem Entwurfe zu einer größeren Schrift*, die seine in der Praxis gewonnenen *Beobachtungen und Erfahrungen über Natur und Kunst* zum Inhalt habe. Mit der Schrift habe R. *etwas Nützliches zur Vervollkomnung der Kunst* beitragen wollen. Seine *Ansicht über die Farben, im Vergleich zu den Pigmenten* sei *erst nach vielen vorher angestellten Versuchen* niedergeschrieben worden. Es würde R. sehr freuen, G.s Meinung zu erfahren.

980   ZANOLI, EMANUEL

1824 Oktober 14   Köln   S: 28/109 Bl. 264; in 36/VII,9   D: —   B: —   A: an C. G. Nees, 1824 November 12 (39, Nr. 9)   TB: 1824 Oktober 24

Z. dankt für »Über Kunst und Altertum« (V 1), das er durch C. G. Nees erhalten habe (vgl. RA 10, Nr. 993), und übersendet *das erste Heft des eben erschienenen Maskenzuges*.
? Anlagen: 1. »Das große kölnische Karnevalsfest von 1824«; 2. zwei Farblithographien zum Maskenzug von W. Goebels und H. J. Goffart.

981   BEER, MICHAEL

1824 Oktober 15   Weimar   S: 28/182 St. 1   D: Wahle, in: GJb 28 (1907), 20   B: —   A: —

Bitte B.s, der sich auf einer Reise nach Bonn befinde, G. besuchen zu dürfen (vgl. G.s Tagebuchnotiz).

982   KNEBEL, KARL LUDWIG VON

1824 Oktober 15   Jena   S: 28/520 Bl. 18–19   D: GK, Nr. 628 (T)   B: 1824 Oktober 11 (38, Nr. 229)   A: —

Dank für das Geschenk des *verjüngten Werthers* (Jubiläumsausgabe zur 50. Wiederkehr der Erstausgabe); erwähnt: G.s »Faust«. — Der Name der inzwischen verstorbenen Nürnbergerin sei (A. M.) Baureis gewesen. Der Handel mit *alterthümlichen Seltenheiten in Nürnberg* scheine sich jetzt allein auf (A. oder H. A.) von Derschau *reducirt zu haben*. — Dank für die durch T. Kräuter zugeschickten *Englischen Journale* (»Annals of the Fine Arts« 1818, Nr. 9f., vgl. Ruppert 2145). — Durch die neuesten Berichte über *den elenden Zustand der Englischen Missionsgeschäfte* hoffe K., *Professor J. S. C.*

Schweigger *von seiner orientalischen Missionssendung bekehrt zu haben.* — Empfehlung von K. und dessen Familie.

983   MEYER, JOHANN HEINRICH

1824 Oktober 15   Weimar   S: 28/109 Bl. 263   D: GM, Nr. 673   B: —   A: —

Da M. einer Einladung F. von Müllers *letzthin* schon nicht gefolgt sei, könne er heute Mittag unmöglich absagen und würde dann am Nachmittag zu der von G. zu bestimmenden Stunde zu ihm kommen (vgl. G.s Tagebuchnotiz). Bitte um mündliche Nachricht.

984   PARIS VON UND ZU GAILENBACH, JOHANN BENEDIKT VON

1824 Oktober 16   Augsburg   S: 28/109 Bl. 281–282   D: —   B: —   A: —

P. schreibe als Verehrer von G.s Werken und in *Erinnerung an eine genußreiche Stunde,* die er *vor einigen Jahren* in *G.s Gesellschaft in Wiesbaden* verlebt habe. Seine Liebe gelte den *Wißenschaften und Künsten,* besonders *der Alterthumskunde in spezieller Hinsicht auf altertümliche Waffen.* Dabei habe auch Großherzog Karl August seine Aufmerksamkeit und Verehrung auf sich gezogen und besonders *die Statuten und die Tendenz des Ordens der Wachsamkeit (weißer Falkenorden).* P. sei so glücklich, die *den OrdensMitgliedern auferlegten Pflichten zu erfüllen* und er verfüge über die *physischen und moralischen Kräfte und Mittel [...] selben fortan nachzuleben.* Bitte an G. *um einen Fingerzeig,* wie P. an diese Auszeichnung gelangen könne. Er habe sich bereits durch Vermittlung E. von Kobells an K. C. Hage gewandt. Hinweis auf den einst an Großherzog Karl August überreichten wertvollen *Schild* aus P.s Waffenkabinett, für das ihm mit einem Handschreiben gedankt worden sei. Mehrere ausländische Sammler hätten damals Interesse bekundet; erwähnt: König Georg (? III.) von Großbritannien.

985   SCHRÖN, HEINRICH LUDWIG FRIEDRICH

1824 Oktober 18   Jena   S: 26/LXXI,1,7, Bl. 3; Bl. 4–5, 26/LXXI,3,42   D: LA II 2, 473f.; LA II 2, 207f., LA I 8, 421f.   B: —   A: —

Übersendung der auf der Jenaer Sternwarte befindlichen *letzten [...] graphischen Darstellungen* (der Barometerstände) *vom December 1823 und vom Februar und Juny 1824* sowie seiner *Berechnung der Höhe von Frankenheim* und seines Aufsatzes »Die meteorologischen Anstalten« (vgl. »Zur Naturwissenschaft überhaupt« II 2). Anlagen: 1. S.s *Berechnung der Höhe von Frankenheim über der Meeresfläche;* 2. S.s Aufsatz »Die meteorologischen Anstalten des Großherzogtums Sachsen-Weimar-Eisenach«; beide datiert: Jena, Mitte Oktober 1824.

986   Mayrhofer, Johann Baptist

1824 Oktober 20   Wien   S: 28/109 Bl. 278   D: Sauer, in: GJb 39 (1918), 176   B: —   A: —

M. übersende *diese Versuche* (»Gedichte«, Ruppert 1027) und hoffe, dass *der Beseeler der deutschen Lyrik die Nachklänge eines Oesterreichers nicht verschmähen* werde. G.s Schriften verdanke M. *die schönsten Stunden*.

987   Zindel, Christoph Siegmund

1824 Oktober 20   Nürnberg   S: 28/109 Bl. 272   D: —   B: —   A: —   TB: 1824 November (BVL)

Z. überreicht *das unbedeutende Weihnachtgeschenk* (»Der Eislauf oder das Schrittschuhfahren«, hrsg. von Z.) in der Hoffnung auf G.s *Güte und Nachsicht* sowie hinsichtlich der *Auszeichnung*, die G. *dem schönen Gegenstand* in »Dichtung und Wahrheit« (3. Teil, 12. Buch) verliehen habe. Sollte er etwas *zur Verbreitung der schönen Sache* in »Über Kunst und Altertum« oder noch ausführlicher aus '*Ihrem reichen Leben*' mitteilen, würde das alle *Kenner der schönsten Winterfreude mit neuen Enthusiasm* erfüllen. — Angabe seiner Adresse.

988   Müller, Friedrich Theodor Adam Heinrich von

1824 Oktober 21   Weimar   S: 28/633a,2 St. 59; 68/1016 Bl. 131a-b   D: WA IV 39, 275 (T)
B: —   A: 1824 November 7 (39, Nr. 4)   TB: 1824 Oktober 21 (E); 1824 Oktober 22 (E)

M. übersendet eine *Beschreibung des Primati. Monuments* (Epitaph von L. Zandomeneghi für K. T. von Dalberg) im Regensburger Dom, die *Bulletins über den schreckl. Unfall* der Königin Karoline von Bayern (Verletzung der Pulsader beim Aderlass) und die für G. abgeschriebenen, von J. Scherer übersetzten Gedichte (von Hatif Isfahani; vgl. in: »Über Kunst und Altertum« VI 1). — Bitte um die »Berlinischen Nachrichten« Nr. 213, in denen ein Nekrolog auf Graf G. Schlabrendorff stehen solle.
Anlage: J. Scherers *Uebersetzung zweier persischer Gedichte des Seïd Ahmed Hatifi Isfahàni*.

989   Flatters, Jean Jacques

1824 Oktober 22   Paris   S: 28/109 Bl. 302   D: Mommsen 6, 648 (T)   B: —   A: 1824 Dezember 30 (39, Nr. 54); an Großherzog Karl August von Sachsen-Weimar, 1824 Dezember 11 (39, Nr. 31)   TB: 1824 Oktober 27   V: in französischer Sprache

Ankündigung einer Sendung mit von F. gefertigten Büsten G.s und Lord Byrons für G. sowie zweier Büsten G.s für Großherzog Karl August (vgl. G.s Tagebuchnotiz vom 8. Dezember). — Angabe seiner Adresse.

990   Sintenis, Wilhelm Ferdinand

1824 Oktober 22   London   S: 28/863 St. 2   D: —   B: —   A: —

S. übersetze Lord Byrons »Don Juan«, über den G. in »Über Kunst und Altertum« III 1 mit Wärme gesprochen habe (»Byrons Don Juan«). Bitte um G.s Bereitschaft, die ersten drei Gesänge zu prüfen und *in einem öffentlichen Blatte* zu beurteilen. Dadurch hoffe S. einen Buchhändler und *eine fernere Beschäftigung dieser Art* zu finden. Einige Stanzen sende er *zur Probe* mit. Bis Ende April nächsten Jahres gedenke er die 16 Gesänge zu vollenden. G.s Antwort erbitte er über seinen Bruder F. A. Sintenis in Leipzig. S. nennt seine Forderungen an einen Verleger und bietet seine Dienste als Übersetzer englischer Literatur an. — Von W. Scott erscheine *morgen der neue Roman 'Die Kreutzfahrer'* (»Erzählungen von den Kreuzfahrern« bzw. »Tales of the Crusaders«). — Umschlagvermerk: Hamburg, 27. Oktober 1824, *befördert durch Possert von Halle*.

Anlage auf gleichem Bogen: Fünf von S. ins Deutsche übertragene Stanzen aus dem 2. Gesang von Byrons »Don Juan«.

991   Münnich, Wilhelm Friedrich Emil

1824 Oktober 24   Krakau   S: 28/645 St. 1   D: —   B: —   A: —

G.s *kleinere Gedichte* seien *so eben zum ersten Male in polnischer Sprache* (übersetzt von Gräfin J. Wielopolska) unter M.s *Mitwirkung* erschienen. Dies habe M. in den »Göttingischen gelehrten Anzeigen« (1823, Nr. 160) bei den Besprechungen der Schriften J. Śniadeckis bereits angekündigt. Bitte, G. ein Exemplar übersenden zu dürfen. M.s Engagement sei geleitet von *dem aufrichtigen Wunsche, zur Annäherung Deutschlands und Polens in litterarischer Beziehung beizutragen*. Für seine *zu dem großen Göttinger Werke gehörige* »Geschichte der polnischen Literatur« sei er bereits vom russischen Zaren Alexander I. mit einem *kostbaren Brillantring* ausgezeichnet worden. — *Beiliegendes kleines Werk, welches noch nicht im Buchladen ist* (? M.s Übersetzung von J. Lipiński »Le capitaine Goerecki conte national«), möge G. zusammen mit dem Begleitschreiben Großherzog Karl August übergeben, den die Nachricht von der polnischen Verehrung für G. sicherlich interessieren werde.

Beilage: RA 10, Nr. 992.

992   Münnich, Wilhelm Friedrich Emil an Grossherzog Karl August von Sachsen-Weimar

1824 Oktober 24   Krakau   S: 28/109 Bl. 276   D: —   B: —   A: —

Hoffnung auf des Großherzogs Interesse an M.s Bemühungen um eine nähere *litterarische Verbindung zwischen Deutschland und Polen*. In *der letzteren Zeit* habe M. zu dem *großen Göttinger Werke die Geschichte der polnischen Litteratur, Poesie und Beredtsamkeit geliefert*, wofür ihm Zar Alexander I. einen *kostbaren Brillantring* verehrt

habe. Durch G. übersende er eine *kleine so eben erschienene Übersetzung aus dem Polnischen* (? M.s Übersetzung von J. Lipiński »Le capitaine Goerecki conte national«). G.s *kleinere Gedichte* seien jetzt durch M.s *Mitwirkung* ins Polnische übersetzt worden (von Gräfin J. Wielopolska).
    Beilage zu: RA 10, Nr. 991.

993   NEES VON ESENBECK, CHRISTIAN GOTTFRIED DANIEL

1824 Oktober 24   Bonn   S: 28/1035 Bl. 123–124   D: GNe, Nr. 100   B: —   A: 1824 November 12 (39, Nr. 9)

Dank für G.s Zusendungen: Das Heft »Über Kunst und Altertum« (V 1) *mit den erhebenden eigenhändigen Zueignungsworten* habe er an E. Zanoli weitergereicht, der G. seinen lebhaftesten Dank übermittele (vgl. RA 10, Nr. 980). Ausführlich über die *Aushängebogen des jungen morphologischen Hefts* (»Zur Morphologie« II 2); dabei erwähnt: N.s eigene Beiträge (»Irrwege eines morphologisierenden Botanikers« und »Über Ruß, Mehltau und Honigtau, mit Bezug auf den Ruß des Hopfens«), G.s Aufsatz »Die Lepaden«, »Das Sehen in subjektiver Hinsicht, von Purkinje. 1819« mit G.s Anmerkungen sowie G.s Rezension von E. d'Altons (und C. Panders) »Die Skelette der Nagetiere, abgebildet und verglichen«. K. von Martius habe N. *über seinen glücklichen Aufenthalt in Weimar* geschrieben (vgl. G.s Tagebuchnotiz vom 13. September) und werde *sehr getröstet seyn* über G.s Worte (? H. Meyers und G.s Rezension von Martius' »Genera et species palmarum«). — Für die Herausgabe von R. Browns »Vermischten botanischen Schriften« habe N. mit E. Meyer einen Mitarbeiter gefunden. Der 1. Band werde auch *Zusätze* zu W. E. Parrys »Journal of a Voyage« (vgl. »Verzeichnis der Pflanzen«) und *das Neuste* von Brown (vgl. dessen Nachträge zu J. Richardsons »Botanischer Anhang zu Kapitän Franklins Bericht«) enthalten. N. übersendet die Ankündigung des Verlegers (T. G. F. Varnhagen) im Original.

994   BEUTHER, FRIEDRICH CHRISTIAN PHILIPP

1824 Oktober 27   Kassel   S: 28/109 Bl. 304.306   D: —   B: —   A: —   TB: 1824 Dezember 26 (E)

In Verehrung und als Dank für G.s Anteilnahme an seinem Schaffen übersendet B. ein Exemplar seiner »Dekorationen für die Schaubühne« (Ruppert 2520); Hinweis auf sein Vorwort. — Überbringer der Sendung sei E. Jerrmann.

995   SCHLOSSER, JOHANN FRIEDRICH HEINRICH

1824 Oktober 27   Frankfurt   S: 28/811 St. 4   D: —   B: —   A: —

Nachricht vom Tod von M. K. M. Du Fay am 25. Oktober. — Aus einem Brief A. von Goethes (vom 14. Oktober 1824; vgl. Frese, 116) hätten sie ersehen, dass es G. gut ergehe, und sie hofften dasselbe von seiner Familie, besonders von O. von Goethe. Erinnerung an die schönen mit ihr verbrachten Tage (vgl. RA 10, Nr. 779) und Hoffnung auf anhaltende Wirkung ihrer Kur. Ebenso hofften sie auf gute Nachrichten über das Befinden Walters sowie U. von Pogwischs. — Empfehlungen von S.s Frau.

996   WEYGANDSCHE BUCHHANDLUNG

1824 Oktober 27   Leipzig   S: 30/308 Bl. 52.55   D: QuZ 4, Nr. 2503 (T)   B: 1824 Oktober 14 (38, Nr. 233)   A: 1824 Dezember 14 (39, Nr. 35)

Freude über G.s *Zufriedenheit, mit der neuen Ausgabe von Werthers Leiden,* (Jubiläumsausgabe zur 50. Wiederkehr der Erstausgabe). Wenn G. mit Verweis auf sein *hohes Alter* den Wunsch nach einem *ganz neuen* Werk abschlage, so habe er doch sicherlich *manche litterar. Arbeit vorräthig,* auch wenn das Werk *nicht groß* wäre. — Man beabsichtige, Herders »Volkslieder« und *die Lieder der Liebe [...]* in einer neuen Ausgabe erscheinen zu lassen; Bitte um ein Vorwort.

997   JAKOB, THERESE ALBERTINE LUISE VON

1824 Oktober 28   Halle   S: 25/W 3238 Bl. 13–14   D: Steig, in: GJb 12 (1891), 55–57   B: 1824 Oktober 16 (vgl. WA III 9, 282f.)   A: —

Dank für G.s *Geschenk;* jedoch bedürfe es für sie *keines sichtlichen Erinnerungspfandes jener Stunden* (vgl. G.s Tagebuchnotiz vom 9. Oktober). — Reflexionen über slawische Sprachverwandtschaften und -unterschiede hinsichtlich der *altböhmischen Lieder* (in der von V. Hanka veröffentlichten »Königinhofer Handschrift«, übersetzt von W. A. Swoboda, vgl. Ruppert 1739). — Ihre Verhandlungen mit J. F. von Cotta wegen der Herausgabe ihrer »Volkslieder der Serben« hätten sich zerschlagen (vgl. in der Rengerschen Buchhandlung). — Unterdessen sei sie mit der Übersetzung des Gedichts »Die Hochzeit des Maxim Zernojewitsch« beschäftigt, wovon G. *bis jetzt nur die Composition des Ganzen* kenne (vgl. die Prosa-Übertragung von J. S. Vater in: V. Karadžić »Kleine serbische Grammatik«). Mitteilung der Übersetzung zweier besonders schöner Stellen. In etwa zwei Wochen hoffe sie, G. das Ergebnis *darlegen zu können.* — Empfehlung von ihrem Vater.

998   WESSELHÖFT, JOHANN KARL

1824 Oktober 31   Jena   S: 26/LXIV,4 Bl. 10–11   D: —   B: 1824 Oktober 28 (38, Nr. 241)   A?: 1824 November 3 (vgl. WA III 9, 291)   TB: 1824 November 2 (E)

Begleitschreiben zur Übersendung des Korrekturbogens O und des Umschlags (»Zur Naturwissenschaft« II 2) und Mitteilung, *daß der letzte Aufsatz nicht mit auf den Bogen gegangen, aber gesetzt sei.* W. frage an, *ob dieser Satz für das nechste Heft stehen bleiben* solle oder nicht.

999   Cottasche Buchhandlung

1824 November   Stuttgart   S: 28/109 Bl. 288   D: Cotta, Nr. 489   B: —   A: —

G. erhalte ein Exemplar des »Almanach des Dames« auf das Jahr 1825.

1000   Mainz, Redaktion der Zeitschrift »Cäcilia«

1824 November 1   Mainz   S: 28/109 Bl. 268–269 (egh. von G. Weber)   D: —   B: —   A: an F. von Müller, 1824 November 19 (39, Nr. 15)   TB: 1824 November 13 (E); 1824 November (BVL)

Übersendung des 1. Bandes der Zeitschrift »Cäcilia« (Ruppert 2549), deren Bestreben es sei, *das Grosse und Schöne* in der Musik zu befördern. Die *Verwandschaft* der Tonkunst *mit der lyrischen Poesie* sei auch von G. anerkannt. Daher sähe sich die Redaktion geehrt, wenn er die Zeitschrift mit eigenen Beiträgen bereichere.
    Beilage zu: RA 10, Nr. 1013.

1001   Giesebrecht, Karl Heinrich Ludwig

1824 November 1   Berlin   S: 28/348 St. 1   D: —   B: —   A: —

Für den verspäteten Dank für G.s *Theilnahme an dem hier gefeierten Klopstocksfeste* (zu dessen 100. Geburtstag; vgl. RA 10, Nr. 759) habe sich A. F. Ribbeck bereits entschuldigt. Giesebrecht überreicht die *langverzögerte Beschreibung der Feier* (»Klopstocks Jahrhundertfeier«, Ruppert 154), aus der G. ersehe, dass mit seinen Worten (Würdigung Klopstocks in »Dichtung und Wahrheit«, 2. Teil, 10. Buch) die Feier eröffnet und um Mitternacht beschlossen worden sei.

1002   Metzlersche Buchhandlung

1824 November ? 1   Stuttgart   S: 28/109 Bl. 295   D: —   B: —   A: —   V: teilweise Vordruck

G. erhalte über die Hoffmannsche Buchhandlung den 1. Teil des 6. Bandes von »Shakespeares Schauspielen« (übersetzt von J. H., H. und A. Voß, Ruppert 1525) im Auftrag der Herausgeber.

1003   Rauch, Christian Daniel

1824 November 1   Berlin   S: 28/722 St. 2   D: GRauch, Nr. 12   B: 1824 August 25 (38, Nr. 194)   A: —

Dank für G.s Schreiben mit dem Festgedicht »Bei allerhöchster Anwesenheit Ihro Majestät der Kaiserin Mutter Maria Feodorowna in Weimar Maskenzug« und dem Abdruck der antiken Taufschale (des Kaisers Friedrich I. Barbarossa). — R. hoffe, dass bei G. der Abguss der letzten modellierten Skizze zur Statue für das Denkmal in Frankfurt mit einem zweiten, für K. W. Coudray bestimmten Abguss, sowie der vormals abgesandte Abguss, G. in stehender Stellung mit dem Lorbeerkranz, angekommen seien (vgl. G.s Tagebuchnotiz vom 7. November); erwähnt: die *Frankfurter Herrn* (Initiatoren des G.-Denkmals, u. a. M. von Bethmann). — Die beiden Metallabgüsse, G. in stehender wie sitzender Stellung, würden jetzt ziseliert. Je einen Abguss der stehenden Statue G.s für Frankfurt und einer noch *nicht ausgeführten Skizze* zu einer Statue Fürst Blüchers wolle man dem preußischen König Friedrich Wilhelm III. noch 1824 verehren. — R. arbeite weiter an *den großen und kleinen Basreliefs* zum künftigen Blücherdenkmal in Berlin, deren Guss bald erfolge. — Freude über den inneren Ausbau und die Errichtung des Berliner Zeughauses nach K. F. Schinkels Idee, wodurch es R. möglich sei, die Formen zum Metallguss für die *Colossalen* Modelle der Blücher-Statuen (für Breslau und Berlin) aufzubewahren. — Nach der Rückkehr aus Italien wolle Schinkel G. besuchen (vgl. G.s Tagebuchnotiz vom 1. Dezember) und H. F. Brandt sofort die Arbeit an der Medaille zum 50-jährigen Regierungsjubiläum Großherzog Karl Augusts (am 3. September 1825) aufnehmen. — Über die Medaille mit G.s Bildnis von A. Bovy nach R.s Büste; erwähnt: J. G. Langermann und F. Förster. — R. fühle sich durch die von G. in einem *beiliegenden Blatte* an K. F. Zelter (im Brief 1824 August 24 bis 25, WA IV 38, Nr. 193) ausgesprochene Aufgabe für Bildhauer aufgefordert, *Adler und Schlange im Kampf* darzustellen. Einer *ähnlichen* von R. 1816 in Italien ausgeführten lebensgroßen Darstellung *fehlt leider das Leben*; erwähnt: C. Rother. — Die diesjährige Berliner Kunstausstellung sei eine der *mannigfachst reichsten, und besten der Qualität* seit der ersten im Jahr 1787 stattgefundenen. — Empfehlung von R. und seiner Tochter (Agnes).

1004 SCHLEGEL, AUGUST WILHELM VON

1824 November 1   Bonn   S: 28/805 St. 45   D: GR 1, 182f.   B: —   A: 1824 Dezember 15 (39, Nr. 37)   TB: 1824 November 16 (E); 1824 November (BVL)

Da S. durch M. Beer erfahren habe, dass G. eine Probe seiner indischen Drucke sehen wolle, übersende er ihm den Druck des »Bhagavad-Gita« (Ruppert 1783). S. habe *den ganzen Text selbst gesetzt*. Er habe es sich vom Anfang seiner schriftstellerischen Laufbahn an *zum besondern Geschäfte gemacht, das vergessene und verkannte ans Licht zu ziehen*; so habe er sich in seinen früheren Schriften Dante, Shakespeare, Petrarca, Calderón und den altdeutschen Heldenliedern gewidmet. Dann habe er sich nach Asien gewandt. Das Sanskrit-Studium gewähre *die erheiternde Beschäftigung Räthsel aufzulösen*. Von der geschichtlichen Bedeutung, dem philosophischen und dichterischen Gehalt abgesehen, sei schon die Sprache interessant, die im Vergleich mit *ihren jüngeren Schwestern* wichtige Aufschlüsse *über die Gesetze der Sprachbildung* gebe. — Hinweis auf die beiliegende *Ankündigung* (S.s Übersetzung des »Ramayana« nach Valmiki). — Falls G. einmal wieder die Rheingegenden besuche, könnte man ihm manche Seltenheit zeigen. Es sei S. wie C. G. Nees gelungen, *Bonn mit Asien in Berührung zu setzen*.
Beilage zu: RA 10, Nr. 1007.

1005   GROSSE, KARL FRIEDRICH AUGUST AN J. G. LENZ

1824 November 2   Kopenhagen   S: 28/109 Bl. 274   D: WA III 9, 416f. (T)   B: an J. G. Lenz, 1824 Oktober 11 (38, Nr. 230)   A: —

Grosse teile die *Hauptumstände* seines Lebens mit, worum G. gebeten habe; dabei erwähnt: Grosses Familie, die *ein Nebenzweig der nun in Neapel ansässigen herzoglichen Familie Vargas* sei, sowie Prinz Christian von Dänemark und König Friedrich VI. von Dänemark. Über seinen *thörigten* Wunsch (Bemühung um die Verleihung des Falkenordens), *nach einem innigern schmeichelhaften Verhältniß mit Ihrem vortreflichen Fürsten zu streben.* — Über die *Aufnahme* der Opale. — Dank und Empfehlung an G.
    Beilage zu: RA 10, Nr. 1023.

1006   PYRKER VON OBERWART, JOHANN LADISLAUS

1824 November 2   Venedig   S: 28/711 St. 3   D: Sauer, in: GJb 41 (1920), 183   B: —   A: 1825 Januar 1 (vgl. WA III 10, 1)   A?: an Großherzog Karl August von Sachsen-Weimar, 1824 Dezember 13 (39, Nr. 32)   TB: 1824 November (BVL)

P. übersendet sein Heldengedicht »Rudolph von Habsburg« (vgl. Ruppert 1089), nachdem G. bereits P.s »Tunisias« und »Perlen der heiligen Vorzeit« erhalten habe (vgl. Ruppert 1090 und Ruppert 1088 sowie RA 9, Nr. 38 und RA 9, Nr. 1057).

1007   BEER, MICHAEL

1824 November 3   Bonn   S: 28/182 St. 2   D: Wahle, in: GJb 28 (1907), 20f.   B: —   A: an C. G. Nees, 1824 November 12 (39, Nr. 9)

B. übersendet einen Brief von A. W. von Schlegel und dessen »Bhagavad-Gita« (Ruppert 1783). C. G. Nees, K. D. von Münchow und E. d'Alton erwiderten G.s Grüße. — G. habe sicherlich recht verstanden, dass B. trotz seines dankerfüllten Herzens bei seinem Besuch (vgl. G.s Tagebuchnotiz vom 15. Oktober) G. gegenüber wortkarg gewesen sei.
    Beilage: RA 10, Nr. 1004.

1008   LEONHARD, KARL CÄSAR VON

1824 November 3   Heidelberg   S: 28/1035 Bl. 127   D: NC, Nr. 157   B: —   A: 1824 Dezember 25 (39, Nr. 49)   TB: 1824 Oktober 28

Übersendung der 3. Abteilung von L.s »Charakteristik der Felsarten« (Ruppert 4799), die L. *so eben aus den Händen des Buchbinders* erhalten habe. Das für F. Soret bestimmte Exemplar lege er bei.

1009 ZELTER, KARL FRIEDRICH

1824 November 3   Berlin   S: 28/1019 St. 243   D: MA 20, Nr. 443   B: 1824 Oktober 30 (38, Nr. 240)   A: 1824 Dezember 3 (39, Nr. 22)

Ausführlicher Bericht über das Königsstädtische Theater und Würdigung des 24-jährigen Architekten K. T. Ottmer, der dafür ein altes Fabrikgebäude geschickt umgebaut habe. Details zur Anlage des Theaters; erwähnt: F. Weinbrenner und Cornelius. König Friedrich Wilhelm III. von Preußen sei mit seiner Loge so zufrieden, dass er das Theater drei bis vier Mal in der Woche aufsuche. Das Haus, das *1600 Personen bequem und so bis 1700* aufnehmen könne, sei bis jetzt immer *gefüllt u überfüllt* gewesen. Dem Direktor des Theaters, G. K. F. Kunowski, stünden einige *Mitglieder der Aktionairs* (J. H. Beer, W. Benecke, ? M. Ebers, J. M. Fränckel, J. Mendelssohn und J. D. Müller) zur Seite. Zum Ensemble gehörten J. und H. Spitzeder, L. Angely, H. L. Schmelka, A. und K. Sutorius, K. Bauer, J. Schirer, E. L. Biedenfeld und K. Eunicke. Das Orchester sei *im Werden*, der *Hr. Musikdir.* (K. W. Henning) jedoch *ein eitler Narr.* — Ottmer wolle *auf einige Monathe* nach Paris gehen. *Ich schicke ihn Dir wohl zu.* — Bitte um Zusendung eines Exemplars vom *guten alten neuen Werther* (Jubiläumsausgabe zur 50. Wiederkehr der Erstausgabe).

1010 STERNBERG, KASPAR MARIA GRAF VON

1824 November 4   Brzezina   S: 28/1035 Bl. 129–130   D: GSt, Nr. 34   B: 1824 September 21 (38, Nr. 212); an die Gesellschaft des vaterländischen Museums in Böhmen, 1824 August 20 bis September 21 (38, Nr. 211)   A: 1824 Dezember 14 (39, Nr. 34)   TB: 1824 Dezember 2

Dank für die Sendung mit dem Kupferstich (G.-Bildnis; ? K. A. Schwerdgeburth nach A. Bovy und C. Rauch), das *den Wunsch eines baldigen wiedersehens* erwecke. — Die *wohlgelungenen Zeichnungen der Antithesis* (»Jenaer Hussitenkodex«) seien in das Museum eingeordnet; besonders J. Dobrovský werden sie erfreuen. — S. übersendet das von J. von Hormayr (und A. von Mednyánszky) herausgegebene »Taschenbuch für die vaterländische Geschichte« (1825) mit einem Beitrag über die *böhmischen Sternberge* (von F. Palacký) und einem Bildnis S.s (gestochen von G. Döbler). — Das Zusammentreffen mit K. von Martius in Regensburg (im September, zur Sitzung der Botanischen Gesellschaft) habe *manche angenehme Stunde in der Ansicht der Palmenwelt* gewährt (vgl. u. a. Martius »Genera et species palmarum«). Martius sei von seinem Weimarer Aufenthalt *ganz begeistert* gewesen (vgl. G.s Tagebuchnotiz vom 13. September). Leider komme die Verbindung der Naturforscher in Wien und München nicht zustande. — Bitte, die in der Weimarer Umgebung gesammelten Versteinerungen und *andre Formations Gegenstände*, die G. in Verwahrung genommen habe, an das Prager Museum zu schicken. — Vor *einigen Wochen* habe S. eine Exkursion nach Jinetz, dem *Haupt Fundort* der Entomolithen (versteinerte Geziefer), unternommen, wo verschiedene Arten von Trilobiten (Gliederfüßer) gefunden worden seien; erwähnt: Graf C. G. Tessin, E. F. von Schlotheim, K. von Linné, J. F. Blumenbach, F. G. Sulzer und K. von Hoff. Es sei auffallend, dass in Böhmen *so häufige Spuren aller bekannten Revolutionsperioden vorkommen.* — Wiederholtes Bedauern, Großherzog Karl August in Eisenach verpasst zu haben.

1011   WESSELHÖFT, JOHANN KARL

1824 November 5   Jena   S: 30/308 Bl. 53–54   D: QuZ 4, Nr. 1737   B: 1824 Oktober 28 (38, Nr. 241)   B?: 1824 November 3 (vgl. WA III 9, 291)   A: 1824 November 8 (vgl. WA III 9, 293)

W. bestätigt den Empfang des Geldes, das mit (? F. J.) Frommanns Rat *dankbarlichst verwendet worden ist.* — Hierbei übersendet W. 60 Sonderdrucke *des 1/4 Bogens* von (F. Sorets Aufsatz) »Catalogue Raisonné des variétés d'Amphibole et de Pyroxène rapportées de Bohème« (vgl. Ruppert 5130); *vom vorigen Bogen* habe G. die gleiche Anzahl erhalten (vgl. RA 10, Nr. 615). Weiter erhalte G. die Aushängebogen N sowie die Korrekturbogen O und des Umschlags (»Zur Naturwissenschaft« II 2). W. bitte um eine Bemerkung zum Druck des Buchstabens ž (in Brzezina, vgl. Graf K. Sternberg »Über die Gewitterzüge in Böhmen«); Ausführungen dazu.

1012   KERCKHOVE, JOSEPH ROMAIN LOUIS DE

1824 November 6   Antwerpen   S: 30/518 St. 1; St. 2   D: —   B: —   A: 1824 November 10 (39, Nr. 7)   V: in französischer Sprache

Übersendung des Diploms der Akademie in Toulon über die Ernennung G.s zum korrespondierenden Mitglied. — Nachfrage nach dem Eingang des an G. übersandten Exemplars der von seinem Freund G. de Stassart verfassten »Fables« (vgl. Ruppert 1635).
    Anlage: Urkunde der Société des sciences, belles-lettres et arts in Toulon über die Ernennung G.s zum korrespondierenden Mitglied; datiert: Toulon, 5. Mai 1824.

1013   SCHOTT (B. SCHOTT'S SÖHNE)

1824 November 6   Mainz   S: 28/109 Bl. 270   D: Mommsen 2, 1f.   B: —   A: an F. von Müller, 1824 November 19 (39, Nr. 15)   TB: 1824 November 13 (E); 1824 November (BVL)

Übersendung des 1. Bandes der Zeitschrift »Cäcilia« (Ruppert 2549) mit der Bitte um nachsichtige Aufnahme und um die Erlaubnis, auch die *folgenden Hefte fortwährend zuzusenden* (vgl. G.s Entwurf einer Rezension »Cäcilia, eine Zeitschrift für die musikalische Welt. Mainz«, für »Über Kunst und Altertum« VI 2, WA I 42.2, 475f.). G. möge *das Gesuch der Redaction* um einen künftigen Beitrag G.s günstig aufnehmen.
    Beilage: RA 10, Nr. 1000.

1014   MÜLLER, FRIEDRICH THEODOR ADAM HEINRICH VON

1824 November 9   Weimar   S: 28/633a,2 St. 60; zu St. 60   D: WA IV 39, 275 (T)   B: 1824 November 7 (39, Nr. 4)   A: 1824 November 9 (vgl. WA III 9, 294)   A?: 1824 November 19 (39, Nr. 15)

M. übersendet den von seinem *Schönschreiber wirkl. zu wahrer Augenlust mundirten* Brief G.s an J. R. L. de Kerckhove (1824 November 10, WA IV 39, Nr. 7) sowie dessen (französisches) Konzept, M.s *Schreiben nach München* (? an J. Scherer oder N. Ringseis) und den *angeckündeten hübschen Aufsatz* aus dem *Convers. Blatt* (? »Literarisches Konversationsblatt«). — Der nach Frankfurt am Main zurückkehrende Graf K. Beust treffe *nächsten Freytag* in Weimar ein und würde *gar sehr wünschen [...] eine Zeile* von G.s Hand an J. von Anstett mitzunehmen (vgl. RA 10, Nr. 1048).

Anlage: Übersetzung des Konzepts zu G.s Brief an J. R. L. de Kerckhove vom 10. November ins Französische.

1015   WELLER, CHRISTIAN ERNST FRIEDRICH

1824 November 9   Jena   S: 28/109 Bl. 314–315   D: —   B: —   A: —

W. übersendet *die gewünschte Abschrift des General-Berichts nebst Quittung*. Der Schreiber, der *arme unglückliche Lorbeer* (K. F. F. Lorber), müsse pro Bogen *mündestens vier Groschen* erhalten; dabei erwähnt: G. G. Güldenapfel und D. Compter. — Großherzog Karl August sei am 4. November mit F. W. von Jagow, W. L. von Eschwege, P. von Motz und drei Engländern (G. Hotham sowie die zwei Lords Bentinck) in der Bibliothek gewesen und habe *Wohlgefallen* über die *in Gebrauch gesetzte Catalog-Repositur* bezeigt. — Über den Fortgang der Bibliotheksarbeiten: Die Diensttagebücher seien *in Arbeit*; die Revision der *theologischen Streitschriften und Rabbiner* werde *ununterbrochen fortgesetzt*. — E. Huschke *soll die Anatomie mit Beifall vortragen*. — K. L. von Knebel sei *recht munter* und studiere *seine englischen Journale bis tief in die Nacht*.

1016   HESSEN-DARMSTADT, LUDWIG ERBPRINZ UND PRINZ KARL WILHELM LUDWIG VON

1824 November 10   Weimar   S: 28/109 Bl. 266–267   D: Begegnungen 14, 511   B: —   A: —

Sie seien *auf einer neuen Reise von Darmstadt nach Leipzig* und bitten, G. ihre *Aufwartung machen zu dürfen*, um ihre *persönliche Bekanntschaft zu erneuern*, und einen *Gruß* vom Großherzog (Ludwig I.) auszurichten (vgl. G.s Tagebuchnotiz).

1017   KREISIG, LUISE

1824 November 10   Ort n. e.   S: 28/542 St. 1   D: —   B: —   A: —

K. fühle sich mit einem *seltnen innigen Vertrauen* zu G. hingezogen und bitte durch seine eigenhändigen Zeilen um die Erlaubnis, mit ihm zu korrespondieren. Sollte G. ihr versichern, dass ihre *alsdann nur ihm anvertrauten kleinen Geheimnisse tief verwahrt bleiben werden*, dann würde sie sich G. eröffnen. Sie füge ihre *Adresse* bei, unter der sie G.s Zuschrift *gewiß erhalte*.

1018   MÜLLER, FRIEDRICH THEODOR ADAM HEINRICH VON

1824 November 10   Weimar   S: 28/633a,2 St. 61   D: —   B: an J. von Anstett, 1824 November 10 (vgl. WA III 9, 294)   A: —

Über G.s Geschenk für J. von Anstett (Jubiläumsausgabe der »Leiden des jungen Werther« zur 50. Wiederkehr der Erstausgabe mit handschriftlicher Widmung; vgl. RA 10, Nr. 1048): G. habe ein *vortrefliches AuskunftsMittel ersonnen*, das Anstett gewiss völlig Genüge tun werde, zumal G.s *eigne Handschrift* dessen Besorgnis widerlege, '*daß aus schönen Federzügen nachtheilig auf geistige Präpotenz*' (Brief Anstetts an Graf K. Beust, Mai oder Juni 1824; Schreckenbach 36) geschlossen werden könne.

1019   CONTA, KARL FRIEDRICH ANTON

1824 November ? 11   Weimar   S: 28/109 Bl. 271   D: —   B?: 1824 November 8 (vgl. WA III 9, 293)   A: —   TB: 1824 November 11

Rücksendung des *Promemoria* von A. Vulpius betreffend die (F.) *Hortlederschen Kollektanien* nach Fertigung einer Abschrift für die Staatskanzleiakten. — Übersendung von diplomatischen Berichten und einer *kleinen Schrift*, die C. von L. A. von Jakob erhalten habe und deren Verfasser K. von Kamptz sein solle.

1020   LENZ, JOHANN GEORG

1824 November 12   Jena   S: 28/109 Bl. 273   D: —   B: —   A: —

Von Graf Bedemar habe L. die Antwort auf seinen Brief erhalten, *welche hier folgt* (vgl. aber RA 10, Nr. 1023) und (von K. Schiemann) *aus Mietau ein kleines Stücklein von dem Meteorpapier*, das am 1. Januar 1686 *in Curland aus der Atmosphäre gefallen, wie auch ein Fragment von dem Meteorstein*, der in Lixna im Juni *1829* (richtig: 1820) *herabgefallen* sei (vgl. Schiemanns Korrespondenznachricht in: »Annalen der Sozietät für die gesamte Mineralogie« 1825, Bd. 2). — K. L. Bobok werde *eine Kiste mit herrlichen Mineralien, aus seiner Gegend* und K. Martini *eine vollkommene Suite aus dem Steinkohlen-Gebirge bey Zwickau* schicken.

1021   NAUWERCK, LUDWIG GOTTLIEB KARL

1824 November 12   Neustrelitz   S: 28/109 Bl. 279   D: —   B: —   A: —   TB: 1824 November 18

Übersendung von zwei lithographischen Probedrucken seiner Zeichnungen zum »Faust«: *das mit II. bezeichnete* Blatt (Prolog im Himmel), eine Wiederholung *des im vorigen Jahre verunglückten Versuches*, sowie *Blatt Nr. IV*. (Vor dem Tor. Osterspaziergang). Über die Schwierigkeiten des Drucks der von N. gefertigten Vorlagen (in der lithographischen Anstalt von J. Speckter und H. J. Herterich). Über ein Jahr habe er dazu benötigt, um vier Tonplatten, die das erste, zur Veröffentlichung vorgesehene Heft ausmachen sollten, herzustellen. Plan, zwei weitere Hefte folgen zu lassen. Hoffnung, dass G. die Blätter nicht für *unwürdig* befinde, *in der Reihe anderer beliebter Darstellungen aus dem reichen Schatze* von G.s *Dichtung aufzutreten* (vgl. H. Meyers Anzeige des 1. Heftes in: »Über Kunst und Altertum« VI 1 und G.s Anzeige des 2. Heftes in: Heft VI 2).

1022   WESSELHÖFT, JOHANN KARL

1824 November 12   Jena   S: 30/308 Bl. 56.61   D: QuZ 4, Nr. 1739   B: 1824 November 8 (vgl. WA III 9, 293)   A: —   TB: 1824 November 13

Mit dem Aushängebogen O und dem Umschlag »Zur Naturwissenschaft« (II 2) sende W. *auch das gesandte Exemplar, wonach der Buchbinder die Kupfer einheften soll,* wieder zurück (vgl. C. Ermers Kupfer für C. G. Nees' Beitrag »Die Basaltsteinbrüche am Rückersberge bei Oberkassel am Rhein. Aus Noeggeraths: Das Gebirge in Rheinland-Westphalen«).

1023   LENZ, JOHANN GEORG

1824 November 13   Jena   S: 28/109 Bl. 275   D: —   B: —   A: —

L. übersendet den Brief des Grafen Bedemar, den er versehentlich seinem letzten Schreiben nicht beigefügt habe (vgl. RA 10, Nr. 1020).
    Beilage: RA 10, Nr. 1005.

1024   SACHSEN-WEIMAR-EISENACH, KARL AUGUST GROSSHERZOG VON

1824 vor November 14   Weimar   S: 28/773,4 St. 15 und 28/109 Bl. 271a   D: GH, Nr. 989   B: —   A: 1824 November 14 (39, Nr. 11)

Der beigefügte Brief von K. von Müffling beziehe sich auf S.s Einwand, Müffling habe (in seinem Werk »Zur Kriegsgeschichte der Jahre 1813 und 1814«) Fürst Blücher *zu hoch gehoben,* und sei *ein so merckwürdig historisch Characktristisches Ackten stück,* das G. ihn lesen müsse.

1025   LENZ, JOHANN GEORG

1824 November 15   Jena   S: 28/109 Bl. 277   D: —   B: —   A: —

L. überreicht *Beyliegendes* und hoffe, dass G. Graf Bedemars Brief erhalten habe (vgl. RA 10, Nr. 1005). — Nach Antwerpen, Paris und Toulon habe L. *auf Verlangen Diplome abgeschickt* und jetzt von dort Antwort erhalten mit der Versicherung, dass die mineralogische Sozietät *würdige und thätige Mitglieder aufgenommen habe.*

1026 NEUMANN, AMALIE

1824 November 15   Karlsruhe   S: 28/653 St. 1   D: Begegnungen 14, 447 (T)   B: —   A: —

In Erinnerung an ihren Besuch bei G. (vgl. G.s Tagebuchnotiz vom 1. Juli) bittet N. für ihre Kinder (Karl Ludwig, Luise und Adolfine) um *eine Zeile von der Hand* des Dichters von »Hermann und Dorothea« sowie des »Egmont«.

1027 MENDELSSOHN BARTHOLDY, ABRAHAM

1824 November 16   Berlin   S: 28/109 Bl. 285   D: Kippenberg, in: Jb Sa Kipp 4 (1924), 84   B: —   A: —

Zum beiliegenden Brief füge M. hinzu, dass die von W. Hensel entworfene Farbenskizze (»Samariterin am Brunnen«) zu einem vom preußischen König Friedrich Wilhelm III. *bestellten Bilde* umgehend an Hensel nach Rom zurückgehen müsse, ohne sie *über Weimar* gelangen zu lassen.
   Beilage: RA 10, Nr. 955.

1028 SACHSEN-WEIMAR-EISENACH, KARL AUGUST GROSSHERZOG VON

1824 November 16   Weimar   S: 28/773,4 St. 16   D: GH, Nr. 992   B: 1824 November 14 (39, Nr. 10); 1824 November 14 (39, Nr. 11)   A?: 1824 November 18 (39, Nr. 14); 1824 Dezember 15 (39, Nr. 36)

Den Brief K. von Mifflings, dem S. das *Urtheil* G.s über die Auslegung (Fürst Blüchers Rolle in »Zur Kriegsgeschichte der Jahre 1813 und 1814«) mitgeteilt habe, überlasse der Großherzog G. *zu Erb u. eigen.* G. solle Müfflings »Kriegsgeschichte« und A. de Beauchamps »Mémoires de Joseph Fouché« lesen; erwähnt: J. C. G. Weise. — Den *Polaken* lasse S. danken. — B. Stark habe S. vorgeschlagen, die drei Manuskripte nach Weimar zu senden und *die preyse der incunablen* mitzuteilen. Von G. G. Güldenapfel habe S. ein Verzeichnis der in Jena vorhandenen Inkunabeln angefordert. — Über Naturereignisse im *Fürstenbergischen* Teil des Schwarzwaldes, *wo die reichen Bergwercke u. einige Mineral Quellen sich befinden.* — S. halte es für *an der zeit [...] das grüne Zimmer auf der hiesigen Bibl.* zu *einen Lese Cabinette* für das *Publico* einzurichten. — König Friedrich Wilhelm III. von Preußen habe sich mit Gräfin A. Harrach *vermehlt.*

1029 ZELTER, KARL FRIEDRICH

1824 November 16   Berlin   S: 28/109 Bl. 283   D: —   B: —   A: 1824 Dezember 3 (39, Nr. 22)

Frachtbrief über ein *Faß Teltower Rüben* (vgl. RA 10, Nr. 931).

1030 SACHSEN-WEIMAR-EISENACH, KARL AUGUST GROSSHERZOG VON

1824 November 17   Weimar   S: 28/773,4 St. 17   D: GH, Nr. 993   B: —   A?: ? 1824 November 18 (39, Nr. 14); 1824 Ende November (39, S. 282f., vgl. GB Rep, Nr. 39020b); 1825 Januar 3 (39, Nr. 58)   TB: 1824 November 17

F. H. Müller wünsche, nach Stuttgart zu gehen, um sich (von S. und M. Boisserée sowie N. Strixner) *das Lithographiren dorten günd. lehren zu laßen.* S. möchte G.s Meinung dazu wissen und die Summe, die S. *als zuschuß dazu gewähren müste.*

1031 SORET, FRÉDÉRIC JACOB

1824 November 18   Weimar   S: 28/1035 Bl. 128   D: NC, Nr. 346   B: —   A: —   V: in französischer Sprache

Dank für den Abdruck von S.s »Catalogue Raisonné des variétés d'Amphibole et de Pyroxène« (in: »Zur Naturwissenschaft überhaupt« II 2) und die übersandten Abzüge davon (vgl. auch RA 10, Nr. 1071 und Ruppert 5130). — S. habe gelesen, dass T. Medwins »Journal of the Conversations of Lord Byron« erschienen und zugleich deren französische Übersetzung angekündigt sei.

1032 MÜLLER, FRIEDRICH THEODOR ADAM HEINRICH VON

1824 November 19   Weimar   S: 28/633a,2 St. 62; 26/LXXI,4,65   D: KM, 315   B: —   A: an Graf K. F. Reinhard, 1824 Dezember 26 (39, Nr. 51)

Übersendung einer *Witterungsbeobachtung,* die M. aus dem *etwas unleserlichen Briefe* Graf K. F. Reinhards (vom 13. bis 15. November an M., GSA 68/455,1 Bl. 23f.) habe *extrahiren* lassen. — Reinhard grüße *aufs herzlichste* und sehne sich nach einem Briefe von G.
    Anlage: Abschrift der Witterungsbeobachtung Graf K. F. Reinhards vom 15. November.

1033 EGLOFFSTEIN, KAROLINE GRÄFIN VON UND ZU

1824 zwischen November 20 und Dezember 6   St. Petersburg   S: 13/529 Bl. 21 (Fragment einer Abschrift)   D: —   B: —   A: 1824 Dezember 24 (39, Nr. 46)

Schilderung der Überschwemmung St. Petersburgs durch die Newa (am 19. November; vgl. RA 10, Nr. 1058), die die Stadt *ohne Rettung zu vernichten drohte.* — Das Winterpalais schien in seinen *Grundfesten* erschüttert und *Jeder* sei *auf seinen nahen Tod* vorbereitet gewesen.

1034   OEYNHAUSEN, FRIEDRICH ADOLF LUDWIG VON UND ZU

1824 November 20   Erfurt   S: 28/109 Bl. 284   D: —   B: —   A: —   TB: 1824 November (BVL)

O. sendet seine Übersetzung von Dantes »La vita nuova« (»Das neue Leben«, Ruppert 1677), dem *Erstlinge* seiner *Musen*. Er bringe es *gleichsam als eine Weihegabe* dar in Verehrung für G. und seine Werke. — Angabe seiner Adresse zu Berlin in der Nicolaischen Buchhandlung.

1035   SORET, FRÉDÉRIC JACOB

1824 November 20   Weimar   S: 28/109 Bl. 280   D: Begegnungen 14, 514 (T)   B: —   A: —   TB: 1824 November 20 (E)   V: in französischer Sprache

Im Auftrag Großherzog Karl Augusts wolle S. heute mit einem Tiroler Mineralienhändler zu G. kommen, damit er zwei oder drei Proben für Jena auswählen könne.

1036   GRIMM, WILHELM KARL

1824 November 21   Kassel   S: 28/373 Bl. 35; Bl. 38–40   D: GR 2, 231f.; GGR, 203–208   B: an J. Grimm, 1824 August 30 (38, Nr. 196)   A: —   TB: 1824 November 25

Übersendung von L. Grimms »Bildnissen Göttinger Professoren« (Ruppert 425; vgl. H. Meyers Anzeige in: »Über Kunst und Altertum« V 2). Weiter lege W. Grimm seine Rezension der von H. C. Lyngbye herausgegebenen »Færøiske Qvæder om Sigurd Fofnersbane og hans Æt«, erschienen in den »Göttingischen gelehrten Anzeigen« (1824, Nr. 143) bei, dazu zu *beßerm Verständniß [...] die Übersetzung eins der eigenthümlichsten Stücke* (»Lokes Sang«); erwähnt: »Edda« (von Snorri Sturluson) und die (von Herder herausgegebenen) »Volkslieder«. — J. Grimm danke G. für die Übersendung der Hefte »Über Kunst und Altertum« (IV 3 und V 1).
    Anlage: Grimms Übersetzung des färöischen Volkslieds »Lokes Sang«; Manuskript.

1037   NEUMANN, JOHANNA

1824 November 21   Elbing   S: 28/654 St. 1   D: —   B: —   A: —   TB: 1824 Dezember 6 (E)

N. sei in Mannheim geboren und von J. Ledenbaur und dessen Frau erzogen worden, denen sie auch ihre Bildung verdanke. Die Heirat mit P. S. Neumann habe es ihr ermöglicht, ihren Neigungen nachzugehen und einen Teil ihrer Zeit *jenen Beschäftigungen zu widmen, die [...] die größte Freude* ihres Lebens ausmachten. H. J. von Collin habe in ihr *eine glückliche Anlage zur Schriftstellerei* entdeckt und geraten, *sie auszubilden*. Ihr Wunsch sei es gewesen, sich *in den verbergenden Mantel* der Anonymität zu hüllen, wie es B. Naubert getan habe. So schreibe N. seit 1821 unter *dem angenommenen Namen Satori* für die »Wiener Zeitschrift«, die »Abendzeitung«, die *Elegante* (? »Zeitung für die elegante Welt«) sowie für den »Ährenleser« und korrespondiere mit den Redakteuren dieser Zeitschriften (C. Kuffner und J. K. Bernard, K. Winkler, M. Müller und J. K. Alberti). Nur Winkler kenne ihre wahre Identität. N. überreiche beiliegenden Roman (»Valerie«), für den sie sogleich einen Verleger gefunden habe (W. T. Lohde). Bitte an G., dieser Schrift in »Über Kunst und Altertum« *zu gedenken*. Sie hoffe auf *ein paar eigenhändige Worte* G.s, die sie ihren Kindern *noch als werthes Andenken hinterlasse*n wolle. Ferner werde sie später das von ihr herausgegebene Taschenbuch »Feldblumen« übersenden, sobald die zugehörigen Abbildungen mit dem Bildnis der Kronprinzessin Elisabeth von Preußen und des Schlosses Marienburg fertiggestellt seien (Lithographien von C. Siegmund, die letzteren nach J. F. Fricks Kupfern).

1038   SACHSEN-WEIMAR-EISENACH, KARL AUGUST GROSSHERZOG VON

1824 November 22   Weimar   S: 28/773,4 St. 18; 26/LXVIII,2,137   D: GH, Nr. 995   B?:
1824 November 18 (39, Nr. 14); 1824 November Ende (39, S. 282f., vgl. GB Rep, Nr. 39020b)
A: 1824 November 25 (39, Nr. 20)

Übersendung der gewünschten Abschrift des Katalogs der (1822 von W. L. Eschwege für S. erworbenen) Diamanten. — Frage, ob G. *etwas davon gehört* habe, dass in der *Wrbenaischen Herrschaft* zwischen Prag und Pilsen *ein Meteorstein gefallen* und *der Sprudel in Carlsbad ausgeblieben* sei. — *Das Indianische Buch* (»Bhagavad-Gita«, hrsg. von A. W. von Schlegel) trübe den Himmel.

   Anlage: F. Soret »Catalogue des Diamans cristallisés qui se trouvent dans la collection de Son Altesse Royale le Grand Duc de Saxe-Weimar-Eisenach«; Manuskript.

1039   JAKOB, THERESE ALBERTINE LUISE VON

1824 November 24   Halle   S: 25/W 3238 Bl. 21–22   D: Steig, in: GJb 12 (1891), 57f.   B: —
A: 1824 Dezember 4 (39, Nr. 24)   TB: 1824 November 30

J. übersendet *diese letzten Blätter* zur Ansicht. Das Werk (»Volkslieder der Serben«) werde *nun Ostern oder noch früher* in der Rengerschen Buchhandlung (in Halle) erscheinen; über die Vorteile des Verlags vor Ort. Eine Verringerung des Manuskripts sei noch erforderlich; *das Uebrigbleibende* wolle sie *entweder der Vergeßenheit [...] widmen* oder für die Zukunft aufsparen (später gedruckt im 2. Band der »Volkslieder der Serben«). — *Das große, hier beykommende Gedicht* (Übersetzung der »Hochzeit des Maxim Zernojewitsch«) dürfe im Band keinesfalls fehlen. G. möge es ihr, seinem Versprechen gemäß, *mit einigen Bemerkungen geschmükt*, zurücksenden; ihrem Verleger (A. G. Eberhard) habe sie davon nichts gesagt, damit G. nicht gedrängt werde. Sobald sie ihr *Manuscript von Wien zurükerhalte* (von der Durchsicht durch B. Kopitar und V. Karadžić), werde sie *nicht ohne vorherige Anfrage handeln*. — J. fürchte, dass mit der Veröffentlichung ihrer *Blätter [...] jede äußre Beziehung zu G. abgeschnitten* werde.

1040 BREITKOPF & HÄRTEL

1824 November 25   Leipzig   S: 28/109 Bl. 291   D: LA II 1B, 976 (T)   B: —   A: 1824 Dezember 11 (vgl. WA III 9, 305f.)   TB: 1824 Dezember 24 (E)

Begleitschreiben zur Übersendung der neuesten Schrift von Graf G. Buquoy »Anregungen für philosophisch-wissenschaftliche Forschung und dichterische Begeisterung« (Ruppert 3030) im Auftrag des Verfassers. Bitte um Rücksendung des unterzeichneten Empfangsscheins.

1041 MÜLLER, EMANUEL (HANDELSHAUS)

1824 November 25   Frankfurt   S: 28/109 Bl. 289–290   D: —   B: —   A: —

M. übersende durch den *Fuhrmann F. Gessert von Dambach* eine Kiste, die er von *P. F. Chedeaux & Cie. in Metz* für G. erhalten habe (mit von J. J. Flatters gefertigten Büsten G.s und Lord Byrons; vgl. RA 10, Nr. 989).
   Anlage auf gleichem Bogen: Fracht- und Zollabrechnung.

1042 SACHSEN-WEIMAR-EISENACH, KARL AUGUST GROSSHERZOG VON

1824 November 26   Weimar   S: 28/773,4 St. 20   D: GH, Nr. 997   B: 1824 November 25 (39, Nr. 20)   A: 1824 Dezember 6 (39, Nr. 26)   TB: 1824 November 26

Das Bildnis von J. F. Blumenbach besitze S. schon. Die Fortsetzung von L. Grimms Werk (»Bildnisse Göttinger Professoren«) habe er *aber abbestellt*. — S. übersendet einen Brief von F. von Ende mit einigen *Curiosa* aus Köln (vgl. RA 10, Nr. 632). — G. Mollers *ausgeduschtes* Faksimile vom Kölner Dom (? gestochen von L. Schnell) hänge jetzt bei S. im Saal.

1043 ZELTER, KARL FRIEDRICH

1824 November 27   Berlin   S: 28/1019 St. 244   D: MA 20, Nr. 444   B: 1824 Oktober 30 (38, Nr. 240)   A: 1824 Dezember 3 (39, Nr. 22)

Als Gegenstück der schönen Sachen (»Zur Morphologie« II 2 und »Die Leiden des jungen Werther«, Jubiläumsausgabe zur 50. Wiederkehr der Erstausgabe), die G. geschickt habe, übersende Z. *einen Komödienzettel* zu einer Aufführung von G.s »Die Mitschuldigen« (und F. von Driebergs »Der Sänger und der Schneider«) im Königsstädtischen Theater (am 26. November); erwähnt: L. Meyer, H. L. Schmelka, A. Sutorius und Wohlbrück. Vergleich der Wirkung der »Mitschuldigen« auf Z. mit den »Wahlverwandtschaften« und A. von Kotzebues »Die deutschen Kleinstädter«. — Beschreibung einer heftigen Erkrankung Z.s, die ihn am Arbeiten gehindert, aber zu häufigen Theaterbesuch veranlasst habe. Ausführlich über eine Aufführung von Kotzebues »Menschenhaß und Reue«. Über die Aufnahme *von fremden Virtuosen* beim

Berliner Publikum. Vergleich von T. Grünbaum und I. Moscheles mit A. Milder und K. Seidler; erwähnt: A. Catalani und W. Müller. Moscheles' Kompositionen hätten Z. nach *den* (J. N.) *Hummelschen am besten unter den Neueren gefallen*. Grünbaum werde für ihre Rollen in *Mozartschen Stücken* gelobt. Z. habe sie in G. Rossinis »Barbier von Sevilla« (Libretto von C. Sterbini nach Beaumarchais) gehört. — *In der eben bestandnen Langenweile habe französisch gelesen u mir vorlesen laßen*: Racines »Iphigénie« und »Britannicus«, P. Corneilles »Cinna« sowie Voltaires »La Mort de César« und »Le Brutus«. Ein besonderes Vergnügen habe Z. die *treue Übersetzung* Voltaires von Shakespeares »Julius Cäsar« und Calderons »L'Héraclius« bereitet; erwähnt: »Shakespeares Vorschule« (hrsg. von L. Tieck).

1044   Zelter, Karl Friedrich an J. Mendelssohn

1824 November 27   Berlin   S: 28/1019 zu St. 245 (Abschrift von D. Zelter)   D: MA 20.3, 649f.   B: 1824 Dezember 3 (39, Nr. 22)   A: —

Z. begründet sein Urteil über eine Aufführung von G.s »Die Mitschuldigen« (im Königsstädtischen Theater am 26. November; vgl. RA 10, Nr. 1043) und den Vergleich mit G.s »Wahlverwandtschaften«; erwähnt: Aristoteles. Zitat aus dem AT (Psalm 143, 2).
    Beilage zu: RA 10, Nr. 1065.

1045   Klinger, Friedrich Maximilian von

1824 November 28   St. Petersburg   S: 28/487 St. 15   D: Klinger, Nr. 215   B: 1824 Oktober 7 (38, Nr. 227)   A: —   TB: 1824 Dezember 21

K. habe G.s Grüße sowie die des Großherzogs Karl August und der Großherzogin Luise, übermittelt durch Erbgroßherzogin Maria Pawlowna und Erbgroßherzog Karl Friedrich, erhalten. — Hauptinhalt der Gespräche zwischen K. und Gräfin K. Egloffstein seien G. und Weimar. — K. distanziere sich von der ihm gewidmeten *niederträchtigen Schrift* gegen G. von C. H. G. Köchy (»Goethe als Mensch und Schriftsteller«). Er habe seine *schriftliche Verwerfung, zur öffentlichen Bekanntmachung* (im IB der JALZ 1824, Nr. 17, und im »Literarischen Konversationsblatt« 1824, Nr. 97) an Gräfin Egloffstein übersandt. — Dank für das neueste Heft »Über Kunst und Altertum« (V I). — Glückwunsch zum 50-jährigen Dienstjubiläum G.s in Weimar, das K. in Verbundenheit mit G. und dem des eigenen Aufenthalts in Weimar (vgl. G.s Tagebuchnotizen vom 24., 25. und 29. Juni 1776) gedenkend auch festlich begehen werde.
    Beilage zu: RA 10, Nr. 1058.

1046   Sachsen-Weimar-Eisenach, Karl August Grossherzog von

1824 November 28   Weimar   S: 28/773,4 St. 21   D: GH, Nr. 998   B: —   A?: 1824 Dezember 6 (39, Nr. 26)

Zur Trösterin, in den langen Winter Nächten und zugleich *als die Culmination der Lithografie Kunst* übersendet S. das Bildnis einer *Dame,* die er G. *ganz preiß, u. zur schönsten Critiq ganz Nackend hingestellt, gebe.*

1047   SCHINKEL, KARL FRIEDRICH

1824 November 30   Weimar   S: 28/803 St. 2   D: Doebber, in: GJb 44 (1924), 120   B: —
A: an K. F. Zelter, 1824 Dezember 3 (39, Nr. 22)

S. sei mit seinen Reisegefährten G. F. Waagen und A. Kerll auf seiner Rückreise von Italien in Weimar angekommen und bitte um einen gemeinsamen Besuch bei G. (vgl. Tagebuchnotiz vom 1. Dezember). Morgen müsse S. schnellstens nach Berlin weiterreisen.

1048   WILLEMER, JOHANN JAKOB VON

1824 Dezember 1   Frankfurt   S: 28/954 St. 14   D: GW, Nr. 138   B: —   A: 1824 Dezember 13 (39, Nr. 33)   TB: 1824 Dezember 5

Die Übersendung der »Leiden des jungen Werther« (Jubiläumsausgabe zur 50. Wiederkehr der Erstausgabe) mit den begleitenden Zeilen (vgl. G.s Tagebuchnotiz vom 10. November) habe J. von Anstett mehr erfreut als die Verleihung des Alexander-Newski-Ordens durch Zar Alexander I.; erwähnt: *ein kostbares Futeral,* das Anstett für das Buch anfertigen lasse. — Zurzeit sei mit L. van Panhuys, Schwester *der Fräulein von B., der im Werther gedacht ist* (C. von Oetinger), eine weitere Person in Frankfurt, die ein solches Geschenk von G. verdiene. Panhuys habe während ihres zweimaligen Aufenthalts in Surinam die *dortigen pflanzen, Blumen und Insecten* in einer Qualität gemalt, die S. Boisserée über die der *berühmten Merian* stelle. Diese Werke (und ihre Naturaliensammlung) würden, wie G. dem »Morgenblatt« (1824, Nr. 170) habe entnehmen können, künftig in der *Senkenbergischen Stiftung* aufbewahrt. Panhuys sei zudem der *tägliche Umgang* W.s und *der Frau v Anstett* und außer M. von Willemer *die eintzige Frau bey der ich meine Zeit nicht verliehre wenn ich sie besuchte.* Bitte um ein ähnliches Geschenk für die Malerin, die es glücklich machen würde, *ein paar Zeihlen* von G.s Hand zu besitzen; W. wolle der Überbringer sein. — M. von Willemer leide an *Nervenschwäche* und könne daher nicht schreiben.

1049   ESCHWEGE, WILHELM LUDWIG KARL VON

1824 Dezember 2   Kassel   S: 28/111 Bl. 14   D: —   B: —   A: —

E. übersende *beykommend einige Portugiesische ältere und neuere Münzen,* die er in seinem *Coffer* gefunden, aber genau zu diesem Zweck mitgenommen habe. Anerbieten, auch künftig G.s *Wünsche* zu erfüllen.

1050   ALTON, EDUARD JOSEPH D'

1824 Dezember 3   Bonn   S: 28/1040 Bl. 70–71   D: NC, Nr. 11   B: —   A: —

Verbunden mit der 7. Lieferung der »Vergleichenden Osteologie« (»Die Skelette der Vierhänder«, mit C. Pander, Ruppert 4331) danke A. für die Anerkennung seiner *schwachen Leistungen* (vgl. G.s Rezension »Die Skelette der Nagetiere«, in: »Zur Morphologie« II 2). — A. hoffe, die 8. Lieferung, *welche die Zahnlosen Thiere enthalten wird*, werde wegen der von G. *zulezt ausgesprochenen Ideen* eine *größere Vollendung* erreichen. — Hoffnung, G. spätestens Ostern 1825 besuchen zu können (vgl. G.s Tagebuchnotizen vom 11. bis 16. April 1825).

1051   BEER, MICHAEL

1824 Dezember 3   Bonn   S: 28/182 St. 3   D: Wahle, in: GJb 28 (1907), 21f.   B: an C. G. Nees, 1824 November 12 (39, Nr. 9)   A: 1824 Dezember 17 (vgl. WA III 9, 309); an C. G. Nees, 1824 Dezember 17 (39, Nr. 38)

B. dankt gerührt für *die Vorbereitung der Darstellung der Paria in Weimar* (am 6. November) *und die gütige Anzeige des Erfolgs*.
    Beilage zu: RA 10, Nr. 1054.

1052   WEYGANDSCHE BUCHHANDLUNG

1824 Dezember 3   Leipzig   S: 30/308 Bl. 58–59   D: —   B: 1824 Oktober 14 (38, Nr. 233)   A: 1824 Dezember 14 (39, Nr. 35)

Wiederholung der Bitte um ein Vorwort G.s für eine neue Ausgabe von *Herders Volksliedern, und deßen Lieder der Liebe*. Bitte um schnelle Antwort.

1053   FROMMANN & WESSELHÖFT

1824 Dezember 4   Jena   S: 30/308 Bl. 57.60   D: QuZ 4, Nr. 1741   B: —   A: an F. Frommann, 1824 Dezember 18 (39, Nr. 43)   TB: 1824 Dezember 6

G. empfange beiliegend 15 Exemplare »Zur Morphologie« II 2 auf Druckpapier. Die Exemplare auf Schreib- und Velinpapier könnten *frühstens in acht Tagen folgen*.

1054   NEES VON ESENBECK, CHRISTIAN GOTTFRIED DANIEL

1824 Dezember 4   Bonn   S: 28/1035 Bl. 131–132   D: GNe, Nr. 102   B: 1824 November 12 (39, Nr. 9)   A: 1824 Dezember 17 (39, Nr. 38)   TB: 1824 Dezember 9

Dank für G.s *reichhaltige Mittheilung*. Die *Inhaltsanzeige des neusten morphologischen Hefts* habe N. an »Flora oder botanische Zeitung« (vgl. 1824, Nr. 48) und in einer französischen Übersetzung an den Herausgeber des »Bulletin des sciences naturelles et de géologie«, A. de Férussac, gesandt; erwähnt: J. F. von Cotta und G.s Aufsatz »Architektonisch-naturhistorisches Problem«, in: »Zur Naturwissenschaft überhaupt« II 1, dessen französische Anzeige im »Bulletin des sciences« (1824, Bd. 3, von A. Boué) nach der englischen Übersetzung in »The Edinburgh Philosophical Journal« (1824, Bd. 11) erschienen sei. Nach Vollendung von »Zur Naturwissenschaft überhaupt, besonders zur Morphologie« II 2 wolle N. auch diesen Band mit J. Noeggerath in der JALZ rezensieren (vgl. deren Rezension des 1. Bandes mit A. Goldfuß, in: JALZ 1823, Nr. 101–108). — Über M. Beers Reaktion auf G.s *Zeichen [...] ermunternder Theilnahme* bezüglich des Trauerspiels »Der Paria« unter Hinweis auf den beiliegenden Brief; erwähnt: A. W. von Schlegel. — *Das Memento vivere*, das G. ihm zurufe, gebe N. *wie ein Echo weiter*. Überlegungen zu einer Vorrede zu R. Browns »Vermischten botanischen Schriften«: N. wolle *seine rein empirische und beim Einzelnen beharrende Art zu morphologisiren neben der Götheschen klar machen*; erwähnt: J. Banks. Mit der Übersetzung komme N. rasch voran, sodass er *schon nach dem neuen Jahr* den 1. Band werde übersenden können (vgl. N. an G., 1825 Mai 14, RA 11). — Über die Absicht der Kölner, *unter den Preißbewerbungsvorschlägen für das Carneval* die Darstellung des Ritters Don Quixote von Cervantes auswählen zu wollen. — Dank für die meteorologische Tabelle (»Meteorologische Beobachtungen des Jahres 1823«). — Das *neue Heft der Rubi* (A. Weihe und N. »Die deutschen Brombeersträuche«, H. 4, vgl. Ruppert 5246) sende er *durch Buchhändler* (Schöniansche Buchhandlung).

Beilage: RA 10, Nr. 1051.

1055   RIEMER, FRIEDRICH WILHELM

1824 Dezember 5   Weimar   S: 28/109 Bl. 260   D: —   B: 1824 Dezember 4 (vgl. im Text von RA 10, Nr. 1055)   A: —

R. habe erst nach seiner Zusage zu G.s *gestern früh* erhaltenen *Einladung auf heute Mittag zu Tafel* erfahren, dass sein Sohn Bruno an Windpocken oder Masern erkrankt sei; erwähnt: der Bibliotheksdiener (C. Römhildt). Bitte um G.s Mitteilung, ob er R. *lieber allein [...] gegen Abend* sprechen wolle, um den H. *Meyerschen Aufsatz durchzugehen* (vgl. Sammelrezension »Bildende Kunst«, in: »Über Kunst und Altertum« V 2, und G.s Tagebuchnotiz).

1056   WILLEMER, MARIANNE VON

1824 Dezember 9 (sic)   Frankfurt   S: Freies Deutsches Hochstift Frankfurt (Abschrift)   D: GW, Nr. 139   B: an J. J. von Willemer, 1824 Oktober 6 (38, Nr. 225)   A: an J. J. von Willemer, 1824 Dezember 13 (39, Nr. 33); an J. J. und M. von Willemer, 1825 Februar 17 (39, Nr. 98)

Ankündigung einer *Schachtel* mit Weihnachtsgeschenken für G.s Enkel (Walter und Wolfgang). Bitte, die *6 Ballen* (Bälle) *echt Persischer Art* bis Weihnachten aufzubewahren. W. zweifle nicht, dass *das ehemalige Eigenthum eines Nachkommen des persischen Dichters* (Hafis) *den Nachkommen des deutschen Dichters willkommen* sein werde. *Die angehefteten Sprüche* und auch ein vermutlich an G. gerichteter Brief seien auf der weiten Reise verloren gegangen. G. sei sicherlich verwundert über W.s *Verbindungen nach Osten*, die eine Folge ihres *Bundes mit dem kleinen Diable boiteux* (B. von Arnim; Anspielung auf A. R. Lesage »Le diable boiteux«) seien; *seine lezten Berichte aus Weimar klangen wunderlich genug*. Näheres dazu (vgl. G.s Tagebuchnotizen vom 19. und 20. Oktober). — Dank für »Die Leiden des jungen Werther« (Jubiläumsausgabe zur 50. Wiederkehr der Erstausgabe), die W. immer *werther* werden. — Grüße an A. und O. von Goethe.

1057 CARL, JOHANN CHRISTIAN FRIEDRICH ERNST

1824 Dezember 6 Jena S: 28/109 Bl. 294.300 D: — B: 1824 Oktober 2 (38, Nr. 222); an M. Färber, 1824 Dezember 4 (39, Nr. 23) A: 1824 Dezember 11 (39, Nr. 29) TB: 1824 Dezember 7

Die zwei Kisten (nach Prag und Dresden, u. a. Gemälde für K. G. Carus enthaltend; vgl. RA 10, Nr. 939 und Carus an G., 1825 Januar 17, RA 11), seien *bereits seit 6 Wochen durch sichere und prompte Gelegenheit von Altenburg abgegangen*. C. füge die Versandanzeige mit Bitte um Rückgabe bei und übersende eine Spesenrechnung.

1058 EGLOFFSTEIN, KAROLINE GRÄFIN VON UND ZU

1824 Dezember 6 St. Petersburg S: 28/288a St. 7 D: Egloffstein, 220–222 (T) B: an F. M. von Klinger, 1824 Oktober 7 (38, Nr. 227) A: 1824 Dezember 24 (39, Nr. 46) TB: 1824 Dezember 21

E. übersende G. zusammen mit ihrem Brief einen von F. M. von Klinger, der von G.s Schreiben *tief bewegt* gewesen sei. — Ausführliche Schilderung der Überschwemmung St. Petersburgs am *19ten* November. Man mache Zar Peter I. von Russland Vorwürfe, St. Petersburg und nicht das friedlichere und klimatisch bessere Moskau als Residenzstadt gewählt zu haben. Da jetzt *kein Fest u. keine Ergötzlichkeit gestattet werden kann*, bleibe E.s *schmerzlich betrübtes Gemüth im Gleichgewicht* erhalten; erwähnt: Erbgroßherzogin Maria Pawlowna und Erbgroßherzog Karl Friedrich sowie die Prinzessinnen Maria und Augusta von Sachsen-Weimar sowie die Familie des russischen Zaren Alexander. — E. sei sicher, dass F. von Müller G. *das Gedicht* von W. Shukowski überbracht habe, sowie auch ihren Dank an O. von Goethe für *Werthers Geleitsbrief* (G. »Noch einmal wagst du, vielbeweinter Schatten ...«; einleitende Verse in der Jubiläumsausgabe zur 50. Wiederkehr der Erstausgabe der »Leiden des jungen Werther«). — Die Aneignung von G.s dichterischem Werk erfolge bei jedem entsprechend *seiner Eigenthümlichkeit*, verbunden mit der Vorstellung, es sei *für sein Empfinden so entstanden*. — Verehrung für G. und Freude, dass Gräfin J. Egloffstein in seiner Nähe seine *Freundlichkeit* empfange.
    Beilage: RA 10, Nr. 1045.

1059   WEIGEL, JOHANN AUGUST GOTTLOB

1824 Dezember 6   Leipzig   S: 28/109 Bl. 296   D: —   B: 1824 November 16 (39, Nr. 13)
A: 1824 Dezember 7 (39, Nr. 27)   TB: 1824 Dezember 7

Entschuldigung wegen der verspäteten Antwort. W. habe die *vortreffliche Sammlung von alten Stichen der Italiener erst kürzlich* und ungeordnet erhalten (vgl. J. Grünling »Collection de pièces de Marc Antoine«, Ruppert 2243, und G.s Tagebuchnotiz vom 11. November). Näheres über *No 75. die Pest* und *No 15. Ananias* (beide nach Raffael, gestochen von Marcanton bzw. A. Veneziano). Eine mögliche Erwerbung werde jedoch von der Konkurrenz abhängen (vgl. W. an G., 1825 Januar 18, RA 11).

1060   FÄRBER, JOHANN MICHAEL CHRISTOPH

1824 Dezember 8   Jena   S: 28/109 Bl. 292–293   D: —   B: 1824 Dezember 4 (39, Nr. 23)
A: 1824 Dezember 11 (vgl. WA III 9, 305)

F. nehme an, dass F. Carl inzwischen über den Transport der zwei Kisten nach Dresden und Prag berichtet habe (vgl. RA 10, Nr. 1057). — Während eines Besuchs in Jena habe Großherzog Karl August *wegen eines Kistchen mit Mineralien* nachgefragt; weder J. G. Lenz noch F. wüssten etwas davon. — Für die bei den Vorlesungen E. Huschkes vorzuzeigenden Gegenstände habe F. *Funfzig Stück Kästchen* anfertigen lassen; Übersendung von Rechnungen des zoologischen und des mineralogischen Museums mit der Bitte um Autorisation.

1061   LOOS, GOTTFRIED BERNHARD

1824 Dezember 8   Berlin   S: 28/109 Bl. 312–313   D: Klauß 2, 129f. (T)   B: —   A: 1825 Februar etwa 15 (39, Nr. 97)

Übersendung einiger in seiner Münzprägeanstalt erschienenen Denkmünzen sowie einer *Kalender Medaille im Rähmchen*. — Bedauern, von G. noch immer nicht eine Korrektur des Probeabdrucks der (von F. König) geschaffenen Medaille mit G.s Bildnis und einen Vorschlag zur Gestaltung ihrer Rückseite erhalten zu haben (vgl. RA 10, Nr. 222). Inzwischen sei ihm *ein Spekulant zuvorgekommen* (Medaille von A. Bovy nach C. Rauch). L. und seiner Anstalt gereiche das Erscheinen dieser Medaille, wie sie inzwischen in der Berliner Kunstausstellung zu sehen gewesen sei, zum Vorwurf. — Angebot, anlässlich des 50-jährigen Regierungsjubiläums von Großherzog Karl August im September 1825 eine Medaille zu entwerfen, sofern sich ein Interessentenkreis fände, der den Verkauf einer gewissen Anzahl von Exemplaren sicherte. Bitte, G. möge zur inhaltlichen Gestaltung der Medaille beitragen, für gute künstlerische Ausführung wolle L. sorgen. Schilderung der notwendigen Arbeitsgänge.

1062 FROMMANN & WESSELHÖFT

1824 Dezember 9   Jena   S: 30/308 Bl. 62–63   D: QuZ 4, Nr. 1743   B: —   A: an F. Frommann, 1824 Dezember 18 (39, Nr. 43)

G. empfange hierbei von »Zur Morphologie« II 2 acht Exemplare auf Velin- und 14 Exemplare auf Schreibpapier.

1063 MAX, JOSEPH ELIAS

1824 Dezember vor 10   Breslau   S: 28/109 Bl. 297–298   D: Mommsen 5, 683 (T) und Mommsen 6, 651f. (T)   B: —   A: 1824 Dezember 15 (39, Nr. 40)   TB: 1824 Dezember 10

M. überreicht G. *die Fortsetzung von Tausend und Eine Nacht. 2–9* (Übersetzung von M. Habicht, F. H. von der Hagen und K. Schall, Ruppert 1776) sowie das 1. Heft in der *Arabischen Urschrift* (hrsg. von Habicht, Ruppert 1775). — M. wolle in seinem Verlag in deutscher Übersetzung T. Medwins »Journal of the Conversations of Lord Byron« erscheinen lassen und bitte G., da er sich in »Über Kunst und Altertum« V 1 bereits über Byron geäußert habe (»An Lord Byron«), um eine Abhandlung über *Byrons Dichtungen* und seine *Stellung zum Zeitalter*, die M. der deutschen Übersetzung voranstellen wolle. Ausführliche Erwägungen des Wertes und der Bedeutung, die die Ausgabe dadurch erhielte. Auch Medwin *dürfte es nicht unterlaßen*, diese Abhandlung *einer neuen englischen Ausgabe seiner Conversations beizugeben* (wie G.s Aufsatz »Goethes Beitrag zum Andenken Lord Byrons« in deutscher und englischer Sprache im »Journal of the Conversations«). Die Übersetzung sei von einem *Sprach- und Sachkundigen Gelehrten übernommen worden.*

1064 MARTIUS, KARL FRIEDRICH PHILIPP VON

1824 Dezember 10   München   S: 28/1035 Bl. 141–142   D: GMa, 58f.   B: —   A: 1824 Dezember 25 (39, Nr. 50)   TB: 1824 Dezember 25

In Erinnerung an den *unvergeßlichen 13. September* (vgl. G.s Tagebuchnotiz) übersendet M. das 3. Heft seines Werkes »Genera et species palmarum« (Ruppert 4864). Statt des Gedruckten hätte er lieber etwas Handschriftliches übersandt. Seit Längerem beschäftige er sich mit einem Entwurf über *die Pflanzen im Thierkreise*, die *eine astrologisch-geographische Pflanzenphysiologie darstellen* solle. Er habe die Abhandlung, *halb Beobachtung, halb unter dem tropischen Himmel gedichtet*, zwar begonnen, aber aufgrund anderer Arbeit noch nicht vollenden können. M. sei noch mit der Verarbeitung der *unter den glücklichen Gestirnen des Südens* gewonnenen Anschauungen beschäftigt; Zitat von Versen Dantes (aus: »Die Göttliche Komödie«). — M.s Frau und ihre Tante erinnerten sich gern an die Aufnahme in G.s *häuslichen Kreise*. Von seiner Frau sei ein Brief an O. von Goethe beigelegt. Empfehlungen an G.s Familie.

1065 ZELTER, KARL FRIEDRICH

1824 Dezember 10 bis 11   Berlin   S: 28/1019 St. 245   D: MA 20, Nr. 446   B: 1824
Dezember 3 (39, Nr. 22)   A: 1825 Februar 4 (39, Nr. 85)

1824 Dezember 10
Dank für G.s *Geschenke* (Medaille mit G.s Bildnis von A. Bovy nach C. Rauch), besonders aber »Die Leiden des jungen Werther« (Jubiläumsausgabe zur 50. Wiederkehr der Erstausgabe). Z., der alle Ausgaben besitze, könne sich daran *nicht genug ergötzen*. — Die Medaille wäre er *geneigt allen Abbildungen* von G. vorzuziehen. — Da G. dem Urteil Z.s über »Die Mitschuldigen« (Aufführung im Königsstädtischen Theater am 26. November; vgl. RA 10, Nr. 1043) zustimme, lege Z. die Abschrift eines Briefes an J. Mendelssohn bei, in der er seine Einschätzung erläutere. — G.s Bemerkungen über eine Aufführung von G. Rossinis »Tancredi« (in Weimar am 27. November, Libretto von G. Rossi) habe Z. sehr erheitert. — Über einen angeblichen Brief Mozarts, der in der Wiener »Allgemeinen Theaterzeitung« (1824, Nr. 138) abgedruckt sei und in dem dieser einen *Baron*, der seine Kompositionen zur Begutachtung übersandt habe, kritisiere. Reflexionen über Fragen des Talents bei seinen eigenen Schülern und über seine eigene Methode des Lehrens. F. A. Wolf habe Z. häufig vorgeschlagen, an der Berliner Universität Vorlesungen zu halten. Außer *zwei Singakademietagen* halte *Z. seit länger als 20 Jahren noch ein Freitags Kollegium* in seiner Wohnung ab, in denen F. Mendelssohn Bartholdy *der Obermann* sei. *Sein schöner Fleiß ist die Frucht einer gesunden Wurzel und seine Schwester Fanny hat ihre 32te Fuge fertig.*
1824 Dezember 11
Anlässlich Z.s Geburtstag mache man ihm heute *Spässe*.
  Beilage: RA 10, Nr. 1044.

1066 REINHARDT, KARL GOTTLIEB

1824 Dezember 11   Berlin   S: 28/109 Bl. 303   D: —   B: —   A?: ? 1825 Juni Mitte (39, Nr. 202)   TB: 1824 Dezember 17 (E)

Von einer entschiedenen Neigung für Kunstgegenstände getrieben, habe sich R. mit *Abformung von Gemmen und geschnittenen Steinen* sowie der Anfertigung farbiger Glaspasten befasst. Er habe neben Exemplaren aus der Gemmensammlung von P. von Stosch auch Bildnisse berühmter Zeitgenossen herzustellen sich bemüht. — R. überreiche G. als *ganz aufrichtigen Beweis* seiner *innigsten Verehrung* dessen Bildnis und *noch einige andre Proben* seiner Arbeit. — Angabe seiner Adresse.

1067 SACHSEN-WEIMAR-EISENACH, KARL AUGUST GROSSHERZOG VON

1824 Dezember 11   Weimar   S: 28/773,4 St. 19   D: GH, Nr. 1000   B: —   A: 1824 Dezember 11 (39, Nr. 31)   TB: 1824 Dezember 11 (E)

Begleitbrief zu an G. gerichteten und von S. versehentlich geöffneten *Beylagen* (Sendung der Büsten G.s und Lord Byrons von J. J. Flatters, RA 10, Nr. 989).

1068   SACHSEN-WEIMAR-EISENACH, KARL AUGUST GROSSHERZOG VON

1824 Dezember 11   Weimar   S: 28/109 Bl. 299   D: GH, Nr. 1002   B: 1824 Dezember 11 (39, Nr. 31)   A: —

S. beabsichtige, eine Abschrift des Briefes von J. J. Flatters an F. L. von Treitlinger zu senden, um zu erfahren, *was etwa contra Flatters zu machen sey*. Es sei wahr, dass dessen Büste G. *wohl gemästet* unter seinem *Lorbeer Kranze* erscheinen lasse.

1069   JAKOB, THERESE ALBERTINE LUISE VON

1824 Dezember 12   Halle   S: 25/W 3238 Bl. 24   D: Steig, in: GJb 12 (1891), 59f.   B: 1824 Dezember 4 (39, Nr. 24)   A: 1824 Dezember 15 (39, Nr. 41)

Das Manuskript (ihrer Veröffentlichung »Volkslieder der Serben«) sei *bereits seit einigen Wochen wieder* (aus Wien) in ihren Händen. Der Druckbeginn hänge nun von G. ab. J. nehme an, dass er jetzt erfolgen könne, da G.s Aufsatz, in dem er seine *Ansichten des Gegenstandes [...] niedergelegt* habe, wahrscheinlich später erscheinen werde (»Serbische Lieder«, in: »Über Kunst und Altertum« V 2). — Die Anmerkungen *der gelehrten Slaven, welche die Lieder in Wien durchgesehn* (B. Kopitar und V. Karadžić) seien von ihr *so gut wie möglich benutzt* worden. Doch deren Ansichten gestatteten ihr *nicht die mindeste Uebersetzerfreiheit*; deren *Notizen, Erklärungen u. s. w.* würden *Stoff* zu einem 2. Band geben.

1070   MEYER, ERNST HEINRICH FRIEDRICH

1824 Dezember 12   Göttingen   S: 28/1035 Bl. 144–146   D: NC, Nr. 188   B: —   A: 1824 Dezember 24 (vgl. WA III 9, 313)   TB: 1824 Dezember 24; 1824 Dezember (BVL)

M. übersendet J. Röpers »Enumeratio Euphorbiarum« (Ruppert 5025; vgl. G. »Wirkung dieser Schrift«, WA II 6, 259f.) sowie ein weiteres Exemplar für Großherzog Karl August bzw. die großherzogliche Bibliothek. Nach M.s Meinung habe *kein Botaniker die Metamorphose einer einzelnen Pflanzengattung mit ähnlicher Sorgfalt beobachtet und entwickelt*. Ausführliche Erläuterungen zur Schrift und Ankündigung einer Anzeige (vgl. M. in: »Göttingische gelehrte Anzeigen« 1825, Nr. 31, und GSA 26/LIV,5,31:1 Bl. 4–7). — Seine eigenen wissenschaftlichen Arbeiten seien nur wenig fortgeschritten. Hinweis auf seinen künftig erscheinenden Aufsatz »Plantarum Surinamensium Corrolarium primum« in den »Nova Acta« (1825, Bd. 12.2). M. sammle Material für eine allgemeine Morphologie der Pflanzen und befasse sich mit einem *Entwurf der Physiognomik der Pflanzen überhaupt*. A. von Humboldt und C. G. Nees seien *fast* seine *einzigen unmittelbaren Vorgänger*. Nähere Ausführungen dazu unter Bezugnahme auf Humboldts (und A. Bonplands) »Essai sur la géographie des plantes« und Nees' »Handbuch der Botanik« § 144. M. möchte deren *Fehler in der Herangehensweise vermeiden*; erwähnt: G.s »Farbenlehre«. Was das *nächste Heft* »Zur Morphologie« (II 2) in dieser Hinsicht bringen werde, lasse eine *bloße Inhaltsanzeige in den Frankfurter Zeitungen bis jetzt nur ahnden*.

1071   SORET, FRÉDÉRIC JACOB

1824 Dezember 14   Weimar   S: 28/109 Bl. 301   D: Soret Houben, 138   B: —   A: —   V: in französischer Sprache

Dank für das Exemplar von »Zur Naturwissenschaft überhaupt« (II 2, mit S.s Aufsatz »Catalogue Raisonné des variétés d'Amphibole et de Pyroxène«; vgl. auch RA 10, Nr. 1031). — Vielleicht habe G. schon das Stück Gold gesehen, das Großherzog Karl August zugeschickt worden sei. Es habe S. auf seltsame Gedanken gebracht. — Den *Catalogue des diamans* werde S. alsbald senden (vgl. RA 10, Nr. 44).

1072   VULPIUS, CHRISTIAN AUGUST

1824 Dezember 15   Weimar   S: 28/109 Bl. 319; Bl. 320   D: Vulpius, in Nr. 686; in Nr. 686   B?: 1824 Dezember 5 (vgl. GB Rep, Nr. 39024a⁺)   A: —

V. sende G., *daheim sitzend, grösserer Numismatischer Hilfsmittel ganz beraubt*, was er unter seinen *handschriftl. Numismat. Collektaneen [...] von den Joachims Thalern nachrichtl. besitze* (vgl. G.s Tagebuchnotiz vom 4. Dezember und G. an Graf K. Sternberg, 1814 Dezember 14, WA IV 39, Nr. 34). — Klage über seine andauernde Erkrankung.
    Anlage: Erläuterungen zum *SchlickenThaler*, u. a. auch Joachimstaler genannt, benannt nach den Grafen von Schlick.

1073   HELVIG, ANNA AMALIA VON

1824 Dezember 16   Berlin   S: 28/397 St. 11   D: Begegnungen 14, 529 (T)   B: 1824 Juli 6 (vgl. WA III 9, 240)   A: —   TB: 1824 Dezember 19

Graf G. Blankensee werde bei seinem Aufenthalt in Weimar einige Romanzen von E. Tegnér überbringen (aus der Frithjofssage). Beifolgende Gedichte, der Anfang des Heldenzyklus, seien noch nicht veröffentlicht (»Frithiof und Ingeborg« und »König Bele und Thorsten Wikingssohn«). Diese Tatsache sowie G.s gütige Worte (»Frithiofs Saga«, in: »Über Kunst und Altertum« V 1) hätten H. zu weiterer Übersetzungsarbeit ermuntert. Über Schwierigkeiten bei der Übertragung der zweiten Romanze, die sich durch inhaltsschwere Sprüche nordischer Weisheit auszeichne. Zum Vergleich finde G. in dem von J. F. von Cotta herausgegebenen »Morgenblatt« die Übersetzung eines anderen Autors (W. von Souhr »Proben aus der Frithjofssage«, in: MBl 1824, Nr. 149–151). *Vielleicht* veröffentliche H. ihre Übersetzung der hier beigelegten Romanzen auch im »Morgenblatt« (1825, Nr. 10 und 12). — H. habe Großherzogin Luise ihre neue Arbeit »Helene von Tournon« zugesandt; erwähnt: J. I. von Cruickshank und C. von Ahlefeld. Das Verdienst dieser Schrift bestehe in der *Treue gegen die Geschichte*. — Dank für »Über Kunst und Altertum« V 1. — Unter H.s Anleitung lerne ihr Bruder (Charles) aus England die Meisterwerke deutscher Dichter kennen, u. a. G.s »Egmont« und »Götz von Berlichingen«; erwähnt: die Ehefrau des Bruders. Wiederholt stehe H. unter dem Eindruck dieser Schriften. — Grüße an O. von Goethe.

1074 THOLUCK, FRIEDRICH AUGUST GOTTTREU

1824 Dezember 16   Berlin   S: 28/911 St. 1   D: Maser, in: GJb 100 (1983), 231   B: —
A: —   TB: 1825 Januar 15 (E); 1825 Januar 7 (BVL)

T. übersendet unter Bezugnahme auf G.s Orientstudien (u. a. »West-östlicher Divan«) seine »Blütensammlung aus der morgenländischen Mystik« (Ruppert 1765) mit der Hoffnung auf G.s Urteil. T. erhebe nicht den Anspruch auf *dichterische Vollendung* seiner Übersetzung; es *genügte* ihm, *Treue mit Klarheit zu verbinden*. J. von Hammers Übersetzungen *scheinen* T. *im Ganzen genommen so viel Unklarheit zu haben*, dass man ohne Kenntnis des Originals *oft sehr um den Sinn verlegen* sei.

1075 SORET, FRÉDÉRIC JACOB

1824 Dezember 17   Weimar   S: 28/869 St. 4a   D: Soret Houben, 139 und 69f.   B: —
A: —   V: in französischer Sprache

S. hoffe, seine (französische) Übersetzung von G.s Gedicht »An Lord Byron« sei weniger fehlerhaft als die (englische) Übersetzung in *des Conversations* (? von S. T. Coleridge, in: T. Medwin »Journal of the Conversations of Lord Byron«; vgl. auch RA 10, Nr. 816). Eigenhändige Reinschrift seiner Übersetzung: *Chaque jour jusqu'à nous du Sud se renouvelle [...]*, datiert: Juli 1823.

1076 BOISSERÉE, MELCHIOR HERMANN JOSEPH GEORG

1824 Dezember vor 18   Stuttgart   S: 28/109 Bl. 316   D: —   B: —   A: —   TB: 1824 Dezember 21 (E)

Lieferschein zur 11. und 12. Lieferung des *Lithograph. Werkes* (»Die Sammlung Alt-, Nieder- und Oberdeutscher Gemälde der Brüder ... Boisserée und Johann Bertram. Lithographiert von N. Strixner«, vgl. Ruppert 2183) für Großherzog Karl August und G. sowie *2 Abdrücke nach Bildern* von Dürer (die Heiligen Joseph und Joachim sowie die Apostel Simon und Lazarus, aus der 13. Lieferung) und *1 Abdruck v hl. Christoph* (von H. Memling, heute D. Bouts d. Ä. zugeschrieben) für G.

1077 BOISSERÉE, MELCHIOR HERMANN JOSEPH GEORG

1824 Dezember 18   Stuttgart   S: 28/109 Bl. 321–327   D: —   B: an S. Boisserée, 1824 November 20 (39, Nr. 16)   A: —   TB: 1824 Dezember 22

S. Boisserée bereise zurzeit zu Studienzwecken die Niederlande. In Rotterdam habe er *ein schönes Bildchen* von J. van Scorel im Tausch gegen *das lithographische Werk* (»Die

Sammlung Alt-, Nieder- und Oberdeutscher Gemälde der Brüder ... Boisserée und Johann Bertram. Lithographiert von N. Strixner«) erworben. — Anlässlich der Übersendung der 11. und 12. Lieferung des Werkes (vgl. RA 10, Nr. 1076) beschreibt B. ausführlich die Fortschritte der Lithographie in Frankreich und wie das eigene Institut der Brüder Boisserée vom Austausch mit Frankreich und eigenen Versuchen profitiert habe. Von der gewonnenen Qualität könne sich G. anhand der *neuesten Blätter* überzeugen; erwähnt: die Lithographien nach Dürer (die Heiligen Joseph und Joachim sowie die Apostel Simon und Lazarus, aus der 13. Lieferung) und *die heilige Christina* (von J. van Scorel nach J. van Cleve). Über Probleme bei der Herstellung der gedruckten Hefte: Mit dem Erscheinen der ersten Lieferungen hätten sich unerwartet viele *Subscribenten eingefunden*. Für die *reichste und vornehmste Klasse von Kunstliebhabern* sei das Werk *ein wahrer Luxusartickel der in ihren pracht. Bibliothecken nicht fehlen darf.* In dem Augenblick, da auch das Ausland auf das Werk aufmerksam werde, sei es bereits vergriffen und man müsse *die ehrenvollsten und bedeutendsten Anträge* aus Paris und London ablehnen. Überlegungen zur Erweiterung der Druckerei würden immer geleitet vom Vorsatz, die Qualität zu wahren. Freude, G. als einem der ersten Subscribenten die schönsten Blätter auszuwählen, und Hoffnung auch auf ein zukünftiges *anerkennendes Wort* (vgl. H. Meyer, in: »Über Kunst und Altertum« V 2). — Der der Sendung beiliegende *hl. Christoph* (von H. Memling, heute D. Bouts d. Ä. zugeschrieben) sei auf vielfaches Drängen erneut gedruckt worden, aber mit einer neu erstellten Druckplatte; erwähnt: J. Velten. Die qualitative Verbesserung werde G. *recht augenscheinlich* erkennen. — Ratschlag für F. H. Müller: er müsse selbst nach Paris gehen, um in den Werkstätten mitzuarbeiten und an den technischen Fortschritten teilzuhaben. Beschreibung der französischen Vorgehensweise zur Verbesserung der Technik; erwähnt: J. F. Robert und C. L. Constans. Erleichtert würden die Versuche in Frankreich durch die Größe der Vorlagen, die *meist alle leicht zu behandelnder Art* seien. Bei der Bearbeitung eines bedeutenden, sehr ausgeführten Werkes wie A. L. Girodet-Triosons Gemälde »Amor und Danae« sei aber die *Sorgfalt und Praezision womit sie zu Werke gehn ganz außerordentlich*. Das Rezept, den Druckstein auch nach vielen Abdrücken in hoher Qualität zu erhalten, habe B. von Constans erhalten. Beschreibung des Verfahrens; erwähnt: das Porträt von F. R. de Chateaubriand (Lithographie von J. B. Aubry-Lecomte nach A. L. Girodet-Trioson). B. habe bislang nur in kleinem Rahmen diese Technik erprobt, da *die Behandlungsweise selbst sehr langwierig und mühsam ist*. — Erneute Empfehlung an Müller, sich vor Ort davon zu überzeugen. Es habe sich bewährt, dass man nicht nur Strixner, sondern auch einen Drucker, der vier Monate bei Constans gearbeitet habe, nach Paris geschickt habe; erwähnt: Fürst Metternich, der ebenfalls einen *Wiener Drucker* nach Paris entsandt habe. — Über die Schwierigkeiten, die Nachfrage nach der »Sammlung Alt-, Nieder- und Oberdeutscher Gemälde« bedienen zu können, angesichts der beengten Verhältnisse und lediglich zweier Pressen in ihrem Institut. — Über Pläne S. Boisserées, *von Brügge über Paris*, wo er die *Herausgabe der 3ten Dom Lieferung* (»Ansichten, Risse ... des Doms von Köln«) beschleunigen wolle, zurückzukehren. — B. bitte die Länge des Briefes und die Ausführlichkeit der Schilderung, die nur dem Interesse an der Sache geschuldet sei, zu verzeihen. — J. B. Bertram empfehle sich.

1078   Ritz, Peter Ludwig Wilhelm an C. G. Nees

1824 Dezember 18   Aachen   S: 28/1035 Bl. 153   D: GNe, in Nr. 104   B: —   A: an C. G. Nees, 1825 Januar 10 (39, Nr. 66)

Anfrage, ob man G. für einen Prolog zur Eröffnung des neuen Theaters in Aachen anregen könne; Bezugnahme auf die Dichtung für Berlin (»Prolog zu Eröffnung des Berliner Theaters im Mai 1821«). Gedanken über die Inschrift am Gebäude; dabei erwähnt: G. »Dichtung und Wahrheit«, J. G. Fichte »Über den Begriff der Wissenschaftslehre«, N. Machiavelli »Discorsi« und G. Boccaccio »Fiammetta«. — Frage, wie C. G. Nees *die griechischen Volkslieder* gefielen (? C. Fauriel »Chants populaires de la Grèce moderne«; vgl. deren Übersetzung von Nees, J. P. Pauls u. a.: »Mitteilungen aus der Geschichte und Dichtung der Neugriechen«). — Anfrage, ob sich Nees noch mit Camões beschäftige. — Besorgte Nachfrage nach J. Noeggerath; erwähnt: dessen Familie und E. Nees.
    Beilage zu: RA 10, Nr. 1088.

1079   Loos Sohn, Daniel (Unterzeichner: Johann Heinrich Schiemann)

1824 Dezember 20   Berlin   S: 28/109 Bl. 311   D: —   B: —   A: —

Lieferschein für eine Kiste mit *Bronze-Platten*.

1080   Lenz, Johann Georg

1824 Dezember 21   Jena   S: 28/1035 Bl. 139–140   D: NC, Nr. 140   B: —   A: 1825 Februar 19 (39, Nr. 102)

L. lege den Briefwechsel der mineralogischen Sozietät des Jahres 1824 vor, 146 abgeschickte und 139 empfangene Briefe. — In einigen Tagen werde der 2. Band der »Annalen der Sozietät für die gesamte Mineralogie« (Jg. 1825) *die Presse verlassen*, der auch die eingegangenen Mineralien und Schriften enthalte. — In diesem Jahr erwarte L. noch Suiten von K. L. Bobok aus Brünn, Graf K. Sternberg und J. Seigerschmidt. — Über die Neuzugänge der mineralogischen Sammlung, darunter *Laven, welche ihr Daseyn dem neuen Vesuv auf den Kanarischen Inseln verdanken*, einige *Petrefacten* von J. Liebbald sowie eine Suite von K. von Kobell für die *oryctognostische Sammlung*; ferner erwähnt: J. F. John. — Gute Aussichten für das Jahr 1825 und Wünsche für G.

1081   Müller, Franz Hubert

1824 Dezember 22   Darmstadt   S: 28/111 Bl. 12   D: —   B: —   A: —

Erinnerung an die vor *ohngefähr* einem Jahr übersandte »St. Katharinen-Kirche zu Oppenheim« (Ruppert 2360; vgl. RA 10, Nr. 378). Nun schicke er die *zweyte Lieferung* seines Werkes, in der Hoffnung, G. möge sein *aufrichtigstes Bestreben* erkennen, sich G.s *hohen Idee von der gothischen Baukunst* würdig zu erweisen.

1082 VULPIUS, CHRISTIAN AUGUST

1824 Dezember 22 Weimar S: 28/109 Bl. 308.310 D: Vulpius, Nr. 687 B: — A: —

Bericht über seinen sich bessernden Krankheitszustand; W. E. C. Huschke wolle G. persönlich darüber informieren. — V. betreibe Numismatik und empfehle für die Bibliothek die von F. Schlichtegroll herausgegebenen »Annalen der gesamten Numismatik« anzuschaffen.

1083 ZELTER, KARL FRIEDRICH

1824 Dezember 22 bis 28 Berlin S: 28/1019 St. 246 D: MA 20, Nr. 447 B: 1824 Dezember 14 (vgl. WA III 9, 308) A: 1825 Februar 4 (39, Nr. 85)

 1824 Dezember 22
G. habe Z. zu Weihnachten *schöne Rheinische u bömische Nüsse* zu knacken gegeben (C. G. Nees »Die Basaltsteinbrüche am Rückersberge bei Oberkassel am Rhein. Aus Noeggeraths: Das Gebirge in Rheinland-Westphalen« und G. »Zur Geognosie und Topographie von Böhmen«, in: »Zur Naturwissenschaft überhaupt« II 2); erwähnt: die *Andern* (Empfänger des Heftes: C. L. F. Schultz, L. Nicolovius und J. G. Langermann).
 1824 Dezember 25
Erneute Gedanken zu G.s »Mitschuldigen« im Vergleich zu »Dichtung und Wahrheit« (2. Teil, 7. Buch; vgl. RA 10, Nr. 1043).
 1824 Dezember 26
Die *Berliner Freunde* (K. F. Schinkel, G. F. Waagen und A. L. C. Kerll) seien in Berlin zurück (nach ihrer Italienreise und ihrem Besuch bei G. am 1. Dezember), hätten Z. aber nur *vorüber gestreift*. Verärgerung über die Berliner Lebensart, bei der *das Geschäft des Geistes* in der Regel *beym Tafeln* abgetan werde. — F. Mendelssohn Bartholdy führe heute *sein neuestes Doppelkoncert* (Konzert für zwei Klaviere und Orchester As-Dur) auf. Lob für Mendelssohns Entwicklung. — Durch den Tod J. A. Syrings sei Z. nun der Älteste seines Hauses; erwähnt: L. Syring.
 1824 Dezember 28
Z.s Feiertage seien vorüber.

1084 SCHLOSSER, CHRISTIAN FRIEDRICH

1824 Dezember 23 Frankfurt S: 28/810 St. 21 D: — B: — A: —

Im Winter werde er sich in Bonn aufhalten und dort mit C. G. Nees Umgang pflegen. In G.s *gedruckten Heften* (»Zur Naturwissenschaft überhaupt, besonders zur Morphologie«) habe S. gesehen, dass er in Beziehung mit diesem stehe. Bitte an G., ihm durch *ein Blatt* die Bekanntschaft zu erleichtern. Da S. die Reise in den nächsten Tagen antrete, werde F. Schlosser es ihm nachsenden; erwähnt: seine Familie. — Der hiesige junge Kaufmannssohn F. Fellner zeige sich als *eines der seltensten und gewaltigsten natürlichen Mahler Talente*.

1085   SWAAN, JOHAN SAMUEL

1824 Dezember 24   Hoorn   S: 28/111 Bl. 11.15   D: —   B: —   A: —   V: in französischer Sprache

S. fühle sich geehrt über die Ernennung zum korrespondierenden Mitglied der mineralogischen Sozietät zu Jena. Bei Gelegenheit werde er seine naturwissenschaftlichen Publikationen übersenden. Verehrung für G. als Präsidenten der Sozietät.

1086   WILLEMER, JOHANN JAKOB VON

1824 Dezember 24   Frankfurt   S: 28/109 Bl. 305   D: GW, Nr. 141   B: 1824 Dezember 13 (39, Nr. 33)   A: —

L. van Panhuys habe von ihren Bildern diejenigen ausgewählt, die demnächst nach Weimar abgehen sollen. G. habe durch sein *Begehren eine edele Frau sehr glücklich gemacht*.

1087   RIEMER, FRIEDRICH WILHELM

? 1824 Dezember nach 24   Weimar   S: Universitätsbibliothek Leipzig   D: —   B: —   A: o. D. (Universitätsbibliothek Leipzig, vgl. GB Rep, Nr. 59089d⁺)

Wenn es G. *Heute Abend genehm* sei, *die kritische Unterhaltung fortzusetzen*, so würde R. *um 6 Uhr aufwarten können*, andernfalls *für Morgen darum bitten*.

1088   NEES VON ESENBECK, CHRISTIAN GOTTFRIED DANIEL

1824 Dezember 25   Bonn   S: 28/1035 Bl. 149–152; Bl. 154   D: GNe, in Nr. 104; in Nr. 104   B: 1824 Dezember 17 (39, Nr. 38)   A: 1825 Januar 10 (39, Nr. 66)   TB: 1824 Dezember 30

N. dankt für das neueste Heft »Zur Naturwissenschaft überhaupt, besonders zur Morphologie« (II 2) und die *köstlichen Zugaben, die heute schon viele Freunde erfreuen werden*. Ausführliche Schilderung des Weihnachtsfestes der fünf das Schloss Poppelsdorf bewohnenden Familien (darunter Nees und Goldfuß); erwähnt: A. Goldfuß und die von C. Hohe gemalten Dekorationen. — G. habe N. einen wichtigen Hinweis für seine Vorrede zu R. Browns »Vermischte botanische Schriften« gegeben, und N. ergreife *mit dem herzlichsten Dank die Erlaubniß, Etwas über Brown, sein Verdienst und seine Richtung, für das nächste morphologische Heft zu entwerfen*. Auch bitte N. um die Erlaubnis, die Worte aus G.s Brief: '*Die reine Empirie sucht unbewußt das Centrum, treue Anschauung überall wird von der Einheit angezogen, als ihrem Schwerpunct*', Browns Schriften als Motto voranstellen zu dürfen. — Hinweis auf den beigefügten Brief mit der Bitte seines Freundes W. Ritz. — M. Beer werde er mit G.s Nachricht und Rat bezüglich des Trauerspiels »Der Paria« sehr glücklich machen. — J. P. Pauls habe das ihm von N. zugesandte *Inhalts-Verzeichniß des neusten morpho-*

logischen Hefts (II 2) zu einer Anzeige in »Der Eil-Bote« benutzt, mit Schrecken deren redaktionelle Einkleidung entdeckt und N. gebeten, G. darauf vorzubereiten.
  Anlage: »Der Eil-Bote« vom 9. Dezember 1824 mit Pauls' Anzeige und Rezension von »Zur Naturwissenschaft überhaupt, besonders zur Morphologie« II 2.
  Beilage: RA 10, Nr. 1078.

1089   NAGLER, KARL FERDINAND FRIEDRICH VON

1824 Dezember 26   Berlin   S: 30/328 Bl. 6–10   D: WA IV 39, 274 (T), Wadle, 150f. (T) und Gaedertz, 322f. (T)   B: 1824 November 2 (39, Nr. 1)   A: 1825 Januar 2 (39, Nr. 56); an Graf C. Bernstorff, 1825 Januar 3 (39, Nr. 60); an F. Gentz, 1825 Januar 7 (39, Nr. 61); an Fürst Metternich, 1825 Januar 11 (39, Nr. 67)   TB: 1824 Dezember 30

N. habe G.s Anliegen *in Betreff des Schutzes gegen Nachdruck* (der Ausgabe letzter Hand, »Werke« C1) Graf C. von Bernstorff vorgetragen und *unter Einreichung* von G.s *Gedenkschrift* (»Geneigtest zu gedenken«) *Amtlichen Antrag* gestellt. In *diesem Augenblicke* erhalte N. *Genehmigung und Auftrag zur Unterstützung in Wien und in der Bundes Versammlung*. — Entwurf für ein Gesuch G.s an die Bundesversammlung mit ausführlichen Erläuterungen zum allgemeinen Urheberrecht und zur Erteilung *besondrer Privilegien* durch einzelne Bundesstaaten. N. rate, das Gesuch an Fürst Metternich *mit Bitte um Unterstützung und Empfehlung desselben an den Praesidialgesandten* (J. von Münch-Bellinghausen) *baldigst* zu übersenden; erwähnt: F. Gentz. — N. wolle für G. eintreten, wie ihn *Verehrung und Freundschaft* verpflichte; erwähnt: J. G. Mätzke.

1090   VULPIUS, CHRISTIAN AUGUST

1824 Dezember 26   Weimar   S: 28/109 Bl. 309   D: Vulpius, Nr. 688   B: —   A: —

Unter den an G. gesandten Büchern und Auktionskatalogen befinde sich *auch beikommender einer zu Rudolstadt ausgebotenen Büchersammlung*, die *Einen Band der Comedias famosas* von Calderon im Original anbiete. V. bitte um Genehmigung, dieses seltene Werk, dass der Weimarer Bibliothek fehle, erwerben zu dürfen (vgl. V. an G., 1825 März 17, RA 11).

1091   SCHWEITZER, CHRISTIAN WILHELM

1824 Dezember 27   Weimar   S: 28/109 Bl. 307   D: WA IV 39, 295 (R)   B: 1824 Dezember 27 (39, Nr. 53)   A: —

S. nehme G.s Einladung an und wolle am Donnerstag kommen (vgl. G.s Tagebuchnotiz vom 30. Dezember).

1092   CONSTANT, EUGÉNIE DE

1824 Dezember 28   Hamburg   S: 28/111 Bl. 9–10   D: —   B: —   A: 1825 Januar 17 (vgl. WA III 10, 7)   V: in französischer Sprache

Die Begeisterung, die G.s Werke in ihr erweckt haben und die Bewunderung für den Dichter ermutigen sie, G. um einige Zeilen von seiner Hand zu bitten. — Angabe ihrer Adresse.

1093   KOSEGARTEN, JOHANN GOTTFRIED LUDWIG

1824 Dezember 28   Greifswald   S: 28/111 Bl. 20   D: —   B: —   A: —   TB: 1825 Januar 7 (BVL)

K. übersende eine kleine Schrift, die *wegen der Neuheit des Gegenstandes* vielleicht für G. von Interesse sei (»Bemerkungen über den ägyptischen Text eines Papyrus aus der Minutolischen Sammlung«, Ruppert 769). — In Berlin habe er seinen Sohn (Gottfried), G.s Patenkind, *recht wohl vorgefunden*. K. habe sich mit der jüngsten Schwester seiner verstorbenen Frau verlobt.

1094   KNEBEL, KARL LUDWIG VON

1824 Dezember 30   Jena   S: 28/520 Bl. 20–21   D: GK, Nr. 630 (T)   B: 1824 Dezember 24 (39, Nr. 47)   A: —   TB: 1824 Dezember 31

Neujahrswünsche. — Dank für die zwei Exemplare der Medaille (mit G.s Bildnis, von A. Bovy nach C. Rauch), die auch K. W. Göttling erfreuen werde, der wegen der Übersendung *seines Buches* (»Aristotelis Politicorum«; vgl. RA 10, Nr. 942) *einen Wink* G.s wünsche; erwähnt: K.s Sohn Bernhard. — G.s Beschäftigung mit Schillers Briefen sei *sehr lobenswerth*. Bedauern über den Verlust solcher Freunde. — Über K.s Beschäftigung mit Lord Byron und *seinem Gefolge*. Die von R. C. (und A.) Dallas herausgegebene »Correspondance de lord Byron avec un ami« löse *das räthselhafte von Byrons Seyn und Betragen ziemlich auf*. Die Briefe, *meist mit anmuthiger Laune* und *fast kindlicher Naivetät geschrieben*, machten *einen Kontrast* zu seinen Gedichten. Lord Byrons Talent sei nur mit dem G.s zu vergleichen. — Bitte um Übersendung von F. M. Klingers Brief (RA 10, Nr. 1045); er sei ein *alter etwas rauher Fels*. — Über die *hiesigen und abwesenden* Freunde könne K. nicht viel schreiben: D. Gries in Stuttgart empfehle sich; den Schwestern (S. Bohn und E. Wesselhöft) wolle *der Schwäbische Himmel nicht wohl gedeihlich werden*. K. Meyer befinde sich in Leipzig bei G. Hermann; erwähnt: Lord Byrons »Childe Harold's Pilgrimage«. — In K.s Haus *steht es ganz wohl*: Seine Ehefrau hätte *einen sehr heftigen Zufall von Kolik und Krämpfen* bekommen; erwähnt: *Doktor* J. D. Stark d. J. Empfehlung an G. und dessen Familie.

BRIEFE AN GOETHE
Gesamtausgabe in Regestform

In Verbindung mit
der Sächsischen Akademie der Wissenschaften
zu Leipzig und
der Mainzer Akademie der Wissenschaften
und der Literatur

herausgegeben
von der
Klassik Stiftung Weimar
Goethe- und Schiller-Archiv

PROPYLÄEN
Goethes Biographica

Verlag Hermann Böhlaus Nachfolger Weimar

BRIEFE AN GOETHE
Gesamtausgabe in Regestform

Band 10
1823–1824

Bearbeitet von Christian Hain, Ulrike Bischof,
Claudia Häfner, Manfred Koltes und Sabine Schäfer

Teil 2: Register

2023
Verlag Hermann Böhlaus Nachfolger Weimar

Bibliografische Information der Deutschen Nationalbibliothek
Die Deutsche Nationalbibliothek verzeichnet diese Publikation in der Deutschen Nationalbibliografie;
detaillierte bibliografische Daten sind im Internet über http://dnb.d-nb.de abrufbar.

ISBN 978-3-7400-0022-8
Bd. 10 ISBN 978-3-476-05954-3
Bd. 10 ISBN 978-3-476-05955-0 (eBook)

Dieses Werk einschließlich aller seiner Teile ist urheberrechtlich geschützt. Jede Verwertung außerhalb der engen Grenzen des Urheberrechtsgesetzes ist ohne Zustimmung des Verlages unzulässig und strafbar. Das gilt insbesondere für Vervielfältigungen, Übersetzungen, Mikroverfilmungen und die Einspeicherung und Verarbeitung in elektronischen Systemen.

Gedruckt auf alterungsbeständigem Papier

Der Verlag Hermann Böhlaus Nachfolger Weimar ist ein Imprint des J.B. Metzler Verlags.
J.B. Metzler ist Teil von Springer Nature.
Die eingetragene Gesellschaft ist Springer-Verlag GmbH Deutschland.
© Springer-Verlag GmbH Deutschland, 2023
www.metzlerverlag.de
info@metzlerverlag.de

Schutzumschlag: Wilfriede Lauer
Satz: Klassik Stiftung Weimar (Goethe- und Schiller-Archiv)

INHALT

Teil 1

Grundsätze der Regestausgabe 7

Verzeichnis der Siglen und Abkürzungen 17

REGESTEN 1823–1824 31

Teil 2

Personenregister 7

Register der Entstehungsorte 195

Goethe-Werkregister 201

Allgemeines Werkregister 215

Addenda 315

Faksimilia
(in Teil 1, nach Seite 200)

Von Johann Valentin Adrian. Brief vom 19. Januar 1823 (Nr. 27)
Von Christian Adolf von Seckendorf. Brief vom 10. Juni 1823 (Nr. 224)
Von Maria Agata Szymanowska. Brief vom 23. August 1823 (Nr. 330)
Von M. D. Schloß & Comp. Brief vom 14. Oktober 1823 (Nr. 414)
Von Franz Kirms. Brief vom 27. Oktober 1823 (Nr. 432)
Von Charles James Sterling. Brief vom 22. Februar 1824 (Nr. 582)
Von Johann Friedrich Blumenbach. Brief vom 21. Mai 1824 (Nr. 722)
Von Sophie Leopoldine Wilhelmine von Grotthuß. Brief vom 28. Juni 1824 (Nr. 790)
Von Christian Truchseß von Wetzhausen. Brief vom 11. August 1824 (Nr. 862)
Von G. Heine. Brief vom 7. Oktober 1824 (Nr. 971)

PERSONENREGISTER

Im Register sind die in den Regesten genannten historischen Personen verzeichnet (s. Grundsätze im 1. Teilband, bes. S. 13). Die Regestnummern der Briefverfasser sind durch halbfetten Druck hervorgehoben (Beispiel: Nr. **333**). Die Regestnummern mit vorangestellter Bandzahl (Beispiele: Nr. **6/524a+** bzw. 6/524a+) beziehen sich auf die Addenda zu den vorangegangenen Bänden im 2. Teilband.

Aaron ben Elia (um 1300 – 1369), Religionsphilosoph in Kleinasien: Nr. 681
Abraham a Sancta Clara (eigentl. Johann Ulrich Megerle) (1644 – 1709), Augustinermönch, Prediger, satirischer Schriftsteller: Nr. 930
Abramson, Abraham (1754 – 1811), Stempelschneider und Medailleur in Berlin: Nr. 581
Acerenza, Herzogin von: s. Pignatelli di Belmonte, Johanna Katharina
Acharius, Erik (1757 – 1819), schwedischer Botaniker: Nr. 438
Adam (erw. 1824), Legationsrat in Berlin: Nr. 554
Adrian, Johann Valentin (1793 – 1864), Philologe, Pädagoge, Bibliothekar, Schriftsteller, Übersetzer, 1817 Lehrer in Rödelheim, um 1821 – 1822 Erzieher in Stuttgart, 1823 Reise nach England, seit Herbst 1823 Professor und Universitätsbibliothekar in Gießen, zuletzt Bibliotheksdirektor: Nr. **27**, 28, 34, **64**, 65, 235, 255, **377**, **454**
Agthe, Johann August (1795 – 1867), Musiker, Violinist, Violaspieler, Klarinettist, seit etwa 1819 Hofmusiker in Weimar, 1828 – 1853 Leiter des Collegium musicum, Bruder von Friedrich A.: Nr. 432
Agthe, Johann (Christian) Friedrich (1788 – 1840), Musiker, seit 1816 Hof- und Stadtmusiker in Weimar, Bruder von Johann August A.: Nr. 432
Ahlefeld (Ahlefeldt), Charlotte Elisabeth Sophie Luise Wilhelmine von, geb. von Seebach (1777 – 1849), Schriftstellerin, seit 1798 verh. mit dem schleswigschen Rittergutsbesitzer Johann Rudolf von A., seit 1807 von ihm getrennt und vorwiegend in Thüringen lebend, seit 1821 in Weimar: Nr. 1073
Ahlwardt, Christian Wilhelm August (1760 – 1830), Philologe, Pädagoge, 1792 Lehrer in Demmin und 1795 in Anklam, 1797 Rektor und Gymnasialprofessor in Oldenburg, 1811 Rektor der Ratsschule und seit 1817 Universitätsprofessor in Greifswald, 1827 Rektor: Nr. 115
Aischylos (Aeschylus) (525/24 – 456 v. Chr.), griechischer Tragödiendichter: Nr. 148, 408, 825
Akáts, Karl Franz von: s. Grüner
Alayrac, Nicolas Marie d': s. Dalayrac
Albert, Christian Wilhelm Ferdinand (1774 – 1834), Mediziner, Arzt in Ansbach, zuletzt Landgerichtsphysikus: Nr. 146
Alberti, Johann Karl (1774 – 1838), Verlagsbuchhändler, Herausgeber, Redakteur, Lotterieeinnehmer und Besitzer einer Leihbibliothek in Danzig, bis 1823 Inhaber der J. C. Alberti'schen Buch- und Kunsthandlung, Kommissionsrat: Nr. 1037

Alexander III. der Große (356 – 323 v. Chr.), seit 336 König von Makedonien: Nr. 518, 942

Alexis, Willibald: s. Häring

Allegri, Antonio: s. Correggio

Alleye (de Billon) de Cyprey, Isidore Elisabeth Jean Baptiste (1784 – nach 1846), französischer Diplomat und Politiker, 1808 – 1813 Diplomat in westfälischen, seit 1814 in französischen Diensten, 1815 – 1825 Legationssekretär in Frankfurt am Main, 1825 – 1829 in München, 1830 – 1839 Gesandter in Frankfurt, 1839/40 – 1846 bevollmächtigter Minister in Mexiko: Nr. 834, 889

Almonde, Marianne Angelika (Mary Ann) von (1804 – 1866), Sängerin, Tochter des Danziger Kaufmanns Cornelis von A., seit Oktober 1823 verh. mit Johann Karl Friedrich Heinrichsdorff, 1836 verw., seit 1839 verh. mit Archibald Mac Lean auf Czerbienschin: Nr. 167

Alopäus (Alopeus), Jeannette Karoline Charlotte (seit 1820:) Gräfin von, geb. von Wenckstern (1787 – 1869), Tochter des hannoverschen Militärs Ernst Joachim Gottlieb von Wenckstern, seit 1802 verh. mit dem russischen Diplomaten (Graf) David A., seit 1833 in zweiter Ehe verh. mit Fürst Paul Petrowitsch Lopuchin: Nr. 800

Altenhöfer, Konrad Joseph (1799 – 1854), Jurist, Kameralist, Beamter, Schriftsteller, 1816 stud. phil. in Würzburg, 1821 cand. jur. und 1830 – 1832 Student der Kameralistik, um 1841 Rechtspraktikant (? in Kissingen) und um 1845 in Aub, dann Aktuar in Kreuzwertheim, zuletzt in Würzburg, 1849 Registratur- und 1852 Sekretariatsgehilfe bei der Regierung Unterfrankens, Bruder des Journalisten und Herausgebers der »Allgemeinen Zeitung« August Joseph A.: Nr. 562

Altenstein: s. Stein zum Altenstein

Althof (Althoff), Ludwig Christoph (1758 – 1832), Mediziner, 1784 Arzt und Privatdozent in Göttingen, 1794 Professor, 1798 Arzt des Reichskammergerichts in Wetzlar, seit 1801 in Dresden, Hofrat und Leibarzt, 1824 Medizinalrat: Nr. 570

Alton, Eduard Joseph d' (1772 – 1840), Anatom, Archäologe, Zeichner, 1808 – 1813 in Tiefurt bei Weimar, seit 1819 Professor der Archäologie und Kunstgeschichte in Bonn: Nr. 11, 73, 90, 103, 110, 111, 136, 194, 259, 313, 357, 361, 417, 418, 449, 507, 515, 558, 565, 609, 662, 664, 831, 881, 891, 928, 975, 993, 1007, 1050

Alton, Marie Friederike d' (1805 – 1888), Tochter von Eduard Joseph d'A. und dessen späterer Ehefrau Sophie Friederike Buch, geb. Buch, Schwester des Anatomen Johann Samuel Eduard d' A.: Nr. 558

Altorfer, Johann Jakob (1754 – 1829), Schweizer Theologe, Pädagoge und Bibliothekar, 1780 Gymnasialprofessor in Schaffhausen, auch Abendprediger und 1792 Diakon am Münster, Bibliothekar der Ministerialbibliothek, Vater von Johann Kaspar A.: Nr. 137

Altorfer, Johann Kaspar (1785 – 1837), 1811 Stifter und seitdem mit seinem Vater Johann Jakob A. Vorsteher der Unterstützungsanstalt für Blinde in Schaffhausen, früh erblindet, Sohn von Johann Jakob. A.: Nr. 137

Alvensleben, Albert Louis Georg Julius von (1803 – 1884), preußischer Militär, 1815 Eintritt ins Kadettenkorps, 1818 Leibpage König Friedrich Wilhelms III., 1820 Sekonde- und 1834 Premierleutnant, später u. a. Kommandeur der Festung Erfurt, Bruder von Emilie von A.: Nr. 524, 549

Alvensleben, Emilie von (1802 – 1835), Tochter von Ulrike Wilhelmine von A., seit 1825 verh. mit Hermann von Witzleben: Nr. 506

Alvensleben, Ulrike Wilhelmine von, geb. Gräfin von Wartensleben (1770/71 – 1839), Tochter des preußischen Kammerherrn Graf Wilhelm Friedrich Heinrich Wartensleben, seit 1796 verh. mit dem preußischen Militär Georg Adolf Ludolf von A., 1811 verw., Mutter von Albert und Emilie von A.: Nr. 518
Ambrogini, Angelo: s. Poliziano
Amelie (erw. 1824), Freundin von Ottilie von Goethe: Nr. 779
Ampère, André Marie (1775 – 1836), französischer Mathematiker und Physiker, 1801 Lehrer in Bourg, um 1805 Lehrer und 1809 Professor an der École polytechnique in Paris, 1814 Mitglied der Akademie der Wissenschaften: Nr. 774
Amsler, Samuel (1791 – 1849), schweizerisch-deutscher Kupferstecher und Zeichner, 1816 – 1820 und 1821 – 1825 in Rom, seit 1829 Professor an der Kunstakademie in München: Nr. 656, 820
Anderloni, Faustino (1766 – 1847), italienischer Kupferstecher, Bruder von Pietro A.: Nr. 453
Anderloni, Pietro (1785 – 1849), italienischer Kupferstecher, 1801 in Pavia, 1804 in Mailand, 1831 Professor an der Akademie von Brera, 1838 Direktor der Kupferstichschule, Bruder von Faustino A.: Nr. 166
Andreae, Eleonora Maximiliane (Max, Maxe), geb. Willemer (1792 – 1871), Tochter aus Johann Jakob (von) Willemers (erster) Ehe mit Maria Magdalena Lang, seit 1809 verh. mit Jean A.: Nr. 26, 161
– ; deren (krankes) Kind: Nr. 161
Andreae, Jean (Johannes) (1780 – 1850), Bankier und Kaufmann in Frankfurt am Main, Schwiegersohn von Johann Jakob von Willemer: Nr. 34
– ; dessen Familie: Nr. 34
Andreae, Johann Valentin (1586 – 1654), Theologe, Schriftsteller und Mathematiker: Nr. 680
Andreani, Andrea (Andrea Mantuano) (gest. um 1623), italienischer Holzschneider: Nr. 70, 77, 109, 166, 202
Andrieu (Andrieux), Bertrand Jean (1761 – 1822), französischer Medailleur: Nr. 59, 173, 309, 581, 612, 978
Angelico (Fra Giovanni da Fiesole, Guido di Pietro) (um 1395 – 1455), italienischer Maler: Nr. 71
Angely, Jean Jacques Louis (1787 – 1835), Schriftsteller, Dramatiker, Schauspieler und Regisseur, seit 1822 in Berlin, 1828 – 1830 am Königsstädtischen Theater: Nr. 1009
Anhalt-Dessau, Friederike Amalie Agnes Prinzessin von (1824 – 1897), Malerin, Tochter von Herzogin Friederike, seit 1853 verh. mit dem späteren Herzog Ernst I. von Sachsen-Altenburg: Nr. 800
Anhalt-Dessau, Friederike Wilhelmine Luise Amalia Herzogin von, geb. Prinzessin von Preußen (1796 – 1850), Tochter des Prinzen Friedrich Ludwig (Louis) Karl von Preußen, seit 1818 verh. mit Herzog Leopold IV., Mutter von Prinzessin Agnes: Nr. 800
Ankwicz von Skarbek-Poslawice, Andreas Ludwig (Andrzej Alojzy) Graf (1777 bis 1838), polnischer Jurist und Theologe, 1810 Domherr zu Olmütz, 1815 Erzbischof von Lemberg, 1833 von Prag: Nr. 855
Anstett, Johann Protasius von (Jean Protais d'A., Iwan Ossipowitsch A.) (1767/71 bis 1835), Diplomat, seit 1789 in russischen Diensten, u. a. 1803 – 1804 und 1808 – 1810 Geschäftsträger in Wien, 1813 – 1814 im Gefolge des Zaren Alexander I., seit 1815

Gesandter beim Bundestag in Frankfurt am Main, auch 1825 – 1828 in Stuttgart und seit 1829 in Kassel: Nr. 773, 1014, 1018, 1048

Anstett, Stanislawa Awgusta von, geb. Poniatowska (erw. 1824), verh. mit Johann von A.: Nr. 1048

Antoine, Franz de Paula (1768 – 1834), österreichischer Botaniker, Pomologe, 1792 Gärtner am Wiener Hofgarten, 1810 Hofgärtner, (?) Stiefvater von Joseph Held: Nr. 682

Antoninus Pius (Titus Aurelius Fulvus Boionius Arrius A.) (86 – 161), seit 138 römischer Kaiser: Nr. 573, 771

Arago, Dominique François Jean (1786 – 1853), französischer Astronom, Physiker und Politiker, 1809 Mitglied der Pariser Akademie der Wissenschaften und Professor an der École polytechnique: Nr. 761

Aratos (um 315 – 240/45 v. Chr.), griechischer Schriftsteller aus Soloi in Kilikien: Nr. 940

Archambault, Louis François: s. Dorvigny

Arcontini, Michelangelo: s. Salom, Michele

Arens, Franz Joseph (seit 1825/27:) von (1779 – 1855), Jurist, hessen-darmstädtischer Beamter, 1803 Privatdozent in Gießen, 1804 Professor, seit 1821 Kanzler der Universität, auch 1810 Schul- und Kirchenrat, 1818 Rat am Oberappellationsgericht Darmstadt, 1833 dessen zweiter und 1841 erster Präsident, 1821 Direktor und 1825 – 1833 Präsident des Hofgerichts Gießen, auch seit 1833 Mitglied des Staatsrats, Schwager des Juristen und hessen-darmstädtischen Staatsministers Karl Ludwig Wilhelm (von) Grolman: Nr. 64

Arentschildt (Fräulein von) (erw. 1824): Nr. 800

Ariost(o), Lodovico (1474 – 1533), italienischer Dichter: Nr. 556

Aristoteles (384 – 322 v. Chr.), griechischer Philosoph: Nr. 270, 521, 529, 572, 848, 942, 1044, 1094

Armbruster, Karl; Verlagsbuchhandlung in Wien, 1819 hervorgegangen aus der Verlagsbuchhandlung Kaulfuß & A., im Besitz von Karl A., 1840 Konkurs: Nr. 38, 420

Armbruster, Karl Anton (1787 – 1840), Verlagsbuchhändler in Wien, 1814 Teilhaber der Firma Kaulfuß & A., seit 1819 unter eigener Firma, Sohn des Schriftstellers Johann Michael A.: Nr. 420

Arnauld (Arnault) de la (La) Perière, Johann Friedrich (erw. vor 1817), preußischer Regierungssekretär in Köln, Ossian-Übersetzer: Nr. 115

Arnault, Antoine Vincent (1766 – 1834), französischer Schriftsteller, Dramatiker, Lyriker, um 1789 in England, 1793 in Paris, 1799 – 1816 und wieder 1829 Mitglied der Académie française, 1816 – 1819 im Exil, 1831 Professor an der École polytechnique in Paris: Nr. 957

Arndt, Anna (Nanna) Maria, geb. Schleiermacher (1786 – 1869), Halbschwester von Friedrich Schleiermacher, seit 1817 verh. mit Ernst Moritz A.: Nr. 461

Arndt, Ernst Moritz (1769 – 1860), Historiker, Publizist und Schriftsteller, 1800 Privatdozent und 1805 – 1806 Professor in Greifswald, 1806 – 1808 Aufenthalt in Schweden, dann in Berlin, 1811 Ausscheiden aus dem Universitätsdienst, 1812 – 1814 als Mitarbeiter Karl vom Steins u. a. in St. Petersburg und Frankfurt am Main, 1818 Professor in Bonn, 1819 kurzzeitig in Haft, 1820 amtsenthoben, 1840 rehabilitiert, 1848 Abgeordneter der Frankfurter Nationalversammlung, 1849 – 1854 wieder Professor in Bonn: Nr. 461

Arndt, Friedrich Hartmut (1824 – 1876), deutsch-amerikanischer Landwirt, 1855 Auswanderung nach Wisconsin, um 1860 Gärtner in Columbus im Staat Mississippi, zuletzt Farmer in Kansas, Sohn von Ernst Moritz und Anna Maria A.: Nr. 461

Arnim, Karl Joachim (Achim) Friedrich Ludwig von (1781 – 1831), Schriftsteller, 1801 – 1804 Reisen, dann u. a. in Berlin, Heidelberg und Königsberg, 1809 – 1813 in Berlin, seit 1814 abwechselnd auf seinem Gut Wiepersdorf bei Jüterbog und in Berlin: Nr. 281, 518, 524, 549, 559

Arnim, Karl Otto Ludwig von (1779 – 1861), preußischer Diplomat, Schriftsteller, Studium in Halle und Göttingen, Studienreisen durch Europa, Gesandtschaftsattaché in Stockholm, 1810 Kammerherr, auch interimistischer Direktor der königl. Schauspiele in Berlin, Bruder von Achim von A.: Nr. 344

Arnim, Katharina Elisabeth (Bettina, Bettine) Ludovika Magdalena von, geb. Brentano (1785 – 1859), Schriftstellerin, bis 1810 u. a. in Frankfurt am Main, Kassel, München und Landshut, seitdem vorwiegend in Berlin, Tochter von Peter Anton und Maximiliane Brentano, seit 1811 verh. mit Achim von A.: Nr. 503, 524, 531, 535, 543, 559, 764, 872, 951, 1056

Arnold, August (1789 – 1860), Schriftsteller, Übersetzer, 1811 Lehrer in Eisenach, 1813 Bibliothekar in Gotha, 1817 Oberlehrer in Bromberg, 1829 Gymnasialdirektor in Königsberg (Neumark), 1835 Redakteur der »Allgemeinen Preußischen Staatszeitung«, zuletzt Privatgelehrter in Berlin, Erfurt, Halle, Danzig und Merseburg: Nr. 776

Arnswald (Arnswaldt), Karl August (Ludwig) Bernhard von (1807 – 1877), sachsenweimarischer Beamter und Militär, Maler und Radierer, 1820 – 1825 Page in Weimar, forstwirtschaftliche Lehre in Ruhla, 1828 Sekonde- und 1834 Premierleutnant, 1829 auch Hof-und 1833 Jagdjunker, 1840 Hauptmann, pensioniert, seit 1841 Kommandant der Wartburg, später auch Kammerherr und 1863 Oberstleutnant: Nr. 645, 962

Arrigoni, Anton (1788 – 1851), österreichischer Theater- und Landschaftsmaler, in Wien, Brünn, Breslau und Pressburg, seit 1826 Dekorationsmaler am Hoftheater in Dresden: Nr. 260, 319

Artaria & Fontaine; Kunst- und Verlagsbuchhandlung in Mannheim, 1819 gegründet von Karl Dominik Alexander A. (1792 – 1866), hervorgegangen aus der Kunsthandlung seines Vaters Domenico A. (1765 – 1823) und der bis 1816 von seinem Großvater Matthieu Fontaine (1749 – 1818) geführten Verlagsbuchhandlung Fontaine: Nr. 453, 632

Athenaios (A. von Naukratis) (um 200), griechischer Schriftsteller, Grammatiker: Nr. 281

Aubert de Vitry, François Jean Philibert (1765 – 1849), französischer Ökonom, Politiker und Schriftsteller, Übersetzer, um 1795 – 1814 in verschiedenen Funktionen, u. a. Generalsekretär des Ministerrats im Königreich Westfalen: Nr. 448, 474, 551, 555, 685, 836

Aubry-Lecomte, Jean Baptiste (eigentl. Hyacinthe Louis Victor Jean Baptiste A.) (1797 – 1858), französischer Maler, Zeichner und Lithograph: Nr. 1077

Aubuisson de Voisins, Jean François d' (1769 – 1841), französischer Geologe, 1797 bis 1802 Student an der Bergakademie in Freiberg, seit 1807 Chefingenieur des Corps des mines in Toulouse: Nr. 150, 487

Audouin, Jean Victor (1797 – 1841), französischer Naturforscher, Entomologe, 1824 Assistent am Muséum national d'histoire naturelle in Paris, 1833 Professor: Nr. 735

Auersperg, Karl Johann Nepomuk Ernst Joseph (Joseph Kajetan) Graf von und zu (1767 – 1829), österreichischer Jurist, Geheimer Rat und Kämmerer, 1792 böhmischer Landrat, 1798 westgalizischer und 1800 böhmischer Appellationsgerichtsrat, 1805 Oberstlandrichter und Landrechtspräsident in Prag, 1813 Präsident des mährisch-schlesischen Appellationsgerichts in Brünn, 1814 – 1815/16 und seit 1828 Oberstlandeskämmerer von Mähren in Brünn, 1816 – 1828 auf der Herrschaft Hartenberg bei Falkenau in Böhmen lebend: Nr. 100, 309, 334, 354, 359, 529, 640, 723

August, Ernst Ferdinand (1795 – 1870), Mathematiker und Physiker, Pädagoge, 1818 Oberlehrer am Gymnasium zum Grauen Kloster in Berlin, 1821 am Joachimsthalschen Gymnasium, 1823 Professor, 1827 Direktor des Köllnischen Realgymnasiums: Nr. 801

Bach, Johann Sebastian (1685 – 1750), Komponist: Nr. 625, 653

Bachmann, Karl Friedrich (1784 – 1855), Philosoph, Mineraloge, 1810 Privatdozent und 1812 Professor der Philosophie in Jena, 1830 auch stellvertretender Direktor und 1832 Direktor der mineralogischen Anstalten: Nr. 471, 948

Bachmayer, Elisabeth, geb. Niesser (1770 – 1835), Hausbesitzerin in Eger, Tochter von Andreas Niesser, verh. mit dem Kaufmann Johann B.: Nr. 723

Backhuysen (Bakhuizen), Ludolf (1631 – 1708), niederländischer Maler, Zeichner und Kalligraph: Nr. 209, 422

Baden, Amalie Friederike Erbprinzessin/Markgräfin von, geb. Prinzessin von Hessen-Darmstadt (1754 – 1832), Tochter des Landgrafen Ludwig IX. von Hessen-Darmstadt, seit 1774 verh. mit Erbprinz Karl Ludwig, 1801 verw., Mutter des Großherzogs Karl: Nr. 425

Baden, Ludwig I. Wilhelm August Großherzog von (1763 – 1830), seit 1818 Großherzog, Sohn von Großherzog Karl Friedrich und jüngerer Bruder des Erbprinzen Karl Ludwig: Nr. 696

Bader, Karl Adam (1789 – 1870), Sänger (Tenor), 1811 in Bamberg, 1812 in München, 1816 in Bremen, 1817 in Hamburg, dann in Braunschweig, 1820 – 1849 an den königl. Theatern (Hofoper) in Berlin, zuletzt Regisseur: Nr. 514

Badía y Leblich, Domingo (auch: Ali Bey al-Abbasi) (1766/67 – 1818), spanischer Forschungsreisender, Politiker, Orientalist: Nr. 31

Baer, Gustave de (erw. 1823 – 1829), Übersetzer in Paris (? identisch mit Ernst Gustav Adolf von B., geb. 1795, um 1826 Gouverneur des Prinzen Friedrich von Württemberg, Enkel des schwedischen, in Paris und Straßburg tätigen Theologen Carl Friedrich von B.): Nr. 474

Bailly, Charles François (1800 – 1862), französischer Jurist, Naturwissenschaftler, Gründer mehrerer Landwirtschaftszeitschriften: Nr. 439

Bakhuizen, Ludolf: s. Backhuysen

Baldinger, Ernst Gottfried (1738 – 1804), Mediziner, Botaniker, 1768 Professor in Jena und 1773 in Göttingen, 1783 Dirigent der Medizinalangelegenheiten des Landes und Leibarzt in Kassel, 1786 Professor in Marburg: Nr. 47

Balfour, Francis (um 1744 – 1818), schottischer Mediziner und Orientalist, Sanitätsoffizier im Dienst der britischen Ostindien-Kompanie in Bengalen, 1807 in Edinburgh: Nr. 674

Banks, Joseph (1743 – 1820), britischer Naturforscher und Forschungsreisender, seit 1778 Präsident der Royal Society: Nr. 467, 1054

Bányi, M. (erw. 1824), Übersetzer aus dem Russischen: Nr. 650, 658, 674, 761
Barbezat, Jean (erw. 1824), Spediteur in Genf: Nr. 806
Barckhaus (Barkhaus) genannt von Wiesenhütten, Charlotte Luise Ernestine von: s. Oetinger
Bardeleben, Henriette Karoline Charlotte von, geb. Hübschmann (1780–1852), Tochter des Postdirektors Johann Friedrich Hübschmann, seit 1806 verh. mit dem späteren preußischen General Karl Moritz Ferdinand von B., 1811 gesch., zuletzt in Dresden: Nr. 524, 549
Bardua, Marie Karoline (1781–1864), Malerin, Salonière, 1805–1807 Ausbildung in Weimar und 1808–1811 in Dresden, 1819–1827 in Berlin, 1829–1832 in Frankfurt am Main, dann wieder in Berlin, seit 1852 in Ballenstedt, Tochter des anhalt-bernburgischen Kammerdieners Johann Adam B. in Ballenstedt, Schwester der Sängerin Wilhelmine B.: Nr. 535
Barocci (Baroccio), Federico (genannt il Fiori da Urbino) (? 1535–1612), italienischer Maler: Nr. 758
Bartenstein, August von (geb. 1814), Sohn von Johann Nepomuk von B.: Nr. 131
Bartenstein, Johann Nepomuk Joseph von (1771–1843), österreichischer Standesherr, Enkel des Politikers und Diplomaten Johann Christoph (von) B., Vater von Moritz und August von B.: Nr. 131, 263
Bartenstein, Karl Ferdinand (erw. 1823), Apotheker in Hildburghausen: Nr. 68, 487
Bartenstein, Moritz von (geb. 1812), Sohn von Johann Nepomuk von B.: Nr. 131
Barth, Johann Ambrosius; Verlagsbuchhandlung in Leipzig, 1780 von Johann Philipp Haug (1746/47–1784) gegründet, 1790 von Johann Ambrosius B. (1760–1813) unter eigener Firma fortgeführt, 1813 von dessen Sohn Wilhelm Ambrosius B. (1790–1851) übernommen: Nr. 324, 357
Barth, Johann Georg (1793–1852), 1816–1822 Kutscher in Goethes Diensten, dann Gastwirt, Bedienter und Händler in Jena: Nr. 669
Barth, Karl (1787–1853), Zeichner, Kupferstecher, Schriftstecher, 1817–1821 in Rom, später u. a. in Nürnberg, Heidelberg, Darmstadt und Berlin, danach in Hildburghausen: Nr. 656
Bartholdy, Jakob Ludwig Salomo(n) (bis 1805: Levin Salomon) (1779–1825), preußischer Diplomat, Kunstsammler, 1813 Mitarbeiter Karl August von Hardenbergs, 1815 Generalkonsul in Rom, 1818 auch Geschäftsträger am toskanischen Hof, Schwager von Abraham Mendelssohn Bartholdy: Nr. 281, 955
Bartling, Friedrich Georg Gottlieb (1798–1875), Botaniker, 1822 Privatdozent und 1831 Professor in Göttingen, 1837 auch Direktor des botanischen Gartens: Nr. 881
Bartsch, Johann Adam (Bernhard) (seit 1812:) von (1757–1821), Kupferstecher und Kunstschriftsteller in Wien, seit 1791 Direktor der Kupferstichsammlung der Hofbibliothek: Nr. 523
Bast, Lieven Amand (Liévin Armand) Marie de (1787–1832), flämischer Gold- und Silberschmied, Stecher, Medailleur, Kunstschriftsteller und Archivar, 1808 Mitgründer der Kunstakademie in Gent (später Societé des beaux-arts et littérature), Direktor der Abteilung für Stecherkunst und zweiter, zuletzt ständiger Sekretär der Gesellschaft, später auch Konservator des Kunstkabinetts der Universität und Akademieprofessor, 1829 Archivar von Ostflandern: Nr. 712, 739

Batist (Herr) (erw. 1824), in Ems: Nr. 800
Batsch, August Johann Georg Karl (1761 – 1802), Botaniker, seit 1787 Professor in Jena, 1793 auch Direktor der Naturforschenden Gesellschaft zu Jena und 1794 Direktor des botanischen Gartens: Nr. 429
Bauer, Karoline Philippine Auguste (1807 – 1877), Schauspielerin, 1822 in Karlsruhe, 1824 am Königsstädtischen Theater und 1825 – 1829 an den königl. Theatern in Berlin, 1831 in St. Petersburg, später in Dresden, 1829 Gräfin Montgomery und bis 1831 morganatische Ehe mit Prinz Leopold von Sachsen-Coburg, später verh. Gräfin Broël-Plater: Nr. 1009
Baumbach, Konrad Johann Alexander (1789 – 1827), Jurist, seit 1813 Professor in Jena: Nr. 516
Baureis (Bauerreis), Anna Maria, geb. Bauder (1737 – 1824), Handelsfrau in Nürnberg, Tochter des Altdorfer Unternehmers und Bürgermeisters Johann Friedrich Bauder, seit 1775 zweite Ehefrau des Kaufmanns Karl Friedrich B. in Nürnberg, 1807 verw., führte seit 1819 den väterlichen Marmorhandel weiter: Nr. 982
Bayard, Jean François Alfred (1796 – 1853), französischer Schriftsteller, Dramatiker, 1837 Direktor des Théâtre des Variétés in Paris: Nr. 474
Bayern, Friederike Wilhelmine Karoline Königin von, geb. Prinzessin von Baden (1776 – 1841), 1799 Kurfürstin, 1806 Königin, Tochter des Erbprinzen Karl Ludwig von Baden, seit 1797 verh. mit Maximilian I. Joseph: Nr. 196, 212, 988
Bayern, Ludwig Karl August Kronprinz von (1786 – 1868), 1825 – 1848 König als Ludwig I.: Nr. 814
Bayern, Maximilian I. Joseph König von (1756 – 1825), 1795 Herzog von Pfalz-Zweibrücken, 1799 Kurfürst als Maximilian IV. Joseph, 1806 König: Nr. 114, 140, 158, 159, 196, 212
Bayern, Sophie Friederike Dorothea Wilhelmine Prinzessin von (1805 – 1872), Tochter von Maximilian I. Joseph und Karoline, seit 4. November 1824 verh. mit Erzherzog Franz Karl von Österreich: Nr. 628
Beauchamp, Alphonse de (1767 – 1832), französischer Historiker: Nr. 1028
Beauharnais, Eugène Rose de (1781 – 1824), französischer Militär, 1813 zeitweise Oberbefehlshaber der französischen Truppen in Deutschland, 1796 Stief- und 1806 Adoptivsohn Napoleons I., 1805 – 1814 Vizekönig von Italien, seit 1817 bayerischer Herzog von Leuchtenberg und Fürst von Eichstätt: Nr. 270
Beaulieu-Marconnay, Henriette Sophie Franziska Friederike Albertine von, geb. von und zu Egloffstein, gesch. Gräfin von und zu Egloffstein (1773 – 1864), Tochter des kurbrandenburgischen Hauptmanns Karl Ludwig Ernst Franz von Egloffstein, 1788/89 – 1803 verh. mit ihrem Cousin Graf Leopold Egloffstein, seit 1804 verh. mit dem Forstbeamten Karl von B., u. a. 1795 – 1797 und um 1802 in Weimar lebend, Mutter u. a. der Gräfinnen Auguste, Julie und Karoline Egloffstein und des Grafen Karl Egloffstein, Schwägerin von Wilhelm von B.: Nr. 974
Beaulieu-Marconnay, Wilhelm Ernst von (1786 – 1859), Jurist, Politiker, 1808 Auditor beim Hofgericht in Hannover, 1808 – 1809 in Rom, 1809 Eintritt in oldenburgische Dienste, 1814 in die provisorische Regierungskommission berufen, 1816 Regierungsrat, 1822 – 1825 Mission in Berlin und 1826 in St. Petersburg, 1830 Staatsrat, 1843 Geheimer Rat und Vorsitzender des Staatsministeriums, 1844 Staats- und Kabinettsminister, Schwager von Henriette von B.: Nr. 524, 531

Beaumarchais, Pierre Augustin Caron de (1732 – 1799), französischer Schriftsteller: Nr. 514, 1043
Beaumont, Francis (1584/85 – 1616), englischer Schriftsteller, Dramatiker: Nr. 744
Becke, Johann Heinrich von der (1768 – 1851), Fabrikant, Eigentümer einer Papier- und Fingerhutfabrik in Sundwig (Hemer): Nr. 886
Becké (Becke), Johann Karl Xaver von (seit 1832: B. von Telnitz) (1766 – 1834), Militär, Erfinder, 1780 Schüler an der Hohen Karlsschule in Stuttgart, 1786 württembergischer Artillerieleutnant, 1793 – 1797 Hauptmann, um 1802 – 1805 Kommandeur eines badischen Jägerbataillons, um 1806 Übertritt in österreichische Dienste, 1812 Oberstleutnant und Kommandant des 4. Jägerbataillons in Eger, 1814 Oberst, 1820 erblindet und pensioniert, in Wien und zuletzt in Pest lebend, Erfinder einer Schreibtafel für Blinde, Sohn der Malerin und Unternehmerin Maria Seraphia Susanna Magdalena Aloisia de B., geb. Schick, verw. von Löwenfinck: Nr. 45, 62
Becker (eigentl. von Blumenthal), Johann Heinrich Christian Ludwig (1764 – 1822), Schauspieler, 1791 – 1809 und seit 1818 in Weimar: Nr. 559
Becker, Johannes (1769 – 1833), Botaniker, 1817 – 1827 am medizinischen Institut der Senckenbergischen Stiftung in Frankfurt am Main: Nr. 918
Bedemar, Graf von: s. Grosse, Karl Friedrich August
Beer, Amalie (vorher: Esther Jehuda B.), geb. Wulff (1767/72 – 1854), Salonière in Berlin, Philanthropin, Tochter des preußischen Hoffaktors Liepmann Meyer Wulff, seit 1788 verh. mit Jakob Herz B., Mutter von Michael B.: Nr. 554, 559, 590
Beer, Jakob Herz (vorher: Juda Herz B.) (1769 – 1825), Bankier und Fabrikant in Berlin, Vater von Michael B., des Kaufmanns Heinrich B., des Astronomen Wilhelm B. und von Giacomo Meyerbeer: Nr. 590, 1009
– ; dessen Sohn: Nr. 559
Beer, Michael (1800 – 1833), Schriftsteller, in Berlin, Paris, Italien, Wien und zuletzt in München, Sohn von Jakob Herz und Amalie B.: Nr. 524, 530, 531, 554, 590, 632, 708, 728, 875, 981, 1004, 1007, 1051, 1054, 1088
Beerstraten (Beerstraaten), Jan (Johannis) Abrahamszoon (1622 – 1665/66), niederländischer Maler: Nr. 422
Beethoven, Karl van (1806 – 1858), 1826 – 1832 Angehöriger der österreichischen Armee, zuletzt Unterleutnant, dann in Wien lebend, Sohn von Kaspar und Neffe von Ludwig van B.: Nr. 58
Beethoven, Kaspar Anton Karl van (1774 – 1815), Komponist und Beamter, Musiklehrer in Bonn, seit 1794 in Wien, Finanzbeamter, Bruder von Ludwig und Vater von Karl van B.: Nr. 58
Beethoven, Ludwig van (1770 – 1827), Komponist, seit 1792 in Wien: Nr. 58, 161, 338, 341, 440, 518
Begas (bis 1825: Begasse), Joseph Karl (1794 – 1854), Maler, 1813 – 1821 vorwiegend in Paris, 1822 – 1824 in Italien, dann in Berlin, seit 1826 Professor an der Akademie der Künste: Nr. 554, 625, 820
– ; dessen Familie: Nr. 625
Beireis, Gottfried Christoph (1730 – 1809), Mediziner, Sammler, Arzt und Professor u. a. der Physik und Medizin in Helmstedt: Nr. 302
Beke, Joos van der: s. Cleve, Joos van
Bellot, Pierre François (1776 – 1836), Schweizer Jurist, Politiker, 1800 Anwalt und 1822 Präsident der Anwaltskammer in Genf, 1819 Professor, 1833 Dekan, 1814 – 1836 Mitglied des Repräsentierenden Rats: Nr. 357

Belzoni, Giovanni Battista (1778 – 1823), italienischer Forschungsreisender und Archäologe: Nr. 31, 772
Benckher, Elisabeth Wilhelmine Karoline Johanna (1798 – 1865), Tochter von Elisa B., seit 1831 zweite Ehefrau des Pfarrers Julius Friedrich Burger in Schwäbisch Hall, 1845 verw.: Nr. 146
Benckher (Bencker, Benkher), Maria Elisabeth (Elisa), geb. Keyhl (Keyl), verw. Goodall (1760 – 1829), Tochter des fürstl. Trompeters Georg Andreas Keyhl in Gunzenhausen, seit 1810 Witwe des Rentbeamten Johann Friedrich B. in Schwabach, zuletzt in Ansbach lebend, Mutter von Wilhelmine B.: Nr. 146
Bendixen, Siegfried Detlev (1786 – 1864), Maler, Radierer und Lithograph, 1813 in Hamburg, 1822 Mitgründer des Kunstvereins, seit 1832 in London: Nr. 3
Benecke, Wilhelm Christian, (seit 1829:) B. von Gröditzberg (1779 – 1860), Kaufmann und Bankier in Berlin, 1806 – 1819 Leiter des Bankhauses Gebrüder B., 1812 Gründer und Direktor der Feuerversicherungsanstalt, 1815 Inhaber der preußischen Hauptnutzholz-Administration und 1819 Mitstifter und -direktor der Patentpapierfabrik, Sohn des Materialwarenhändlers Christian Michael B. in Frankfurt (Oder): Nr. 506, 1009
Benedix, Michaelis (Michael [Ben-House] Benedicks) (1768 – 1845), schwedischer Bankier, Großhändler und Juwelier deutscher Herkunft, um 1785 Buchhalter, 1791 Student der Schönen Wissenschaften in Göttingen, um 1796 Teilhaber der Firma Michaelson & Benedicks in Stockholm, auch Hofjuwelier, Sohn des Baruch B. in Bleicherode: Nr. 912
Bentinck (Lord) (erw. 1824), britischer Militär, Hauptmann (Captain): Nr. 1015
Bentinck (Lord) (erw. 1824), britischer Militär, Major: Nr. 1015
Bentotes, Georgios Zakynthios (1757 – 1795), griechischer Drucker, Herausgeber und Schriftsteller: Nr. 281
Berchem (Berghem), Nicolaes (Claes) Pietersz. (1620 – 1683), niederländischer Maler: Nr. 422
Berg, Karoline Friederike (Sophie Karoline) von, geb. von Haeseler (1760 – 1826), Hofdame, Salonière, Tochter des preußischen Legationsrats Johann August von Haeseler, seit 1779 verh. mit dem Domherrn und preußischen Kammerherrn (Graf) Karl Ludwig von B., 1801 gesch., Vertraute und später erste Biographin der Königin Luise von Preußen, seit 1814/15 Oberhofmeisterin der Herzogin Friederike von Cumberland, Mutter der Gräfin Luise von Voß, Tante von Gräfin Rosalie Haeseler: Nr. 514, 554, 559
Berger (erw. um 1803), in Lauchstädt (? identisch mit Johann Heinrich Christian Ludwig Becker): Nr. 559
Berlichingen, Gottfried (Götz) von (genannt Ritter mit der eisernen Hand) (1480 – 1562), fränkischer Reichsritter: Nr. 862
Berlin, Gesellschaft von Freunden und Verehrern Goethes: Nr. 344, 912
Berlin, Lithographisches Institut und Kunsthandlung; 1816 gegründet von dem bayerischen Gesandten Graf Joseph Rechberg und Rothenlöwen, um 1823 unter der Leitung von Johann Wilhelm Richardi, um 1827 Verkauf an Heinrich Christian Ludwig Karrig (1796 – nach 1852), später im Besitz des Kunsthändlers G. Eduard Müller: Nr. 228, 333
Bernadotte, Jean Baptiste Jules: s. Schweden, Karl XIV. Johann König von

Bernard, Joseph Karl (1780 – 1850), österreichischer Beamter, Journalist und Librettist, zeitweise Redakteur der »Wiener Zeitschrift«: Nr. 5, 1037
Berndt, Johann Christoph (1783 – 1843), Pädagoge, Musiker, 1805 Musiklehrer in Kurland, 1811 Student in Berlin und Mitglied der Singakademie, dann Musiklehrer in Hasenpoth und Libau, 1825 am Gymnasium in Mitau, 1830 auch Organist: Nr. 183
– ; dessen Familie: Nr. 183
Bernstorff, Christian Günter Graf von (1769 – 1835), Politiker und Diplomat, 1797 dänischer Staatssekretär und Außenminister, 1810 Gesandter in Wien und 1816 in Berlin, 1818 – 1832 preußischer Außenminister: Nr. 483, 1089
Bernstorff, Luise Wilhelmine Amerika Gräfin von, geb. von Riedesel (1780 – 1856), Tochter des braunschweigischen Militärs Friedrich Adolf von Riedesel, seit 1801 verh. mit dem preußischen Kammerherrn Graf Ernst B., Schwester von Georg von Riedesel: Nr. 512, 518, 559
Berrettini, Pietro: s. Cortona
Berthollet, Claude Louis (seit 1808:) Comte (1748 – 1822), französischer Chemiker und Mediziner, u. a. 1794 Professor an der École polytechnique und 1795 an der École normale, 1799 Senator: Nr. 768
Berton, Henri Montan (1766/67 – 1844), französischer Opernkomponist: Nr. 422
Bertram, Johann Baptist (1776 – 1841), Kunstsammler, Freund und Mitarbeiter der Brüder Sulpiz und Melchior Boisserée: Nr. 17, 59, 74, 76, 86, 155, 226, 474, 652, 654, 666, 679, 735, 884, 1076, 1077
Bertrand, Jacques Vital (1752 – 1819), französischer Naturforscher: Nr. 735
Bertrand de Doue, Jacques (Jean) Mathieu (1776 – 1862), französischer Geologe und Meteorologe: Nr. 732, 735
Berzelius, Jöns Jacob (seit 1818:) von (1779 – 1848), schwedischer Chemiker, 1807 – 1832 Professor in Stockholm: Nr. 135, 140, 170, 324, 357, 529, 775, 914
Beschort, Friedrich Jonas (1767 – 1846), Schauspieler und Sänger in Berlin, auch Regisseur: Nr. 450, 535
Bethmann, Simon Moritz (seit 1808:) von (1768 – 1826), Bankier und Diplomat in Frankfurt am Main, Mäzen, 1791 Teilhaber und 1793 alleiniger Inhaber des 1748 von seinem Vater Johann Philipp B. und seinem Onkel Simon Moritz B. gegründeten Bankhauses Gebrüder B., 1802 russischer Hofrat und Konsul in Frankfurt, 1807 Generalkonsul für die Rheinbundstaaten und 1810 Staatsrat: Nr. 503, 543, 1003
Beudant, François Sulpice (1787 – 1850), französischer Mineraloge, Physiker und Chemiker, 1811 Professor am Lyzeum in Avignon, 1813 in Marseille, 1814/15 Unterdirektor der königl. Mineraliensammlung in Paris, 1820/22 Professor an der Universität und 1840 deren Generalinspektor: Nr. 181, 182, 297, 637
Beulwitz, Heinrich Emil Friedrich August von (1785 – 1871), sachsen-weimarischer Militär, 1803 Sekonde- und 1807 Premierleutnant, 1811 Kapitän und Kammerherr, 1812 in russischer Gefangenschaft, 1813/14 Stabschef der thüringischen Brigade, 1815 Adjutant Herzog Bernhards und Major, 1816 Hofmarschall, seit 1821 im Dienst Karl Friedrichs, 1828 Oberstleutnant und Generaladjutant, 1831 Oberst, 1840 Generalmajor, 1845 Wirklicher Geheimer Rat: Nr. 9, 220, 310
Beust, Karl Leopold Graf von (1780 – 1849), sachsen-gothaischer Beamter und Diplomat, Regierungsrat in Altenburg, auch Konsistorialrat und später Vizepräsident des Konsistoriums, 1811 auch Assessor am Hofgericht in Jena, 1819 – 1837 Gesandter Sachsen-Weimars und der sächsischen Herzogtümer beim Bundestag in Frankfurt

am Main, Sohn des Konsistorialpräsidenten Graf Gottlob B. in Altenburg: Nr. 84, 97, 773, 834, 889, 1014, 1018
Beust, Karoline Amalie Auguste Flavie Gräfin von (1802 – 1851), Tochter von Graf Friedrich August Leopold und Gräfin Karoline Friederike B., seit 1. März 1824 zweite Ehefrau von Hermann von Staff (S. genannt von Reitzenstein): Nr. 11, 543, 549, 559
Beuth, Christian Peter Wilhelm Friedrich (1781 – 1853), preußischer Beamter und Gewerbepolitiker, 1801 Referendar in Berlin, 1806 Kammerassessor in Bayreuth, 1809 Regierungsrat in Potsdam, seit 1810 wieder in Berlin, Mitglied der Reformkommission für das Steuer- und Gewerbewesen, 1811 Obersteuerrat im Finanzministerium, 1813 Teilnehmer an den Befreiungskriegen, 1814 Geheimer Oberfinanzrat, 1818 – 1845 Leiter der Gewerbepolitik, 1821 – 1850 Mitglied des Staatsrats, 1821 Gründer der Technischen Gewerbeschule und Mitgründer des Vereins zur Beförderung des Gewerbefleißes in Preußen, 1828 Ministerialdirektor, 1830 Wirklicher Geheimer Oberregierungsrat, 1844 Wirklicher Geheimrat: Nr. 581
Beuther, Friedrich Christian Philipp (1777 – 1856), Theaterdekorationsmaler, u. a. in Frankfurt am Main, 1812 in Bamberg, 1813 in Würzburg, 1815/16 in Weimar, 1816 Hoftheatermaler, 1818 in Braunschweig, seit 1824/25 in Kassel: Nr. **994**
Beyer (erw. 1824), Geheimer Rat (?) in Berlin: Nr. 371
Beyfus (Beyfuß), August (Abraham) (geb. 1801), Pädagoge, Publizist, um 1819 Hauslehrer in Hagen bei Bremen, um 1820 Anstellung in Hannover, 1820/21 – 1824 Hilfslehrer an der Israelitischen Freischule in Hamburg, 1825 – 1828 Philosophiestudent in Berlin, Sohn des Hamburger Buchhalters Levin Philip(p) B.: Nr. **823**
Bibran (B. und Kittlitztreben), Karl Ernst Friedrich von (gest. nach 1873), seit 1819 sachsen-weimarischer Kammerherr: Nr. 962
– ; dessen Ehefrau: Nr. 962
Biedenfeld, Eugenia Ludovika von, geb. Bonasegla, verw. Schüler (? 1780 – nach 1833), Sängerin (Sopran), 1798 in Leipzig, 1799 in Dessau, 1800/01 in Wien, 1801 in Breslau, 1808 in Kassel, 1812 in Karlsruhe, 1816 in Dresden, 1818 in Wien, 1824 in Berlin, 1825 – 1826 in Magdeburg, 1829 – 1831 in Breslau, Tochter des italienischen Gesanglehrers und Cellisten Giuseppe Bonasegla, 1799 – 1809 verh. mit dem Schauspieler und Sänger Karl Philipp Augustin Schüler, seit 1815 verh. mit dem Schriftsteller und Theaterleiter Ferdinand von B., Schwägerin der Schauspielerin und Pantomimin Henriette Schütz, Mutter von Henriette Spitzeder: Nr. 1009
Bieling, Karl Heinrich Christoph (1774 – 1834), Veterinärmediziner, Regiments- und Hoftierarzt in Braunschweig: Nr. 487
Bielke, Christiana Juliana (Julie) Friderica Charlotte von (1774 – 1845), zeitweise in Weimar lebend, zuletzt Konventualin des adeligen Stifts St. Johannis in Schleswig, Tochter des dänischen Kammerherrn und Amtmanns in Tondern Henrik Christoffer Frederik B., Schwester von Friedrich Wilhelm von B.: Nr. **191**
– ; deren Brüder: Nr. 191
Bielke, Friedrich (Friderich) Wilhelm von (1780 – 1850), Hofbeamter in Weimar, 1809 Kammerherr am erbprinzlichen Hof, 1817 Hofmarschall, 1828 Oberstallmeister, zuletzt Oberhofmeister von Großherzogin Maria Pawlowna: Nr. 191, **537, 809**
– ; dessen Familie: Nr. 191
Bierey, Benedikt Gottlob (1772 – 1840), Komponist, 1808 Theaterkapellmeister und 1824 – 1828 auch Pächter des Theaters in Breslau: Nr. 173, 188, 260, 801

Binder, Christian (1775 – 1840), Kaufmann, Numismatiker, 1801 Kassierer im Bankhaus Halder in Augsburg, 1818 in Stuttgart, 1838 württembergischer Hofrat: Nr. 17, 59

Bischof, Karl Gustav Christoph (1792 – 1870), Chemiker und Geologe, 1815 Privatdozent in Erlangen und 1819 Professor in Bonn: Nr. 361, 402

Bischoff de (zu) St. Alban; Bank und Speditionshandlung in Basel, nach 1792 gegründet von Benedikt B. (1769 – 1836) als Kommissions- und Speditionshandlung, weitergeführt von seinem Sohn Hieronymus B. (1795 – 1870): Nr. 806

Bismarck, Karl Wilhelm Ferdinand von (1771 – 1845), preußischer Militär, zuletzt Rittmeister, Vater des Fürsten Otto von B.: Nr. 851

Bismarck, Luise Wilhelmine von, geb. Mencken (1789 – 1839), Tochter des preußischen Geheimen Kabinettssekretärs Anastasius Ludwig Mencken, seit 1806 verh. mit Karl Wilhelm Ferdinand von B.: Nr. 851

Blankensee, Georg Friedrich Alexander (seit 1798:) Graf von (1792/93 – 1867), Jurist, Schriftsteller, Musiker, Student in Halle und Göttingen, 1813 – 1814 als preußischer Offizier Teilnehmer an den Befreiungskriegen, 1816 Gesandtschaftssekretär in Turin, dann auf seinen Gütern in Pommern und der Neumark sowie in Berlin lebend, zuletzt Kammerherr: Nr. 514, **567**, 1073

Blechschmidt, Franz Dominik (1794 – 1861), Gastwirt in Eger, seit 1814 Besitzer des Gasthofs »Zur goldenen Sonne«: Nr. 294, 359, 455, 470, 480

Bleidl, Adalbert (erw. 1799 – 1843), Chemiker, böhmischer Beamter, um 1811 provisorischer Schichtmeister in Bergreichenstein, um 1813 Berggeschworener und Erzkaufskassekontrolleur in Bleistadt: Nr. 640

Bloch, August Friedrich (bis 1816: Abraham) (1780 – 1866), Kaufmann in Berlin, 1819 Agent des Schatzministeriums, später auch der preußischen Schuldenverwaltung und der Seehandlung, 1848 – 1854 Präsident der Seehandlung: Nr. 514, 518, 531, 535, 543, 549, 559, 912

Bloch, Charlotte Sophie, geb. Löwe (bis 1816: Sara [? Seba] Leo) (1786 – nach 1827), seit 1816 verh. mit August Friedrich B. in Berlin: Nr. 518, 524, 531, 535, 543, 549, 559

– ; deren Schwägerin: Nr. 559

Blücher, Gebhard Bernhard Karl von, (seit 1814:) Graf B. von Wahlstatt, (seit 1861:) Fürst (1799 – 1875), Großgrundbesitzer, um 1823 preußischer Husarenleutnant, Enkel des Feldmarschalls Gebhard von B.: Nr. 51

Blücher, Gebhard Leberecht von, (seit 1814:) Fürst B. von Wahlstatt (1742 – 1819), preußischer Militär, seit 1813 Feldmarschall: Nr. 260, 319, 581, 764, 824, 1003, 1024, 1028

Blum, Karl Ludwig (1796 – 1869), Jurist, Philologe, Schriftsteller, Historiker, 1818 Auskultator am Stadtgericht in Berlin, dann Bibliothekar und 1825 Privatdozent, 1826 Professor in Dorpat, seit 1851 in Heidelberg, Schwager von Karl Cäsar (von) Leonhard: Nr. 912

Blum (eigentl. Blume), Karl Wilhelm Heinrich (auch: Karl Ludwig) (1788 – 1844), Schauspieler, Sänger, Dramatiker und Komponist, 1806 Musiklehrer der Prinzessin Marianne von Preußen, seit 1817/23 Regisseur an der königl. Oper in Berlin, zeitweise technischer Direktor des Königsstädtischen Theaters, jüngerer Bruder des Sängers und Schauspielers Karl Heinrich August Blume (1783 – 1856): Nr. 512, 531, 554

Blume, Karl Ludwig (seit ? 1827:) von (1796 – 1862), deutsch-niederländischer Botaniker, 1818 – 1826/27 auf der Insel Java, seit 1822 Direktor des botanischen Gartens von Buitenzorg, 1829 in Brüssel und seit 1830 Direktor des Reichsherbariums in Leiden, Bruder des Kaufmanns Johann August Wilhelm B. in Braunschweig: Nr. 259

Blumenbach, Charlotte Friederike Adelheid (Adele) (1787 – 1837), Tochter von Johann Friedrich und Luise Amalie B.: Nr. 47, 467

Blumenbach, Georg Heinrich Wilhelm (1780 – 1855), Jurist, Beamter, 1802 Auditor in der Justizkanzlei in Hannover, 1806 Hof- und Kanzleirat, 1810 Substitut des General-Procureurs beim Appellationsgerichtshof in Celle, 1814 Regierungsrat bei der Provinzialregierung in Hannover, 1823 Geheimer Kanzleirat, 1843 pensioniert, Sohn von Johann Friedrich und Luise Amalie B.: Nr. 47, 467

Blumenbach, Johann Friedrich (1752 – 1840), Naturforscher, Mediziner, seit 1776 Professor in Göttingen: Nr. **47**, 93, 271, 435, **467**, **472**, **526**, 539, **722**, 881, 1010, 1042, 5/1013a+

– ; dessen Familie: Nr. 526

Blumenbach, Luise Amalie, geb. Brandes (1752 – 1837), Tochter des hannoverschen Beamten Georg Friedrich Brandes, seit 1779 verh. mit Johann Friedrich B., Schwester von Georgine Heyne: Nr. 467

Bobok, Karl Ludwig (1799 – 1844), slowakisch-ungarischer Linguist, Schriftsteller, Pädagoge, Theologe, 1820 Katechet in Brünn, 1828 Prediger in Tyrnau (Trnava): Nr. 1020, 1080

Boccaccio, Giovanni (1313 – 1375), italienischer Schriftsteller: Nr. 1078

Bodoni, Giovanni Battista (Giambattista) (1740 – 1813), italienischer Stempelschneider, Buchdrucker, Typograph und Verleger, seit 1768 Leiter der herzogl. Druckerei in Parma, 1791 Gründer einer eigenen Firma: Nr. 601

Bodoni, Paola Margherita, geb. Dall'Aglio (1758 – 1841), italienische Verlegerin, seit 1791 verh. mit Giovanni Battista B., 1813 Leiterin der Druckerei ihres verstorbenen Ehemannes: Nr. 601

Böckh, Philipp August (1785 – 1867), Philologe, 1807 Professor in Heidelberg und 1810/11 in Berlin, mehrmals Rektor der Universität: Nr. 64

Böhl (seit 1806:) von Faber, Johann Nikolaus (Juan Nicolás B. de Faber) (1770 bis 1836), Kaufmann, Literarhistoriker, Sammler und Herausgeber spanischer Literatur, Schüler am Institut Joachim Heinrich Campes in Hamburg, 1785 Kaufmann in Cádiz, 1805 auf seinem Gut in Görslow bei Schwerin lebend, 1813 Rückkehr nach Cádiz, Sohn des Hamburger Kaufmanns Johann Jakob B., Vater der Schriftstellerin Cecilia B.: Nr. 332

Böhndel, Conrad Christian August (1779 – 1847), dänischer Maler und Grafiker, 1802 in Dresden, 1805 in Rom, 1811 in Kopenhagen, seit etwa 1813 in Schleswig: Nr. **917**

Bönisch, Johann Gottfried (1777 – 1831), Mediziner, Fachschriftsteller, 1805 Arzt in Bischofswerda, 1812 Stadtphysikus, seit 1813 in Kamenz, Stadtphysikus und Gründer eines Barmherzigkeitsstifts: Nr. **345**

Börner, Friedrich Wilhelm Theodor (1788 – 1855), Theologe, Heimatforscher, 1817 Diakon in Ranis, später Pfarrer in Opitz, Wilhelmsdorf und Seila: Nr. 762

Böttiger, Karl August (1760 – 1835), Altphilologe, Archäologe, Pädagoge, Schriftsteller, Hauslehrer in Dresden, 1784 Rektor in Guben und 1790 in Bautzen, 1791 Gymnasialdirektor und Oberkonsistorialrat für Schulangelegenheiten in Weimar, 1804 Studiendirektor des Pageninstituts und Hofrat in Dresden, 1814 Oberinspektor der Dresdener Altertumsmuseen und bis 1821 Studiendirektor der Ritterakademie: Nr. 54, 412

Boguslawski, Gustav Heinrich Wilhelm von (1803 – 1874), preußischer Beamter, zuletzt Geheimer Appellations- und Justizrat in Breslau: Nr. 549

Bohn, Johanna Sophie, geb. Wesselhöft (1769 – 1834), Tochter des Konrektors Johann Georg Wesselhöft in Hamburg, seit 1794 verh. mit dem Buchhändler Johann Friedrich B. in Lübeck, 1803 verw., seit 1807/08 in Jena, später in Stuttgart, Schwester von Johanna Frommann sowie Elisabeth und Johann Karl Wesselhöft: Nr. **683**, 685, 940, 1094

Bohnenberger, Johann Gottlieb Friedrich (seit 1812:) von (1765 – 1831), Geodät, Astronom, Physiker, Theologe, 1789 Vikar in Altburg bei Calw, 1796 Adjunkt an der Sternwarte und 1798 Professor für Mathematik und Astronomie an der Universität in Tübingen: Nr. 761

Bohte, Johann Heinrich (eigentl. Johann B.) (1782 – 1824), Buchhändler, aus Bremen, seit 1813 Hofbuchhändler in London: Nr. 454

Bohuslav von Čechtice (erw. um 1500), Bürger von Prag, Anhänger der Hussiten: Nr. 523, 529

Boieldieu, François Adrien (1775 – 1834), französischer Komponist: Nr. 457

Boileau (B.-Despréaux), Nicolas (1636 – 1711), französischer Schriftsteller und Historiker: Nr. 882

Boisserée, Bernhard (1773 – 1845), Kaufmann in Köln, Inhaber des väterlichen Handelshauses Nicolas de Tongre, Bruder von Sulpiz und Melchior B.: Nr. 952

Boisserée, Johann Sulpiz (Sulpice) Melchior Dominikus (1783 – 1854), Kunstsammler in Köln, 1810 in Heidelberg, 1819 in Stuttgart, 1827 in München und 1845 in Bonn, 1835 – 1836 bayerischer Oberbaurat und Generalkonservator: Nr. **17**, 28, 31, 34, 57, **59**, 64, 65, **74**, **76**, 83, **86**, **155**, 212, **226**, 281, 374, **375**, **474**, 504, **616**, 632, 652, 654, 666, 679, 696, 704, 719, **735**, 763, 844, 872, **884**, 929, **952**, 1030, 1048, 1076, 1077
– ; dessen Angehörige: Nr. 952

Boisserée, Melchior Hermann Joseph Georg (1786 – 1851), Kunsthistoriker und -sammler, Mitarbeiter seines Bruders Sulpiz B., 1810 in Heidelberg, 1819 in Stuttgart, 1827 in München und 1845 in Bonn: Nr. 17, 59, 74, 76, 86, 155, 226, 375, 474, 616, **652**, 654, 666, **679**, 735, 884, 952, 1030, **1076**, **1077**

Bojanus, Ludwig Heinrich (seit 1816:) von (1776 – 1827), Mediziner, Anatom, Tierarzt, 1798 Arzt in Darmstadt, 1801 designierter Direktor einer später nicht eröffneten Tierarzneischule, 1803 Medizinalrat und Mitglied der Regierung, 1804 auch Tierarzt, 1806 Professor in Wilna, 1816 Kollegien- und 1821 Staatsrat, 1822 Rektor der Universität, seit 1824 wieder in Darmstadt: Nr. 259

Bokelmann, Sophie, geb Sillem (1796 – 1850), älteste Tochter von Hieronymus und Wilhelmine Sillem, seit 1819 verh. mit dem Kaufmann und Diplomaten in dänischen Diensten Georg Wilhelm B. in Hamburg: Nr. 431

Bol, Ferdinand (1616 – 1680), niederländischer Maler und Radierer: Nr. 422

Bolognaro, Anna Helena, geb. Bertarelli (1775 – 1848), verh. mit Franz Joseph Anton B., Mutter von Katharina Anna Maria Mülhens: Nr. 800

Bon, Madeleine Elisabeth de (1768 – 1833), französische Schriftstellerin, Übersetzerin: Nr. 865

Bonaparte (Buonaparte), Louis (1778 – 1846), französischer Militär, 1804 kaiserl. Prinz von Frankreich, 1806 König von Holland, 1810 Abdankung, führte seitdem den Titel eines Grafen von Frankreich, Exil in Österreich, 1813 in der Schweiz, seit 1815 in Italien, Bruder von Napoleon B.: Nr. 303, 540, 573, 855

Bonaparte (Buonaparte), Napoleon (1769 – 1821), französischer Artillerieoffizier, 1799 Erster Konsul, seit 1804 als Napoleon I. Kaiser der Franzosen, 1804 – 1813 König von Italien, 1806 – 1813 Protektor des Rheinbundes, 1808 – 1809 Großherzog von Berg, 1814 erste und 1815 zweite Abdankung: Nr. 52, 59, 96, 167, 281, 311, 422, 550, 682, 710, 735, 767

Bonaparte (Buonaparte), Napoleon Louis (1804 – 1831), 1809 – 1813 Großherzog von Kleve und Berg, zweiter Sohn von Louis B.: Nr. 855

Bonn, Leopoldinisch-Karolinische Gesellschaft der Naturforscher (Leopoldina); 1652 als Academia Naturae Curiosorum in Schweinfurt gegründet, 1677/87 von Kaiser Leopold I. privilegiert, Bestätigung und Erweiterung der Privilegien durch die Kaiser Karl VI. und Karl VII., 1788 Sitz in Erlangen, 1819 in Bonn, 1830 – 1858 in Breslau, seit 1878 ständiger Sitz in Halle: Nr. 600

Bonpland, Aimé (Aimé Jacques Alexandre Goujaud) (1773 – 1858), französischer Naturforscher, Mediziner und Botaniker, Forschungsreisender und Landwirt, 1799 – 1804 mit Alexander von Humboldt in Südamerika, 1809 – 1814 Intendant der Gärten der Kaiserin Josephine in Malmaison und Navarra, seit 1817 wieder in Südamerika, Professor in Buenos Aires, 1820 Mate-Pflanzer in Paraguay, 1821 – 1829/31 in Haft, später Arzt und Schafzüchter in Brasilien: Nr. 674, 761, 1070

Bonsignori, Francesco (um 1460 – 1519), italienischer Maler: Nr. 77

Bopp, Franz (1791 – 1867), Sprachwissenschaftler, Orientalist, 1809 Student in Aschaffenburg und 1812 in Paris, 1818 – 1820 in London, seit 1821 Professor in Berlin: Nr. 869

Borch, Ole (Oluf, Olaf; Olaus Borrichius) (1626 – 1690), dänischer Mediziner, Chemiker, königl. Leibarzt in Kopenhagen: Nr. 487

Borgondio (Frau) (erw. 1824), in Ems: Nr. 800

Bornemann, Johann Wilhelm Jakob (1766 – 1851), Beamter und Schriftsteller in Berlin, 1794 Sekretär in der Lotterieverwaltung, zuletzt Generaldirektor der preußischen Staatslotterie: Nr. 320, 461

Bornträger, Gebrüder; 1818 – 1843 Verlagsbuchhandlung in Königsberg, 1790 gegründet von dem Sortimentsbuchhändler Matthias Friedrich Nicolovius (1768 – 1836), 1818 unter obiger Firma fortgeführt von den Brüdern Johann Friedrich Wilhelm B. (1787 – 1866) und Georg Martin Ludwig B. (1788 – 1843), später nach Berlin verlegt: Nr. 43

Bory de Saint-Vincent, Jean Baptiste Geneviève Marcellin (Jean Baptiste George Marie) (1778 – 1846), französischer Botaniker, Entomologe, Forschungsreisender: Nr. 525, 758

Bossange, Martin (1765 – 1865), französischer Buchhändler und Herausgeber, 1787 Gründer einer Verlagsbuchhandlung in Paris, u. a. um 1824 – 1835 Filiale in Leipzig: Nr. 551

Both, Johanna Christina von, geb. von und zu der Tann (1785 – 1863), Tochter des fuldaischen Geheimen Rats, Obermarschalls und Konferenzministers Friedrich Franz Rudolf Ferdinand Johann Christian von der Tann, seit 1816 zweite Ehefrau von Ludwig von B.: Nr. 800

Both, Karl Friedrich von (1789 – 1875), Jurist, Beamter, 1810 Auditor, 1812 Kanzleirat und 1814 Justizrat an der Justizkanzlei in Schwerin, 1818 nach Rostock versetzt, 1820 Vizedirektor und 1844 – 1851 Direktor der Kanzlei in Rostock, 1820 – 1848 auch Regierungsbevollmächtigter für die Universität und zugleich bis 1870 deren Kurator, seit 1836 mit dem Titel Vizekanzler: Nr. 916

Both, Karl Wilhelm Ludwig Hartwig von (1778 – 1860), mecklenburg-schwerinscher Militär, auch Kammerherr, 1813 Oberst, 1818 Generalmajor, 1839 als Generalleutnant verabschiedet, Gouverneur von Schwerin: Nr. 800

Both, Rudolfine Hedwig Friederike von, geb. Brüning (1798 – 1866), Tochter des Kammerdirektors Konrad Wilhelm Brüning in Schwerin, seit 1818 verh. mit Karl von B.: Nr. **916**

Bothe (Both), Franz Johann (František Jan) (1792 – nach 1842), böhmischer Maler und Stecher, in Prag, seit 1834 in Leitmeritz: Nr. 182

Bothmer, Georg Gottlieb Ernst Karl (seit 1817:) Graf von (Ps. Gallus) (1802 – 1823), Jura- und zeitweise Philosophiestudent in Würzburg, Landshut und Erlangen, ältester Sohn des Grafen Karl B.: Nr. **18**

Bottarelli, Giovanni Gualberto (gest. 1779), italienischer Librettist, 1741 – 1746 königl. Operndichter in Berlin, später in London: Nr. 625

Boué, Ami (1794 – 1881), Mediziner und Geologe aus hugenottischer Familie, Studien in Edinburgh, Paris, Berlin und Wien, Reisen durch Europa, 1830 Mitgründer der Société géologique de France, seit 1835 in Wien: Nr. 1054

Boufflers, Catherine Stanislas Jean de, Marquis de Remiencourt (1738 – 1815), französischer Enzyklopädist, Militär und Beamter, 1784 zum Feldmarschall ernannt, 1785 – 1788 Gouverneur des Senegal, 1789 Mitglied der Nationalversammlung, 1792 bis 1800 Emigrant in Preußen, Mitglied der Académie française und der preußischen Akademie der Wissenschaften: Nr. 766

Bouilly, Jean Nicolas (1763 – 1842), französischer Schriftsteller: Nr. 518, 543

Bourbon (französisches Königshaus): Nr. 457

Bourbon-Condé, Louis Antoine Henri: s. Condé, Louis Antoine Henri de Bourbon

Bourbon-Conti, Amélie Gabrielle Stéphanie Louise de (1756 – 1825), Memoirenschreiberin, angeblich außereheliche Tochter des Prinzen Louis François de B., verh. mit dem Staatsanwalt Antoine Billet: Nr. 274

Bournon, Jacques Louis Comte de (1751 – 1825), französischer Militär, Kristallograph und Mineraloge, Artillerieoffizier, 1791 Emigration nach Deutschland und 1792 nach England, 1807 Mitgründer der Geological Society of London, 1814 Rückkehr nach Frankreich, Direktor der Mineraliensammlung Ludwigs XVIII. Nr. 282

Bouterwek (Bouterweck), Friedrich Ludewig (Ps. Ferdinand Adrianow) (1766 – 1828), Philosoph, Literaturhistoriker, Schriftsteller, 1791 Privatdozent und 1797 Professor in Göttingen: Nr. 54

Boutet, Anne Françoise Hippolyte: s. Mars

Bouts, Dierick d. Ä. (1415/20 – 1475), niederländischer Maler: Nr. 1076, 1077

Bouvard, Alexis (1767 – 1843), französischer Astronom, seit 1808 Direktor des Pariser Observatoriums: Nr. 674

Bovy, Jean François Antoine (1795 – 1877), Schweizer Stempelschneider und Medailleur, in Genf und 1830 – 1873 in Paris: Nr. 528, 737, 770, 795, 806, 812, 821, 829, 832, 836, 848, 854, 899, 918, 975, 1003, 1010, 1061, 1065, 1094

Bran, Friedrich Alexander (bis 1811: Abraham Baruch) (1767 – 1831), Publizist, Verlagsbuchhändler, 1800 in Hamburg, 1811 in Leipzig, dann in Prag, seit 1815 in Jena, Inhaber einer Buchdruckerei und der Bran'schen Buchhandlung: Nr. 270, 487, 673

Brancia, Francesco (1787 – 1849), italienischer Herausgeber: Nr. 950

Brandenburg, Mathilde Aurora Gräfin von, geb. von und zu Massenbach (1795 – 1855), Tochter des preußischen Militärs Karl Christoph Wilhelm von Massenbach, seit 1818 verh. mit Graf Friedrich Wilhelm B.: Nr. 549

Brandes, Heinrich Wilhelm (1777 – 1834), Mathematiker, Physiker, Astronom, 1801 Deichkondukteur in Eckwarden im Oldenburgischen, 1811 Professor der Mathematik in Breslau und 1826 der Physik in Leipzig: Nr. 260

Brandis, Johann (Hans) Georg (1767 – 1833), Jurist, Advokat in Tennstedt, 1801 kursächsischer Steuerprokurator, 1803 auch Generalakziseinspektor, 1809 Dr. jur., vor 1817 Hofrat, um 1821 Justizkommissar und Notar, 1825 Ratsmitglied in Tennstedt sowie Abgeordneter des ersten Provinzial-Landtags der preußischen Provinz Sachsen, (?) Bruder der mit Novalis befreundeten Johanna Beata Auguste B.: Nr. 407

Brandt, Henri François (1789 – 1845), Schweizer Medailleur, Stempelschneider, 1808 in Paris, 1814 in Rom, 1817 Erster Medailleur an der Berliner Münze, 1824 Hofmedailleur: Nr. 558, 581, 780, 781, 824, 848, 1003

Branković, Vuk (1345 – 1397), serbischer Fürst: Nr. 731

Bran'sche Buchhandlung; Verlagsbuchhandlung in Jena, 1816 gegründet von Friedrich Alexander B., 1831 fortgesetzt von Friedrich Johann Karl Bran: Nr. 850

Braun, Friedrich Wilhelm (1778 – 1860), Pädagoge, 1811 Lehrer am Plamann'schen Institut in Berlin, 1812 Oberlehrer am Waisenhaus in Danzig, 1819 Direktor des Lehrerseminars in Neuwied, 1836 Rücktritt, seitdem in Düsseldorf, Bonn und zuletzt in Groß-Salze in Sachsen lebend: Nr. 461

– ; dessen Ehefrau, geb. Fischer (erw. 1801 – 1823): Nr. 461

Braun von Braunthal (eigentl. Braun), Barbara, geb. Ernst (1768 – 1815), verh. mit Georg Adam von B., Mutter von Karl von B.: Nr. 131, 263

Braun von Braunthal (eigentl. Braun), Georg Adam (1770 – um 1816), Tuchmachermeister in Eger, 1806 Faktor einer Spinnerei in Gumpendorf, später in Wiener Neustadt, Vater von Karl von B.: Nr. 131, 263

Braun von Braunthal, Karl Johann (eigentl. Johann Braun) (1802 – 1866), österreichischer Schriftsteller, Student in Wien, 1826 Hauslehrer in Breslau, 1829 in Berlin, 1830 in Wien, 1837 in Dresden, 1845 Archivar in Opočno in Böhmen, 1850 wieder in Wien, bis 1855 Bibliothekar der Polizeihofstelle: Nr. 131, 263

Braunschweig (B.-Wolfenbüttel), Karl II. Wilhelm Ferdinand Herzog von (1735 bis 1806), seit 1780 Herzog, preußischer Militär, zuletzt Generalfeldmarschall, 1792 – 1794 Oberbefehlshaber der verbündeten preußischen und österreichischen Heere und 1806 der preußischen Truppen, Bruder von Herzogin Anna Amalia von Sachsen-Weimar: Nr. 167

Brede, Auguste Henriette Elisabeth, geb. Eulner (1784 – 1859), Schauspielerin, in Stettin, um 1802 in Bremen, 1807 in Lübeck, 1808 in Dresden und Leipzig, 1811 in Prag, 1814 – 1825 in Stuttgart, 1827 – 1828 und 1836 – 1850 in Wien, zuletzt in Stuttgart, außereheliche Tochter des Buchhalters Friedrich Maximilian Eulner in Berlin, kurzzeitig verh. mit dem Theaterdirektor Ferdinand B., mit Rahel Varnhagen befreundet: Nr. 362

Brée, Mathieu Ignace van (1773 – 1839), flämischer Maler, 1796 in Paris, 1804 in Antwerpen, Professor an der Akademie, 1817 Hofmaler, 1827 Direktor der Akademie: Nr. 630, 676, 677

Breidenstein, Heinrich Karl (1796 – 1876), Musikforscher, 1823 Universitätsmusikdirektor in Bonn, 1826 Professor für Musikwissenschaft: Nr. 461

Breinl, Johanna, (seit 1835:) B. von Wallerstern, geb. Columban(i) (1778 – 1849), verh. mit Karl B.: Nr. 6

Breinl, Karl, (seit 1835:) B. von Wallerstern (1770 – 1843), österreichisch-böhmischer Beamter, 1805 Hofsekretär in Prag, um 1816 Kreishauptmann, Gubernialrat und Landesgrenzkommissär in Pilsen, um 1828 Rat im Landesgubernium in Prag: Nr. 6

Breislak, Scipione (1750 – 1826), italienischer Geologe, Chemiker, Mathematiker und Politiker, u. a. Professor in Ragusa und Rom, 1799 Finanzminister der Römischen Republik, dann in Paris, seit 1802 in Mailand, bis ? 1814 Inspektor der Salpeter- und Pulverfabrikation: Nr. 361

Breitkopf, Bernhard Theodor (von) (1749 – 1820), Buchdrucker, Verlagsbuchhändler und Komponist, seit 1777 in Russland, Gründer einer Druckerei in St. Petersburg, auch Bibliothekar und Musiklehrer, zuletzt Staatsrat, Sohn von Johann Gottlob Immanuel B. und Bruder von Christoph Gottlob B.: Nr. 543, 554

Breitkopf & Härtel; Verlagsbuch- und Musikalienhandlung in Leipzig, 1719 gegründet von dem Buchdrucker und Verleger Bernhard Christoph B. (1695 – 1777), 1762 fortgeführt von dessen Sohn Johann Gottlob Immanuel B. (1719 – 1794) unter der Firma B. Chr. Breitkopf und Sohn, 1794 übernommen von dessen Sohn Christoph Gottlob B. (1750 – 1800), 1795 Eintritt von Gottfried Christoph Härtel (1763 – 1827), seit 1796 unter obiger Firma: Nr. 391, 447, 451, 473, 870, 1040

Bremer (Fräulein von) (erw. 1824), aus Hannover: Nr. 800

Brentano (B.-Laroche), Georg Michael Anton Joseph (1775 – 1851), Kaufmann in Frankfurt am Main, Associé seines Halbbruders Franz B., Bruder von Klemens B., Bettina von Arnim, Meline (von) Guaita und Gunda von Savigny: Nr. 573

Brentano, Johanna Antonia (Toni) Josepha, geb. von Birkenstock (1780 – 1869), Tochter des Hofrats, Schulreformers und Kunstsammlers Johann Melchior (von) Birkenstock in Wien, 1809 dessen Alleinerbin, seit 1798 verh. mit Franz B., 1809 – 1814 mit ihrer Familie in Wien lebend: Nr. 66, 71

Brentano, Klemens Wenzel (Wenzeslaus) Maria (1778 – 1842), Schriftsteller, 1797 bis 1801 Student in Halle, Jena und Göttingen, 1803 zeitweise in Marburg, 1804 – 1808 vorwiegend in Heidelberg, dann in Landshut und München, 1809 – 1811 und 1814 – 1819 in Berlin, 1819 – 1824 in Dülmen in Westfalen, seit 1833 in München, 1801 Teilnehmer an der dramatischen Preisaufgabe in Weimar, Bruder von Georg B., Bettina von Arnim, Meline (von) Guaita und Gunda von Savigny, Halbbruder von Franz B.: Nr. 281, 379

Brentano, Maria Magdalena (Meline) Karolina Franziska: s. Guaita

Breuning, Stephan (Steffen) von (1774 – 1827), Jurist, seit 1800 in Wien, Beamter des Hofkriegsrats, 1818 Hofrat, Jugendfreund Ludwig van Beethovens: Nr. 518

Brevillier (erw. 1824), in Frankfurt am Main, Bruder von Maria Kornelia Magdalena Du Fay und Johanna Katharina Lessing, Onkel von Sophie Schlosser und Charlotte Kornelia Nies: Nr. 779

Brewster, David (1781 – 1868), schottischer Physiker, Herausgeber, 1808 Mitglied, 1819 – 1828 Sekretär und seit 1864 Präsident der Royal Society in Edinburgh, u. a.

auch 1815 Mitglied der Royal Society in London und seit 1821 erster Direktor der Scottish Society of Arts, Konstrukteur eines Kaleidoskops: Nr. 49

Brière, Jean Louis Joseph (1796 – 1882), Verlagsbuchhändler und Herausgeber in Paris: Nr. 288

Briest, Karoline Friederike Auguste von (1804 – 1855), Tochter von August Jakob Friedrich von B., Schwester von Friederike von B.: Nr. 512

Briest, Klara Friederike Charlotte von (1806 – 1885), Schwester von Auguste von B., seit 1831 verh. mit dem preußischen Kammerherrn Karl Adolf Maria von Elverfeldt genannt Beverfoerde-Werries: Nr. 512

Brifaut, Charles (1781 – 1857), französischer Dramatiker, Librettist: Nr. 554

Brizzi, Antonio Giovanni Maria (1770 – 1854), italienischer Sänger (Tenor), 1787/88 Debüt in Bologna, u. a. 1801 – ? 1805 in Wien, 1805 – ? 1814 in München: Nr. 422

Brockes, Barthold Heinrich (1680 – 1747), Dichter, Übersetzer, Senator in Hamburg: Nr. 625

Brockhaus, F. A.; Verlagsbuchhandlung, 1805 gegründet in Amsterdam unter dem Namen Rohloff & Comp., 1807 umbenannt in Kunst- und Industrie-Comptoir, 1810/11 Übersiedlung nach Altenburg, seit 1814 unter der Firma F. A. Brockhaus, 1817/18 Umzug nach Leipzig, 1818 Gründung einer Druckerei, seit 1823 im Besitz der Brüder Friedrich und Heinrich B.: Nr. 681, 795

Brockhaus, Friedrich (1800 – 1865), Verlagsbuchhändler in Leipzig, seit 1823 mit seinem Bruder Heinrich Inhaber der Firma F. A. Brockhaus, Sohn von Friedrich Arnold B.: Nr. 843

Brockhaus, Friedrich Arnold (David Arnold Friedrich) (1772 – 1823), Verlagsbuchhändler und Herausgeber, 1796 Mitgründer einer Handlung für englische Manufakturwaren in Dortmund, 1802 in Amsterdam, 1805 Gründer des späteren Verlags F. A. Brockhaus, 1810 in Altenburg, seit 1817/18 in Leipzig, Vater von Friedrich und Heinrich B.: Nr. 421

Brockhaus, Heinrich (1804 – 1874), Verlagsbuchhändler in Leipzig, seit 1823 mit seinem Bruder Friedrich Inhaber der Firma F. A. Brockhaus, Sohn von Friedrich Arnold B.: Nr. 843

Brockhausen (Brockhusen), Emilie Konstanze Adelaide von (1802 – 1833), Tochter des preußischen Ministers Christian Karl Friedrich von B., seit 1832 verh. mit Graf Eugen Ferdinand Bogislaw Ahasverus Dönhoff, Hofdame der Kronprinzessin Elisabeth von Preußen: Nr. 535, 559

Brockmüller, Johann Joachim Daniel (1781 – 1826), Theologe, Pädagoge, Schriftsteller, 1809 zweiter Direktor einer Erziehungsanstalt in Lübow in Mecklenburg, um 1814 Privatlehrer in Weisin bei Lübz, 1816 Reise nach Italien, 1817 in Tübingen, seit etwa 1819 Privatlehrer im Hause des Barons Roenne auf Schloss Hasenpoth in Kurland: Nr. 183, 381

Brodziński, Kazimierz (1791 – 1835), polnischer Schriftsteller und Übersetzer, 1809 – 1813 Offizier in der Armee des Großherzogtums Warschau, 1814 in Warschau, 1822 Professor für Literatur an der Universität, zuletzt in Dresden: Nr. 873

Brongniart, Adolphe Théodore (1801 – 1876), französischer Botaniker, 1833 Professor in Paris, 1852 Generalinspektor der naturwissenschaftlichen Fakultäten Frankreichs, 1866 Mitglied des Rats für den öffentlichen Unterricht, Sohn von Alexandre B.: Nr. 478, 529, 735

Brongniart, Alexandre (1770 – 1847), französischer Chemiker, Mineraloge und Geologe, 1797 Professor in Paris, 1800 Direktor der Porzellanfabrik in Sèvres, Vater von Adolphe B.: Nr. 237, 672
Brookes, Samuel (gest. 1839), walisischer Naturwissenschaftler, Mitglied der Linnean Society: Nr. 396
Brown, Robert (1773 – 1858), schottischer Botaniker, 1793 – 1800 Militärchirurg, 1801 bis 1805 Teilnehmer einer Expedition nach Australien, dann Bibliothekar der Linnean Society, seit 1827 Bibliothekar und Kustos der botanischen Sammlungen am Britischen Museum, 1823 Mitglied und 1849 – 1853 Präsident der Linnean Society: Nr. 429, 438, 631, 993, 1054, 1088
Bruce, Thomas (1766 – 1841), seit 1771 Earl of Elgin and Kincardine, britischer Diplomat und Kunstsammler, 1792 Gesandter in Brüssel, 1795 in Berlin, 1799 in Konstantinopel, Sammler griechischer Skulpturen (Elgin Marbles), 1803 – 1806 in Frankreich interniert: Nr. 558, 609, 814
Brüggemann, Hans (Johannes) (um 1490 – nach 1523), Bildschnitzer, Bildhauer: Nr. 917
Brüggemann, Lisette, geb. Cornelius (1800 – 1863), jüngste Schwester von Peter (von) Cornelius, seit 1819 verh. mit dem Pädagogen und preußischen Politiker Johann Heinrich Theodor B.: Nr. 800
Brühl, Heinrich (seit 1737:) Graf von (1700 – 1763), sächsischer Politiker, seit 1746 Premierminister: Nr. 412
Brühl, Jenny Gräfin von, geb. von Pourtalès (1795 – 1884), Tochter des Paul de Pourtalès in Neuchâtel, seit 1814 zweite Ehefrau von Graf Karl B.: Nr. 143, 512, 535, 543, 554, 708
Brühl, Karl Friedrich Moritz Paul Graf von (1772 – 1837), Hofbeamter, Intendant, 1800 – 1802 Kammerherr des Prinzen Friedrich Heinrich Ludwig von Preußen, 1815 – 1828 Generalintendant der Schauspiele und seit 1830 der Museen in Berlin: Nr. 61, 143, 535, 543, 546, 549, 554, 569, 632, 708, 728
Brühl, Laura Maria Walpurga Gräfin von, geb. Gräfin (von) Minucci (1759 – 1824), Tochter des Generals Graf Karl Adolf Minucci, seit 1780 verh. mit Graf Albert Christian Heinrich B., 1792 verw., Oberhofmeisterin der Herzogin Friederike von Cumberland: Nr. 514
Brun, Karl Friedrich Balthasar (1784 – 1869), Gutsherr, dänischer Kammerherr und Hofjägermeister, Sohn von Friederike B.: Nr. 343
Brun, Sophie Christiane Friederike, geb. Münter (1765 – 1835), Schriftstellerin, Tochter des Theologen Balthasar Münter in Kopenhagen, seit 1783 verh. mit dem Kaufmann und Konsul Johann Christian Konstantin B., Reisen durch Deutschland, Frankreich, die Schweiz und Italien, seit 1810 in Kopenhagen: Nr. 343
Brutus, Marcus Iunius (um 85 – 42 v. Chr.), römischer Politiker, Haupt der Verschwörung gegen Caesar: Nr. 343
Bube, Adolf (1802 – 1873), Schriftsteller, Archivar, 1821 Student in Jena, 1824 Erzieher in Coburg, um 1829 in Mainz, 1834 Archivsekretär in Gotha, 1838/39 Oberkonsistorialsekretär, 1842 Direktor des Kunst- und später auch des Chinesischen Kabinetts, 1853 Archivrat: Nr. 270
Buch, Christian Leopold von (1774 – 1853), Geologe und Paläontologe, preußischer Kammerherr, Mitglied zahlreicher gelehrter Gesellschaften: Nr. 181, 418, 976

Buckingham (Duke): s. Villiers, George
Buckland, William (1784 – 1856), britischer Theologe und Geologe, 1813 Professor der Mineralogie und 1819 auch der Geologie in Oxford, 1825 Kanonikus, 1845 Dekan an der Westminster-Abtei in London, 1824 – 1826 und 1839 – 1841 Präsident der Geological Society: Nr. 47
Buder, Christian Gottlieb (1693 – 1763), Jurist und Historiker in Jena, seit 1722 Bibliothekar und Professor: Nr. 346, 879
Bülow, Johanne (Jeannette) Wilhelmine (seit 1810/16:) Gräfin von, geb. Schmucker (1781 – 1855), Tochter des Kriegsrats Johann Heinrich Christian Schmucker in Berlin, seit 1804 verh. mit Graf Hans B.: Nr. 531, 535
Bülow, Karl Eduard von (Ps. u. a. Guido von B., ? Metellus) (1803 – 1853), Philologe, Schriftsteller, Übersetzer, 1826 Student in Leipzig, 1828 in Dresden, später vorwiegend in Stuttgart, Berlin und Dresden, seit 1849 in der Schweiz, Vater des Dirigenten Hans von B.: Nr. 115
Bülow, Karoline Mathilde von (1766 – 1843), um 1823 – 1826 in Altona, Tochter des dänischen Diplomaten Friedrich Ludwig Ernst von B., Schwägerin von Joseph Friedrich von Racknitz: Nr. 157
Bülow, Ludwig Friedrich Viktor Hans (seit 1810/16:) Graf von (1774 – 1825), Beamter, Politiker, 1801 Kriegs- und Domänenrat in Berlin, 1805 – 1807 Präsident der Kriegs- und Domänenkammer in Magdeburg, 1808 – 1811 westfälischer Finanzminister, 1813 preußischer Finanz- und 1818 Handelsminister: Nr. 138, 518, 524, 531, 535, 549, 647
Bürde, Friedrich Leopold (1792 – 1849), Maler, Stecher, Lithograph und Modelleur in Berlin, Professor an der Akademie der Künste und Lehrer an der Tierarzneischule, Sohn des Schriftstellers und Übersetzers Samuel Gottlieb B.: Nr. 194, 609
Bürger, Gottfried August (1747 – 1794), Schriftsteller, Jurist, Philologe, 1772 Amtmann in Altengleichen mit Sitz in Gelliehausen bei Göttingen, 1784 Privatdozent und 1789 Professor in Göttingen, Mitglied des Göttinger Hains: Nr. 570
Büsching, Johann Gustav Gottlieb (1783 – 1829), Jurist, Germanist, Historiker, 1806 Referendar in Berlin, Gründer und 1811 – 1825 Archivar des schlesischen Provinzialarchivs in Breslau, 1816 Privatdozent, 1817 Professor, Sohn des Geographen Anton Friedrich B.: Nr. 67, 153, 173, 281, 423, 885
Buggenhagen, Christian Friedrich (um 1750 – 1820), Schlächtermeister in Berlin, Vater von Karl Friedrich B.: Nr. 113
Buggenhagen, Karl Friedrich (1790 – 1826), Schauspieler und Schlächter in Berlin, 1813 – 1820 an den königl. Theatern, Sohn von Christian Friedrich B.: Nr. 113
Buonarroti, Michelangelo: s. Michelangelo
Buquoy (Bouquoy, Bucquoi, Bucquoy, Buquoi) de Longueval, Georg Franz August Graf von (1781 – 1851), böhmischer Nationalökonom und Industrieller: Nr. 487, 1040
Burder, Samuel (1773 – 1836/37), englischer Geistlicher und Schriftsteller: Nr. 875
Burgmüller, Friedrich August (eigentl. Anton Friedrich; auch: Johann August Franz) (1766 – 1824), Pianist, Kapellmeister und Dirigent, 1785 – 1786 Theaterkapellmeister und Schauspieler in Weimar, dann u. a. in Köln, Aachen, Bonn, Mainz, Düsseldorf und Regensburg, seit 1807 in Düsseldorf, Mitgründer der Musikakademie, 1812 städtischer Musikdirektor, auch Gymnasiallehrer, 1818 Leiter des Düsseldorfer Musikvereins und der Niederrheinischen Musikfeste: Nr. 431, 442

Bury, Isaac (Isaak) Pierre (1782 – 1851), Goldarbeiter und Juwelier in Hanau, Teilhaber der Firma J. C. Müller, Bury & Jünger, Bruder von Friedrich B.: Nr. 240
Bury, Johann Friedrich (1763 – 1823), Maler, 1782 bis Anfang 1799 in Italien, dann in Weimar, Ende 1800 – 1814 vorwiegend in Berlin, nach 1815 vorwiegend in Hanau und Kassel: Nr. 240
Busch, Otto Karl Theodor (1791 – 1825), Buchhändler in Altona: Nr. 298
Butte, Wilhelm (1772 – 1833), Kameralist, 1804 Privatdozent und 1807 Professor für Statistik und Staatswissenschaft in Landshut, 1816 Regierungsrat in Köln: Nr. 547
Buttmann, Philipp Karl (1764 – 1829), Altphilologe, Bibliothekar, Pädagoge, 1787 Prinzenerzieher in Dessau, 1789 Bibliothekar in Berlin, 1799/1800 Professor am Joachimsthalschen Gymnasium, 1809 Gründer der »Gesetzlosen Gesellschaft«: Nr. 167
Byern (Bieren), Karoline Friederike Marie Christiane Ditlefine Auguste von, geb. von Brandenstein (1774 – 1841), Tochter von Karl Gottlob Traugott von Brandenstein in Neustadt an der Orla, seit 1796 verh. mit dem preußischen Militär Karl Ferdinand von B., 1814 verw., Mutter von Gräfin Antoinette Monts: Nr. 531, 543
Byron, Catherine Gordon, geb. Gordon of Gight (1765 – 1811), seit 1785 verh. mit dem Kapitän John Byron, 1791 verw., Mutter von George Gordon B.: Nr. 851
Byron, George Gordon (genannt Lord Byron, seit 1822: George Gordon Noel bzw. Noel Byron) (1788 – 1824), seit 1798 6. Baron (Lord) of Rochdale, englischer Dichter, 1809 – 1811 und seit 1816 Reisen auf dem europäischen Kontinent, Teilnehmer am Freiheitskampf der Griechen: Nr. 11, 17, 26, 34, 52, **139**, 270, **277**, 299, 303, 321, 328, 331, 338, 501, 531, 549, 554, 766, 772, 779, 800, 816, 818, 820, 830, 851, 860, 882, 989, 990, 1031, 1041, 1063, 1067, 1094

C...z (erw. 1822), Autor: Nr. 189
Caesar, Gaius Iulius (100 – 44 v. Chr.), römischer Staatsmann: Nr. 281
Calderón de la Barca, Pedro (1600 – 1681), spanischer Dramatiker: Nr. 559, 569, 627, 708, 730, 940, 1004, 1043, 1090
Calvin, Johann (Jean Cauvin) (1509 – 1564), französisch-schweizerischer Theologe, Reformator: Nr. 581
Cambridge, Adolf Friedrich Herzog von: s. Großbritannien
Camões, Luís Vaz de (1524/25 – 1580), portugiesischer Schriftsteller: Nr. 1078
Campe, Anna Dorothea Maria, geb. Hiller (1741 – 1827), Tochter des preußischen Unteroffiziers Johann Heinrich Hiller, seit 1773 verh. mit Joachim Heinrich C., seit 1818 verw., Mutter des Kaufmanns Heinrich Wilhelm C.: Nr. 399
Campe, Joachim Heinrich (1746 – 1818), Pädagoge, Verlagsbuchhändler und Schriftsteller, 1773 Feldprediger in Potsdam, 1775 Erzieher Alexander von Humboldts in Tegel, 1776 Lehrer am Philanthropinum in Dessau und 1777 dessen Direktor, dann Gründer einer Erziehungsanstalt bei Hamburg, seit 1786 in Braunschweig, 1787 Gründer der Braunschweigischen Schulbuchhandlung, Schwiegervater von Friedrich Vieweg: Nr. 549
Camus, Pierre François (Ps. Merville) (1781 – 1853), französischer Mediziner, Schauspieler und Schriftsteller, Dramatiker: Nr. 457
Candolle (Decandolle), Augustin Pyramus de (1778 – 1841), Schweizer Naturwissenschaftler, Botaniker, 1808 Professor in Montpellier und 1816 – 1834 in Genf: Nr. 321, 429, 565, 631, 9/1598a+

Canikof, Basilius von: s. Chanykow, Wassili Wassiljewitsch
Cantiran de Boirie, Jean Bernard Eugène (1785 – 1837), französischer Theaterunternehmer, Dramatiker, Librettist: Nr. 554, 590
Carl, Johann Christian Friedrich Ernst (1798 – 1865), Kaufmann in Jena, Sohn des Hofadvokaten Johann Gottfried Christian C.: Nr. 939, 1057, 1060
Carlyle, Thomas (1795 – 1881), schottischer Historiker, Schriftsteller und Übersetzer, in Edinburgh, London und 1824 – 1834 vorwiegend auf der Farm Craigenputtoch bei Dumfries lebend: Nr. 782, 797
Carmouche, Pierre François Adolphe (1797 – 1837), französischer Sänger und Schriftsteller, Dramatiker: Nr. 554, 590
Carové, Friedrich Wilhelm (1789 – 1852), Jurist, Philosoph, Schriftsteller, Publizist, 1809 Advokat am Appellationsgerichtshof in Trier, 1811 – 1816 u. a. Kontrolleur bzw. Einnehmer in Zütphen (Zutphen), Leer und in Gernsheim bei Worms, 1816 Schiffszolleinnehmer in Andernach, Oktober 1816 Philosophiestudent in Heidelberg und 1818 in Berlin, 1816 Burschenschafter, 1817 Redner auf dem Wartburgfest, 1819 Privatdozent in Breslau, seit 1820 Privatgelehrter vorwiegend in Frankfurt am Main und Heidelberg, 1827 – 1828 in England und Frankreich, 1846/47 in Italien, 1848 Mitglied des Frankfurter Vorparlaments und 1849 Vizepräsident des Friedenskongresses in Paris: Nr. 895
Carracci, Annibale (1560 – 1609), italienischer Maler, Zeichner und Kupferstecher: Nr. 758
Carus, Karl Gustav (1789 – 1869), Mediziner, Philosoph, Maler, 1811 Arzt in Leipzig, 1812 auch Privatdozent, 1814 Mitgründer und Professor an der Chirurgisch-Medizinischen Akademie in Dresden, auch Direktor der Entbindungsanstalt, 1827 Leibarzt der königl. Familie, Hof- und Medizinalrat: Nr. 72, 101, 154, 180, 259, 396, 419, 468, 522, 939, 1057
Caspar, Joseph Anton Johann Nepomuk (1799 – 1880), Schweizer Kupferstecher, 1815 in Rom, 1820 in Berlin, um 1822 in Mailand, 1826 wieder in Berlin, 1837 Mitglied der Akademie und bis 1876 deren Bibliothekar: Nr. 384
Casper, Johann Ludwig (1796 – 1864), Mediziner, Schriftsteller, Librettist, 1822 Arzt in Berlin, 1825 auch Professor an der Universität, städtischer Gerichtsarzt: Nr. 51, 554, 556
Catalani, Angelica: s. Valabrègue
Catel, Charles Simon (1773 – 1830), französischer Komponist, Bruder von Franz C. und des Architekten Ludwig C.: Nr. 549
Catel, Franz Ludwig (1778 – 1856), Maler und Stecher, in Berlin, 1807 in Paris und seit 1811 vorwiegend in Rom, 1801 mit seinem Bruder Ludwig C. Gründer einer Fabrik für Stuckarbeiten: Nr. 67, 423
Cavaignac, Jacques Louis Eléonore Godefroi (1801 – 1845), französischer Politiker und Journalist, Übersetzer: Nr. 25, 71
Čechtice, Bohuslav von: s. Bohuslav von Čechtice
Cellini, Benvenuto (1500 – 1571), italienischer Goldschmied, Bildhauer und Medailleur: Nr. 547, 753
Cerrini, Clemens Franz Xaver von, (seit 1840:) C. di Monte Varchi (1785 – 1852), sächsischer Militär, 1805 Sous- und 1809 Premierleutnant, 1810 Kapitän, 1812 Major im Generalstab, 1814 Kommandant des Hauptquartiers des Herzogs Karl August von Sachsen-Weimar in den Niederlanden, 1816 Prinzenerzieher in Dresden, 1819

Adjutant des Prinzen Friedrich August von Sachsen, 1823 Oberstleutnant, 1828 Oberst, 1830 Generalmajor und 1832 Generalleutnant: Nr. 800

Cervantes Saavedra, Miguel de (1547 – 1616), spanischer Schriftsteller: Nr. 1054

Chambaud (C.-Charrier), Luise (Lulu) von (geb. 1794), um 1824 Hofdame in Rudolstadt: Nr. 800

Chamisso, Adelbert von (eigentl. Louis Charles Adélaïde Chamissot de Boncourt) (1781 – 1838), Schriftsteller und Naturforscher französischer Herkunft, 1796 Page der Königin Friederike Luise von Preußen, 1798 – 1806/07 preußischer Offizier, dann in Frankreich, Berlin und in Coppet, 1812 – 1815 Medizinstudent in Berlin, 1815 – 1818 Erdumsegelung mit einer russischen Expedition, 1818 – 1819 Philosophiestudent in Berlin, 1819 zweiter und 1833 erster Kustos am Herbarium: Nr. 344, 912

Champollion (genannt C. le jeune), Jean François (1790 – 1832), französischer Ägyptologe, 1810 Professor in Grenoble, seit 1821 in Paris, 1824 – 1826 in Italien, 1828 – 1829 in Ägypten, Entzifferer der Hieroglyphen, jüngerer Bruder des Archäologen Jacques Joseph C.: Nr. 215, 681, 950

Chandler, Richard (1738 – 1810), englischer Archäologe: Nr. 281

Chanykow, Wassili Wassiljewitsch (1752/59 – 1829), russischer Militär und Diplomat, 1802 – 1812 Gesandter in Dresden, 1813 im Gefolge der Erbprinzessin Maria Pawlowna von Sachsen-Weimar, seit 1815 wieder Gesandter in Dresden, auch für die Höfe in Hannover, Kassel, Weimar, Schwerin, Strelitz und Oldenburg zuständig: Nr. 766, 770, 787

Chassepot, Anna Dorothea Elisabeth de, geb. von Knabenau, gesch. (? Gräfin) Raut (Rand, Rant, Raud) (1779 – 1848), um 1808 Hofdame der Herzogin Dorothea von Kurland, 1809 verh. mit (? Graf) Raut aus Russland (? Thomas Rand aus Moskau), seit 1814 zweite Ehefrau von Gabriel Marie Camille de C.: Nr. 120

Chateaubriand, François René Vicomte de (1768 – 1848), französischer Schriftsteller und Politiker, seit 1811 Mitglied der Académie française, 1815 Pair von Frankreich, 1821 Gesandter in Berlin, 1822 in London, 1822/23 – 1824 Außenminister, 1828/29 Gesandter in Rom: Nr. 31, 434, 889, 930, 950, 1077

Chedeaux, P. F. & Cie. (erw. 1824), Handelshaus in Metz: Nr. 1041

Chephren (gest. um 2494 v. Chr.), seit etwa 2520 v. Chr. ägyptischer König: Nr. 31

Cherubini, Maria Luigi Carlo Zenobio Salvatore (1760 – 1842), italienischer Komponist, seit 1788 in Paris: Nr. 543

Chézy, Wilhelmine (Helmina) Christiane von, geb. von Klen(c)ke, gesch. von Hastfer (1783 – 1856), Schriftstellerin, 1801 – 1810 in Paris, dann u. a. in Heidelberg, Aschaffenburg, Darmstadt und Berlin, 1817 – 1823 in Dresden, dann in Wien, seit 1830 in München, zuletzt in Genf, 1799 – 1801 verh. mit dem preußischen Offizier Gustav von Hastfer, seit 1805 verh. mit dem französischen Orientalisten Antoine Léonard de C., seit 1810 von ihm getrennt lebend, Enkelin von Anna Luisa Karsch: Nr. 801

Chinard, Joseph (auch: C. F. Ghinard, Guiseppe oder Pierre C.) (1756 – 1813), französischer Bildhauer, zeitweise in Rom: Nr. 879

Chladni, Ernst Florens Friedrich (1756 – 1827), Physiker in Wittenberg: Nr. 187, 461

Chlumczanský, Wenzel Leopold von (1749 – 1830), böhmischer Theologe, 1779 Mitglied des Domkapitels in Prag, 1795 Titularbischof von Canea (Chania), 1802 Bischof von Leitmeritz, 1814/15 Fürsterzbischof von Prag: Nr. 855

Cicero, Marcus Tullius (106 – 43 v. Chr.), römischer Redner und Politiker: Nr. 151
Cicognara, Francesco Leopoldo Conte di (1767 – 1834), italienischer Kunstschriftsteller, Kunstsammler und Politiker, u. a. 1797 Mitglied der gesetzgebenden Körperschaft der Cisalpinischen Republik, 1798 Gesandter in Turin und 1805 Staatsrat des Königreichs Italien, 1808 – 1824/26 Präsident der Akademie der Künste in Venedig: Nr. 853
Clanwilliam: s. Meade
Claproth, Sophie Katharine, geb. Böse (gest. nach 1822), Tochter des Hardenberg'schen Verwalters Justus Böse in Geismar bei Göttingen, seit 1764 verh. mit dem Juristen Justus C., 1805 verw.: Nr. 233
Claude, Luise (1798 – 1839), Malerin in Berlin, Tochter des Louis C. in Berlin, seit 1826 verh. mit dem Theologen Paul Emile Henry: Nr. 512
Cleaveland, Parker (1780 – 1858), nordamerikanischer Naturforscher, Mineraloge und Mathematiker, 1803 Lehrer und 1805 Professor an der Harvard Universität: Nr. 487
Cleve, Joos van (Joos van der Beke) (um 1485 – 1540/41), niederländischer Maler: Nr. 679, 1077
Clinton, Henry Fynes (1781 – 1852), englischer Historiker, Politiker, 1806 – 1826 Mitglied des Parlaments: Nr. 875
Clostermeier, Christian Gottlieb (1752 – 1829), lippischer Beamter, Historiker, 1781 Archivgehilfe in Detmold, 1786 Archivar, 1808 Archivrat, 1821 auch Bibliothekar: Nr. 954
Coeuriot, Paul Joseph (1787 – 1846), französischer Sänger (Tenor), zeitweise in den Niederlanden: Nr. 422
Cogho (Coghow), Johann Samuel (1738 – 1825), Harfenist, Landschaftsmaler und Forstsekretär, später Forstrat in Neustrelitz, Großvater von Karl Eggers: Nr. 746
Cogho (Coghow), Marie Therese, geb. Petrini (1736 – 1824), Harfenistin und Sängerin in Berlin und Neustrelitz, Tochter des Harfenisten Petrini in Berlin, nach 1760 verh. mit Johann Samuel C., Mutter von Christiane Eggers und Großmutter von Karl Eggers: Nr. 746
Coleridge, Samuel Taylor (1772 – 1834), englischer Dichter, Literaturkritiker und Philosoph: Nr. 454, 1075
Colleoni, Margherita: s. Trivulzio
Collin, Heinrich Joseph (seit 1803:) von (1771 – 1811), österreichischer Schriftsteller, 1797 Hofkonzipist der obersten Finanzhofstelle in Wien, 1804 Hofsekretär, 1809 Hofrat der Kredit-Hofkommission: Nr. 1037
Colluthus: s. Kolluthos
Colonna (römisches Adelsgeschlecht): Nr. 524
Colowrat: s. Kolowrat
Compter (Kompter), Johann David Gottlob (1795 – 1838), Kanzlist in Jena, 1820 Bibliotheksschreiber und 1835 -sekretär: Nr. 69, 196, 566, 864, 1015
Condé, Louis Antoine Henri de Bourbon Prinz von (1772 – 1804), Duc d'Enghien, französischer Militär: Nr. 484
Congreve, William (1670 – 1729), englischer Schriftsteller und Politiker: Nr. 524, 559
Conrath, Niklas Benedikt (1776/77/88 – 1841), Mediziner, seit 1820 Brunnenarzt in Franzensbad: Nr. 4
Constans, Charles Louis (1778 – 1847), französischer Drucker, Lithograph, an der Manufaktur in Sèvres tätig: Nr. 1077

Constant, Eugénie Baronne de (erw. 1824), in Hamburg, im Haus des Kaufmanns und dänischen Diplomaten Georg Wilhelm Bokelmann: Nr. 1092

Constant de Rebecque, Henri Benjamin (1767 – 1830), französischer Schriftsteller und Politiker schweizerischer Herkunft, 1788 braunschweigischer Kammerherr, 1795 Publizist und 1799 – 1802 Mitglied des Tribunats in Paris, 1803 – 1804 Reisebegleiter von Germaine de Staël, später u. a. in Coppet und Göttingen, 1815 Staatsrat in Paris, Emigration nach England, 1817 Rückkehr nach Frankreich, 1819 Abgeordneter und 1830 Präsident des Staatsrats: Nr. 853, 950

Conta, Karl Friedrich Anton (seit 1825:) von (1778 – 1850), Jurist, Beamter in Weimar, 1805 Hofkommissionssekretär, Bibliothekar Herzog Karl Augusts, 1807 Geheimer Sekretär, u. a. diplomatische Mission nach Paris, 1812 auch Assessor im Landespolizeikollegium, 1815 Geheimer Referendar im Staatsministerium, 1817 Kommissar für die Angelegenheiten der Universität Jena, 1819 Geheimer Archivar, 1831 Vizepräsident und 1844 – 1849 Präsident der Landesdirektion: Nr. 33, 551, 555, 784, 1019

Conti, Bernardino de' (um 1470 – um 1523), italienischer Maler und Zeichner: Nr. 77, 109, 166

Cooke, George (1781 – 1834), englischer Stecher deutscher Herkunft: Nr. 435, 467

Cooper, James Fenimore (1789 – 1851), amerikanischer Schriftsteller: Nr. 800

Corneille, Pierre (1606 – 1684), französischer Schriftsteller, Dramatiker: Nr. 1043

Cornelius (erw. um 1794), Fabrikant in Berlin: Nr. 1009

Cornelius, Carolina (seit 1825:) von, geb. Grossi (gest. 1834), Tochter eines römischen Kunsthändlers, seit 1814 erste Ehefrau von Peter (von) C.: Nr. 431

Cornelius, Peter Joseph (seit 1825:) von (1783 – 1867), Maler, 1809 in Frankfurt am Main, 1811 in Rom, seit 1819/21 Direktor der Düsseldorfer und 1825 – 1840 der Münchener Kunstakademie, seit 1841 vorwiegend in Berlin, 1803 – 1805 Teilnehmer an der Preisaufgabe für bildende Künstler in Weimar: Nr. 3, 227, 431, 800

Correggio (Antonio Allegri) (um 1489/94 – 1534), italienischer Maler: Nr. 422, 758

Cort, Cornelis (1533 – 1578), niederländischer Stecher und Zeichner: Nr. 573

Cortona, Pietro da (Pietro Berrettini) (1596/97 – 1669), italienischer Maler, Zeichner und Architekt: Nr. 758

Cotta, Heinrich (1791 – 1856), Zeichner, Maler, Kupferstecher, Radierer, Lithograph, seit 1822 schwarzburg-rudolstädtischer Hofmaler: Nr. 975

Cotta, Johann Friedrich, (seit 7. November 1817:) C. von Cottendorf (1764 – 1832), Verlagsbuchhändler, Politiker und Unternehmer, 1787 Inhaber der J. G. Cotta'schen Verlagsbuchhandlung in Tübingen, Dezember 1810 Übersiedlung nach Stuttgart, seit 1815 führend am württembergischen Verfassungskampf beteiligt, Mitglied der Ständeversammlungen und 1819 – 1831 der Zweiten Kammer, 1826 deren Vizepräsident: Nr. 27, 28, 34, 35, 54, 59, 64, 65, 83, 155, 207, 238, 247, 255, 269, 276, 281, 306, 357, 377, 420, 421, 500, 504, 525, 568, 578, 601, 610, 618, 629, 646, 659, 704, 725, 753, 763, 795, 838, 841, 856, 865, 883, 927, 954, 997, 1054, 1073

– ; dessen Familie: Nr. 646, 704

Cotta von Cottendorf, Elisabeth Sophie, geb. von Gemmingen-Guttenberg (1789 – 1859), seit 1824 zweite Ehefrau von Johann Friedrich von C., 1832 verw., seit 1835 vierte Ehefrau des württembergischen Generals und Kriegsministers Ernst Eugen von Hügel: Nr. 568, 610, 646, 763

Cotta'sche Buchhandlung, J. G.; Verlagsbuchhandlung in Tübingen und seit Dezember 1810 in Stuttgart, gegründet 1659 von Johann Georg C. (1631 – 1692), 1787 im Besitz von Johann Friedrich (von) C., 1832 übernommen von Johann Georg (von) C. und dessen Schwager Hermann von Reischach, 1816 Verkauf der Sortimentsbuchhandlung in Tübingen: Nr. 14, 207, 238, 500, 687, 654, 701, 704, 735, 753, 953, **999**

Coudenhove (Coudenhoven) (Graf von) (erw. 1824), aus Aschaffenburg: Nr. 909

Coudray, Klemens Wenzeslaus Franz Joseph (1775 – 1845), Architekt, 1804 Hofarchitekt und Professor am Lyzeum in Fulda, 1816 Oberbaudirektor in Weimar, 1829 Gründer der Freien Gewerkenschule: Nr. 13, 239, 293, 303, 384, **397**, 792, 1003

Coupé, Antoine Jean Baptiste (1784 – 1852), französischer Grafiker: Nr. 821

Covelli, Nicola (Niccolò) (1790 – 1829), italienischer Naturforscher, Mineraloge, Professor in Neapel: Nr. 968

Cramer, Adolf Elard Ludwig Leopold (1811 – 1835), Pädagoge, Doktor der Philosophie, Lehrer in Wiesbaden, Sohn von Ludwig Wilhelm C.: Nr. 29

Cramer, Christoph Ludwig Wilhelm (1755 – 1832), Jurist, Bergbeamter, Mineraloge, 1781 fürstl. saynischer Bergrat und Verwalter des Bergamts Altenkirchen, später preußischer Bergrat, 1803 nassauischer Oberbergrat in Wiesbaden, Mitglied des Hofgerichts und der Hofkammer, 1816 – 1821 Hofgerichtsrat in Dillenburg, seit 1822 vorwiegend in Wetzlar lebend: Nr. **29, 249**

– ; dessen Familie: Nr. 29

Cramer, Karl Konrad Heinrich (geb. 1809), seit 1828 Student in Marburg, Sohn von Ludwig Wilhelm C.: Nr. 29

Cranach, Lukas d. Ä. (1472 – 1553), Maler, Vater von Lukas Cranach d. J.: Nr. 59, 523

Cranach, Lukas d. J. (1515 – 1586), Maler, Sohn von Lukas Cranach d. Ä.: Nr. 59

Creuzer, Georg Friedrich (1771 – 1858), Philologe, Archäologe, 1799 Professor in Marburg, 1804 in Heidelberg: Nr. 64

Cross, John (gest. vor 1825), Mediziner in Glasgow: Nr. 685, 848

Crüger (Krüger), Johannes (1598 – 1663), Komponist von Kirchenliedern: Nr. 399

Cruickshank (Cruikshank; C.-Banchory), Jakob Ignaz von (1789 – 1845), Diplomat schottischer Herkunft, 1818 sachsen-weimarischer Kammerherr und Legationsrat, 1819 – 1827 Geschäftsträger in Berlin, seit 1827 in sachsen-meiningischen Diensten, zuletzt Geheimer Legationsrat: Nr. 512, 514, 524, 531, 1073

Crull, Wilhelm Ludwig (um 1780 – 1830), Direktor der Seehandlungssozietät in Berlin, Geheimer Oberfinanzrat: Nr. 344

Crusell, Bernhard Henrik (1775 – 1838), finnischer Komponist, Klarinettist, 1791 in Stockholm, 1793 Hofmusiker: Nr. 341

Cumberland, Ernst August Herzog von: s. Großbritannien

Cumberland, Friederike Karoline Sophie Alexandrine Herzogin von: s. Großbritannien

Cumberland, Georg Friedrich Alexander Karl Ernst August Prinz von: s. Großbritannien

Custine, Adam Philippe Comte de (1740 – 1793), französischer Militär und Politiker, 1789 Mitglied der Nationalversammlung, 1792 Befehlshaber der Truppen am Oberrhein: Nr. 31

Custine, Armand Louis Philippe François Marquis de (1768 – 1794), französischer Militär, Sohn von Adam Philippe C.: Nr. 31

Custine, Louise Eléonore Mélanie Marquise de, geb. Comtesse de Sabran (Ps. Delphine de Sabran) (1770 – 1826), französische Schriftstellerin, seit 1787 verh. mit Armand de C., Schwiegertochter von Adam Philippe C. und Mutter des Schriftstellers Astolphe de C.: Nr. 31

Cuvier, Georges (eigentl. Jean Léopold Nicolas Frédéric C.) (1769 – 1832), französischer Naturforscher, Anatom, Paläontologe und Zoologe, 1784 – 1788 Schüler an der Hohen Karlsschule in Stuttgart, seit 1795 in Paris, Professor an der Zentralschule des Pantheon in Paris und Mitglied des Institut de France, 1800 Professor am Collège de France, 1802 – 1803 einer der Generalinspekteure des Unterrichts, 1800 Sekretär und 1803 ständiger Sekretär der naturwissenschaftlichen Klasse im Institut, 1813 Kammerherr, 1814 Staatsrat, 1818 Mitglied der Académie française, 1820/21 – 1827 Kanzler der Universität: Nr. 57, 226, 237, 387, 658, 672, 891

Dänemark, Christian Friedrich Prinz von (1786 – 1848), 1814 zeitweise König von Norwegen, seit 1839 König als Christian VIII.: Nr. 1005

Dänemark, Friedrich VI. König von (1768 – 1839), seit 1808 König, bis 1814 auch König von Norwegen: Nr. 267, 343, 1005

Dahl, Johan Christian Clausen (1788 – 1857), norwegischer Maler: Nr. 412

Dalayrac (d'Alayrac), Nicolas Marie (1753 – 1809), französischer Komponist: Nr. 422

Dalberg, Karl Theodor Anton Maria von (1744 – 1817), Fürstbischof, Politiker, Domherr in Würzburg, Worms und Mainz, 1771 – 1802 kurmainzischer Statthalter in Erfurt, 1787 Koadjutor des Mainzer und Wormser (Erz-)Bischofs Friedrich Karl Joseph von Erthal, 1788 auch Koadjutor des Konstanzer Fürstbischofs, 1800 – 1817 Fürstbischof von Konstanz, 1802 Kurfürst und Erzbischof von Mainz und zugleich Reichserzkanzler, 1802 – 1817 Fürstbischof von Worms, 1803 Administrator und 1805 – 1817 Erzbischof von Regensburg, 1806 – 1813 Fürstprimas des Rheinbundes und 1810 – 1813 Großherzog von Frankfurt: Nr. 988

Dallas, Alexander Robert Charles (1791 – 1869), britischer Theologe und Schriftsteller, Sohn von Robert Charles D.: Nr. 851, 1094

Dallas, Robert Charles (1754 – 1824), britischer Schriftsteller und Jurist auf der Insel Jamaika, Vater von Alexander D.: Nr. 851, 1094

Dalwigk (Frau von) (erw. 1824), in Berlin: Nr. 524

Damas, Ange Hyacinthe Maxence de (1785 – 1862), französischer Militär und Politiker, 1791 Emigration nach Russland, 1803 Leutnant und 1813 Generalmajor in russischen Diensten, 1814 Rückkehr nach Frankreich, Generalleutnant, 1823 Kriegsminister, 1824 – 1828 Außenminister: Nr. 872, 889

Damm, G. (erw. 1824), Komponist: Nr. 554

Dante Alighieri (1265 – 1321), italienischer Dichter: Nr. 128, 468, 483, 556, 625, 879, 1004, 1034, 1064, 1/152b+

Da Ponte, Lorenzo (bis 1763: Emanuele Conegliano) (1749 – 1838), italienischer Theaterschriftsteller, Librettist, 1781 – 1804 in Wien: Nr. 431, 514

Dau, Christfried Ulrich (1751 – 1796), Sekretär bei der deutschen Kanzlei, Ratsherr, Bankdirektor und seit 1792 Mitglied der General-Lottodirektion und des Kommerzkollegiums in Altona, Vater von Heinrich D.: Nr. 298

Dau, Johann Heinrich Christfried (1790 – 1831), deutsch-dänischer Geologe und Schriftsteller, 1810 und 1815 Jurastudent in Kiel und 1816 in Göttingen, dann u. a. in Altenburg und um 1825 in Frankfurt am Main lebend, 1827 und 1831 Reisen nach Seeland und Jütland: Nr. **298**, 357, **936**

Dau, Johanne Benedikte Luise, geb. Krüger (gest. 1794), verh. mit Christfried Ulrich D., Mutter von Heinrich D.: Nr. 298

Daub, Karl (1765 – 1836), Theologe, seit 1795 Professor in Heidelberg: Nr. 605
Davanzati (Avanzati, A.-Bostichi), Bernardo (1529 – 1606), italienischer Humanist, Ökonom, Übersetzer: Nr. 1/152b+
David, Jacques Louis (1748 – 1825), französischer Maler: Nr. 130, 581
David, Martin Alois (1757 – 1836), Astronom in Prag, 1780 Eintritt in das Prämonstratenserstift Tepl, 1787 Priester, 1785 Adjunkt der Sternwarte in Prag, 1799 Professor an der Universität, 1816 Rektor, 1832 Direktor der böhmischen Akademie der Wissenschaften: Nr. 456
Davidsohn, Eduard Wilhelm (1805 – 1867), Beamter, Ökonom, Unternehmer, um 1824 Apothekerlehrling in Thorn, um 1840 Konsistorialsekretär und Kammerkanzlist in Gedern, zuletzt Kammerassessor, 1849 in den Ruhestand versetzt, Gutsverwalter im Dienst der Grafen Stolberg-Wernigerode und Inhaber einer Strohhutfabrik, Sohn von Johann Karl D., Vater des hessischen Generalleutnants Eduard Friedrich August Theodor (von) Davidson: Nr. 575
– ; dessen Geschwister: Nr. 575
Davidsohn, Johann Karl (1771 – 1831), Großkaufmann, Ratsherr und englischer Konsul in Thorn, später verarmt, Vater von Eduard Wilhelm D.: Nr. 575
Davidsohn, Karoline Elisabeth, geb. Rhode (gest. vor 1833), verh. mit Johann Karl D., Mutter von Eduard Wilhelm D.: Nr. 575
Davy, Humphry (1778 – 1829), britischer Chemiker, 1802 – 1812 Professor in London, 1820 – 1827 Präsident der Royal Society: Nr. 467, 768, 929
Davy, Jane, geb. Kerr, verw. Apreece (1780 – 1855), Tochter des Kaufmanns Charles Kerr, seit 1799 in erster Ehe verh. mit Shuckburgh Ashby Apreece, 1807 verw., seit 1812 verh. mit Humphry D.: Nr. 929
Dawe, George (1781 – 1829), englischer Maler und Kupferstecher, 1819 – 1828 und Februar – April 1829 in St. Petersburg: Nr. 11, 73, 146, 361, 552, 734
Decandolle, Augustin Pyramus: s. Candolle
Decken (Frau von der) (erw. 1824), aus Hannover, verh. mit einem Major: Nr. 800
Defauconpret, Auguste Jean Baptiste (1767 – 1843), französischer Schriftsteller: Nr. 800, 830
Degenfeld (D.-Schonburg, D.-Schomburg, Gräfin von) (erw. 1824), aus Frankfurt am Main: Nr. 800
Degurow, Anton Antonowitsch (de Gouroff; bis 1812: Antoine Jeudy-Dugour) (1766 – 1849), französisch-russischer Historiker und Schriftsteller, bis 1789 Professor am Collège de La Flèche in Paris, 1789 Mitglied der Nationalversammlung, 1796 Verlagsbuchhändler, um 1802 Emigration nach England, seit 1804 in Russland, 1806 Professor und Bibliothekar in Charkow, seit 1816 in St. Petersburg, Staatsrat, Professor an der Universität und 1825 deren Rektor: Nr. 919
Dehn, Sigismund Johann Baptist (ursprüngl. Samuel, Salomon) (um 1774 – 1837), Bankier, Finanzier, Diplomat, um 1793 – um 1811 Teilhaber des Bank- und Handelshauses Israel, D. & Comp. in Altona, 1814 – 1815 schwedischer Geheimagent auf dem Wiener Kongress, 1818 – 1827 schwedischer Generalkonsul in Berlin, zuletzt in Stockholm, Vater des Musiktheoretikers und Bibliothekars Siegfried Wilhelm D.: Nr. 344, 531, 912
Delambre, Jean Baptiste Joseph (1749 – 1822), französischer Astronom: Nr. 768
Delavigne, Jean François Casimir (1793 – 1843), französischer Schriftsteller, Dramatiker und Bibliothekar: Nr. 632, 851

Delkeskamp, Friedrich Wilhelm (1794 – 1872), Maler und Kupferstecher, 1822 in Frankfurt am Main, 1825 in der Schweiz, seit 1831 wieder in Frankfurt: Nr. 550, 591

Delpech, François Seraphin (1778 – 1825), französischer Lithograph: Nr. 750

Demiani, Karl Friedrich (1768 – 1823), Maler in Dresden, 1811 zweiter und 1816 erster Inspektor der Gemäldegalerie, 1803 Teilnehmer an der Preisaufgabe für bildende Künstler in Weimar: Nr. 412

Denon, Dominique Vivant (1747 – 1825), französischer Kunstschriftsteller, Kupferstecher und Beamter, 1772 – 1785 im diplomatischen Dienst, 1802 – 1814 Generaldirektor der Museen in Paris, auch Leiter der Münze: Nr. 31, 606

Deny (Doeny), Johann Friedrich Wilhelm (1787 – 1822), Schauspieler, seit 1805 in Weimar, Sohn des Seidenfabrikanten Johann Karl Adam D. in Berlin: Nr. 5/893a+

Deny, Johanna (Jeannette) Elisabetha Henrietta, geb. Lagnac (1787 – 1864), Schauspielerin, in Würzburg und 1810 – 1821 in Weimar, pensioniert, seit 1822 in Berlin lebend, Tochter des Theatermeisters Daniel Lagnac in Berlin, seit 1809 verh. mit Wilhelm D., 1822 verw., seit 1831 in zweiter Ehe verh. mit dem preußischen Artilleristen (Oberfeuerwerker) und späteren Registrator im Kriegsministerium Johann Gottlieb Wassermann: Nr. 5/893a+

Derschau, Hans Albrecht von (1754 – 1824), preußischer Offizier, zuletzt Hauptmann, Kunstsammler in Nürnberg, Vater von Hans Albrecht von D.: Nr. 982

Derschau, Hans Albrecht von (1790 – 1842), bayerischer Offizier, um 1827 Oberleutnant in Nürnberg, zuletzt Hauptmann, Sohn von Albrecht von D.: Nr. 982

Desargus, Stanis: s. Lemière

Deschamps, Joseph Marie (erw. 1823), französischer Mineralienhändler, Herbergswirt und Bergführer in Servoz (Savoyen) am Fuß des Mont Blanc: Nr. 482

Desessarts (des Essarts) d'Ambreville, Joseph (geb. 1774), französischer Schriftsteller, Dramatiker: Nr. 554

Desmarest, Nicolas (1725 – 1815), französischer Geologe, Geograph und Physiker, 1777 Mitglied der Akademie der Wissenschaften, 1788 Generalinspektor der Manufakturen, 1792/93 Professor an der École centrale, Vater des Zoologen Anselme Gaëtan D.: Nr. 418

Desnoyers (Boucher-D.), Auguste Gaspard Louis (seit 1828:) de (1779 – 1857), französischer Kupferstecher und Zeichner: Nr. 166, 192

Devrient, Daniel Ludwig (1784 – 1832), Schauspieler, seit 1815 in Berlin, Onkel von Eduard: Nr. 512, 554

Devrient, Philipp Eduard (1801 – 1877), Sänger, Schauspieler, Theaterleiter und Dramaturg, 1819 – 1831 an den königl. Theatern in Berlin, Neffe von Ludwig D.: Nr. 450, 535

Deycks, Ferdinand (1802 – 1867), Philologe, 1827 Gymnasiallehrer in Düsseldorf, 1828 Gymnasiallehrer und 1839 -professor in Koblenz, 1843 Professor in Münster: Nr. 969

Diderot, Denis (1713 – 1784), französischer Schriftsteller, Kunstkritiker und Enzyklopädist: Nr. 31, 51, 124, 145, 152, 165, 176, 184, 190, 203, 212, 288, 573, 767
– ; dessen Familie: Nr. 288

Diel, August Friedrich Adrian (1756 – 1839), Mediziner, Pomologe, Chemiker, 1790 bis 1829 Amtsarzt in Diez, zugleich Badearzt in Ems, 1791 nassauischer Hofrat, 1806 Oberhofrat: Nr. 800, 858

Diemar, Anton Ludwig von (1748 – 1827), Militär, seit 1778 in sachsen-meiningischen Diensten, Hauptmann, Major, 1797 – 1822 Präsident der Kriegskommission, 1804 Oberst, 1822 Schlosshauptmann, Großonkel von Georg Karl August von D.: Nr. 696

Diemar, Georg von (1765 – 1838), badischer Hofbeamter, Kammerherr, zuletzt Reisestallmeister, Vater von Georg Karl August von D.: Nr. 696, 793, 834, 889

Diemar, Georg Karl August von (1799 – 1858), Kavallerieoffizier, Kammerherr und Stallmeister in Meiningen, Sohn von Georg von D., seit 1825 Schwiegersohn des Grafen Karl Friedrich Reinhard: Nr. 696, 793, 834, 889, 941

– ; dessen Familie: Nr. 696, 793

Dies, Albert Christoph (1755 – 1822), Maler und Kupferstecher, 1775 – 1796 in Rom, seit 1797 in Wien, seit 1806 Lehrer an der Akademie und Galeriedirektor des Fürsten Nikolaus Esterházy: Nr. 38, 842, 845

– ; dessen Familie: Nr. 842

Dies, Elisa, geb. Galli (um 1758 – 1828), aus Rom, seit 1797 in Wien, verh. mit Albert D., 1822 verw.: Nr. **38**, 842, 845

– ; deren Kinder: Nr. 38

Dietmar, Sigismund Gottfried: s. Dittmar

Dietrich, Friedrich Gottlieb (eigentl. Johann Christian Gottfried D.) (1765 – 1850), Botaniker, Gartengestalter, Fachschriftsteller, 1785 Goethes Reisebegleiter nach Karlsbad, 1791 Gärtner und 1794 Hofgärtner in Weimar, seit 1801 in Eisenach, Gartendirektor in Wilhelmsthal, 1802 Direktor des botanischen oder Kartausgartens, 1817 Inspektor der Gärten in Wilhelmsthal und Eisenach, 1823 Professor, 1831 Rat, 1845 pensioniert, zweiter Sohn des Bauern und Botanikers Johann Adam D. in Ziegenhain: Nr. 24

Dieulafoy, Joseph Marie Armand Michel (1762 – 1823), französischer Dramatiker, Librettist: Nr. 554

Dihl, Christoph Erasmus (Christophe Erasimus, Jean Christophe) (1753 – 1830), deutsch-französischer Modelleur, Bildhauer, Glas- und Emaillekünstler sowie Porzellanfabrikant, mit dem Keramiker Antoine Guérhard 1781 Gründer einer Manufaktur in Paris: Nr. 13

Dittmar (eigentl. Dietmar), Sigismund Gottfried (1759 – 1834), Theologe, Pädagoge, Schriftsteller, Meteorologe und Beamter in Berlin, Gründer einer Erziehungsanstalt und Lehrer am Hof des Prinzen Ferdinand von Preußen, 1816 Konsistorialsekretär und später Sekretär beim Medizinalkollegium der Provinz Brandenburg: Nr. **439**

Dlask, Laurentius (Laurenz) Albert (1782 – 1834), böhmischer Naturforscher, Professor am Konservatorium in Prag: Nr. 456, 464, 487

Dobrovský, Josef (Joseph Dobrowsky) (1753 – 1829), tschechischer Theologe und Philologe, Slawist, 1776 Erzieher in Prag in der Familie der Grafen von Nostitz, 1786 Priesterweihe, 1787 Vizerektor und 1789 Rektor des Generalseminars (Priesterseminars) in Hradisch (Hradisko) bei Olmütz, seit 1791 in Prag lebend, Begründer der slawischen Philologie: Nr. 391, **523**, 529, 1010

Döbereiner, Johann Wolfgang (1780 – 1849), Apotheker, Chemiker, seit 1810 Professor in Jena: Nr. 11, 140, **187**, **290**, 325, 392, 478, 498, **499**, **775**, 9/1598a+

Döbler, Georg (1788 – 1845), Kupfer- und Stahlstecher sowie Zeichner in Prag: Nr. 1010

Döring, Georg Christian Wilhelm Asmus (1789 – 1833), Schriftsteller, Publizist, Musiker, 1814 Theaterdichter in Kassel, seit 1815 vorwiegend in Frankfurt am Main, Oboist im Theaterorchester, 1817 – 1819 Redakteur der »Zeitung der freien Stadt Frankfurt« (»Staatsristretto«), Gründer des Wochenblattes »Iris«, um 1820 Hofrat, 1825 Legationsrat, Sohn des Museumsinspektors Wilhelm D. in Kassel: Nr. **127**, **147**
Döring, Johann Michael Heinrich (1789 – 1862), Schriftsteller, Biograph und Übersetzer, seit 1814 in Jena, 1817 zeitweise Redakteur in Weimar: Nr. 224
Döring, Wilhelm Ludwig (1802 – 1877), Mediziner, Botaniker, um 1825 Arzt in Remscheid und 1863 in Düsseldorf, 1854/55 Sanitätsrat: Nr. **888**
Dolinger (gest. vor 1825), Zeichner, Illustrator der »Ilias«: Nr. 559
Dolomieu (französische Familie) (erw. 1822 – 1824): Nr. 765
Dolomieu, Christine Zoé de Gratet Marquise de, geb. Comtesse de Montjoye (1774 – 1849), französische Ehrendame, um 1820 im Dienst der Herzogin Maria Amalia von Orléans, seit 1800 verh. mit dem Marquis Artus Louis de Gratet de D., Schwester der Gräfin Melanie Chantal Montjoye: Nr. 607
Dolomieu, Dieudonné Sylvain Guy Tancrède (genannt Déodat de Gratet de D.) (1750 – 1801), französischer Naturforscher, zuletzt Professor der Mineralogie am Muséum national d'histoire naturelle in Paris: Nr. 765
Domeier, Sophie Luzie, geb. Esther Gad, gesch. Bernard (1767/70 – ? 1836), Schriftstellerin, in Breslau, 1796 in Dresden, 1799 in Berlin, später in Portugal, 1805 – 1808 auf Malta, dann auf Sizilien, in Gosport (England) und London, seit 1791/92 – 1796 verh. mit dem Kaufmann Samuel Bernard aus Frankfurt (Oder), seit 1802 verh. mit dem Arzt Wilhelm Friedrich D., 1815 verw., Mutter des britischen Militärarztes Augustus Edward D.: Nr. 223
Domenichino (Domenico Zampieri/Giampieri) (1581 – 1641), italienischer Maler, Zeichner und Architekt: Nr. 758
Dorl, Johann Georg (1768 – 1834), Mediziner, Arzt in Gotha, zuletzt Geheimer Medizinalrat und Leibarzt: Nr. 239, 282
Dorne (Fräulein von) (erw. 1824), Tochter von Friederike von D.: Nr. 800
Dorne, Friederike von, geb. Waitz von Eschen genannt von Hilchen (1756 – 1841), Wohltäterin, Tochter des hessen-kasselschen Hofkammerrats, Salinendirektors und Oberamtmanns Johann Friedrich Waitz von Eschen genannt von Hilchen, verh. mit dem mecklenburg-schwerinschen Geheimen Rat, Kammerpräsidenten und Oberkammerherrn Ludwig von D., seit 1806 dessen Witwe: Nr. 800
Dorow, Karl Friedrich Ferdinand Wilhelm (1790 – 1845), Altertumsforscher, preußischer Beamter, 1812 Attaché bei der Gesandtschaft in Paris, 1813 Ordonnanzoffizier im russischen Hauptquartier, 1814 Mitarbeiter in der Zentralverwaltung in Frankfurt am Main, 1816 Legationssekretär in Dresden und 1817 in Kopenhagen, Aufenthalt in Wiesbaden, 1819 Hofrat, 1820 Direktor der Verwaltung für Altertumskunde im Rheinland und in Westfalen, Gründer des Altertumsmuseums in Bonn, 1822 wieder Hofrat im Außenministerium, 1824 pensioniert, 1827 – 1829 in Italien, zuletzt in Halle: Nr. **199**, **841**, **954**
Dorvigny (eigentl. Louis François Archambault) (1742 – 1812), französischer Schauspieler, Dramaturg und Schriftsteller: Nr. 679
Dou (Douw), Gerard (Gerrit) (1613 – 1675), niederländischer Maler: Nr. 422, 735
Drieberg, Friedrich Johann von (1780 – 1856), Musikschriftsteller und Komponist, 1804 in Paris, um 1810 in Wien, seit etwa 1812 auf seinem Gut in Kantow bei Neuruppin und später in Protzen bei Ruppin lebend: Nr. 1043

Droz, Jean Pierre (1746 – 1823), französischer Graveur und Mechaniker schweizerischer Herkunft, 1787 – 1795 vorwiegend in England, 1803 – 1814 Konservator der Münze in Paris: Nr. 581

Dryden, John (1631 – 1700), englischer Schriftsteller und Übersetzer: Nr. 524, 698

Dubois, Louis Nicolas Pierre Joseph (seit 1808:) Comte (1758 – 1847), französischer Verwaltungsbeamter, 1800 – 1810 Polizeipräfekt von Paris: Nr. 767

Duchesnois (eigentl. Rafin), Catherine Joséphine (1777 – 1835), französische Schauspielerin, Debüt in Valenciennes, 1802 an der Comédie Française in Paris: Nr. 31

Dümmler, Friedrich Heinrich Georg Ferdinand (1777 – 1846), Verlagsbuchhändler in Berlin: Nr. 250

Dürer, Albrecht (1471 – 1528), Maler: Nr. 412, 581, 668, 1076, 1077

Du Fay, Maria Kornelia Magdalena, geb. Brevillier (1761 – 1824), Tochter des Handelsmannes Johann Karl Brevillier in Frankfurt am Main, seit 1781 verh. mit dem Handelsmann Johann Noe D., Schwester von Johanna Katharina Lessing, Mutter von Charlotte Kornelia Nies und Sophie Schlosser: Nr. 779, 995

Dughet, Gaspard (genannt Poussin) (1615 – 1675), französisch-italienischer Maler und Kupferstecher: Nr. 758

Dugour (Du Gour), Antoine Jeudy-D.: s. Degurow, Anton Antonowitsch

Dulong, Pierre Louis (1785 – 1838), französischer Chemiker und Physiker, 1820 Professor und 1830 Studiendirektor an der École polytechnique in Paris, 1823 Mitglied der Akademie der Wissenschaften, 1827 Vizepräsident, 1828 Präsident und 1832 bis 1833 ständiger Sekretär: Nr. 498

Dumas, Jean Baptiste André (1800 – 1884), französischer Chemiker, Pharmazeut, Politiker, 1823 Repetitor an der École polytechnique in Paris, später Professor an der Sorbonne, 1849 – 1851 Minister für Ackerbau und Handel: Nr. 735

Du Menil, August Peter Julius (1777 – 1852), Chemiker, 1809 Apotheker in Wunstorf, 1811 – 1813 Direktor des hannoverschen Pulver- und Salinenwesens, seit 1824 Oberbergkommissär: Nr. 487

Dumont (Dümont), Bernhard Alexander (1789 – 1863), Lotterieeinnehmer (Hauptkollekteur) in Frankfurt am Main, 1820 – 1824/25 Betreiber der davor und danach von Jakob Georg Ueberfeld geleiteten Lotterie: Nr. 586

Dumont, Étienne (1759 – 1829), Schweizer Theologe, Politiker, 1783 in Genf ordiniert, 1784 Pfarrer in St. Petersburg, 1786 Privatlehrer in London, 1814 wieder in Genf und Mitglied des Repräsentierenden Rats: Nr. 357

Duncker, Karl Friedrich Wilhelm (1781 – 1869), Verlagsbuchhändler in Berlin, 1809 Mitinhaber und 1828 – 1866 alleiniger Inhaber der Firma Duncker & Humblot: Nr. 192

Duncker & Humblot; Verlag in Berlin, 1809 durch Karl D. und Peter (Pierre) Humblot von den Erben Heinrich Frölichs erworben: Nr. 153

Dupin, François Pierre Charles (1784 – 1873), französischer Ingenieur, Ökonom, Mathematiker und Politiker, 1803 Marineingenieur, 1807 – um 1810 auf Korfu, 1813 Gründer des Marinemuseums in Toulon, 1819 – 1854 Professor am Conservatoire national des arts et métiers in Paris, 1828 Abgeordneter der Nationalversammlung, 1831 Staatsrat, 1834 Marineminister und 1852 Senator: Nr. 853

Durand (eigentl. Aumann), Friedrich August (1787 – 1852), Schauspieler, seit 1812 in Weimar, zeitweise Regisseur, seit 1818 in zweiter Ehe verh. mit der Schauspielerin und Sängerin Ernestine Engels: Nr. 342

Durnow (? von Turno; Frau von) (erw. 1824), Ehefrau eines russischen Geheimen Rats und Wirklichen Kammerherrn in St. Petersburg: Nr. 800

Du Roullet, Marie François Louis Gand Lebland (Leblanc) Marquis (Bailli) (1716 – 1786), französischer Dramatiker, Librettist: Nr. 51, 559

Dutrochet, René Joachim Henri (1776 – 1847), französischer Mediziner, Botaniker, 1808 Militärarzt in Spanien, 1809 Privatgelehrter in Paris: Nr. 180

Duveyrier, Anne Honoré Joseph (Ps. Mélesville) (1787 – 1865), französischer Schriftsteller, Dramatiker: Nr. 474

Duwe, H. J. (gest. 1849), Optiker und Mechaniker in Berlin: Nr. 350

Dyck, Antoon van (1599 – 1641), niederländischer Maler und Radierer: Nr. 422

Eberhard, Christian August Gottlob (1769 – 1845), Schriftsteller, 1807 – 1835 Inhaber der Renger'schen Buchhandlung in Halle: Nr. 1039

Ebers, Martin (vorher: Moses Heymann Ephraim) (1781 – 1826), Bankier in Berlin: Nr. 1009

Ebert, Karl Leopold Felix Egon (seit 1872:) von (1801 – 1882), böhmischer Schriftsteller, Dichter, Beamter, 1825 Archivar und Bibliothekar des Fürsten von Fürstenberg in Donaueschingen, 1833 Konferenzrat bei der Verwaltung der fürstl. Güter in Prag, 1848 Hofrat und 1854 – 1857 Oberverwalter der fürstl. Güter: Nr. 55

Eberwein, Franz Karl Adalbert (1786 – 1868), Musiker, Violinist, Komponist und Dirigent in Weimar, 1803 Mitglied der Hofkapelle, 1810 Kammermusikus, 1818 bis 1829 Musikdirektor der Stadtkirche und Gesanglehrer am Lehrerseminar, 1826 bis 1849 herzogl. Musikdirektor, 1808 – 1809 Schüler von Karl Friedrich Zelter in Berlin, leitete Goethes Hausmusik, Sohn des Weimarer Hof- und Stadtmusikus Alexander Bartholomäus E., Bruder von Maximilian E.: Nr. 342, 432, 524, 608, 625, 653, 801, 905, 908

Eberwein, Traugott Maximilian (1775 – 1831), Musiker, Violinist, Komponist und Dirigent in Rudolstadt, 1796/97 Hof- und 1810 Kammermusiker, 1817 Kapellmeister, Bruder von Karl E.: Nr. 342, 905, 908

Eckardt (Eckard, Eckhardt, Ekard, Ekart), Benedikt (gest. nach 1850), um 1820 cand. theol. in Weimar, später Dr., um 1822 – 1824 Sekretär und Hauslehrer bei dem Kammerherrn Karl Heinrich Anton von Helldorff: Nr. 803

Eckermann, Johann Peter (1792 – 1854), Schriftsteller, Privatgelehrter, 1808 – 1810 Amtsschreiber in Winsen an der Luhe, 1813 – 1814 Teilnehmer an den Befreiungskriegen, 1815 Malstudien in Hannover, 1821 – 1822 Jurastudent in Göttingen, 1822 Schriftsteller in Empelde bei Hannover, seit 1823 in Weimar, Mitarbeiter und Vertrauter Goethes, 1830 Begleiter August von Goethes nach Italien, seit 1824 auch Sprachlehrer britischer Bildungsreisender, später Lehrer des Erbprinzen Karl Alexander, 1837 Bibliothekar und 1843 Hofrat in Weimar, 1844 – 1846 in Hannover lebend: Nr. 207, 231, 235, 245, 246, 248, 255, 269, 276, 279, 306, 394, 433, 505, 507, 542, 565, 573, 595, 608, 619, 737, 789, 793, 820, 822, 834, 844, 872, 905, 908, 918, 975

Eckl (Eckel), Raphael Klemens (eigentl. Joseph Raphael; Ordensname: Klemens) (1789 – 1831), böhmischer Theologe und Mineraloge, 1816 Subprior und 1821 Prior des Prämonstratenserstifts Tepl bei Marienbad, auch Pfarrer in Czihana: Nr. 285, 803

Edinburgh, Royal Society; 1783 gegründet, hervorgegangen aus der Philosophical Society, 1820 – 1832 unter der Präsidentschaft von Walter Scott: Nr. 49

Eger, böhmisches Zollamt: Nr. 291
Egger, Franz Xaver Johann Chrisostomus (Franz Johann Nepomuk) Graf von (1768–1836), österreichischer Militär, Unternehmer, Beamter, 1792 Unterleutnant, 1806–1829 Präsident der Ackerbaugesellschaft in Kärnten, 1816 Kämmerer, Vater von Graf Gustav E.: Nr. 487, 536
Egger, Gustav Johannes Paul Thaddäus Franz Graf von (1808–1884), österreichischer Unternehmer und Mineraliensammler, Sohn von Graf Franz Xaver E.: Nr. 536
Eggers, Albrecht Ferdinand Georg (1820–1884), Mediziner, Militärarzt, zuletzt preußischer Oberstabsarzt, Sohn von Karl und Elisabeth E.: Nr. 746
Eggers, Friederike Christiane Dorothea, geb. Cogho (1766–1841), Tochter von Johann Samuel und Therese Cogho, seit 1783 verh. mit dem späteren Kammerrat Johann Dietrich Christian E. in Neustrelitz, Mutter von Karl E.: Nr. 746
Eggers, Johann Georg (1822–1872), Militär und Beamter in Neustrelitz, zuletzt Oberkontrolleur, Sohn von Karl und Elisabeth E.: Nr. 746
Eggers, Johann Otto (1823–1849), Jurist, zuletzt Gerichtsassessor in Feldberg, Sohn von Karl und Elisabeth E.: Nr. 746
Eggers, Karl Adolf Johann (Johann Karl) (1787–1863), Maler, 1807 in Dresden, 1812 in Wien, 1813 in Rom, 1832 in Neustrelitz, Sohn von Christiane E.: Nr. 746
Eggers, Maria Elisabeth Rosina, geb. Sei(t)zer (1788–1865), Tochter eines Landstallmeisters in Wien, seit 1818/19 verh. mit Karl E.: Nr. 746
Egloffstein (E. auf Lamgarben und Arklitten) (Graf von und zu; erw. 1824), Vetter von Gräfin Karoline E.: Nr. 524
Egloffstein (E. auf Lamgarben und Arklitten), Annette (Nanette, Nanny) Gräfin von und zu, geb. von Viereck (Vieregg) (1773–1852), Tochter des preußischen Obermundschenks Georg Ulrich von Viereck, seit 1804 zweite Ehefrau von Graf Leopold E., Schwester von (Gräfin) Henriette von Viereck: Nr. 518
Egloffstein (E. auf Lamgarben und Arklitten), Auguste Gräfin von und zu (1796 bis 1862), Tochter aus Henriette von Beaulieu-Marconnays (erster) Ehe mit Graf Leopold E., Schwester der Gräfinnen Julie und Karoline E. und von Graf Karl August E.: Nr. 69, 514, 518, 524
Egloffstein (E. auf Lamgarben und Arklitten), Charlotte Sophia Gräfin von und zu, geb. von und zu Egloffstein (1796–1864), Tochter von Sophia Juliane von E., seit 1823 verh. mit Graf Karl August E., Schwägerin der Gräfinnen Auguste, Julie und Karoline E.: Nr. 512, 514, 518, 524, 549
Egloffstein (E. auf Lamgarben und Arklitten), Gottfried Friedrich Leopold Graf von und zu (1766–1830), preußischer Obermundschenk, Kammerherr und Regierungsrat in Berlin, 1788/89–1803 verh. mit Henriette von E., spätere verh. von Beaulieu-Marconnay, Vater von Graf Karl August und den Gräfinnen Auguste, Julie und Karoline E.: Nr. 518
Egloffstein (E. auf Lamgarben und Arklitten), Julie Sophie Gräfin von und zu (1792–1869), Malerin, Hofdame, vorwiegend in Weimar und zuletzt in Marienrode bei Hildesheim lebend, 1826/27–1830 Hofdame der Großherzogin Luise von Sachsen-Weimar, Tochter aus Henriette von Beaulieu-Marconnays (erster) Ehe mit Graf Leopold E., Schwester der Gräfinnen Auguste und Karoline E. und des Grafen Karl August E.: Nr. 39, 69, 342, 400, 512, 800, 974, 1058
Egloffstein (E. auf Lamgarben und Arklitten), Karl August Graf von und zu (1795–1887), preußischer Militär, seit 1830 Majoratsherr auf Arklitten, 1814/15 Pre-

mierleutnant, 1821 Generalstabsoffizier, Erzieher der Söhne von Prinz Friedrich Wilhelm Karl und Prinzessin Marianne von Preußen, 1834 als Major verabschiedet, Sohn aus Henriette von Beaulieu-Marconnays (erster) Ehe mit Graf Leopold E., Bruder der Gräfinnen Auguste, Julie und Karoline E.: Nr. 512, 514, 518, 559

Egloffstein, Karoline Auguste Sophie Wilhelmine von und zu, geb. von und zu Aufseß (1768 – 1828), Tochter des Leutnants und Kammerjunkers Christoph Siegfried Heinrich von Aufseß in Aufseß und Stieftochter des später in Weimar lebenden ansbach-bayreuthischen Kammerherrn und Majors Karl August Willibald von Tettau, seit 1787 verh. mit dem späteren Oberkammerherrn Gottlob von E., 1815 verw.: Nr. 39

Egloffstein (E. auf Lamgarben und Arklitten), Karoline (Line) Henriette Gräfin von und zu (1789 – 1868), Komponistin, Tochter aus Henriette von Beaulieu-Marconnays (erster) Ehe mit Graf Leopold E., Kindheit in Erlangen, Misburg bei Hannover und u. a. um 1802 und 1809 – 1810 in Weimar, 1815 – 1831 Hofdame der (Erb-)Großherzogin Maria Pawlowna von Sachsen-Weimar, Schwester der Gräfinnen Auguste und Julie E. und des Grafen Karl August E.: Nr. 69, 271, 282, **337**, 512, 518, 524, 559, 786, 787, 800, 851, 893, **974**, 1033, 1045, **1058**

Egloffstein, Sophia Juliane von und zu, geb. von Breitenbauch (1762 – 1823), Tochter des Schriftstellers Georg August von Breitenbauch, seit 1789 verh. mit dem preußischen Kammerherrn und Regierungsrat Christian Dietrich August Rudolf Friedrich Karl von E., 1803/04 gesch., Mutter von Gräfin Charlotte E.: Nr. 518

Ehrmann, Johann August (Johann Philipp August) (1786 – 1876), Jurist, Privatsekretär, Bankier, Philanthrop, um 1818 Advokat in Paris und Privatsekretär seines Onkels Franz Ludwig (von) Treitlinger, sachsen-gothaischer Hofrat, 1824 – 1837 Teilhaber des Bankhauses Gebrüder Bethmann in Frankfurt am Main, Sohn des Direktors der Zölle Johann Daniel E. in Straßburg, seit 1817 verh. mit Auguste Brentano, geb. Bußmann: Nr. 474, 551

Eichendorff, Joseph Karl Benedikt von (1788 – 1857), Schriftsteller, Beamter, 1816 Referendar und 1819 Assessor in Breslau, 1821 Kirchen- und Schulrat in Danzig, 1824 Oberpräsidialrat in Königsberg, seit 1831 Hilfsarbeiter in verschiedenen Ministerien in Berlin, 1841 Geheimer Regierungsrat, 1844 pensioniert: Nr. 559

Eichhorn, Ambrosius Hubert Eduard (1769 – 1852), Jurist, 1793 Mitglied des Schöffengerichts in Trier, dann Gerichtsschreiber am Appellhof, Substitut des Generalprokurators, 1806 Richter, 1811 Generalprokurator in Hamburg, 1814 beim preußischen Revisionshof in Koblenz und 1819 Oberjustizrat beim Revisions- und Kassationshof in Berlin, 1832 Mitglied des Staatsrats: Nr. 344, 912

Eichhorn, Johann Gottfried (1752 – 1827), Theologe, Orientalist, Literaturhistoriker, 1775 Professor in Jena und 1788 in Göttingen: Nr. **799**, 820, 848

Eichler von Auritz, Friedrich Kasimir Elias (1768 – 1829), preußischer Militär, Landwirt, 1788 Leutnant, 1791 Abschied und Kauf des Rittergutes Aweyden bei Königsberg, 1815 Hauptmann und Adjutant, 1816 Adjutant des Kriegsministers Hermann von Boyen, 1817 Major, 1819 Adjutant des Kriegsministers Albrecht Georg Ernst Karl von Hake, zuletzt Chef der Remonte-Depots westlich der Weichsel: Nr. 344, 912

Eichstädt, Heinrich Karl Abraham (1772 – 1848), Philologe, 1795 Professor in Leipzig, 1797 in Jena, 1804 auch Oberbibliothekar, 1804 – 1840 Herausgeber der »Jenaischen Allgemeinen Literaturzeitung« (JALZ): Nr. 11, 168, **372**, 515, 756, **771**, 813, 850

Eilers, Gerd (1788 – 1863), Pädagoge, 1817 Lehrer in Bremen, 1819 Gymnasialdirektor in Kreuznach, 1833 Schul- und Regierungsrat in Koblenz, 1840 – 1848 im Kultusministerium in Berlin, 1841 Geheimer Regierungsrat und 1843 Vortragender Rat, um 1848 – 1857 Leiter der Erziehungsanstalt auf dem Rittergut Freiimfelde bei Halle: Nr. 800

Einsiedel, Charlotte Sophie Gräfin von (1769 – 1855), Priorin der Brüdergemeine in Herrnhut, Tochter des kursächsischen Kabinettsministers Graf Johann Georg Friedrich E.: Nr. 302

Einsiedel (E.-Scharfenstein), Friedrich Hildebrand von (1750 – 1828), Jurist, Beamter, Schriftsteller und Übersetzer in Weimar, 1763 Page, 1770 Regierungsassessor und 1773 -rat, 1775 Assessor am Hofgericht in Jena und Hofrat, 1776 Kammerherr, 1802 Geheimer Rat und Oberhofmeister der Herzogin Anna Amalia und 1807 von Herzogin Luise, 1817 – 1824 Präsident des Oberappellationsgerichts in Jena, Sohn des sachsen-gothaischen Hofrats und Präsidenten der Kammer in Altenburg August Hildebrand von E.: Nr. 642

Elci (D'Elci, Pannocchiéschi d'Elci), Angelo Maria d' (1754 – 1824), italienischer Altphilologe und Bibliophiler, seit 1804 in Wien: Nr. 6/383a+

Elgin and Kincardine, Thomas Bruce Earl of: s. Bruce, Thomas

Elkan, Israel Julius (1777 – 1839), Kaufmann und Bankier in Weimar, seit 1833 Hofbankier, Sohn des Kaufmanns und Hoffaktors Jakob E.: Nr. 14, 238, 687, 953

Eller-Eberstein (bis 1819: Eller), Karl Christian Heinrich Wilhelm von (1779 – 1834), preußischer Militär, um 1823 Major, zuletzt Oberstleutnant: Nr. 189

Elliotson, John (1791 – 1868), englischer Mediziner, Magnetopath, 1822 Arzt in London, 1831 – 1838 Professor an der Universität: Nr. 467

Emmerling, Ludwig August (1765 – 1842), Mineraloge, Privatdozent in Gießen, 1783 Bergmeister in Thalitter, 1821 Rat bei der Oberfinanzkammer in Darmstadt: Nr. 926

Emmert, Ludwig (um 1785 – 1848), Stecher in München, zuletzt Graveur bei der Steuerkataster-Kommission: Nr. 428

Ende, Franziska Albertine Henriette von, (1822:) legit. von E. (1808 – 1886), Tochter von Friedrich Albrecht Gotthilf von E. und Christiane Friederiziane Wegener, seit 1827 verh. mit dem preußischen Offizier Friedrich Heinrich Moritz Dewitz von Woyna: Nr. 431

Ende, Friedrich Albrecht Gotthilf (Gotthelf) von (1765 – 1829), Militär in hannoverschen, belgischen und 1803 – 1808 sowie seit 1813 in preußischen Diensten, 1808 Kammerherr und 1809 – 1813 Hofmarschall am erbprinzlichen Hof in Weimar, 1813 Oberstleutnant in Blüchers Hauptquartier, 1815 Kommandant von Köln, Generalmajor, 1815 – 1820 Landwehrinspekteur in Köln, zuletzt Generalleutnant, seit 1825 in Berlin lebend: Nr. 431, 632, 1042

Engau, Christian Wilhelm Lorenz: s. Schwabe

Engel, Johann Jakob (1741 – 1802), Schriftsteller, Übersetzer, Gymnasialprofessor und Prinzenerzieher in Berlin, 1787 – 1794 Mitdirektor des späteren Nationaltheaters: Nr. 93

Engelhardt, Johann Heinrich (1792 – 1858), Musiker, Pädagoge, seit 1819 Musiklehrer in Soest: Nr. 399

Engelmann, Joseph; Verlagsbuchhandlung und Druckerei in Heidelberg, 1812 hervorgegangen aus dem Verlag Mohr & Zimmer, bis 1839 im Besitz von Joseph E. (1783 – 1845): Nr. 777

Engels, Wilhelm (1785 – 1853), Kupferstecher, Schreib- und Zeichenlehrer in Brühl, 1821 in Bonn und seit 1831 in Köln: Nr. 73

England, Heinrich IV. König von (1367 – 1413), seit 1399 König: Nr. 851

England, Karl I. König von (1600 – 1649), seit 1625 König, auch König von Schottland und Irland: Nr. 77

England, Wilhelm I. der Eroberer König von (1027/28 – 1087), seit 1066 König, seit 1035 als Wilhelm II. Herzog der Normandie: Nr. 31

Ennemoser, Joseph (1787 – 1854), Mediziner, Magnetopath, 1807 – 1809 Student in Innsbruck, 1809 Schreiber und Adjutant von Andreas Hofer, 1819/20 Professor in Bonn, 1837 in Innsbruck, 1841 Arzt in München: Nr. 298

Ephraim, Veitel Heine (1703 – 1775), Hofjuwelier und Münzmeister in Berlin, Großvater u. a. von Sophie von Grotthuß und Marianne von Eybenberg: Nr. 790

Epikur(os) (342/41 – 271/70 v. Chr.), griechischer Philosoph: Nr. 505

Erben, Joseph (seit 1789:) von (um 1779 – nach 1830), österreichisch-böhmischer Beamter, Gubernialrat, seit 1818 Kreishauptmann im Elbogener Kreis und Burgverweser in Eger, Sohn des Hofrats Johann Joseph (von) E.: Nr. 264

Erfurdt, Karl Gottlob August (1780 – 1813), Philologe, Pädagoge, Herausgeber, 1801 Gymnasiallehrer in Merseburg, 1807 Konrektor, 1810 Professor in Königsberg: Nr. 148

Ermer, Johann Christian Gottlieb (1786 – 1855), Kupferstecher in Weimar: Nr. 618, 701, 753, 1022

Ernesti, Johann Heinrich Gottfried (1664 – 1723), Buchdrucker in Nürnberg, Faktor, dann Leiter der Handlung Johann Andreas Endter sel. Söhne: Nr. 193

Ernestiner: s. Sachsen (Ernestiner, die Häuser)

Erwin von Steinbach (um 1240 – 1318), Baumeister: Nr. 573

Eschwege, Wilhelm Ludwig Karl von (1777 – 1855), Bergmann, Geologe, Geograph, 1801 Bergassessor in Richelsdorf (Wildeck) in Hessen, 1802 Direktor einer Eisenhütte in Portugal, 1807 portugiesischer Hauptmann, 1810 in Brasilien, Generaldirektor der gewerkschaftlichen Goldbergwerke und Gründer weiterer bergmännischer Unternehmungen, 1821 in Deutschland, 1823 wieder in Portugal, 1824 als Oberberghauptmann und Genieoberst Chef des Montanwesens, 1830 Rückkehr nach Hessen, Gründer eines Unternehmens zur Goldgewinnung in der Eder, 1834 wieder nach Portugal berufen, 1850 Rückkehr nach Deutschland: Nr. 13, 44, 260, **740**, 1015, 1038, **1049**

Esterházy von Galántha, Nikolaus (Miklós) Fürst (1765 – 1833), seit 1796 Fürst, österreichisch-ungarischer Militär, Kunstmäzen: Nr. 427

Eton, William (erw. 1795 – 1816), englischer Kaufmann, Diplomat, um 1770 in Vorderasien, um 1776 russischer Konsul in Konstantinopel, um 1790 in britischen Diensten in St. Petersburg, 1800/01 Superintendent des Lazaretts und des Gesundheitswesens in Malta, 1802 in England: Nr. 281

Euler, Leonhard (von) (1707 – 1783), Schweizer Mathematiker und Physiker, seit 1766 in St. Petersburg: Nr. 487

Eunicke (Eunike), Johanna Christiana Friederika (1798 – 1856), Sängerin in Berlin, Tochter der Sänger und Schauspieler Johann Friedrich und Therese E., Schwester von Katharina E., seit 1826 verh. mit dem Maler Franz Krüger: Nr. 51, 549

Eunicke (Eunike), Katharina Friederike Dorothea Bernhardine (1804 – 1842), Sängerin und Schauspielerin, 1824 am Königsstädtischen Theater in Berlin, 1830 in Bremen und 1841 in Schwerin, Schwester von Johanna E., seit 1829 verh. mit dem Violinisten Heinrich Kaspar Alexander Mühlenbruch: Nr. 1009

Euripides (um 485/80 – 407/06 v. Chr.), griechischer Tragödiendichter: Nr. 46, 148, 257, 270, 408, 801, 825, 930

Eveillé l': s. Leveillé

Eybenberg, Karoline Esperance Marianne von, geb. Meyer (1770 oder 1775/76 bis 1812), Salonière in Berlin und Wien, Tochter von A(a)ron Moses und Rösel Meyer in Berlin, seit 1797 heimlich verh. mit Prinz Heinrich XIV. von Reuß-Greiz, 1799 verw., führte seitdem den Namen von E. und lebte vorwiegend in Wien, Schwester von Sophie von Grotthuß: Nr. 574

Eyck, Hubert van (gest. 1426), niederländischer Maler, (?) älterer Bruder von Jan van E.: Nr. 422, 735

Eyck, Jan van (um 1390 – 1441), niederländischer Maler: Nr. 276, 422, 679, 735

Faber, Karl Gottfried Traugott (1786 – 1863), Maler, Zeichner, Radierer und Lithograph in Dresden: Nr. 412

Fabricius, Anna Elisabeth (1766 – 1841), seit 1812 Vorsteherin des Schwesternchores in Herrnhut: Nr. 302

Facius, Friedrich Wilhelm (1764 – 1843), Medailleur, Graveur, Stein- und Stempelschneider, seit 1788 in Weimar, 1829 Hofmedailleur: Nr. 520

Fährmann, C. (erw. 1824), Medailleur: Nr. 930

Färber, Johann Michael Christoph (1778 – 1844), 1804 Diener im Hause Wilhelm von Wolzogens und 1810 bei Karoline von Heygendorff in Weimar, 1814 Nachfolger seines Bruders David F. als Bibliotheks- und Museumsschreiber in Jena: Nr. **75**, 98, **158**, 185, **564**, 626, 693, 1057, **1060**

Falckmann (Frau) (erw. 1824), in Berlin: Nr. 800

Falconi, Marcantonio (gest. 1556), italienischer Theologe, seit 1545 Bischof von Cariati und Cerenza: Nr. 221

Falger, Johann Anton (1791 – 1876), österreichischer Maler, Radierer, Lithograph und Heimatforscher, 1808 – 1831 vorwiegend in München, 1819 – 1821 in Weimar, 1831 Rückkehr nach Tirol: Nr. 428

Falk, Johannes Daniel (Ps. Johannes von der Ostsee) (1768 – 1826), Schriftsteller, Pädagoge, seit 1797 in Weimar, 1807 Legationsrat, 1813 Gründer der »Gesellschaft der Freunde in der Not«: Nr. 747, **778**

Fasch, Karl Friedrich Christian (1736 – 1800), Musiker, Komponist, 1791 Gründer der Berliner Singakademie: Nr. 514

Fatouville, Anne Mauduit de (Nolant de F.) (gest. 1715), französischer Schriftsteller, Dramatiker: Nr. 556

Faujas de Saint-Fond, Barthélemy (1741 – 1819), französischer Geologe, Vulkanologe, seit 1793 Professor am Muséum national d'histoire naturelle in Paris: Nr. 221

Fauriel, Charles Claude (1772 – 1844), französischer Schriftsteller, Übersetzer, Philologe, Historiker, seit 1830 Professor in Paris: Nr. 281, 828, 830, 835, 851, 1078

Fay: s. Du Fay

Fellner, Ferdinand August Michael (1799 – 1859), Jurist, Zeichner und Maler, 1825 kurzzeitig Advokat in Frankfurt am Main, dann Maler in München und 1831 in Stuttgart, Sohn des Frankfurter Bankiers Johann Christian F.: Nr. 1084

Felsing, Johann Heinrich (1800 – 1875), Kupferdrucker in Darmstadt, Sohn des Kupferstechers und -druckers Konrad F.: Nr. 73

Fenner, Friedrich Christoph (1767 – 1813), zuletzt Friedensrichter in Homberg/Efze, Vater von Wilhelm F.: Nr. 776

Fenner, Georg Wilhelm (1801 – 1830), Schriftsteller, u. a. 1815 Soldat in preußischen Diensten, 1818 Medizinstudent in Leipzig, 1820 als österreichisch-ungarischer Husar in Neapel und Mailand, 1823 wieder in Hessen, zuletzt Sprachlehrer und Übersetzer ins Italienische in Kassel: Nr. **776**

– ; dessen Ehefrau: Nr. 776

Fenner, Johann Heinrich (Henrich) Christoph Matthias, (seit 1821:) F. von Fenneberg (1775 – 1849), Mediziner, seit 1796 Arzt in Schwalbach, 1802 Landphysikus, 1802 Hofrat und Badearzt in Schlangenbad, 1813 Geheimer Medizinalrat, 1816 Geheimer Rat, 1817 auch Badearzt in Schwalbach: Nr. 858

Fenner, Karoline Friederike Katharina Antoinette (geb. 1824), Tochter von Wilhelm F.: Nr. 776

Fenner, Karoline Regine Charlotte, geb. Wüst(e) (um 1776 – 1813), verh. mit Friedrich F., Mutter von Wilhelm F.: Nr. 776

Férussac, André Étienne Just Pascal Joseph François D'Audebard de (1786 – 1836), französischer Naturforscher, Offizier und Verwaltungsbeamter, 1804 Unterleutnant, 1811 Entlassung im Kapitänsrang, 1812 Unterpräfekt in Oloron, 1814 Bataillonschef, 1815 zeitweise Unterpräfekt in Compiègne, 1816 stellvertretender Abteilungsleiter und 1817 Abteilungsleiter im Generalstab, 1818 – 1819 Professor der Geographie und Statistik an der Schule des Generalstabs, dann Anstellung im Depot de la guerre, seit 1823 als Chef des Büros für Statistik des Auslands: Nr. **678**, 1054

Fichte, Johann Gottlieb (1762 – 1814), Philosoph, 1794 Professor in Jena, 1799 entlassen, dann vorwiegend in Berlin, 1805 Professor in Erlangen und 1806 in Königsberg, seit 1807 in Berlin, 1810 Professor, 1811 – 1812 Rektor der Universität: Nr. 1078

Fiedler, Emil Gustav Frohmuth (1800 – 1837), Jurist, Schriftsteller, Dramatiker, 1819 Student der Philosophie und dann der Jurisprudenz in Königsberg, zuletzt Justizkommissar in Stallupönen in Ostpreußen: Nr. **684**

Fiesole, Giovanni da (Johann von): s. Angelico

Figino, Girolamo (um 1520 – nach 1568), italienischer Maler und Zeichner: Nr. 77

Fikentscher, Georg Friedrich Christian (1799 – 1864), Chemiker, Fabrikant, 1837 bis 1848 Mitdirektor der von seinem Vater gegründeten chemischen Fabrik in Redwitz (Marktredwitz), 1845 Gründer einer Glas- und Chemiefabrik in Zwickau, 1848 Übersiedlung dorthin, zeitweise Stadtrat und seit 1854 sächsischer Landtagsabgeordneter: Nr. 262, **266**, 309, 640, 723

Fikentscher, Wolfgang Kaspar (1770 – 1837), Chemiker und Politiker, 1788 Gründer einer Chemiefabrik in Redwitz (Marktredwitz), 1806 Mitglied des Magistrats und 1809 – 1824 Bürgermeister, 1828 Abgeordneter der bayerischen Ständeversammlung, Vater von Friedrich Christian F.: Nr. 266, 309

Finck von Finckenstein, Wilhelm Leopold Friedrich Graf von (1792 – 1877), preußischer Militär, 1813 Sekonde- und 1817 Premierleutnant, Januar 1824 Rittmeister und Kompaniechef, 1838 Major, 1842 Stabsoffizier, 1843 Flügeladjutant von König Friedrich Wilhelm IV., 1844 Oberstleutnant, 1851 Abschied als Generalmajor, 1863 Generalleutnant: Nr. 559

Firuzabadi (Muhammad ibn Yakub al-F.) (1329 – 1414/15), arabischer Lexikograph: Nr. 932

Fischer, Johann Friedrich Nikolaus (Friedrich Johannes Nikolaus) (geb. 1800), Chemiker, seit 1818 Student in Greifswald, Sohn des Mathematikers Johann Karl F., Patenkind von Johann Georg Lenz: Nr. 140

Fischer, Johann Georg (erw. um 1805 – 1822), sächsischer Soldat, um 1820 Unterkanonier in Dresden: Nr. 848

Flatters, Jean Jacques (Johann Jakob) (1784 – 1845), deutsch-französischer Bildhauer, Zeichner und Illustrator: Nr. 989, 1041, 1067, 1068

Flaxman, John (1755 – 1826), englischer Bildhauer: Nr. 559, 853, 950

Fleischmann, Ernst August (1778 – 1847), Buchhändler und Publizist in München: Nr. 308

Fleischmann, Friedrich (1791 – 1834), Stecher, Zeichner und Maler in Nürnberg und seit 1831 in München, um 1823 zweiter Direktor des Vereins von Künstlern und Kunstfreunden in Nürnberg: Nr. 351

Fleischmann, Peter (erw. 1823), Fuhrmann in Eger: Nr. 455, 470, 480, 485

Flemming, Johann Friedrich August Detlef (Detloff) Graf von (1783/85 – 1827), preußischer Diplomat, 1817 Gesandter in Rio de Janeiro, 1824 Gesandter in Neapel, Neffe des Fürsten Karl August Hardenberg: Nr. 344, 512

Fletcher, John (1579 – 1625), englischer Dramatiker: Nr. 744

Flies (Fließ), Eleonore (Lea), geb. Eskeles (1752 – 1812), Schwester des Wiener Bankiers Bernhard (von) Eskeles, verh. mit dem Berliner Kaufmann Meyer F., nach kurzer Zeit von ihm getrennt und in Wien lebend, 1782 aus Wien verbannt, 1802 Rückkehr nach Wien: Nr. 6/383a+

Flinck, Govaert (1615 – 1660), niederländischer Maler: Nr. 422

Flöckher, Gottfried Adolf Wilhelm (1784 – 1858), Jurist, hannoverscher Beamter, Justiz- und Konsistorialrat in Hildesheim, 1818 Oberappellationsgerichtsrat in Celle, 1853 pensioniert: Nr. 837

Flörke, Heinrich Gustav (1764 – 1835), Botaniker, seit 1816 Professor in Rostock: Nr. 438

Flotow, Adam Ernst Ferdinand von (1761 – 1840), preußischer Militär, 1776 im 2. Kürassierregiment, 1793 als Premierleutnant verabschiedet, 1805 – 1814 Stiftshauptmann im Kloster zum Heiligengrabe (Prignitz), Vater von Albertine von F.: Nr. 751

Flotow, Albertine Johanna Sophie Juliane Elisabeth von, geb. von Platen (1770 – 1846), seit 1789 verh. mit Adam Ernst Ferdinand von F., Mutter der Schriftstellerin Albertine von F.: Nr. 689, 751

Flotow, Christiane Dorothea Friederike Albertine von (1790 – 1849), Schriftstellerin, Konventualin des Klosters Dobbertin, Tochter von Ernst und Albertine Johanna Sophie Juliane Elisabeth von F.: Nr. 371, **689**, 698, **715**, **751**

Förster, Friedrich Christoph (1791 – 1868), Schriftsteller, Publizist, 1809 Theologiestudent in Jena, 1813 Jäger im Lützow'schen Freikorps, 1817 Lehrer an der Artillerieschule in Berlin, 1819 entlassen, 1829 Hofrat und Kustos am königl. Museum, Bruder des Malers, Kunstschriftstellers und Publizisten Ernst F.: Nr. 173, 188, 350, **358**, 518, 801, **898**, 1003

Förster, Laura Elisa, geb. Gedike (1799 – 1864), Tochter von Friedrich Gedike, seit 1818 verh. mit Friedrich F., Schwester von Rose Horn: Nr. 358, 518

Fontana, Domenico (1543 – 1607), Schweizer Stukkateur, Baumeister, in Rom und Neapel: Nr. 319

Forcade de Biaix, Friedrich Wilhelm Leopold Konstantin Quirin von (1784 – 1840), preußischer Militär, 1804 Kammerherr, 1813 Hauptmann, 1822 – 1823 Direktor des Theaters in Breslau: Nr. 188

Forkel, Johann Nikolaus (1749 – 1818), Musikwissenschaftler, Bach-Forscher, 1779 – 1815 Universitätsmusikdirektor in Göttingen: Nr. 461

Forssell, Christian Didrik (1777 – 1852), schwedischer Stecher, Zeichner und Graveur, 1806 – 1816 in Paris, seit 1817 Professor an der Akademie in Stockholm: Nr. 71

Fortis, Alberto (eigentl. Giovanni Battista) (1741 – 1803), italienischer Geistlicher, Reiseschriftsteller, Naturforscher: Nr. 835

Foscolo, Ugo (eigentl. Niccolò) (1778 – 1827), italienischer Schriftsteller und Literaturwissenschaftler, Offizier der Cisalpinischen Republik, u. a. in Mailand lebend, um 1805 Professor in Pavia, 1815 – 1817 in der Schweiz, dann in England: Nr. 853, 950

Fouché, Joseph (1759 – 1820), französischer Politiker, 1799 – 1802, 1804 – 1810 und 1815 Polizeiminister, seit 1809 Herzog von Otranto, 1816 amtsenthoben, zuletzt in Prag und Triest lebend: Nr. 1028

Fouqué, Friedrich Heinrich Karl de la Motte-[F.] (1777 – 1843), Schriftsteller, vorwiegend in Berlin und auf dem Rittergut Nennhausen bei Rathenow lebend: Nr. 54, **144**, 173, 512, 514, 554, 851

Fouqué, Karoline Philippine de la Motte-[F.], geb. von Briest, verw. von Rochow (1775 – 1831), Schriftstellerin, Tochter aus Philipp Friedrich Wilhelm August von Briests (erster) Ehe mit Karoline Wilhelmine von Zinnow, gesch. Gräfin von der Schulenburg, 1792 – 1799 verh. mit Friedrich Ehrenreich Adolf Ludwig Rochus von Rochow, seit 1803 zweite Ehefrau von Friedrich de la Motte-[F.]: Nr. 144, 512, 524

Fouqué, Marie Luise Karoline de la Motte-[F.] (1803 – 1864), Tochter von Karoline und Friedrich de la Motte-F.: Nr. 512

Fraas, Georg (erw. 1824), Pharmazeut, Mediziner, Naturwissenschaftler, bis 1824 Provisor einer Apotheke in Hofgeismar, zuletzt Arzt in Russland: Nr. 693

Fränckel, Joseph Maximilian (1788 – 1857), Bankier in Berlin: Nr. 1009

Fränzel (Mademoiselle) (erw. 1824), in Berlin, Nichte von Karl Friedrich Zelter: Nr. 524

Franck (Francke), Johann Friedrich (um 1777 – nach 1835), Maler und Zeichenlehrer in Berlin: Nr. 20

Frank (erw. 1824), Doktor in Berlin: Nr. 912

Franke, Johann Michael Bernhard (1779 – 1837), Bibliotheksangestellter in Weimar, 1805 Schreiber, 1810 auch Gehilfe, 1822 Kanzlist, zuletzt Bibliotheksregistrator: Nr. 648

Franklin, John (1786 – 1847), englischer Seeoffizier und Arktisforscher: Nr. 993

Frankreich, Franz I. König von (1494 – 1547), seit 1515 König: Nr. 735

Frankreich, Heinrich IV. König von (1553 – 1610), seit 1589 König: Nr. 735, 851

Frankreich, Joséphine, geb. Marie Josèphe Rose Tascher de La Pagerie, verw. Vicomtesse de Beauharnais (1763 – 1814), 1779 – 1794 verh. mit dem General Alexandre François Marie Vicomte de Beauharnais, seit 1796 verh. mit Napoleon Bonaparte, 1804 Kaiserin der Franzosen, 1809 gesch., Mutter von Eugène de Beauharnais: Nr. 59

Frankreich, Ludwig XIV. König von (1638 – 1715), seit 1643/61 König: Nr. 735
Frankreich, Ludwig XVI. König von (1754 – 1793), seit 1774 König: Nr. 59
Frankreich, Ludwig XVIII. König von (1755 – 1824), seit 1814 König: Nr. 282, 581, 941
Frankreich, Marie Louise Kaiserin: s. Parma, Piacenza und Guastalla
Frankreich, Napoleon I. B(u)onaparte Kaiser: s. Bonaparte, Napoleon
Fraser, James Baillie (1783 – 1856), schottischer Forschungsreisender und Zeichner: Nr. 573
Fraunhofer, Joseph (seit 1824:) von (1787 – 1826), Optiker, seit 1823 Professor in München: Nr. 696
Frege & Co.; Handels- und Bankhaus in Leipzig, 1739 gegründet von Christian Gottlob F. (I) (1715 – 1781), 1781 fortgeführt von dessen Sohn Christian Gottlob F. (II) (1747 – 1816) und 1815 u. a. von dessen Söhnen Christian Gottlob F. (III) (1778 bis 1855) und Christian Ferdinand F. (1780 – 1821) sowie deren Schwager Christian Adolf Mayer (1775 – 1843), seit 1785 unter obiger Firma; weitere Teilhaber u. a. seit 1795 Christoph Heinrich Ploß (1757 – 1838) und seit 1828 Christian Adolf Meyer d. J. (1802 – 1875): Nr. **14, 238, 500, 687, 953**
Freidank (gest. 1233), Spruchdichter: Nr. 189
Freiesleben, Johann Karl (1774 – 1846), Geologe, Mineraloge, 1800 Bergkommissionsrat in Eisleben, 1808 in Freiberg, u. a. Mitglied der Gewerkschaftsdeputation, Beisitzer des Oberberg- und Hüttenamts und Kommissar für die technische Leitung der Meißner Porzellanmanufaktur, 1838 – 1842 Berghauptmann, Freund Alexander von Humboldts: Nr. 487
Freising, Otto von: s. Otto von Freising
Frenzel, Franz Christoph (1770 – 1840), Pädagoge, Rektor in Soest, dann Gymnasialprofessor und -direktor in Eisenach, seit 1820 Konsistorialrat: Nr. 599
Fresnel, Augustin Jean (1788 – 1827), französischer Physiker, seit 1823 Mitglied der Akademie der Wissenschaften in Paris: Nr. 498
Freyberg-Eisenberg, Maximilian (Max) Prokop von (1789 – 1851), Jurist, Archivar, Historiker, Schriftsteller, 1810/11 – 1847 im bayerischen Staatsdienst, 1816 ins Geheime Hausarchiv nach München berufen, 1824 Ministerialrat im Innenministerium, 1825 Vorstand des Reichsarchivs, 1837 auch Mitglied des Staatsrats, 1824 Mitglied und 1842 – 1848 Präsident der Akademie der Wissenschaften: Nr. **234**, 269, 357
Freycinet, Louis Claude de Saulces de (1779 – 1842), französischer Geologe und Mineraloge, Forschungsreisender, Kartograph, um 1800 im Marinedienst, 1817 – 1820 Weltumsegelung: Nr. 956, 957
Freylinghausen, Johann Anastasius (1670 – 1739), Theologe, Liederdichter und -komponist, Direktor des Waisenhauses in Halle: Nr. 653
Frick, Georg Friedrich Christoph (1781 – 1848), Chemiker, Porzellanfabrikant in Berlin, 1797 Vizearkanist, 1821 Mitdirektor und 1832 Direktor der Porzellanmanufaktur (KPM), 1821 Bergrat, 1827 Geheimer Bergrat, 1842 Geheimer Oberbergrat: Nr. **398**
Frick, Johann Friedrich (1774 – 1850), Kupferstecher in Berlin, seit 1808 Professor an der Akademie: Nr. 67, 423, 1037
Friederici, Joseph (erw. 1804 – 1844), Orgelbauer in Hildesheim: Nr. 399
Friedrich I. Barbarossa (um 1122 – 1190), seit 1155 römisch-deutscher Kaiser: Nr. 779, 1003
Friedrich, Kaspar David (1774 – 1840), Maler, seit 1798 in Dresden, 1816 Mitglied der Kunstakademie, 1824 Professor, 1805 Teilnehmer an der Preisaufgabe für bildende Künstler in Weimar: Nr. 412

Fries, Adelheid (Adele), geb. Spitzeder (1793 – 1873), Schauspielerin, 1804 – 1806 in Regensburg, 1808 – 1816 in Nürnberg, 1820 – 1846 Hofschauspielerin in München, 1815 – 1833 erste Ehefrau des Malers, Kostümbildners, Sängers und Schauspielers Johann Georg Christoph F., Schwester von Joseph Spitzeder: Nr. 399

Fries, Jakob Friedrich (1773 – 1843), Philosoph, Naturwissenschaftler und Mathematiker, 1801 Privatdozent der Philosophie in Jena, 1803 – 1804 Reisen, 1805 Professor in Jena und seit Sommer 1805 in Heidelberg, 1816 wieder in Jena, 1819 amtsenthoben, 1824 Professor für Mathematik und Physik und 1838 wieder für Philosophie: Nr. 511

Fritsch, Ernst Julius (erw. 1819 – 1826), um 1819 Postsekretär in Eisenach, 1821 und noch 1826 Postverwalter in Jena: Nr. 466

Fritsch, Friedrich August von (1768 – 1845), Beamter in Weimar, 1788 Hof- und Jagdjunker, u. a. 1792 Kammerassessor und 1802 -rat, 1817 Geheimer Kammerrat, 1823 Kammerdirektor, 1793 Kammerjunker und 1801 Kammerherr, 1794 Oberforstmeister, seit 1807 Chef des Forstdepartements Weimar, 1828 auch Oberjägermeister, Sohn des Präsidenten des Geheimen Konsiliums Jakob Friedrich von F. und Bruder von Karl Wilhelm von F.: Nr. 269, 962

Fritsch, Karl Wilhelm Gerhard von (1769 – 1851), Beamter in Weimar, 1789 – 1807 Mitglied der Regierung, 1793 Regierungsrat, 1802 Vorsitzender der Generalpolizeidirektion, 1807 – 1815 Präsident des Landespolizeipräsidiums und 1814 – 1818 des Landschaftskollegiums, 1810 – 1815 Mitglied des Geheimen Konsiliums, 1814 Geheimer Rat, 1815 – 1843 Staatsminister, Bruder von Friedrich August von F.: Nr. 175, 267, 791, 796

Fritsch, Konstanze (seit 1790:) Gräfin von (1781 – 1858), 1806 Hofdame Maria Pawlownas von Sachsen-Weimar, 1828 Oberhofmeisterin, Tochter von (Graf) Karl Abraham von F.: Nr. 123

Froberger, Johann Jakob (1616 – 1667), Organist und Komponist: Nr. 653

Frohberg-Montjoye: s. Montjoye

From, Maria Sophia Walburga, geb. Püttmann (1796 – 1867), Tochter des Medizinalrats Franz Joachim Püttmann in Hildesheim, seit 1816 verh. mit dem preußischen Militär Friedrich Wilhelm Theodor F.: Nr. 518

Fromm, Friedrich Ernst Karl (1776 – 1846), Jurist, 1800 Assessor am Hof- und Landgericht in Güstrow, 1818/19 Oberappellationsgerichtsrat in Parchim, um 1840 Vizepräsident des Oberappellationsgerichts in Rostock: Nr. 3

Frommann, Alwina (Albina) Sophia (1800 – 1875), Malerin, Illustratorin, in Jena und 1838 – 1872 in Berlin, zuletzt in Weimar, Gesellschafterin im Hause von Karl vom Stein zum Altenstein, 1843 Zeichenlehrerin und Vorleserin der Kronprinzessin Augusta von Preußen, geb. Prinzessin von Sachsen-Weimar, Tochter von Karl Friedrich Ernst und Johanna F.: Nr. 30, 35, 46, 601, 618, 622, 635, 701

Frommann, Friedrich Johannes (1797 – 1886), Verlagsbuchhändler in Jena, 1823 Associé und 1837 Nachfolger seines Vaters Karl Friedrich Ernst F.: Nr. 247, 591, 601, 618, 622, 635, 753, 1011

Frommann, Johanna Charlotte, geb. Wesselhöft (1765 – 1830), Miniaturmalerin, Tochter des Gymnasiallehrers Johann Georg Wesselhöft in Hamburg, Schwester von Sophie Bohn sowie Elisabeth und Johann Karl Wesselhöft, seit 1792 verh. mit Karl Friedrich Ernst F., Mutter von Alwina und Friedrich Johannes F.: Nr. 30, 35, 46, 132, 379, 461, 601, 618, 626, 635, 673, 701

Frommann, Karl Friedrich Ernst (1765 – 1837), Verlagsbuchhändler, seit 1798 in Jena, vorher in Züllichau, Mitinhaber der Druckerei F. & Wesselhöft: Nr. 30, 35, 46, 59, 78, 244, 247, 255, 269, 276, 430, 496, 553, 601, 618, 622, 626, 635, 669, 673, 701, 733, 753, 763, 807, 1053, 1062
– ; dessen Familie: Nr. 276, 430, 553, 669, 753
Frommann & Wesselhöft; Druckerei in Jena, im Besitz von Friedrich F. und Johann Karl Wesselhöft: Nr. 458, 1053, 1062
Froriep, Ludwig Friedrich (seit 1810:) von (1779 – 1847), Mediziner, Verlagsbuchhändler, 1800 Unterdirektor der Entbindungsanstalt in Jena und 1801 Professor, 1804 bis 1806 in Halle, dann in Tübingen, 1814 Leibarzt in Stuttgart, 1816 Obermedizinalrat in Weimar, 1820 Teilhaber des Landes-Industrie-Comptoirs und 1822 – 1844/45 dessen Inhaber, Schwiegersohn von Friedrich Justin Bertuch: Nr. 11, 57, 176, 180, 195, 626, 747, 936
Frühauf (Früauff), Johann Christian Karl Heinrich (1759 – 1823), Kaufmann in Jena, Neffe von Christiane Johanne Pfündel und deren Associé in dem Handelsgeschäft Pfündels Witwe: Nr. 70
Fuchs, Johann Friedrich (1774 – 1828), Mediziner, Anatom, 1803 Privatdozent in Jena, 1804 Professor in Würzburg, 1805 in Jena, auch Vorsteher des anatomischen Museums: Nr. 437
Fuchs, Johann Heinrich Ludolf (um 1780 – 1841), Konditor in Berlin: Nr. 512, 518
Fuchs, Johann Nepomuk (seit 1849:) von (1774 – 1856), Chemiker, Mineraloge, Mediziner, 1805 Lehrer und 1807 Professor in Landshut, 1823 Konservator der mineralogischen Sammlungen und 1826 Professor in München, 1835 Oberberg- und Salinenrat, 1852 als Geheimer Rat pensioniert: Nr. 455
Fürnstein, Anton (1783 – 1841), Schriftsteller in Falkenau in Böhmen: Nr. 220, 614
Fürstenberg (fürstliches Geschlecht): Nr. 1028
Füßli (Füeßli, Füßlin), Johann (Hans) Heinrich (genannt Obmann F.) (1745 – 1832), Schweizer Historiker, Politiker, Verleger, Sohn des Malers und Kunsthistorikers Johann (Hans) Rudolf F. d. J.: Nr. 853
Füßli (Füeßli, Füßlin), Johann Heinrich d. J. (Henry Fuseli) (1741 – 1825), Schweizer Maler und Schriftsteller, seit 1764 in England, 1770 – 1778 in Rom: Nr. 853, 950
Funk, Gottfried Benedikt (1734 – 1814), Pädagoge, Rektor der Domschule in Magdeburg: Nr. 399
Fuseli, Henry: s. Füßli, Johann Heinrich d. J.

Gadolin, Johan (1760 – 1852), finnischer Chemiker, Professor in Turku: Nr. 487
Gagern, Friedrich Balduin Ludwig Karl Moritz von (1794 – 1848), Militär, 1814 Eintritt in niederländische Dienste, 1816 Attaché seines Vaters Hans Christoph von G. beim Bundestag, 1824 – 1825 der Bundesmilitärkommission in Frankfurt am Main zugeteilt, 1826 Major, 1830 Chef des Generalstabs, 1834 Oberstleutnant, 1840 Oberst, später u. a. Gouverneur von Den Haag, 1848 Generalleutnant, Kommandant der badischen und hessen-darmstädtischen Truppen: Nr. 800
Gagern, Hans Christoph Friedrich Karl Ernst von (1766 – 1852), Politiker, Schriftsteller, Publizist, 1785 – 1787 in zweibrückenschen Diensten und am Reichshofrat in Wien, 1787 nassau-weilburgischer Regierungsrat und 1788 – 1811 leitender Minister sowie oberster Gerichtspräsident, 1801 nassauischer Unterhändler in Paris, 1813 leitender Minister der vier nassauischen Fürstentümer in Dillenburg, 1815 niederlän-

discher Vertreter auf dem Wiener Kongress und 1816 luxemburgischer Gesandter beim Bundestag in Frankfurt am Main, 1818 entlassen, seitdem als Gutsherr in Hornau (Kelkheim) und Monsheim lebend, seit 1820 Mitglied des Landtags in Darmstadt, Vater von Friedrich von G.: Nr. 271, 494

Gaisruck, Karl Kajetan Graf von (1769 – 1846), österreichischer Theologe, 1800 Priesterweihe in Passau, 1801 Titularbischof von Derbe und Weihbischof in Passau, 1818 Erzbischof von Mailand, 1824 Kardinal, Bruder der Gräfin Josephine O'Donell: Nr. 123

Gall, Franz Joseph (1758 – 1828), Mediziner, Anatom, Hirnforscher, 1785 Arzt in Wien, 1805 – 1807 Vortragsreisen durch Deutschland, Dänemark, Holland, die Schweiz und Frankreich, seit 1807 in Paris, Begründer der Schädellehre (Phrenologie): Nr. **5/156a+**

Gallatin, Abraham Alphonse Albert (1761 – 1849), amerikanischer Politiker, Diplomat, Ethnologe und Linguist schweizerischer Herkunft, 1780 Emigration nach Nordamerika, 1781 Professor für französische Sprache an der Harvard Universität, 1789 Abgeordneter des Parlaments in Pennsylvania, 1790 Mitglied des Repräsentantenhauses und 1793 des Senats, 1801 Finanzsekretär, 1813 diplomatische Mission in St. Petersburg und 1814 in Gent, 1816 – 1823 Botschafter in Paris und 1826 – 1827 in London: Nr. 215

Gallitzin, Adelheid Amalia (Amalija Samuilowna Golizyna) Fürstin, geb. Gräfin von Schmettau (1748 – 1806), Schriftstellerin, Mittelpunkt des religiösen Kreises von Münster, Tochter des preußischen Generalfeldmarschalls, Kartographen und Kurators der Akademie der Wissenschaften Samuel von Schmettau, seit 1768 verh. mit dem russischen Gesandten in Den Haag Fürst Dmitri Alexejewitsch G., seit 1774 von ihm getrennt in Scheveningen und seit 1779 in Münster lebend, Schwester des preußischen Topographen Graf Karl Schmettau: Nr. 332

Gallitzin (Golizyn), Wassili Sergejewitsch Fürst (1794 – 1836), russischer Militär und Politiker, 1813 Kommandeur eines Kosakenregiments, 1821 Adjutant Zar Alexanders I., 1836 Staatsrat: Nr. 326

Gallus: s. Bothmer, Georg Gottlieb Ernst Karl Graf von

Gand, Societé Royale des beaux-arts et de littérature de Gand: s. Gent

Gans, Eduard (Elias) (1797/98 – 1839), Jurist, Rechtsphilosoph, Historiker, Publizist, seit 1826 Professor in Berlin, 1819 Mitgründer des Vereins für Kultur und Wissenschaft der Juden und 1821 – 1824 dessen Präsident: Nr. 912

Gansauge, Karl Hermann von (1799 – 1871), preußischer Militär und Militärhistoriker, bis 1812/13 Gymnasiast in Magdeburg, März 1813 Soldat in russischen Diensten, November 1813 preußischer Dragoner, 1814 Sekondeleutnant, 1822 Lehrer am Kadettenkorps in Berlin, 1823 Premierleutnant, 1832 Rittmeister, 1835 Mitglied des Großen Generalstabs und 1836 der Militärstudien-Direktion sowie Lehrer an der Allgemeinen Kriegsschule, 1848 Eskadronchef, 1849 Stabschef und Kommandant von Rastatt, 1850 Oberstleutnant, 1851 Oberst, 1855 Generalmajor und Kommandant von Köln, 1859 Generalleutnant, 1861 pensioniert, Neffe von Graf Lazarus Henckel von Donnersmarck: Nr. **6/524a+**

Garnerin, Elise (um 1791 – 1853), französische Ballonfahrerin, Fallschirmspringerin, Luftakrobatin, Tochter des Ballonfahrers Jean Baptiste Olivier G.: Nr. 622

Garve, Christian (1742 – 1798), Philosoph, Schriftsteller, Buchhändler, vorwiegend in Breslau: Nr. 439

Gau, Franz Christian (1789 – 1853), deutsch-französischer Architekt, seit 1810 in Paris, Studienreisen nach Italien und in den Orient, 1824 – 1828 Direktor einer Architekturschule: Nr. 704

Gaugiran (G. de Nanteuil, G.-Nanteuil), Pierre Charles (1778 – 1836), französischer Schriftsteller, Librettist: Nr. 422

Gebel, Joseph Bernhard August (1772 – 1860), Mediziner, Gutsbesitzer, Verwaltungsbeamter, 1794 Arzt in Frankenstein in Schlesien, 1797 Kreis- und Stadtphysikus, 1803/04 Medizinalrat, 1809 Landrat des Kreises Jauer, 1813/14 Landesdirektor in Heiligenstadt, 1816 – 1825 Regierungsdirektor in Erfurt, danach auf seinen Gütern in Schlesien, zuletzt in Glogau: Nr. 518

Gedike, Friedrich (1754 – 1803), Theologe und Pädagoge in Berlin, 1779 Gymnasialdirektor, 1784 Oberkonsistorialrat, 1787 Mitglied des Oberschulkollegiums, Vater von Laura Förster und Rose Horn: Nr. 751

Gehlen, Adolf Ferdinand (1775 – 1815), Chemiker, Apotheker in Berlin, 1806 Privatdozent und Chemiker am Reil'schen Institut in Halle, 1807 akademischer Chemiker und Mitglied der Akademie der Wissenschaften in München, Herausgeber u. a. des »Journals für die Chemie, Physik und Mineralogie«: Nr. 5/597a+

Geistinger, Joseph (1769 – 1829), Verlagsbuchhändler in Wien: Nr. 420

Gellert, Christian Fürchtegott (1715 – 1769), Schriftsteller, Professor für Poesie, Beredsamkeit und Moral in Leipzig: Nr. 488

Gemmingen (G.-Guttenberg), Elisabeth Sophie von: s. Cotta

Genast (eigentl. Kynast), Anton (um 1764 – 1831), Schauspieler, Sänger, Regisseur, seit 1791 in Weimar, 1817 pensioniert, Vater von Eduard G. und der Sängerin und Schauspielerin Christiane Unzelmann: Nr. 695

Genast, Franz Eduard, (1811:) legit. G. (1797 – 1866), Schauspieler, Sänger, Regisseur und Komponist, 1808 – 1811, 1814 – 1817 und seit 1829 in Weimar, 1817 in Dresden, 1818 in Leipzig, 1828 in Magdeburg, Sohn von Anton G. und Johanna Christiana Naumann: Nr. 695, 969

Genelli, Christoforo (Christoph) Buoncompagno (1800 – 1850), Theologe, Schriftsteller, Weltpriester, dann Regens und Domkapitular in Kulm, 1842 in Innsbruck Eintritt in den Jesuitenorden, seit 1848 in Nordamerika, Professor in St. Louis (Missouri), Sohn des Malers Janus G. und Bruder des Malers B(u)onaventura G.: Nr. 305, 357

Genlis, Stéphanie Félicité Marquise de Sillery Comtesse de, geb. Ducrest de Saint Aubin (1746 – 1830), französische Schriftstellerin, seit 1762 verh. mit Comte Charles Brillart de G.: Nr. 699, 865

Gent (Gand), Societé Royale des beaux-arts et de littérature; 1808 gegründet und 1877 aufgelöst: Nr. 712

Gentz, Friedrich (seit 1804: schwedischer Ritter) (1764 – 1832), Publizist, Beamter, Politiker, 1785 – 1802 im preußischen Staatsdienst, Geheimer expedierender Sekretär im Generaldirektorium in Berlin, um 1793 Kriegsrat, 1802 österreichischer Rat, Reise nach London, bis 1809 in Wien, Böhmen und Dresden lebend, 1810 – 1830 Mitarbeiter Metternichs, 1813 Hofrat, 1814 – 1815 Erster Sekretär auf dem Wiener Kongress, Protokollführer auf den Nachfolgekongressen, Bruder des Architekten Heinrich G.: Nr. 617, 1089

Gérard (seit 1828: Comtesse) de Rayneval, Alexandrine, geb. de Wlode(c)k (1787 – 1859), seit 1811 verh. mit dem französischen Diplomaten François Joseph Maximilien G.: Nr. 514, 549

Gerhard (Meister G.) (um 1210/15 – 1271), Architekt, Dombaumeister in Köln: Nr. 375
Gerhard, Christoph Wilhelm Leonhard (Wilhelm Christoph Leonhard) (1780 bis 1858), Kaufmann, Schriftsteller, Übersetzer und Kunstmäzen in Leipzig, seit 1805 zeitweise Inhaber einer Schnitt- und Modewarenhandlung, seit 1823 sachsen-meiningischer Legationsrat, Sohn des Weimarer Galanteriewarenhändlers Johann Friedrich G.: Nr. 899
Gerhardt, Paul(us) (1607 – 1676), Theologe, Liederdichter: Nr. 692
Germar, Ludwig Friedrich August von (1787 – 1842), sachsen-weimarischer Militär, 1809 Hauptmann, 1823 Major, 1840 Obristleutnant, zuletzt Oberst, auch Kammerherr, Adjutant Karl Augusts, Sohn des Offiziers Friedrich Ludwig von G.: Nr. 641, 648
Gernhardt, Johann Christian (gest. nach 1834), Hofbedienter in Weimar, um 1811 Hoflakai und nach 1819 Silberdiener Karl Friedrichs: Nr. 220
Gerning, Johann Isaak (seit 1804/05:) von (1767 – 1837), Kaufmann, Diplomat, Schriftsteller und Kunstsammler in Frankfurt am Main und auf seinen Landsitzen in Kronberg, Homburg und Soden, 1793 Student in Jena, 1793 – 1794 und 1797 – 1798 in Italien, Legationsrat und 1798 Gesandter Neapels auf dem Rastatter Kongress, 1804 hessen-homburgischer Geheimer Rat, 1816 Gesandter beim Bundestag in Frankfurt und 1818 in London: Nr. 97
Gersdorff, Ernst Christian August von (1781 – 1852), Beamter, Politiker, Herrnhuter, 1807 – 1810 Mitglied der Regierung und der Landespolizeidirektion in Eisenach, 1810 Assistenzrat in der Geheimen Kanzlei in Weimar, 1811 Reisebegleiter Prinz Bernhards von Sachsen-Weimar und 1814 Gesandter auf dem Wiener Kongress, 1812 Mitglied des Geheimen Konsiliums und 1815 – 1848 Staatsminister, 1813 – 1814 auch Vizepräsident des Landschaftskollegiums und 1814 – 1819 Kammerpräsident in Weimar: Nr. 311, 315, **316**, 357, **599**, 796
Gerstenbergk genannt Müller, Georg Friedrich Konrad Ludwig von (bis April 1815: Müller) (1760/78/80 – 1838), Jurist, Schriftsteller, 1810 – 1829 Mitglied der Regierung in Weimar, 1810 Assessor, 1813 Rat, 1817 Geheimer Regierungsrat und Februar 1829 Vizekanzler, Juni 1829 – 1836 Kanzler und Präsident der Regierung in Eisenach, Sohn des Justizrats Friedrich Müller in Ronneburg und Bruder des Kanzleisekretärs Ernst Müller in Weimar, seit 1814 Adoptivsohn seines Onkels Konrad Ludwig von G.: Nr. 480
Gessert (erw. 1824), Fuhrmann aus Dambach: Nr. 1041
Geßner, Johann Georg (1765 – 1843), Schweizer Theologe, Pfarrer in Zürich, seit 1828 Vorsteher der Züricher Landeskirche, 1791 Schwiegersohn von Anna Barbara Schultheß und seit 1795 von Johann Kaspar Lavater, Vater von Johann Kaspar Georg G.: Nr. **945**, **946**
Geßner, Johann Kaspar Georg (1801 – 1856), Schweizer Theologe, 1824 ordiniert, 1824 – 1825 Student in Berlin, 1830 Pfarrer in Oberrieden, Sohn von Georg G., Schwager von Hans Kaspar Grob: Nr. 945, 946
Giesebrecht, Karl Heinrich Ludwig (1782 – 1832), Philologe, Historiker, Pädagoge, 1805 Lehrer und 1810 Gymnasialprofessor in Bremen und seit 1812 in Berlin: Nr. **759**, 801, **1001**
Gilbert, Ludwig Wilhelm (1769 – 1824), Physiker, Professor in Halle und seit 1811 in Leipzig: Nr. 140, 187, 324, 357, 529, 768, 859

Gilly, David (1748 – 1808), Architekt, 1770 Landbaumeister in Stargard, 1779 Baudirektor von Pommern, 1782 nach Stettin versetzt, 1788 Geheimer Baurat im Baudepartement in Berlin, 1792 Vizedirektor des Oberhofbauamts, 1793 Gründer einer privaten Bauschule und 1798 Mitgründer der Bauakademie, Vater von Friedrich G.: Nr. 67, 423

Gilly, Friedrich David (1772 – 1800), Architekt in Berlin, 1797 Oberhofbauinspektor, 1798 Professor an der Bauakademie, Sohn von David G.: Nr. 67, 423

Giorgione (eigentl. Giorgio da Castelfranco) (um 1478 – 1510), italienischer Maler: Nr. 77

Giotto (G. di Bondone) (um 1270 – 1337), italienischer Maler und Architekt: Nr. 820

Girbal, Roland (erw. 1780), Schreiber von Denis Diderot: Nr. 288

Girodet-Trioson, Anne Louis (1767 – 1824), französischer Maler: Nr. 1077

Giustiniani, Benedetto (1554 – 1621), italienischer Kardinal, Kunstsammler, Sohn und Erbe des Händlers und päpstl. Finanziers Giuseppe G., Bruder von Vincenzo G.: Nr. 554

Giustiniani, Vincenzo, (seit 1605:) Marchese di Bassano (1564 – 1637), italienischer Bankier, Kunstsammler und Musikschriftsteller, Erbe seines Bruders Benedetto G.: Nr. 554

Gladwin, Francis (1744/45 – um 1813), britischer Orientalist und Übersetzer, seit 1765 im Dienst der Ostindien-Kompanie in Kalkutta, 1800/01 Professor in Fort Williams: Nr. 23, 709

Glenck, Karl Christian Friedrich (1779 – 1845), Geologe, Bergbaufachmann, Beamter und Unternehmer, u. a. 1801/03 – 1806 als hohenlohischer Justiz- und Rentamtmann mit der Verwaltung der Salinen Niederhall und Weißbach betraut, 1812 Jurist in Künzelsau, 1817 Direktor der Saline Weißbach, seit 1828 in Gotha, 1829 Salinendirektor in Stotternheim bei Erfurt: Nr. 182

Glocker, Ernst Friedrich (1793 – 1858), Mineraloge, 1818 Lehrer in Breslau, um 1824 Professor, seit 1854 privatisierend: Nr. 363, 487, 636

Glover, Friedrich: s. Köchy, Christian Heinrich Gottlieb

Gluck, Christoph Willibald (seit 1756:) von (1714 – 1787), Komponist: Nr. 51, 559

Gmelin, Leopold (1788 – 1853), Chemiker, seit 1814 Professor in Heidelberg, Sohn des Mediziners Johann Friedrich G.: Nr. 150

Gneisenau (bis 1783: Neidhardt; ursprüngl. Neithardt), August Wilhelm Anton Neidhardt von, (seit 1814:) Graf Neidhardt von G. (1760 – 1831), preußischer Militär, 1807 Oberstleutnant, Mitarbeiter Scharnhorsts, 1813 Generalmajor, 1814 Generalquartiermeister in der Armee Blüchers, 1815 – 1816 Kommandierender General in Koblenz, 1818 Mitglied des Staatsrats und Gouverneur von Berlin, 1825 Generalfeldmarschall: Nr. 518

Goebel, Karl Christoph Traugott Friedemann (1794 – 1851), Chemiker und Pharmazeut, Apotheker und seit 1824/25 Professor in Jena, seit 1828 in Dorpat: Nr. 564, 914, 923

Goebels, Johann Wilhelm (um 1804 – 1827), Lithograph in Köln: Nr. 980

Goeckingk, Leopold Friedrich Günther (seit 1789:) von (1748 – 1828), Schriftsteller, preußischer Beamter, 1768 Referendar in Halberstadt, 1770 Kanzleidirektor in Ellrich, 1786 Kriegs- und Domänenrat in Magdeburg, 1788 Kriegs-, Steuer- und Landrat in Wernigerode, 1793 Geheimer (Ober-)Finanzrat in Berlin: Nr. 54, 364, 759

Goedecke (Herr) (erw. 1824), Einwohner von Ems: Nr. 800
– ; dessen Ehefrau: Nr. 800
Görres, Johann J o s e p h (seit 1839:) von (1776 – 1848), Publizist, Pädagoge, 1799 – 1800 in Paris, 1801 Gymnasiallehrer in Koblenz, 1806 Privatdozent in Heidelberg, 1808 wieder Lehrer in Koblenz, 1814 Direktor des öffentlichen Unterrichts am Mittelrhein, 1814 – 1816 Herausgeber des »Rheinischen Merkur«, 1819 Flucht nach Straßburg, seit 1827 Professor in München: Nr. 21
Goertz (G.-Wrisberg), Albertine Friederike E u g e n i e Gräfin von, geb. von Staff (1790 bis 1847), Hofdame der Herzogin Luise in Weimar, Tochter von Christian Friedrich August und Friederike von Staff, seit 1811 verh. mit Graf Moritz von G.-Wrisberg, 1821 gesch., im Braunschweigischen in politische Affären verwickelt, 1832 – 1835 in Haft, Schwester von Hermann von Staff: Nr. 779
Goertz (G.-Wrisberg), Georg M o r i t z August Graf von (1779 – 1853), Herr auf Brunkensen und Brünnighausen, bayerischer Kammerherr: Nr. 779
– ; dessen (fünf) Kinder: Nr. 779
Goertzke, Christine K a r o l i n e von, geb. von Hoffmann (1772 – 1836), Tochter des Arztes Friedrich von Hoffmann auf Schwartz, seit 1788 verh. mit Friedrich von G.: Nr. 965
Goertzke, Friederike Luise Adelheid W i l h e l m i n e von (1806 – 1847), Tochter von Friedrich und Karoline von G., seit 1829 verh. mit dem Gutsbesitzer Eberhard Alexander von Bredow: Nr. 965
Goertzke, Friedrich von (1757 – 1835), preußischer Militär, 1778 Leutnant, 1795 Stabsoffizier, 1805 Obristleutnant und später Oberst, zuletzt in Brandenburg: Nr. 965
Göschel, Karl Friedrich (1784 – 1861), Jurist, Philosoph, 1806 Amtsaktuar, dann Advokat und Patrimonialgerichtsdirektor, Senator, zuletzt Vorsteher der Stadtgerichtsdirektion in Langensalza, 1819 Oberlandesgerichtsrat in Naumburg, 1834 Rat im preußischen Justizministerium in Berlin, 1845 – 1848 Konsistorialpräsident in Magdeburg: Nr. **547, 726**
Goethe, A u g u s t Christov (1754 – 1805), Sergeant, Akzisebeamter in Lobstädt, Güterbeschauer in Borna, Sohn von G o t t f r i e d Christian G. und Vater von Theodor G.: Nr. 99
Goethe, G o t t f r i e d Christian (1723 – 1771), Anspänner oder Schnitthändler in Wiehe, Vater von A u g u s t Christov G. und Großvater von Theodor G.: Nr. 99
Goethe, Johann K a s p a r (1710 – 1782), Jurist in Frankfurt am Main, seit 1742 kaiserl. Rat, seit 1748 verh. mit Katharina Elisabeth Textor, Goethes Vater: Nr. 386, 773
Goethe, Johann Wolfgang (seit 1782:) von (1749 – 1832); dessen Familie: Nr. 8, 37, 59, 69, 98, 107, 108, 125, 144, 155, 188, 272, 318, 341, 342, 386, 421, 433, 467, 493, 526, 554, 559, 629, 696, 729, 758, 763, 789, 811, 879, 882, 995, 1064, 1094
Goethe, Julius A u g u s t Walter von (eigentl. August Walter), (1801:) legit. von G. (1789 – 1830), Sohn von Goethe und Christiane Vulpius, Jurist, 1808 – 1811 Student in Heidelberg und Jena, praktische Ausbildung im Kammergut Kapellendorf, 1810 Kammerassessor in Weimar, Dezember 1811 Wirklicher Assessor, 1813 Hofjunker, 1815 Kammerrat und Kammerjunker, Dezember 1815 Assistent bei der Oberaufsicht über die Unmittelbaren Anstalten für Wissenschaft und Kunst, 1823 Geheimer Kammerrat, 1826 Kammerherr: Nr. 9, 30, 47, 51, 53, 55, 69, 72, 73, 74, 75, 76, 77, 79, 83, 84, 85, 86, 88, 90, 93, 94, 95, 97, 100, 102, 103, 107, 108, 109, 111, 113, 149, 150, 154, 155, 171, 196, 198, 226, 255, **262, 269**, 270, 271, **278, 279**, 291, **293**, 295, 299, **303**, 306,

307, 311, 316, 321, 325, 328, 329, 338, 340, 342, 363, 388, 434, 445, 461, 474, 477, 495, 504, 506, 512, 514, 519, 531, 535, 543, 545, 554, 557, 559, 580, 599, 626, 669, 672, 693, 798, 800, 804, 805, 808, 809, 812, 818, 848, 858, 893, 905, 910, 927, 995, 1056, 5/1013a+
– ; dessen Familie: Nr. 76, 84, 86, 95, 519
Goethe, Katharina Elisabeth, geb. Textor (1731 – 1808), Goethes Mutter, Tochter des Stadtschultheißen Johann Wolfgang Textor in Frankfurt am Main, seit 1748 verh. mit Johann Kaspar G., 1782 verw.: Nr. 386, 461, 519, 965
Goethe, Maximilian Wolfgang von (1820 – 1883), Enkel Goethes, Jurist, Schriftsteller, sachsen-weimarischer Kammerherr, 1854 preußischer Legationssekretär in Rom und 1856 in Dresden, 1860 Legationsrat, aus gesundheitlichen Gründen aus dem Staatsdienst ausgeschieden, jüngerer Sohn von August und Ottilie von G.: Nr. 30, 84, 108, 212, 226, 262, 269, 293, 299, 303, 311, 328, 338, 434, 474, 506, 512, 514, 518, 524, 531, 543, 626, 779, 804, 857, 1056
Goethe, Ottilie Wilhelmine Ernestine Henriette von, geb. von Pogwisch (1796 bis 1872), Goethes Schwiegertochter, Tochter von Wilhelm Julius und Henriette von Pogwisch, seit 17. Juni 1817 verh. mit August von G., nach 1832 vorwiegend in Leipzig und Wien, seit 1870 wieder in Weimar lebend: Nr. 30, 47, 55, 88, 108, 144, 171, 192, 198, 226, 239, 250, 255, 262, 269, 270, 271, 278, 293, 299, 303, 307, 311, 318, 321, 325, 328, 329, 338, 357, 388, 434, 445, 461, 474, 477, 492, 495, 501, 503, 504, 506, 512, 514, 518, 524, 525, 530, 531, 535, 543, 545, 549, 554, 556, 559, 588, 590, 598, 625, 626, 692, 696, 700, 708, 765, 766, 770, 772, 779, 789, 793, 800, 834, 851, 857, 858, 872, 889, 890, 893, 909, 916, 919, 927, 931, 995, 1056, 1058, 1064, 1073
Goethe, Theodor Daniel (1789 – 1853), mit Goethe verwandt, Soldat und Beamter, 1806 sächsischer Husar, dann Fourier und Schreiber, 1812 Teilnehmer am Feldzug gegen Russland, 1815 beim Generalgouvernement für Sachsen angestellt, dann preußischer Regierungskalkulator und Sekretär in Merseburg, Kreissteuereinnehmer in Naumburg, zuletzt Steuerrat in Halle, Sohn von August Christov G.: Nr. 99
Goethe, Wolfgang Walter von (1818 – 1885), Enkel Goethes, Komponist, seit 1852 sachsen-weimarischer Kammerherr, älterer Sohn von August und Ottilie von G.: Nr. 30, 108, 226, 262, 278, 293, 299, 303, 311, 328, 338, 434, 474, 506, 512, 514, 518, 524, 531, 543, 626, 779, 800, 804, 808, 812, 818, 820, 833, 857, 900, 995, 1056
Göttling, Karl Wilhelm (1793 – 1869), Philologe, 1816 Gymnasiallehrer in Rudolstadt, 1819 – 1821 Gymnasialdirektor in Neuwied, seit 1822 Professor in Jena, 1826 auch Bibliothekar, Mitarbeiter Goethes bei der Redaktion der Ausgabe letzter Hand, Sohn des Chemikers und Pharmazeuten Johann Friedrich August G.: Nr. 270, 433, 848, 924, 942, 1094
Goetz (Götz), Wilhelm Friedrich (1763/um 1770 – 1823), nassauischer Beamter, Mineraloge, um 1808 Generalauditeur, Kabinettssekretär und Hofbibliothekar in Wiesbaden, um 1812 Amtmann in Rüdesheim, 1815 Direktor der Rechnungskammer in Wiesbaden, 1817 Direktor der Oberrechnungskommission in Dillenburg, 1823 Geheimer Rat und Mitglied des Oberappellationsgerichts in Wiesbaden: Nr. 241
Götz von Berlichingen: s. Berlichingen, Gottfried von
Goetze, Heinrich Gottlieb Erdmann (1794 – 1864), Medailleur, um 1812 in Dresden, 1814 in Berlin, Mitarbeiter in Daniel Loos' Prägeanstalt, 1817 Münzmedailleur an der Berliner Münze, 1832 Studienreise nach Rom, seit 1833 in Suhl: Nr. 581

Goffart, Heinrich Joseph (1776 – 1845), Kupferstichhändler und Steindrucker in Köln: Nr. 980
Gohren, Christian Ludwig von (1783 – 1850), Jurist, 1807 Amtsadvokat in Jena, 1814 Universitätssekretär und 1819 -amtmann, 1823 Justizrat: Nr. 231
Goldfuß, Georg August (1782 – 1848), Naturhistoriker, Zoologe und Paläontologe, 1810 Privatdozent in Erlangen, 1818 Professor und Direktor des Zoologischen Museums sowie der mineralogischen und paläologischen Sammlungen in Bonn, seit 1813 auch Bibliothekar der Leopoldina: Nr. 11, 73, 90, 235, 248, 255, 259, 274, 361, 429, 1054, 1088
– ; dessen Familie: Nr. 1088
Gonzaga, Gian Francesco I. (1395 – 1444), seit 1407 Markgraf von Mantua: Nr. 12, 63
Gonzaga, Paola Markgräfin von Vigevano: s. Trivulzio, Paola
Gonzaga, Paola Agnese Markgräfin von Mantua, geb. Malatesta (1393 – 1449), Tochter des Malatesta IV. Malatesta Herr von Pesaro, seit 1409 verh. mit Gian Francesco I. G. Markgraf von Mantua: Nr. 12
Gonzaga, Vincenzo I. (1562 – 1612), seit 1587 Herzog von Mantua: Nr. 77
Gosse, Étienne (1773 – 1834), französischer Schriftsteller, Dramatiker: Nr. 457
Goßler, Johann Heinrich (1764 – 1845), österreichisch-böhmischer Zollbeamter (Kommerzial-Stempelbeamter) in Asch in Böhmen, Dichter: Nr. 339, 370
Gottschick, Johann Christian Benjamin (1776 – 1844), Kupferstecher in Dresden: Nr. 154, 180
Goulé, Jacques Nicolas (um 1774 – 1818), französischer Komponist: Nr. 321
Gouvion-Saint-Cyr, Laurent (1808:) Comte, (1817:) Marquis de (1764 – 1830), französischer Militär, 1812 Marschall, 1813 Gouverneur von Dresden, 1815 und 1817 – 1819 Kriegsminister: Nr. 750
Gower, Francis Leveson: s. Leveson Gower
Grabe, Johann Gottlieb (geb. 1795), Stallbediensteter in Torgau, Magnetopath, 1824 an der Charité in Berlin: Nr. 768
Gradl (Gradel), Johann Wendelin (1788 – 1825), böhmischer Geistlicher, Pater im Prämonstratenserstift Tepl, 1818 – 1824 Brunneninspektor in Marienbad: Nr. 9, 116, 251, 705, 855
Gräfe, Johann Tobias (erw. 1824), Wunderdoktor aus Laasan bei Jena (identisch mit dem gleichnamigen Zimmermann in Jena, 1794 – 1869, oder mit dessen Vater, Gemeindesyndikus in Laasan, 1761 – 1828): Nr. 560
Gräffendorff, Wilhelmine Luise Friederike von (1799 – 1832), Hofdame der Kurfürstin Auguste von Hessen-Kassel, Tochter des hessen-kasselschen Militärs Ludwig Friedrich Gottfried von G.: Nr. 800
Grätz, Johann Philipp (1765 – 1828), Kaufmann in Frankfurt am Main: Nr. 386
Graf, Franz Seraph (gest. 1825), Mineraloge, Pädagoge, seit 1802 Professor der Naturgeschichte und Chemie am Lyzeum in Amberg: Nr. 359
Graff, Johann Jakob (1768 – 1848), Schauspieler, seit 1793 in Weimar: Nr. 342
Graffunder, Alfred Karl Ludwig Eberhard Jobst (1801 – 1875), Pädagoge, Beamter, 1822 Alumnatsinspektor am Joachimsthalschen Gymnasium in Berlin, 1828 Konsistorialassessor in Erfurt, 1831 Regierungs- und Schulrat, 1854 wieder in Berlin: Nr. 912
Graß, Karl Gotthard (1767 – 1814), Zeichner, Maler und Schriftsteller aus Livland, 1786 – 1789 Theologiestudent in Jena, 1791 Rückkehr nach Riga, 1796 kurzzeitig

Landprediger, Übersiedlung in die Schweiz, seit 1803 in Italien, zuletzt in Rom: Nr. 3/1237a+

Grassi, Gaetano (erw. um 1781), italienischer Kaufmann in Mailand, Freimaurer, Übersetzer, (?) nach einem Bankrott Sprachlehrer und Übersetzer in Wien (? identisch mit Gaetano bzw. Kajetan G., um 1733 – 1806, italienischer Sprachlehrer und Übersetzer in Wien): Nr. 1/152b+

Grassi, Joseph (1757 – 1838), österreichischer Maler, Akademiemitglied in Wien, um 1790 in Polen, um 1795 wieder in Wien, seit 1797/99 in Dresden, 1800 Professor an der Akademie, 1804 – 1805 zeitweise in Gotha, 1808 – 1810 und 1816 – 1821 in Rom: Nr. 441

Graun, Karl Heinrich (1703/04 – 1759), Sänger und Komponist, seit 1735 in Rheinsberg und Berlin: Nr. 113, 122, 130, 151, 625, 667

Greuhm, Ludwig Franz (1762 – 1824), Diplomat, zuletzt mecklenburgischer Geheimer Legationsrat und Ministerresident von Mecklenburg-Strelitz, Schaumburg-Lippe und Lippe-Detmold in Berlin, Bruder des preußischen Diplomaten Friedrich Greuhm: Nr. 559

Gries, Johann Diederich (1775 – 1842), Jurist, Übersetzer, Schriftsteller, 1795 – 1799 Student in Jena und 1799 – 1800 in Göttingen, dann vorwiegend in Jena lebend, 1806 – 1808 in Heidelberg und 1824 – 1827 in Stuttgart, seit 1837 in Hamburg, 1824 sachsen-weimarischer Hofrat, Sohn des Hamburger Kaufmanns und Senators Franz Lorenz G.: Nr. 627, 730, 848, 940, 1094

Griesel, August Franz Wenzel (1783 – 1825), Schriftsteller in Prag, 1811 – 1814 Buchhändler, dann Bücherschätzmeister: Nr. 56, 542

Grillparzer, Franz Seraphicus (1791 – 1872), österreichischer Schriftsteller und Beamter, 1813 Konzeptspraktikant bei der Hofkammer in Wien, 1821 ins Finanzministerium versetzt, 1832 Direktor des Hofkammerarchivs: Nr. 37

Grimm, Jakob Ludwig Karl (1785 – 1863), Germanist, 1805 – 1829 in Kassel, 1808 Bibliothekar König Jérômes von Westfalen, 1809 auch Auditor im Staatsrat, 1814 – 1815 als hessen-kasselscher Legationssekretär Teilnehmer am Wiener Kongress 1816 zweiter Bibliothekar in Kassel, 1829 Professor und Bibliothekar in Göttingen, 1837 entlassen, seit 1841 in Berlin, Mitglied der Akademie der Wissenschaften, Bruder von Ludwig und Wilhelm G.: Nr. 391, 529, 573, 706, 958, 1036

Grimm, Ludwig Emil (1790 – 1863), Maler, Zeichner und Radierer, 1808 in Heidelberg, 1809 in München, 1814 Teilnehmer an den Befreiungskriegen, 1816 Italienreise, seit 1817 in Kassel, seit 1832 Lehrer an der Akademie, Bruder von Jakob und Wilhelm G.: Nr. 265, 357, 573, 706, 1036, 1042

Grimm, Wilhelm Karl (1786 – 1859), Germanist, 1805 – 1829 in Kassel, 1816 Bibliothekssekretär, 1830 Unterbibliothekar und 1831 Professor in Göttingen, 1837 entlassen, seit 1841 in Berlin, Mitglied der Akademie der Wissenschaften, Bruder von Jakob und Ludwig G.: Nr. 265, 278, 357, 1036

Grob, Hans Kaspar (1800 – 1865), Schweizer Theologe, 1824 ordiniert und Student in Berlin, 1826 Vikar in Kilchberg, 1833 Pfarrer in Rorbas, 1838 Dekan im Bezirk Bülach, 1840 Pfarrer in Stäfa, seit 1833 Schwager von Johann Kaspar Georg Geßner: Nr. 945, 946

Groeben, Friederike Gräfin von der, geb. Gräfin von der Groeben-Ponarien (1779 – 1859), Tochter von Graf Ernst Wolfgang Albrecht Groeben-Ponarien, seit 1796 verh. mit dem späteren Hofmarschall Graf Wilhelm Ludwig G., Mutter von Graf Julius G.: Nr. 512, 518, 524, 535

Groeben, Werner Leonhard Anton Julius Graf von der (1806–1877), preußischer Militär und Hofbeamter, seit 1836 Kammerherr bei Prinzessin Marianne, Geheimer Postrat, Sohn von Gräfin Friederike von der G.: Nr. 524

Gröbenschütz, Amalie Luise Charlotte, geb. Seiler (gest. 1845), Pianistin, Klavierlehrerin und Komponistin in Berlin, Tochter des Sprachlehrers Christoph Seiler beim Kadettenkorps in Berlin, seit 1803 verh. mit dem Musiker und Musikverleger Johann Christian Friedrich G.: Nr. 543

Gropius, Karl Wilhelm (1793–1870), Maler und Unternehmer in Berlin, seit 1819/20 Inspektor und Hoftheatermaler der königl. Theater: Nr. 708

Großbritannien, Adolf Friedrich Prinz von (1774–1850), seit 1801 Herzog von Cambridge, 1803 britischer Generalleutnant, 1813 Feldmarschall, 1816 Generalgouverneur von Hannover, 1831–1837 Vizekönig, siebenter Sohn von König Georg III.: Nr. 554

Großbritannien, Ernst August Prinz von (1771–1851), seit 1799 Herzog von Cumberland, 1837 König von Hannover, fünfter Sohn von König Georg III.: Nr. 514, 549, 554

Großbritannien, Friederike Karoline Sophie Alexandrine Prinzessin von, Herzogin von Cumberland, geb. Prinzessin von Mecklenburg-Strelitz, verw. Prinzessin von Preußen, verw. Prinzessin von Solms-Braunfels (1778–1841), Tochter des späteren Großherzogs Karl II. von Mecklenburg-Strelitz, 1793–1796 verh. mit Prinz Friedrich Ludwig Karl von Preußen, 1799–1814 verh. mit Prinz Friedrich Wilhelm von Solms-Braunfels, seit 1815 verh. mit Herzog Ernst August von Cumberland, 1837 Königin von Hannover, Schwester von Großherzog Georg von Mecklenburg-Strelitz und Königin Luise von Preußen, Halbschwester des Prinzen Karl von Mecklenburg-Strelitz: Nr. 512, 514, 543, 549, 554, 559

Großbritannien, Georg III. König von (1738–1820), 1760 König, 1814 auch König von Hannover: Nr. 984

Großbritannien, Georg IV. August Friedrich König von (1762–1830), 1811 Regent, 1820 König, in Personalunion König von Hannover, Sohn von Georg III.: Nr. 589

Großbritannien, Georg Friedrich Alexander Karl Ernst August Prinz von (1819 bis 1878), Sohn von Herzog Ernst August und Herzogin Friederike von Cumberland, 1830 Kronprinz und 1851–1866 als Georg V. König von Hannover: Nr. 554

Große (Grosse), Johann Ernst Christian Ludwig (Ernst Ludwig) (1802–1871), Politiker, Schriftsteller, Publizist, 1821 Student in Göttingen und Leipzig, um 1827 in Dresden lebend, dann in Augsburg und 1830 in München, nach Isny verbannt, 1832 zeitweise in Haft, Redner auf dem Hambacher Fest, zeitweise in Pirmasens, Flucht nach Frankreich, 1833 in der Schweiz, 1845 u. a. in Köln, 1848 in Berlin, dann in Paris: Nr. 179, 950

Grosse, Karl Friedrich August (Ps. Graf Edouard Romeo Vargas, Graf von Vargas Bedemar u. a.) (1768–1847), Schriftsteller, Mineraloge, Geologe, u. a. 1788 Medizinstudent in Göttingen und Halle, 1791 in militärischen Diensten in Spanien, 1792–1809 unter dem Namen Graf Vargas in Italien, seit 1809 als Graf Vargas Bedemar in Dänemark: Nr. 229, 636, 693, 785, 886, 1005, 1020, 1023, 1025

– ; dessen Familie: Nr. 1005

Grotthuß, Friedrich (Ferdinand) Dietrich Wilhelm von (um 1763–1820), preußischer Offizier, zuletzt Postmeister in Oranienburg: Nr. 574, 661, 699, 865

Grotthuß, Sophie Leopoldine Wilhelmine von, geb. Sara Meyer, gesch./verw. Wulff (um 1763 – 1828), Salonière in Berlin, Tochter von A(a)ron Moses und Rösel Meyer in Berlin, 1778 – 1788 verh. mit dem Kaufmann Lipmann Wulff in Berlin, seit 1797 verh. mit Friedrich Dietrich Wilhelm von G., 1820 verw., Schwester von Marianne von Eybenberg: Nr. **574, 661, 699, 716, 790,** 825, **865**
– ; deren Bruder in Berlin: Nr. 699
– ; deren Familie: Nr. 865
Grünbaum, Therese, geb. Müller (1791 – 1876), Sängerin, 1807 – 1816 in Prag, 1818 bis 1828 in Wien, später Gesanglehrerin in Berlin, Tochter von Wenzel Müller, seit 1813 verh. mit Johann Christoph G.: Nr. 1043
Grüneisen, Karl (1802 – 1878), württembergischer Theologe, 1825 Hofkaplan und Feldprediger in Stuttgart, 1835 Hofprediger, Oberkonsistorialrat, Feldpropst, 1845 Prälat, 1846 Oberhofprediger, 1847 Mitgründer des Vereins für klassische Kirchenmusik, 1868 pensioniert: Nr. 838, 927
Grüner, Joseph Sebastian (1780 – 1864), Jurist, seit 1807 Magistrats- und Kriminalrat in Eger, Mineraliensammler: Nr. **9, 100, 220, 258,** 262, **264,** 275, **280, 289, 294, 309, 334,** 335, 342, **359,** 376, **455,** 463, **470,** 480, **485,** 533, 614, 636, **640,** 657, **723,** 732
– ; dessen Familie: Nr. 289
Grüner (eigentl. Akáts; auch: von Akáts), Karl Franz (1780 – 1845), Schauspieler ungarischer Herkunft, Offizier in österreichischen Diensten, 1803 – 1804 Schauspieler in Weimar, dann in München, 1807 Schauspieler und Regisseur in Wien, 1816 Regisseur und Operndirektor in Darmstadt, 1831 – 1835/36 Intendant in Frankfurt am Main, dann in Wien und Pest lebend: Nr. 355, 362
Grüner, Maria Theresia, geb. Zembsch (1788 – 1862), Tochter des Gerichtsaktuars Christoph Zembsch in Eger, seit 1811 verh. mit Joseph Sebastian G.: Nr. 220, 640
Grünling, Joseph (1786 – 1845), österreichischer Kunsthändler und -sammler: Nr. 427, 1059
Grüson, Johann David (1780 – 1848), Maler, Lithograph, Verleger, um 1806 in Berlin, 1819 in Breslau, 1820 Gründer einer lithographischen Anstalt: Nr. 173, 260, 319
Grundmann, Angelika Auguste, geb. Zelter (1795 – 1863), siebente Tochter aus Karl Friedrich Zelters (erster) Ehe mit Johanna Sophia Eleonora Flöricke, geb. Kappel, seit 14. Juli 1818 verh. mit dem Amtmann in Fiddichow bei Greifenhagen Karl G.: Nr. 930
Gruner, Ludwig Gottlieb Friedrich (1759 – 1832), Jurist, Beamter, 1781 Hofadvokat, 1790 Gerichtssekretär in Weimar, 1797 Amtmann in Jena, Bürgermeister und Konsistorialrat, 1802 – 1825 Gerichtsdirektor: Nr. 231
Guaita, Maria Magdalena (Meline) Karolina Franziska (seit 1813:) von, geb. Brentano (1788 – 1861), Tochter von Peter Anton und Maximiliane Brentano, seit 1810 verh. mit Georg Friedrich (von) G., Schwester von Georg und Klemens Brentano, Bettina von Arnim und Gunda von Savigny, Halbschwester von Franz Brentano: Nr. 26
Guarini, Giovanni Battista (1538 – 1612), italienischer Schriftsteller: Nr. 879
Güldenapfel, Georg Gottlieb (1776 – 1826), Philologe und Bibliothekar in Jena, 1798 Student, 1803 Privatdozent, 1808 Professor, 1810 auch Universitätsbibliothekar: Nr. 566, 691, 813, **901,** 932, 1015, 1028
Gülich, Jakob Guido Theodor (1801 – 1877), Jurist, Beamter, Publizist, 1820 – 1825 Student in Kiel, Göttingen und Heidelberg, 1825 Untergerichtsanwalt in Flensburg, 1827 Advokat und Notar, 1829 – 1850 Ober- und Landgerichtsadvokat in Schleswig,

1851–1852 Anwalt und Notar in Wandsbek, 1859 Kreisgerichtsrat in Bergen auf Rügen, 1848 Mitglied der provisorischen schleswig-holsteinischen Regierung in Rendsburg und der Frankfurter Nationalversammlung: Nr. 162

Günther, Wilhelm Christoph (1755–1826), Theologe, 1790 Pfarrer in Mattstedt, 1801 Oberkonsistorialrat, Hofprediger und Direktor des Waiseninstituts in Weimar: Nr. 915

Gürrlich, Joseph Augustin (1761–1817), Organist und Kontrabassist, Komponist, 1790 Mitglied der Hofkapelle in Berlin, 1811 Musikdirektor, 1816 Kapellmeister: Nr. 559, 569, 708

Guillard, Nicolas François (1752–1814), französischer Dramatiker, Librettist: Nr. 559

Guizot, François Pierre Guillaume (1787–1874), französischer Politiker, Historiker und Schriftsteller, 1812 Professor der Beredsamkeit in Paris, 1814–1815 Generalsekretär im Innen- und 1815–1816 im Justizministerium, 1819–1820 Generaldirektor im Innenministerium, 1828 Staatsrat, 1830 Innenminister, 1832–1837 Minister für öffentlichen Unterricht, 1840 Gesandter in London, 1840–1848 Außenminister: Nr. 853

Guljanow, Iwan Alexandrowitsch (1789–1841), russischer Diplomat, Orientalist, Ägyptologe: Nr. 215

Guttenberg, Heinrich Karl Gottlieb (1749–1818), Kupferstecher in Nürnberg, 1770 bis 1789 in Paris, 1789–1792 in Italien und 1803–1816 wieder in Paris, Bruder von Karl G.: Nr. 351

Guttenberg, Karl Gottlieb (Gottfried) (1743–1790), Kupferstecher in Nürnberg, Basel und seit 1780 endgültig in Paris, Bruder von Heinrich G.: Nr. 351

Guys, Pierre Augustin (1721–1799), französischer, Kaufmann, Reisender, Philhellene, seit 1797 Leiter des Bildungswesens in Zakynthos: Nr. 281

H. (erw. 1823), englischer Autor: Nr. 433

Haase, Johann Michael (gest. nach 1854), Violoncellist, Kammermusiker in Weimar: Nr. 432

Haberer (erw. 1823), Bote zwischen Eger und Marienbad: Nr. 264, 294

Haberle, Karl Konstantin (1764–1832), Botaniker, Meteorologe, Geologe, Privatgelehrter in Erfurt, 1806–1812 in Weimar und 1813 in Pest, seit 1817 Professor, seit 1818 auch Direktor des botanischen Gartens: Nr. 456

Habicht, Christian Maximilian (1775–1839), Arabist, 1797–1806 preußischer Legationssekretär in Paris, 1813 Privatdozent und 1824 Professor in Breslau: Nr. 827, 848, 1063

Hackaert (Hackert), Jan Jansz. (1628–nach 1685), niederländischer Maler: Nr. 422

Hacke (Haack), Amalie Gräfin von, geb. (von) Rode (1787–1847), Tochter des Schriftstellers und anhalt-dessauischen Geheimen Rats August (von) R., seit 1811 zweite Ehefrau von Graf Karl Wilhelm Alexander H.: Nr. 524, 535

Hackert, Jakob Philipp (1737–1807), Landschaftsmaler, in Berlin, an der Ostsee und in Frankreich, seit 1768 in Italien, in Rom, 1786 Hofmaler in Neapel, 1799 Flucht nach Livorno, zuletzt in San Piero di Careggio bei Florenz: Nr. 192, 202, 209, 422, 790

Hadrian (Publius Aelius Hadrianus) (76–138), seit 117 römischer Kaiser: Nr. 771

Häbler, Wilhelm Ludwig (1768–1841), Theologe, Hauslehrer in Marienwerder, 1794 Konrektor in Marienburg, 1798 Prediger und Prorektor, 1801 Rektor, 1810 Direktor des Schullehrerseminars, 1813 Kreisschulinspektor, 1833 auch Direktor der Taubstummenanstalt: Nr. 423

Händel, Georg Friedrich (1685 – 1759), Komponist: Nr. 215, 302, 461, 524, 559, 625, 653, 698, 759

Haenke, Thaddäus Xaverius Peregrinus (1761 – 1817), böhmischer Botaniker, Naturforscher, 1789 Reisen in Südamerika, zuletzt in Bolivien: Nr. 438

Häring, Georg Wilhelm Heinrich (Ps. Willibald Alexis) (1798 – 1871), Jurist, Schriftsteller, Journalist und Herausgeber in Berlin, 1820 – 1824 Referendar am Kammergericht, zuletzt in Arnstadt lebend: Nr. **702**, 927

Haeseler, Rosalie Luise Leopoldine Gräfin von (1799 – 1886), Tochter von (Graf) August Ferdinand H., seit 1824 verh. mit dem preußischen Militär und Musiker Hans Adolf Karl Heinrich Lauer (Laur) von Münchhofen, Nichte von Karoline Friederike von Berg: Nr. 559

Häser, August Ferdinand (1779 – 1844), Komponist, Pädagoge, 1797 Gymnasiallehrer und Kantor in Lemgo, 1800 Musikdirektor, 1806 – 1813 Reisebegleiter seiner Schwester, der Sängerin Charlotte H. vorwiegend in Italien, 1815 Subrektor in Lemgo, seit 1817 in Weimar, Leiter des Hoftheaterchors (Opernchors) und Musiklehrer der Prinzessinnen Augusta und Maria, 1829 Musikdirektor: Nr. 342, 905, 908

Hafis (Hafiz; Schams od-Din Mohammed) (um 1317/26 – um 1388/90), persischer Dichter: Nr. 1056

Hage, Karl Christoph (1775 – 1838), Finanzbeamter in Weimar, 1804 Registrator bei der Landschaftskasse, 1807 Steuerkommissionssekretär, dann Steuersekretär, 1819 Schatullverwalter des Großherzogs Karl August, 1820 Rat, 1828 Obergeleitsamtmann in Erfurt, zuletzt in Weimar lebend: Nr. **1**, 258, 264, 325, 632, 984

Hagen, Ernst August (1797 – 1880), Schriftsteller, Kunsthistoriker, 1825 Professor der Germanistik und 1830 der Kunstgeschichte in Königsberg: Nr. 43, **483**

Hagen, Friederike Henriette Maximiliane Auguste Helene (Eleonore Auguste, Friederike Henriette Wilhelmine Auguste) von, geb. Gräfin Henckel von Donnersmarck (1764 – 1835), Tochter aus Graf Viktor Amadeus Henckels (erster) Ehe mit Katharina Friederike Wilhelmine von Wackerhagen, seit 1796 verh. mit dem preußischen Offizier und Kammerherrn Johann Karl von H., Tante von Ottilie von Goethe: Nr. 481, 492, 512

Hagen, Friedrich Heinrich von der (1780 – 1856), Germanist, 1801 Referendar in Berlin, 1807 Privatgelehrter, 1810 Professor, 1811 in Breslau, 1824 wieder in Berlin: Nr. 173, **204**, 281, 827, 848, **866**, 896, 912, 959, 1063

Haide (eigentl. Heyd, Heiden), Friedrich Johann Michael Jakob (1771 – 1840), Schauspieler, 1793 in Weimar, 1807 in Wien, 1808 wieder in Weimar, 1832 pensioniert: Nr. 325

Hajeck, Friedrich (erw. 1817 – 1829), Kupferstecher in Dresden: Nr. 487

Hallaschka (Halaška), Franz Ignaz Kassian (1780 – 1847), mährischer Physiker, Mathematiker, österreichischer Beamter, 1805 Präfekt am Theresianum in Wien, 1814 Professor in Prag, 1823 Dekan, 1832 Rektor und Vizekanzler, 1833 Präses an der Universität und Regierungsrat in Wien, 1844/45 Wirklicher Hofrat: Nr. 182, 640, 723

Halley, Edmond (1656 – 1742), englischer Astronom, Mathematiker: Nr. 216

Hamann, Johann Georg (1730 – 1788), Philosoph in Königsberg: Nr. 692, 893

Hamilton, Newburgh (1691 – 1761), irischer Schriftsteller, Librettist: Nr. 524, 698

Hamilton, William (1730 – 1803), britischer Diplomat, Vulkanologe, Kunstsammler und -mäzen, 1764 – 1800 Gesandter in Neapel: Nr. 221

Hammer, Joseph (seit 1791:) von, (seit 1836:) H.-Purgstall (1774 – 1856), österreichischer Orientalist, 1799 – 1800 Dolmetschergehilfe und 1802 Legationssekretär in Konstantinopel, 1806 Generalkonsul in Jassy, 1807 in der Wiener Hofkanzlei tätig, 1811 Staatskanzleirat und bis 1839 Hofdolmetscher, 1817 Hofrat, 1847 – 1849 Präsident der Akademie der Wissenschaften in Wien: Nr. 215, 343, 681, 690, 932, 940, 943, 1074

Hammerstein (H.-Loxten), Hans Detlef von (1768 – 1826), Jurist und Diplomat, 1799 Reichskammergerichtsassessor in Wetzlar, 1801 in dänischen und 1804 – 1811 in oldenburgischen Diensten, seit 1812 in hannoverschen Diensten, seit 1822 Bundestagsgesandter in Frankfurt am Main: Nr. 800

Hammerstein (H.-Loxten), Sophie Dorothea Louise von, geb. Gräfin von Holck (1774 – 1863), Tochter des dänischen Hofmarschalls und Amtmanns Graf Friedrich Wilhelm Conrad Holck, seit 1792 verh. mit Detlef von H., 1826 verw.: Nr. 800

Hanka, Václav (Wenzel, Wenzeslaus) (1791 – 1861), tschechischer Schriftsteller und Philologe, 1819/22 Leiter der literarischen Sammlung im böhmischen Nationalmuseum in Prag, 1848 Dozent und 1849 Professor für slawische Sprachen an der Universität, Herausgeber der (vermutlich von ihm und Joseph Linda hergestellten) Königinhofer Handschrift und der Grünberger Handschrift: Nr. 182, 997

Hannibal (247/246 – 183 v. Chr.), karthagischer Feldherr und Politiker: Nr. 343

Hansteen, Christopher (1784 – 1873), norwegisch-dänischer Physiker, Astronom, seit 1815 Direktor der Sternwarte in Christiania: Nr. 216

Hanstein, Gottfried August Ludwig (1761 – 1821), Theologe, 1782 Lehrer an der Domschule in Magdeburg, 1787 Pfarrer in Tangermünde, 1803 Oberdomprediger und Superintendent in Brandenburg, seit 1805 in Berlin, Propst, Superintendent und Mitglied des Oberkonsistoriums: Nr. 680

Hardenberg, Karl August von, (seit 1814:) Fürst von (1750 – 1822), Politiker, 1771 bis 1782 im hannoverschen Staatsdienst, 1773 Kammerrat, 1782 braunschweigischer Geheimer Rat und 1787 – 1788 Kammerpräsident, 1790 mit der Regierung der Markgrafschaften Ansbach und Bayreuth betraut, 1792 preußischer Kabinettsminister und Leiter der fränkischen Angelegenheiten, seit etwa 1798 in Berlin, Kabinettsminister, 1803/04 – 1806 und 1807 Außenminister, 1810 Staatskanzler: Nr. 11, 77, 281, 423, 439, 954

Harlem, August Otto Johann Georg von (1778 – 1857), preußischer Beamter, 1824/25 Geheimer Oberregierungsrat in Berlin, bis 1849 Vortragender Rat im Kultusministerium

Harleß (Harles), Johann Christian Friedrich (1773 – 1853), Mediziner, 1794 Arzt in Erlangen, 1795 auch Privatdozent und 1796 – 1805 Professor, 1814 wieder Professor und Mitdirektor des klinischen Instituts, 1818 Professor in Bonn: Nr. 11

Harnier, Richard Maria (1775 – 1856), Mediziner, 1800 Arzt in Hanau, 1808 in Kassel, seit etwa 1815 vorwiegend Brunnenarzt in Pyrmont, Geheimer Hofrat, Bruder des Kaufmanns Gabriel H.: Nr. 696

Harrach, Auguste Gräfin von (1800 – 1873), Tochter von Graf Ferdinand Joseph H., seit 1824 Fürstin von Liegnitz und morganatische Ehe mit König Friedrich Wilhelm III. von Preußen: Nr. 1028

Harries, Heinrich (1762 – 1802), Theologe, Schriftsteller, Publizist, Liederdichter, seit 1792 Pfarrer in Sieverstedt und 1794 in Brügge (Schleswig): Nr. 506

Harstall, Henriette von, geb. von Harstall (erw. 1824), verh. mit dem fuldaischen Generalleutnant Ernst August von H., 1808 verw., Schwiegermutter von Karoline von H.: Nr. 779

Harstall, Karoline Ernestine Auguste Adolfine von (1789 – 1830), um 1817 – 1819 in Weimar, Tochter des Hauptmanns Karl Ludwig Gottlieb von H., seit 1820 erste Ehefrau des kurhessischen Leutnants und sachsen-weimarischen Kammerherrn Franz von H., Schwiegertochter von Henriette von H., Freundin von Ottilie von Goethe: Nr. 779

Hartmann, Karl Friedrich Alexander (1796 – 1863), Schriftsteller, Übersetzer, Berg- und Hütteningenieur, Mineraloge, Jurist, 1820 Hüttenverwalter in Blankenburg (Harz), 1821 Hüttenschreiber in Rübeland, 1829 braunschweigischer Bergkommissar: Nr. 487

Hartmann, Karl Johann Gottfried (1770 – 1828), Verlagsbuchhändler, seit 1793 in Riga, 1794 Angestellter der Hartknoch'schen Buchhandlung und 1800 deren Inhaber: Nr. 874

Harzen, Georg Ernst (1790 – 1863), Kaufmann, Kunsthändler, Auktionator und Mäzen in Hamburg, 1821 – 1824 Inhaber einer Kunsthandlung, seit 1823 mit dem Teilhaber Johann Matthias Commeter, 1824 Makler und Auktionator von Gemälden und Kunstsachen, Mitgründer und langjähriger Sekretär des Kunstvereins, seit 1847 u. a. in Italien: Nr. 10, **741**

Hasanaginica: s. Arapovitsch

Hase, Karl Georg (1786 – 1862), Jurist, Beamter, 1808 Hofadvokat in Weimar, 1838 Oberbürgermeister und Stadtdirektor, seit 1841 auch Landesdirektionsrat, 1851 pensioniert, 1831 einer der Vorsteher des Museums (Lesemuseum): Nr. 342, 905, **908**

Hasenclever, David (1778 – 1857), Kaufmann in Ehringhausen bei Remscheid, Sohn des Kaufmanns Johann Bernhard H.: Nr. 198, 800

Hasenclever, Josua (1783 – 1853), Kaufmann in Ehringhausen bei Remscheid, Sohn des Kaufmanns Johann Bernhard H.: Nr. **198**, 800

Hasenclever, Kornelia Henriette Franziska, geb. Schlosser (1781 – 1851), Tochter von Georg und Johanna Schlosser, seit 1809 verh. mit David H.: Nr. 800

Hasenclever, Maria Gertrud, geb. Hasenclever (1781 – 1865), Tochter des Kaufmanns Johann Gottfried Hasenclever in Frankfurt am Main, seit 1808 verh. mit Josua H.: Nr. 800

Hasse, Johann Adolf Peter (1699 – 1783), Sänger, Komponist, Kapellmeister, u. a. 1734 – 1763 in Dresden: Nr. 524

Hatif Isfahani, Sayyid Ahmed (gest. um 1783), persischer Dichter: Nr. 988

Hatzfeldt (H.-Wildenburg), Hugo Franz Graf von (1755 – 1830), Diplomat, Komponist, 1773 kurkölnischer Kammerherr und Hauptmann, später Domherr und Kammerpräsident in Worms, 1788 kurmainzischer Gesandter in Berlin und Dresden, zuletzt in Berlin lebend: Nr. 512

Hausmann, Johann Friedrich Ludwig (1782 – 1859), Mineraloge, Geologe, 1803 Auditor und Bergmeister in Clausthal und Zellerfeld, 1805 Kammersekretär in Braunschweig, 1808/09 Generalsekretär im Finanzministerium und Generalinspektor der Berg-, Hütten- und Salinenwerke des Königreichs Westfalen in Kassel, 1811 Professor in Göttingen, 1819 Hofrat: Nr. 47, 881, 926

– ; dessen (verstorbenes) Kind: Nr. 881
Haußmann, Karl Friedrich (1779 – 1856), Hof- und Stadtapotheker in Ludwigsburg, später Inhaber der Bleiche in Blaubeuren: Nr. 89
Haüy, René Just (1743 – 1822), französischer Mineraloge, 1783 – 1792 Adjunkt der Akademie der Wissenschaften in Paris, 1794 Konservator des Cabinet des mines, 1795 Lehrer an der École normale, 1802 Professor am Naturhistorischen Museum sowie später auch an der Universität und an der Akademie: Nr. 387, 658, 755
Hawig (erw. 1824), Witwe in Kassel: Nr. 776
Haxthausen, Werner Moritz Maria (seit 1837:) Graf von (1780 – 1842), Politiker, Beamter, Philologe, Volksliedsammler, 1815 – 1825/26 Regierungsrat in Köln, Bruder des Historikers und Volksliedsammlers August von H.: Nr. 281, 709, 835, 909
Haydn, Franz Joseph (1732 – 1809), Komponist: Nr. 341, 431, 461, 842
Hecht, Joseph Wilhelm (erw. 1795 – 1824), Kaufmann in Eger, Spediteur, Vater des Kaufmanns Joseph August H.: Nr. 640
Hedenus, Johann August Wilhelm (1760 – 1836), Mediziner, Chirurg, 1783 – 1791 kursächsischer Militär- und Wundarzt, 1798 – 1807 Generalstabschirurg und Lehrer am Collegium medico-chirurgicum in Dresden, 1807 Leibchirurg des Königs, 1812 Hof- und Medizinalrat, 1828 Leibarzt des Königs, 1833 pensioniert: Nr. 855
Hedlinger, Johann Karl (1691 – 1771), Medailleur in Stockholm: Nr. 581
Heeren, Arnold Hermann Ludwig (1760 – 1842), Historiker, seit 1787 Professor in Göttingen: Nr. 64
Hegel, Georg Wilhelm Friedrich (1770 – 1831), Philosoph, 1801 Privatdozent und 1805 Professor in Jena, 1807 Redakteur in Bamberg, 1808 Gymnasialdirektor in Nürnberg, 1816 Professor in Heidelberg und 1818 in Berlin, 1829 – 1830 Rektor der Universität: Nr. 20, 344, 350, 535, 605, 811, 912
Hegel, Maria Helena Susanna, geb. von Tucher (1791 – 1855), Tochter des Nürnberger Patriziers Jobst Wilhelm Karl Tucher von Simmelsdorf, seit 1811 verh. mit Georg Wilhelm Friedrich H.: Nr. 344, 535
Heger, Franz (1792 – 1836), Architekt, 1817 – 1820 Reisen in Italien, Griechenland und Frankreich, seit 1822 Landbaumeister in Darmstadt: Nr. 164
Hehl, Johann Wilhelm (1771 – 1829), Militär in kurtrierischen, österreichischen und seit 1806 nassauischen Diensten, 1807 Stabskapitän, 1809 Hauptmann der Reserve, 1814 Landoberst, 1816 Major, 1817 Bade- und Polizeikommissar in Ems, zuletzt Bade- und Polizeidirektor: Nr. 800
Heidelberg, Friedrich Wilhelm Gerhard (1799 – nach 1843), Schriftsteller, 1817 – 1820 Theologiestudent in Göttingen und 1820 Student der Theologie und Philosophie in Leipzig, später u. a. in Grimma, Leipzig, Göttingen und um 1828 in seinem Heimatort Bodenburg bei Hildesheim, 1836 – 1838, 1841 und 1843 Insasse der Besserungs- und Arbeitsanstalt im Schloss Bevern, 1844 nach Amerika ausgewandert: Nr. 54
Heidler, Karl Joseph, (seit 1858:) H. von Heilborn (1792 – 1866), Mediziner, Balneologe, 1818 – 1857 Brunnenarzt in Marienbad: Nr. 4, 855
Heim, Ernst Ludwig (1747 – 1834), Mediziner, Arzt in Berlin, Bruder des Theologen und Geheimen Rats Johann Ludwig H. in Meiningen: Nr. 581
Heine, G. (erw. 1824), Besucher in Weimar (? identisch mit Gustav [seit 1867:] von H., [seit 1870:] von H.-Geldern, 1803/05 – 1868, Herausgeber, Publizist, 1829 Eintritt in die österreichische Armee, später Zeitungsverleger und Buchdruckereibesitzer in Wien, Bruder von Heinrich H.): Nr. 971

Heine, Johann Christian Heinrich (eigentl. Harry) (1797 – 1856), Schriftsteller, Publizist, 1819 – 1825 Student in Bonn, Göttingen und Berlin, 1825 juristische Promotion in Göttingen, seit 1831 in Paris: Nr. 961

Heinrich der Löwe: s. Sachsen

Heinroth, Johann Christian Friedrich August (Ps. Treumund Wellentreter) (1773 bis 1843), Mediziner, Psychiater, Fachschriftsteller, 1801 – 1802 Leibarzt des Grafen Iwan Rasumowski, 1806 – 1813 Militärarzt in französischen Diensten, 1811 als Professor für psychische Therapie nach Leipzig berufen, 1814 auch Arzt am Zucht-, Waisen- und Versorgungshaus, 1829 Hofrat: Nr. 768

Heinsius, Otto Friedrich Theodor (1770 – 1849), Sprachforscher, Lexikograph, seit 1801 Professor am Gymnasium zum Grauen Kloster in Berlin: Nr. 759, 801

Held, Joseph (erw. 1824 – 1838), Gärtner in Wien, Inhaber einer Blumenhandlung, Sohn des Gärtners Johann H., (?) Stiefsohn des Botanikers und Hofgärtners Franz Antoine: Nr. 682

Hell, Theodor: s. Winkler, Karl Gottfried Theodor

Helldorff (Helldorf), Christiane Wilhelmine Auguste von, geb. von Beust (1771/75 bis 1827), seit 1795 verh. mit dem sächsischen Kammerherrn Karl Heinrich Anton von H., Nichte des kursächsischen Geheimen Rats Graf Leopold Beust: Nr. 779

Heller, Johann Baptist (um 1791 – 1841), sachsen-weimarischer Beamter, 1816 Amtsadjunkt im Justizamt Dermbach, 1819 Kriminalgerichtsassessor und erster Aktuar in Eisenach, um 1824 in Weida, 1828 Amtskommissar und erster Aktuar in Allstedt, um 1835 in Dornburg, um 1840 in Bürgel: Nr. 957

Heller, Joseph (1798 – 1849), Kaufmann, Kunstforscher und -sammler in Bamberg: Nr. 523

Hellwig, Friedrich (1782 – 1825), Schauspieler, seit 1814/15 in Dresden, Bruder des Juristen und langjährigen Vorstehers der Singakademie in Berlin Karl H. und des Komponisten und Organisten Ludwig H.: Nr. 969

Helst, Bartholomeus van der (1613 – 1670), niederländischer Maler: Nr. 422

Helvig, Anna Amalia (Amalie) (seit 1807:) von, geb. von Imhoff (1776 – 1831), Schriftstellerin, Malerin, um 1791 – 1804 in Weimar, seit 1800 Hofdame der Herzogin Luise, 1804 in Schweden, 1810 in Heidelberg, 1814 wieder in Schweden, seit 1816 vorwiegend in Berlin, Tochter des Kolonialoffiziers und Malers Christoph Adam Karl von Imhoff aus dessen Ehe mit Luise Franziska Sophie von Schardt, seit 1803 verh. mit dem seit 1815 in preußischen Diensten stehenden Artillerieoffiziers Karl (von) H., Nichte von Charlotte von Stein: Nr. 514, 524, 531, 549, 588, 1073

Hémery, Joseph d' (1722 – 1806), französischer Militär, Polizist und Sammler in Paris, 1741 Kriminalleutnant, 1748 Inspektor des Buchhandels in den Häfen, 1754 – 1773 Generalinspektor für das Buchhandels- und Verlagswesen, 1788 Oberstleutnant der Infanterie: Nr. 767

Hemling: s. Memling

Hemmerde & Schwetschke; Verlagsbuchhandlung in Halle, 1788 hervorgegangen aus der Buchhandlung von Karl Hermann H. (1708 – 1782), im Besitz von dessen Witwe Johanna Friederika H., geb. Klemm (1746 – 1798), und Karl August Schwetschke (1756 – 1839), seit 1798 im alleinigen Besitz von Schwetschke: Nr. 913

Henckel von Donnersmarck, Eleonore Maximiliane Ottilie Luise Gräfin, geb. Gräfin von Lepel (1756 – 1843), Tochter des Grafen Friedrich Wilhelm Lepel, seit 1774 zweite Ehefrau von Graf Viktor Amadeus H., 1793 verw., zeitweise in Rheinsberg lebend, 1799 Oberhofmeisterin der Erbprinzessin Helena Pawlowna von Mecklenburg-Schwerin und 1804 der späteren Großherzogin Maria Pawlowna von Sachsen-Weimar, Mutter der Grafen Wilhelm und Leo H. und von Henriette von Pogwisch: Nr. 299, 311, 338, 506, 518, 535, 800, 852

Henckel von Donnersmarck, Julie Gräfin von, geb. Gräfin von Bohlen (1800 – 1866), Tochter des kurhessischen Hofmarschalls und Kammerherrn Graf Friedrich Ludwig Bohlen, seit 1816 verh. mit Graf Karl Lazarus H.: Nr. 549, 559

Henckel von Donnersmarck, Karl Lazarus Graf von (1772 – 1864), Standesherr auf Oberbeuthen in Oberschlesien und Industrieller, Besitzer mehrerer Industrie- und Bergbaubetriebe, preußischer Kammerherr: Nr. 549, 559

Henckel von Donnersmarck, Leo Viktor Felix Maximilian Graf (1785 – 1861), preußischer Beamter, Botaniker, 1803 Student in Halle, Dr. phil., später Regierungsrat und Kammerherr, Sohn von Graf Viktor Amadeus und Gräfin Ottilie H., Bruder von Graf Wilhelm H. und Onkel von Ottilie von Goethe: Nr. 501, 506, 512, 531

Henckel von Donnersmarck, Paulina Helena Leopoldina Teresa (auch: Pauline Leontine Therese) Gräfin von, geb. von dem Knesebeck (1813 – 1894), jüngste Tochter von Friedrich Wilhelm Ludwig von dem Knesebeck, 1819 adoptiert von Graf Wilhelm H., seit 1834 verh. mit dem hessen-kasselschen Beamten Hilmar von Schönfeld, Schwester von Adolfine von dem Knesebeck: Nr. 524

Henckel von Donnersmarck, Wilhelm Ludwig Viktor Graf (1775 – 1849), preußischer Militär, 1810 Flügeladjutant des Königs, 1813 Oberst, 1814 Generalmajor, 1820 Generalleutnant und Kommandant von Torgau, 1821 Abschied, seitdem auf seinem Gut bei Düben und zuletzt in Dessau lebend, Sohn von Graf Viktor Amadeus und Gräfin Ottilie H., Bruder von Graf Leo H. und Onkel von Ottilie von Goethe und Ulrike von Pogwisch: Nr. 492, 506

Henning (H. genannt von Schönhoff), Emilie Karoline von, geb. Krutisch (1805 – 1853), Tochter des Fabrikdirektors Karl Friedrich Philipp Krutisch in Berlin, seit 1823 verh. mit Leopold von H.: Nr. 130, 208, 350, 524

Henning, Karl Wilhelm (1784 – 1867), Komponist, Violinist und Dirigent in Berlin, 1807 Mitglied des Nationaltheaters und 1811 der Hofkapelle, 1822 Konzertmeister, 1824 Musikdirektor des Königsstädtischen Theaters, 1826 wieder Konzertmeister in der Hofkapelle: Nr. 1009

Henning (H. genannt von Schönhoff), Leopold August Wilhelm Dorotheus von (1791 – 1866), Philosoph, Jurist, 1821 Privatdozent und 1825 Professor in Berlin: Nr. 130, 156, 182, 208, 350, 357, 358

Hennings, Johann Wilhelm Christoph (1771 – 1838), Verlagsbuchhändler in Gotha und Erfurt, seit 1819 sachsen-meiningischer Geheimer Legationsrat, Sohn des Philosophieprofessors Justus Christian H. in Jena: Nr. 168

Henrici, Christian Friedrich (Ps. Picander) (1700 – 1764), Dichter: Nr. 625

Henry, William (1774 – 1836), englischer Mediziner und Chemiker, in Manchester: Nr. 487

Henschel, August (Anschel) (? 1783 – 1828), Kupferstecher, Lithograph und Maler in Breslau und nach 1806 vorwiegend in Berlin, 1812 akademischer Künstler, Bruder von Friedrich, Moritz und Wilhelm H.; s. Henschel, Gebrüder

Henschel, August Wilhelm Eduard Theodor (1790 – 1856), Medizinhistoriker, Botaniker, 1820 Privatdozent und 1821 Professor in Breslau: Nr. 529, 572

Henschel, Friedrich (Samuel ben Zbi Reines) (um 1774 – 1836), Maler, Kupferstecher und Lithograph aus Breslau, seit etwa 1806 auch in Berlin tätig, nach 1828 wieder in Breslau, Bruder von August, Moritz und Wilhelm H.; s. Henschel, Gebrüder
Henschel, Gebrüder (August, Friedrich, Moritz und Wilhelm H.); Kupferstecher, Lithographen und Maler in Breslau und Berlin, vorwiegend gemeinschaftlich tätig: Nr. 329, 357, 518, 524
Henschel, Johann Werner (1782 – 1850), Bildhauer in Kassel, seit 1844 in Rom: Nr. **497**, 820
Henschel, Moritz (um 1787 – 1862), Kupferstecher, Lithograph und Maler in Breslau und Berlin, Bruder von August, Friedrich und Wilhelm H.; s. Henschel, Gebrüder
Henschel, Wilhelm (F. W., F. Wilhelm) (1781/85 – 1865), Kupferstecher, Lithograph und Maler in Breslau und um 1805 – um 1828 in Berlin, 1812 akademischer Künstler, 1805 Teilnehmer an der Preisaufgabe für bildende Künstler in Weimar, Bruder von August, Friedrich und Moritz H.; s. Henschel, Gebrüder
Hensel, Wilhelm (1794 – 1861), Maler und Radierer in Berlin, 1823 – 1828 erstmals in Rom, 1831 Professor an der Akademie der Künste, seit 1829 verh. mit Fanny Mendelssohn Bartholdy: Nr. 274, 275, 302, **955**, 1027
Hensmans, Pierre Joseph (1802 – 1862), belgischer Physiker, Mathematiker und Chemiker, Pharmazeut, 1830 Lehrer an der Universität in Löwen und 1835 in Gent, 1838 Professor: Nr. 498
Hentschel, Ernst Julius (1804 – 1875), Musikpädagoge, Herausgeber, 1822 Hilfslehrer am Lehrerseminar in Weißenfels, 1823 Studienaufenthalt in Berlin, 1824 Seminarlehrer in Weißenfels, 1833 Musikdirektor, 1841 Gründer und Herausgeber der Musikzeitschrift »Euterpe«: Nr. 461
Hepp, Abraham Isaak Jakob (1770 – 1848), Theologe, 1802 Pfarrer in Kusel, 1820 in Pfeffelbach, auch Kirchen- und Schulinspektor: Nr. 636, 693
Herder, Johann Gottfried (seit 1801:) von (1744 – 1803), Theologe, Philosoph, Schriftsteller, 1771 Oberprediger und Konsistorialrat in Bückeburg, 1776 Generalsuperintendent und Oberkonsistorialrat in Weimar, 1789 Vizepräsident und 1801 Präsident des Oberkonsistoriums: Nr. 281, 318, 352, 453, 521, 548, 625, 996, 1036, 1052
Hering, Karl (Charles) Ernst Christian (1764 – 1815), Buchbinder, seit 1794 in London: Nr. 467
Herklots, Karl Alexander (1756 – 1830), Jurist, Schriftsteller in Berlin: Nr. 549, 708
Hermann, Johann Gottfried Jakob (1772 – 1848), Philologe, 1794/95 Privatdozent und 1797 Professor in Leipzig, 1801 – 1803 auch Universitätsbibliothekar, mehrfach Dekan der philosophischen Fakultät, 1820 und 1824 Rektor der Universität: Nr. **148**, 274, **408**, 1094
Hermias (4. Jh. v. Chr.), Philosoph bithynischer Herkunft, Tyrann von Atarneus: Nr. 942
Herodot(os) (um 490 – um 425 v. Chr.), griechischer Geschichtsschreiber: Nr. 788
Hérold, Louis Joseph Ferdinand (1791 – 1833), französischer Komponist: Nr. 457
Herschbach, Joseph (erw. 1823 – 1854), Chemiker, Apotheker, 1823 Student in Jena, 1825 Approbation, Pharmazeut in Frankfurt am Main, später Apotheker in Wichlinghausen bei Elberfeld, Sohn des Notars Johann Heinrich H. in Kaiserswerth: Nr. 775
Herschel, Frederick William (Friedrich Wilhelm) (1738 – 1822), britischer Astronom und Musiker deutscher Herkunft: Nr. 215, 271, 286

Hertel, Johann Friedrich Karl Alexander (1797–1854), Apotheker in Nürnberg, 1819–1826 und seit 1836 Mitglied des Nürnberger Vereins von Künstlern und Kunstfreunden, um 1823 Sekretär des Vereins: Nr. 351

Herterich, Heinrich Joachim (1772–1852), Maler, Radierer und Lithograph, 1818 mit Johann Speckter Gründer einer lithographischen Anstalt in Hamburg: Nr. 227, 746, 917, 1021

Hertzberg, Ewald Friedrich (seit 1786:) Graf von (1725–1795), preußischer Politiker, 1750 Leiter des Geheimen Archivs, 1752 Geheimer Legationsrat und Mitglied der Akademie der Künste in Berlin, 1763–1791 zweiter Staats- und Kabinettsminister: Nr. 320

Herz, Henriette Julie, geb. de Lemos (1764–1847), Salonière in Berlin, Tochter des Arztes und Direktors des jüdischen Krankenhauses in Berlin Benjamin Benveniste de Lemos, seit 1779 verh. mit dem Arzt und Philosophen Markus H., 1803 verw., 1817–1819 in Rom: Nr. 535

Herzlieb, Christiane Friederike Wilhelmine (Minchen): s. Walch

Heß, Karl Ernst Christoph (1755–1828), Kupferstecher, 1777 in Düsseldorf, 1782 Hofkupferstecher und Professor an der Akademie, 1806 in München, Vater des Malers Heinrich (von) H.: Nr. 453

Heß, Ludwig (1760–1800), Schweizer Maler und Kupferstecher: Nr. 3/1237a+

Hessen-Darmstadt (großherzogl. Haus): Nr. 425

Hessen-Darmstadt, Christian Ludwig Landgraf von (1763–1830), seit 1806 Landgraf, 1783–1803 in holländischen Militärdiensten, 1793 auch Generalfeldmarschall-Leutnant beim deutschen Reichsheer, 1795 Flucht nach England, um 1800 Rückkehr nach Darmstadt, um 1803 hessen-darmstädtischer Generalleutnant und 1807 General, 1815 niederländischer General, Sohn des Landgrafen Ludwig IX.: Nr. 380, 425, 602

Hessen-Darmstadt (H. und bei Rhein), Emil Maximilian Leopold August Karl Prinz von (1790–1856), Militär und Politiker, in preußischen, französischen und seit 1809 in hessen-darmstädtischen Militärdiensten, Oberst, 1811 Generalmajor, 1813 Generalleutnant, 1820–1849 Mitglied der ersten Kammer des Landtags und seit 1832 deren Präsident, seit 1823 Mitglied des Staatsrats, 1830 General der Kavallerie, auch österreichischer Generalfeldmarschall-Leutnant und 1845 Feldzeugmeister, Sohn von Großherzog Ludwig I.: Nr. 425

Hessen-Darmstadt (H. und bei Rhein), Friedrich August Karl Anton Emil Maximilian Christian Ludwig Prinz von (1788–1867), Militär, 1796 kaiserl. Rittmeister, 1813 in französischen Diensten, 1817 Feldmarschall, dann russischer Generalmajor, 1852 hessischer Generalleutnant und 1862 General der Infanterie, Sohn von Großherzog Ludwig I.: Nr. 425

Hessen-Darmstadt, Georg Karl Landgraf (Prinz) von (1754–1830), Militär in holländischen Diensten, entlassen, in Oberungarn und zuletzt in Neustrelitz lebend, Sohn von Prinz Georg Wilhelm, Cousin von Landgraf Ludwig X. von H. und Onkel von Großherzog Georg von Mecklenburg-Strelitz: Nr. 425

Hessen-Darmstadt, Georg Wilhelm Prinz von (1722–1782), Militär, zuletzt Generalfeldmarschall des Oberrheinischen Kreises, Bruder von Landgraf Ludwig IX.: Nr. 425

Hessen-Darmstadt (H. und bei Rhein), Karl Wilhelm Ludwig Prinz von (1809–1877), Militär, 1825–1833 in österreichischen Diensten, 1834 hessischer Generalmajor,

1840 Generalleutnant, 1848 General der Infanterie, jüngerer Sohn von Großherzog Ludwig II., Bruder von Großherzog Ludwig III.: Nr. 1016

Hessen-Darmstadt, Ludwig Erbgroßherzog von (1777 – 1848), Erbprinz, 1806 Erbgroßherzog, 1830 Großherzog als Ludwig II., Sohn von Großherzog Ludwig I.: Nr. 425

Hessen-Darmstadt, Ludwig Erbprinz von (1806 – 1877), seit 1848 Großherzog als Ludwig III., Sohn von Großherzog Ludwig II.: Nr. 1016

Hessen-Darmstadt, Ludwig I. Großherzog von (1753 – 1830), Erbprinz, 1790 Landgraf als Ludwig X., 1806 Großherzog: Nr. 425, 840, 1016

Hessen-Darmstadt, Ludwig IX. Landgraf von (1719 – 1790), seit 1768 Landgraf: Nr. 425

Hessen-Darmstadt (H. und bei Rhein), Ludwig (Louis) Georg Karl Prinz von (1749 bis 1823), Militär, Freimaurer, 1775 als Generalmajor verabschiedet, 1795 zum Generalfeldmarschall ernannt, Sohn von Landgraf Georg Wilhelm, Cousin von Landgraf Ludwig X.: Nr. 425

Hessen-Darmstadt (H. und bei Rhein), Ludwig Georg Karl Friedrich Ernst Prinz von (1780 – 1856), Militär, 1791 in österreichischen Militärdiensten, 1796 Rittmeister, 1802 Obristleutnant, 1807 hessen-darmstädtischer Generalmajor, 1814 Generalleutnant, 1830 General der Infanterie, Sohn von Großherzog Ludwig I.: Nr. 425, 512

Hessen-Darmstadt, Luise Karoline Henriette Großherzogin von, geb. Prinzessin von Hessen-Darmstadt (1761 – 1829), 1790 Landgräfin, 1806 Großherzogin, Tochter von Landgraf Georg Wilhelm, seit 1777 verh. mit Ludwig I.: Nr. 425

Hessen-Homburg, Friedrich VI. Joseph Ludwig Karl August Landgraf von (1769 – 1829), seit 1820 Landgraf, österreichischer Militär, 1819 als General der Kavallerie ausgeschieden: Nr. 425

Hessen-Homburg, Friedrich V. Ludwig Wilhelm Christian Landgraf von (1748 – 1820), 1766 – 1806 und seit 1815 regierender Landgraf, Förderer Hölderlins: Nr. 581

Hessen-Homburg, Karoline Landgräfin von, geb. Prinzessin von Hessen-Darmstadt (1746 – 1821), Tochter von Ludwig IX. von Hessen-Darmstadt, seit 1768 verh. mit Landgraf Friedrich V. Ludwig: Nr. 581

Hessen-Homburg, Ludwig Wilhelm Prinz von (1770 – 1839), seit 1829 Landgraf, preußischer Militär, seit 1815 Gouverneur von Luxemburg, 1823 Chef des 16. Infanterieregiments, 1825 General: Nr. 531

Hessen-Kassel, Friederike Christiane Auguste Kurprinzessin von, geb. Prinzessin von Preußen (1780 – 1841), Erbprinzessin, 1803 Kurprinzessin, 1821 Kurfürstin, Tochter von Friedrich Wilhelm II. von Preußen, seit 1797 verh. mit dem späteren Kurfürsten Wilhelm II., seit 1815 endgültig von ihm getrennt lebend: Nr. 163

Hessen-Kassel, Georg Karl Prinz von (1793 – 1881), Militär in dänischen, russischen und seit 1815 in preußischen Diensten, Oberstleutnant, 1818 Oberst, 1827 Generalmajor: Nr. 512

Hessen-Kassel, Karoline Friederike Wilhelmine Prinzessin von (1799 – 1854), älteste Tochter des Kurprinzenpaares Wilhelm und Auguste, Schwester von Prinzessin Marie: Nr. 163

Hessen-Kassel, Marie Friederike Wilhelmine Christiane Prinzessin von (1804 – 1888), jüngere Tochter des Kurprinzenpaares Wilhelm und Auguste, seit 1825 Herzogin von Sachsen-Meiningen(-Hildburghausen), Schwester von Prinzessin Karoline: Nr. 163

Hessen-Philippsthal, Ernst Konstantin Landgraf von (1771 – 1849), seit 1816 Landgraf: Nr. 425

Hessen-Rotenburg, Viktor Amadeus Landgraf von (1779 – 1834), 1812 Landgraf, 1820/21 auch Fürst von Corvey und 1822 Herzog von Ratibor: Nr. 425

Hetsch, Gustav Friedrich (1788 – 1864), deutsch-dänischer Architekt und Maler, 1808 in Paris, 1812 in Stuttgart, um 1814 in Rom, seit 1815 in Kopenhagen, 1816 Lehrer an der Ornamentschule, 1820 Mitglied und 1822 Professor an der Kunstakademie, 1828 – 1857 Leiter der Porzellanmanufaktur, Sohn von Philipp Friedrich (von) H.: Nr. 343

Hetsch, Philipp Friedrich (seit 1805/08:) von (1758 – 1838), Maler, 1780 Hofmaler in Stuttgart, 1787 – 1794 Professor an der Hohen Karlsschule, 1798 – 1816 Direktor der Gemäldegalerie in Ludwigsburg, mehrmals in Rom und Paris: Nr. 343

Heubner, J. G.; Verlagsbuchhandlung in Wien, 1819 gegründet von Johann Gotthelf H. (um 1778 – 1859): Nr. 195

Heusinger, Karl Friedrich (eigentl. Johann Christian Friedrich Karl) (seit 1876:) von (1792 – 1883), Mediziner, 1813 – 1819 als preußischer Militärarzt in Frankreich, 1819 Assistent an der Universität in Göttingen, 1821 Professor in Jena, 1824 in Würzburg und 1829 in Marburg: Nr. 42, 246, 534, 805, 836, 940

Heygendorff (bis 1809: Jagemann), Henriette Karoline Friederike von (1777 – 1848), Schauspielerin, Sängerin, 1797 – 1828 in Weimar, Geliebte des (Groß-)Herzogs Karl August, 1809 geadelt unter dem Namen von H., Tochter des Romanisten Christian Joseph Jagemann und Schwester von Ferdinand Jagemann: Nr. 118, 535, 907

Heyne, Georgine Christine Dorothea, geb. Brandes (1753 – 1834), Tochter des hannoverschen Beamten Georg Friedrich Brandes, seit 1777 zweite Ehefrau des Altphilologen Christian Gottlob H. in Göttingen, Schwester von Luise Amalie Blumenbach: Nr. 271

Heyse, Johann Christian August (1764 – 1829), Philologe, Pädagoge, 1792 Gymnasiallehrer in Oldenburg, 1807 Gymnasialrektor und Direktor der Töchterschule in Nordhausen, 1819 Direktor der höheren Töchterschule in Magdeburg, Vater von Karl H.: Nr. 399

Heyse, Karl Wilhelm Ludwig (1797 – 1855), Philologe, Erzieher, 1819 – 1827 Lehrer im Hause von Abraham Mendelssohn Bartholdy in Berlin, seit 1829 Professor an der Universität, Sohn von Johann Christian August H.: Nr. 344, 912

Hildebrandt, Ferdinand Theodor (1804 – 1874), Maler, 1820 Schüler an der Kunstakademie in Berlin, seit 1826 in Düsseldorf, 1832 Hilfslehrer und 1836 Professor an der Akademie: Nr. 512, 518, 543, 559

Hildebrandt, Zacharias (1688 – 1757), Orgelbauer, Schüler von Gottfried Silbermann: Nr. 461

Hillebrand, Heinrich Joseph (1788 – 1871), Philosoph, Literaturwissenschaftler, Pädagoge, Politiker, 1812 Lehrer in Hildesheim, 1817 Professor in Heidelberg und 1822 in Gießen, auch Gymnasialdirektor, 1834 Oberstudienrat, 1847/48 Abgeordneter und 1849 Präsident der Zweiten Kammer des Landtags, 1850 der Professur enthoben, zuletzt in Soden im Taunus lebend: Nr. 64

Hiller, Johann Adam (1728 – 1804), Komponist und Musikschriftsteller, zuletzt Thomaskantor in Leipzig: Nr. 524

Himburg, Christian Friedrich (1733 – 1801), Buchdrucker und Verleger in Berlin: Nr. 192

Himly, Karl Gustav (1772 – 1837), Mediziner, Augenarzt, 1795 Professor am anatomisch-chirurgischen Institut und am Collegium Carolinum sowie Mitglied des Collegium medicum in Braunschweig, 1801 Professor und Hofrat in Jena, 1803 Professor und Hospitaldirektor in Göttingen: Nr. 467

Himmel, Friedrich Heinrich (1765 – 1814), Komponist, Pianist, seit 1795 Hofkapellmeister in Berlin: Nr. 267

Hinrichs, Hermann Friedrich Wilhelm (1794/95/97 – 1861), Philosoph, politischer Schriftsteller, 1822 Professor in Breslau und 1824 in Halle: Nr. 605

Hinrichs'sche Buchhandlung, J. C.; Verlagsbuchhandlung in Leipzig, 1801 hervorgegangen aus der Firma Reinicke & H., bis 1813 im Besitz von Johann Konrad H. (1763 – 1813), fortgeführt von dessen Witwe Christiane Wilhelmine H. (1764 – 1840) gemeinsam mit Johann Gottlieb Herold (1750 – 1832/34), 1816 mit ihrem Neffen Christian Friedrich Adolf Rost (1790 – 1856), 1840 im alleinigen Besitz Rosts: Nr. 298

Hirt, Alois (1759 – 1837), Archäologe und Kunsthistoriker in Berlin, 1782 – 1796 in Rom, 1796 Mitglied der Akademie der Wissenschaften sowie der Akademie der Künste, 1810 Universitätsprofessor und Hofrat, Mitgründer der Berliner Museen: Nr. 51, 77, 558, 735

Hitzig, Julius Eduard (bis 1799: Isaak Elias Itzig, seit 1808: Hitzig) (1780 – 1849), Jurist, Schriftsteller und Verlagsbuchhändler, 1799 Auskultator bei der Regierung in Warschau, 1801 Referendar am Kammergericht in Berlin, 1804 Regierungsassessor in Warschau, 1807 Buchhandelslehrling und 1808/09 – 1814 Verleger in Berlin, 1815 Kriminalrat, 1827 – 1835 Direktor des Inquisitoriats am Kammergericht, 1824 Gründer der »Mittwochsgesellschaft«: Nr. 171, 250, 344, 559

Hobhouse, John Cam (1786 – 1869), 1831 2. Baron H. of Broughton-Gifford, 1851 1. Baron (Lord) Broughton of Broughton-de-Gyfford, britischer Politiker, 1819 als politischer Pamphletist inhaftiert, 1820 – 1851 Mitglied des Parlaments, 1832 Kriegsminister, 1833 Staatssekretär für Irland, 1834 Oberkommissar der Domänen, 1835 bis 1841 und 1846 – 1852 Präsident des Kontrollamtes für Indien, Freund von Lord Byron: Nr. 281

Höcker, Adalbert (um 1800 – 1860), Glasmaler, seit 1824 in Marienburg: Nr. 423

Höckner, Johann Friedrich (um 1767 – 1846), Buchdrucker in Jena, nach 1806 Faktor der Buch- und Steindruckerei des Landes-Industrie-Comptoirs in Weimar, Sohn des Kauf- und Handelsherrn Jakob Friedrich H. in Halle: Nr. 648

Hövel, Friedrich Alexander Joseph Raphael von (1766 – 1826), Verwaltungsbeamter und Publizist, Mineraloge, 1797 Landrat des Kreises Wetter der Grafschaft Mark, 1805 Kammerpräsident in Minden, 1808 Präfekt des Leine-Departements, Ende 1808 – 1809 Staatsrat in Kassel, Mitglied mehrerer gelehrter Gesellschaften, mit Karl vom und zum Stein befreundet: Nr. 5/1013a+

Hoff, Karl Ernst Adolf von (1771 – 1837), Geologe und Geograph, Beamter in Gotha, 1791 – 1826 in der Geheimen Kanzlei, 1803 Legationsrat, 1809 Hofrat, 1813 Geheimer Assistenzrat, 1817 Kommissar für die Angelegenheiten der Universität Jena, 1826 Geheimer Konferenzrat und Leiter der Sternwarte auf dem Seeberg, 1829 – 1837 Oberkonsistorialdirektor, 1832 mit der Direktion der wissenschaftlichen Sammlungen betraut, Cousin des Kartographen und Geographen Adolf Stieler: Nr. 87, 221, 513, 1010

Hoffmann, Christian (1794 – 1871), Mechaniker in Leipzig, 1826 Erbe der 1790 von seinem Vater Johann Christian H. gegründeten mechanischen Werkstätte und seit 1842 Inhaber einer Maschinenbaufabrik, 1861 auch technischer Direktor des städtischen Eichamts: Nr. 688, 760

Hoffmann, Ernst Theodor Amadeus (vorher: Wilhelm; genannt E. T. A. Hoffmann) (1776 – 1822), Jurist, Schriftsteller und Komponist, 1798 Referendar in Glogau und Berlin, 1800 Regierungsassessor in Posen und 1802 in Płock, 1804 – 1806 Regierungsrat in Warschau, 1808 Musikdirektor in Bamberg, 1813 Theaterkapellmeister in Dresden und Leipzig, seit 1814 Anstellung beim Kammergericht in Berlin, 1816 Kammergerichtsrat im Kriminalsenat, 1819 Mitglied der »Immediat-Untersuchungskommission zur Ermittlung hochverräterischer Verbindungen und anderer gefährlicher Umtriebe«, 1821 Versetzung an den Oberappellationssenat: Nr. 171, 250, 554, 559

Hoffmann, Jakobina Sophia Christiana, geb. Oehm (1771 – 1836), Tochter des Leipziger Kaufmanns Christian Friedrich Oehm, seit 1791 verh. mit dem Kaufmann Johann Gottlob H. in Leipzig, 1818 verw.: Nr. 518

Hoffmann, Karl August (1756 – 1833), Apotheker in Weimar, seit 1799 Inhaber der Hofapotheke und Professor: Nr. 502

Hoffmann'sche Buchhandlung; Verlagsbuchhandlung in Weimar, gegründet 1732 von Heinrich Siegmund H. (geb. 1699), fortgeführt von Karl Ludolf H. (1729 – 1780), dann unter der Firma C. L. Hoffmanns sel. Witwe und Erben, 1802 übernommen von Johann Wilhelm H. (1777 – 1859), bis 1824 mit Karl Christian H. unter der Firma Gebrüder H., 1859 übernommen von Karl Ludolf Wilhelm H. (geb. 1818): Nr. 23, 1002

Hogarth, William (1697 – 1764), englischer Maler und Kupferstecher: Nr. 189

Hoguet, François Michel (1793 – 1871), französischer Tänzer, Choreograph und Ballettmeister, seit 1817 in Berlin: Nr. 549, 559

Hohe, Friedrich Wilhelm Anton (1802 – 1870), Maler, Zeichner und Lithograph in München, Bruder von Christian H.: Nr. 428

Hohe, Nikolaus Christian (1798 – 1868), Maler, Zeichner, Lithograph, 1824 in Poppelsdorf bei Bonn und 1837 in Bonn, seit 1828 Universitätszeichenlehrer, Bruder von Friedrich H.: Nr. 428, 1088

Hohenlohe-Waldenburg-Schillingsfürst, Leopold Alexander Franz Emmerich Prinz zu (1794 – 1849), Theologe, Wunderheiler, theologischer Schriftsteller, 1815 Priesterweihe, 1816 Eintritt in den Johanniterorden, 1817 Vikariatsrat und 1821 Kapitular in Bamberg, 1822 in Wien lebend, 1824 Domherr und 1839 Großpropst in Großwardein, 1844 Titularbischof von Sardika: Nr. 367, 560

Hohenstaufen (Staufer; Fürstengeschlecht): Nr. 871

Hohenthal, Peter Alfred Graf von (1806 – 1860), sächsischer Kammerherr, Besitzer der Standesherrschaft Königsbrück, Sohn der Gräfin Juliane H.: Nr. 800

Hohenthal, Sophie Johanna Karoline Juliane Gräfin von, geb. von Unruh (1783 – 1863), Tochter des preußischen Militärs Karl Philipp von Unruh, seit 1804 verh. mit dem sächsischen Geheimen Finanzrat und Kreishauptmann Graf Peter Karl H., Mutter von Graf Alfred H., Schwägerin der Grafen Christian und Ludwig zur Lippe: Nr. 800

Hohenzollern-Hechingen, Marie Luise Pauline Fürstin von, geb. Prinzessin von Kurland (1782 – 1845), seit 1810 Fürstin, zweite Tochter der Herzogin Dorothea von Kurland, seit 1800 verh. mit (Fürst) Friedrich Hermann Otto H.: Nr. 855

Holbach, Paul Thiry (seit 1748/49:) d' (Paul Heinrich Dietrich von H.) (1723 – 1789), französischer Philosoph, Enzyklopädist: Nr. 31

Holbein, Hans d. J. (1497/98 – 1543), Schweizer Maler und Zeichner, vorwiegend in Basel und London tätig: Nr. 422, 531

Holbein von Holbeinsberg, Franz Ignaz (1779 – 1855), österreichischer Schauspieler, Schriftsteller, 1809 Schauspieler in Wien, 1810 Theaterdirektor in Bamberg, 1819 Direktor des Ständetheaters in Prag, 1824 des Hoftheaters in Hannover, 1841 – 1849 des Burgtheaters in Wien und 1848 – 1853 der Hofoper: Nr. 628

Holdermann, Karl Wilhelm (eigentl. Christian Wilhelm Karl Holtermann) (1785 bis 1852), Schauspieler, Theatermaler und Radierer, 1808 in Offenbach, 1810 in Bamberg, 1816 Schauspieler in Weimar, 1818 auch Hoftheatermaler und zeitweise Inspizient: Nr. 61, 123, 260, 283

Holland, Louis Bonaparte, König von: s. Bonaparte, Louis

Holleben genannt von Normann, Luise Sophie von (1783 – 1864), Hofdame in Rudolstadt, Tochter des Oberjägermeisters Friedrich Bernhard Ludwig von H.: Nr. 800

Holtei, Karl Eduard von (1798 – 1880), Schriftsteller, Schauspieler, Regisseur, Theaterdirektor und Vorleser, 1819 Schauspieler in Breslau, dann u. a. in Dresden, 1821 – 1823 in Breslau, 1824 – 1825/26 Direktionssekretär, Theaterdichter und Regisseur am Königsstädtischen Theater in Berlin, 1830 – 1831 kurzzeitig in Darmstadt, 1837 – 1839 in Riga, später in Graz und zuletzt in Breslau lebend: Nr. 947

Holtei, Luise Hedwige von, geb. Rogée (1800 – 1825), Schauspielerin, 1821 in Breslau und 1824 in Berlin, seit 1821 erste Ehefrau von Karl von H.: Nr. 173, 947

Homer(os) (etwa 8. Jh. v. Chr.), griechischer Dichter: Nr. 126, 151, 222, 284, 327, 343, 433, 450, 461, 468, 542, 559, 570, 735, 744, 751, 801, 822, 866, 882, 958

Honthorst, Gerrit (Gerard) van (Gherardo della Notte) (1590 – 1656), niederländischer Maler: Nr. 422

Hope & Co.; Bankhaus in Amsterdam, nach 1815 unter der Leitung von Hieronymus Sillem: Nr. 431

Hopffgarten (Hopfgarten), Sophie Karoline von, geb. von Fritsch (1770 – 1837), Erzieherin, Tochter von Jakob Friedrich von Fritsch, seit 1787 verh. mit dem sächsischen Rittmeister Christian Adolf von H., 1815 verw., seit 1817 in Weimar, Hofmeisterin und 1827 Oberhofmeisterin der Prinzessinnen Maria und Augusta: Nr. 81, 91

Horack (erw. 1823), aus Böhmen, Schneider, um 1822 als Gemälderestaurator in Berlin tätig: Nr. 192, 202, 235

Horaz (Quintus Horatius Flaccus) (65 – 8 v. Chr.), römischer Dichter: Nr. 412, 585, 882

Horben (H. von Ringenberg), Franz von (um 1762/63 – 1832), um 1800 Hofkavalier des Fürstbischofs von Konstanz, 1803 in badische Dienste übernommen und pensioniert, 1808 badischer Kammerherr: Nr. 214, 328, 357, 557

Hormayr (H. zu Hortenburg), Joseph von (1781/82 – 1848), Historiker, Archivar, 1802 Hofkonzipist bei der Staatskanzlei in Wien, 1803 Referent für das Geheime Haus-, Hof- und Staatsarchiv und 1808 dessen Direktor, 1809 Hofkommissär für Tirol und Vorarlberg, März 1813 – April/Mai 1814 in Haft, 1816 Reichs- und Hofhistoriograph, 1828 Eintritt in bayerische Dienste, u. a. Referent für das Archivwesen, 1832 Ministerresident in Hannover und 1837 in Bremen, 1847 Direktor des Reichsarchivs in München: Nr. 1010

Horn, Franz Christoph (1781 – 1837), Schriftsteller und Literaturwissenschaftler, 1803 Gymnasiallehrer in Berlin und 1805 am Lyzeum in Bremen, seit 1809 Schriftsteller in Berlin: Nr. 689, **748**, 751

Horn, Rose (Rosa, Rosalie) Wilhelmine, geb. Gedike (1785 – 1858), Tochter von Friedrich Gedike, seit 1806 verh. mit Franz H., Schwester von Laura Förster: Nr. 751

Hornschuch, Christian Friedrich Benjamin (1793 – 1850), Botaniker, Apotheker und Entomologe, Apothekengehilfe in Regensburg und Gefrees, 1818 Demonstrator der Botanik und 1820 Professor in Greifswald, auch Direktor des botanischen Gartens und des zoologischen Museums: Nr. 160

Hortleder, Friedrich (1579 – 1640), Historiker, Prinzenerzieher und politischer Berater in Weimar: Nr. 1019

Hotham, George (1796 – 1860), britischer Militär, Ingenieuroffizier: Nr. 1015

Houwald, Christoph Ernst von (1778 – 1845), Schriftsteller, Gutsbesitzer in der Niederlausitz, 1805 Landesdeputierter und seit 1821/22 Landsyndikus der Niederlausitzer Stände, seitdem in Neuhaus bei Lübben lebend: Nr. 708

Howard, Henry (1769 – 1847), englischer Maler, 1791 – 1793/94 in Rom: Nr. 853

Howard, Luke (1772 – 1864), britischer Meteorologe, Chemiker in London: Nr. 471

Høyen, Niels Laurits Andreas (1798 – 1870), dänischer Kunsthistoriker, 1822 – 1825 Studienreise durch Deutschland, Österreich und Italien, seit 1829 Professor für Geschichte und Mythologie in Kopenhagen, 1839 Inspektor und 1865 Direktor der königl. Gemäldesammlung: Nr. 72, 101, 180

Hoym, Anton Ludwig Heinrich Otto (seit 1809:) Graf von (1794 – 1856), preußischer Militär, zuletzt Oberstleutnant, Bruder von Graf Wilhelm H.: Nr. 531

Hoym, Karl Wilhelm Bogislaw Otto (seit 1809:) Graf von (1790 – 1849), preußischer Militär, zuletzt Oberst und erster Adjutant des Prinzen Karl von Preußen, Bruder von Graf Ludwig H.: Nr. 531

Hrdina, Johann Nepomuk (gest. vor 1842), österreichischer Bergbaubeamter, um 1820 Markscheider in der Saline Wieliczka, um 1827 Berginspektionsadjunkt: Nr. 456

Hruschka, Anton Wenzel (erw. 1824 – 1850), Mineraloge, 1824 Töpfermeister in Brünn, Hammeramtskontrolleur in Adamstal, um 1847 Steinbruchverwalter in Sternberg, Mitglied der mährisch-schlesischen Gesellschaft zur Beförderung des Ackerbaues, der Natur- und Landeskunde: Nr. 693

Huber, Maria Theresia (Therese) Wilhelmine, geb. Heyne, verw. Forster (1764 bis 1829), Schriftstellerin, Redakteurin, 1785 – 1787 in Wilna und Göttingen, 1788 – 1792 in Mainz, dann in Straßburg und Neuchâtel, 1798 – 1803 in Stuttgart, dann in Ulm, Stoffenried und Günzburg, 1816 in Stuttgart, Redakteurin des »Kunstblatts« und 1817 des »Morgenblatts für gebildete Stände«, seit 1823 in Augsburg, älteste Tochter des Philologen Christian Gottlob Heyne in Göttingen, 1785 – 1794 verh. mit Georg Forster und seit 1794 mit dem Schriftsteller Ludwig Ferdinand H., 1804 verw.: Nr. 64

Huc-Mazelet: s. Mazelet

Hübsch, Gottlieb Heinrich Christian (1795 – 1863), Architekt, Kunsthistoriker, 1824 Lehrer an der Bauschule des Städel'schen Instituts in Frankfurt am Main, 1827 Residenzbaumeister und Mitglied der Baukommission in Karlsruhe, 1829 Baurat, 1831 Oberbaurat und 1842 Baudirektor, 1832 – 1854 auch Professor am Polytechnikum: Nr. 51, 164

Hülle, Hedwig, geb. Hoffmeier (1794 – 1861), Schriftstellerin, Übersetzerin, Pädagogin, Tochter des Advokaten Hermann Christian Hoffmeier in Ovelgönne bei Oldenburg, seit 1815 verh. mit dem Kaufmann Johann Christian H. in Bremen, 1830 verw., seit 1845 Lehrerin, zuletzt in Varel: Nr. 126, 284

Hünerbein, Berta Wilhelmine Friederike von: s. Waldersee

Hünerbein, Wilhelmine Ulrike von, geb. von Knobelsdorff (1774 – 1831), Tochter des preußischen Militärs Karl Gottlob von Knobelsdorff, seit 1798 verh. mit dem späteren Generalleutnant Friedrich Heinrich Karl Georg von H., 1819 verw., Mutter von Gräfin Berta Waldersee: Nr. 543

Hürlimann, Johann Heinrich (1793 – 1850), Schweizer Kupferstecher, 1824 in Bern, 1826 in Neuchâtel, seit 1829 in Paris: Nr. 315

Hufeland, Christoph Wilhelm (1762 – 1836), Mediziner, 1784 Hofmedikus in Weimar, 1793 auch Professor in Jena und 1796 Leibarzt und Hofrat, seit 1801 in Berlin, u. a. Leibarzt der königl. Familie und Direktor des Collegium medicum, Mitglied der Akademie der Wissenschaften, 1810 Universitätsprofessor, Staatsrat im Gesundheitswesen: Nr. 220, 298, **395**, 531, 535, 874

Hufeland, Friedrich Gottlob (1774 – 1839), Mediziner, Arzt in Weimar, 1811 Professor in Jena und Hofrat, 1812 Professor an der medizinisch-chirurgischen Fakultät für das Militär in Berlin und 1814 an der Universität, Bruder von Christoph Wilhelm H.: Nr. 535

Hufeland, Helene, geb. Troschel (1777 – 1862), Tochter des Archidiakons Jakob Elias Troschel in Berlin, seit 1815 zweite Ehefrau von Christoph Wilhelm H.: Nr. 531, 535

Hugo, Gustav (von) (1764 – 1844), Jurist, seit 1788 Professor in Göttingen, 1802 Hofrat, 1819 Geheimer Justizrat: Nr. 960

Hulin (Hullin), Pierre Augustin (seit 1808:) Comte (1758 – 1841), französischer Militär, 1803/04 Brigadegeneral, 1805 Stadtkommandant von Wien und 1806 von Berlin, 1807 Gouverneur von Paris, 1815 – 1819 im Exil: Nr. 484

Humblot, Peter (Pierre) (1779 – 1828), Verleger in Berlin, seit 1809 Mitinhaber der Firma Duncker & H.: Nr. 192, 421

Humboldt, Friedrich Wilhelm Christian Karl Ferdinand von (1767 – 1835), Gelehrter, Sprachforscher, preußischer Politiker, 1797 – 1801 in Paris und Spanien, 1802 Ministerresident in Rom, 1809 Direktor der Sektion für Kultus und Unterricht im Innenministerium, Gründer der Berliner Universität, 1810 Gesandter in Wien, 1817 Mitglied des Staatsrats, Gesandter in London, 1819 Leiter der ständischen und Kommunalangelegenheiten im Innenministerium, Rücktritt, später Mitgründer der Berliner Museen, Bruder von Alexander von H.: Nr. 20, **217**, **445**, 461, **462**, 518, 531, 581, 629, 668, 929

Humboldt, Friedrich Wilhelm Heinrich Alexander von (1769 – 1859), Naturforscher, Geograph, 1792 – 1796 preußischer Bergbaubeamter, Frühjahr 1797 in Jena, 1799 – 1804 Südamerikareise, Ende 1805 – 1807 in Berlin, 1808 – 1827 in Paris, dann in Berlin, 1829 russisch-sibirische Reise, Bruder von Wilhelm von H.: Nr. 20, 37, 59, 182, 200, 215, 226, 375, 445, 474, 674, 761, 874, 1070

Humboldt, Karoline Friederike von, geb. von Dach(e)roeden (1766 – 1829), Tochter des preußischen Kammerpräsidenten Karl Friedrich von Dach(e)roeden in Erfurt, seit 1791 verh. mit Wilhelm von H.: Nr. 217, 314, 445, 531, 767

Humboldt, Maria Wilhelmine Karoline von (1792 – 1837), Tochter von Wilhelm und Karoline von H., führte seit 1829 den Haushalt ihres Vaters: Nr. 314, 518

Hummel, Johann Nepomuk (1778 – 1837), österreichischer Komponist, Pianist und Klavierlehrer, 1804 Konzertmeister des Fürsten Nikolaus Esterházy in Eisenstadt, 1811 Musiklehrer in Wien, 1816 Hofkapellmeister in Stuttgart und 1819 in Weimar, Schwager von Alexander Roeckel: Nr. 48, 70, 318, 342, 589, 1043

Hundeshagen, Helfrich Bernhard (1784 – 1858), Bibliothekar, Kunsthistoriker, Architekt, 1806 Hofgerichtsadvokat in Hanau, 1813 – 1817 Bibliothekar in Wiesbaden, 1818 in Mainz und seit 1820 in Bonn lebend, 1820 – 1824 Privatdozent für Baukunst: Nr. 199, 461, 841

Hurka, Friedrich Franz (1762 – 1805), böhmischer Sänger (Tenor) und Komponist, 1784 in Leipzig, 1788 Kammersänger in Schwedt, 1789 an den königl. Theatern (Hofoper) in Berlin: Nr. 267

Hus, Jan (Johannes Huß) (um 1370 – 1415), tschechischer Kirchenreformer: Nr. 523, 805

Huscher, Johann (erw. 1822 – 1825), Fuhrmann zwischen Asch und Weimar: Nr. 705

Huschka, Juliane (Julie), geb. Zelter (1791 – 1862), zweite Tochter aus Karl Friedrich Zelters (erster) Ehe mit Johanna Sophia Eleonora Flöricke, geb. Kappel, seit 1816 verh. mit dem Landwirt Johann Ludwig H. in Bruchhagen in der Uckermark: Nr. 930

Huschke, Christiane Sophia Antoinette, geb. Göring (1774 – 1841), Tochter des Pfarrers Johann Ernst Göring in Milda, seit 1795 verh. mit Wilhelm Ernst Christian H., Mutter von Emil H.: Nr. 828

Huschke, Emil (1797 – 1858), Mediziner, 1818 Dr. med. in Jena, 1820 Privatdozent, 1823 Professor, 1827 auch Direktor der anatomischen Anstalten, 1837 Hofrat, 1847 Geheimer Hofrat, Sohn von Wilhelm Ernst Christian und Christiane H.: Nr. 836, 1015, 1060

Huschke, Wilhelm Ernst Christian (1760 – 1828), Mediziner, 1787 Arzt in Bürgel, 1788 Leibarzt von Herzogin Anna Amalia von Sachsen-Weimar, seit 1790 in Weimar, 1792 Hofmedikus, 1804 Hofrat und Leibarzt, 1816 Geheimer Hofrat, Goethes Hausarzt: Nr. 239, 282, 283, 295, 314, 325, 342, 718, 736, 762, 828, 879, 1082

Huß, Karl (1761 – 1838), 1781 Scharfrichter in Eger, auch Heilpraktiker, Mineralien-, Münz- und Waffensammler, 1828 Kustos der Sammlungen des Fürsten Metternich auf Schloss Königswart: Nr. 275

Hutter, Felix (erw. 1804 – 1824), böhmischer Beamter, Schichtmeister in Bleistadt: Nr. 640

Ideler, Christian Ludwig (1766 – 1846), Astronom und Philologe in Berlin, 1794 Hofastronom, 1816 – 1822 Lehrer am königl. Hof, 1821 Professor an der Universität: Nr. 559

Iffland, August Wilhelm (1759 – 1814), Schauspieler, Theaterdirektor, Schriftsteller, zuerst in Gotha und Mannheim, seit 1796 in Berlin, Direktor des Nationaltheaters, 1811 Generaldirektor der Schauspiele: Nr. 581, 789

Iken, Karl Jakob Ludwig (1789 – 1841), Philologe, Privatgelehrter in Bremen: Nr. 23, 709

Ilgen, Johanna Ernestine Christiane, geb. Gutjahr (1776 – 1849), Tochter des Arztes Johann Gutjahr aus Kahla, seit 1793 verh. mit Karl David I.: Nr. 461

Ilgen, Karl David (1763 – 1834), Theologe, Philologe, Pädagoge, 1794 Professor in Jena, 1802 – 1831 Rektor in Schulpforta: Nr. 461

Imhoff, Charles Christian Augustus von (um 1766–1853), Offizier in britischen Diensten, Sohn von Christoph Adam Karl von I. aus dessen erster Ehe, Halbbruder u. a. von Amalie (von) Helvig: Nr. 1073

Imhoff, Charlotte von, geb. Blunt (um 1772–1847), Tochter von Charles William Blunt, seit 1795 verh. mit Charles von I.: Nr. 1073

Immermann, Karl Leberecht (1796–1840), Schriftsteller, Jurist, preußischer Beamter, 1819 Auditeur in Münster, 1824 Kriminalrichter in Magdeburg, 1827 Landgerichtsrat in Düsseldorf, später auch Theaterintendant: Nr. 192, 208, 422

Innocente (Innocenti), Giuseppe (1770–1839), italienischer Naturwissenschaftler, seit 1807 Professor in Venedig: Nr. 536, 636

Irving, Washington (1783–1859), amerikanischer Schriftsteller und Diplomat, 1815–1832 in England, 1842–1846 Botschafter in Spanien, Bruder von William I.: Nr. 800

Irving, William (1766–1821), amerikanischer Geschäftsmann, Politiker und Schriftsteller, 1812–1819 Mitglied des Repräsentantenhauses, Bruder von Washington I., Schwager von James Kirke Paulding: Nr. 800

Isenburg (I.-Birstein), Victoire Charlotte Franziska Luise Prinzessin von (1796 bis 1827), Tochter des Fürsten Karl von I.-Birstein: Nr. 800

Iturbide y Arámburu, Agustín Cosme Damián de (1783–1824), Militär, mexikanischer Politiker, um 1798 Soldat und 1810 Leutnant in spanischen Diensten, 1822–1823 als Augustin I. Kaiser von Mexiko: Nr. 956, 957

Itzenplitz, Henriette Charlotte (seit 1815:) Gräfin von, geb. von Borcke genannt von Friedland (1772–1848), Tochter des preußischen Diplomaten Adrian Heinrich von Borcke, seit 1792 verh. mit Peter (Graf) von I., Erbin der von Lestwitzschen Güter Friedland und Kunersdorf bei Seelow: Nr. 524, 543

Itzenplitz, Peter Ludwig Friedrich Johann Alexander (seit 1815:) Graf von (1768/69–1834), preußischer Beamter, Gutsherr, 1794–1804 Landrat des havelländischen Kreises, 1810 Geheimer Staatsrat und Generalintendant der Domänen und Forsten, seit 1815 vorwiegend auf dem Gut Kunersdorf bei Seelow lebend: Nr. 524, 625

Jachtmann, Johann Ludwig (1776–1842), Medailleur in Berlin, seit 1811 Mitglied der Akademie der Künste: Nr. 581, 668

Jacobi, Auguste Marie Karoline (1803–1856), Schriftstellerin, vorwiegend in Mainz und zuletzt in Graubünden, 1824 in Frankfurt am Main in der Familie des Grafen Karl Friedrich Reinhard und 1829 in Weimar in der Familie des Kanzlers Friedrich von Müller lebend, Tochter von Georg Arnold J. aus dessen zweiter Ehe, Enkelin von Friedrich Heinrich (von) J.: Nr. 696, 727, 734, 757, 779, 793, 814, 830, 834

Jacobi, Friedrich (Fritz) Heinrich (seit 1808:) von (1743–1819), Schriftsteller, Philosoph, bis 1794 vorwiegend in Düsseldorf und auf seinem Landsitz Pempelfort, dann u. a. in Wandsbek, Eutin und Aachen, seit 1805 in München, Mitglied und 1807–1812 Präsident der Akademie der Wissenschaften: Nr. 581, 680, 727, 757, 893 –; dessen Familie: Nr. 893

Jacobi, Georg Arnold (1768–1845), Beamter, zuletzt Geheimer Regierungsrat in Düsseldorf, seit 1799 auf Pempelfort lebend, Sohn von Friedrich Heinrich (von) J.: Nr. 696

Jacobi, Johann Friedrich (Fritz) (1765 – 1831), Kaufmann und Politiker in Aachen, Teilhaber der Tuchfabriken von Johann Arnold von Clermont, 1794 Mitglied der französischen Zentralverwaltung der eroberten linksrheinischen Gebiete, 1798 Präsident der Munizipalverwaltung, 1800 – 1810 Präfekturrat, 1810 – 1813 Abgeordneter des Roerdepartements im Corps législatif in Paris, 1815 mit der Revision des Steuer- und Zollwesens in den preußischen Provinzen am Rhein beauftragt und Präsident der Zentralkommission für die Rheinschifffahrt in Mainz, zuletzt in Bonn lebend, ältester Sohn von Friedrich Heinrich J.: Nr. 834

Jacobi, Johann Georg (1740 – 1814), Philosoph und Schriftsteller, 1768 – 1774 Kanonikus in Halberstadt, seit 1784 Professor der schönen Wissenschaften in Freiburg im Breisgau, Bruder von Friedrich Heinrich (von) J.: Nr. 680

Jacobi, Karl Wigand Maximilian (Max) (1775 – 1858), Mediziner, Psychiater, 1793 bis 1794 Student in Jena, dann in Göttingen und Edinburgh, 1797 – 1800 Arzt in Vaels bei Aachen, dann u. a. in Eutin, 1805 Leiter des bayerischen Gesundheitswesens in München, 1812 Oberarzt eines Spitals in Salzburg, 1816 Regierungs- und Medizinalrat in Düsseldorf, seit 1822/25 Direktor der Heilanstalt in Siegburg, Sohn von Friedrich Heinrich (von) J.: Nr. 768

Jäger (Jaeger), Georg Friedrich (seit 1850:) von (1785 – 1866), Mediziner, Paläontologe, Pädagoge, Arzt in Stuttgart, 1817 – 1856 Aufseher über das Naturalienkabinett, 1822/23 – 1845/46 auch Gymnasialprofessor, 1836 Mitglied des Medizinalkollegiums, 1841 Obermedizinalrat: Nr. 57, 59, 155

Jagemann, Ferdinand Karl Christian (1780 – 1820), Maler in Weimar, Sohn des Romanisten Christian Joseph J. und Bruder von Karoline von Heygendorff: Nr. 20, 448, 601, 635, 795, 821

Jagow, Friedrich Wilhelm Christian Ludwig von (1771 – 1857), preußischer Militär, 1802 Stabskapitän, 1807 Major, 1813 Oberstleutnant, Oberst, Generalmajor, 1818 Generalleutnant und Divisionskommandeur in Erfurt, 1821 Kommandierender General, 1825 nach Magdeburg versetzt, 1836 pensioniert: Nr. 1015

Jakob, Auguste Friederike (seit 1816:) von, geb. Dreyssig (1763 – 1829), Tochter des Quartrendanten und Pfänners Ernst Friedrich Dreyssig in Halle, seit 1789 verh. mit Ludwig Heinrich (von) J., Mutter von Therese (von) J.: Nr. 731

Jakob, Ludwig Heinrich (seit 1816:) von (1759 – 1827), Philosoph, Staatswissenschaftler, 1789 Professor in Halle und 1807 in Charkow, 1809 Mitglied der Finanzkommission in St. Petersburg, 1816 wieder Professor in Halle: Nr. 731, **769**, 997, 1019

Jakob, Therese Albertine Luise (seit 1816:) von (Ps. Talvj) (1797 – 1870), Schriftstellerin, Übersetzerin, Sprachforscherin, 1830 Auswanderung nach Amerika, 1833 in Boston, 1837 – 1840 in Dresden und Berlin, 1840 in New York, 1863 verw., 1864 wieder in Deutschland, zuletzt in Hamburg, Tochter von Ludwig Heinrich und Auguste (von) J., seit 1828 verh. mit dem nordamerikanischen Gelehrten Edward Robinson: Nr. 563, **663**, **694**, **731**, 769, **835**, **870**, **958**, **997**, **1039**, **1069**

Jariges, Karl Friedrich (Karl Elias Jean Ferdinand) von (Ps. Beauregard Pandin) (1773 – 1826), Schriftsteller, Übersetzer und Kritiker in Berlin, zeitweise in Weimar: Nr. 744

Jasche, Christoph Friedrich (1781 – 1871), Geologe, Bergkommissar in Büchenberg bei Elbingerode im Harz, seit 1819 zeitweise Direktor der Hüttenwerke in Ilsenburg: Nr. 487

Jasnowski, Alexander (geb. um 1805), 1824 Jurastudent in Göttingen, Sohn von Nikita J.: Nr. 643, 722
Jasnowski, Nikita (1775/78 – 1837), russisch-orthodoxer Theologe, 1801 Priesterweihe in St. Petersburg, 1804 Erzpriester, Propst, seit 1804 in Weimar, Beichtvater Maria Pawlownas: Nr. 502, 722, 737
Jasper, Johann Christoph (1777 – 1847), Verlagsbuchhändler in Leipzig, 1812 – 1835 Inhaber der Weygand'schen Buchhandlung: Nr. **578**, 713, 795, 843
Jay, Antoine (1770 – 1854), französischer Schriftsteller, Publizist, Historiker und Politiker, u. a. 1803 – 1809 Hauslehrer der Kinder Joseph Fouchés: Nr. 950
Jean Paul: s. Richter, Johann Paul Friedrich
Jeitteles, Alois Isidor (1794 – 1858), böhmischer Mediziner, Schriftsteller, Übersetzer, Librettist, 1821 Arzt in Brünn, 1818 Mitgründer der Zeitschrift »Siona«, 1848 Redakteur der »Brünner Zeitung«: Nr. 161
Jena, Gesellschaft für Wissenschaft und Kunst: Nr. **924**
Jerrmann, Eduard (1798 – 1859), Schauspieler und Schriftsteller, 1819 in Würzburg, dann in München, 1821 in Leipzig, 1824 – 1830 in Augsburg, Wien und Königsberg, dann in Paris, 1832 in Berlin, dann in Köln, Wien und Mannheim, 1842 in St. Petersburg, 1848 wieder in Berlin: Nr. 994
Jesus Christus (J. von Nazareth) (gest. um 30 n. Chr.): Nr. 343
John, Johann August Friedrich (1794 – 1854), Schreiber in Weimar, seit 1814 Goethes Sekretär, 1815 Teilnehmer an den Befreiungskriegen, 1816 auch für die Oberaufsicht über die Unmittelbaren Anstalten für Wissenschaft und Kunst tätig, 1819 Schreiber und 1822 Kopist an der Weimarer Bibliothek, 1835/36 dritter Kopist bei der Landesregierung: Nr. 190, 262, 269, 293, 361, 439, 481, 593, 674
John, Johann Friedrich (1782 – 1847), Mediziner, Chemiker, 1804 in Moskau, 1806 in Berlin, 1810 Professor in Frankfurt (Oder), seit 1811 wieder in Berlin: Nr. 785, 886, 1080
Jomini, Antoine Henri (de) (1779 – 1869), Schweizer Militär in französischen und russischen Diensten, Militärtheoretiker, 1798 – 1801 im Kriegsministerium der helvetischen Republik, um 1804 Adjutant des französischen Marschalls Michel Ney, 1810 Brigadegeneral, 1813 russischer Generalleutnant und Adjutant des Zaren, 1832 Mitgründer der Militärakademie in St. Petersburg: Nr. 853
Jonge, Johannes Cornelis de (1793 – 1853), niederländischer Historiker, Archivar, 1814 stellvertretender und 1831 Leiter des Reichsarchivs in Den Haag, 1825/26 Stadtrat, 1840 Abgeordneter des Provinzrats von Südholland: Nr. 380, 602
Jordis, Johann Karl Daniel (1781 – 1839), Bankier in Frankfurt am Main, 1805 im Dienst des Kurfürsten von Hessen, 1807 Hofbankier des Königs von Westfalen in Kassel, seit 1812 vorwiegend in Paris, 1805 – 1824 in erster Ehe verh. mit Ludovika (Lulu) Brentano: Nr. 559
Jouy, Victor Joseph Étienne de (1764 – 1846), französischer Schriftsteller, Librettist, Journalist und Politiker: Nr. 31, 549, 853, 950
Jügel, Karl Christian (1783 – 1869), Verlagsbuchhändler und Schriftsteller in Frankfurt am Main, Prokurist und 1815 Associé von Heinrich Karl Remigius Brönner, 1823 Gründung einer Handlung unter eigenem Namen, Bruder des Kupferstechers Friedrich J.: Nr. 762
Jung, Christian Daniel (1801 – 1858), Mediziner, Heimatforscher, Arzt in Kirchen: Nr. 312, 361

Jung, Johann Heinrich (genannt J.-Stilling) (1740 – 1817), Schriftsteller, Kameralist, Mediziner, Augenarzt, 1769 Student in Straßburg, 1772 Arzt in Elberfeld, 1778 Professor an der Kameralschule in Kaiserslautern, 1784 Professor in Heidelberg und 1787 in Marburg, seit 1803 geistlicher Berater des badischen Kurfürsten und späteren Großherzogs Karl Friedrich, in Heidelberg und seit 1806 in Karlsruhe lebend: Nr. 137, 531

Jung, Maria Anna Elisabeth, geb. Pirngruber (1761 – 1844), Tochter des Pflegverwalters Johann Michael Pirngruber in Almegg in Oberösterreich, (?) nach 1761 verh. mit dem Schauspieler Joseph Matthias Georg Jung, Mutter von Marianne von Willemer: Nr. 721

Junker und Bigato (bis 1814: J.; auch: Juncker von Bigatto), Klemens Wenzel Kasimir von (1794 – 1876), bayerischer Kammerherr, Inhaber eines Eisenstein- und Silberbergwerks in Klein-Sangerberg in Böhmen, Sohn des bayerischen Kammerherrn und Generalleutnants Karl Anton Joseph von J. (J.-Bigato): Nr. 220, 455, **463**, 470, 640

Jussieu, Antoine Laurent de (1748 – 1836), französischer Botaniker, Professor der Botanik und Direktor des botanischen Gartens in Paris, Neffe des Botanikers Bernard de J.: Nr. 429, 631

Justinian I. (Flavius Petrus Sabbatius Iustinianus) (um 482 – 565), seit 527 byzantinischer Kaiser: Nr. 298, 936

Kachel, Ludwig Philipp Christoph (1791 – 1878), Medailleur, 1814 Münzgehilfe bei der badischen Münze in Mannheim, 1816 Münzzögling und 1824 zweiter Münzwardein, seit 1825 in Karlsruhe, erster Münzwardein, 1834 Vorstand der Münzverwaltung und 1836 Münzrat: Nr. 495

Kaderi (Qadiri), Mohammed (17. Jh.), persischer Dichter: Nr. 23, 709

Kämtz, Ludwig Friedrich (seit 1849:) von (1801 – 1867), Physiker, Meteorologe, 1826 Privatdozent und 1827 Professor in Halle, 1842 Professor in Dorpat, 1865 Akademiemitglied, Staatsrat und Direktor des Physikalischen Zentralobservatoriums in St. Petersburg: Nr. **491**, 498, 499

Kästner (Kaestner), Johann Ernst Gottlieb (1791 – 1856), Pädagoge, 1817 Prorektor in Guben, 1825 Gymnasialrektor in Bielefeld, 1831 in Lingen und 1835 in Celle, Sohn von Johann Friedrich K.: Nr. **15**

Kaestner, Johann Friedrich (1747 – 1812), Philologe, Pädagoge, bis 1788 Hauslehrer der Kinder von Charlotte von Stein, 1780 auch Pageninformator in Weimar, seit 1788 Gymnasialprofessor, Vater von Ernst K.: Nr. 15

Kalb, Amalia Rezia (Edda) Eleonore von (1790 – 1874), seit 1809 Hofdame der Prinzessin Marianne von Preußen, Tochter von Charlotte von K.: Nr. 512

Kalf, Willem (1619 – 1693), niederländischer Maler: Nr. 422

Kalidasa (um 400), indischer Dichter: Nr. 869

Kalkbrenner, Friedrich Wilhelm Michael (1785 – 1849), Komponist, Klaviervirtuose, 1805 Konzertreisen in Deutschland, 1806 Klavierlehrer und Pianist in Paris, 1814 in London, 1824 wieder in Paris: Nr. 589

Kaltofen, Johann Gottfried (um 1797 – 1821), sächsischer Soldat, Offiziersbursche in Dresden, ermordete Gerhard von Kügelgen: Nr. 848

Kamptz, Karl Christoph Albert Heinrich von (1769 – 1849), Jurist, seit 1804 in preußischen Diensten, 1810 Kammerherr, 1811 Oberappellationsrichter beim Kammergericht in Berlin, 1812 Vortragender Rat im Polizeidepartement im Innenministerium, 1817 Direktor des Departements und Mitglied des Staatsrats, 1819 mit der Verfolgung demagogischer Umtriebe beauftragt, 1822 auch Direktor im Kultusministerium, 1824 Ministerialdirektor im Justizministerium, 1830/32 – 1842 Justizminister: Nr. 1019

Kanikoff, Basilius von: s. Chanykow, Wassili Wassiljewitsch

Kant, Immanuel (1724 – 1804), Philosoph, Professor in Königsberg: Nr. 361, 696

Karadjordje (eigentl. Djordje Petrović) (um 1768 – 1817), serbischer Militär, 1804 Heerführer im ersten serbischen Aufstand: Nr. 563, 958

Karadžić (Karadschitsch), Anna Maria, geb. Kraus (geb. um 1800), seit 1818 verh. mit Vuk Stefanović K.: Nr. 563

Karadžić (Karadschitsch), Rozu (1822 – 1840), Sohn von Vuk Stefanović und Anna Maria K.: Nr. 563

Karadžić (Karadschitsch), Savu (1820 – 1837), Sohn von Vuk Stefanović und Anna Maria K.: Nr. 563

Karadžić, Vuk Stefanović (Wuk Stephanowitsch Karadschitsch; ursprüngl. Vuk Stefanowić) (1787 – 1864), serbischer Philologe, seit 1814 vorwiegend in Wien: Nr. 391, **451, 473**, 563, 663, 694, 706, 731, 820, 830, 835, 870, 958, 997, 1039, 1069

Karl IV. (Wenzel, Wenzeslaus) (1316 – 1378), seit 1355 römisch-deutscher Kaiser: Nr. 106

Kastner, Karl Wilhelm Gottlob (1783 – 1857), Chemiker, 1805 Professor in Heidelberg, 1812 in Halle, 1818 in Bonn, 1821 in Erlangen: Nr. 487

Kaufmann (Kauffmann), Johann Peter (1764 – 1829), Bildhauer, um 1797 in Rom, seit 1817 Hofbildhauer in Weimar, mit Angelika Kauffmann verwandt: Nr. 559, 581, 752

Kaulfuß & Armbruster; 1814 – 1819 Verlagsbuchhandlung in Wien, im Besitz von Christian Gottfried K. und Karl Armbruster, unter eigener Firma fortgesetzt von Armbruster: Nr. 420

Keferstein, Christian (1784 – 1866), Jurist, Mineraloge und Ethnograph, 1809 Tribunalprokurator und 1815 – 1835 Justizrat in Halle: Nr. 182, 297, 881

Keller, Dorotheus Ludwig Christoph (seit 1789:) Graf von (1757 – 1827), Diplomat und Beamter, 1780 preußischer Gesandter in Stockholm, 1786 in St. Petersburg, 1790 in Den Haag und 1797 – 1805 in Wien, 1807 in westfälischen Diensten, 1811 Gesandter des Großherzogtums Frankfurt in Paris, 1813 preußischer Gesandter in Kassel, 1814 Sekretär bei der preußischen Landesdirektion in Erfurt, Herbst 1814 – 1815 Vertreter Hessen-Kassels und Braunschweig-Wolfenbüttels auf dem Wiener Kongress, 1816 – 1817 preußischer Regierungspräsident in Erfurt und 1817 – 1825 Gesandter u. a. in Weimar, Bruder von Julie von Bechtolsheim: Nr. 543

Kerckhove (Vicomte K.-Varent, Kerckhoff, Kerckhoffs, genannt Chevalier de Kirckhoff), Joseph Romain Louis (Jozef Romain Lodewijk) de (1789 – 1867), niederländisch-belgischer Mediziner, Militärarzt, Hygieniker, Fachschriftsteller, 1811 – 1814 Militärarzt in französischen Diensten, 1815 Chef des Sanitätsdienstes der Lazarette in den Niederlanden, 1817 – 1822 Gesundheitsoffizier und Chef der Militärkrankenhäuser in Antwerpen, widmete sich seit 1823 vorwiegend der Gesundheitsfürsorge der Armen, Mitglied zahlreicher Akademien und erster Präsident der belgischen Akademie für Archäologie: Nr. 487, 636, 671, 697, 739, **966, 1012**, 1014

Kerll, August Ludwig Christoph (1782 – 1855), Finanzbeamter in Berlin, um 1825 Geheimer Finanzrat, zuletzt Geheimer Oberfinanzrat: Nr. 1047, 1083

Kerll, Johann Kaspar (seit 1664:) von (1627 – 1693), Organist und Komponist: Nr. 653

Kersten, Karl Theodor (seit 1832:) von (1784 – nach 1859), Hofmeister, Privatgelehrter, Sprachforscher (Semiotiker), seit 1805 vorwiegend in Frankreich, u. a. Hofmeister in der Familie des Marschalls François Étienne Kellermann Duc de Valmy, u. a. um 1823 in London, um 1830 in Paris, um 1857 in Brüssel, seit 1832 schwarzburg-sondershausenscher Legationsrat, Sohn des Kürschners Johann Samuel K. in Arnstadt: Nr. 121

Keyserlingk, Franz Friedrich Gotthard von (1762 – 1844), preußischer Militär, zuletzt Hauptmann im 15. Infanterieregiment in Minden, 1827 als Major pensioniert: Nr. 552

– ; dessen Familie in Jena: Nr. 552

Keyserlingk, Wilhelm Johann Franz von (1797 – 1872), (?) preußischer Militär, Majoratsherr auf Groß-Lahnen und Lexten in Lettland: Nr. 552

– ; dessen Familie in Jena: Nr. 552

Kielmannsegge (Kielmannsegg), Friedrich Christian Johann Graf von (1782 – 1848), Jurist, hannoverscher Beamter, 1817 Oberappellationsgerichtsrat in Celle, 1832 Justizkanzleidirektor, 1839 Staatsrat: Nr. 837

Kieser, Dietrich Georg (1862:) von (1779 – 1862), Mediziner, Psychiater, 1806 Arzt in Northeim, 1812 Professor in Jena, 1813 auch Brunnenarzt in Berka an der Ilm, 1814 Kriegsfreiwilliger, 1815 preußischer Oberstabsarzt und Lazarettleiter in Lüttich und Versailles, wieder Professor in Jena, 1816 preußischer Hofrat und 1828 sachsen-weimarischer Geheimer Hofrat, 1831 – 1844 Mitglied des Landtags und 1844 – 1848 dessen Vizepräsident, Mitglied des Frankfurter Vorparlaments, 1847 – 1858 Direktor der Irren-, Heil- und Pflegeanstalt in Jena, seit 1858 Präsident der Leopoldina: Nr. 418, 438, 560

Kind, Johann Christoph (1718 – 1793), Jurist, Senator und seit 1781 Stadtrichter in Leipzig, Vater von Friedrich K.: Nr. 70

Kind, Johann Friedrich (1768 – 1843), Jurist, Schriftsteller, Dramatiker, Librettist und Publizist in Dresden, 1793 – 1816 Anwalt, u. a. 1817 – 1826 Mitherausgeber der Dresdener »Abendzeitung«, Sohn von Johann Christoph K.: Nr. 431, 789, 907

Kinnaird, Charles (1780 – 1826), seit Oktober 1805 8. Baron (Lord) K. of Inchture, schottischer Aristokrat, 1802 – 1805 Parlamentsmitglied, Sohn von George K.: Nr. 5/162a+

Kinnaird, Douglas James William (1788 – 1830), schottischer Politiker, Bankier in London, 1805 Student in Göttingen, 1813 – 1814 Reise auf den europäischen Kontinent, u. a. 1815 – 1819 Teilhaber der Bank Ransom & Morland, 1819 – 1820 Mitglied des Unterhauses, zeitweise an der Direktion des Drury Lane Theaters beteiligt, Sohn von George K., Freund von Lord Byron: Nr. 5/162a+

Kinnaird, Frederick John Hay (1789 – 1814), schottischer Aristokrat, 1806 Student in Göttingen, Sohn von George K.: Nr. 5/162a+

Kinnaird, George (1754 – 1805), seit 1767 7. Baron (Lord) K. of Inchture, schottischer Aristokrat, Bankier, Politiker und Kunstsammler, Partner der Bank Ransom, Morland und Hammersley in London, Mitglied der Royal Society und Schatzmeister der Society of the Friends of the People, Vater von Charles, Douglas und Frederick K.: Nr. 5/162a+

Kircheisen, Friedrich Leopold (seit 1798:) von (1749 – 1825), preußischer Beamter, 1773 Kammergerichtsrat in Berlin, 1787 Direktor des Instruktionssenats, 1795 Vize- und 1809 Präsident des Kammergerichts, 1776 auch Assessor im Oberrevisionskollegium, 1777 Oberrevisionsrat, 1810 Justizminister: Nr. 531
Kircheisen, Karoline Philippine (seit 1798:) von, geb. Fischer (1758 – 1824), Tochter des Kriegsrats Karl Benjamin Fischer, seit 1777 verh. mit Friedrich Leopold (von) K.: Nr. 535
Kirchenschlag, Anna Eleonore (geb. ? um 1755), Dienstmädchen in Goethes Elternhaus in Frankfurt am Main, dann verh. mit dem Konzertmeister K. in Darmstadt, 1813 verw., um 1823 wieder in Frankfurt: Nr. **386**
– ; deren Ehemann (gest. 1813), Musiker, Konzertmeister in Darmstadt: Nr. 386
Kirchhoff, Johann Heinrich (1713 – 1788), Jurist und Übersetzer, dänischer Beamter, Justizrat und Hofgerichtsadvokat in Heide (Norderdithmarschen): Nr. 214
Kirchner, Anton (1779 – 1834), Theologe, Pädagoge und Historiker in Frankfurt am Main, Prediger an verschiedenen Kirchen, u. a. auch Zeitungsredakteur, 1806 Gymnasialprofessor, 1812 Mitglied des Oberschul- und Studienrats und 1816 – 1817 der Gesetzgebenden Versammlung: Nr. 34
Kirckhoff, Joseph Romain Louis: s. Kerckhove
Kirms, Franz (1750 – 1826), Beamter in Weimar, 1774 Hofkassierer, 1786 Assessor beim Hofmarschall- und Stallamt, 1789 Land- und 1794 Hofkammerrat, 1813 Geheimer Hofrat, 1791 – 1824 Mitglied der Hoftheaterleitung, 1820 – 1824 Intendant: Nr. 358, **432**, **440**, **446**, 512, **695**
Klaproth, Heinrich Julius (1807 – 1817:) von (1783 – 1835), Philologe, Orientalist, Sinologe, 1804 – 1817 in russischen Diensten, 1805 – 1809 Forschungsreisen, 1811 in Berlin, 1815 in Paris, Sohn von Martin Heinrich K.: Nr. 215, 357, 519
Klaproth, Martin Heinrich (1743 – 1817), Chemiker, Apotheker in Berlin, seit 1810 Professor an der Universität, Vater von Heinrich Julius (von) K.: Nr. 487
Klein, Bernhard Joseph (1793 – 1832), Komponist, seit 1818 in Berlin, Musikdirektor am Institut für Kirchenmusik und an der Universität, 1819 Mitgründer der Jüngeren Liedertafel, seit 1825 verh. mit Lili Parthey: Nr. 531
Kleist, Friedrich Heinrich Ferdinand Emil von, (seit 1814:) Graf K. von Nollendorf (1762 – 1823), preußischer Militär, 1808 Generalmajor, 1809 Kommandant von Berlin, 1812 Generalleutnant, 1814 General der Infanterie, 1821 Generalfeldmarschall, 1822 Mitglied des Staatsrats: Nr. 144, 959
Kleist, Karl Ludwig von (1794 – 1869), Jurist, 1813 Student in Berlin, 1814 in Heidelberg und Jena, 1819 – 1841 Richter in Tuckum in Kurland, dann Landrat in Mitau, 1852 – 1867 Direktionsrat des Kurländischen Kreditvereins, Bruder von Wilhelm von K.: Nr. 183
– ; dessen Familie: Nr. 183
Kleist, Wilhelm von (1793 – 1846), Jurist, 1813 Jurastudent in Berlin, 1814 Student der Diplomatik in Heidelberg und (?) der klassischen Altertumskunde in Jena, seit 1841 Richter in Tuckum in Kurland, Bruder von Ludwig von K.: Nr. 183
– ; dessen Familie: Nr. 183
Klenck (Klenk), Friedrich Alexander (1703 – 1768), Offizier in Frankfurt am Main, zuletzt Major im oberrheinischen Kreisregiment, verh. mit Salome von Reineck: Nr. 879

Klenck (Klenk), Marie Salome, geb. (von) Reineck (1735 – 1803), älteste Tochter des Weinhändlers Friedrich Ludwig (von) Reineck in Frankfurt am Main, 1753 von Alexander K. entführt und später mit ihm verh., 1768 verw.: Nr. 879
Klewitz (Klewiz), Karoline Henriette Auguste (seit 1803:) von, geb. Rumpf (1775 bis 1832), Tochter des Kaufmanns Johann Tobias Rumpf in Magdeburg, seit 1794 verh. mit Wilhelm Anton von K.: Nr. 524
Klewitz (Klewiz), Wilhelm Anton (seit 1803:) von (1760 – 1838), preußischer Beamter, 1785 Assessor in der Kriegs- und Domänenkammer in Magdeburg, 1795 Kammerdirektor, 1798 Geheimer Oberfinanzrat in Berlin, 1804 – 1806 Kammerpräsident in Posen, 1807 in die Immediatkommission zur Neugestaltung Preußens berufen, 1810 Staatssekretär im Staatsrat, 1813 Zivilgouverneur der Länder zwischen Elbe und Weser, 1817 Finanzminister, 1825 – 1837 Oberpräsident der Provinz Sachsen in Magdeburg: Nr. 518, 531, 535
Klingemann, Ernst Georg Karl Christoph Konrad (1798 – 1862), Schriftsteller, hannoverscher Diplomat, um 1824 in Berlin, seit 1828 in London: Nr. 912
Klinger, Friedrich Maximilian (Fjodor Iwanowitsch) (seit 1780:) von (1752 – 1831), Schriftsteller, Militär, 1776 – 1778 Theaterdichter bei der Seyler'schen Theatertruppe, seit 1780 Offizier in russischen Diensten, Ordonnanzoffizier des Großfürsten Paul, 1798 Generalmajor und 1811 Generalleutnant, 1801/02 Direktor des 1. Kadettenkorps und des Pagenkorps in St. Petersburg, auch im Ministerium für Volksbildung tätig und 1803 – 1816/17 Kurator der Universität Dorpat, Jugendfreund Goethes: Nr. 933, 1045, 1058, 1094
Klöden, Karl Friedrich (seit 1853:) von (1786 – 1856), Geograph, Historiker, Pädagoge, 1813 Lehrer in Berlin, 1817 Direktor des Lehrerseminars in Potsdam und 1824 bis 1855 der neu gegründeten Gewerbeschule in Berlin, um 1820 Deputierter der Märkischen Ökonomischen Gesellschaft zu Potsdam: Nr. 383
Klopstock, Friedrich Gottlieb (1724 – 1803), Dichter: Nr. 759, 801, 1001
Klussen (Fräulein) (erw. 1824), aus St. Petersburg, Reisebegleiterin von Wilhelmine von Manderstierna: Nr. 800
Knebel, Karl Bernhard Maximilian von (1813 – 1844), 1830 – 1832 Philosophiestudent in Jena und 1832 – 1834 in Berlin, später als sachsen-weimarischer Hofjunker in Jena lebend, Sohn von Karl Ludwig und Luise von K.: Nr. 8, 52, 236, 433, 471, 669, 836, 848, 1094
Knebel, Karl Ludwig (seit 1756:) von (1744 – 1834), Schriftsteller, Übersetzer, 1765/66 – 1773 preußischer Offizier, als Leutnant entlassen, 1774 sachsen-weimarischer Hauptmann und bis 1781 Erzieher des Prinzen Konstantin, 1784 Major und pensioniert, 1798 in Ilmenau, seit 1804 in Jena: Nr. 8, 48, 52, 70, 91, 96, 125, 129, 169, 196, 200, 231, 236, 245, 246, 262, 270, 276, 306, 346, 379, 382, 389, 433, 437, 471, 505, 540, 558, 566, 573, 619, 626, 669, 673, 685, 692, 772, 805, 820, 836, 848, 860, 879, 895, 902, 940, 950, 982, 1015, 1094
– ; dessen Familie: Nr. 70, 96, 125, 169, 196, 231, 270, 276, 382, 389, 433, 437, 540, 685, 805, 820, 836, 860, 940, 950, 982
Knebel, Karl Wilhelm von (1796 – 1861), Offizier, 1811 Student in Jena, 1813 sachsen-weimarischer Fähnrich, 1815 Leutnant und Eintritt in preußische Dienste, 1823 Hauptmann und Eintritt in reuß-ebersdorfische Dienste, 1827 – ? 1830 Major und Polizeidirektor in Ebersdorf, später u. a. auf seinem Gut Naschhausen bei Orlamünde und in Jena lebend, Sohn von Herzog Karl August von Sachsen-Weimar mit Luise

Rudorf (verh. Knebel), Adoptivsohn von Karl Ludwig von K.: Nr. 8, 52, 70, 125, 196, 200, 223, 236, 270, 306, 669, 820, 942

Knebel, Luise Dorothea Ulrike Emilie von, geb. Rudorf(f) (1777 – 1852), Kammersängerin in Weimar, seit 1798 verh. mit Karl Ludwig von K.: Nr. 8, 200, 236, 471, 626, 669, 673, 1094

Knesebeck, Adolfine Luise Albertine von dem (1804 – 1890), Tochter des preußischen Militärs Friedrich Wilhelm Ludwig von K., seit Juli 1824 verh. mit Graf Eduard Hermann Scipio Haeseler, Schwester der Gräfin Pauline Henckel, (?) Nichte von Wilhelm Anton (von) Klewitz: Nr. 524

Knoll, David Sebastian (1782 – 1868), Kaufmann in Karlsbad, Besitzer eines Handelshauses, Sohn des Tischlermeisters Sebastian K.: Nr. 57

Kobell (Kobel), Egid (Ägidius) (seit 1809:) von (1772 – 1847), bayerischer Beamter, 1789 Geheimer Sekretär in Mannheim und 1799 der Regierung in München, 1808 Generalsekretär des Geheimen Rats, 1817 Staatsrat und Generalsekretär des Staatsrats, 1834 Mitglied der Regentschaft Griechenlands, 1835 Gesandter in Athen, 1836 Wirklicher Staatsrat, Sohn des Malers Ferdinand K. und Bruder des Malers Wilhelm (von) K.: Nr. 984

Kobell, Karoline Friederike von, geb. (seit 1809:) von K. (1801 – 1846/83), Tochter des bayerischen Staatsrats Egid (von) K., seit 1826 verh. mit ihrem Cousin Franz von K.: Nr. 1080

Koch, Wilhelm Daniel Joseph (1771 – 1849), Mediziner, Botaniker, 1795 Arzt in Trarbach, 1797 Oberamtsarzt in Kaiserslautern, 1816 Kreis- und Kantonarzt, 1824 Professor in Erlangen, 1844 Geheimer Hofrat: Nr. 259

Köchy, Christian Heinrich Gottlieb (Ps. Friedrich Glover) (1769 – 1828), Jurist, Schriftsteller, Sprachlehrer und Korrektor, 1800 Privatdozent in Leipzig, 1803 Gymnasiallehrer in Mitau, 1805 Professor in Dorpat, 1817 entlassen, danach u. a. Privatdozent in Königsberg, 1823 Advokat in Wolfenbüttel, 1824 Korrektor in Ilmenau und zuletzt in Braunschweig: Nr. 1045

Köhler (erw. 1824), Fuhrmann (?) in Berlin: Nr. 951

Kölreuter, Joseph Gottlieb (1733 – 1806), Botaniker, 1756 – 1761 Adjunkt der Akademie der Wissenschaften in St. Petersburg, seit 1763 Professor der Naturgeschichte und Gartendirektor in Karlsruhe: Nr. 438

König, Anton Friedrich (1793/94 – 1844), Medailleur, Graveur, 1811 Assistent seines Vaters an der Berliner Münze, seit 1824 in Dresden: Nr. 60, 222, 412, 581, 1061

König, Emanuel (1658 – 1731), Schweizer Mediziner, Naturwissenschaftler, Philologe, in Basel: Nr. 487

Körner, Anna Maria Jakobine (Minna), geb. Stock (1762 – 1843), Malerin, Tochter des Kupferstechers Johann Michael Stock, Schwester von Dora Stock, seit 1785 verh. mit Christian Gottfried K.: Nr. 399

Körner, Christian Gottfried (1756 – 1831), Jurist, Beamter, 1781 Konsistorialadvokat in Leipzig, 1783 Konsistorialrat in Dresden, 1790 Appellationsgerichtsrat, 1798 auch Referendar im Geheimen Konsilium, 1813 Gouvernementsrat, seit 1815 in Berlin, Staatsrat im preußischen Innenministerium, 1817 Geheimer Oberregierungsrat im Kultusministerium, Freund Schillers: Nr. 399

Körner, Johann Christian Friedrich (1778 – 1847), Mechaniker, Instrumentenbauer, 1810 Mechaniker in Weimar, 1817 Hofmechaniker in Jena, Inhaber einer Glashütte, seit 1819 auch Privatdozent an der Universität und bis 1825 an der Sternwarte tätig: Nr. 185, 677, 802, 852

Körner, Karl Theodor (1791 – 1813), Schriftsteller, 1808 Student an der Bergakademie in Freiberg, 1810 in Leipzig und 1811 in Wien, 1813 Theaterdichter am Burgtheater, Jäger im Lützow'schen Freikorps, Sohn von Christian Gottfried und Minna K.: Nr. 399

Körte, Friederike Wilhelmine, geb. Wolf (1786 – 1861), Tochter von Friedrich August Wolf, seit 1809 verh. mit Wilhelm K.: Nr. 930

Körte, Friedrich Heinrich Wilhelm (1776 – 1846), Literaturhistoriker in Halberstadt, bis 1810 Domvikar, 1810 – 1817 Buch- und Kunsthändler, Großneffe und Nachlassverwalter Ludwig Gleims, Bruder von Franz K., Schwiegersohn von Friedrich August Wolf: Nr. 930

Körte, Heinrich Friedrich Franz (1782 – 1845), Natur- und Agrarwissenschaftler, 1809 Lehrer an der Lehranstalt in Obertheres in Unterfranken, 1811 in Würzburg lebend, 1814 in Berlin, seit 1815 Professor an der landwirtschaftlichen Akademie in Möglin, 1818 – 1830 deren Direktor, Bruder von Wilhelm K., Schwiegersohn von Albrecht Thaer: Nr. 698

Kohlrausch, Christian Heinrich (1778 – 1826), Mediziner, Militärarzt in Hannover, 1803 – 1809 in Rom, Hausarzt der Familie Wilhelm von Humboldt, dann in Berlin, zuletzt Geheimer Obermedizinalrat: Nr. 344, 531, 912

Kohlrausch, Henriette, geb. Eichmann (1781 – 1842), Tochter des späteren Geheimen Finanzrats Johann Wilhelm Eichmann in Berlin, seit 1815 verh. mit Heinrich K., 1826 verw., zuletzt in Hannover Vertraute der Königin Friederike von Hannover, Schwester von Charlotte Parthey: Nr. 344, 531, 559

Kolbe, Heinrich Christoph (1771 – 1836), Maler in Düsseldorf, für das Mechanographische Institut von Johann Böninger tätig, 1801 – 1811 und 1818 – 1820 in Paris, dann in Köln, 1822 – 1832 Professor an der Düsseldorfer Kunstakademie, 1799 – 1801 und 1803 Teilnehmer an der Preisaufgabe für bildende Künstler in Weimar: Nr. 361, 431, 558

Kolbe, Karl Wilhelm (1777 – 1842), Kupferstecher, Kartograph, Schüler und später Lehrer an der Zeichenschule in Weimar, 1803 in Lobenstein, 1804 in Potsdam, um 1815 in Berlin: Nr. 701, 753

Kolbe, Karl Wilhelm d. J. (1781 – 1853), Historienmaler in Berlin, 1815 Mitglied der Akademie der Künste, 1830 Professor, Neffe des Zeichners, Kupferstechers und Sprachwissenschaftlers Karl Wilhelm K. d. Ä.: Nr. 554

Kolluthos (Colluthus, Coluthus; K. von Lykopolis) (um 500), griechischer Dichter: Nr. 427

Kolowrat-Liebsteinský, Franz Anton Graf von (1778 – 1861), österreichischer Politiker, 1807 Stadthauptmann von Prag, seit 1809/10 als Oberstburggraf an der Spitze der Landesverwaltung, 1826 Staats- und Konferenzminister: Nr. 9, 723

Kolter, Karl (vor 1795 – 1823), Artist und Seiltänzer, Bruder von Wilhelm K.: Nr. 930
– ; dessen Witwe, Artistin und Seiltänzerin: Nr. 930

Kolter, Wilhelm (1795 – 1888), Artist und Seiltänzer, Bruder von Karl K.: Nr. 930
– ; dessen Mutter (gest. vor 1825), Artistin und Seiltänzerin: Nr. 930

Kopitar, Bartholomäus (eigentl. Jernej) (1780 – 1844), slowenischer Sprachwissenschaftler, Slawist, seit 1810 an der Hofbibliothek in Wien, 1819 vierter Kustos und Leiter der Handschriftensammlung, 1827 zweiter und 1844 erster Kustos sowie Hofrat: Nr. 391, 835, 870, 1039, 1069

Kordes, Berend (1762–1823), Philologe, 1789 Privatdozent in Kiel, 1791 Adjunkt an der Universität, 1792 Professor, 1793 Unterbibliothekar, 1810 Bibliothekar: Nr. 936
Korndörfer, Johann (1780–1840), Fuhrmann in Schwarzenbach an der Saale: Nr. 365
Kortum (Cortum, Kortüm), Karl Arnold (1745–1824), Mediziner, Schriftsteller, seit 1770 Arzt in Bochum: Nr. 680
Kościuszko, Tadeusz Andrzej Bonawentura (1746–1817), polnischer Militär, Nationalheld, 1776–1783 Teilnehmer am amerikanischen Unabhängigkeitskrieg, 1789 polnischer Generalmajor, 1792 Befehlshaber im russisch-polnischen Krieg, 1794 Anführer des nach ihm benannten Aufstands, seit 1797 Emigrant in Amerika, Frankreich und der Schweiz: Nr. 297
Kosegarten, Christiane Charlotte, geb. Passenhagen (1795–1822), Tochter des Schiffskapitäns und Kaufmanns Johann Christian Passenhagen in Greifswald, seit 1818 erste Ehefrau von Johann Gottfried Ludwig K.: Nr. 52, 1093
– ; deren jüngste Schwester: Nr. 1093
Kosegarten, Gottfried Karl Gotthard (1819–1891), Jurist, Rechtsanwalt in Aschersleben und Nordhausen, Justizrat, Sohn von Johann Gottfried Ludwig und Charlotte K.: Nr. 1093
Kosegarten, Gotthard Ludwig (Theobul Ludwig) (1758–1818), Theologe, Schriftsteller, 1785 Schulrektor in Wolgast, 1792 Pfarrer in Altenkirchen auf Rügen, 1808 Professor in Greifswald, Vater von Johann Gottfried Ludwig K.: Nr. 115
Kosegarten, Johann (Hans) Gottfried Ludwig (1792–1860), Orientalist und Historiker, 1815 Adjunkt an der Universität in Greifswald, 1817 Professor in Jena und 1824 in Greifswald, Sohn von Gotthard Ludwig K.: Nr. 52, **681**, **690**, 709, 869, **932**, **940**, **943**, **1093**
Kosegarten, Ludwig Gotthard (Ludwig Theobul): s. Kosegarten, Gotthard Ludwig
Kost, Jakob (1779–1827), Güterschaffner in Frankfurt am Main: Nr. 301
Kotzebue, August Friedrich Ferdinand (seit 1785:) von (1761–1819), Schriftsteller, Diplomat, 1781–1795 russischer Beamter, 1798 Hoftheaterdichter in Wien, 1799 in Weimar, 1800 in Russland, Theaterdirektor in St. Petersburg, seit 1801 u. a. in Weimar und Berlin, 1813 russischer Staatsrat und Generalkonsul in Königsberg, 1817 politischer Beobachter in Deutschland: Nr. 399, 457, 535, 680, 1043
Kovács, Mihály (1762/68–1851), ungarischer Mediziner, Mineraloge, Übersetzer, seit 1795 Arzt in Pest: Nr. 487
Kräuter, Friedrich Alwin Edmund Hermann (1818–1866), Bibliothekssekretär in Weimar, Sohn von Theodor und Karoline Friederike Emilie K.: Nr. 409, 641, 648
Kräuter, Friedrich Theodor David (1790–1856), Sekretär, Bibliothekar, 1805 Schreiber und 1814 Akzessist an der Bibliothek in Weimar, 1816 Sekretär, 1837 Bibliothekar, seit 1814 auch in Goethes Diensten, 1817 Verwalter seiner Bibliothek und 1832 der Goethe'schen Sammlungen: Nr. 36, 311, **357**, 363, **409**, **593**, **641**, **648**, **654**, 796, 875, 940, 982
Kräuter, Karoline Friederike Emilie, geb. Wenzel (1796–1859), Tochter des Regierungskanzlisten Friedrich Georg Wenzel in Weimar, seit 1816 verh. mit Theodor K.: Nr. 409
Kraft, Adam (1455/60–1508/09), Bildhauer in Nürnberg: Nr. 351
Kraljević Marko: s. Marko Kraljević
Kraukling, Karl Konstantin (Karlis Krauklins) (1792–1873), Philologe, Publizist, Bibliothekar, 1814–1818 Medizin- bzw. Philologiestudent in Dorpat und Berlin, seit

1820 in Dresden, 1833 zweiter und 1834 erster Bibliothekssekretär, 1839 Bibliothekar und Direktor des dortigen Historischen Museums, 1868 pensioniert: Nr. 364

Kraus, Georg Melchior (1737 – 1806), Maler, Kupferstecher, seit 1774 in Weimar, 1776 Direktor des Freien Zeicheninstituts, 1780 Rat: Nr. 645

Krause, Karl Christian Friedrich (1781 – 1832), Philosoph, 1802 Privatdozent in Jena, 1804 in Rudolstadt und 1805 in Dresden lebend, 1809 Lehrer an der Ingenieurakademie, 1813 in Berlin, 1814 Privatdozent, 1815 wieder in Dresden, 1823 Privatdozent in Göttingen, 1831 in München: Nr. 522

– ; dessen Familie: Nr. 522

Kreisig (Kreißig), Luise, geb. Hennig (erw. 1824): Nr. 1017

Kreutzer, Konradin (1780 – 1849), Komponist, 1812 Hofkapellmeister in Stuttgart und 1816 in Donaueschingen, 1822 – 1840 Theaterkapellmeister in Wien, 1840 Musikdirektor in Köln, zuletzt in Riga: Nr. 559

Kreysig, Friedrich Ludwig (1770 – 1839), Mediziner, Privatdozent in Leipzig und 1796 Professor in Wittenberg, 1803 – 1827 Leibarzt des sächsischen Kurfürsten bzw. Königs Friedrich August I., nach 1815 auch Professor an der medizinisch-chirurgischen Akademie und Direktor der medizinischen Klinik: Nr. 903

Krickeberg, Sophie Friederike, geb. Koch, gesch. Gentz (1770 – 1842), Schauspielerin und Schriftstellerin, 1775 in Gotha, 1778 in Dresden und Leipzig, 1787 in Berlin, seit 1798 u. a. in Schwerin, 1811 in Hamburg, 1815 in Königsberg, 1816 wieder in Berlin, Tochter des Schauspielerpaares Friedrich und Franziska Romana Koch, seit 1789 zweite Ehefrau von Friedrich Gentz, 1791 gesch., seit 1798 in zweiter Ehe verh. mit dem Schauspieler und Theaterdirektor Karl Ludwig K.: Nr. 457

Kropiński, Ludwik (1767 – 1844), polnischer Schriftsteller, Militär und Gutsbesitzer, 1812 – 1813 Brigadegeneral in der Armee des Großherzogtums Warschau: Nr. 873

Krüger, Georg Wilhelm (1791 – 1841), Schauspieler, seit 1819 an den königl. Theatern in Berlin: Nr. 512, 535

Krüger, Johann Gottlob (1715 – 1759), Mediziner, Philosoph, Schriftsteller, Professor in Helmstedt: Nr. 930

Krug, Johann Georg Leonhard (1794 – 1836), Gastwirt in Frankfurt am Main, seit 1815 Besitzer des Gasthauses »Römischer Kaiser«: Nr. 461

Kruse, Friedrich Karl Hermann (seit 1841:) von (1790 – 1866), deutsch-russischer Historiker, Geograph und Pädagoge, 1815 Inspektor an der Ritterakademie in Liegnitz, 1816 Lehrer in Breslau, 1821 Professor in Halle und 1828 in Dorpat, Hofrat und 1841 Staatsrat, zuletzt in Leipzig lebend: Nr. 24

Krusenstern (Krusenstiern), Adam Johann (Iwan Fjodorowitsch) von (1770 – 1846), russischer Seeoffizier, Forschungsreisender, 1803 – 1806 Erdumsegelung: Nr. 674

Krutisch, Emilie Karoline: s. Henning

Kügelgen, Franz Gerhard (seit 1802:) von (1772 – 1820), Maler, 1791 in Rom, 1795 in Riga, 1798 – 1803 in St. Petersburg, seit 1805 in Dresden, 1814 Professor an der Kunstakademie: Nr. 453, 848

Kühn, Karl Amandus (1783 – 1848), Geologe, Bergbeamter, 1816 Hilfslehrer an der Bergakademie in Freiberg und Assistent Abraham Gottlob Werners, 1818 Professor, um 1835 Bergrat am Oberbergamt: Nr. 672

Kuffner (Küffner, Küfner), Christoph Johann Anton (1777 – 1846), österreichischer Beamter, Schriftsteller und Übersetzer, 1803 Konzeptspraktikant beim Hofkriegsrat in Wien, 1815 Konzipist, 1819 auch Bücherzensor, 1831 Konzipist beim Staatsrat, zeitweise Redakteur der »Wiener Zeitschrift«: Nr. 1037

Kummer, Paul Gotthelf (1750 – 1835), Verlagsbuchhändler in Leipzig, 1776 Gründer eines Verlags und 1790 einer Kommissionsbuchhandlung, seit 1809 Kommissionär Johann Friedrich (von) Cottas: Nr. 601, 856, **878**

Kunowski (Kunowsky), Georg Karl Friedrich (1786 – 1846), Jurist, Astronom und Mineraloge, 1809 Assessor in Schweidnitz, 1811 in Glogau und 1813 in Liegnitz, seit 1814 in Berlin, Justizkommissar und Notar beim Kammergericht, 1819 als Anwalt am Revisions- und Kassationshof für die Rheinprovinzen zugelassen, 1823 Justizkommissionsrat, 1822 – 1829 Mitglied der Oberdirektion und Syndikus des Königsstädtischen Theaters: Nr. 559, 1009

Kuntz, Rudolf (1797 – 1848), Maler, Zeichner, Lithograph, seit 1832 badischer Hofmaler: Nr. 194, 609

Kunzen (Kuntzen), Friedrich Ludwig Ämilius (1761 – 1817), Pianist, Komponist und Kapellmeister, auch Musikschriftsteller und Herausgeber, 1784 in Kopenhagen, 1789 in Berlin, 1792 Kapellmeister am Theater in Frankfurt am Main, 1794 in Prag, 1795 Hofkapellmeister in Kopenhagen: Nr. 267

Kurland, Anna Charlotte Dorothea Herzogin von, geb. (Gräfin) von Medem (1761 bis 1821), Tochter des Reichsgrafen Friedrich von Medem, seit 1779 verh. mit Peter von Biron Herzog von K., 1800 verw., seitdem u. a. in Berlin, Karlsbad, Paris und auf ihrem Gut Löbichau bei Ronneburg, Halbschwester Elisa von der Reckes: Nr. 120, 381

Lacoste, Pierre François (1754/55 – 1826), französischer Geistlicher, Naturforscher, Geologe, Professor der Moral in Toulouse, 1798 für Naturgeschichte und Physik an der Zentralschule im Département Puy-de-Dôme, später Konservator des Mineralienkabinetts und Professor am botanischen Garten in Clermont-Ferrand: Nr. 418, 735

Lämel (Lämmel; Simon von L. & Sohn, L. & Sohn); Großhandelsgesellschaft und Bankhaus in Prag, 1787 gegründet von Simon (von) L., später gemeinschaftlich fortgesetzt mit Leopold von L.: Nr. **286**

La Fontaine, Jean de (1621 – 1695), französischer Fabeldichter: Nr. 448

Lagnac, Johanna Elisabetha Henrietta: s. Deny

Lahr, Anna Katharina von der, geb. Specht (1765 – 1791), Tochter des Silberarbeiters Nikolaus Specht in Frankfurt am Main, seit 1790 erste Ehefrau von Johann David von der L.: Nr. 879

Lahr, Anna Sibylla von der, geb. Bengerath (1768 – 1801), Tochter von Balthasar Johann Bengerath in Frankfurt am Main, seit 1792 zweite Ehefrau von Johann David von der L.: Nr. 879

Lahr, Johann David von der (1749 – 1828), Kaufmann in Frankfurt am Main: Nr. 879

Lahr, Sophia Magdalena von der, geb. Specht (1774 – 1840), Tochter des Silberarbeiters Nikolaus Specht in Frankfurt am Main, seit 1801 dritte Ehefrau von Johann David von der L., 1828 verw., seit 1829 verh. mit dem Major Karl Jakob Scherbius, 1836 verw., seit 1838 verh. mit dem Arzt Anton Czihack: Nr. 879

– ; deren Familie: Nr. 879

Lainé, François Joseph (1778 – 1836), französischer Husarenoffizier, Verwalter der Minen von Servoz (Savoyen) am Fuß des Mont Blanc, seit etwa 1814 bei Lausanne lebend, 1818 Grundbesitzer in Malley: Nr. 482

Lally-Tollendal (L.-Tolendal), Trophime Gérard Comte de, (seit 1815:) Marquis de (1751 – 1830), französischer Politiker und Schriftsteller, 1789 Mitglied der Generalstände, 1789 – 1792 in der Schweiz, Rückkehr nach Paris, 1792 Emigration nach England, 1799 Rückkehr nach Frankreich, 1815 Staatsminister und Pair: Nr. 750

Lamartine, Alphonse Marie Louis de Prat de (1790 – 1869), französischer Schriftsteller, Politiker, 1829 Mitglied der Académie française, 1833 Abgeordneter, 1848 Außenminister: Nr. 31

Langbein, August Friedrich Ernst (1757 – 1835), Schriftsteller, Jurist, 1785/86 Kanzlist am Geheimen Archiv in Dresden, seit 1800 in Berlin lebend, 1820 Bücherzensor: Nr. 364

Lange, Eduard Reinhold (1799 – 1850), Philologe, Pädagoge, 1823 Gymnasiallehrer in Breslau, 1824 Privatdozent und Lehrer in Berlin, 1838 Direktor des Gymnasiums in Oels: Nr. 141, 248

Lange, Heinrich Wilhelm (1762/63 – 1828), Bediener in Weimar, Diener der Gräfin Charitas Emilie Bernstorff, auch Inhaber einer Konzession: Nr. 830

Langermann, Johann Gottfried (1768 – 1832), Mediziner, preußischer Beamter, 1797 Assessor am fränkischen Medizinalkollegium in Bayreuth, Hebammenlehrer, 1802 Medizinalrat, 1805 Direktor der Entbindungs- und Irrenanstalt, seit 1810 in Berlin, Staatsrat im Innenministerium, 1819 Mitglied des Oberzensurkollegiums und Chef der Tierarzneischule, später des preußischen Medizinalwesens: Nr. 20, 399, 558, **768**, 938, 1003, 1083

Langheinrich, Johann Gottlieb (1777 – 1849), österreichisch-böhmischer Beamter, seit 1792 Postmeister in Asch: Nr. **7**

Langsdorf, Karl Christian (seit 1806:) von (1757 – 1834), Mathematiker, Technologe, 1801 kurzzeitig Privatdozent in Gießen, dann Landrichter in Mülheim/Ruhr, 1784 Salineninspektor in Gerabronn (Markgrafschaft Ansbach), 1798 Professor in Erlangen, 1804 in Wilna und 1806 – 1827 in Heidelberg: Nr. 487

Laplace, Pierre Simon (seit 1808: Comte), (seit 1817:) Marquis de (1749 – 1827), französischer Mathematiker, Astronom und Politiker, 1799 Senator, 1800 Innenminister: Nr. 674, 761

La Rive, Charles Gaspard de (1770 – 1834), Schweizer Mediziner, Psychiater, Chemiker und Politiker, 1794 Flucht nach Schottland, 1799 Rückkehr nach Genf, 1811 Arzt für Geisteskranke, 1802 Professor an der Genfer Akademie und 1823 – 1825 deren Rektor, 1813 Mitglied des Provisorischen Rats, 1814 – 1818 des Staatsrats und 1814 – 1832 des Repräsentierenden Rats, 1817 – 1818 Erster Syndikus: Nr. 478

La Roche, Johann Karl August (seit 1873:) von (1794/96 – 1884), Schauspieler, Sänger, Regisseur, 1811 in Dresden, dann in Danzig und Lemberg, 1819 in Königsberg, 1823 in Weimar, 1833 in Wien: Nr. 789

La Rochejaquelein, Marie Louise Victoire Marquise de, geb. de Donnissan, verw. Marquise de Lescure (1772 – 1857), französische Schriftstellerin, Memoirenschreiberin, Anhängerin der Bourbonen, Tochter des Marquis Guy Joseph de Donnissan, 1791 – 1793 in erster Ehe verh. mit dem Marquis Louis Marie de Salgues de Lescure, seit 1802 in zweiter Ehe verh. mit dessen Cousin Marquis Louis du Vergier de La R., 1815 verw.: Nr. 800

Las Cases (Ps. A. Le Sage, Lesage), Marie Joseph Emmanuel Auguste Dieudonné (seit 1810:) Comte de (1766 – 1842), französischer Politiker, Militär, Historiker und Schriftsteller, 1791 – 1802 Emigrant in England, 1810 Kammerherr, Mitglied des

Staatsrats, begleitete Napoleon 1815 nach St. Helena, später wieder in Frankreich: Nr. 96, 320

Lasius, Franz Heinrich Friedrich Ludwig (1806 – 1884), Theologe, um 1823 Gymnasiast in Hildesheim, 1832 Pastor in Prittisch (Przytoczna) in Ostbrandenburg, 1834 abgesetzt, zeitweise in Haft, seit 1838 Pastor der altlutherischen Kirche in Berlin, 1841 Kirchenrat und Superintendent: Nr. 352, 357

Lauchery, Étienne (1732 – 1820), Tänzer und Choreograph in Mannheim, Kassel, kurzzeitig in München und seit 1788 in Berlin, Vater des Tänzers und Choreographen Albert L.: Nr. 512

Lauhn, Johann Karl Christian (1756 – 1833), Beamter in kursächsischen und seit 1803 in sachsen-weimarischen Diensten, Regierungsrat in Weimar, 1812 Kriminalrat in Eisenach, 1813 Mitglied der Landespolizeidirektion, 1822 pensioniert: Nr. 295

Laun, Friedrich: s. Schulze, Friedrich August

Lavater, Johann Kaspar (1741 – 1801), Schweizer Theologe und Schriftsteller, 1769 Diakon und 1775 Pfarrer in Zürich: Nr. 945

Lawrence, James Henry (Knight of Malta, Chevalier James L.) (1773 – 1840), englischer Schriftsteller, vorwiegend auf Reisen, u. a. 1793 und seit 1799 zeitweise in Weimar, 1803 – 1808 in französischer Haft: Nr. 851

Leake, William Martin (1777 – 1860), englischer Militär, Topograph, Schriftsteller, Philhellene: Nr. 281

Lebrun, Karl August (1792 – 1842), Schauspieler und Schriftsteller, 1812 in Würzburg, 1815 in Mainz, 1817 in Hamburg, seit 1818 am Stadttheater, 1827 – 1837 dessen Mitdirektor: Nr. 531

Lechner, Johann Jakob (1796 – 1851), Buch- und Kunsthändler, Stecher und Besitzer einer zinkographischen Anstalt in Nürnberg, Sohn von Johann Leonhard Sixtus L.: Nr. 19

Lechner, Johann Leonhard Sixtus (1768 – 1823), Buchhändler und Auktionator in Nürnberg, Vater von Johann Jakob L.: Nr. 19

Lecointe, Jean François Joseph (1783 – 1858), französischer Architekt: Nr. 226, 375

Ledenbaur (Ledenbauer), Johann (um 1757 – 1817), Jurist, Advokat in Mannheim, zuletzt Obergerichtsadvokat: Nr. 1037

Ledenbaur (Ledenbauer), Josepha, geb. Eck (um 1764 – 1838), seit 1807 verh. mit Johann L., 1816 verw., Tante von Johanna Neumann: Nr. 1037

Lehr, Friedrich (seit 1814:) von (1782 – 1854), Hofbeamter in Stuttgart, 1808 Privatbibliothekar König Friedrichs I. von Württemberg und Hofrat, 1809 – 1817 auch Mitglied des Oberzensurkollegiums und Bücherfiskal, 1820 – 1829 Direktor des Hoftheaters, auch langjähriger Geheimer Sekretär der Königin Charlotte Auguste Mathilde: Nr. 355

Lehr, Friedrich August (1771 – 1831), Mediziner, 1794 Stadt- und Landarzt in Wiesbaden, 1803 Hofrat, 1808 Geheimer Hofrat, 1809 Leibarzt, 1810 Geheimrat, 1815 – 1818 Obermedizinalrat und Mitglied der nassauischen Landesregierung, seit 1818 Badearzt, Onkel von Georg Christoph Wilhelm Rullmann: Nr. 879, 894

Leipzig, Sachsen-weimarisches Generalkonsulat für Sachsen; 1823 eröffnet, geleitet von Heinrich Küstner: Nr. 628

Lemar (Graf) (erw. 1824), in Berlin: Nr. 531

Lembert (auch: Tremler; eigentl. Treml), Johann Wenzel (1779 – 1851), Schauspieler, Schriftsteller, 1805 Schauspieler in Dresden und 1807 in Stuttgart, seit 1817 in Wien: Nr. 554

Lemière, Stanis (1796/98 – 1870), französische Tänzerin, 1817 Solotänzerin in Berlin, 1832 pensioniert, seit 1822 verh. mit dem Musiker Xavier Desargus, 1832 verw., Mätresse König Friedrich Wilhelms III. von Preußen: Nr. 549

Lenz, Johann Georg (1745 – 1832), Mineraloge in Jena, 1773 Magister und Lektor des Konviktoriums, 1781 Unteraufseher und 1785 auch Sekretär des Naturalienkabinetts, 1794 Professor, 1796 auch Direktor der neugegründeten mineralogischen Sozietät: Nr. 13, 68, 98, 140, 158, 159, 229, 487, 490, 532, 536, 587, 636, 671, 677, 693, 739, 742, 755, 785, 886, 1005, 1020, 1023, 1025, 1060, 1080

Leo, Julius (1793/94 – 1855), Mediziner, 1821 Arzt in Berlin, 1849 auch Buchhändler, Sohn des Gutsbesitzers Salomon L.: Nr. 518, 524, 535, 549

Leonardo da Vinci (1452 – 1519), italienischer Maler, Bildhauer und Architekt: Nr. 77, 172, 758

Leonhard, Karl Cäsar (seit März 1814:) von (1779 – 1862), Mineraloge, Geologe, 1801 Assessor bei der Landkassen- und Steuerdirektion in Hanau, 1809 Referent im Berg-, Hütten- und Salinenfach und Oberpostdirektor, 1810 General-Domänen-Inspektor, Oktober 1813 wieder Assessor, 1808 Mitgründer und einer der Sekretäre der Wetterauischen Gesellschaft für die gesamte Naturkunde, 1816 in München, Mitglied der Akademie der Wissenschaften, 1818 Professor in Heidelberg: Nr. 149, 150, 181, 230, 269, 287, 357, 777, 926, 976, 1008

Leonhard, Luise Johanna (seit März 1814:) von, geb. Blum (1787 – 1824), Tochter des Konsistorialrats Friedrich Karl Blum in Hanau, seit 1802 erste Ehefrau von Karl Cäsar (von) L.: Nr. 777

Leopoldina: s. Bonn, Leopoldinisch-Karolinische Gesellschaft der Naturforscher

Lepel, Wilhelm Heinrich Ferdinand Karl Graf von (1755 – 1826), preußischer Diplomat, Kammerherr, Schriftsteller und Kunstsammler, 1787 – 1789 Gesandter in Stockholm, danach Reisen nach Italien, in die Schweiz und die Niederlande, auf seinem Gut Nassenheide in Pommern und zuletzt in Herrnhut lebend: Nr. 549

Lesage, Alain René (1668 – 1747), französischer Schriftsteller: Nr. 1056

Lesch von Mühlheim, Friederike (gest. 1825), Hofdame der nassau-weilburgischen Prinzessin Marie, um 1802 pensioniert, Tochter des Majors Johann Friedrich Ludwig von L. in Kirchheim und Schwägerin des nassau-weilburgischen Oberstallmeisters Friedrich Heinrich von Dungern: Nr. 800

Leser, Friedrich Adolf (1773 – 1848), Postbeamter, um 1795 kursächsischer Postverwalter in Heßler (Burgheßler) bei Eckartsberga, 1805 nach Weimar versetzt, 1816 sachsen-weimarischer Postmeister mit der Zuständigkeit für die Briefpost, 1820 bis 1827 Hofpostmeister, zuletzt in Jena lebend: Nr. 336

Leslie, John (1766 – 1832), schottischer Mathematiker, Naturphilosoph, seit 1805 Professor in Edinburgh: Nr. 768

Lessing, Elisabeth Henriette, geb. Brevillier (1780 – 1862), Tochter des Kauf- und Handelsmannes Jakob Friedrich Brevillier, seit 1813 verh. mit ihrem Cousin dem Frankfurter Kaufmann Johann Jakob L., 1846 verw.: Nr. 779

Lessing, Gotthold Ephraim (1729 – 1781), Schriftsteller, Bibliothekar: Nr. 345, 352, 399, 431

Lessing, Johanna Katharina, geb. Brevillier (1763 – 1837), Tochter des Handelsmannes Johann Karl Brevillier in Frankfurt am Main, seit 1790 verh. mit dem Handelsmann Christian Gotthold L. in Frankfurt und zuletzt in Leipzig, Schwester von Maria Kornelia Magdalena Du Fay, Tante von Sophie Schlosser: Nr. 779

L'Estocq (von) (erw. 1824), in Berlin: Nr. 524
L'Estocq, Franziska Friederike von, geb. von Koppelow (1759 – 1856), Oberhofmeisterin der Prinzessin Marianne von Preußen, Tochter des in dänischen Diensten stehenden Hauptmanns Friedrich Wilhelm von Koppelow, seit 1780 zweite Ehefrau des preußischen Militärs Anton Wilhelm von L., 1815 verw.: Nr. 514, 518, 524
Leuchsenring, Franz Michael (1746 – 1827), Prinzenerzieher, Schriftsteller, Sprachlehrer, 1769 Unterhofmeister des Erbprinzen Ludwig von Hessen-Darmstadt, um 1771 zeitweise im Dienst der Herzogin Karoline von Pfalz-Zweibrücken in Bergzabern, 1775 in Paris, 1782 in Berlin, 1784 Lehrer des späteren preußischen Königs Friedrich Wilhelm III., 1785 in Zürich, 1787 wieder in Berlin, 1792 ausgewiesen, später Sprachlehrer in Paris: Nr. 167
Leuchtenberg: s. Beauharnais
Leveillé (L'Eveillé), François (Franz) (1769 – 1811), von der Insel Mosambik, 1792 im Gefolge des Herzogs Karl August von Sachsen-Weimar, 1794 Hofbediensteter in Weimar, um 1809 Hoflakai: Nr. 915
Leveillé (L'Eveillé), Ludwig (Louis) Karl August (1809 – nach 1869), Schneidermeister in Weimar, 1854 nach Philadelphia (Nordamerika) ausgewandert, Sohn von François L.: Nr. 915
Leveillé (L'Eveillé), Maria, geb. Knote (1785 – nach 1869), Leibwäscherin, außereheliche Tochter des Chirurgen Johann Julius Göckel in der Region Demerara (Demerery; Niederländisch Guyana), 1791 bei ihrer Tante Adelheide Elisabetha Johannetta Knote in Eisenach lebend, seit 1804 zweite Ehefrau von François L., 1811 verw., 1854 nach Philadelphia (Nordamerika) ausgewandert: Nr. 915
Leveson Gower (L.-Gower), Francis (seit 1833: Francis Egerton) (1800 – 1857), seit 1846 Earl of Ellesmere und Viscount Brackley, britischer Politiker, Schriftsteller und Übersetzer: Nr. 955
Levetzow, Amalie (Amélie) Ottilie Friederike Ferdinandine von (1805 – 1831), zweite Tochter von Amalie Theodore von L., seit 1827 verh. mit dem preußischen Offizier Gustav Adolf Leopold von Rauch: Nr. 903, 904
Levetzow, Amalie (Amélie) Theodore Karoline von, geb. von Broesigke, gesch. von Levetzow (1788 – 1868), seit 1802 verh. mit Joachim Otto Ulrich von L., 1807 gesch., in zweiter Ehe verh. mit dessen Cousin Friedrich von L., 1815 verw., seit 1843 in dritter Ehe verh. mit Graf Franz von Klebelsberg zu Thumburg, Mutter von Amalie Ottilie, Berta und Ulrike von L.: Nr. 903, 904
Levetzow, Berta Ulrike Helene von (1808 – 1884), dritte Tochter von Amalie Theodore Karoline von L., seit 1839 verh. mit dem österreichischen Kämmerer und Offizier Johann Nepomuk Mladota von Solopisk: Nr. 903, 904
Levetzow, Theodore Ulrike Sophie von (1804 – 1899), älteste Tochter von Amalie Theodore Karoline von L., 1821 – 1823 in Marienbad mit Goethe befreundet: Nr. 341, 399, 903, 904
Levrault, Karoline, geb. Schertz (1775 – 1850), Verlagsbuchhändlerin in Straßburg, Tochter des Straßburger Kaufmanns und Politikers Johann Georg Schertz, seit 1793 verh. mit Xavier L., 1821 verw. und Leiterin der Verlagsbuchhandlung, seit 1825 gemeinsam mit ihrem Schwiegersohn Pierre François Berger: Nr. 813
Levrault, Laurent François Xavier (1762 – 1821), Drucker, Verlagsbuchhändler und Politiker in Straßburg, Advokat und 1791 – 1793 Generalprocureur, nach 1795 u. a. Mitglied des Generalrats und der Handelskammer, Präfekturrat, Inspektor und Rek-

tor der Akademie, Miterbe und Nachfolger seines 1798 gestorbenen Vaters François George(s) L.: Nr. 735

Lewis, Matthew Gregory (1775 – 1818), britischer Schriftsteller und Übersetzer, Politiker und Großgrundbesitzer auf der Insel Jamaika, 1791 zeitweise in Paris und 1792 – 1793 in Weimar, 1794 Attaché an der Botschaft in Den Haag, 1796 – 1802 Mitglied des Unterhauses: Nr. **5/162a+**

Leyden, Lucas Hugensz. van (1494 – 1533), niederländischer Maler: Nr. 741

Lichtenberg, Georg Christoph (1742 – 1799), Physiker, Schriftsteller, seit 1770 Professor in Göttingen, Herausgeber des »Göttinger Taschenkalenders«: Nr. 187, 189

Lichtenstein (Frau von) (erw. 1824), in Berlin (? identisch mit Maria Karoline Alexandrine F r i e d e r i k e von Lichtenstein, geb. Veltheim, geb. 1797, Schauspielerin, seit 1820 verh. mit dem Komponisten und Theaterregisseur Karl August von L.): Nr. 524

Lichtenstein, M a r t i n H(e)i n r i c h Karl (1780 – 1857), Mediziner, Zoologe, 1803 bis 1806 in Südafrika, seit 1805 Militärarzt in niederländischen Diensten, dann u. a. in Braunschweig, Göttingen und Jena, 1810 Privatdozent in Berlin, 1811 Professor, mehrmals Rektor der Universität, seit 1813 auch Direktor des zoologischen Museums, 1841/44 Gründer des zoologischen Gartens, Sohn des Theologen und Bibliothekars Anton August Heinrich L., 1815 – 1823 und seit 1826 einer der Vorsteher der Singakademie: Nr. 166

Liebbald (Liebbold), J u l i u s Thomas (um 1777 – 1846), ungarischer Veterinärmediziner, 1806 Professor an der landwirtschaftlichen Schule in Keszthely, 1818 an der landwirtschaftlichen Lehranstalt in Ungarisch-Altenburg (Magyaróvár), 1819 wieder in Keszthely, 1825 Obertierarzt im Komitat Tolna: Nr. 1080

Lieber, K a r l Wilhelm (1791 – 1861), Maler, Radierer und Restaurator in Weimar, um 1805 Kartenzeichner für das Landes-Industrie-Comptoir (Geographisches Institut), seit 1816 Lehrer am Freien Zeicheninstitut, 1850 Professor: Nr. 61, 123, 260, 283

Liebhaber, A m a l i e L u i s e Henriette von (1779 – 1845), Schriftstellerin, Erzieherin, um 1806 Hoffräulein in Braunschweig, dann Erzieherin in Hannover und Braunschweig, später vorwiegend in Berlin und auf Reisen, Tochter des braunschweigischen Geheimen Justizrats Erich Daniel von L.: Nr. **826, 962**

Liebmann (Liepmann) (Madame; erw. 1824), in Berlin, mit Rahel Varnhagen verwandt oder bekannt: Nr. 543

Ligne, Charles (K a r l) Joseph Lamoral Fürst von (de) (1735 – 1814), österreichischer Militär, Diplomat und Schriftsteller, 1750/52 Eintritt ins Militär, 1764 Generalmajor, 1771 Feldmarschall-Leutnant, 1784 Feldzeugmeister, 1789 seines Kommandos enthoben, bis 1793 Gouverneur von Mons, seit 1794 in Wien lebend, 1808 Feldmarschall: Nr. 574

Lignon, Étienne Frédéric (1779 – 1833), französischer Kupferstecher: Nr. 166, 192

Lill von Lillenbach, Karl (1798 – 1831), österreichischer Bergbeamter, 1819 Bergwerksassessor in Wieliczka, 1830 Bergwerksmeister in Hallein: Nr. 297, 456

Lillo, George (1693 – 1739), englischer Schriftsteller, Dramatiker: Nr. 554

Lincker (Linker) und Lützenwick, Johann Friedrich K a r l A l b r e c h t (Albert) von (1773 – 1844), sachsen-weimarischer Beamter, 1807 Kammerherr und Oberforstmeister in Weimar, 1812 Landrat, 1838 Landjägermeister: Nr. 837

Lindenau, B e r n h a r d August von (1779 – 1854), Politiker, Astronom, 1798 Mitglied der Kammer in Altenburg, 1804 Vizedirektor und 1808 – 1817 Direktor der Sternwarte auf dem Seeberg bei Gotha, 1813 – 1814 Oberstleutnant und Generaladjutant

Herzog Karl Augusts von Sachsen-Weimar, 1817 Kammerrat und Vizepräsident der Kammer in Altenburg, 1818 auch Vizelandschaftsdirektor, 1820 Geheimer Rat und leitender Minister in Gotha, seit 1827 in königl. sächsischen Diensten, Gesandter beim Bundestag in Frankfurt am Main, 1829 Mitglied des Geheimen Rats und Direktor der Landes-Ökonomie-, Manufaktur- und Kommerziendeputation sowie der Kunst- und wissenschaftlichen Sammlungen in Dresden, 1830 leitender Kabinettsminister, 1831 – 1834 Innenminister und 1831 – 1843 Vorsitzender des Gesamtministeriums: Nr. 367, 441, 657, 658, **674**, 676, 957

Lindheim, Amelie Agnes Leopoldine von, geb. Gräfin von Waldersee (1799 – 1826), Tochter von Graf Franz und Gräfin Luise Waldersee, seit 1821 verh. mit dem preußischen Major und späteren Gouverneur von Schlesien Karl Friedrich David von L., Mutter von Luise von L.: Nr. 506

Lindheim, Luise Amalie Marie von (1822 – 1902), Staatsdame in Altenburg, Tochter von Amelie von L.: Nr. 506

Lindner (eigentl. Diedolph oder Dieldorf), Maria Karoline Friederike (1797 – 1863), Schauspielerin, seit 1816 in Frankfurt am Main: Nr. 801

Lindpaintner, Peter Joseph (seit 1844:) von (1791 – 1856), Komponist und Dirigent, 1812 Musikdirektor in München, 1819 Hofkapellmeister in Stuttgart: Nr. 554, 590

Linné, Karl von (1707 – 1778), schwedischer Naturforscher: Nr. 429, 438, 925, 937, 967, 978, 1010

Lipiński, Józef (1764 – 1828), polnischer Pädagoge, Schriftsteller und Verwaltungsbeamter, in der Aufklärungskommission, seit 1821 Generalinspekteur der Schulen im Königreich Polen: Nr. 991, 992

Lippe (L.-Biesterfeld-Weißenfeld), Christian Graf zur (1777 – 1859), Schwager der Gräfin Juliane Hohenthal: Nr. 800

Lippe (L.-Biesterfeld-Weißenfeld), Ludwig Graf zur (1781 – 1860), Schwager der Gräfin Juliane Hohenthal: Nr. 800

Lips, Johann Heinrich (1758 – 1817), Schweizer Maler, Zeichner und Kupferstecher, 1782 – 1789 vorwiegend in Rom, 1789 – 1794 Lehrer am Freien Zeicheninstitut in Weimar: Nr. 11, 73, 110, 313, 402, 515, 600, 831

Lobkowitz, August Longin Fürst von (1797 – 1842), österreichischer Beamter, Jurist, 1819 Kreiskommissär beim böhmischen Gubernium, 1821 Gubernialsekretär, 1823 Kreishauptmann in Budweis, 1825 Vizepräsident im Landesgubernium in Galizien, 1826 Geheimer Rat und Gouverneur, 1834 Hofkanzler in Wien: Nr. 182, 220

Lochner, Stephan (um 1400/10 – 1451), Maler in Köln: Nr. 735, 884

Loddiges, George (1784/86 – 1846), englischer Botaniker, Handelsgärtner, Teilhaber der Gärtnerei Conrad L. & Sons in London, Bruder von William L.: Nr. 435, 467

Loddiges (eigentl. Lochlies), Joachim Conrad (um 1738 – 1826), englischer Botaniker und Handelsgärtner deutscher Herkunft, 1758 Ausbildung in Haarlem, 1761 Gärtner in London, 1771 Übernahme der Hackney-Gärtnerei (später unter der Firma Conrad L. & Sons), Vater von William und George L.: Nr. 435, 467

Loddiges, William (1776 – 1849), englischer Botaniker, Handelsgärtner, Teilhaber der Gärtnerei Conrad L. & Sons in London, Bruder von George L.: Nr. 435, 467

Loder, Justus Christian (seit 1809:) von (1753 – 1832), Mediziner, Anatom, 1778 Professor in Jena, Gründer mehrerer medizinischer Einrichtungen, 1803 Professor in Halle, 1807 Arzt in Moskau, 1812 – 1817 Leiter des Lazarettwesens, 1819 Professor am anatomischen Theater: Nr. **348**, **874**

Lösch, Johann Christoph Ernst (1792 – 1863), Theologe, Pfarrer in Nürnberg, um 1823 und noch 1831 erster Direktor des Vereins von Künstlern und Kunstfreunden: Nr. 351

Lößl, Ignaz (1782 – 1849), Mineraloge, Bergmeister und Justitiar in Falkenau in Böhmen: Nr. 309, 412, 455, **614**

Loève-Veimars, Adolphe François (1799 – 1854), französischer Schriftsteller, Übersetzer, Diplomat, 1841 – 1848 Generalkonsul in Bagdad, erster Übersetzer E. T. A. Hoffmanns und Heinrich Heines ins Französische: Nr. 474

Löw von und zu Steinfurth, Sophie Luise Euphrosine von, geb. von Diede zum Fürstenstein (1778 – 1857), Tochter des Diplomaten Wilhelm Christoph von Diede, seit 1804 verh. mit dem hannoverschen Offizier Karl Georg Hermann Wilhelm von L., 1811 verw.: Nr. 881

Loewe, Johann Karl Gottfried (1796 – 1869), Komponist, seit 1821 Musikdirektor, Organist und Gymnasiallehrer in Stettin: Nr. 461, 521

Logier, Johann Bernhard (John Bernard) (1777 – 1846), Musiker, Komponist, Musikalienhändler und Musikpädagoge, seit 1791 in England und Irland, 1822 – 1826 in Berlin: Nr. 554

Lohde (eigentl. Lodde), Hans Otto Wilhelm Theodor (1799 – 1873), Verleger und Drucker in Danzig, Thorn und Kulm, 1823 – 1825 Inhaber der J. C. Alberti'schen Buch- und Kunsthandlung in Danzig: Nr. 1037

Longhi, Giuseppe (1766 – 1831), italienischer Kupferstecher, Lithograph und Schriftsteller, seit 1798 Professor an der Akademie in Mailand: Nr. 384

Loos, Daniel Friedrich (1735 – 1819), Medailleur, Graveur und Stempelschneider, in Leipzig, Magdeburg und seit 1765/68 an der Hauptmünze in Berlin, Hofmedailleur, 1787 auch Assessor im Senat der Akademie der bildenden Künste, 1818 in den Ruhestand versetzt, 1819 Gründer der Berliner Medaillen-Münzanstalt, Vater der Medailleure Friedrich Wilhelm L. (1762/67 – 1818) und Gottfried L.: Nr. 581

Loos, Gottfried Bernhard (1773 – 1843), Medailleur, Graveur und Stempelschneider in Berlin, 1797 Wardein, 1806 Münzmeister und 1812 Generalwardein der Hauptmünze, Münzrat, 1819 einer der Erben der Berliner Medaillen-Münzanstalt (seit 1820: Münzprägeanstalt Daniel L. Sohn), jüngerer Sohn von Daniel L.: Nr. **60, 222**, 581, **1061**

Loos Sohn, Daniel; Münzprägeanstalt in Berlin, 1819 als Berliner Medaillen-Münzanstalt von Daniel L. gegründet, bis etwa 1825 fortgeführt von Charlotte Luise Amalie L., geb. Schickard (1776 – um 1833, Schwiegertochter von Daniel L. und Witwe von Friedrich L.), dann von Gottfried L., seit 1820 unter obiger Firma: Nr. **1079**

Lorber, Karl Friedrich Ferdinand (1803 – 1867), Ökonom, 1823 Student der Kameralistik in Jena, um 1830 Rendant und Akzessist in Zwätzen und Inhaber des Kommissionsbüros in Jena, Sohn des Lobedaer Diakons und späteren Pfarrers Johann Christoph Heinrich L. in Rothenstein und Ölknitz bei Jena: Nr. 1015

Lortzing, Johann Friedrich (1782 – 1851), Schauspieler, auch Maler und Zeichner, seit 1805 in Weimar, 1838 pensioniert, Onkel des Komponisten Albert L.: Nr. 342

Lory, Matthias Gabriel (1784 – 1846), Schweizer Maler, vorwiegend in Neuchâtel und in Bern, Sohn des Malers Gabriel Ludwig L.: Nr. 315, 316

Losch, Joseph (1770 – 1826), Medailleur, seit 1808 leitender Medailleur am Hauptmünzamt in München: Nr. 581

Lottum: s. Wylich und Lottum

Lütgendorff (L.-Leinburg), Ferdinand Karl Theodor Christoph Peter von (1785 bis 1858), Maler, Radierer und Lithograph, 1801 – 1803 in München, dann in Wien, 1813 bis 1822 in Karlsbad und Prag, 1824 – 1840 in Pressburg, 1836 Gründer einer Malschule: Nr. 182

Lützerode, Karl August von (1794 – 1864), sächsischer Militär und Diplomat, 1809 Sous- und 1813 Premierleutnant, Adjutant im Generalstab, 1815 Rittmeister, 1825 Major, Flügeladjutant und bis 1831 Geschäftsträger in Hannover, Kassel und Weimar, 1833 Oberstleutnant und Generaladjutant, 1833/34 – 1838 Gesandter in St. Petersburg, 1834 Oberst: Nr. 816

Luini, Bernardino (1480/85 – 1532), italienischer Maler: Nr. 758

Lukrez (Titus Lucretius Carus) (um 94 – 55 v. Chr.), römischer Dichter: Nr. 692

Luther, Martin (1483 – 1546), Theologe, Reformator: Nr. 364, 506, 523, 581, 653

Lyncker, Dorothea Johanna Katharina von, geb. Macholt (1775 – 1857), Tochter des Weißbäckers Johann Friedrich Macholt in Rudolstadt, seit 1795 verh. mit Karl Wilhelm Heinrich von L.: Nr. 129, 626, 855

Lyncker, Karl Friedrich Ernst von (1727 – 1801), Herr auf Flurstedt und Kötschau, seit 1775 Präsident des Oberkonsistoriums und Landschaftsdirektor in Weimar, Vater von Karl Wilhelm Heinrich von L.: Nr. 129

Lyncker, Karl Wilhelm Heinrich von (1767 – 1843), Herr auf Flurstedt und Kötschau, 1779 – 1783 Page in Weimar, 1787 preußischer Leutnant, 1792 Hauptmann in Rudolstadt, 1796 Major, auch Kammerrat, 1807 Austritt aus preußischen und schwarzburg-rudolstädtischen Diensten, 1809 Landrat u. a. des Amts Jena, 1815 Oberst, 1818 – 1828 in Jena lebend, Sohn von Karl Friedrich Ernst und Luise von L.: Nr. 129, 396, 626, 669, 673, 685, 855

Lyncker, Karoline Henriette Luise (Karoline Luise Charlotte) von, geb. von Raschau (1735/36 – 1809), Tochter des sachsen-weimarischen Geheimen Rats und Landschaftsdirektors Friedrich Wilhelm von Raschau, seit etwa 1760 verh. mit Karl Friedrich Ernst von L.: Nr. 129

Lyngbye, Hans Christian (1782 – 1837), dänischer Theologe und Botaniker: Nr. 1036

Macco, Johann Alexander (1767 – 1849), Maler, 1784 – 1797 vorwiegend in Rom, später u. a. in Berlin, Wien, Prag, Frankfurt am Main, Mannheim, Weimar, Dresden, Nürnberg und Bamberg: Nr. 711, 714, 729, 734, 814, 830, 834, 889

Macháček, Simeon Karel (Simon Karl Machatschek) (1799 – 1846), tschechischer Schriftsteller, in Prag, seit 1828 Gymnasialprofessor in Jitschin: Nr. 5, 182

Machiavelli (Macchiavelli), Niccolò (1469 – 1527), italienischer Politiker, Philosoph und Geschichtsschreiber in Florenz: Nr. 1078

Macpherson, James (Ossian) (1736 – 1796), schottischer Dichter: Nr. 115, 1/152b+

Mämpel, Johann Jakob Christian (1791 – 1862), Schriftsteller in Weimar, Sohn des Pfarrers Johann Christian M.: Nr. 763, 856

Mätzke, Johann Gottfried (1762/63 – 1839), preußischer Beamter, um 1797 Generalpostamtssekretär und Kanzlist in Berlin, 1820 Geheimer Generalpostamtssekretär: Nr. 1089

Mahnitz (Manitz), Johann Andreas (1788 – 1832), Webergeselle in Berlin, Stiefvater von Wilhelm Schneidler: Nr. 938

Mahr, Johann Christian (eigentl. Christian Wilhelm Ludwig August M.) (1787 – 1869), Geologe, paläologischer Sammler und Forscher, sachsen-weimarischer Beamter, 1807 Akzessist in Eisenach, 1810 Amtsschreiber in Creuzburg, 1812 Salzverwalter, 1821 Rentamtmann in Ilmenau und Schichtmeister beim Kammerberger Steinkohlebergwerk, 1857 Bergrat: Nr. 205

Maillard, Oliver (um 1430 – 1502), französischer Theologe, Franziskaner: Nr. 691

Mainwaring, John (1724 – 1807), englischer Theologe und Schriftsteller, Biograph Georg Friedrich Händels: Nr. 698

Mainz, »Cäcilia, eine Zeitschrift für die musikalische Welt«, die Redaktion; 1824 gegründet und bis 1839 herausgegeben von dem Juristen, Musiktheoretiker und Komponisten Gottfried Weber: Nr. 1000

Malsburg, Ernst Friedrich Georg Otto von der (1786 – 1824), Schriftsteller, Übersetzer, Diplomat und Beamter, 1808 westfälischer Gesandtschaftssekretär in München und 1810 – 1813 in Wien, 1814 Justizrat in Kassel, 1817 Regierungsrat und kurhessischer Geschäftsträger in Dresden, Sohn des Oberstleutnants und Obersteuereinnehmers Friedrich Wilhelm Anton von der M.: Nr. 851, **892**

Mandelsloh (Frau von) (erw. 1824): Nr. 543

Mandelsloh, Henriette Antoinette Sophie Cäcilie Klementine von, geb. von Milkau (1791 – 1865), Tochter von Friedrich Wilhelm Melchior und Luise Henriette Charlotte von Milkau, seit 1819 verh. mit dem sachsen-weimarischen Beamten Christian Friedrich Karl von M.: Nr. 501, 506, 512, 514, 518, 531, 543, 549

Manderstierna, Karl Friedrich von (1785 – 1862), russischer Militär, 1816 Oberst im Generalstab und Oberquartiermeister des Gardekorps, 1824 Generalmajor, 1831 Generalleutnant, 1839 – 1848 Kommandant von Riga und 1852 – 1861 der Peter-Pauls-Festung in St. Petersburg: Nr. 800

Manderstierna, Marie Luise Wilhelmine Helena Magdalena von, geb. von Heyden (gest. 1847), Tochter von Henrik Dominikus von Heyden, seit 1814 verh. mit Karl Friedrich von M.: Nr. 800

Manlius Imperiosus Torquatus, Titus (4. Jh. v. Chr.), römischer Patrizier, Konsul: Nr. 343

Mantegna, Andrea (1431 – 1506), italienischer Maler und Kupferstecher: Nr. 52, 70, 77, 109, 166, 202, 270, 758

Mantua: s. Gonzaga

Manuel, Jacques Antoine (1775 – 1827), französischer Jurist, Politiker, 1797 Anwalt, 1814/15 bzw. 1818 – 1823 Mitglied der Nationalversammlung: Nr. 679

Manuzio, Aldo Pio (Aldus Manutius) (1449 – 1515), venezianischer Buchdrucker: Nr. 467

Manzoni, Alessandro Francesco Tommaso (1785 – 1873), italienischer Schriftsteller in Mailand, 1805 – 1810 in Paris, Enkel des Juristen Cesare Beccaria: Nr. 52, 167, 776

Mara, Gertrud Elisabeth, geb. Schme(h)ling (1749 – 1833), Sängerin, 1765 Konzertsängerin in Leipzig, 1767 Operndebüt in Dresden, 1771 – 1779/80 an der Berliner Hofoper, 1782 – 1784 in Paris, 1784 – 1801/02 vorwiegend in London, 1805 – 1812 in Moskau, später Gesanglehrerin in Reval, Tochter des Musikers Johann Schme(h)ling in Kassel, ? um 1775 – ? 1795/99 verh. mit dem Violoncellisten Johann Baptist M., (?) später verh. mit dem Flötisten Charles Haiman Florio: Nr. 625

Mara, Johann Baptist (1744/46 – 1808), Komponist, Cellist in der Kapelle des Prinzen Heinrich von Preußen: Nr. 625

Maraun (erw. 1824), aus Königsberg: Nr. 514
Marcanton: s. Raimondi, Marcantonio
Marcellus, Marcus Claudius (um 268 – 208 v. Chr.), römischer Feldherr: Nr. 343
Marezoll, Johann Gottlob (1761 – 1828), Theologe, 1789 Universitätsprediger in Göttingen, 1790 auch Professor, 1794 Hauptpastor in Kopenhagen, 1803 Konsistorialrat, Superintendent und Oberpfarrer in Jena, zeitweise auch Honorarprofessor: Nr. 314
Margueré (Marguerré) (erw. 1821 – 1824), französischer Übersetzer: Nr. 25, 71
Marheinecke (Marheineke) (erw. 1823), Einwohner von Hildesheim, (?) Gastwirt: Nr. 352
Mark Aurel (Marcus Aurelius Antoninus, Marcus Annius Verus) (121 – 180), seit 161 römischer Kaiser: Nr. 558
Marko Kraljević (um 1335 – 1394/95), seit 1371 serbischer König: Nr. 451, 663, 731, 830, 835, 958
Marqué-Victor (eigentl. Marqué), Jean Pierre (1767 – 1825), französischer Physiker, Meteorologe, 1811 Professor für Physik und Naturgeschichte am Collége Royal in Toulouse, 1822 Direktor der Sternwarte: Nr. 761
Mars (Mademoiselle M.; eigentl. Anne Françoise Hippolyte Boutet) (1779 – 1847), französische Schauspielerin, seit 1795 Mitglied der Comédie Française: Nr. 457
Marschalk (Fräulein von) (erw. 1824), aus Hannover, mit Gräfin Julie Egloffstein befreundet: Nr. 800
Marsollier des Vivetières, Benoît Joseph (1750 – 1817), französischer Dramatiker, Librettist: Nr. 422
Martens, Karl von (um 1790 – 1863), Beamter, Diplomat, Publizist, 1819 Geheimer Postsekretär in Berlin, 1837 sachsen-weimarischer Kammerherr, Geheimer Legationsrat und Ministerresident in Berlin, um 1851 pensioniert, Sohn des kursächsischen Legationsrats Karl Wilhelm (von) M. und Neffe des Diplomaten Georg Friedrich (von) M.: Nr. 518
Martini, Christian August (1772 – 1832), Kaufmann in Leipzig, Ratsaktuar, Taxator, 1798 Miterbe und 1802 – 1816 Mitinhaber der Rost'schen Kunsthandlung, Ratstaxator, Bruder des Kaufmanns Christian Gotthilf M.: Nr. 518, 524, 549
Martini, Karl Christian (1786 – 1839), Geologe, Bergbeamter, um 1810 Markscheider in Altenberg, um 1819 Vizemarkscheider in Schneeberg, auch Berggeschworener, 1825 sachsen-weimarischer Berg- und Salineninspektor in Wilhelmsglücksbrunn bei Creuzburg: Nr. 1020
Martini, Moritz Gustav (1794 – 1875), Mediziner, Arzt in Leipzig und Pirna, 1824/30 – 1872 Direktor der Provinzial-Irrenheilanstalt in Leubus: Nr. 524
Martius, Franziska Amalie Leopoldine von, geb. von Stengel (1806 – 1881), Tochter des bayerischen Beamten Georg von Stengel, seit 1823 verh. mit Karl (von) M.: Nr. 1064
Martius, Karl Friedrich Philipp (seit 1820:) von (1794 – 1868), Naturforscher, Botaniker und Ethnograph in München, 1817 – 1820 Forschungsreise durch Brasilien, 1820 Mitglied der Akademie der Wissenschaften, 1826 Professor an der Universität, 1832 Direktor des botanischen Gartens, Sohn des Apothekers Ernst Wilhelm M.: Nr. 11, 73, 103, 112, 136, 182, 259, 428, 529, 603, 611, 612, 926, 993, 1010, 1064
Marum, Martin(us) van (1750 – 1837), niederländischer Naturforscher, 1776 – 1780 Arzt in Haarlem, auch Lehrer der Physik an der dortigen Akademie der Wissenschaften und später deren Sekretär, seit 1784 Direktor des Museums für Naturgeschichte und physikalische Instrumente: Nr. 768

Marx, Karl Friedrich Heinrich (1796 – 1877), Mediziner, 1822 Privatdozent und 1826 Professor in Göttingen, Bruder des Physikers und Chemikers Michael M.: Nr. 743, 749

Massenbach, Christian Karl August Ludwig von und zu (1758 – 1827), preußischer Offizier, Militärschriftsteller, zuletzt Oberst, 1806 Generalquartiermeister des Fürsten Hohenlohe, nach 1806 auf seinem Gut Białokosch bei Pinne im Departement Posen, 1817 in Stuttgart, 1817 – 1826 in preußischer Festungshaft, Vater von Wilhelm von M., Schwager Marie von Kleists: Nr. 167

Massenbach, Wilhelm Reinhard von und zu (1795 – 1813), preußischer Offizier, Sohn von Christian von M.: Nr. 779

Massot, Firmin (1766 – 1849), Schweizer Maler und Zeichner, in Genf: Nr. 482

Massow, Hermine von, geb. (seit 1798:) Gräfin von der Schulenburg-Emden (1796 bis 1846), Tochter von Graf Philipp Ernst Alexander von der Schulenburg-Emden, seit 1823 verh. mit Ludwig von M.: Nr. 512, 518, 535

Massow, Ludwig Friedrich Joachim Valentin von (1794 – 1859), preußischer Militär, Beamter, Politiker, um 1824 Hofmarschall des Kronprinzen Friedrich Wilhelm von Preußen, 1835 auch Kammerherr, 1837 Intendant der königl. Gärten, 1840 Wirklicher Geheimer Rat, 1843 Staatsrat, 1854 Staatsminister, 1856 Wirklicher Staatsminister: Nr. 512

Massow, Valentin von (1793 – 1854), preußischer Militär, 1809 Sekondeleutnant, 1812 in englischen und 1813 wieder in preußischen Diensten, 1819 Flügeladjutant König Friedrich Wilhelms III., 1821 Major, 1832 Oberstleutnant, 1834 Oberst, 1852 Generalleutnant: Nr. 512

Mastiaux, Therese von (1809 – 1840), Tochter von Magdalena von Schiller aus deren erster Ehe mit Kaspar Anton Johann Nepomuk von M., Stieftochter von Ernst (von) Schiller: Nr. 431

Matiegzeck, Emilia Franziska Maximiliana: s. Werndt

Matthäi, Johann Friedrich (1777 – 1845), Maler, 1810 Professor an der Akademie in Dresden, 1823 Inspektor und 1834 Direktor der Gemäldegalerie, 1804 – 1807 in Rom: Nr. 412

Mattheson, Johann (1681 – 1764), Musikschriftsteller und Komponist in Hamburg: Nr. 698

Matthisson, Friedrich (seit 1809:) von (1761 – 1831), Schriftsteller, 1795 Vorleser der Fürstin Luise von Anhalt-Dessau, 1812 – 1828 Theaterintendant und Oberbibliothekar in Stuttgart, zuletzt in Wörlitz bei Dessau: Nr. 54, 745

Maurer, August Wilhelm (1792 – 1864), Schauspieler, 1809 in Berlin, 1819 in Stuttgart: Nr. 355, 357

Maurice, Pierre André Georges Pyrame (1799 – 1839), Schweizer Physiker, Meteorologe, seit 1828 Professor an der Akademie in Genf, 1821 Redakteur und 1825 Mitherausgeber der »Bibliothèke universelle«: Nr. 436

Max, Joseph Elias (1787 – 1873), Verlagsbuchhändler in Breslau, 1809 Gründer des später in Joseph M. & Co. umbenannten Kunst- und Industrie-Comptoirs: Nr. 827, 1063

May (Mey), Georg Ernst Adam (1799 – 1845), Postbeamter, um 1823 Postgehilfe in Jena, seit etwa 1825 Revisor bei der Generalpostdirektion in Frankfurt am Main: Nr. 321, 466

Mayer, Johann Evangelist (erw. 1816 – 1830), böhmischer Beamter, Bergmeister, Erzkaufsverwalter und Berggerichtssubstitut in Bleistadt: Nr. 640

Mayer, Johann Friedrich (1747 – 1826), Bergbaufachmann, um 1768 Schichtmeister und später Inspektor in verschiedenen südwestdeutschen Bergwerken, um 1789 in Madrid, später Bergwerksdirektor in Savoyen und in Spanien, 1819 Rückkehr nach Baden, in Gengenbach und Schiltach lebend, seit 1821 Gutachter für das Kreisdirektorium in Offenburg: Nr. **211, 649**

Mayer von Gravenegg, Marie Aloisia Katharina (Catty) Thekla (1804 – 1847), Tochter des Adjunkten Johann Michael M. in Eger, seit 1823 dritte Ehefrau von Wilhelm Rehbein: Nr. 325, 328, 341, 342

Mayrhofer, Johann Baptist (1787 – 1836), österreichischer Beamter und Schriftsteller, seit 1814/15 im Bücherrevisionsamt in Wien tätig, Freund und Textdichter Franz Schuberts: Nr. **986**

Mazelet (Huc genannt M., Huc-Mazelet), Jeanne Marie Jaqueline Antoinette (auch: Jeannette, Jeannette Ilsa, Augusta) (1765 – 1852), Schweizer Erzieherin, 1790 – 1804 in Pawlowsk bei St. Petersburg Gouvernante und Hauslehrerin der späteren Großherzogin Maria Pawlowna von Sachsen-Weimar, setzte sich 1813 mit Frédéric César de La Harpe für den Erhalt der Unabhängigkeit der Schweiz ein, später längere Zeit in Weimar lebend, Tochter des Arztes und Apothekers Jaques Huc genannt M. in Morges im Kanton Waadt: Nr. 21, **643**, 972

Mazzola, Girolamo Francesco Maria (genannt Parmigianino) (1503 – 1540), italienischer Maler: Nr. 758

Meade, Richard Charles Francis (1795 – 1879), seit 1805 3. Earl of Clanwilliam, britischer Diplomat, 1823 – 1827 Gesandter in Berlin: Nr. 518, 543, 549, 554, 559

Méchin, Alexandre Edme (1772 – 1849), französischer Politiker und Bankier, 1799 bis 1815 Präfekt verschiedener Departements, darunter 1802 – 1804 des Roerdepartements und 1804 – 1812 des Departements Aisne, 1816 Gründer eines Bankhauses, auch mehrfach Mitglied der Abgeordnetenkammer, 1830 – 1839 Präfekt des Departements Nord, 1831 Staatsrat: Nr. 853

Meckel (M. von Hemsbach), Johann Friedrich d. J. (1781 – 1833), Anatom, seit 1805 Professor in Halle: Nr. 626

Mecklenburg-Schwerin, Auguste Friederike Erbgroßherzogin von, geb. Prinzessin von Hessen-Homburg (1776 – 1871), Malerin, Tochter von Landgraf Friedrich V. Ludwig von Hessen-Homburg, seit 1818 dritte Ehefrau des Erbgroßherzogs Friedrich Ludwig, 1819 verw. (mit dem Titel Prinzessin): Nr. 559

Mecklenburg-Schwerin, Friederike Wilhelmine Alexandrine Marie Helene Erbgroßherzogin von, geb. Prinzessin von Preußen (1803 – 1892), Tochter Friedrich Wilhelms III. von Preußen, seit 1822 verh. mit dem späteren Großherzog Paul, 1842 verw.: Nr. 559, 581

Mecklenburg-Schwerin, Karoline Luise Erbgroßherzogin von, geb. Prinzessin von Sachsen-Weimar und Eisenach (1786 – 1816), seit 1815 Erbgroßherzogin, Tochter von Karl August und Luise von Sachsen-Weimar, seit 1810 zweite Ehefrau des Erbprinzen und späteren Erbgroßherzogs Friedrich Ludwig: Nr. 227, 800

Mecklenburg-Schwerin, Paul Friedrich Erbgroßherzog von (1800 – 1842), Prinz (mit dem Titel Herzog), 1819 Erbgroßherzog, 1837 Großherzog, 1814 – 1818 Erziehung in Genf, 1818 Student in Jena und 1819 in Rostock, Sohn des Erbprinzen Friedrich Ludwig aus dessen (erster) Ehe mit Großfürstin Helena Pawlowna von Russland: Nr. 554, 581

Mecklenburg-Strelitz, Friederike Karoline Sophie Alexandrine Prinzessin von: s. Großbritannien
Mecklenburg-Strelitz, Friedrich Wilhelm Karl Georg Ernst Adolf Gustav Prinz von (1819 – 1904), seit 1860 Großherzog als Friedrich Wilhelm II., Sohn von Großherzog Georg: Nr. 554
Mecklenburg-Strelitz, Georg Friedrich Karl Joseph Großherzog von (1779 – 1860), 1815 Erbgroßherzog, 1816 Großherzog, Bruder der Königin Luise von Preußen und der Herzogin Friederike von Cumberland, Halbbruder von Herzog Karl: Nr. 746
Medem (Geschlecht): Nr. 381
Medem, Alexander Friedrich (Alexander Iwanowitsch) Graf von (1803 – 1859), russischer Diplomat, 1838 Generalkonsul in Alexandria, 1841 bevollmächtigter Minister in Teheran, 1848 in Rio de Janeiro, 1854 in Washington, auch Geheimer Rat, Bruder von Graf Theodor M.: Nr. 524
Medem, Karl Theodor Graf von (1805 – 1890), russischer Militär, Rittmeister, Bruder von Graf Alexander M.: Nr. 381
Medici, (de'; toskanisches Geschlecht): Nr. 524
Medici, Lorenzo I. de' (genannt il Magnifico) (1449 – 1492), seit 1469 Gonfaloniere von Florenz: Nr. 644
Mednyánszky (M. von Mednye und Megyes), Alois (Alajos) von (1784 – 1844), ungarisch-österreichischer Verwaltungsbeamter, Historiker und Schriftsteller, 1804 Konzipist bei der ungarischen Hofkanzlei in Wien, 1806 Kämmerer, 1810 – 1828 privatisierend, 1830 Hofrat bei der ungarischen Hofkanzlei, 1837 Obergespan des Komitats Neutra, 1842 Präsident der ungarischen Hofkammer in Wien: Nr. 1010
Medwin, Thomas (1788 – 1869), britischer Schriftsteller und Übersetzer, Militär, Reisender, Cousin von Percy Bysshe Shelley: Nr. 766, 816, 818, 1031, 1063, 1075
Megerle, Johann Ulrich: s. Abraham a Sancta Clara
Meinhold, Johannes Wilhelm (1797 – 1851), Theologe, Schriftsteller, 1820 Rektor der Stadtschule in Usedom auf der gleichnamigen Insel, 1821 Pfarrer in Koserow, 1826 in Krummin und 1844 in Rehwinkel bei Stargard, seit 1850 in Charlottenburg lebend: Nr. 745
Melanchthon (Schwarzerdt), Philipp (1497 – 1560), Theologe, Reformator, Humanist: Nr. 189, 523
Melber, Johann Georg David (1773 – 1824), Mediziner, 1789 – 1792 Apotheker in Darmstadt, 1796 Arzt in Frankfurt am Main, 1804 Stadtaccoucheur, Sohn von Johanna M., Cousin Goethes: Nr. 519, 861
– ; dessen Familie: Nr. 861
Melber, Johanna Maria, geb. Textor (1734 – 1823), Tochter des Stadtschultheißen Johann Wolfgang Textor in Frankfurt am Main, seit 1751 verh. mit dem Kaufmann Georg Adolf M., Tante Goethes: Nr. 84, 452, 519, 545
– ; deren Familie: Nr. 84, 452, 519
Melber, Sabine Karoline, geb. Buck (1793 – 1855), Tochter des Senators und Schöffen Georg Wilhelm Buck in Frankfurt am Main, seit 1815 verh. mit Johann Georg David M.: Nr. 386
Mélesville: s. Duveyrier
Memling, Hans (um 1430/40 – 1494), niederländischer Maler: Nr. 1076, 1077
Memminger, Johann Daniel Georg (seit 1829:) von (1773 – 1840), Geograph, Statistiker, 1798 Adjunkt und 1802 Lehrer in Cannstadt, 1820 Mitglied des statistisch-topo-

graphischen Büros und 1828 auch der Oberzolldirektion in Stuttgart, 1824 Finanz-, 1828 Obersteuer- und 1834 Oberfinanzrat: Nr. 487

Mendelssohn, Henriette (Hinni), geb. Meyer (1776 – 1862), Tochter des Hofagenten Nathan Meyer in Strelitz, seit 1793 verh. mit dem Bankier Joseph M. in Berlin, Schwiegertochter von Moses M.: Nr. 257

Mendelssohn, Joseph (1770 – 1848), Bankier in Berlin, ältester Sohn von Moses M.: Nr. 461, 1009, 1044, 1065

Mendelssohn, Moses (1728/29 – 1786), Philosoph: Nr. 257

Mendelssohn Bartholdy (bis 1812: Mendelssohn), Abraham Ernst (1776 – 1835), Bankier in Berlin, 1804 – 1811 in Hamburg, Sohn von Moses Mendelssohn, Vater von Fanny und Felix M.: Nr. 88, 167, 344, 514, 518, 524, 698, 912, **1027**

– ; dessen Familie: Nr. 88, 554

Mendelssohn Bartholdy (bis 1812: Mendelssohn), Fanny Cäcilie (1805 – 1847), Pianistin und Komponistin, Tochter von Abraham und Lea M., Schwester von Felix M., seit 1829 verh. mit Wilhelm Hensel: Nr. 302, 514, 1065

Mendelssohn Bartholdy (bis 1812: Mendelssohn), Felizia Pauline Lea, geb. Salomon (1777/78 – 1842), Pianistin und Mäzenatin in Berlin, Tochter des Berliner Bankiers Levin Jakob Salomon, seit 1804 verh. mit Abraham M.: Nr. 514, 518, 524, 698

Mendelssohn Bartholdy (bis 1812: Mendelssohn), Jakob Ludwig Felix (1809 – 1847), Pianist, Komponist, Sohn von Abraham und Lea M., Bruder von Fanny M.: Nr. 51, 512, 514, 524, 554, 556, 625, 912, 1065, 1083

Mengis, Christian (gest. nach 1785), Musiker, Hornist, 1745 – 1757 Mitglied der Hofkapelle und 1762 – 1779 Konzertveranstalter in Berlin, (?) Kopist und Notensammler der Singakademie: Nr. 151

Mengs, Anton Raphael (1728 – 1779), Maler und Kunstschriftsteller, vorwiegend in Dresden, Rom und Madrid: Nr. 412

Menke, Karl Theodor (1791 – 1861), Mediziner, Naturwissenschaftler, seit 1814 Arzt in Pyrmont, 1816 Brunnenarzt, 1818 Hofmedikus und Leibarzt, 1825 Rat, 1828 Hofrat, später Kreisphysikus und Geheimer Hofrat: Nr. **977**

Menu, Johann Heinrich Karl von, (seit 1820:) M. von Minutoli (1772 – 1846), preußischer Offizier, Ägyptologe, Kunstsammler, 1794 Lehrer am Adligen Kadettenkorps in Berlin, 1810 Prinzenerzieher, 1820 – 1823 Forschungsreise durch Ägypten, später Reisen nach Italien, Frankreich und Dänemark: Nr. 47, 1093

Menzel (Mentzel) (erw. 1823), Amtsrat in Ottmachau bei Neisse in Oberschlesien (? identisch mit dem gleichnamigen Amtsrat und landwirtschaftlichen Schriftsteller in Parchwitz, erw. 1833 – 1834): Nr. 217

Merian, Andreas Adolf, (seit 1813:) M. von Falkach (1772 – 1828), Philologe, Diplomat, 1802 – 1812 in österreichischen, dann in russischen Diensten, 1810 österreichischer Geschäftsträger in Dresden, 1813 russischer Staatsrat, 1814 Gouvernementsrat in Dresden, 1815 Departementsrat in Nancy, seit 1816 Vertreter Russlands in Paris: Nr. **215**, 519

Merian, Maria Sibylla (1647 – 1717), Naturwissenschaftlerin, Malerin, Kupferstecherin, Entomologin und Zoologin, Tochter des Verlegers und Kupferstechers Matthäus M. d. Ä., seit 1665 verh. mit dem Maler, Zeichner, Kupferstecher und Kupferstichverleger Johann Andreas Graff, 1692 gesch.: Nr. 1048

Mérigot, Jean Gabriel (? 1738 – 1818), Buchhändler in Paris: Nr. 767

Merville: s. Camus, Pierre François
Mesmer, Franz Anton (1734 – 1815), Mediziner, Arzt, Magnetopath, 1766 in Wien Dr. med., 1778 in Paris, zuletzt in Meersburg am Bodensee, Begründer der Lehre vom animalischen Magnetismus: Nr. 768
Metternich (M.-Winneburg), Klemens Wenzel Nepomuk Lothar Graf, (seit 1813:) Fürst von (1773 – 1859), österreichischer Politiker, 1801 – 1809 Gesandter in Dresden, Berlin und Paris, 1809 Außenminister, 1821 – 1848 Haus-, Hof- und Staatsminister: Nr. 617, 837, 1077, 1089
Mettingh, Emilie Henriette von, geb. von Phull (1792 – 1864), Tochter des russischen Militärs Franz Wilhelm von Phull, seit 1810 verh. mit dem preußischen Diplomaten Heinrich von M.: Nr. 514
Metzler'sche Buchhandlung, J. B.; Verlagsbuchhandlung in Stuttgart, gegründet 1682 von Augustus M. (1654 – 1713), 1716 von Johann Benedikt M. d. Ä. (1696 – 1753) unter eigenem Namen fortgeführt, übernommen von Johann Benedikt M. d. J. (1727 bis 1796), 1815 – 1870 im Besitz von dessen Schwiegersohn Karl Ferdinand Heinrich Erhard (1796 – 1873): Nr. 1002
Mexiko, Augustin I. Kaiser von: s. Iturbide
Meyer, Alma Ida (auch: Aline, Sophie) (1813 – 1835), Tochter von Nikolaus und Sophie Dorothea Elisabeth M.: Nr. 189
Meyer, Amalia Karolina Friederika, geb. Kobe von Koppenfels (1771 – 1825), Tochter des späteren Landschaftsdirektors Johann Friedrich Kobe von Koppenfels in Weimar, seit 1803 verh. mit Johann Heinrich M.: Nr. 41, 314
Meyer, Charlotte Luise Ottilie (1818 – nach 1871), Tochter von Nikolaus und Sophie Dorothea Elisabeth M., zuletzt in Berlin: Nr. 189
Meyer, Christian Ludwig (1791 – 1840), Mediziner, 1817 Dr. med. in Jena, Arzt und um 1820 auch Bibliotheksgehilfe, später Arzt in Münchenbernsdorf: Nr. 245
Meyer, Ernst Heinrich Friedrich (1791 – 1858), Mediziner, Botaniker, 1819 Arzt und Privatdozent in Göttingen, seit 1826 Professor und Direktor des botanischen Gartens in Königsberg: Nr. 93, 376, 429, 438, 464, 529, 541, 881, 993, 1070
Meyer, Friedrich Adolf Karl (1805 – 1884), Philologe, Schriftsteller, Bibliothekar, Sekretär, 1822 Student in Breslau, 1823 in Jena und 1824 in Leipzig, 1831 – 1838 in Rom lebend, 1847 in London Privatsekretär und Bibliothekar des Prinzgemahls Albert von Großbritannien, 1854 Übersiedlung nach Heidelberg, seit 1862 in Berlin, Legationsrat im Kabinett der preußischen Königin und späteren Kaiserin Augusta, Sohn des Kauf- und Handelsmannes Ludwig Anton M. in Rinteln: Nr. 538, 566, 573, 576, 836, 940, 1094
Meyer, Heinrich Hermann Johann Wolfgang (1807 – 1831), um 1814 in Bremen, Sohn von Nikolaus und Sophie Dorothea Elisabeth M.: Nr. 189
Meyer, Hermann Nikolaus Hugo (1822 – 1898), Sohn von Nikolaus und Sophie Dorothea Elisabeth M.: Nr. 189
Meyer (M. zum Hasen), Jakob (1482 – 1531), Bürgermeister von Basel: Nr. 531
Meyer, Johann Gottlieb; Mineralwasserhandlung in Schleiz, gegründet von dem gleichnamigen Kauf- und Handelsmann (1750 – 1814), fortgeführt von (?) Johann Heinrich Gottlieb M. (1789 – 1857) und dessen Brüdern Karl Christian M. (geb. 1791) und/oder August Wilhelm M. (geb. 1794): Nr. 365
Meyer, Johann Heinrich (1760 – 1832), Schweizer Maler und Kunsthistoriker, 1784 – 1790 in Italien, seit 1791 in Weimar, 1795 – 1797 Italienreise, 1795 Professor

am Freien Zeicheninstitut, 1807 dessen Direktor: Nr. 17, **21**, **40**, **41**, 52, 59, 61, 71, 72, 104, 166, 180, 228, 235, 239, 262, 265, 271, 274, 278, 282, **295**, 303, 313, **314**, 315, 316, 323, 325, **326**, 333, 341, **349**, 380, 428, 468, 474, 524, **544**, 548, 573, 581, **592**, 602, 603, **621**, **644**, 651, 656, 679, 704, 706, 709, 719, **724**, 746, 752, 758, 764, 770, 792, 817, 820, 824, **828**, 836, 880, 884, 893, 913, 917, 945, **972**, 975, **983**, 993, 1021, 1036, 1055, 1077

Meyer, Johann Karl (Charles) Friedrich (gest. 1809), Buchbinder, seit 1797 in London: Nr. 467

Meyer, Karl Viktor (1811 – 1830), Bildhauer in Berlin, Schüler von Christian Rauch und Gottfried Schadow, Sohn von Nikolaus und Sophie Dorothea Elisabeth M.: Nr. 189

Meyer, Ludwig (1800/02 – 1862), Schauspieler, Schriftsteller und Übersetzer, 1824 am Königsstädtischen Theater in Berlin, später u. a. in Karlsruhe, Frankfurt am Main und Bremen: Nr. 1043

Meyer, Nathan (1740 – 1814), Hofagent in Neustrelitz, Kunstsammler, Vater von Henriette Mendelssohn: Nr. 257

Meyer, Nikolaus (1775 – 1855), Mediziner, Schriftsteller, 1802 Arzt in Bremen, 1803 auch Badearzt in Lilienthal bei Bremen, seit 1809 in Minden, 1816 Stadt- und Landphysikus, 1822 kommissarischer und 1824 wirklicher Regierungs- und Medizinalrat, 1825 Mitstifter der Westfälischen Gesellschaft für vaterländische Kultur: Nr. **189**, 340, **552**

Meyer, Recha (Rebekka), geb. Mendelssohn (1767 – 1831), jüngste Tochter von Moses Mendelssohn, seit 1786 verh. mit Mendel M. in Neustrelitz, 1800 gesch., Übersiedlung nach Altona, Gründerin und Leiterin eines Mädchenpensionats, Rückkehr nach Berlin, lebte in der Familie ihres Bruders Abraham, Schwiegertochter von Nathan M., Schwiegermutter von Heinrich Beer: Nr. 167, 257

Meyer, Sophie: s. Meyer, Alma Ida

Meyer, Sophie Dorothea Elisabeth, geb. Meyer (1789 – 1872), seit 1806 Ehefrau von Nikolaus M., 1855 verw., zuletzt in Berlin: Nr. 189

Meyerinck, Ludwig Wilhelm Georg Wichard von (1789 – 1860), preußischer Militär und Hofbeamter, um 1824 Major der Gardekavalleriedivision und Inspektoradjutant in Berlin, 1829 preußischer Kammerherr, 1835 Hofmarschall des Kronprinzen Friedrich Wilhelm, 1840 Hofmarschall und Intendant der königl. Schlösser, 1846 Vize-Obermarschall, 1853 Oberschlosshauptmann in Berlin, Geheimer Rat: Nr. 559

Meynier, Ludwig Friedrich Wilhelm (Louis Frédéric Guillaume) (1792 – 1867), deutsch-französischer Jurist, Rechtshistoriker, Bankier, Unternehmer, um 1816 in Genf, 1817 in St. Petersburg, 1819 wieder in Genf, seit Ende 1821 in Paris, Sohn des Erlanger Sprachlehrers und Schriftstellers Johann Heinrich M.: Nr. 357

Michelangelo Buonarroti (1475 – 1564), italienischer Maler, Bildhauer und Architekt: Nr. 412

Mieris, Frans van d. Ä. (1635 – 1681), niederländischer Maler: Nr. 735

Mieris, Frans van d. J. (1689 – 1763), niederländischer Maler: Nr. 735

Mikan, Johann Christian (1769 – 1844), Mediziner, Botaniker, Entomologe, seit 1796 Professor in Prag, 1817 – 1818 Mitglied der österreichischen Brasilien-Expedition: Nr. 195, 297

Milder (M.-Hauptmann), Pauline Anna (1785 – 1838), Sängerin, 1803 in Wien, seit 1816 in Berlin, seit 1810 verh. mit dem Wiener Hofjuwelier Peter Hauptmann, später von ihm getrennt lebend: Nr. 51, 514, 518, 1043

Milkau, Luise Henriette Charlotte von, geb. von Pappenheim (um 1762/68 – um 1831), Tochter des hessen-kasselschen Militärs und Beamten Christoph Friedrich von Pappenheim, seit 1818 Witwe des hessischen Obristen Friedrich Wilhelm Melchior von M.: Nr. 779
Millenet, Johann Heinrich (Ps. M. Tenelli) (1785 – 1859), Schriftsteller, Pädagoge, Gymnasiallehrer und Lehrer am Kadettenkorps in Berlin, 1814 Privatsekretär des Prinzen Wilhelm von Preußen, um 1816 Gründer einer Privatschule in Neubrandenburg, seit 1825 Gymnasialprofessor in Gotha, 1840 Hoftheaterdichter: Nr. 554
Millin (M. de Grandmaison), Aubin Louis (1759 – 1818), französischer Bibliothekar, Kunsthistoriker und Naturforscher, 1799 – 1800 Direktor der Nationalbibliothek: Nr. 913
Milon, Louis Jacques Jessé (1766 – 1849), französischer Tänzer, Choreograph und Ballettmeister, 1789 Leiter der Tanzschule der Pariser Oper, 1799 zweiter Ballettmeister, 1815 – 1822 Lehrer für Pantomime: Nr. 559
Milton, John (1608 – 1674), englischer Schriftsteller, Publizist und Politiker: Nr. 801
Minna (erw. 1824), Nichte eines Apothekers in Thorn: Nr. 575
Minutoli, Johann Heinrich Karl von: s. Menu
Mirbach, Otto Johann Heinrich von (1766/67/76 – 1855), russischer Beamter, 1811 Kreismarschall in Grobin, 1818 in Hasenpoth, 1824 in Mitau, 1830 stellvertretender Landesbevollmächtigter für Kurland: Nr. 183
– ; dessen Familie: Nr. 183
Mitscherlich, Eilhard (Eilard) (1794 – 1863), Chemiker und Mineraloge, seit 1822 Professor in Berlin: Nr. 449
Mochon, César Jean François (1776 – nach 1828), um 1809 französischer Finanzbeamter (Employé) in Mainz, 1810 in Weimar, um 1814 Wein- und Delikatessenhändler, 1825 Gastwirt im Kurhaus in Berka an der Ilm, 1829 Konkurs, seit 1810 Schwiegersohn des Weimarer Mundkochs René (Le) Goullon: Nr. 325
Möller, Jacob Nicolai (1777 – 1862), norwegischer Philosoph, Pädagoge und Schriftsteller, 1804 zum Katholizismus konvertiert, 1812 Gymnasiallehrer in Nürnberg, später Erzieher in Dresden, Wien, Bonn und Düsseldorf, zuletzt Honorarprofessor in Leuven, Schwager von Ludwig Tieck, mit Henrik Steffens befreundet: Nr. 412
Mörike, August (1807 – 1824), 1824 Apothekergehilfe in Ludwigsburg, Bruder des Dichters Eduard M.: Nr. **89**
Möser, Justus (1720 – 1794), Jurist, Historiker und Nationalökonom in Osnabrück, seit 1783 Geheimer Justizrat: Nr. 516
Moeser, Karl Heinrich Ludwig Joachim Wilhelm (1774 – 1851), Violinist und Komponist, 1811 Konzertmeister in Berlin, 1825 Erster Konzertmeister der Hofkapelle und Musikdirektor: Nr. 554
Mohammed (Muhammad; M. Ibn-Abdallah) (569/70 – 632), Religionsstifter: Nr. 152
Moller, Georg Adolf Hermann (1784 – 1852), Architekt, Kunstschriftsteller, Beamter, seit 1810 in Darmstadt, Hofbaumeister und Baurat, 1811 Oberbaurat, 1821 Wirklicher Rat bei der Oberfinanzkammer, 1822 Mitglied der Oberbaudirektion, 1831 Hofbaudirektor und 1839 Geheimer Oberbaurat, 1844 Direktor der Oberbaudirektion: Nr. **675**, 1042
Moltke (d. i. Molcke, Molke), Karl Melchior Jakob (1783 – 1831), Sänger und Schauspieler, 1806 in Braunschweig, 1809 in Weimar: Nr. 342, 514

Montague, John Alexander (geb. um 1772), englischer Pädagoge, 1806 Sprachlehrer an der Universität in Dorpat, 1812 an der Petrischule in St. Petersburg, Direktor einer Erziehungsanstalt, russischer Rat, um 1824 Lehrer in Berlin: Nr. 514, 518, 524, 531, 535, 543, 549, 554, 559
– ; dessen Ehefrau: Nr. 524, 535
– ; dessen Tochter: Nr. 524
Montenglaut (Pidoux de M.), Artemisia Henriette Marianne von, geb. von Cronstein, gesch. Consbruch, verw. Müller (Ps.: Paul von Husch, Emilie Willer/Villiers) (1768 – 1838), Schauspielerin, Sängerin, Schriftstellerin, Übersetzerin, Tochter des hannoverschen Offiziers Olivier Heinrich von Cronstein, seit 1788 erste Ehefrau des Kriminaldirektors Ferdinand Friedrich Florens Consbruch in Herford, 1792 gesch., in zweiter Ehe verh. mit einem Schauspieler Müller (? Miller), in dritter Ehe verh. mit dem emigrierten französischen Oberst Pidoux de M., 1810 in Altona verw., u. a. 1810 – 1814 Schauspielerin und Sprachlehrerin in Darmstadt, später in Potsdam lebend, 1828 – 1829 Reisebegleiterin der Sängerin Henriette Sontag in England und Frankreich, später in Braunschweig und zuletzt in Böhmen: Nr. 252, 357
Monti, Vincenzo (1754 – 1828), italienischer Schriftsteller, 1778 in Rom, um 1798 Sekretär der Cisalpinischen Republik in Mailand, 1799 Flucht nach Paris, 1801 Professor der Beredsamkeit in Pavia, seit etwa 1805 wieder in Mailand, bis 1814 Historiograph und kaiserl. Hofdichter in Mailand: Nr. 853
Monticelli, Teodoro (1759 – 1845), italienischer Theologe, Naturforscher, Mineraloge, um 1792 Professor für Philosophie in Neapel, 1794 verhaftet und nach Favignana verbannt, 1801 in Rom, 1807 Abt, um 1808 Professor für Chemie in Neapel: Nr. 968
Montigny, A. de (erw. 1824), französischer Diplomat, Mitglied der Gesandtschaft in Berlin, Übersetzer: Nr. 912
Montjoye (Frohberg-M.), Melanie Eugenie Chantal Gräfin von (1772 – 1848), französische Ehrendame, seit 1808 im Dienst der Prinzessin Eugenia Adelaide Luise von Orleáns, Tochter von Graf Johann Nepomuk Franz Xaver Fortunatus M., Schwester der Marquise Christine Zoé de Gratet de Dolomieu: Nr. 607
Montmorency-Laval, Mathieu Jean Félicité Vicomte, (seit 1822:) Duc de (1766/67 – 1826), französischer Politiker und Militär, 1815 Pair von Frankreich, 1821 – 1822 Außenminister, zuletzt Gouverneur des Herzogs von Bordeaux: Nr. 31
Monts, Karoline Luise Wilhelmine Antoinette Gräfin von, geb. von Byern (Bieren) (1802 – 1860), Tochter von Karoline von Byern, seit 1823 verh. mit dem preußischen Militär Alexander Karl Johann Friedrich Jakob Graf M.: Nr. 524
Montucci, Antonio (1762 – 1829), italienischer Jurist, Sprachlehrer, Sinologe, 1785 Professor für englische Sprache in Siena, 1789 in England, 1812 in Dresden, 1827 wieder in Siena: Nr. 948
Moore, Thomas (1779 – 1852), irischer Dichter: Nr. 61, 501, 546, 708, 860, 955
Mora y Sánchez, José Joaquín de (1783 – 1864), spanischer Schriftsteller und Journalist, Politiker, 1823 Emigration nach London, 1827 in Südamerika, 1843 Rückkehr nach Spanien, mehrfach Konsul in London: Nr. 957
Morrison, Robert (1782 – 1834), schottischer Missionar, Sprachwissenschaftler, Übersetzer, 1807 in China, 1824 – 1826 in Großbritannien: Nr. 948
Mosch, Karl Friedrich (1784 – 1859), Mineraloge, Geograph, Pädagoge, 1809 Unterlehrer in Schnepfenthal, 1814 Hilfslehrer an der Ritterakademie in Dresden, 1819 Professor an der Ritterakademie in Liegnitz: Nr. 412

Moscheles, Ignaz (1794 – 1870), böhmischer Komponist, Pianist, Dirigent, Musikschriftsteller, 1825 in London, seit 1846 in Leipzig, Leiter der Klavierklasse am Konservatorium in Leipzig: Nr. 1043

Moseley, Benjamin (1742 – 1819), britischer Mediziner und Pharmazeut, 1768 Arzt und Apotheker auf der Insel Jamaika, 1785 Reisen durch Frankreich, die Schweiz und Italien, seit 1788 in London: Nr. 674

Motenebbi: s. Mutanabbi, Abu t-Tajjib Ahmed

Motte, Charles Étienne Pierre (1785 – 1836), Lithograph, Radierer, Zeichner, Drucker und Verleger in Paris, Schwiegervater des Malers Achille Devéria: Nr. 448

Motte-Fouqué: s. Fouqué

Motz, Philipp Wilhelm (seit 1780:) von (1766 – 1846), Beamter in hessischen und seit 1815 in sachsen-weimarischen Diensten, Regierungsrat in Eisenach, 1817 Präsident der Landesdirektion in Weimar, 1819/20 auch Regierungsbevollmächtigter und Kurator der Universität Jena, 1829 – 1830 Oberhofmeister der Großherzogin Luise: Nr. 372, 626, 1015

Motz, Sophie Marie Auguste von (1807 – 1856), um 1821 Hofdame der Prinzessin Luise von Preußen, Tochter des späteren preußischen Finanzministers Friedrich Christian Adolf von M., seit 1826 verh. mit dem Gutsbesitzer und Politiker Johann Friedrich August Rudolf Hiller von Gärtringen: Nr. 514, 518

Mozart, Wolfgang Amadeus (1756 – 1791), Komponist: Nr. 338, 422, 431, 512, 625, 1043, 1065

Mozin, Dominique Joseph (Daniel Joseph) (1769/71 – 1840), französischer Theologe, Abbé, Emigrant u. a. in Stuttgart, Sprachlehrer und -forscher: Nr. 155, 375

Müffling (M. genannt Weiß), Philipp Friedrich Karl Ferdinand von (1775 – 1851), preußischer Militär, 1803 Premierleutnant, 1804/05 Stabskapitän, 1806 im Stab des Fürsten Hohenlohe, 1807 – 1813 in Weimar, 1809 Major, Vizepräsident des Landschaftskollegiums in Weimar, seit 1811 mit Sitz im Geheimen Konsilium, 1813 Oberst, 1815 Gouverneur von Paris, 1820/21 Chef des Generalstabs, 1847 als Generalfeldmarschall verabschiedet: Nr. 1024, 1028

Müffling (M. genannt Weiß), Wilhelmine von, geb. von Schele (1775 – 1836), Tochter des hannoverschen Kammerherrn Ludwig Clamor von Schele, seit 1799 verh. mit Karl von M., Cousine von Graf Georg zu Münster: Nr. 535

Müglich, Johann Karl August Gregor (1793 – 1862), Theologe, Schriftsteller, Publizist, 1815 Theologiestudent in Leipzig, Hauslehrer u. a. in der Schweiz und in Italien, 1823 Kandidat der Theologie, Privatdozent der Philosophie in Jena und Halle, Lehrer in Dresden, Pfarrer in Hundshübel im Erzgebirge, 1837 abgesetzt, 1839 in Augsburg zum Katholizismus konvertiert, 1843 Priesterweihe, seit 1854 Benefiziat in Jenkofen bei Landshut: Nr. 317, 632

Mülhens, Heinrich Theodor Joseph (1821 – nach 1850), in Frankfurt am Main, Sohn von Katharina Anna Maria M.: Nr. 800

Mülhens, Katharina Anna Maria (Maria Anna), geb. Bolongaro (1799 – 1827), Tochter von Anna Helena Bolongaro, seit 1820 verh. mit dem Bankier Karl Heinrich M. in Frankfurt am Main, Mutter von Heinrich Theodor Joseph M.: Nr. 800

Müller (erw. 1823), Besitzer eines Landhauses in Genua: Nr. 317

Müller (Muller), Christian (1690 – 1763), deutsch-niederländischer Orgelbauer: Nr. 431

Müller, Emanuel; Handelshaus in Frankfurt am Main, gegründet von dem Kaufmann und Gastwirt Emanuel M. (1737 – 1799), fortgeführt von dessen Sohn Jakob M.

(1775 – 1847), 1830 übernommen von Jakob M. und dessen Söhnen Karl Gustav M. (1805 – 1837) und Heinrich Karl Wilhelm M. (1807 – 1877): Nr. 1041

Müller, Ernst (? 1793 – 1866), Schriftsteller, Redakteur, Beamter in Weimar, 1809 Student in Jena und Leipzig, 1813 Akzessist in der Geheimen Kanzlei, 1814 Registrator, 1815 Kanzleisekretär, 1819 auch Botenmeister, nach 1835 Kanzleirat, 1818 Redakteur des Regierungsblattes und 1823 auch des Staatshandbuchs, Bruder des Juristen Georg Friedrich von Gerstenbergk genannt M.: Nr. 380, **425**

Müller, Ernst Friedrich Karl Gottgetreu (1769 – 1832), Verlagsbuchhändler in Gießen: Nr. 460

Müller, Franz Anton Erich Moritz: s. Steinla

Müller, Franz Heinrich (1793 – 1866), Maler, Kupferstecher und Lithograph in Weimar und Eisenach, 1819 Gründer eines lithographischen Instituts in Weimar, um 1823 auch Lehrer an der Zeichenschule, 1829 Professor am Zeicheninstitut in Eisenach, Sohn des Weimarer Kupferstechers Johann Christian Ernst M.: Nr. 349, 975, 1030, 1077

Müller, Franz Hubert (1784 – 1835), Maler, Kupferstecher, Kunstschriftsteller, 1817 Inspektor und 1823 Direktor der Gemäldegalerie in Darmstadt, Vater des Physikers und Mathematikers Johann Heinrich M. und des Malers, Radierers und Restaurators Andreas M.: Nr. **378**, **1081**

Müller, Friedrich Theodor Adam Heinrich (seit 30. Januar 1807:) von (1779 – 1849), Jurist, Beamter, 1801 – 1848 Mitglied der Regierung in Weimar, 1801 Assessor, 1803 Regierungsrat, 1806/07 Geheimer Regierungsrat, 1813 – 1815 Mitglied des Landespolizeikollegiums, 1815 – 1848 Kanzler der Regierung, 1829 Geheimer Rat, seit 1826 Besitzer des Rittergutes Bergern bei Berka an der Ilm: Nr. 31, 70, 96, 152, 165, 212, 270, **271**, 303, 328, **335**, **340**, 342, 367, **387**, **400**, **401**, 433, 434, 443, **484**, **494**, **560**, 583, **596**, **606**, **617**, **623**, **634**, **647**, 696, 714, **727**, 729, **734**, **750**, 757, 773, **780**, **781**, 786, 787, **791**, **792**, 793, 796, 804, 814, **830**, 834, **837**, 847, 862, 881, 889, **893**, 926, **941**, **956**, **957**, 983, **988**, 1000, 1013, **1014**, **1018**, **1032**, 1058

Müller, Georg Friedrich Konrad Ludwig: s. Gerstenbergk genannt Müller

Müller, Johann Christian Ernst (1766 – 1824), Kupferstecher in Weimar, 1788 Lehrer am Zeicheninstitut, 1820 Professor, Vater des Malers, Kupferstechers und Lithographen Franz Heinrich M.: Nr. 303, 448

Müller, Johann David (1781 – 1844), Kaufmann und Bankier in Berlin, seit 1822 Mitglied der Oberdirektion des Königsstädtischen Theaters: Nr. 1009

Müller, Johann Friedrich Wilhelm (1782 – 1816), Kupferstecher und Zeichner, 1802 – 1806 in Paris, 1808 – 1809 in Italien, seit 1814 Professor an der Akademie in Dresden, Sohn des Kupferstechers Johann Gotthard (von) M. in Stuttgart: Nr. 412

Müller, Johann Ludwig Wilhelm (genannt Griechen-Müller) (1794 – 1827), Schriftsteller, Philologe, 1812 – 1813 und 1814 – 1817 Student in Berlin, 1813 – 1814 Teilnehmer an den Befreiungskriegen, 1817 – 1818 in Wien und in Italien, 1819 Gymnasiallehrer und 1820 Hofbibliothekar in Dessau: Nr. 22, 281

Müller, Johann Peter (1791 – 1877), Theologe, Pädagoge, Musiker, Komponist, 1816 Rektor in Gladenbach, 1817 Musiklehrer am Schullehrerseminar in Friedberg in der Wetterau, seit 1839 Pfarrer in Staden und Stammheim: Nr. 863

Müller, Johannes, (seit 1791:) M. von Sylvelden (1752 – 1809), Schweizer Historiker, 1772 – 1773 Gymnasialprofessor in Schaffhausen, dann u. a. Hauslehrer in Genf und Professor in Kassel, 1786 – 1792 im Dienst des Mainzer Kurfürsten Friedrich Karl

Joseph von Erthal, 1792 Mitglied der Geheimen Hof- und Staatskanzlei in Wien, 1800 Kustos der kaiserl. Bibliothek, 1804 Geheimer Rat und Historiograph in Berlin, 1807 Staatssekretär, dann Generaldirektor des Unterrichtswesens im Königreich Westfalen: Nr. 5/1013a+

Müller, Johannes Friedrich (genannt Maler M.) (1749–1825), Maler, Radierer, Schriftsteller, 1768 in Mannheim, 1772 in Zweibrücken, 1778 in Rom, seit 1804 bayerischer Hof-Kunstagent: Nr. 38, 842

Müller, Joseph (1727–1817), Steinschneider und Mineralienhändler in Karlsbad: Nr. 57, 87, 155, 327

Müller, Karl Friedrich (1784–1843), Jurist, 1806 Hofgerichtsadvokat und Privatdozent in Jena, 1813 Regierungsrat und 1819 Geheimer Regierungsrat in Eisenach, 1826 bis 1842 Oberappellationsgerichtsrat in Jena, Bruder des Kanzlers Friedrich von M. in Weimar: Nr. 84, 97

Müller, Karl Ludwig Methusalem (1771–1837), Schriftsteller und Publizist in Leipzig, 1805–1832 Herausgeber der »Zeitung für die elegante Welt«, 1817 Hofrat, 1825 Zensor: Nr. 1037

Müller, Therese: s. Grünbaum

Müller, Wenzel (1767–1835), Komponist, Kapellmeister in Brünn, Wien, 1807–1813 in Prag, dann wieder in Wien: Nr. 1043

Müller von Sylvelden, Johannes: s. Müller

Müllner, Amandus Gottfried Adolf (Ps. Modestin) (1774–1829), Jurist, Schriftsteller und Publizist in Weißenfels, 1799–1821 als Advokat tätig, Mitarbeiter, Redakteur und Herausgeber verschiedener Zeitungen und Zeitschriften: Nr. 461, 853, 950

Münch-Bellinghausen, Eduard Joachim (seit 1831:) Graf von (1786–1866), österreichischer Diplomat und Politiker, 1806 Konzepts-Praktikant beim Kreisamt in Elbogen, 1808 Konzipist in Prag, 1813 Kreiskommissär in Leitmeritz, auch als Gubernialrat Bevollmächtigter bei der Elbeschifffahrtskommision, 1819 Stadthauptmann von Prag, 1822 Hofrat bei der Haus-, Hof- und Staatskanzlei in Wien, 1823–1848 Präsidialgesandter beim Bundestag in Frankfurt am Main: Nr. 834, 1089

Münchow, Karl Dietrich von (1778–1836), Astronom, Physiker und Mathematiker, 1810–1819 Professor in Jena, seit 1811 auch Direktor der Sternwarte, seit 1819 in Bonn, 1822–1823 Rektor der Universität: Nr. 103, 111, 160, 1007

Münnich, Wilhelm Friedrich Emil (Jerzy Wilhelm) (1793–1829), Philologe, 1814 Privatdozent in Göttingen, 1818–1827 Professor in Krakau und später in Wilna: Nr. **991, 992**

Münster (M.-Meinhövel), Georg Ludwig Friedrich Werner (Wilhelm) (seit 1792:) Graf zu (1776–1844), Paläontologe, Sammler, Beamter, 1796–1806 im preußischen Staatsdienst, Auskultator in der Kriegs- und Domänenkammer in Ansbach, 1800 Assessor, 1803 Kriegs- und Domänenrat, seit 1806 in Bayreuth, um 1809 kaiserl. Kammerherr, 1810 als Regierungsrat in der Kammer der Finanzen in den bayerischen Staatsdienst übernommen, 1816 Kammerherr, 1840 als Regierungsdirektor pensioniert: Nr. **237**

Münster (M.-Meinhövel), Gustav Maximilian Ludwig Unico (seit 1792:) Graf zu (1782–1839), Militär, österreichischer Kämmerer, 1803 kursächsischer Leutnant, 1805 preußischer Sekonde- und 1807 Premierleutnant, 1809 österreichischer Oberstleutnant und Rittmeister, seit 1812 wieder in preußischen Diensten, Rittmeister, 1815 Major, 1819 Stabsoffizier, 1827 Oberstleutnant, 1830 Oberst, 1836 Abschied als Generalmajor, Stiefsohn der Gräfin Amalia zu M.: Nr. 512

Münster (M.-Meinhövel), Henriette Karoline Julie Gräfin zu, geb. von der Marwitz (1789–1872), 1809–1811 Hofdame der Prinzessin Marianne von Preußen, Tochter des preußischen Hofmarschalls Behrendt Friedrich August von der Marwitz, seit 1811 verh. mit Graf Gustav M., Schwester von Karoline von Rochow: Nr. 512, 531

Münter, Friedrich Christian Karl Heinrich (1761–1830), deutsch-dänischer Theologe und Altertumsforscher, 1788 Professor in Kopenhagen, 1808 Bischof von Seeland: Nr. 189, 202, **343**

Murray, John d. Ä. (1778–1843), britischer Verleger, Inhaber der 1768 gegründeten gleichnamigen Firma in London: Nr. 816

Musi, Agostino dei (Agostino Veneziano) (um 1490–nach 1535), italienischer Kupferstecher: Nr. 1059

Mutanabbi, Abu t-Tajjib Ahmed (915–965), arabischer Dichter: Nr. 681, 690, 932, 940, 943

Mutis (Bruno M. y Bosio), José Celestino (1732–1808), spanischer Mediziner, Botaniker und Mathematiker: Nr. 674

Mycielski, Graf von (erw. 1823–1824), polnischer Gutsbesitzer in Posen, Hofmeister bei Louis Bonaparte: Nr. 512

Mylius, Heinrich (Enrico) (1769–1854), Kaufmann, Bankier, Mäzen, seit 1792 in Mailand, Associé seines Bruders Johann Jakob M. in Frankfurt am Main, 1811 Gründer einer eigenen Firma mit einer Manufakturwarenhandlung, einer Bank und einer Seidenspinnerei, später unter der Firma Enrico M. & Co., Neffe von Georg Melchior Kraus: Nr. 601

Nachschabi (Sejaoddin N., Diya ad-Din Nakhshabi, Ziya od-Din Nachschabi) (gest. 1350), persischer Schriftsteller und Übersetzer: Nr. 23, 709

Näder, Amalie (Näter, Neder), Amalie (um 1801–1884), Angestellte (Zofe, ? Köchin) im Haushalt von Ottilie und August von Goethe, seit 1827/28 verh. mit dem Gastwirt Ernst Brecht in Kölleda, 1865 verw., seit etwa 1877 in Nordhausen: Nr. 506, 512, 524, 543, 545, 559, 779, 800, 851

Näke, August Ferdinand (1788–1838), Philologe, Professor in Halle und seit 1818 in Bonn, Bruder des Malers Heinrich N.: Nr. 11, 73, 103, 111, 507, 515, 565

Nagell (N. van Ampsen), Justina Maria Wilhelmina van, geb. van Burmania Rengers (1795–1863), niederländische Hofdame, seit 1820 verh. mit dem Kammerherrn Christien Jacques Adrien van N.: Nr. 800

Nagler, Emilie (seit 1823:) von, geb. Herff (um 1790–1845), Tochter des Kriegsrats Karl Ludwig Herff in Berlin, seit 1813 dritte Ehefrau von Karl Ferdinand Friedrich N.: Nr. 535

Nagler, Karl Ferdinand Friedrich (seit 1823:) von (1770–1846), preußischer Beamter, Politiker, Kunstsammler, 1795 bei der Kriegs- und Domänenkammer in Ansbach, um 1798 nach Berlin berufen, 1804 Geheimer Legationsrat, 1806 Geheimer Staatsrat, Direktor im Kabinettsministerium und Vizegeneralpostmeister, 1810 entlassen, 1821 Chef des preußischen Postwesens, 1823 Generalpostmeister, 1824–1835 zugleich Gesandter beim Bundestag in Frankfurt am Main, 1836 Geheimer Staatsminister, Schwager des Ministers Karl vom Stein zum Altenstein: Nr. 773, 889, 909, **1089**

Nanteuil: s. Gaugiran de Nanteuil

Napoleon I. B(u)onaparte, Kaiser der Franzosen: s. Bonaparte, Napoleon

Nasse, Christian Friedrich (1778 – 1851), Mediziner, 1800 Arzt in Bielefeld, 1815 Professor in Halle und 1819 in Bonn: Nr. 768

Nasser, Johann Adolf (1753 – 1828), Philologe, Ästhetiker, 1788 Privatdozent und 1789 Professor in Kiel: Nr. 10

Natterer, Johann Baptist (1787 – 1843), österreichischer Naturforscher, Zoologe, Forschungsreisender, 1816 Assistent an den vereinigten Naturalienkabinetten in Wien, 1817 – 1836 vorwiegend in Brasilien, 1836 Kustosadjunkt am Naturalienkabinett, Bruder des Naturforschers Joseph N.: Nr. 195

Naubert, Christiane Benedikte Eugenie, geb. Hebenstreit, verw. Holder(r)ieder (1752 – 1819), Schriftstellerin, Tochter des Mediziners und Professors Johann Ernst Hebenstreit in Leipzig, seit 1797 zweite Ehefrau des Kaufmanns und Rittergutsbesitzers Lorenz Wilhelm Holderieder in Naumburg, 1800 verw., seit 1802 verh. mit dem Naumburger Kaufmann Johann Lorenz N.: Nr. 1037

Naue, Johann Friedrich (1787 – 1858), Musiker, Organist und seit 1813 Universitätsmusikdirektor in Halle: Nr. 461

Naumann, Karl Friedrich (1797 – 1873), Mineraloge, 1823 Privatdozent in Jena und 1824 in Leipzig, 1826 – 1842 Professor an der Bergakademie in Freiberg, danach in Leipzig, Sohn des Komponisten und Kapellmeisters Johann Gottlieb N.: Nr. 33, 471, **476**, **637**, **670**, 940

Nauwerck, Ludwig Gottlieb Karl (1772 – 1855), Maler, Zeichner, Schriftsteller, Beamter in Diensten von Mecklenburg-Strelitz, 1799 Kammersekretär in Ratzeburg bzw. seit 1814 in Neustrelitz, 1800 – 1803 und 1805 Teilnehmer an der Preisaufgabe für bildende Künstler in Weimar: Nr. **227**, **746**, **1021**

Nedden, Karl August Gottlieb zur (1798 – 1865), Jurist, Schriftsteller, 1821 Regierungskanzleigehilfe in Schwerin, später in Göttingen lebend, 1842 Privatgelehrter in Königsberg: Nr. 93, **960**

Neeff, Christian Ernst (1782 – 1849), Mediziner, seit 1809 Arzt in Frankfurt am Main, 1812 Professor an der medizinischen Spezialschule, 1814 Physikus und 1818 Landphysikus, 1815 – 1846 auch Arzt am Senckenbergischen Bürgerhospital und Lehrer der Botanik am Senckenbergischen Institut: Nr. 11

Nees von Esenbeck, Christian Gottfried Daniel (1776 – 1858), Botaniker, Naturphilosoph, Sozialpolitiker, 1796 – 1799 Student in Jena, 1800 Dr. med. in Gießen, 1804 Privatgelehrter in Sickershausen bei Kitzingen, 1818 Professor in Erlangen, 1818 in Bonn und 1830 in Breslau, 1848 Abgeordneter der preußischen Nationalversammlung und Präsident des Arbeiterkongresses in Berlin, 1851 suspendiert und 1852 entlassen, 1816 Mitglied und seit 1818 Präsident der Leopoldina: Nr. 2, 11, **73**, 90, 102, 103, 111, 112, **136**, 160, 165, 235, 248, 255, **259**, 274, 278, **312**, 313, 357, **361**, 402, 417, **418**, 428, 429, **449**, **507**, **515**, 534, 539, **565**, **571**, **600**, 604, 614, 618, 639, 660, **662**, **664**, **665**, **710**, **831**, **881**, **888**, **918**, 968, 980, **993**, 1004, 1007, 1022, 1051, **1054**, 1070, 1078, 1083, 1084, **1088**

– ; dessen Familie: Nr. 1088

Nees von Esenbeck, Elisabetha (Lisette) Jakobina, geb. von Mettingh (1783 – 1857), Tochter des Hofrats Samuel Jakob von Mettingh in Frankfurt am Main, seit 1804 zweite Ehefrau von Christian Gottfried Daniel N., 1830 gesch.: Nr. 1078

Nees von Esenbeck, Theodor Friedrich Ludwig (1787 – 1837), Botaniker, Pharmazeut, 1811 – 1816 Apothekergehilfe in Basel, dann in Hanau, 1817 Inspektor des botanischen Gartens in Leiden und 1819 des botanischen Gartens in Bonn, 1822 auch Professor, 1833 stellvertretender Direktor und 1835 neben Ludolf Christian Treviranus Direktor des botanischen Gartens, Bruder von Christian Gottfried N.: Nr. 259, 312, 361, 507, 515, 539, 918

Neidhardt von Gneisenau, August Wilhelm Anton Graf: s. Gneisenau

Neri, Filippo (Filippo Romolo de N.) (1515 – 1595), italienischer Theologe, Ordensgründer: Nr. 679, 815

Nesselrode (N.-Ereshoven/Ehreshoven), Karl Robert (Karl Wassiljewitsch) Graf von (1780 – 1862), russischer Diplomat und Politiker, u. a. 1802 in Berlin, dann in Stuttgart, 1805 in Den Haag, 1807 in Paris, 1814 auf dem Wiener Kongress, 1816 Außenminister, 1828 Vizekanzler, 1845 Staatskanzler: Nr. 563

Netscher, Caspar (1636/39 – 1684), niederländischer Maler: Nr. 412

Neuburg, Johann Georg (d. Ä.; bis 1791: Simon N.) (1757 – 1830), Mediziner, Arzt in Frankfurt am Main, 1817 Mitgründer und bis 1830 Direktor der Senckenbergischen Naturforschenden Gesellschaft, 1792 – 1797 in erster Ehe verh. mit Goethes Cousine Maria Margareta Melber: Nr. **452**, 519, 861

Neuburg, Johann Georg (d. J.) (1795 – 1866), Jurist, 1831 Senator, später Schöffe und mehrmals Bürgermeister von Frankfurt am Main, Sohn des Arztes Johann Georg N.: Nr. **861**

Neuffer, Bernhard Ludwig (1765 – 1855), Band- und Seidenfabrikant in Mödling bei Wien: Nr. 360

Neumann, Amalie, geb. Morstadt (1799 – 1884), Schauspielerin in Karlsruhe und Wien, 1846 – 1875 Mitglied des Burgtheaters, Tochter des badischen Hoffouriers Georg Michael Morstadt, seit 1816 verh. mit dem Hofschauspieler Karl Ludwig N., 1823 verw., seit 1827 verh. mit dem Sänger Anton Haizinger: Nr. 744, 783, 801, **1026**

Neumann, Friedrich Wilhelm (1781 – 1834), Schriftsteller, seit 1822 Intendanturrat in Berlin: Nr. 344, 912

Neumann, Johanne (Johanna), geb. Hiepe (Ps. Satori) (1786 – 1863), Schriftstellerin, Pädagogin, Tochter des Perückenmachers (? und Posthalters) Johann Christoph Hiepe in Mannheim oder des späteren Königs Maximilian I. von Bayern mit Maria Anna Hiepe, geb. Eck, Pflegetochter des Regierungsadvokaten Johann Ledenbaur, seit 1805 verh. mit dem Kaufmann Philipp Samuel N. in Elbing, nach dessen Konkurs 1823 Gründerin einer Leihbibliothek und 1824 einer Höheren Töchterschule: Nr. **1037**

– ; deren Kinder: Nr. 1037

Neumann, Karl Ludwig (geb. 1816), Sohn von Amalie N.: Nr. 1026

Neumann, Luise Friederike Amalie (1818 – 1905), Schauspielerin, in Breslau, Karlsruhe und Wien, Tochter von Amalie N., seit 1857 verh. mit dem österreichischen Militär Reichsgraf Karl Philipp Hilmar Adolf von Schönfeldt: Nr. 1026

Neumann, Philipp Samuel (um 1776 – 1836), Kaufmann in Elbing, verh. mit Johanne N.: Nr. 1037

Neumann, Wilhelmine Theodore Adolfine (1821 – 1844), Schauspielerin, in Karlsruhe, Wien, Hamburg und Kassel, Tochter von Amalie N.: Nr. 1026

Neuwied: s. Wied-Neuwied

Newton, Isaac (1643 – 1727), englischer Physiker, Mathematiker und Astronom: Nr. 215, 491, 935

Nibby, Antonio (1792 – 1839), italienischer Archäologe und Topograph, seit 1820 Professor an der Universität La Sapienza in Rom: Nr. 853

Nicati, Jean Marc Constant (1798 – 1877), Schweizer Mediziner, 1823 Arzt in Vevey und 1827 in Aubonne: Nr. 722

Nicht ermittelte Briefschreiber: Nr. 80, 82, 117, 447, 747

Nicolai'sche Buchhandlung; Verlagsbuchhandlung in Berlin, 1713 im Besitz von Christoph Gottlieb N. (1682 – 1752), fortgeführt von Gottfried Wilhelm N. (1715 bis 1758/59), Friedrich N. (1733 – 1811), dessen Schwiegersohn Friedrich Parthey (1745 bis 1822) und von Gustav Parthey: Nr. 1034

Nicolovius, Alfred Berthold Georg (1806 – 1890), Jurist, 1827 Student in Berlin, 1828 in Bonn und 1830 in Göttingen, 1832 Privatdozent in Königsberg, 1834 Professor, seit 1835 in Bonn, siebentes Kind von Ludwig und Luise N.: Nr. 506, 512, 518, 524, 531, 543, 545, 549, 559, 692

Nicolovius, Florentine (Flora) Luise Henriette (1811 – 1879), neuntes Kind von Ludwig und Luise N., seit 1835 in erster Ehe verh. mit dem Gutsbesitzer August Kabrun aus Danzig, gesch., seit 1860 verh. mit dem Schriftsteller Ludwig von Wildenbruch: Nr. 506, 512, 531, 545, 692

Nicolovius, Friedrich Heinrich Georg (1798 – 1868), Jurist, zuletzt Geheimer Justiz- und Kammergerichtsrat in Berlin, drittes Kind von Ludwig und Luise N.: Nr. 506, 512, 514, 518, 524, 531, 535, 543, 545, 554, 559, 692

Nicolovius, Georg Ferdinand (1800 – 1881), 1828 Oberforstmeister in Schleusingen bei Ilmenau, später in Frankfurt (Oder), viertes Kind von Ludwig und Luise N.: Nr. 198, 329, 512

Nicolovius, Georg Heinrich Franz (1797 – 1877), Jurist, 1818 Student in Jena, zuletzt Generalprokurator und Geheimer Oberjustizrat in Köln, zweites Kind von Ludwig und Luise N.: Nr. 531, 559

Nicolovius, Georg Heinrich Ludwig (1767 – 1839), Jurist, Theologe, 1795 Kammersekretär in Eutin, 1805 Konsistorialrat in Königsberg, 1808 Staatsrat im Innenministerium und Leiter der Sektion Kultus und Unterricht, seit 1810 in Berlin, 1817 Mitglied des Staatsrats und Geheimer Oberregierungsrat, Direktor im Kultusministerium: Nr. 329, 506, 512, 514, 518, 519, 524, 531, 535, 543, 545, 549, 554, 559, 692, 893, 944, 1083

– ; dessen Familie: Nr. 198

Nicolovius, Johanna Kornelia Elisabeth (1802 – 1833), fünftes Kind von Ludwig und Luise N., seit 1826 verh. mit dem Pastor Bernhard Jacobi in Petershagen bei Minden: Nr. 506, 512, 514, 518, 524, 535, 545, 554, 559, 692

Nicolovius, Luise Maria Anna, geb. Schlosser (1774 – 1811), ältere Tochter aus Georg Schlossers (erster) Ehe mit Goethes Schwester Kornelia, seit 1795 verh. mit Ludwig N.: Nr. 519

Nicolovius, Theodor Balthasar (1768 – 1831), preußischer Beamter, 1803 Direktor der Kriegs- und Domänenkammer in Gumbinnen, 1810 Vizepräsident der Regierung in Königsberg und 1813 der Regierung in Gumbinnen, 1819 – 1825 Chefpräsident der Regierung in Danzig, Bruder von Ludwig N., Schwiegersohn von Johann Georg Hamann: Nr. 304

Niebuhr, Barthold Georg (1776 – 1831), Historiker, Diplomat, 1796 Privatsekretär des dänischen Finanzministers Graf Ernst Schimmelmann, 1797 Bibliothekssekretär in Kopenhagen, 1800 im dänischen Staatsdienst, Assessor und 1804 Direktor im Ökonomie- und Kommerzkollegium, seit 1806 in preußischen Diensten, Staatsrat bei der Seehandlung und Mitglied des Bankdirektoriums, 1810 – 1812 Professor in Berlin, 1816 – 1823 Gesandter in Rom, seit 1825 Professor in Bonn: Nr. 281, 483

Niebuhr, Karsten (1733 – 1815), Forschungsreisender und Geograph, Vater von Barthold N.: Nr. 343

Niederlande, Friederike Luise Wilhelmine Königin der, geb. Prinzessin von Preußen (1774 – 1837), Tochter von König Friedrich Wilhelm II. von Preußen, seit 1791 verh. mit Wilhelm I., seit 1815 Königin: Nr. 602

Niederlande, Wilhelm I. Friedrich König der (1772 – 1843), 1813 Fürst, 1815 König, 1798 preußischer Feldmarschall, 1809 österreichischer Feldzeugmeister: Nr. 380, 506, 602, 831

Niederlande, Wilhelm Friedrich Georg Ludwig Kronprinz der (1792 – 1849), Prinz von Oranien, 1815 Kronprinz, seit 1840 König als Wilhelm II.: Nr. 531, 630, 831

Niederlande, Wilhelm Friedrich Karl Prinz von (1797 – 1881), Prinz von Oranien, seit 1816 Prinz der N., Bruder des Kronprinzen Wilhelm: Nr. 506

Niemeyer, Agnes Wilhelmine Christiane, geb. (von) Köpken (1769 – 1847), Tochter des Magdeburger Juristen Friedrich (von) Köpken, seit 1786 verh. mit August Hermann N.: Nr. 973

Niemeyer, August Hermann (1754 – 1828), Theologe, Pädagoge, Schriftsteller, 1780 Professor in Halle, 1785 auch Mitdirektor und 1799 Direktor der Franckeschen Stiftungen, 1787 Direktor des Pädagogiums, 1792 Konsistorialrat, 1804 Oberkonsistorialrat, 1807 als Geisel in Frankreich, 1808 Kanzler und bis 1813/14 auch Rektor der Universität: Nr. **973**

– ; dessen Kinder: Nr. 973

Nies, Charlotte Kornelia, geb. Du Fay (1783 – 1841), Tochter von Jean Noé Du Fay in Frankfurt am Main, seit 1811 verh. mit dem Kaufmann Johann Jakob N., 1823 verw., Schwester von Sophie Schlosser: Nr. 779

Niethammer, Friedrich Immanuel (1766 – 1848), Theologe, Philosoph, Pädagoge, 1791 Hauslehrer in Gotha, 1792 Privatdozent und 1793 Professor in Jena, 1804 – 1805 Professor in Würzburg, dann Landesdirektionsrat für Schul- und Kirchenwesen in Bamberg, 1808 Zentralschulrat und Oberkirchenrat in München, 1818 – 1845 Oberkonsistorialrat: Nr. 893

Noël, Matthias Joseph de (1782 – 1849), Kaufmann, Maler, Kunstsammler und -forscher in Köln, 1812 Übernahme des elterlichen Geschäfts als Warenmakler, 1824 an der Verwaltung der Sammlung Wallraf beteiligt, 1828 – 1842 Direktor (Konservator) des Museums, 1825 Mitglied des Karnevalskomitees: Nr. 662

Noeggerath, Johann Jakob (1788 – 1877), Mineraloge und Geologe, 1816 Assessor beim Oberbergamt in Bonn, 1820 Bergrat, 1822 Oberbergrat, seit 1818 auch Professor an der Universität: Nr. 11, 73, 90, 103, 235, 248, 255, 259, 274, 361, 402, 418, 449, 507, 565, 571, 618, 881, 926, **968**, 1022, 1054, 1078, 1083

– ; dessen Familie: Nr. 361, 1078

Noeggerath, Maria Anna, geb. Heitzig (geb. 1792), seit 1821 zweite Ehefrau von Johann Jakob N.: Nr. 361

Noehden, Georg Heinrich (1770 – 1826), Philologe, Kunstgelehrter, 1794 Hauslehrer in England, 1811 Privatgelehrter in London, Ende 1818 Erzieher der Prinzessinnen Maria und Augusta in Weimar, 1819 Aufseher am Britischen Museum in London: Nr. 196, **223**, 236, **797**

Nolli, Giovanni Battista (Giambattista) (1701 – 1756), italienischer Architekt, Kartograph und Kupferstecher: Nr. 353

Nolte, Johann Wilhelm Heinrich (1767/68 – 1832), Philologe, Pädagoge, 1791 Gymnasialprofessor in Berlin, 1804 Oberkonsistorial- und Oberschulrat, 1809 Versetzung nach Potsdam, 1816 Eintritt in das neu errichtete Konsistorium der Provinz Brandenburg: Nr. 559

Nordenflycht (Ps. Julie), Franziska Wilhelmine Juliane (Julie) Friederika von (1784 bis 1842), Schriftstellerin, Erzieherin und Hofdame der Prinzessin Amalie Marie Friederike von Oldenburg, Tochter des Kriegs- und Domänenrats Ernst August von N. in Minden: Nr. 189

Northumberland, Duke of: s. Percy, Hugh

Nose, Karl Wilhelm (1753 – 1835), Mediziner, Mineraloge, Arzt in Augsburg und Elberfeld, dann Privatgelehrter in Bonn, Endenich und Köln: Nr. 361

Nose, Karoline Wilhelmine, geb. Honsberg, verw. Reinhold (1746 – 1822), Tochter des Mühlenpächters Johann Peter Honsberg in Elberfeld, seit 1765 verh. mit dem Kaufmann Johann Gerhard Reinhold, 1778 verw., seit 1781 erste Ehefrau von Karl Wilhelm N., (?) gesch.: Nr. 361

Nowak, Domitianus Xaverius (Ordensname: Domitianus) (1782 – 1848), böhmischer Theologe, Priester, 1807 Eintritt in den Orden der Barmherzigen Brüder, um 1823 im Kloster Kukus in Böhmen, 1825 – 1846 Prior des Klosters in Zebrzydowice in Schlesien, Mineralien- und Medaillensammler: Nr. 12, 63

Nürnberg, Verein von Künstlern und Kunstfreunden; 1792 als Kunst-Sozietät gegründet, 1830 mit dem Albrecht-Dürer-Verein zusammengeschlossen: Nr. 351

Nürnberger (Nürnberg), Johann Christoph (1769 – 1824), Zimmermann in Jena, Ratszimmermeister: Nr. 262

Oberthür, Franz (1745 – 1831), Theologe, Aufklärer, 1769 Priesterweihe, 1773 – 1803 und 1804 – 1809 Professor in Würzburg, 1780 – 1784 auch Direktor der Stadtschulen: Nr. 800

Obilić, Miloš (um 1350 – 1389), serbischer Ritter: Nr. 731

Obrenović, Milan (gest. 1810), serbischer Viehhändler, 1804 Anführer im ersten serbischen Aufstand, Stiefbruder von Miloš O.: Nr. 958

Obrenović, Miloš (1780 – 1860), 1817 – 1839 und seit 1858 serbischer Fürst: Nr. 391, 958

– ; dessen Tochter: Nr. 958

Odeleben (Hanisch von O.; bis 1790: Hanisch), Ernst Gottfried von (1772 – 1828), Militär, Mineraloge und Mineralienhändler, 1789 – 1805 und 1812 – 1815 in sächsischen Militärdiensten, als Rittmeister entlassen, später auf seinem Gut Kleinwaltersdorf bei Freiberg und zuletzt in Freiberg lebend, 1817 Reise durch Süditalien und Sizilien, Sohn des 1790 geadelten Juristen Johann Christoph Hanisch, Bruder des Leutnants und Schriftstellers Ernst Johann Christoph von O., erster Ehemann der Gräfin Karoline von Hopffgarten: Nr. 672

O'Donell von Tyrconell, Heinrich Lamoral Graf (1802 – 1872), österreichischer Verwaltungsbeamter und Kämmerer, 1841 Hofrat des Guberniums von Triest und bis 1848 Vizepräsident beim lombardischen Gubernium in Mailand, Sohn von Gräfin Josephine O.: Nr. 123, 283

O'Donell von Tyrconell, Josephine Gräfin, geb. Gräfin Gaisruck (1779 – 1833), zweite Ehefrau des österreichischen Hofkammerpräsidenten Graf Joseph O., 1810 verw., Hofdame der Kaiserin Maria Ludovika: Nr. 123, 283

Oehlenschläger, Adam Gottlob (1779 – 1850), dänischer Schriftsteller, 1809 Professor in Kopenhagen, 1839 Staatsrat, u. a. 1805 – 1809 Reisen in Deutschland, Frankreich, Italien und der Schweiz sowie 1817 – 1818 in Deutschland und Italien: Nr. 191

Oels (eigentl. Oehl, Oele), Karl Ludwig (1772 – 1833), Schauspieler, seit 1803 in Weimar, 1817 auch Regisseur: Nr. 342

Oelsner, Konrad Engelbert (Ps. Gonrad, Dr. Schlottmann) (1764 – 1828), deutsch-französischer Diplomat, Publizist und Historiker, seit 1790 vorwiegend in Paris, zeitweise an deutschen Gesandtschaften tätig, 1798 Privatsekretär des französischen Gesandten Emmanuel Joseph Sieyès in Berlin, 1815 Redakteur, 1817 in Berlin, preußischer Legationsrat, etwa 1818 – 1824/25 bei der Botschaft in Paris: Nr. 51, 152, 212

Oersted (Ørsted), Hans Christian (1777 – 1851), dänischer Physiker und Chemiker, 1801 – 1804 Studienreise durch Europa, 1806 Professor in Kopenhagen, 1829 Mitgründer und seitdem Rektor der dortigen polytechnischen Lehranstalt: Nr. 8, 11, 17, 478

Oertel, Eucharius Ferdinand Christian (1765 – 1850), Theologe, Philologe, Pädagoge und Mediziner, 1789 Hauslehrer in der Familie von Seckendorff in Oberzenn, 1795 – 1827 Gymnasiallehrer in Ansbach: Nr. 308, 412, 542

Oerthel, Heerdegen & Co.; Handelshaus in Hof, 1813/14 gegründet von den Großhändlern Georg Friedrich Samuel (seit 1783/1819:) von O. (1781 – 1846), und Moritz Heerdegen (1784 – 1869), 1822 Eintritt von Andreas Eugen Prinzing (um 1790 – 1845), seit 1829 unter der Firma Heerdegen, Prinzing & Co.: Nr. 365, 455, 480, 640

Österreich, Franz I. Joseph Karl Kaiser von (1768 – 1835), 1792 – 1806 römisch-deutscher Kaiser als Franz II., seit 1792 auch König von Ungarn und seit 1804 österreichischer Kaiser: Nr. 376, 628, 682, 723, 732

Österreich, Franz Karl Joseph Erzherzog von (1802 – 1878), 1848 Verzicht auf Thron und Kaisertitel, Ehrenmitglied der Akademie der Wissenschaften in Wien, zweiter Sohn von Kaiser Franz: Nr. 628

Österreich, Johann Baptist Joseph Fabian Sebastian Erzherzog von (1782 – 1859), 1801 Gouverneur von Tirol, General, 1848/49 Reichsverweser: Nr. 106

Österreich, Maria Ludovika Beatrix Antonia Josepha Johanna Kaiserin von, geb. Erzherzogin von Österreich (1787 – 1816), Tochter des Erzherzogs Karl Ferdinand von Ö.-Este, seit 1808 dritte Ehefrau von Kaiser Franz: Nr. 123, 574

Österreich, Sophie Friederike Dorothea Wilhelmine Erzherzogin von: s. Bayern

Oetinger, Charlotte Luise Ernestine von, geb. von Barckhaus (Barkhaus) genannt von Wiesenhütten (1756 – 1823), Tochter des Frankfurter Bankiers und hessendarmstädtischen Diplomaten Heinrich Karl Barckhaus genannt von Wiesenhütten, seit 1784 verh. mit dem Juristen Eberhard Christoph von O. in Wetzlar: Nr. 1048

Oeynhausen, Friedrich Adolf Ludwig von und zu (1795 – 1871), Schriftsteller, Gutsbesitzer, um 1817 – 1820 Bergreferendar, 1825 – 1865 Verwalter des Familiengutes Grevenburg bei Paderborn, zuletzt auf seinem Gut Oldenburg lebend, 1830 – 1831 Landrat in Brakel, 1833 – 1845 Mitglied des Provinziallandtags, Zwillingsbruder des preußischen Berghauptmanns Karl August Ludwig von O.: Nr. 1034

Oeynhausen, Ida Dorothea Georgine Gräfin von und zu, geb. von Moltke (1769 bis 1845), Tochter von Joachim Christoph von Moltke, seit 1792 verh. mit Graf Friedrich Wilhelm Ludwig O., 1814 verw., Mutter von Wilhelmine von der Wense: Nr. 800

Oken (eigentl. Okenfuß), Lorenz (1779 – 1851), Mediziner, Naturforscher, Philosoph, 1807 Professor in Jena, 1819 entlassen, 1821 – 1822 Privatdozent in Basel, 1827 Privatdozent und 1828 Professor in München, 1832 entlassen, seit 1833 Professor in Zürich, bis 1835 erster Rektor der Universität, 1816 – 1848 Herausgeber der Zeitschrift »Isis«, 1822 Gründer der Gesellschaft Deutscher Naturforscher und Ärzte (GDNÄ): Nr. 794

Oldenburg (Holstein-O.), Paul Friedrich August Erbprinz von (1783 – 1853), seit 1829 Großherzog als August I., 1812 – 1816 Gouverneur von Estland, Sohn des späteren Herzogs Peter: Nr. 837

Oldenburg (Holstein-O.), Peter Friedrich Ludwig Herzog von (1755 – 1829), 1785 Fürstbischof von Lübeck und Landesadministrator von Oldenburg, 1823 Herzog: Nr. 267, 353

Olfers, Ignaz Franz Werner Maria (seit 1803:) von (1793 – 1872), Mediziner, Diplomat, Museumsdirektor, 1818 Arzt und Legationssekretär bei der preußischen Gesandtschaft in Rio de Janeiro, später Geschäftsträger in Lissabon, Neapel und 1831 in der Schweiz, 1835 Geheimer Legationsrat in Berlin, 1839 Generaldirektor der Museen, 1854 Mitglied des Staatsrats, 1861 Wirklicher Geheimer Rat: Nr. 344

Orléans, Eugénie Adelaide Louise Prinzessin von (1777 – 1847), Tochter von Herzog Louis Philippe Joseph: Nr. 607

Orléans, Louis Philippe Herzog von (1773 – 1850), 1793 Herzog, 1830 – 1848 König von Frankreich: Nr. 589

Orlow, Wladimir Grigorjewitsch (seit 1762:) Graf (1743 – 1831), russischer Beamter, 1766 Kammerjunker und Direktor der Akademie der Wissenschaften in St. Petersburg, 1770 Kammerherr, 1774 Abschied als Generalleutnant: Nr. 874

Osann, Emil (1787 – 1842), Mediziner, 1810 Arzt in Berlin, Assistent am poliklinischen Institut, 1814 Professor an der medizinisch-chirurgischen Militärakademie, 1815 Privatdozent und 1818 Professor an der Universität sowie am poliklinischen Institut, 1833 dessen Direktor, Bruder von Friedrich O.: Nr. 535, 800

Osann, Friedrich Gotthilf (1794 – 1858), Philologe, 1819 Privatdozent in Berlin, 1821 Professor in Jena und 1825 in Gießen, zugleich Lehrer am philologischen Seminar und 1827 dessen Direktor, Sohn des Weimarer Regierungs- und Konsistorialrats Friedrich Heinrich Gotthelf O., Neffe von Christoph Wilhelm Hufeland und seit 1815 Stiefsohn von Christian Gottlob von Voigt: Nr. 924

Osann, Julie (Lili) Emilia Karolina, geb. Hufeland (1794 – 1866), zweite Tochter von Christoph Wilhelm und Juliane Hufeland, seit 1818 verh. mit Emil O.: Nr. 535, 800

Osiander, Tullia Luise (1795 – 1864), Tochter des Gynäkologen Friedrich Benjamin O. in Göttingen, seit 1829 erste Ehefrau des späteren preußischen Polizeipräsidenten in Magdeburg Franz Anton (Jakob) Adolf von Gerhardt: Nr. 390

Ossian: s. Macpherson, James

Ostade, Adriaen van (1610 – 1685), niederländischer Maler und Radierer: Nr. 735

Ottmer, Karl Theodor (1800 – 1843), Architekt, 1822 – 1827 vorwiegend in Berlin, Erbauer des Königsstädtischen Theaters und der Singakademie, Studien in Paris, 1827 bis 1829 in Italien, seitdem in Braunschweig, 1824 Hofbaumeister, 1830 Hofbaurat: Nr. 963, 1009

Otto von Freising (Otto Frisingensis) (um 1112 – 1158), Bischof von Freising, Geschichtsschreiber: Nr. 69

Overbeck, Johann Friedrich (1789 – 1869), Maler und Kupferstecher, 1809 in Wien Mitgründer des Lukasbundes, seit 1810 in Rom, Sohn des Schriftstellers und Lübecker Bürgermeisters Christian Adolf O.: Nr. 3

Ovid (Publius Ovidius Naso) (43 v. Chr. – 17/18 n. Chr.), römischer Dichter: Nr. 126

Pachelbel, Johann (1653 – 1706), Komponist und Organist: Nr. 625, 653, 667

Päringer (Pähringer), Joseph (1792 – 1848), Lithograph und Kartograph in München: Nr. 366, 428

Palacký, František (1798 – 1876), tschechischer Historiker und Politiker, 1823 Archivar der Grafen Sternberg in Prag, 1827 – 1838 Redakteur der Zeitschrift der Gesellschaft des vaterländischen Museums in Böhmen: Nr. 1010

Palagonia, Ferdinando Francesco Gravina e Alliata Principe di (1722 – 1788), sizilianischer Adliger, Sammler grotesker Skulpturen: Nr. 679

Palazzi, J. L. (erw. 1823), Antiquar und Kunsthändler aus Mantua: Nr. 295

Pallavicini, Stefano Benedetto (1672 – 1742), italienischer Schriftsteller, Librettist, in Dresden und Düsseldorf tätig: Nr. 524

Pander, Heinrich Christian (seit 1826:) von (1794 – 1865), Mediziner, Zoologe und Paläontologe, 1817 Dr. med., Studienreisen nach Süd- und Westeuropa und nach Buchara, um 1822 Adjunkt und 1826 – 1827 ordentliches Mitglied der Akademie der Wissenschaften in St. Petersburg sowie Kollegienrat, 1827 Privatgelehrter, 1844 Beamter beim Bergbaudepartement in St. Petersburg: Nr. 73, 110, 313, 357, 609, 891, 928, 975, 993, 1050

Panhuys, Luise Friederike Auguste van (von), geb. von Barckhaus (Barkhaus) genannt von Wiesenhütten (1763 – 1844), Pflanzen- und Landschaftsmalerin, Tochter des Bankiers Heinrich Karl von Barckhaus genannt von Wiesenhütten in Frankfurt am Main, 1793 – 1802 in Darmstadt, dann Aufenthalt in England, seit 1805 zweite Ehefrau des 1815 zum Generalgouverneur der niederländischen Kolonie Surinam ernannten Offiziers Willem Benjamin van P., 1811 und 1816 in Surinam, 1816 verw., seitdem wieder in Frankfurt, entfernt mit Goethe verwandt: Nr. 1048, 1086

Panin, Nikita Petrowitsch Graf (1770 – 1837), russischer Diplomat und Politiker, Kammerherr und Generalmajor, 1795 Gouverneur von Litauen, 1797 Gesandter in Berlin, 1799 – 1800 Vizekanzler, Vater des Grafen Viktor P.: Nr. 874

Panin, Viktor Nikititsch Graf (1801 – 1874), russischer Jurist, Politiker, 1824 Botschaftssekretär in Madrid, 1831 Staatssekretär des Staatsrats, 1841 Justizminister, Sohn des Grafen Nikita P.: Nr. 874

Panse, Karl Friedrich Christian (1796 – 1871), Philologe, Journalist, Pädagoge, um 1820 Mitarbeiter der »Leipziger Literaturzeitung«, zeitweise auch Hauslehrer bei Adolf Müllner in Weißenfels, seit 1828 in Weimar, 1832 Redakteur der »Weimarischen Zeitung«, 1835 – 1841 Gymnasialprofessor: Nr. 22

Pansner, Johann Heinrich Lorenz (nach 1802:) von (1777 – 1851), Topograph, Mineraloge, um 1801 Privatdozent in Jena, 1802 – 1836 in Russland, 1803 – 1817 Anstellung am Landkartendepot in St. Petersburg, 1805 – 1807 Teilnehmer an einer Gesandtschaft nach China, 1817 – 1824 erster Direktor der mineralogischen Gesellschaft in St. Petersburg, 1818 – 1822 Professor am Pädagogischen Hauptinstitut (seit 1819 Universität) und Direktor der mineralogischen Sammlungen, 1826 – 1834 Direktor der Handelsschule, Kollegienassessor, 1817 Kollegien- und 1824 Staatsrat, zuletzt in seiner Heimatstadt Arnstadt lebend: Nr. 211

Paris von und zu Gailenbach, Johann Benedikt von (1781 – 1838), Kaufmann, Kammerherr und Landwirt, um 1800 – 1810 Reisender im Auftrag eines Leipziger Handelshauses, 1813 – 1814 in Frankfurt am Main, seit 1816 in Augsburg und auf seinen Gütern lebend, 1822 bayerischer Kammerherr, Sammler von Siegelabdrücken und historischen Waffen: Nr. 984

Parkinson, James (1755 – 1824), britischer Mediziner und Paläontologe, politischer Schriftsteller, Mineralien- und Fossiliensammler, seit 1784 Arzt in London: Nr. 237

Parma, Piacenza und Guastalla, Marie Ludovike Herzogin von, geb. Erzherzogin Marie Ludovike (Luise) Leopoldine Franziska Therese Josephine Luzie von Österreich (1791 – 1847), Tochter von Franz I. von Österreich, seit 1810 als Marie Louise verh. mit Napoleon Bonaparte und Kaiserin der Franzosen, 1814 zur Herzogin von P. erklärt, seit 1821 morganatische Ehe mit Graf Adam Albrecht Neipperg, 1829 verw., seit 1834 verh. mit Graf Karl Renatus Bombelles: Nr. 59

Parmigianino: s. Mazzola, Girolamo Francesco Maria

Parry, William Edward (1790 – 1855), englischer Seeoffizier, Polarforscher: Nr. 993

Parthey, Charlotte Wilhelmine Amalie, geb. Eichmann, verw. Nicolai (1779 – 1861), Tochter des späteren Geheimen Finanzrats Johann Wilhelm Eichmann in Berlin, seit 1802 verh. mit dem Kammerdirektor Johann David Nicolai, 1804 verw., seit 1806 verh. mit ihrem Schwager Friedrich Parthey, 1822 verw., Schwester von Henriette Kohlrausch: Nr. 531

Parthey, Elisabeth (Lili) (1800 – 1829), Schwester von Gustav P., seit 1825 verh. mit Bernhard Klein: Nr. 302, 531

Parthey, Gustav Friedrich Konstantin (1798 – 1872), Philologe, Verlagsbuchhändler in Berlin, 1822 Nachfolger seines Vaters Friedrich P. als Inhaber der Nicolai'schen Buchhandlung: Nr. 824

Passavant, Christian (1752 – 1832), Handelsmann (Spezereiwaren) in Frankfurt am Main, 1808 – 1816 in Wien, Bruder von Jakob Ludwig P.: Nr. 872

Passavant, Jakob (1746 – 1827), Handelsmann in Frankfurt am Main und Rüsselsheim, Bruder von Jakob Ludwig P.: Nr. 872

Passavant, Jakob Ludwig (1751 – 1827), Theologe, 1795 Prediger der deutsch-reformierten Gemeinde in Frankfurt am Main, 1812 Schul- und Studienrat, Sohn des Handelsmannes Johann Ludwig P.: Nr. 97, 872

Passavant, Johann David (1756 – 1800), Handelsmann in Frankfurt am Main, Bruder von Jakob Ludwig P.: Nr. 872

Passavant, Philipp Jakob (1748 – 1821), Handelsmann in Frankfurt am Main, Bruder von Jakob Ludwig P.: Nr. 872

Passavant, Susanne Friederike Philippine, geb. Schübeler (1749 – 1827), Tochter des pfalz-zweibrückischen Hofkammerrats Johann Philipp S., seit 1774 verh. mit Jakob P.: Nr. 872

Paulding, James Kirke (1778 – 1860), amerikanischer Schriftsteller, 1815 Beamter im Marineministerium, 1824 Marineagent der Hafenbehörde von New York, 1838 bis 1841 Marineminister, Schwager von William Irving: Nr. 800

Paullus, Lucius Aemilius Macedonicus (um 230 – 160 v. Chr.), römischer Feldherr und Politiker: Nr. 70

Pauls, Johann Peter (um 1782 – 1845), Mediziner, Naturforscher, Übersetzer, Arzt in Düsseldorf, 1822 Regierungsrat, später Geheimer Regierungs-, Medizinal- und Oberpräsidialrat in Koblenz, zuletzt in Düsseldorf lebend: Nr. 968, 1078, 1088

Paulus, Gottlob Christoph (1727 – 1790), Theologe, Vikar in Ludwigsburg und Stuttgart, 1757 – 1771 Diakon in Leonberg, Vater von Heinrich Eberhard Gottlob P.: Nr. 889

Paulus, Heinrich Eberhard Gottlob (1761 – 1851), Theologe, Orientalist, 1789 Professor in Jena, 1803 Professor und Landesdirektionsrat für Kirchen- und Schulsachen in Würzburg, 1807 Kreisschulrat in Bamberg, 1808 in Nürnberg und 1810 in Ansbach, 1811 – 1844 Professor in Heidelberg: Nr. 889

– ; dessen Familie: Nr. 889

Peez, August Heinrich (1785 – 1847), Mediziner, Arzt in Wiesbaden, 1818 Medizinalrat, 1830 geheimer Hofrat, 1841 Brunnen- und Badearzt: Nr. 879

Percier (P.-Bassant), Charles (1764 – 1838), französischer Architekt: Nr. 375

Percy, Hugh (1785 – 1847), seit 1817 Duke of Northumberland, englischer Politiker, 1806 Mitglied des Parlaments, 1829 – 1830 Vertreter der englischen Krone in Irland, 1840 Universitätskanzler in Cambridge: Nr. 47

Persuis (Loiseau de P.), Louis Luc Loiseau de (1769 – 1819), französischer Violinist und Komponist: Nr. 559

Perthes, Friedrich Christoph (1772 – 1843), Verlagsbuchhändler, 1796 in Hamburg, seit 1822 in Gotha, Neffe des Verlagsbuchhändlers Justus P. in Gotha, Schwiegersohn von Matthias Claudius und seit 1825 des Schriftstellers und Verlagsbuchhändlers Rudolf Zacharias Becker: Nr. 3, **332**, 404

Perthes, Karoline Ilsabe, geb. Claudius (1774 – 1821), Tochter von Matthias Claudius, seit 1797 erste Ehefrau von Friedrich P.: Nr. 332

Perthes, Margareta Christiane, geb. Heubel (1748 – 1834), Tochter des Stallmeisters Julius Ernst Wiegand Heubel in Rudolstadt, seit 1769 verh. mit dem dortigen Steuersekretär Christoph Friedrich P., 1772 verw., in zweiter Ehe verh. mit dem Theologen und Pädagogen Johann Georg Schilling, Mutter von Friedrich P.: Nr. 332

Pertz, Georg Heinrich (1795 – 1876), Historiker, Bibliothekar, 1821 Archivsekretär und 1827 -rat in Hannover, 1830 Mitglied des Oberschulkollegiums, 1842 – 1873 Leiter der königl. Bibliothek in Berlin: Nr. 69

Peters, Adolf (1803 – 1876), Mathematiker, Pädagoge, Schriftsteller, 1822 Student in Göttingen, 1825 in Leipzig lebend, 1826 – 1843 Lehrer in Dresden, Privatlehrer der sächsischen Prinzen, 1851 – 1873 Professor an der Landesschule in Meißen: Nr. **887**

Petersen, Magnus (von) (1764 – 1832), Mineraloge, Botaniker, Übersetzer und Erzieher, mecklenburg-strelitzscher Major, 1784 Jurastudent in Kiel, seit 1813 Hauslehrer der Prinzen Maximilian Karl und Friedrich Wilhelm von Thurn und Taxis, 1817 Reise über England und Schottland nach Island, zuletzt in Regensburg, Mitglied mehrerer gelehrter Gesellschaften: Nr. 487

Petrarca, Francesco (1304 – 1374), italienischer Dichter, Humanist: Nr. 483, 1004, 1/152b+

Petrović, Djordje: s. Karadjordje

Peucer, Heinrich Karl Friedrich (Ps. Eduard Ost) (1779 – 1849), Schriftsteller, Übersetzer, sachsen-weimarischer Beamter, 1807 Legationssekretär in Paris, 1809 Geheimer Sekretär in Weimar, 1810 – 1817 Mitglied der Regierung, 1813 Regierungsrat, 1815 Geheimer Regierungsrat, um 1811 auch Assessor, 1815 Direktor und 1838 Präsident des Oberkonsistoriums: Nr. 165, **176**, 184, 190, **203**, 303, 328, 342, **443**, **459**, 801, **905**, **908**, **933**

Pfaff, Johann Friedrich (1765 – 1825), Mathematiker, 1788 Professor in Helmstedt und seit 1810 in Halle, 1802 braunschweigischer Hofrat, Bruder des Naturwissenschaftlers Christoph Heinrich P. und des Mathematikers Johann Wilhelm Andreas P.: Nr. 498

Pfannerer, Eduard Alois (eigentl. Alois Joseph P.; Ordensname: Eduard) (1791 bis 1853), böhmischer Theologe, Prämonstratenser im Stift Tepl, 1811 Eintritt in den Orden, 1815 Priester, um 1824 Verwalter der Brunneninspektion in Marienbad: Nr. 803

Pfeffel, Gottlieb Konrad (1736 – 1809), Pädagoge und Schriftsteller in Colmar, Bruder des Historikers und Diplomaten Christian Friedrich P., Vater von Gottlieb Konrad August P.: Nr. 288

Pfeffel, Gottlieb Konrad August (1761 – 1827), Jurist, Student in Göttingen, Postdirektor in Colmar, zuletzt Privatgelehrter in Paris, Sohn von Konrad P.: Nr. 288

Pfeiffer (Birch-P.), Charlotte Johanna (1799 – 1868), Schauspielerin und Schriftstellerin, 1813/18 – 1826 in München, 1828 – 1830 in Wien, später Direktorin des Stadttheaters in Zürich, 1844 – 1865 in Berlin, Tochter des Hof- und Domänenrats Ferdinand Friedrich Pfeiffer in Stuttgart, seit 1825 verh. mit dem dänischen Diplomaten und Schriftsteller Christian Andreas Birch: Nr. 130

Pfintzing (Pfinzing) von Henfenfeld, Karl (1578 – 1629), Patrizier in Nürnberg: Nr. 612

Picander: s. Henrici, Christian Friedrich

Piccinni, Louis Alexandre (Luigi Alessandro) (1779 – 1850), französischer Komponist, Enkel des Komponisten Niccolò P.: Nr. 554, 590

Pick, Franz (1750 – 1819), Theologe, Kanonikus und Kunstsammler, 1766 Vikar in Godesberg, 1771 Subdiakon und 1773 Priester, 1784 – 1798 in Köln Privatsekretär und Hauskaplan des Statthalters und Dompropstes Graf Franz Friedrich Wilhelm Notger Joseph von Oettingen-Baldern, seit 1805 wieder in Bonn, zeitweise Mitglied der Munizipalität, Freund des Kunstsammlers Ferdinand Franz Wallraf: Nr. 585

Pictet, Amédée Pierre Jules (genannt Jules P. de Sergy) (1795 – 1888), Schweizer Politiker und Schriftsteller, Publizist, Jurastudent in Genf, 1815 in Heidelberg und 1818 in Jena, Advokat in Genf, 1823 – 1826 Auditeur, 1825 – 1835 und 1841 – 1842 Mitglied des Repräsentierenden Rats sowie 1834 der Tagsatzung, 1836 – 1839 Staatsrat, Sohn des Genfer Juristen Jean Marie (Marc) Jules P.-Diodati, Cousin von Adolphe P., Neffe von Marc Auguste P.: Nr. 321

Pictet, Marc Auguste (1752 – 1825), Schweizer Naturwissenschaftler und Politiker, Physiker, 1786 Professor an der Akademie in Genf, dann deren Präsident, etwa 1802 Mitglied und 1803 Sekretär des Tribunats in Paris, 1805/07 einer der Generalinspektoren des öffentlichen Unterrichts im Kaiserreich, seit 1814 wieder in Genf, 1796 Mitgründer und -herausgeber der »Bibliothèque universelle« (bis 1815 »Bibliothèque britannique«), Bruder des Politikers und Diplomaten Charles P., Onkel von Jules P.: Nr. 282, 321, 9/1598a+

Pignatelli de Belmonte, Johanna Katharina, geb. Prinzessin von Kurland (1783 bis 1876), Herzogin von Acerenza, dritte Tochter der Herzogin Dorothea von Kurland, seit 1801 verh. mit Francesco P. Duca di Acerenza, seit 1806 von ihm getrennt lebend und 1819 gesch., seitdem in Löbichau und zuletzt in Wien: Nr. 855

Piles, Roger de (1635 – 1709), französischer Maler, Radierer und Kunstschriftsteller: Nr. 77

Pini, Ermenegildo (1739 – 1825), italienischer Theologe und Naturforscher, Mathematiker und Geologe, 1773 Leiter des neu geschaffenen Museums von Sant'Alessandro in Mailand: Nr. 221
Piombo, Sebastiano del: s. Sebastiano del Piombo
Piotrowski (Korwin-P.), Konstanty (um 1790 – nach 1863), polnischer Schriftsteller, Übersetzer, aus Wolhynien, um 1824 Anwalt in Wilna, später u. a. in Schytomyr: Nr. **873**
Piranesi, Francesco (1758 – 1810), italienischer Antiquar, Kupferstecher und Radierer, Sohn von Giovanni Battista P.: Nr. 668
Piranesi, Giovanni Battista (Giambattista) (1720 – 1778), italienischer Kupferstecher, Radierer und Architekt, Vater von Francesco P.: Nr. 668
Pirngruber, Johann Michael (1767 – 1846), Apotheker, 1800 in Braunau am Inn und später in Berchtesgaden, Onkel von Marianne von Willemer: Nr. 721
Pius VII. (Conte Gregorio Luigi Barnaba Chiaramonti) (1742 – 1823), seit 1800 Papst: Nr. 581
Platen (P.-Hallermund, P.-Hallermünde), August Philipp Graf von (1748 – 1831), Militär, Beamter, hannoverscher Offizier, seit 1786 in ansbach-bayreuthischen Diensten, 1801 – 1806 Oberforstmeister, Vater von Graf August P.: Nr. 619
Platen (P.-Hallermund, P.-Hallermünde), Karl A u g u s t Georg Maximilian Graf von (1796 – 1835), Schriftsteller, 1814 bayerischer Leutnant, 1818 zum Studium in Würzburg und später in Erlangen beurlaubt, seit 1826 vorwiegend in Italien lebend: Nr. **411**, 505, 573, **619, 788**
Platon (Plato) (427 – 347 v. Chr.), griechischer Philosoph: Nr. 110, 427, 942, 973
Plautus, Titus Maccius (um 254/50 – 184 v. Chr.), römischer Komödiendichter: Nr. 51
Pleischl, A d o l f Martin (1787 – 1867), Chemiker und Mediziner, 1815 Arzt in Prag, 1821 Professor der Chemie in Prag und 1838 – 1848 in Wien: Nr. 55
Plessen (von) (erw. 1824), Leutnant in Berlin, (?) Sohn von Leopold und Sophie von P.: Nr. 524, 531, 559
Plessen, L e o p o l d Engelke Hartwig von (1769 – 1837), mecklenburgischer Diplomat und Politiker, 1802 Gesandter in Regensburg, 1807 Minister in Schwerin, 1814 Vertreter beim Zentralverwaltungsrat, dann auf dem Wiener Kongress, 1815 – 1820 Gesandter beim Bundestag in Frankfurt am Main, später in verschiedenen diplomatischen Missionen tätig, 1836 Erster Minister: Nr. 559
Plessen, S o p h i e Martha Friederike von, geb. von Campenhausen (1779 – 1835), Tochter des russischen Zivilgouverneurs von Livland Balthasar von Campenhausen, seit 1802 verh. mit Leopold von P.: Nr. 559
Plutarch(os) (um 46 – ? 120), griechischer Biograph, Historiker und Philosoph: Nr. 70
Poggendorff, Johann Christian (1796 – 1877), Physiker, Wissenschaftshistoriker, 1818 Apothekergehilfe in Itzehoe, 1820 Student in Berlin, 1823 meteorologischer Beobachter bei der Akademie der Wissenschaften, 1830 Titularprofessor, 1834 Professor an der Universität, seit 1824 Herausgeber der »Annalen der Physik und Chemie«: Nr. **859**
Pogwisch, Charlotte F r i e d e r i k e von, geb. Hintzelmann, gesch. Henault (1777 bis 1849), Tochter des Seifensiedermeisters Ephraim Gotthold Hintzelmann in Berlin, seit 1790 verh. mit dem königl. Mundkoch Johann Friedrich Wilhelm Henault, gesch., seit 1809 in zweiter Ehe verh. mit Hans Albrecht von P., 1838 verw., seit 1842 in dritter Ehe erste Ehefrau des Oberstleutnants und Kammerherrn Johann Heinrich Hartwig von P.: Nr. 518

Pogwisch, Friederike Elisabeth Katharina Eva von, geb. von Pfindel (gest. 1832), verh. mit dem preußischen Militär Karl Friedrich von P., Mutter von Hans Albrecht von P., Tante von Ottilie von Goethe und Ulrike von P.: Nr. 518, 524, 531

Pogwisch, Hans Albrecht von (1787 – 1838), Beamter in Berlin, um 1818 Kalkulator bei der Gewerbesteuerdirektion, um 1820 deren Direktor, um 1829 pensioniert: Nr. 518

Pogwisch, Henriette Ottilie Ulrike von, geb. Gräfin Henckel von Donnersmarck (1776 – 1851), Hofdame, Tochter von Graf Viktor Amadeus und Gräfin Ottilie Henckel, 1796 – 1820 verh. mit dem preußischen Offizier Wilhelm Julius von P., seit 1801/02 von ihm getrennt lebend und 1820 gesch., 1802 – 1805 Oberhofmeisterin der preußischen Prinzessin Friederike (später Herzogin von Anhalt-Dessau), seit 1805/06 in Weimar, 1811 – 1830 Hofdame bei (Groß-)Herzogin Luise, Schwester von Auguste von Hagen, den Grafen Wilhelm und Leo Henckel und von Amalie von Treskow, Mutter von Ottilie von Goethe und Ulrike von P.: Nr. 299, 311, 321, 338, 481, 492, 501, 506, 512, 514, 518, 524, 531, 535, 559, 800

Pogwisch, Ulrike Henriette Adele Eleonore von (1798 – 1875), Tochter von Wilhelm Julius und Henriette von P., 1817 – 1828 in Goethes Haus und 1828 – 1851 bei ihrer Mutter lebend, 1859 Konventualin und 1864 Priorin des adeligen Fräuleinstifts St. Johannis in Schleswig, Schwester von Ottilie von Goethe: Nr. 55, 88, 239, 262, 293, 299, 303, 311, 321, 338, **341**, 434, 461, **481**, **492**, 506, 512, 514, 518, 524, 531, 535, 543, 545, 556, 559, 729, 779, 811, 812, 818, 857, 909, 995

Pohl, Johann Baptist Emanuel (1782 – 1834), österreichischer Mediziner, Botaniker und Mineraloge, 1808 – 1812 Professor in Prag und seit 1821 in Wien, auch Kustos an den vereinigten Naturalienkabinetten, 1817 – 1821 Teilnehmer an der österreichischen Brasilien-Expedition: Nr. 195

Pohl, Johann Friedrich August (1768 – 1850), Ökonom, Agrarwissenschaftler, seit 1816 Professor in Leipzig, 1809 – 1844 Herausgeber des »Archivs der teutschen Landwirtschaft«: Nr. 298

Poliziano (eigentl. Agnolo [Angelo] Ambrogini) (1454 – 1494), italienischer Schriftsteller: Nr. 483

Pompeius Paulinus (1. Jh. n. Chr.), römischer Senator, Statthalter der Provinz Germania Inferior: Nr. 24

Poniatowski, Joseph Anton (Józef Antoni) (seit 1765:) Fürst (1762 – 1813), Militär, 1781 kaiserl. Sekondrittmeister, 1782 Eskadronchef, 1784 Major, 1785 zweiter und 1786 erster Oberstleutnant, 1792 polnischer General, 1807 Kriegsminister im Großherzogtum Warschau, 1813 französischer Marschall, Bruder von Gräfin Maria Theresia Tyszkiewicz: Nr. 31

Ponthieu, Ulfrand (erw. 1819 – 1834), französischer Verleger, Buchhändler: Nr. 448

Popatschky, Friedrich (erw. 1823), Stukkateur in Leipzig: Nr. 412

Pope, Alexander (1688 – 1744), englischer Schriftsteller: Nr. 800

Pordenone (Il; eigentl. Giovanni Antonio de' Sacchis, auch Giovanni Antonio [de Lodesanis] P.) (um 1483 – 1539), italienischer Maler: Nr. 758

Posch, Leonhard (1750 – 1831), Porträtmodelleur und Bildhauer in Wien und seit 1804 in Berlin, 1810 – 1814 in Paris: Nr. 173, 309, 612, 978

Posselt, Johannes Friedrich (1794 – 1823), Mathematiker, Astronom, Student in Kopenhagen und 1816 – 1818 in Göttingen, seit 1819 Professor in Jena, zugleich Aufseher der Sternwarte: Nr. 852

Possert (erw. 1824), aus Halle: Nr. 990
Potter, Paulus (1625 – 1654), niederländischer Maler: Nr. 422
Poujol, Alphonse André Véran (erw. 1811), französischer Schriftsteller, Dramaturg, Vater des Dramatikers Jacques Marie Adolphe P. (1811 – 1898): Nr. 554 590
Pouqueville, François Charles Hugues Laurent (1770 – 1838), französischer Mediziner, Diplomat, Schriftsteller, Balkanreisender, Philhellene, 1798 Reise nach Ägypten im Gefolge Napoleons, 1805 Generalkonsul am Hof von Ali Pascha von Janina (Ioannina), 1815 Konsul in Patras, später in Paris lebend: Nr. 281
Pourbus, Frans d. J. (1569/70 – 1622), flämischer Zeichner und Maler: Nr. 508
Poussin, Gaspard: s. Dughet
Poussin, Nicolas (1593/94 – 1665), französischer Maler: Nr. 668
Prag, Gesellschaft des vaterländischen Museums in Böhmen; 1818 von Graf Franz Anton Kolowrat-Liebsteinský angeregt und von den Grafen Kaspar Sternberg, Franz Sternberg-Manderscheid u. a. gegründet, 1820 durch Kaiser Franz I. von Österreich bestätigt: Nr. **533**
Predari (Prädari), Xaverio Bartholomeo (Haverius Bartholino) (um 1789 – 1820), Kauf- und Handelsmann in Weimar, Sohn des Handelsmannes Fabian P. in Como: Nr. 812, 829, 832, 854
Preller, Ernst Christian Johann Friedrich d. Ä. (1804 – 1878), Maler und Zeichner in Weimar, 1821 – 1823 Studien in Dresden, 1824 – 1826 in Antwerpen und 1826 – 1831 in Italien, seit 1832 Leiter der Zeichenschule in Weimar: Nr. 419, 645, 666, 676, 677, 939, 972
Preusker, Karl Benjamin (1786 – 1871), Beamter, Pädagoge, Bibliothekar, Altertumsforscher, 1809 – 1811 Gehilfe in der Schulbuchhandlung Joachim Heinrich Campes in Braunschweig, 1813 sächsischer Regimentsquartiermeister, um 1817 in Leipzig und 1821 in Döbeln stationiert, 1824/26 – 1853 Rentamtmann in Großenhain, Gründer der ersten deutschen öffentlichen Stadtbibliothek: Nr. **488**
Preußen (Prinzen und Prinzessinnen) (erw. 1824): Nr. 543
Preußen, Amalie Marie Anne (Marianne) Prinzessin von, geb. Prinzessin von Hessen-Homburg (1785 – 1846), Tochter des Landgrafen Friedrich V. von Hessen-Homburg, seit 1804 verh. mit Prinz Friedrich Wilhelm Karl: Nr. 518, 531, 549, 554, 559, 581
Preußen, Elisabeth Ludovike Kronprinzessin von, geb. Prinzessin von Bayern (1801 bis 1873), Tochter des späteren Königs Maximilian I. Joseph von Bayern, seit 1823 verh. mit Kronprinz Friedrich Wilhelm: Nr. 481, 506, 507, 515, 518, 535, 559, 653, 1037
Preußen, Friederike Karoline Sophie Alexandrine Prinzessin von: s. Großbritannien
Preußen, Friederike Wilhelmine Alexandrine Marie Helene Prinzessin von: s. Mecklenburg-Schwerin
Preußen, Friedrich II. König von (1712 – 1786), seit 1740 König: Nr. 37, 167, 305, 320, 431, 625, 653, 824, 938
Preußen, Friedrich Heinrich Ludwig Prinz von (1726 – 1802), preußischer Militär, Bruder von Friedrich II.: Nr. 288, 625
Preußen, Friedrich Wilhelm Kronprinz von (1795 – 1861), seit 1840 König als Friedrich Wilhelm IV.: Nr. 423, 507, 512, 515, 554, 653, 667, 759
– ; dessen Geschwister: Nr. 423

Preußen, Friedrich Wilhelm III. König von (1770 – 1840), seit 1797 König: Nr. 20, 37, 59, 302, 338, 388, 423, 461, 481, 506, 518, 524, 543, 549, 554, 581, 625, 667, 668, 698, 759, 779, 855, 891, 955, 1003, 1009, 1027, 1028
– ; dessen Familie: Nr. 518
Preußen, Friedrich Wilhelm Karl Prinz von (1783 – 1851), Sohn von König Friedrich Wilhelm II., seit 1804 verh. mit Prinzessin Marianne von Hessen-Homburg: Nr. 554, 559, 581
Preußen, Friedrich Wilhelm Ludwig Prinz von (1794 – 1863), preußischer Militär, 1821 – 1838 Divisionskommandeur in Düsseldorf, Sohn aus Herzogin Friederike von Cumberlands (erster) Ehe mit Prinz Friedrich Ludwig (Louis) Karl von P., seit 1817 verh. mit Prinzessin Wilhelmine Luise von Anhalt-Bernburg: Nr. 518, 554, 559, 800
Preußen, Friedrich Wilhelm Waldemar Prinz von (1817 – 1849), preußischer Militär, zuletzt Generalmajor, Sohn von Prinz Friedrich Wilhelm Karl und Prinzessin Marianne: Nr. 531
Preußen, Heinrich Wilhelm Adalbert Prinz von (1811 – 1873), preußischer Militär, Admiral, Sohn von Prinz Friedrich Wilhelm Karl und Prinzessin Marianne: Nr. 531
Preußen, Luise Auguste Wilhelmine Amalie Königin von, geb. Prinzessin von Mecklenburg-Strelitz (1776 – 1810), seit 1793 verh. mit Friedrich Wilhelm III., Schwester von Herzogin Friederike von Cumberland und Großherzog Georg von Mecklenburg-Strelitz, Halbschwester des Prinzen Karl von Mecklenburg-Strelitz: Nr. 514
Preußen, Luise Auguste Wilhelmine Amalie Prinzessin von (1808 – 1870), Tochter von Friedrich Wilhelm III., seit 1825 verh. mit Prinz Wilhelm Friedrich Karl der Niederlande: Nr. 506, 543
Preußen, Marie Elisabeth Karoline Viktorie Prinzessin von (1815 – 1885), Tochter von Prinz Friedrich Wilhelm Karl und Prinzessin Marianne, seit 1836 verh. mit Prinz Karl Wilhelm Ludwig von Hessen-Darmstadt: Nr. 531
Preußen, Wilhelmine Luise Prinzessin von, geb. Prinzessin von Anhalt-Bernburg (1799 – 1882), Tochter des Fürsten Alexius von Anhalt-Bernburg, seit 1817 verh. mit Friedrich Wilhelm Ludwig: Nr. 514, 518, 559
Printz, Wolfgang Kaspar (1641 – 1717), Komponist und Musiktheoretiker: Nr. 653
Prittwitz, Karl Ludwig Wilhelm Ernst von (1790 – 1871), preußischer Militär, 1810 Sekonde- und 1812 Premierleutnant, 1813 Kapitän, 1815 Major, 1818 Adjutant des Prinzen Friedrich Wilhelm Karl und 1822 Flügeladjutant König Friedrich Wilhelms III., 1824 Oberstleutnant, 1829 Oberst, zuletzt Generalleutnant: Nr. 559
Pritzelwitz, Karl Friedrich Heinrich Ernst Joachim von (1794 – 1870), preußischer Militär, zuletzt Oberstleutnant, 1821 – 1848 Hofmarschall des Prinzen Friedrich Wilhelm Ludwig von Preußen, 1833 Mitgründer des Düsseldorfer Theatervereins: Nr. 524
Properz (Sextus Propertius) (um 50 – 15 v. Chr.), römischer Dichter: Nr. 557
Przystanowski, Johann Rudolf von (um 1792 – nach 1846), polnischer Geologe, 1804 Jurastudent in Halle, 1807 Student in Freiberg, 1809 Reise nach Yverdon, 1810 Medizinstudent in Berlin, 1815 – 1821 in Italien, 1820 wieder in Freiberg, um 1830 Flucht nach Großbritannien, Frankreich und Italien, um 1838 in Nordamerika, seit etwa 1840 in Mexiko: Nr. 672

Pucitta, Vincenzo (1778 – 1861), italienischer Komponist: Nr. 341
Püttmann, Marcellinus (Marcel) (geb. 1792), preußischer Leutnant, Sohn des Medizinalrats Franz Joachim P. in Hildesheim, Schwager von Christoph Ludwig Friedrich Schultz: Nr. 518, 549
Purkyně (Purkinje), Jan (Johannes) Evangelista (seit 1869:) von (1787 – 1869), tschechischer Mediziner, Physiologe, 1819 Assistent-Prosektor an der Universität in Prag, 1823 Professor in Breslau und 1850 in Prag, Mitglied der Akademien in Wien, St. Petersburg und Paris und der Royal Society in London: Nr. 55, 993
Pustkuchen, Johann Friedrich Wilhelm (Ps. u. a. Ferdinand Glanzow) (1793 – 1834), Theologe, Schriftsteller, 1811 – 1813 Student in Göttingen, dann u. a. Hauslehrer in Leipzig, 1820 – 1827 Pfarrgehilfe in Lieme bei Lemgo, dann Zeitschriftenredakteur in Herford, 1831 Pfarrer in Wiebelskirchen: Nr. 823
Pynacker, Adam (1622 – 1673), niederländischer Maler und Radierer: Nr. 422
Pyne, William Henry (Ps. Ephraim Hardcastle) (1769 – 1843), englischer Maler und Schriftsteller: Nr. 526, 539
Pyrker von Oberwart, Johann Baptist Ladislaus (János László P. von Felsö-Eör) (1772 – 1847), österreichisch-ungarischer Theologe und Schriftsteller, 1796 Priester, 1812 Abt des Zisterzienserstifts Lilienfeld, 1819 Bischof von Zips, 1820 Patriarch von Venedig, 1821 Primas von Dalmatien und Geheimer Rat, 1827 Erzbischof von Erlau, Förderer des Bildungswesens: Nr. 1006
Pythagoras (um 570 – um 496 v. Chr.), griechischer Philosoph und Mathematiker: Nr. 215

Qadiri: s. Kaderi
Quandt, Johann Gottlob (seit 1820:) von (1787 – 1859), Kunsthistoriker, -sammler und -mäzen in Leipzig, seit 1820 in Dresden, 1812 und 1819 – 1820 in Rom, 1828 Mitgründer und bis 1833 Vorstand des Sächsischen Kunstvereins in Dresden, Sohn des Tabakhändlers und Rittergutsbesitzers in Wachau bei Leipzig Johann Gottlob Q. d. Ä.: Nr. 893
Quatember, Andreas (um 1793 – 1873), österreichischer Pädagoge, um 1823 in Wien, später Inhaber einer Privatschule in Troppau: Nr. 360
Quednow, Karl Friedrich (1780 – 1836), preußischer Baubeamter, 1800 Baukondukteur bei der kurmärkischen Kriegs- und Domänenkammer in Berlin, 1802 in Potsdam, 1805 Bauinspektor, 1816 Regierungs- und Landbaurat in Trier: Nr. 756, 771, 813, 850

Raabe, Karl Joseph (1780 – 1849), Maler und Architekt, u. a. in Breslau, Dresden, Wien und Berlin, 1810 – 1811 und 1814 – 1815 zeitweise in Weimar, 1813 hessendarmstädtischer Hofmaler, preußischer Ingenieuroffizier, 1816 Mitglied der Dresdener Akademie, um 1819 – 1821 in Italien, dann in Schlesien, seit 1829 Zeichenlehrer in Breslau, 1841 Professor: Nr. 385, 388, 477, 616, 679, 735
Raabe, Therese Mathilde, geb. von Wittern (1796 – 1863), Tochter des sächsischen Militärs August von Wittern, seit 1823 verh. mit Joseph R.: Nr. 388, 477
Rabe, Martin Friedrich (1775 – 1856), Architekt in Berlin, 1800/01 – 1804 in Weimar, 1806 Bauinspektor am Hofbauamt, 1810 Professor an der Bauakademie, 1829 Schlossbaumeister, 1842 pensioniert: Nr. 67, 423
Racine, Jean Baptiste (1639 – 1699), französischer Schriftsteller: Nr. 130, 399, 1043
Racknitz, Joseph Friedrich von (1744 – 1818), Schriftsteller, Komponist, Geologe und Hofbeamter in Dresden, 1790 Hausmarschall, 1800 – 1803 Hofmarschall mit der

Direktion über die Kapell- und Kammermusik und das Theater, dann Oberküchenmeister, Erster Hofmarschall und 1813 – 1815 nochmals zuständig für Theater und Kapellmusik, Schwager von Karoline Mathilde von Bülow: Nr. 157

Raczyński, Edward Graf von (1786 – 1845), polnischer Schriftsteller, Mäzen, 1814 Reise durch Griechenland und Kleinasien, 1829 Gründer einer Bibliothek in Posen: Nr. 866, 896, 959

Radl, Anton (1774 – 1852), Maler und Kupferstecher, seit 1794 in Frankfurt am Main: Nr. 197, 300, 301, 357, 493

Radziwiłł, Anton Heinrich Fürst (1775 – 1833), preußischer Politiker, Komponist, 1815 – 1831 Statthalter des Großherzogtums Posen, seit 1817 auch Mitglied des preußischen Staatsrats: Nr. 955

Raffael (Raffaello Santi) (1483 – 1520), italienischer Maler und Architekt: Nr. 77, 166, 172, 192, 302, 412, 746, 820, 955, 1059

Raimondi, Marcantonio (um 1480 – 1527/34), italienischer Kupferstecher: Nr. 172, 1059

Ramler, Karl Wilhelm (1725 – 1798), Schriftsteller, Übersetzer und Herausgeber in Berlin, 1748 – 1790 Professor an der Schule des Kadettenkorps, seit 1786 Mitglied der Akademie der Wissenschaften und der Akademie der Künste, 1787 – 1796 Mitdirektor der Schauspiele: Nr. 113, 122, 130, 151, 524, 625, 667, 698

Ramond (R. de Carbonnières), Louis François Elisabeth (1755 – 1827), französischer Jurist, Politiker, Geologe, Botaniker und Schriftsteller, 1777 Advokat in Straßburg, 1781 – 1788 Sekretär und Reisebegleiter des Kardinals Louis de Rohan, 1789 – 1792 in Paris, 1791 Deputierter der Nationalversammlung, 1796 – 1800 Gymnasialprofessor in Tarbes, 1800 Mitglied des Corps législatif in Paris, 1806 – 1813 Präfekt und 1815 Deputierter des Departements Puy-de-Dôme, 1818 Staatsrat, Erforscher der Pyrenäen: Nr. 674, 761

Raphael: s. Raffael

Ratschky, Joseph Franz (? von) (1757 – 1810), österreichischer Schriftsteller und Beamter, 1782/83 Hofkonzipist, 1786 – 1791 Präsidialsekretär der oberösterreichischen Landesregierung in Linz, 1796 Hofsekretär in Wien, 1806 Hofrat, 1807 Staats- und Konferenzrat: Nr. 680

Ratt, Agnes Laura Rosalie Karolina: s. Zelter

Ratt, Ernst Gottlieb (um 1776 – 1826/27), Gutsbesitzer in Garden bei Greifenhagen in Pommern, Vater von Agnes Zelter: Nr. 930

Ratt, Maria Christine, geb. Zinngiebel (Zirngiebel), verw. Grundmann (1767 – 1828), verh. mit Ernst R., Mutter des Amtmannes in Fiddichow Karl Grundmann und von Agnes Zelter: Nr. 930

Rauch, Amalie Charlotte Agnes (1804 – 1881), Tochter von Christian R., 1827 bis 1827/28 verh. mit dem Maler Paul Mila, seit 1829 verh. mit dem Anatomen Johann Samuel Eduard d'Alton: Nr. 531, 824, 1003

Rauch, Christian Daniel (1777 – 1857), Bildhauer in Berlin: Nr. 17, 59, 260, 398, 399, 412, 503, 518, 525, 528, 531, 543, 554, 558, 581, 592, 668, 737, 744, 752, 758, 764, 767, 768, 770, 780, 781, 795, 800, 806, 811, 812, 821, 824, 825, 829, 832, 836, 848, 854, 880, 884, 899, 918, 954, 975, 977, 1003, 1010, 1061, 1065, 1094

Raumer, Friedrich Ludwig Georg von (1781 – 1873), Jurist, Historiker, Publizist, 1801 Referendar und 1804 Assessor in Berlin, 1806 bei der Domänenkammer in Königswusterhausen, 1808 Regierungsrat in Potsdam und 1810 in Berlin, Mitarbeiter

Karl August von Hardenbergs, 1811 Professor in Breslau und 1819 in Berlin: Nr. 412, 518, **871**

Raumer, Luise von, geb. von Görschen (1785 – 1867), Tochter des anhalt-dessauischen Kammerherrn und Oberforstmeisters Otto von Görschen, seit 1811 verh. mit Friedrich von R.: Nr. 518

Raupach, E r n s t Benjamin Salomo (1784 – 1852), Schriftsteller, Historiker, 1804 – 1822 in Russland, Hauslehrer, 1814 Privaterzieher und Kanzelredner und 1816 auch Professor am Zentralen pädagogischen Institut bzw. an der Universität in St. Petersburg, 1823 aus dem Staatsdienst entlassen, seit 1824 in Berlin: Nr. 314

Raymond, Henry (1764 – 1837), französischer Archäologe, Professor in Paris: Nr. 977

Rayneval: s. Gérard de Rayneval

Reade, Joseph (gest. 1856), irischer Mediziner, Arzt und Schriftsteller, Mitglied des Royal College of Surgeons in London und der Royal Medical Society in Edinburgh: Nr. 935

Rebenstein, Christian Gottlob Lebrecht (1788 – 1832), Sänger und Schauspieler in Berlin: Nr. 450, 531, 535

Rechberg und Rothenlöwen, J o s e p h Maria Johann Nepomuk Hyazinth Franz Xaver Kasimir Franz de Paula (J o s e p h Maria Adam) Graf von (1769 – 1833), bayerischer Militär und Diplomat, Kunstsammler, 1815 Generalkommandant von Würzburg, 1816 – 1825 Gesandter in Berlin, dort 1816 Gründer eines lithographischen Instituts, nach 1825 in München, Mindelheim und Donzdorf bei Göppingen lebend: Nr. 235

Reck (Recke), Wilhelmine Johanne L u i s e von der, geb. von Ingersleben (1784 – 1851), Tochter des preußischen Politikers Karl von Ingersleben, seit 1805 verh. mit dem preußischen Beamten Karl von der R.: Nr. 524, 549

Recke, Charlotte Elisabeth (E l i s a) Konstantia von der, geb. (Gräfin) von Medem (1754 – 1833), Schriftstellerin, Tochter des Reichsgrafen Friedrich von Medem, seit 1771 verh. mit Georg Peter M a g n u s von der R., 1781 gesch., seit 1803 Lebensgefährtin des Schriftstellers Christoph August Tiedge, 1804 – 1806 in Italien, dann vorwiegend in Berlin, Leipzig, Löbichau und seit 1818 in Dresden lebend, Halbschwester der Herzogin Dorothea von Kurland: Nr. 33, 524, 549

Redtel, H e l e n a Sophia Franziska von, geb. Püttmann (geb. 1791), dritte Tochter des Medizinalrats Franz Joachim Püttmann in Hildesheim, seit 1808 verh. mit Karl von R.: Nr. 518

Redtel, K a r l Friedrich (seit 1790:) von (1779 – 1844), Jurist, preußischer Beamter, um 1802 Kammerreferendar in Berlin, 1812 Mitglied des Schuldirektoriums des Joachimsthalschen Gymnasiums und Departementsrat der Joachimsthalschen Schulämter, später Regierungsrat in Potsdam, zuletzt Geheimer Oberfinanzrat in Frankfurt (Oder): Nr. 344, 518

Reede, Wilhelmina Karolina Albertine Charlotte Elisabeth van, geb. von Krusemarck, gesch. von Saurma (1768 – 1847), Tochter des preußischen Generalmajors Hans Friedrich von Krusemarck, in erster Ehe verh. mit Gottlob Albrecht von Saurma, seit 1791 zweite Ehefrau des niederländischen Offiziers und Diplomaten Arend Willem van R., 1815 verw., seit 1823 Oberhofmeisterin der Kronprinzessin Elisabeth von Preußen: Nr. 531, 535

Rehbein, Marie Aloisia K a t h a r i n a Thekla: s. Mayer von Gravenegg

Rehbein, Wilhelm (1776 – 1825), Mediziner, Stadtphysikus in Weißensee bei Sömmerda, 1816 Hofmedikus in Weimar, 1822 Leibarzt des Großherzogs Karl August,

Hausarzt Goethes: Nr. 51, 75, 90, 111, **174**, **177**, 251, 256, 258, 261, 262, 278, 283, 311, **325**, 328, 341, **342**, 461, 502, 640, 648, 800, 858
– ; dessen Kinder aus erster und zweiter Ehe: Nr. 325
Rehberg, August Wilhelm (1757 – 1836), hannoverscher und westfälischer Politiker, Publizist, 1783 Sekretär des Herzogs Friedrich von York, Fürstbischofs von Osnabrück, 1786 Eintritt in den Staatsdienst in Hannover, 1792 Sekretär in der Geheimen Kanzlei, 1806/07 – 1813 Direktor der indirekten Steuern, 1813 Mitglied der provisorischen Regierungskommission, 1814 – 1819/21 Kabinettsrat, später in Dresden, 1828 – 1829 in Italien und seit 1830 in Göttingen lebend, Bruder von Friedrich R.: Nr. 271, 272, 286, 399
Rehberg, Friedrich (1758 – 1835), Maler, 1777 – 1783 und 1787 – 1820 vorwiegend in Rom, seit 1787 Professor an der Akademie der Künste in Berlin, 1803 – 1804 u. a. in Berlin, Weimar und Hannover, 1812 – 1814 in London, seit 1820 in München: Nr. 271, 286
Rehberg, Philippine Karoline M a r i a, geb. Höpfner (1775 – 1857), Tochter des Gießener Juristen Ludwig Julius Friedrich Höpfner, seit 1799 verh. mit August Wilhelm R.: Nr. 241, 271, 399, 789
Reichardt, Heinrich Wilhelm Ludwig G u s t a v (1797 – 1884), Komponist, Violinist, Pianist, Sänger (Bassist) und Musiklehrer, seit 1818 in Berlin, Mitglied der Singakademie, Mitgründer der jüngeren Liedertafel, seit 1850 Musikdirektor: Nr. 559
Reichardt, Johann Friedrich (1752 – 1814), Komponist, Kapellmeister, Schriftsteller, 1775 Hofkapellmeister in Berlin, 1794 entlassen, seitdem vorwiegend auf seinem Gut Giebichenstein bei Halle, 1796 Salinendirektor, 1808 – 1809 Hofkapellmeister in Kassel, Schwiegervater u. a. von Henrik Steffens: Nr. 431, 625
Reichardt, Karoline L u i s e (1779 – 1826), Sängerin, Pianistin, Musiklehrerin und Komponistin, seit 1809 in Hamburg, Tochter von Johann Friedrich R. aus dessen erster Ehe: Nr. 431
Reichel, Erdmann Traugott (1748 – 1832), Kaufmann in Leipzig, Besitzer eines Barockgartens: Nr. 179
Reichenbach, Christian W i l h e l m (1778 – 1857), Bankier in Leipzig, seit 1802 verh. mit seiner Cousine Wilhelmine R.: Nr. 518
Reichenbach, Christiane Auguste W i l h e l m i n e, geb. Reichenbach (1782 – 1835), Tochter des Bankiers Johann Heinrich R. in Altenburg, seit 1802 verh. mit ihrem Cousin Wilhelm R.: Nr. 518, 531
Reichenbach, Klementine (geb. 1805), älteste Tochter von Wilhelm und Wilhelmine R.: Nr. 518
Reichenbach, Maria (geb. 1808), jüngste Tochter von Wilhelm und Wilhelmine R.: Nr. 518
Reichenbach, Theresia (geb. 1806), zweite Tochter von Wilhelm und Wilhelmine R., seit 1825 verh. mit dem Leipziger Kaufmann Julius Limburger, 1827 verw., seit 1836 verh. mit dem preußischen Leutnant Friedrich August Beyer in Berlin: Nr. 518
Reimer, G e o r g Andreas (1776 – 1842), Verlagsbuchhändler, seit 1795 in Berlin, Leiter des Verlages von Gottlob August Lange, 1801 Pächter und 1822 Inhaber der seit 1817 unter seinem Namen geführten Realschulbuchhandlung, 1822 Erwerb der Weidmann'schen Buchhandlung in Leipzig, Vater der Verleger K a r l August R. und G e o r g Ernst R.: Nr. 870

Reineck, Friedrich Ludwig (seit 1729:) von (1707 – 1775), Weinhändler in Frankfurt am Main, Hofrat und seit 1755 Geheimer Kriegsrat, Vater von Salome Klenck: Nr. 879

Reinecke, Johann Christoph Matthias (1769/70 – 1818), Pädagoge, Schriftsteller, Zeichner, Kartograph und Geograph, Lehrer in Gotha und Schnepfenthal, 1798 Kartograph in Weimar, dann in Eisenach, 1804 Professor am Gymnasium in Coburg und 1806 dessen Direktor: Nr. 237

Reinhard, Christine Friederike, geb. Reimarus (1771 – 1815), Tochter des Hamburger Arztes und Gelehrten Johann Albert Heinrich Reimarus, seit 1796 erste Ehefrau des (Grafen) Karl Friedrich R.: Nr. 834

Reinhard, Franz Volkmar (1753 – 1812), Theologe, seit 1791 Oberhofprediger in Dresden: Nr. 768

Reinhard, Karl (von) (1769 – 1840), Schriftsteller, Herausgeber, 1789 Hofmeister bei den Grafen Stolberg-Wernigerode, 1792 Privatdozent in Göttingen, 1807 in Ratzeburg lebend, 1811 in Hamburg, dann in Altona, 1824 in Berlin und zuletzt in Zossen, 1804 kaiserl. gekrönter Poet, 1807 sachsen-gothaischer Hofrat, 1795 – 1806 Herausgeber des »Göttinger Musenalmanachs«: Nr. **570**

Reinhard, Karl Friedrich (Charles Frédéric R.; vorher: Reinhardt) (1809: Baron, 1815:) Comte/Graf (1761 – 1837), französischer Diplomat deutscher Herkunft und Schriftsteller, 1787 Hauslehrer in Bordeaux, 1791 in Paris, 1792 Gesandtschaftssekretär in London und 1793 in Neapel, 1794 Abteilungsleiter im Außenministerium in Paris, 1795 Gesandter bei den Hansestädten mit Sitz in Hamburg und 1797/98 in Florenz, 1799 zeitweise Regierungskommissar für die Toskana und dann Außenminister, 1800 Gesandter in Bern und 1802 beim niedersächsischen Reichskreis mit Sitz in Hamburg, 1806 Ministerresident in Jassy, 1808 Gesandter in Kassel, 1814 Staatsrat und Kanzleidirektor im Außenministerium, 1815 – 1829 Gesandter beim Bundestag in Frankfurt am Main und 1830 – 1832 in Dresden, 1830 Pair von Frankreich: Nr. 26, **31**, 51, 59, 84, 97, 108, 124, **152**, 165, **212**, **242**, **367**, 375, 401, **403**, 433, **434**, 474, 696, 727, 757, 779, 789, **793**, 814, **834**, 851, 872, **889**, 941, 1032

– ; dessen Familie: Nr. 696, 814

Reinhard, Karl Friedrich Albert (seit ? 1837:) Comte (1802 – 1873), französischer Diplomat, 1820 Student in Straßburg und 1823 in Göttingen, 1826 Attaché seines Vaters (Graf) Karl Friedrich R.: Nr. 31, 367, 434, 779, 834, 884

Reinhard, Sophie Karoline (1801 – 1861), Tochter von (Graf) Karl Friedrich und Christine R., seit 1825 verh. mit dem Offizier Georg Karl August von Diemar in Meiningen: Nr. 31, 97, 367, 434, 696, 727, 793, 834, 889, 941

Reinhardt (Reinhard), Karl Gottlieb (um 1780 – 1855), Glasgraveur, Modelleur, Hofbaudepotverwalter in Berlin, 1825 Akademiemitglied, um 1842 pensioniert: Nr. **1066**

Reinhart, Johann Christian (1761 – 1847), Maler, Radierer, Schriftsteller, seit 1789 in Rom: Nr. 38, 842, 955

Reinhold, Karl Wilhelm (eigentl. Zacharias Lehmann) (1777 – 1841), Schauspieler, Schriftsteller und Publizist, in Hamburg, 1806 – 1807 Schauspieler in Weimar, 1812 Dr. phil. in Rostock: Nr. 823

Rein'sche Buchhandlung; Verlagsbuchhandlung in Leipzig, 1795 gegründet von Wilhelm R., 1804 – 1818 unter der Firma Wilhelm R. & Co, 1804 – 1806 mit dem Teilhaber Karl Heun, 1819 – 1840 unter obiger Firma fortgeführt von Wilhelm R.s Ehefrau Johanne Juliane Wilhelmine R, geb. Heinsius (1771 – nach 1840): Nr. **404**

Reinwardt, Kaspar Georg Karl (1773 – 1854), Naturforscher, Zoologe, 1801 Professor in Harderwijk, 1803 – 1808 Rektor der Universität, 1808 in Amsterdam, 1816 – 1822 in Niederländisch-Ostindien, seit 1823 Professor in Leiden: Nr. 259

Reise (Reuß), Johann Michael (gest. 1832), Böttchermeister in Weimar: Nr. 915

Reitenberger, Karl Kaspar (eigentl. Kaspar Prokop R.; Ordensname: Karl) (1779 bis 1860), böhmischer Theologe, Prämonstratenser, 1800 Eintritt in das Chorherrenstift Tepl, 1804 Priester, 1813 Abt, 1826/27 Abdankung, danach im Stift Wilten bei Innsbruck lebend, Gründer von Marienbad: Nr. 116, 251, 822, 855

Reitz, Wilhelm Otto (1702 – 1768), Jurist und Pädagoge, zuletzt Rektor in Middelburg (Niederlande): Nr. 599

Reitzenstein, Karl Friedrich Theodor von (1797 – 1878), Militär, 1813 – 1816 Sekondeleutnant in russischen Diensten und 1817 bei den preußischen Gardedragonern, 1827 Regimentsadjutant, 1830 Premierleutnant und Adjutant des Prinzen Albrecht, 1832 Rittmeister und Flügeladjutant König Friedrich Wilhelms III., 1838 Major, zuletzt Generalmajor: Nr. 531

Rellstab, Heinrich Friedrich Ludwig (1799 – 1860), Musikschriftsteller in Berlin, Sohn des Musikverlegers Friedrich R.: Nr. 518, 531, 559, **738**, 801

Rembrandt Harmensz. van Rijn (1606 – 1669), niederländischer Maler, Zeichner und Radierer: Nr. 422, 531, 741

Renger'sche Buchhandlung; Buch- und Verlagshandlung in Halle, um 1670 gegründet von Simon Johann Hübner (1637 – 1696), 1807 – 1835 im Besitz des Schriftstellers Christian August Gottlieb Eberhard (1769 – 1845): Nr. 835, 997, 1039

Reni, Guido (genannt il Guido) (1575 – 1642), italienischer Maler, Radierer und Bildhauer: Nr. 758

Rennenkampff, Adelheid Elisabeth Karoline von (1820 – 1882), Stiftsdame in Naumburg, älteste Tochter von Alexander von R.: Nr. 353

Rennenkampff, Karl Jakob Alexander von (1783 – 1854), Schriftsteller, Kunsthistoriker, Landgerichtsassessor in Pernau in Livland, 1805 Student in Göttingen, dann in Lausanne, Genf und Coppet lebend, 1807 – 1808 in Italien, 1809 in Paris, 1810 in Rußland, 1812 Offizier in der russisch-deutschen Legion, 1814 Major und Adjutant des späteren Großherzogs August von Oldenburg, 1816 Kammerherr, später Oberkammerherr: Nr. **353**, 357, 857, 972

Rennenkampff, Paul Andreas von (1790 – 1857), russischer Militär, 1810 Feldmesser, 1812 im Generalstab, 1814 Stabskapitän, 1824 Oberst, 1829 Generalmajor, 1843 Generalleutnant, 1846 entlassen, 1849 Fähnrich, zuletzt Generalleutnant, Verfasser einer Reisebeschreibung nach Persien, Bruder von Alexander von R.: Nr. 857

Renner, Maria Johanna, geb. Brochard (1775 – 1824), Schauspielerin, Sängerin, 1790 in München, 1797 in Mannheim, 1799 – 1807 wieder in München, 1810 in Bamberg, 1812 in Würzburg, 1813 in Karlsruhe, 1816 – 1819/20 in Hannover, seit 1819 in Prag, Tochter des Tänzerpaares Eva und Georg Brochard, seit 1792 verh. mit dem Tänzer Franz R., später gesch. und seit etwa 1819 Lebensgefährtin des Theaterdirektors und Dramatikers Franz Ignaz Holbein von Holbeinsberg: Nr. 5/440a+

Renner, Theobald (1779 – 1850), Mediziner, Tierarzt, 1802 Tierarzt in Rußland, um 1805 in Moskau, 1811 Hofrat und Professor, 1812 russischer Regimentsarzt, um 1815 in Berlin, seit 1816 in Jena, Professor, Gründer und Direktor der Tierarzneischule: Nr. 437, 564, 611

Ressmann, Franz (um 1794 – 1892), Jurist, Erzieher, Botaniker und Mineraloge, um 1822 Hofmeister des Grafen Gustav Egger in Klagenfurt, um 1870 in St. Veit an der Glan, Mitglied mehrerer gelehrter Gesellschaften: Nr. 68, 536, 636

Reuß, Franz Ambrosius (1761 – 1830), Mediziner, Mineraloge, Badearzt in Bilin in Böhmen, seit 1808 Bergrat: Nr. 502

Reuß (R.-Lobenstein), Franziska Fürstin von, geb. [Gräfin] Prinzessin von R.-Schleiz-Köstritz (1788 – 1843), seit 1811 verh. mit Heinrich LIV., Tochter von Fürst Heinrich XLIII., Schwester der Prinzessin Karoline von R.-Schleiz-Köstritz: Nr. 314

Reuß (R.-Lobenstein), Heinrich LIV. Fürst von (1767/69 – 1824), seit 1805 Fürst, Sohn des Grafen Heinrich XXV. R.-Lobenstein zu Selbitz, Nachfolger des Fürsten Heinrich XXXV.: Nr. 314

Reuß (R.-Schleiz), Heinrich LXII. Fürst von (1785 – 1854), seit 1818 Fürst, ältester Sohn von Heinrich XLII.: Nr. 325

Reuß (R.-Schleiz, Reuß j. L.), Heinrich LXVII. Prinz von (1789 – 1867), seit 1854 Fürst, preußischer Militär, zuletzt General, Sohn von Heinrich XLII. und jüngerer Bruder von Heinrich LXII.: Nr. 325

Reuß (R.-Ebersdorf), Heinrich LXXII. Fürst von (1797 – 1853), 1822 – 1848 Fürst, Sohn von Heinrich LI.: Nr. 8, 70, 196, 200, 223, 236

Reuß (R.-Schleiz-Köstritz), Karoline Julie Friederike Auguste [Gräfin] Prinzessin von (1782 – 1856), Tochter von Fürst Heinrich XLIII. und Schwester der Fürstin Franziska von R.-Lobenstein: Nr. 314

Rhode, Johann Gottlieb (1762 – 1827), Schriftsteller, seit 1800 in Breslau, 1804 Dramaturg am Theater, 1809 Lehrer an der Kriegsschule: Nr. 115, 260, 297, 456

Ribbeck, August Ferdinand (1790 – 1847), Theologe, Philologe, Pädagoge, 1813 Kollaborator und 1820 Gymnasialprofessor in Berlin, 1828 Direktor des Friedrichswerderschen und 1838 des Gymnasiums zum Grauen Kloster, Sohn von Konrad Gottlieb R.: Nr. 1001

Ribbeck, Konrad Gottlieb (1759 – 1826), Theologe, 1780 Prediger in Wilsleben und Winningen bei Halberstadt, 1786 Pastor in Magdeburg, 1800 Konsistorialrat, seit 1805 in Berlin, Oberkonsistorialrat, Propst und Prediger an der Nikolai- und Marienkirche in Berlin, zeitweise Beichtvater der Königin Luise von Preußen, Vater von August Ferdinand R. und des Theologen Ernst Friedrich Gabriel R.: Nr. 912

Richardi, Johann Wilhelm (1788 – 1834), Buchhändler, Militär, Ökonom, Mitarbeiter von Friedrich Nicolai und Friedrich Parthey in Stettin und Berlin, 1811 – 1812 Leiter der Niederlassung in Stettin, um 1813 Teilnehmer an den Befreiungskriegen, um 1823 pensionierter Premierleutnant und Geschäftsführer des Lithographischen Instituts in Berlin, später pensionierter Hauptmann sowie Hausvater und Ökonom des Kornmesser'schen Waisenhauses, Sohn des Pfarrers Bogislaus Gottlieb R. in Konitz in Pommern: Nr. 228, **333**

Richardson, John (1787 – 1865), schottischer Naturwissenschaftler, Mediziner und Arktisforscher, 1807 – 1855 Marinechirurg: Nr. 993

Richter, Franz Ludwig (1789 – 1837), österreichischer Beamter, um 1820 Polizeiunterkommissär in Prag, auch Kurinspektionskommissär in Marienbad, 1828 Polizeioberkommissär: Nr. 100

Richter, Johann Paul Friedrich (genannt Jean Paul) (1763 – 1825), Schriftsteller, 1787 – 1789 Hauslehrer in Töpen bei Hof, 1790 – 1794 Lehrer in Schwarzenbach an der Saale, 1798 – 1800 in Weimar, dann in Berlin, Meiningen und Coburg, seit 1804 in Bayreuth: Nr. 54, 745

Richter, Karl Friedrich (1775/76 – 1828), Chemiker, Mineraloge, Fachschriftsteller, Nachthüttenmeister und Gewerksprobierer bei Freiberg: Nr. 487

Richthofen, Elisabeth Friederike Sophie Amalie Charlotte von, geb. Prinzessin von Schleswig-Holstein-Sonderburg-Beck (1780 – 1862), Tochter des Herzogs Friedrich Karl Ludwig von Schleswig-Holstein-Sonderburg-Beck, seit 1780 verh. mit Samuel von R., seit 1808 verw.: Nr. 819

Riedesel (R. zu Eisenbach), Georg (Karl) Ferdinand Friedrich Johann von (1785 bis 1854), auf Neuenhof bei Eisenach, 1812 Mitglied der Ständeversammlung in Weimar, 1813/14 sachsen-weimarischer Generalkommissar der verbündeten Mächte für Thüringen, Feldobrister des Landsturms, 1817 – 1847 Landmarschall, Bruder der Gräfin Amerika Bernstorff: Nr. 512

Riegel & Wießner; Buch-, Kunst-, Landkarten- und Musikalienhandlung und Verlag in Nürnberg, um 1680 gegründet von Christoph R. (1648 – 1714), 1800 im Besitz von Christoph Lorenz Wießner (gest. 1807), fortgeführt von Johann Matthias Leonhard Krieger, 1811 – 1859 im Besitz von Karl Mainberger (1785 – 1860): Nr. 817

Riemer, Alexander Bruno (1817 – 1888), preußischer Militär, zuletzt Hauptmann, Sohn von Friedrich Wilhelm und Karoline R.: Nr. 906, 1055

Riemer, Friedrich Wilhelm (Ps. Silvio Romano) (1774 – 1845), Philologe, 1798/99 Privatdozent in Halle, 1801 Hauslehrer der Kinder Wilhelm von Humboldts in Tegel und Rom, seit 1803 in Weimar, Goethes Sekretär und Mitarbeiter, bis 1805 Hauslehrer August von Goethes, bis 1812 Hausgenosse Goethes, 1812 – 1820 Gymnasialprofessor, 1814 auch zweiter Bibliothekar, 1837 Oberbibliothekar: Nr. 23, 48, 70, 117, 118, 119, 165, 176, 184, 190, 207, 220, 271, 342, 434, 530, 546, 556, 561, 577, 614, 737, 749, 792, 843, 893, 905, 906, 907, 908, 921, 934, 1055, 1087

Riemer, Karoline Wilhelmina Henrietta Johanna, geb. Ulrich (1790 – 1855), Tochter des Amtmanns Johann Gottlob Ulrich in Rudolstadt, früh verwaist, 1809 Gesellschafterin Christiane von Goethes, zeitweise Goethes Sekretärin, seit 1814 verh. mit Friedrich Wilhelm R.: Nr. 518, 906

Riese, Johann Jakob (1746 – 1827), Jurist, 1771 Aktuar in Frankfurt am Main, 1773 Schreiber und zuletzt Kommissar beim Kastenamt (Stiftungsverwaltung des »Allgemeinen Almosenkastens«), 1768 – 1806 Agent Sachsen-Gothas, Jugendfreund Goethes: Nr. 34, 379

Rieth, Johann Heinrich Gottfried (1794 – 1857), Bergwerksbesitzer und Beamter in Ilmenau, 1813 Jurastudent in Jena, 1814 Kriegsfreiwilliger, später Straßenbau-Kontrolleur in Ilmenau, zuletzt Bauinspektor: Nr. 611

Ringseis, Johann Nepomuk (seit 1834:) von (1785 – 1880), Mediziner, seit 1816 in München, 1817 Kreismedizinalrat, 1825 Obermedizinalrat, Professor an der Universität: Nr. 1014

Ritgen, Ferdinand August Maria Franz (seit 1839:) von (1787 – 1867), Mediziner, Gynäkologe, 1809 Amtsphysikus in Stadtberge und 1811 in Medebach in Westfalen, 1814 Professor und Direktor der Provinzial-Entbindungsanstalt in Gießen: Nr. 366, 429, 460, 711, 863

Ritter, Karl Georg (1779 – 1859), Geograph, Pädagoge, 1798 Hauslehrer in Frankfurt am Main und Genf, 1813 in Göttingen, 1819 Gymnasiallehrer in Frankfurt, 1820 Professor in Berlin, auch Lehrer und 1825 Studiendirektor an der Kriegsschule: Nr. 559

Ritz, Peter Ludwig Wilhelm (1789 – 1858), Beamter, Parlamentarier, Geschichtsforscher, 1806 Sekretär des Unterpräfekten in Krefeld, 1806 – 1809 Anstellung bei der Departement-Verwaltung in Aachen, 1809 Bürochef im Finanzministerium des Großherzogtums Berg, 1814 Divisionschef beim Gouvernementskommissariat in Aachen, seit 1815 in preußischen Diensten, 1816 Regierungsrat und 1849 Oberregierungsrat in Aachen, 1830 – 1833 Abgeordneter des Rheinischen Provinziallandtags und 1848 der preußischen Nationalversammlung, Förderer der »Monumenta Germaniae Historica« (MGH): Nr. 361, 418, 1078, 1088

Ritzer, Johann Adam (um 1773 – 1839), Tierarzt und Scharfrichter, um 1813 in Einbeck, dann in Helmstedt und Burg bei Magdeburg, seit etwa 1818 Scharfrichter in Weimar: Nr. 556

Robert, Ernst Friedrich Ludwig (vorher: Liepmann Levin; seit 1814 auch: R.-Tornow, R.-tornow) (1778 – 1832), Schriftsteller, Dramatiker, Publizist, Übersetzer, vorwiegend in Berlin, 1813 – 1814 Attaché der russischen Gesandtschaft in Stuttgart, Bruder von Rahel Varnhagen: Nr. 344, 357, 518, 912

Robert, Friederike, geb. Braun, gesch. Primavesi (1795 – 1832), Schriftstellerin, Tochter des Präzeptors Gottfried Braun in Böblingen, in erster Ehe verh. mit Giambattista Primavesi in Schwäbisch Hall, gesch./verw., seit 1822 in zweiter Ehe verh. mit Ludwig R., seitdem in Dresden, Berlin und Paris: Nr. 344, 518

Robert, Jean François (1778 – 1832/nach 1834), französischer Maler, Landschaftsmaler, Lithograph, an der Manufaktur in Sèvres tätig: Nr. 1077

Robinson, Henry Crabb (1775 – 1867), englischer Jurist, Schriftsteller und Journalist, 1790 als Anwalt (attorney) in Colchester zugelassen, seit 1796 vorwiegend in London, 1800 – 1805 erstmals in Deutschland, u. a. in Frankfurt am Main und Jena, 1807 bis 1809 Auslandskorrespondent der »Times«, 1813 – 1828 als Anwalt tätig, 1818 wieder in Jena, nach 1828 u. a. in der Schweiz und in Italien: Nr. 236

Rochette, Desiré Raoul (genannt Raoul-R.) (1790 – 1854), französischer Archäologe, Professor am Lyzeum in Paris, 1818 – 1848 Konservator des Medaillenkabinetts der königl. Bibliothek: Nr. 374, 375, 474

Rochlitz, Johann Friedrich (1769 – 1842), Schriftsteller, Komponist und Musikpublizist in Leipzig, 1798 – 1818 Redakteur der »Allgemeinen musikalischen Zeitung«, seit 1805 Mitglied der Direktion der Gewandhauskonzerte, 1800 sachsen-weimarischer Rat und 1809 Hofrat, 1801 Teilnehmer an der dramatischen Preisaufgabe in Weimar: Nr. 79, 579, 625, 633, 713, 795, 815

Rochow, Gustav Adolf Rochus von (1792 – 1847), Jurist, preußischer Politiker, 1816 Kammerherr, 1822 ständischer Deputierter der Neumark, 1823 Vortragender Rat im Innenministerium, 1831 Regierungspräsident in Merseburg, 1834 Geheimer Staatsminister und Minister des Innern und der Polizei, 1843 (zweiter) Präsident des Staatsrats: Nr. 512

Rochow, Karoline Albertine Luise von, geb. von der Marwitz (1792 – 1857), Hofdame der Prinzessin Marianne von Preußen, Tochter des preußischen Hofmarschalls Behrendt Friedrich August von der Marwitz, seit 1818 verh. mit Gustav von R., Schwester von Gräfin Julie zu Münster-Meinhövel: Nr. 512, 531

Rochow, Klara Marie Adolfine Philippine von (1796 – 1865), Tochter des preußischen Offiziers Friedrich Ehrenreich Adolf Ludwig Rochus von R., seit 1824 verh. mit dem preußischen Generalleutnant Friedrich Heinrich Ludwig von Pfuel: Nr. 512

Rochow, Mathilde Elisabeth von, geb. Gräfin von Wartensleben (1797 – 1874), Tochter des Grafen Ludwig von Wartensleben, seit 1818 verh. mit Theodor von R.: Nr. 512

Rochow, Theodor Heinrich Rochus von (1794 – 1854), preußischer Militär und Diplomat, 1810 Sekondeleutnant, 1813 Premierleutnant, 1815 Stabsrittmeister und Wirklicher Rittmeister, 1820 Major und zweiter Adjutant des Prinzen Wilhelm, 1835 Oberstleutnant und Gesandter in der Schweiz, 1837 Oberst und Gesandter in Stuttgart, 1843 Generalmajor, 1845 Gesandter in St. Petersburg, 1849 Generalleutnant: Nr. 512

Roeckel, Alexander (1790 – 1857), seit 1825 Schreiber in Weimar, 1830 Akzessist bei der Hofmarschallamtskanzlei, 1836 Hofkanzlist, seit 1825 zeitweise für Goethe tätig, Schwager von Johann Nepomuk Hummel: Nr. 956

Roederer, John (John Foster R.) (1794 – 1881), Theologe und Pädagoge, Herrnhuter, 1814 Lehrer in Fairfield und dann in Fulneck in England, 1816 Lehrer und 1818 auch Prediger in Neuwied, 1825 ins Missionsdepartement der Brüdergemeine nach Berthelsdorf berufen, 1833 Buchhalter der Missionsverwaltung in Herrnhut, später Direktor der Expedition der Missionsdiakonie, (?) Neffe des sächsischen Generals und Kriegsministers Johann Adolf von Zezschwitz und des (Comte) Pierre Louis R.: Nr. 315, 316

Roederer, Pierre Louis (seit 1809:) Comte (1754 – 1835), französischer Politiker und Publizist, Berater Napoleons: Nr. 316

Roedern (Roeder) (Graf von; erw. 1824): Nr. 518, 524, 531

– ; dessen Mutter (erw. 1824): Nr. 524, 531

Röding, Peter Friedrich (1767 – 1846), Kaufmann, Kunstsammler und Naturforscher in Hamburg, 1804 Gründer des Museums für Gegenstände der Natur und Kunst: Nr. 741

Röhr, Johann Friedrich (1777 – 1848), Theologe, 1798/1800 Aushilfsprediger in Leipzig, 1802 Lehrer in Schulpforta, 1804 Pfarrer in Ostrau bei Zeitz, 1820 Oberhofprediger, Oberkonsistorial- und Kirchenrat, Generalsuperintendent und Oberpfarrer in Weimar: Nr. 830, 875

Römhildt (Römhild), Christian Abraham Theodor Wilhelm (1777 – 1853), Bibliotheksdiener, 1818 in Jena und 1822 in Weimar: Nr. 894, 1055

Roenne (Rönne), Friedrich Christoph Alexander von (1756 – 1830), auf Hasenpoth, kurländischer Landhofmeister und russischer Kammerherr: Nr. 183

– ; dessen Familie: Nr. 183

Röper, Johannes August Christian (1801 – 1885), Mediziner, Botaniker, 1824 bis 1826 Reisen in Westeuropa, 1826 Professor in Basel und seit 1836 in Rostock, 1846 bis 1880 auch Bibliothekar, mehrfach Rektor: Nr. 438, 881, 1070

Röse, Bernhard (1795 – 1857), Historiker, Archivar, Lehrer in Schnepfenthal, seit 1823 in Weimar lebend, seit 1846 Leiter des Ernestinischen Gesamtarchivs: Nr. 632

Rösel, Gottlob Samuel (1769 – 1843), Maler und Zeichner in Berlin, 1794 Zeichenlehrer an der Bauschule (Bauakademie), 1802 Professor, 1804 – 1819 vorwiegend in Rom, 1824 Mitglied der Akademie der Künste, Zeichenlehrer des späteren Königs Friedrich Wilhelm IV. von Preußen: Nr. 202, 518, 543, 554, 773

Rohmer, Fanny (Francis, Franziska), geb. Diggles (1805 – 1870), Tochter des Handelsmannes Robert Diggles in Liverpool, seit 1823 verh. mit Heinrich R.: Nr. 800

– ; (?) deren (fünf) Kinder: Nr. 800

Rohmer, Johann Heinrich (1784 – 1854), Kaufmann für englische Manufakturwaren in Frankfurt am Main: Nr. 800
Rohr, Johann Ludwig Leopold (Arnd Friedrich Leopold) von (um 1772 – 1850), preußischer Beamter, 1792 Eintritt in den Staatsdienst, 1809 Regierungsdirektor und 1819 Vizeregierungspräsident in Stettin, 1825 Vizepräsident der Regierung in Stralsund: Nr. 535
Ron, Carl Gustaf de (1780 – 1854), schwedischer Bankier, mit seinem Bruder Jacob Fredric de R. Inhaber des Bankhauses Gustave et Frédéric de R. in Stockholm: Nr. 549
Ron, Katharina (Käthchen) Maria Anna (Marianne) Sophia Karolina de, geb. von Imhoff (1782/83 – 1840), Malerin, Schwester von Amalie (von) Helvig, seit 1810 verh. mit Gustaf de R.: Nr. 549
Roscoe, William (1753 – 1831), britischer Historiker: Nr. 644
Rose, Gustav (1798 – 1873), Mineraloge, 1822 Kustos der Mineraliensammlung in Berlin, 1826 Professor, 1829 mit Alexander von Humboldt Forschungsreise durch Sibirien, 1856 Direktor des Mineralogischen Museums: Nr. 324, 357, 529
Rosenmeyer, Andreas Gottfried (1757 – 1826), Mediziner, preußischer Regimentsarzt: Nr. 320
Rosenmüller, Johann (um 1619 – 1684), Komponist: Nr. 653
Rossi, Gaetano (1774 – 1855), italienischer Dramatiker, Librettist: Nr. 422, 1065
Rossi, Pellegrino Louis Edouard (seit 1846:) Comte de (1787 – 1848), italienischer Jurist, Ökonom und Politiker, 1809 Anwalt und 1814 Professor in Bologna, 1816 in Genf, 1819 Professor, 1820 Mitglied des Repräsentierenden Rats, 1832 Gesandter bei der Tagsatzung, 1834 in Paris, Professor an der Sorbonne, 1839 Pair von Frankreich, 1845 Botschafter am Vatikan, 1848 päpstl. Minister des Innern, der Polizei und der Finanzen: Nr. 357
Rossini, Gioac(c)hino Antonio (1792 – 1868), italienischer Komponist: Nr. 422, 1043, 1065
Roth, Karl Johann Friedrich (seit 1822:) von (1780 – 1852), Jurist, Beamter, 1801/02 Rechtskonsulent in Nürnberg, 1806 Finanzrat, 1810 Oberfinanzrat in München, 1817 Ministerialrat, 1828 – 1848 Präsident des Oberkonsistoriums: Nr. 893
Rother, Christian (seit 1847:) von (1778 – 1849), preußischer Beamter, 1797 Assistent bei der Kriegs- und Domänenkammer und 1806 – 1809 Kanzleiinspektor beim Polizeimagistrat in Warschau, seit 1810 in Berlin, 1812 Rechnungsrat in der Staatskanzlei, 1814 Geheimer Oberfinanzrat, 1817 Mitglied des Staatsrats, 1820 Präsident der Hauptverwaltung der Staatsschulden und bis 1848 Chef der Seehandlung, 1831 Direktor und 1837 – 1848 Präsident der Hauptbank, 1836 Staatsminister: Nr. 1003
Rothschild, Amschel Mayer (seit 1817:) von (1773 – 1855), Bankier, 1812 Übernahme der Geschäftsführung des Bankhauses seines Vaters Mayer Amschel R. (1743 – 1812): Nr. 955
Roullet: s. Du Roullet
Rousseau, Jean Jacques (1712 – 1778), französischer Philosoph und Schriftsteller: Nr. 25, 433
Roux, Jakob Wilhelm Christian (1771 – 1830), Maler, Zeichner und Radierer, 1813 Universitätszeichenmeister in Jena, 1819 Professor in Heidelberg, Sohn des Universitätslektors und Fechtmeisters Heinrich Friedrich R. in Jena: Nr. 784, **979**

Rubens, Peter Paul (1577 – 1640), niederländischer Maler: Nr. 77, 431
Ruckstuhl, Karl Joseph Heinrich (1788 – 1831), Philologe, Pädagoge und Schriftsteller schweizerischer Herkunft, 1806 – 1809 Unterlehrer und 1812 – 1814 Lehrer in Iferten (Yverdon), 1815 Teilnehmer an den Befreiungskriegen, 1816 Gymnasiallehrer in Bonn und 1820 in Koblenz: Nr. 794
Rudolphi, Karl Asmund (1771 – 1832), Mediziner, Anatom, Physiologe, um 1796 Privatdozent in Greifswald, Adjunkt und Prosektor und 1801 Leiter der neuen Veterinärschule, 1810 Professor und Direktor des anatomisch-zootomischen Museums in Berlin: Nr. 208, 429
Rückert, Johann Michael Friedrich (1788 – 1866), Schriftsteller, Übersetzer, Orientalist, 1811 Privatdozent in Jena, 1812 Gymnasialprofessor in Hanau, dann Privatgelehrter, u. a. 1815 – 1817 Redakteur des »Morgenblatts für gebildete Stände«, 1817 Reise nach Italien, 1819 in Wien, 1826 – 1841 Professor in Erlangen: Nr. 2, 505, 573
Rückoldt, Johann Gottlieb Friedrich (1771 – 1835), Weißbäcker und Mehlhändler in Weimar: Nr. 363
Rühle von Lilienstern, Henriette, geb. von Frankenberg-Ludwigsdorf, verw. von Schwedhof (1789 – 1847), Tochter des preußischen Generals Karl Wolfgang von Frankenberg-Ludwigsdorf, seit 1808 in zweiter Ehe verh. mit Otto August von R.: Nr. 518, 543
Rühle von Lilienstern, Jenny (1802 – 1888), Tochter aus Henriette von R.s erster Ehe, Adoptivtochter von Otto August R., seit 1838 verh. mit dem preußischen Regierungsrat Julius von Schleinitz: Nr. 518
Rühle von Lilienstern, Johann Jakob Otto August (1780 – 1847), Militär und Militärschriftsteller, 1794 preußischer Kadett, 1804 im Generalstab, 1806 Adjutant im Stab des Fürsten Hohenlohe, 1807 – 1811 vorwiegend in Dresden Erzieher Bernhards von Sachsen-Weimar, 1807 sachsen-weimarischer Kammerherr und Major, 1813 Rückkehr in preußische Dienste, Major, Oberstleutnant, Generalkommissar für die deutsche Landesbewaffnung, 1815 Organisator der Landwehren in Rheinland und Westfalen, Rückkehr nach Berlin, 1822 Generalstabschef, 1837 Chef der Kriegsschule, 1844 Generalinspekteur des Militär-Erziehungswesens, Freund Heinrich von Kleists: Nr. 518, 880, 975
Rühlmann (Rühlemann), Johann August Bernhard (1759 – 1834), Jurist, Kammerbeamter in Weimar, 1791 Kammerkonsulent und Hofadvokat, 1794 Rat, 1797 Assessor, 1798 Landkammerrat, 1802 Kammerrat, 1817 Kammerdirektor, 1823 pensioniert: Nr. 936
Rüppell, Wilhelm Peter Eduard Simon (1794 – 1884), Naturforscher, Afrikareisender, 1841 zweiter Direktor der Senckenbergischen Naturforschenden Gesellschaft in Frankfurt am Main, Sohn des Frankfurter Bankiers Simon R.: Nr. 452
Ruhl, Julius Eugen (1796 – 1871), Architekt, Landschaftsmaler, Radierer, u. a. 1817 – 1819 in Rom, 1820 in Paris, 1821 Eintritt in die Bauverwaltung in Kassel, 1823 Hof- und Landbaumeister der Provinz Hanau, seit 1829 in Kassel, 1831 Oberhofbaumeister, 1833 Baudirektor, 1850 – 1853 Generaldirektor der Staatseisenbahnen, 1853 Oberbaudirektor, Sohn des Bildhauers Johann Christian R. und Bruder des Malers Ludwig R.: Nr. 104
Ruisdael (Ruysdael), Jacob Izaaksz. van (1628/29 – 1682), niederländischer Landschaftsmaler: Nr. 422

Rullmann, Georg Christoph Wilhelm (1790 – 1837), Mediziner, Arzt in Wiesbaden, seit 1818 Medizinalrat, Neffe von Friedrich August Lehr: Nr. 879
Rumjanzew, Nikolai Petrowitsch Graf (1754 – 1826), russischer Politiker, Diplomat, u. a. 1781 – 1795 Gesandter an verschiedenen deutschen Höfen mit Sitz in Frankfurt am Main, 1796 Oberhofmeister und Geheimer Rat, 1797 Bankdirektor, 1802 Handels- und 1807 Außenminister, 1809 – 1812/14 Reichskanzler, Förderer von Kunst und Wissenschaften: Nr. 681
Rumpf, Johann Daniel Friedrich (1766 – 1838), Jurist, Geograph, Kunsthistoriker, in Berlin, Advokat in Rödelheim, preußischer Soldat, Steuerbeamter und Regierungssekretär in Berlin, seit 1822 Hofrat: Nr. 573
Rupsch (Rupff, Ruppisch), Konrad (von) (um 1475 – 1530), Komponist, Kapellmeister, Priester, Hofkapellmeister in Torgau: Nr. 653
Ruscheweyh, Johann Ferdinand Ulrich (1780 – 1846), Zeichner und Stecher, 1808 – 1832 in Rom: Nr. 227
Russland, Alexander I. Pawlowitsch Zar von (1777 – 1825), seit 1801 Zar: Nr. 6, 581, 991, 992, 1048, 1058
– ; dessen Familie: Nr. 1058
Russland, Alexandra Fjodorowna Großfürstin von, geb. Prinzessin Friederike Luise Charlotte Wilhelmine von Preußen (1798 – 1860), Tochter von König Friedrich Wilhelm III. und Luise von Preußen, seit 1817 verh. mit Großfürst Nikolaus I. Pawlowitsch: Nr. 423
Russland, Elisabeth Alexejewna Zarin von, geb. Prinzessin Luise Maria Augusta von Baden (1779 – 1826), seit 1801 Zarin, Tochter des Erbprinzen Karl Ludwig von Baden, seit 1793 verh. mit Zar Alexander I.: Nr. 45, 554
Russland, Maria Fjodorowna Zarin von, geb. Prinzessin Sophie Dorothea Augusta Luise von Württemberg (1759 – 1828), Tochter von Herzog Friedrich Eugen von Württemberg, seit 1776 zweite Ehefrau des Zaren Paul I., Mutter u. a. von Zar Alexander I., von (Erb-)Großherzogin Maria Pawlowna von Sachsen-Weimar und Königin Katharina Pawlowna von Württemberg: Nr. 856, 878, 1003
Russland, Maria Pawlowna Großfürstin von: s. Sachsen-Weimar-Eisenach
Russland, Nikolaus Pawlowitsch Großfürst von (1796 – 1855), seit 1825 Zar als Nikolaus I., Bruder von Alexander I.: Nr. 423
Russland, Peter I. Alexejewitsch der Große Zar von (1672 – 1725), seit 1682/89 Zar, in zweiter Ehe verh. mit der späteren Zarin Katharina I.: Nr. 422, 1058
Ruysdael, Jacob Izaaksz. van: s. Ruisdael
Ruyter (Ruiter), Michiel Adriaanszoon de (1607 – 1676), niederländischer Admiral: Nr. 422

Saalfeld, Jakob Christoph Friedrich (1785 – 1834), Staatswissenschaftler, Historiker, 1809 Privatdozent und 1811 Professor in Göttingen, 1832 Landtagsabgeordneter, 1833 aus dem Königreich Hannover ausgewiesen: Nr. 737
Sacetot, Karl: s. Sastot
Sachs, Hans (1494 – 1576), Schuhmachermeister und Meistersinger in Nürnberg: Nr. 885
Sachsen (Ernestiner, die Häuser): Nr. 272
Sachsen, Albrecht (Albert) Kasimir Herzog von S.-Teschen: s. Sachsen-Teschen

Sachsen, Friedrich August I. König von (1750 – 1827), 1763 Kurfürst als Friedrich August III., 1806 König: Nr. 848

Sachsen, Heinrich III. der Löwe Herzog von (um 1129/30 – 1195), 1142 – 1180 Herzog von Sachsen, 1156 – 1180 auch Herzog von Bayern: Nr. 18

Sachsen, Johann Georg I. Kurfürst von (1585 – 1656), seit 1611 Kurfürst: Nr. 469

Sachsen, Maria Augusta Nepomukena Antonia Fanziska Xaveria Aloisia Prinzessin von (1782 – 1863), Tochter des späteren Königs Friedrich August I.: Nr. 412

Sachsen, Maria Therese Josepha Prinzessin von, geb. Erzherzogin von Österreich (1767 – 1827), Tochter von Kaiser Leopold II., seit 1787 verh. mit Prinz Anton Klemens Theodor: Nr. 412

Sachsen-Gotha und Altenburg, Emil Leopold August Herzog von (auch: Dalbergsohn) (1772 – 1822), seit 1804 Herzog, älterer Sohn von Herzog Ernst II. Ludwig und Bruder Herzog Friedrichs IV.: Nr. 168, 441

Sachsen-Gotha und Altenburg, Ernst II. Ludwig Herzog von (1745 – 1804), seit 1772 Herzog: Nr. 288

Sachsen-Gotha und Altenburg, Friedrich IV. Herzog von (1774 – 1825), seit 1822 Herzog, Sohn von Herzog Ernst II. Ludwig und Bruder von Herzog August, u. a. 1814 – 1820 in Rom: Nr. 52

Sachsen-Meiningen, Bernhard II. Erich Freund Herzog von (1800 – 1882), 1803 Herzog, 1821 – 1866 regierender Herzog, Sohn von Herzog Georg I.: Nr. 696, 800

Sachsen-Teschen, Albrecht (Albert) Kasimir August Ignaz Pius Franz Xaver Herzog von (1738 – 1822), seit 1766 Herzog, 1767 Reichsfeldmarschall, 1765 Statthalter der Niederlande, 1780/81 – 1790 und 1790 – 1792 Generalgouverneur der Niederlande, 1794 – 1795 Reichsfeldmarschall, Sohn des sächsischen Kurfürsten Friedrich August II., Kunstsammler: Nr. 682

Sachsen-Weimar, Bernhard Herzog von (1604 – 1639), Feldherr in schwedischen und französischen Diensten, Bruder von Herzog Wilhelm IV.: Nr. 632

Sachsen-Weimar und Eisenach; seit April 1815 Sachsen-Weimar-Eisenach

Sachsen-Weimar und Eisenach, Anna Amalia Herzogin von, geb. Prinzessin von Braunschweig-Wolfenbüttel (1739 – 1807), seit 1756 verh. mit Herzog Ernst August II. Konstantin, 1758 verw. und bis 1775 Regentin, Mutter von (Groß-)Herzog Karl August: Nr. 317

Sachsen-Weimar-Eisenach, Ida Herzogin von, geb. Prinzessin von Sachsen-Meiningen (1794 – 1852), Tochter von Herzog Georg I. von Sachsen-Meiningen, seit 1816 verh. mit Herzog Bernhard: Nr. 223

Sachsen-Weimar-Eisenach, Karl Alexander August Johann Prinz von (1818 – 1901), seit 1853 Großherzog, zweiter Sohn von Karl Friedrich und Maria Pawlowna: Nr. 808, 812, 828, 833

Sachsen-Weimar-Eisenach, Karl August Großherzog von (1757 – 1828), 1775 regierender Herzog von Sachsen-Weimar und Eisenach, April 1815 Großherzog, 1787 – 1794 und 1798 – 1806 in preußischen Militärdiensten, seit 1802 General der Kavallerie, 1813 – 1814 Oberbefehlshaber über das 3. deutsche Armeekorps und russischer Kavalleriegeneral, 1822 zum Chef des 8. Kürassierregiments in Magdeburg ernannt, Sohn von Herzog Ernst August II. Konstantin und Herzogin Anna Amalia: Nr. 13, 17, 36, 44, 45, 52, 53, 56, 58, 67, 74, 86, 114, 145, 147, 152, 159, 173, 182, 195, 197, 205, 206, 209, 212, 216, 217, 225, 226, 258, 264, 268, 269, 271, 282, 298, 300, 302, 309, 311, 317, 325, 328, 331, 342, 346, 372, 375, 392, 407, 418, 419, 424, 425, 435, 445, 448,

453, 462, 467, 468, 472, 474, 487, 508, 516, 526, 527, 528, 535, 539, 554, 570, 589, 607, 611, 612, 613, 630, 632, 638, 640, 650, 651, 654, 657, 658, 666, 674, 676, 677, 679, 682, 691, 693, 708, 723, 735, 755, 756, 771, 780, 781, 787, 791, 792, 796, 798, 813, 824, 830, 831, 832, 834, 837, 840, 848, 850, 854, 874, 875, 881, 889, 907, 916, 918, 921, 925, 931, 937, 948, 956, 957, 967, 970, 972, 976, 978, 984, 989, 991, 992, 1003, 1005, 1006, 1010, 1015, 1024, 1028, 1030, 1035, 1038, 1042, 1045, 1046, 1060, 1061, 1067, 1068, 1070, 1071, 1076, 9/1598a+

– ; dessen Familie: Nr. 56, 268, 269, 535

Sachsen-Weimar-Eisenach, Karl Bernhard Herzog von (1792 – 1862), Prinz, seit 1815 Herzog, Militär in preußischen, Ende 1806 in sächsischen und 1815 in niederländischen Diensten, 1807 Kapitän, 1809 im Generalstab, 1813 Oberst, 1816 Generalmajor, 1819 – 1830 in Gent, Militärkommandant der Provinz Ostflandern, 1826 Inspekteur eines Marinekommandos und 1829 einer Infanteriedivision, 1831 Generalleutnant, 1848 General der Infanterie und bis 1853 Oberbefehlshaber auf Java, jüngerer Sohn von (Groß-)Herzog Karl August und Luise: Nr. 223, 632

Sachsen-Weimar-Eisenach, Karl Friedrich Erbgroßherzog von (1783 – 1853), Erbprinz, 1815 Erbgroßherzog, 1828 Großherzog, älterer Sohn von (Groß-)Herzog Karl August und Luise: Nr. 5, 6, 9, 45, 48, 70, 91, 191, 218, 220, 269, 272, 278, 309, 314, 328, 346, 510, 518, 531, 537, 546, 577, 580, 645, 669, 775, 809, 829, 837, 854, 911, 921, 934, 955, 1045, 1058

Sachsen-Weimar-Eisenach, Luise Augusta Großherzogin von, geb. Prinzessin von Hessen-Darmstadt (1757 – 1830), seit 1775 verh. mit Herzog Karl August, seit 1815 Großherzogin: Nr. 170, 174, 175, 177, 192, 212, 223, 225, 233, 267, 269, 278, 282, 283, 293, 299, 303, 325, 328, 331, 425, 509, 518, 536, 548, 750, 756, 780, 798, 808, 818, 820, 829, 832, 836, 1045, 1073

Sachsen-Weimar-Eisenach, Maria Luise Alexandrine Prinzessin von (1808–1877), ältere Tochter von Karl Friedrich und Maria Pawlowna, seit 1827 verh. mit Prinz Friedrich Karl Alexander von Preußen: Nr. 40, 81, 426, 478, 531, 752, 1058

Sachsen-Weimar-Eisenach, Maria Luise Augusta Katharina Prinzessin von (1811 bis 1890), Schwester von Maria Luise Alexandrine, seit 1829 verh. mit Prinz Friedrich Wilhelm Ludwig von Preußen: Nr. 40, 81, 426, 478, 531, 535, 752, 1058

Sachsen-Weimar-Eisenach, Maria Pawlowna Erbgroßherzogin von, geb. Großfürstin von Russland (1786 – 1859), 1804 Erbprinzessin, April 1815 Erbgroßherzogin, 1828 Großherzogin, Tochter des russischen Zaren Paul I., Schwester u. a. von Zar Alexander I. von Russland, seit 1804 verh. mit Erbprinz Karl Friedrich: Nr. 5, 6, 9, 16, 21, 23, 40, 45, 51, 56, 81, 159, 212, 233, 268, 282, 293, 303, 311, 318, 328, 340, 391, 478, 487, 510, 537, 542, 543, 563, 577, 580, 589, 592, 620, 621, 643, 644, 809, 829, 832, 833, 837, 921, 934, 972, 1045, 1058

Sack (erw. 1824), Bergeleve in Bonn: Nr. 507, 565

Sacy, Antoine Isaac Silvestre de (1758 – 1838), französischer Orientalist und Politiker, Begründer der Arabistik in Frankreich, 1781 Berater und 1791 Generalkommissar am Münzhof in Paris, 1795 Lehrer an der Schule für orientalische Sprachen, 1806 auch Professor am Collège de France, 1808 Parlamentsmitglied, 1815 Rektor der Universität, 1823 Verwalter des Collège de France, 1832 ständiger Sekretär der Akademie der Inschriften: Nr. 853

Sailer, Johann Michael (seit 1825:) von (1751 – 1832), Theologe, 1775 Priester, 1780/81 Professor in Ingolstadt und 1784 in Dillingen, 1794 entlassen, 1799 wieder in Ingolstadt und 1800 in Landshut, 1822 Koadjutor des Bischofs in Regensburg, 1829 Bischof: Nr. 379

Saint-Geniès, Léonce Comte de: s. Varanchan de Saint-Geniès

Saint Leu, Graf von: s. Bonaparte, Louis

Sainte-Aulaire, Louis Clair Beaupoil Comte de (1778 – 1854), französischer Politiker, Diplomat, Historiker, Übersetzer, 1809 Kammerherr Napoleons, 1813 Präfekt des Mosel-Departements und 1814 des Departements Haute-Garonne, 1815 – 1829 Mitglied der Deputiertenkammer, zuletzt deren Vizepräsident, 1831 Botschafter in Rom, 1833 in Wien, 1841 – 1847 in London, seit 1841 Mitglied der Académie française: Nr. 474

Sainte-Aulaire, Louise Charlotte Victoire (Victorine) Beaupoil Comtesse de, geb. Grimoard de Beauvoir du Roure de Beaumont (1791 – 1874), Tochter des französischen Generals Nicolas Louis Auguste de Grimoard de Beauvoir du Roure de Beaumont, seit 1809 verh. mit Comte Louis Clair S.: Nr. 474

Salieri, Antonio (1750 – 1825), italienischer Komponist, 1788 – 1824 Hofkapellmeister in Wien: Nr. 514

Salom, Michele (Michiel S.; Michel di Abram S.; seit 1801: Michelangelo Arcontini) (1751 – 1837), italienischer Mediziner, Politiker und Übersetzer, Freimaurer, 1776 bis 1789 Arzt in Padua, um 1791 zeitweise in Berlin, 1797 als einziger Jude in den Stadtrat berufen, seit 1801 katholisch, Übersetzer aus dem Deutschen: Nr. 1/152b+

Salomon, Bilka (Bella), geb. Itzig (1749 – 1824), Tochter des Berliner Bankiers Daniel Itzig, seit 1775 verh. mit Levin Jakob S., Großmutter von Fanny und Felix Mendelssohn Bartholdy: Nr. 514

Salvandy, Narcisse Achille de, (seit 1845:) Comte (1795 – 1856), französischer Politiker, Diplomat, Schriftsteller und Publizist, u. a. 1813 – 1814 und 1816 – 1817 Offizier, 1818 – 1821 Vortragender Rat (maître des requêtes) und 1828 – 1830 Staatsrat, 1837 bis 1839 und 1845 – 1847 Minister des öffentlichen Unterrichts, Mitarbeiter des »Journal des débats«: Nr. 527, 596, 617, 623, 685, 732, 820, 851, 881, 882, 884

Salvi, Antonio (1664 – 1724), italienischer Librettist: Nr. 625

Sander, Johann Daniel (1759 – 1825), Verlagsbuchhändler, Schriftsteller, Übersetzer und Komponist in Berlin: Nr. 51, 559

Sarburgh, Bartholomäus (um 1590 – nach 1637/um 1650), Maler: Nr. 531

Sardinien, Viktor Emanuel I. König von (1759 – 1824), 1802 – 1821 König: Nr. 601

Sartorius, Georg August, (seit 1827:) S. von Waltershausen (1806 – 1857), Jurist, hannoverscher Beamter, ältester Sohn von Georg und Karoline (von) S.: Nr. 737, 743

Sartorius, Georg Christian (1774 – 1838), sachsen-weimarischer Beamter, 1796 Baukondukteur in Jena und 1801 in Eisenach, 1804 Wegebauinspektor, 1819 Baurat: Nr. 24

Sartorius, Georg Friedrich Christoph, (seit 1827:) S. von Waltershausen (1765 – 1828), Historiker und Nationalökonom in Göttingen, 1786 – 1797 an der Universitätsbibliothek tätig, 1792 Privatdozent und 1797 Professor, 1814 Berater der sachsen-weimarischen Gesandtschaft auf dem Wiener Kongress, 1815 – 1817 Mitglied der hannoverschen Ständeversammlung: Nr. 201, 233, 737, 743, 749, 5/1013a+

Sartorius, Karoline Dorothee, (seit 1827:) S. von Waltershausen, geb. von Voigt (1779 – 1830), Tochter des Hofrats Eberhard August (von) Voigt in Hannover, seit 1805 verh. mit Georg (von) S.: Nr. 737, 5/1013a+

Sartorius, Wolfgang, (seit 1827:) S. von Waltershausen (1809 – 1876), Geologe, seit 1847 Professor in Göttingen, zweiter Sohn von Georg und Karoline (von) S.: Nr. 737, 743

Sastot (Sacetot, Sastote, von Sastot), Karl (um 1798 – 1834), preußischer Beamter, um 1824 Referendar am Kammergericht in Berlin, 1827 Justizkommissar in Erfurt, mit Karl von Stein auf Kochberg befreundet: Nr. 518
Saur, Henri Joseph (seit 1828:) Comte de (um 1780 – 1849), französischer Beamter, Schriftsteller und Übersetzer, Dramatiker, Vortragender Rat (maître des requêtes) im Staatsrat, Sohn des Senators Jean André (Comte de) S.: Nr. 51, **124**, 145, 152, 165, 176, 184, 190, 203, 212, 288
Saur, Jean André (seit 1808:) Comte de (1754 – 1828), französischer Beamter deutscher Herkunft, Vater von Henri Joseph S.: Nr. 152
Savigny, Friedrich Karl von (1779 – 1861), Rechtshistoriker, preußischer Politiker, 1803 Professor in Marburg, 1808 in Landshut und 1810 – 1842 in Berlin, 1812 – 1813 Rektor der Universität, 1817 Mitglied und 1847 – 1848 Präsident des Staatsrats, 1842 bis 1848 Minister für Gesetzesrevision, 1847 Präsident beider Gremien, 1819 – 1841 Mitglied des Revisions- und Kassationshofs und 1826 – 1832 der Gesetzesrevisionskommission: Nr. 433, 518, 524
Savigny, Maria Kunigunde (Gunda) Ludovika Katharina von, geb. Brentano (1780 bis 1863), Tochter von Peter Anton und Maximiliane Brentano, seit 1804 verh. mit Karl von S., Schwester von Georg und Klemens Brentano, Bettina von Arnim und Meline (von) Guaita, Halbschwester von Franz Brentano: Nr. 514, 524, 559
Scarlatti, Pietro Alessandro Gaspare (1650/60 – 1725), italienischer Komponist: Nr. 653
Schadow, Friedrich Wilhelm, (seit 1843:) S. von Godenhaus (1788 – 1862), Maler, 1811 in Rom, 1819 Professor an der Kunstakademie in Berlin, 1826 Direktor der Akademie in Düsseldorf, Sohn von Gottfried S. aus dessen (erster) Ehe mit Marianne Devidels: Nr. **424**, 531, 625
Schadow, Johann Gottfried (1764 – 1850), Bildhauer in Berlin: Nr. 333, 506, 518, 554, 779, 876
Schäfer, Gottfried Heinrich (1764 – 1840), Philologe, Bibliothekar, 1808 Professor in Leipzig, 1818 – 1833 Universitätsbibliothekar: Nr. 427
Schäffer, Georg Anton Alois (? seit 1812:) von (1779 – 1836), Abenteurer, Mediziner, Militär, u. a. 1803 Dr. med., 1808 Militärarzt in Moskau, 1813 Schiffsarzt, 1813 – 1817 im Dienst der russisch-amerikanischen Handelskompanie, Gründer einer Niederlassung auf den hawaiischen Inseln, um 1823 Major und Bevollmächtigter des brasilianischen Kaisers Pedro I. in Hamburg, Anwerber deutscher Kolonisten und Soldaten, 1825 Oberstleutnant und Oberst: Nr. 524
– ; dessen Ehefrau: Nr. 524, 535, 543
Schaffgotsch (Gräfin von) (erw. 1824), in Berlin: Nr. 549
Schall, Karl Leopold Anton (1780 – 1833), Schriftsteller, Dramatiker, Übersetzer und Publizist in Breslau, zeitweise Mitdirektor des Stadttheaters: Nr. 173, 188, 827, 848, 1063
Schaller, Georg Heinrich (erw. 1812 – 1830), Kutscher in Weimar: Nr. 506, 543, 828
Scharff (Scharf), Johann Valentin (1766 – 1838), Straßenfuhrmann und Gerichtsschöffe in Ernstroda bei Gotha: Nr. 301
Schaul, Eduard (1788 – 1832), württembergischer Beamter, Diplomat, Übersetzer, Geheimer Kabinettskanzlist in Stuttgart, Legationsrat: Nr. 214
Schaum, Johann Otto Heinrich (1763 – 1834), Komponist, Pianist, Herausgeber und Übersetzer, preußischer Regimentsauditeur, 1819 Ratmann in Quedlinburg, um 1823 bis 1825 in Berlin lebend: Nr. 559

Schaumburg-Lippe, Friedrich Wilhelm Ernst Reichsgraf von (1724 – 1777), seit 1748 regierender Graf, Militärtheoretiker, Heerführer, 1756 hannoverscher Generalfeldzeugmeister, 1762 Oberbefehlshaber der britischen und portugiesischen Truppen in Portugal, seit 1764 wieder in Bückeburg: Nr. 836

Schauroth, Augustine Luise Friederike Ernestine von, geb. Teltz (1792 – 1847), aus Magdeburg, seit 1810 verh. mit Friedrich von S., 1829 verw., Mutter von Delphine von S.: Nr. 318, 589

– ; deren Kinder: Nr. 589

Schauroth, Delphine (Adolfine) von (1813 – 1887), Pianistin und Komponistin, vorwiegend in München und zeitweise in London, Tochter von Friedrich und Luise von S., seit 1833 in erster Ehe verh. mit dem englischen Geistlichen Edwin Hill Handley, 1837 gesch., seit 1848 in zweiter Ehe verh. mit Stephan Henniger von Eberg (Seeberg), seit 1856 verh. mit Edward Knight, 1859 gesch.: Nr. 318, 589

– ; deren Familie: Nr. 589

Schauroth, Eduard Friedrich Roger Georg (auch: Friedrich Wilhelm Johann Eduard Roquer) von (1774 – 1829), Militär, um 1789 in preußischen, 1807 in französischen und 1813 in bayerischen Diensten, zuletzt Oberstleutnant: Nr. 318

Schauroth, Friedrich Karl von (1790 – 1861), sachsen-weimarischer Militär und Kammerherr in Eisenach, 1807 Sekonde- und 1811 Premierleutnant, 1815 Hauptmann, 1825 Abschied, 1829 Major, seit 1819 Kammerherr: Nr. 589

Scheidt, Samuel (1587 – 1654), Komponist und Organist in Halle: Nr. 653

Schein, Johann Hermann (1586 – 1630), Komponist, Thomaskantor in Leipzig: Nr. 653

Schelling, Friedrich Wilhelm Joseph (seit 1808:) von (1775 – 1854), Philosoph, 1798 Professor in Jena und 1803 in Würzburg, 1806 in München, Mitglied der Akademie der Wissenschaften, 1808 auch Generalsekretär der Akademie der bildenden Künste, 1820 Professor in Erlangen, 1827 Professor, Generalkonservator der wissenschaftlichen Sammlungen und Vorsitzender der Akademie der Wissenschaften in München, seit 1841 in Berlin: Nr. 619, 788, 5/440a+

Schelver, Franz Joseph (1778 – 1832), Mediziner, Botaniker, 1802 Privatdozent in Halle, 1803 Professor und Direktor des botanischen Gartens in Jena, 1807 Professor und 1811 – 1827 auch Direktor des botanischen Gartens in Heidelberg: Nr. 273, 328, 357, 639

Schelver, Maria Margarete, geb. Schwartze, verw. von der Horst (1779 – 1830), Tochter des Kaufmanns und Bankiers Johann Erich Schwartze in Osnabrück, in erster Ehe verh. mit dem Bremer Kaufmann Jakob von der Horst, seit 1815 zweite Ehefrau von Franz Joseph S.: Nr. 639

Schenck (Schenk), Heinrich Gustav Adolf (geb. 1800), Mediziner, ging 1827 nach Griechenland, Sohn von Johann Friedrich Wilhelm Christian S.: Nr. 186, 405

Schenck (Schenk), Johann Friedrich Wilhelm Christian (1758 – 1834), Jurist, Beamter, 1793 Hofadvokat in Weimar, seit 1798 auch Amtskommissar und Landrichter, 1802 Amtsadjunkt, 1803 Justizamtmann in Dornburg, seit 1818 Justizamtmann und Rat in Weimar, 1831 Hofrat, Sohn des Hauptmanns in holländischen Diensten Johann Anton Ludwig S.: Nr. 186, 405

Schenck (Schenk), Peter (Pieter) (1693 – 1775), holländischer Kupferstecher, Kartenverleger und Bilderhändler in Amsterdam: Nr. 7

Schenk (Schenck), Friedrich Ernst August (1796 – 1859), Maler in Jena, seit 1824 Universitätszeichenmeister, Sohn des Schriftgießers Johann Justus S.: Nr. 978

Schenkendorff (Schenckendorf), Friedrich Wilhelm von (1794 – 1861), preußischer Militär und Beamter, Herr auf Wulkow, um 1824 Premierleutnant, später Adjutant des späteren Kaisers Wilhelm I. und Rittmeister im Generalstab des 3. Armeekorps, zuletzt Major, 1829 Abschied, 1842 – 1860 Landrat in Neuruppin: Nr. 531

Schenkendorff (Schenckendorf), Luise Elisabeth von, geb. (seit 1798:) von Kircheisen (1794 – 1850), Tochter von Friedrich Leopold und Karoline Philippine (von) Kircheisen, seit 1820 verh. mit Friedrich von S.: Nr. 524, 531, 535

Schenker (Schencker), Nicolas (um 1760 – 1848), französisch-schweizerischer Kupferstecher, in Paris, England und seit etwa 1788 in Genf: Nr. 453

Scherer, Franz (František) Joseph (1788 – 1865), böhmischer Dekorationsmaler: Nr. 409

Scherer, Joseph (seit 1825:) von (1776 – 1829), Buchhändler und Bibliothekar in München, 1806 Unterbibliothekar an der Hofbibliothek, 1814 Bibliothekar, 1823 Oberbibliothekar und Leiter der Hof- und Staatsbibliothek, 1802/03 – 1809 Inhaber der Scherer'schen Buchhandlung: Nr. 988, 1014

Scherer, Karl Emil Heinrich von (1791 – 1871), Schweizer Politiker und Militär, Mineraloge, 1814/15 Stabsadjutant, 1822 Oberstleutnant, 1830 Präsident der Militärkommission und bis 1838 des Kaufmännischen Direktoriums in St. Gallen, auch Stadtrat, um 1845 in Vevey: Nr. 536, 693

Scheuchenstuel, Karl von (1792 – 1867), österreichischer Jurist, Montanist, 1812/13 Verweser der Graf Thurn'schen Gewerkschaft Schwarzenbach, 1823 Besitzer eines Stahlhammerwerks bei St. Veit, 1825 Berggerichtssubstitut in Bleiberg, 1832 Direktor eines Rad- und Hammerwerks im Klagenfurter Kreis, 1835 Bergrat in Hall (Tirol), später Oberbergamtsdirektor und Bergrichter in Leoben, zuletzt Chef der Sektion Bergwesen im Finanzministerium und Geheimer Rat: Nr. 68

Schiede, Christian Julius Wilhelm (1798 – 1836), Mediziner, Botaniker, 1825 Arzt in Kassel, 1826 und 1828 Forschungsreisen in Mexiko, zuletzt Arzt in Mexiko: Nr. 438

Schiemann, Johann Heinrich (um 1759 – 1828), Rechnungsbeamter bei der Hauptmünze in Berlin, um 1819 Hauptbuchhalter, um 1824 auch Münzmeister, (?) Geschäftsführer der Firma Daniel Loos Sohn: Nr. 60, **1079**

Schiemann, Karl Christian (1763 – 1835), Mediziner, seit 1787 Arzt in Mitau: Nr. 1020

Schilbach, Johann Heinrich (1798 – 1851), Maler, Zeichner und Kupferstecher, 1823 in Italien, 1828 Hoftheatermaler in Darmstadt: Nr. 164

Schiller, Emilie Henriette Luise von (1804 – 1872), jüngere Tochter von Friedrich und Charlotte (von) S., Schwester von Ernst, Karl und Karoline (von) S., seit 1828 verh. mit dem bayerischen Kammerherrn Heinrich Adelbert von Gleichen-Rußwurm: Nr. 629, 646, 725

Schiller, Ernst Friedrich Wilhelm (seit 1802:) von (1796 – 1841), Jurist, Beamter, 1815 Kammerassessor in Weimar, 1818 zweiter Assessor im Kammerkollegium, 1819 Assessor am Kreisgericht in Köln, 1820 am Landgericht und 1824 am Appellationsgericht, 1828 Rat am Landgericht in Trier und 1835 am Appellationsgericht in Köln, jüngerer Sohn von Friedrich und Charlotte (von) S., Bruder von Emilie, Karl und Karoline (von) S.: Nr. 431, 629, 825

Schiller, Johann Christoph Friedrich (seit 1802:) von (1759 – 1805), Schriftsteller, Philosoph, Historiker, 1789 – 1799 Professor in Jena, seit 1800 in Weimar: Nr. 130, 274, 318, 352, 399, 402, 422, 431, 445, 453, 562, 569, 619, 629, 646, 695, 704, 725, 737, 763, 770, 793, 823, 825, 876, 882, 934, 969, 1094, 5/440a+, 6/524a+

– ; dessen Familie: Nr. 725
Schiller, Karl Friedrich Ludwig (seit 1802:) von (1793 – 1857), Forstbeamter, 1810 Student in Heidelberg, 1813 in sächsischen und 1815 in preußischen Militärdiensten, seit 1817 in Württemberg, 1824 Revierförster in Reichenberg, 1833 Oberförster in Rottweil, 1841 Forstmeister in Lorch und 1850 in Neuenstadt am Kocher, 1852 pensioniert und Übersiedlung nach Stuttgart, älterer Sohn von Friedrich und Charlotte (von) S., Bruder von Emilie, Ernst und Karoline (von) S.: Nr. 629, 725
Schiller, Karoline Henriette Luise (seit 1802:) von (1799 – 1850), Pädagogin, 1826 – 1830 Anstellung in Karlsruhe in Schlesien, 1832 Gründerin und bis 1836 Leiterin einer Mädchenschule in Rudolstadt, ältere Tochter von Friedrich und Charlotte (von) S., Schwester von Emilie, Ernst und Karl (von) S., seit 1836 zweite Ehefrau des Bergrats Franz Junot: Nr. 629, 646
Schiller, Luise Antoinette Charlotte (seit 1802:) von, geb. von Lengefeld (1766 bis 1826), Tochter des schwarzburg-rudolstädtischen Oberforstmeisters und Kammerrats Karl Christoph von Lengefeld und dessen Ehefrau Luise, seit 1790 verh. mit Friedrich (von) S., 1805 verw., 1825 Umzug nach Bonn, Schwester von Karoline von Wolzogen: Nr. 629, 646, 655, 659, 704, 725, 800, 856
Schiller, Maria Magdalena (Lena) Josepha Walburgis (Walpurgis) Antonette Klementine von, geb. (von) Pfingsten, verw. von Mastiaux (1781 – 1853), Tochter des kurkölnischen Geheimen und Kabinettsrats Johannes Klemens Pfingsten, seit 1808 in erster Ehe verh. mit dem Tribunalrichter Kaspar Anton Johann Nepomuk von Mastiaux in Bonn, 1815 verw., seit 1823 verh. mit Ernst von S.: Nr. 431
Schink, Johann Friedrich (1755 – 1835), Schriftsteller, Librettist und Dramaturg, u. a. 1776 in Berlin, 1780 in Wien, 1789 in Hamburg, 1797 in Ratzeburg, 1806 in Rellingen in Holstein und um 1816 in Berlin, (?) 1819 in Löbichau, seit 1821 Bibliothekar der Herzogin Dorothea von Sagan: Nr. 399, 514
Schinkel, Eleonore Susanne Henriette, geb. Berger (1782 – 1861), Tochter des Kaufmanns Georg Friedrich Berger in Stettin, seit 1806 verh. mit Karl Friedrich S.: Nr. 518
Schinkel, Karl Friedrich (1781 – 1841), Architekt und Maler in Berlin, 1810 Oberbauassessor, 1815 Geheimer Oberbaurat, 1820 Professor und Mitglied des Senats der Akademie der Künste, 1831 Geheimer Oberbaudirektor: Nr. 192, 202, 323, 357, 506, 518, 554, 581, 768, 824, 884, 1003, 1047, 1083
Schippan, Heinrich Adolf Leberecht (1794 – 1837), Geologe und Kartograph in Freiberg, zuletzt Stadtbauschreiber und Geometer: Nr. 487
Schippan, Johann Georg (1760 – 1848), Erb- und Lehnrichter, um 1800 Betreiber eines Steinkohlebergwerks in Flöha bei Chemnitz, Vater von Adolf S.: Nr. 487
Schirer, J. (erw. 1824), Schauspielerin am Königsstädtischen Theater in Berlin: Nr. 1009
Schlabrendorff (Schlabrendorf), Gustav (seit 1772/86:) Graf von (1750 – 1824), politischer Schriftsteller, Linguist, Sonderling, seit 1789 in Paris, Sohn des preußischen Politikers Ernst Wilhelm von S.: Nr. 988
Schlegel, August Wilhelm (seit 1815:) von (1767 – 1845), Schriftsteller, Übersetzer, Literaturwissenschaftler, 1795 in Jena, 1798 Professor, 1801 – 1804 in Berlin lebend, dann u. a. auf dem Landsitz von Germaine de Staël in Coppet und bis 1817 deren Reisebegleiter, 1813 schwedischer Regierungsrat und Sekretär des schwedischen Kronprinzen Jean Baptist Bernadotte, 1816 in Paris, 1818 Professor in Bonn, Bruder von Friedrich (von) S.: Nr. 54, 71, 199, 512, 559, 569, 708, 1004, 1007, 1038, 1054

Schlegel, Julius Heinrich Gottlieb (1772 – 1839), Mediziner, 1796 Amtsphysikus und um 1802 auch Stadtphysikus in Ilmenau, 1810 sachsen-weimarischer Hofmedikus, 1817 Hofmedikus und Sanitätspolizeidirektor in Meiningen, 1824 auch Badearzt in Liebenstein, 1811 Hofrat und 1824 Geheimer Hofrat: Nr. 487

Schlegel, Karl Wilhelm Friedrich (seit 1815:) von (1772 – 1829), Schriftsteller, Literaturwissenschaftler, 1800 – 1801 Privatdozent in Jena, dann in Berlin, Dresden und Paris, 1804 in Köln, seit 1808 in Wien, 1809 Sekretär bei der Hof- und Staatskanzlei, 1815 – 1818 erster Legationssekretär der österreichischen Gesandtschaft beim Bundestag in Frankfurt am Main, zuletzt in Dresden, Bruder von August Wilhelm (von) S.: Nr. 18

Schleiermacher, Friedrich Daniel Ernst (1768 – 1834), Theologe, Philosoph, Philologe und Pädagoge, 1794 Hilfsprediger in Landsberg an der Warthe, 1796 Prediger an der Charité in Berlin, 1802 Hofprediger in Stolp in Pommern, 1804 Professor und Universitätsprediger in Halle, seit 1807 wieder in Berlin, 1809 Prediger an der Dreifaltigkeitskirche, 1810 Mitgründer der Universität, Professor und Dekan der theologischen Fakultät, seit 1814 auch Sekretär der Akademie der Wissenschaften, 1815 – 1816 Rektor der Universität: Nr. 461, 554, 751

Schlepegrell, Friedrich Christian Ludwig von (1786 – 1856), Jurist, hannoverscher Beamter, 1821 Rat am Oberappellationsgericht in Celle, 1842 dessen Vizepräsident: Nr. 837

Schlesinger, Adolf Martin (vorher: Abraham Moses S.) (1769 – 1838), Buch- und Musikalienhändler und Verleger in Berlin, Vater von Moritz S.: Nr. 521

Schlicht, Levin Johann (1681 – 1723), Theologe, Pädagoge, Kirchenlieddichter, Lehrer in Halle, Rektor in Brandenburg, zuletzt Prediger in Berlin: Nr. 653

Schlichtegroll, Adolf Heinrich Friedrich (seit 1808:) von (1765 – 1822), Biograph, Archäologe, Numismatiker, 1787 – 1800 Gymnasialprofessor in Gotha, 1799 – 1807 Konservator am Münzkabinett, seit 1807 in München, Direktor und Generalsekretär der Akademie der Wissenschaften: Nr. 1082

Schlichter, Gottfried Christian (1777 – 1828), Gastwirt und Postverwalter in Wiesbaden, Besitzer des Bade- und Gasthauses »Zum Adler«, 1795 Postexpeditor, 1810 Postverwalter, 1818 – 1824 auch Mitglied der nassauischen Deputiertenkammer: Nr. 857

Schlick (gräfliche Familie): Nr. 1072

Schlippenbach (Graf von) (erw. 1824): Nr. 543

Schlippenbach, Adelheid Konstanze Gräfin von (1803 – 1888), 1822 – 1824 Hofdame der Prinzessin Luise von Preußen, Tochter des Adjutanten des Prinzen Karl Graf Friedrich Wilhelm S., seit 1824 verh. mit dem Erblandpostmeister von Schlesien Graf Heinrich Gustav Gottlob Reichenbach-Goschütz, 1832 gesch.: Nr. 514

Schlippenbach, Emilie Gräfin von (1802 – 1878), Hofdame der Herzogin Friederike von Cumberland, Tochter des Grafen Friedrich Wilhelm S., seit 1830 verh. mit dem Domherrn zu Oxford Richard William Jelf, Schwester von Gräfin Adelheid S.: Nr. 512, 514, 559

Schlippenbach, Karl Franz August Otto Graf von (1795 – 1836), preußischer Militär, Sohn des Grafen Friedrich Wilhelm S., Bruder von Gräfin Adelheid S.: Nr. 524, 531

Schlippenbach, Wilhelm August Moritz Karl Graf von (1797 – 1842), preußischer Militär, zuletzt Major und Adjutant des Prinzen Friedrich Karl Alexander, Sohn des Grafen Friedrich Wilhelm S., Bruder von Gräfin Adelheid S.: Nr. 524, 531

Schloß, M. D. & Comp.; um 1823 gegründetes Lotteriegeschäft in Frankfurt am Main, unter Beteiligung des Handelsmannes Michael David S. (1802 – 1866): Nr. 414

Schlosser, Christian Friedrich (1782 – 1829), Mediziner, Pädagoge, 1801 – 1802 Student in Jena und 1804 – 1806 in Göttingen, 1808 – 1812 in Rom, seit 1810 katholisch, 1813 in Frankfurt am Main, in der Stadtpolitik aktiv, 1818 – 1819 Gymnasialdirektor in Koblenz, danach wieder in Frankfurt und zeitweise in Frankreich, seit 1827 in Rom, Sohn von Peter und Margarete S., Bruder von Fritz und Susanna S., seit 1818 verh. mit Helene Gontard: Nr. 31, 69, 107, 108, **318**, 461, 519, 589, 729, **765**, 779, **1084**

– ; dessen Familie: Nr. 765, 1084

Schlosser, Friedrich Christoph (1776 – 1861), Historiker, 1808 – 1809 Konrektor in Jever, 1810 – 1817 Gymnasiallehrer in Frankfurt am Main, 1812 – 1813 auch Professor am Lyzeum und 1815 – 1817 Stadtbibliothekar, seit 1817 Professor in Heidelberg, bis 1825 auch Leiter der Universitätsbibliothek, 1817 Hofrat, 1823 Geheimer Hofrat und 1832 Geheimer Rat: Nr. 853

Schlosser, Johann Friedrich (Fritz) Heinrich (1780 – 1851), Jurist und Pädagoge in Frankfurt am Main, 1801 Student in Jena, 1803 Advokat, 1806 Stadt- und Landgerichtsrat, 1812 – 1813 Oberschul- und Studienrat, Direktor des Lyzeums, seit 1814 katholisch, Teilnehmer am Wiener Kongress, 1819 Mitgründer der Gesellschaft für ältere deutsche Geschichtskunde, seit 1826 abwechselnd in Frankfurt und auf seinem Landsitz Stift Neuburg bei Heidelberg lebend, seit 1808 Goethes Rechtsvertreter in Frankfurt, Sohn von Peter und Margarete S., Bruder von Christian und Susanna S., seit 1809 verh. mit Sophie Du Fay: Nr. **69**, **84**, 97, **107**, **108**, 318, 379, 387, **519**, 589, 591, **729**, 779, 789, **995**, 1084

– ; dessen Familie: Nr. 69, 84, 107, 729, 789, 995

Schlosser, Kornelia Friederike Christiane, geb. Goethe (1750 – 1777), Goethes Schwester, seit 1773 erste Ehefrau des späteren Syndikus Georg S. in Frankfurt am Main: Nr. 506

Schlosser, Maria Susanna (1785 – 1838), Tochter von Peter und Margarete S., Schwester von Fritz und Christian S.: Nr. 84, 108, 379

Schlosser, Sophie Johanna, geb. Du Fay (1786 – 1865), Tochter von Jean Noé Du Fay in Frankfurt am Main, seit 1809 verh. mit Fritz S.: Nr. 84, 108, 379, 519, 729, 779, 800, 995

Schlotheim, Ernst Friedrich von (1764 – 1832), Paläontologe, Botaniker, Beamter in Gotha, 1791 – 1828 Mitglied der Kammer, 1805 deren Vorsitzender, 1806 Vize- und 1817 Präsident der Kammer, 1818 Geheimer Rat, 1828 Oberhofmarschall: Nr. 182, 343, 1010

Schmelka (eigtl. Brettner), Heinrich Ludwig (1777 – 1837), Schauspieler (Komiker) und Schriftsteller, 1800 – 1815 in Prag, 1824 am Königsstädtischen Theater in Berlin: Nr. 1009, 1043

Schmeller, Johann Joseph (1794 – 1841), Maler in Weimar, seit 1818 Lehrer an der Zeichenschule, um 1820 – 1823 in Antwerpen: Nr. 508, 642, 669, 673, 685, 772, 836, 848, 849, 940

Schmidel (Schmiedel), Kasimir Christoph (1718 – 1792), Mediziner, Botaniker, 1742 Professor in Bayreuth und 1743 in Erlangen, 1763 zeitweise Leibarzt in Ansbach, später Geheimer Hofrat und Präsident des Medizinalkollegiums: Nr. 237

Schmidt (erw. 1824), (?) Jurist in Celle: Nr. 837

Schmidt, C. Ludwig (erw. 1806 – 1833), preußischer Artillerieleutnant, 1806 in Erfurt, 1810 demissioniert, 1813 erneut Leutnant, zur Garde versetzt, um 1826 Geheimer Sekretär im Kriegsministerium: Nr. 518

Schmidt, Christian Friedrich (1780 – 1850), Jurist, Beamter, Pianist, 1802 Balleisekretär und 1809 Amtmann in Zwätzen, auch Justitiar, 1815 Regierungsrat in Weimar, 1831 Geheimer Regierungsrat, 1832 Gründer einer Liedertafel in Weimar, Bruder des Arztes Karl August S. in Tennstedt: Nr. 342, 524, 801, 824

Schmidt, Johann Philipp Samuel (1779 – 1853), Komponist und Musikschriftsteller in Berlin: Nr. 554

Schmidt, Karl Friedrich (1739 – 1822), Jurist, Kunstsammler, Hof- und Landgerichtsadvokat in Kiel: Nr. 10

Schmidt, Kaspar Wilhelm Christian (auch: Kaspar Friedrich Wilhelm S., Christian Friedrich Wilhelm S.) (1799 – 1876), Pädagoge, Elementarlehrer, Lehrer in Schnepfenthal und an der Freischule in Weimar, 1824 Lehrer des Prinzen Karl Alexander von Sachsen-Weimar und von Walter von Goethe, 1833 Rat, seit 1835 in Eisenach, bis 1862 Direktor der Bürgerschule und des Lehrerseminars, Schulrat, 1862 pensioniert, Sohn des Schuhmachermeisters Nikolaus Daniel S. in Weimar: Nr. 808, 833

Schmidt, Martin Heinrich August (1776 – 1830), Schriftsteller, Theologe, um 1810 Brigadeprediger in Berlin, 1812 Pfarrer in Teltow, 1817 Oberprediger in Derenburg (Harz): Nr. 619

Schmieder, Heinrich Gottlieb (Gottlob) (1763 – ? 1815), Jurist, Schriftsteller, Übersetzer, Herausgeber, 1786 im kursächsischen Militärdienst, 1788 – 1792 Theaterdichter in Mainz, dann in Mannheim und Stuttgart, 1795/96 – 1803 in Altona, 1798 Regisseur und Direktor am Nationaltheater, dann Mitinhaber einer Buchhandlung, 1803 in Hamburg, seit 1804 in St. Petersburg, bis 1805 am deutschen Theater: Nr. 543

Schneider, A. F. (erw. 1824), Damenfriseur in Berlin: Nr. 518, 524, 543

Schneider, Karl Friedrich (um 1766 – 1832), Damenfriseur in Berlin, um 1825 Hoffriseur und Teilhaber der Perückenfabrik S. und Wilke, Nachfolger (? Sohn) von A. F. Schneider: Nr. 518, 524, 543

Schneidler (Schneitler), Johann Friedrich Wilhelm (1799 – 1839), um 1824 Webergeselle und seit etwa 1834 Hilfslehrer in Berlin, Sohn des Schuhmachergesellen Johann Gottlieb Schneitler in Berlin: Nr. 938

Schnell, Ludwig Friedrich (1792 – 1834), Kupferstecher in Darmstadt und Karlsruhe, seit 1831 Hofkupferstecher in Karlsruhe, Schwiegersohn des Kupferstechers Christian Haldenwang: Nr. 1042

Schnoor, Friedrich Karl (1758 – 1816), Jurist, Sekretär des Domkapitels in Lübeck, auch Justizamtmann, zuletzt in Schwartau, Bruder von Heinrich Christian S.: Nr. 267

Schnoor, H(e)inrich Christian (1762 – 1828), Liederdichter und -komponist, 1781 bis 1793 Student in Kiel, Göttingen, Erlangen, Jena und Leipzig, fahrender Sänger, 1823 in Berlin, (?) zuletzt in Breslau: Nr. 267, 357

Schnoor, Johanna Karolina, geb. Schmidt (gest. 1806), Tochter eines preußischen Beamten Karl Friedrich Schmidt, seit 1802 verh. mit H(e)inrich Christian S.: Nr. 267

Schoch, Hans Konrad (1788 – 1837), Schweizer Theologe, Pädagoge, 1811 Pfarrer in Rüschlikon im Kanton Zürich, 1821 in Ötenbach, Lehrer an der Bürgerschule und am Gymnasium, 1834 Mitglied des Erziehungsrats: Nr. 44

Schöler, Friedrich Ludwig Robert Johann von (1797 – 1869), preußischer Militär, 1817 Gardeleutnant in Berlin, 1837 Kapitän, 1842 Major, später im Kriegsministerium, Adjutant des Königs, als 1857 Generalmajor verabschiedet, Sohn von Moritz Ludwig Wilhelm von S.: Nr. 524

Schöler, Moritz Ludwig Wilhelm von (1771 – 1855), preußischer Militär, 1788 Leutnant, 1800 Stabskapitän in Berlin, 1807 Major, 1813 Oberst, 1814 Direktor im Kriegsministerium, 1825 Generalleutnant, 1837 als General verabschiedet, Vater von Friedrich Ludwig Robert Johann von S.: Nr. 524

Schön, Heinrich Theodor (seit 1792:) von (1773 – 1856), preußischer Politiker, 1793 Referendar in Königsberg, 1796 – 1799 Studienreise durch Deutschland und Großbritannien, 1797/99 Kriegs- und Domänenrat in Białystok und 1800 in Marienwerder, 1802 Geheimer Oberfinanzrat in Berlin, Mitarbeiter Karl vom Steins, 1807 Mitglied der Immediatkommission, 1808 Geheimer Staatsrat und Leiter der Sektion Gewerbepolizei, 1809 Regierungspräsident in Gumbinnen, 1813 zeitweise Zivilgouverneur Preußens und Vertreter im Deutschen Zentralverwaltungsrat, 1815/16 Oberpräsident von Westpreußen und 1824 von Ost- und Westpreußen, 1842 Entlassung, Burggraf der Marienburg, 1848 Mitglied der preußischen Nationalversammlung: Nr. 67, 173, 423

Schoen (Schön), Karl Christoph (1775 – 1855), kurländischer Theologe, 1802 Prediger in Durben (Lettland), 1832 Propst, 1842 Konsistorialrat: Nr. 183

– ; dessen Familie: Nr. 183

Schönberg, Luise von, geb. Gräfin von Stolberg-Wernigerode (1771 – 1856), 1797 Äbtissin des Stifts Drübeck, Tochter des Grafen Christian Friedrich Stolberg-Wernigerode, seit 1807 verh. mit dem späteren Oberpräsidenten der Provinz Schlesien Moritz Haubold von S.: Nr. 512

Schönberger, Lorenz Adolf (1768 – 1846), österreichischer Maler, bereiste u. a. 1806 – 1825 Süddeutschland und Italien: Nr. 412

Schönburg (S.-Glauchau), Heinrich Gottlob Otto Ernst Graf von (1794 – 1881), Gutsbesitzer, 1814 Landwehroffizier, 1820 Verwalter und 1837 Besitzer der Herrschaft Hinterglauchau, später Erbe und Käufer weiterer Güter, seit 1858 mehrfach Bevollmächtigter der Lehnsherrschaften auf dem sächsischen Landtag: Nr. 512

Schönburg (S.-Glauchau), Marie Klementine Gräfin von, geb. Prinzessin von Schönburg-Waldenburg (1789 – 1863), Tochter von Fürst Otto Karl Friedrich Schönburg-Waldenburg, seit 1820 verh. mit Graf Heinrich S.: Nr. 512

Schöne, Karl Christian Ludwig (1779 – 1824), Mediziner, Schriftsteller, 1813 Direktor und Oberarzt des Militärlazaretts in Kolberg, um 1815 Arzt in Hamburg und seit 1818 in Stralsund: Nr. 559

Schönian'sche Buchhandlung; Verlagsbuchhandlung in Elberfeld, im Besitz von Friedrich Karl S. (1789 – 1843): Nr. 710, 1054

Scholz, Albert Benjamin (1786 – 1833), österreichischer Mediziner und Naturwissenschaftler, Chemiker, 1818 Professor am Polytechnischen Institut in Wien, 1827 Direktor der Porzellanfabrik in Wien und der Spiegelfabrik zu Neuhaus in Niederösterreich: Nr. 498

Schopenhauer, Arthur (1788 – 1860), Philosoph, 1809 Student in Göttingen und 1811 – 1813 in Berlin, dann in Weimar, 1814 in Dresden, 1818 – 1819 und 1822 – 1823 in Italien, 1820 – 1821 und 1826 – 1831 Privatdozent in Berlin, dann in Frankfurt am Main und Mannheim, seit 1833 wieder in Frankfurt, Sohn von Johanna S. und Bruder von Adele S.: Nr. 909

Schopenhauer, Johanna Henriette, geb. Trosiener (1766 – 1838), Schriftstellerin, 1793 in Hamburg, 1806 in Weimar, 1829 in Unkel, 1832 in Bonn und 1837 in Jena, seit 1784 verh. mit dem Danziger Kaufmann Heinrich Floris S., 1806 verw., Mutter von Arthur und Adele S.: Nr. 30, 262, 321, 591, 857, 909

Schopenhauer, Luise Adelaide (Adele) Lavinia (1797 – 1849), Schriftstellerin, Übersetzerin, Malerin, Silhouettenschneiderin, 1806 mit ihrer Mutter Johanna S. in Weimar, 1829 in Unkel, 1832 in Bonn und 1837 in Jena, 1845 – 1848 in Italien, zuletzt in Bonn, Schwester von Arthur S.: Nr. 51, 270, 321, 501, 506, 512, 518, 531, 591, 800, **857, 909**

Schorel, Jan van: s. Scorel

Schornstein, Johannes (1789 – 1853), Musikdirektor in Elberfeld, 1811 Mitgründer des Gesangvereins und 1817/18 der Niederrheinischen Musikfeste: Nr. 431, 442

Schott (B. Schott's Söhne); Musikverlag in Mainz, gegründet von Peter Bernhard S. (1748 – 1809), fortgeführt von seinen ältesten Söhnen Johann Andreas S. (1781 bis 1840) und Johann Joseph S. (1782 – 1855), seit 1818 unter der Firma B. Schott's Söhne: Nr. **1013**

Schott, Heinrich Wilhelm (1794 – 1865), österreichischer Botaniker, Gärtner in Wien, Gartengehilfe und Assistent an der botanischen Lehranstalt, 1817 – 1821 Teilnehmer an der österreichischen Brasilien-Expedition, 1821 Direktionsadjunkt in Schönbrunn, 1828 Hofgärtner, 1845 Hofgarten- und Menageriedirektor: Nr. 195

Schottland, Maria Stuart, Königin von: s. Stuart

Schouw, Joachim (Joakim) Frederik (1789 – 1852), dänischer Botaniker und Politiker, seit 1821 Professor in Kopenhagen: Nr. 732

Schrader, Heinrich Adolf (1767 – 1836), Mediziner, Botaniker, 1797 Medizinalrat in Hildesheim, dann Privatdozent und seit 1803 Professor für Botanik in Göttingen, auch Direktor des botanischen Gartens: Nr. 438

Schrag, Johann Leonhard (1783 – 1858), Verlagsbuchhändler in Nürnberg, seit 1810 unter eigener Firma: Nr. 885

Schreiber, Johann Georg (um 1781 – 1864), Buchdrucker und -verleger und zeitweise Schriftgießer in Jena: Nr. **168**, 901

Schreibers, Karl Franz Anton (seit 1808/10:) von (1775 – 1852), österreichischer Naturwissenschaftler, Mediziner, 1793 – 1795 Assistent Franz Joseph Galls in Wien, 1798 – 1806 Arzt, hielt 1802 – 1807 Vorlesungen an der Universität, seit 1806 Direktor der vereinigten Naturalienkabinette, 1816 – 1822 auch Leiter des Münz- und Antikenkabinetts: Nr. **195**, 211

Schröder, Emilie, geb. Schroedter (1791 – 1874), Mäzenatin und dilettierende Sängerin in Hamburg, um 1818 Mitglied in dem von Luise Reichardt gegründeten Gesangverein, Tochter des Hamburger Arztes Karsten Albrecht Schroedter und Enkelin des Bürgermeisters Albert Schulte, seit 1809 verh. mit dem Hamburger Assekuranzmakler Johann Severin S., 1837 verw.: Nr. 225, **296**

Schröder, Friedrich Ulrich Ludwig (1744 – 1816), Schauspieler, Schriftsteller, Theaterdirektor, 1771 – 1780 Theaterdirektor in Hamburg, 1781 Schauspieler und Theaterdichter in Wien, 1786 – 1798 und 1811 – 1812 wieder Theaterdirektor in Hamburg: Nr. 744

Schroedter, Auguste (erw. 1823), Tochter des Hamburger Arztes Karsten Albrecht S., Schwester von Emilie Schröder: Nr. 225, 296

Schroedter, Karsten Albrecht (1759–1828), Mediziner, Arzt in Hamburg, Vater von Auguste S. und Emilie Schröder: Nr. 296

Schrön, Heinrich Ludwig Friedrich (1799–1875), Mathematiker, Astronom und Meteorologe, 1816 bei der Landesvermessung in Weimar angestellt, Konduktuer und um 1823 Geometer, 1819 Student in Jena, 1824 Dr. phil., seit 1820 für die Sternwarte tätig, Gehilfe und 1822 Konduktuer, 1828 Stipendiat auf dem Seeberg bei Gotha, 1829 Vorsteher der Jenaer Sternwarte, 1834 auch Professor an der Universität, 1846 zum Direktor der Sternwarte ernannt: Nr. 185, 247, 285, 415, 456, 539, 651, 761, 840, 985

Schröter, August Wilhelm Ferdinand von (1799–1865), Jurist, 1816–1819 Student in Göttingen, Königsberg, Berlin und seit 1818 in Jena, 1819 einer der Vorsteher der Burschenschaft, 1820/21 Privatdozent und 1822 Professor in Jena, 1827 auch Oberappellationsgerichtsrat, 1836 Rat am Oberappellationsgericht in Parchim und 1840 in Rostock, 1850 Staatsrat, Vorstand des Justizministeriums und 1858 Justizminister in Schwerin, Sohn des dänischen Kriegsrats Christian Heinrich von S. und Bruder des Mathematikers Hans Rudolf von S.: Nr. 125, 924

Schubarth, Karl Ernst (1796–1861), Philologe, Ästhetiker, Pädagoge, 1817 in Leipzig, 1820 in Breslau, 1821–1824 in Berlin und dann bei Hirschberg lebend, 1826 Privat- und 1830–1860 Gymnasiallehrer in Hirschberg, 1841 kurzzeitig Professor in Breslau: Nr. 113, 141, 166, 172, 178, 192, 235, 248, 368, 495, 542, 547, 720, 744, 801, 811, 896

Schubert, Johannes (Jean) (1800–1858), um 1823–1826 Kupferstecher in Bonn, später Kaufmann in Hanau, Sohn des Hanauer Lombardbuchhalters Johann Jakob S.: Nr. 73, 103, 361, 402, 417, 418, 449, 507, 515, 558, 565, 662

Schubert, Joseph (1754–1837), Musiker, Komponist, 1779 Violinist in der Hofkapelle des Markgrafen Heinrich Friedrich von Brandenburg-Schwedt, 1788 Bratschist in der Hofkapelle in Dresden, 1824 pensioniert: Nr. 554, 590

Schuckmann, Kaspar Friedrich von (1755–1834), Jurist, preußischer Beamter und Politiker, 1783 Assessor in Berlin, 1786 Rat bei der Breslauer Oberamtsregierung, 1790 Oberbergrichter, 1795 Kammerpräsident in Bayreuth, 1796 in Ansbach, 1806 in Pommern, 1810 Geheimer Staatsrat, 1814 Innenminister, 1830 Minister für Handel und Gewerbe: Nr. 518, 559

Schuderoff, Johann Georg Jonathan (1766–1843), Theologe, Publizist, 1790 Substitut und 1792 Pfarrer in Drackendorf bei Jena, 1798 Diakon in Altenburg, 1805 Archidiakon und 1806 Superintendent und Oberpfarrer in Ronneburg, 1839–1840 kurzzeitig suspendiert: Nr. 261

Schütz, Christian Wilhelm (seit 1803:) von (genannt S.-Lacrimas) (1776–1847), Schriftsteller, Publizist, 1798 Referendar bei der kurmärkischen Kriegs- und Domänenkammer in Berlin, seit 1807 Gutsherr in Kummerow, Landrat im Kreis Beeskow-Storkow und Ritterschaftsdirektor in der Neumark, 1811 suspendiert, nach 1812 vorwiegend in Ziebingen und Madlitz, 1820–1828 in Dresden, um 1830 Konversion zum Katholizismus und Rückkehr in die Mark Brandenburg: Nr. 156, 464, 541

Schütz, Friedrich Karl Julius (1779–1844), Schriftsteller, Historiker, Philosoph, Schauspieler, 1801 Privatdozent in Jena, 1804 Professor in Halle, 1806 in Berlin, seit 1811 in zweiter Ehe verh. mit der Schauspielerin und Pantomimin Henriette Hendel, geb. Schüler, bis 1817 deren Reisebegleiter, 1818–1820 Dozent in Halle, später in Hamburg und Leipzig, 1827 gesch., Sohn des Philologen Christian Gottfried S.: Nr. 823

Schütz, Heinrich (1585 – 1672), Komponist, kursächsischer Hofkapellmeister: Nr. 653
Schütz, Johann Heinrich Friedrich (1779 – 1829), Kantor und Schullehrer, seit 1799 Organist und Mädchenschullehrer in Berka an der Ilm, 1813 auch Inspektor des neu eröffneten Bades: Nr. 346
Schütze, Johann Stephan (1771 – 1839), Schriftsteller, Ästhetiker, Publizist, 1794 bis 1795 Theologiestudent in Erlangen und Halle, dann zeitweise Hauslehrer in Magdeburg, 1804 in Dresden und seit August 1804 vorwiegend in Weimar lebend, seit 1835 Hofrat: Nr. 342, 847, 905, 908
Schule, Johann Christoph Albert (1801 – 1875), Kupferstecher in Leipzig: Nr. 795, 821
Schulenburg (Gräfin von der) (erw. 1824), in Berlin: Nr. 535, 559
Schulenburg, Friedrich Werner Graf von der (1803 – 1867), preußischer Forstbeamter, 1823 Jurastudent in Berlin, Regierungsreferendar in Magdeburg und Merseburg, Regierungsassessor in Potsdam, Oberförster in Willerode, Forstinspektor in Heiligenstadt, Forstmeister in Merseburg, als Regierungsrat pensioniert, zuletzt in Potsdam lebend, Sohn der in Weimar lebenden Gräfin Karoline Jakobine Sophie von der S.: Nr. 512, 518, 559
Schultheß, Anna Barbara (Bäbe), geb. Wolf (1745 – 1818), seit 1763 verh. mit dem Seidenfabrikanten und Hauptmann David S. in Zürich, 1778 verw., mit Johann Kaspar Lavater und seit 1775 mit Goethe befreundet: Nr. 945
Schultz, Christoph Ludwig Friedrich (1781 – 1834), Jurist, preußischer Beamter, seit 1806 in Berlin, Kriegs- und Domänenrat, 1809 ins Finanzministerium berufen und bis 1817 Staatsrat, 1810 aus dem Ministerium entlassen, mit der Aufhebung der Klöster und geistlichen Güter in Schlesien und der Gründung der Universität Breslau betraut, 1814 im Ministerium des Innern für die Finanzangelegenheiten des Kultus zuständig, 1817 Vortragender Rat im Kultusministerium, 1818 Geheimer Oberregierungsrat, 1819 Regierungsbevollmächtigter für die Universität, 1825 entlassen, 1825 – 1831 in Wetzlar, dann in Bonn: Nr. 77, 94, 109, 128, 141, 166, 172, 192, 202, 208, 213, 232, 235, 248, 274, 343, 350, 368, 371, 385, 388, 394, 421, 428, 433, 434, 438, 477, 481, 503, 512, 514, 518, 524, 525, 530, 707, 758, 764, 773, 811, 896, 912, 959, 1083
– ; dessen Kinder: Nr. 811, 896
Schultz, Friedrich Wilhelm Adalbert Heinrich (geb. 1822), Sohn von Christoph Ludwig Friedrich und Johanna S.: Nr. 77
Schultz, Joachim Friedrich Bernhard (1807 – 1824), Sohn von Christoph Ludwig Friedrich und Johanna S.: Nr. 274, 368, 896, 912
Schultz, Karl Heinrich, (seit 1848:) S.-Schultzenstein (1798 – 1871), Mediziner, Botaniker, seit 1825 Professor in Berlin: Nr. 213, 232, 235, 274, 438, 456, 529
Schultz (Schulz), Karl Heinrich August (1761 – 1824), preußischer Beamter, 1787 – 1804/05 Quartiermeister des 1787 – 1794 Herzog Karl August von Sachsen-Weimar unterstellten 6. Kürassierregiments, dann Kriegsrat in Halberstadt, zuletzt Landrentmeister bei der Regierungs-Hauptkasse in Magdeburg: Nr. 373
Schultz, Maria Friederika Wilhelmina (Dine), geb. Püttmann (geb. 1793), vierte Tochter des Medizinalrats Franz Joachim Püttmann in Hildesheim, seit 1810 verh. mit Wilhelm S.: Nr. 518
Schultz, Maria Johanna Franziska Marcellina Philippina, geb. Püttmann (1787 – 1852), älteste Tochter des Medizinalrats Franz Joachim Püttmann in Hildesheim, seit 1806 verh. mit Christoph Ludwig Friedrich S.: Nr. 77, 368, 512, 514, 518, 896

Schultze (Schulz), Karl Ferdinand (1787–1877), Gutsherr auf Heinrichsdorf (Heinersdorf) bei Bahn in Pommern, preußischer Beamter, zuletzt Geheimer Justizrat: Nr. 686

Schulz (Schultz), Johann Kaspar Friedrich (genannt Theater- oder Spuckschulz; Ps. Eulalia Meinau) (1766–1845), Jurist, Publizist, Theaterkritiker in Berlin: Nr. 531, 912

Schulze, Friedrich August (Ps. Friedrich Laun) (1770–1849), Schriftsteller in Dresden, um 1797–1800 Student in Leipzig, 1807 Sekretär bei der Landes-Ökonomie-, Manufaktur- und Kommerziendeputation in Dresden, 1820 Kommissionsrat, 1801 Teilnehmer an der dramatischen Preisaufgabe in Weimar: Nr. 717

Schulze, Johann Wilhelm (1762–1828), Kauf- und Handelsmann in Weimar: Nr. 936

Schumacher, Balthasar Gerhard (geb. 1755), Schriftsteller und Übersetzer, Zollverwalter, Vikar, u. a. in Hamburg, seit 1800 in Berlin lebend: Nr. 506

Schumann, Johann Peter (1777–1865), niederländischer Organist und Pianist, 1801–1858 Organist in Haarlem: Nr. 431

Schuster, Johann Nepomuk Konstantin (János Konstanz) (1777–1838), ungarisch-österreichischer Mediziner, Chemiker und Botaniker, 1802 Assistent am Lehrstuhl für Chemie an der Universität in Pest, 1804 Studienreise nach Deutschland, 1806 wieder in Pest, Korrepetitor der Pharmazie, 1808 zeitweise Professor am Lyzeum in Klausenburg und seit Ende 1808 in Pest, u. a. 1811–1813 Dekan und 1821–1822 Rektor der Universität: Nr. 5/597a+

Schwabe (eigentl. Engau, genannt oder adopt. S.), Christian Wilhelm Lorenz (auch Johann bzw. Karl genannt) (1798–1829), Buchdruckergeselle, 1813/14–? 1823 Angestellter der Druckerei Frommann & Wesselhöft in Jena, zuletzt Buchdruckereifaktor in Ilmenau, Sohn von Johanna Rosina Engau in Jena: Nr. 193, 244, 413, 733

Schwabe, Friedrich Wilhelm (1780–1842), Mediziner, Arzt in Weimar, 1806 Hofmedikus, 1816 Hofrat, 1819 Leibmedikus, 1831 Geheimer Hofrat, Sohn des Bürgermeisters Traugott Leberecht S.: Nr. 323, 531

Schwägrichen, Christian Friedrich (1775–1853), Botaniker, seit 1802 Professor in Leipzig, auch Direktor des botanischen Gartens: Nr. 134, 304

Schwartze, Johann Erich (1749–1829), Bankier und Kaufmann in Osnabrück, Schwiegervater von Franz Joseph Schelver: Nr. 639

Schwarzburg-Rudolstadt, Karoline Luise Fürstin von, geb. Prinzessin von Hessen-Homburg (1771–1854), seit 1793 Fürstin, Tochter des Landgrafen Friedrich V. Ludwig von Hessen-Homburg, seit 1791 verh. mit dem späteren Fürsten Ludwig Friedrich II., 1807 verw. und bis 1814 Regentin: Nr. 800

Schwarzenberg, Adolf Franz Philipp (1799–1864), kurhessischer Beamter, 1817 Student in Marburg und 1818 in Göttingen, um 1824 Bergeleve, später Bergbeamter in Kassel, um 1828 Bergkommissar, dann Oberbergrat, zuletzt Geheimer Regierungsrat: Nr. 881

Schwarzenberg, Joseph Johann Nepomuk Anton Karl Fürst zu (1769–1833), 1789 regierender Fürst, 1802 Gründer der ersten Linie (Primogenitur), österreichischer Großgrundbesitzer und Industrieller, 1790 Kämmerer, 1804–1815 Präsident der Wohltätigkeitsanstalten, Bruder des Fürsten Karl zu S., Vater des Prinzen Felix zu S.: Nr. 640

Schweden, Karl XIV. Johann König von (vorher: Jean Baptiste Jules Bernadotte) (1763–1844), französischer Militär, 1804 Marschall, 1806 Prince de Pontecorvo,

1810 zum Kronprinzen von S. gewählt und von Karl XIII. adoptiert, seit 1818 König: Nr. 191, 588, 750

Schweden, Oskar Kronprinz von (vorher: François Joseph Oscar Bernadotte) (1799 bis 1859), 1818 Kronprinz, seit 1844 König als Oskar I. von S. und Norwegen: Nr. 140

Schweigger, Johann Salomo Christoph (1779 – 1857), Physiker und Chemiker, Pädagoge, 1802 Gymnasialprofessor in Bayreuth, 1810 Lehrer am Polytechnischen Institut in Nürnberg, 1817/18 Professor in Erlangen und seit 1819 in Halle, Herausgeber des »Journals für Chemie und Physik«: Nr. 236, 246, **392**, **498**, 499, **913**, 982

Schweighäuser, Johann Gottfried (1776 – 1844), Philologe, Bibliothekar, Schriftsteller, 1796 Sekretär im Hauptquartier der französischen oberrheinischen Armee in Colmar, 1798 – 1809 u. a. Hauslehrer der Kinder Wilhelm von Humboldts in Paris, dann in Antwerpen, seit 1810 Professor in Straßburg, auch Bibliothekar an der Stadtbibliothek, Sohn des Philologen Johann Georg S.: Nr. 709

Schweinichen, Anna Maria von (erw. 1601/02), geb. von Kreischelwitz, seit 1601/02 zweite Ehefrau von Hans von S.: Nr. 423

Schweinichen, Hans von (1552 – 1616), autobiographischer Schriftsteller, Hofmarschall in Liegnitz: Nr. 423

Schweinichen, Margarete von, geb. von Schellendorf (gest. 1601), seit 1581 erste Ehefrau von Hans von S.: Nr. 423

Schweins, Franz Ferdinand (1780 – 1856), Mathematiker, 1808 Privatdozent in Göttingen und 1810 in Heidelberg, 1811 Professor: Nr. 774, 935

Schweitzer, Anton (1735 – 1787), Komponist, Kapellmeister, 1771/72 in Weimar, 1774 in Gotha, seit 1778 Hofkapellmeister: Nr. 399

Schweitzer, Christian Wilhelm (1781 – 1856), Jurist, Beamter, 1803 Privatdozent in Wittenberg, 1806 Advokat in Ronneburg, 1810 – 1818 Professor in Jena, 1813 Hofrat und bis 1816 Mitglied der Polizeikommission, 1817 Geheimer Hof- und Justizrat und Rat am Oberappellationsgericht, 1818 Geheimer Staatsrat und bis 1848 Mitglied des Staatsministeriums in Weimar, 1825 Wirklicher Geheimrat, 1843 Staatsminister: Nr. 342, **1091**

Schwendler, Auguste Sophie Henriette (seit 1825:) von, geb. von Mützschefahl, gesch. Gräfin von Schlabrendorf(f) (1773 – 1853), Schriftstellerin, Tochter des Regierungsrats Karl Friedrich Christian von Mützschefahl, 1791 – ? 1801 verh. mit Graf Heinrich Schlabrendorff, seit 1802 verh. mit dem seit 1816 in sachsen-weimarischen Diensten stehenden Friedrich Christian August (von) S.: Nr. 653

Schwerdgeburth, Karl August (1785 – 1878), Kupferstecher, seit 1805 in Weimar: Nr. 35, 46, 61, 123, 166, 202, 260, **268**, 283, 795, 821, 1010

Schwertfeger, Johann (1488 – 1524), Theologe, Jurist: Nr. 523

Schwinck (erw. 1824), aus Königsberg: Nr. 531, 559

Sckell (Skehl, Skell), Friedrich Anton Louis (Ludwig) (1796 – 1844), Gärtner, um 1823 Gartenkondukteur in Belvedere bei Weimar, 1841 Hofgärtner in Eisenach und Wilhelmsthal, Sohn des Garteninspektors Johann Konrad S.: Nr. 666

Scorel (Schorel), Jan van (1495 – 1562), niederländischer Maler, Architekt und Ingenieur: Nr. 679, 1077

Scott, Walter (1771 – 1832), schottischer Schriftsteller, 1820 – 1832 Präsident der Royal Society of Edinburgh: Nr. 134, 554, 559, 601, 800, 830, 882, 990

Scribe, Augustin Eugène (1791 – 1861), französischer Schriftsteller, Dramatiker, Librettist: Nr. 474, 512

Sebastiano del Piombo (Sebastiano Luciani) (um 1485 – 1547), italienischer Maler: Nr. 758
Seckendorff (S.-Gudent/Gutend), Christian Adolf von (1767 – 1833), auf Zingst bei Querfurt, Schriftsteller, Militär, 1785 kursächsischer Sekondeleutnant in Dresden, 1786 Kammerjunker und Leutnant in mecklenburg-schwerinschen Diensten, 1791 Premierleutnant in Dresden, seit 1794 Verwalter seines Gutes Zingst, 1828 Flucht über Straßburg in die Schweiz, Bruder des Schriftstellers, Schauspielers und Ästhetikers Gustav von S.: Nr. **224**
Seebeck, Adeline (Ps. Anileda) (1799 – 1874), Schriftstellerin, Übersetzerin, zuletzt in Potsdam lebend, Tochter von Thomas und Juliane S., 1827 verlobt mit Heinrich Leo: Nr. 559
Seebeck, Emilie (1795 – 1855), Erzieherin, 1826 in Berlin, dann in München und Frankfurt am Main, seit 1834 im Hause ihres Bruders Moritz S. in Jena lebend, Tochter von Thomas und Juliane S.: Nr. 559
Seebeck, Juliane Ulrika Amalia, geb. Boye (1774 – 1861), Tochter des preußischen Hofkammerrats Moritz Boye in Bayreuth, seit 1795 verh. mit Thomas S.: Nr. 535, 559
Seebeck, Malvine Fiametta (1802 – 1832), Tochter von Thomas und Juliane S., seit 1827 verh. mit dem Prediger und Rektor Ernst Daniel Martin Kirchner in Eberswalde: Nr. 559
Seebeck, Marie Therese Henriette Johanne Rosalie (1798 – 1888), Tochter von Thomas und Juliane S., seit 1826 verh. mit dem Buchhändler Friedrich Bohn: Nr. 559
Seebeck, Sidonie (1801 – 1887), Tochter von Thomas und Juliane S., seit 1827 verh. mit dem Philologen und Pädagogen Karl Friedrich Rudolf Passow in Berlin: Nr. 559
Seebeck, Thomas Johann (1770 – 1831), Physiker, Chemiker, 1802 Privatgelehrter in Jena, 1810 in Bayreuth, 1812 in Nürnberg, seit 1818 in Berlin, Mitglied der Akademie der Wissenschaften: Nr. **95**, 167, 882
– ; dessen Familie: Nr. 95
Seeliger, Christian Ehrenfried (1781 – 1858), Theologe, 1813 – 1832 Pfarrer in Prieborn in Schlesien, zuletzt Superintendent: Nr. 188, 260, **292**, 319
Sehlmeyer, Johann Friedrich (1788 – 1856), Apotheker, Botaniker, 1817 – 1852 Besitzer der Hofapotheke in Köln: Nr. 662, 710
Seida und Landensberg, Franz Eugen Joseph Anton von (1772 – 1826), Jurist, Historiker, Beamter in Augsburg, 1794 Eintritt in den Staatsdienst, 1799 Oberrichter am Stadtgericht, auch Ratsdeputierter, 1807 Landesdirektionsrat und bayerischer Kammerherr, 1808 Kreisrat beim Generalkommissariat des Lechkreises, 1817 Regierungsrat: Nr. 550
Seidel, Friedrich Ludwig (1765 – 1831), Komponist, Organist und Dirigent in Berlin, 1792 Organist an der Marienkirche, 1801 Mitglied des Nationaltheaters, 1808 Musikdirektor und 1822 – 1830 Hofkapellmeister: Nr. 122
Seidler, Karoline Sophie Luise (1786 – 1866), Malerin, 1810 – 1814 vorwiegend in Dresden, 1817 in München und 1818 – 1823 in Rom, seit 1823 in Weimar, bis 1829 Zeichenlehrerin der Prinzessinnen Maria und Augusta, 1824 auch Kustodin der Gemäldesammlung, 1835 Hofmalerin, Tochter des akademischen Stallmeisters August Gottfried Ludwig S. in Jena: Nr. 349, 434, **656**
Seidler, Maria Karoline Johanna, geb. Wranitzky (1795 – 1872), Sängerin in Wien und 1817 – 1838 an den königl. Theatern (Hofoper) in Berlin, Tochter des Komponisten

Anton Wranitzky und Nichte des Komponisten Paul Wranitzky, seit 1813 verh. mit dem Konzertmeister Karl August S.: Nr. 1043

Seigerschmidt, Johann (erw. 1795 – 1842), österreichischer Beamter, Mineraloge, Chemiker, um 1795 Schichtmeister in Padert, um 1825 in Schemnitz, um 1833 beim Oberbergamt und Oberberggericht in Leoben, dann in Kapnik lebend: Nr. 886, 1080

Semler, Karl Wilhelm Salomo (1788 – 1838), Finanzbeamter in Berlin, Geheimer Finanzrat und 1819 – 1835/36 Geheimer Oberfinanzrat im Ministerium des Innern, Enkel des Theologen Johann Salomo S., Vertrauter des Grafen August Platen: Nr. 912

Senckenberg, Johann Christian (1707 – 1772), Mediziner, Naturforscher, Stifter, Arzt in Frankfurt am Main, 1763 Gründer der Dr. Senckenbergischen Stiftung: Nr. 452, 755, 1048

Seneca, Lucius Annaeus d. J. (um 4 v. Chr. – 65 n. Chr.), römischer Philosoph: Nr. 5, 467

Senefelder, Johann Nepomuk Franz Alois (1771 – 1834), Lithograph und Techniker in München, Erfinder der Lithographie, Ende 1799 – 1806 in Offenbach, London und Wien sowie 1819 – 1824 in Paris, 1809 – 1827 königl. Inspektor der Lithographie: Nr. 227

Senff, Karl Theodor (1781 – 1866), Bergbeamter, 1805 bei der Saline Königsborn (Unna), 1814 Salinenverwalter, 1816 – 1822 Mitglied des Oberbergamtes Bonn, Oberbergamtsassessor, 1820 Bergrat, später in Kolberg: Nr. 361, 402

Senfl, Ludwig (um 1490 – 1543), schweizerisch-deutscher Komponist: Nr. 653

Seyffarth, Johann Wilhelm (1774 – 1842), Gürtler und Stahlschneider in Dresden, 1795 Meister, 1819/20 Hofgürtler, Mitglied der 1816 gegründeten Ökonomischen Gesellschaft im Königreiche Sachsen und der Kunstakademie in Wien, Vater des gleichnamigen Hofgürtlers (1795 – 1856): Nr. 876

Shakespeare, William (1564 – 1616), englischer Dramatiker: Nr. 320, 461, 501, 512, 521, 531, 744, 751, 801, 1002, 1004, 1043

Shelley, Percy Bysshe (1792 – 1822), englischer Schriftsteller und Übersetzer: Nr. 454

Shukowski, Wassili Andrejewitsch (1783 – 1852), russischer Schriftsteller, Übersetzer und Nachdichter: Nr. 1058

Sickler, Friedrich Karl Ludwig (1773 – 1836), Philologe, Pädagoge, Altertumsforscher, Herausgeber, 1802 – 1811 vorwiegend in Paris und in Italien, u. a. Hauslehrer der Kinder Wilhelm von Humboldts in Rom, seit 1812 Gymnasialdirektor und Schulrat in Hildburghausen, 1819 Oberkonsistorialrat: Nr. 221, 343

Siegert, Johann August (Augustin) Joseph (1786 – 1869), Maler, 1808 – 1811 in Paris, dann in Breslau, 1812 Lehrer, später Professor an der Provinzialkunstschule, mehrfach in Italien, der Schweiz, Belgien und England: Nr. 173

Siegfried, David Ferdinand (geb. 1801), Kameralist, Gutsbesitzer, 1821 Student in Königsberg, 1823 in Bonn und Herbst 1824 wieder in Königsberg, 1825 Besitzer des Gutes Skandlack bei Barten in Ostpreußen, Bruder von Julius S.: Nr. 944

Siegfried, Franz Julius (1804 – 1862), Kameralist, Gutsbesitzer, 1822 Student in Königsberg und 1823 in Bonn, 1825 Besitzer des Gutes Jäglack bei Barten in Ostpreußen, Sohn des Amtmanns und Gutsbesitzers August Ferdinand S., Bruder von Ferdinand S.: Nr. 944

Siegmund, C. (erw. 1823 – 1830), Lithograph in Berlin: Nr. 1037

Sietze, Karl Friedrich Ferdinand (1798 – 1847), Jurist, um 1820 Referendar am Kammergericht in Berlin, 1830 Privatdozent und 1832 – 1833 Professor in Königsberg: Nr. 369
Sieveking, Karl (1787 – 1847), Jurist, Politiker, Diplomat, Kunstmäzen und Philanthrop in Hamburg, 1811 Privatsekretär seines Schwagers (Graf) Karl Friedrich Reinhard, 1812 – 1813 Privatdozent in Göttingen, 1813 u. a. Offizier der Bürgergarde, Mitglied des Hanseatischen Direktoriums, diplomatische Missionen, 1819 zum Gesandten der Hansestädte Hamburg, Lübeck und Bremen in St. Petersburg ernannt und 1820 zum Syndikus des Senats, 1827 Mission in Rio de Janeiro, 1830 Gesandter beim Bundestag in Frankfurt am Main, Enkel des Arztes und Gelehrten Johann Albert Heinrich Reimarus: Nr. 834
Sieveking, Karoline Henriette, geb. de Chapeaurouge (1797 – 1858), Tochter des Hamburger Kaufmanns Jean Dauphin de Chapeaurouge, seit 1823 verh. mit Karl S.: Nr. 834
Sieyès, Emmanuel Joseph (seit 1809:) Comte (1748 – 1836), französischer Politiker, 1789 Mitglied der Generalstände, 1798 Gesandter in Berlin, 1799 im Direktorium, kurze Zeit Mitkonsul Napoleons, 1800 – 1814 Mitglied des Senats, 1815 verbannt, bis 1830 in Brüssel: Nr. 152, 550
Silbermann, Gottfried (1683 – 1753), Orgel- und Klavierbauer, vorwiegend in Sachsen tätig: Nr. 461
Silfverskiöld (erw. 1824), schwedischer Adliger: Nr. 524
Sillem, Hieronymus (Jerôme) (1768 – 1833), Kaufmann aus Hamburg, 1812 in St. Petersburg, 1815 in Amsterdam, Chef des Hauses Hope & Co.: Nr. 431
Sillem, Luise Marie, geb. Matthiessen (1749 – 1826), Tochter des Hamburger Kaufmanns Hieronymus Matthiessen, seit 1765 verh. mit dem Hamburger Kaufmann Garlieb Helwig S., 1801 verw., Mutter von Hieronymus S.: Nr. 431
– ; deren Kinder: Nr. 431
Sillem, Wilhelmine, geb. Büsch (1772 – 1852), Tochter des Pädagogen und Publizisten Johann Georg Büsch in Hamburg, seit 1795 verh. mit dem Bankier Hieronymus S.: Nr. 431
Silvestre de Sacy, Antoine Isaac: s. Sacy
Simolin, Christoph Alexander von (1765/66 – 1832), russischer Beamter, Kollegienassessor und Legationssekretär in London und Paris, Gutsherr auf Groß-Dselden in Kurland: Nr. 183
– ; dessen Familie: Nr. 183
Simon (erw. 1823), Kutscher in Eger, in Joseph Sebastian Grüners Diensten: Nr. 220, 289, 294, 309, 359
Simonow, Iwan Michailowitsch (1794 – 1855), russischer Astronom, 1814 Adjunkt an der Universitätssternwarte in Kasan, 1816 Professor, 1846 auch Rektor: Nr. 650, 658, 674, 761
Sintenis, Franz Anton (1787/88 – 1862), Kaufmann in Leipzig, um 1834 – 1853 Inhaber der Firma Wilhelm Röder sen., Bruder von Wilhelm Ferdinand S.: Nr. 990
Sintenis, Wilhelm Ferdinand (1781/82 – 1833), Kaufmann in Leipzig, Schriftsteller und Übersetzer aus dem Englischen, nach 1819 zeitweise in England, um 1829 Angestellter im Bankhaus Frege & Co., Bruder von Franz Anton S.: Nr. 990
Sismondi, Jean Charles Léonard Simonde de (auch Simonde Sismondi, eigentl. Jean Charles Léonard Simonde) (1773 – 1842), Schweizer Historiker und Ökonom, his-

torischer Schriftsteller, 1803 – 1804 und seit 1806 Sekretär der Handelskammer in Genf, 1804 – 1805 und 1808 Reisebegleiter von Germaine de Staël, 1809 – 1835 Professor an der Akademie in Genf, 1814 – 1841 Mitglied des Repräsentierenden Rats, in Genf, in der Toskana und zuletzt auf seinem Landgut in Chêne lebend: Nr. 357

Smets, Philipp Karl Joseph Anton Johann Wilhelm (1796 – 1848), Theologe, Schriftsteller, Publizist, 1815 Teilnehmer an den Befreiungskriegen, 1816 Schauspieler in Wien, 1817 Hilfslehrer in Koblenz, 1822 Priesterweihe in Köln, Kaplan und Sonntagsprediger am Dom, 1824 Religionslehrer, 1828 Pfarrer in Hersel bei Bonn, 1832 Oberpfarrer in Münstereifel und 1835 in Nideggen an der Rur, 1837 wieder in Köln lebend, 1844 Domherr in Aachen, 1848 Abgeordneter der Frankfurter Nationalversammlung: Nr. 584

Śniadecki (Sniadecki), Jan Chrzciciel Władysław (1756 – 1830), polnischer Mathematiker und Astronom, 1781 – 1807 Professor in Krakau, seit 1792 auch Direktor der Sternwarte, 1803 Professor in Wilna, 1807 – 1815 Rektor der Universität: Nr. 991

Snorri Sturluson (1178/79 – 1241), isländischer Dichter, Historiker und Staatsmann: Nr. 1036

Soane, George (1789 – 1860), britischer Schriftsteller, Sohn des Architekten John S.: Nr. 454

Soemmerring, Samuel Thomas (seit 1808:) von (1755 – 1830), Mediziner, Anatom, Naturforscher, 1779 Professor am Collegium Carolinum in Kassel und 1784 an der Universität in Mainz, 1787 Hofrat und Leibarzt, 1795 Arzt in Frankfurt am Main, 1805 in München, Mitglied der Akademie der Wissenschaften, 1808 Hof- und 1810 Geheimrat, 1820 wieder Arzt in Frankfurt: Nr. 711

Sohler, Kajetan Ferdinand (gest. 1869), Handelsmann in Gengenbach in Baden: Nr. 211, 219

Sokrates (um 470 – 399 v. Chr.), griechischer Philosoph: Nr. 56, 110, 973

Solly, Edward (1776 – 1844), englischer Holz- und Getreidehändler, Schiffseigner und Großreeder, Kunstsammler und -händler, Teilhaber der Londoner Firma Isaac S. & Sons, in Danzig und seit etwa 1813 in Berlin lebend, 1818 Rückkehr nach London, später Kunstsammler und -händler in London: Nr. 17, 77, 235, 554

Solms (S.-Braunfels), Alexander Friedrich Ludwig Prinz von (1807 – 1867), preußischer Militär, um 1820 Sekonde- und 1834 Premierleutnant, 1835 Rittmeister, 1842 Major, 1853 als Oberstleutnant pensioniert, Sohn von Herzogin Friederike von Cumberland aus deren Ehe mit Prinz Friedrich Wilhelm von S., Neffe des Königs Friedrich Wilhelm II. und Halbbruder des Prinzen Friedrich Wilhelm Ludwig von Preußen, Bruder von Prinz Wilhelm und Prinzessin Auguste von S.: Nr. 554

Solms (S.-Braunfels), Auguste Luise Therese Mathilde Prinzessin von (1804 – 1865), Tochter von Herzogin Friederike von Cumberland aus deren Ehe mit Prinz Friedrich Wilhelm von S., seit 1827 verh. mit Fürst Albert von Schwarzburg-Rudolstadt, Schwester von Alexander von S.: Nr. 492

Solms (S.-Braunfels), Friederike Karoline Sophie Alexandrine Prinzessin von: s. Großbritannien (Herzogin von Cumberland)

Solms (S.-Braunfels), Friedrich Wilhelm Ferdinand Prinz von (1797 – 1873), seit 1837 Fürst, Sohn des Fürsten Wilhelm Christian Karl, Bruder von Bernhard von S.: Nr. 554, 559

Solms (S.-Braunfels), Friedrich Wilhelm Heinrich Kasimir Georg Karl Maximilian Prinz von (1801 – 1868), preußischer Militär, um 1820 Sekonde- und 1825 Premierleutnant im Regiment Gardes du Corps, 1831 Rittmeister, 1832 als Major ausgeschieden, 1842 Oberstleutnant, zuletzt Generalleutnant, Sohn von Herzogin Friederike von Cumberland aus deren Ehe mit Prinz Friedrich Wilhelm von S., Bruder von Alexander von S.: Nr. 554

Solms (S.-Braunfels), Friedrich Wilhelm Karl Ludwig Georg Alfred Alexander Prinz von (1812 – 1875), österreichischer Offizier, zuletzt Feldmarschall-Leutnant, 1844 bis 1845 in Texas, Sohn von Herzogin Friederike von Cumberland aus deren Ehe mit Prinz Friedrich Wilhelm von S., Bruder von Alexander von S.: Nr. 554

Solms (S.-Braunfels), Karl Wilhelm Bernhard Prinz von (1800 – 1868), Militär, 1821 Sekondeleutnant beim Regiment Gardes du Corps, 1827 Rittmeister, 1832 Major, 1838 als Oberst verabschiedet, 1839 in hannoverschen und 1867 wieder in preußischen Diensten, zuletzt General der Kavallerie, Sohn des Fürsten Wilhelm Christian Karl, Bruder von Ferdinand von S.: Nr. 554, 559

Sonnenberg, Franz Anton Joseph Ignaz Maria von (1779 – 1805), Schriftsteller, zuletzt in Jena: Nr. 281

Sonnleithner, Joseph Ferdinand (1766 – 1835), österreichischer Beamter, Theaterschriftsteller, 1804 – 1814 Hoftheatersekretär in Wien, 1812 Mitgründer der Gesellschaft der Musikfreunde und 1817 des Konservatoriums: Nr. 518, 554

Sophokles (um 497/96 – 406/05 v. Chr.), griechischer Tragödiendichter: Nr. 148, 408, 825

Soret, Frédéric Jacob (1795 – 1865), Schweizer Privatgelehrter, Pädagoge, Übersetzer, Mineraloge und Numismatiker, 1822 – 1836 Hauslehrer des späteren Großherzogs Karl Alexander in Weimar, 1824 Hofrat, 1834 Geheimer Legationsrat, 1836 – 1841 Mitglied des Repräsentierenden Rats und 1842 – 1844 des Großen Rats in Genf, mehrfach Tagsatzungsgesandter: Nr. 16, 44, 50, 170, 239, 282, 295, 321, 357, 409, 415, 436, 478, 482, 514, 528, 535, 543, 554, 580, 615, 620, 643, 766, 770, 808, 812, 816, 818, 828, 829, 832, 833, 851, 854, 972, 1008, 1011, 1031, 1035, 1038, 1071, 1075, 9/1418a+

Soret (S.-Odier), Marie Nicolas (1797 – 1871), Kaufmann in Genf, u. a. 1827 – 1841 Mitglied des Repräsentierenden Rats und 1842 – 1846 des Großen Rats, 1843 auch des Konsistoriums, Bruder von Frédéric S.: Nr. 321, 9/1418a+

Souhr, Joachim Wilhelm Gottfried (seit 1783:) von (1765 – 1841), Militär in schwedischen Diensten, Schriftsteller, Übersetzer, 1810 Major, Rückkehr in seine Vaterstadt Stralsund, 1816 in den Ruhestand versetzt: Nr. 1073

Soumet, Louis Antoine Alexandre (1786 – 1845), französischer Schriftsteller, Dramatiker, Librettist: Nr. 31

Sowerby, James (1757 – 1822), britischer Naturwissenschaftler und Maler: Nr. 237

Spanien, Ferdinand VII. König von (1784 – 1833), 1808 und 1819 – 1832 König: Nr. 421, 422, 957

Speckter, Johann Michael (1764 – 1845/46), Kaufmann, Lithograph und Kunstsammler in Hamburg, 1818 mit Heinrich Joachim Herterich Gründer einer lithographischen Anstalt: Nr. 227, 741, 746, 917, 1021

Spiegel von und zu Pickelsheim, Ernst Bernhard Roderich (1817 – 1852), preußischer Militär, zuletzt Rittmeister, Sohn von Karl Emil und Emilie von S.: Nr. 583

Spiegel von und zu Pickelsheim, Henriette Eugenie Melanie (1809 – 1873), Tochter von Karl Emil und Emilie von S., seit 1838 verh. mit dem württembergischen Kammerherrn und Obersthofmeister Karl von Seckendorff: Nr. 583

Spiegel von und zu Pickelsheim, Karl Emil (1783 – 1849), Beamter in Weimar, 1805 Regierungsassessor und Kammerjunker, 1807 Kammerherr, Mitglied des Polizeikollegiums und Regierungsrat, 1809 Rat im Landespolizeikollegium, 1813 Reisemarschall, 1814 Major und Adjutant Herzog Karl Augusts, 1815 Hofmarschall, 1828/29 Oberhofmarschall in Weimar: Nr. **798**, 808

Spiegel von und zu Pickelsheim, K a r l Friedrich Hermann Anton (1808 – 1886), preußischer Beamter, um 1857 Regierungsrat in Magdeburg, Sohn von Karl Emil und Emilie von S.: Nr. 583

Spiegel von und zu Pickelsheim, P a u l i n e Henriette Emilie (1806 – 1874), Tochter von Karl Emil und Emilie von S., seit 1829 verh. mit dem preußischen Beamten, Kammerherrn und Parlamentarier Karl Heinrich von Helldorff, 1860 verw.: Nr. 583

Spiegel von und zu Pickelsheim, Wilhelmine E m i l i e, geb. von Rotberg (1787 – 1870), Tochter von Dietrich August von Rotberg auf Schloss Rheinweiler bei Lörrach, 1803 Hofdame der Herzogin Luise in Weimar, seit 1805 verh. mit Karl Emil von S.: Nr. **583**

Spiker, Samuel Heinrich (1786 – 1858), Bibliothekar, Journalist und Geograph in Berlin, seit 1827 Eigentümer der Spenerschen Zeitung: Nr. 61, 167, 514, 546, 912, 955

Spitta, Karl Johann P h i l i p p (1801 – 1859), Theologe, Schriftsteller, 1821 Student in Göttingen, 1824 – 1828 Hauslehrer in Lüne bei Lüneburg, 1830 Prediger in Hameln, 1836 Pfarrer in Wechold, 1847 Superintendent in Wittingen, 1853 in Peine und 1859 in Burgdorf: Nr. 887

Spittler, Ludwig Timotheus (seit 1806:) von (1752 – 1810), Theologe, Historiker, Politiker, 1777 Repetent am Tübinger Stift, 1778 Professor in Göttingen, 1797 Rückkehr nach Stuttgart, Geheimer Rat und Präsident der Oberstudiendirektion, 1806 Kurator der Universität Tübingen, 1807 Staatsminister: Nr. 201, 233

Spitzeder, H e n r i e t t e Luise Adolfine Karolina, geb. Schüler (1800 – 1828), Sängerin, 1814 in Nürnberg, 1819 in Wien und seit 1824 in Berlin, Tochter von Eugenia von Biedenfeld, seit 1816 erste Ehefrau von Joseph S.: Nr. 1009

Spitzeder, Johann J o s e p h (1794 – 1832), Sänger und Schauspieler, 1808 in Nürnberg, 1819 in Wien, 1824 am Königsstädtischen Theater in Berlin, 1832 in München, Bruder von Adelheid Fries: Nr. 1009

Spix, J o h a n n Baptist (seit 1820:) von (1781 – 1826), Zoologe, 1811 Adjunkt, dann Mitglied der Akademie der Wissenschaften in München und Konservator der zoologischen Sammlungen, 1817 – 1820 Teilnehmer an einer Forschungsreise durch Südamerika: Nr. 428

Spohr, Ludwig (Louis) (1784 – 1859), Komponist, Geigenvirtuose, Dirigent, u. a. 1805 – 1812 Konzertmeister in Gotha, dann in Wien, 1817 – 1819 Dirigent in Frankfurt am Main, 1822 – 1857 Hofkapellmeister in Kassel: Nr. 5

Spontini, G a s p a r e Luigi Pacifico (1774 – 1851), italienischer Komponist, seit 1820 Generalmusikdirektor in Berlin: Nr. 554, 698, 708, 955

Sprengel, K u r t Polykarp Joachim (1766 – 1833), Mediziner, Botaniker, 1785 Privatdozent und 1789 Professor in Halle, 1797 auch Direktor des botanischen Gartens: Nr. **925**, 937, **967**, 978

St. Clair, J. (erw. 1824), britischer Bekannter von Ottilie von Goethe, 1824 in Weimar (? identisch mit James S., 1803 – 1880, seit 1863 14. Lord Sinclair): Nr. 543

St. George (Saint George), Johann G e o r g Konrad von (1782 – 1863), Bankier in Frankfurt am Main, Teilhaber des Bankhauses Gebrüder Bethmann, 1810 – 1831 in erster Ehe verh. mit Margarete Luise Bethmann-Hollweg: Nr. 800

St. George (Saint George), Margarete Luise von, geb. Bethmann-Hollweg (1793 – 1831), Tochter von Johann Jakob und Susanne Elisabeth Bethmann-Hollweg in Frankfurt am Main, verh. mit Georg von S.: Nr. 800

Stadelmann, Johann Karl Wilhelm (eigentl. Karl Wilhelm Bindnagel, genannt oder adopt. S.; von Goethe Karl genannt) (1782 – 1844), Buchdruckergeselle in Jena und Bedienter, 1814 – 1815 und 1817 – 1824 Goethes Diener, (?) dann wieder in Jena, zuletzt im Jenaer Armen- und Arbeitshaus, erster Sohn von Maria Magdalena Bindnagel in Jena: Nr. 21, 256, 289, 461, 478, 852, 860, 864

Städel, Johann Friedrich (1728 – 1816), Kaufmann und Bankier in Frankfurt am Main, Kunstsammler und Mäzen, Stifter eines Kunstinstituts: Nr. 814

Staegemann, Christian Friedrich August (seit 1816:) von (1763 – 1840), preußischer Beamter und Politiker, Schriftsteller, 1785 in Königsberg Eintritt in den Staatsdienst, 1788 Generallandschaftssyndikus, 1790 Kriminalrat, 1806 Geheimer Finanzrat und Leiter der Preußischen Bank in Berlin, 1807 Mitglied der Immediatkommission, 1808 Geheimer Oberfinanzrat, 1809 Geheimer Staatsrat in Berlin, 1814 – 1815 Teilnehmer am Wiener Kongress, seit 1817 Mitglied des Staatsrats, 1819 – 1820 Leiter der »Allgemeinen Preußischen Staatszeitung«: Nr. 518, 531, 559, 912

Staegemann, Johanna Elisabeth (seit 1816:) von, geb. Fischer, gesch. Graun (1761 bis 1835), Schriftstellerin, Malerin, Tochter des Kaufmanns Johann Jakob Fischer in Königsberg, seit 1780 verh. mit dem Justizrat Karl Ferdinand Graun, 1795/96 gesch., seit 1796 verh. mit Friedrich (von) S., führte um 1780 einen Salon in Königsberg und um 1810 in Berlin: Nr. 518, 531

Staël (S.-Holstein, S. von Holstein), Anne Louise Germaine de, geb. Necker (1766 bis 1817), französische Schriftstellerin, Publizistin, 1802/03 – 1814 aus Paris verbannt, u. a. in Weimar und Berlin, in Italien, Österreich und auf ihrem Landgut bei Coppet am Genfer See, Tochter des Schweizer Bankiers und französischen Finanzministers Jacques Necker, seit 1786 verh. mit dem schwedischen Gesandten in Paris Erik Magnus von S., 1802 verw., 1794 – 1808 Liaison mit Benjamin Constant, seit 1816 heimlich verh. mit dem französischen Leutnant Albert Jean Michel (de) Rocca: Nr. 750, 929

Staff, Karl August Wilhelm Heinrich Hermann von, (seit 1825:) S. genannt von Reitzenstein (1792 – 1867), Militär, 1802 Page in Weimar, 1807 Sekonde- und 1811 Premierleutnant, 1812 Kapitän in russischen und 1815 in preußischen Diensten, 1821 Generalmajor, 1835 Oberstleutnant, 1837 Oberst, zuletzt Generalleutnant, Bruder von Gräfin Eugenie Goertz: Nr. 506, 512, 543, 549

Staff, Karoline Amalie Auguste Flavie von, (seit 1825:) S. genannt von Reitzenstein: s. Beust

Stallbaum, Johann Gottfried (1793 – 1861), Philologe, Pädagoge, 1818 Lehrer in Halle, 1832 Konrektor und 1835 Rektor der Thomasschule in Leipzig, 1840 Professor: Nr. 427

Stapfer, Frédéric Albert Alexandre (1802 – 1892), französischer Schriftsteller, Journalist und Übersetzer, Sohn des Berner Theologen, Politikers und Diplomaten Philipp Albert S.: Nr. 25, 71, 474

Starcke (Stark, Starke; vorher: Stärcker), Johann Christian Thomas (1764 – 1840), Zeichner, Kupferstecher und Maler in Weimar, Angestellter im Landes-Industrie-Comptoir, Sohn des Weimarer Kürschners (? und Silhouetteurs) Johann Gottlieb Stärcker, Vater des Zeichners und Architekten Heinrich Eduard Stark und des Archivars Karl Stark: Nr. 601, 618, 701, 753

Stark (Starck), Bernhard Matthäus Anton (eigentl. Matthäus Anton S.; Ordensname: Bernhard) (1767 – 1839), Theologe, Benediktiner, Archäologe, Epigraphiker, Kanonikus in Regensburg, 1788 Benediktiner in Regensburg, 1792 Priester, 1802 Pfarrer in Harting und 1820 – 1823 in Bogenhausen, 1811 – 1825 zugleich Konservator der bayerischen archäologischen Sammlungen in München: Nr. 1028

Stark (Starcke), Johann Christian d. J. (1769 – 1837), Mediziner, Chirurg, Gynäkologe, 1796 Professor in Jena, 1812 auch Leibarzt in Weimar, Direktor mehrerer medizinischer Anstalten und Amts-, Stadt- sowie Universitätsphysikus in Jena, 1809 Hofrat und 1816 Geheimer Hofrat, Neffe des Mediziners Johann Christian S. d. Ä.: Nr. 1094

Stassart, Goswin Joseph Augustin de (1780 – 1854), niederländisch-belgischer Politiker und Schriftsteller, 1804 – 1814/15 Beamter in französischen Diensten, dann auf seinem Landgut bei Namur lebend, 1822 Abgeordneter in der niederländischen Zweiten Kammer in Den Haag, 1830 Mitglied der provisorischen Regierung und des Nationalkongresses in Brüssel, 1831 – 1838 Senatspräsident, auch 1830 Gouverneur von Namur und 1834 – 1839 von Brabant, 1840 kurzzeitig Gesandter in Turin: Nr. **697**, 966, 1012

Steffens, Henrik (Heinrich, Henrich) (1773 – 1845), dänisch-deutscher Philosoph, Naturforscher und Schriftsteller, 1798 Privatdozent in Jena, 1799 Student an der Bergakademie in Freiberg, 1802 Privatdozent in Kopenhagen, 1804 Professor in Halle, 1811 in Breslau und 1832 in Berlin, 1834 – 1835 Rektor der Universität, Schwiegersohn von Johann Friedrich Reichardt: Nr. 260

Stein, August Karl von (1800 – 1871), Jurist, preußischer Beamter, 1821 Auskultator in Berlin, 1824 Referendar am Kammergericht, 1829 Landgerichtsrat in Naumburg, 1831 Regierungsrat und Justitiar beim Konsistorium und Provinzialschulkollegium in Berlin, zweiter Sohn von Karl und Amalie von S. auf Kochberg, Enkel von Charlotte von S.: Nr. 518, 524, 559

Stein, Charlotte Albertine (Bernhardina) Ernestine von, geb. von Schardt (1742 bis 1827), Hofdame, Schriftstellerin, Tochter des späteren Hofmarschalls und Geheimen Rats Johann Wilhelm Christian von Schardt in Weimar, 1758 Hofdame der Herzogin Anna Amalia, seit 1764 verh. mit Josias von S. auf Kochberg, 1793 verw., Mutter von Fritz und Karl von S.: Nr. 188, 270, **910**, 1/152b+

Stein, Gottlob Friedrich (Fritz) Konstantin von (1772 – 1844), Beamter, 1789 Kammerassessor und Hofjunker in Weimar, 1794 Kammerjunker, seit 1795 in Breslau lebend, 1797 Entlassung aus sachsen-weimarischen Diensten, 1798 – 1807 preußischer Kriegs- und Domänenrat, seit 1810 Generallandschaftsrepräsentant, 1818 Mitgründer und 1821 Direktor der Blindenanstalt, Gutsbesitzer in Schlesien und seit 1819 Präses der Schlesischen Gesellschaft für vaterländische Kultur, dritter Sohn von Josias und Charlotte von S.: Nr. 153, 173, **188**, **260**, 278, 292, **319**, 357, 423, 559, **849**

Stein, Heinrich Friedrich Karl vom und zum (1757 – 1831), preußischer Politiker, Reformer, 1780 Eintritt in den Staatsdienst, 1804 – Januar 1807 Finanz- und Wirtschaftsminister, Oktober 1807 – November 1808 leitender Minister, dann in Brünn und Prag lebend, 1812 Berater Zar Alexanders I. von Russland, 1813 – 1814 Leiter des Zentralverwaltungsrats in Frankfurt am Main, 1814/15 Berater des Zaren auf dem Wiener Kongress, seit 1816 vorwiegend auf seinem Gut Cappenberg in Westfalen lebend, 1819 Gründer der Gesellschaft für ältere deutsche Geschichtskunde, 1826, 1828 und 1830/31 Präsident der westfälischen Provinziallandtage: Nr. 69, 84, 271, 800

– ; dessen Familie: Nr. 800
Stein, Henriette Luise vom und zum (1796 – 1855), älteste Tochter des preußischen Ministers und Reformers Karl vom S., seit 1825 verh. mit Graf Hermann Giech: Nr. 800
Stein (S. zu Nord- und Ostheim), Julius Wilhelm Ernst von (1770 – 1816), sachsen-weimarischer Hof- und Forstbeamter, 1789 Hof- und Jagdjunker, 1794 Kammerjunker, 1795 Forstmeister, 1797 Oberforstmeister und 1804 Kammerherr, Sohn des kaiserl. Wirklichen Rats und Kammerherrn Dietrich Philipp August von S.: Nr. 607
Stein zum Altenstein, Karl Siegmund Franz vom/von (1770 – 1840), preußischer Beamter und Politiker, 1791 Eintritt in die Regierung in Ansbach, 1797 Kriegs- und Domänenrat, seit 1798 in Berlin, 1802/03 Geheimer Oberfinanzrat und Mitglied des Generaldirektoriums, 1808 – 1810 Finanzminister, 1813 kurzzeitig Zivilgouverneur von Schlesien, 1817 Mitglied des Staatsrats und bis 1838 Kultusminister: Nr. 281, 439, 558, 692, 698, 773
Stein zum Altenstein, Wilhelmine Charlotte Philippine Albertine vom/von, geb. von Wöllwarth (1784 – 1858), Tochter des preußischen Kammerherrn Karl Christian Friedrich von Wöllwarth, seit 1802 verh. mit dem späteren Geheimen Oberjustizrat Sigismund von S., Schwägerin von Karl vom S. zum Altenstein: Nr. 531
Steinberg (S.-Bodenberg), Elisabeth Luise Wilhelmine von, geb. (Gräfin) von Blumenthal (1760 – 1826), Tochter des preußischen Ministers (Graf) Joachim Christian von Blumenthal, verh. mit dem hannoverschen Hofbeamten Ernst Georg von S., 1797 verw.: Nr. 800
Steinberg (S.-Bodenburg), Henriette von, geb. von Hedemann (1788 – 1860), Tochter des hannoverschen Militärs Hartwig Johann Christian von H., verh. mit dem hannoverschen Hofbeamten Johann Ernst August von S.: Nr. 800
Steiner, Emanuel d. J. (1778 – 1831), Schweizer Maler und Radierer, 1796 – 1798 in Dresden, dann in Paris, 1803 – 1804 in Rom, dann in Basel, Zürich und seit etwa 1809 in Winterthur: Nr. 133
Steiner, Joseph, (seit 1820:) S. von Pfungen (1767 – 1836), Mediziner, Meteorologe, um 1792 Stadtphysikus in Wischau, 1799 in Brünn, 1808 kaiserl. Rat, 1810 Physikus und 1813 – 1828 Oberdirektor der allgemeinen Versorgungsanstalt, 1817 Kanzler der mährisch-schlesischen Gesellschaft zur Beförderung des Ackerbaus, der Natur- und Landeskunde, 1824 Gubernialrat und Protomedikus: Nr. 693
Steinhardt, Friederike Margareta (1775 – 1851), Sängerin und Malerin in Jena, Kopistin, Tochter der Sängerin Anna Friederike S.: Nr. 635
Steinhauser, Joseph Benedikt (1778/79 – 1832), böhmischer Theologe, Pädagoge, Prämonstratenser, 1808 Professor und 1811 Präfekt am Gymnasium in Pilsen: Nr. 5, 56, 412, 542
Steininger, Johann (1794 – 1874), Mathematiker, Chemiker, Geologe, Pädagoge, 1815 Gymnasiallehrer in Trier, 1848 Professor, 1857 pensioniert: Nr. 418, 487, 926
Steinla (bis März 1817: Müller), Franz Anton Erich Moritz (1791 – 1858), Kupferstecher, vor 1810 – 1816 in Weimar, für das Landes-Industrie-Comptoir tätig, dann in Florenz und Mailand, seit 1818 in Dresden, 1826 – 1830 in Italien, seit 1837 Professor an der Akademie in Dresden, Bruder des Kupferstechers Friedrich Theodor Müller, Neffe des Schriftgießers und Stempelschneiders Justus Erich Walbaum: Nr. 441

Steinmann, Joseph Johann (1779 – 1833), böhmischer Chemiker, Pharmazeut, Botaniker, 1797 Apothekenpraktikant in Landskron, 1803 Apotheker in Prag, 1817 Professor: Nr. 487, 502

Stengel (Fräulein von) (erw. 1824), Tante von Franziska von Martius: Nr. 1064

Sterbini, Cesare (1783/84 – 1831), italienischer Librettist: Nr. 1043

Sterling, Charles James (1804/05 – 1880), britischer Theologe, 1832 Student in Oxford, 1836 Pfarrer (Minister) auf St. Michael's Mount vor Cornwall, 1846 – 1852 Kaplan in Hamburg und seit 1864 Vikar in Marazion (Cornwall), Sohn des aus Irland gebürtigen Konsuls James S., seit 1823 mit Ottilie von Goethe bekannt: Nr. 139, 277, 293, 299, 303, 328, 338, 506, 512, 514, 518, **582**

Sternberg (S.-Manderscheid), Franz Joseph Graf von (1763 – 1830), böhmischer Kunstsammler, Numismatiker und Mäzen, seit 1787 in Prag lebend, 1796 Mitgründer und 1802 Präsident des Vereins patriotischer Kunstfreunde, 1818 Mitgründer des vaterländischen Museums in Böhmen, 1824 Oberstlandkämmerer von Böhmen, Cousin von Graf Kaspar S.: Nr. 182

Sternberg, Kaspar Maria Graf von (1761 – 1838), böhmischer Theologe, Politiker und Naturforscher, Botaniker, Geologe und Paläontologe, 1785 Domkapitular in Regensburg, 1786 Hof- und Kammerrat, 1800 Domherr, 1802 – 1806 Vizepräsident der Regierung, seit 1808/10 in Prag und auf seinen Gütern lebend, 1818 Mitgründer des vaterländischen Museums in Böhmen und seit 1822 Präsident der Gesellschaft des Museums, Cousin von Graf Franz S.-Manderscheid: Nr. 9, 73, **106**, **182**, 206, **297**, 376, 438, **456**, 523, **529**, **533**, 565, 723, **732**, 798, 805, 809, 812, 831, **881**, 918, **926**, **1010**, 1011, 1072, 1080

Stich, Heinrich Wilhelm (1790 – 1824), Schauspieler in Berlin, seit 1807 an den königl. Theatern: Nr. 51, 113, **754**

Stich, Sophie Auguste Friederike, geb. Düring (1795 – 1865), Schauspielerin in Berlin, Tochter des Kaufmanns Johann Christian Düring in Berlin, 1817 – 1824 verh. mit Wilhelm S., seit 1827 verh. mit dem Bankier Otto Crelinger: Nr. 51, 450, 531, 535, 708, **754**, 801

Stiedenroth, Ernst Anton (1794 – 1858), Philosoph, 1817 Privatdozent in Göttingen und 1819 in Berlin, 1825 Professor in Greifswald: Nr. **707**, 811

Stieglitz, Heinrich Wilhelm August (1801 – 1849), Schriftsteller, seit 1827 Kustos an der Bibliothek und Gymnasiallehrer in Berlin, seit 1828 verh. mit der Schriftstellerin Charlotte Willhöf(f)t, 1834 verw., danach in München, in der Schweiz und in Italien lebend, Neffe von Johann S.: Nr. **179**, 950

Stieglitz, Johann (bis 1800: Israel) (1767 – 1840), Mediziner, Arzt in Hannover, 1802 Hof- und 1806 Leibmedikus, 1820 Hofrat, 1832 Obermedizinalrat und Direktor des Obermedizinalkollegiums, Onkel von Heinrich S.: Nr. 298, 399

Stieglitz, Karl Ludwig (1792 – 1850), Jurist, 1810 Student in Göttingen und 1813 in Heidelberg, um 1821 Justizrat in Hannover, Sohn von Johann und Jeannette S.: Nr. 399

Stieglitz, Sophie Jeannette (Johanette, Hanny, Jente), geb. Ephraim (1764 – 1843), Tochter des Berliner Unternehmers Benjamin Veitel Ephraim, seit 1792 verh. mit Johann S., Mutter von Adolf und Ludwig S.: Nr. 399, 461

Stieglitz, Wilhelm Adolf (1796 – 1844), hannoverscher Militär, 1817 Leutnant, zuletzt Kapitän, Sohn von Johann und Jeannette S.: Nr. 399

Stilling, Johann Heinrich: s. Jung
Stock, Johanna Dorothea (Dora) (1760 – 1832), Malerin in Leipzig, Dresden und Berlin, in der Familie ihres Schwagers Christian Gottfried Körner lebend, Tochter des Kupferstechers Johann Michael S.: Nr. 399
Stöpel, August (1783 – 1846), Musiker, Pädagoge, Schriftsteller, seit 1806/08 Lehrer und Kantor in Tangermünde, später Subrektor: Nr. 173
Stoffels, Ludwig (Louis) (1764 – 1853), flämischer Pharmazeut, Mineraloge, Botaniker, Pomologe, Apotheker in Mecheln: Nr. 671
Stolberg-Stolberg, Christian Graf zu (1748 – 1821), Schriftsteller, Übersetzer, dänischer Beamter, 1772 Mitglied des Göttinger Hains, 1777 – 1800 Amtmann in Tremsbüttel, 1800 Kammerherr, seitdem auf seinem Gut Windeby bei Eckernförde lebend, Bruder von Graf Friedrich Leopold zu S.: Nr. 332, 404
Stolberg-Stolberg, Friedrich (Fritz) Leopold Graf zu (1750 – 1819), Schriftsteller, Übersetzer, Diplomat, 1772 Mitglied des Göttinger Hains, 1776 fürstbischöfl. lübeckischer Gesandter in Kopenhagen, 1781 – 1783 Obermundschenk in Eutin, 1786 Amtmann in Neuenburg bei Oldenburg, 1789 dänischer Gesandter in Berlin, 1791/93 – 1800 leitender Minister in Eutin, seit 1800 katholisch, bis 1812 in Münster lebend, dann auf dem Gut Tatenhausen bei Bielefeld, seit 1816 in Sondermühlen bei Osnabrück, Bruder von Graf Christian zu S.: Nr. 115, 332, 404
Stosch, Friederike Sophie Amalie Henriette (seit 1798:) Gräfin von, geb. Gräfin von Hoym (1770 – 1832), Staatsdame der Königin Friederike Luise von Preußen, Tochter des Grafen Karl Georg(e) Heinrich Hoym, seit 1791 verh. mit dem preußischen Kammerherrn (Graf) Hans Gottlieb S.: Nr. 514
Stosch, Philipp (seit 1717:) von (1691 – 1757), Kunstsammler, Archäologe, seit 1731 in Florenz: Nr. 1066
Stothard, Thomas (1755 – 1834), englischer Maler, Radierer und Lithograph: Nr. 35
Strack, Anton Wilhelm (1758 – 1829), Maler, 1779 in Kassel, seit 1782 Professor an der Militärschule und am Gymnasium, dann Hofmaler in Bückeburg, Bruder des Malers Ludwig S. und Neffe von Wilhelm Tischbein: Nr. 548
Strantz, Sophie Charlotte von, geb. Gräfin von Wylich und Lottum (1793 – 1869), Tochter von Graf Karl Friedrich Johann Gustav von W., seit 1811 verh. mit dem preußischen Militär Karl Adolf Ferdinand von S.: Nr. 524
Strauß, Gerhard Friedrich Abraham (1786 – 1863), Theologe, 1822 vierter Dom- und Hofprediger sowie Professor in Berlin, 1833/34 Rektor der Universität, zuletzt Oberhofprediger: Nr. 559
Streckfuß, Adolf Friedrich Karl (1779 – 1844), Jurist, Schriftsteller, Übersetzer, 1811 Beamter in sächsischen, 1813 in russischen und seit 1815 in preußischen Diensten, seit 1819 in Berlin, 1820 Geheimer Regierungs- und Vortragender Rat im Ministerium des Innern, 1823 Geheimer Oberregierungsrat, 1840 – 1843 Mitglied des Staatsrats: Nr. 320, 514, 531, 556, 625, 912
– ; dessen Kinder: Nr. 556
Streckfuß, Amalia Charlotta, geb. Kruschwitz (1788 – 1869), Tochter des Zeitzer Ratsassessors und Kämmerers Johann Gottlob Kruschwitz, seit 1811 verh. mit Karl S.: Nr. 556
Strixner, Johann Nepomuk (1782 – 1855), Zeichner, Kupferstecher und Lithograph in München: Nr. 59, 74, 86, 155, 226, 616, 652, 654, 666, 679, 735, 884, 1030, 1076, 1077

Stromeyer, Friedrich (1776 – 1835), Chemiker in Göttingen, 1802 Privatdozent, 1805 Professor, 1806 auch Direktor des chemischen Laboratoriums und 1817 Generalinspektor der Apotheken im Königreich Hannover: Nr. 755

Stromeyer (Strohmeyer), Johann Heinrich (auch: Karl) (1779 – 1845), Sänger (Bassist), seit 1806 in Weimar, 1817 Regisseur der Oper, 1824 Oberdirektor und Mitglied der Theaterdirektion, 1828 pensioniert: Nr. 342, 440, 708, 907, 931

Struve, Heinrich Christoph Gottfried (Heinrich Antonowitsch) (seit 1782:) von (1772 – 1851), russischer Diplomat, Mineraloge, u. a. in Stuttgart, 1809 – 1811 in Kassel, 1814 Resident bei den Hansestädten mit Sitz in Hamburg, 1821 – 1850 Ministerresident, Sohn des russischen Gesandten in Regensburg Anton Sebastian (von) S. und Bruder von Johann Georg (von) S.: Nr. **356**, 357, 487

Struve, Johann Georg (seit 1782:) von (1766 – 1831), russischer Diplomat, 1782 – 1806 bei der Gesandtschaft in Regensburg, 1811 Legationssekretär in Palermo und 1815 in Neapel, 1816 Geschäftsträger in Weimar, Staatsrat, 1828 pensioniert und seitdem in Jena, Bruder von Heinrich (von) S.: Nr. **919**

Stuart, Maria (1542 – 1587), bis 1567 Königin von Schottland: Nr. 508

Stümer, Johann Daniel Heinrich (1789 – 1856), Sänger und Komponist in Berlin, seit 1811 an den königl. Theatern, 1831 pensioniert: Nr. 518, 554

Sturm, Jakob (1771 – 1848), Maler, Kupferstecher und Entomologe in Nürnberg: Nr. 160

Sturm, Karl Christian Gottlob (1780 – 1826), Kameralist, Agrarökonom, 1807 Professor in Jena und 1819 in Bonn, 1814 auch Leiter des von ihm errichteten landwirtschaftlichen Instituts in Tiefurt bei Weimar, dann des landwirtschaftlichen Instituts in Poppelsdorf bei Bonn: Nr. 103, **944**

Stuttberg, Johanna Maria, geb. Plücker (1763 – 1835), Tochter des Kaufmanns und Bürgermeisters Johannes Plücker in Elberfeld, seit 1784 verh. mit dem Kaufmann und Bürgermeister Johann Adolf S., 1805 verw., seit 1824 zweite Ehefrau von Karl Wilhelm Nose: Nr. 361

Succow (Suckow), Wilhelm Karl Friedrich (1770 – 1848), Mediziner, 1793 Arzt in Jena, 1795 Privatdozent und 1801 Professor, seit 1793 auch Sekretär der Naturforschenden Gesellschaft, 1805 Leibarzt des Grafen Hochberg zu Fürstenstein in Schlesien, 1808 wieder Professor in Jena, auch Subdirektor und 1811 Mitdirektor der medizinischen Anstalten, 1809 Hofrat und 1830 Geheimer Hofrat, Sohn des Physikers und Mathematikers Lorenz Johann Daniel S., Onkel von Friedrich Wilhelm Ludwig Suckow: Nr. 70

Suckow (Succow), Friedrich Wilhelm Ludwig (1788 – 1838), Naturwissenschaftler, Entomologe, Professor und Kustos am Museum in Mannheim, Sohn des Naturwissenschaftlers Georg Adolf S. und Neffe von Wilhelm Karl Friedrich Succow: Nr. **846**

Süvern, Johann Wilhelm (1775 – 1829), Philologe, Pädagoge, Beamter, 1796 Mitglied des philologisch-pädagogischen Seminars in Berlin, 1800 Gymnasialdirektor in Thorn und 1804 in Elbing, 1807 Professor in Königsberg, 1809 Staatsrat in der Unterrichtsabteilung des preußischen Innenministeriums, seit 1817 im Kultusministerium: Nr. 344, **393**, 773

Sulzer, Friedrich Gabriel (1749 – 1830), Mediziner, Zoologe und Mineraloge, 1775 Arzt in Gotha, 1779 auch Brunnenarzt in Ronneburg, 1781 Hofmedikus, 1784 Hofrat, 1818 Geheimer Hofrat, auch Direktor der Schule für Veterinärmediziner in Ronneburg und einer Hebammenschule in Altenburg, Leibarzt der Herzogin Dorothea von Kurland in Löbichau, Sohn des Mediziners Johann Kaspar S.: Nr. 1010

Sutorius, Auguste (1807 – 1873), Schauspielerin und Sängerin, 1824 am Königsstädtischen Theater in Berlin, 1827 in Weimar, zuletzt in Amerika, 1835 – 1849 zweite Ehefrau des Schauspielers Johann Friedrich Wilhelm Theodor Hering (Häring; Ps. Döring), Schwester von Karoline S.: Nr. 1009, 1043

Sutorius, Karoline (1810 – 1875), Schauspielerin, 1824 am Königsstädtischen Theater in Berlin, später u. a. in Leipzig, Dresden und Hamburg, seit 1836 verh. mit dem Schauspieler und Theaterdirektor Jean Baptiste Baison, Schwester von Auguste S.: Nr. 1009

Swaan, Johan Samuel (1774 – 1826), niederländischer Gelehrter, Schriftsteller und Pädagoge, Apotheker in Amsterdam, später Lektor an einer medizinischen Schule und Rektor der Lateinschule in Hoorn: Nr. 1085

Sweet, Robert (1783 – 1835), englischer Botaniker und Gärtner: Nr. 611, 612

Swoboda, Wenzel Alois (Václav Alois Svoboda; Ps. Navorovsky) (1791 – 1849), böhmischer Philologe, Pädagoge und Schriftsteller, 1814 Gymnasialprofessor in Pisek, 1815 in Neuhaus und 1821 in Prag: Nr. 182, 997

Sylvestre, Espérance (1790 – 1842), Schweizer Pädagogin, 1818 – 1828 Erzieherin der Prinzessinnen Maria und Augusta bzw. des Prinzen Karl Alexander von Sachsen-Weimar, 1829 – 1832 Privatsekretärin des Schriftstellers Karl Viktor von Bonstetten in Genf, 1833 – 1838 Erzieherin im Haus des Grafen Sergej Semjonowitsch Uwarow in St. Petersburg, zuletzt in Genf und Rom, mit Alexander Puschkin befreundet: Nr. 426

Syring, Johann Andreas (1744 – 1824), Kaufmann in Berlin, seit 1773 verh. mit Luise Dorothea Rosine Zelter, Schwager von Karl Friedrich Zelter: Nr. 1083

Syring, Luise Dorothea Rosine, geb. Zelter, verw. Keindorf (1752 – 1812), Karl Friedrich Zelters ältere Schwester, seit 1773 in zweiter Ehe verh. mit Johann Andreas S.: Nr. 1083

Szymanowska, Maria (Marianna) Agata, geb. Wołowska (1789 – 1831), polnische Pianistin und Komponistin, 1823 – 1826 Konzertreisen in Deutschland, England, Frankreich, der Schweiz, Italien und Russland, seit 1828 Hofpianistin, Musiklehrerin und Salonière in St. Petersburg, Tochter des Brauereibesitzers Franciszek Wołowski in Warschau, seit 1810 verh. mit dem Gutspächter Józef Teofil Szymanowski, 1820 gesch., Schwester von Kasimira Wołowska: Nr. 322, 330, 338, 432, 433, 440, 443, 446, 449, 459, 461, 506, 512, 514, 518, 554, 591, 804

Tacitus, Publius Cornelius (um 55 – um 120), römischer Geschichtsschreiber: Nr. 25, 298, 393

Talma, François Joseph (1763 – 1826), französischer Schauspieler: Nr. 31

Tambroni, Giuseppe (1773 – 1824), italienischer Archäologe, Kunstkritiker und Diplomat, seit etwa 1809 in Rom: Nr. 173

Tasso, Torquato (1544 – 1595), italienischer Dichter: Nr. 214, 357, 531, 556, 557, 627, 949, 1/152b+

Tegnér, Esaias (1782 – 1846), schwedischer Schriftsteller, Lyriker: Nr. 588, 1073

Teichmann, Johann Christoph Ludwig (Louis) (um 1791 – 1842), Kunst- und Handelsgärtner (Blumengärtner) in Berlin: Nr. 543

Teichmann, Johann Valentin (1791 – 1860), Theaterbeamter und -chronist in Berlin, 1806/08 Registraturassistent (Journalist) beim Stadtgericht, dann Privatsekretär des Grafen Karl Brühl, seit 1815/16 bei der Generalintendanz der königl. Theater tätig, 1824/25 Geheimer expedierender Sekretär, 1833 Hofrat: Nr. 61, 130, 143, 145

Teichmüller, Karl Christoph (1780 – 1850), Zeichner, Lithograph, Professor in Kassel: Nr. 977
Telemann, Georg Philipp (1681 – 1767), Komponist: Nr. 625, 653
Telle, Constant Michel (1762 – 1846), französischer Tänzer, Ballettmeister, seit 1791 in Berlin: Nr. 549, 554, 559
Temler (Temmler), Karl Heinrich Anton (1804 – 1837), Mathematiker, seit 1834 Privatdozent in Jena, Sohn des Zeichenlehrers Adolf T. in Weimar: Nr. 169, 540
Teniers, David d. J. (II) (1610 – 1690), niederländischer Maler und Radierer: Nr. 735
Terborch (Ter Borch), Gerard (1617 – 1681), niederländischer Maler: Nr. 735
Terenz (Publius Terentius Afer) (um 190 – 159 v. Chr.), römischer Komödiendichter: Nr. 58
Ternite, Friedrich Wilhelm Ludewig (1786 – 1871), Maler und Lithograph, 1810 in Berlin, um 1813 – 1815 Teilnehmer an den Befreiungskriegen, zeitweise preußischer Kunstkommissar in Paris, 1823 – 1826 in Rom und Neapel, seit 1826 Inspektor der Kunstwerke in und um Potsdam, 1834 Hofrat: Nr. 66, 71
Tertullian (Quintus Septimius Florens Tertullianus) (um 155 – 225), lateinischer Kirchenschriftsteller: Nr. 433
Tessin, Carl Gustaf Graf (1695 – 1770), schwedischer Diplomat, Politiker, Mäzen, Naturaliensammler, Reichsrat und 1746 – 1752 Präsident der Reichskanzlei: Nr. 1010
Textor, Anna Margareta Justina, geb. Lindheimer (1711 – 1783), Tochter des Frankfurter Juristen Kornelius Lindheimer, seit 1726 verh. mit dem späteren Stadtschultheiß Johann Wolfgang T., Goethes Großmutter: Nr. 519
Thaer, Albrecht Daniel (1752 – 1828), Mediziner, Landwirt, Agrarwissenschaftler, 1774 Arzt in Celle, 1796 Leibarzt Georgs III. von Großbritannien, Landwirt, 1804 Übersiedlung nach Preußen, 1806 Gründer der Lehranstalt für Landbau in Möglin bei Wriezen, 1811 – 1819 auch Professor der Kameralwissenschaften an der Berliner Universität: Nr. 608, 625, 653, 686, 698, 801
Thaer, Albrecht Philipp (1794 – 1863), Agronom, preußischer Beamter, 1827 Gutsbesitzer in Lüdersdorf, 1830 Direktor der Lehranstalt für Landbau in Möglin bei Wriezen, 1835 Landesökonomierat, Sohn von Albrecht T.: Nr. 698
Thaer, Andreas Ernst (1790 – 1837), Mediziner, Arzt in Nauen, 1827 in Berlin, Sohn von Albrecht T.: Nr. 698
Thaer, Georg Andreas Ludwig (1789 – 1857), Landwirt, preußischer Beamter, Pächter der Domäne Panten (Liegnitz), Intendant der Stammschäferei, Amtsrat, Sohn von Albrecht T.: Nr. 698
Théaulon de Lambert, Marie Emmanuel Guillaume Marguerite (1787 – 1841), französischer Schriftsteller, Dramatiker: Nr. 457
Theile, Johann (1646 – 1724), Komponist und Musiktheoretiker: Nr. 653
Thénard, Louis Jacques (seit 1825/32:) de (1777 – 1857), französischer Chemiker, u. a. Professor am Collège de France in Paris: Nr. 498
Theodektes (4. Jh. v. Chr.), griechischer Rhetor und Tragiker: Nr. 942
Theoli, geb. Fidanza (erw. 1823), verh. mit Stephan T., (?) Tochter des italienischen Landschaftsmalers Francesco Fidanza (1747/49 – 1819): Nr. 353
Theoli, Stephan (Stefano Thioli) (erw. 1822 – 1823), italienischer Kunsthändler, Maler und Restaurator, aus Rom: Nr. 77, 109, 206, 209, 218, 353
Thielmann, Johann Adolf (seit 1812:) von (1765 – 1824), Militär, 1782 in sächsischen, 1813 in russischen und seit 1815 in preußischen Diensten, 1798 Rittmeister, 1807

Major, 1809 Generaladjutant des sächsischen Königs Friedrich August I., Generalmajor, 1816 Kommandierender General in Münster, 1820 in Koblenz, 1824 General der Kavallerie: Nr. 431

Thienemann, Friedrich August Ludwig (1793 – 1858), Ornithologe, 1820 Reise durch Nordeuropa, 1822 Privatdozent in Leipzig, 1825 – 1831 zweiter Inspektor des Naturalienkabinetts, später Bibliothekar in Dresden: Nr. 269

Thiersch, Friedrich Wilhelm (seit 1850:) von (1784 – 1860), Philologe, Pädagoge, Schriftsteller, 1809 Gymnasialprofessor in München, 1812 Professor am Lyzeum, seit 1826 Professor an der Universität, 1829 – 1830 Rektor: Nr. 483, 893

Tholuck, Friedrich August Gotttreu (1799 – 1877), Theologe, Orientalist, 1823 Professor in Berlin und 1826 in Halle, 1828 Gesandtschaftsprediger in Rom, 1829 wieder Professor in Halle, Konsistorialrat, 1839 – 1864 auch Universitätsprediger, 1868 Oberkonsistorialrat: Nr. 1074

Thomas, Anna Rosina (Rosette) Magdalene, geb. Willemer, verw. Städel (1782 bis 1845), Malerin in Frankfurt am Main, um 1814 – 1821 Schulvorsteherin, Tochter aus Johann Jakob (von) Willemers (erster) Ehe mit Maria Magdalena Lang, seit 1799 verh. mit dem Kaufmann Johann Martin Städel, 1802 verw., seit 1819 zweite Ehefrau von Gerhard T.: Nr. 26, 591

Thomas, Johann Gerhard Christian (1785 – 1838), Jurist, 1807 Anwalt in Frankfurt am Main, 1809 zweiter Archivar des Fürstentums (1810 Großherzogtums) Frankfurt, dann Ratsschreiber, 1816 Senator, mehrfach Bürgermeister, Schwiegersohn von Johann Jakob von Willemer: Nr. 591, 884

Thomson, James (1700 – 1748), schottisch-englischer Dichter: Nr. 125

Thorvaldsen, Bertel (1770 – 1844), dänischer Bildhauer, 1797 – 1842 in Rom, 1829 Mitgründer des Deutschen Archäologischen Instituts: Nr. 581, 820, 917

Thümmel, Moritz August von (1738 – 1817), Beamter, Schriftsteller, Übersetzer, 1768 bis 1783 Geheimer Rat und Mitglied der Regierung in Coburg, später in Gotha und auf seinem Gut Sonneborn lebend, Bruder des Schriftstellers und sachsen-gothaischen Beamten Hans von T.: Nr. 680

Thunmann, Hans (Johann) Erich (1746 – 1778), schwedischer Historiker, Philologe, Bibliothekar, 1769 in Greifswald, seit 1772 in Halle, Professor der Beredsamkeit und Philosophie, 1778 auch Leiter der Universitätsbibliothek: Nr. 281

Thurn und Taxis, Friedrich Wilhelm Prinz von (1805 – 1825), preußischer Militär, Leutnant im Regiment Gardes du Corps, Sohn des Fürsten Karl Alexander und der Fürstin Therese: Nr. 554

Tiberius (T. Iulius Caesar Augustus) (42 v. Chr. – 37 n. Chr.), seit 14 n. Chr. römischer Kaiser: Nr. 298

Tibull (Albius Tibullus) (um 50 – um 19 v. Chr.), römischer Dichter: Nr. 152

Tieck, Agnes Amalie (1802 – 1880), Tochter von Amalie und Ludwig T. (oder Wilhelm von Burgsdorff), seit 1842 verh. mit dem Fabrikbesitzer Gustav Alberti in Waldenburg (Schlesien): Nr. 412

Tieck, Amalie Marie, geb. Alberti (1769 – 1837), Tochter des Pastors Julius Gustav Alberti in Hamburg, seit 1798 verh. mit Ludwig T., Schwägerin von Johann Friedrich Reichardt: Nr. 412

Tieck, Christian Friedrich (1776 – 1851), Bildhauer in Berlin, 1798 – 1801 in Paris, 1801 – 1805 zeitweise in Jena und Weimar, dann u. a. in Italien, München, Coppet und Zürich, 1812 – 1819 in Carrara, 1801 Teilnehmer an der Preisaufgabe für bildende Künstler in Weimar, Bruder von Ludwig T.: Nr. 128, 130, 412, 518, 531, 554, 558, **581**, **668**, **767**, 780, 781, 824, 848, 930

Tieck, Dorothea Sophie (1799 – 1841), Übersetzerin, Tochter und Mitarbeiterin von Ludwig T.: Nr. 412

Tieck, Johann Ludwig (1773 – 1853), Schriftsteller, Übersetzer und Herausgeber, 1799 – 1800 in Jena, 1801 – 1819 vorwiegend in Ziebingen bei Frankfurt (Oder) und Berlin, auch in München, Rom, Wien, Prag, London und Paris, 1819 – 1841 in Dresden, 1825 Dramaturg am Hoftheater, seit 1842 in Berlin und Potsdam, Bruder von Friedrich T.: Nr. 86, 412, **495**, 695, **927**, **969**, 1043

Tiedemann, Friedrich (seit 1832:) von (1781 – 1861), Mediziner, Anatom, 1804 Privatdozent in Marburg, 1805 Professor in Landshut und 1816 – 1849 in Heidelberg, 1816 Hofrat, 1820 Geheimer Hofrat und 1826 Geheimer Rat, Sohn des Philosophen Dietrich T.: Nr. 784

Tilloch, Alexander (1759 – 1825), schottischer Publizist: Nr. 935

Timler (Timmler, Tümmler), Christian Lorenz Moritz (1763 – 1826), Maurermeister in Jena, seit 1812 Hofmaurermeister: Nr. 262

Tischbein, Johann Friedrich August (1750 – 1812), Maler, seit 1800 Akademiedirektor in Leipzig: Nr. 548

Tischbein, Johann Heinrich Wilhelm (1751 – 1829), Maler, Radierer, Altertumsforscher, 1777 Porträtmaler in Berlin, 1780 – 1799 vorwiegend in Italien, 1789 Direktor der Kunstakademie in Neapel, 1799 – 1801 in Kassel, Göttingen und Hannover, dann in Hamburg, seit 1808 Hofmaler und Galeriedirektor in Eutin: Nr. 343

Titus (T. Flavius Vespasianus) (39 – 81), seit 79 römischer Kaiser: Nr. 477

Tizian (Tiziano Vecellio) (um 1477 oder 1488/90 – 1576), italienischer Maler: Nr. 166, 559, 573

Töpfer, Karl Friedrich Gustav (1792 – 1871), Schauspieler und Dramatiker, 1816 in Wien, später in Hamburg: Nr. 431, 450, 535, 543, 632, 708

Toeschi, Karl Joseph (1731 – 1788), Komponist, Violinist, 1752 Mitglied des Hoforchesters in Mannheim, 1759 Konzertmeister, 1774 Kabinetts-Musikdirektor, seit 1778 in München: Nr. 512

Tograi (Tugrai; Abu Ismael T.) (1061 – 1121), persischer Dichter: Nr. 379

Toledo, Pietro Giacomo da (16. Jh.), italienischer Mediziner: Nr. 221

Totila (Baduila) (gest. 552), seit 542 König der Ostgoten: Nr. 173

Toussaint, Ludwig (Louis) Otto (1766 – 1825), Kaufmann in Hanau, Mitinhaber der Firma Gebrüder T. für Bijouteriewaren, preußischer Kriegs- und Domänenrat, Kunstsammler: Nr. **897**

Trattinnick, Leopold (1764 – 1849), österreichischer Botaniker, 1808/09 – 1835 Kustos der vereinigten Naturalienkabinette in Wien: Nr. 195

Treitlinger, Franz Ludwig (seit 1813:) von (1754 – 1831), Jurist, Diplomat, 1789 Oberherr der Tucher-Zunft in Straßburg, seit 1807 Vertreter verschiedener deutscher Staaten in Paris, Thurn-und-Taxisscher Hofrat, mecklenburgischer Staatsrat, 1809 sachsen-weimarischer Geschäftsträger, 1811/16 Ministerresident, 1827 Geheimer Rat, Sohn des Straßburger Juristen Johann Christian T.: Nr. 551, 555, 1068

Treitschke, Georg Friedrich (1776 – 1842), Dramatiker, Schauspieler, Regisseur, Theaterleiter und Schmetterlingsforscher, seit 1800 in Wien: Nr. 457, 518

Treskow, August Julius Alexander von (1800 – 1849), preußischer Militär, zuletzt Rittmeister, Sohn von Amalie von T., Cousin von Ottilie von Goethe: Nr. 506, 512, 518

Treskow, Wilhelm Heinrich Ludwig von (1767 – 1843), preußischer Militär, vor 1813 als Obristleutnant in Berlin pensioniert: Nr. 512

Treskow, Wilhelmine Helene Amalie von und zu, geb. Gräfin Henckel von Donnersmarck, gesch. von und zu Massenbach (1765 – 1838), Tochter aus Graf Viktor Amadeus Henckels (erster) Ehe mit Katharina Friederike Wilhelmine von Wackerhagen, 1783 – 1788 verh. mit dem Hofgerichtsrat Wilhelm Albrecht von Massenbach in Insterburg, seit 1790 verh. mit dem preußischen Militär Karl Alexander Wilhelm von T., 1823 verw., Mutter von August von T., Tante von Ottilie von Goethe und Ulrike von Pogwisch: Nr. 512, 518, 524, 535

Treviranus, Gottfried Reinhold (1776 – 1837), Mediziner, Naturforscher und Fachschriftsteller, 1796 Gymnasialprofessor und Arzt in Bremen, Bruder des Botanikers Ludolf Christian T.: Nr. 297, 529

Triphiodoros (Tryphiodorus) (um 4. Jh.), griechischer Schriftsteller, Epiker und Grammatiker: Nr. 427

Trivulzio, Margherita, geb. Colleoni (1455 – 1483), Tochter des Nicolino Colleoni, seit 1467 erste Ehefrau des italienisch-französischen Heerführers Gian Giacomo T.: Nr. 77

Trivulzio, Paola Markgräfin von Vigevano, geb. Gonzaga (1486 – 1519), Tochter von Rodolfo Gonzaga Markgraf von Mantua, seit 1501 verh. mit Giovan Niccolò T. Markgraf von Vigevano: Nr. 77, 109, 166

Trommsdorff, Johann Bartholomäus (1770 – 1837), Pharmazeut und Chemiker in Erfurt, 1795 – 1816 Universitätsprofessor, 1818 Vizedirektor und 1823 Direktor der Akademie gemeinnütziger Wissenschaften, Inhaber eines pharmazeutischen Instituts: Nr. 487

Troschel, Auguste (1808 – 1894), Tochter des preußischen Justizrats Ernst Leberecht Freimuth T. in Berlin: Nr. 518

Trowitzsch & Sohn; Druckerei, 1815 unter dem Namen des Buchdruckers Karl Gottlob T. (1745 – 1819) in Frankfurt (Oder), fortgeführt von dessen Sohn Karl Ferdinand Sigismund T. (1797 – 1830), 1821 Niederlassung in Berlin: Nr. 172

Truchseß (T. von Waldburg), Amalie Pauline Gräfin von, geb. Gräfin von Kalnein (1770 – 1829), Oberhofmeisterin der Töchter König Friedrich Wilhelms III. von Preußen und der Königin Luise, Tochter des Grafen Friedrich Stanislaus Kalnein, seit 1786 zweite Ehefrau des preußischen Kammerherrn Friedrich Ludwig II. T.: Nr. 543

Truchseß (T. von Wetzhausen), Christian von (1755 – 1826), Herr auf Schloss Bettenburg bei Hofheim, 1775 – 1785 in hessen-kasselschen Militärdiensten, zuletzt Major, Mäzen: Nr. **862**

Truchseß (T. von Waldburg), Pauline Albertine Wilhelmine Friederike Emilie Karoline Gräfin von (1788 – 1829), seit 1814 Hofdame bei Prinzessin Friederike von Preußen, Tochter von Gräfin Amalie T.: Nr. 543

Tryphiodorus: s. Triphiodoros

Tümpling, Maria Josepha Walpurga von, geb. Gräfin von Lamberg (1769 – 1853), 1787 Hofdame (Kammerfräulein) und später Oberhofmeisterin in Dresden, Tochter des bayerischen Kammerherrn Graf Franz Joseph Heinrich Lamberg, seit 1805 dritte Ehefrau des sächsischen Hofbeamten Wolf von T.: Nr. 800

Türk, Daniel Gottlob (1750 – 1813), Komponist und Musikpädagoge in Halle, 1779 Universitätsmusikdirektor und 1808 Professor: Nr. 461

Türkei, Mahmud (Mohammed) II. (1784 – 1839), seit 1808 Sultan: Nr. 37
Tyszkiewicz (Tyszkiewiczowa), Maria Theresia Antonia (Antoinette) Josephine Gräfin, geb. (seit 1765:) Prinzessin Poniatowska (1760 – 1834), Tochter des in österreichischen Diensten stehenden Feldmarschalls Fürst Andrzej Poniatowski, Schwester des polnischen Generals und französischen Marschalls Fürst Joseph Anton Poniatowski, seit 1778 verh. mit Graf Vincent T., seit 1807 befreundet mit Charles Maurice de Talleyrand-Périgord: Nr. 31

Ueberfeld, Jakob Georg Christoph (1785 – 1876), Handelsmann und Lotterieeinnehmer (Hauptkollekteur) in Frankfurt am Main, übertrug das Lotteriegeschäft 1820 – 1824/25 an Bernhard Dumont: Nr. 586
Uhden, Johann Daniel Wilhelm Otto (seit 1834/35:) von (1763 – 1835), Altertumsforscher, preußischer Beamter, 1790 – 1802 in Rom, 1795 stellvertretender und 1798 Ministerresident, seit 1803 in Berlin, Kriegs- und Domänenrat, dann auch Sekretär der Akademie der Künste, 1809 Staatsrat in der Sektion für Kultus und öffentlichen Unterricht im Innenministerium, 1817 Geheimer Oberregierungsrat: Nr. 192, 202, 343
Uhland, Johann Ludwig (1787 – 1862), Schriftsteller, Dichter, Literaturwissenschaftler, Jurist, Politiker, u. a. 1811 Advokat in Tübingen, 1812 Akzessist im Justizministerium in Stuttgart, 1814 Advokat in Stuttgart, 1830 – 1833 Professor für deutsche Literatur in Tübingen, 1820 – 1826 und 1833 – 1838 Abgeordneter im Stuttgarter Landtag und 1848 der Frankfurter Nationalversammlung: Nr. 521
Ukert (Uckert), Friedrich August (1780 – 1851), Bibliothekar, Pädagoge, Geograph, Übersetzer, 1803 Hauslehrer in Danzig, 1807 Hauslehrer von Schillers Söhnen in Weimar, 1808 Gymnasiallehrer und Bibliothekar in Gotha, 1809 Professor, 1810 auch Aufseher über das Münzkabinett, 1842 Oberbibliothekar: Nr. 142
Ulmenstein, Heinrich Johann Anton Christian von (1777 – 1840), Jurist, preußischer Beamter, 1797 Protokollführer am Stadtgericht in Erlangen, 1799 ansbach-bayreuthischer Regierungsreferendar in Bayreuth, 1800 Referendar am Stadtgericht in Erlangen, 1801 am Kammergericht in Berlin, 1812 preußischer Regierungsrat in Potsdam, 1816 in Arnsberg, 1827 in Düsseldorf: Nr. 647
Ulram, Karl (1776/77 – 1832), Jurist, Mineraloge, zuletzt mährisch-schlesischer Landesadvokat in Brünn, Vater des Schauspielers Karl U.: Nr. 487
Ulrich, August Leopold (1791 – 1858/59), Mediziner, 1820 Medizinalrat in Koblenz, zuletzt Regierungs- und Geheimer Medizinalrat, Sohn des Philosophen Johann August Heinrich U. in Jena, Cousin von Karoline Riemer: Nr. 800
Unger, Johann Friedrich Gottlieb (1753 – 1804), Buchdrucker, Holzschneider und Verlagsbuchhändler in Berlin, 1788 akademischer Buchdrucker, 1790 Mitglied des Senats der Akademie der Künste, 1800 Professor der Holzschneidekunst: Nr. 421, 439
Unrein, Johann Adam Gottfried (1760 – 1831), Musiker in Weimar, 1792 Kammermusiker, 1817 neben August Riemann Leiter der Hofkapelle, 1818 Musikdirektor: Nr. 432
Unzelmann, Karl Wilhelm Ferdinand (1753 – 1832), Schauspieler und Sänger, auch Regisseur, seit 1788 in Berlin, 1823 pensioniert, 1786 – 1803 verh. mit der Schauspielerin Friederike Flittner (später verh. Bethmann), Vater des Schauspielers Karl U.: Nr. 51

Unzelmann, Margarete Charlotte Wilhelmine, geb. Franz (1801 – 1871), Schauspielerin und Sängerin in Berlin, Tochter des Schauspielers und Sängers Johann Christian Franz, seit 1821 verh. mit dem Schauspieler August U., seit 1835 in zweiter Ehe verh. mit dem Ministerialsekretär Christian Gottlieb Werner: Nr. 708

Urban VIII. (Maffeo Barberini) (1568 – 1644), seit 1623 Papst: Nr. 77

Urlau (Uhrlau), Johann Heinrich Gottlob (1762 – 1826), Rentamtmann und Steuereinnehmer in Kapellendorf bei Weimar: Nr. 32

Uwarow, Sergej Semjonowitsch (seit 1846:) Graf (1786 – 1855), russischer Politiker und Gelehrter, 1801 Kadett im Außenministerium, dann Student in Göttingen, 1807 der Gesandtschaft in Wien zugeteilt, 1809 Legationssekretär in Paris, 1811 – 1822 Kurator des St. Petersburger Lehrbezirks, 1822 – 1824 Direktor des Departements für Manufakturen und Binnenhandel und 1823 – 1826 der staatlichen Kredit- und Geschäftsbanken, 1826 Senator, 1832 stellvertretender und 1833 – 1849 Unterrichtsminister, seit 1818 Präsident der Akademie der Wissenschaften, Schwiegersohn von Graf Alexej Kirillowitsch Rasumowski: Nr. 343

Valabrègue, Angelica, geb. Catalani (1780 – 1849), italienische Sängerin, 1801 in Mailand, 1804 in Lissabon, 1806 zeitweise in Paris, Übersiedlung nach London, 1814 bis 1817/18 Theaterleiterin in Paris, bis 1821 Konzertreisen durch Europa, nach 1828 in der Toskana und in Paris lebend, seit 1804 verh. mit dem französischen Offizier Paul V.: Nr. 1043

Valenti, August Joseph Anton (Agostino Guiseppe Antonio) de (1768 – nach 1828), Lektor und Lehrer der italienischen Sprache an der Universität in Jena, Sohn des Sprachlehrers Giuseppe (Joseph) de V. in Jena und Vater des Mediziners und Theologen Ernst de V.: Nr. 948

Valmiki (Walmiki), mythischer indischer Weiser: Nr. 1004

Vandenhoeck & Ruprecht; Verlagsbuchhandlung in Göttingen, 1735 gegründet von dem Buchdrucker und Verleger Abraham V. (1700 – 1750), fortgeführt von dessen Witwe Anna V. (1709 – 1787), seit 1758 gemeinsam mit Karl Friedrich Günther Ruprecht (1730 – 1816), 1787 Übernahme der Firma durch Ruprecht, 1816 fortgeführt von dessen Sohn Karl August Adolf Ruprecht (1791 – 1861): Nr. 887

Vandeul, Marie Angélique Caroillon de, geb. Diderot (1753 – 1824), französische Cembalistin, Schriftstellerin, Tochter von Denis Diderot, seit 1772 verh. mit dem Industriellen Abel François Nicolas Caroillon de V., 1813 verw.: Nr. 288, 767

Varanchan de Saint-Geniès, Armand Léonce (genannt Comte de Saint-Geniès) (um 1785 – 1861), französischer Sprachwissenschaftler, Dichter, Übersetzer u. a. Goethes und Petrarcas: Nr. 51, **124**, 145, 152, 165, 176, 184, 190, 203, 212, 288

Vargas (herzogl. Familie): Nr. 1005

Vargas-Bedemar, Graf von: s. Grosse, Karl Friedrich August

Varnhagen von Ense, Antonie Friederike, geb. Rahel Levin, (seit 1810 genannt) Robert (1771 – 1833), Schriftstellerin, Salonière in Berlin, seit 1814 verh. mit Karl August V., Schwester von Ludwig Robert: Nr. 344, 450, 531, 543, 549, 598, 961

Varnhagen von Ense, Karl August Ludwig Philipp (1785 – 1858), Schriftsteller, Publizist, Diplomat, 1809 Adjutant in österreichischen und 1813 Hauptmann in russischen Militärdiensten, 1814 für die preußische Gesandtschaft beim Wiener Kongress tätig, 1816 Ministerresident in Karlsruhe, 1819 abberufen, seitdem in Berlin, 1824 in den Ruhestand versetzt, 1825 Geheimer Legationsrat: Nr. 20, **307**, 328, 344, **347**, 357, **450**, 518, 542, 543, 554, 559, **598**, 709, 791, 820, 836, 848, 896, 912, 961

Varnhagen, Theodor Bernhard Georg Friedrich (1790–1846), Apotheker und Verleger in Schmalkalden, 1817 Apotheker, 1820 Gründer und bis 1821 Herausgeber der »Pharmazeutischen Monatsblätter«, 1826 Inhaber einer Verlagsbuchhandlung, nach 1832 Wirt: Nr. 993

Vater, Dorothea Juliana (Julie) Friederika, geb. Heinigke (1780–1842), Tochter des Arztes Wilhelm Johann Friedrich Heinigke in Altenburg, seit 1800 verh. mit Johann Severin V.: Nr. 563, 949

Vater, Johann Severin (1771–1826), Theologe, Orientalist, 1796 Privatdozent und 1798 Professor in Jena, 1800 in Halle, 1809 in Königsberg, 1820 wieder in Halle: Nr. 563, 997

– ; dessen Kinder: Nr. 563

Vega Carpio, Lope Félix de (Lope de Vega) (1562–1635), spanischer Schriftsteller: Nr. 851, 892

Velde, Adriaen van (1636–1672), niederländischer Maler und Radierer: Nr. 422

Velde, Karl Franz van der (1779–1824), Jurist, Schriftsteller, 1804 Direktor des Stadtgerichts in Winzig in Niederschlesien, 1814 Kriminalassessor in Breslau, 1818 Stadtrichter in Zobten, 1823 Justizkommissar und Notar in Breslau: Nr. 848

Velestinlis, Rhigas (1757–1798), griechischer Schriftsteller, Revolutionär: Nr. 281

Velten, Johann Siegmund (1784–1864), Lithograph, Buch-, Kunst- und Musikalienhändler sowie Verleger in Karlsruhe, 1820 Gründer einer Hofkunsthandlung mit angeschlossener Kunstdruckerei: Nr. 1077

Veneziano, Agostino: s. Musi, Agostino dei

Vergil (Virgil; Publius Vergilius Maro) (70–19 v. Chr.), römischer Dichter: Nr. 320, 403

Vetter, Daniel (1657/58–1721), Organist und Komponist, seit 1678 in Leipzig: Nr. 653

Viereck (Vieregg; Fräulein von) (erw. 1824), in Berlin: Nr. 518

Viereck (Vieregg), Henriette Dorothea Ursula Katharina (seit 1834:) Gräfin von (1766–1854), um 1787 Hofdame der Prinzessin Friederike Charlotte Ulrike Katharina von Preußen und 1793–1810 der Kronprinzessin und Königin Luise, 1810 Staatsdame, Tochter des preußischen Obermundschenks Georg Ulrich von V., Schwester von Nanette von Egloffstein: Nr. 543

Vieweg, Friedrich Karl (1799–1855), Landwirt, Bruder von Eduard V.: Nr. 549

Vieweg, Hans Heinrich Eduard (1796–1869) (eigentl. Heinrich Eduard V.), Verlagsbuchhändler, Zeitungsherausgeber und Publizist, 1825 Teilhaber der nunmehrigen Verlagsbuchhandlung Friedrich V. und Sohn, 1835 deren Leiter, Bruder von Karl V.: Nr. 549

Vieweg, Johann (Hans) Friedrich (1761–1835), Verlagsbuchhändler in Berlin und seit 1799 in Braunschweig, Schwiegersohn von Joachim Heinrich Campe, Vater von Eduard und Karl V.: Nr. 578, 795

Vieweg'sche Buchhandlung; Verlagsbuchhandlung, 1786 von Friedrich V. in Berlin gegründet, seit 1799 in Braunschweig, 1825 mit Eduard V. unter der Firma Friedrich V. & Sohn fortgeführt: Nr. 962

Villers, Charles François Dominique de (1765–1815), französischer Offizier, Philosoph, Schriftsteller und Übersetzer, seit 1792 in Deutschland, 1796 Student in Göttingen, dann in Lübeck lebend, 1811–1814 Professor für französische Literatur in Göttingen: Nr. 696

Villiers, George (1592 – 1628), seit 1623 Duke of Buckingham, englischer Diplomat und Politiker: Nr. 77
Virgil: s. Vergil
Vitruv (Marcus Vitruvius Pollio) (1. Jh. v. Chr.), römischer Baumeister und Ingenieur: Nr. 24
Vitry, François Jean Philibert de: s. Aubert de Vitry
Vitzthum von Egersberg, Auguste Charlotte (Auguste Karoline), geb. von Berlepsch (1791 – 1832), seit 1811 erste Ehefrau von Friedrich V.: Nr. 325, 512
Vitzthum von Egersberg, Cäcilie Alexandrine (1823 – 1884), Tochter von Friedrich und Auguste Charlotte V., seit 1847 verh. mit Joseph Gustave (von) Chaulin: Nr. 325
Vitzthum von Egersberg, Friedrich August Johann (1785 – 1859), Hofbeamter, Hauptmann in Dresden, 1815 Kammerherr in Weimar, 1818 – 1820 Intendant des Hoftheaters, 1828 Oberschenk und später Oberhofmeister der Großherzogin Maria Pawlowna, auch Wirklicher Geheimer Rat: Nr. 5
Völker, Johann Christian (1799 – 1863), sachsen-weimarischer Beamter, 1823 zweiter provisorischer Kriminalgerichtsaktuar in Eisenach, 1830 Aktuar und Sportelnrechnungsführer in Geisa, 1835 zweiter Amtsaktuar und Stadtsyndikus, 1843 erster Amtsaktuar, 1846 Amtskommissar, zuletzt Rat und pensionierter Justizamtmann: Nr. 773
Vogel, Karl Christian, (seit 1831:) V. von Vogelstein (1788 – 1868), Maler in Dresden, u. a. 1808 – 1812 in St. Petersburg und 1813 – 1820 in Rom, 1820 – 1853 Professor an der Dresdner Akademie: Nr. 412, 724, 939
Vogel, Peter Wilhelm (1772 – 1843), Theaterschriftsteller und Übersetzer, Theaterleiter und Schauspieler, 1794 in Mannheim, 1798 – 1808 Theaterdirektor in Straßburg, 1811 – 1818 auf seinem Gut bei Luzern lebend, später zeitweise in Wien, 1822 – 1825 Generalsekretär des Theaters an der Wien: Nr. 457
Voght, Johann Kaspar Heinrich (seit 1802:) von (1752 – 1839), Kaufmann in Hamburg, land- und volkswirtschaftlicher Schriftsteller, Philanthrop: Nr. 225, 296, 357
Vogler, Georg Joseph (genannt Abbé Vogler) (1749 – 1814), Komponist, Musiktheoretiker, Kapellmeister, Orgel- und Klaviervirtuose, 1776 Geistlicher Rat und Vizekapellmeister in Mannheim, 1784 Hofkapellmeister in München, 1786 – 1792/96 Kapellmeister und Prinzenerzieher in Stockholm, 1807 Hofkapellmeister in Darmstadt: Nr. 431
Voigt, Amalie Henriette Karoline (seit 1807:) von, geb. Ludecus (1778 – 1840), Schriftstellerin in Weimar, Tochter aus Johann August Ludecus' (erster) Ehe mit Friederike Kirms, seit 1798 erste Ehefrau von Christian Gottlob (von) V. d. J., 1809 gesch., seitdem zeitweise in Dresden lebend, Nichte von Franz Kirms: Nr. 176
Voigt, Friedrich Siegmund (1781 – 1850), Mediziner, Botaniker, 1803 Arzt in Gotha, 1805 Privatdozent in Jena, 1807 Direktor des botanischen Gartens, 1810 Bergrat, 1812 Professor, 1817 Hofrat, Sohn von Johann Heinrich V.: Nr. 53, 243, 387, 564, 722, 924
Voigt, Johann Heinrich (1751 – 1823), Mathematiker, Physiker, Gymnasialprofessor in Gotha, seit 1789 Professor in Jena, 1798 Hofrat, 1817 Geheimer Hofrat, Vater von Friedrich Siegmund V.: Nr. 406, 498, 511
Voigt, Johann Karl Wilhelm (1752 – 1821), Geologe und Mineraloge in Ilmenau, 1783 Bergsekretär, 1789 Bergrat, Mitaufseher über den Bergbau, auch Bürgermeister, Bruder von Goethes Amtskollegen Christian Gottlob (von) V. d. Ä.: Nr. 611, 612, 613

Voigt, Karl Friedrich (1800 – 1874), Medailleur, Graveur, Edelstein- und Stempelschneider, 1829 – 1855 leitender Graveur und Medailleur am Hauptmünzamt in München: Nr. 581

Voigt, Marianne Wilhelmine von, geb. Rudloff (1784 – 1851), Tochter des hannoverschen Kabinettsrats und Archivars Wilhelm August Rudloff, seit 1810 verh. mit dem späteren Oberappellationsgerichtsrat in Celle Adolf Anton Karl von V., 1828 verw., Schwägerin von Karoline von Sartorius: Nr. 800

Volckamer (Volkamer; V. auf und zu Kirchensittenbach), Johann Georg Friedrich von (1759 – 1827), Jurist, Beamter, 1785 Assessor am Land- und Bauerngericht, 1786 am Untergericht und 1787 am Ehegericht in Nürnberg, 1795 Rentkammerassessor, 1797 Richteramtsverweser, 1809 Landgerichtsassessor in Hersbruck, 1814 in Nürnberg, 1817 pensioniert, 1821 Administrator der Tetzel'schen Familienstiftung: Nr. 612, 651

Volleritsch, Anton (gest. 1856), österreichischer Agronom, Mineraloge, um 1823 Güterinspektor in Klagenfurt: Nr. 140, 229, 487

Vollmer, Karl Gottfried Wilhelm (Ps. W. F. A. Zimmermann) (1797/98 – 1864), Mediziner, Schriftsteller, um 1834 in Stuttgart, später in Berlin: Nr. 350

Volta, Alessandro Giuseppe Antonio Anastasio (seit 1810:) Conte (1745 – 1827), italienischer Physiker: Nr. 768

Voltaire (François Marie Arouet) (1694 – 1778), französischer Philosoph und Schriftsteller: Nr. 31, 176, 302, 305, 431, 747, 823, 938, 1043

Vormann, Gottlieb (1802 – 1856), Theologe, Pädagoge, 1823 und noch 1824 Student der Theologie und Philosophie in Halle, seit 1827 Rektor der höheren Bürgerschule in Hagen, später auch Direktor der Gewerbeschule: Nr. 949

Voß, Abraham Sophus (1785 – 1847), Philologe, Übersetzer, Pädagoge, 1810 Gymnasialprofessor in Rudolstadt und 1821 in Kreuznach, Sohn von Johann Heinrich V. d. Ä.: Nr. 1002

Voß, Johann Heinrich d. Ä. (1751 – 1826), Schriftsteller, Übersetzer, Philologe, Pädagoge, 1772 Mitgründer des Göttinger Hains, 1782 Rektor in Eutin, 1802 Privatgelehrter in Jena, 1805 in Heidelberg, Vater u. a. von Abraham V. und Heinrich V. d. J.: Nr. 126, 542, 940, 1002

Voß, Johann Heinrich d. J. (1779 – 1822), Philologe, Übersetzer, Pädagoge, 1804 Gymnasialprofessor in Weimar, 1807 Professor in Heidelberg, Sohn von Johann Heinrich V. d. Ä.: Nr. 1002

Voß, Luise Gräfin von, geb. von Berg (1780 – 1865), Tochter von Karoline Friederike von Berg, seit 1800 verh. mit dem späteren preußischen Gesandten in Neapel Graf August Ernst Friedrich Wilhelm V., 1832 verw.: Nr. 559

Voß, Otto Karl Friedrich von (1755 – 1823), Jurist, preußischer Politiker, 1777 Referendar am Kammergericht, 1789 Staatsminister, 1809 Rückzug aus dem politischen Leben, 1822 Vizepräsident des Staatsrats: Nr. 144

Vulpius, Christian August (1762 – 1827), Schriftsteller, Dramaturg und Bibliothekar, 1786/88 Privatsekretär in Nürnberg, dann Privatgelehrter u. a. in Erlangen und Leipzig, seit 1790 in Weimar, 1797 Bibliotheksregistrator, 1800 -sekretär, 1805 Bibliothekar, 1814 erster Bibliothekar, 1816 Rat, Bruder von Christiane von Goethe: Nr. 12, **32**, **91**, **92**, 218, **272**, 346, 409, **469**, 526, 544, 641, 648, **718**, **736**, 762, **839**, 840, 879, **894**, 1019, 1072, 1082, 1090

Vulpius, Felix (1814 – 1895), Mediziner, Arzt in Weimar, Sohn von August und Helene V.: Nr. 346
Vulpius, Johanna Christiane Sophia: s. Goethe
Vulpius, Rinaldo (1802 – 1874), Jurist, Beamter, 1821 Student in Jena, 1828 Lehnsregistrator, 1830 Regierungskommissions- und Vormundschaftssekretär in Weimar, 1836 Amtskommissar und Aktuar beim Justizamt Dornburg, dann Stadtgerichtsassessor in Weimar, 1845 Justizamtmann in Allstedt, zuletzt Justizrat in Weimar, Sohn von August und Helene V.: Nr. 229, 346
Vulpius, Sophie (Josephine) Helene Christiane, geb. Deahna (1780 – 1856), Tochter des Kammerbeamten Johann Georg Deahna in Meiningen, seit 1801 verh. mit August V.: Nr. 346, 544, 879
Waagen, Gustav Friedrich (1794 – 1868), Kunsthistoriker, 1823 nach Berlin berufen, 1828 Mitglied der Museumskommission, 1830 Direktor der Gemäldegalerie, Sohn des Malers Friedrich Ludwig Heinrich W.: Nr. 202, 735, 824, 1047, 1083
Wach, Karl Wilhelm (1787 – 1845), Maler in Berlin, 1813 – 1815 in Paris und 1817 bis 1819 in Rom, 1824 Professor und Akademiemitglied in Berlin, 1827 Hofmaler, 1840 Vizepräsident der Akademie: Nr. 384, 531, 554
Wackernagel, Karl Eduard Philipp (1800 – 1877), Theologe, Pädagoge, Kirchenliedforscher, Mineraloge, 1824 Lehrer in Nürnberg, 1827 in Berlin, 1839 in Wiesbaden, 1849 – 1861 Direktor der Gewerbeschule in Elberfeld: Nr. 881
Wadzeck, Franz Daniel Friedrich (1762 – 1823), Theologe in Berlin, Professor und Bibliothekar am adligen Kadettenkorps, Gründer einer Erziehungsanstalt für Waisenkinder: Nr. 554
Wagner, Gottlob Heinrich Adolf (Ps. Ralph Nym) (1774 – 1835), Schriftsteller und Übersetzer in Leipzig, Onkel des Komponisten Richard W.: Nr. 78, 778
Wagner, Johann Jakob (1790 – 1847), Buchhalter, langjähriger Geschäftsführer der J. G. Cotta'schen Buchhandlung, engster Mitarbeiter Johann Friedrich (von) Cottas: Nr. 725
Wagner, Karl Friedrich (1789 – 1875), württembergischer Militär und Diplomat, Maler, 1812 Stabsfourier, 1813 Sekondeleutnant, 1814 Legationssekretär in London, 1820 Legationsrat und bis 1824 Geschäftsträger in Berlin: Nr. 344, 506, 524, 912
Wahl, Friedrich Wilhelm (Johann Heinrich Friedrich) (1776 – 1829), Mediziner, 1803 Arzt in Allstedt, seit 1806 in Weimar, 1807 Amts- und 1810 Stadtphysikus, 1813 Bergrat, um 1816 auch Garnisonmedikus und bis 1825 Physikus im Amt Kapellendorf, 1820 Regimentsarzt: Nr. 325
Waiblinger, Friedrich Wilhelm (1804 – 1830), Schriftsteller, 1822 – 1826 Student am Tübinger Stift, seit Ende 1826 in Rom: Nr. 210, 226
Waitz, Johann Christian Wilhelm (1766 – 1796), Zeichner und Kupferstecher in Weimar, seit 1788 Lehrer an der Zeichenschule: Nr. 11, 73, 103, 110, 112, 259, 361, 402, 417, 418, 449, 507, 515, 565, 600, 662, 831
Walch, Christiane Friederike Wilhelmine (Minchen), geb. Herzlieb (1789 – 1865), Tochter des Theologen und Schriftstellers Christian Friedrich Karl Herzlieb in Züllichau, 1797 Vollwaise, Pflegetochter im Hause Friedrich Frommanns in Jena, um 1812 verlobt mit dem Gymnasialprofessor Johann Gottfried Pfund, seit 1821 verh. mit dem Juristen Karl Wilhelm W., seit 1822 von ihm getrennt lebend, bis 1827 bei ihrem Bruder Karl Herzlieb in Prittag bei Züllichau und 1827 – 1852 in Jena: Nr. 601, 618

Waldersee, Amelie Agnes Leopoldine Gräfin von: s. Lindheim

Waldersee, Berta Wilhelmine Friederike Gräfin von, geb. von Hünerbein (1799 bis 1859), Tochter des späteren preußischen Generalleutnants Friedrich Heinrich Karl Georg von Hünerbein und von Wilhelmine Ulrike von Hünerbein, seit 1823 verh. mit Graf Franz Heinrich W.: Nr. 506

Waldersee, Franz Heinrich Georg Graf von (1791 – 1873), preußischer Militär, 1812 Premierleutnant, 1813 Stabsrittmeister, 1819 Major, 1834 Oberstleutnant, 1836 Oberst, 1842 Generalmajor, 1858 General der Kavallerie, 1859 Gouverneur von Posen und 1864 von Berlin, Sohn von Graf Franz und Gräfin Luise W.: Nr. 506

Waldersee, Johanna Wilhelmine Marie Gräfin von (1803 – 1862), Tochter von Graf Franz und Gräfin Luise W., seit 1826 verh. mit dem preußischen General der Infanterie Leopold Georg Karl von Gayl: Nr. 506

Waldersee, Luise (Lulu) Antonette Gräfin von (1788 – 1880), Nonne, Tochter von Graf Franz und Gräfin Luise W.: Nr. 506

Waldersee, Luise Karoline Kasimire Sophie Gräfin von, geb. Gräfin von Anhalt (1767 bis 1842), Tochter des preußischen Generalmajors Graf Albert von Anhalt, seit 1787 verh. mit Graf Franz W.: Nr. 506

Waldow, Albertine von, geb. von Junck, verw. von Kleist (1774 – 1854), Tochter des preußischen Diplomaten Johann Andreas (seit 1766:) von Junck, seit 1792 verh. mit dem Schriftsteller Franz Alexander von Kleist, 1797 verw., seit 1800 verh. mit dem preußischen Hauptmann und späteren Major und Landmarschall Ferdinand Heinrich Thomas von W. auf Dannenwalde in Mecklenburg-Strelitz, führte um 1820 einen Salon in Berlin, Mutter von Adelheid von Wurmb: Nr. 531

Walker, Alexander (1779 – 1852), schottischer Mediziner und Schriftsteller, 1824 – 1826 in London Herausgeber der »European Review«: Nr. **703, 853**, 950

Wallenstein (Waldstein), Albrecht Wenzel Eusebius von (1583 – 1634), Herzog von Friedland, Sagan und Mecklenburg, kaiserl. Feldherr: Nr. 233

Walter (Walther; eigentl. Blankenmüller), Johann (1496 – 1570), Kantor und Komponist in Torgau, 1548 – 1554 Leiter der Hofkapelle in Dresden: Nr. 653

Wangenheim, Karl August von (1773 – 1850), Politiker, sachsen-coburg-saalfeldischer Rat, 1803 – 1804 Vizepräsident der Regierung in Coburg, seit 1806 in württembergischen Diensten, Präsident der Oberfinanzkammer in Stuttgart, 1811 Präsident des Obertribunals und Kurator der Universität Tübingen, 1816 Kultusminister, 1817 Gesandter beim Bundestag in Frankfurt am Main, 1823 abberufen, seitdem in Dresden und später in Coburg lebend, 1819 Mitgründer der Gesellschaft für ältere deutsche Geschichtskunde: Nr. 84, 97

Warnstedt, Friedrich Emil Georg von (1785 – 1836), dänischer Beamter in Plön, 1824 Oberlandwegeinspektor im Herzogtum Holstein, 1826 Kammerherr, 1830 auch Baudirektor, seit 1834 Vorstandsmitglied der Gesellschaft für die Sammlung und Erhaltung vaterländischer Altertümer: Nr. **819**

Watson (erw. 1824), Engländer, aus London: Nr. 778

Weber, Bernhard Anselm (1764 – 1821), Komponist, seit 1792 Kapellmeister in Berlin: Nr. 512

Weber, Jakob Gottfried (1779 – 1839), Jurist, Musiktheoretiker und Komponist, 1802 Advokat am Oberhofgericht und 1804/05 Fiskalprokurator in Mannheim, 1814 Richter am Tribunal in Mainz, 1818/19 Hofgerichtsrat in Darmstadt, dann Generaladvokat am dortigen Kassationshof und 1832 Generalstaatsprokurator, 1824 Grün-

der und seitdem Herausgeber und Redakteur der Musikzeitschrift »Cäcilia«: Nr. 801, 1000
Weber, Karl Maria Friedrich Ernst von (1786 – 1826), Komponist, 1813 Operndirektor in Prag, 1816 Musikdirektor in Dresden: Nr. 268, 431, 789, 801, 907
Weber, Moritz Ignaz (1795 – 1875), Mediziner, Anatom, Prosektor und seit 1824/25 Professor in Bonn: Nr. 918, 922
Wegeler, Franz Gerhard (1765 – 1848), Mediziner, Musikschriftsteller, 1807 Arzt und preußischer Geheimer Regierungsrat in Koblenz, 1816 Medizinalrat, Jugendfreund Beethovens: Nr. 461
Weichardt, Karl Christian Wilhelm Adolf (1786 – 1828), Mathematiker, Pädagoge, 1811 Privatdozent in Jena, Professor in Jenkau, Ende 1812 Gymnasialprofessor in Weimar: Nr. 905, 908
Weigel, Johann August Gottlob (1773 – 1846), Buch- und Kunsthändler, Antiquar und Auktionator in Leipzig, 1793 Leiter einer Buchhandlung, 1795 Universitätsproklamator, auch Gründer eines Antiquariats und eines Verlages und 1797 eines Auktionshauses, Bruder von Karl W. und Vater von Rudolf W.: Nr. 427, 1059
Weigel, Karl Christian Leberecht (1769 – 1845), Mediziner, 1792 – 1795 Reisen durch Frankreich, Italien und die Schweiz, um 1794 in Wien, 1796 Privatdozent in Leipzig, 1799 Arzt in Meißen und 1801 in Dresden, 1813 Festungshaft in Erfurt, sachsenweimarischer Hofrat, 1817 – 1818 in Italien, danach wieder in Dresden, Bruder von August W.: Nr. 281
Weigel, Rudolf (1804 – 1867), Kunsthändler und Kunsthistoriker in Leipzig, seit 1832 Inhaber der von ihm gegründeten Anstalt für Kunst & Literatur, Sohn von August W.: Nr. 427
Weihe, Karl Ernst August (1779 – 1834), Mediziner, Apotheker und Botaniker, u. a. 1803 – 1806 Arzt in Lüttringhausen, 1811 in Mennighüffen im Kreis Herford und 1825 in Herford, Sohn des Pastors Karl W.: Nr. 710, 1054
Weihe, Karl Justus Friedrich (1752 – 1829), Theologe, Schriftsteller, seit 1774 Pastor in Mennighüffen im Kreis Herford, Vater von August W.: Nr. 680
Weimar, Oberkonsistorium: Nr. 915
Weimar, Postamt: Nr. 336
Weinbrenner, Johann Jakob Friedrich (1766 – 1826), Architekt, 1801 Baudirektor in Karlsruhe, 1807 Oberbaudirektor, Leiter des staatlichen Bauwesens in Baden: Nr. 1009
Weise, Johann Christoph Gottlob (1762 – 1840), Beamter in Weimar, 1810 Ingenieurgeograph, 1817 Gartenbauinspektor, Verwalter der Militärbibliothek: Nr. 638, 957, 1028
Weiß, Christian Samuel (1780 – 1856), Mineraloge, Physiker, 1808 Professor in Leipzig und 1810 in Berlin: Nr. 532
Weiß, Gasparo (Gaspare) (gest. 1851), Kunsthändler italienischer Herkunft, um 1799 Inhaber einer Kunsthandlung in Berlin, 1825 in Dresden: Nr. 77
Weisser (Weißer), Johann Karl Gottlob (1779 – 1815), Bildhauer in Berlin, seit 1802 in Weimar, 1807 Hofbildhauer: Nr. 518
Weitzel, Johannes Ignaz (1771 – 1837). Bibliothekar, Publizist, Student in Mainz, Jena und Göttingen, 1798 Beamter im Departement Donnersberg, 1798 Journalist in Wiesbaden, 1805 Professor am Lyzeum in Mainz, seit 1813 in Wiesbaden, 1816 nassauischer Hofrat, 1821 Leiter der Landesbibliothek: Nr. 879

Weller, Christian Ernst Friedrich (1789 – 1854), Philologe, 1811 Student in Jena, Teilnehmer an den Befreiungskriegen, 1815 Mitgründer und einer der Vorsteher der Jenaer Burschenschaft, 1818 Gehilfe an der Universitätsbibliothek, seit 1820 mit festem Gehalt, 1830 Anstellung als Bibliotheksassistent, 1852 reußischer Legationsrat: Nr. 52, **169**, 185, **231**, 236, 245, **246**, 262, 270, **437**, 469, 538, **540**, **566**, 576, **669**, **673**, **805**, 836, **860**, **864**, **1015**

Wellesley, Arthur (1769 – 1852), seit 1814 Duke of Wellington, britischer Militär und Politiker, 1806 Oberst, 1807 Staatssekretär für Irland, 1809 Oberbefehlshaber auf der Pyrenäenhalbinsel, 1813 Feldmarschall, 1814 Gesandter in Paris, 1815 Bevollmächtigter in Wien, Oberbefehlshaber in Frankreich, 1828 – 1830 Premierminister, später Außen- und Kabinettsminister: Nr. 223

Wellington, Duke of: s. Wellesley

Welser (genannt W. von Wunderburg), Jakob (1576 – 1645), Patrizier in Nürnberg, Ratsherr: Nr. 612

Wendelin: s. Gradl, Johann Wendelin

Wendt, Johann Gottlieb (Johann Amadeus) (1783 – 1836), Philosoph, Publizist, Komponist, 1811 Professor in Leipzig und 1829 in Göttingen: Nr. 443

Wense, Wilhelmine Margareta Amalie Henriette von der, geb. Gräfin von und zu Oeynhausen (1799 – 1875), Tochter des Grafen Friedrich Wilhelm Ludwig und der Gräfin Ida Dorothea Oeynhausen, seit 1823 verh. mit dem Oberappellationsgerichtsrat in Celle Bodo Friedrich von der W.: Nr. 800

Wenzel (Wenzeslaus) (1361 – 1419), König von Böhmen als Wenzel IV., 1378 – 1400 deutscher Kaiser (König): Nr. 106

Wenzel, Friedrich Georg (1764 – 1802), seit 1787 Regierungskanzlist in Weimar, Schwiegervater von Theodor Kräuter: Nr. 409

Wenzel, Georg Friedrich Theodor (Johann Gottfried) (1771 – nach 1851), Geometer in Jena, um 1813 Baukonduktor, um 1816 auch Landgeometer: Nr. 566

Wenzel, Karoline Sophia Henrietta, geb. Rommert (1760 – 1836), Tochter des Gastwirts Johann Valentin Rommert in Weimar, seit 1790 verh. mit Georg Friedrich W., 1802 verw., Mutter von Karoline Friederike Emilie Kräuter: Nr. 409

Werff, Adriaen van der (1659 – 1722), niederländischer Maler und Modelleur: Nr. 422

Werff, Pieter van der (1665 – 1731), niederländischer Maler: Nr. 422

Werlhof, Julie Marie Emma Adolfine von (gest. 1873), Tochter des späteren Geheimen Rats und Obergerichtspräsidenten Ernst August von W. in Hannover, Freundin von Ottilie von Goethe: Nr. 800

Werndt, Emilia Franziska Maximiliana, geb. Matiegzeck (Maticzeck) (um 1775 bis nach 1825), Sängerin und Schauspielerin, 1793 Hof- und Kirchensängerin in Passau, 1794 – 1801 in Weimar, dann in Hamburg, Kassel, Naumburg, um 1805 in Leipzig und Dresden, später in Bern, Mainz und um 1819 – 1824 in Hannover, 1825 Rückkehr nach Bayern, ältere Tochter des Hofmusikers Martin Matiegzeck in Passau, seit 1805 verh. mit Julius Wilhelm Andreas W.: Nr. 253

Werndt, Julius Wilhelm Andreas (erw. 1805 – 1823), anhalt-dessauischer Kommerzienrat, Schauspieler, um 1805 (? und noch um 1820) Schauspieler in Leipzig und Dresden, um 1812 in Bern, um 1814 in Mecklenburg: Nr. **253**

Werneburg, Johann Friedrich Christian (1777 – 1851), Mathematiker, Physiker, 1803 Privatdozent in Göttingen, 1805 Privatgelehrter in Hucheroda bei Eisenach, 1808 Lehrer am Pageninstitut in Weimar und Ernennung zum Professor in Jena, 1812

Gymnasialprofessor in Eisenach, 1814 suspendiert, 1818 – 1825 Privatdozent und sachsen-weimarischer Professor in Jena, dann in Stadtlengsfeld lebend: Nr. 406, 511, 774, 935

Werner, Abraham Gottlob (1749 – 1817), Geologe und Mineraloge, seit 1775 Professor an der Bergakademie in Freiberg: Nr. 356, 672

Werner, Friedrich Ludwig Zacharias (1768 – 1823), Schriftsteller, 1793 – 1807 im preußischen Staatsdienst, Kammersekretär in der Provinz Südpreußen, zuletzt in Warschau, 1805 Sekretär in Berlin, 1807 – 1809 u. a. in Wien, Weimar und in der Schweiz lebend, 1809 – 1813 vorwiegend in Rom, seit 1811 katholisch, 1814 Priesterweihe in Aschaffenburg, Kanzelredner u. a. in Wien: Nr. 145, 250

Werner & Neffen; Bronzefabrik in Berlin, hervorgegangen aus der 1792 von Christian Gottlieb W. (um 1741 – 1831) und Gottfried Mieth (1765 – 1834) gegründeten Bronzegießerei W. und Mieth, 1819 Ausscheiden Mieths und Eintritt von Christian Gottlieb W.s Neffen Karl Friedrich W. und Friedrich Rudolf W., 1823 im alleinigen Besitz von Karl Friedrich W.: Nr. 518

Wertheimer, Joseph (seit 1868:) von (1800 – 1887), österreichischer Kaufmann, Pädagoge und Schriftsteller, 1821 Gesellschafter der Firma seines Vaters in Wien, 1824 – 1828 Reisen nach Deutschland, Italien, Frankreich und England, u. a. 1830 Mitgründer des ersten Kindergartens in Wien und 1840 Gründer des Vereins zur Förderung des Handwerks unter den Israeliten: Nr. 842, 845

Wesselhöft, Johann Karl (1767 – 1847), Buchdrucker, seit 1799 in Jena, vorher in Chemnitz, Mitinhaber und bis 1825 Leiter der Druckerei Frommann & W., Schwager von Karl Friedrich Ernst Frommann: Nr. 46, 105, 244, 245, 247, 410, 413, 430, 444, 466, 475, 479, 486, 489, 496, 520, 594, 615, 719, 733, 877, 920, 928, 964, 998, 1011, 1022

Wesselhöft, Margareta Elisabeth (Betty) (1774 – 1842), Schriftstellerin und Malerin, Tochter des Gymnasiallehrers Johann Georg W. in Hamburg, seit 1807/08 in Jena, später in Stuttgart, zuletzt in Koblenz, Schwester von Johann Karl W., Sophie Bohn und Johanna Frommann: Nr. 51, 113, 683, 685, 940, 1094

Wessenberg (W.-Ampringen), Ignaz Heinrich Karl Joseph Thaddäus Fidel Dismas von (1774 – 1860), Theologe, 1802 – 1817 Generalvikar in Konstanz, 1812 Priester, 1814 Koadjutor, 1817 – 1827 Bistumsverweser: Nr. 214, 328, 357

Weyde (Weide), Peter Friedrich Ludwig (1773 – 1846), Konditor und Modelleur in Berlin, akademischer Künstler, Sohn des Hofkonditors W.: Nr. 512

Weygand, Johann Friedrich (1743 – 1807), Verlagsbuchhändler in Helmstedt und seit 1767 in Leipzig: Nr. 633

Weygand'sche Buchhandlung; Verlagsbuchhandlung in Helmstedt und seit 1767 in Leipzig, 1723 gegründet von Christian Friedrich W. (1699 – 1764), fortgeführt von dessen Sohn Johann Friedrich W. (1743 – 1806), 1812 im Besitz von Johann Christoph Jasper (1777 – 1847) und 1834 von Franz Ludwig Gebhardt (1809 – 1861), 1838 eingestellt: Nr. 578, 610, 624, 633, 713, 795, 821, 843, 883, 970, 978, 996, 1052

Whiter, Walter (1758 – 1832), britischer Philologe und Theologe, 1783 Priesterweihe, 1797 Pfarrer in Hardingham: Nr. 215

Wichmann, Karl Friedrich (1775 – 1836), Bildhauer in Berlin, 1819 – 1820 in Rom, Bruder von Ludwig W.: Nr. 554, 559

Wichmann, Ludwig Wilhelm (1788 – 1859), Bildhauer in Berlin, 1818 in Paris, u. a. 1819 – 1820 in Rom, seit 1819 Lehrer an der Kunstakademie in Berlin, Bruder von Karl W.: Nr. 503, 951

Wiebeking, Georg Heinrich Karl Christian Friedrich (seit 1808:) von (1762 – 1842), Wasserbaumeister, Architekt, Geograph, 1788 Wasserbaumeister in Düsseldorf, 1796 Steuerrat und Ober-Rheinbauinspektor in Darmstadt, 1802 Hofrat und Referent für das Bauwesen in Wien, 1805 – 1817 Chef der Generaldirektion des Wasser-, Brücken- und Straßenbauwesens in München: Nr. 319, 397, **465**

Wied-Neuwied, Maximilian Alexander Philipp Prinz zu (1782 – 1867), Zoologe, Ethnograph, Forschungsreisender, 1815 – 1817 Reise durch Brasilien und 1832 bis 1834 durch Nordamerika, Sohn des 1784 gefürsteten Grafen Friedrich Karl zu W.: Nr. 259, 428

Wieland, Christoph Martin (1733 – 1813), Schriftsteller, Übersetzer, Publizist, Pädagoge, 1754 Hauslehrer in Zürich und 1759 in Bern, 1760 Kanzleiverwalter in Biberach, 1769 Professor der Philosophie in Erfurt, 1772 Erzieher des minderjährigen Herzogs Karl August in Weimar, 1775 pensioniert, 1797 – 1803 auf seinem Gut in Oßmannstedt lebend, Gründer und Herausgeber des »Teutschen Merkur«: Nr. 318, 352, 399, 453, 601, 635, 680

Wielopolska (Ps. W**l*p*lska), Josephine (Jósefina) Gräfin (erw. 1823), polnische Übersetzerin ins Deutsche: Nr. 991, 992

Wilbrand, Johann Bernhard (1779 – 1846), Naturforscher, Mediziner, 1809 Professor in Gießen, 1817 auch Leiter des botanischen und des zoologischen Gartens und Medizinalrat: Nr. 366, 429, 460, 631, 711, 810

Wild, Johann Joseph Thomas (erw. 1821 – 1832), Zeichner und Lithograph, 1821 bis 1827 Mitarbeiter der »Nova Acta« in Bonn, (?) nach 1832 des lithographischen Instituts Henry & Cohen: Nr. 103, 136

Wildermeth, Karl Ludwig August von (1793 – 1830), Offizier in preußischen und russischen Diensten, zuletzt Major, Neffe der schweizerischen Gouvernante Maria Margareta (von) W.: Nr. 524

Wilhelm der Eroberer: s. England

Wilhelm von Köln (gest. 1372/78), Maler in Köln: Nr. 735, 884

Wilken, Friedrich Wilhelm (1777 – 1840), Historiker, 1805 Professor in Heidelberg, 1808 auch Vorstand der Universitätsbibliothek, 1817 Professor und Oberbibliothekar in Berlin: Nr. 167

Willemer, Johann Jakob (seit 26. September 1816:) von (1760 – 1838), Bankier in Frankfurt am Main, Schriftsteller, 1789 preußischer Geheimer Rat, 1789 – 1792 Senator, 1800 – 1802 und 1804 Mitglied der Oberdirektion des Theaters, seit 1814 in dritter Ehe verh. mit Marianne Jung, Vater u. a. von Maximiliane Andreae und Rosette Thomas: Nr. 26, 27, 34, **97**, 108, 127, **161**, 379, 434, **550**, 554, 591, 721, 844, **867**, 868, **872**, 890, 952, **1048**, 1056, **1086**

– ; dessen Familie: Nr. 34, 952

Willemer, Maria Anna (Marianne) Katharina Therese (seit 26. September 1816:) von, geb. Jung (richtig: Pirngruber) (1784 – 1860), Tochter der Schauspielerin Maria Anna Elisabeth Pirngruber und des Linzer Tanzmeisters Johann Baptist van Gangelt oder des Schauspielers und Theaterleiters Joseph Matthias Georg Jung, 1800 Pflegetochter und seit 1814 dritte Ehefrau von Johann Jakob (von) W.: Nr. 27, **34,** 97, **161,** 379, 550, **591,** 721, **844,** 872, 890, 952, 1048, **1056**

Willmann, Franz Magnus (erw. 1821 – 1825), Jurist, um 1821 Advokat beim Kreisgericht und 1825 beim Landgericht in Köln, 1825 Mitglied des Karnevalskomitees: Nr. 660

Wilmans, Gerhard Friedrich (1764 – 1830), Verlagsbuchhändler in Bremen und seit 1802 in Frankfurt am Main, Bruder von Heinrich W.: Nr. 197, 734
Wilmans, Heinrich Johann Christian (1788 – 1854), Buchhändler in Frankfurt am Main, Bruder von Friedrich W.: Nr. 734
Wimpffen, Friedoline von (1809 – 1824), Tochter des Forst- und Wasserbauinspektors Karl von W., Schwester von Virginie von V.: Nr. 696
Wimpffen, Johanna Antoinette Virginie von (1801 – 1886), Tochter des Forst- und Wasserbauinspektors Karl von W., seit 1825 zweite Ehefrau von (Graf) Karl Friedrich Reinhard: Nr. 31, 367, 434, 696
Winckelmann, Johann Joachim (1717 – 1768), Archäologe und Kunsthistoriker: Nr. 38, 842, 882
Winckler, Heinrich Arnold Wilhelm (1796 – 1848), Philologe, Pädagoge, 1816 – 1839 Lehrer am Pädagogium in Gießen, 1817 – 1839 auch Privatdozent an der Universität: Nr. 416
Windischmann, Karl Joseph Hieronymus (1775 – 1839), Mediziner, Naturwissenschaftler, Philosoph, 1797 Arzt und Privatdozent in Mainz, 1801 – 1813 Hofmedikus des Mainzer Kurfürsten Friedrich Karl Joseph von Erthal in Aschaffenburg, 1803 Professor, 1813 – 1814 Hofbibliothekar, 1818 Professor in Bonn: Nr. 639, 665
Windmüller (erw. 1824), in Berlin, Sekretär Karl Friedrich Zelters: Nr. 931
Winkler, Karl Gottfried Theodor (Ps. Theodor Hell) (1775 – 1856), Schriftsteller, Übersetzer, Publizist und Theaterleiter in Dresden, 1814 Theaterintendant, 1815 Theatersekretär, 1825 – 1832 Regisseur der Oper, später Vizedirektor des Hoftheaters: Nr. 554, 590, 1037
Winterfeldt (Fräulein von) (erw. 1824), in Berlin: Nr. 559
Winterl, Jakob Joseph (1732/39 – 1809), Mediziner, Botaniker und Chemiker, 1771 Professor in Tyrnau (Trnava) und 1777 in Pest, auch Aufseher des botanischen Gartens in Ofen: Nr. 5/597a+
Wintzingerode, Friedrich Levin Graf von (1804 – 1824), Sohn von Graf Heinrich Levin W.: Nr. 64
Wintzingerode, Georg Ernst Levin (seit 1794:) Graf von (1752 – 1834), württembergischer Politiker, 1774 Offizier in hessischen Diensten, 1794 kurkölnischer Kämmerer, später in württembergischen Diensten, 1801 Minister für auswärtige Angelegenheiten, 1806 Erster Minister, 1816 Rückzug aus dem politischen Leben, 1820 – 1825 Gesandter in Berlin, Dresden, Hannover und Kassel, Vater von (Graf) Heinrich Levin W.: Nr. 64
Wintzingerode, Heinrich Karl Friedrich Levin (seit 1794:) Graf von (1778 – 1856), württembergischer Politiker, Diplomat, Militär in hessischen Diensten, 1802 Attaché in Regensburg, 1803 Regierungsrat in Ellwangen und Stuttgart, 1807 Kreishauptmann in Öhringen, 1808 Gesandter in Karlsruhe, 1809 in München, 1810 in Paris, 1814/15 in St. Petersburg, 1816 in Wien, 1819 Minister für auswärtige Angelegenheiten, 1823 Rückzug aus dem politischen Leben, Sohn von Graf Georg Ernst Levin W. aus dessen erster Ehe, Vater der Grafen Friedrich Levin und Julius W.: Nr. 64
Wintzingerode, Johanne Ernestine Antoinette Gräfin von, geb. vom Hagen (1761 bis 1835), um 1786 Hofdame der Landgräfin Philippine von Hessen-Kassel in Hanau und seit 1792 in Berlin, 1800 Erzieherin der Prinzessin Charlotte von Mecklenburg-Schwerin, Tochter des Gutsbesitzers Wilhelm Adolf vom Hagen auf Stöckey, seit 1804 zweite Ehefrau des preußischen Militärs Levin von W. auf Tastungen im Eichsfeld, 1819 verw., seit 1822 dritte Ehefrau von Graf Georg Ernst Levin W.: Nr. 800

Wintzingerode, Julius Levin Graf von (1806 – 1868), Jurist, Regierungsreferendar in Potsdam, Sohn von Graf Heinrich Levin W.: Nr. 64

Wisch, Johann Kaspar von der (1785 – 1865), Jurist, hannoverscher Beamter, Militär, 1808 Auditor in Celle, 1809 in Stade, 1810 in Oldenburg, um 1813 Rittmeister im Husarenregiment Bremen-Verden, 1815/16 Justizrat in Stade, 1820 Oberappellationsgerichtsrat in Celle, 1824 Landdrost in Aurich, 1831 Innenminister, 1848 pensioniert: Nr. 837

Wittern, Sigismund Georg Friedrich August von (1773 – 1839), sächsischer Militär, 1793 Sous- und 1796 Premierleutnant, 1807 Stabskapitän, 1810 Major, 1814 von Zar Alexander I. von Russland zum Oberstleutnant ernannt, seit 1825 Kommandant und Direktor der Dresdner Kasernen, Schwiegervater von Joseph Raabe: Nr. 388

Wittgenstein, Johann Franz Heinrich Anton von (1797 – 1869), Jurist, Stadtpolitiker und Unternehmer in Köln, 1825 – 1842 Mitglied der Armenverwaltung und seit 1831 des Gemeinderats, 1848 Kommandant der Bürgerwehr und Regierungspräsident, u. a. auch 1842 Präsident des Zentralen Dombauvereins und Aufsichtsratsvorsitzender der 1846 gegründeten Köln-Mindener Eisenbahngesellschaft, 1823 erster Präsident des Karnevalskomitees, Sohn des Bürgermeisters Jakob von W.: Nr. 660

Wittich, Ludwig Wilhelm (1773 – 1832), Verleger, Kunsthändler, Radierer und Maler, Buchhandlungsgehilfe in Gießen, Frankfurt am Main, Leipzig, Berlin und Breslau, seit 1805 Inhaber einer Buch- und Kunsthandlung in Berlin: Nr. 323, 357

Wittig (erw. 1823), Witwe in Berlin: Nr. 267

Witzleben, Friedrich (Fritz) Hartmann von (1802 – 1873), preußischer Militär, Porträtmaler, 1820 Sekondeleutnant in Berlin, 1830 Adjutant von Herzog Karl von Mecklenburg-Strelitz, 1832 Premierleutnant, 1856 Besitzer des Rittergutts Kollm bei Niesky, 1861 Schlosshauptmann von Rheinsberg, Bruder von Luise von W.: Nr. 518, 524, 531

Witzleben, Friedrich Ludwig Otto Hermann von (1797 – 1876), preußischer Militär, 1813 Sekonde- und 1818 Premierleutnant in Potsdam, 1825 Kapitän, 1837 Major, 1847 Oberstleutnant, 1849 Oberst, 1851 pensioniert: Nr. 506

Witzleben, Hartmann Ludwig Karl von (1794 – 1825), Jurist, 1814 Auditor beim Oberappellationsgericht in Kassel, 1816 Assessor, 1817 Justizrat und zuletzt Obergerichtsrat am Obergericht, Sohn des Ministers Friedrich Ludwig von W.: Nr. 800

Witzleben, Heinrich von (1798 – 1876), preußischer Militär, 1817 Sekondeleutnant in Potsdam, 1831 Premierleutnant, 1839 Kapitän, 1845 Major, 1851 als Oberstleutnant pensioniert: Nr. 506

Witzleben, Johanna Rudolfine Luitgarde von, geb. von Bischoffswerder (1794 – 1869), Tochter des preußischen Generalleutnants Johann Rudolf von Bischoffswerder, seit 1811 verh. mit Konstantin von W.: Nr. 512, 518, 559

Witzleben, Konstantin August Wilhelm von (1784 – 1845), preußischer Militär, 1803 Sekonde- und 1811 Premierleutnant, 1813 Kapitän, 1815 Major, 1827 Oberstleutnant, 1830 Oberst, zuletzt Generalleutnant und Kommandant der Festung Glatz: Nr. 524, 559

Witzleben, Luise Amalie Sophie Marie Albertine von (1804 – 1852), Tochter des preußischen Obersten und Oberforstmeisters Heinrich von W., seit 1826 verh. mit August Ludwig Karl von Beulwitz: Nr. 501, 506, 518, 524, 535, 543

– ; deren Vetter in Potsdam (erw. 1824), preußischer Leutnant: Nr. 506

Wjasa: s. Vyasa

Wlokka, Wilhelm Matthäus (1751 – 1822), Theologe, Partikulier, Mediziner, 1781 – 1796 katholischer Priester, zuletzt Apostolischer Protonotar beim Erzbischof von Olmütz, Berater des Fürsterzbischofs und Mitglied des Konsistoriums, 1796 Niederlegung der geistlichen Ämter, danach in Weimar, 1797 in Bürgel und seit 1798 in Jena, 1799 Medizinstudent, 1802 Arzt: Nr. 805

Wodiczka (Vodičzka, Wodižka), Franz (1792 – 1865), österreichisch-böhmischer Beamter, um 1823 Amtsoffizial beim Hauptzoll- und Salzlegstattamt in Eger sowie Kontrolleur beim Elbekommerzialzollamt in Niedergrund, später Kameralrat und Bezirksvorsteher in Prag: Nr. 291

Wohlbrück (erw. 1824), Schauspieler am Königsstädtischen Theater in Berlin: Nr. 1043

Wolf, Christian Wilhelm Friedrich August (1759 – 1824), Altphilologe, 1779 Kollaborator in Ilfeld, 1782 Rektor in Osterode, 1783 Professor in Halle, auch 1789 zweiter und 1802 erster Universitätsbibliothekar, seit 1807 in Berlin lebend, 1810 Professor an der Universität: Nr. 20, 37, 51, 130, 151, 257, 302, 307, 344, 347, 422, 450, 514, 518, 524, 554, 556, 559, 581, 590, 667, 692, 698, 699, 700, 709, 768, 801, 912, 930, 961, 1065

Wolfart, Karl Christian (1778 – 1832), Mediziner, Schriftsteller, 1797 Arzt in Hanau, 1799 Gymnasialprofessor, 1801 auch Brunnenarzt in Wilhelmsbad, dann u. a. 1804 Arzt in Warschau, 1805 Mitglied einer Regierungskommission zur Bekämpfung des gelben Fiebers, 1807 wieder in Hanau, 1809 in Berlin, 1810 Privatdozent und 1817 Professor an der Universität: Nr. 298, 357

Wolff, Anna Amalia (Amalie) Christiane, geb. Malcolmi (Malkolmy), gesch./verw. Miller, gesch. Becker (1780/81 – 1851), Schauspielerin, 1791 in Weimar, 1816 – 1844 in Berlin, Tochter des Schauspielers Karl Friedrich Malcolmi, 1802 verh. mit Julius Miller in Bayreuth, 1803 – 1804 verh. mit Heinrich Becker, seit 1805 verh. mit Pius Alexander W.: Nr. 450, 518, 535, 549, 698, 708, 783, 847, 934

Wolff (Wolf), Johann Eduard (1786 – 1868), Maler, 1800 Schüler der Berliner und 1805 – 1816 der Pariser Akademie, 1829 in Königsberg, 1836 wieder in Berlin, 1819 Mitglied, 1838 Zeichenlehrer und 1841 Professor an der Berliner Kunstakademie: Nr. 130, 524, 700

Wolff (eigentl. Miller), Karoline (geb. 1802), Schauspielerin, Tochter aus Anna Amalia W.s (erster) Ehe mit Julius Miller: Nr. 549

Wolff (eigentl. Becker), Marianne Friederika Wilhelmina Euphrosyna (auch: Henriette Auguste Marianne) (1804 – 1885), Schauspielerin in Berlin, Tochter aus Anna Amalia W.s (zweiter) Ehe mit Heinrich Becker, seit etwa 1823 verh. mit dem Kaufmann Karl Gerloff in Berlin: Nr. 549

Wolff (eigentl. Wolf), Pius Joseph Alexander Alois Xaver a Sta. Cruce Ignaz (1782 bis 1828), Schauspieler, Schriftsteller, 1803 in Weimar, 1816 in Berlin, bis 1823 auch Regisseur, seit 1805 verh. mit Amalie Becker, geb. Malcolmi: Nr. 275, 302, 450, 518, 531, 535, 549, 569, 698, 708, 728, 783, 847, 934, 947

Wolke, Christian H(e)inrich (1741 – 1825), Philologe, Sprachforscher, Pädagoge, 1770 Mitarbeiter Johann Bernhard Basedows in Altona und 1771 in Dessau, 1774 Lehrer und 1776 Professor am Philanthropinum in Dessau, 1778 dessen Leiter, 1784 – 1801 Erzieher in St. Petersburg, 1802 russischer Hofrat in Jever, dann in Altona lebend, 1805 in Dresden, 1814 in Berlin: Nr. 801

Wolkonski, Peter Michailowitsch Fürst (1776 – 1852), russischer Militär und Politiker, 1801 Generalmajor und Generaladjutant Alexanders I., 1813 Generalleutnant und bis 1823 Chef des Generalstabs, 1821 auch Mitglied des Staatsrats, 1826 Minister des kaiserl. Hofes, zuletzt Generalfeldmarschall: Nr. 6

Wołowska, Kasimira Friederika (Kazimiera Fryderyka Wołowska) (um 1799 – 1888), Begleiterin ihrer Schwester Maria Szymanowska auf deren Konzertreisen, seit etwa 1835 zweite Ehefrau ihres Cousins Jan Tadeusz Wołowski, 1843 verw.: Nr. **322**, 330, 338, 461, 506, 512, 514, 804

Wołowski, Karol (1791 – 1863), Sohn des Brauereibesitzers Franciszek W. in Warschau, Bruder von Maria Szymanowska und Kasimira Wołowska: Nr. 512, 514

Wolter, Johann Christoph (1773 – 1858), kurländischer Theologe, seit 1799 Pfarrer in Zierau (Kurland): Nr. 183

– ; dessen Familie: Nr. 183

Woltmann, Karoline (seit 1806:) von, geb. Stosch, gesch. Müchler (1782 – 1847), Schriftstellerin, Tochter des Beamten Karl Wilhelm Stosch in Berlin, 1799 – 1804 verh. mit dem Schriftsteller Karl Müchler, seit 1805 verh. mit dem Schriftsteller Karl Ludwig (von) W., 1813 in Prag, 1824 Zeitschriftenredakteurin, 1826 wieder in Berlin: Nr. 595, 822

Wolzogen, Friederike Sophie Karoline Augusta von, geb. von Lengefeld, gesch. von Beulwitz (1763 – 1847), Schriftstellerin, 1784 – 1794 verh. mit dem Geheimen Legationsrat Friedrich Wilhelm Ludwig von Beulwitz in Rudolstadt, seit 1794 in zweiter Ehe verh. mit Wilhelm von W., 1809 verw., seit 1797 vorwiegend in Weimar, auch in Bauerbach und auf ihrem Gut Bösleben bei Arnstadt lebend, seit 1826 in Jena, Schillers Schwägerin: Nr. **629**, 646, **655**, **659**, 727, 800, 889

Wolzogen, Justus Adolf Philipp Wilhelm Ludwig von (1774 – 1845), Militär, 1794 Eintritt in preußische Dienste, 1797 Leutnant, 1805 württembergischer Kammerherr, Hauptmann, Major, 1806 Oberstleutnant, 1807 russischer Major, 1811 Oberstleutnant, 1812 Oberst, 1813 im Hauptquartier des Zaren, Generalmajor, 1815 preußischer Generalmajor, 1820 Generalleutnant, 1817 – 1836 Mitglied der Militärkommission des Deutschen Bundes, Bruder von Wilhelm von W.: Nr. 889

Wolzogen, Wilhelm Ernst Friedrich von (1762 – 1809), Diplomat, Hofbeamter, Bausachverständiger, 1784 württembergischer Leutnant, Aufseher über die Schlossbauten in Hohenheim, 1788 – 1794 in Paris, 1791 Legationsrat und 1793 – 1794 Gesandter, seit 1796 in Weimar, 1797 Kammerrat und Kammerherr, 1801 Oberhofmeister und Mitglied des Geheimen Konsiliums, 1803 Geheimer Rat, auch Kammerdirektor, 1801 – 1806 außerordentlicher Gesandter in St. Petersburg, auch Mitglied der Schlossbaukommission, dann des Baudepartements: Nr. 629

Wouwerman (Wouwermans), Philips (1619 – 1668), niederländischer Maler: Nr. 422, 790

Wrbna (W.-Freudenthal) (gräfl. Geschlecht): Nr. 1038

Wrbna (W.-Freudenthal), Rudolf Graf von (1761 – 1823), österreichischer Beamter, 1785 Hofsekretär in der Hofkammer für das Münz- und Bergwesen, 1787 Berg- und 1790 Hofrat, 1801 Vizepräsident der Hofkammer und 1802 auch Präsident der Kanal-Hofbaukommission, 1806 Oberstkämmerer und 1809 Hofkommissär für Verhandlungen mit Frankreich: Nr. 195

Wrede, Karl Philipp (1790: von, 1809: Comte, 1814:) Fürst von (1767 – 1838), Jurist, Militär, 1787 Hofgerichtsrat in Heidelberg, 1792 pfälzischer Zivilkommissär bei österreichischen und preußischen Truppen, später Oberlandeskommissär, 1799 Eintritt in bayerische Dienste, u. a. 1804 Generalleutnant, 1809 Kommandeur in Tirol, 1811 General der Kavallerie, 1814 Feldmarschall, Teilnehmer am Wiener Kongress, 1816 Generalinspekteur der Armee, 1817 Staatsrat und Ministerrang, 1818 Präsident der Kammer der Reichsräte, 1822 – 1829 Oberbefehlshaber der Armee, 1835 an der Spitze des Kronrats: Nr. 893

Wright, Thomas (1792 – 1849), englischer Stecher und Maler, zeitweise in St. Petersburg tätig, seit 1825 Schwager von George Dawe: Nr. 11, 73, 146, 361, 552, 734

Württemberg, Ferdinand Friedrich August Herzog von (1763 – 1834), seit 1806 Herzog, österreichischer Militär, seit 1805 Feldmarschall, Sohn von Herzog Friedrich Eugen und Bruder von König Friedrich I.: Nr. 310

Württemberg, Karl Friedrich Alexander Kronprinz von (1823 – 1891), seit 1864 König, Sohn von Wilhelm I.: Nr. 97, 155

Württemberg, Kunigunde Walpurge Pauline Herzogin von, geb. Gräfin von Metternich-Winneburg (1771 – 1855), Tochter des österreichischen Diplomaten Graf Franz Georg Karl Joseph Johann Nepomuk Metternich, seit 1817 zweite Ehefrau von Herzog Ferdinand: Nr. 310

Württemberg, Wilhelm I. Friedrich Karl König von (1781 – 1864), seit 1816 König: Nr. 83, 97

Wurm, Albert Alois Ferdinand (1783 – 1834), Schauspieler, Sänger und Tänzer, 1801 in Warschau, 1806 in Würzburg, 1809/10 – 1815 in Berlin, 1817 – 1818 in Leipzig, seit 1827 in Karlsruhe: Nr. 399

Wurmb, Adelheid von, geb. von Kleist (1795 – 1854), Tochter von Albertine von Waldow aus deren Ehe mit Franz Alexander von Kleist, seit 1812 verh. mit Ludwig von W.: Nr. 531

Wurmb, Ludwig Georg Wilhelm Adalbert von (1788 – 1855), preußischer Militär, 1806 Sekonde- und 1813 Premierleutnant, 1815 Rittmeister und 1819 Major bei den Gardedragonern, 1835 Oberstleutnant, 1837 Oberst, 1843 Generalmajor: Nr. 531

Wurmb, Ludwig Karl Wilhelm von (1782 – 1850), preußischer Militär, um 1823 Rittmeister im 7. Ulanenregiment in Bonn, 1833 als Major pensioniert, zuletzt auf seinem Gut Menzenberg am Rhein: Nr. 800

Wurstisen (Wursteisen), Christian (Christianus Urstisius) (1544 – 1588), Schweizer Mathematiker, Theologe und Historiker, Professor der Theologie und Stadtschreiber in Basel: Nr. 69

Wurzer, Ferdinand (1765 – 1844), Mediziner, Chemiker, 1789 Arzt in Bonn, 1794 Professor an der Universität und 1798 an der Zentralschule, seit 1805 in Marburg, Hofrat und Professor, 1810 Direktor des Collegium medicum und 1821 des chemischen Instituts, zuletzt Geheimer Obermedizinalrat: Nr. 585

Wylich und Lottum, Emma Konstanze Gräfin von (1799 – 1873), Ehrenstiftsdame zum Heiligen Grabe, Tochter von Graf Karl Friedrich Johann Gustav und Gräfin Ernestine W., seit 1834 verh. mit dem preußischen Militär Hans Ferdinand August von Beyer: Nr. 524

Wylich und Lottum, Karl Friedrich Heinrich Graf von (1767 – 1841), preußischer Militär und Politiker, 1784 Fähnrich, 1786 Leutnant, um 1793 Assistent im Oberkriegskollegium, 1807 Oberstleutnant und Generaladjutant, 1808 Geheimer Staatsrat, 1810 Direktor des Militärkrankenhauses in Potsdam und Generalmajor, 1814 Generalleutnant, 1817/18 Minister des Innern und der Finanzen, 1828 General der Infanterie, Bruder des Kammerherrn Graf Karl Friedrich Johann Gustav W.: Nr. 506, 524, 531, 535

Wylich und Lottum, Magdalene Sophie Ernestine Gräfin von, geb. von Clermont (1772 – 1843), Tochter des Juristen Theodor Christian von Clermont, seit 1790 verh. mit dem Kammerherrn Graf Karl Friedrich Johann Gustav W.: Nr. 518, 524

Yasnowsky: s. Jasnowski

Yelin, Julius Konrad (seit 1814:) von (1771 – 1826), Physiker und Mathematiker, Beamter in preußischen und bayerischen Diensten, 1797 Gymnasialprofessor, Assessor bei der Kriegs- und Domänenkammer in Ansbach, 1803 Kriegs- und Domänenrat, 1806/08 erster Finanzrat des Rezatkreises, 1811 Kommissar für Schuldenliquidation in Augsburg, 1813 Oberfinanzrat und Mitglied der Akademie der Wissenschaften in München, 1823 Konservator des mathematisch-physikalischen Kabinetts: Nr. 216

Zach, Johann Franz Xaver Vitus Friedrich (seit 1765:) von (1754 – 1832), Astronom und Militär, um 1776 Vermessungsingenieur in Lemberg, seit etwa 1782 Reisen in Italien, Frankreich, England und Deutschland, u. a. Gesellschafter des Grafen Hans Moritz von Brühl in London, 1786 Oberstwachtmeister (Major) in Gotha, später Oberst und 1820 Generalmajor, 1787 – 1804/06 Leiter der Sternwarte auf dem Seeberg, 1804 – 1827 Oberhofmeister der verw. Herzogin Charlotte, 1805/06 – 1807 u. a. in Eisenberg, 1807 Reisebegleiter der Herzogin in Italien und Frankreich und 1813 in Genua, seit 1827 vorwiegend in Paris lebend: Nr. 657

Zachmann, Franz Simon (um 1793 – 1865), Spediteur, Weinhändler und Nagelfabrikant in Offenburg: Nr. 219

Zampieri, Domenico: s. Domenichino

Zandomeneghi, Luigi (1778 – 1850), italienischer Bildhauer: Nr. 988

Zanoli (Ciolina Z.), Emanuel Stephan (1796/97 – 1832), Unternehmer in Köln, Produzent von Kölnisch Wasser, 1823 Mitgründer des Festordnenden Komitees des Kölner Karnevals und bis 1829 Karnevalsprinz (Held Karneval), älterer Sohn des Unternehmers und Kunstsammlers Johann Baptist (Giovanni Battista) Ciolina (seit 1780 Ciolina genannt Z.): Nr. 660, 662, 980, 993

Zastrow, Adolf Friedrich Heinrich Karl Alexander von (1801 – 1875), preußischer Militär und Fachschriftsteller, 1819 Leibpage König Friedrich Wilhelms III. und Sekondeleutnant, 1823 Besuch der Allgemeinen Kriegsschule, 1834 Premierleutnant, 1848 Major, zuletzt Kommandierender General und Mitglied der Landesverteidigungskommission: Nr. 531, 535

Zastrow, Karl Ludwig von (1784 – 1835), preußischer Offizier, 1801 Sekonde- und 1807 Premierleutnant, 1808 Stabsrittmeister, 1810 Rittmeister und Eskadronchef, 1813 Major, 1815 Oberstleutnant, 1818 Oberst und 1828 Generalmajor, zuletzt Divisionskommandeur: Nr. 399

Zauper, Franz Anton Joseph Stanislaus (Ordensname: Stanislaus) (1784 – 1850), böhmischer Pädagoge, Philologe, Ordensgeistlicher und Schriftsteller, 1804 Eintritt in das Chorherrenstift Tepl, 1809 Lehrer und 1811 Gymnasialprofessor in Pilsen, 1832 Präfekt (Leiter) des Gymnasiums, 1835 Rektor des Professorenkollegiums Pilsen, 1839 erzbischöfl. Notar, 1850 Schulrat: Nr. 5, 56, 116, 126, 235, 284, 327, 359, 412, 542, 595, 822, 882

– ; dessen Schwester (gest. vor 1824): Nr. 126

Personenregister

– ; dessen Verwandte in Dresden: Nr. 412

Zauper, Johann Joseph (1743 – 1819), böhmischer Maler und Restaurator, Vater von Joseph Stanislaus Z.: Nr. 126

Zauper, Josepha, geb. Preißler (gest. vor 1824), seit 1776 Ehefrau des Malers und Restaurators Johann Joseph Z. in Dux, Mutter von Joseph Stanislaus Z.: Nr. 126

Zeis, Christian Friedrich Benjamin (1774 – 1839), Kaufmann und Bankier in Dresden, später Beamter in Leipzig, Sohn des Oberkonsistorialregistrators und Archivars Christian Heinrich Valerius Z. und Vater des Arztes Eduard Z.: Nr. 903

Zeitmann, Christine Margarete, geb. Kärcher (1777 – 1844), Tochter des Glasermeisters Christoph Friedrich Kärcher in Frankfurt am Main, seit 1795 verh. mit Georg Wilhelm Z.: Nr. 800

Zeitmann, Georg Wilhelm (1771 – 1836), Jurist, Stadtpolitiker in Frankfurt am Main, 1807 Landamtmann, 1810 Distrikts-Maire, 1813 Departements-Gerichtsrat, 1816 Rat am Stadtgericht und 1825 dessen Direktor, 1827 Appellationsgerichtsrat, 1829 – 1833 Vorsteher des Kuratelamtes, 1816 – 1822 Senator und seit 1823 Schöffe: Nr. 800

Zelter, Agnes Laura Rosalie Karolina, geb. Ratt (1803 – 1851), Tochter von Ernst und Maria Christine Ratt, seit 1824 in erster Ehe verh. mit Georg Friedrich Z, 1827 verw., seit 1830 in zweiter Ehe verh. mit Friedrich Koegel: Nr. 930

Zelter, Angelika Auguste: s. Grundmann

Zelter, Charlotte Rosamunde (1794 – 1862), fünfte Tochter aus Karl Friedrich Z.s (erster) Ehe mit Johanna Sophia Eleonora Flöricke, geb. Kappel: Nr. 302, 512

Zelter, Dorothea (Doris) Auguste Cäcilie (1792 – 1852), dritte Tochter aus Karl Friedrich Z.s (erster) Ehe mit Johanna Sophia Eleonora Flöricke, geb. Kappel: Nr. 88, 167, 257, 275, 302, 461, 512, 514, 521, 524, 535, 543, 931, 1044

Zelter, Georg Friedrich (1789 – 1827), Landwirt, Gutsverwalter in Wobesde bei Stolp in Hinterpommern, ältester Sohn aus Karl Friedrich Z.s (erster) Ehe mit Johanna Sophia Eleonora Flöricke, geb. Kappel, seit 1824 erster Ehemann von Agnes Laura Rosalie Ratt: Nr. 930

Zelter, George (1723 – 1787), Maurermeister in Berlin, seit 1750 Inhaber einer Baufirma, auch Amts- und Ratsbürgermeister, seit 1778 vereidigter Taxator, Vater von Karl Friedrich Z.: Nr. 320

Zelter, Juliane Karoline Auguste, geb. Pappritz (1767 – 1806), Sängerin, Tochter des Berliner Finanzrats Ludwig Friedrich Pappritz, seit 1796 zweite Ehefrau von Karl Friedrich Z.: Nr. 167

Zelter, Karl Friedrich (1758 – 1832), Maurer- und Baumeister, Komponist, Dirigent und Musikpädagoge in Berlin, 1800 Direktor der Singakademie, 1806 Assessor und 1809 Professor an der Akademie der Künste, 1807 Begründer einer Instrumentalistenschule und 1808 einer Liedertafel, 1823 auch Direktor des Instituts für Kirchenmusik und 1829 Musikdirektor der Universität: Nr. 20, 37, 51, 77, 79, 85, 113, 122, 130, 143, 151, 167, 213, 257, 269, 275, 302, 320, 357, 399, 422, 431, 442, 461, 481, 506, 512, 514, 518, 521, 524, 549, 553, 554, 556, 559, 569, 590, 625, 653, 667, 686, 698, 744, 751, 768, 801, 825, 865, 905, 908, 912, 930, 931, 963, 1003, 1009, 1029, 1043, 1044, 1047, 1065, 1083, 5/1538a+

– ; dessen Familie: Nr. 275, 518, 549

– ; dessen Kinder: Nr. 512, 930

Zeune, Johann August (1778 – 1853), Pädagoge, Geograph und Germanist, 1803 Lehrer am Gymnasium zum Grauen Kloster in Berlin, 1806 Gründer und Direktor einer

Blindenschule, 1810 Professor der Geographie und 1811 – 1821 auch der Germanistik an der Universität: Nr. 364, 543

Zeuner, Emilie von (um 1775 – 1858), 1797 – 1805 Hofdame der Königinmutter Friederike Luise von Preußen, 1809 in Coppet, später in Berlin, Tochter des Hofmarschalls Karl Bernhard Friedrich von Z.: Nr. 524, 535

Zevallos (Ceballos, Zeballos), Francisco (1704 – 1770), mexikanischer Theologe, Jesuit, um 1766 Rektor des Colegio de San Andrés: Nr. 462

Zezschwitz, Johann Adolf von (1779 – 1845), sächsischer Militär, 1806 Ordonnanzoffizier, 1807 Premierleutnant, 1809 Hauptmann und Major, 1812 Oberstleutnant, Oberst und Regimentskommandeur, 1815 Chef des sächsischen Generalstabs in Frankreich, 1817 Generalmajor, 1818/19 Bevollmächtigter in Frankfurt am Main, 1821 Präsident der Kriegsverwaltungskammer, Wirklicher Geheimer Rat, 1831 Generalleutnant, Staats- und Kriegsminister, 1839 Kommandant der Festung Königstein: Nr. 316

Ziegesar, Anton von (1783 – 1843), Jurist, Beamter, 1804 Regierungsassessor und Kammerjunker in Weimar, 1807 Regierungsrat, 1808 Kammerherr, 1814 Generallandschaftsdirektor, 1815/16 Präsident der Landesdirektion, 1817 Vizepräsident und 1825 Präsident der Landesdirektion in Jena, 1829 auch Kurator der Universität, Sohn des sachsen-gothaischen Geheimen Rats und späteren sachsen-weimarischen Generallandschaftsdirektors August Friedrich Karl von Z.: Nr. 836, 848

Ziegesar, Luise Amalie Friederike Auguste (Luise Sophie Amalie Friederike) von, geb. von Stein zu Nord- und Ostheim (1781 – 1855), Tochter des kaiserl. Wirklichen Rats und Kammerherrn Dietrich Philipp August von Stein zu Nord- und Ostheim, 1805/06 – 1807 Hofdame von Herzogin Anna Amalia von Sachsen-Weimar, seit 1807 verh. mit Anton von Z.: Nr. 848

Ziegesar, Marie von (1824 – 1901), Tochter von Anton und Luise von Z., seit 1847 verh. mit dem preußischen Rittmeister und sachsen-weimarischen Hofmarschall Ernst Georg Johann Heinrich Karl von Plüskow, 1876 verw.: Nr. 848

Zillmer, Wilhelmine (Minette) Amalie (1796 – 1879), Tochter des Kammerdirektors Franz Friedrich Emanuel Z. in Küstrin, zeitweise verh. (? mit dem Hofgerichts- und späteren Oberlandesgerichtsrat in Köslin Heinrich Philipp Friedrich) Köhne: Nr. 254

Zimmer, Franz (1765 – 1842), Kunsthändler und Verleger in Prag und Karlsbad: Nr. 295, 828

Zimmermann (18. Jh.), Vetter von Karl Friedrich Zelter: Nr. 167

Zimmermann, Friedrich Gottlieb (1782 – 1835), Pädagoge, Publizist, 1805/06 Privatdozent in Jena, seit 1807 am Johanneum in Hamburg, 1809 Kollaborator, 1812 Lehrer und 1815 – 1833 Professor, Sohn eines Leinewebers in Dornburg bei Jena: Nr. 823

Zindel, Christoph Siegmund (1779 – 1853), Kaufmann, dann Privatier in Nürnberg: Nr. 987

Zipser, Christian Andreas (1783 – 1864), Pädagoge, Mineraloge, Lehrer in Brünn, 1810 Gründer und seitdem Vorsteher einer Mädchenerziehungsanstalt in Neusohl: Nr. 159, 182, 487, 587, 636

Ziya od-Din Nachschabi: s. Nachschabi

Žižka, Jan (um 1360 – 1424), hussitischer Heerführer: Nr. 523

REGISTER DER ENTSTEHUNGSORTE

Aachen: Nr. 1078
Altona (Ortsteil von Hamburg): Nr. 157, 298
Amsterdam: Nr. 422
Ansbach: Nr. 146
Antwerpen: Nr. 630, 966, 1012
Asch (Aš, Tschechien): Nr. 7, 339, 370
Augsburg: Nr. 984

Basel: Nr. 806
Bayreuth: Nr. 237
Belvedere (Schloß B. bei Weimar): Nr. 766, 809, 829, 832, 833
Benndorf (bei Leipzig): Nr. 813
Berlin: Nr. 20, 37, 51, 60, 61, 77, 85, 88, 94, 95, 109, 113, 122, 128, 130, 138, 141, 143, 145, 151, 153, 166, 167, 171, 172, 178, 192, 194, 202, 208, 213, 217, 222, 228, 232, 235, 248, 250, 257, 267, 274, 275, 302, 305, 307, 320, 323, 329, 333, 344, 347, 350, 358, 364, 369, 384, 393, 395, 398, 421, 424, 439, 445, 450, 457, 461, 462, 503, 506, 512, 514, 518, 521, 524, 525, 531, 535, 543, 545, 549, 554, 556, 559, 567, 569, 570, 581, 588, 590, 598, 625, 653, 667, 668, 686, 689, 692, 698, 699, 700, 702, 707, 708, 715, 716, 720, 728, 738, 744, 748, 751, 752, 758, 759, 764, 767, 768, 783, 801, 811, 824, 825, 841, 859, 865, 866, 869, 871, 880, 888, 896, 912, 930, 931, 938, 947, 951, 954, 959, 963, 1001, 1003, 1009, 1027, 1029, 1043, 1044, 1061, 1065, 1066, 1073, 1074, 1079, 1083, 1089
Bonn: Nr. 2, 11, 73, 90, 102, 103, 110, 111, 112, 136, 160, 199, 259, 312, 313, 361, 402, 417, 418, 449, 507, 515, 558, 565, 571, 600, 604, 609, 639, 662, 664, 665, 710, 831, 881, 891, 918, 922, 968, 975, 993, 1004, 1007, 1050, 1051, 1054, 1088
Boulogne-sur-Mer (Hauts-de-France): Nr. 318
Brzezina (Březina u Rokycan, Tschechien): Nr. 376, 456, 1010
Braunschweig: Nr. 826, 962
Bremen: Nr. 709
Breslau (Wrocław, Polen): Nr. 67, 173, 188, 260, 319, 423, 572, 605, 827, 885, 1063

Darmstadt: Nr. 164, 378, 380, 602, 675, 1081
Den Haag: Nr. 697
Dessau: Nr. 481, 492
Dillenburg: Nr. 241
Döbeln: Nr. 488
Dornburg: Nr. 798, 808, 812, 816, 818
Dresden: Nr. 72, 101, 115, 154, 156, 180, 385, 388, 396, 419, 468, 477, 495, 522, 541, 717, 876, 903, 904, 927, 939, 969, 5/1538a+

Düsseldorf: Nr. 442

Edinburgh: Nr. 49
Eger (Cheb, Tschechien): Nr. 9, 100, 220, 258, 264, 280, 289, 291, 294, 309, 334, 359, 455, 470, 485, 640, 723
Ehrenbreitstein (Ortsteil von Koblenz): Nr. 461
Ehringhausen (Ortsteil von Remscheid): Nr. 198
Eisenach: Nr. 24
Elberfeld (Ortsteil von Wuppertal): Nr. 431
Elbing (Elbląg, Polen): Nr. 1037
Ems (Bad E.): Nr. 800
Erfurt: Nr. 134, 1034
Erlangen: Nr. 18, 411, 619, 788
Escheberg (Ortsteil von Zierenberg): Nr. 892

Falkenau (Ortsteil von Flöha): Nr. 614
Flottbek (Ortsteil von Hamburg): Nr. 225
Frankfurt: Nr. 26, 31, 34, 66, 69, 84, 97, 107, 108, 127, 147, 152, 161, 197, 212, 242, 300, 301, 316, 367, 379, 386, 414, 434, 452, 493, 519, 550, 586, 591, 696, 714, 721, 729, 757, 779, 789, 793, 814, 834, 844, 861, 867, 868, 872, 889, 890, 895, 952, 995, 1041, 1048, 1056, 1084, 1086
Franzensbad (Františkovy Lázně, Tschechien): Nr. 310

Genf: Nr. 321, 9/1418a+
Gengenbach: Nr. 211, 649
Gent: Nr. 712
Genua: Nr. 139, 317
Gießen: Nr. 366, 416, 429, 454, 460, 631, 711, 810, 863
Godesberg (Bad G.): Nr. 898
Göttingen: Nr. 47, 93, 201, 233, 438, 467, 472, 526, 722, 737, 743, 799, 887, 1070, 5/1013a+
Gotha: Nr. 3, 87, 142, 221, 239, 332, 441, 513, 674
Gräfenhainichen: Nr. 501
Greifswald: Nr. 1093
Guben: Nr. 15

Haarlem: Nr. 431
Halle: Nr. 392, 491, 498, 563, 663, 694, 731, 835, 870, 913, 925, 949, 958, 967, 973, 997, 1039, 1069, 5/156a+, 5/597a+
Hamburg: Nr. 10, 356, 741, 823, 1092
Hanau: Nr. 240, 897
Hannover: Nr. 207
Heidelberg: Nr. 149, 150, 181, 230, 273, 287, 777, 976, 979, 1008
Hildesheim: Nr. 352, 399
Hof: Nr. 480
Hoorn (Niederlande): Nr. 1085

Ilmenau: Nr. 205

Jena: Nr. 8, 30, 35, 42, 46, 52, 53, 68, 70, 75, 96, 98, 105, 125, 129, 132, 140, 158, 159,
    168, 169, 185, 187, 193, 196, 200, 229, 231, 236, 243, 244, 245, 246, 247, 270, 276, 290,
    306, 372, 382, 389, 406, 410, 413, 415, 425, 430, 433, 437, 444, 458, 466, 471, 475, 476,
    479, 486, 487, 489, 490, 496, 499, 505, 511, 516, 520, 532, 534, 536, 538, 540, 553, 564,
    566, 573, 576, 587, 594, 601, 615, 618, 622, 626, 627, 635, 636, 637, 669, 670, 671, 673,
    681, 683, 685, 690, 693, 701, 719, 730, 733, 739, 742, 753, 755, 761, 771, 772, 774, 775,
    785, 802, 805, 807, 820, 836, 848, 850, 852, 860, 864, 877, 886, 901, 902, 914, 920, 923,
    924, 928, 932, 935, 940, 942, 943, 950, 964, 982, 985, 998, 1011, 1015, 1020, 1022,
    1023, 1025, 1053, 1057, 1060, 1062, 1080, 1094, 5/156a+

Kamenz: Nr. 345
Karlsbad (Karlovy Vary, Tschechien): Nr. 295, 314, 326, 828
Karlsruhe: Nr. 1026
Kassel: Nr. 104, 265, 391, 497, 706, 776, 960, 994, 1036, 1049
Koblenz: Nr. 794
Köln: Nr. 281, 431, 584, 660, 980
Königsberg (Kaliningrad, Russland): Nr. 43, 483, 684
Konstanz: Nr. 214
Kopenhagen: Nr. 343, 1005
Koserow: Nr. 745
Krakau (Kraków, Polen): Nr. 991, 992
Kukus (Kuks, Tschechien): Nr. 12, 63

Landau in der Pfalz: Nr. 589
Leipzig: Nr. 14, 54, 78, 79, 148, 179, 238, 304, 324, 404, 408, 427, 447, 451, 473, 500, 578,
    579, 624, 628, 633, 687, 688, 713, 760, 795, 815, 821, 843, 878, 883, 899, 953, 970, 996,
    1040, 1052, 1059
Lissabon: Nr. 740
Livorno: Nr. 277
London: Nr. 121, 223, 377, 703, 782, 797, 804, 853, 990, 5/162a+
Ludwigsburg: Nr. 89

Magdeburg: Nr. 373, 399, 6/524a+
Mainz: Nr. 1000, 1013
Mannheim: Nr. 453, 846
Marburg: Nr. 585
Marienbad (Mariánské Lázně, Tschechien): Nr. 116, 251, 256, 261, 263, 322, 330, 705,
    803, 855, 873
Marienrode (Kloster bei Hildesheim): Nr. 337
Mennighüffen (Ortsteil von Löhne): Nr. 680
Merseburg: Nr. 99
Minden: Nr. 189, 399, 552
Moskau: Nr. 348, 874
München: Nr. 216, 234, 308, 428, 465, 603, 893, 926, 1064, 5/440a+
Münster: Nr. 399, 422

Nassau: Nr. 765
Naumburg: Nr. 22, 547, 726

Nennhausen (bei Rathenow): Nr. 144
Neustrelitz: Nr. 227, 746, 1021
Neuwied: Nr. 315, 461
Nürnberg: Nr. 19, 351, 817, 987

Offenburg: Nr. 219
Oldenburg: Nr. 353
Oranienburg: Nr. 574, 661, 790

Padua: Nr. 1/152b+
Paris: Nr. 25, 120, 124, 215, 288, 374, 375, 448, 474, 616, 678, 989
Pilsen (Plzeň, Tschechien): Nr. 4, 5, 6, 56, 126, 284, 327, 412, 542, 595, 822, 882
Plön: Nr. 819
Poppelsdorf (Ortsteil von Bonn): Nr. 944
Potsdam: Nr. 252, 383
Prag: Nr. 55, 106, 182, 286, 523, 529, 533, 732
Prieborn (Przeworno, Polen): Nr. 292
Pyrmont (Bad P.): Nr. 977

Redwitz (Oberfranken): Nr. 266
Reichenwalde (Brandenburg): Nr. 464
Rom: Nr. 955

Salzbrunn (Szczawno-Zdrój, Polen): Nr. 368, 371
Schaffhausen: Nr. 137
Schlangenbad: Nr. 851, 858
Schleiz: Nr. 365
Schleswig: Nr. 917
Schloss Bettenburg (bei Hofheim in Bayern): Nr. 862
Schloss Hartenberg (Ruine bei Josefov, Tschechien): Nr. 354
Schloss Hasenpoth (Aizpute, Lettland): Nr. 183, 381
Schweißing (Svojšín, Tschechien): Nr. 463
St. Petersburg: Nr. 1033, 1045, 1058
Soest: Nr. 399
Stockholm: Nr. 135
Stuttgart: Nr. 17, 27, 28, 57, 59, 64, 65, 74, 76, 83, 86, 155, 226, 255, 355, 362, 420, 504, 568, 610, 646, 652, 679, 704, 735, 763, 838, 856, 884, 999, 1002, 1076, 1077
Swetla (Světlá pod Ještědem, Tschechien): Nr. 297

Tennstedt (Bad T.): Nr. 407
Tepl (Prämonstratenserkloster bei Marienbad, Tschechien): Nr. 285
Thorn (Toruń, Polen): Nr. 575
Trondheim: Nr. 191
Tübingen: Nr. 210

Utrecht: Nr. 422

Venedig: Nr. 1006

Waltersdorf (Kleinwaltersdorf, Sachsen): Nr. 672

Weimar: Nr. 13, 16, 21, 23, 32, 33, 36, 39, 40, 41, 44, 48, 50, 71, 81, 91, 92, 114, 117, 118, 119, 162, 163, 165, 170, 174, 175, 176, 177, 184, 186, 190, 203, 204, 206, 209, 218, 262, 268, 269, 271, 272, 278, 279, 293, 296, 299, 303, 311, 325, 328, 331, 335, 336, 338, 340, 341, 342, 346, 349, 357, 363, 387, 390, 394, 397, 400, 401, 403, 405, 409, 426, 432, 435, 436, 440, 443, 446, 459, 469, 478, 482, 484, 494, 502, 508, 509, 510, 527, 528, 530, 537, 539, 544, 546, 548, 551, 555, 560, 561, 577, 580, 582, 583, 592, 593, 596, 599, 606, 607, 608, 611, 612, 613, 617, 620, 621, 623, 629, 632, 634, 638, 641, 642, 643, 644, 645, 647, 648, 650, 651, 654, 655, 656, 657, 658, 659, 666, 676, 677, 682, 691, 695, 718, 724, 725, 727, 734, 736, 749, 750, 754, 756, 762, 769, 770, 773, 778, 780, 781, 784, 786, 787, 791, 792, 796, 830, 837, 839, 842, 845, 847, 849, 854, 875, 900, 905, 906, 907, 908, 910, 911, 915, 916, 919, 921, 929, 933, 934, 936, 937, 941, 948, 956, 957, 961, 965, 971, 972, 974, 978, 981, 983, 988, 1014, 1016, 1018, 1019, 1024, 1028, 1030, 1031, 1032, 1035, 1038, 1042, 1046, 1047, 1055, 1067, 1068, 1071, 1072, 1075, 1082, 1087, 1090, 1091, 5/156a+, 5/893a+, 9/1598a+

Wesel: Nr. 422
Wetzlar: Nr. 29, 249
Wien: Nr. 38, 45, 58, 62, 123, 131, 195, 283, 360, 986, 6/383a+
Wiesbaden: Nr. 857, 879, 894, 909
Wilhelmsthal (bei Eisenach): Nr. 282, 840
Winterthur: Nr. 133
Würzburg: Nr. 562

Zingst: Nr. 224
Zürich: Nr. 945, 946, 3/1237a+

Ort n. e.: Nr. 1, 80, 82, 253, 747, 1017

GOETHE-WERKREGISTER

Abglanz (Ein Spiegel er ist mir geworden ...) [aus: West-östlicher Divan]: Nr. 591
Achilleis: Nr. 126
Äolsharfen. Gespräch (Er. Ich dacht' ich habe keinen Schmerz ...): Nr. 20, 461, 801
Alexis und Dora (Ach! unaufhaltsam strebet das Schiff ...): Nr. 625
Als Einleitung. [Auszüge aus W. Schütz »Zur intellektuellen und substanziellen Morphologie«, Heft 1]. – In: Zur Morphologie I 4: Nr. 156
»Als wenn das auf Namen ruhte ...« [aus: West-östlicher Divan]: Nr. 851
Am 25. Februar 1824 (Seit jenen Zeilen bis zum heutigen Tage ...): Nr. 583
An Fräulein Casimira Wolowska (Dein Testament verteilt die holden Gaben ...): Nr. 322, 338
An Lord Byron (Ein freundlich Wort ...): Nr. 139, 277, 299, 303, 331, 554, 816, 818, 1063
    Druck in Über Kunst und Altertum V 1: Nr. 820, 882
    Übersetzung von S. T. Coleridge: Nr. 1075
    Übersetzung von F. Soret: Nr. 1075
An Madame Marie Szymanowska (Die Leidenschaft bringt Leiden! ...): Nr. 322, 338, 554
An Werther (Noch einmal wagst Du ...): Nr. 578, 624, 633, 713, 795, 843, 883, 1058
    s. auch Trilogie der Leidenschaft
Anmerkungen über Personen und Gegenstände, deren in dem Dialog »Rameaus Neffe« erwähnt wird: s. Rameaus Neffe
[Anzeige von Bovy's Goethe-Medaille (im Namen des Kaufmanns A. Predari)]: Nr. 829, 832
Architektonisch-naturhistorisches Problem.
    Druck in The Edinburgh Philosophical Journal 1824, Bd. 11 [u. d. T. On the Geognostical Phaenomena at the Temple of Serapis]: Nr. 1054
    Druck in Zur Naturwissenschaft überhaupt II 1: Nr. 87, 221, 434, 1054
        Anzeige von A. Boué: Nr. 1054
Atmosphärische Meteore: s. Entoptischen Farben
Atmosphärisches Phänomen: Nr. 525
Auge empfänglich und gegenwirkend. [Schema]. – In: Zur Naturwissenschaft überhaupt I 4: Nr. 327
Ausgabe letzter Hand: s. Werke C1
Aus meinem Leben. Dichtung und Wahrheit: s. Dichtung und Wahrheit
Auszug eines Schreibens des Herrn Barons v. Eschwege. Lissabon den 2. Juni 1824. – In: Zur Naturwissenschaft überhaupt II 2: Nr. 740

Bedeutende Fördernis durch ein einziges geistreiches Wort. – In: Zur Morphologie I 2: Nr. 468
Bei allerhöchster Anwesenheit Ihro Majestät der Kaiserin Mutter Maria Feodorowna in Weimar Maskenzug. Festzug dichterische Landeserzeugnisse, darauf aber Künste und Wissenschaften vorführend, Weimar, 18. Dezember 1818: Nr. 856, 878, 1003
[Beiträge für das Morgenblatt für gebildete Stände]: Nr. 573
Bekenntnisse einer schönen Seele [aus: Wilhelm Meisters Lehrjahre VI]: Nr. 680
Bequemes Wandern (Hier sind, so scheint ...)
    Radierung von K. Holdermann: Nr. 61, 123, 260, 283
Besserem Verständnis: s. Noten und Abhandlungen zu besserem Verständnis des West-östlichen Divans
Biographische Denkmale von Varnhagen von Ense. [Rezension]. – In: Über Kunst und Altertum V 1: Nr. 598, 820
Boisseréesche Kunstleistungen. [Rezension]. – In: Über Kunst und Altertum V 1 [mit H. Meyer]: Nr. 474, 719, 884
Briefe aus der Schweiz: Nr. 146, 474
    Übersetzung von F. J. P. Aubert de Vitry [Plan]: Nr. 448
Briefwechsel zwischen Schiller und Goethe in den Jahren 1794 bis 1805: Nr. 629, 646, 704, 725, 763, 793, 1094
Brüggemanns Altar im Dom zu Schleswig. Lithographiert von C. C. Böhndel. 1. Heft. groß Fol. [Anzeige]. – In: Über Kunst und Altertum V 2 [mit H. Meyer]: Nr. 917
Buch des Paradieses [aus: West-östlicher Divan]: Nr. 554
Byrons Don Juan (Mir fehlt ein Held! ...) [= Teilübersetzung von G. G. Byron »Don Juan« und Aufsatz]. – In: Über Kunst und Altertum III 1 (Nachträge und Einzelnheiten, Nr. 10): Nr. 990

Cäcilia, eine Zeitschrift für die musikalische Welt. Mainz. [Rezension, Fragment]: Nr. 1013
Cain. A mystery by Lord Byron. [Rezension]. – In: Über Kunst und Altertum V 1: Nr. 299, 820
Campagne in Frankreich. 1792 [u. d. T.: Aus meinem Leben, 2. Abt., 5. Teil, Auch ich in der Champagne]: Nr. 31, 59, 113, 167, 320
    Übersetzung von F. J. P. Aubert de Vitry [? Plan]: Nr. 474
Charon. Neugriechisch. – In: Über Kunst und Altertum IV 2: Nr. 212, 711, 714, 729, 814, 830
Chromatik. – In: Zur Naturwissenschaft überhaupt II 1 [= Anzeige: Einleitung zu öffentlichen Vorlesungen über Goethes Farbenlehre, gehalten an der Königlichen Universität zu Berlin von Leopold von Henning. Doktor der Philosophie. Berlin 1822]: Nr. 156, 350
Claudine von Villa Bella. Ein Singspiel: Nr. 543
    Vertonung von J. P. Müller: Nr. 863
Clavigo. Ein Trauerspiel: Nr. 412
    Bearbeitung von P. F. Camus (Ps. Merville): Nr. 457

»Da die vor vielen Jahren ...« [Schulordnung für die Freie Zeichenschule in Weimar]: Nr. 648
Dank des Paria (Großer Brahma! Nun erkenn ich ...). – In: Über Kunst und Altertum IV 3: Nr. 573, 793, 820

Goethe-Werke

Dankbare Gegenwart. – In: Über Kunst und Altertum IV 2: Nr. 134, 173, 259
Das Göttliche (Edel sei der Mensch ...): Nr. 865
Das Schädelgerüst aus sechs Wirbelknochen auferbaut. – In: Zur Morphologie II 2: Nr. 522, 939
Das Schreien. Nach dem Italienischen (Einst ging ich meinem Mädchen nach ...): Nr. 543
Das Sehen in subjektiver Hinsicht, von Purkinje. 1819. Auszug mit Bemerkungen des Herausgebers [Goethe]. – In: Zur Morphologie II 2: Nr. 993
»Das soeben Mitgeteilte war geschrieben ...«: s. »In vorstehendem Aufsatz ...«
Das Sträußchen. Altböhmisch (Wehet ein Lüftchen ...)
    Druck in Über Kunst und Altertum IV 1: Nr. 52, 106, 391
    Vertonung von K. F. Zelter: Nr. 20
Dem Menschen wie den Tieren ist ein Zwischenknochen der obern Kinnlade zuzuschreiben. – In: Zur Morphologie I 2: Nr. 11, 565, 600, 831
Dem Passavant- und Schübelerischen Brautpaare die Geschwister des Bräutigams zum 25. Juli 1774 (Er fliegt hinweg ...): Nr. 872
Demagogisch [fälschlich Goethe zugeschriebenes Gedicht]: s. Förster, Friedrich. Frühlingsmusikanten.
Der ewige Jude [Fragmente eines Versepos]: Nr. 547
Der fünfte Mai. Ode von Alexander Manzoni. [Übersetzung]. – In: Über Kunst und Altertum IV 1: Nr. 52, 167
Der neue Paris. Knabenmärchen [aus: Dichtung und Wahrheit]: Nr. 448
»Der Ost hat sie schon längst verschlungen ...« [Xenie]. – In: Über Kunst und Altertum III 2: Nr. 869
Der standhafte Prinz, Bearbeitung für die Bühne nach P. Calderón de la Barca in A. W. von Schlegels Übersetzung: Nr. 559, 569
Der Wolfsberg. – In: Zur Naturwissenschaft überhaupt II 2: Nr. 294, 376, 533
Des Epimenides Erwachen. Ein Festspiel: Nr. 153
Des hommes célèbres de France au dix-huitième siècle, et de l'état de la littérature et des arts à la même époque. Par M. Goethe: traduit de l'allemand par MM. de Saur et de Saint-Geniès. A Paris 1823. [Rezension u. d. T. »Vorläufig angezeigt«]. – In: Journal für Literatur, Kunst, Luxus und Mode 1823, Nr. 45: Nr. 124, 176, 184, 190, 212
    Übersetzung von F. Peucer: Nr. 203
Des Paria Gebet (Großer Brahma, Herr der Mächte ...). – In: Über Kunst und Altertum IV 3: Nr. 573, 793, 820
Deutscher Naturdichter. – In: Über Kunst und Altertum IV 2: Nr. 220, 614
Dichtung und Wahrheit: Nr. 89, 375, 629, 1078
    1. Teil: Nr. 879
    2. Teil: Nr. 488, 801, 1001, 1083
    3. Teil: Nr. 141, 547, 901, 987
    Übersetzung ins Englische: Nr. 848
    Übersetzung von F. J. P. Aubert de Vitry: Nr. 448, 474, 551, 685, 836
Die drei Paria. – In: Über Kunst und Altertum V 1 [mit J. P. Eckermann]: Nr. 820
Die Externsteine. – In: Über Kunst und Altertum V 1: Nr. 525, 954, 977
Die Gesänge von Selma [Übersetzung nach J. Macpherson (Ossian)]: Nr. 115
Die Geschwister. Ein Schauspiel in einem Akt: Nr. 783, 947
    Bearbeitung von E. Scribe und A. H. J. Duveyrier (Ps. Mélesville): Nr. 474

Bearbeitung von E. Théaulon de Lambert: Nr. 457
Übersetzung von J. F. A. Bayard: Nr. 474
Die Laune des Verliebten. Ein Schäferspiel: Nr. 783, 947
Die Leiden des jungen Werther. Neue Ausgabe, von dem Dichter selbst eingeleitet. Leipzig 1825: Nr. 578, 610, 624, 633, 713, 795, 821, 843, 883, 931, 970, 978, 982, 996, 1009, 1018, 1043, 1048, 1056, 1058, 1065
Die Leiden des jungen Werthers: Nr. 131, 352, 399, 697, 938
    Erster/Zweiter Teil. Leipzig 1774: Nr. 578, 610, 624, 633, 713, 795, 821, 843, 883, 931, 970, 978, 982, 996, 1009, 1018, 1043, 1048, 1056, 1058, 1065, 5/162a+
    Übersetzung von G. Grassi: Nr. 1/152b+
    Übersetzung von K. Brodziński: Nr. 873
    Übersetzung von M. Salom: Nr. 1/152b+
Die Lepaden. – In: Zur Morphologie II 2: Nr. 158, 993
Die Metamorphose der Pflanzen (Dich verwirret, Geliebte ...): Nr. 358
Die Metamorphose der Pflanzen. – In: Zur Morphologie I 1: Nr. 93, 428, 882
Die Mitschuldigen. Ein Lustspiel in Versen und drei Akten: Nr. 1043, 1044, 1065, 1083
Die natürliche Tochter. Trauerspiel: Nr. 274, 434, 450
Die Raubtiere und die Wiederkäuer abgebildet, beschrieben und verglichen von Dr. E. d'Alton. [Rezension]. – In: Zur Morphologie II 1: Nr. 110, 558
Die Skelette der Nagetiere, abgebildet und verglichen von d'Alton. Erste Abteilung: zehn Tafeln, zweite: acht Tafeln. Bonn. 1823 und 1824. [Rezension]. – In: Zur Morphologie II 2: Nr. 313, 928, 993, 1050
Die tragischen Tetralogien der Griechen. Programm von Ritter Hermann 1819. [Rezension]. – In: Über Kunst und Altertum IV 2: Nr. 274
Die Verlobung, eine Novelle von Ludwig Tieck. [Anzeige]. – In: Über Kunst und Altertum IV 3: Nr. 927
Die Wahlverwandtschaften. Ein Roman: Nr. 59, 131, 146, 734, 849, 938, 1043, 1044
»Die Wanderjahre sind nun angetreten ...«: s. Wandersegen
Don Alonzo, ou l'Espagne, histoire contemporaine par N. A. de Salvandy. IV Tomes. Paris 1824. [Rezension]. – In: Über Kunst und Altertum V 1: Nr. 527, 820, 882, 884
»Du hattest gleich mir's angetan ...« [Albumblatt für L. Parthey mit dem Tiel »An Lili«]: Nr. 302
»Du hattest längst mir's angetan ...«: Nr. 328, 338
»Du Schüler Howards, wunderlich ...«: Nr. 328, 338
Durch das Gas des Marienbrunnens angegriffenes Grundgebirg. – In: Zur Naturwissenschaft überhaupt II 2: Nr. 533

Echte Joseph Müllerische Steinsammlung, angeboten von David Knoll zu Karlsbad. – In: Zur Naturwissenschaft überhaupt I 4: Nr. 57
»Edel sei der Mensch ...«: s. Das Göttliche
Egmont. Ein Trauerspiel in fünf Aufzügen: Nr. 146, 709, 783, 947, 1026, 1073
    Komposition von L. van Beethoven: Nr. 161
    Rezension von A. Beyfus: Nr. 823
»Ehe wir nun weiter schreiten ...«: s. Ottilien von Goethe
Eigenes und Angeeignetes. – In: Über Kunst und Altertum IV 2: Nr. 130, 213, 547
Eigenes und Angeeignetes in Sprüchen. – In: Über Kunst und Altertum III 1 (Poesie, Ethik, Literatur): Nr. 737

Ein ganz schlechtes Gedicht: Nr. 173, 801
Eins und Alles (Im Grenzenlosen sich zu finden ...). – In: Zur Naturwissenschaft II 1: Nr. 433
Einsamste Wildnis (Ich sah die Welt ...)
    Radierung von K. Holdermann: Nr. 61, 123, 260, 283
Elegie (Was soll ich nun vom Wiedersehen hoffen ...) [Marienbader Elegie]: Nr. 461, 494
    s. auch Trilogie der Leidenschaft
Elegien I. [Römische Elegien]: Nr. 716, 955
Entoptische Farben. – In: Zur Naturwissenschaft überhaupt I 3, Abschnitt XXXI: Atmosphärische Meteore: Nr. 525
»Enweri sagt's, ein herrlicher der Männer ...«: Nr. 726
Epilog zu Schillers Glocke: Nr. 619, 973
Epiphaniasfest (Die heil'gen drei König' ...)
    Vertonung von K. F. Zelter: Nr. 930
Erlkönig (Wer reitet so spät ...)
    Vertonung von J. K. G. Loewe: Nr. 521
Ernst Stiedenroth, Psychologie zur Erklärung der Seelenerscheinungen, 1. Teil, Berlin 1824. [Rezension].
    Druck in Zur Morphologie II 2: Nr. 707, 811
    Druck in Über Kunst und Altertum V 2 (Einzelnes): Nr. 707, 811
Faust. Eine Tragödie (Faust I): Nr. 5, 131, 162, 369, 374, 382, 434, 550, 547, 768, 982
    Illustrationen von L. Nauwerck: Nr. 227, 746, 1021
    Kupferstichwerk von P. Cornelius: Nr. 227
    Rezension von T. Carlyle: Nr. 782
    (Teil-)Übersetzung von G. Soane: Nr. 454
    Übersetzung von L. C. Beaupoil de Sainte-Aulaire: Nr. 474
    Übersetzung von F. Leveson Gower: Nr. 955
    Übersetzung von F. A. A. Stapfer: Nr. 25, 474
    Vertonung von A. Radziwiłł: Nr. 955
    Vorlesungen von H. F. W. Hinrichs: Nr. 605
Faust. Der Tragödie zweiter Teil (Faust II): Nr. 274
Folgesammlung. – In: Zur Naturwissenschaft überhaupt II 2: Nr. 220, 455, 463, 470, 640
Fossiler Backzahn, wahrscheinlich vom Mammut. – In: Zur Naturwissenschaft überhaupt II 1: Nr. 11, 73, 182
Fossiler Stier. – In: Zur Morphologie I 4: Nr. 57
Französische Steindrucke. – In: Über Kunst und Altertum V 1 (Bildende Kunst) [mit H. Meyer]: Nr. 679
Freie Welt (Wir wandern ferner ...)
    Radierung von K. Holdermann: Nr. 61, 123, 260, 283
Freimütiges Bekenntnis. – In: Zur Naturwissenschaft überhaupt II 1: Nr. 87
Friedrich Siegmund Voigt, Hofrat und Professor zu Jena: System der Natur und ihrer Geschichte. Jena 1823. [Anzeige]. – In: Zur Morphologie II 1: Nr. 53
Frithiofs Saga. – In: Über Kunst und Altertum V 1: Nr. 588, 1073

Für Freunde der Tonkunst, von Friedrich Rochlitz, erster Band, Leipzig 1824. [Rezension]. – In: Über Kunst und Altertum V 1: Nr. 579, 713, 815

Gedichte [allgemein]: Nr. 556, 608
    Übersetzung von Gräfin J. Wielopolska (Ps. W**l*p*lska): Nr. 991, 992
    Vertonung von K. F. Zelter: Nr. 79

[Gedicht auf Wilhelm Ritz bzw. ihm gewidmet, 1823]: Nr. 418

»Gefällig zu gedenken. Herr Oberkonsistorialdirektor Peuker hat ...« [Promemoria an F. Peucer, Ende April 1823; Manuskript]: Nr. 184

Geheimster Wohnsitz (Wie das erbaut war ...)
    Radierung von K. Lieber: Nr. 61, 123, 260, 283

Gehinderter Verkehr (Wie sich am Meere ...)
    Radierung von K. Lieber: Nr. 61, 123, 260, 283

Gemälde der organischen Natur in ihrer Verbreitung auf der Erde von Wilbrand und Ritgen; lithographiert von Päringer. [Anzeige].
    Druck in Zur Morphologie I 4: Nr. 366
    Druck in Zur Morphologie II 1: Nr. 366, 460

Geneigtest zu gedenken (Der Kontrakt, den Unterzeichneter mit der J. G. Cottaschen Buchhandlung ...); datiert: Weimar, 2. November 1824: Nr. 1089

Genera et species palmarum, von Dr. K. F. von Martius, Fasz. I und II, München 1823. [Rezension]. – In: Zur Morphologie II 2 [mit H. Meyer]: Nr. 428, 603, 993

Gesendet von Marienbad einer Gesellschaft versammelter Freunde zum 28. August 1823 (In Hygiea's Form beliebt's Armiden ...): Nr. 328, 340, 342, 379

Glückliche Fahrt (Die Nebel zerreißen ...)
    Vertonung von L. van Beethoven: Nr. 58

Glückliches Ereignis. – In: Zur Morphologie I 1: Nr. 882

Goethes Beitrag zum Andenken Lord Byrons. – In: T. Medwin. Journal of the Conversations of Lord Byron. London 1824, S. 291 – 295: Nr. 766, 816, 818, 1063
    Übersetzung von T. Medwin: Nr. 1063, 1075

Götz von Berlichingen mit der eisernen Hand. Ein Schauspiel: Nr. 47, 862, 1073
    Übersetzung von F. A. A. Stapfer: Nr. 474
    Übersetzung von G. de Baer: Nr. 474

Götz von Berlichingen mit der eisernen Hand. Schauspiel in fünf Aufzügen. Für die Bühne bearbeitet: Nr. 355, 362

[Graf Eduard Raczyńskis malerische Reise in einigen Provinzen des osmanischen Reichs, aus dem Polnischen, durch van der Hagen, Breslau 1824]. [Anzeige]. – In: Über Kunst und Altertum V 3 (Kurze Anzeigen): Nr. 866, 896, 959

Hans Sachsens poetische Sendung (Erklärung eines alten Holzschnittes vorstellend Hans Sachsens poetische Sendung): Nr. 885

Hausgarten (Hier sind wir denn ...)
    Radierung von K. Lieber: Nr. 61, 123, 260, 283

Hermann und Dorothea [Epos]: Nr. 450, 461, 1026
    Bearbeitung von K. T. Kersten: Nr. 121
    Bearbeitung von K. Töpfer: Nr. 450, 535, 543, 632, 708
    Taschenbuch für 1798: Nr. 578
    Übersetzung von H. A. W. Winckler: Nr. 416

»Herr von Schweinichen ist ein merkwürdiges Geschichts- und Sittenbuch ...« – In: Über Kunst und Altertum V 1 (Einzelnes): Nr. 423, 820
»Hier sah ich hin ...«: s. Rhein und Main
Ilias [1. – 12. Gesang, Auszug]. – In: Über Kunst und Altertum III 2: Nr. 126, 284, 412, 542, 882
Ilias [13. – 24. Gesang, Auszug]. – In: Über Kunst und Altertum III 3: Nr. 126, 284, 412, 542, 882
Ilias, in Prosa übersetzt von Zauper. Odyssee, freie Nachbildung in zehnzeiligen Reimstrophen von Hedwig Hülle. [Anzeige]. – In: Über Kunst und Altertum V 3: Nr. 126, 284
»In Hygiea's Form beliebt's Armiden ...«: s. Gesendet von Marienbad einer Gesellschaft versammelter Freunde zum 28. August 1823
»In tausend Formen magst du dich verstecken ...« [aus: West-östlicher Divan] Vertonung von K. F. Zelter: Nr. 85
»In vorstehendem Aufsatz ...« [Meteorologische Nachschrift]. – In: Zur Naturwissenschaft überhaupt II 1: Nr. 376, 439, 456
Individualpoesie [Aufsatz]: Nr. 745
Instruktionen für die Beobachter bei den großherzoglichen meteorologischen Anstalten von 1821, Betrachtung und Vorschlag: Nr. 266
Iphigenie auf Tauris. Ein Schauspiel: Nr. 79, 374, 703, 825
    Übersetzung von S. K. Macháček: Nr. 5, 182
Israel in der Wüste [aus: Noten und Abhandlungen zu besserem Verständnis des West-östlichen Divans]: Nr. 257
Italienische Reise: Nr. 721
    1. Teil: Nr. 306, 465, 547, 601
        Übersetzung von F. J. P. Aubert de Vitry: Nr. 448, 474, 551, 685, 836
    2. Teil: Nr. 306, 601
    Druck in Werke Aa, Bd. 26: Nr. 882

Julius Cäsars Triumphzug, gemalt von Mantegna. – In: Über Kunst und Altertum IV 1: Nr. 52, 77, 109, 202
[Julius] Cäsars Triumphzug, gemalt von Mantegna. Zweiter Abschnitt. – In: Über Kunst und Altertum IV 2: Nr. 77, 109, 166, 202, 270
Junger Feldjäger in französischen und englischen Diensten, während des spanisch-portugiesischen Kriegs von 1806 bis 1816. [Einführung in J. C. Mämpels Schrift]. – In: Über Kunst und Altertum V 1: Nr. 763

Kinderverstand (In großen Städten lernen früh ...): Nr. 543
Kirchen, Paläste und Klöster in Italien. [Anzeige]. – In: Über Kunst und Altertum III 3 [mit H. Meyer]: Nr. 104
Klaggesang von der edlen Frauen des Asan Aga, aus dem Morlakischen (Was ist Weißes dort ...): Nr. 391, 451, 835
[Kölner Karneval]. – In: Über Kunst und Altertum V 1: Nr. 604, 660
Kunst und Altertum in den Rhein- und Maingegenden: s. Über Kunst und Altertum I 1
Kupferstich nach Tizian, wahrscheinlich von C. Cort. [Rezension]. – In: Über Kunst und Altertum IV 3 [mit H. Meyer]: Nr. 573

Leben des Benvenuto Cellini: Nr. 547
Lebensgenuß (Wie man nur so leben mag? ...): Nr. 353, 726
Legende (Wasser holen geht die reine ...). – In: Über Kunst und Altertum IV 3: Nr. 529, 573, 793, 820
»Liebe schwärmt auf allen Wegen ...« [aus: Claudine von Villa Bella]: Nr. 543
Lied und Gebilde (Mag der Grieche seienen Ton ...) [aus: West-östlicher Divan]
 Vertonung von K. F. Zelter: Nr. 51
Luke Howard an Goethe. [Übersetzung von Howards autobiographischen Aufzeichnungen]. – In: Zur Naturwissenschaft überhaupt II 1: Nr. 471
»Man ist gewohnt, daß an den höchsten Tagen ...«: s. Zum 2. Februar 1824
[Mariä Krönung und die Wunder des Heiligen Dominikus. In 15 Blättern nach G. Fiesole gezeichnet v. W. Ternite. Paris 1817]. [Rezension]. – In: Über Kunst und Altertum VI 1 (Bildende Kunst, Sendungen aus Berlin) [mit H. Meyer]: Nr. 71
Marienbad überhaupt und besonders in Rücksicht auf Geologie. – In: Zur Naturwissenschaft überhaupt I 4: Nr. 327
Marienbader Elegie: s. Elegie (Was soll ich nun vom Wiedersehen hoffen ...)
Maskenzüge [allgemein]
 Druck in Werke Aa, Bd. 7: Nr. 882
Meeresstille (Tiefe Stille herrscht im Wasser ...)
 Vertonung von L. van Beethoven: Nr. 58
»Mein Erbteil wie herrlich ...«: Nr. 726
Meine Göttin (Welcher Unsterblichen ...): Nr. 18
Mignon (Kennst du das Land ...) [aus: Wilhelm Meisters Lehrjahre III 1]: Nr. 461, 653
Myrte und Lorbeer (Myrt' und Lorbeer hatten sich verbunden ...): Nr. 379, 591

Nach Berlin. – In: Über Kunst und Altertum IV 2: Nr. 130
[Nachwort zum Beitrag von K. G. Carus »Farbenerzeugung durch Dämpfung des Lichts«, 1823; Manuskript]: Nr. 72
[Nauwerk, Bilder zu Faust]. [Anzeige]. – In: Über Kunst und Altertum VI 2: Nr. 746, 1021
Neue Liebe, neues Leben (Herz, mein Herz ...): Nr. 350
Neue Lieder in Melodien gesetzt von Bernhard Theodor Breitkopf. Leipzig 1770: Nr. 543, 554
Neueröffnetes moralisch-politisches Puppenspiel: Nr. 422
Neugriechisch-epirotische Heldenlieder. [Übersetzung]. – In: Über Kunst und Altertum IV 1: Nr. 106, 281, 391, 709, 828
Neujahrslied (Wer kömmt! Wer kauft von meiner Waar' ...): Nr. 543
»Noch einmal wagst du, vielbeweinter Schatten ...«: s. An Werther
»Noch ist es Tag, da rühre sich der Mann ...«: Nr. 726
Noten und Abhandlungen zu besserem Verständnis des West-östlichen Divans: Nr. 126, 257, 461, 653
Notice sur la vie et les ouvrages de Goethe par Albert Stapfer. [Rezension]. – In: Über Kunst und Altertum V 3: Nr. 25
Notice sur le cabinet des médailles et des pierres gravées de Sa Majesté le Roi des Pays-Bas; par J. C. de Jonge, Directeur. A la Haye. 1823. [Anzeige]. – In: Über Kunst und Altertum IV 3 [mit H. Meyer]: Nr. 380, 602

Ottilien von Goethe (Ehe wir nun weiter schreiten ...): Nr. 726
Parabase (Freudig war, vor vielen Jahren ...). – In: Zur Morphologie I 3: Nr. 215
Phaethon, Tragödie des Euripides. Versuch einer Wiederherstellung aus Bruchstücken. –
   In: Über Kunst und Altertum IV 2: Nr. 46, 148, 257, 270
Physisch-chemisch-mechanisches Problem. – In: Zur Naturwissenschaft überhaupt
   II 1: Nr. 187, 464, 541
Problem und Erwiderung. – In: Zur Morphologie II 1 [mit E. Meyer]: Nr. 93, 376, 438,
   464, 529, 541
Problematisch. – In: Zur Naturwissenschaft überhaupt I 3: Nr. 87
Prolog zu Eröffnung des Berliner Theaters im Mai 1821: Nr. 1078
   Druck in Über Kunst und Altertum IV 1: Nr. 52
Propyläen. Eine periodische Schrift, herausgegeben von Goethe
   Übersetzung von F. J. P. Aubert de Vitry [Plan]: Nr. 448
»Prüft das Geschick dich ...«: Nr. 726
Rameaus Neffe. Ein Dialog von Diderot: Nr. 124, 288
   Anmerkungen über Personen und Gegenstände, deren in dem Dialog »Rameaus
   Neffe« erwähnt wird.
      Übersetzung von H. J. Saur und L. Varanchan de Saint-Geniès: Nr. 124, 145, 152,
      165, 176, 184, 190, 203, 212
Rameaus Neffe von Diderot. – In: Über Kunst und Altertum IV 1 (Notizen): Nr. 51
Rameaus Neffe. In Bezug auf Kunst und Altertum Teil IV, Heft 1, S. 159. – In: Über
   Kunst und Altertum IV 3: Nr. 288, 573, 767
Rastlose Liebe (Dem Schnee, dem Regen ...)
   Vertonung von L. van Beethoven: Nr. 58
Restauriertes Gemälde: Nr. 77, 109, 166
[Rezensionen in den Frankfurter gelehrten Anzeigen von 1772 und 1773]: Nr. 573
[Rezensionen in der Jenaischen Allgemeinen Literaturzeitung 1804 – 1806]: Nr. 573
Rhein und Main (Hier sah ich hin ...): Nr. 727
Römische Elegien: s. Elegien I.
Sammlung zur Kenntnis der Gebirge von und um Karlsbad angezeigt und erläutert
   1807: Nr. 57, 155, 327
Sankt Rochusfest zu Bingen. Am 16. August 1814. – In: Über Kunst und Altertum I 2:
   Nr. 434, 679
Satyros oder der vergötterte Waldteufel. Drama: Nr. 801
Schillers Briefe an Goethe. [Auszüge]. – In: Über Kunst und Altertum V 1: Nr. 737,
   793, 820, 825, 882, 934
Schloß Marienburg. – In: Über Kunst und Altertum IV 3: Nr. 67, 173, 423
Schneidercourage (Es ist ein Schuß gefallen! ...)
   Vertonung von K. F. Zelter: Nr. 5/1538a+
Serbische Lieder. – In: Über Kunst und Altertum V 2: Nr. 1069
Sicherung meines literarischen Nachlasses und Vorbereitung zu einer echten vollstän-
   digen Ausgabe meiner Werke. – In: Über Kunst und Altertum IV 3: Nr. 573
Specimen anatomico-pathologicum inaugurale de labii leporini congeniti natura et ori-
   gine, auctore Constant Nicati. 1822. [Rezension]. – In: Zur Morphologie II 2: Nr.
   722

Stella. Ein Trauerspiel: Nr. 938

Tag- und Jahreshefte als Ergänzung meiner sonstigen Bekenntnisse
 [1802]: Nr. 561
 [1805]: Nr. 302
 [1810]: Nr. 59
 [1822]: Nr. 220

Tischlied (Mich ergreift, ich weiß nicht wie ...)
 Vertonung von M. Eberwein: Nr. 342

Torquato Tasso. Ein Schauspiel: Nr. 131, 162, 627, 698, 949
 Verse (der Prinzessin) von F. W. Riemer: Nr. 117, 118, 119

Toutinameh, übersetzt von Professor Iken, mit Anmerkungen und Zugaben von Professor Kosegarten. [Rezension]. – In: Über Kunst und Altertum IV 1: Nr. 709

Trilogie der Leidenschaft (An Werther, Elegie, Aussöhnung): Nr. 461, 494, 578, 624, 633, 713, 795, 843, 883, 1058

»Über allen Gipfeln ist Ruh ....«: s. Wandrers Nachtlied

Über den Zwischenkiefer des Menschen und der Tiere. [Redaktion von J. Müller]. – In: Nova Acta 1831, Bd. 15. 1: Nr. 600, 831

Über die Gewitterzüge in Böhmen. Nach Dlask. – In: Zur Naturwissenschaft überhaupt II 1: Nr. 456, 464

Über Kunst und Altertum: Nr. 287, 450, 554, 581, 842, 887, 958, 975, 987, 1037
 Inhaltsverzeichnis der Bände I bis IV in Über Kunst und Altertum IV 3: Nr. 475, 486, 525, 758
  Manuskript von J. P. Eckermann: Nr. 276
 Bd. I, Heft 1, Stuttgart 1816: Nr. 20, 279, 608, 692, 735, 884
 Bd. I, Heft 2, Stuttgart 1817: Nr. 20, 279, 608, 692
 Bd. I, Heft 3, Stuttgart 1817 [ausgeliefert 1818]: Nr. 20, 279, 608, 692
 Bd. II, Heft 1, Stuttgart 1818 [ausgeliefert 1819]: Nr. 20, 279, 608, 692
 Bd. II, Heft 2, Stuttgart 1820: Nr. 20, 279, 608, 692
 Bd. II, Heft 3, Stuttgart 1820: Nr. 20, 279, 379, 608, 692
 Bd. III, Heft 1, Stuttgart 1821: Nr. 20, 279, 608, 692, 737, 990
 Bd. III, Heft 2, Stuttgart 1821: Nr. 20, 126, 279, 284, 412, 542, 608, 692, 869, 882
 Bd. III, Heft 3, Stuttgart 1822: Nr. 20, 104, 126, 138, 279, 284, 412, 542, 608, 692, 882
 Bd. IV, Heft 1, Stuttgart 1823: Nr. 23, 28, 31, 35, 51, 52, 59, 72, 77, 106, 109, 166, 167, 202, 223, 279, 281, 284, 363, 391, 412, 447, 608, 692, 709, 828, 909
 Bd. IV, Heft 2, Stuttgart 1823: Nr. 35, 46, 61, 77, 105, 109, 130, 134, 148, 155, 166, 173, 193, 202, 212, 213, 220, 228, 235, 242, 244, 247, 255, 257, 259, 270, 274, 279, 323, 333, 353, 363, 376, 418, 423, 445, 454, 474, 547, 608, 679, 692, 711, 714, 729, 814, 830
 Bd. IV, Heft 3, Stuttgart 1824: Nr. 67, 173, 228, 265, 288, 315, 316, 323, 333, 380, 391, 410, 413, 423, 430, 444, 458, 475, 486, 489, 496, 520, 525, 529, 553, 556, 566, 573, 602, 608, 619, 692, 706, 727, 758, 767, 793, 927, 1036
  Anzeige in Berlinische Nachrichten von Staats- und gelehrten Sachen vom 5. Januar 1824: Nr. 524
  Anzeige von J. S. Zauper: Nr. 595
 Bd. V, Heft 1, Stuttgart 1824: Nr. 299, 423, 451, 474, 486, 496, 520, 525, 527, 561, 579, 588, 594, 598, 604, 615, 660, 679, 696, 713, 719, 733, 737, 751, 763, 772, 793, 800, 801, 807, 815, 820, 825, 828, 830, 834, 835, 847, 882, 884, 918, 954, 977, 980, 993, 1036,

1045, 1063, 1073
  Anzeige von J. P. Eckermann: Nr. 822
  Inhaltsverzeichnis.
    Anzeige in Allgemeine Zeitung 1824, Nr. 123, Beilage: Nr. 763
    Anzeige in IB, Nr. 20, zum MBl 1824, Nr. 162: Nr. 763
  Bd. V, Heft 2, Stuttgart 1825: Nr. 468, 639, 704, 706, 707, 811, 817, 880, 917, 1036, 1055, 1069, 1077
  Bd. V, Heft 3, Stuttgart 1826: Nr. 25, 126, 276, 284, 866, 896, 959
  Bd. VI, Heft 1, Stuttgart 1827: Nr. 71, 746, 988, 1021
  Bd. VI, Heft 2, Stuttgart 1828: Nr. 709, 746, 1013, 1021
Unbillige Forderung. Weimar, 27. Juni 1824 [aus dem Nachlass]: Nr. 213, 232
»Und so heb' ich alte Schätze ...«: Nr. 726
»Und so laßt von diesem Schalle ...«: s. »Wenn was irgend ist geschehen ...«
Unvermeidlich (Wer kann gebieten den Vögeln ...) [aus: West-östlicher Divan]: Nr. 122
Uralte neuentdeckte Naturfeuer- und Glutspuren: Nr. 637
Urworte. Orphisch
  Druck in Über Kunst und Altertum II 3 (Poesie, Ethik, Literatur): Nr. 306

Veränderlichkeit der Rassen: Nr. 944
Verstäubung, Verdunstung, Vertropfung. – In: Zur Morphologie I 3: Nr. 215, 273
Versus memoriales (Invocavit wir rufen laut ...): Nr. 34, 721
  Vertonung von K. F. Zelter: Nr. 653, 930
Volksgesänge abermals empfohlen. – In: Über Kunst und Altertum IV 1 (Notizen): Nr. 281, 909
Von Berlin, am Sonnabend vor Ostern 1813. – In: Über Kunst und Altertum IV 2 [Auszug aus K. F. von Zelters Brief an Goethe von etwa 25. bis 29. März 1823]: Nr. 122
Von dem Hopfen und dessen Krankheit, Ruß genannt. – In: Zur Morphologie II 2: Nr. 418, 614
Von deutscher Baukunst 1823. – In: Über Kunst und Altertum IV 2: Nr. 155, 423, 474
Von deutscher Baukunst. D. M. Ervini a Steinbach. 1773: Nr. 465
  Druck in Über Kunst und Altertum IV 3: Nr. 573
Vorbilder für Fabrikanten und Handwerker, auf Befehl des Ministers für Handel, Gewerbe und Bauwesen, herausgegeben von der technischen Deputation der Gewerbe. Berlin 1821. Drei Abteilungen. (Nicht im Handel). [Rezension]. – In: Über Kunst und Altertum III 3: Nr. 138
Vorwort [zu J. P. Eckermann. Über Goethes Rezensionen für die Frankfurter gelehrten Anzeigen von 1772 und 1773]. – In: Über Kunst und Altertum V 3: Nr. 276
Vorwort: s. [Sammlung neugriechischer Volkslieder]

Wandersegen (Die Wanderjahre sind nun angetreten ...): Nr. 726
Wandrers Nachtlied (Über allen Gipfeln ist Ruh ...): Nr. 303
»Was machst Du an der Welt? ...«: Nr. 726
Was wir bringen. Vorspiel bei Eröffnung des neuen Schauspielhauses zu Lauchstädt: Nr. 828
»Was wird mir jede Stunde so bang? ...«: Nr. 726
»Weißt du, worin der Spaß des Lebens liegt ...« [Xenie]. – In: Über Kunst und Altertum II 3 (Zahme Xenien): Nr. 379

»Wenn der schwer Gedrückte klagt ...« [aus: West-östlicher Divan]: Nr. 776
»Wenn sich lebendig Silber neigt ...«: Nr. 328, 338, 368
»Wenn was irgend ist geschehen ...« [Rhein und Main, Nr. 97]: Nr. 79
»Wer keine Liebe fühlt ...« – In: Über Kunst und Altertum IV 2 (Eigenes und Angeeignetes): Nr. 213
Werke [allgemein]: Nr. 22, 58, 62, 73, 89, 93, 99, 124, 131, 146, 191, 192, 207, 214, 267, 298, 328, 357, 358, 374, 448, 457, 495, 503, 505, 516, 538, 543, 547, 554, 557, 596, 629, 630, 697, 707, 754, 768, 790, 794, 822, 896, 912, 938, 946, 949, 969, 984, 986, 1021, 1034, 1058, 1092, 6/524a+
    Übersetzung von F. A. A. Stapfer, G. E. L. Cavaignac und Margueré: Nr. 25, 71
Werke A (Cotta, 1806 – 1810): Nr. 543
Werke Aa (Geistinger, 1810 – 1817): Nr. 420, 882
Werke B (Cotta, 1815 – 1819): Nr. 192, 420, 543
Werke Ba (Kaulfuß & Armbruster, 1816 – 1822): Nr. 420
Werke C1 (Cotta, 1827 – 1830; 1832 – 1842): Nr. 192, 420, 421, 525, 568, 608, 610, 763, 764, 811, 896, 1089
Werke N (Unger, 1792 – 1800): Nr. 421, 543
Werke S (Göschen, 1787 – 1790): Nr. 543
Werke s1 (Himburg, 1775 – 1776): Nr. 192
West-östlicher Divan: Nr. 34, 51, 85, 122, 360, 554, 653, 709, 776, 851, 869, 889, 1074
    Bd. 21 der Werke Ba: Nr. 420
»Wie man nur so leben mag? ...«: s. Lebensgenuß
Wiederholte Spiegelungen: Nr. 73
Wilhelm Meisters Lehrjahre: Nr. 352, 461, 474, 653
    Bekenntnisse einer schönen Seele: Nr. 680
    Übersetzung von H. J. Saur und L. Varanchan de Saint-Geniès [Plan]: Nr. 124, 152
    Übersetzung von T. Carlyle: Nr. 782, 797
Wilhelm Meisters Wanderjahre oder Die Entsagenden. Ein Roman von Goethe. Erster Teil: Nr. 726
Wilhelm von Schütz zur Morphologie 2tes Heft. [Auszüge]. – In: Zur Morphologie II 1: Nr. 156
»Willst du dich als Dichter beweisen ...« [Xenie]. – In: Über Kunst und Altertum IV 3 (Zahme Xenien III): Nr. 461
Winckelmann und sein Jahrhundert: Nr. 38, 703, 842
    Druck in Werke Aa, Bd. 17: Nr. 882
    Übersetzung von F. J. P. Aubert de Vitry [Plan]: Nr. 448
Windischmann, über Etwas das der Heilkunst Not tut. [Rezension]. – In: Über Kunst und Altertum V 2 (Einzelnes): Nr. 639
Wirkung dieser Schrift und weitere Entfaltung der darin vorgetragenen Idee. 1830: Nr. 1070
»Wüßte kaum genau zu sagen ...«: Nr. 726
Wunsch und freundliches Begehren. – In: Über Kunst und Altertum IV 1: Nr. 447

Xenien [mit F. von Schiller]: Nr. 562

Zahme Xenien
    Druck in Über Kunst und Altertum II 3 (Poesie, Ethik, Literatur): Nr. 379

Zahme Xenien. II
   Druck in Über Kunst und Altertum III 2 (Schöne Wissenschaft): Nr. 869
Zahme Xenien. III
   Druck in Über Kunst und Altertum IV 3: Nr. 573, 595, 793
Zu Charon, dem Neugriechischen. – In: Über Kunst und Altertum IV 2: Nr. 711, 714,
   729, 814, 830
Zu Phaethon des Euripides. – In: Über Kunst und Altertum IV 2: Nr. 148, 257
Zu Thaers Jubelfest, dem 14. Mai 1824 (Wer müht sich wohl im Garten dort ...)
   Vertonung von K. F. Zelter: Nr. 625, 653, 686, 698, 801
Zum 2. Februar 1824 (Man ist gewohnt, daß an den höchsten Tagen ...): Nr. 400
Zum Kyklops des Euripides: Nr. 801, 930
Zur Farbenlehre: Nr. 17, 55, 59, 72, 156, 182, 208, 215, 274, 327, 350, 358, 375, 412, 434,
   491, 498, 499, 525, 688, 696, 793, 1070
   Druck in Werke Aa, Bd. 20 – 22: Nr. 882
   Kupfertafeln von J. C. T. Starke: Nr. 601, 618, 701, 753
Zur Geognosie und Topographie von Böhmen. – In: Zur Naturwissenschaft überhaupt
   II 2: Nr. 1083
Zur Morphologie: s. Zur Naturwissenschaft überhaupt, besonders zur Morphologie
Zur Naturwissenschaft überhaupt, besonders zur Morphologie: Nr. 215, 297, 456, 711,
   882, 1084
   Bd. 1, Stuttgart, Tübingen 1817 – 1822: Nr. 608
      Rezension von C. G. Nees von Esenbeck, A. Goldfuß und J. Noeggerath: Nr. 11,
      73, 90, 235, 248, 255, 259, 274, 361, 1054
   Bd. 1, Heft 1, Stuttgart, Tübingen 1817: Nr. 20, 37, 87, 428
   Bd. 1, Heft 2, Stuttgart, Tübingen 1820: Nr. 20, 37, 87, 284, 565
   Bd. 1, Heft 3, Stuttgart, Tübingen 1820: Nr. 20, 37, 87, 215, 273
   Bd. 1, Heft 4, Stuttgart, Tübingen 1822: Nr. 20, 37, 57, 87, 156, 327, 366
   Bd. 2, Stuttgart, Tübingen 1823f.
      Rezension von C. G. Nees von Esenbeck, A. Goldfuß und J. Noeggerath [Plan]:
      Nr. 1054
   Bd. 2, Heft 1, Stuttgart, Tübingen 1823: Nr. 11, 35, 53, 72, 73, 87, 93, 110, 154, 156,
      182, 187, 208, 221, 242, 244, 247, 255, 257, 274, 284, 285, 294, 350, 353, 363, 366, 376,
      382, 396, 418, 419, 433, 434, 437, 438, 439, 445, 460, 464, 468, 471, 513, 525, 529, 541,
      558, 608, 758, 1054
   Bd. 2, Heft 2, Stuttgart, Tübingen 1824: Nr. 73, 90, 103, 158, 194, 220, 313, 361, 376,
      402, 410, 428, 430, 438, 444, 449, 455, 456, 458, 463, 468, 470, 475, 479, 489, 496, 522,
      533, 594, 603, 609, 614, 615, 640, 696, 707, 722, 740, 751, 764, 811, 877, 918, 920, 928,
      939, 964, 985, 993, 998, 1011, 1022, 1031, 1043, 1050, 1053, 1062, 1071, 1083
      Anzeige in Flora oder Botanische Zeitung 1824, Nr. 48: Nr. 1054
      Anzeige in Frankfurter Zeitungen: Nr. 1070
      Kupfertafeln von C. Ermer: Nr. 618, 701, 753, 1022
      Kupfertafeln von K. W. Kolbe: Nr. 701, 753
      Rezension von J. P. Pauls: Nr. 1088
Zur Naturwissenschaft überhaupt: s. Zur Naturwissenschaft überhaupt, besonders zur
   Morphologie
Zur vergleichenden Osteologie von Goethe. Mit Zusätzen und Bemerkungen von Dr.
   Ed. d'Alton. Mit drei Kupfertafeln. – In: Nova Acta 1824, Bd. 12. 1: Nr. 11, 73, 103,
   259, 361, 417, 418, 449, 507, 515, 558, 565, 662, 664, 831

ALLGEMEINES WERKREGISTER

Aaron ben Elia
  [Werke]: s. Libri Coronae Legis.
Abendzeitung, auf das Jahr ... Hrsg. v. K. Winkler u. a. Dresden, Leipzig 1805 – 1857:
  Nr. 92, 619, 1037
Abhandlungen der königlichen Akademie der Wissenschaften in Berlin. Berlin
  1815 – 1900: Nr. 449
Abraham a Sancta Clara (eigentl. Johann Ulrich Megerle)
  Des Antonius von Padua Fischpredigt.
    Vertonung von K. F. Zelter: Nr. 930
Acharius, Erik
  Lichenographia universalis, in qua omnes lichenes detectos ... Göttingen 1810: Nr.
  438
  Synopsis methodica Lichenum, sistens omnes hujus ordinis naturalis detectas plantas ... Lund 1814: Nr. 438
Adam Kraft, Bildhauer. Mit zwei Kupferbeilagen und einer Vignette. Hrsg. v. d. Verein
  nürnbergischer Künstler und Kunstfreunde. Heft 1. Nürnberg 1822: Nr. 351
Adrian, Johann Valentin
  Die Priesterinnen der Griechen. Frankfurt 1822: Nr. 27
    Rezension von A. Böckh: Nr. 64
  [Werke]: Nr. 34
Ahlwardt, Christian Wilhelm
  Die Gedichte Ossians. Aus dem Gälischen im Silbenmaße des Originals. Bd. 1 – 3.
  Leipzig 1811: Nr. 115
Aischylos (Aeschylus)
  Niobe.
    Abhandlung von G. Hermann: Nr. 148, 408
  Orestie: Nr. 825
  Philoktet.
    Abhandlung von G. Hermann: Nr. 408
Albert Dies. Biographische Skizze. – In: Archiv für Geschichte, Statistik, Literatur und
  Kunst 1825, Nr. 95/96 und Nr. 104: Nr. 38, 842
Alberti, Johann Karl
  Hrsg.: s. Der Ährenleser.
Alf laila wa-laila: s. Tausend und eine Nacht.
Allgemeine musikalische Zeitung. Leipzig 1798/99 – 1848: Nr. 579
Allgemeine Theaterzeitung und Unterhaltungsblatt für Freunde der Kunst, Literatur
  und des geselligen Lebens. Hrsg. v. A. Bäuerle. Wien 1822 – 1828. [Wiener Allgemeine Theaterzeitung]: Nr. 1065

Allgemeine Zeitung. Stuttgart, Tübingen 1798 – 1802. Ulm 1803 – 1809. Augsburg, München 1810 – 1925: Nr. 203, 763, 828
Allgemeines Repertorium der neuesten in- und ausländischen Literatur. Hrsg. v. C. D. Beck. Bd. 1 – 14. Leipzig, Wien 1819 – 1832: Nr. 298
Almanach des Dames pour l'an ... Tübingen 1801/02 – 1840: Nr. 999
Altdeutsche Schaubühne des Hans Sachs: s. Sachs, Hans. Ernstliche Trauerspiele.
Altenhöfer, Konrad
   [Poetische Versuche. 1823/24; Manuskript]: Nr. 562
Altes Testament: Nr. 130, 146, 151, 248, 257, 461, 550, 556, 662, 764, 1044
   s. auch Bibel
Althof, Ludwig Christoph
   Einige Nachrichten von den vornehmsten Lebensumständen Gottfried August Bürgers. Nebst einem Beitrage zur Charakteristik desselben. Göttingen 1798: Nr. 570
Alton, Eduard d'
   Über die Anforderungen an naturhistorische Abbildungen im allgemeinen und an osteologische insbesondere. – In: Zur Morphologie II 1: Nr. 73, 110
   [Widmung an König Friedrich Wilhelm III. von Preußen]; datiert: Bonn, 26. November 1823. – In: Alton, Eduard d' und Christian Pander. Die Skelette der Nagetiere, abgebildet und verglichen. Abt. 1. Berlin 1823: Nr. 891
   Vorrede; datiert: Berlin, 18. Oktober 1823. – In: Alton, Eduard d' und Christian Pander. Die Skelette der Nagetiere, abgebildet und verglichen. Abt. 1. Berlin 1823: Nr. 891
   Anmerkungen: s. Zur vergleichenden Osteologie von Goethe.
   Illustrationen: C. G. Nees von Esenbeck und K. von Martius. Goethea, novum plantarum genus. [Plan]: Nr. 11
   Rezension: F. Bürde. Abbildungen der vorzüglichsten Pferde, die sich in den königlich preußischen Gestüten befinden, nach dem Leben gemalt und radiert. Lfrg. 1 – 3. Berlin 1821 – 1823. Ferner: [R. Kuntz]. Abbildungen der königlich württembergischen Gestütspferde orientalischer Rasse. Hrsg. v. dem königlich lithographischen Institute. Lfrg. 1. Stuttgart 1823. – In: Zur Morphologie II 2: Nr. 194, 609
Alton, Eduard d' und Christian Pander
   Die Skelette der Nagetiere, abgebildet und verglichen. Abt. 1 – 2. Bonn 1823f. = Vergleichende Osteologie I 5–6: Nr. 357
      Rezension von J. W. von Goethe: Nr. 313, 891, 928, 993, 1050
   Die Skelette der Vierhänder, abgebildet und verglichen. Bonn 1824. = Vergleichende Osteologie I 7: Nr. 313, 975, 1050
   Die Skelette der Wiederkäuer, abgebildet und verglichen. Bonn 1823. = Vergleichende Osteologie I 4: Nr. 73
      Rezension von J. W. von Goethe: Nr. 110
   Die Skelette der zahnlosen Tiere, abgebildet und verglichen. Bonn 1824. = Vergleichende Osteologie I 8: Nr. 609, 1050
   Vergleichende Osteologie. Abt. 1: Lfrg. 1 – 12. Abt. 2: Lfrg. 1f. Bonn 1821 – 1828: Nr. 73, 110, 313, 357, 609, 891, 928, 975, 993, 1050
Amoenitates botanicae Bonnensis. Hrsg. v. C. G. und T. F. L. Nees von Esenbeck. Bd. 1: De cinnamomo disputatio. Bd. 2: Plantarum, in horto medico Bonnensi nutritarum, icones selectae. Bonn 1823f.: Nr. 312, 361, 918

Andreae, Johann Valentin
 Das gute Leben eines rechtschaffenen Dieners Gottes.
  Bearbeitung von K. Weihe: Nr. 680
Annalen der gesamten Numismatik. Hrsg. v. F. Schlichtegroll. Bd. 1 – 2. Leipzig 1804 – 1806: Nr. 1082
Annalen der herzoglichen/großherzoglichen Sozietät für die gesamte Mineralogie. Hrsg. v. J. G. Lenz. Bd. 1 – 4. Neustadt an der Orla 1802, 1804 – 1811. [Bd. 2 – 4 u. d. T. Schriften der herzoglichen Sozietät für die gesamte Mineralogie]. Bd. 5 – 6. Hrsg. v. J. G. Lenz und J. F. H. Schwabe. [= Bd. 1 – 2 u. d. T. Neue Schriften der großherzoglich-sächsischen Sozietät für die gesamte Mineralogie in Jena]. Neustadt an der Orla 1823 – 1825: Nr. 693, 1020, 1080
Annalen der Physik. Hrsg. v. L. W. Gilbert. Bd. 1 – 76. Halle 1799 – 1824. [1819 – 1824 u. d. T. Annalen der Physik und der physikalischen Chemie]: Nr. 140, 187, 859
Annalen der Physik und Chemie. [2. Folge der Annalen der Physik]. Bd. 77 – 236: Hrsg. v. J. C. Poggendorf. Leipzig 1824 – 1876; Bd. 237 – 305: Hrsg. v. G. H. Wiedemann. Leipzig 1877 – 1899: Nr. 859
Annales Academiae Ienensis. Hrsg. v. H. K. A. Eichstädt. Bd. 1 [Bericht über das Jahr 1821]. Jena 1823: Nr. 813
Annales de Chimie et de Physique. Paris 1816 – 1913: Nr. 498
Annales de législation et d'économie politique. Hrsg. v. P. F. Bellot, E. Dumont, L. Meynier, P. Rossi und J. C. L. Simonde de Sismondi. Bd. 1. Genf, Paris 1822f.
 Ankündigung: Nr. 357
Annales des sciences naturelles. Comprenant la physiologie animale et végétale, l'anatomie comparée des deux règnes, la zoologie, la botanique, la minéralogie et la géologie. Hrsg. v. A. Brongniart, J. B. Dumas und J. V. Audouin. Paris 1824 – 1833: Nr. 735
Annals of the Fine Arts. London 1816 – 1820: Nr. 940, 982
Antithesis Christi et Antichristi [Jenaer Hussitenkodex]. [Böhmen, um 1500]: Nr. 523, 529, 1010
 Übersetzung von W. M. Wlokka: Nr. 805
Antithesis figurata vitae Christi et Antichristi: s. Luther, Martin, Philipp Melanchton und Johann Schwertfeger. Passional Christi und Antichristi.
Aratos
 Phainomena.
  Übersetzung von J. H. Voß d. Ä.: Nr. 940
Archiv der deutschen Landwirtschaft. Hrsg. v. F. Pohl. Leipzig 1809 – 1848: Nr. 298
Archiv für alte Geographie, Geschichte und Altertümer insonderheit der germanischen Völkerstämme. Hrsg. v. F. K. H. Kruse. Bd. 1. Heft 1 – 3. Leipzig 1821f.: Nr. 24
Archiv für die neuesten Entdeckungen aus der Urwelt. Ein Journal in zwangfreien Heften. Hrsg. v. J. G. J. Ballenstedt und J. F. Krüger. Bd. 1 – 6. Quedlinburg, Leipzig 1819 – 1823: Nr. 297
Archiv für Geschichte, Statistik, Literatur und Kunst. Wien 1823 – 1828: Nr. 38, 842
Ardschunas Reise zu Indras Himmel, nebst anderen Episoden des Mahabharata. [Indralokagamanam]. In der Ursprache zum ersten Mal herausgegeben, metrisch übersetzt und mit kritischen Anmerkungen versehen v. F. Bopp. Berlin 1824: Nr. 869
Ariost(o), Lodovico
 Orlando Furioso.
  Übersetzung von K. Streckfuß: Nr. 556

Aristoteles
   [Aristotelis] Politicorum libri octo. Hrsg. v. K. W. Göttling. Jena 1824: Nr. 270, 848, 942, 1094
   Gedicht auf Hermias: Nr. 942
Arnauld de la Perière, Johann Friedrich
   Hrsg.: s. Die Gedichte Ossians.
Arnault, Antoine Vincent
   Œuvres. Théatre. Bd. 1 – 2. Paris 1824: Nr. 957
Arnim, Achim von
   Hrsg.: s. Des Knaben Wunderhorn.
Arnold, August
   Übersetzung: A. Manzoni. Der Graf von Carmagnola. Gotha 1823: Nr. 776
Athenaios (A. von Naukratis)
   Deipnosophistae. [Das Gelehrtenmahl]: Nr. 281
Aubert de Vitry, François Jean Philibert
   Übersetzung: J. W. von Goethe. Briefe aus der Schweiz. [Plan]: Nr. 448
   Übersetzung: [J. W. von Goethe]. Mémoires de Goethe. Bd. 1 – 2. Paris 1823: Nr. 448, 474, 551, 685, 836
   Übersetzung: J. W. von Goethe. Voyage en Champagne. [? Plan]: Nr. 474
   Übersetzung: J. W. von Goethe. Voyage en Italie. – In: F. J. P. Aubert de Vitry. Mémoires de Goethe. Bd. 2. Paris 1823: Nr. 448, 474, 551, 685, 836
   Übersetzung: J. W. von Goethe. Winckelmann und sein Jahrhundert. [Plan]: Nr. 448
   Übersetzung: Propyläen. Eine periodische Schrift. [Plan]: Nr. 448
Aubuisson de Voisins, Jean François d'
   Lehrbuch der Geognosie, oder Darstellung der heutigen Kenntnisse von der physikalischen und mineralogischen Beschaffenheit des Erdkörpers. Im Auszug übersetzt v. C. F. A. Hartmann. Teil 1 – 2. Sondershausen, Nordhausen 1821: Nr. 487
   Traité de géognosie, ou Exposé des connaissances actuelles sur la constitution physique et minérale du globe terrestre. Bd. 1 – 3. Paris, Straßburg 1819 – 1835: Nr. 150
Audouin, Jean Victor
   Hrsg.: s. Annales des sciences naturelles.
August, Ernst Ferdinand
   [Rede]. – In: Klopstocks Jahrhundertfeier. Veranstaltet von der Berlinischen Gesellschaft für deutsche Sprache am 2. Juli 1824. Hrsg. v. K. Giesebrecht. Berlin 1825: Nr. 801
Aus einem Schreiben vom Prof. Döbereiner an Gilbert. – In: Annalen der Physik 1823, Bd. 73, St. 1: Nr. 140, 187
Aus Hoffmanns Leben und Nachlass. Hrsg. v. J. E. Hitzig. Teil 1 – 2. Berlin 1823: Nr. 171, 250, 559
Ausgewählte Blätter aus dem poetischen Nachlass des Professors Johann Friedrich Kästner in Weimar. Hrsg. v. dessen Sohne [E. Kästner]. Görlitz 1822: Nr. 15
Axur, König von Hormus. Singspiel in vier Aufzügen. In Musik gesetzt v. A. Salieri. Text v. L. Da Ponte [nach C. de Beaumarchais]. Berlin 1820: Nr. 514

Bach, Johann Sebastian
   [Werke]: Nr. 625

Baer, Gustave de
Goetz de Berlichingen, à la main de fer. – In: Chefs-d'œuvre des théâtres étrangers. Bd. 1: Chefs-d'œuvre du théâtre allemand. Goethe. Paris 1823: Nr. 474

Bailly, Charles François
Meteorik oder Witterung- und Wetterkunde, zur Erläuterung alltäglicher Erscheine im Dunstkreise und deren Voraussicht. Mit 32 erläuternden Zeichnungen und koloriertem Plane zu einem Wettertelegraphen. Aus dem Französischen übersetzt und nach den tellurischen Gründen und neuesten physischen Ansichten bearbeitet v. S. G. Dittmar. Ilmenau 1832: Nr. 439

Balfour, Francis
Treatise on the Barometer. – In: Asiatic Researches, or Transactions of the Society instituted in Bengal, for inquiring into the History and Antiquities, the Arts, Sciences and Literature of Asia. Bd. 4. London 1798: Nr. 674

Bányi, M.
Übersetzung: I. M. Simonow. Beschreibung einer neuen Entdeckungsreise in das südliche Eismeer. Wien 1824: Nr. 650, 658, 674, 761

Bartholdy, Jakob Ludwig
Mavrogeni. [Ballade]. – In: J. L. Bartholdy. Bruchstücke zur nähern Kenntnis des heutigen Griechenlands, gesammelt auf einer Reise 1803 bis 1804. Berlin 1805: Nr. 281

Bartsch, Adam von
Le Peintre Graveur. Bd. 1 – 21. Wien 1802 – 1821: Nr. 523

Batsch, Karl
Botanische Bemerkungen. Halle 1791: Nr. 429

Baumbach, Konrad Johann Alexander
Einleitung in das Naturrecht, als eine volkstümliche Rechtsphilosophie, besonders für Deutschlands bürgerliches Recht. Nebst einem Grundriss dieser Wissenschaft zum Behuf von Vorlesungen. Leipzig 1823: Nr. 516

Bayard, Jean François Alfred
Guillaume et Marianne. Drame en un acte et en prose, représenté pour la première fois, par les Comédiens Ordinaires du Roi, sur le Second théâtre Français, le 25 Novembre 1823. Paris 1823: Nr. 474

Beauchamp, Alphonse de
Mémoires de Joseph Fouché, duc d'Otrante, Ministre de la Police Générale. Avec Portrait. 2. Aufl. Teil 1 – 2. Paris 1824: Nr. 1028

Beaumarchais, Pierre Augustin Caron de
Textdichtung: s. Axur, König von Hormus.
Textdichtung: s. Rossini, Gioacchino. Der Barbier von Sevilla.

Beaumont, Francis
Textdichtung: s. Schröder, Friedrich Ludwig. Stille Wasser sind tief.

Becké, Karl von
Erklärung der Schreibtafel und Anweisung zu deren Gebrauch; Wien, 21. August 1822. [Druck]: Nr. 45
Nachtrag [zur Erklärung der Schreibtafel]; Wien, 13. Dezember 1822. [Druck]: Nr. 45

Beer, Michael
Der Paria. Trauerspiel in einem Aufzug.

Berlin, 22. Dezember 1823: Nr. 524, 531, 554, 590, 708, 728, 1054, 1088
  [Manuskript]: Nr. 530
  Weimar, 6. November 1824: Nr. 632, 875, 1051
Beethoven, Ludwig van
  An die ferne Geliebte. Ein Liederkreis v. A. Jeitteles. Wien 1816: Nr. 161
  Fidelio. Libretto v. J. Sonnleithner, S. von Breuning und G. F. Treitschke nach J. N. Bouilly: Nr. 518
  Meeresstille und Glückliche Fahrt. Gedichte von J. W. von Goethe. In Musik gesetzt und dem Verfasser der Gedichte ... hochachtungsvoll gewidmet. Wien [1815]: Nr. 58
  Missa solemnis: Nr. 58
  Sinfonia eroica. [3. Sinfonie in Es-Dur]: Nr. 341
  Sinfonie Nr. 4 [B-Dur op. 60]: Nr. 440
  [Werke]: Nr. 338
  Komposition: J. W. von Goethe. Egmont. [Ouvertüre und Zwischenakte]: Nr. 161
  Vertonung: J. W. von Goethe. Rastlose Liebe. [Plan]: Nr. 58
Bei dem Hause des Mädchens (Die goldenen Kanonen ...). [Serbisches Volkslied]. Übersetzung von V. S. Karadžić: Nr. 451
Beiträge zur teutschen Landwirtschaft und deren Hülfswissenschaften mit Rücksicht auf die Landwirtschaft benachbarter Staaten und insbesondere des landwirtschaftlichen Institutes zu Bonn. Hrsg. v. K. C. G. Sturm. Bd. 1 – 5. Bonn 1821 – 1826: Nr. 944
Bellot, Pierre François
  Hrsg.: s. Annales de législation et d'économie politique.
Belzoni, Giovanni Battista
  Voyages en Egypte et en Nubie, contenant le récit des recherches et découvertes archéologiques faites dans les pyramides, temples, ruines et tombes des ces pays. Suives d'un voyage sur la côte de la mer rouge et l'oasis de Jupiter Ammon. Traduit de l'Anglais et accompagnés de notes par G. B. Depping. Bd. 1 – 2 und Tafelbd. Paris 1821: Nr. 31
Bentotes, Georgios
  Lexicon Graecum, Gallicum et Italicum. Bd. 1 – 3. Venedig 1816: Nr. 281
Berg, Karoline von
  Die letzten Lebenstage der Königin Louise (von Preußen) bei ihrem durchlauchtigsten Herrn Vater zu Neustrelitz und Hohenzieritz in Mecklenburg vom 25. Juni bis 19. Juli 1810, an welchem letzten 19. Juli sie auch in Hohenzieritz endete. – In: Morgenblatt für die gebildeten Stände 1811, Nr. 105f.: Nr. 514
Bericht über den Fortgang des mit den Franckischen Stiftungen in Verbindung stehenden Vereins: s. Schweigger.
Berlinische Musikalische Zeitung. Hrsg. v. J. F. Reichardt. Berlin 1805f.: Nr. 625
Berlinische Nachrichten von Staats- und gelehrten Sachen. Berlin 1740 – 1872. [Haude und Spenersche Zeitung]: Nr. 320, 461, 524, 625, 811, 912, 988
Berlinische Zeitschrift für Wissenschaft und Literatur. Hrsg. v. F. W. Goedicke. Berlin 1824f.: Nr. 726
Berlinischer Taschenkalender auf das Jahr ... Hrsg. v. der königlich preußischen Kalenderdeputation. Berlin 1820 – 1832: Nr. 86, 556
Bernard, Joseph Karl
  Redaktion: s. Wiener Zeitschrift für Kunst, Literatur, Theater und Mode.
  Textdichtung: s. Faust. Romantische Oper in zwei Aufzügen.

Berton, Henri Montan
  Les maris garçons. Comédie en un acte et en prose. Libretto v. C. Gaugiran de Nanteuil. Paris 1806: Nr. 422
Bertrand de Doue, Jacques Mathieu
  Description géognostique des environs du Puy en Velay, et particulièrement du bassin au milieu duquel cette ville est située. Avec un carte coloriée et deux planches. Paris 1823: Nr. 732, 735
Bertrand, Jacques Vital
  Essai sur l'histoire naturelle et sur l'agriculture de l'arrondissement du Puy. Cheflieu du département de la Haute-Loire. Suivi de la description du canton rural du Puy. Puy 1811: Nr. 735
Berzelius, Jöns Jacob von
  Neues System der Mineralogie. Aus dem Schwedischen übersetzt v. C. Gmelin und W. Pfaff. Nürnberg 1816: Nr. 914
  Nouveau système de minéralogie. Traduit du suédois sous les yeux de l'auteur, et publié par Lui-méme. Paris 1819: Nr. 170
  Untersuchung der Mineralwasser von Karlsbad, von Teplitz und Königswart. Aus den Schriften der königlichen schwedischen Akademie der Wissenschaften. Übersetzt v. G. Rose, hrsg. u. mit erläuternden Zusätzen v. L. W. Gilbert. Leipzig 1823: Nr. 324, 357, 529
  Von der Anwendung des Lötrohrs in der Chemie und Mineralogie. Übersetzung v. H. Rose. Mit vier Kupfertafeln. Nürnberg 1821: Nr. 775
Beudant, François Sulpice
  Notice sur le dépôt salisère de Villiczka en Galicie. – In: Journal de physique, de chimie et d'histoire naturelle 1819, Bd. 88: Nr. 297
  Voyage minéralogique et géologique en Hongrie. Bd. 1 – 3 und Atlas. Paris 1822: Nr. 181, 182
Beuther, Friedrich
  Dekorationen für die Schaubühne nebst einem Vorworte über Theatermalerei. 1. Lfrg. [Vier Kupfertafeln]. Braunschweig 1824: Nr. 994
Beyfus, August
  Aus einem Heft ästhetischer Aphorismes und Monologes. [Manuskript]: Nr. 823
  [Gedanken beim Studium von F. K. J. Schütz' Schrift »Goethe und Pustkuchen, oder über die beiden Wanderjahre Wilhelm Meisters und ihre Verfasser«; Manuskript]. Dezember 1823: Nr. 823
  Rezension: F. von Schiller. Don Carlos. Trauerspiel in fünf Aufzügen. [Aufführung in Hamburg]. – In: Hammonia 1824, ? März: Nr. 823
  Rezension: F. von Schiller. Wilhelm Tell. Schauspiel in fünf Aufzügen. [Aufführung in Hamburg]. – In: Hammonia 1824, Nr. 47f.: Nr. 823
  Rezension: J. W. von Goethe. Egmont. [Aufführung in Hamburg]. – In: Hammonia 1824, Nr. 10f.: Nr. 823
  Rezension: Voltaire. Zaire. Trauerspiel in fünf Aufzügen. Übersetzung v. F. Peucer. [Aufführung in Hamburg]. – In: Hammonia 1824, ? April: Nr. 823
Bhagavad-Gita, id est Thespesion Melos, sive almi Krischnae et Arjunae colloquium de rebus divinis, Bharatheae episodium. Textum recensuit, adnotationes criticas et interpretationem Latinam adiecit Augustus Guilemus a Schlegel. Bonn 1823: Nr. 1004, 1007, 1038

Bibel: Nr. 13, 113, 130, 146, 151, 193, 220, 248, 257, 261, 431, 461, 503, 506, 542, 550, 556, 625, 662, 698, 764, 793, 889, 1044
s. auch Altes und Neues Testament.
Biblioteca Italiana, o sia giornale di letteratura, scienze ed arti. Bd. 1 – 25. Mailand 1816 – 1840: Nr. 221
Bibliothèque universelle des sciences, belles-lettres et arts. Hrsg. u. a. v. M. A. und C. Pictet. Genf 1816 – 1835: Nr. 761, 816, 9/1598a+
Bibliotheca classica poetarum Graecorum. Hrsg. v. G. H. Schäfer. Bd. 1 – 20. Leipzig 1817 – 1825: Nr. 427
Bibliotheca classica scriptorum prosaicorum Graecorum. Hrsg. v. G. H. Schäfer. Bd. 1 – 40. Leipzig, Leiden 1817 – 1822: Nr. 427
Bieling, Karl Heinrich Christoph
Geschichte der Entdeckung, auch Darstellung des geognostischen Vorkommens der bei dem Dorfe Thiede am Lindenberge im Herzogtume Braunschweig gefundenen merkwürdigen Gruppe fossiler Zähne und Knochen urweltlicher Tiere. Mit einer Kupfertafel. Wolfenbüttel 1818: Nr. 487
Bierey, Gottlob
Vertonung: F. Förster. Frühlingsmusikanten. [u. d. T. Demagogisch; fälschlich J. W. von Goethe zugeschrieben]. Für eine Singstimme und vier Frösche, mit Pianoforte in Musik gesetzt. Breslau o. J.
  [Manuskript]: Nr. 173, 188
  Rezension von G. Weber: Nr. 801
Biographische Nachrichten von Joseph Haydn. Nach mündlichen Erzählungen desselben entworfen und hrsg. v. A. C. Dies. Wien 1810: Nr. 842
Bischof, Gustav
Mitverf.: s. Nees von Esenbeck, Christian Gottfried Daniel, Jakob Noeggerath und Gustav Bischof. Die unterirdischen Rhizomorphen.
Blankensee, Georg von
An v. Goethe, den Meister. In Marienbad. – In: Gedichte eines Nordländers. Hrsg. v. G. von Blankensee. Berlin, Posen 1824: Nr. 567
Hrsg.: s. Gedichte eines Nordländers.
Blindenanstalt in Schaffhausen. – In: Morgenblatt für gebildete Stände 1818, Nr. 204: Nr. 137
Blum (eigentl. Blume), Karl
Der Bär und der Bassa. Vaudevilleburleske in einem Aufzug. Nach dem Französischen des E. Scribe bearbeitet. Berlin [um 1820]: Nr. 512
Ein Stündchen vor dem Potsdamer Tore. Vaudevilleposse in einem Aufzug. Berlin, 8. Februar 1824: Nr. 554
Blum, Karl Ludwig
Zum 28. August 1824. [Vorgetragen auf einer Feier in Berlin; Manuskript]: Nr. 912
Blume, Karl Ludwig
Mitverf.: s. Reinwardt, Kaspar Georg Karl, Karl Ludwig Blume und Christian Gottfried Daniel Nees von Esenbeck. Hepaticae Javanicae.
Blumenbach, Johann Friedrich
The Institutions of Physiology. Translated from the Latin of the third and last edition, and supplied with numerous and extensive Notes by J. Elliotson. 2. Aufl. London 1817: Nr. 467

Boccaccio, Giovanni
 Fiammetta. Florenz 1517: Nr. 1078
Böck, August
 Rezension: J. V. Adrian. Die Priesterinnen der Griechen. Frankfurt 1822. – In: Heidelberger Jahrbücher 1823, Nr. 33: Nr. 64
Böhl von Faber, Johann Nikolaus
 Floresta de rimas antiguas Castellanas. Bd. 1 – 3. Hamburg 1821 – 1825: Nr. 332
Böhndel, Conrad Christian
 Einladung zur Teilnahme an der Herausgabe einer lithographischen Darstellung von Johannes Brüggemanns Bildwerken im Dom zu Schleswig. Schleswig, 7. Januar 1824. [Druck]: Nr. 917
 Lithographien: s. H. Brüggemanns Altar im Dom zu Schleswig: Nr. 917
Bönisch, Johann Gottfried
 Lessings Denkmal. Noch ein Wort an das deutsche Publikum, solches betreffend. Kamenz, 3. August 1823. [Druck]: Nr. 345
Börner, Wilhelm
 Verzeichnis einer bedeutenden Sammlung von Manuskripten, Inkunabeln und anderen gedruckten seltenen Werken. Nebst einem Anhange von guten Büchern aus neuerer Zeit, welche für beigesetzte Preise zu verkaufen sind bei dem Diakonus Börner in Ranis. o. O. 1824: Nr. 762
Bohnenberger, Johann Gottlieb Friedrich von
 Astronomie. Tübingen 1811: Nr. 761
Boieldieu, François Adrien
 Komposition: s. Krickeberg, Friederike. Klein-Rotkäppchen.
Boileau (B.-Despréaux), Nicolas
 L'Art poétique: Nr. 882
Boisserée, Sulpiz
 Ansichten, Risse und einzelne Teile des Doms von Köln mit Ergänzungen nach dem Entwurf des Meisters, nebst Untersuchungen über die alte Kirchenbaukunst und vergleichenden Tafeln ihrer vorzüglichsten Denkmale. Bd. 1: Tafelband. Bd. 2: Geschichte und Beschreibung des Doms von Köln nebst Untersuchungen über die alte Kirchenbaukunst. Stuttgart 1821 – 1823: Nr. 17, 31, 59, 155, 212, 226, 375, 632, 652, 654, 666, 679, 735, 1077
  Rezension von H. Meyer und J. W. von Goethe: Nr. 474, 884
 Geschichte und Beschreibung des Doms von Köln, nebst Untersuchungen über die alte Kirchenbaukunst. Mit Kupfertafeln. [Manuskript]: Nr. 155, 226, 375
 Histoire et description de la cathédrale de Cologne, accompagnée de recherches sur l'architecture des anciennes cathédrales. [Übersetzung v. D. J. Mozin]. Stuttgart 1823: Nr. 155, 375
 Mémoire sur l'architecture du moyen age. Lu dans la séance de l'Academie des beaux arts de l'Institut de France d. 13. Septembre 1823. – In: Revue Encyclopédique 1824, Bd. 24: Nr. 375, 474
 Rezension: F. Waagen. Über Hubert und Johann van Eyck. Breslau 1822. – In: Kunstblatt 1823, Nr. 54 – 56: Nr. 735
Bojanus, Ludwig Heinrich von
 Craniorum argalidis, ovis et caprae domesticae comparatio. – In: Nova Acta 1824, Bd. 12. 1: Nr. 259

De merycotherii sibirici, seu gigantei animalis ruminantis, antediluviano quodam, dentibus incerto sibirae loco erutis, declaratio vestigio commentatio. – In: Nova Acta 1824, Bd. 12. 1: Nr. 259

Bonaparte, Louis
Documens historiques et réflexions sur le gouvernement de la Hollande. Bd. 1 – 3. Paris 1820: Nr. 540, 573

Bonaparte, Napoleon
[Werke]: Nr. 96

Bonpland, Aimé
Mitverf.: s. Humboldt, Alexander von und Aimé Bonpland. Essai sur la géographie des plantes.
Mitverf.: s. Humboldt, Alexander von und Aimé Bonpland. Voyage de Humboldt et Bonpland.

Bopp, Franz
Vergleichende Zergliederung des Sanskrits und der mit ihm verwandten Sprachen. Erste Abhandlung. Von den Wurzeln und Pronominen erster und zweiter Person. Gelesen in der königlich-preußischen Akademie der Wissenschaften am 24. April 1823. Berlin 1824: Nr. 869
Hrsg.: s. Ardschunas Reise zu Indras Himmel.

Borch, Ole
Docimastice metallica clare et compendiario tradita. Kopenhagen 1677: Nr. 487

Bornemann, Wilhelm
[Würdigung J. W. von Goethes zum 28. August 1823 auf der Versammlung der Berliner Liedertafel]. – In: Berlinische Nachrichten von Staats- und gelehrten Sachen vom 30. August 1823: Nr. 320, 461

Bory de Saint-Vincent, Jean Baptiste Geneviève Marcellin
Voyage dans les quatre principales Iles des mers d'Afrique. Fait par ordre du gouvernement, pendant les années neuf et dix de la république (1801 et 1802). Avec l'histoire de la traversée du capitaine Baudin jusqu'au Port-Louis de l'Ile Maurice. Bd. 1 – 3 und Tafelbd. Paris 1804: Nr. 525, 758

Bothmer, Georg Gottlieb Ernst Karl von
[Heinrich der Löwe. Drama. Plan]: Nr. 18

Bottarelli, Giovanni Gualberto
Textdichtung: s. Graun, Karl Heinrich. Rodelinde.

Boué, Ami
Sur les phénomènes géognostiques du temple de Sérapis, avec un grav. (Journ. Phil. d'Èdinb., juil. 1824, p. 91.). – In: Bulletin des sciences naturelles et de géologie 1824, Bd. 3: Nr. 1054

Boufflers, Stanislas Jean de
[Werke]: Nr. 766

Bouilly, Jean Nicolas
Textdichtung: s. Beethoven, Ludwig van. Fidelio.
Textdichtung: s. Cherubini, Luigi. Die beiden Reisen, oder Der Wasserträger.

Bourbon-Conti, Stéphanie Louise de
Mémoires historiques [de Stéphanie-Louise de Bourbon-Conti], écrites par elle même. Bd. 1 – 2. Paris [1797/1798]: Nr. 274

Bournon, Jacques Louis de
    Observations sur quelques-uns des minéraux, soit de l'ile de Ceylan, soit de la côte de Coromandel; rapportés par M. Leschenault de Latour. Paris 1823: Nr. 282
Bouvard, Alexis
    Tableau des plus grandes Marées de l'année 1826. – In: Connaissance des temps, ou des mouvements célestes à l'usage des astronomes et des navigateurs. Pour l'an 1826. Paris 1823: Nr. 674
Bran, Friedrich Alexander
    Hrsg.: s. Ethnographisches Archiv.
Brancia, Francesco
    Antologia italiana. Paris 1823.
        Anzeige von U. Foscolo: Nr. 950
Brandis, Johann Georg
    Tractatus de crimine incendii. Halle 1823: Nr. 407
Braun von Braunthal, Karl Johann
    Tagebuch. [Manuskript]: Nr. 263
Breitkopf, Bernhard Theodor
    Neue Lieder [von J. W. von Goethe] in Melodien gesetzt. Leipzig 1770: Nr. 543, 554
Bremer Zeitung. Bremen 1816 – 1822: Nr. 189
Brentano, Klemens
    Hrsg.: s. Des Knaben Wunderhorn.
Breuning, Stephan von
    Textdichtung: s. Beethoven, Ludwig van. Fidelio.
Briefwechsel zwischen Schiller und Goethe in den Jahren 1794 bis 1805. Teil 1 – 6. Stuttgart, Tübingen 1828f.: Nr. 629, 646, 704, 725, 763, 793, 1094
Brière, Jean Louis Joseph
    Hrsg.: s. Diderot, Denis. Œuvres.
Brifaut, Charles
    Textdichtung: s. Spontini, Gaspare. Olympia.
Brockes, Barthold Heinrich
    Der für die Sünde der Welt gemarterte und sterbende Jesus. Aus den vier Evangelisten. [Passionsoratorium, 1712].
        Vertonung von G. F. Händel: Nr. 625
        Vertonung von G. P. Telemann: Nr. 625
Brodziński, Kazimierz
    Cierpienia młodego Wertera. Z niemieckiego przekład Goethe. Bd. 1 – 2. Warschau 1822: Nr. 873
Brongniart, Adolphe
    Observations sur les fucoideés, et sur quelques autres plantes marines fossiles. – In: Mémoires de la Société d'Histoire Naturelle de Paris 1823, Bd. 1: Nr. 529
    Prodrome d'une histoire des végétaux fossiles. Paris 1828: Nr. 478
    Sur la classification et la distribution des végétaux fossiles en général, et sur ceux des terrains de sédiment supérieur en particulier. Paris 1822: Nr. 478, 529
    Hrsg.: s. Annales des sciences naturelles.
Brongniart, Alexandre
    Mitverf.: s. Cuvier, Georges und Alexandre Brongniart. Description géologique des environs de Paris.

Brookes, Samuel
  Anleitung zu dem Studium der Conchylienlehre. Aus dem Englischen übersetzt und mit ... Kupfertafeln erläutert. Bevorwortet und mit einer Tafel über die Anatomie der Flußmuschel vermehrt v. K. G. Carus. Leipzig 1823: Nr. 396
Brown, Robert
  An Account of a new Genus of Plants, Named Rafflesia. – In: The Transactions of the Linnean Society of London 1822, Bd. 13: Nr. 438
  Some Observations on the Natural Family of Plants Called Compositae. – In: The Transactions of the Linnean Society of London 1817, Bd. 12: Nr. 438
  Vermischte botanische Schriften. In Verbindung mit einigen Freunden ins Deutsche übersetzt und mit Anmerkungen versehen v. C. G. D. Nees von Esenbeck. Bd. 1 – 2. Schmalkalden 1825f. Bd. 3 – 5. Nürnberg 1827 – 1834: Nr. 429, 1054, 1088
    Verlagsankündigung: Nr. 993
  Nachtrag: s. Richardson, John. Botanischer Anhang zu Kapitän Franklins Bericht: Nr. 993
»Brüder, lagert euch im Kreise ...«
  Vertonung von H. C. Schoor: Nr. 267
Brühl, Karl von
  Hrsg.: s. Neue Kostüme auf den beiden königlichen Theatern in Berlin.
  Hrsg.: s. Lalla Rûkh.
Bube, Adolf
  Der gefesselte Prometheus. – In: A. Bube. Gedichte. Gotha 1825: Nr. 270
Buch, Leopold von
  Der Trapp-Porphyr. – In: Taschenbuch für die gesamte Mineralogie 1819, Bd. 13: Nr. 181
  Geognostische Beobachtungen auf Reisen durch Deutschland und Italien. Bd. 1 – 2. Bonn 1802 – 1809: Nr. 418
Buckland, William
  Account of an Assemblage of Fossil Teeth an Bones of Elefant, Rhinoceros, Hippopotamos, Bear, Tiger and Hyaena an Sixteen other Animals; Discovered in a Cave at Kirkdale, Yorkshire, in the Year 1821. – In: Philosophical Transactions of the Royal Society of London 1823, Bd. 112: Nr. 47
Bülow, Karl Eduard von (Ps. u. a. Guido von B., ? Metellus)
  Übersetzung: J. Macpherson (Ossian). [Werke]: Nr. 115
Bürde, Friedrich Leopold
  Abbildungen vorzüglicher Pferde der königlich preußischen Gestüte; nach dem Leben gemalt und radiert. Lfrg. 1 – 3. Berlin 1821 – 1823.
    Rezension von E. d'Alton: Nr. 194, 609
Bürger, Gottfried August
  [G. A. Bürgers] sämtliche Werke. Hrsg. v. K. v. Reinhard. Vollendete, rechtmäßige Ausgabe. Bd. 1 – 8. Berlin 1823 – 1826: Nr. 570
  Übersetzung: Homer. Ilias: Nr. 570
Büsching, Johann Gustav
  Abriß der deutschen Altertumskunde; zur Grundlage von Vorlesungen bestimmt. Mit einer Karte des alten Germaniens. Weimar 1824: Nr. 885
  Das Schloß der deutschen Ritter zu Marienburg. Mit sieben Kupfertafeln. Berlin 1823: Nr. 67, 153, 173

Versuch einer Einleitung in die Geschichte der altdeutschen Bauart. Vorlesungen, gehalten im Sommer 1820, und zur Grundlage anderer Vorträge wieder bestimmt. Breslau 1821: Nr. 423
    Rezension von J. W. von Goethe: Nr. 423
Hrsg.: s. Merkwürdigkeiten altdeutscher Kunst in der Altmark.
Hrsg.: s. Sachs, Hans. Ernstliche Trauerspiele.
Hrsg.: s. Sammlung deutscher Volkslieder.
Hrsg.: s. Schweinichen, Hans von. Lieben, Lust und Leben der Deutschen.
Bulletin des sciences naturelles et de géologie: s. Bulletin universel des sciences et de l'industrie.
Bulletin universel des sciences et de l'industrie, continuation du Bulletin général et universel des sciences et des nouvelles scientifiques, dédié aux savans de tous les pays et à la librairie française et étrangère. Hrsg. v. A. de Férussac. Nouveau Prospectus. Paris 1823: Nr. 678
Subskriptionsanzeige: Nr. 678
Sektion 2: Bulletin des sciences naturelles et de géologie. Hrsg. v. A. Férussac [Société pour la propagation connaissances scientifiques et industrielles]. Paris 1824 – ? 1831: Nr. 1054
Buquoy de Longueval, Georg von
Anregungen für philosophisch-wissenschaftliche Forschung und dichterische Begeisterung in einer Reihe von Aufsätzen eigentümlich der Erfindung nach und der Ausführung. Leipzig 1825: Nr. 1040
Die Fundamentalgesetze an den Erscheinungen der Wärme empirisch begründet und deren Bedeutung, nach dynamisch-mathematischen Ansichten im Geiste hervorgerufen, ohne Annahme eines Wärmestoffes. = Nachtrag 1 zu: Skizzen zu einem Gesetzbuche der Natur, zu einer sinnigen Auslegung desselben und zu einer hieraus hervorgehenden Charakteristik der Natur. Leipzig 1819: Nr. 487
Ideelle Verherrlichung des empirisch erfassten Naturlebens. Bd. 1 – 2. Leipzig 1822: Nr. 487
Skizzen zu einem Gesetzbuche der Natur, zu einer sinnigen Auslegung desselben und zu einer hieraus hervorgehenden Charakteristik der Natur. Leipzig 1817: Nr. 487
Burder, Samuel
Oriental Customs. Or an Illustration of the Sacred Scriptures, by an explanatory Application of the Customs and Manners of the Eastern Nations, and especially the Jews, therein alluded to. Collected from the most celebrated Travellers and the most eminent Critics. 6. Aufl. Bd. 1 – 2. London 1822: Nr. 875
Butte, Wilhelm
Grundlagen der Arithmetik des menschlichen Lebens, nebst Winken für deren Anwendung auf Geographie, Staats- und Naturwissenschaft. Nebst IX Tabellen. Landshut 1811: Nr. 547
Byron, George Gordon
[Autobiographie; Manuskript]: Nr. 860
Cain. A Mystery. Paris 1822: Nr. 321
    Rezension von J. W. von Goethe: Nr. 299, 820
    Übersetzung von K. von Lützerode [Plan]: Nr. 816
Childe Harold's Pilgrimage. – In: G. G. Byron. The Works Of The Right Honou-

rable Lord Byron. Bd. 1 und 7. Leipzig 1818f.: Nr. 531, 779, 1094
Dedication of »Sardanapalus«. [Widmung für J. W. von Goethe].
   Faksimile: Nr. 11, 17
   Manuskript: Nr. 11, 17, 26, 34, 52, 816
Don Juan. Canto I – XVII. London 1819 – 1824: Nr. 299, 321
   (Teil-)Übersetzung von J. W. von Goethe: Nr. 990
   (Teil-)Übersetzung von W. F. Sintenis: Nr. 990
Heaven and Earth. A Mystery. Paris 1823: Nr. 299
   Anzeige in: The New Monthly Magazine and Literary Journal 1823, Nr. 28: Nr. 270
Sardanapalus. A Tragedy. The two Foscari. A Tragedy. Cain. A Mystery. London 1821: Nr. 11, 17, 26, 34, 52, 816
The Giaour, a Fragment of a Turkish Tale. 13. Aufl. London 1815: Nr. 800
The Vision of Judgment. Paris 1822: Nr. 772
The Works Of The Right Honourable Lord Byron. Childe Harold's Pilgrimage. Bd. 1 und 7. Leipzig 1818f.: Nr. 531, 779, 1094
[Werke]: Nr. 338, 501, 772, 1094
Werner. A Tragedy. London 1823: Nr. 17
   (Teil-)Übersetzung von K. L. von Knebel: Nr. 270

C...z
   Übersicht der vorzüglichsten Altertümer und Kunstsachen der Sammlungen des Herrn Regierungs-Medizinalrats Dr. Nikolaus Meyer in Minden. – In: Westfalen und Rheinland 1822, St. 23: Nr. 189
Cäcilia. Eine Zeitschrift für die musikalische Welt. Hrsg. v. einem Verein von Gelehrten, Kunstverständigen und Künstlern. Mainz 1824 – 1848: Nr. 801, 1000, 1013
Calderón de la Barca, Pedro
   Der standhafte Prinz.
      Bearbeitung von J. W. von Goethe: Nr. 559, 569
      Übersetzung von A. W. von Schlegel: Nr. 559, 569, 708
   Drei Vergeltungen in einer.
      Übersetzung von J. D. Gries: Nr. 627, 730, 940
   L'Héraclius espagnol, ou la comédie fameuse.
      Übersetzung von Voltaire: Nr. 1043
   Schauspiele.
      Übersetzung von J. D. Gries: Nr. 627, 730, 940
      Übersetzung von A. W. von Schlegel: Nr. 569
   [Werke]: Nr. 1090
Camões, Luís Vaz de
   [Werke]: Nr. 1078
Camus, Pierre François (Ps. Merville)
   Le frère et la soeur, ou le protecteur naturel. Drame en quatre actes et en prose. [nach J. W. von Goethe. Clavigo]: Nr. 457
Candolle (Decandolle), Augustin Pyramus de
   Prodomus systematis naturalis regni vegetabilis, sive enumeratio contracta ordinum generum specierumque plantarum huc usque cognitarum, juxta methodi naturalis normas digesta. Bd. 1. Paris 1824: Nr. 565

Théorie élémentaire de la botanique, ou exposition des principes de la classification naturelle et de l'art de décrire et d'etudier les végétaux. Paris 1813: Nr. 429

Cantiran de Boirie, Eugène, Pierre François Adolphe Carmouche und Alphonse Poujol
Les deux forcats, ou la meunière du Puy-de-Dome. Mélodrame en trois actes. Musik v. A. Piccinni. Paris 1822: Nr. 554, 590

Carlyle, Thomas
Wilhelm Meister's Apprenticeship. A Novel. From the German of Goethe. Bd. 1 – 3. Edinburgh, London 1824: Nr. 782, 797
Rezension: Faustus, from the German of Goethe. – In: The New Edinburgh Review 1822, Bd. 2, Nr. 4: Nr. 782

Carmouche, Pierre François Adolphe
Mitverf.: s. Cantiran de Boirie, Eugène, Pierre François Adolphe Carmouche und Alphonse Poujol. Les deux forcats.

Carové, Friedrich Wilhelm
Entwurf einer Burschenschaftsordnung und Versuch einer Begründung derselben. Eisenach 1818: Nr. 895
Über das Recht, die Weise und die wichtigsten Gegenstände der öffentlichen Beurteilung mit steter Beziehung auf die neueste Zeit. Trier 1825: Nr. 895

Carus, Karl Gustav
Farbenerzeugung durch Dämpfung des Lichts. Mit einem Nachwort von J. W. von Goethe. [Manuskript]: Nr. 72
Grundzüge allgemeiner Naturbetrachtung. – In: Zur Morphologie II 2: Nr. 468
Icones sepiarum, in litore maris mediterranei collectarum. – In: Nova Acta 1824, Bd. 12. 1: Nr. 259
Merkwürdige Bewegung des Embryo im Schneckenei. [Manuskript; gedruckt u. d. T. Vom Ei der Teichhornschnecke, seiner drehenden Bewegung und deren Beziehung auf den Bau des ausgebildeten Tieres in: K. G. Carus, Von den äußern Lebensbedingungen der weiß- und kaltblütigen Tiere. Leipzig 1824]: Nr. 419, 939
Tabelle über die Ur-Teile des Knochengerüsts. [Manuskript; gedruckt in: S. Grosche, »Zarten Seelen ist gar viel gegönnt«. Naturwissenschaft und Kunst im Briefwechsel zwischen C. G. Carus und Goethe. Mit einem kunsthistorischen Beitrag von Jutta Müller-Tamm. Göttingen 2001]: Nr. 72
Urform der Schalen kopfloser und bauchfüßiger Weichtiere. – In: Zur Morphologie II 1: Nr. 72, 154, 396
Vom innern und äußern Bau der Muscheln und Schnecken und von den Lebenserscheinungen derselben. – In: S. Brookes. Anleitung zu dem Studium der Conchylienlehre. Aus dem Englischen übersetzt und mit ... Kupfertafeln erläutert. Bevorwortet und mit einer Tafel über die Anatomie der Flußmuschel vermehrt v. K. G. Carus. Leipzig 1823: Nr. 396
Von den äußern Lebensbedingungen der weiß- und kaltblütigen Tiere. Eine von der kgl. Akademie der Wissenschaften zu Kopenhagen gekrönte Preisschrift. Nebst zwei Beilagen über Entwicklungsgeschichte der Teichhornschnecke und über Herzschlag und Blut der Weinbergsschnecke und des Flußkrebses. Hierzu eine kolorierte und eine schwarze Kupfertafel. Leipzig 1824: Nr. 419, 939
Von den Anforderungen an eine künftige Bearbeitung der Naturwissenschaften. Eine Rede gelesen zu Leipzig am 19. September 1822 in der ersten Zusammenkunft deutscher Naturforscher und Ärzte. Leipzig 1822: Nr. 72

Von den Ur-Teilen des Knochen- und Schalengerüstes. Mit 12 Kupfertafeln und einer schematischen Schrifttafel. Leipzig 1828: Nr. 72, 419, 468, 939

Übersetzung: S. Brookes. Anleitung zu dem Studium der Conchylienlehre. Aus dem Englischen übersetzt und mit ... Kupfertafeln erläutert. Bevorwortet und mit einer Tafel über die Anatomie der Flußmuschel vermehrt v. K. G. Carus. Leipzig 1823: Nr. 396

Casper, Johann Ludwig
Textdichtung: s. Mendelssohn Bartholdy, Felix. Der Onkel aus Boston, oder Die beiden Neffen.

Catel, Charles Simon
Die Bajaderen. Große Oper in drei Abteilungen. Nach dem Französischen des E. Jouy frei übersetzt durch K. Herklots. Choreographie v. C. M. Telle. Berlin, 6. Februar 1824: Nr. 549

Catel, Franz
Illustrationen: s. Schloss Marienburg in Preußen.

Cavaignac, Jacques Louis Eléonore Godefroi
Übersetzung: s. Œuvres dramatiques de J. W. Goethe.

Cervantes Saavedra, Miguel de
El ingenioso hidalgo Don Quijote de la Mancha: Nr. 1054

Champollion, Jean François
Hieroglyphics. On the different Systems of Writing used by the ancient Egyptians. – In: The European Review 1824, Heft 1: Nr. 950
Panthéon Égyptien, collection des personnages mythologiques de l'ancienne Égypte, d'après les monuments. Heft 1 – 10. Paris 1823 – 1825: Nr. 681

Chandler, Richard
Travels in Asia Minor, or an Account of a Tour made at the Expense of the Society of Dilettanti. Oxford 1775: Nr. 281

Chants populaires de la Grèce moderne. Recueillis et publiés, avec une traduction française, des éclaircissements et des notes. Hrsg. v. C. Fauriel. Bd. 1: Chants historiques. Bd. 2: Chants historiques, romanesques et domestiques. Paris 1824f.: Nr. 828, 830, 835, 851
Übersetzung von W. Müller: Nr. 281
Übersetzung von C. G. Nees von Esenbeck und J. P. Pauls: Nr. 1078

Chanykow, Wassili Wassiljewitsch
Chanson. A ma vieille amie. [Gedicht; Manuskript]: Nr. 770
Le Rêve. [Gedicht; Manuskript]: Nr. 766
Übersetzung: F. von Schiller. Gedichte. [Plan]: Nr. 770

Chateaubriand, François René de
De l'abolition de la censure. Paris 1824: Nr. 950

Chefs-d'œuvre des théâtres étrangers, allemand, anglais, chinois, danois, espagnol, hollandais, indien, italien, polonais, portugais, russe, suédois, traduit en français. Paris 1822f.: Nr. 31

Cherubini, Luigi
Die beiden Reisen, oder Der Wasserträger. Oper in drei Aufzügen. Libretto v. H. G. Schmieder nach J. N. Bouilly. Weimar, 17. Dezmeber 1803: Nr. 543

Chézy, Helmina von
Textdichtung: s. Weber, Karl Maria von. Euryanthe.

Chladni, Ernst Florens Friedrich
   Über Feuermeteore und über die mit denselben herabgefallenen Massen. Wien 1819: Nr. 461
Chrestomathia arabica ex codicibus manuscriptis Parisiensibus, Gothanis et Berolinensibus collecta atque tum adscriptis vocalibus, tum additis lexico et adnotationibus explanata. Hrsg. v. J. G. L. Kosegarten. Leipzig 1828: Nr. 681
Cleaveland, Parker
   An Elementary Treatise on Mineralogy and Geology. Being an Introduction to the study of these Sciences, and Designed for the use of Pupils, for Persons attending Lectures on these Subjects and as a Companion for Travellers in the United States of America. Illustrated by six plates. 2. Aufl. Bd. 1 – 2. Boston 1822: Nr. 487
Clinton, Henry Fynes
   Fasti Hellenici. The Civil and Literary Chronology of Greece. From the LVth to the CXXIVth Olympiad. Oxford 1824: Nr. 875
Clostermeier, Christian Gottlieb
   Der Eggesterstein im Fürstentum Lippe. Lemgo 1824.
      Rezension von W. Dorow: Nr. 954
Coleridge, Samuel Taylor
   Übersetzung: J. W. von Goethe. An Lord Byron. – In: T. Medwin. Journal of the Conversations of Lord Byron. Paris 1824, Bd. 2: Nr. 1075
Colluthus: s. Kolluthos.
Congreve, William
   Textdichtung: s. Händel, Georg Friedrich. Semele.
Connaissance des temps, ou des mouvements célestes à l'usage des astronomes et des navigateurs. Pour l'an 1826. Paris 1823: Nr. 674
Cooke, George
   Illustrationen: s. Loddiges, Conrad, William Loddiges und George Loddiges. The Botanical Cabinet.
Cooper, James Fenimore
   Les Pionniers ou les Sources du Susquehannah. Übersetzung aus dem Englischen v. A. J. B. Defauconpret. Bd. 1 – 3. Paris 1823: Nr. 800
Corneille, Pierre
   Cinna ou la clémence d'Auguste. Paris 1643: Nr. 1043
Cornelius, Peter
   Bilder zu Goethes Faust. Gestochen v. F. Ruscheweyh. Frankfurt 1816: Nr. 227
Corpus iuris civilis: Nr. 298
Correspondance de lord Byron avec un ami, comprenant en outre les letters écrites à sa mère du Portugal, de l'Espagne, de la Turquie et de la Grèce, dans les années 1809, 1810 et 1811, et des souvenirs et observations, le tout formant une histoire de sa vie, de 1808 à 1814. Hrsg. v. R. C. [und A.] Dallas. Bd. 1 – 2. Paris 1825: Nr. 1094
Correspondence of Lord Byron with a Friend, including his Letters to his Mother, written from Portugal, Spain, Greece, and the Shores of the Mediterranean in 1809, 1810 and 1811. Also Recollections of the Poet. Hrsg. v. R. C. und A. Dallas. Bd. 1 – 3. Paris 1825: Nr. 851
Courrier des Spectacles de Paris, des départements et de l'étranger. Paris 1818 – 1823: Nr. 288

Covelli, Nicola
   Mitverf.: s. Monticelli, Teodoro und Nicola Covelli. Storia de' fenomeni del Vesuvio.
Cranach, Lukas d. Ä.
   Illustrationen: s. Luther, Martin, Philipp Melanchton und Johann Schwertfeger. Passional Christi und Antichristi.
Cross, John
   An Attempt to establish Physiognomy upon Scientific Principles. Glasgow 1817: Nr. 685, 848
Crüger, Johannes
   Keinen hat Gott verlassen. [Choral]: Nr. 399
Crusell, Bernhard Henrik
   Concertante für Klarinette, Horn, Fagott und Orchester. Opus 3. Leipzig 1816: Nr. 341
Cuvier, Georges
   Eloge historique de M. Haüy, lu dans la séance publique de l'Académie royale des sciences du 2. Juin 1823. – In: Le Moniteur universel 1823, Nr. 166f.: Nr. 387, 658
   Recherches sur les ossements fossiles, où l'on rétablit les caractères de plusieurs animaux, dont les révolutions du globe ont détruit les espéces. Bd. 1–5. Paris 1821–1824: Nr. 57
Cuvier, Georges und Alexandre Brongniart
   Description géologique des environs de Paris. Nouvelle édition, dans laquelle on a inséré la description d'un grand nombre de lieux de l'Allemagne, de la Suisse, de l'Italie etc. Paris 1822: Nr. 237, 672

Dalayrac, Nicolas
   La maison isolée, ou le vieillard des vosges. Comédie en deux actes et en prose. Libretto v. B. J. Marsollier des Vivetières. Paris [1797]: Nr. 422
Dallas, Robert Charles und Alexander Dallas
   Hrsg.: s. Correspondance de lord Byron avec un ami.
   Hrsg.: s. Correspondence of Lord Byron with a Friend.
Dante Alighieri
   Die göttliche Komödie: Nr. 468, 1064
      Übersetzung von K. Streckfuß: Nr. 556, 625
   Inferno: Nr. 879, 1/152b+
   La vita nuova.
      Übersetzung von F. von Oeynhausen: Nr. 1034
   [Werke].
      Übersetzung von E. A. Hagen: Nr. 483
Da Ponte, Lorenzo
   Textdichtung: s. Axur, König von Hormus.
   Textdichtung: s. Mozart, Wolfgang Amadeus. Don Giovanni.
Das chemische Laboratorium an der k. k. Universität zu Prag. Entstehung und gegenwärtiger Zustand desselben, samt Nachrichten über einige der darin vorgenommenen Arbeiten nebst einigen Abhandlungen chemisch-medizinischen Inhalts. Dargestellt und bearbeitet v. A. M. Pleischl. Prag 1820: Nr. 55
Das größte Leid (Alle Geliebten sind da ...). [Serbisches Volkslied].
   Übersetzung von V. S. Karadžić: Nr. 451

Das große kölnische Karnevalsfest von 1824. Den verehrten Teilnehmern und Beförderern des großen Maskenzuges von 1824 in Liebe und Ehrfurcht gewidmet von dem Herausgeber Holofernes Titelblatt, Hofbuchhändler des kölnischen Heldenkarnevals [d. i. A. J. Tonger]. Köln 1824: Nr. 980
Das Lied vom eifersüchtigen Knaben. – In: Volkslieder. Hrsg. v. J. G. Herder. Teil 1. Leipzig 1778: Nr. 281
Das Mädchen und der Fisch (Das Mädchen sitzt am Ufer ...). [Serbisches Volkslied]. Übersetzung von V. S. Karadžić: Nr. 451
Das Mahabharata. [Indisches Epos]. Hrsg. v. F. Bopp: Nr. 869
Das neue Leben. Die vita nuova des Dante Alighieri. Übersetzt u. hrsg. v. F. von Oeynhausen. Leipzig 1824: Nr. 1034
Das Sonntagsblatt. Eine vaterländische Zeitschrift zur Belehrung und Unterhaltung aus dem Gebiete des Schönen und Nützlichen. Hrsg. v. N. Meyer. Jg. 1 – 27. Minden 1817 – 1843: Nr. 189, 552
Das unglückliche Mädchen (Das Mädchen gibt dem Jünglinge ...). [Serbisches Volkslied].
Übersetzung von V. S. Karadžić: Nr. 451
Dau, Johann Heinrich Christfried
[Aufsätze]: Nr. 936
Neues Handbuch über den Torf, dessen Natur, Entstehung und Wiedererzeugung, Nutzen im Allgemeinen und für den Staat usw. Leipzig 1823: Nr. 936
    Rezension in Archiv der deutschen Landwirtschaft 1823, Bd. 24: Nr. 298
    Rezension in Göttingische gelehrte Anzeigen 1823, Nr. 53: Nr. 298
Über den künftigen Zustand Amerikas, wie ihn das Wohl des ganzen Europa notwendig erfordert. Altona, Leipzig 1823: Nr. 298, 936
Über den richtigen Gebrauch der historischen Temporum, insbesondere des Imperfecti in der lateinischen Sprache; als eine Zugabe zu den bisherigen Grammatiken, insbesondere der Bröderischen. Nebst einem Anhange über die wahrscheinlich richtigste Aussprache der griechischen Vokale. Leipzig 1819: Nr. 936
    Rezension in Allgemeines Repertorium der neuesten in- und ausländischen Literatur 1819, Bd. 2, St. 2: Nr. 298
    Rezension in Kritische Bibliothek für das Schul- und Unterrichtswesen 1820, Nr. 2: Nr. 298
Über den Titel des Justinianeischen Gesetzbuches von der Zauberei und über das Wesen des tierischen Magnetismus. Kiel 1820: Nr. 298, 936
Über Gerechtigkeit und Freiheit und deren notwendiges Beisammensein vorzüglich in politischer Hinsicht. Leipzig 1819: Nr. 298, 936
Davanzati, Bernardo
[Werke]: Nr. 1/152b+
David, Martin Alois
Geographische Breite und Länge von Bržezina, Höhe über Prag und die See bei Hamburg, nebst Breiten und Längen einiger von Hradischt sichtbarer Berge. Prag 1823: Nr. 456
De cinnamomo disputatio, qua hortum medicum Bonnensem, feliciter instructum, rite inauguraturi: s. Amoenitates botanicae Bonnensis.
Defauconpret, Auguste Jean Baptiste
Übersetzung: J. F. Cooper. Les Pionniers ou les Sources du Susquehannah. Bd. 1 – 3.

Paris 1823: Nr. 800

Übersetzung: W. Scott. Sur la mort de Lord Byron. Paris 1824: Nr. 830

Degurow, Anton Antonowitsch (de Gouroff; bis 1812: Antoine Jeudy Dugour)
De la civilisation de Tatars-Nogais dans la midi de la Russie Européenne. Charkow 1816: Nr. 919

Delavigne, Jean François Casimir
L'école des vieillards. Comédie en cinq actes et en vers. Paris 1823: Nr. 851
Le Paria. Tragédie en cinq actes; avec des choeurs. Représentée le 1er décembre 1821, sur le second Théâtre Français, par les comédiens du roi. 2. Aufl. Paris 1821: Nr. 632

Delpech, François Seraphin
Hrsg.: s. Iconographie des contemporains.

Denkmäler alter Sprache und Kunst. Hrsg. v. W. Dorow. Bd. 1. Heft 1 – 3. Bd. 2. Berlin 1823/24 – 1827: Nr. 841

Der Ährenleser auf dem Felde der Geschichte, Literatur und Kunst. Hrsg. v. J. K. Alberti. Jg. 1 – 5. Danzig 1821 – 1825: Nr. 1037

Der Chorist. – In: Prometheus 1823, Nr. 5: Nr. 22

Der eifersüchtige Knabe. – In: Des Knaben Wunderhorn. Alte deutsche Lieder. Hrsg. v. A. von Arnim und K. Brentano. Bd. 1: Nr. 281

Der Eil-Bote. Koblenz 1824 – 1826: Nr. 1088

Der Eislauf oder das Schrittschuhfahren, ein Taschenbuch für Jung und Alt. Mit Gedichten von Klopstock, Goethe, Herder, Cramer, Krummacher etc. u. Kupfern v. J. A. Klein. Hrsg. v. C. S. Zindel. Nürnberg 1825: Nr. 987

Der Gesellschafter oder Blätter für Geist und Herz. Hrsg. v. R. Liebmann. Redaktion v. F. W. Gubitz. Jg. 1 – 34. Berlin 1817 – 1850: Nr. 542

Der Helden Buch. Hrsg. v. F. H. von der Hagen. Berlin 1811: Nr. 204

Der Korrespondent von und für Deutschland. Nürnberg 1806 – 1889: Nr. 640

Der Kranz, oder Erholungen für Geist und Herz. Hrsg. v. W. R. Kramerius, fortgesetzt v. S. W. Schießler, W. A. Gerle und K. von Woltmann. Bd. 1 – 6. Prag 1821 – 1824: Nr. 595, 822

Der Mörder Gerhards von Kügelgen. – In: Literarisches Konversationsblatt 1824, Nr. 165 – 167: Nr. 848

Der Nibelungen Lied. [Zyklus]: Nr. 461

Der Sammler für Kunst und Altertum in Nürnberg. Heft 1 – 4. Nürnberg 1824 – 1829. Anzeige von H. Meyer: Nr. 817

Der standhafte Prinz, Don Fernando von Portugal. Trauerspiel in fünf Abteilungen. Nach dem Spanischen des P. Calderón de la Barca, übersetzt v. A. W. von Schlegel. Für die Darstellung eingerichtet v. J. W. von Goethe. Musik v. J. A. Gürrlich. Berlin, 14. Februar 1824: Nr. 559, 569, 708

Der Tod des Kralewitsch Marko (In der Früh begab sich ...). [Serbisches Heldenlied]. Übersetzung von V. S. Karadžić: Nr. 451, 706, 820, 830, 835

Desessarts d'Ambreville, Joseph
Textdichtung: s. Schmidt, Johann Philipp Samuel. Das verborgene Fenster, oder Ein Abend in Madrid.

Des hommes célèbres de France au dix-huitième siècle, et de l'état de la littérature et des arts à la même époque; par M. Goethe. Traduit de l'allemand par H. J. Saur und L. Varanchan de Saint-Geniès. Paris 1823: Nr. 145, 152, 165
Rezension von J. W. von Goethe: Nr. 124, 176, 184, 190, 203, 212

Des Knaben Wunderhorn. Alte deutsche Lieder. Hrsg. v. A. von Arnim und K. Brentano. Bd. 1 – 3. Heidelberg, Frankfurt 1806 – 1808: Nr. 281
Desmarest, Nicolas
   Carte topographique et minéralogique d'une partie du département du Puy-de-Dôme dans la ci-devant province d'Auvergne. Paris 1823: Nr. 418
Des Mohrenkönigs Tochter. [Serbisches Volkslied].
   Übersetzung von T. von Jakob: Nr. 870
Deutsche Blätter für Poesie, Literatur, Kunst und Theater. Hrsg. v. K. Schall u. K. von Holtei. Breslau 1823: Nr. 144, 173
Deutsche Lichenen. Gesammelt und mit Anmerkungen hrsg. v. H. G. Flörke. Lfrg. 1 – 3. Berlin 1815: Nr. 438
Diario di Roma. Rom 1808 – 1836: Nr. 746
Diario do Governo. Lissabon 1821 – 1823: Nr. 740
Dictionnaire des sciences naturelles, dans lequel on traite méthodiquement des différens êtres de la nature, considérés soit en eux-mêmes, d'après l'etat actuel de nos connoissances, soit relativement à l'utilité qu'en peuvent retirer la médicine, l'agriculture, le commerce et les arts; suivie d'une biographie des plus célèbres naturalistes; ouvrage destiné aux médicins, aux agriculteurs, aux commerçans ... Par plusieurs professeurs du Muséum national d'Histoire naturelle et des autres principales Écoles de Paris. Bd. 1 – 60. Straßburg, Paris 1816 – 1830: Nr. 813
Diderot, Denis
   La Promenade du sceptique. [Manuskript]: Nr. 767
   Le Neveu de Rameau.
      [Manuskript]: Nr. 51, 124, 288, 767
      [Rück-]Übersetzung von H. J. Saur und L. Varanchan de Saint-Geniès: Nr. 51, 124, 288
      Übersetzung von J. W. von Goethe: Nr. 51, 124, 288, 573
   Œuvres. Bd. 1 – 22. Paris 1821 [– 1823]: Nr. 288
   Hrsg.: s. Holbach, Paul d' (Paul Heinrich Dietrich von H.). Système de la nature.
Die diesjährige zu erwartende Witterung ...: s. Witterungsblatt.
Die Erbauung von Scutari. [Serbisches Volkslied].
   Übersetzung von J. Grimm: Nr. 706
Die Galeerensklaven, oder Die Mühle von Saint Alderon. Melodrama in drei Abteilungen. Libretto v. K. Winkler nach E. Cantiran de Boirie, P. F. A. Carmouche und A. Poujol. Musik von J. Schubert und P. J. Lindpaintner. Berlin, 22. September 1823: Nr. 554, 590
Die Gedichte Ossians. Neu übersezt und mit dem englischen Texte [des J. Macpherson] begleitet. Hrsg. v. J. F. Arnauld de la Perière. Bd. 1 – 4. Köln 1817f.: Nr. 115
Die Hochzeit des Maxim Zernojewitsch (Es erhebt sich Zernojewitsch Iwan ...). [Serbisches Heldenlied].
   Übersetzung von T. von Jakob: Nr. 870, 997, 1039
Die Hochzeit des Maxim Cernojewitsch (Iwan C. reiste mit drei Lasten Geld ...). [Serbisches Heldenlied].
   Übersetzung von J. S. Vater: Nr. 997
Die Königinhofer Handschrift [Rukopis Kralodworský]. Eine Sammlung lyrisch-epischer Nationalgesänge. Aus dem Altböhmischen metrisch übersetzt v. W. A. Swoboda. Hrsg. v. V. Hanka. Prag 1819: Nr. 182, 997

Die Nürnbergischen Künstler, geschildert nach ihrem Leben und ihren Werken. Hrsg. v. d. Verein nürnbergischer Künstler und Kunstfreunde. Heft 1–4. Nürnberg 1822–1831: Nr. 351
    Heft 1: Adam Kraft, Bildhauer. Mit zwei Kupferbeilagen und einer Vignette. Nürnberg 1822: Nr. 351
    Heft 2: Karl Guttenberg und Heinrich Guttenberg, Kupferstecher. Mit zwei Bildnissen und zwei Kupferbeilagen. Nürnberg 1823: Nr. 351
Die Sammlung Alt-, Nieder- und Oberdeutscher Gemälde der Brüder Sulpiz und Melchior Boisserée und Johann Bertram. Lithographiert von N. Strixner, mit Nachrichten über die altdeutschen Maler. Lfrg. 1–38. München 1820–1834: Nr. 59, 74, 86, 155, 226, 652, 654, 666, 679, 1076, 1077
    Rezension von J. W. von Goethe und H. Meyer: Nr. 884
Die Trennung (Es wand sich ...). [Serbisches Volkslied].
    Übersetzung von V. S. Karadžić: Nr. 451
Die Vorzeit oder Geschichte, Dichtung, Kunst und Literatur des Vor- und Mittelalters. Hrsg. v. C. A. Vulpius. Bd. 1–4. Erfurt 1817–1821: Nr. 12
»Die Zweige, die ich einnig flocht ...«. [abweichende Fassung von F. W. Riemers Versen »Prinzessin« zur Aufführung von J. W. von Goethes »Torquato Tasso« am 22. März 1823 im Weimarer Theater; Manuskript]: Nr. 118
»Die Zweige, die ich still und heiter flocht ...«. [abweichende Fassung von F. W. Riemers Versen »Prinzessin« zur Aufführung von J. W. von Goethes »Torquato Tasso« am 22. März 1823 im Weimarer Theater; Manuskript]: Nr. 117
Dies, Albert
    [Autobiographie mit Ansichten über Kunst]. Hrsg. v. E. Dies. [Plan]: Nr. 38, 842
    Biographie: s. Albert Dies. Biographische Skizze.
    Hrsg.: s. Biographische Nachrichten von Joseph Haydn.
Dies, Elisa
    Hrsg.: s. Dies, Albert. [Autobiographie mit Ansichten über Kunst].
Dieulafoy, Joseph Marie Armand Michel
    Textdichtung: s. Spontini, Gaspare. Olympia.
Direction Générale du Bulletin universel des sciences et de l'industrie, établie a Paris, Rue de l'Abbaye No. 3. Note. Paris, 1. Januar 1824. [Gründungsanzeige]: Nr. 678
Dittmar (eigentl. Dietmar), Sigismund Gottfried
    Erinnerungen aus meinem Umgange mit Garve, nebst einigen Bemerkungen über dessen Leben und Charakter. Berlin 1801: Nr. 439
    Hrsg.: s. Witterungsblatt.
    Übersetzung: C. F. Bailly. Meteorik oder Witterung- und Wetterkunde, zur Erläuterung alltäglicher Erscheine im Dunstkreise und deren Voraussicht. Mit 32 erläuternden Zeichnungen und koloriertem Plane zu einem Wettertelegraphen. Aus dem Französischen übersetzt und nach den tellurischen Gründen und neuesten physischen Ansichten bearbeitet. Ilmenau 1832: Nr. 439
Dlask, Laurentius Albert
    Versuch einer Naturgeschichte Böhmens mit besonderer Rücksicht auf Technologie. Für Freunde der Vaterlandskunde. Mit einer Höhenkarte und einer tabellarischen Übersicht der drei Hauptflußgebiete Böhmens. Prag 1822: Nr. 456, 487
Dobrovský, Josef
    Geschichte der böhmischen Sprache und ältern Literatur. Prag 1818: Nr. 523, 529

Döbereiner, Johann Wolfgang
  Beiträge zur physikalischen Chemie. Heft 1. Jena 1824. = J. W. Döbereiner. Zur pneumatischen Chemie. Teil 4: Nr. 775
  Neu entdeckte merkwürdige Eigenschaften des Platinsuboxyds, des oxydierten Schwefelplatins und des metallischen Platinstaubes. – In: Journal für Chemie und Physik 1823, Bd. 38: Nr. 290
    Übersetzung von P. J. Hensmans: Nr. 498
  Zur pneumatischen Chemie. Teil 1 – 6. Jena 1821 – 1835: Nr. 775
Döring, Georg
  An Goethe. Als die Nachricht seiner Genesung kam (Der Frühling kehrt ...). Frankfurt, März 1823. [Manuskript]: Nr. 127
  Der treue Eckart. Romantisches Trauerspiel in vier Akten. Mit einem Titelkupfer. Frankfurt 1822: Nr. 147
  Phantasiegemälde. Frankfurt 1822 – 1832: Nr. 147
  Zenobia. Ein Trauerspiel in fünf Aufzügen. Mit einem Kupfer. Frankfurt 1823: Nr. 127, 147
Döring, Heinrich
  Bearbeitung: s. Seckendorff, Christian Adolph von. Pflicht und Gewissen.
Döring, Wilhelm Ludwig
  De pelvi eiusque per animantium regnum metamorphosi. Dissertatio inauguralis zootomico-physiologica. Berlin 1824: Nr. 888
Dorow, Wilhelm
  Die Denkmale germanischer und römischer Zeit in den rheinisch-westfälischen Provinzen. Bd. 1. Stuttgart, Tübingen 1823. Bd. 2. Berlin 1826: Nr. 199, 841, 954
  Die Externsteine (eostrae rupes) in Westfalen. – In: W. Dorow. Die Denkmale germanischer und römischer Zeit in den rheinisch-westfälischen Provinzen. Bd. 1. Stuttgart, Tübingen 1823: Nr. 841, 954
  Opferstätte und Grabhügel der Germanen und Römer am Rhein. Teil 1 – 2. Wiesbaden 1819 – 1821: Nr. 199
  Hrsg.: s. Denkmäler alter Sprache und Kunst.
  Rezension: C. G. Clostermeier. Der Eggesterstein im Fürstentum Lippe. Lemgo 1824. – In: Kunstblatt 1824, Nr. 91: Nr. 954
Dorvigny (eigentl. Louis François Archambault)
  Le désespoir de Jocrisse. Comédie folie en deux actes et en prose. Paris 1798: Nr. 679
Dramaturgische Blätter für Hamburg. Hrsg. v. F. G. Zimmermann. Bd. 1 – 4. Hamburg 1821f.: Nr. 823
Drei Sonette: 1. Goethes Genesung. 2. Goethe. 3. An Goethe. [Manuskript]: Nr. 82
Drieberg, Friedrich Johann von
  Der Sänger und der Schneider. Komisches Singspiel in einem Akte. [Berlin 1814]: Nr. 1043
[Dritter] Jahresbericht über den Verein zur Verbreitung von Naturkenntnis und höherer Wahrheit. Gelesen in einer der wöchentlichen Sitzungen der naturforschenden Gesellschaft zu Halle gegen Ende des Juni 1824 dem Hauptinhalte nach mitgeteilt v. J. S. C. Schweigger. [Halle] 1824: Nr. 913
Dryden, John
  Textdichtung: s. Händel, Georg Friedrich. Alexanderfest.

Duas inscriptiones viales Treveris nuper repertas. Hrsg. v. H. K. A. Eichstädt. Jena 1824. [Novi prorectoratus auspicia ... rite capienda civibus indicit Academia Ienensis; 1824]: Nr. 771, 813, 850

Dugour (Du Gour), Antoine Jeudy-D.: s. Degurow, Anton Antonowitsch

Dulong, Pierre Louis und Louis Jacques Thénard
Über die Eigenschaft einiger Metalle, die Verbindung elastischer Flüssigkeiten zu befördern. – In: Journal für Chemie und Physik 1823, Bd. 39: Nr. 498

Dumas, Jean Baptiste
Hrsg.: s. Annales des sciences naturelles.

Du Menil, August Peter Julius
Chemische Analysen anorganischer Körper als Beitrag zur Kenntniss ihrer innern Natur. Schmalkalden 1823: Nr. 487
Disquisitiones chemicae nonnullorum fossilium adjectis notis analysin eorum spectantibus. Teil 1. Schmalkalden 1822: Nr. 487

Dumont, Étienne
Hrsg.: s. Annales de législation et d'économie politique.

Du Roullet, Marie François Louis Gand Lebland
Textdichtung: s. Gluck, Christoph Willibald von. Iphigenia in Tauris.
Textdichtung: s. Gluck, Christoph Willibald von. Iphigenie in Aulis.

Dutrochet, Henri
[M. H. Dutrochets] Beobachtungen über die Knochenerzeugung. – In: Notizen aus dem Gebiete der Natur- und Heilkunde 1823, Nr. 73: Nr. 180

Duveyrier, Anne Honoré Joseph (Ps. Mélesville)
Mitverf.: s. Scribe, Eugène und A. H. J. Duveyrier (Ps. Mélesville). Rudolphe.

Ebert, Karl Egon
Gedichte. [Manuskript; 1824]: Nr. 55

Eberwein, Karl
Der Graf von Gleichen. Romantische Oper in zwei Akten. Libretto v. C. F. Schmidt und/oder F. Peucer. Weimar 1824: Nr. 801
Vertonung: F. W. Riemer. Festgesang am 28. August 1823 (Abermals in Feiertönen ...): Nr. 342
Vertonung: J. P. Eckermann. »Was im Geheim der Schoß der Erde heget ...«. [Zur Mittagstafel am 28. August 1824]: Nr. 905, 908

Eberwein, Maximilian
Vertonung: J. W. von Goethe. Tischlied: Nr. 342
Vertonung: K. Weichardt. »Welch ein Wunder setzet mir ...«. [Zur Mittagstafel am 28. August 1824]: Nr. 905, 908

Eckermann, Johann Peter
Beherzige! [Gedicht]. – In: Der Kranz, oder Erholungen für Geist und Herz 1824, Bd. 2, Nr. 32: Nr. 822
Beiträge zur Poesie mit besonderer Hinweisung auf Goethe. Stuttgart 1824: Nr. 207, 255, 269, 276, 306, 394, 505, 507
    Rezension von K. A. Varnhagen von Ense: Nr. 542
    Rezension von J. S. Zauper: Nr. 595
Der wahre Künstler. [Epigramm]. – In: Der Kranz, oder Erholungen für Geist und Herz 1824, Bd. 2, Nr. 33: Nr. 822

Gedichte. Hannover 1821: Nr. 207
[Gedichte zum 50. Dienstjubiläum von Albrecht Thaer]: Nr. 608
[Inhaltsverzeichnis von Über Kunst und Altertum, Bd. I, Heft 1, bis Bd. IV, Heft 2; Manuskript, Jena 1823]: Nr. 279
Mit Unterschied. [Epigramm]. – In: Der Kranz, oder Erholungen für Geist und Herz 1824, Bd. 2, Nr. 24: Nr. 822
Über Goethes Rezensionen für die Frankfurter gelehrten Anzeigen von 1772 und 1773. – In: Über Kunst und Altertum V 3: Nr. 276
»Was im Geheim der Schoß der Erde heget ...«. – In: Zu Goethes Geburtstagsfeier. Weimar, 28. August 1824: Nr. 908, 918
    Vertonung von K. Eberwein: Nr. 905
[Werke]: Nr. 505
Anzeige: Über Kunst und Altertum, Bd. V, Heft 1, Stuttgart 1824. – In: Der Kranz, oder Erholungen für Geist und Herz 1824, Bd. 2, Nr. 29 – 32: Nr. 822
Rezension: Neue Ghaselen von August Graf von Platen. – In: Über Kunst und Altertum IV 3: Nr. 573, 619

Eckermann, Johann Peter und Johann Wolfgang von Goethe
    Die drei Paria – In: Über Kunst und Altertum V 1: Nr. 820

Edda: s. Snorri Sturluson. Edda.

Egloffstein, Julie von und zu
    ? Vertonung: F. von Müller. »Feierlich von froher Tafelrunde ...«: Nr. 342

Eichenblätter. Bd. 1. Wien 1821: Nr. 357

Eichendorff, Joseph von
    Krieg den Philistern. Dramatisches Märchen in fünf Abenteuern. Berlin 1824: Nr. 559

Eichhorn, Johann Gottfried
    Hiob. Göttingen 1824: Nr. 820, 848
    »Klag', Hiob, vor dem ersten aller Richterstühle ...«. Göttingen, 1. Juli 1824. [Gedicht; Manuskript]: Nr. 799

Eichstädt, Heinrich Karl Abraham
    Felicitas Academiae Jenensis. Carmen in panegyrii Academica. Jena, 6. September 1823: Nr. 372
    Memoria Augusti Ducis Saxoniae Principis Gothanorum atque Altenburgensium. 2. Aufl. Gotha 1823: Nr. 168
    Oratio in augusti ac potentissimi principis Caroli Augusti Magni Ducis Saxoniae ... solemnibus rectoratus Academiae Ienensis semisaecularibus. Jena, 19. Januar 1824: Nr. 813
    Hrsg.: s. Duas inscriptiones viales Treveris nuper repertas.
    Hrsg.: s. Annales Academiae Ienensis.
    Hrsg.: s. Inscriptio arenaria Treveris nuper reperta.

Einige serbische Volksgesänge aus der Sammlung des Herrn Wuk Stephanowitsch Karadschitsch.
    Übersetzung von T. von Jakob: Nr. 663, 694, 731

Elci, Angelo Maria d'
    Al chiarissimo Poeta Goethe (Salir Sul colle ...). [Huldigungsverse; Manuskript]: Nr. 6/383a+

Elliotson, John
　Übersetzung: J. F. Blumenbach. The Institutions of Physiology. Translated from the Latin of the third and last edition, and supplied with numerous and extensive Notes. 2. Aufl. London 1817: Nr. 467

Ennemoser, Joseph
　Der Magnetismus nach der allseitigen Beziehung seines Wesens, seiner Erscheinungen, Anwendung und Enträtselung in einer geschichtlichen Entwicklung von allen Zeiten und bei allen Völkern wissenschaftlich dargestellt. Leipzig 1819: Nr. 298

Epikur(os)
　[Werke]: Nr. 505

Erbschaftsteilung. Serbisch (Ausgescholten hat der Mond ...).
　Übersetzung von J. Grimm: Nr. 391, 529, 573

Erfurdt, Karl Gottlob August
　Hrsg.: s. Sophoclis tragoediae.

Ermer, Johann Christian Gottlieb
　Illustrationen in Zur Naturwissenschaft überhaupt, besonders zur Morphologie II 2: Nr. 618, 701, 753, 1022

Ernesti, Johann Heinrich Gottfried
　Die wohleingerichtete Buchdruckerei, mit 121 deutsch-lateinisch-griechisch- und hebräischen Schriften, vieler fremden Sprachen Alphabete, musikalischen Noten, Kalenderzeichen und medizinischen Charakteren, ingleichen allen üblichen Formaten bestellt. Mit akkurater Abbildung der Erfinder der löblichen Kunst nebst einer summarischen Nachricht von den Buchdruckern in Nürnberg. 2. Aufl. Nürnberg 1733: Nr. 193

Eschwege, Wilhelm Ludwig von
　Geognostisches Gemälde von Brasilien und wahrscheinliches Muttergestein der Diamanten. Weimar 1822: Nr. 260
　Journal von Brasilien oder vermischte Nachrichten aus Brasilien, auf wissenschaftlichen Reisen gesammelt. Teil 1 – 2. Weimar 1818: Nr. 44

Ethnographisches Archiv. Hrsg. v. A. Bran. Jena 1818 – 1829: Nr. 487

Eton, William
　Schilderung des türkischen Reiches in politischer, moralischer, historischer, religiöser, wissenschaftlicher, statistischer, merkantilistischer usw. Hinsicht. Nach der dritten Ausgabe aus dem Englischen mit Anmerkungen übersetzt v. J. A. Bergk. Leipzig 1805: Nr. 281

Euler, Leonhard
　Hrsg.: s. Geographischer Atlas bestehend in 44 Landkarten.

Euripides
　Bacchae.
　　Abhandlung von G. Hermann: Nr. 148, 408
　Elektra: Nr. 825
　Iphigenie bei den Taurern: Nr. 825
　Iphigenie in Aulis: Nr. 825
　Kyklops: Nr. 801, 930
　Orestes: Nr. 825
　Phaethon.
　　Übersetzung von J. W. von Goethe: Nr. 46, 148, 257, 270

Færøiske Qvæder om Sigurd Fofnersbane og hans Æt, med et Anhang [Volkslieder ... von den Färöer Inseln]. Hrsg. v. H. C. Lyngbye. Bd. 1 – 2. Randers 1822. Rezension von W. Grimm: Nr. 1036

Falconi, Marcantonio
   Dell incendio di Pozzuolo. [Neapel 1538]: Nr. 221

Fasch, Karl Friedrich
   Missa a 16 voci in quattro cori. Berlin 1839: Nr. 514

Fatouville, Anne Mauduit de (Nolant de F.)
   Arlequin, empereur dans la lune. Comedie en trois actes: Nr. 556

Faujas de Saint-Fond, Barthélemy
   Essai de géologie, ou mémoires pour servir a l'histoire naturelle du globe. Bd. 1 – 2.2. Paris 1803 – 1809: Nr. 221

Fauriel, Claude
   Hrsg.: s. Chants populaires de la Grèce moderne.

Faust. Romantische Oper in zwei Aufzügen. Libretto v. J. K. Bernard. In Musik gesetzt v. L. Spohr. Wien 1814: Nr. 5

Feldblumen. Ein Taschenbuch für das Jahr 1826. Hrsg. v. J. Neumann (Ps. Satori). Danzig 1826: Nr. 1037

Fenner, Georg Wilhelm
   Übersetzung: A. Manzoni. Der Graf von Carmagnola. [Manuskript; 1824]: Nr. 776

Férussac, André de
   Hrsg.: s. Bulletin universel des sciences et de l'industrie.

Festgaben, dem königlich preußischen geheimen Oberregierungsrat Herrn Albrecht Thaer zur Feier seines fünfzigjährigen Wirkens dargebracht von seinen Freunden und Schülern. Freienwalde, den 16. Mai 1824: Nr. 608, 698

Fichte, Johann Gottlieb
   Über den Begriff der Wissenschaftslehre oder der sogenannten Philosophie, als Einladungsschrift zu seinen Vorlesungen über diese Wissenschaft. Weimar 1794: Nr. 1078

Fiedler, Frohmuth
   Absalom. Trauerspiel. Königsberg 1824: Nr. 684

Firuzabadi (Muhammad ibn Yakub al-F.)
   The Kamoos, or the Ocean. An Arabic Dictionary. Bd. 1 – 2. Kalkutta 1817: Nr. 932

Flaxman, John
   Die Iliade des Homer. Leipzig 1804: Nr. 559

Fletcher, John
   Textdichtung: s. Schröder, Friedrich Ludwig. Stille Wasser sind tief.

Flörke, Heinrich Gustav
   Hrsg.: s. Deutsche Lichenen.

Flora Brasiliensis, seu enumeratio plantarum in Brasilia tam sua sponte quam accedente cultura provenientium, quas in itinere auspiciis Maximiliani Josephi I., Bavariae regis, annis 1817 – 1820 peracto collegit, partim descripsit; alias a Maximiliano Serenissimo principe Widensi, Sellovio aliisque advectas addidit, communibus amicorum propriisque studiis secundum methodum naturalem dispositas et illustratas edidit. Hrsg. v. K. von Martius. Bd. 1: K. von Martius, F. G. Eschweiler u. C. G. Nees von Esenbeck. Algae, Lichenes, Hepaticae. Bd. 2: C. G. Nees von Esenbeck. Gramineae. Stuttgart, Tübingen 1829 – 1833: Nr. 73

Flora oder botanische Zeitung. Regensburg 1818 – 1888. Marburg 1889 – 1905. Jena 1906 – 1969: Nr. 376, 456, 926, 1054

Flotow, Albertine von
   An Goethe (Ergreift des Meisters Hand ...). Berlin, 18. Mai 1824: Nr. 715

Förster, Friedrich Christoph
   Auf dem Godesberge am 28. August 1824 (Von der hohen Burg ...). [Manuskript]: Nr. 898
   Farbenlehre. [Lehrgedicht; Manuskript]. [gedruckt in: Goethe. Die Schriften zur Naturwissenschaft, Weimar 2007, Abt. II, Bd. 5B/2, S. 1117 – 1124]: Nr. 358
   Frühlingsmusikanten (Es wollt einmal im Königreich ...). – In: Cäcilia, eine Zeitschrift für die musikalische Welt 1824, Bd. 1, Heft 2. [u. d. T. Demagogisch; fälschlich J. W. von Goethe zugeschrieben].
      Vertonung von G. Bierey: Nr. 173, 188, 801
      Vertonung von K. F. Zelter: Nr. 801

Fontana, Domenico
   Della transportatione dell' obelisco Vaticano e delle fabriche di Sisto. Bd. 1 – 2. Rom 1590: Nr. 319

Fortis, Alberto
   Reise in Dalmatien. Aus dem Italienischen. Mit Kupfern. Teil 1 – 2. Bern 1776: Nr. 835

Foscolo, Ugo
   Le tombe degli uomini illustri che si vedono nella chiesa di S. Croce in Firenze. [mit englischer Übersetzung]. – In: The European Review 1824, Heft 1: Nr. 950
   Anzeige: F. Brancia. Antologia italiana. – In: The European Review 1824, Heft 1: Nr. 950

Fouqué, Friedrich de la Motte-[F.]
   Der Zauberring. Ein Ritterroman. Teil 1 – 3. Nürnberg 1812: Nr. 851
   [Zum Tod von Graf Friedrich Heinrich Kleist]. – In: Berlinische Nachrichten von Staats- und gelehrten Sachen vom 18. Februar 1823: Nr. 144
   [Zum Tod von Otto Karl Friedrich von Voß]. – In: Berlinische Nachrichten von Staats- und gelehrten Sachen vom 6. Februar 1823: Nr. 144
   Zur Genesungsfeier S. Exzellenz des Herrn Geheimrat von Goethe (Herzen gibts, die, immer offen ...). – In: Deutsche Blätter für Poesie, Literatur, Kunst und Theater 1823, Nr. 62. [u. d. T. Bei Goethes Genesung]: Nr. 144, 173
   Bearbeitung: W. Shakespeare. König Heinrich IV. nach A. W. von Schlegels Übersetzung: Nr. 512

Frankfurter gelehrte Anzeigen, vom Jahr ... Frankfurt 1772 – 1790: Nr. 276, 573

Frankfurter Oberpostamtszeitung. Frankfurt 1806 – 1810; 1814 – 1852: Nr. 484

Fraser, James Baillie
   Views in the Himala Mountains. London 1820.
      Rezension von H. Meyer: Nr. 573

Freidank
   Bescheidenheit. [Spruchsammlung aus dem 13. Jahrhundert]: Nr. 189

Freiesleben, Johann Karl
   Systematische Übersicht der Literatur für Mineralogie, Berg- und Hüttenkunde vom Jahr 1800 bis mit 1820. Freiberg 1822: Nr. 487

Freyberg-Eisenberg, Maximilian von
   Tagebücher aus Italien. Heft 1 – 5. München 1819 – 1830: Nr. 234, 269, 357
Freycinet, Louis Claude de Saulces de
   Voyage autour du monde, entrepris par ordre du roi. Sous le ministère et conformément aux instructions de S. Exc. M. le vicomte du Bouchage, secrétaire d'état au département de la marine, exécuté sur les corvettes de S. M. l'Uranie et la Physicienne, pendant les années 1817, 1818, 1819 et 1820. Publié sous les auspices de S. E. M. le Comte Corbière, secretaire d'état de l'intérieur. [Mehrere Bde.]. Paris 1824 bis 1844: Nr. 956, 957
Freylinghausen, Johann Anastasius
   »Auf, auf, weil der Tag erschienen ...«. – In: Tabulaturbuch geistlicher Gesänge D. Martini Lutheri und anderer gottseliger Männer. Samt beigefügten Choralfugen durchs ganze Jahr. Allen Liebhabern des Klaviers komponieret v. J. Pachelbel. o. O. 1704 – ? 1710. [Manuskript]: Nr. 653
   Neues geistreiches Gesangbuch. Auserlesene, so alte als neue, geistliche und liebliche Lieder. Nebst den Noten der unbekannten Melodeien in sich haltend. Halle 1714: Nr. 653
Frick, Johann Friedrich
   Hrsg.: s. Schloss Marienburg in Preußen.
Friedrich Ludwig Zacharias Werners letzte Lebenstage und Testament. Nebst einem hierher gehörigen, im Jahre 1812 zu Florenz begonnenen Aufsatze des Verblichenen. Wien 1823: Nr. 145
Froriep, Ludwig Friedrich von
   Hrsg.: s. Notizen aus dem Gebiete der Natur- und Heilkunde.
Fürnstein, Anton
   An den April. – In: Über Kunst und Altertum IV 2: Nr. 220, 614
   Der Hopfenbau. – In: Über Kunst und Altertum IV 2: Nr. 220, 614
   Ermunterung im Winter. Nach Salis. – In: Über Kunst und Altertum IV 2: Nr. 220, 614
Fundgruben des Orients. Bearbeitet durch eine Gesellschaft von Liebhabern. Hrsg. v. J. von Hammer. Bd. 1 – 6. Wien 1809 – 1818: Nr. 215

Gadolin, Johan
   Index fossilium analysibus chemicis examinatorum. Abo 1823: Nr. 487
Gansauge, Karl Hermann von
   [Gedichte]: Nr. 6/524a+
   Moses. Heldengedicht. [Plan]: Nr. 6/524a+
Gau, Franz Christian
   Hrsg.: s. Neu entdeckte Denkmäler von Nubien.
Gaugiran (genannt G. de Nanteuil, G.-Nanteuil), Pierre Charles
   Textdichtung: s. Berton, Henri Montan. Les maris garçons.
[Gedenkmedaille zum 50-jährigen Regierungsjubiläum von Großherzog Karl August von Sachsen-Weimar-Eisenach am 3. September 1825].
   Ausfertigung [mit den Unterschriften von J. W. von Goethe, F. von Müller, K. W. Coudray, H. Meyer und F. W. Riemer; Manuskript]: Nr. 792, 837
   [Entwurf zur Mitwirkung/Subskription von J. W. von Goethe, F. von Müller, K. W. Coudray, H. Meyer und F. W. Riemer; Manuskript]: Nr. 787, 791
      Erster Entwurf; Weimar 25. Juni 1824 [Manuskript]: Nr. 787

Gedichte. Hrsg. zum Besten der Griechen v. H. Stieglitz und E. Große. Leipzig 1823: Nr. 179
  Rezension von ? A. Müllner: Nr. 950
Gedichte eines Nordländers. Hrsg. v. G. von Blankensee. Berlin, Posen 1824: Nr. 567
Genelli, Christoforo Buoncompagno
  Der Froschsumpf. [Gedicht; Manuskript]: Nr. 305, 357
Geographischer Atlas bestehend in 44 Landkarten, worauf alle Teile des Erdkreises vorgestellet werden. Auf Befehl der königlichen Akademie der Wissenschaften nach den bisher herausgekommenen besten Karten beschrieben und insbesondere zum Gebrauch der Jugend in den Schulen hrsg. v. L. Euler. Berlin [1760]: Nr. 487
Gerhard, Wilhelm
  Goethes Medaille. Zu des Dichters sechs und siebzigsten Geburtstage, 28. August 1824 (Das ist die Stirn ...). [gedruckt in: W. Gerhard, Gedichte. Bd. 2. Leipzig 1826, S. 329]: Nr. 899
Gerhardt, Paul(us)
  »Sollt ich meinem Gott nicht singen ...«: Nr. 692
Giesebrecht, Karl
  Hrsg.: s. Klopstocks Jahrhundertfeier.
Gilbert, Ludwig Wilhelm
  Hrsg.: s. Annalen der Physik.
  Hrsg.: s. Berzelius, Jöns Jacob von. Untersuchung der Mineralwasser von Karlsbad.
Gilly, Friedrich David
  Illustrationen: s. Schloss Marienburg in Preußen.
Gladwin, Francis
  Übersetzung: Nachschabi. The Tooti Nameh or Tales of a Parrot. In the Persian Language with an English Translation [in M. Kaderis Bearbeitung]. Kalkutta, London 1801: Nr. 23, 709
Glocker, Ernst Friedrich
  Grundriß der Mineralogie. Für Universitäten und höhere Gymnasialklassen. Nebst einem Anhange: ein Verzeichnis der bis jetzt in Schlesien aufgefundenen Fossilien enthaltend. Breslau 1821: Nr. 363, 487
Glover, Friedrich: s. Köchy, Christian Heinrich Gottlieb
Gluck, Christoph Willibald von
  Iphigenia in Tauris. Große Oper in vier Abteilungen. Libretto v. J. D. Sander nach N. F. Guillard und M. F. Du Roullet. Berlin, 13. Februar 1824: Nr. 559
  Iphigenie in Aulis. Lyrische Tragödie in drei Aufzügen. Libretto v. J. D. Sander nach M. F. Du Roullet: Nr. 51
Gmelin, Leopold
  Mitverf.: s. Leonhard, Karl Cäsar von und Leopold Gmelin. Nephelin in Dolerit.
Göbel, Friedemann
  Arzneimittel-Prüfungslehre, oder Anleitung zur Prüfung und Untersuchung der pharmazeutisch-chemischen Präparate auf ihre Güte, Echtheit und Verfälschung. Für seine akademischen Vorlesungen, so wie auch zum Selbstunterricht junger Pharmazeuten und zum Gebrauche für Ärzte, Apotheker, Laboranten und Drogisten entworfen. Mit einer Kupfertafel. Schmalkalden 1824: Nr. 923
Görres, Joseph
  Die Heilige Allianz und die Völker auf dem Kongresse von Verona. Stuttgart 1822: Nr. 21

Göschel, Karl Friedrich
　Paraphrase mit Noten und Parallelen. – In: Berlinische Zeitschrift für Wissenschaft und Literatur 1824, Bd. 2, Heft 1: Nr. 726
　Über Goethes Faust und dessen Fortsetzung. Nebst einem Anhange von dem ewigen Juden. Leipzig 1824: Nr. 547
Goethe in den Zeugnissen der Mitlebenden. Beilage zu allen Ausgaben von Goethes Werken. Erste Sammlung. Zum 28. August 1823. Hrsg. v. K. A. Varnhagen von Ense. Berlin 1823: Nr. 307, 328, 357, 709
　　Anzeige von F. A. Wolf: Nr. 347
Goethe, Ottilie von
　[Manuskript für den Musenverein, verfasst 1824 in Berlin]: Nr. 518
Goethes Geburtstag. [Mit Beiträgen von K. F. Zelter, W. Bornemann und K. Streckfuß]. – In: Berlinische Nachrichten von Staats- und gelehrten Sachen vom 30. August 1823: Nr. 320, 461
Göttingische gelehrte Anzeigen. Göttingen 1802 – 1895: Nr. 298, 429, 737, 991, 1036, 1070
Göttling, Karl Wilhelm
　Hrsg.: s. Aristoteles. [Aristotelis] Politicorum.
Goetz, Wilhelm Friedrich
　Ernsthafte Meinung der Posse (O fänd' ich doch ein glücklich Bild ...). [Gedicht; Manuskript]: Nr. 241
Goldfuß, Georg August
　Handbuch der Zoologie. Nürnberg 1820. = Teil 3 von Schubert, Gotthilf Heinrich. Handbuch der Naturgeschichte, zum Gebrauch bei Vorlesungen: Nr. 429
　Mitverf.: s. Nees von Esenbeck, Christian Gottfried Daniel, Georg August Goldfuß und Jakob Noeggerath. Rezension: Zur Naturwissenschaft überhaupt.
Gosse, Étienne
　Le Flatteur. Comédie en cinq actes et en vers. Paris 1820: Nr. 457
Goßler, Johann Heinrich
　Euer Excellenz! (Nach Verlauf zehn voller Wochen ...). [Gedicht; Manuskript]: Nr. 370
　Glückwunsch zum hohen Geburtsfeste Sr. Exzellenz des großherzoglichen sachsweimarischen geheimen Rats und Staatsministers von Goethe etc. Am 28. August 1823 (Dein Dasein großer Mann! ...). [Gedicht; Manuskript]: Nr. 339
Gott bleibt niemandem schuldig (Es wuchsen zwei Kieferbäume ...). [Serbisches Volkslied].
　Übersetzung von V. S. Karadžić: Nr. 451
Goulé, Jacques Nicolas
　La Suissesse au bord du lac. [Romanze]: Nr. 321
Graffunder, Alfred
　An die Versammelten. Am 28. August 1824. [Vorgetragen auf einer Feier in Berlin; Manuskript]: Nr. 912
Graß, Karl Gotthard
　Versuch über Ludwig Heß, den Künstler und seine Kunst. Ein Denkmal der Freundschaft. Seinem Andenken und zur Beförderung des Studiums der Landschaftskunst. Sils in Graubünden, Herbst 1800. [Manuskript]: Nr. 3/1237a+

Grassi, Gaetano
  Werther. Opera di sentimento. Del Dottor Goethe, celebre scrittor tedesco. Poschiavo 1782: Nr. 1/152b+
Graun, Karl Heinrich
  Komposition: s. Ramler, Karl Wilhelm. Der Tod Jesu.
  Rodelinde, Königin der Longobarden. Ein Singespiel, welches auf der neuen königlichen Hofschaubühne auf Befehl Sr. königlichen Majestät von Preußen soll vorgestellet werden. Libretto v. G. G. Bottarelli nach A. Salvi. Übersetzt v. J. C. Rost. [Berlin] 1741: Nr. 625
Gries, Johann Diederich
  Übersetzung: P. Calderón de la Barca. Drei Vergeltungen in einer. – In: P. Calderón de la Barca. Schauspiele. Übersetzt v. J. D. Gries. Bd. 6. Berlin 1824: Nr. 627, 730, 940
  Übersetzung: P. Calderón de la Barca. Schauspiele. Bd. 1 – 7. Berlin 1815 – 1829: Nr. 627, 730, 940
  Übersetzung: T. Tasso. Befreites Jerusalem. 4. Aufl. Jena 1824: Nr. 627
Griesel, August Franz Wenzel
  Neuestes Gemälde von Prag. Prag 1823: Nr. 56, 542
Grillparzer, Franz
  Sappho. Trauerspiel in fünf Aufzügen. Wien 1819: Nr. 37
Grimm, Jakob
  Widmung an Fürst Miloš Obrenović. – In: V. S. Karadžić. Kleine serbische Grammatik. Verdeutscht und mit einer Vorrede v. J. Grimm. Nebst Bemerkungen über die neueste Auffassung langer Heldenlieder aus dem Munde des serbischen Volkes und der Übersicht des merkwürdigsten jener Lieder v. J. S. Vater. Leipzig, Berlin 1824: Nr. 958
  Übersetzung: Die Erbauung von Scutari. [Serbisches Volkslied]. – In: Über Kunst und Altertum, Bd. V, Heft 2, Stuttgart 1825 [u. d. T. Die Aufmauerung Scutari's (in Albanien)]: Nr. 706
  Übersetzung: Erbschaftsteilung (Ausgescholten hat der Mond ...) [Serbisches Volkslied]. [Manuskript; gedruckt in: Über Kunst und Altertum, Bd. IV, Heft 3, Stuttgart 1824, S. 66 – 71]: Nr. 391, 529, 573
  Übersetzung: V. S. Karadžić. Kleine serbische Grammatik. Leipzig, Berlin 1824: Nr. 706, 958
Grimm, Ludwig
  Bildnisse Göttinger Professoren. Nach dem Leben gezeichnet und radiert. Göttingen 1824: Nr. 1042
    Anzeige von H. Meyer: Nr. 706, 1036
  Radierte Blätter nach der Natur gezeichnet. Heft 1 – 2. Kassel 1822: Nr. 357
    Rezension von H. Meyer: Nr. 265, 573, 706
Grimm, Wilhelm
  Rezension: Færøiske Qvæder om Sigurd Fofnersbane og hans Æt, med et Anhang [Volkslieder ... von den Färöer Inseln]. Hrsg. v. H. C. Lyngbye. Bd. 1 – 2. Randers 1822. – In: Göttingische gelehrte Anzeigen 1824, Nr. 143: Nr. 1036
  Übersetzung: Lokes Sang (Riese spielt mit dem Bauersmann ...) [Färöisches Volkslied; Manuskript]. [gedruckt in: R. Steig, Goethe und die Brüder Grimm, Berlin 1892, S. 203 – 208]: Nr. 1036

Große, Johann Ernst Christian Ludwig (Ernst Ludwig)
    Hrsg.: s. Gedichte. Hrsg. zum Besten der Griechen.
Großherzoglich-hessischer Hofkalender. Darmstadt 1810 – 1822: Nr. 425
Grotthuß, Sophie von
    [Beiträge]. – In: L'Athénée des Dames: Nr. 865
    Die 12 Worte. Erzählung: Nr. 574
    Die Wahl. Lustspiel: Nr. 574
    [Gedichte, in englischer und französischer Sprache]: Nr. 865
    Julie von Fiorabella. Roman: Nr. 574
    Sophie ou la difference de l'education. [1824; Roman]: Nr. 865
Grüneisen, Karl
    Lieder. Stuttgart, Tübingen 1823: Nr. 927
Grüner, Joseph Sebastian
    Über die ältesten Sitten und Gebräuche der Egerländer. [Manuskript]: Nr. 455, 485, 640
Grünling, Joseph
    Collection de pièces de Marc Antoine. Précédée d'un avis. La vente publique s'en fera à Leipzig le 13 Déc. chez J. A. G. Weigel. Leipzig 1824: Nr. 1059
    Notices d'estampes des maîtres allemands anciens, clair-obscurs italiens etc. du cabinet de J. Grünling de Vienne. Seconde Partie dont la vente publiques se fera le 15 Mars 1824 à Leipzig pa J. A. G. Weigel. XII. Leipzig 1824: Nr. 427
Guarini, Giovanni Battista
    Il pastor fido. – In: G. B. Guarini. Delle opere. Teil 1. Verona 1737f.: Nr. 879
Güldenapfel, Georg Gottlieb
    Rundgesang an Goethes Geburtsfeste den 28. August 1824 (Mit Eichenlaub bekränzet die Pokale ...). Jena [1824]: Nr. 901
Gürrlich, Joseph Augustin
    Komposition: s. Der standhafte Prinz, Don Fernando von Portugal.
Guillard, Nicolas François
    Textdichtung: s. Gluck, Christoph Willibald von. Iphigenie auf Tauris.
Guljanow, Iwan Alexandrovitsch
    Discours sur l'etude fondamentale des langues, lu a l'académie Russe dans la séance du 18. Juin 1821. Paris 1822: Nr. 215
Gustav Graf von Schlabrendorf. [Nekrolog]. – In: Berlinische Nachrichten von Staats- und gelehrten Sachen vom 10. September 1824: Nr. 988
Guys, Pierre Augustin
    Voyage Litteraire de la Grèce, ou Lettres sur les Grecs anciens et modernes, avec un parallèle de leurs moeurs. 3. Aufl. Bd. 1 – 4. Paris 1783: Nr. 281

H.
    The Library. – In: The New Monthly Magazine and Literary Journal 1823, Bd. 7.
        Übersetzung von K. L. von Knebel: Nr. 433
H. Brüggemanns Altar im Dom zu Schleswig. Lithographiert von C. C. Böhndel. Heft 1 – 6. [34 Blätter]. Hamburg 1824 – 1833.
    Anzeige von J. W. von Goethe und H. Meyer: Nr. 917
Haberle, Karl Konstantin
    Hrsg.: s. Meteorologische Hefte.

Habicht, Maximilian
  Hrsg. und Übersetzung: Tausend und eine Nacht (Alf laila walaila). Arabische Erzählungen. Zum ersten Mal aus einer tunesischen Handschrift ergänzt und vollständig übersetzt v. M. Habicht, F. H. von der Hagen und K. Schall. Bd. 1 – 15. Breslau 1825: Nr. 827, 848, 1063
Händel, Georg Friedrich
  Alexanderfest, oder die Gewalt der Musik. Libretto v. J. Dryden nach N. Hamilton in K. W. Ramlers Übersetzung: Nr. 524, 698
  [F. G. Händels] Oratorium »Der Messias« nach W. A. Mozarts Bearbeitung. Partitur. Leipzig 1803: Nr. 625
  Judas Maccabäus: Nr. 759
  Messias: Nr. 625, 653, 698
  Semele. Ein dramatisches Gedicht v. W. Congreve.
    ? Bearbeitet v. N. Hamilton: Nr. 524
    Nach dem englischen Original bearbeitet und der Musik im Klavierauszuge unterlegt v. J. O. H. Schaum. Berlin [um 1820]: Nr. 559
  [Tedeum]: Nr. 302
  Vertonung: B. H. Brockes. Der für die Sünde der Welt gemarterte und sterbende Jesus. [Passionsoratorium]: Nr. 625
Haenke, Thaddäus
  [Herbarium]: s. Reliquiae Haenkeanae.
Häring, Georg Wilhelm Heinrich (Ps. Willibald Alexis)
  Über Balladenpoesie. – In: Hermes 1824, St. 1. = St. 21 der Gesamtfolge: Nr. 702
  [Werke]: Nr. 927
Häser, August Ferdinand
  Vertonung: J. S. Schütze. »Die Quelle rauscht, die Götterstunde ...«. [Zur Mittagstafel am 28. August 1824]: Nr. 905, 908
  Vertonung: J. S. Schütze. Zu Goethes Geburts- und Genesungsfeste am 28. August 1823 (Wie wohl ist mir bei Deinem Frieden ...): Nr. 342
Hagen, Ernst August
  [Dichtung aus den Chroniken der preußischen Geschichte; Plan]: Nr. 483
  Gedichte. Königsberg 1822: Nr. 43
  Hrsg.: s. [Italienische Volkslieder; Plan].
  Übersetzung: Dante Alighieri. [Werke]: Nr. 483
  Übersetzung: Jesus und die Samariterin. Italienisches Volkslied: Nr. 483
  Übersetzung: Orpheus. Ein dramatisches Festspiel des Angelo Poliziano. – In: Italia. Hrsg. v. A. Reumont. Berlin 1838: Nr. 483
  Übersetzung: F. Petrarca. [Werke]: Nr. 483
Hagen, Friedrich Heinrich von der
  »Es schließt sich heut' eine neuer Kreis der Lieder ...«. – In: Deutsche Blätter für Poesie, Literatur, Kunst und Theater 1823, Nr. 61. [Trinkspruch auf J. W. von Goethe anlässlich der Stiftung der Breslauer Liedertafel am 24. März 1823]: Nr. 173
  Hrsg.: s. Der Helden Buch.
  Hrsg.: s. Heldenbilder aus den Sagenkreisen Karls des Großen.
  Hrsg.: s. Sammlung deutscher Volkslieder.
  Übersetzung: E. von Raczyński. Malerische Reise in einigen Provinzen des osmanischen Reichs. Breslau 1824: Nr. 866, 896, 959

Anzeige von J. W. von Goethe: Nr. 959
Übersetzung: Tausend und eine Nacht (Alf laila walaila). Arabische Erzählungen. Zum ersten Mal aus einer tunesischen Handschrift ergänzt und vollständig übersetzt v. M. Habicht, F. H. von der Hagen und K. Schall. Bd. 1 – 15. Breslau 1825: Nr. 827, 848, 1063
Hajkunas Hochzeit (Nimmer noch, seitdem die Welt begonnen ...). [Anfangs u. d. T. »Ajkuna's Hochzeit«; Serbisches Volkslied].
Übersetzung von T. von Jakob: Nr. 694, 731
Hajkuna Atlagith und Johann Jungsel (Es spazierte Hajkuna Atlagith ...). [Serbisches Volkslied].
Übersetzung von V. S. Karadžić: Nr. 958
Hajkuna Atlagitsch und Junggesell Johannes (Sieh, Hajkuna Atlagitsch ...). [Serbisches Volkslied].
Übersetzung von T. von Jakob: Nr. 958
Hallaschka, Franz Ignatz Kassian
Naturereignis / Fortsetzung der in Hartenberg beobachteten Erderschütterungen / Beobachtete Erderschütterungen in Graßlitz Elbogner Kreises in Böhmen / Naturereignisse, als: Sturm, Gewitter und Erderschütterungen. – In: Kaiserlich-königlich privilegierte Prager Zeitung 1824, Nr. 9, 13, 15, 18 und 28: Nr. 640, 723
Hamann, Johann Georg
Schriften. Bd. 1 – 7. Hrsg. v. F. Roth. Berlin 1821 – 1825. Bd. 8.1 – 2. Hrsg. v. G. A. Wiener. Berlin 1842f.: Nr. 893
Hamburger Korrespondent: s. Staats- und gelehrte Zeitung des Hamburgischen unparteiischen Korrespondenten.
Hamilton, Newburgh
Textdichtung: s. Händel, Georg Friedrich. Alexanderfest.
Textdichtung: s. Händel, Georg Friedrich. Semele.
Hamilton, William
Observations on Mount Vesuvius, Mount Aetna and other volcanos. In a series of letters, addressed to the Royal Society. London 1774: Nr. 221
Hammer, Joseph von
Mysterium Baphometis revelatum seu fratres militiae Templi, qua Gnostici et quidem Ophiani apostasiae, idoloduliae et impuritatis convicti per ipsa eorum monumenta. – In: Fundgruben des Orients 1818, Bd. 6: Nr. 343
[Werke]: Nr. 1074
Hrsg.: s. Fundgruben des Orients.
Übersetzung: Motenebbi, der größte arabische Dichter. Wien 1824.
Rezension von J. G. L. Kosegarten: Nr. 681, 690, 932, 940, 943
Hammonia. Eine Zeitschrift für gebildete Leser. Hrsg. v. K. W. Reinhold. Jg. 1 – 12. Hamburg 1817 – 1828: Nr. 823
Hanka, Václav
Hrsg.: s. Die Königinhofer Handschrift.
Harleß, Christian Friedrich
Mitverf.: s. Nees von Esenbeck, Christian Gottfried Daniel und Christian Friedrich Harleß. Libamen sepulcrale.
Harries, Heinrich
Textdichtung: s. Schumacher, Balthasar Gerhard. »Heil Dir im Siegerkranz ...«.

Hartmann, Karl Friedrich Alexander
  Übersetzung: J. F. d'Aubuisson de Voisins. Lehrbuch der Geognosie, oder Darstellung der heutigen Kenntnisse von der physikalischen und mineralogischen Beschaffenheit des Erdkörpers. Teil 1 – 2. Sondershausen, Nordhausen 1821: Nr. 487
Harzen, Georg Ernst
  Verzeichnis der Kupferstichsammlung des Herrn J. M. Speckter in Hamburg. Abt. 1 – 3. Hamburg 1822 – 1824: Nr. 741
Hase, Karl Georg
  Jugendfürst (Nicht eitel ist der Jugend Lustgepränge ...). – In: Zu Goethes Geburtstagsfeier. Weimar, 28. August 1824: Nr. 905, 908
  Sonnennähe. [Sonett, vorgetragen auf der Feier zu J. W. von Goethes 74. Geburtstag am 28. August 1823 in Weimar]: Nr. 342
Hasse, Johann Adolf
  Die Pilgrimme auf Golgatha. Text v. S. B. Pallavicini. Mit der deutschen Übersetzung in einen Klavierauszug gebracht v. J. A. Hiller. Leipzig 1784: Nr. 524
Hatif Isfahani, Sayyid Ahmed
  »Dem Seele ich und Leib zu weihen ...« [Gedicht].
    Übersetzung von J. von Scherer: Nr. 988
  »In Deinen Banden bleib' ich ...« [Gedicht].
    Übersetzung von J. von Scherer: Nr. 988
Hausmann, Friedrich
  Untersuchungen über die Formen der leblosen Natur. Göttingen 1821.
    Rezension von P. Wackernagel: Nr. 881
Haxthausen, Werner von
  [Werke]: Nr. 709
  Hrsg.: s. [Sammlung neugriechischer Volkslieder].
Haydn, Franz Joseph
  Die Jahreszeiten: Nr. 341
  Die Schöpfung: Nr. 341, 431
Heger, Franz
  Hrsg.: s. Malerischen Ansichten von Athen.
Heidelberger (bis 1817 Heidelbergische) Jahrbücher der Literatur. Heidelberg 1808 – 1872: Nr. 64
Heine, Heinrich
  Almansor. Eine Tragödie. – In: H. Heine. Tragödien, nebst einem lyrischen Intermezzo. Berlin 1823: Nr. 961
  Gedichte. Berlin 1822: Nr. 961
  Tragödien, nebst einem lyrischen Intermezzo. Berlin 1823: Nr. 961
  William Ratcliff. Tragödie in einem Akte. – In: H. Heine. Tragödien, nebst einem lyrischen Intermezzo. Berlin 1823: Nr. 961
Heinsius, Theodor
  [Anzeige in Berliner Zeitungen mit der Aufforderung, eine Feier für Klopstock zu veranstalten; 1824]: Nr. 759
  [Rede]. – In: Klopstocks Jahrhundertfeier. Veranstaltet von der Berlinischen Gesellschaft für deutsche Sprache am 2. Juli 1824. Hrsg. v. K. Giesebrecht. Berlin 1825: Nr. 801

Heldenbilder aus den Sagenkreisen Karls des Großen, Arthurs, der Tafelrunde und des Grals, Attilas, der Amelungen und Nibelungen. Hrsg. v. F. H. von der Hagen. Teil 1 – 2.1/2. Breslau, Leipzig [1820] – 1823: Nr. 204
Heller, Joseph
　Lucas Cranachs Leben und Werke. Bamberg 1821: Nr. 523
Helvig, Anna Amalia von
　Frithiof, Fragment einer nordischen Heldengeschichte. – In: Morgenblatt für gebildete Stände 1822, Nr. 165f. und 168f.: Nr. 588
　Helene von Tournon. Erzählung. Berlin 1824: Nr. 1073
　Übersetzung: E. Tegnér. Die Frithjofssage. Aus dem Schwedischen. Stuttgart, Tübingen 1826: Nr. 588, 1073
　Übersetzung: E. Tegnér. Die Königswahl. [Romanze aus der Frithjofssage]. [Manuskript; gedruckt in: E. Tegnér, Die Frithjofssage. Aus dem Schwedischen übersetzt v. A. von Helvig, Stuttgart, Tübingen 1826,, S. 169 – 173]: Nr. 588
　Übersetzung: E. Tegnér. Frithiof und Ingeborg. König Bele und Thorsten Wikingssohn. [Romanzen aus der Frithjofssage]. – In: Morgenblatt für gebildete Stände 1825, Nr. 10 und Nr. 12: Nr. 1073
　Übersetzung: E. Tegnér. König Rings Totengesang. [Romanze aus der Frithjofssage; Manuskript]. [gedruckt in: E. Tegnér. Die Frithjofssage. Aus dem Schwedischen übersetzt v. A. von Helvig. Stuttgart, Tübingen 1826, S. 165 – 168]: Nr. 588
Henning, Leopold von
　Einleitung zu öffentlichen Vorlesungen über Goethes Farbenlehre, gehalten an der königlichen Universität zu Berlin. Berlin 1822: Nr. 182
　　Anzeige von J. W. von Goethe: Nr. 156, 350
　[Kompendium der Farbenlehre; Plan]: Nr. 208, 350
　Vorlesungen über die Farbenlehre nach Goethe vom Standpunkt der Naturphilosophie aus betrachtet. Eröffnet am 1. Mai 1823. Einleitung. Übersicht des Inhalts. [Manuskript; gedruckt in: Goethe. Die Schriften zur Naturwissenschaft. Hrsg. im Auftrage der Deutschen Akademie der Naturforscher Leopoldina. Abt. II, Bd. 5B/1, Weimar 2007, S. 312 – 315]: Nr. 350
Henrici, Christian Friedrich (Ps. Picander)
　[Geistliche Dichtungen]: Nr. 625
Henry, William
　Chemie für Dilettanten, oder Anleitung die wichtigsten chemischen Versuche ohne große Kosten und ohne weitläufige Apparate anzustellen. Aus dem Englischen nach der vierten Originalausgabe übersetzt und umgearbeitet v. J. B. Trommsdorff. 2. Aufl. Erfurt 1807: Nr. 487
Henschel, August Wilhelm
　De Aristotele botanico philosopho. Diss. Bratislava 1823: Nr. 529, 572
　Von der Sexualität der Pflanzen. Studien. Nebst einem historischen Anhang v. F. J. Schelver. Breslau 1820: Nr. 529
　　Bd. 2. 1824. [Plan]: Nr. 529
Hensel, Wilhelm
　Die lebenden Bilder und pantomimischen Darstellungen bei dem Festspiel Lalla Rukh, aufgeführt auf dem königlichen Schlosse in Berlin den 27. Januar 1821 bei der Anwesenheit ... des Großfürsten Nikolaus und der Großfürstin Alexandra Feodorowna. Nach der Natur gezeichnet. Gestochen v. F. Berger, F. Meyer d. Ä. und H. Moses. Berlin 1823: Nr. 955

Hensmans, Pierre Joseph
  Übersetzung: J. W. Döbereiner. Propriétés nouvelles et remarquables reconnues au sous-oxide de platine, au sulfure oxidé et à la poussière du même métal. – In: Annales de Chimie et de Physique 1823, Bd. 24: Nr. 498
Herder, Johann Gottfried von
  Briefe, das Studium der Theologie betreffend. Teil 1 – 4. Weimar 1780f.: Nr. 625
  Edward. [Ballade]
    Vertonung von J. K. G. Loewe: Nr. 521
  [Werke]: Nr. 352
  Hrsg.: s. Lieder der Liebe.
  Hrsg.: s. Volkslieder.
Herklots, Karl
  Textdichtung: s. Catel, Charles Simon. Die Bajaderen.
  Textdichtung: s. Spontini, Gaspare. Nurmahal.
Hermann, Gottfried
  De Aeschyli Niobe. Leipzig 1823: Nr. 148, 408
  De Aeschyli Philocteta. Leipzig 1825: Nr. 408
  De compositione tetralogiarum tragicarum dissertatio. Leipzig 1819.
    Rezension von J. W. von Goethe: Nr. 274
  De Sogenis Aeginetae victoria quinquertii. Diss. Leipzig 1823: Nr. 148
  Euripidis Bacchae. Leipzig 1823: Nr. 148, 408
  In nuptias Ioannis principis et Amaliae Bavariae; d. 21. Novemb. a. 1822. Leipzig 1822: Nr. 148
  Bearbeitung: s. Sophoclis tragoediae.
Hermes, oder kritisches Jahrbuch der Literatur. Bd. 1 – 24. Leipzig 1819 – 1824. Bd. 25 – 35. Leipzig 1826 – 1831: Nr. 681, 702, 932, 943
Herodot(os)
  Historien: Nr. 788
Hérold, Ferdinand
  Komposition: s. Kotzebue, August von. Die Rosenmädchen.
  Komposition: s. Treitschke, Georg Friedrich. Das Zauberglöckchen.
Hetsch, Gustav Friedrich
  Illustrationen: s. Münter, Friedrich. Der Tempel der himmlischen Göttin zu Paphos.
Heusinger, Karl Friedrich
  De organogenia (particula prima de materia organica amorpha). Programma, quo praelectiones per semestre hyemale a. 1822/23 habendas. Jena [1822]: Nr. 42
  System der Histologie. Heft 1 – 2. Eisenach 1822f.: Nr. 534
Hiller, Johann Adam
  Textdichtung: s. Hasse, Johann Adolf. Die Pilgrimme auf Golgatha.
Hinrichs, Hermann Friedrich Wilhelm
  Ästhetische Vorlesungen über Goethes Faust, als Beitrag zur Anerkennung wissenschaftlicher Kunstbeurteilung. Halle 1825: Nr. 605
    Erste Abteilung. Erste und zweite Vorlesung. [Manuskript]: Nr. 605
Hirt, Alois Ludwig
  Die Geschichte der Baukunst bei den Alten. Bd. 1 – 3. Berlin 1821 – 1827: Nr. 51
  Heinrich Hübsch über griechische Baukunst. Berlin 1823: Nr. 51

Hitzig, Julius Eduard
  Hrsg.: s. Aus Hoffmanns Leben und Nachlass.
  Hrsg.: s. Lebensabriss Friedrich Ludwig Zacharias Werners.
Hobhouse, John Cam
  A Journey through Albania, and other Provinces of Turkey in Europe and Asia, to Constantinople during the years 1809 and 1810. Bd. 1 – 2. London 1813: Nr. 281
  Imitations and Translations from the Ancient and modern Classics, together with Original Poems never before published. London 1809: Nr. 281
»Hoch vom Olymp ward uns die Freude ...«.
  Vertonung von H. C. Schoor: Nr. 267
Hoff, Karl von
  Geschichte der durch Überlieferung nachgewiesenen natürlichen Veränderungen der Erdoberfläche. Ein Versuch. Teil 1 – 5. Gotha 1822 – 1841: Nr. 87, 513
Hoffmann, Ernst Theodor Amadeus
  Textdichtung: s. Spontini, Gaspare. Olympia.
Hoguet, François Michel
  Choreographie: s. Milon, Louis Jacques. Das Karneval in Venedig.
Holbach, Paul d' (Paul Heinrich Dietrich von H.)
  La morale universelle, ou les devoirs de l'homme fondés sur la nature. Bd. 1 – 3. Paris 1820: Nr. 31
  Système de la nature ou des loix du monde physique et du monde moral. Nouvelle édition avec des notes et des corrections par Diderot. Bd. 1 – 4. Paris 1821: Nr. 31
Holtei, Karl Eduard von
  Die Farben. Lustspiel in einem Aufzug. – In: Jahrbuch deutscher Nachspiele. Hrsg. v. K. von Holtei. Bd. 1. Breslau 1822: Nr. 947
  Die Sterne. Dramatisches Gedicht in vier Akten. Manuskript für die Bühne. Berlin 1824: Nr. 947
  Hrsg.: s. Deutsche Blätter für Poesie, Literatur, Kunst und Theater.
Homer(os)
  Ilias: Nr. 744, 801, 866
    Auszüge in Über Kunst und Altertum III 2 und 3: Nr. 126, 284, 412, 542, 882
    Illustrationen von Dolinger: Nr. 559
    Illustrationen von J. Flaxman: Nr. 559
    Übersetzung von G. A. Bürger: Nr. 570
    Übersetzung von E. Oertel: Nr. 308, 412, 542
    Übersetzung von J. H. Voß d. Ä.: Nr. 126, 542
    Übersetzung von J. S. Zauper: Nr. 126, 284, 327, 412, 542, 822
  Odyssee: Nr. 343, 461, 468
    Übersetzung von H. Hülle: Nr. 126, 284
    Übersetzung von J. S. Zauper: Nr. 882
Horaz (Quintus Horatius Flaccus)
  De arte poetica: Nr. 882
  Satiren: Nr. 585
  Sermones: Nr. 412
Horben (H. von Ringenberg), Franz von
  Übersetzung: T. Tasso. Aminta. [Manuskript]: Nr. 214, 357, 557

Hormayr (H. zu Hortenburg), Joseph von
  Hrsg.: s. Taschenbuch für die vaterländische Geschichte.
Horn, Franz
  Die Poesie und Beredsamkeit der Deutschen von Luthers Zeit bis zur Gegenwart. Bd. 1–4. Berlin 1822–1829: Nr. 748, 751
  Die schöne Literatur Deutschlands während des achtzehnten Jahrhunderts. Teil 1–2. Berlin, Stettin 1812f.: Nr. 748, 751
  Kommentar: s. Shakespeares Schauspiele.
Hornschuch, Christian Friedrich
  Mitverf.: s. Nees von Esenbeck, Christian Gottfried Daniel, Christian Friedrich Hornschuch und Jakob Sturm. Bryologia Germanica.
Houwald, Ernst von
  Die Feinde. Ein Trauerspiel in drei Aufzügen. Leipzig 1825: Nr. 708
Howard, Luke
  [Autobiographische Aufzeichnungen] (I was born in London ...). [Manuskript; gedruckt in: Goethe. Die Schriften zur Naturwissenschaft. Hrsg. im Auftrage der Deutschen Akademie der Naturforscher Leopoldina. Abt. II, Bd. 2, Weimar 2005, S. 27–33].
    Übersetzung von J. W. von Goethe: Nr. 471
Hruschka, Wenzel
  Einige Bemerkungen über den Lepidolith vom Berge Hradisko bei Rozna in Mähren. – In: Mitteilungen der mährisch-schlesischen Gesellschaft zur Beförderung des Ackerbaues, der Natur- und Landeskunde in Brünn 1823, Nr. 43: Nr. 693
Hübsch, Heinrich
  Über griechische Architektur. Mit fünf Kupfertafeln. Heidelberg 1822: Nr. 51
  Hrsg.: s. Malerischen Ansichten von Athen.
Hülle, Hedwig
  Irrfahrten des Odysseus, in vierundzwanzig Gesängen. Freie Nachbildung in gereimten Strophen nach Homer. Bd. 1–2. Bremen 1826.
    Ankündigung von J. W. von Goethe: Nr. 126, 284
Hufeland, Christoph Wilhelm
  Atmosphärische Krankheiten und atmosphärische Ansteckung. Unterschied von Epidemie, Kontagion und Infektio. Ein Beitrag zu den Untersuchungen über die Kontagiosität des gelben Fiebers. Aus dem Journal der praktischen Heilkunde besonders abgedruckt. Berlin 1823: Nr. 395
  Der Egerbrunnen. – In: Journal der praktischen Arzneikunde und Wundarzneikunst 1822, Bd. 55, Stück 4: Nr. 220
  Die Atmosphäre in ihren Beziehungen auf den Organismus. – In: Journal der praktischen Heilkunde 1810, Bd. 31: Nr. 395
  Hrsg.: s. Journal der praktischen Arzneikunde und Wundarzneikunst.
Hulin (Hullin), Pierre Augustin
  Explications offertes aux hommes impartiaux au sujet de la commission militaire instituée en l'an XII pour juger le duc d'Enghien. Paris 1823: Nr. 484
Humboldt, Alexander von
  Essai géognostique sur le gisement des roches dans les deux hémisphères. Paris 1823: Nr. 182

Humboldt, Alexander von und Aimé Bonpland
 Essai sur la géographie des plantes. Accompagné d'un tableau physique des régions équinoxiales, fondé sur des mesures exécutées, depuis le dixième degré de latitude boréale jusqu'au dixième degré de latitude australe, pendant les annèes 1799, 1800, 1801, 1802 et 1803. Paris 1805.
 Rezension in Monatliche Korrespondenz zur Beförderung der Erd- und Himmelskunde 1807, Bd. 16: Nr. 674, 761
 Voyage de Humboldt et Bonpland. Partie 5: Essai sur la géographie des plantes; accompagné d'un tableau physique des régions équinoxiales. Paris 1805: Nr. 1070
Humboldt, Karoline von
 Beschreibung spanischer Galerien und Betrachtungen über spanische Kunst und Künstler; 1799. [Manuskript]: Nr. 445
Hummel, Johann Nepomuk
 Vertonung: F. W. Riemer. Kantate (Chor. Der Freude Göttertriebe ...). [Zur Geburtstagsfeier von Erbgroßherzog Karl Friedrich von Sachsen Weimar am 2. Februar 1823]: Nr. 48, 70
 [Werke]: Nr. 1043

Iconographie des contemporains dont les noms se rattachent plus particulièrement aux divers événements qui ont eu lieu en France depuis 1789 jusqu'en 1829, vec les facsimile de l'écriture de chacune d'elles; lithographiés par les plus habiles artistes ... [50 Lieferungen zu je vier Tafeln]. Hrsg. v. F. S. Delpech [fortgesetzt v. dessen Witwe]. Bd. 1 – 2. Paris [1823 –] 1832: Nr. 750
Ideler, Christian Ludwig und Johann Wilhelm Heinrich Nolte
 Handbuch der englischen Sprache und Literatur, oder Auswahl interessanter chronologisch geordneter Stücke aus den klassischen englischen Prosaisten und Dichtern. Nebst Nachrichten von den Verfassern und ihren Werken.
  Poetischer Teil. 3. stark vermehrte Aufl. Berlin 1811: Nr. 559
  Prosaischer Teil. 4. Aufl. Berlin 1823: Nr. 559
Iffland, August Wilhelm
 Der Spieler. Ein Schauspiel in fünf Aufzügen. Leipzig 1798: Nr. 789
Iken, Karl Jakob Ludwig
 Die vier italienischen Hauptschulen der Malerei, nebst der Raphaelischen Schule insbesondere; als genealogisches Tableau entworfen bei Gelegenheit der dritten Säkularfeier Raphaels am 18. April 1820. Bremen 1820: Nr. 709
 Übersetzung: G. Schweighäuser. Chronologische Übersicht der berühmten Maler, von der Wiederherstellung der Kunst bis zum Ende des 18. Jahrhunderts, nach den Schulen und nach Jahrhunderten eingeteilt. Aus dem Französischen übersetzt und mit Zusätzen vermehrt. Drei Tafeln. Bremen 1824.
  Anzeige von H. Meyer: Nr. 709
 Übersetzung: Nachschabi. Touti Nameh. [nach F. Gladwins englischer Übersetzung von M. Kaderis Bearbeitung]. Eine Sammlung persischer Märchen. Mit einem Anhang v. K. Iken und J. G. L. Kosegarten. Stuttgart 1822: Nr. 23, 709
Immermann, Karl Leberecht
 Gedichte. Mit Musikbeilagen. Hamm 1822: Nr. 422
 König Periander und sein Haus. Ein Trauerspiel. Elberfeld 1823: Nr. 422
 [Trauerspiele]: Nr. 422
 [Werke]: Nr. 192

Inscriptio arenaria Treveris nuper reperta. Indicendis in Academia Ienensi scholis hibernis nunc primum. Hrsg. v. H. K. A. Eichstädt. Jena 1819. [Akademisches Programm]: Nr. 771

Irving, Washington
 Mitverf.: s. Irving, William, Washington Irving und James Kirke Paulding. Salmagundi.

Irving, William, Washington Irving und James Kirke Paulding
 Salmagundi, or the Whim-whams and Opinions of Launcelot Langstaff and Others. London 1824: Nr. 800

Isis. Enzyklopädische Zeitschrift, vorzüglich für Naturgeschichte, vergleichende Anatomie und Physiologie. Hrsg. v. L. Oken. Leipzig 1817 – 1848: Nr. 429, 794, 810, 881

Jacobi, Friedrich Heinrich von
 [Friedrich Heinrich Jacobis] auserlesener Briefwechsel. Hrsg. v. F. Roth. Bd. 1 – 2. Leipzig 1825 – 1827: Nr. 893

Jäger, Georg Friedrich
 Nachricht von einigen fossilen Knochen, die in Stuttgart in den Jahren 1821 und 1822 ausgegraben worden sind. – In: Württembergische Jahrbücher für vaterländische Geschichte, Geographie, Statistik und Topographie 1822, Heft 2: Nr. 57
 Über einige fossile Knochen, welche im Jahr 1819 und 1820 zu Stuttgart und im Jahr 1820 zu Canstatt gefunden worden sind. – In: Württembergisches Jahrbuch 1821: Nr. 57

Jakob, Therese von (Ps. Talvj)
 An Goethe. Zueignung. – In: Volkslieder der Serben. Metrisch übersetzt und historisch eingeleitet v. Talvj. Bd. 1. Halle 1825: Nr. 835
 Hrsg.: s. Volkslieder der Serben.
 Rezension: Narodne srpske pjesme [Serbische Volkslieder]. Hrsg. v. V. S. Karadžić. Bd. 1 – 3. Leipzig 1823f. – In: Literarisches Konversationsblatt 1824, Nr. 122f.: Nr. 731
 Übersetzung: Der grimme Bogdan. [Serbisches Volkslied]. – In: Volkslieder der Serben. Metrisch übersetzt und historisch eingeleitet v. Talvj. Bd. 2. Halle 1826: Nr. 958
 Übersetzung: Des Mohrenkönigs Tochter. [Serbisches Volkslied]. – In: Volkslieder der Serben. Metrisch übersetzt und historisch eingeleitet v. Talvj. Bd. 1. Halle 1825: Nr. 870
 Übersetzung: Die Hochzeit des Maxim Zernojewitsch (Es erhebt sich Zernojewitsch Iwan ...). [Serbisches Heldenlied]. – In: Volkslieder der Serben. Metrisch übersetzt und historisch eingeleitet v. Talvj. Bd. 1. Halle 1825: Nr. 870, 997, 1039
 Übersetzung: Einige serbische Volksgesänge aus der Sammlung des Herrn Wuk Stephanowitsch Karadschitsch. [Manuskript; 1824]: Nr. 663, 694, 731
 Übersetzung: Hajkunas Hochzeit (Nimmer nach, seitdem die Welt begonnen ...). [anfangs u. d. T. »Ajkuna's Hochzeit«; Manuskript; 1824]: Nr. 694, 731
 Übersetzung: Hajkuna Atlagitsch und Junggesell Johannes (Sieh, Hajkuna Atlagitsch ...). [Serbisches Volkslied; Manuskript; 1824]: Nr. 958
 Übersetzung: Ranko und Miliza. [u. d. T. Liebesgespräch; serbisches Volkslied; Manuskript]: Nr. 835
 Vorrede. – In: Volkslieder der Serben. Metrisch übersetzt und historisch eingeleitet v. Talvj. Bd. 1. Halle 1825: Nr. 870

Jariges, Karl von (Ps. Beauregard Pandin)
   Übersetzung: W. Shakespeare. Troilus und Cressida. Berlin 1824: Nr. 744
Jasche, Christoph Friedrich
   Das Wissenswürdigste aus der Gebirgskunde, nebst einer tabellarischen Übersicht der Gebirgsarten nach ihrer Struktur, Formation, Vorkommen, Übergang, Erzführung und Gebrauch. 2. Aufl. Erfurt 1816: Nr. 487
Jay, Antoine
   Mitverf.: s. Jouy, Étienne de und Antoine Jay. Les Hermites en Liberté.
Jeitteles, Alois
   Textdichtung: s. Beethoven, Ludwig van. An die ferne Geliebte.
Jenaer Hussitenkodex: s. Antithesis Christi et Antichristi.
Jenaische Allgemeine Literaturzeitung (JALZ), Intelligenzblatt (IB) und Ergänzungsblätter (EBl). Redaktion H. K. A. Eichstädt. Jena 1804–1841: Nr. 11, 73, 90, 227, 235, 248, 255, 259, 274, 361, 372, 429, 573, 595, 737, 813, 1045, 1054, 5/440a+
Jesus und die Samariterin. Italienisches Volkslied.
   Übersetzung von E. A. Hagen: Nr. 483
Jonge, Johannes Cornelis de
   Notice sur le cabinet des médailles et des pierres gravées de Sa Majesté le Roi des Pays-Bas. Bd. 1 und Suppl.-Bd. Den Haag 1823f.
      Anzeige von H. Meyer und J. W. von Goethe: Nr. 380, 602
Journal de Francfort. Frankfurt 1794–1834: Nr. 211, 484
Journal der praktischen Arzneikunde und Wundarzneikunst. Hrsg. v. C. W. Hufeland. Bd. 1–98. Berlin 1795–1844: Nr. 220
Journal für Chemie und Physik. Hrsg. v. J. S. C. Schweigger [ab 1819 u. a.]. Bd. 1–39. Nürnberg 1811–1823. Bd. 40–69. Halle 1824–1833. [1811–1813 u. d. T. »Beiträge zur Chemie und Physik«; ab 1821 auch u. d. T. »Jahrbuch der Chemie und Physik«, Bd. 1–30; ab 1830 auch u. d. T. »Neues Jahrbuch der Chemie und Physik«, Bd. 1–9]: Nr. 236, 290, 392, 491, 498, 913
Journal für Literatur, Kunst, Luxus und Mode. Hrsg. v. K. Bertuch, [ab 1816] H. Döring, [ab 1825] J. S. Schütze. Redaktion F. Peucer [1823]. Bd. 29–41. Weimar 1814–1826: Nr. 124, 176, 184, 190, 203, 212, 443, 459, 933
Jouy, Étienne de
   Sylla. Tragédie en cinq actes. Représentée pour la première fois sur le premier Théâtre Français, pour la représentation à bénéfice de M. Saint-Phal, le 27 décembre 1821. Paris 1822: Nr. 31
   Textdichtung: s. Catel, Charles Simon. Die Bajaderen.
Jouy, Étienne de und Antoine Jay
   Les Hermites en Liberté. Bd. 1–4. Paris 1824: Nr. 950
Jügel, Karl
   Bücherverzeichnis [von K. Jügel, Buch- und Kunsthändler in Frankfurt am Main im Bellischen Hause gegen über der Hauptwache], Nr. 2, April. Frankfurt 1824: Nr. 762
   Catalogue [de C. Jugel, libraire et marchand d'estamps]. Frankfurt 1824: Nr. 762
   Katalog [von K. Jügel, Buch- und Kunsthändler in Frankfurt am Main im Bellischen Hause gegen über der Hauptwache], Nr. 3, April: Landkarten, Kupferstiche, Lithographien, Zeichenbücher, Vorschriften, Spiele, Papiere und Zeichenmaterialien. Frankfurt 1824: Nr. 762

Jung, Johannn Heinrich (genannt J.-Stilling)
  Heinrich Stillings Leben. Bd. 1 – 6. Basel, Leipzig 1789 – 1817: Nr. 531
Junker und Bigato, Klemens von
  Über die Auffindung und den Fortgang des Freiherrlich von Junker-Bigattoischen Bergbaues auf der St. Amalien-Silber-Zeche zu Sangerberg. – In: Zur Naturwissenschaft überhaupt II 2: Nr. 220, 455, 463, 470, 640
Jussieu, Antoine Laurent de
  Genera plantarum secundum ordines naturales disposita. Paris 1791: Nr. 429

Kaderi, Mohammed
  Bearbeitung: Nachschabi. The Tooti Nameh: Nr. 23, 709
Kämtz, Ludwig Friedrich
  Dissertatio mathematico-physica de legibus repulsionum electricarum mathematicis. Halle 1823: Nr. 491, 498
  Newtons Ansichten von der Natur des Lichtes. – In: Journal für Chemie und Physik 1825, Bd. 35: Nr. 491
Kästner, Johann Ernst Gottlieb
  Hrsg.: s. Ausgewählte Blätter aus dem poetischen Nachlass des Professors Johann Friedrich Kästner.
Kaiserlich-königlich privilegierte Prager Zeitung. Prag 1744 – 1918: Nr. 640, 723
Kalidasa
  Sakuntala. Drama in sieben Akten: Nr. 869
Kamptz, Karl von
  [Werke]: Nr. 1019
Kant, Immanuel
  [Werke]: Nr. 361
Karadžić, Vuk Stefanović
  Kleine serbische Grammatik. Verdeutscht und mit einer Vorrede v. J. Grimm. Nebst Bemerkungen über die neueste Auffassung langer Heldenlieder aus dem Munde des serbischen Volkes und der Übersicht des merkwürdigsten jener Lieder v. J. S. Vater. Leipzig, Berlin 1824: Nr. 706, 958, 997
  Hrsg.: s. Mala prostonarodna slaveno-serbska pjesnarica.
  Hrsg.: s. Narodna serbska pjesnarica.
  Hrsg.: s. Narodne srpske pjesme.
  Hrsg.: s. Srpski rjecnik.
  Übersetzung: Bei dem Hause des Mädchens (Die goldenen Kanonen ...). [Serbisches Volkslied; Manuskript]. [gedruckt in: J. M. Milović, Übertragungen slavischer Volkslieder aus Goethes Briefnachlass. Leipzig 1939, S. 77]: Nr. 451
  Übersetzung: Das größte Leid (Alle Geliebten sind da ...). [Serbisches Volkslied; Manuskript]. [gedruckt in: J. M. Milović, Übertragungen slavischer Volkslieder aus Goethes Briefnachlass. Leipzig 1939, S. 75]: Nr. 451
  Übersetzung: Das Mädchen und der Fisch (Das Mädchen sitzt am Ufer ...). [Serbisches Volkslied; Manuskript]. [gedruckt in: J. M. Milović, Übertragungen slavischer Volkslieder aus Goethes Briefnachlass. Leipzig 1939, S. 74f.]: Nr. 451
  Übersetzung: Das unglückliche Mädchen (Das Mädchen gibt dem Jünglinge ...). [Serbisches Volkslied; Manuskript]. [gedruckt in: J. M. Milović, Übertragungen slavischer Volkslieder aus Goethes Briefnachlass. Leipzig 1939, S. 75]: Nr. 451

Übersetzung: Der Tod des Kralewitsch Marko (In der Früh begab sich ...). [Serbisches Heldenlied]. – In: Über Kunst und Altertum V 1: Nr. 451, 706, 820, 830, 835
Übersetzung: Die Trennung (Es wand sich ...). [Serbisches Volkslied; Manuskript]. [gedruckt in: J. M. Milović, Übertragungen slavischer Volkslieder aus Goethes Briefnachlass. Leipzig 1939, S. 78]: Nr. 451
Übersetzung: Gott bleibt niemandem schuldig (Es wuchsen zwei Kieferbäume ...). [Serbisches Volkslied; Manuskript]. [gedruckt in: J. M. Milović, Übertragungen slavischer Volkslieder aus Goethes Briefnachlass. Leipzig 1939, S. 71 – 74]: Nr. 451
Übersetzung: Hajkuna Atlagith und Johann Jungsel (Es spazierte Hajkuna Atlagith ...). [Serbisches Volkslied; Manuskript]. [gedruckt in: J. M. Milović, Übertragungen slavischer Volkslieder aus Goethes Briefnachlaß. Leipzig 1939, S. 78 – 82]: Nr. 958
Übersetzung: Vorwurf einer Selbstkommenden (Wehe dem Lande ...). [Serbisches Volkslied; Manuskript]. [gedruckt in: J. M. Milović, Übertragungen slavischer Volkslieder aus Goethes Briefnachlass. Leipzig 1939, S. 76]: Nr. 451
Übersetzung: Wenn der Bräutigam um das Mädchen gehet (Es windet sich die Wolke ...). [Serbisches Volkslied; Manuskript]. [gedruckt in: J. M. Milović, Übertragungen slavischer Volkslieder aus Goethes Briefnachlass. Leipzig 1939, S. 76]: Nr. 451
Übersetzung: Wenn die Hochzeitsgäste mit dem Mädchen abgehen wollen (Es bricht ein Ast ...). [Serbisches Volkslied; Manuskript]. [gedruckt in: J. M. Milović, Übertragungen slavischer Volkslieder aus Goethes Briefnachlass. Leipzig 1939, S. 77f.]: Nr. 451
Übersetzung: Wenn man zu der Verlobung gehet (Zeitlich Paul, zeitlich lieber Bruder! ...). [Serbisches Volkslied; Manuskript]. [gedruckt in: J. M. Milović, Übertragungen slavischer Volkslieder aus Goethes Briefnachlass. Leipzig 1939, S. 76]: Nr. 451
Übersetzung: Wieder, wenn der Bräutigam um das Mädchen gehet (Der Ranko spaziert ...). [Serbisches Volkslied; Manuskript]. [gedruckt in: J. M. Milović, Übertragungen slavischer Volkslieder aus Goethes Briefnachlass. Leipzig 1939, S. 76f.]: Nr. 451
Karl Guttenberg und Heinrich Guttenberg, Kupferstecher. Mit zwei Bildnissen und zwei Kupferbeilagen. Hrsg. v. d. Verein nürnbergischer Künstler und Kunstfreunde. Heft 2. Nürnberg 1823: Nr. 351
Karlsruher Zeitung. Karlsruhe 1758 – 1810; 1817 – 1933: Nr. 211
Kastner, Karl Wilhelm Gottlob
    Handbuch der Meteorologie. Für Freunde der Naturwissenschaft. Bd. 1 – 2. Erlangen 1823 – 1830: Nr. 487
[Katalog der systematischen Sammlung des mineralogischen Kabinetts in Jena]: Nr. 693
Keferstein, Christian
    Geognostisch-geologische Untersuchungen über das Steinsalz, die Salzquellen und die Salzbildung im Allgemeinen. – In: Teutschland, geognostisch-geologisch dargestellt 1822, Bd. 2, Heft 2: Nr. 297
    [Werke]: Nr. 182
Kenilworth. Historisch-romantisches Gemälde in fünf Abteilungen. Nach W. Scott für die Bühne bearbeitet v. J. W. Lembert. Musik v. G. Damm. Berlin, 29. November 1822: Nr. 554
Kerckhove, Joseph Romain Louis de
    De l'air atmosphérique, et de son influence sur l'économie animale. 3. Aufl. Ams-

terdam 1824: Nr. 739
  Hygiène militaire, à l'usage des armées de terre. 2. Aufl. Anvers 1823: Nr. 487
Kersten, Karl Theodor
  Goethes Hermann und Dorothea. Gedicht in neun Gesängen. Aus den Versen in Prosa umgebildet. Mit zehn Holzschnitten. London, Leipzig 1823: Nr. 121
Kieser, Dietrich Georg
  Grundzüge der Anatomie der Pflanzen. Zum Gebrauche bei seinen Vorlesungen. Jena 1815: Nr. 438
Kind, Johann Christoph
  Übersetzung: Lucius Aemilius Paullus. – In: Plutarchs Lebensbeschreibungen der berühmtesten Griechen und Römer mit ihren Vergleichungen. Aus dem Griechischen übersetzt und mit Anmerkungen versehen. Bd. 3. Leipzig 1748: Nr. 70
  Übersetzung: Plutarch(os). [Plutarchs] Lebensbeschreibungen der berühmtesten Griechen und Römer mit ihren Vergleichungen. Aus dem Griechischen übersetzt und mit Anmerkungen versehen. Bd. 1 – 8. Leipzig 1745 – 1754: Nr. 70
Kind, Johann Friedrich
  Textdichtung: s. Weber, Karl Maria. Der Freischütz.
Kirchhoff, Johann Heinrich
  Amyntas. Hirtengedichte des berühmten Poeten Torquati Tassi. Aus dem Italienischen übersetzt. Hannover 1742: Nr. 214
Klage eines Liebhabers. – In: Sammlung deutscher Volkslieder. Mit einem Anhange flammländischer und französischer, nebst Melodien. Hrsg. v. J. G. Büsching und F. H. von der Hagen. Berlin 1807: Nr. 281
Klaproth, Heinrich Julius von
  Asia polyglotta. [Hauptbd. u. Sprachatlas]. Paris 1823: Nr. 215, 519
  Tableaux historiques de l'Asie, depuis la monarchie de Cyrus jusqu'à nos jours; accompagnés de recherches historiques et ethnographiques sur cette partie du monde. Texte. Atlas. Paris 1826.
    Ankündigung: Nr. 357
Klaproth, Heinrich Julius von und Andreas von Merian
  Tripartitum seu de analogia linguarum libellus. Continuatio I – III. Wien 1820 – 1823: Nr. 215
Klaproth, Martin Heinrich
  Beiträge zur chemischen Kenntnis der Mineralkörper. Bd. 2. Posen, Berlin 1797: Nr. 487
Klein, Bernhard
  Dido. Dramatisches Gedicht in drei Abteilungen. Text v. L. Rellstab. Berlin 1823: Nr. 531
Kleine vermischte Nachrichten (Bei Krakau wurde ...). – In: Archiv für die neuesten Entdeckungen aus der Urwelt 1823, Bd. 5, Heft 2: Nr. 297
Klinger, Friedrich Maximilian von
  (Authentisches über Klinger). – In: Journal für Literatur, Kunst, Luxus und Mode 1824, Nr. 87: Nr. 933
  Erklärung.
    In: IB der JALZ 1824, Nr. 17: Nr. 1045
    In: Literarisches Konversationsblatt 1824, Nr. 97: Nr. 1045

Klöden, Karl Friedrich
    Grundlinien zu einer neuen Theorie der Erdgestaltung, in astronomischer, geognostischer, geographischer und physikalischer Hinsicht. Ein Versuch. Mit sieben illuminierten Kupfertafeln. Berlin 1824: Nr. 383
Klopstock, Friedrich Gottlieb
    Die beiden Musen. [Ode]: Nr. 801
    [Gedichte]: Nr. 759
Klopstocks Jahrhundertfeier, veranstaltet von der Berlinischen Gesellschaft für deutsche Sprache am 2. Juli 1824. Hrsg. v. K. Giesebrecht. Berlin 1825: Nr. 759, 801, 1001
Knebel, Karl Ludwig von
    Das Gedicht Abu Ismaels Tograi. Übersetzung aus dem Lateinischen. – In: Der neue Teutsche Merkur 1800, 1. Stück: Nr. 379
    Der Hausberg, bei Jena (Gerne möcht' ich Dir ...). [Epigramm, August 1824; Manuskript]: Nr. 902
    Elysium, im September 1824. [Manuskript; gedruckt in: Briefwechsel zwischen Goethe und Knebel (1774–1832). Hrsg. v. G. E. Guhrauer. Bd. 2. Leipzig 1851, S. 351]: Nr. 950
    [Glückwunschgedicht zum Jahreswechsel für J. W. von Goethe; 31. Dezember 1823]: Nr. 505
    Goethe am 28. August 1824 (Phidias Ruhm ist Dein ...). [Manuskript; gedruckt in: GJb 41 (1920), S. 173]: Nr. 902
    [Verse zur Geburt von Marie von Ziegesar am 30. Juli 1824]: Nr. 848
    (Teil-)Übersetzung: G. G. Byron. Werner. A Tragedy. [Manuskript]: Nr. 270
    Übersetzung: Der Büchersaal. Aus dem Englischen The Library von H., in: The New Monthly Magazine and Literary Journal 1823, Bd. 7. [Manuskript]: Nr. 433
    Übersetzung: J. Thomsen. Hymnus zum Schlusse der Jahreszeiten. Jena 1824: Nr. 125
    Übersetzung: Lukrez. Von der Natur der Dinge. Mit dem lateinischen Text nach G. Wakefields Ausgabe. Bd. 1 – 2. Leipzig 1821: Nr. 692
Koch, Wilhelm Daniel Josef
    Generum tribuumque plantarum umbelliferarum nova dispositio. – In: Nova Acta 1824, Bd. 12. 1: Nr. 259
Köchy, Christian Heinrich Gottlieb (Ps. Friedrich Glover)
    Goethe als Mensch und Schriftsteller. Aus dem Englischen übersetzt und mit Anmerkungen versehen. 2. Aufl. Halberstadt 1824: Nr. 1045
Kölnische Zeitung. Mit Wirtschafts- und Handelsblatt. Köln 1802 – 1945: Nr. 90
Kölreuter, Joseph Gottlieb
    Vorläufige Nachricht von einigen das Geschlecht der Pflanzen betreffenden Versuchen und Beobachtungen. Hauptbd. und Fortsetzung 1 – 3. Leipzig 1761 – 1766: Nr. 438
König, Emanuel
    Regnum animale. Basel 1682: Nr. 487
    Regnum minerale, generale et speciale. Basel 1703: Nr. 487
Königlich privilegierte Berlinische Zeitung von Staats- und gelehrten Sachen. Berlin 1785 – 1911. [Vossische Zeitung]: Nr. 122, 173, 801
Königliche preußische Gemäldegalerie. Hrsg. v. lithographischen Institut und Kunsthandlung. Lfrg. 1 –10. Berlin [1822 – 1827].
    Rezension von H. Meyer: Nr. 228, 333

Körner, Friedrich
Anleitung zur Verfertigung übereinstimmender Thermometer und Barometer für Künstler und Liebhaber dieser Instrumente. Nebst einem Anhange, die Beschreibung einer vorteilhaft beurteilten, vom Verfasser gefertigten Luftpumpe und zweier Wagen enthaltend. Jena 1824: Nr. 677

Körner, Theodor
Rosamunde. Ein Trauerspiel in fünf Aufzügen. Leipzig 1814: Nr. 399

Kolbe, Karl Wilhelm
Illustrationen in Zur Naturwissenschaft überhaupt, besonders zur Morphologie II 2: Nr. 701, 753

Kolluthos
[Coluthi] Raptus Helenae et Thryphiodori expugnatio Troiae. Accedunt collationes codicum Italicorum. Hrsg. v. G. H. Schäfer. Leipzig, Leiden 1823: Nr. 427

Kolowrat-Liebsteinský, Franz von
Rede, welche am 23. Dezember 1822 als am Tage der Konstituierung der ... Gesellschaft des vaterländischen Museums in Böhmen ... gehalten wurde. Prag 1822: Nr. 9

Kopitar, Bartholomäus
Übersetzung: Mala prostonarodna slaveno-serbska pjesnarica. Hrsg. v. V. S. Karadžić. Wien 1814. [Manuskript]: Nr. 835
Übersetzung: Ranko und Miliza. [Serbisches Volkslied; Manuskript]: Nr. 835

Korrespondenznachricht. Frankfurt am Main, 31. Mai. – In: Morgenblatt für gebildete Stände 1824, Nr. 170: Nr. 1048

Kortum, Karl Arnold
Jobsiade. Ein komisches Heldengedicht in drei Teilen. Dortmund 1799: Nr. 680

Kosegarten, Gotthard Ludwig (Theobul Ludwig)
Übersetzung: J. Macpherson (Ossian). [Werke]: Nr. 115

Kosegarten, Johann Gottfried Ludwig
Bemerkungen über den ägyptischen Text eines Papyrus aus der Minutolischen Sammlung. Greifswald 1824: Nr. 1093
[Werke]: Nr. 52
Hrsg.: s. Chrestomathia arabica.
Hrsg.: s. Libri Coronae Legis.
Mitverf.: s. Iken, Karl Jakob Ludwig. Übersetzung: Nachschabi. Touti Nameh.
Rezension: Motenebbi, der größte arabische Dichter. Zum ersten Male ganz übersetzt v. J. von Hammer. Wien 1824.
  In: Hermes, oder kritisches Jahrbuch der Literatur 1823, Bd. 20: Nr. 681, 932, 943
  In: Literarisches Konversationsblatt 1824, Nr. 16: Nr. 681, 690, 940
[Übersetzung und Herausgabe einer in Gotha befindlichen Handschrift eines arabischen Geschichtsschreibers; Plan]: Nr. 681

Kotzebue, August von
Das geteilte Herz. Ein Lustspiel in einem Aufzuge. – In: A. von Kotzebue. Theater. Bd. 40. Wien 1813: Nr. 535
Das Intermezzo, oder der Landjunker zum ersten Male in der Residenz. Ein Lustspiel in fünf Aufzügen.- In: A. von Kotzebue. Theater. Bd. 32. Wien 1811: Nr. 399
Der häusliche Zwist. Ein Lustspiel in einem Aufzuge. – In: A. von Kotzebue. Theater. Bd. 33. Wien 1811: Nr. 535
Die deutschen Kleinstädter. Leipzig 1803: Nr. 1043

Die Rosenmädchen. Komische Oper in drei Aufzügen. Nach dem Französischen des E. Théaulon de Lambert. Musik v. F. Hérold. – In: A. von Kotzebue. Theater. Bd. 53. Wien 1819: Nr. 457
Menschenhaß und Reue. Ein Schauspiel in fünf Aufzügen. Wien 1798: Nr. 1043
Kovács, Mihály
Lexicon mineralogicum enneaglottum = Lexicon mineralogicum triglottum etymologicum latino magyarico germanicum primum. Pest 1822: Nr. 487
Kraukling, Karl Konstantin
Hrsg.: s. Luther, Martin. Gedichte. [Plan].
Krause, Karl Christian Friedrich
[Werke]: Nr. 522
Kreutzer, Konradin
Komposition: s. Milon, Louis Jacques. Das Karneval in Venedig.
Krickeberg, Friederike
Klein-Rotkäppchen. Feenoper in drei Aufzügen, mit Ballett. Nach dem Französischen des E. Théaulon de Lambert. Musik v. A. Boieldieu: Nr. 457
Kritische Bibliothek für das Schul- und Unterrichtswesen. Hrsg. v. G. Seebode. Bd. 1 – 3. Hildesheim 1819 – 1821. NF Bd. 1 – 3. Hildesheim 1828 – 1830: Nr. 298
Kropiński, Ludwik
Ludgarda (Luitgarde). Ein Trauerspiel in fünf Aufzügen. Übersetzung ins Deutsche: Nr. 873
Krüger, Johann Gottlob
Sankt Paulus war ein Medikus.
    Vertonung von K. F. Zelter: Nr. 930
Kruse, Friedrich Karl Hermann
Hrsg.: s. Archiv für alte Geographie, Geschichte und Altertümer.
Krusenstern, Adam Johann von
Reise um die Welt in den Jahren 1803, 1804, 1805 und 1806. Teil 1 – 3 und Atlas. St. Petersburg 1810 – 1814: Nr. 674
Kuffner, Christoph
Redaktion: s. Wiener Zeitschrift für Kunst, Literatur, Theater und Mode.
Kunstausstellung in der Akademie zu Prag,
    zu Anfang des Jahres 1821. Prag 1821: Nr. 182
    zu Anfang des Jahres 1822. Prag 1822: Nr. 182
    zu Anfang des Jahres 1823. Prag 1823: Nr. 182
Kunstblatt, Beiblatt zum Morgenblatt für gebildete Stände: s. Morgenblatt für gebildete Stände. Kunstblatt.
Kuntz, Rudolf
Abbildungen der königlich württembergischen Gestütspferde orientalischer Rasse. Hrsg. v. dem königlich lithographischen Institute. Lfrg. 1. Stuttgart 1823.
    Rezension von E. d'Alton: Nr. 194, 609
Kurhessische Staats- und Adresshandbuch auf das Jahr ... Kassel 1823f.: Nr. 425
Kuriositäten der physisch-literarisch-artistisch-historischen Vor- und Mitwelt, zur angenehmen Unterhaltung für gebildete Leser. Hrsg. v. C. A. Vulpius. Bd. 1 – 10. Weimar 1811 – 1825: Nr. 343

Lacoste, Pierre François
  Histoire naturelle de l'Auvergne. 1823. [Plan]: Nr. 418
  Observations sur les travaux qui doivent éntre faits pour la recherche des objets d'antiquité, dans le département du Puy-de-Dôme; suivies de notes. Clermont, Riom 1824: Nr. 418
  Observations sur les volcans de l'Auvergne, suivies de notes sur divers objets, recueillies dans une course minéralogique, faite l'année dernière. Clermont-Ferrand 1802/03: Nr. 735
La Fontaine, Jean de
  Fables. Fable XX. Le philosophe scythe: Nr. 448
Lalla Rûkh. Ein Festspiel mit Gesang und Tanz. Aufgeführt auf dem königlichen Schlosse in Berlin am 27. Januar 1821 bei der Anwesenheit ... des Großfürsten Nikolaus und der Großfürstin Alexandra Feodorowna. Mit 23 kolorierten Kupfertafeln. Hrsg. v. K. von Brühl und S. H. Spiker. Berlin 1822: Nr. 61, 546
Lamartine, Alphonse de
  Méditations poétiques. 9. Aufl. Paris 1823: Nr. 31
Lange, Eduard Reinhold
  Über die antike und moderne Tragödie. – In: Paläophron und Neoterpe 1824, St. 2: Nr. 248
Langsdorf, Karl Christian von
  Neue leichtfassliche Anleitung zur Salzwerkskunde mit vorzüglicher Rücksicht auf halurgische Geognosie und auf die zweckmäßigsten Anstalten zur Gewinnung reicherer Solquellen. Text- und Tafelbd. Heidelberg, Leipzig 1824: Nr. 487
Laplace, Pierre Simon de
  De l'action de la Lune sur l'atmosphere. – In: Connaissance des temps, ou des mouvements célestes à l'usage des astronomes et des navigateurs. Pour l'an 1826. Paris 1823: Nr. 674
  Traité de mécanique céleste. Bd. 1 – 5. Paris 1798 – 1825: Nr. 674, 761
La Rochejaquelein, Victoire de
  Mémoires. Paris 1815: Nr. 800
Las Cases (Ps. A. Le Sage, Lesage), Emmanuel
  Denkwürdigkeiten von Sankt Helena, oder Tagebuch, in welchem alles, was Napoleon in einem Zeitraume von 18 Monaten gesprochen und getan hat, Tag für Tag aufgezeichnet ist. Aus dem Französischen übersetzt. Bd. 1 – 9. Stuttgart 1823 – 1826: Nr. 320
L'Athénée des dames. Paris [1807f.]: Nr. 865
Lauchery, Étienne
  Arlequin im Schutz der Zauberei. Italienische Pantomime in drei Akten. Musik von K. J. Toeschi und B. A. Weber. Berlin o. J.: Nr. 512
Laun, Friedrich: s. Schulze, Friedrich August
Leake, William Martin
  Researches in Greece. London 1814: Nr. 281
  The Topography of Athens; with some Remarks on its Antiquities. Text- und Tafelbd. London 1821: Nr. 281
Lebensabriss Friedrich Ludwig Zacharias Werners. Beilage zu der dritten Ausgabe der Söhne des Thals. Hrsg. v. J. E. Hitzig. Berlin 1823: Nr. 250

Lebrun, Karl
  Pommersche Intriguen, oder: Das Stelldichein. Lustspiel in drei Akten. Berlin, 20. Oktober 1820: Nr. 531
Le chêne et le roseau. Comédi. [aufgeführt in Paris um 1823]: Nr. 457
Le constitutionnel. Journal du commerce, politique et littéraire. Paris 1815 – 1914: Nr. 387, 617, 634
Legende vom heiligen Alexius. – In: Altdeutsche Dichtungen. Hrsg. v. N. Meyer und E. F. Mooyer. Quedlinburg, Leipzig 1833: Nr. 189
Lembert (auch: Tremler; eigentl. Treml), Wenzel
  Textdichtung: s. Kenilworth. Historisch-romantisches Gemälde in fünf Abteilungen.
Le miroir des spectacles, des lettres, des moeurs et des arts. [26. – 28. Juni 1823 u. d. T. Le Sphinx. Journal littèraire, des spectacles, des moeurs, des arts, des sciences et des modes. Nr. 1 – 3]. Paris 1821 – 1823: Nr. 288
Le Moniteur universel. Paris 1811 – 1901: Nr. 387
Leonhard, Karl Cäsar von
  Charakteristik der Felsarten. Für akademische Vorlesungen und zum Selbststudium. Abt. 1: Ungleichartige Gesteine. Abt. 2: Gleichartige und scheinbar gleichartige Gesteine. Abt. 3: Trümmergesteine, lose Gesteine, Kohlen. Heidelberg 1823f.: Nr. 149, 150, 181, 230, 269, 287, 357, 777, 926, 976, 1008
  Handbuch der Oryktognosie. Für akademische Vorlesungen und zum Selbststudium. Mit sieben Steindrucktafeln.
    Heidelberg 1821: Nr. 976
    2. vermehrte und verbesserte Aufl. Heidelberg 1826: Nr. 976
  Naturgeschichte des Mineralreichs. Lehrbuch für Gymnasien und Realschulen. Abt. 1: Grundzüge der Oryktognosie. Abt. 2: Grundzüge der Geologie und Geognosie. 2. vermehrte und verbesserte Aufl. Heidelberg 1831 – 1833: Nr. 777
  Hrsg.: s. Taschenbuch für die gesamte Mineralogie.
  Hrsg.: s. Zeitschrift für Mineralogie.
Leonhard, Karl Cäsar von und Leopold Gmelin
  Nephelin in Dolerit am Katzenbuckel. Vorgelesen in der allgemeinen Versammlung der Gesellschaft für Naturwissenschaften und Heilkunde zu Heidelberg am 13. Juli 1822. Heidelberg 1822: Nr. 150
Lesage, Alain René
  Le diable boiteux. Paris 1707: Nr. 1056
Le Sphinx: s. Le miroir des spectacles, des lettres, des moeurs et des arts.
Lessing, Gotthold Ephraim
  Minna von Barnhelm, oder das Soldatenglück. Lustspiel in fünf Aufzügen. Berlin 1767: Nr. 431
  [Werke]: Nr. 352
Leveson Gower, Francis
  Faust. A Drama by Goethe. And Schillers Song of the Bell. London 1823: Nr. 955
Libri Coronae Legis, id est Commentarii in Pentateuchum Karaitici ab Aharone ben Elihu conscripti aliquot particulas. Hrsg. v. J. G. L. Kosegarten. Jena 1824: Nr. 681
Liebhaber, Amalie Luise von
  Gedichte. Zweite Sammlung. Braunschweig 1824: Nr. 826, 962
  Poetische Versuche. [Gedichte. Erste Sammlung]. Braunschweig 1823: Nr. 826
  Rezension im Kunstblatt 1823, Nr. 77: Nr. 962

Lieder der Liebe. Die ältesten und schönsten aus dem Morgenlande. Nebst 44 alten Minneliedern. Hrsg. v. J. G. von Herder. Leipzig 1778: Nr. 996, 1052

Lillo, George
  The Fatal Curiosity. A Tragedy. With a short Account of the Author's Life and an Explanatory Index of some Expressions. [Hrsg. v. F. A. Wolf]. Nordhausen 1780: Nr. 554

Lindenau, Bernhard August von
  Beiträge zu einer Theorie der Atmosphäre. – In: Monatliche Korrespondenz zur Beförderung der Erd- und Himmelskunde 1810, Bd. 21: Nr. 674

Lindpaintner, Peter Joseph
  Komposition: s. Die Galeerensklaven.

Linné, Karl von
  [Caroli Linnaei] Systema Vegetabilium. Ausgabe 16. Hrsg. v. K. Sprengel. Bd. 1 – 5. Göttingen 1825 – 1828: Nr. 925, 937, 967, 978

Lipiński, Józef
  Rotmistrz Gorecki. Roman. [vor 1807].
    Übersetzung von W. Münnich: Nr. 991, 992

Liste der Kurgäste und Durchreisenden zu Wiesbaden. Liste Nr. 22 vom 5. – 7. August 1824. Wiesbaden [1824]: Nr. 857

Literarisches Konversationsblatt. Leipzig 1820 – 1826: Nr. 447, 596, 606, 681, 690, 731, 848, 940, 1014, 1045

Literaturblatt, Beiblatt zum Morgenblatt für gebildete Stände: s. Morgenblatt für gebildete Stände. Literaturblatt.

Lobkowitz, August Longin von
  Vortrag des Geschäftsleiters des böhmischen Museums ... bei der ersten ordentlichen allgemeinen Versammlung, den 26. Hornung [Februar] 1823. [mit vier Beilagen]. – In: Verhandlungen der Gesellschaft des vaterländischen Museums in Böhmen 1823, Heft 1: Nr. 182

Loddiges, Conrad, William Loddiges und George Loddiges
  The Botanical Cabinet. Consisting of Coloured Delineations of Plants from all Countries; with a short Account of Each. Illustrationen von G. Cooke. Bd. 1 – 20. London 1817 – 1833: Nr. 435, 467

Loddiges, George
  Mitverf.: s. Loddiges, Conrad, William Loddiges und George Loddiges. The Botanical Cabinet.

Loddiges, William
  Mitverf.: s. Loddiges, Conrad, William Loddiges und George Loddiges. The Botanical Cabinet.

Loder, Justus Christian von
  Elementa Anatomiae humani corporis. Quae tironibus artis medicae apud Caesaream Mosquensem Universitatem ... exposuit. Bd. 1. Osteologia. Syndesmologia. Myologia. Cum tribus tabulis lithographicis. Moskau, Riga und Dorpat 1823: Nr. 348, 874
  Index praeparatorum aliarumque rerum ad anatomen spectantium, quae in Museo Caesareae Universiitatis Mosquensis servantur. Cum duabus tabulis lithographicis. Moskau 1823: Nr. 874
  [Kupferwerk; Plan]: Nr. 874

Lößl, Ignaz
   Noch etwas über den Ruß des Hopfens, nachgebracht vom Herrn Bergmeister und Justiziarius Lößl, zu Falkenau. – In: Zur Morphologie II 2: Nr. 614
Loève-Veimars, Adolphe François
   Notice sur Goethe. – In: L. C. Beaupoil de Sainte-Aulaire. Faust. Tragédie. Paris 1823: Nr. 474
Loewe, Johann Karl Gottfried
   Drei Balladen von Goethe, Herder, Uhland. Für eine Singstimme, mit Begleitung des Pianoforte; op. 1. Erste Sammlung. Berlin [1823]: Nr. 521
Lokes Sang (Riese spielt mit dem Bauersmann ...) [Färöisches Volkslied].
   Übersetzung von W. Grimm: Nr. 1036
Lützerode, Karl von
   Übersetzung: G. G. Byron. Cain. [Plan]: Nr. 816
Lukrez (Titus Lucretius Carus)
   De rerum natura.
      Übersetzung von K. L. von Knebel: Nr. 692
Luther, Martin
   »Ein feste Burg ist unser Gott ...«. [Kirchenlied]: Nr. 506
   Gedichte. Hrsg. v. K. K. Kraukling. [Plan]: Nr. 364
Luther, Martin, Philipp Melanchton und Johann Schwertfeger
   Passional Christi und Antichristi. Mit 26 Holzschnitten nach L. Cranachs Zeichnungen. Wittenberg 1821: Nr. 523
Lyngbye, Hans Christian
   Hrsg.: s. Færøiske Qvæder om Sigurd Fofnersbane og hans Æt.

Macháček, Simeon Karel
   Goethowa Iphigenia w Taurii. Tragédia w pateru děgstwj, přeloženjm. Prag 1822: Nr. 5, 182
   Übersetzung: Faust. Romantische Oper in zwei Aufzügen. Libretto v. J. K. Bernard. In Musik gesetzt v. L. Spohr: Nr. 5
Machiavelli, Niccolò
   Discorsi sopra la prima deca di Tito Livio. Florenz 1531: Nr. 1078
Macpherson, James (Ossian)
   The Songs of Selma.
      Übersetzung von J. W. von Goethe: Nr. 115
   [Werke]: Nr. 1/152b+
      Übersetzung von C. W. Ahlwardt: Nr. 115
      Übersetzung von J. F. Arnauld de la Perière: Nr. 115
      Übersetzung von E. von Bülow: Nr. 115
      Übersetzung von G. L. Kosegarten: Nr. 115
      Übersetzung von J. G. Rhode: Nr. 115
      Übersetzung von F. Stolberg: Nr. 115
Madam Szymanoska – zu Weimar. – In: Journal für Literatur, Kunst, Luxus und Mode 1823, Nr. 103: Nr. 459
Mämpel, Johann Christian
   Der junge Feldjäger in französischen und englischen Diensten während des spanisch-portugiesischen Kriegs von 1806 – 1816. Eingeführt von J. W. von Goethe. Bd. 1 – 4. Leipzig 1826f.: Nr. 763, 856

Maillard, Olivier
   La confession [de frere Olivier Maillard]. Paris [um 1500]: Nr. 691
Mainwaring, John
   Memoirs of the Life of the Late George Frederic Handel. London 1760.
      Übersetzung von J. Mattheson: Nr. 698
Mala prostonarodna slaveno-serbska pjesnarica [Kleines slowenisch-serbisches Liederbuch]. Hrsg. v. V. S. Karadžić. Wien 1814: Nr. 391, 451, 835
Malerischen Ansichten von Athen. Hrsg. v. F. Heger und H. Hübsch. 26 Blatt. Darmstadt 1823: Nr. 164
Malsburg, Ernst von der
   Hrsg.: s. Vega Carpio, Lope Félix de (Lope de Vega). Stern, Zepter, Blume.
Manzoni, Alessandro
   Il cinque Maggio.
      Übersetzung von J. W. von Goethe: Nr. 52, 167
   Il Conte di Carmagnola. Tragedia. Mailand 1820.
      Übersetzung von A. Arnold: Nr. 776
      Übersetzung von G. W. Fenner: Nr. 776
Margueré
   Übersetzung: s. Œuvres dramatiques de J. W. Goethe.
Mariä Krönung und die Wunder des heiligen Dominikus. In 15 Blättern nach G. Fiesole gezeichnet v. W. Ternite. [Gestochen von C. Forssell]. Nebst einer Nachricht vom Leben des Malers und Erklärung des Gemäldes v. A. W. von Schlegel. Paris 1817.
   Rezension von J. W. von Goethe und H. Meyer: Nr. 71
Marqué-Victor, Jean Pierre
   Résultats moyens d'observations barométriques faites à Toulouse. – In: Bibliothèque universelle des sciences, belles-lettres et arts 1822, Bd. 20: Nr. 761
Marsollier des Vivetières, Benoît Joseph
   Textdichtung: s. Dalayrac, Nicolas. La maison isolée.
Martius, Karl von
   Die Pflanzen im Tierkreise. [Aufsatz; Plan]: Nr. 1064
   Die Physiognomie des Pflanzenreiches in Brasilien. Eine Rede, gelesen in der ... am 14. Februar 1824 gehaltenen ... Sitzung der königlichen bayerischen Akademie der Wissenschaften. München [1824]: Nr. 603, 611, 612
   Einiges von den Palmen, naturgeschichtlich und morphologisch. [Manuskript; gedruckt in: Goethe und Carl Friedrich Philipp von Martius. Hrsg. v. Alexander von Martius. Mittenwald (1932), S. 31 – 54]: Nr. 428, 603
   Genera et species palmarum quas in itinere per Brasiliam annis 1817 – 1820 ... suscepto collegit, descripsit et iconibus illustravit. Heft 1 – 4. München 1823 – 1825: Nr. 182, 529, 1010, 1064
      Rezension von J. W. von Goethe und H. Meyer: Nr. 428, 603, 993
   Hrsg.: s. Flora Brasiliensis.
   Mitverf.: s. Nees von Esenbeck, Christian Gottfried Daniel und Karl von Martius. Goethea, novum plantarum genus.
Materialien für die Staatsarzneiwissenschaft und praktische Heilkunde. Hrsg. v. J. H. G. Schlegel. Slg. 1 – 11. Jena 1800 – 1824: Nr. 487
Mattheson, Johann
   Georg Friderich Händels Lebensbeschreibung. Nebst einem Verzeichnisse seiner

Ausübungswerke und deren Beurteilung. Übersetzet, auch mit einigen Anmerkungen, absonderlich über den hamburgischen Artikel, versehen. Hamburg 1761: Nr. 698

[Werke]: Nr. 698

Maurice, George
Dissertation sur les premiers élémens de la théorie de la vision. Genf 1823: Nr. 436

Mayrhofer, Johann
Gedichte. Wien 1824: Nr. 986

Medizinische Jahrbücher des kaiserlich-königlich österreichischen Staates. Hrsg. v. den Direktoren und Professoren des Studiums der Heilkunde an der Universität zu Wien. Wien 1812 – 1848: Nr. 55

Mednyánszky, Alois von
Hrsg.: s. Taschenbuch für die vaterländische Geschichte.

Medwin, Thomas
Ahasuerus, the Wanderer. A Dramatic Legend in Six Parts. London 1823: Nr. 816
Conversations de Lord Byron. Recueillies pendant un séjour avec sa seigneurie a Pise dans les années 1821 et 1822. Traduites de l'anglais, sur les notes de l'auteur. Bd. 1 – 2. Paris 1825: Nr. 1031
Journal of the Conversations of Lord Byron. Noted during a Residence with his Lordship at Pisa in the years 1821 and 1822. Bd. 1 –2. Paris 1824: Nr. 766, 816, 818, 1031, 1063, 1075
Übersetzung: J. W. von Goethe. Goethes Beitrag zum Andenken Lord Byrons. [u. d. T. The high admiration of the Germans for Lord Byron. Goethes tribute to his genius and memory]. – In: T. Medwin. Journal of the Conversations of Lord Byron. Paris 1824, Bd. 2: Nr. 1063, 1075

Meinhold, Wilhelm
Vermischte Gedichte. Koserow, Greifswald 1824: Nr. 745

Melanchthon, Philipp
Mitverf.: s. Luther, Martin, Philipp Melanchton und Johann Schwertfeger. Passional Christi und Antichristi.

Melchior Striegel. Ein heroisch episches Gedicht. Für Freunde der Freiheit und Gleichheit. Hrsg. v. J. F. Ratschky. Wien 1793: Nr. 680

Memminger, Johann Daniel Georg
Canstatt und seine Umgebung. Ein Beitrag zur Geschichts- und Länderkunde. Stuttgart 1812: Nr. 487

Mémoires autographes de Don Augustin Iturbide, ex-empereur de Mexique, contenant le détail des principaux événements de sa vie publique, avec une préface de ses pièces justificatives; traduits de l'anglais de M. J. Quin par J. T. Parisot. Paris 1824: Nr. 956, 957

Memoirs of Goethe. Written by himself. Bd. 1 – 2. London 1824.
Anzeige in: The New Monthly Magazine 1824, Bd. 7: Nr. 848

Mendelssohn Bartholdy, Fanny
[Werke]: Nr. 1065

Mendelssohn Bartholdy, Felix
Der Onkel aus Boston, oder Die beiden Neffen. Komische Oper in drei Akten. Libretto v. J. L. Casper. Singspiel. o. O. 1823/24: Nr. 51, 554, 556
Klavierquartett c-Moll, opus 1. [vollendet 18. Oktober 1822; gewidmet Fürst A.

Radziwiłł]: Nr. 51
[Komposition]: Nr. 514
Konzert für zwei Klaviere und Orchester As-Dur. [1824]: Nr. 1083
Menke, Karl Theodor
　Lage, Ursprung, Namen, Beschreibung, Altertum, Mythus und Geschichte der Externsteine. Mit zwei lithographierten Abbildungen. Münster 1824: Nr. 977
Merian, Andreas von
　Mitverf.: s. Klaproth, Heinrich Julius von und Andreas von Merian. Tripartitum.
Merkwürdigkeiten altdeutscher Kunst in der Altmark. Bearbeitet v. A. Stöpel; hrsg. v. J. G. Büsching. 1. Lfrg. Breslau 1825: Nr. 67, 173
Messager des sciences et des arts. Recueil publié par la Société Royale des beaux-arts et des lettres et par celle d'agriculture et de botanique de Gand. Gent 1823 – 1832: Nr. 742
Meteorologische Beobachtungen des Jahres ..., aufgezeichnet in den Anstalten für Witterungskunde im Großherzogthum Sachsen-Weimar-Eisenach; mitgeteilt von großherzoglicher Sternwarte zu Jena [durch L. Schrön]. Jg. 1 – 6. Weimar, Jena 1822 (1823) – 1827 (1828): Nr. 1054
Meteorologische Hefte für Beobachtungen und Untersuchungen zur Begründung der Witterungslehre. Bearbeitet von mehreren Gelehrten und Freunden der Naturforschung u. hrsg. v. K. K. Haberle. Heft 1 – 3. Weimar 1810 – 1812: Nr. 456
Meyer, Ernst
　Juncaceae. – In: Reliquiae Haenkeanae. Hrsg. v. K. B. Presl. Bd. 1/2. Prag 1827: Nr. 438
　Plantarum Surinamensium Corrolarium primum. – In: Nova Acta 1825; Bd. 12. 2: Nr. 1070
　Mitverf.: s. Meyer, Ernst und Johann Wolfgang von Goethe. Problem und Erwiderung.
　Rezension: C. G. Nees von Esenbeck. Handbuch der Botanik. – In: Göttingische gelehrte Anzeigen 1822, Nr. 84: Nr. 429
　Rezension: J. A. C. Röper. Enumeratio Euphorbiarum quae in Germania et Pannonia gignuntur. Göttingen 1824. – In: Göttingische gelehrte Anzeigen 1825, Nr. 31: Nr. 1070
Meyer, Ernst und Johann Wolfgang von Goethe
　Problem und Erwiderung. – In: Zur Morphologie II 1: Nr. 93, 376, 438, 464, 529, 541
Meyer, Heinrich
　[Ansicht der Gegend von Tivoli ... von L. W. Wittich]. [Anzeige]. – In: Über Kunst und Altertum IV 3: Nr. 323
　Aus dem königl. lithographischen Institut in Berlin ... [Rezension]. – In: Über Kunst und Altertum V 2 (Bildende Kunst): Nr. 880
　Berliner Steindruck. – In: Über Kunst und Altertum IV 3: Nr. 228, 333, 573
　Bildende Kunst.
　　In: Über Kunst und Altertum V 1: Nr. 820
　　In: Über Kunst und Altertum V 2: Nr. 817, 1055
　Bildnisse Göttinger Professoren. Nach dem Leben gezeichnet und radiert. [Anzeige]. – In: Über Kunst und Altertum V 2 (Bildende Kunst. Nachtrag): Nr. 706, 1036
　Carus Gemälde. [Rezension]. – In: Über Kunst und Altertum IV 1. (Neuere bildende Kunst): Nr. 72

Darstellungen zu Goethes Faust, von Ludwig Nauwerk, 1. Heft in vier Blättern. Hamburger Steindruck. [Anzeige]. – In: Über Kunst und Altertum VI 1 (Bildende Kunst): Nr. 746, 1021
[Der Sammler für Kunst und Altertum in Nürnberg]. [Anzeige]. – In: Über Kunst und Altertum V 2: Nr. 817
Ehebrecherin nach Tizian. [Rezension]. – In: Über Kunst und Altertum IV 1. (Neuere bildende Kunst): Nr. 166
[Fortschritte des Steindrucks]. [Anzeige]. – In: Über Kunst und Altertum IV 2: Nr. 228, 235, 333, 679
[Heinrich Meyers] Geschichte der bildenden Künste bei den Griechen von ihrem Ursprunge bis zum höchsten Flor. Abt. 1 – 3. Dresden 1824: Nr. 274, 758, 764
    Anzeige in Über Kunst und Altertum IV 1: Nr. 52
[K. J. L. Iken. Chronologische Übersicht der berühmten Maler und Die vier italienischen Hauptschulen der Malerei]. [Anzeige]. – In: Über Kunst und Altertum VI 2: Nr. 709
Lalla Ruhk. [Rezension]. – In: Über Kunst und Altertum IV 2: Nr. 61, 323
Neuentdeckte Denkmäler von Nubien an den Ufern des Nils von der ersten bis zur zweiten Katarakte. Von F. C. Gau, aus Köln. gr. Fol. [Anzeige]. – In: Über Kunst und Altertum V 2 (Bildende Kunst. Nachtrag): Nr. 704
Radierte Blätter nach der Natur gezeichnet von L. E. Grimm und dem Herrn Brentano La Roche zugeeignet, 2 Hefte. [Rezension]. – In: Über Kunst und Altertum IV 3: Nr. 265, 573, 706
[Rezensionen und Anzeigen]. – In: Über Kunst und Altertum IV 1 (Neuere bildende Kunst): Nr. 52
[Steindrucke nach Gemälden aus der Sammlung Boisserée und Bertram]. [Anzeige]. – In: Über Kunst und Altertum V 2 (Bildende Kunst. Nachtrag): Nr. 1077
Über die Altargemälde von Lucas Cranach in der Stadtkirche zu Weimar. Weimar 1813: Nr. 59
Über die Gemälde des Herrn Dr. Carus auf der Ausstellung des großherzoglichen Zeicheninstituts zu Weimar im September 1824. [Rezension]. – In: Über Kunst und Altertum V 2 (Bildende Kunst. Nachtrag): Nr. 468
Views in the Himala Mountains by J. B. Fraser, Esq. [Rezension]. – In: Über Kunst und Altertum IV 3: Nr. 573
[Voyage pittoresque de l'Oberland Bernois. Hrsg. v. M. G. Lory. Paris 1822]. [Anzeige]. – In: Über Kunst und Altertum IV 3: Nr. 315, 316

Meyer, Heinrich und Johann Wolfgang von Goethe
[Amslers Madonna nach Raffael und Thorwaldsons Porträt]. [Rezension]. – In: Über Kunst und Altertum V 1: Nr. 820
Bildende Kunst. – In: Über Kunst und Altertum V 1: Nr. 820
Boisseréesche Kunstleistungen. – In: Über Kunst und Altertum V 1: Nr. 474, 719, 884
Brüggemanns Altar im Dom zu Schleswig. Lithographiert von C. C. Böhndel. 1. Heft. groß. Fol. [Anzeige]. – In: Über Kunst und Altertum V 2: Nr. 917
[Französische Steindrucke]. [Rezension]. – In: Über Kunst und Altertum V 1. (Bildende Kunst): Nr. 679
Genera et species palmarum, von Dr. K. F. von Martius, Fasz. I und II, München 1823. [Rezension]. – In: Zur Morphologie II 2: Nr. 428, 603, 993

Giottos Abendmahl. [Rezension]. – In: Über Kunst und Altertum V 1: Nr. 820
Kirchen, Paläste und Klöster in Italien. [Anzeige]. – In: Über Kunst und Altertum III 3: Nr. 104
Kupferstich nach Tizian, wahrscheinlich von C. Cort. [Rezension]. – In: Über Kunst und Altertum IV 3: Nr. 573
Maria mit dem Kinde, kleines Bildwerk. [Rezension]. – In: Über Kunst und Altertum V 1: Nr. 820
[Mariä Krönung und die Wunder des Heiligen Dominikus. In 15 Blättern nach G. Fiesole gezeichnet v. W. Ternite. Paris 1817]. [Rezension]. – In: Über Kunst und Altertum VI 1. (Bildende Kunst, Sendungen aus Berlin): Nr. 71
Notice sur le cabinet des médailles et des pierres gravées de Sa Majesté le Roi des Pays-Bas; par J. C. de Jonge, Directeur. A la Haye. 1823. [Anzeige]. – In: Über Kunst und Altertum IV 3: Nr. 380, 602

Meyer, Karl
Gesehen! (Eine Stund' in seiner Seele Schranken ...). [Nach dem Besuch bei J. W. von Goethe am 15. Februar 1824; gedruckt in: Goethe. Begegnungen und Gespräche. Begründet von Ernst Grumach und Renate Grumach. Hrsg. v. Renate Grumach. Bd. XIV. Berlin 2011, S. 338f.]: Nr. 576
»Heim nun renn' ich, all mein Glück ...«. [Nach dem Besuch bei J. W. von Goethe am 15. Februar 1824; Manuskript]: Nr. 576
»Laß mich dich sehn! ...« [Gedicht; Manuskript]: Nr. 538

Meyer, Nikolaus
An Goethe. Zur Feier seines Geburtstages- und Genesungsfestes am 28. August 1823. Mit einigen Flaschen des ältesten Weines aus der Rose des Ratskellers zu Bremen; gelagert 1624. Minden 1823: Nr. 340
[Wörtlicher Abdruck des Kontrakts über die alten Gemälde am hohen Altar in der Hauptkirche zu Xanten]. – In: Das Sonntagsblatt [vor 1823]: Nr. 189
Hrsg.: s. Das Sonntagsblatt.

Meynier, Ludwig
Hrsg.: s. Annales de législation et d'économie politique.

Mikan, Johann Christian
Delectus florae et faunae Brasiliensis. Bd. 1 – 4. Wien 1820 – 1825: Nr. 195

Millenet, Johann Heinrich
Textdichtung: s. Schmidt, Johann Philipp Samuel. Das verborgene Fenster.

Millin, Aubin Louis
Mythologische Galerie. Eine Sammlung von mehr als 750 antiken Denkmälern, Statuen, geschnittenen Steinen, Münzen und Gemälden, zur Erläuterung der Mythologie, der Symbolik und Kunstgeschichte der Alten. Sorgfältig übersetzt und mit den 190 Original-Kupferblättern der französischen Ausgabe begleitet. Mit Vorrede und Anmerkungen v. E. H. Toelken. Bd. 1 – 2. Berlin, Stettin 1820: Nr. 913

Milon, Louis Jacques
Das Karneval in Venedig. Pantomimisches Ballett in zwei Abteilungen. Musik v. L. L. de Persuis und K. Kreutzer. Choreographie v. C. M. Telle und F. M. Hoguet. Berlin, 13. Februar 1824: Nr. 559

Mitscherlich, Eilhard
Über das Verhältnis der Kristallform zu den chemischen Proportionen. Dritte Abhandlung über die künstliche Darstellung der Mineralien aus ihren Bestandteilen. –

In: Abhandlungen der königlichen preußischen Akademie der Wissenschaften zu Berlin aus den Jahren 1822 und 1823. Berlin 1823: Nr. 449
Mitteilungen aus der Geschichte und Dichtung der Neugriechen. [Übersetzt und hrsg. v. C. G. Nees von Esenbeck, J. P. Pauls u. a.]. Bd. 1: Historische Volksgesänge der Neugriechen nach C. Fauriel. 1. Abteilung: Fauriels Einleitung zur Geschichte der neugriechischen Volkspoesie. Aus dem Französischen. Bd. 2: Historische Volksgesänge der Neugriechen nach C. Fauriel. 2. Abteilung: Klephtische und andere historische Gesänge, dann Lieder vom Suliotenkrieg, mit Fauriels Einleitungen. Koblenz 1825: Nr. 1078
Mitteilungen der mährisch-schlesischen Gesellschaft zur Beförderung des Ackerbaues, der Natur- und Landeskunde in Brünn. Brünn 1821 – 1891: Nr. 693
Möser, Justus
Patriotische Phantasien. Hrsg. v. seiner Tochter J. von Voigt, geb. Möser. Teil 1 – 4. Berlin 1775 – 1786: Nr. 516
Moller, Georg
Denkmäler der deutschen Baukunst. Teil 1 – 19. Darmstadt 1815 – 1830: Nr. 675
Faksimile der Originalzeichnung des Doms zu Köln. [Neun Kupferstiche]. Darmstadt 1818: Nr. 1042
Monatliche Korrespondenz zur Beförderung der Erd- und Himmelskunde. Hrsg. v. F. von Zach. Bd. 1 – 28. Gotha 1800 – 1813: Nr. 674, 761
Montenglaut, Henriette von
Herbstblumenkranz. Niedergelegt auf das Grab des ehrwürdigen Greises des lieblichen Dichters Jacobi in Freiburg im Breisgau; Mit fünf Musikblätter[n]. Darmstadt 1814: Nr. 252
Nordlands Heideblüten. Berlin 1824: Nr. 252
Monticelli, Teodoro und Nicola Covelli
Storia de' fenomeni del Vesuvio, avvenuti negli anni 1821, 1822 e parte 1823, con osservazioni e sperimenti. Neapel 1823.
Übersetzung von J. Noeggerath und J. P. Pauls: Nr. 968
Montucci, Antonio
[Katalog seiner chinesischen Wörterbuchsammlung und Materialien zur chinesischen Typographie; um 1823]: Nr. 948
Montucci, Antonio und Robert Morrison
Urh-Chih-Tsze-Tëen-Se-Yih-Pe-Keáou; Being A Parallel Drawn Between The Two Intended Chinese Dictionaries. London 1817: Nr. 948
Moore, Thomas
Lalla Rookh.
Bearbeitung von K. H. Herklots: Nr. 708
Bearbeitung von S. H. Spiker: Nr. 61, 546, 955
[Verse auf G. G. Byrons Autobiographie; 1824]: Nr. 860
[Werke]: Nr. 501
Mora y Sánchez, José Joaquín de
Mémoires historiques sur Ferdinand VII., roi des Espagnes, et sur les événements de son règne. Paris 1824: Nr. 957
Morgenblatt für gebildete Stände. Stuttgart, Tübingen 1807 – 1865: Nr. 64, 137, 344, 514, 573, 588, 763, 1048, 1073

Morgenblatt für gebildete Stände. Kunstblatt. Hrsg. v. L. Schorn [1820 – 1842]. Stuttgart, Tübingen 1820 – 1837: Nr. 189, 735, 954
Morgenblatt für gebildete Stände. Literaturblatt. Hrsg. v. A. Müllner [1820 – 1825]. Stuttgart, Tübingen 1820 – 1865: Nr. 962
Morrison, Robert
Mitverf.: s. Montucci, Antonio und Robert Morrison. Urh-Chih-Tsze-Tëen-Se-Yih-Pe-Keáou.
Moscheles, Ignaz
[Werke]: Nr. 1043
Moseley, Benjamin
A Treatise on Tropical Diseases. And on the Climate of the West-Indies. London 1787: Nr. 674
Motenebbi, der größte arabische Dichter. Zum ersten Male ganz übersetzt v. J. von Hammer. Wien 1824.
Rezension von J. G. L. Kosegarten: Nr. 681, 690, 932, 940, 943
Mozart, Wolfgang Amadeus
Die Hochzeit des Figaro. Wien 1798: Nr. 512
Die Zauberflöte. Wien 1791: Nr. 338, 625
Don Giovanni. Libretto v. L. Da Ponte: Nr. 431
Komposition: s. F. G. Händels Oratorium »Der Messias«.
[Werke]: Nr. 422, 1043
Mozin, Dominique Joseph
Übersetzung: S. Boisserée. Histoire et description de la cathédrale de Cologne, accompagnée de recherches sur l'architecture des anciennes cathédrales. Stuttgart 1823: Nr. 155, 375
Müffling, Karl von
Zur Kriegsgeschichte der Jahre 1813 und 1814. Die Feldzüge der schlesischen Armee unter dem Feldmarschall Blücher von der Beendigung des Waffenstillstandes bis zur Eroberung von Paris. Teil 1 – 2. Berlin, Posen 1824: Nr. 1024, 1028
Müglich, Karl
Geisterkarte von Deutschland. Nürnberg 1823: Nr. 317, 632
Müller, Ernst Friedrich Karl Gottgetreu
Einladung zur Subskription auf illuminierte Exemplare des Gemäldes der organischen Natur und ihrer Verbreitung auf der Erde; Gießen, 15. Oktober 1823: Nr. 460
Müller, Franz Hubert
Die St. Katharinen-Kirche zu Oppenheim. Ein Denkmal deutscher Kirchenbaukunst aus dem 13. Jahrhundert; geometrisch und perspektivisch dargestellt und mit einem erläuterndem Texte begleitet. Textbd. und Atlas. Darmstadt 1823 – 1836: Nr. 378, 1081
Müller, Friedrich Theodor Adam Heinrich von
An Goethe und Reinhard zum 6. Oktober 1823. Bei Entsiegelung zweihundertjährigen Rheinweins, genannt 'die Rose', gespendet von dem Magistrate der freien Stadt Bremen zu Goethes Geburtsfeste (Es dringt ein Jubelruf ...). [Manuskript; gedruckt in: Goethes Bremer Freund Dr. Nicolaus Meyer. Briefwechsel mit Goethe und dem Weimarer Kreise. Hrsg. v. Hans Kasten. Bremen 1926, S. 321]: Nr. 401
Erinnerungen aus den Kriegszeiten von 1806 – 1815. [Manuskript]: Nr. 606
»Feierlich von froher Tafelrunde ...«. [Sonett, vorgetragen auf der Feier zu J. W. von

Goethes 74. Geburtstag am 28. August 1823 in Weimar]. – In: Zu Goethes Geburts- und Genesungsfeste. Weimar, den 28. August 1823: Nr. 342, 367

Zum Umsonst. An Fräulein Auguste Jacobi (Umsonst! Schon neigten günstig sich die Sterne ...). Frankfurt am Main, 17. Mai 1824. [Huldigungsgedicht; Manuskript]: Nr. 727

Müller, Johann Peter
 Vertonung: J. W. von Goethe. Claudine von Villa Bella. [Manuskript]: Nr. 863

Müller, Johannes
 Redaktion: J. W. von Goethe. Über den Zwischenkiefer des Menschen und der Tiere. – In: Nova Acta 1831, Bd. 15. 1: Nr. 600, 831

Müller, Methusalem
 Hrsg.: s. Zeitung für die elegante Welt.

Müller, Wilhelm
 Chriemhilds Rache. Trauerspiel in drei Abteilungen, mit dem Chor. Heidelberg 1822.
  Rezension in: Prometheus 1823, Nr. 5: Nr. 22
 Hrsg.: s. Neugriechische Volkslieder.

Müllner, Adolf (Ps. Modestin)
 Rezension: Gedichte. Hrsg. zum Besten der Griechen v. H. Stieglitz und E. Große. Leipzig 1823. – In: The European Review 1824, Heft 1: Nr. 950

Münnich, Wilhelm
 Geschichte der polnischen Literatur. Warschau 1823: Nr. 991, 992
 Geschichte der polnischen Poesie und Beredtsamkeit. Göttingen 1823: Nr. 992
 Rezension: J. Śniadecki. [Werke]. – In: Göttingische gelehrte Anzeigen 1823, Nr. 160: Nr. 991
 Übersetzung: J. Lipiński. Le capitaine Goerecki conte national. Aus dem Polnischen. Göttingen 1824: Nr. 991, 992

Münter, Friedrich
 Der Tempel der himmlischen Göttin zu Paphos. Zweite Beilage zur Religion der Karthager. Mit vier Kupfertafeln und einer architektonischen Erklärung von G. F. Hetsch. Kopenhagen 1824: Nr. 343
 Forklaring af en inscription paa en gammel Etruscisk Ara i Cortona. Kopenhagen 1821: Nr. 343
 [Friderici Münteri, episcopi Selandiae] Epistola ad ... Sergium ab Ouvaroff ... de monumentis aliquot veteribus scriptis et figuratis penes se exstantibus. Kopenhagen 1822: Nr. 343
 Narratio de Lucio primo episcopo romano. Programma quo synodum dioecesanam Johanneam, Roskildiae d. III Jul. MDCCCXXIII celebrandam. Kopenhagen 1823: Nr. 343
 Om Frankernes Mynter I Orienten. Kopenhagen 1821: Nr. 343
 Recherches sur l'origine des ordres de chevalerie du royaume de Dannemarc. Kopenhagen 1823: Nr. 343
 Symbola veteris ecclesiae artis operibus expressa. Programma qvo inavgvrationem reverendissimi episcopi Ripensis Iani Michaelis Hertz. Kopenhagen 1819: Nr. 343
 Undersøgelse om de danske ridderordeners oprindelse. Kopenhagen 1822: Nr. 343
 Untersuchungen über den Ursprung der dänischen Ritterorden. Mit drei Kupfertafeln. Kopenhagen 1821: Nr. 343

Museum der deutschen Arkadier. Hrsg. v. der Gesellschaft der Arkadier. [Plan]: Nr. 54
Mutanabbi, Abu t-Tajjib Ahmed
[Werke].
Übersetzung von J. von Hammer: Nr. 681, 690, 932, 940, 943

[Nachricht über J. W. von Goethes Erkrankung]. – In: Der Korrespondent von und für Deutschland, 17. Dezember 1823: Nr. 640
Nachrichten von den kaiserlich österreichischen Naturforschern in Brasilien und den Resultaten ihrer Betriebsamkeit: Aus den Amtsrelationen der k. k. Gesandtschaft am Hofe von Rio Janeiro an das k. k. Ministerium der auswärtigen Angelegenheiten in Wien, aus den Berichten und Briefen der Naturforscher an den k. k. Hofnaturalienkabinettsdirektor, Herrn Karl von Schreibers, als Referenten des wissenschaftlichen Anteiles der Expedition, und nach Untersuchung und Befund der eingesendeten naturhistorischen Gegenstände der k. k. Hofnaturalienkabinettsdirektion. Hrsg. v. K. von Schreibers. Heft 1 – 2. Brünn 1820 – 1822: Nr. 195
Nachschabi (Sejaoddin N., Diya ad-Din Nakhshabi, Ziya od-Din Nachshabi)
The Tooti Nameh or Tales of a Parrot. In the Persian Language with an English Translation [von F. Gladwin nach M. Kaderis Bearbeitung]. Kalkutta, London 1801.
Übersetzung von K. Iken: Nr. 23, 709
Näke, August Ferdinand
Sanctum foedus coniugii principum Friderici Guilelmi Borussici regni heredis et Elisabethae Bavaricae publice pieque celebrat. Bonn 1823: Nr. 507, 515
Wallfahrt nach Sesenheim. [Manuskript]: Nr. 11
Narodna serbska pjesnarica [Serbisches Volksliederbuch]. Hrsg. v. V. S. Karadžić. Wien 1815: Nr. 391
Narodne srpske pjesme [Serbische Volkslieder]. Hrsg. v. V. S. Karadžić. Bd. 1 – 3. Leipzig 1823f.: Nr. 391, 451, 473, 563, 694, 835
Rezension von T. von Jakob: Nr. 731
Nasser, Johann Adolf
Verzeichnis der hinterlassenen Kupferstichsammlung des Herrn Hof- und Landgerichtsadvokaten [K. F.] Schmidt in Kiel. Abt. 3 – 4, die flandrische und französische Schule, nebst einigen Nachträgen aus den italienischen Schulen enthaltend. Kiel 1823: Nr. 10
Naue, Johann Friedrich
Versuch einer musikalischen Agenda oder Altargesänge zum Gebrauch in protestantischen Kirchen für musikalische und nicht musikalische Prediger und die dazu gehörenden Antworten für Gemeinden, Singchöre und Schulkinder, mit beliebiger Orgelbegleitung, teils nach den Urmelodien bearbeitet, teils neu komponiert. Halle [1824]: Nr. 461
Naumann, Karl Friedrich
Andeutungen zu einer Gesteinslehre, zunächst in Bezug auf die kristallinische Kieselreihe. Leipzig 1824: Nr. 476
Beiträge zur Kenntnis Norwegens. Gesammelt auf Wanderungen während der Sommermonate der Jahre 1821 und 1822. Teil 1 – 2. Leipzig 1824: Nr. 670
Nauwerck, Ludwig
Darstellungen zu Goethes Faust. [Zwölf Lithographien]. Lfrg. [Heft] 1 – 3. Hamburg 1826 – 1830: Nr. 227

Anzeige von J. W. von Goethe: Nr. 746, 1021
Anzeige von H. Meyer: Nr. 746, 1021

Nedden, Karl zur
An B. (Wann stockte je ...). [Manuskript; ? 1824]: Nr. 960
Das Erhebende. Begegnung (Mag das Leben ...). [Manuskript; ? 1824]: Nr. 960
Den Angehörigen Elisens (Nicht den Donner ...). [Manuskript; ? 1824]: Nr. 960
Heinz (Heinshausen, werter Ort ...). [Manuskript; ? 1824]: Nr. 960
Heiterkeit des Daseins (Stein- und Tier- und Pflanzenreich ...). [Manuskript; ? 1824]: Nr. 960
Im Oktobermonate. Mitteilung an die Nächsten (Der Dichterjünger ...). [Manuskript; ? 1824]: Nr. 960
Jugendfreunde beim Weine. Der Altertumsfreund (Klingt beim Weine ...). [Manuskript; ? 1824]: Nr. 960
Kunstlehre (Kunstgebilde zu schauen ...). [Manuskript; ? 1824]: Nr. 960
Meinem Vater, am Schluss des achtundfünfzigsten Lebensjahres. Der 18. Mai (Vom Abendhimmel ...). [Manuskript; ? 1824]: Nr. 960
Selige, wiederholende Abwechslung. Das Bild der Wahrheit (In Träumen schwebte ...). [Manuskript; ? 1824]: Nr. 960
[Über Naturphilosophie. 1823; Manuskript]: Nr. 93
Ungenannt, zum sechzigsten Geburtstage Hugos (Des Jahres Kranz ...). [Manuskript; 1824]: Nr. 960
Verschwörung (Gewalt des Himmels ...). [Manuskript; ? 1824]: Nr. 960

Nees von Esenbeck, Christian Gottfried Daniel
[Aufsatz über Robert Brown für »Zur Morphologie«. Plan]: Nr. 1088
Die Basaltsteinbrüche am Rückersberge bei Oberkassel am Rhein. Aus Noeggeraths: Das Gebirge in Rheinland-Westphalen. – In: Zur Naturwissenschaft überhaupt II 2: Nr. 73, 90, 103, 361, 402, 618, 1022, 1083
Handbuch der Botanik. Bd. 1 – 2. Nürnberg 1820f. = Teil 4 von Schubert, Gotthilf Heinrich. Handbuch der Naturgeschichte, zum Gebrauch bei Vorlesungen: Nr. 1070
    Rezension von E. Meyer: Nr. 429
Irrwege eines morphologisierenden Botanikers. – In: Zur Morphologie II 2: Nr. 73, 90, 103, 618, 993, 1022
Über Ruß, Mehltau und Honigtau, mit Bezug auf den Ruß des Hopfens. – In: Zur Morphologie II 2: Nr. 418, 449, 614, 993
Hrsg.: s. Amoenitates botanicae Bonnensis.
Hrsg.: s. Brown, Robert. Vermischte botanische Schriften.
Mitverf.: s. Flora Brasiliensis.
Mitverf.: s. Reinwardt, Kaspar Georg Karl, Karl Ludwig Blume und Christian Gottfried Daniel Nees von Esenbeck. Hepaticae Javanicae.
Mitverf.: s. Weihe, Karl Ernst August und Christian Gottfried Daniel Nees von Esenbeck. Die deutschen Brombeersträuche.
Übersetzung und Hrsg.: s. Mitteilungen aus der Geschichte und Dichtung der Neugriechen.
Vorrede: s. Brown, Robert. Vermischte botanische Schriften.

Nees von Esenbeck, Christian Gottfried Daniel und Christian Friedrich Harleß
Libamen sepulcrale, quod honori memoriae principis, dum viveret, Serenessimi Caroli Augusti ab Hardenberg ... Bonn 1823: Nr. 11

Nees von Esenbeck, Christian Gottfried Daniel und Karl von Martius
  Goethea, novum plantarum genus, a Serenissimo Principe Maximiliano, Neovidensi, ex itinere Brasiliensi relatum. Descripserunt et cum affinibus e Malvacearum familia naturali composuerunt. – In: Nova Acta 1823, Bd. 11. 1: Nr. 11, 103, 112, 136
Nees von Esenbeck, Christian Gottfried Daniel und Theodor Friedrich Ludwig Nees von Esenbeck
  Fungorum Javanicorum prodomus. Bonn 1824. [Lithographie]: Nr. 507, 515, 539
Nees von Esenbeck, Christian Gottfried Daniel, Georg August Goldfuß und Jakob Noeggerath
  Rezension: Zur Naturwissenschaft überhaupt, besonders zur Morphologie. Hrsg. v. J. W. von Goethe. Bd. 1. Stuttgart, Tübingen 1817–1822. – In: JALZ 1823, Nr. 101–108: Nr. 11, 73, 90, 235, 248, 255, 259, 274, 361, 1054
  Rezension: Zur Naturwissenschaft überhaupt, besonders zur Morphologie. Hrsg. v. J. W. von Goethe. Bd. 2. Stuttgart, Tübingen 1823f. [Plan]: Nr. 1054
Nees von Esenbeck, Christian Gottfried Daniel, Christian Friedrich Hornschuch und Jakob Sturm
  Bryologia Germanica, oder Beschreibung der in Deutschland und in der Schweiz wachsenden Laubmoose. Teil 1–3. Nürnberg 1823–1831: Nr. 160
Nees von Esenbeck, Christian Gottfried Daniel, Jakob Noeggerath und Gustav Bischof
  Die unterirdischen Rhizomorphen, ein leuchtender Lebensprozess. – In: Nova Acta 1823, Bd. 11. 2: Nr. 361, 402
Nees von Esenbeck, Theodor Friedrich Ludwig
  Beobachtungen über die Entwicklung der Laubmooose aus ihren Keimkörnern. – In: Nova Acta 1824, Bd. 12. 1: Nr. 259
  Entwicklungsgeschichte der Pteris serrulata. – In: Nova Acta 1824, Bd. 12. 1: Nr. 259
  Hrsg.: s. Amoenitates botanicae Bonnensis.
  Mitverf.: s. Nees von Esenbeck, Christian Gottfried Daniel und Theodor Friedrich Ludwig Nees von Esenbeck. Fungorum Javanicorum prodomus.
Neu entdeckte Denkmäler von Nubien, an den Ufern des Nils, von der ersten bis zur zweiten Katarakte. Gezeichnet und vermessen im Jahre 1819 und als Fortsetzung des französischen Werkes über Ägypten. Hrsg. v. F. C. Gau. Stuttgart, Paris 1821–1827. Anzeige von H. Meyer: Nr. 704
Neue Breslauer Zeitung. Hrsg. v. K. Schall. Breslau 1820–1827: Nr. 173
Neue Kostüme auf den beiden königlichen Theatern in Berlin unter der Generalintendantur des Herrn Grafen von Brühl. Hrsg. v. K. von Brühl. Heft 1–23. Berlin 1819–1831: Nr. 708
Neue Schriften der großherzoglich-sächsischen Sozietät für die gesamte Mineralogie in Jena. Hrsg. v. J. G. Lenz und J. F. H. Schwabe. Bd. 1–2. Neustadt an der Orla 1823–1825. [Fortsetzung der Annalen der Sozietät für die gesamte Mineralogie]: Nr. 693, 1020, 1080
Neues Testament: Nr. 13, 113, 193, 220, 261, 431, 698, 751, 793, 889
  s. auch Bibel
Neugriechische Volkslieder. Gesammelt und hrsg. v. C. Fauriel. Übersetzt und mit des französischen Herausgebers und eigenen Erläuterungen hrsg. v. W. Müller. Teil 1–2. Leipzig 1825: Nr. 281
Neumann, Johanne (Ps. Satori)
  [Beiträge].

In: Abendzeitung: Nr. 1037
In: Der Ährenleser: Nr. 1037
In: Wiener Zeitschrift für Kunst, Literatur, Theater und Mode: Nr. 1037
In: Zeitung für die elegante Welt: Nr. 1037
Valerie, oder die Gemälde. Danzig 1824: Nr. 1037
Hrsg.: s. Feldblumen.

Nicati, Constant
Specimen anatomico-pathologicum inaugurale de labii leporini congeniti natura et origine. Amsterdam 1822.
Rezension von J. W. von Goethe: Nr. 722

Niebuhr, Karsten
Reisebeschreibung nach Arabien und andern umliegenden Ländern. Bd. 1 – 3. Kopenhagen 1774 – 1837: Nr. 343

Niemeyer, August Hermann
Beobachtungen auf Reisen in und außer Deutschland. Nebst Erinnerungen an denkwürdige Lebenserfahrungen und Zeitgenossen in den letzten 50 Jahren. Bd. 1 – 6. Halle 1820 – 1826: Nr. 973
Beobachtungen auf einer Deportationsreise nach Frankreich im Jahr 1807. Bd. 1 – 2. Halle 1824. = A. Niemeyer. Beobachtungen auf Reisen in und außer Deutschland, Bd. 4: Nr. 973
Beobachtungen auf einer Reise durch einen Teil von Westphalen und Holland. 2. Aufl. Halle 1824. = A. Niemeyer. Beobachtungen auf Reisen in und außer Deutschland, Bd. 3: Nr. 973
Beobachtungen auf einer Reise nach England. Bd. 1 – 2. 2. Aufl. Halle 1822. = A. Niemeyer. Beobachtungen auf Reisen in und außer Deutschland, Bd. 1 – 2: Nr. 973

Noeggerath, Jakob
Das Gebirge in Rheinland-Westphalen. Bd. 1 – 4. Bonn 1822 – 1826.
Auszug in Zur Naturwissenschaft überhaupt II 2: Nr. 73, 90, 103, 361, 402, 618, 1022, 1083
Fortgesetzte Bemerkungen über fossile Baumstämme und andere Vegetabilien. Bonn 1821: Nr. 926
Über aufrecht im Gebirgsgestein eingeschlossene fossile Baumstämme und andere Vegetabilien. Historisches und Beobachtung. Bonn 1819: Nr. 926
Mitverf.: s. Nees von Esenbeck, Christian Gottfried Daniel, Georg August Goldfuß und Jakob Noeggerath. Rezension: Zur Naturwissenschaft überhaupt.
Mitverf.: s. Nees von Esenbeck, Christian Gottfried Daniel, Jakob Noeggerath und Gustav Bischof. Die unterirdischen Rhizomorphen.

Noeggerath, Jakob und Johann Peter Pauls
Der Vesuv in seiner Wirksamkeit während der Jahre 1821, 1822 und 1823, nach physikalischen, mineralogischen und chemischen Beobachtungen und Versuchen dargestellt v. T. Monticelli und N. Covelli. Aus dem Italienischen übersetzt und mit Anmerkungen begleitet. Elberfeld 1824: Nr. 968

Noehden, Georg Heinrich
Der Schild Wellingtons. Der Schild des Achilles. – In: Über Kunst und Altertum IV 1: Nr. 223

Nolli, Giovanni Battista
Nuova pianta di Roma. [Rom] 1748: Nr. 353

Nolte, Johann Wilhelm Heinrich
    Mitverf.: s. Ideler, Christian Ludwig und Johann Wilhelm Heinrich Nolte. Handbuch der englischen Sprache und Literatur.
Nordenflycht, Julie von
    [Gedichte]: Nr. 189
Nose, Karl Wilhelm
    Kritik der geologischen Theorie, besonders der von Breislak und jeder ähnlichen. Fortgesetzte Kritik der geologischen Theorie. Bd. 1 – 2. Bonn 1821f.: Nr. 361
Notizen aus dem Gebiete der Natur- und Heilkunde. Gesammelt und mitgeteilt v. L. F. von Froriep. Jg. 1 – 50. Jena, Weimar 1821/22 – 1836: Nr. 180
Nova Acta physico-medica Academiae Caesareae Leopoldino-Carolinae naturae curiosorum. Bd. 9. Erlangen 1818. Bd. 10 – 15. Bonn 1820 – 1831: Nr. 11, 73, 103, 112, 136, 165, 182, 259, 361, 402, 418, 449, 507, 515, 565, 662, 710, 831, 918, 1070
Novi prorectoratus auspicia ... rite capienda civibus indicit Academia Ienensis. [Akademisches Programm]: Nr. 771, 813, 850

Oehlenschläger, Adam Gottlob
    Axel und Walburg. Eine Tragödie. Tübingen 1810: Nr. 191
Oelsner, Konrad Engelbert
    [Anekdoten zur Französischen Revolution]: Nr. 152
    Des effets de la religion de Mohammed, pendant les trois premiers siècles de sa fondation, sur l'esprit, les moeurs et le gouvernement des peuples chez lesquels cette religion s'est établie. Paris 1810: Nr. 152
    Übersetzung und Hrsg.: s. Sieyès, Emmanuel Joseph. [Emmanuel Sieyès] politische Schriften.
Oertel, Eucharius
    Homers Ilias. Prosaisch übersetzt und kurz erläutert. Bd. 1 – 2. München 1822f.: Nr. 308, 412, 542
Œuvres dramatiques de J. W. Goethe. Übersetzung aus dem Deutschen [von F. A. A. Stapfer, G. Cavaignac und Margueré], eingeleitet durch eine biographische und literarische Notiz über Goethe [von Stapfer]. Bd. 1 – 4. Paris 1821 – 1825: Nr. 25, 71
Oeynhausen, Friedrich Adolf Ludwig von
    Übersetzung und Hrsg.: s. Das neue Leben.
Oken, Lorenz
    Hrsg.: s. Isis.
Osann, Friedrich Gotthilf
    »Plaudite: nam Charites choreas laetae pede ducunt alterno ...«. [Inschrift eines Postaments mit J. W. von Goethes Büste, aufgestellt in der Festsitzung der Gesellschaft für Wissenschaft und Kunst in Jena am 28. August 1824]: Nr. 924
Ossian: s. Macpherson, James.
Otto von Freising
    Chronica sive historia de duabus civitatibus. [Jenaer Manuskript]: Nr. 69
Ovid (Publius Ovidius Naso)
    Tristia: Nr. 126

Pachelbel, Johann
    Komposition: s. Tabulaturbuch geistlicher Gesänge.

Palacký, Frantisek
  Die Sternberge. – In: Taschenbuch für die vaterländische Geschichte 1825: Nr. 1010
Paläophron und Neoterpe. Schrift in zwanglosen Heften ästhetisch-kritischen Inhalts, bezüglich auf Kunst und Sitte, Religion und Wissenschaft. Hrsg. v. K. E. Schubarth. Stück 1 – 2. Berlin 1823f.: Nr. 141, 166, 172, 178, 192, 235, 248, 720
Pallavicini, Stefano Benedetto
  Textdichtung: s. Hasse, Johann Adolf. Die Pilgrimme auf Golgatha.
Pander, Christian
  Mitverf.: s. Alton, Eduard d' und Christian Pander. Die Skelette der Nagetiere.
  Mitverf.: s. Alton, Eduard d' und Christian Pander. Die Skelette der Vierhänder.
  Mitverf.: s. Alton, Eduard d' und Christian Pander. Die Skelette der Wiederkäuer.
  Mitverf.: s. Alton, Eduard d' und Christian Pander. Die Skelette der zahnlosen Tiere.
  Mitverf.: s. Alton, Eduard d' und Christian Pander. Vergleichende Osteologie.
Panse, Karl
  [Schriften]: Nr. 22
  Hrsg.: s. Prometheus, oder literarisches Oppositionsblatt.
Parkinson, James
  Organic Remains of a Former World. An Examination of the Mineralized Remains of the Vegetables and Animals of the Antediluvian World, Generally Termed Extraneous Fossils. Bd. 1 – 3. London 1804 – 1811: Nr. 237
  Outlines of Oryctology. An Introduction to the Study of Fossil Organic Remains; Especially those found in the British Strata. With Illustrative Plates. London 1822: Nr. 237
Parry, William Edward
  Journal of a Voyage for the Discovery of a North-West Passage from the Atlantic to the Pacific. Performed in the Years 1819–20, in his Majesty's Ships Hecla and Griper, under the orders of William Edward Parry. London 1821 – 1824: Nr. 993
Paulding, James Kirke
  Mitverf.: s. Irving, William, Washington Irving und James Kirke Paulding. Salmagundi.
Pauls, Johann Peter
  Mitverf.: s. Noeggerath, Jakob und Johann Peter Pauls. Der Vesuv in seiner Wirksamkeit.
  Rezension: Zur Naturwissenschaft überhaupt, besonders zur Morphologie II 2. – In: Der Eil-Bote, 9. Dezember 1824: Nr. 1088
  Übersetzung und Hrsg.: s. Mitteilungen aus der Geschichte und Dichtung der Neugriechen.
Peez, August Heinrich
  Wiesbadens Heilquellen. Gießen 1823: Nr. 879
Persuis (Loiseau de P.), Louis Luc Loiseau de
  Komposition: s. Milon, Louis Jacques. Das Karneval in Venedig.
Petrarca, Francesco
  [Werke]: Nr. 1/152b+
    Übersetzung von E. A. Hagen: Nr. 483
Peucer, Heinrich Karl Friedrich (Ps. Eduard Ost)
  Einleitung zur Zaire. – In: F. Peucer. Klassisches Theater der Franzosen. Bd. 1. Leipzig 1819: Nr. 176

Semper Augustus (Den Lenz umwallet reiches Grün ...). – In: Zu Goethes Geburtstagsfeier. Weimar, 28. August 1824: Nr. 905, 908

[Trinkspruch auf Großherzog Karl August von Sachsen-Weimar auf der Feier zu J. W. von Goethes 74. Geburtstag am 28. August 1823 in Weimar]: Nr. 342

Redaktion: s. Journal für Literatur, Kunst, Luxus und Mode.

Textdichtung: s. Eberwein, Karl. Der Graf von Gleichen.

Übersetzung: J. W. von Goethe. Des hommes célèbres de France au dix-huitième siècle, et de l'état de la littérature et des arts à la même époque. [Manuskript]: Nr. 203

Übersetzung: Voltaire. Zaire. – In: F. Peucer. Klassisches Theater der Franzosen. Bd. 1. Leipzig 1819: Nr. 176

Philosophical Magazine and Journal, Comprehending the Various Branches of Science, the Liberal and Fine Arts, Geology, Agriculture, Manufactures and Commerce. Hrsg. v. A. Tilloch. London 1814–1826: Nr. 935

Philosophical Transactions of the Royal Society of London. London 1665–1886: Nr. 47

Piccinni, Alexandre
  Komposition: s. Cantiran de Boirie, Eugène, Pierre François Adolphe Carmouche und Alphonse Poujol. Les deux forcats.

Pictet, Marc Auguste
  Notice sur un pont construit en fil de fer près d'Annonay. – In: Bibliotheque universelle des sciences, belles-lettres, et arts 1822, Bd. 21: Nr. 9/1598a+
  Hrsg.: s. Bibliothèque universelle des sciences, belles-lettres et arts.

Piles, Roger de
  Historie und Leben der berühmtesten europäischen Maler, so sich durch ihre Kunststücke bekannt gemacht. Hamburg 1710: Nr. 77

Pini, Ermenegildo
  Viaggio geologico per diverse parti meridionali dell'Italia. Mailand 1802: Nr. 221

Piranesi, Francesco
  Illustrationen: s. Piranesi, Giovanni Battista. Vasi, candelabri, cippi, sarcofagi, tripodi, lucerne ed ornamenti antichi.

Piranesi, Giovanni Battista
  Vasi, candelabri, cippi, sarcofagi, tripodi, lucerne ed ornamenti antichi. Illustrationen von F. Piranesi. Bd. 1–2. Rom 1778: Nr. 668

Platen, August von
  Antwort an den Ramlerianer. – In: A. von Platen. Schauspiele. Bd. 1. Erlangen 1824: Nr. 619
  Berengar. – In: A. von Platen. Schauspiele. Bd. 1. Erlangen 1824: Nr. 788
  Der gläserne Pantoffel.
    Komödie in drei Akten. Berlin 1823: Nr. 505
    Eine heroische Komödie in fünf Akten. – In: A. von Platen. Schauspiele. Bd. 1. Erlangen 1824: Nr. 619, 788
  Der Schatz des Rhampsinit. Lustspiel. – In: A. von Platen. Schauspiele. Stuttgart, Tübingen 1828: Nr. 788
  Ghaselen. Erlangen 1821: Nr. 505
  Historischer Anhang. Für die Freunde des Dichters. – In: A. von Platen. Schauspiele. Bd. 1. Erlangen 1824: Nr. 788
  Klagen eines Ramlerianers bei Durchlesung des gläsernen Pantoffels. – In: A. von

Platen. Schauspiele. Bd. 1. Erlangen 1824: Nr. 619
Neue Ghaselen. Erlangen 1823: Nr. 411, 505
    Rezension von J. P. Eckermann: Nr. 573, 619
Schauspiele.
    Bd. 1. Erlangen 1824: Nr. 788
    Stuttgart, Tübingen 1828: Nr. 788
Platon (Plato)
[Platonis] Quae supersunt opera. Hrsg. v. G. Stallbaum. Bd. 1 – 12. Leipzig, Leiden 1821 – 1825: Nr. 427
Politeia: Nr. 942
Plautus, Titus Maccius
Persa: Nr. 51
Pleischl, Adolph Martin
Hrsg.: s. Das chemische Laboratorium an der k. k. Universität zu Prag.
Plutarch(os)
[Plutarchs] Lebensbeschreibungen der berühmtesten Griechen und Römer mit ihren Vergleichungen. Aus dem Griechischen übersetzt und mit Anmerkungen versehen v. J. C. Kind. Bd. 1 – 8. Leipzig 1745 – 1754: Nr. 70
Lucius Aemilius Paullus.
    Übersetzung von J. C. Kind: Nr. 70
Poggendorff, Johann Christian
Hrsg.: s. Annalen der Physik und Chemie.
Pohl, Friedrich
Hrsg.: s. Archiv der deutschen Landwirtschaft.
Pohl, Johann Emanuel
Plantarum Brasiliae. Icones et descriptiones hactenus ineditae. Bd. 1 – 2. Wien 1827 – 1831: Nr. 195
Poliziano (eigentl. Agnolo [Angelo] Ambrogini)
Orpheus.
    Übersetzung von E. A. Hagen: Nr. 483
Pope, Alexander
Eloisa to Abelard. – In: A. Pope. The Works [of Alexander Pope]. Bd. 2. London 1812: Nr. 800
Poujol, Alphonse
Mitverf.: s. Cantiran de Boirie, Eugène, Pierre François Adolphe Carmouche und Alphonse Poujol. Les deux forcats.
Pouqueville, François Charles Hugues Laurent
Voyage dans la Grèce. Bd. 1 – 5. Paris 1821f.: Nr. 281
Voyage en Morée, à Constantinople, en Albanie, et dans plusieurs autres parties de l'Empire Othoman, pendant les années 1798, 1799, 1800 et 1801. Bd. 1 – 3. Paris 1805: Nr. 281
Preusker, Karl Benjamin
[Auflistung von Literatur zur Handschriftenkunde, 1823; Manuskript]: Nr. 488
Preußen, Friedrich II. König von
[Dichtungen]: Nr. 305
Prometheus, oder literarisches Oppositionsblatt. Hrsg. v. K. Panse. Nr. 1 – 6. Naumburg 1823: Nr. 22

Properz (Sextus Propertius)
  Elegien: Nr. 557
Propyläen. Eine periodische Schrift. Hrsg. v. J. W. von Goethe. Bd. 1 – 3. Tübingen 1798 – 1800: Nr. 448
Pucitta, Vincenzo
  La placida campagna. Polonaise. – In: V. Pucitta. La principessa in campagna: Nr. 341
Purkyně (Purkinje), Jan Evangelista
  Beiträge zur Kenntnis des Sehens in subjektiver Hinsicht. Prag 1819: Nr. 55
  Beiträge zur näheren Kenntnis des Schwindels aus heautognostischen Daten. – In: Medizinische Jahrbücher des kaiserlich-königlichen österreichischen Staates 1820, Bd. 6, St. 2: Nr. 55
  »Das Phänomen der Klangwellen auf gestrichenen Glasscheiben ...«. [Winter 1822/1823]. [Aufsatz; Manuskript]. [gedruckt in: Goethe. Die Schriften zur Naturwissenschaft. Hrsg. im Auftrage der Deutschen Akademie der Naturforscher Leopoldina. Abt. II, Bd. 5B/1, Weimar 2007, S. 407 – 416]: Nr. 55
  Das Sehen in subjektiver Hinsicht, von Purkinje. 1819. Auszug mit Bemerkungen von J. W. von Goethe. – In: Zur Morphologie II 2: Nr. 993
  Etwas über farbige Dunsthöfe bei Glasscheiben. Prag 1823. [Aufsatz; Manuskript]. [gedruckt in: Goethe. Die Schriften zur Naturwissenschaft. Hrsg. im Auftrage der Deutschen Akademie der Naturforscher Leopoldina. Abt. II, Bd. 5B/1, Weimar 2007, S. 305 – 307]: Nr. 55
  Relation über einige Versuche zur Ausmittlung der brechenerregenden Eigenschaft verschiedener Präparate der Ipecacuanhawurzel. – In: Das chemische Laboratorium an der k. k. Universität zu Prag. Entstehung und gegenwärtiger Zustand desselben, samt Nachrichten über einige der darin vorgenommenen Arbeiten nebst einigen Abhandlungen chemisch-medizinischen Inhalts. Dargestellt und bearbeitet v. A. M. Pleischl. Prag 1820: Nr. 55
Pyne, William Henry (Ps. Ephraim Hardcastle)
  The History of the Royal Residences of Windsor Castle, St. James Palace, Carlton House, Kensington Palace, Hampton Court, Buckingham Palace and Frogmore. Bd. 1 – 3. London 1819: Nr. 526, 539
Pyrker von Oberwart, Johann Ladislaus
  Perlen der heiligen Vorzeit. Helias der Thesbit. Elisa. Die Makkabäer. Ofen 1821: Nr. 1006
  Rudolph von Habsburg. Ein Heldengedicht in zwölf Gesängen. Wien 1825: Nr. 1006
  Tunisias. Ein Heldengedicht in zwölf Gesängen. Wien 1820: Nr. 1006
Pythagoras
  [Werke]: Nr. 215

Rabe, Friedrich
  Illustrationen: s. Schloss Marienburg in Preußen.
Racine, Jean Baptiste
  Britannicus. Paris 1670: Nr. 1043
  Iphigénie. Paris 1675: Nr. 1043
  Phädra.
    Übersetzung von F. Schiller: Nr. 130, 399

Raczyński, Edward von
 Dziennik podróży do Turcyi odbytey w roku 1814. Breslau 1821.
  Übersetzung von F. H. von der Hagen: Nr. 866
 Malerische Reise in einigen Provinzen des osmanischen Reichs. Aus dem Polnischen ... übersetzt v. F. H. von der Hagen. Breslau 1824
  Anzeige von J. W. von Goethe: Nr. 866, 896, 959
Radierte Blätter nach Handzeichnungen von Goethe. Hrsg. v. K. A. Schwerdgeburth. Weimar 1821: Nr. 61, 123, 260, 283
Radl, Anton
 Illustrationen: K. J. H. Hübbe. Ansichten der freien Hansestadt Hamburg und ihrer Umgebungen. 1. Teil. Mit acht Kupfern. Frankfurt 1824: Nr. 197
 Illustrationen: A. Kirchner. Ansichten von Frankfurt am Main, der umliegenden Gegend und der benachbarten Heilquellen. Teil 1 – 2. [Mit 25 Kupfern]. Frankfurt 1818: Nr. 197
 Illustrationen: A. Storck. Ansichten der Freien Hansestadt Bremen und ihrer Umgebungen. Mit 16 Kupfern. Frankfurt 1822: Nr. 197
 Illustrationen: J. C. Plath. Ansichten der freien Hansestadt Hamburg und ihrer Umgebungen. 2. Teil. Mit sechs Kupfern. Frankfurt 1828: Nr. 197
 Illustrationen: H. C. Zietz. Ansichten der freien Hansestadt Lübeck und ihrer Umgebungen. Mit 16 Kupfern. Frankfurt 1822: Nr. 197
Radziwiłł, Anton Heinrich
 Vertonung: J. W. von Goethe. Faust I: Nr. 955
Ramayana id est carmen epicum de Ramae rebus gestis poetae antiquissimi Valmicis opus. Textum codd. mss. collatis recensuit interpretationem Latinam et annotationes criticas adiecit Augustus Guilelmus a Schlegel. Bd. 1/1 – 2/1. Bonn 1829 – 1846: Nr. 1004
Ramler, Karl Wilhelm
 Der Tod Jesu. Vertonung von K. H. Graun. Berlin 1811: Nr. 113, 122, 130, 151, 625, 667
 Textdichtung: s. Händel, Georg Friedrich. Alexanderfest.
Ramond, Louis
 Troisième mémoire sur la mesure des hauteurs à l'aide du baromètre. – In: Mémoires de la classe des sciences mathématiques et physiques de l'Institut de France. Année 1808. Paris 1809.
  Rezension in Monatliche Korrespondenz zur Beförderung der Erd- und Himmelskunde 1810, Bd. 22: Nr. 674, 761
Ranko und Miliza. [Serbisches Volkslied].
 Übersetzung von B. Kopitar: Nr. 835
Ratschky, Joseph Franz
 Hrsg.: s. Melchior Striegel.
Rauch, Christian Daniel
 Vier Standbilder preußischer Feldherrn, angefertigt auf Befehl Sr. Majestät des Königs. Abbildungen in Steindruck, nebst dem Bildnisse des Künstlers. Berlin 1824.
  Rezension von H. Meyer: Nr. 880
Raumer, Friedrich von
 Geschichte der Hohenstaufen und ihrer Zeit. Bd 1 – 6. Leipzig 1823 – 1825: Nr. 871

Raymond, Henry
Lettre sur quelques antiquités d'Allemagne, peu connues en France, à Monsieur Vauquelin. Paris, Bonn 1824: Nr. 977

Reade, Joseph
A new Theory of Telescopes founded on rational Principles and interesting Experiments. – In: Philosophical Magazine and Journal 1824, Bd. 63: Nr. 935

Rehbein, Wilhelm
[Bulletin über J. W. von Goethes Gesundheitszustand]. – In: Kölnische Zeitung vom 4. März 1823: Nr. 90

Reichardt, Johann Friedrich
Hrsg.: s. Berlinische Musikalische Zeitung.

Reinecke, Johann Christoph Matthias
Maris Protagaei Nautilos et Argonautas vulgo Cornua Ammonis in Agro Coburgico et vicino reperiundos, descripsit et delineavit, simul observationes de fossilium protypis. Coburg 1818: Nr. 237

Reinhard, Karl (von)
Hrsg.: s. G. A. Bürgers sämtliche Werke.

Reinhard, Karl Friedrich
Auf Goethes Genesung den 9. März 1823 (Wahrlich er kömmt von den Schatten zurück ...). [Gedicht; Manuskript]. [gedruckt in: Goethe und Reinhard. Briefwechsel in den Jahren 1807–1832. Mit einer Vorrede des Kanzlers Friedrich von Müller. Wiesbaden 1957, S. 504]: Nr. 97

Reinhard, Sophie Karoline
»O schönes Land, wo nicht allein die Sonne ...«. [Gedicht auf die Geburt von Kronprinz Karl von Württemberg am 6. März 1823]. [gedruckt in: Marianne und Johann Jakob Willemer. Briefwechsel mit Goethe. Dokumente, Lebenschronik, Erläuterungen. Hrsg. v. Hans-J. Weitz. Frankfurt am Main 1965, S. 417f.]: Nr. 97

Reinhold, Karl Wilhelm
Hrsg.: s. Hammonia.

Reinwardt, Kaspar Georg Karl
Observatio de mangiferae semine polyembyoneo. – In: Nova Acta 1824, Bd. 12. 1: Nr. 259

Reinwardt, Kaspar Georg Karl, Karl Ludwig Blume und Christian Gottfried Daniel Nees von Esenbeck
Hepaticae lavanicae, editae coniunctis studiis et opera. – In: Nova Acta 1824, Bd. 12. 1: Nr. 259

Reitz, Wilhelm Otto
Belga graecissans. Rotterdam 1730: Nr. 599

Reliquiae Haenkeanae, quas in America meridionali et boreali, in insulis Philippinis et Marianis collegit Thaddeus Haenke. Hrsg. v. K. B. Presl. Bd. 1–6 [1/1–2/2]. Prag 1825–1835: Nr. 438

Rellstab, Ludwig
Karl der Kühne. Trauerspiel in fünf Aufzügen. Berlin 1824: Nr. 738
[Rezension über die Aufführung von Shakespeares »Romeo und Julia« am 19. Juni 1824]. – In: Königlich privilegierte Berlinische Zeitung von Staats- und gelehrten Sachen vom 26. und 28. Juni 1824: Nr. 801
Textdichtung: s. Klein, Bernhard. Dido.

Revue encyclopédique ou analyse raisonnée des productions les plus remarquables dans la littérature, les sciences, l'industrie et les beaux-arts. Paris 1819 – 1835: Nr. 203

Rhode, Johann Gottlieb
Beiträge zur Pflanzenkunde der Vorwelt. Nach Abdrücken im Kohlenschiefer und Sandstein aus schlesischen Steinkohlenwerken. Lfrg. 1 – 4. Breslau 1821 – 1823: Nr. 260, 297
    Rezension in Flora oder botanische Zeitung 1823, Bd. 6: Nr. 456
Ossians Gedichte. Rhythmisch übersetzt. Mit Vignetten und Titelkupfer. Teil 1 – 3. Berlin 1800: Nr. 115

Richardson, John
Botanischer Anhang zu Kapitän Franklins Bericht von einer Reise nach den Küsten des Arktischen Meeres. Mit Nachträgen v. R. Brown. Übersetzt v. C. G. Nees von Esenbeck. – In: R. Brown. Vermischte botanische Schriften. In Verbindung mit einigen Freunden ins Deutsche übersetzt und mit Anmerkungen versehen v. C. G. D. Nees von Esenbeck. Bd. 1. Schmalkalden 1825: Nr. 993

Richter, Franz Ludwig
[Gedicht für J. W. von Goethe zum 28. August 1822]: Nr. 100

Richter, Karl Friedrich
Der kleine Chemiker, oder Anleitung zum Selbststudium der Chemie, für angehende Chemiker, Naturforscher und Dilettanten. Leipzig 1823: Nr. 487
Taschenbuch zur Geognosie für Kameralisten, gebildete Ökonomen, Baukünstler, Straßenbeamte und Technologen überhaupt sowie alle Freunde der Natur. Freiberg 1818: Nr. 487

Riemer, Friedrich Wilhelm (Ps. Silvio Romano)
»Abermals in Feiertönen ...«: s. Riemer, Friedrich Wilhelm (Ps. Silvio Romano). Festgesang am 28. August 1823.
Bei Wiederholung des Maskenzuges vom 2. Februar 1824 (Das Leben ist allein und stets ...). – In: F. W. Riemer. Gedichte. Bd. 1. Jena 1826: Nr. 577
»Der Ausdruck 'Naturdichter', wie sehr er auch ...«. – In: Über Kunst und Altertum IV 2: Nr. 220, 614
Festgesang am 28. August 1823 (Abermals in Feiertönen ...). – In: F. W. Riemer. Gedichte. Bd. 1. Jena 1826: Nr. 342
Geniale Trias (Ein großer Dreiklang ...). – In: F. W. Riemer. Gedichte. Bd. 1. Jena 1826: Nr. 342
Genius-Horoskop (Wie an dem Tag ...). – In: F. W. Riemer. Gedichte. Bd. 1. Jena 1826: Nr. 342
»Gönne, dass zum schönsten Tage ...«. [Am 28. August 1824. Überreicht mit einem Kranz von Orangenblüten, Rosen, Myrten und Lorbeer]. – In: F. W. Riemer. Gedichte. Bd. 2. Jena 1826: Nr. 906
Kantate (Chor. Der Freude Göttertriebe ...). [Zur Geburtstagsfeier von Erbgroßherzog Karl Friedrich von Sachsen Weimar am 2. Februar 1823]. – In: F. W. Riemer. Gedichte. Bd. 1. Jena 1826.
    Vertonung von J. N. Hummel: Nr. 48, 70
»Mich ergreift, ich weiß nicht wie ...«. [Im Theater, am 28. August 1824]. – In: F. W. Riemer. Gedichte. Bd. 2. Jena 1826: Nr. 907
Natur und Genius (So wie Natur zuvor im Erdkristalle ...). – In: Zu Goethes Geburtstagsfeier. Weimar, 28. August 1824: Nr. 905, 908

»O Tag! Du schönster aller Gäste ...«. [Im Theater, am 28. August 1824]. – In: F. W. Riemer. Gedichte. Bd. 2. Jena 1826: Nr. 907

»Prinzessin. Die Zweige, die ich sinnend hier geflochten ...«. [Verse zur Aufführung von J. W. von Goethes »Torquato Tasso« am 22. März 1823 im Weimarer Theater; Manuskript]: Nr. 117, 118, 119

[Sonette]: Nr. 271, 434

»Und so finden wir uns wieder ...«. – In: Zu Goethes Geburtstagsfeier. Weimar, 28. August 1824.
    Vertonung von K. F. Zelter: Nr. 905, 908

Vierfache Wurzel (Mit heil'ger Vierzahl ...). – In: Zu Goethes Geburtstagsfeier. Weimar, 28. August 1824: Nr. 905, 908

Zur Feier des zweiten Februars. 1823. – In: F. W. Riemer. Gedichte. Bd. 1. Jena 1826: Nr. 48, 70

Zur Feier des zweiten Februars. 1824. – In: F. W. Riemer. Gedichte. Bd. 1. Jena 1826: Nr. 546, 556

Ritgen, August
    Natürliche Einteilung der Säugetiere. Gießen 1824: Nr. 711
    Mitverf.: s. Wilbrand, Johann Bernhard und August Ritgen. Gemälde der organischen Natur.

Robert, Ludwig
    Am 28. August 1823. (Die himmlischen Heerscharen ...). [Manuskript]: Nr. 344
        In: Morgenblatt für gebildete Stände 1823, Nr. 225 [u. d. T. Am 28. August 1823. Drama zur Feier von Goethes 75. Geburtstag]: Nr. 344, 357

Rochette, Desiré Raoul (genannt Raoul-Rochette)
    Lettres sur la Suisse écrites en 1819, 1820 et 1821. Bd. 1 – 2. 2. Aufl. Paris 1823: Nr. 374, 375, 474

Rochlitz, Johann Friedrich
    [Aufsätze]. – In: Allgemeine musikalische Zeitung: Nr. 579
    Für Freunde der Tonkunst. Bd. 1 – 4. Leipzig 1824 – 1832: Nr. 625
        Rezension von J. W. von Goethe: Nr. 579, 713, 815
    Gertrud Elisabeth Mara. – In: J. F. Rochlitz. Für Freunde der Tonkunst. Bd. 1. Leipzig 1824: Nr. 625
    Händels Messias. – In: J. F. Rochlitz. Für Freunde der Tonkunst. Bd. 1. Leipzig 1824: Nr. 625

Röding, Peter Friedrich
    Catalogue d'une collection très-précieuse ... de chefs-d'oeuvre et d'ouvrages chinois ... recueillie à Canton en Chine ... et échue en héritage à la famille de feu Mr le Docteur Beckmann. Hamburg 1824: Nr. 741

Röhr, Johann Friedrich
    Rede bei der religiösen Weihe der neuen fürstlichen Totengruft auf dem Gottesacker der Stadt Weimar, in der ersten Morgenstunde den 17. Juli 1824 gehalten: Nr. 830

Röper, Johannes August Christian
    Enumeratio euphorbiarum quae in Germania et Pannonia gignuntur. Göttingen 1824: Nr. 438
        Rezension von E. Meyer: Nr. 1070

Röse, Bernhard
    Herzog Bernhard der Große von Sachsen-Weimar. Biographisch dargestellt. Mit dem Bildnisse des Fürsten und einer Münztafel. Teil 1 – 2. Weimar 1828: Nr. 632

Rösel, Samuel
  [Geburtstagsgedicht für Christian Daniel Rauch, 1824]: Nr. 518
Roscoe, William
  Illustrations, Historical and Critical, of the Life of Lorenzo de' Medici, Called the Magnificent; with an Appendix of Original and Other Documents. London 1822: Nr. 644
Rose, Gustav
  Übersetzung: J. J. von Berzelius. Untersuchung der Mineralwasser von Karlsbad, von Teplitz und Königswart. Aus den Schriften der königlichen schwedischen Akademie der Wissenschaften übersetzt; hrsg. u. mit erläuternden Zusätzen von L. W. Gilbert. Leipzig 1823: Nr. 324, 357, 529
Rossi, Gaetano
  Textdichtung: s. Rossini, Gioacchino. Tancredi.
Rossi, Pellegrino
  Hrsg.: s. Annales de législation et d'économie politique.
Rossini, Gioacchino
  Der Barbier von Sevilla. Oper in zwei Akten. Libretto v. C. Sterbini nach Beaumarchais: Nr. 1043
  Tancredi. Oper. Libretto v. G. Rossi. Venedig 1813: Nr. 422, 1065
Roth, Friedrich
  Hrsg.: s. Friedrich Heinrich Jacobis auserlesener Briefwechsel.
  Hrsg.: s. Hamann, Johann Georg. Schriften.
Rousseau, Jean Jacques
  Übersetzung: P. C. Tacitus. [Werke]: Nr. 25
Roux, Jakob
  Bestimmung und Stand der Farben nach ihrer Hellung. – In: J. Roux. Die Farben. Heft 1. Heidelberg 1824: Nr. 979
  Die Farben. Heft 1: Ein Versuch über Technik alter und neuer Malerei. Heidelberg 1824. Heft 2: Beitrag zur Vervollkommnung der Technik in mehreren Zweigen der Malerei. Heidelberg 1828. Heft 3: Entdeckungen aus dem Gebiete physikalischer Farbenlehre, durch Versuche dargetan. Heidelberg 1829: Nr. 979
  Vermutungen über die Technik altgriechischer Malerei. – In: J. Roux. Die Farben. Heft 1. Heidelberg 1824: Nr. 979
  Illustrationen: s. Tiedemann, Friedrich. Tabulae arteriarum corporis humani.
Ruckstuhl, Karl
  Bestimmung der Naturkunde für den Schulunterricht. – In: Isis 1824, Heft 2: Nr. 794
Rudolphi, Karl Asmund
  Grundriss der Physiologie. Bd. 1 – 2/1–2. Berlin 1821 – 1828: Nr. 208
  Rezension: J. B. Wilbrand. Darstellung der gesamten Organisation. Bd. 1 – 2. Gießen, Darmstadt 1809f. – In: JALZ 1810, Nr. 10: Nr. 429
Rückert, Friedrich
  Östliche Rosen. Drei Lesen. Leipzig 1822: Nr. 2
  [Werke]: Nr. 505
Ruhl, Julius Eugen
  Kirchen, Paläste und Klöster in Italien, nach den noch vorhandenen Monumenten gezeichnet. Heft 1 – 5. Kassel, Darmstadt 1821.
    Anzeige von J. W. von Goethe und H. Meyer: Nr. 104

Rullmann, Georg Christoph Wilhelm
  Wiesbaden und seine Heilquellen. Für Kurgäste beschrieben. Wiesbaden 1823: Nr. 879
Rumpf, Johann Daniel Friedrich
  Woher hat's der Dichter? – In: Über Kunst und Altertum IV 3: Nr. 573
Sachs, Hans
  Ernstliche Trauerspiele, liebliche Schauspiele, seltsame Fastnachtsspiele, kurzweilige Gespräch', sehnliche Klagreden, wunderliche Fabeln, samt andern lächerlichen Schwänken und Possen. Hrsg. v. J. G. Büsching. Bd. 1 – 3. [Bd. 3 mit dem Nebentitel Altdeutsche Schaubühne des Hans Sachs]. Breslau 1816 – 1824: Nr. 885
Sainte-Aulaire, Louis Clair Beaupoil de
  Übersetzung: J. W. von Goethe. Faust. Tragédie. – In: Chefs-d'œuvre des théâtres étrangers. Bd. 1: Chefs-d'œuvre du théâtre allemand. Goethe. Paris 1823: Nr. 474
Sainte-Aulaire, Louise Charlotte Victoire
  Notice sur Faust. – In: L. C. Beaupoil de Sainte-Aulaire. Faust. Tragédie. Paris 1823: Nr. 474
Salieri, Antonio
  Komposition: s. Axur, König von Hormus.
Salom, Michele
  Übersetzung: Verter, opera originale tedesca del celebre signor Goethe, trasportata in italiano. Teil 1 – 2. Venedig 1788: Nr. 1/152b+
Salvandy, Narcisse Achille de
  Don Alonzo, ou l'Espagne, histoire contemporaine. Bd. 1 – 4. Paris 1824: Nr. 596, 617, 623, 685, 732, 851, 881
    Rezension von J. W. von Goethe: Nr. 527, 820, 882, 884
Salvi, Antonio
  Textdichtung: s. Graun, Karl Heinrich. Rodelinde.
Sammlung deutscher Volkslieder. Mit einem Anhange flammländischer und französischer, nebst Melodien. Hrsg. v. J. G. Büsching und F. H. von der Hagen. Text- u. Notenbd. Berlin 1807: Nr. 281
Sammlung gemeininteressanter und gemeinnütziger Abhandlungen, meist naturwissenschaftlichen und philosophischen Inhalts. Frankfurt 1826: Nr. 298
[Sammlung neugriechischer Volkslieder; mit Übersetzung und Melodien]. Hrsg. v. W. von Haxthausen. Mit einem Vorwort v. J. W. von Goethe. [Plan]: Nr. 281, 835, 909
Sander, Johann Daniel
  Textdichtung: s. Gluck, Christoph Willibald von. Iphigenia in Tauris.
  Textdichtung: s. Gluck, Christoph Willibald von. Iphigenie in Aulis.
Sartorius, Georg Friedrich Christoph
  Urkundliche Geschichte des Ursprunges der deutschen Hanse. Hrsg. v. J. M. Lappenberg. Bd. 1: Geschichte des Ursprungs der deutschen Hanse. Bd. 2: Hansisches Urkundenbuch und Urkundenverzeichnis bis zum J. 1370, nebst lithographischen Schriftproben und Siegeln. Hamburg 1830: Nr. 737
  Bearbeitung: L. T. von Spittler. Entwurf der Geschichte der europäischen Staaten: Nr. 201, 233
[Satirisches Gedicht; Manuskript, 1824]: Nr. 747

Saur, Henri Joseph und Léonce Varanchan de Saint-Geniès
    [Correspondance]. – In: Courrier des Spectacles de Paris, 13. Juni 1823: Nr. 288
    Correspondance. Paris, 26. Juni 1823. – In: Le Sphinx 1823, Nr. 2: Nr. 288
    Notice abrégée sur la vie et les ouvrages de M. Goethe. – In: Des hommes célèbres de France au dix-huitième siècle, et de l'état de la littérature et des arts à la même époque; par M. Goethe. Traduit de l'allemand par H. J. Saur und L. Varanchan de Saint-Geniès. Paris 1823: Nr. 152
    Übersetzung: D. Diderot. Le Neveu de Rameau, dialogue. Ouvrage posthume et inédit. Paris 1821: Nr. 51, 124, 288
    Übersetzung: J. W. von Goethe. Anmerkungen über Personen und Gegenstände, deren in dem Dialog »Rameaus Neffe« erwähnt wird; u. d. T: Des hommes célèbres de France au dix-huitième siècle, et de l'état de la littérature et des arts à la même époque; par M. Goethe. Paris 1823: Nr. 145, 152, 165
        Rezension von J. W. von Goethe: Nr. 124, 176, 184, 190, 203, 212
    Übersetzung: J. W. von Goethe. Wilhelm Meisters Lehrjahre. [Plan]: Nr. 124, 152
Schäfer, Gottfried Heinrich
    Hrsg.: s. Bibliotheca classica poetarum Graecorum.
    Hrsg.: s. Bibliotheca classica scriptorum prosaicorum Graecorum.
    Hrsg.: s. Kolluthos. [Coluthi] Raptus Helenae.
Schall, Karl
    »Dem Chef und Senior von allen deutschen Dichtern ...«. – In: Deutsche Blätter für Poesie, Literatur, Kunst und Theater 1823, Nr. 61. [Trinkspruch auf J. W. von Goethe anlässlich der Stiftung der Breslauer Liedertafel am 24. März 1823]: Nr. 173
    Hrsg.: s. Deutsche Blätter für Poesie, Literatur, Kunst und Theater.
    Übersetzung: Tausend und eine Nacht (Alf laila walaila). Arabische Erzählungen. Zum ersten Mal aus einer tunesischen Handschrift ergänzt und vollständig übersetzt v. M. Habicht, F. H. von der Hagen und K. Schall. Bd. 1 – 15. Breslau 1825: Nr. 827, 848, 1063
Schaul, Eduard
    Amint. Ein Hirtengedicht von Torquato Tasso. Aus dem Italienischen übersetzt. Karlsruhe 1808: Nr. 214
Schaum, Johann Otto Heinrich
    Bearbeitung: s. Händel, Georg Friedrich. Semele.
Schelver, Franz Joseph
    Kritik der Lehre von den Geschlechtern der Pflanze. Heidelberg 1812: Nr. 273, 328, 357
        1. Fortsetzung. Karlsruhe, Heidelberg 1814: Nr. 273
        2. Fortsetzung. Karlsruhe 1823: Nr. 273, 328, 357
    Lebens- und Formgeschichte der Pflanzenwelt. Handbuch seiner Vorlesungen über die physiologische Botanik für seine Zuhörer und gebildete Naturfreunde. Bd. 1. Heidelberg 1822: Nr. 273
        Bd. 2. [Plan]: Nr. 273
Schenck (Schenk), Peter (Pieter)
    [Geographische Karten]: Nr. 7
Scherer, Joseph von
    Übersetzung zweier persischen Gedichte des Seïd Ahmed Hatifi Isfahàni. – In: Über Kunst und Altertum VI 1: Nr. 988

Schiede, Christian Julius Wilhelm
   De plantis hybridis sponte natis. Diss. Kassel 1825: Nr. 438
   Über Bastarde im Pflanzenreich. – In: Flora oder botanische Zeitung 1824, Bd. 1, Nr. 7: Nr. 438
Schiemann, Karl
   Korrespondenznachricht. – In: Annalen der Sozietät für die gesamte Mineralogie 1825, Bd. 2: Nr. 1020
Schiller, Friedrich von
   Das Lied von der Glocke. – In: Musenalmanach für das Jahr 1800: Nr. 402, 619
   Don Carlos. Trauerspiel in fünf Aufzügen.
      Rezension von A. Beyfus: Nr. 823
   [Gedichte].
      Übersetzung von W. W. Chanykow [Plan]: Nr. 770
   Maria Stuart. Tübingen 1801: Nr. 5/440a+
   Wallenstein. Tübingen 1800: Nr. 274, 969
   [Werke]: Nr. 352, 629, 6/524a+
   Wilhelm Tell. Schauspiel in fünf Aufzügen.
      Rezension von A. Beyfus: Nr. 823
   Übersetzung: J. B. Racine. Phädra. Tübingen 1805: Nr. 130, 399
Schiller, Friedrich von und Johann Wolfgang von Goethe
   Xenien. Auf gewisse Anfragen (Nr. 157): Nr. 562
Schink, Johann Friedrich
   Johann Faust. Dramatische Phantasie, nach einer Sage des sechzehnten Jahrhunderts. Teil 1 – 2. Berlin 1804: Nr. 399
Schinkel, Karl Friedrich
   Sammlung architektonischer Entwürfe, enthaltend teils Werke, welche ausgeführt sind, teils Gegenstände, deren Ausführung beabsichtigt wurde. Teil 1 – 28. Berlin 1819 – 1840: Nr. 824
Schippan, Heinrich Adolf Leberecht
   Die Gegend am Hammerberg bei Freiberg. Gestochen von F. Hajeck. [? Freiberg 1823]: Nr. 487
   Die sölig geschichteten Gebirgsarten (z. B. Sandstein etc.) betreffend. Jena 1823: Nr. 487
   Geognostisch-bergmännische Karte der Umgegend von Freiberg im königlich sächsischen Erzgebirge. Entworfen und gezeichnet 1817 und 1818. Gestochen von F. Hajeck 1822. Dresden 1823: Nr. 487
   Grund- und Seigerriß eines Teiles des Steinkohlenwerkes zu Gickelsberg, dem Erb- und Lehnrichter J. G. Schippan in Flöha gehörig. Zum Gebrauche des Unterrichtes an der königlich sächsischen Hauptbergschule zu Freiberg. Freiberg 1823: Nr. 487
   Nachtrag zu Schippans geognostisch bergmännischen Karte der Gegend von Freiberg im königlich sächsischen Erzgebirge. [Freiberg 1823]: Nr. 487
   Netz oder Gerippe zur Schraffierung einer gebirgigen Gegend. Zum Gebrauche des Unterrichtes an der königlich sächsischen Hauptbergschule zu Freiberg. Freiberg 1822: Nr. 487
   Plan einer gebirgigen Gegend. Mit Nachweisungen, wie der Geognost und Bergmann das gefundene Ausstreichen eines Ganges, einer Lagerungsfläche etc. unter verschiedenen Gebirgsabdachungen zu verfolgen hat. Freiberg 1822: Nr. 487

Schlegel, August Wilhelm von
[Werke]: Nr. 1004
Abhandlung: s. Mariä Krönung und die Wunder des heiligen Dominikus.
Übersetzung: P. Calderón de la Barca. Der standhafte Prinz. – In: P. Calderón de la Barca. Schauspiele. Bd. 2. Berlin 1809. [auch u. d. T. Spanisches Theater]: Nr. 559, 708
Übersetzung: P. Calderón de la Barca. Schauspiele. Bd. 1 – 2. Berlin 1803 – 1809. [auch u. d. T. Spanisches Theater]: Nr. 569
Übersetzung: W. Shakespeare. König Heinrich IV. – In: Shakespeares dramatische Werke. Übersetzt v. A. W. von Schlegel. Bd. 6. Berlin 1800: Nr. 512
Übersetzung und Hrsg.: s. Bhagavad-Gita.
Übersetzung und Hrsg.: s. Ramayana.
Schlegel, Friedrich von
Über die neuere Geschichte. Vorlesungen, gehalten zu Wien im Jahre 1810. Wien 1811: Nr. 18
Schlegel, Julius Heinrich Gottlieb
Hrsg.: s. Materialien für die Staatsarzneiwissenschaft und praktische Heilkunde.
Schleiermacher, Friedrich
Predigten. Slg. 1 – 7. Berlin 1801 – 1833: Nr. 751
Schlicht, Levin Johann
»Ach mein Jesu, sieh ich trete ...«. – In: Tabulaturbuch geistlicher Gesänge D. Martini Lutheri und anderer gottseliger Männer. Samt beigefügten Choralfugen durchs ganze Jahr. Allen Liebhabern des Klaviers komponieret v. J. Pachelbel. o. O. 1704 – ? 1710. [Manuskript]: Nr. 653
Schlichtegroll, Adolf Heinrich Friedrich
Hrsg.: s. Annalen der gesamten Numismatik.
Schloss Marienburg in Preußen. Nach seinen vorzüglichsten äußern und innern Ansichten dargestellt. Hrsg. v. F. Frick. Textbd. u. d. T. Historische und architektonische Erläuterungen der Prospekte des Schlosses Marienburg in Preußen. Tafelbd. [mit Kupfern v. F. Frick nach F. Gilly, F. Rabe u. F. Catel]. Berlin 1799 – 1802: Nr. 67, 423, 1037
Schlotheim, Ernst Friedrich von
Die Petrefaktenkunde auf ihrem jetzigen Standpunkte durch die Beschreibung seiner Sammlung versteinerter und fossiler Überreste des Tier- und Pflanzenreiches. Mit 15 Kupfertafeln und zwei Nachträgen. Gotha 1820 – 1823: Nr. 182
Schmidel, Kasimir Christoph
Fortgesetzte Vorstellung einiger merkwürdigen Versteinerungen. Nürnberg 1782: Nr. 237
Vorstellung einiger merkwürdigen Versteinerungen. Nürnberg 1780: Nr. 237
Schmidt, Christian Friedrich
Vaterhaus. [Sonett, vorgetragen auf der Feier zu J. W. von Goethes 74. Geburtstag am 28. August 1823 in Weimar]. – In: Zu Goethes Geburts- und Genesungsfeste. Weimar, den 28. August 1823: Nr. 342
Textdichtung: s. Eberwein, Karl. Der Graf von Gleichen.
Schmidt, Johann Philipp Samuel
Das verborgene Fenster, oder Ein Abend in Madrid. Singspiel in drei Abteilungen. Libretto v. J. H. Millenet nach dem Französischen des J. Desessarts d'Ambreville. Berlin, 8. Februar 1824: Nr. 554

Schmidt, Martin Heinrich August
  Diagoras. – In: Abendzeitung 1823, Nr. 262: Nr. 619
Schmieder, Heinrich Gottlieb
  Textdichtung: s. Cherubini, Luigi. Die beiden Reisen, oder Der Wasserträger.
Schnoor, Heinrich Christian
  [Dichtungen]: Nr. 267
  Die Vergangenheit (Kennst Du das Land am Ostseestrande ...). Gedichtet und in Musik gesetzt. [Manuskript]: Nr. 267, 357
  Vertonung: »Brüder, lagert euch im Kreise ...«: Nr. 267
  Vertonung: »Hoch vom Olymp ward uns die Freude ...«: Nr. 267
Schoch, Konrad
  Tableau géographique et statistique de la Suisse. Traduit d'Allemand sur la deuxième èdition. Genf 1818: Nr. 44
Schöne, Karl
  Die Macht der Leidenschaft. Trauerspiel in vier Akten. Berlin 1818: Nr. 559
Scholz, Albert Benjamin
  Chemischer Rechenstab, oder stöchiometrische Tafel für ausübende, sowohl analysierende als fabrizierende Chemisten. Mit einem verschiebbaren Lineal. Wien 1822: Nr. 498
Schott, Heinrich Wilhelm
  Fasciculus plantarum Brasiliensium. – In: K. von Linné. [Caroli Linnaei] Systema Vegetabilium. Ausgabe 16. Hrsg. v. K. Sprengel. Bd. 4. 2. Göttingen 1826: Nr. 195
Schouw, Joachim (Joakim) Frederik
  Grundzüge einer allgemeinen Pflanzengeographie. Mit vier Tafeln und einem pflanzengeographischen Atlas u. d. T: Pflanzengeographischer Atlas zur Erläuterung von Schouws Grundzügen einer allgemeinen Pflanzengeographie. Aus dem Dänischen übersetzt v. Verfasser. Berlin 1823: Nr. 732
Schrader, Heinrich Adolf
  Monographia generis Verbasci. Teil 1 – 2. Göttingen 1813 – 1823: Nr. 438
Schreibers, Karl von
  Hrsg.: s. Nachrichten von den kaiserlich österreichischen Naturforschern in Brasilien.
Schröder, Friedrich Ludwig
  Stille Wasser sind tief. Lustspiel in vier Aufzügen nach F. Beaumont und J. Fletcher. Berlin [1786]: Nr. 744
Schrön, Ludwig
  Die meteorologischen Anstalten des Großherzogtums Sachsen-Weimar-Eisenach. – In: Zur Naturwissenschaft überhaupt II 2: Nr. 985
  [Meteorologische Tabellen]: Nr. 539, 840
  Illustration: Vergleichende graphische Darstellung der Barometerstände verschiedener Orte im Monat Dezember 1822. – In: Zur Naturwissenschaft überhaupt II 1: Nr. 247, 285, 456
Schröter, Wilhelm von
  Zum 28. August 1824 (Die Kräfte, die verbunden walten ...). Gesungen zu Jena in der Gesellschaft für Wissenschaft und Kunst. Jena [1824]: Nr. 924
Schubarth, Karl Ernst
  Ideen über Homer und sein Zeitalter. Eine ethisch-historische Abhandlung. Breslau

1821: Nr. 542, 744
Zur Beurteilung Goethes, mit Beziehung auf verwandte Literatur und Kunst. 2. Aufl. Bd. 1 – 2. Breslau 1820: Nr. 495, 547
Hrsg.: s. Paläophron und Neoterpe.
Schubert, Joseph
Komposition: s. Die Galeerensklaven.
Schütz, Friedrich Karl Julius
Goethe und Pustkuchen, oder über die beiden Wanderjahre Wilhelm Meisters und ihre Verfasser. Ein Beitrag zur Geschichte der deutschen Poesie und Poetik. Halle 1823: Nr. 823
Schütz, Wilhelm von
[Beobachtungen meteorologischen Inhalts und die Natur betreffend; Manuskript. 1823/24]: Nr. 464, 541
Zur intellektuellen und substanziellen Morphologie, mit Rücksicht auf die Schöpfung und das Entstehen der Erde. Teil 1 – 3. Leipzig 1821 – 1823.
    Auszüge in Zur Morphologie I 4 [u. d. T. Als Einleitung]: Nr. 156
    Auszüge in Zur Morphologie II 1 [u. d. T. Wilhelm von Schütz zur Morphologie 2tes Heft]: Nr. 156
Schütze, Johann Stephan
»Die Quelle rauscht, die Götterstunde ...«. – In: Zu Goethes Geburtstagsfeier. Weimar, 28. August 1824.
    Vertonung von A. F. Häser: Nr. 905, 908
Zu Goethes Geburts- und Genesungsfeste am 28. August 1823 (Wie wohl ist mir bei Deinem Frieden ...). – In: J. S. Schütze. Gedichte ernsten und scherzhaften Inhalts. Berlin 1830: Nr. 342
Schultz, Christoph Ludwig Friedrich
Anzeige und Bitte, Goethes Werke betreffend. – In: Paläophron und Neoterpe 1823, St. 1: Nr. 166, 172
[Historische Darstellung über das phosphorische Augenlicht; als Nachtrag zum Aufsatz »Über physiologe Farbenerscheinungen«; Plan]: Nr. 274, 525, 758
Über physiologe Farbenerscheinungen, insbesondere das phosphorische Augenlicht, als Quelle derselben, betreffend. – In: Zur Naturwissenschaft überhaupt II 1: Nr. 208, 274, 434, 525, 758
Schultz, Karl Heinrich
Die Natur der lebendigen Pflanze. Erweiterung und Bereicherung der Entdeckungen des Kreislaufs im Zusammenhange mit dem ganzen Pflanzenleben nach einer neuen Methode dargestellt. Teil 1: Das Leben des Individuums. Mit vier Kupfertafeln. Berlin 1823. Teil 2: Die Fortpflanzung und Ernährung der Pflanzen im Zusammenhange mit dem ganzen Pflanzenleben und mit Rücksicht auf die Kulturgesetze nach einer natürlichen Methode dargestellt. Mit drei Kupfertafeln. Stuttgart, Tübingen 1828. = Bd. 1: Die Pflanze und das Pflanzenreich. Nach einer neuen natürlichen Methode dargestellt: Nr. 213, 232, 235, 274, 438, 456, 529
Schulze, Friedrich August (Ps. Friedrich Laun)
Gedichte. Leipzig 1824: Nr. 717
Schumacher, Balthasar Gerhard
»Heil Dir im Siegerkranz ...«. Nach H. Harries: Nr. 506

Schuster, Johann Nepomuk Konstantin
System der dualistischen Chemie des Prof. Jakob Joseph Winterl. Bd. 1 – 2. Berlin 1807: Nr. 5/597a+

Schweigger, Johann Salomo Christoph
Bericht über den Fortgang des mit den Franckischen Stiftungen in Verbindung stehenden Vereins zur Verbreitung von Naturkenntnis und höherer sich anreihenden Wahrheit. Gelesen in der öffentlichen Sitzung der naturforschenden Gesellschaft zu Halle, den 3. Juli 1822. [Halle] 1822. [Separatdruck]: Nr. 392
Über einen Verein zur Beförderung naturwissenschaftlicher Reisen. [Halle] 1821. [Separatdruck]: Nr. 392
Zweiter Jahresbericht über den Verein zur Verbreitung von Naturkenntnis und höherer Wahrheit. Gelesen in einer wöchentlichen Sitzung der naturforschenden Gesellschaft zu Halle am 28. Juni 1823.
    In: Journal für Chemie und Physik 1823, Bd. 38: Nr. 392
    Separatdruck. [Halle] 1823: Nr. 392
Hrsg.: s. Journal für Chemie und Physik.

Schweighäuser, Johann Gottfried
Tableau chronologique des peintres les plus célèbres depuis la renaissance des arts jusqu'à la fin du XIII. siècle, distribué par écoles et par siècles. Antwerpen 1810.
    Übersetzung von K. Iken: Nr. 709

Schweinichen, Hans von
Lieben, Lust und Leben der Deutschen des sechzehnten Jahrhunderts, in den Begebenheiten des Schlesischen Ritters von Schweinichen, von ihm selbst aufgesetzt. Hrsg. v. J. G. Büsching. Bd. 1 – 3. Breslau 1820 – 1823.
    Anzeige von J. W. von Goethe: Nr. 423

Schweitzer, Anton
Vertonung: s. Wieland, Christoph Martin. Rosamund.

Schwerdgeburth, Karl August
Hrsg.: s. Radierte Blätter nach Handzeichnungen von Goethe.

Schwertfeger, Johann
Mitverf.: s. Luther, Martin, Philipp Melanchton und Johann Schwertfeger. Passional Christi und Antichristi.

Scott, Walter
Der Abt, eine Fortsetzung des Klosters. Vom Verfasser des Waverley. Aus dem Englischen übersetzt v. H. Müller. Bd. 1 – 4. Zwickau 1823. [Taschenbibliothek der ausländischen Klassiker in neuen Verdeutschungen: Walter Scotts Romane, aus dem Englischen, Bd. 26. – 29]: Nr. 601
Der Pirat. Übersetzung v. S. H. Spiker. Bd. 1 – 3. Berlin 1822: Nr. 559
Erzählungen von den Kreuzfahrern. Übersetzung v. S. May und C. F. Michaelis. Bd. 1 – 4. Leipzig 1825f.: Nr. 990
Ivanhoe. Übersetzung v. K. L. M. Müller. Leipzig 1821: Nr. 559
Kenilworth.
    Bühnenbearbeitung von J. W. Lembert: Nr. 554
Sur la mort de Lord Byron. [Übersetzung v. A. Defauconpret]. Paris 1824: Nr. 830
Tales of the Crusaders. Bd. 1 – 4. Edinburgh 1825: Nr. 990
Waverley, or, 'Tis Sixty Years Since. Edinburgh 1814: Nr. 800
[Werke]: Nr. 601

Scribe, Eugène
  Textdichtung: s. Blum (eigentl. Blume), Karl. Der Bär und der Bassa.
Scribe, Eugène und Anne Honoré Joseph Duveyrier (Ps. Mélesville)
  Rudolphe, ou frère et soeur. Drame en un acte. Paris 1823: Nr. 474
Seckendorff, Christian Adolph von
  Pflicht und Gewissen. Ein Trauerspiel in vier Aufzügen. Metrisch bearbeitet v. H. Döring. Leipzig, Querfurt 1823: Nr. 224
Seebeck, Thomas Johann
  Geschichte der entoptischen Farben. – In: Zur Naturwissenschaft überhaupt 1817, Bd. 1, Heft 1: Nr. 882
Seneca, Lucius Annaeus d. J.
  Die Trojanerinnen: Nr. 5
  Naturales quaestiones. Venedig 1522: Nr. 467
Senefelder, Alois
  Vollständiges Lehrbuch der Steindruckerei, enthaltend eine richtige und deutliche Anweisung zu den verschiedenen Manipulationsarten derselben in allen ihren Zweigen und Manieren, belegt mit ... Musterblättern, nebst einer vorangehenden ausführlichen Geschichte dieser Kunst von ihrem Entstehen bis auf die gegenwärtige Zeit. München 1818: Nr. 227
Shakespeare, William
  Der Sturm: Nr. 751
  Hamlet: Nr. 320, 531
  Julius Cäsar: Nr. 501, 1043
  König Heinrich IV.
    Übersetzung von A. W. Schlegel, Bearbeitung von F. de la Motte-Fouqué: Nr. 512
  Macbeth: Nr. 461
  Romeo und Julia: Nr. 801
  Schauspiele.
    Übersetzung von J. H., H. und A. Voß: Nr. 1002
  Troilus and Cressida.
    Übersetzung von K. von Jariges: Nr. 744
Shakespeares Schauspiele, erläutert von F. Horn. Teil 1–5. Leipzig 1823–1831: Nr. 751
Shakespeares Schauspiele. Übersetzung v. J. H. Voß und dessen Söhnen H. und A. Voß. Mit Erläuterungen. Bd. 1–3. Leipzig 1818–1822. Bd. 4–9. Stuttgart 1822–1829: Nr. 1002
Shakespeares Vorschule. Hrsg. und mit Vorreden begleitet v. L. Tieck. Bd. 1–2. Leipzig 1823–1829: Nr. 1043
Shukowski, Wassili Andrejewitsch
  [Gedicht]: Nr. 1058
Sickler, Friedrich
  Ideen zu einem vulkanischen Erdglobus, oder zu einer Darstellung aller auf der Oberfläche unseres Erdkörpers verbreiteten, ehemaligen und jetzigen Vulkane, nebst der für Naturphilosophie daraus sich ergebenden Resultaten. Nebst einer Hemisphärenkarte. Weimar 1812: Nr. 221
  Merkwürdige alte orientalische Götzenbilder. – In: Kuriositäten der physisch-literarisch-artistisch-historischen Vor- und Mitwelt 1812, Bd. 2, St. 6: Nr. 343

Sieyès, Emmanuel Joseph
[Emmanuel Sieyès] politische Schriften. Vollständig gesammelt von dem deutschen Übersetzer [d. i. K. E. Oelsner] nebst zwei Vorreden über Sieyes Lebensgeschichte, seine politische Rolle, seinen Charakter, seine Schriften etc. Bd. 1 – 2. Leipzig 1796: Nr. 152

Simonow, Iwan Michailowitsch
Beschreibung einer neuen Entdeckungsreise in das südliche Eismeer. Aus dem Russischen übersetzt v. M. Bányi. Wien 1824: Nr. 650, 658, 674, 761

Sintenis, Wilhelm Ferdinand
Übersetzung: G. G. Byron. Don Juan. [Manuskript]: Nr. 990

Sismondi, Jean Charles Léonard Simonde de
Hrsg.: s. Annales de législation et d'économie politique.

Smets, Wilhelm
Gedichte. Aachen 1824: Nr. 584

Śniadecki (Sniadecki), Jan Chrzciciel Władysław
[Werke].
Rezension von W. Münnich: Nr. 991

Snorri Sturluson
Edda. [Edda Snorra, Die jüngere Edda]: Nr. 1036

Soane, George
Faustus Dedication. – In: Über Kunst und Altertum IV 2: Nr. 454
(Teil-)Übersetzung: J. W. von Goethe. Faust: Nr. 454

Sokrates
[Werke]: Nr. 56

Sonnleithner, Joseph
Dir wie mir! Lustspiel in einem Aufzug. Berlin, 8. Februar 1824: Nr. 554
Textdichtung: s. Beethoven, Ludwig van. Fidelio.

Sophoclis tragoediae. Ad optimorum librorum fidem recensuit et brevibus notis instruxia [hrsg. und kommentiert v.] K. G. A. Erfurdt.
Bd. 1: Antigona. 2. Aufl. mit Anmerkungen v. G. Hermann. Leipzig 1823: Nr. 148
Bd. 2: Oedipus Rex. 2. Aufl. mit Anmerkungen v. G. Hermann. Leipzig 1823: Nr. 148, 408

Sophokles
Antigone: s. Sophoclis tragoediae.
Elektra: Nr. 825
Oedipus Rex: s. Sophoclis tragoediae.

Soret, Frédéric
Catalogue des Diamans cristallisés qui se trouvent dans la collection de Son Altesse Royale le Grand Duc de Saxe-Weimar-Eisenach. [1822; Manuskript]: Nr. 44, 282, 1038, 1071
Catalogue Raisonné des variétés d'Amphibole et de Pyroxène rapportées de Bohème par S. E. Monsieur le Ministre d'Etat de Goethe. – In: Zur Naturwissenschaft überhaupt II 2: Nr. 528, 615, 1011, 1031, 1071
»L'aigle sèlance ...«. [Gedicht auf die Medaille mit J. W. von Goethes Porträt von A. Bovy nach C. Rauch. 1824; Manuskript]: Nr. 829
Übersetzung: J. W. von Goethe. An Lord Byron. [1823; Manuskript]: Nr. 1075

Soret (S.-Odier), Marie Nicolas
[Kompositionen]: Nr. 321
Souhr, Joachim Wilhelm Gottfried von
Proben aus der Frithjofssage. Frei nach dem Schwedischen des Bischof von Wexiö, Esaias Tegnér. – In: Morgenblatt für gebildete Stände 1824, Nr. 149 – 151: Nr. 1073
Soumet, Alexandre
Clytemnestre. Tragédie en cinq actes. Représentée pour la première fois sur le premier Théâtre Français, le 7 novembre 1822. Paris 1822: Nr. 31
Saül. Tragédie en cinq actes. Représentée pour la première fois sur le second Théâtre Français, le 9 novembre 1822. Paris 1822: Nr. 31
Sowerby, James
The Genera of Recent and Fossil Shells. For the Use of Students in Concholog and Geolog. Illustrated with 264 Original Plates. Bd. 1 – 2. London 1820 – 1825: Nr. 237
Spiker, Samuel Heinrich
Bearbeitung: T. Moore. Lalla Rookh: Nr. 61, 546
Hrsg.: s. Lalla Rûkh.
Textdichtung: s. Spontini, Gaspare. Lalla Rûkh.
Spitta, Karl Johann Philipp
Sangbüchlein der Liebe für Handwerksleute. [Göttingen] 1824.
Vertonung [Plan]: Nr. 887
Spittler, Ludwig Timotheus von
Entwurf der Geschichte der europäischen Staaten. Mit einer Fortsetzung bis auf die neuesten Zeiten versehen v. G. F. C. Sartorius. 3. Aufl. Teil 1 – 2. Berlin 1822f.: Nr. 201, 233
Spohr, Ludwig
Komposition: s. Faust. Romantische Oper in zwei Aufzügen.
Spontini, Gaspare
Lalla Rûkh. Festspiel mit Tänzen und Märschen. Text von S. H. Spiker nach T. Moore. Berlin 1821: Nr. 955
Nurmahal, oder Das Rosenfest von Kaschmir. Lyrisches Drama in zwei Abteilungen mit Ballet nach dem Gedicht »Lalla Rukk« des T. Moore, bearbeitet v. K. Herklots. Berlin 1822: Nr. 708
Olympia. Große Oper in drei Akten. Libretto v. E. Hoffmann nach M. Dieulafoy und C. Brifaut. Berlin 1820: Nr. 554
Sprengel, Kurt
Hrsg.: s. Linné, Karl von. [Caroli Linnaei] Systema Vegetabilium.
Srpski rjecnik, istolkovan njemackim i latinskim rijecma [Serbisch-Deutsch-Lateinisches Wörterbuch]. Hrsg. v. V. S. Karadžić. Wien 1818: Nr. 391, 473, 731
Staats- und gelehrte Zeitung des Hamburgischen unparteiischen Korrespondenten. Hamburg 1731 – 1868: Nr. 347, 357, 758
Staatshandbuch des Großherzogtums Sachsen-Weimar-Eisenach für das Jahr ... Weimar 1823 – 1900: Nr. 425
Stallbaum, Gottfried
Hrsg.: s. Platon (Plato). [Platonis] Quae supersunt opera.
Stapfer, Frédéric Albert Alexandre
Übersetzung: J. W. von Goethe. Faust. – In: Œuvres dramatiques de J. W. Goethe. Bd. 4. Paris 1823: Nr. 25, 474

Übersetzung: J. W. von Goethe. Götz von Berlichingen. – In: Œuvres dramatiques de J. W. Goethe. Bd. 3. Paris 1821: Nr. 474
Übersetzung: s. Œuvres dramatiques de J. W. Goethe.
Stassart, Goswin Joseph Augustin de
Fables. 5. Aufl. Brüssel 1823: Nr. 697, 966, 1012
Le Désespoir de Werther. Romance incitée de l'allemand. [Manuskript]: Nr. 697
Statuten des Ordens der Wachsamkeit oder vom weißen Falken genannt [Weißer Falkenorden]: Nr. 984
Steiner, Emanuel
Goethes Wiedergenesung (Welch ein Wandel! – was für Zaubereien ...). [1823; Manuskript]: Nr. 133
Steininger, Johann
Bemerkungen über die Eifel und die Auvergne. Mainz 1824: Nr. 926
Die erloschenen Vulkane in Südfrankreich. Mit einer Karte und einer illuminierten Steintafel. Mainz 1823: Nr. 418, 487
Gebirgskarte der Länder zwischen dem Rheine und der Maas. Mit erläuternden Bemerkungen der Gesellschaft nützlicher Forschungen zu Trier vorgelegt. Mainz 1822: Nr. 487
Steinmann, Josef Johann
Chemische Untersuchungen des Cronstedtits, eines neuen Fossils von Pribram in Böhmen. Prag 1820: Nr. 487
Sterbini, Cesare
Textdichtung: s. Rossini, Gioacchino. Der Barbier von Sevilla.
Sternberg, Kaspar Maria von
[Beitrag über die Verhältnisse der vegetativen Abdrücke zum geologischen Verhalten der Formation für »Zur Morphologie«; Plan]: Nr. 297, 456
Die brasilianischen Herbarien in Wien. – In: Flora oder botanische Zeitung 1823, Bd. 6: Nr. 376
Flora der Vorwelt: s. Sternberg, Kaspar Maria von. Versuch einer geognostisch-botanischen Darstellung der Flora der Vorwelt.
Korrespondenznachrichten. Aus einem Schreiben des S. T. Herrn Grafen Kaspar von Sternberg ... vom 12. Januar 1811, an den Herausgeber. – In: Meteorologische Hefte für Beobachtungen und Untersuchungen zur Begründung der Witterungslehre 1810, Heft 2: Nr. 456
Rede des gewählten Präsidenten der Gesellschaft des vaterländischen Museums in Böhmen Grafen Kaspar Sternberg ... den 23. Dezember 1822. Prag [1822]: Nr. 9
Rede des Präsidenten des böhmischen Museums ... bei der ersten ordentlichen allgemeinen Versammlung, den 26. Hornung [Februar] 1823. [Mit drei Beilagen]. – In: Verhandlungen der Gesellschaft des vaterländischen Museums in Böhmen 1823, Heft 1: Nr. 9, 106, 182
Rede des Präsidenten in der öffentlichen Sitzung des böhmischen Museums am 24. März 1824. – In: Verhandlungen der Gesellschaft des vaterländischen Museums in Böhmen 1824, Heft 2: Nr. 529
Reise durch Tirol in die österreichischen Provinzen Italiens im Frühjahr 1804. Mit vier Kupfertafeln. Regensburg 1806: Nr. 106
Über die Gewitterzüge in Böhmen. – In: Zur Naturwissenschaft überhaupt II 2: Nr. 456, 1011

Über die Mergelkohle von Häring in Tirol. – In: Versuch einer geognostisch-botanischen Darstellung der Flora der Vorwelt 1823, Heft 3: Nr. 182
Über die verschiedenen Pflanzenabdrücke führenden Formationen und die Unterschiede der Vegetationen in denselben, vorgelesen in der Sitzung der botanischen Gesellschaft in Regensburg den 20. September 1824. – In: Flora oder botanische Zeitung 1824, Bd. 7: Nr. 926
Übersicht der in Böhmen dermalen bekannten Trilobiten. – In: Verhandlungen der Gesellschaft des vaterländischen Museums in Böhmen 1825, Heft 3: Nr. 182
Versuch einer geognostisch-botanischen Darstellung der Flora der Vorwelt. Heft 1 – 8. Leipzig, Prag 1820 – 1838: Nr. 182, 529, 926
Stich, Auguste
[Erwiderung auf L. Rellstabs Rezension über die Aufführung von Shakespeares »Romeo und Julia« am 19. Juni 1824]. – In: Königlich privilegierte Berlinische Zeitung von Staats- und gelehrten Sachen vom 7. Juli 1824: Nr. 801
Stiedenroth, Ernst
Psychologie zur Erklärung der Seelenerscheinungen. Teil 1 – 2. Berlin 1824f.
   Rezension von J. W. von Goethe: Nr. 707, 811
Stieglitz, Heinrich Wilhelm August
Hrsg.: s. Gedichte. Hrsg. zum Besten der Griechen.
Stoffels, Ludwig
Sur la force répulsive des explosions électriques. Brüssel [1820]: Nr. 671
Stolberg-Stolberg, Christian zu und Friedrich Leopold zu Stolberg-Stolberg
Gesammelte Werke der Brüder Christian und Friedrich Leopold Grafen zu Stolberg. Bd. 1 – 20. Hamburg 1820 – 1827: Nr. 332, 404
Stolberg-Stolberg, Friedrich Leopold zu
Die Gedichte von Ossian, dem Sohne Fingals. Nach dem Englischen des Herrn Macpherson ins Deutsche übersetzt. Bd. 1 – 3. Hamburg 1806: Nr. 115
[Werke]: s. Stolberg-Stolberg, Christian zu und Friedrich Leopold zu Stolberg-Stolberg. Gesammelte Werke.
Streckfuß, Karl
Andeutungen zur Kenntnis des Dichters und seines Zeitalters. [datiert: Berlin, 22. März 1824]. – In: K. Streckfuß. Die göttliche Komödie des Dante Alighieri. Teil 1. Halle 1824: Nr. 625
Andres Impromptü (Der den Pindar ...). [Vorgetragen auf der Versammlung der Berliner Liedertafel am 28. August 1823]. – In: Berlinische Nachrichten von Staats- und gelehrten Sachen vom 30. August 1823: Nr. 320
Ariosts Rasender Roland. Bd. 1 – 6. Halle 1818 – 1825: Nr. 556
Der 28. August (Der edle Greis ...). [Vorgetragen auf der Versammlung der Berliner Liedertafel am 28. August 1823]. – In: Berlinische Nachrichten von Staats- und gelehrten Sachen vom 30. August 1823: Nr. 320
Die göttliche Komödie des Dante Alighieri. Übersetzt und erläutert. Teil 1 – 3. Halle 1824 – 1826: Nr. 556, 625
Ruth. Gedicht in vier Gesängen. – In: Berlinischer Taschenkalender auf das Schaltjahr 1824: Nr. 556
Übersetzung: T. Tasso. Befreites Jerusalem. Mit gegenüber gedrucktem Originaltext. Leipzig 1822: Nr. 531, 556

Strixner, Johann Nepomuk
  Lithographien: s. Die Sammlung Alt-, Nieder- und Oberdeutscher Gemälde.
Struve, Heinrich Christoph Gottfried
  Beiträge zur Mineralogie und Geologie des nördlichen Amerikas. Nach amerikanischen Zeitschriften bearbeitet. Hamburg 1822: Nr. 487
Sturm, Jakob
  Mitverf.: s. Nees von Esenbeck, Christian Gottfried Daniel, Christian Friedrich Hornschuch und Jakob Sturm. Bryologia Germanica.
Sturm, Karl Christian Gottlob
  Hrsg.: s. Beiträge zur teutschen Landwirtschaft.
  Hrsg.: s. Über Rassen, Kreuzungen und Veredlung der landwirtschaftlichen Haustiere.
Süvern, Johann Wilhelm
  Über den Kunstcharakter des Tacitus. Vorgelesen in der königlichen Akademie der Wissenschaften am 6. und 13. März 1823. Berlin 1823: Nr. 393
Swaan, Johan Samuel
  [Werke]: Nr. 1085
Swoboda, Wenzel Alois
  Übersetzung: Die Königinhofer Handschrift [Rukopis Kralodworský]. Eine Sammlung lyrisch-epischer Nationalgesänge. Aus dem Altböhmischen metrisch übersetzt. Hrsg. v. V. Hanka. Prag 1819: Nr. 182, 997

Tabulaturbuch geistlicher Gesänge D. Martini Lutheri und anderer gottseliger Männer. Samt beigefügten Choralfugen durchs ganze Jahr. Allen Liebhabern des Klaviers komponieret v. J. Pachelbel. o. O. 1704 – ? 1710. [Manuskript]: Nr. 625, 653, 667
Tacitus, Publius Cornelius
  Annalen: Nr. 298
  [Werke].
    Übersetzung von J. J. Rousseau: Nr. 25
Tambroni, Giuseppe
  Lettera ... al chiarissimo sig. abate Missirini ... intorno alle urne cinerarie disotterrate nel pascolare di Castel Gandolfo. Rom 1817: Nr. 173
Taschenbuch für die gesamte Mineralogie, mit Hinsicht auf die neuesten Entdeckungen. [ab 1825 u. d. T. Zeitschrift für Mineralogie]. Hrsg. v. K. C. von Leonhard. Frankfurt 1807 – 1829: Nr. 181, 926, 976
Taschenbuch für die vaterländische Geschichte. Hrsg. v. J. von Hormayr und A. von Mednyánszky. Wien 1811 – 1814. 1820 – 1856 [ab 1830 wechselnde Erscheinungsorte Stuttgart, München, Braunschweig, Leipzig, Berlin]: Nr. 1010
Tasso, Torquato
  Aminta. Cremona 1580.
    Übersetzung von E. Schaul: Nr. 214
    Übersetzung von F. von Horben: Nr. 214, 357, 557
    Übersetzung von J. H. Kirchhoff: Nr. 214
  Befreites Jerusalem.
    Übersetzung von K. Streckfuß: Nr. 531, 556
    Übersetzung von J. D. Gries: Nr. 627
  [Werke]: Nr. 1/152b+

Tausend und eine Nacht (Alf laila wa-laila).
  Arabisch. Nach einer Handschrift aus Tunis. Bd. 1 – 8. Hrsg. v. M. Habicht. Breslau 1825 – 1838. Bd. 9 – 12. Hrsg. v. H. L. Fleischer. Breslau 1842f.: Nr. 827, 1063
  Arabische Erzählungen. Zum ersten Mal aus einer tunesischen Handschrift ergänzt und vollständig übersetzt v. M. Habicht, F. H. von der Hagen und K. Schall. Bd. 1 – 15. Breslau 1825: Nr. 827, 848, 1063
Tegnér, Esaias
  Frithjofs Saga. Stockholm 1825.
    Übersetzung von A. von Helvig: Nr. 588, 1073
    Übersetzung von J. W. G. von Souhr: Nr. 1073
Telemann, Georg Philipp
  Vertonung: B. H. Brockes. Der für die Sünde der Welt gemarterte und sterbende Jesus. [Passionsoratorium]: Nr. 625
Telle, Constant Michel
  Choreographie: s. Catel, Charles Simon. Die Bajaderen.
  Choreographie: s. Milon, Louis Jacques. Das Karneval in Venedig.
Terenz (Publius Terentius Afer)
  Andria: Nr. 58
Ternite, Friedrich Wilhelm
  Kupferstichwerk: s. Mariä Krönung und die Wunder des Heiligen Dominikus.
Tertullian (Quintus Septimius Florens Tertullianus)
  [Werke]: Nr. 433
Théaulon de Lambert, Emmanuel
  L'artiste ambitieux, ou l'adoption.
    Übersetzung von W. Vogel: Nr. 457
  L'indiscret. Comédie en cinq actes et en vers. Paris 1825: Nr. 457
  La clochette ou le diable page.
    Bearbeitung von G. F. Treitschke: Nr. 457
  Le petit chaperon rouge.
    Bearbeitung von F. Krickeberg: Nr. 457
  Les rosières.
    Bearbeitung von A. von Kotzebue: Nr. 457
  Marianne, ou la soeur. Comédie en un acte en prose. Imitée de l'allemand de Goethe. [Manuskript]: Nr. 457
The Edinburgh Philosophical Journal. Edinburgh 1819 – 1826: Nr. 1054
The European Review, or Mind and its productions in Britain, France, Italy, Germany, etc. By an Association of their Literary Men. Edinburgh 1824 – 1826: Nr. 703, 853, 950
Thénard, Louis Jacques
  Mitverf.: s. Dulong, Pierre Louis und Louis Jacques Thénard. Über die Eigenschaft einiger Metalle.
The Journals of the House of Commons. Bd. 1ff. London 1547ff.: Nr. 435, 467, 526, 539
The Journals of the House of Lords. Bd. 1ff. London 1509ff.: Nr. 435, 467, 526, 539
The New Edinburgh Review. Edinburgh 1821 – 1823: Nr. 782
The New Monthly Magazine and Literary Journal. London 1821 – 1836: Nr. 270, 433, 848

The Transactions of the Linnean Society of London. 1. Serie. London 1781 – 1875: Nr. 438

Tholuck, Friedrich August Gotttreu
Blütensammlung aus der morgenländischen Mystik, nebst einer Einleitung über Mystik überhaupt und morgenländische insbesondere. Berlin 1825: Nr. 1074

Thomson, James
The Seasons.
[Teil-]Übersetzung von K. L. von Knebel: Nr. 125

Thunmann, Hans (Johann) Erich
Untersuchungen über die Geschichte der östlichen europäischen Völker. Teil 1. Leipzig 1774: Nr. 281

Tieck, Johann Ludwig
Die Verlobung. Dresden 1823. = Novellen. Bd. 2.
Anzeige von J. W. von Goethe: Nr. 927
Druck In Berlinischer Taschenkalender auf das Gemein-Jahr 1823: Nr. 86
Goethe und seine Zeit. – In: J. M. R. Lenz. Gesammelte Schriften. Hrsg. v. J. L. Tieck. Bd. 1. Berlin 1828. [u. d. T. Einleitung]: Nr. 495
Novellen. Bd. 1 – 7. Dresden 1823 – 1828: Nr. 927
[Werke]: Nr. 495
Hrsg.: s. Shakespeares Vorschule.

Tiedemann, Friedrich
Tabulae arteriarum corporis humani. Bd. 1 – 2. Karlsruhe 1822: Nr. 784

Tilloch, Alexander
Hrsg.: s. Philosophical Magazine and Journal.

Töpfer, Karl
Des Königs Befehl. Lustspiel in vier Aufzügen: Nr. 431
Hermann und Dorothea. Idyllisches Familiengemälde in vier Akten; nach Goethes Gedicht. – In: K. Töpfer. Lustspiele. Bd. 5. Berlin 1843: Nr. 450, 535, 543, 632, 708

Toeschi, Karl Joseph
Komposition: s. Lauchery, Étienne. Arlequin im Schutz der Zauberei.

Tograi (Tugrai; Abu Ismael T.)
Eine arabische Elegie.
Übersetzung von K. L. von Knebel: Nr. 379

Toledo, Pietro Giacomo da
Ragionamento del terremoto, del nuovo monte, del aprimento di terra in Pozzuolo, nel anno 1538. Neapel 1539: Nr. 221

Trattinnick, Leopold
Flora des österreichischen Kaisertums. Bd. 1 – 2 [Heft 1 – 24]. Wien 1812 – 1824: Nr. 195

Treitschke, Georg Friedrich
Das Zauberglöckchen. Zauberoper in drei Aufzügen. Nach dem Französischen des E. Théaulon de Lambert. Musik v. F. Hérold. [Wien 1821]: Nr. 457
Textdichtung: s. Beethoven, Ludwig van. Fidelio.

Treviranus, Ludolf Christian
Die Lehre vom Geschlechte der Pflanzen in Bezug auf die neuesten Angriffe erwogen. Bremen 1822: Nr. 529

Triphiodoros (Tryphiodorus)
   Expugnatio Troiae: s. Kolluthos. [Coluthi] Raptus Helenae.
Trommsdorff, Johann Bartholomäus
   Übersetzung: W. Henry. Chemie für Dilettanten, oder: Anleitung die wichtigsten chemischen Versuche ohne große Kosten und ohne weitläufige Apparate anzustellen. 2. Aufl. Erfurt 1807: Nr. 487
Über Kunst und Altertum. Hrsg. v. J. W. von Goethe. Bd. 1 – 6. [Bd. 6, Heft 3: Aus seinem Nachlass hrsg. durch die Weimarischen Kunstfreunde (d. i. H. Meyer)]. Stuttgart 1816 – 1832: Nr. 20, 25, 35, 46, 61, 67, 71, 76, 77, 104, 105, 109, 126, 130, 134, 138, 148, 155, 166, 173, 193, 202, 212, 213, 220, 228, 235, 242, 244, 247, 255, 257, 259, 265, 270, 274, 276, 279, 284, 287, 288, 299, 315, 316, 323, 333, 353, 363, 376, 379, 380, 391, 410, 412, 413, 418, 423, 430, 444, 445, 450, 451, 454, 458, 468, 474, 475, 486, 489, 496, 520, 524, 525, 527, 529, 542, 547, 553, 554, 556, 561, 566, 573, 579, 581, 588, 594, 595, 598, 602, 604, 608, 615, 619, 639, 660, 679, 692, 696, 704, 706, 707, 709, 711, 713, 714, 719, 727, 729, 733, 735, 737, 746, 751, 758, 763, 767, 772, 793, 800, 801, 807, 811, 814, 815, 817, 820, 825, 828, 830, 834, 835, 842, 847, 866, 869, 880, 882, 884, 887, 896, 917, 918, 927, 954, 958, 959, 975, 977, 980, 987, 988, 990, 993, 1013, 1021, 1036, 1037, 1045, 1055, 1063, 1069, 1073, 1077
Über Rassen, Kreuzungen und Veredlung der landwirtschaftlichen Haustiere. Hrsg. v. K. C. G. Sturm. Nebst einer allgemeinen Beschreibung des Skeletts der Haustiere v. M. I. Weber. Elberfeld 1825: Nr. 944
Über zwei auf dem königlichen Schlosse (Pfeiler-Saale) ausgestellte Gemälde der Herren W. Schadow und Begasse. – In: Berlinische Nachrichten von Staats- und gelehrten Sachen vom 5. und 6. März 1824: Nr. 625
Uhland, Ludwig
   Der Wirtin Töchterlein. [Ballade].
      Vertonung von J. K. G. Loewe: Nr. 521
Umsonst. Eine Familiengeschichte in Bruchstücken. Auch u. d. T. Unterhaltungen im traulichen Abendkreise. Bd. 1. Frankfurt 1824: Nr. 727
Urania. Taschenbuch auf das Jahr ... Leipzig 1810 – 1848: Nr. 821
Valmiki (Walmiki)
   Ramayana.
      Übersetzt und hrsg. v. A. W. Schlegel: Nr. 1004
Varanchan de Saint-Geniès, Léonce
   Mitverf.: s. Saur, Henri Joseph und Léonce Varanchan de Saint-Geniès. Notice abrégée sur la vie et les ouvrages de M. Goethe.
   Mitverf.: s. Saur, Henri Joseph und Léonce Varanchan de Saint-Geniès. Übersetzung: D. Diderot. Le Neveu de Rameau.
   Mitverf.: s. Saur, Henri Joseph und Léonce Varanchan de Saint-Geniès. Übersetzung: J. W. von Goethe. Anmerkungen über Personen und Gegenstände.
   Mitverf.: s. Saur, Henri Joseph und Léonce Varanchan de Saint-Geniès. Übersetzung: J. W. von Goethe. Wilhelm Meisters Lehrjahre.
   Übersetzung: Les Élegies de Tibulle, avec la traduction en vers francais. Paris 1814: Nr. 152
Varnhagen von Ense, Karl August
   Biographische Denkmale. Teil 1 – 5. Berlin 1824 – 1830: Nr. 791, 836, 848

Rezension von J. W. von Goethe: Nr. 598, 820
Zum Andenken Friedrich August Wolfs. Am 28. August 1824. [Vorgetragen auf einer Feier in Berlin; Manuskript]. [gedruckt in: Berlinische Nachrichten von Staats- und gelehrten Sachen vom 31. August 1824]: Nr. 912
Hrsg.: s. Goethe in den Zeugnissen der Mitlebenden.
Rezension: J. P. Eckermann. Beiträge zur Poesie mit besonderer Hinweisung auf Goethe. Stuttgart 1824. – In: Der Gesellschafter 1823, Nr. 183: Nr. 542

Vater, Johann Severin
Die Hochzeit des Maxim Cernojewitsch. [Serbisches Heldenlied]. – In: V. S. Karadžić. Kleine serbische Grammatik. Verdeutscht und mit einer Vorrede v. J. Grimm. Nebst Bemerkungen über die neueste Auffassung langer Heldenlieder aus dem Munde des serbischen Volkes und der Übersicht des merkwürdigsten jener Lieder v. J. S. Vater. Leipzig, Berlin 1824: Nr. 997

Vega Carpio, Lope Félix de (Lope de Vega)
La Moza de Cántaro. Comedia en cinco actos. Valencia 1803: Nr. 892
Stern, Zepter, Blume, oder: Der Stern von Sevilla. Der beste Richter ist der König. Das Krugmädchen. Hrsg. v. E. von der Malsburg. Dresden 1824: Nr. 851, 892

Velestinlis, Rhigas
Thourios Hymnos. [Kriegsgesang]. [Wien 1797]: Nr. 281

Vergil (Virgil; Publius Vergilius Maro)
Aeneis: Nr. 320, 403

Verhandlungen der Gesellschaft des vaterländischen Museums in Böhmen. Heft 1–23. Prag 1823–1846: Nr. 106, 182, 209, 529, 732

Verzeichnis der am Augustustage den 3. August 1823 in der königlich sächsischen Akademie der Künste zu Dresden öffentlich ausgestellten Kunstwerke. Dresden [1823]: Nr. 412

Verzeichnis der Pflanzen, welche von den Offizieren der englischen Expedition zur Entdeckung der nordwestlichen Durchfahrt auf der Melvilles Insel gesammelt wurden, nebst Charakteren und Beschreibungen der neuen Arten. Aus dem Supplemet des Anhangs zu Kapitän Parrys Voyage for the Discovery of a Northwest Passage. London 1824, S. 261–310. Übersetzt v. E. Meyer. – In: R. Brown. Vermischte botanische Schriften. In Verbindung mit einigen Freunden ins Deutsche übersetzt und mit Anmerkungen versehen v. C. G. D. Nees von Esenbeck. Bd. 1. Schmalkalden 1825: Nr. 993

Verzeichnis derjenigen Kunstwerke, welche von der königlichen Akademie der Künste in den Sälen des Akademiegebäudes auf der Neustadt den 26. September und folgende Tage öffentlich ausgestellt sind. Berlin 1824: Nr. 876

Verzeichnis einer teils aus ganzen Kirchenfenstern, teils aus einzelnen Scheiben bestehenden großen Sammlung gebrannter Gläser aus verschiedenen aufeinander folgenden Zeitaltern der Glasmalerei, welche am 3. Juni l. J. in dem mit Nro. 12 bezeichneten, im Filzengraben dahier gelegenen Hause zur öffentlichen Ansicht aufgestellt und am 13. September l. J. in demselben Lokale öffentlich versteigert und gegen gleich bare Zahlung dem Meistbietenden zugeschlagen werden soll. Köln 1824: Nr. 894

Villers, Charles de
Philosophie de Kant, ou principes fondamentaux de la philosophie transcendentale. Metz 1801: Nr. 696

Vita di Benvenuto Cellini, orefice e scultore fiorentino, da lui medesimo scritta. 6. Aufl. Mailand 1824: Nr. 753

Vogel, Wilhelm
Der ehrsüchtige Künstler, oder Die Annahme an Kindesstatt. Schauspiel in vier Aufzügen, frei nach dem Französischen des E. Théaulon de Lambert. [Wien 1820]: Nr. 457

Voght, Kaspar von
Flotbeck und dessen diesjährige Bestellung, mit Hinsicht auf die durch dieselbe beabsichtigten Erfahrungen. Ein Wegweiser für den landwirtschaftlichen Besucher desselben mit angehängten Flotbecker Gartenversuchen im Jahre 1821. Altona 1822: Nr. 225, 357

Voigt, Amalie von
Goethe und Voltaire. – In: Journal für Literatur, Kunst, Luxus und Mode 1823, Nr. 36: Nr. 176

Voigt, Friedrich Siegmund
System der Natur und ihre Geschichte. Jena 1823.
   Anzeige von J. W. von Goethe: Nr. 53
Vorlesung über den gegenwärtigen Standpunkt der Naturwissenschaft; gehalten am 28. August 1824 auf der Feier der Gesellschaft für Wissenschaft und Kunst in Jena. [Manuskript]: Nr. 924

Voigt, Johann Karl Wilhelm
Mineralogische Reisen durch das Herzogtum Weimar und Eisenach und einige angrenzende Gegenden; in Briefen. Teil 1 – 2. Dessau 1782 – 1785: Nr. 611, 612, 613

Volkslieder. Hrsg. v. J. G. von Herder.
Teil 1 – 2. Leipzig 1778f. [spätere Ausgaben u. d. T. Stimmen der Völker in Liedern]: Nr. 281, 1036
Neue Ausgabe. Eingeleitet v. J. D. Falk. Teil 1 – 2. Leipzig 1825: Nr. 996, 1052

Volkslieder der Serben. Metrisch übersetzt und historisch eingeleitet v. Talvj [d. i. T. von Jakob]. Bd. 1 – 2. Halle 1825f.: Nr. 835, 870, 958, 997, 1039, 1069

Voltaire (François Marie Arouet)
La Mort de César. Seconde edition, revue, corrigée & augmentée par l'Auteur. Paris 1736: Nr. 1043
La Pucelle d'Orleans: Nr. 302
Le Brutus. Paris 1731: Nr. 1043
Œuvre complètes [de Voltaire].
   Édition compacte. Bde. 1 – 13. Paris 1817 – 1819: Nr. 31
   Bd. 1 – 14. Paris 1823 – 1825: Nr. 31
Zaire. Trauerspiel in fünf Aufzügen.
   Übersetzung von F. Peucer: Nr. 176
   Rezension von A. Beyfus: Nr. 823
[Werke]: Nr. 938
Übersetzung: P. Calderon de la Barca. L'Heraclius espagnol, ou la comédie fameuse: Nr. 1043

Vorbilder für Fabrikanten und Handwerker. Auf Befehl des Ministers für Handel, Gewerbe und Bauwesen hrsg. v. der königlich Technischen Deputation für Gewerbe. Abt. 1 – 3. Berlin 1821 – 1837: Nr. 138

Vormann, Gottlieb
  [Gedicht]: Nr. 949
Vorwurf einer Selbstkommenden (Wehe dem Lande ...). [Serbisches Volkslied].
  Übersetzung von V. S. Karadžić: Nr. 451
Voß, Abraham
  Übersetzung: s. Shakespeares Schauspiele.
Voß, Johann Heinrich d. Ä.
  [Werke]: Nr. 940
  Übersetzung: Des Aratos Sternerscheinungen und Wetterzeichen. Heidelberg 1824: Nr. 940
  Übersetzung: Homer. Ilias. Bd. 1 – 2. Altona 1793: Nr. 126, 542
  Übersetzung: s. Shakespeares Schauspiele.
Voß, Johann Heinrich d. J.
  Übersetzung: s. Shakespeares Schauspiele.
Voyage pittoresque de l'Oberland Bernois. Hrsg. v. M. G. Lory. Paris 1822.
  Anzeige von H. Meyer: Nr. 315, 316
Vulpius, Christian August
  Dem Wiedergenesenen (Bei Sturm und Regen ...). [Manuskript]: Nr. 92
  »Die Dichtkunst ist des Lebens Morgenröte ...«. [Trinkspruch auf J. W. von Goethe zur Feier von dessen 74. Geburtstag am 28. August 1823 in Weimar; Manuskript]: Nr. 346
  Die Entführung (der Tochter des Hofrat von Reineck zu Frankfurt am Main, Maria Salome, durch Hauptmann Klenck 1755) und deren Folgen (aus den gedruckten Deduktionen und von Goethes Selbstbiographie; eine merkwürdige Darstellung mit praktischen Anmerkungen des Herausgebers). – In: Historisch-literarische Unterhaltungen und Ergötzlichkeiten. Slg. 1. Neustadt an der Orla 1820: Nr. 879
  Goethes Wiedergenesung. Weimar, den 5. März 1823.
    In: Abendzeitung 1823, Nr. 72: Nr. 92
    Separatdruck: Nr. 92
  Historisch-literarische Unterhaltungen und Ergötzlichkeiten. Slg. 1 – 2. Neustadt an der Orla 1820 – 1822: Nr. 879
  Paula Gonzaga. [Beschreibung der Medaille]. – In: Die Vorzeit oder Geschichte, Dichtung, Kunst und Literatur des Vor- und Mittelalters 1817, Bd. 1: Nr. 12
  [Promemoria über F. Hortleders Sammlungen; Manuskript, 1824]: Nr. 1019

Waagen, Gustav Friedrich
  Über Hubert und Johann van Eyck. Breslau 1822.
    Rezension von S. Boisserée: Nr. 735
Wackernagel, Philipp
  Rezension: F. Hausmann. Untersuchungen über die Formen der leblosen Natur. Göttingen 1821. – In: Isis 1822, Heft 5: Nr. 881
Wagner, Adolf (Ps. Ralph Nym)
  Das Reich des Scherzes. Nebst einem Anhange v. J. A. Kanne. Leipzig 1823: Nr. 78
Waiblinger, Wilhelm
  Phaëthon. Teil 1 – 2. Stuttgart 1823: Nr. 210, 226
Walker, Alexander
  Outlines of a Natural System of Science. – In: The European Review 1824, Heft 1: Nr. 853

Warnstedt, Friedrich von
  Die Insel Föhr und das Wilhelminen-Seebad 1824. Mit zwei Karten und fünf Zeichnungen. Schleswig 1824: Nr. 819
Weber, Bernhard Anselm
  Komposition: s. Lauchery, Étienne. Arlequin im Schutz der Zauberei.
Weber, Gottfried
  Rezension: Demagogisch. Gedicht von Goethe. Für eine Singstimme und vier Frösche, mit Pianoforte in Musik gesetzt. Breslau o. J. [fälschlich J. W. von Goethe zugeschriebenes Gedicht; richtig: F. Förster »Frühlingsmusikanten«]. – In: Cäcilia 1824, Bd. 1, Heft 2: Nr. 801
Weber, Karl Maria von
  Euryanthe. Große romantische Oper in drei Aufzügen. Libretto v. H. von Chézy. Wien 1824: Nr. 801
  Der Freischütz. Romantische Oper in drei Aufzügen. Libretto v. F. Kind. Berlin 1821: Nr. 431, 789, 907
Weber, Moritz Ignaz
  Die Skelette der Haussäugtiere und Hausvögel. Für Naturforscher, Ärzte und zu den Vorlesungen auf Universitäten und Tierarzneischulen entworfen. Bonn 1824: Nr. 918, 922
  Handbuch der vergleichenden Osteologie. Anatomisch, physiologisch, philosophisch und geschichtlich-kritisch bearbeitet. Bonn 1824: Nr. 918, 922
Weichardt, Karl
  »Welch ein Wunder setzet mir ...«. – In: Zu Goethes Geburtstagsfeier. Weimar, 28. August 1824.
    Vertonung von M. Eberwein: Nr. 905, 908
Weigel, Karl
  Teutsch-Neugriechisches Wörterbuch [Lexikon germanikon-haplorōmaïkon]. Leipzig 1804: Nr. 281
Weihe, Karl Ernst August und Christian Gottfried Daniel Nees von Esenbeck
  Die deutschen Brombeersträuche, beschrieben und dargestellt. Heft 1 – 2. Bonn 1822. Heft 3 – 10. Elberfeld 1822 – 1827. = Rubi Germanici, descripti et figuris illustrati: Nr. 710, 1054
Weihe, Karl Justus Friedrich
  Das gute Leben eines rechtschaffenen Dieners Gottes, nach einem alten Gedichte von Johann Valentin Andreae neu bearbeitet. Herford 1819: Nr. 680
  Der Sohn Gottes auf Erden. Versuch einer Erzählung des Lebens Jesu. Nach den Evangelisten in gereimten Versen. Teil 1 – 2. Elberfeld 1822 – 1824: Nr. 680
Weimarisches Wochenblatt. Weimar 1801 – 1832: Nr. 440
Wendt, Amadeus
  (Franz Schoberlechner und Marie Szymanowska in Leipzig). – In: Journal für Literatur, Kunst, Luxus und Mode 1823, Nr. 103: Nr. 443
Wenn der Bräutigam um das Mädchen gehet (Es windet sich die Wolke ...). [Serbisches Volkslied].
  Übersetzung von V. S. Karadžić: Nr. 451
Wenn die Hochzeitsgäste mit dem Mädchen abgehen wollen (Es bricht ein Ast ...). [Serbisches Volkslied].
  Übersetzung von V. S. Karadžić: Nr. 451

Wenn man zu der Verlobung gehet (Zeitlich Paul, zeitlich lieber Bruder! ...). [Serbisches Volkslied].
  Übersetzung von V. S. Karadžić: Nr. 451
Werneburg, Johann Friedrich Christian
  Curvarum aliquot nuper repertarum synopsis. Adjecta est tabula lithographica. Jena 1824: Nr. 511, 774
Werner, Friedrich Ludwig Zacharias
  Biographie: s. Lebensabriss Friedrich Ludwig Zacharias Werners.
  Der vierundzwanzigste Februar. Eine Tragödie in einem Akt. Leipzig, Altenburg 1815: Nr. 145
  Letzte Lebenstage und Testament: s. Friedrich Ludwig Zacharias Werners letzte Lebenstage und Testament.
  Prolog an deutsche Söhne und Töchter. – In: F. L. Z. Werner. Der vierundzwanzigste Februar. Eine Tragödie in einem Akt. Leipzig, Altenburg 1815: Nr. 145
Wessenberg, Ignaz Heinrich von
  Blüten aus Italien. 2., sehr vermehrte Aufl. Zürich 1820: Nr. 214, 328, 357
  Märzblumen. Eine Gabe der Freundschaft. Konstanz 1823: Nr. 214, 328, 357
Westfalen und Rheinland. Eine Zeitschrift für alle Stände. Jg. 1 – 4. Herford, Bielefeld 1821 – 1825. Neue Folge 1 – 2. Herford, Bielefeld 1836f.: Nr. 189
Wiebeking, Karl Friedrich von
  Allgemeine auf Geschichte und Erfahrung gegründete theoretisch-praktische Wasserbaukunst. Bd. 1 – 4. Darmstadt 1798 – 1807: Nr. 319
  Theoretisch-praktische bürgerliche Baukunde, durch Geschichte und Beschreibung der merkwürdigsten antiken Baudenkmale und ihrer genauen Abbildungen bereichert. Bd. 1 – 4. München 1821 – 1826: Nr. 397, 465
Wieder, wenn der Bräutigam um das Mädchen gehet (Der Ranko spaziert ...). [Serbisches Volkslied].
  Übersetzung von V. S. Karadžić: Nr. 451
Wieland, Christoph Martin
  Rosamund. Ein Singspiel in drei Aufzügen. Vertonung v. A. Schweitzer. Weimar 1778: Nr. 399
  [Werke]: Nr. 352
Wielopolska (Ps. W**l*p*lska), Josefine von
  Übersetzung: J. W. von Goethe. [Gedichte]: Nr. 991, 992
Wiener Zeitschrift für Kunst, Literatur, Theater und Mode. Redaktion [ab Juni 1818] C. Kuffner und J. K. Bernhard. Wien 1817 – 1848: Nr. 1037
Wilbrand, Johann Bernhard
  Appelation an die öffentliche Meinung. – In: Isis 1823, Literarischer Anzeiger, Sp. 379 – 397: Nr. 810
  Darstellung der gesamten Organisation. Bd. 1 – 2. Gießen, Darmstadt 1809f.
    Rezension von K. A. Rudolphi: Nr. 429
  Darstellung des tierischen Magnetismus als einer in den Gesetzen der Natur vollkommen gegründeten Erscheinung. Frankfurt 1824: Nr. 810
  Das Gesetz des polaren Verhaltens in der Natur, dargestellt in den magnetischen, elektrischen und chemischen Naturerscheinungen, in dem Verhalten der unorganischen Natur zur organischen Schöpfung, in den Erscheinungen des Pflanzen- und Tierlebens, in dem Verhalten unsers Weltkörpers zu dem umgebenden Planetensys-

tem; zur Begründung einer wissenschaftlichen Physiologie; Naturforschern, Physiologen und wissenschaftlichen Ärzten gewidmet. Gießen 1819: Nr. 429
Einiges über die Bemerkungen des Herrn Nees von Esenbeck und Goldfuß. – In: Isis 1821, Heft 10: Nr. 429
Handbuch der Botanik nach Linnés System, enthaltend die in Deutschland und den angrenzenden Gegenden wildwachsenden und merkwürdige ausländische Gewächse; mit Hinweisung auf die natürlichen Pflanzenfamilien und mit Bemerkungen, die Benutzung der einzelnen Pflanzen in der Pharmazie, Ökonomie, Technologie usw. betreffend; zum Gebrauche beim Selbststudium der Botanik und bei Vorlesungen. Bd. 1 – 2. Gießen 1819: Nr. 429
Physiologie des Menschen. Gießen 1815: Nr. 429
Über den Ursprung und die Bedeutung der Bewegung auf Erden, in Vorlesungen. Gießen 1813: Nr. 429
Übersicht der Vegetation Deutschlands nach ihren natürlichen Familien. Besonders abgedruckt aus der ersten Beilage zum ersten Bande der Flora oder botanische Zeitung vom Jahre 1824. Stadtamhof 1824: Nr. 631

Wilbrand, Johann Bernhard und August Ritgen
Gemälde der organischen Natur in ihrer Verbreitung auf der Erde. Mit der Tafel Tiergeschlechter und Pflanzenfamilien in ihrer geographischen Verbreitung dargestellt. Gießen 1821: Nr. 429, 711
    Anzeige von J. W. von Goethe: Nr. 366, 460
    Anzeige zur Subskription: Nr. 460

Willemer, Johann Jakob von
Sieyes und Napoleon. Ein Beitrag zur Staats- und Erziehungskunde. Heidelberg 1824: Nr. 550

Willemer, Marianne von
Das Heidelberger Schloß, den 28. Juli [1824] abends 7 Uhr (Euch grüß ich weite, lichtumfloßne Räume ...). [gedruckt in: Marianne und Johann Jakob Willemer. Briefwechsel mit Goethe. Dokumente, Lebenschronik, Erläuterungen. Hrsg. v. Hans-J. Weitz. Frankfurt am Main 1965, S. 157f.]: Nr. 890

Winckler, Heinrich Arnold Wilhelm
Metrische griechische Übersetzung des ersten Gesanges von Goethes Hermann und Dorothea mit beigefügtem Original und lateinischer Übersetzung v. [B. G.] Fischer. Gießen 1823: Nr. 416

Windischmann, Karl Joseph Hieronymus
Über etwas, das der Heilkunst Not tut. Ein Versuch zur Vereinigung dieser Kunst mit der christlichen Philosophie. Leipzig 1824: Nr. 665
    Rezension von J. W. von Goethe: Nr. 639

Winkler, Karl (Ps. Theodor Hell)
Hrsg.: s. Abendzeitung.
Textdichtung: s. Die Galeerensklaven, oder Die Mühle von Saint Alderon.

Witterungsblatt, enthaltend die zu erwartende Winterwitterung von ... bis ..., nebst verschiedenen Aufsätzen über meteorologische Gegenstände. Eine Zeitschrift in zwanglosen Heften. Hrsg. v. S. G. Dittmar. Berlin Bd. 1. 1821/22 [1822] – 3. 1822/23 [? 1823]: Nr. 439

Wlokka, Wilhelm Matthäus
Übersetzung: Antithesis Christi et Antichristi [Jenaer Hussitenkodex]. [Böhmen, um 1500]: Nr. 805

Wolf, Friedrich August
[Gedicht]: Nr. 37
Prolegomena ad Homerum sive de operum Homericorum prisca et genuina forma variisque mutationibus et probabili ratione emendandi. Halle 1795: Nr. 151, 450
[Trinkspruch auf J. W. von Goethe zur Feier von dessen 74. Geburtstag am 28. August 1823 in Berlin] (Es ist mir der angenehme und ehrenvolle Auftrag ...): Nr. 344
Ultimatum. Vor einem neuen Bildnis Goethens, von dem Maler Franck zu Berlin aufgestellt (Endlich schau' ich dich wieder ...). [Gedicht; gedruckt in: Johann Wolfgang von Goethe. Sämtliche Werke nach Epochen seines Schaffens. Hrsg. v. Karl Richter u. a. Bd. 20.3: Briefwechsel zwischen Goethe und Zelter in den Jahren 1799 bis 1832. Einführung. Kommentar. Hrsg. v. Edith Zehm u. a. München 1998, S. 583f.]: Nr. 20, 37
Anzeige: Goethe in den Zeugnissen der Mitlebenden. Beilage zu allen Ausgaben von Goethes Werken. Erste Sammlung. Zum 28. August 1823. Hrsg. v. K. A. Varnhagen von Ense. Berlin 1823. – In: Staats- und gelehrte Zeitung des Hamburgischen unparteiischen Korrespondenten vom 29. August 1823: Nr. 347
Hrsg.: s. Lillo, George. The Fatal Curiosity.
Wolfart, Karl Christian
Der Magnetismus gegen die Stieglitz-Hufelandische Schrift über den tierischen Magnetismus in seinem wahren Wert behauptet. Berlin 1816: Nr. 298
Die Rheinfahrt. Berlin 1823: Nr. 357
Woltmann, Karoline von
Hrsg.: s. Der Kranz, oder Erholungen für Geist und Herz.
Wolzogen, Karoline von
Schillers Leben. Verfaßt aus Erinnerungen der Familie, seinen eigenen Briefen und den Nachrichten seines Freundes Körner. Teil 1 – 2. Stuttgart, Tübingen 1830: Nr. 629
Württembergische Jahrbücher für vaterländische Geschichte, Geographie, Statistik und Topographie. Hrsg. v. J. D. G. Memminger [bis 1838]. Stuttgart 1822 – 1862: Nr. 57
Württembergisches Jahrbuch. Hrsg. v. J. D. G. Memminger. Bd. 1 – 3/4. Stuttgart, Tübingen 1818 – 1821: Nr. 57
Wurstisen (Wursteisen), Christian (Christianus Urstisius)
Germaniae historicorum. Bd. 1 – 2. Frankfurt 1585: Nr. 69
Wurzer, Ferdinand
Das Neueste über die Schwefelquellen zu Nendorf in der kurhessischen Grafschaft Schaumburg. Leipzig 1824: Nr. 585
Yelin, Julius Konrad von
Der Thermomagnetismus in einer Reihe neuer elektromagnetischer Versuche dargestellt. Nach zwei in den Sitzungen der königlichen Akademie vom 12. und 26. April dieses Jahres gehaltenen, mit Versuchen begleiteten Vorlesungen. Mit einer lithographierten Zeichnung. München, 29. April 1823: Nr. 216
Zach, Franz Xaver von
Hrsg.: s. Monatliche Korrespondenz zur Beförderung der Erd- und Himmelskunde.
Zauper, Joseph Stanislaus
[39 Xenien. 1824. Manuskript]: Nr. 822

[Beiträge]. – In: Der Kranz, oder Erholungen für Geist und Herz 1824: Nr. 822
Fortsetzung der Studien aus Goethe. [Manuskript]. [gedruckt in: Goethes Briefwechsel mit Joseph Sebastian Grüner und Joseph Stanislaus Zauper (1820–1832). Hrsg. v. August Sauer. Mit Einleitungen von Josef Nadler. Prag 1917, S. 182 – 190]: Nr. 284
Homers Ilias. Prosaisch übersetzt. Bd. 1 – 2. Prag 1826: Nr. 284, 327, 412, 542, 822
   Ankündigung von J. W. von Goethe: Nr. 126
Homers Ilias. Übersetzung in Versen: Nr. 126, 284
Homers Odyssee. Prosaisch übersetzt. Bd. 1 – 2. Prag 1827: Nr. 882
Ihrer kaiserlichen Hoheit Maria Pawlowna Großfürstin von Russland und Erbgroßherzogin von Sachsen-Weimar-Eisenach. Zum 16. Februar 1823. In tiefster Ehrfurcht. [Gedichtsammlung]: Nr. 56, 542
Anzeige: Über Kunst und Altertum, Bd. IV, Heft 3, Stuttgart 1824. – In: Der Kranz, oder Erholungen für Geist und Herz 1824, Bd. 1, Nr. 9f.: Nr. 595
Rezension: J. P. Eckermann. Beiträge zur Poesie mit besonderer Hinweisung auf Goethe. Stuttgart 1824.
   In: Der Kranz, oder Erholungen für Geist und Herz 1824, Bd. 1, Nr. 9: Nr. 595
   In: JALZ 1824, Nr. 145: Nr. 595
Zeitschrift für Mineralogie. [Fortsetzung des Taschenbuchs für die gesamte Mineralogie]. Hrsg. v. K. C. von Leonhard. Frankfurt 1825 – 1829: Nr. 926, 976
Zeitung der freien Stadt Frankfurt. Frankfurt 1819 – 1831: Nr. 484
Zeitung für die elegante Welt. Hrsg. v. J. G. K. Spazier, S. A. Mahlmann, M. Müller u. a. Leipzig 1801 – 1859: Nr. 1037
Zelter, Karl Friedrich
   [Arien aus Opern des Mestastasio]: Nr. 167
   [Autobiographie; Manuskript]: Nr. 399
   Professor Zelters Reise im Spätjahr 1823. [Auf J. W. von Goethes Veranlassung angefertigte Abschriften und Auszüge von Briefen Zelters an Goethe in tagebuchartiger Form; Manuskript]: Nr. 556
   Von Berlin, am Sonnabend vor Ostern 1813. – In: Über Kunst und Altertum IV 2 [Passage aus einem Brief K. F. von Zelters an J. W. von Goethe]: Nr. 122
   [Würdigung J. W. von Goethes zum 28. August 1823 auf der Versammlung der Berliner Liedertafel]. – In: Berlinische Nachrichten von Staats- und gelehrten Sachen vom 30. August 1823: Nr. 320
   Rezension: Georg Friedrich Händels Oratorium: Der Messias. Nach W. A. Mozarts Bearbeitung. Partitur. – In: Berlinische Musikalische Zeitung 1805, Nr. 11f.: Nr. 625
   Vertonung: Abraham a Sancta Clara. Des Antonius von Padua Fischpredigt: Nr. 930
   Vertonung: F. Förster. Frühlingsmusikanten: Nr. 801
   Vertonung: J. W. von Goethe. Äolsharfen: Nr. 801
   Vertonung: J. W. von Goethe. Das Sträußchen. Altböhmisch: Nr. 20
   Vertonung: J. W. von Goethe. Epiphaniasfest: Nr. 930
   Vertonung: J. W. von Goethe. Gedichte: Nr. 79
   Vertonung: J. W. von Goethe. »In tausend Formen magst du dich verstecken ...«: Nr. 85
   Vertonung: J. W. von Goethe. Lied und Gebilde: Nr. 51
   Vertonung: J. W. von Goethe. Schneidercourage: Nr. 5/1538a+
   Vertonung: J. W. von Goethe. Versus memoriales: Nr. 653, 930

Vertonung: J. W. von Goethe. Zu Thaers Jubelfest, dem 14. Mai 1824: Nr. 625, 653, 686, 698, 801
Vertonung: K. L. Immermann. [Gedichte]: Nr. 422
Vertonung: J. G. Krüger. Sankt Paulus war ein Medikus: Nr. 930
Vertonung: F. W. Riemer. »Und so finden wir uns wieder ...«: Nr. 905, 908

Zeune, Johann August
Dem deutschen Meistersänger Johann Wolfgang von Goethe zu dessen 75. Wiegenfeste (Uns hat Dein Meistersingen ...). Berlin 1823. [Manuskript]: Nr. 364

Zevallos (Ceballos, Zeballos), Francisco
Grammaticae Guaranica, Chiquitica et Arawakica. [Manuskript]: Nr. 462

Ziegesar, Anton
[Antwortverse auf K. L. von Knebels Verse zur Geburt von Marie von Ziegesar am 30. Juli 1824]: Nr. 848

Zimmermann, Friedrich Gottlieb
Hrsg.: s. Dramaturgische Blätter für Hamburg.

Zindel, Christoph Siegmund
Hrsg.: s. Der Eislauf oder das Schrittschuhfahren.

Zipser, Christian Andreas
[Anmerkungen zu F. S. Beudant. Voyage minéralogique et géologique en Hongrie; 1823]: Nr. 182

Zu Goethes Geburts- und Genesungsfeste. Weimar, den 28. August 1823. [Druck]: Nr. 342

Zu Goethes Geburtstagsfeier. Weimar, 28. August 1824. [Festgesänge; Druck]: Nr. 905, 908

Zur Naturwissenschaft überhaupt, besonders zur Morphologie. Hrsg. v. J. W. von Goethe. Bd. 1 – 2. Stuttgart, Tübingen 1817 – 1824: Nr. 11, 20, 35, 37, 53, 57, 72, 73, 87, 90, 93, 103, 110, 154, 156, 158, 182, 187, 194, 208, 215, 220, 235, 242, 244, 247, 248, 257, 259, 273, 274, 284, 285, 294, 297, 313, 327, 350, 353, 361, 363, 366, 376, 382, 396, 410, 418, 419, 428, 430, 433, 434, 437, 438, 439, 444, 445, 449, 455, 456, 458, 460, 463, 464, 468, 470, 471, 475, 479, 489, 496, 522, 525, 529, 533, 541, 558, 565, 594, 603, 608, 609, 614, 615, 618, 640, 696, 701, 707, 711, 722, 740, 751, 753, 758, 764, 811, 877, 882, 918, 920, 928, 939, 964, 985, 993, 998, 1011, 1022, 1031, 1050, 1053, 1054, 1062, 1070, 1071, 1083, 1084, 1088

Zur vergleichenden Osteologie von Goethe. Mit Zusätzen und Bemerkungen von Dr. Ed. d'Alton. Mit drei Kupfertafeln. – In: Nova Acta 1824, Bd. 12. 1: Nr. 11, 73, 103, 259, 361, 417, 418, 449, 507, 515, 558, 565, 662, 664, 831

Zweiter Jahresbericht über den Verein zur Verbreitung von Naturkenntnis und höherer Wahrheit: s. Schweigger.

ADDENDA

1/152b⁺   Salom, Michele

1781 Oktober 2   Padua   S: —   D: Salom 1788, 15–19 (T)   B: —   A: 1782 Februar 20 (5, Nr. 1412); an C. von Stein, 1781 Dezember 12 bis 13 (5, Nr. 1364)   V: Druck

Übersendung von Auszügen seiner italienischen Übersetzung von G.s »Die Leiden des jungen Werthers« und Bitte um ein Urteil. Nur mit Hilfe der Wörterbücher wäre S. nicht imstande gewesen, das Werk zu übersetzen; er habe die Unterstützung eines belesenen, deutschsprachigen Bekannten gehabt. Näheres zu seiner Übersetzung und über die deutsche und italienische Sprache; dabei erwähnt: Petrarca, Dantes »Inferno«, T. Tasso, B. Davanzati, J. Macphersons »Ossian« und die erste italienische »Werther«-Übersetzung, die ein Schweizer (G. Grassi) nach einer französischen Version von G.s Roman gefertigt habe.

3/1237a⁺   Grass, Karl Gotthard

1801 Mai 9   Zürich   S: —   D: Bienemann, in: Baltische Monatsschrift 1899, 292   B: —
A: —   V: Druck

G. habe einst die von Graß auf einer Reise durch die Schweiz entworfene *Sammlung flüchtiger Umrisse* angesehen (während Graß' Aufenthalt in Weimar im Februar 1791; vgl. Begegnungen 3, 374f.). Graß hoffe, dass auch sein Versuch über den Landschaftsmaler L. Heß G.s Beifall finden werde. Über seine Beweggründe zur Abfassung der Schrift. Bezüglich des Manuskripts sei jede *Anordnung* G.s zur *Bekanntmachung* als auch *in Beziehung auf Form und Inhalt* willkommen.

5/156a⁺   Gall, Franz Joseph an ? G.

1805 Juli nach 6 oder 1807 Oktober 14   ? Halle, Jena oder Weimar   S: 33/250 St. 1   D: G Autographensammlung, Nr. 16   B: —   A: —

Gall sei morgen *der Section des Gehirns wegen verhindert*, könne aber übermorgen *in der Frühe nach 10 Uhr* zu *Euer Hochwohlgebohren* kommen.

5/162a⁺ LEWIS, MATTHEW GREGORY

1805 Juli 17   London   S: 33/in 437   D: —   B: —   A: —   V: in englischer Sprache

L. empfiehlt den ältesten Sohn (Charles) von Lord G. Kinnaird, einen sehr reichen schottischen Edelmann, der nach Weimar reise, um seine beiden Brüder (Douglas und Frederick) *at the College* (? in Göttingen) unterzubringen. C. Kinnaird könne G. über den Zustand der englischen Parteien informieren und werde sich reichlich belohnt sehen, auch wenn das Zusammentreffen mit dem Autor des »Werther« der einzige Ertrag der Reise sein sollte. — Erinnerung an L.s Aufenthalt in Weimar und seine Bekanntschaft mit G. (vgl. u. a. Begegnungen 3, 429).

5/440a⁺ SCHELLING, FRIEDRICH WILHELM JOSEPH

1806 September 4   München   S: —   D: Katalog Stargardt 707 (2019), Nr. 294 (T)   B: —
A: 1806 September 13 (19, Nr. 5242)   V: Teildruck

Empfehlungsschreiben für M. Renner und Übersendung ihres Briefes; sie wünsche, im Herbst auf dem Theater in Weimar aufzutreten. Über Renners schauspielerisches Talent; erwähnt: Schillers »Maria Stuart«. — S. habe die *Bestimmung* zum Mitglied der Akademie der Wissenschaften *und zwar im Fach der schönen Wissenschaften* erhalten. — Zur Düsseldorfer Gemäldesammlung (vgl. RA 5, Nr. 441); S. wünsche eine Beschreibung in der JALZ zu entwerfen. — Hoffnung, *daß der schöne Sommer und der Gebrauch des Bades* G.s Gesundheit *gestärkt und gegen die Gefahr neuer Anfälle befestigt haben möge.*
   Beilage: RA 5, Nr. 437

5/597a⁺ GEHLEN, ADOLF FERDINAND

1807 Februar 12   Halle   S: 33/260 St. 1   D: —   B: —   A: —

Gehlen übersendet im Auftrag des Verfassers J. Schuster dessen »System der dualistischen Chemie des Prof. Jakob Joseph Winterl« (Ruppert 5094). Schuster bedaure, *auf seiner Reise in Deutschland* G. in Weimar nicht angetroffen zu haben.

5/893a⁺ DENY, JOHANN FRIEDRICH WILHELM

? 1809 vor Mai 2   ? Weimar   S: Goethe-Museum Düsseldorf   D: —   B: —   A: —

Erneute Bitte an G., D.s Gesuch um Eheschließung (mit J. Lagnac) *zu beschleunigen*, da die Verzögerung ihm *nur unnöthige Kosten* verursache.

Addenda 317

5/1013a⁺   Sartorius, Georg Friedrich Christoph

1808 Oktober 23   Göttingen   S: 33/617 St. 1   D: Schäfer, in: GJb 134 (2017), 287f.   B: —
A: an K. Sartorius, 1808 November 7 (30, S. 117, Nr. 5631a)

Bericht über seine und seiner Frau Rückreise (nach dem Besuch in Weimar; vgl. G.s Tagebuchnotizen vom 8. bis 19. Oktober). — Den von G. für J. F. Blumenbach bestimmten Zwiebelzopf und den Rettich habe K. Sartorius diesem an die Tür gehängt (vgl. RA 5, Nr. 1040). — *Dem Präfekten* (F. von Hövel) habe S. Hoffnung gemacht, dass er etwas aus G.s *Hand erhalten* werde. — Leider habe es S. versäumt, bei G. *dem kleinen Buche zu gedenken, und des Vaters bedeutende Worte dem Sohne in Erinnerung zu bringen* (? Eintrag in das Stammbuch A. von Goethes). — Klage über den Niedergang der Göttinger Universität und Hoffnung auf eine politische Karriere als *Staatsrath* oder in der Diplomatie. Überlegungen, in russische, westphälische oder sachsen-weimarische Dienste zu treten; erwähnt: J. von Müller.

5/1538a⁺   Zelter, Karl Friedrich

1810 August 28   Dresden   S: 33/780 St. 1   D: G Autographensammlung, Nr. 60   B: —
A: 1810 November 18 bis 24 (21, Nr. 6058; 1810 November 20, vgl. WA III 4, 167)

Morgengruß *von Dresden.*
  Anlage auf gleichem Bogen: Z.s Komposition von G.s Gedicht »Schneidercourage« (»Es ist ein Schuß gefallen! ...«), datiert: 27. August 1810, mit Wiederholung der 1. Strophe in der Tonart A-Dur (vgl. RA 5 Nr. 1562).

6/383a⁺   Elci, Angelo Maria d'

Vor 1812 März 24   ? Wien   S: 28/297 St. 1   D: —   B: —   A: —   V: in italienischer Sprache

Huldigungsverse *al chiarissimo Poeta Goethe [...]* (vgl. G. an E. Flies, 1812 März 31, WA IV 22, Nr. 6287).

6/524a⁺   Gansauge, Karl Hermann von

1812 Oktober 26   Magdeburg   S: 33/1092 St. 1; St. 2   D: —   B: —   A: —

Gansauge habe bereits *mehrere kleine Gedichte gemacht* und trage sich mit der Idee zu einem *Heldengedicht religiösen Inhalts* in Hexametern, *das Moses betitelt werden* solle, doch fehle ihm der Mut zur Ausführung. Bitte um den Rat des Adressaten, dessen Werke ebenso wie die *des unvergeßlichen Schillers* von jeher seine *Lieblingslektür* gewesen seien. Gansauge stehe in seinem *vierzehnten Jahre* und sei *bis jetzt noch auf Schule*. In der Hoffnung auf eine baldige Antwort schicke er seine *Adresse* mit.
  Anlage: Gansauges Adresse.

9/1418a⁺   ? SORET, FRÉDÉRIC JACOB

Nach 1822 Juli 18   ? Genf   S: 28/869,4 St. 102a   D: —   B: —   A: —   V: in französischer Sprache

Beschreibung des patriotischen Fests in Langenthal (Kanton Bern) am 18. Juli 1822 (erstes eidgenössisches Offiziersfest), vorgetragen vor der Genfer Lesegesellschaft von M. N. Soret.

9/1598a⁺   SACHSEN-WEIMAR-EISENACH, KARL AUGUST GROSSHERZOG VON

1822 Dezember 27   Weimar   S: Rakstniecibas un muzikas muzejs Riga   D: Schmidt, in: GJb 138 (2021), 229   B: 1822 Dezember 27 (vgl. GB Rep, Nr. 36202a⁺)   A: —

S. bittet um Verschiebung der chemischen und physikalischen Versuche (J. W. Döbereiners) bei G. *auf den Sonntag, übermorgen um Eilf Uhr*, um selbst teilnehmen zu können (vgl. auch RA 9, Nr. 1554 und RA 9, Nr. 1611 sowie G.s Tagebuchnotizen vom 26. bis 30. Dezember). — M. A. Pictet beschreibe zuletzt in der »Bibliothèque universelle« (1822, Bd. 21) versteinerte Bäume, die er mit A. P. de Candolle in der Gegend von St. Etienne untersucht habe.